HSK 7-9급 목표 급수 달성을 위한 **나의 다짐**

HSK 7-9급 학습 기간 ___월 ___일까지

📝 교재 p.14~15에 있는 **학습플랜을 활용하여**
매일매일 정해진 분량의 학습량으로 **HSK 7-9급**을 준비해보세요.

1개월 학습플랜

HSK 6급 점수가 230점 이상이면서 한 주제에 대한 자신의 견해를 400자 이상 논리적으로 작성할 수 있고, 자료를 보고 자신의 의견을 2분 가량 유창하게 설명할 수 있는 학습자에게 추천!

1주	2주	3주	4주
쓰기/듣기/독해 매일 학습	통번역/듣기/독해 매일 학습	말하기/듣기/독해 매일 학습	실전모의고사 마무리

2개월 학습플랜

HSK 6급 점수가 180점~230점 사이이면서 HSK 7-9급에서 새로 추가된 영역인 통번역/말하기 영역을 꼼꼼하게 공부하면서 차근차근 실력을 쌓고 싶은 학습자에게 추천!

1주	2주	3주	4주	5주	6주	7주	8주
쓰기 매일 학습	통번역 매일 학습	말하기 매일 학습	듣기/독해 매일 학습, 쓰기/통번역/말하기 복습				실전모의고사 마무리

HSK 7-9급 200% 활용법 확인하기 →

해커스 [중국어]
HSK7-9급
한 권으로 마스터 200% 활용법!

교재 MP3

① 듣기 학습용/복습용 문제별 분할
② 통역/말하기 학습용
③ 통역 모범답변
④ 말하기 단문/모범답변
⑤ 실전모의고사
⑥ 고득점 대비 어휘·표현집

▲ [해커스 ONE]
앱 다운받기

방법 1 해커스중국어(china.Hackers.com) 접속 후 로그인 ▶ 페이지 상단 [교재/MP3] ▶
[교재 MP3/자료] 클릭 ▶ 본 교재 선택 후 이용하기

방법 2 [해커스 ONE] 앱 다운로드 후 로그인 ▶ 나의 관심학습과정 [중국어] 선택 ▶
[교재·MP3] 클릭 ▶본 교재 선택 후 이용하기

HSK 7-9급 통역/말하기 모범답변 쉐도잉 연습 프로그램

이용방법 해커스중국어(china.Hackers.com) 접속 후 로그인 ▶ 페이지 상단 [교재/MP3] ▶
[교재 MP3/자료] 클릭 ▶ 본 교재 선택 후 이용하기

중국어 전강좌 평생패스 3만원 할인쿠폰

6EDD D2A8 EBBF 67AJ * 쿠폰 유효기간: 쿠폰 등록 후 30일

▲ 쿠폰 등록하기

이용방법 해커스중국어(china.Hackers.com) 접속 후 로그인 ▶ 나의 강의실 ▶ 내 쿠폰 확인하기 ▶ 쿠폰번호 등록

* 해당 쿠폰은 중국어 전강좌 평생패스 구매 시 사용 가능합니다.
* 본 쿠폰은 1회에 한해 등록 가능합니다.
* 이외 쿠폰 관련 문의는 해커스중국어 고객센터(T.02-537-5000)으로 연락 바랍니다.

해커스 중국어

HSK7-9급

한 권으로 마스터

해커스

목차

듣기

독해

HSK 7-9급 고득점 대비 어휘·표현집 [별책부록]

듣기 학습용&복습용 문제별 분할 MP3 /
통역·말하기 학습용&모범답변 MP3

통역·말하기 모범답변 쉐도잉 연습 프로그램

프로그램 바로가기

*교재의 모든 MP3와 프로그램은 해커스중국어 사이트(china.Hackers.com)에서
무료로 다운로드 및 이용하실 수 있습니다.

<해커스 HSK 7-9급 한 권으로 마스터>가 제시하는

고득점 달성 비법!

※ 하나, 출제 경향을 정확하게 파악하고, 문제풀이 전략을 확실하게 익힌다!

🔍 영역·부분별 출제 경향 파악하기!

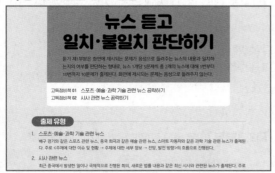

HSK 7-9급에서 출제되는 문제 유형 및 출제 경향 등을 철저하게 분석하여 알기 쉽도록 정리했습니다.

🎵 문제풀이 스텝 익히기!

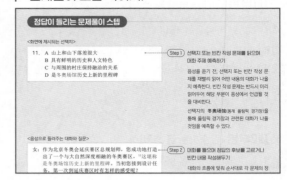

부분별 문제를 가장 간단한 방법으로 풀면서 동시에 정답 선택의 확률을 극대화할 수 있는 문제풀이 스텝을 제시했습니다. 실제 시험장에서 그대로 적용 가능한 문제풀이 스텝을 익힘으로써 빠르고 정확한 문제풀이가 가능합니다.

🔑 고득점비책으로 문제풀이 전략 학습하기!

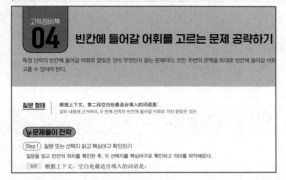

각 부분에서 출제되는 문제 유형을 체계적으로 정리하여 고득점비책으로 구성했습니다. 각 고득점비책에서는 유형별로 최적화된 문제풀이 전략을 제시하여, 이를 통해 문제를 보다 쉽게 해결하는 방법을 학습할 수 있습니다.

☰ 예제로 문제풀이 스텝 및 전략 적용하기!

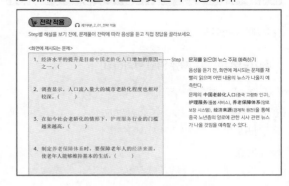

각 고득점비책에는 시험 출제 경향 및 난이도를 그대로 반영한 대표 예제를 수록했습니다. 이를 통해 문제풀이 스텝 및 전략을 실제로 적용하는 방법을 빠르고 쉽게 이해하고, 실전 감각 또한 쌓을 수 있습니다.

✿ 둘, 기본기와 실전 감각을 동시에 쌓는다!

💡 필수 통번역 스킬로 통번역 기본기 쌓기!

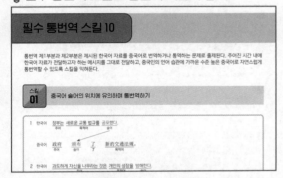

통번역 영역에 활용할 수 있는 스킬 10개를 정리하여 제공했습니다. 이를 통해 한국어 지문을 보고 중국인의 언어 습관에 가까운 수준 높은 중국어로 자연스럽게 통번역할 수 있습니다.

💡 근거 작성 스킬로 쓰기 실력 다지기!

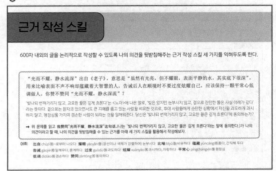

쓰기 제2부분에서 제시되는 주제에 대해 600자 내외의 글을 논리적으로 작성할 수 있도록 근거 작성 스킬을 제공했습니다. 나의 의견을 뒷받침하는 근거를 들며 의견을 주장하는 연습을 하면 의견을 논리적으로 말해야 하는 말하기 제3부분에도 큰 도움이 될 것입니다.

📋 실전연습문제 & 실전테스트로 고득점 실력 굳히기!

각 고득점비책에서 학습한 문제풀이 전략을 직접 적용해볼 수 있도록 실전과 동일한 형태의 문제를 수록했습니다. 또 각 부분의 학습을 마무리한 후에는, 실전테스트를 통해 모든 유형의 문제들을 풀어봄으로써, 실전에 대비할 수 있습니다.

📋 실전모의고사 3회분으로 실전 감각 극대화하기!

실전모의고사 3회분을 풀어봄으로써, 실전 감각을 키울 수 있도록 했습니다. 이로써 학습자들은 실제 시험에서도 당황하지 않고 마음껏 실력을 발휘할 수 있습니다.

<해커스 HSK 7-9급 한 권으로 마스터>가 제시하는

✿ 고득점 달성 비법!

❋ 셋, 상세한 해설을 통한 반복 학습으로 고득점에 대한 자신감을 키운다!

✏️ 중국어 문장 구조의 이해를 돕는 해석!

자연스러우면서도 중국어 원문의 문장 구조를 그대로 살린 해석을 수록하여, 해석을 통해서도 중국어 문장의 구조를 이해할 수 있도록 했습니다.

✏️ 실제 시험장에서 바로 적용 가능한 해설!

가장 효과적으로 문제를 풀 수 있는 문제풀이 스텝을 기반으로 하여 실제 시험장에서 그대로 적용 가능한 해설을 수록했습니다. 또한 정답이 왜 정답인지 더욱 쉽게 이해할 수 있도록 각 해설에는 정답의 단서도 제시되어 있습니다.

✏️ 답안 구성 실력을 향상시키는 모범답안!

쓰기·통번역·말하기 영역의 모든 문제에 대한 모범답안을 수록했습니다. 문제풀이 스텝에서 제시하고 있는 전략을 그대로 적용한 모범답안을 통해 답안을 구성하는 실력을 향상시킬 수 있습니다.

✏️ 사전이 필요 없는 어휘 정리!

지문, 문제, 음성 스크립트에 사용된 핵심 어휘 및 표현을 상세히 정리하여 학습자들이 따로 사전을 찾을 필요 없이 바로바로 학습할 수 있도록 했습니다.

❋ 넷, 해커스만의 다양한 무료 학습 자료를 통해 시험에 보다 철저히 대비한다!

🎧 듣기 학습용&복습용 문제별 분할 MP3

학습용 MP3로 듣기 영역의 지문문제 음원을 들을 수 있고, 복습용 문제별 분할 MP3로 원하는 문제만 선택하여 집중적으로 들을 수 있습니다.

(모든 MP3는 '해커스 MP3 플레이어' 앱을 통해 0.5~2.0배속까지 0.05배속 단위로, 원하는 배속을 선택하여 들을 수 있습니다.)

🎧 통역·말하기 학습용&모범답변 MP3

통역·말하기 영역의 학습용 MP3는 실제 시험과 동일한 환경에서 연습할 수 있도록 구성했으며, 모범답변 MP3로 모범답변을 반복해서 따라 말하는 연습을 할 수 있습니다.

📑 HSK 7-9급 고득점 대비 어휘·표현집

주제별로 익히는 **핵심 어휘**		

HSK 7-9급에 도움이 되는 핵심 어휘를 경제·법·정치, 시사·국제문제 등 주제별로 암기하세요.

❋ 경제

☑ 잘 외워지지 않는 표현은 박스에 체크하여 복습하세요.

001 ☐	市场经济	shìchǎng jīngjì	圏 시장 경제
002 ☐	适销	shìxiāo	圏 잘 팔리다 시장(소비자)의 수요에 맞다
003 ☐	货物	huòwù	圏 상품
004 ☐	订购	dìnggòu	圏 (물건을) 주문하다
005 ☐	销路	xiāolù	圏 (상품의) 판로
006 ☐	交货	jiāohuò	圏 납품하다
007 ☐	签署合同	qiānshǔ hétong	계약을 체결하다
008 ☐	供应	gōngyìng	圏 공급하다

HSK 7-9급 고득점을 위해 암기해야 하는 핵심 어휘, 사자성어, 신조어, 전문용어 및 통번역 영역을 위한 한-중 표현을 학습할 수 있도록 구성했습니다. 함께 수록된 퀴즈를 풀어보며 어휘를 확실히 외웠는지 확인해볼 수 있으며, 시험장까지 가져갈 수 있도록 별책으로 제공하였습니다.

💻 통역·말하기 모범답변 쉐도잉 연습 프로그램

통역·말하기 모범답변 쉐도잉 연습 프로그램을 통해 모범답변을 한 문장씩 반복하여 들으며 쉐도잉 연습을 할 수 있어, 말하기 실력은 물론이고 중국어 발음까지 동시에 향상시킬 수 있습니다.

HSK 7-9급 소개

✿ HSK 7-9급

HSK 7-9급은 사회생활, 학술연구 및 기타 분야의 복잡한 주제에 대해 응시자가 중국어를 사용하여 적절한 사회적 의사소통을 수행하는 능력이 있는지를 중점적으로 평가합니다. HSK 7-9급을 취득한 응시자는 중국어로 된 다양한 주제와 장르의 자료를 이해할 수 있으며, 이에 대해 심도 있는 소통과 토론을 할 수 있습니다.

✿ 급수 구성

- HSK는 1급부터 9급까지 총 9개의 급수로 구성되어 있으며, 1급에서 급수가 올라갈수록 난이도가 올라갑니다.
- HSK 1급~6급은 급수별로 응시할 수 있으며, 7-9급은 하나의 시험으로 시험 성적에 따라 급수가 나누어집니다.

✿ 시험 접수

- HSK 7-9급은 현재 IBT 또는 홈테스트의 시험 방식을 채택하고 있습니다.
- HSK 한국사무국 홈페이지(https://new.hsk.or.kr/) 또는 HSK 시험센터(https://www.hsk-korea.co.kr/)에서 접수합니다.
- 국내 포털 사이트에서 'HSK 접수'로 검색하면 다른 시험센터에서 고사장을 선택하여 접수 가능합니다.
- 통번역 영역의 지문은 외국어로 제시되며, 시험 접수 시 한국어/영어/일본어/베트남어/태국어 중 하나의 언어를 선택해야 합니다.

✿ 응시 대상

HSK 7-9급은 중국어를 제2외국어로 사용하는 학습자를 대상으로 하며, 높은 수준의 중국어를 구사하는 중국 내 석박사 단계의 학생, 각국의 중국어 전공생 및 중국어를 사용하여 학술연구를 진행하거나, 경제·문화·과학 기술 교류 업무를 하는 학습자를 대상으로 합니다.

✿ 시험 당일 준비물

수험표

유효한 신분증

※ 시험 구성 및 시험 시간

- HSK 7-9급은 듣기·독해·쓰기·통번역·말하기의 다섯 영역으로 나뉘며, 총 98문항이 출제됩니다.
- 듣기·독해·쓰기·통번역 제1부분(번역)까지는 필기 시험(笔试)으로, 통번역 제2부분(통역)과 말하기 영역은 구술 시험(口试)으로 진행됩니다.

시험 내용		문항 수			시험 시간
		객관식	주관식	합계	
듣기	제1부분	10	–	40	약 30분
	제2부분	9	3		
	제3부분	15	3		
독해	제1부분	28	–	47	60분
	제2부분	5	–		
	제3부분	–	14		
쓰기	제1부분	–	1	2	55분
	제2부분	–	1		
통번역	제1부분	–	2	4	41분
	제2부분	–	2		
말하기	제1부분	–	1	5	약 24분
	제2부분	–	3		
	제3부분	–	1		
합계		67 문항	31 문항	98 문항	약 210분

* 통번역 제1부분의 시험이 종료된 후 구술 시험 시작까지 약 30분간의 쉬는 시간이 주어집니다.

※ 시험 결과

- HSK 7-9급 성적표에는 듣기·독해·쓰기·통번역·말하기의 영역별 점수와 총점이 기재되며, 영역별 만점은 100점으로 총점은 500점입니다.
- HSK 7-9급은 응시자의 성적에 따라 HSK 7급 불합격 혹은 HSK 7급, 8급, 9급으로 급수가 나누어집니다.

HSK IBT 체크포인트!

❀ IBT 응시 화면 보기

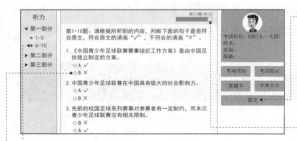

1 시험 진행 중 '답안지 제출' 버튼은 클릭하지 않습니다.
- IBT 시험은 시험 시간이 종료되면 답안지가 자동으로 제출됩니다. '답안지 제출' 버튼을 누르는 즉시 답안지가 제출되어 문제를 더이상 풀 수 없으므로, 시험 종료 전에 '답안지 제출' 버튼을 미리 클릭하지 않습니다.

2 영역별 풀이 시간이 화면에 표시됩니다.
- 화면 우측 상단에 영역별로 남은 시간이 표시되기 때문에, 문제를 푸는 중간에 남은 시간을 쉽게 확인할 수 있습니다.

3 문제 번호를 클릭하면, 해당 문제를 바로 볼 수 있습니다.

4 IBT 시험은 화면이 새로고침 될 때 선택지의 순서가 바뀝니다.
- 예를 들어 15번 문제를 풀다가 다시 1번 문제를 클릭했을 때, 선택지의 순서가 바뀌어 있습니다. 하지만, 선택지의 순서가 바뀌더라도 내가 선택한 답은 그대로 유지되므로, 당황하지 않고 문제를 풀면 됩니다.

❀ IBT 유의 사항

1 IBT 시험은 필기구와 메모지를 사용할 수 없습니다.
- 시험 중 필기구와 메모지를 소지하여 발견될 경우, 부정행위로 처리됩니다.

2 영역별 풀이 시간이 종료된 후에는 이전 영역으로 돌아갈 수 없습니다.
- HSK 시험은 영역별로 풀이 시간이 주어지기 때문에 한 영역을 끝낸 후, 프로그램상의 풀이 시간이 남았다고 해서 이전 영역으로 돌아가거나, 이후 영역을 미리 볼 수 없습니다.

✿ IBT FAQ

Q1 쓰기와 번역 영역의 답안지 작성 화면은 원고지 형식인가요?

A 아닙니다. IBT 쓰기와 번역 영역의 답안지 화면은 원고지가 아닌 메모장과 같은 빈 화면입니다.

Q2 쓰기와 번역 영역에서 답안을 입력할 때, 문단의 첫 문장은 두 칸 띄어 써야 하나요?

A 쓰기와 번역 답안을 입력할 때, 문단의 첫 문장은 띄어쓰기 없이 바로 작성하면 됩니다.

Q3 중국어는 어떻게 입력하고, 언어는 어떻게 변환해야 하나요?

A 중국어 입력 프로그램인 Sogou 입력기를 사용합니다.

Alt+Shift를 동시에 누르면 한/중 언어 변환이 가능하고, Shift를 누르면 중/영 변환이 가능합니다.

* Sogou 프로그램 다운로드 및 설치 방법: <shurufa.sogou.com> 사이트 접속 → 컴퓨터 운영체제 선택 → 설치

Q4 중국어를 입력할 때, 병음을 모르는 한자는 어떻게 입력해야 하나요?

A Sogou 입력기에서 필기 인식 기능을 활성화하면 마우스로 원하는 중국어 글자를 직접 입력할 수 있습니다.

* 중국어 필기 인식 기능 사용 방법: Sogou 입력기 우측의 사각형 모양 아이콘 클릭 →手写输入(필기 인식) 클릭 후 사용

Q5 통역이나 말하기 영역을 풀 때, 메모란에 작성한 내용은 점수에 반영이 되나요?

A 통역과 말하기 영역에서 메모란에 작성한 내용은 점수에 반영되지 않습니다.

단, 쓰기와 번역 영역에서 제시되는 빈칸은 메모란이 아닌 답안 작성칸이므로, 작성한 답안은 점수에 반영됩니다.

HSK 7-9급 영역별 출제 형태

✽ 듣기

제1부분 뉴스 듣고 일치·불일치 판단하기
- 총 2개의 뉴스가 출제되며, 각 뉴스를 듣고 이와 관련된 5개의 문제에 대한 일치 여부를 판단하는 형태입니다.
- 총 문항 수: 10문항 [1번~10번]

제2부분 대화 듣고 답을 고르거나 작성하기
- 총 2개의 대화가 출제되며, 각 대화를 듣고 이와 관련된 6개의 문제에 대한 답을 고르거나 작성하는 형태입니다. 대화 1개당 답을 고르는 문제는 4~5개, 빈칸을 작성하는 문제는 1~2개가 출제됩니다.
- 총 문항 수: 12문항 [11번~22번]

제3부분 장문 듣고 답을 고르거나 작성하기
- 총 3개의 장문이 출제되며, 각 장문을 듣고 이와 관련된 5~7개의 문제에 대한 답을 고르거나 빈칸을 작성하는 형태입니다. 장문 1개당 답을 고르는 문제는 5~7개, 빈칸을 작성하는 문제는 0~2개가 출제됩니다.
- 총 문항 수: 18문항 [23번~40번]

✽ 독해

제1부분 장문 독해
- 총 4개의 장문이 출제되며, 각 장문을 읽고 이와 관련된 7개의 문제에 대한 정답을 고르는 형태입니다.
- 총 문항 수: 28문항 [41번~68번]

제2부분 순서 배열하기
- 문맥에 맞게 단락의 순서를 배열하여 하나의 지문을 완성하는 형태입니다. 제시된 단락 중에는 이미 순서가 배열된 단락이 있으며, 문맥상 다른 단락들과 논리적으로 연결되지 않아 정답이 될 수 없는 단락이 1개 있습니다.
- 총 문항 수: 5문항 [69번~73번]

제3부분 지문 읽고 질문에 맞는 답변 쓰기
- 총 2개의 지문이 출제되며, 각 지문을 읽고 이와 관련된 7개의 문제에 대한 정답을 작성하는 형태입니다. 정답은 10글자 이하로 작성해야 합니다.
- 총 문항 수: 14문항 [74번~87번]

✽ 쓰기

제1부분 그래프 보고 글 쓰기
- 총 1개의 문제가 출제되며, 그래프를 보고 이를 묘사하고 분석하여 200자 내외의 글을 쓰는 형태입니다. 15분의 시간이 주어집니다.
- 총 문항 수: 1문항 [88번]

제2부분 논증하는 글 쓰기

- 총 1개의 문제가 출제되며, 문제에서 제시된 주제에 대해 근거를 들어 나의 의견을 주장하는 600자 내외의 글을 쓰는 형태입니다. 40분의 시간이 주어집니다.
- 총 문항 수: 1문항 [89번]

❋ 통번역

제1부분 한국어 자료 읽고 번역하기

- 총 2개의 문제가 출제되며, 한국어 자료를 읽고 이를 중국어로 번역하는 형태입니다. 35분의 시간이 주어지며, 주어진 시간 내에 2개의 자료를 모두 중국어로 번역해야 합니다.
- 총 문항 수: 2문항 [90번~91번]

제2부분 한국어 자료 읽고 통역하기 구술 시험

- 총 2개의 문제가 출제되며, 한국어 자료를 읽고 이를 중국어로 통역하는 형태입니다. 한 문제당 준비시간 1분, 답변시간 2분이 주어집니다.
- 총 문항 수: 2문항 [92번~93번]
- 통번역 제2부분부터는 구술 시험으로, 시험 시작 전 아래와 같은 이름, 국적, 수험 번호를 묻는 질문이 나옵니다. 응시자는 각 질문에 10초 동안 답해야 하며, 수험 번호는 수험증 번호(准考证号)가 아닌 응시자 번호(考生序号) 5자리만 말하면 됩니다.

> 1. 你好！你叫什么名字？（10秒）안녕하세요! 당신의 이름은 무엇입니까?
> 2. 你是哪国人？（10秒）당신은 어느 나라 사람입니까?
> 3. 你的序号是多少？（10秒）당신의 시험 번호는 몇 번입니까?

❋ 말하기

제1부분 자료 읽고 문제에 답변하기 구술 시험

- 총 1개의 문제가 출제되며, 자료를 읽고 문제에 맞게 답변하는 형태입니다. 준비시간 3분, 답변시간이 3분 주어집니다.
- 총 문항 수: 1문항 [94번]

제2, 3부분 단문 듣고 질문에 답변하기 구술 시험

- 단문을 듣고 질문에 답변하는 형태로, 제2부분은 1개 단문에 95번~97번 총 3문제가 출제되며, 단문을 읽어주는 음성이 끝나면 준비시간 없이 질문에 바로 답변해야 합니다. 제3부분은 1개 단문에 98번 1문제가 출제되며, 단문을 읽어주는 음성이 끝나면 준비시간과 답변시간이 각각 3분씩 주어집니다.
- 총 문항 수: 4문항 [제2부분: 95번~97번 / 제3부분: 98번]

✿ 나만의 학습 플랜

⏱ **1개월 학습 플랜** HSK 6급 점수가 230점 이상이면서, 한 주제에 대한 자신의 견해를 400자 이상 논리적으로 작성할 수 있고, 자료를 보고 자신의 의견을 2분가량 유창하게 설명할 수 있는 학습자

• 처음 1주 동안은 쓰기와 듣기·독해를, 2주째부터 통번역과 듣기·독해를, 3주째부터 말하기와 듣기·독해를 학습합니다.

	1일	2일	3일	4일	5일
1주	☐ ___월___일 [쓰기] 1부분 비책1,2 [듣기] 1부분 비책1,2 [어휘·표현집] 핵심 어휘 p.2~5	☐ ___월___일 [쓰기] 1부분 실전테스트 [독해] 1부분 비책1 [어휘·표현집] 핵심 어휘 p.6~9	☐ ___월___일 [쓰기] 2부분 근거 작성 스킬, 비책1 [독해] 1부분 비책2 [어휘·표현집] 핵심 어휘 p.10~13	☐ ___월___일 [쓰기] 2부분 비책2 [듣기] 1부분 실전테스트 [어휘·표현집] 핵심 어휘 p.14~17	☐ ___월___일 [쓰기] 2부분 실전테스트 [독해] 1부분 비책3 [어휘·표현집] 핵심 어휘 p.18~21
2주	☐ ___월___일 [통번역] 필수 통번역 스킬 10 [독해] 1부분 비책4 [어휘·표현집] 핵심 어휘 p.22~25	☐ ___월___일 [통번역] 1부분 비책1,2 [듣기] 2부분 비책1,2 [어휘·표현집] 핵심 어휘 p.26~29	☐ ___월___일 [통번역] 1부분 실전테스트 [독해] 1부분 실전테스트 [어휘·표현집] 핵심 어휘 p.30~33	☐ ___월___일 [통번역] 2부분 비책1,2 [독해] 2부분 비책1 [어휘·표현집] 사자성어 p.34~37	☐ ___월___일 [통번역] 2부분 실전테스트 [듣기] 2부분 비책3, 실전테스트 [어휘·표현집] 사자성어 p.38~41
3주	☐ ___월___일 [말하기] 1부분 비책1,2 [독해] 2부분 비책2 [어휘·표현집] 사자성어 p.42~45	☐ ___월___일 [말하기] 1부분 실전테스트 [독해] 2부분 실전테스트 [어휘·표현집] 사자성어 p.46~49	☐ ___월___일 [말하기] 2, 3부분 비책1 [듣기] 3부분 비책1,2 [어휘·표현집] 사자성어 p.50~53	☐ ___월___일 [말하기] 2, 3부분 비책2 [독해] 3부분 비책1,2 [어휘·표현집] 신조어·전문용어 p.54~57	☐ ___월___일 [말하기] 2, 3부분 실전테스트 [독해] 3부분 비책3, 4 [어휘·표현집] 신조어·전문용어 p.58~63
4주	☐ ___월___일 [듣기] 3부분 실전테스트 [어휘·표현집] 한-중 표현 p.64~67	☐ ___월___일 [독해] 3부분 실전테스트 [어휘·표현집] 한-중 표현 p.68~71	☐ ___월___일 실전모의고사 1회 [어휘·표현집] 핵심 어휘 복습	☐ ___월___일 실전모의고사 2회 [어휘·표현집] 사자성어 복습	___월___일 실전모의고사 3회 [어휘·표현집] 신조어·전문용어, 한-중 표현 복습

학습 플랜 이용 Tip

- 공부할 날짜를 쓰고, 매일 당일 학습 분량을 공부한 후 박스에 하나씩 체크해나가며 목표를 달성해보세요.
- 해커스중국어(china.Hackers.com)에서 무료로 제공하는 <통역·말하기 모범답변 쉐도잉 연습 프로그램>으로 중국어 말하기 연습도 함께 해 보세요.

⏱ 2개월 학습 플랜

HSK 6급 점수가 180점~230점 사이이면서, HSK 7-9급에서 새롭게 추가된 영역인
통번역/말하기 영역을 꼼꼼하게 공부하며 차근차근 실력을 쌓고 싶은 학습자

- 쓰기→통번역→말하기 순서로 학습하고, 4주째부터는 듣기·독해를 학습하면서 쓰기·통번역·말하기를 복습합니다.

	1일	2일	3일	4일	5일
1주	☐ ___월___일 [쓰기] 1부분 비책1,2 [어휘·표현집] 핵심 어휘 p.2~3	☐ ___월___일 [쓰기] 1부분 실전테스트 [어휘·표현집] 핵심 어휘 p.4~5	☐ ___월___일 [쓰기] 2부분 근거 작성 스킬, 비책1 [어휘·표현집] 핵심 어휘 p.6~7	☐ ___월___일 [쓰기] 2부분 비책2 [어휘·표현집] 핵심 어휘 p.8~9	☐ ___월___일 [쓰기] 2부분 실전테스트 [어휘·표현집] 핵심 어휘 p.10~11
2주	☐ ___월___일 [통번역] 필수 통번역 스킬10 [어휘·표현집] 핵심 어휘 p.12~13	☐ ___월___일 [통번역] 1부분 비책1,2 [어휘·표현집] 핵심 어휘 p.14~15	☐ ___월___일 [통번역] 1부분 실전테스트 [어휘·표현집] 핵심 어휘 p.16~17	☐ ___월___일 [통번역] 2부분 비책1,2 [어휘·표현집] 핵심 어휘 p.18~19	☐ ___월___일 [통번역] 2부분 실전테스트 [어휘·표현집] 핵심 어휘 p.20~21
3주	☐ ___월___일 [말하기] 1부분 비책1,2 [어휘·표현집] 핵심 어휘 p.22~23	☐ ___월___일 [말하기] 1부분 실전테스트 [어휘·표현집] 핵심 어휘 p.24~25	☐ ___월___일 [말하기] 2, 3부분 비책1 [어휘·표현집] 핵심 어휘 p.26~27	☐ ___월___일 [말하기] 2, 3부분 비책2 [어휘·표현집] 핵심 어휘 p.28~29	☐ ___월___일 [말하기] 2, 3부분 실전테스트 [어휘·표현집] 핵심 어휘 p.30~31
4주	☐ ___월___일 [듣기] 1부분 비책1,2 [쓰기] 1부분 비책1 복습 [어휘·표현집] 핵심 어휘 p.32~33 및 복습	☐ ___월___일 [독해] 1부분 비책1,2 [쓰기] 1부분 비책2 복습 [어휘·표현집] 사자성어 p.34~35	☐ ___월___일 [듣기] 1부분 실전테스트 [쓰기] 2부분 근거 작성 스킬, 비책1 복습 [어휘·표현집] 사자성어 p.36~37	☐ ___월___일 [독해] 1부분 비책3,4 [쓰기] 2부분 비책2 복습 [어휘·표현집] 사자성어 p.38~39	☐ ___월___일 [듣기] 2부분 비책1,2 [통번역] 필수 통번역 스킬 10, 1부분 비책1 복습 [어휘·표현집] 사자성어 p.40~41
5주	☐ ___월___일 [독해] 1부분 실전테스트 [통번역] 1부분 비책2 복습 [어휘·표현집] 사자성어 p.42~43	☐ ___월___일 [듣기] 2부분 비책3 [통번역] 2부분 비책1 복습 [어휘·표현집] 사자성어 p.44~45	☐ ___월___일 [독해] 2부분 비책1 [통번역] 2부분 비책2 복습 [어휘·표현집] 사자성어 p.46~47	☐ ___월___일 [듣기] 2부분 실전테스트 [말하기] 1부분 비책1 복습 [어휘·표현집] 사자성어 p.48~49	☐ ___월___일 [독해] 2부분 비책2, 실전테스트 [말하기] 1부분 비책2 복습 [어휘·표현집] 사자성어 p.50~51
6주	☐ ___월___일 [듣기] 3부분 비책1,2 [말하기] 2, 3부분 비책1 복습 [어휘·표현집] 사자성어 p.52~53 및 복습	☐ ___월___일 [독해] 3부분 비책1,2 [말하기] 2, 3부분 비책2 복습 [어휘·표현집] 신조어·전문 용어 p.54~55	☐ ___월___일 [듣기] 3부분 실전테스트 [쓰기] 1부분 복습 [어휘·표현집] 신조어·전문 용어 p.56~57	☐ ___월___일 [독해] 3부분 실전테스트 [듣기] 1부분 복습 [쓰기] 2부분 복습 [어휘·표현집] 신조어·전문 용어 p.58~59	☐ ___월___일 [독해] 1부분 복습 [통번역] 필수 통번역 스킬 10 복습 [어휘·표현집] 신조어·전문 용어 p.60~61
7주	☐ ___월___일 [듣기] 2부분 복습 [통번역] 1부분 복습 [어휘·표현집] 신조어·전문 용어 p.62~63 및 복습	☐ ___월___일 [독해] 2부분 복습 [통번역] 2부분 복습 [어휘·표현집] 한-중 표현 p.64~65	☐ ___월___일 [듣기] 3부분 복습 [말하기] 1부분 복습 [어휘·표현집] 한-중 표현 p.66~67	☐ ___월___일 [독해] 3부분 복습 [말하기] 2, 3부분 복습 [어휘·표현집] 한-중 표현 p.68~69	실전모의고사 1회 [어휘·표현집] 한-중 표현 p.70~71
8주	☐ ___월___일 실전모의고사 1회 복습 [어휘·표현집] 한-중 표현 복습	☐ ___월___일 실전모의고사 2회 [어휘·표현집] 핵심 어휘 복습	☐ ___월___일 실전모의고사 2회 복습 [어휘·표현집] 사자성어 복습	☐ ___월___일 실전모의고사 3회 [어휘·표현집] 신조어·전문 용어 복습	☐ ___월___일 실전모의고사 3회 복습 [어휘·표현집] 한-중 표현 복습

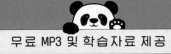

무료 MP3 및 학습자료 제공

china.Hackers.com

听力
듣기

제1부분

뉴스 듣고
일치·불일치 판단하기

제2부분

대화 듣고 답을
고르거나 작성하기

제3부분

장문 듣고 답을
고르거나 작성하기

제1부분

뉴스 듣고
일치·불일치 판단하기

듣기 제1부분은 화면에 제시되는 문제가 음성으로 들려주는 뉴스의 내용과 일치하는지의 여부를 판단하는 형태로, 뉴스 1개당 5문제씩 총 2개의 뉴스에 대해 1번부터 10번까지 10문제가 출제된다. 화면에 제시되는 문제는 음성으로 들려주지 않는다.

고득점비책 01   스포츠·예술·과학 기술 관련 뉴스 공략하기
고득점비책 02   시사 관련 뉴스 공략하기

출제 유형

1. **스포츠·예술·과학 기술 관련 뉴스**
   배구 경기와 같은 스포츠 관련 뉴스, 중국 희극과 같은 예술 관련 뉴스, 스마트 자동차와 같은 과학 기술 관련 뉴스가 출제된다. 주로 <주제에 대한 이슈 및 현황 → 주제에 대한 세부 정보 → 전망, 발전 방향>의 흐름으로 진행된다.

2. **시사 관련 뉴스**
   최근 중국에서 발생한 일이나 국제적으로 진행된 회의, 새로운 법률 내용과 같은 최신 시사와 관련된 뉴스가 출제된다. 주로 <발생한 사건 → 발생 원인, 세부 정보 → 해결 방안, 향후 계획>의 흐름으로 진행된다.

출제 경향

1. **뉴스의 흐름과 문제의 순서는 대부분 일치한다.**
   각 문제의 정답의 단서는 대부분 뉴스의 흐름에 맞춰 첫 문제부터 순서대로 제시된다.

2. **마지막 문제는 주로 중심 내용을 묻는 문제가 출제된다.**
   각 지문의 마지막 문제는 '这则新闻主要谈的是……(이 뉴스에서 주로 이야기하는 것은 ~)', '这则新闻旨在……(이 뉴스는 ~을 목적으로 한다)'와 같이 지문의 전체적인 내용을 파악하여 중심 내용의 일치 여부를 판단하는 문제가 주로 출제된다.

정답이 들리는 문제풀이 스텝

<화면에 제시되는 문제>

> 1. 绍剧工作室的成立说明绍剧传统表演艺术已被广泛
>   接纳。(   )

Step 1 문제를 읽으며 뉴스 주제 예측하기

음성을 듣기 전, 화면에 제시되는 문제를 재빨리 읽으며 어떤 내용의 뉴스가 나올지 예측한다.

문제에서 언급된 绍剧(소극)와 表演艺术(공연 예술)를 통해 소극에 관한 예술 관련 뉴스가 나올 것임을 예측할 수 있다.

<음성으로 들려주는 뉴스>

> 　　不久前，绍剧表演艺术家刘建杨的艺术工作室授牌仪式及绍剧动漫《孙悟空三打白骨精》发布会在绍兴市绍剧艺术中心举行。[1]绍剧工作室的成立是绍剧表演艺术传承和发展的重要举措。而首部绍剧动漫——《孙悟空三打白骨精》成功结合了动漫视觉元素与绍剧经典唱腔，以数字动画的表现形式，让传统绍剧以一个全新的画风展现给了观众。刘建杨表示，他希望用这一方式让传统剧目年轻化，[1]吸引国内外更多年轻人了解和喜欢绍剧艺术，从而使绍剧得到较好的传承和发展。

Step 2 뉴스를 들으면서 일치·불일치 판단하기

뉴스의 흐름에 맞춰 순서대로 문제의 일치 여부를 판단한다. 뉴스 길이가 길고 음원 속도가 빠르므로 뉴스를 들으면서 동시에 각 문제의 일치 여부를 판단한다.

'소극 스튜디오의 설립은 소극 공연 예술 전승과 발전을 위한 중요한 조치이다.(绍剧工作室的成立是绍剧表演艺术传承和发展的重要举措。)'와 '국내외의 더 많은 젊은 사람들이 소극 예술을 이해하고 좋아하도록 사로잡다(吸引国内外更多年轻人了解和喜欢绍剧艺术)'라는 내용을 통해 소극은 전승과 발전이 필요하고, 젊은 사람들에게 잘 알려지지 않아 아직 폭넓게 받아들여지지 않고 있다는 것을 알 수 있다. 따라서 1번 문제를 불일치로 판단한다.

<화면에 제시되는 문제>

> 1. 绍剧工作室的成立说明绍剧传统表演艺术已被广泛
>   接纳。(X)

해석 p.310

01 스포츠·예술·과학 기술 관련 뉴스 공략하기

MP3 바로듣기

배구 경기나 동계 스포츠와 같은 스포츠 관련 뉴스, 중국 희극이나 상하이 예술품과 같은 예술 관련 뉴스, 스마트 자동차나 가상 인간과 같은 과학 기술 관련 뉴스가 출제된다. 주로 '주제에 대한 이슈 및 현황 → 주제에 대한 세부 정보 → 전망과 발전 방향'의 흐름으로 출제되며, 이와 관련된 내용을 묻는 문제가 출제된다.

예상 주제

- **中国女排**(중국 여자 배구)가 세계 챔피언을 거머쥐었다는 내용의 뉴스
  중국 여자 배구가 세계 챔피언이 됨 → 중국 여자 배구의 역사 → 중국 여자 배구의 새로운 여정

- **绍剧**(소극)가 상을 받았다는 내용의 뉴스
  소극 애니메이션이 상을 받음 → 소극에 대한 설명 → 소극 극단 단장이 발표한 소극 발전 계획

- **智能交通**(스마트 교통)의 발전 현황을 설명하는 내용의 뉴스
  장쑤성의 스마트 커넥티드 카 업체 현황 → 스마트 교통의 장점 → 스마트 교통의 발전 방향

문제풀이 전략

Step 1 문제를 읽으며 뉴스 주제 예측하기

- 문제를 통해 뉴스 주제를 예측하고 어떤 내용의 뉴스가 나올지 대비하며 음성을 들으면 뉴스의 전반적인 내용을 빠르게 파악할 수 있다.
- 스포츠·예술·과학 기술 관련 뉴스 문제에서 자주 사용되는 표현은 다음과 같다.

스포츠	**世界冠军**(세계 챔피언), **坚持奋斗的精神**(끝까지 분투하는 정신), **团队**(팀) **联赛**(리그전)
예술	**表演艺术**(공연 예술), **传承**(전승하다), **了解历史文物**(역사 문화재를 이해하다), **文艺活动**(문예 행사)
과학 기술	**数据和算法**(데이터와 알고리즘), **研发**(연구 개발하다), **人工智能**(인공 지능), **遗传信息**(유전 정보)

Step 2 뉴스를 들으면서 일치·불일치 판단하기

- 스포츠·예술·과학 기술 관련 뉴스는 주로 다음과 같은 흐름으로 진행된다.

주제에 대한 이슈 및 현황	▶	주제에 대한 세부 정보	▶	전망, 발전 방향

- 음성에서 문제에 사용된 표현이 언급되면 특히 주의 깊게 듣는다.
- 스포츠·예술·과학 기술 관련 뉴스에서는 다음과 같은 문제가 출제된다.

주제에 대한 이슈 및 현황	**中国青少年足球联赛在中国具有极大的社会影响力。** 중국 청소년 축구 리그전은 중국에서 매우 큰 사회적 영향력을 가지고 있다.
주제에 대한 세부 정보	**智能化的交通能通过宏观分析，对城市的交通进行治理。** 스마트화된 교통은 거시적인 분석을 통해 도시의 교통을 관리할 수 있다.
전망, 발전 방향	**这则新闻主要谈的是文艺界为绍剧艺术的传承和发展所做出的努力。** 이 뉴스에서 주로 이야기하는 것은 소극 예술의 전승과 발전을 위해 예술계에서 들인 노력이다.

 **전략 적용** 🎧 제1부분_1_01_전략 적용

Step별 해설을 보기 전에, 문제풀이 전략에 따라 음성을 듣고 직접 정답을 골라보세요.

<화면에 제시되는 문제>

1. 《中国青少年足球联赛赛事组织工作方案》是由中•
   国足协独立制定的方案。（　　　）

2. 中国青少年足球联赛在中国具有极大的社会影响
   力。（　　　）

3. 先前的校园足球系列赛事对参赛者有一定制约，而
   本次青少年足球联赛没有相关限制。（　　　）

4. 中国青少年足球联赛将实现数字化管理，使一切参
   赛手续都通过信息化手段完成。（　　　）

5. 这则新闻主要谈的是中国青少年足球联赛的比赛规
   则和赛事进程。（　　　）

—— Step 1　**문제를 읽으며 뉴스 주제 예측하기**

음성을 듣기 전, 화면에 제시되는 문제를 재빨리 읽으며 어떤 내용의 뉴스가 나올지 예측한다.

문제에서 공통적으로 언급된 **中国青少年足球联赛**(중국 청소년 축구 리그전)를 통해 이에 관한 스포츠 관련 뉴스가 나올 것임을 예측할 수 있다.

<음성으로 들려주는 뉴스>

¹近日，由教育部、国家体育总局和中国足协共同制定的《中国青少年足球联赛赛事组织工作方案》正式发布。该方案标志着面向全体青少年的中国国内最高规格的足球联赛将拉开序幕，这意味着中国青少年足球领域的体教融合在竞赛设计和执行层面迎来了实质性的突破。

²中国青少年足球联赛是中国覆盖面积最广、参赛人员最多、竞技水平最高、²社会影响力最大的青少年足球顶级赛事。该联赛主要面向全体青少年，以青少年球员的健康发展为总体目标，充分扩大参与足球运动的青少年人数。在赛历编制、参赛人员和赛事转播等方面，中国青少年足球联赛都享有优先权。可以看出，这项全新的赛事将在中国青少年足球领域占据至高的地位。

中国青少年足球联赛赛事办公室负责人介绍，³之前的校园足球系列赛事对参与队伍有一定的限制，而本次赛事面向全体青少年，不对球员和球队设定参赛限制，因此体校代表队、学校代表队、职业俱乐部青训梯队和社会青训机构都可参与赛事，这也是本次赛事最大的亮点。他还表示，要以中国青少年足球联赛为契机，对现有的青少年赛事进行相应的调整，并对地方赛事给予指导性的建议。

⁴中国青少年足球联赛未来还将与中国足协官方平台合作，与全国各赛区的赛事管理平台建立相关数据，⁴使一切参赛手续都通过信息化手段来完成，实现数字化管理，这将为未来青少年足球联赛的发展助力。

Step 2 뉴스를 들으면서 일치·불일치 판단하기

뉴스의 흐름에 맞춰 순서대로 문제의 일치 여부를 판단한다. 뉴스 길이가 길고 음원 속도가 빠르므로 뉴스를 들으면서 동시에 각 문제의 일치 여부를 판단한다.

1 近日，由教育部、国家体育总局和中国足协共同制定的《中国青少年足球联赛赛事组织工作方案》正式发布。를 듣고 1번 문제를 불일치로 판단한다.

2 中国青少年足球联赛是中国……社会影响力最大的青少年足球顶级赛事을 듣고 2번 문제를 일치로 판단한다.

3 之前的校园足球系列赛事对参与队伍有一定的限制，而本次赛事面向全体青少年，不对球员和球队设定参赛限制을 듣고 3번 문제를 일치로 판단한다.

4 中国青少年足球联赛未来还将……使一切参赛手续都通过信息化手段来完成，实现数字化管理를 듣고 4번 문제를 일치로 판단한다.

5 뉴스 전반적으로 새롭게 발표된 중국 청소년 축구 리그전 조직 업무 방안에 대해 언급하고 있으므로 5번 문제를 불일치로 판단한다.

1. 《中国青少年足球联赛赛事组织工作方案》是由中国足协独立制定的方案。（　✕　）

2. 中国青少年足球联赛在中国具有极大的社会影响力。（　✓　）

3. 先前的校园足球系列赛事对参赛者有一定制约，而本次青少年足球联赛没有相关限制。（　✓　）

4. 中国青少年足球联赛将实现数字化管理，使一切参赛手续都通过信息化手段完成。（　✓　）

5. 这则新闻主要谈的是中国青少年足球联赛的比赛规则和赛事进程。（　✕　）

해석 p.310

실전연습문제 🐼

음성을 듣고 문제가 뉴스 내용과 일치하면 ✓, 일치하지 않으면 ✕를 체크하세요. 🎧 제1부분_1_02_실전연습문제

1　在数据和算法的支撑下，汽车可以突破视觉局限性。（　　　　）

2　根据相关调查，江苏省高铁新城现有30多家智能网联汽车企业，这些企业涉及到80多个细分领域。
　（　　　　）

3　智能化的交通能通过宏观分析，对城市的交通进行治理。（　　　　）

4　为了完善智能交通的建设，政府将把智能交通技术的研发成果应用到所有省市。（　　　　）

5　该新闻报道了交通系统与日益发展的人工智能之间产生的矛盾。（　　　　）

정답 p.311

고득점비책 02 시사 관련 뉴스 공략하기

MP3 바로듣기

최근 중국에서 발생한 사건, 국제 회의와 같은 국제적 이슈 등 최신 시사와 관련된 뉴스가 출제된다. 주로 해당 분야와 관련해 '발생한 사건 → 발생 원인이나 세부 정보 → 해결 방안이나 향후 계획'의 흐름으로 출제되며, 이와 관련된 내용을 묻는 문제가 출제된다.

예상 주제

- 중국의 《法律援助法》(<법률 지원법>)실행과 관련된 내용의 뉴스
  중국에서 <법률 지원법>을 표결함 → <법률 지원법> 관련 설명 및 중점과 난제 → <법률 지원법>의 의의

- 联合国环境大会(유엔환경총회)에서 논의된 환경 오염에 관련된 내용의 뉴스
  제5회 유엔환경총회가 열림 → 환경 오염 발생 원인 및 논의 내용 → 관리 역량 강화 및 나라간 원활한 소통 필요

- 职业倦怠(번아웃 증후군)와 관련된 내용의 뉴스
  번아웃 증후군 현상이 점차 보편화되고 있음 → 번아웃 증후군의 발생 원인→ 번아웃 증후군을 해소하는 방법

문제풀이 전략

Step 1) 문제를 읽으며 뉴스 주제 예측하기

- 문제를 통해 뉴스 주제를 예측하고 어떤 내용의 뉴스가 나올지 대비하며 음성을 들으면 뉴스의 전반적인 내용을 빠르게 파악할 수 있다.
- 시사 관련 뉴스 문제에서 자주 사용되는 표현은 다음과 같다.

중국 내 이슈	政府部门(정부 부처), 保险费(보험료), 政策(정책), 完善制度(제도를 보완하다), 民族特色(민족 특색)
국제적 이슈	全球(전 세계), 国际协定(국제 협정), 全球的共识(전 세계의 공통된 의견), 世界级盛会(세계적 축제)

Step 2) 뉴스를 들으면서 일치·불일치 판단하기

- 시사 관련 뉴스는 주로 다음과 같은 흐름으로 진행된다.

발생한 사건	▶	발생 원인, 세부 정보	▶	해결 방안, 향후 계획

- 음성에서 문제에 사용된 표현이 언급되면 특히 주의 깊게 듣는다.
- 시사 관련 뉴스에서는 다음과 같은 문제가 출제된다.

발생한 사건	调查显示，人口流入量大的城市老龄化程度也相对较深。 조사에서, 인구 유입량이 많은 도시의 고령화 정도가 상대적으로 심한 것으로 나타났다.
발생 원인, 세부 정보	此次大会通过了有关塑料污染治理的国际协定，该协定具有法律约束力。 이번 총회에서 플라스틱 오염 관리에 대한 국제 협정이 통과되었으며, 해당 협정은 법적 효력이 있다.
해결 방안, 향후 계획	若想改变大学生的就业现状，学校应与企业合作，为学生提供更多机会。 만약 대학생의 취업 현황을 변화시키고 싶다면, 학교는 기업과 협력하여 학생들에게 더 많은 기회를 제공해야 한다.

Step별 해설을 보기 전에, 문제풀이 전략에 따라 음성을 듣고 직접 정답을 골라보세요.

<화면에 제시되는 문제>

1. 经济水平的提升是目前中国老龄化人口增加的原因之一。（　　　）

2. 调查显示，人口流入量大的城市老龄化程度也相对较深。（　　　）

3. 在如今社会老龄化的情形下，护理服务行业的门槛越来越高。（　　　）

4. 制定养老保障体系时，要保障老年人的经济来源，使老年人能够维持基本的生活。（　　　）

5. 这则新闻主要谈的是老龄化问题以及制定养老保障体系时需注意的事项。（　　　）

—— Step 1 **문제를 읽으며 뉴스 주제 예측하기**

음성을 듣기 전, 화면에 제시되는 문제를 재빨리 읽으며 어떤 내용의 뉴스가 나올지 예측한다.

문제의 **中国老龄化人口**(중국 고령화 인구), **护理服务**(돌봄 서비스), **养老保障体系**(양로 보장 시스템), **经济来源**(경제적 원천)을 통해 중국 노년층의 양로에 관한 시사 관련 뉴스가 나올 것임을 예측할 수 있다.

<음성으로 들려주는 뉴스>

全球人口老龄化趋势中，中国的老龄化增长速度最快、规模也最大。第七次全国人口普查结果显示，中国60岁以上老年人总数已超过2.6亿人，这意味着每五位中国人中就有一位老年人。随着生育率的下降、[1]经济水平的提升以及人均寿命的延长，老龄化比例在各个地区持续增大。

有关[2]调查显示，由于一些城市的人口流入不太明显，所以老龄化程度较深，与之相反，[2]人口流入较大的城市，老龄化趋势则有所减缓。虽然许多城市用多样的人才政策吸引年轻人的流入，但是在老龄化加深的背景下，更需要重视的其实是养老问题。

[3]在老龄化的情形下，人们对护理服务的需求也会日益高涨，对养老、医疗和护理保险基金的支付压力将持续增大。如何为数以亿计的老龄人口提供有质量的养老服务，是目前面临的重大挑战。

中国社会保障学会会长表示，如今养老不再是一项保障制度，更是一个制度体系。为了解决老年人的养老问题，制定完整的养老保障体系是当务之急。

[4]在制定养老保障体系时，首先要注重养老金制度，公平可靠地保障老年人的经济来源，从而使他们能够维持基本生活；其次，要着重优化养老服务制度，政府、市场主体、社会、个人以及家庭需要确保老年人群体对养老服务满意；最后，要重视老年人的长期护理保险制度，同时完善医疗保障制度。只有真正确保老年人的需求得到满足，老年人的养老生活才能得到保障。

许多老年人依旧在社会上担当着重要的职责，因此健康的老龄化和积极的老龄观对社会发展有巨大的意义。

Step 2 뉴스를 들으면서 일치·불일치 판단하기

뉴스의 흐름에 맞춰 순서대로 문제의 일치 여부를 판단한다. 뉴스 길이가 길고 음원 속도가 빠르므로 뉴스를 들으면서 동시에 각 문제의 일치 여부를 판단한다.

1 经济水平的提升以及人均寿命的延长，老龄化比例在各个地区持续增大를 듣고 1번 문제를 일치로 판단한다.

2 调查显示……人口流入较大的城市，老龄化趋势则有所减缓을 듣고 2번 문제를 불일치로 판단한다.

3 在老龄化的情形下，人们对护理服务的需求也会日益高涨，对养老、医疗和护理保险基金的支付压力将持续增大。를 듣고 3번 문제를 불일치로 판단한다.

4 在制定养老保障体系时，首先要注重养老金制度，公平可靠地保障老年人的经济来源，从而使他们能够维持基本生活을 듣고 4번 문제를 일치로 판단한다.

5 뉴스 전반적으로 중국 고령화 문제의 심각성과 양로 보장 시스템에서 다뤄야 할 것에 대해 언급한 내용을 듣고 5번 문제를 일치로 판단한다.

1. 经济水平的提升是目前中国老龄化人口增加的原因之一。 （ ✓ ）

2. 调查显示，人口流入量大的城市老龄化程度也相对较深。 （ ✗ ）

3. 在如今社会老龄化的情形下，护理服务行业的门槛越来越高。 （ ✗ ）

4. 制定养老保障体系时，要保障老年人的经济来源，使老年人能够维持基本的生活。 （ ✓ ）

5. 这则新闻主要谈的是老龄化问题以及制定养老保障体系时需注意的事项。 （ ✓ ）

해석 p.312

실전연습문제

음성을 듣고 문제가 뉴스 내용과 일치하면 ✓, 일치하지 않으면 ✗를 체크하세요. 🎧 제1부분_2_02_실전연습문제

1 第五届联合国环境大会续会以两种形式进行。（   ）

2 本届联合国环境大会关注了有关塑料污染的问题。（   ）

3 2017年之前全球塑料回收利用率比较可观。（   ）

4 此次大会通过了有关塑料污染治理的国际协定，该协定具有法律约束力。（   ）

5 这则新闻旨在介绍联合国环境大会的历史以及历年的主题焦点。（   ）

정답 p.313

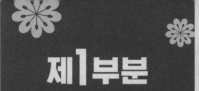

제1부분 실전테스트

음성을 듣고 문제가 뉴스 내용과 일치하면 ✔, 일치하지 않으면 ✘를 체크하세요. 🎧 제1부분_실전테스트

1   故宫博物院举行了公益捐赠活动，为34所小学捐献了价值十几万元的故宫图书。
   (   )

2   "故宫小书包"活动给全国儿童提供了了解世界文物和传统建筑的机会，还鼓励孩子们开展读
   书会。（   ）

3   故宫出版社出版的文物艺术、明清历史、宫廷文化三大类书籍受到了读者们的喜爱。（   ）

4   "故宫小书包"里的图书既能让孩子们升华自己的心灵，也能让教师们在优秀传统文化中提升
   师德。（   ）

5   该新闻报道了全国各地在"世界读书日"举行的许多鼓励市民阅读的文艺活动。（   ）

6 自特困行业缓缴社会保险费政策出台以来，政府有关部门安排专人解答了咨询内容。
   (   )

7 按照缓缴政策规定，除了涉及餐饮、零售、旅游、物流等行业的企业以外，其他企业均可以申请缓缴社会保险费。（   ）

8 此次缓缴政策适用于社会保险费的个人应缴纳部分。（   ）

9 如果未按时足额补缴，社会保险费征收机构将按日加收万分之五的滞纳金。（   ）

10 这则新闻主要谈的是对政府相关政策的具体解析。（   ）

정답 p.315

제2부분

대화 듣고 답을 고르거나 작성하기

듣기 제2부분은 대화를 듣고 질문에 맞는 답을 고르거나 빈칸을 작성하는 형태로, 대화 1개당 6문제씩 총 2개의 대화에 대해 11번부터 22번까지 12문제가 출제된다. 대화 1개당 답을 고르는 문제는 4~5개, 빈칸을 작성하는 문제는 1~2개가 출제된다.

고득점비책 01   인터뷰 공략하기
고득점비책 02   토론 공략하기
고득점비책 03   비즈니스 협상 공략하기

출제 유형

1. **인터뷰**
   중국 공예 예술가와 같은 어떤 특정 분야 전문가의 성과, 견해 등을 인터뷰하는 내용으로 <업적, 분야 소개 및 시작 계기 → 분야의 특징, 경험 → 견해, 계획, 목표>의 흐름으로 인터뷰가 진행된다.

2. **토론**
   '역경이 성장에 도움이 된다/순조로운 환경이 성장에 도움이 된다'와 같이 어떠한 주제를 놓고 두 사람이 서로 토론하는 내용으로 <의견 제시 → 의견 반박 → 의견 총정리, 재주장>의 흐름으로 토론이 진행된다.

3. **비즈니스 협상**
   중국 특산 오렌지와 같은 어떠한 상품의 가격, 운송 방식 등에 대해 두 사람이 서로 협상하는 내용으로 <상품의 특징 및 장점 설명 → 주문 수량, 가격 흥정 → 추가 사항 논의>의 흐름으로 협상이 진행된다.

출제 경향

1. **대화의 흐름과 문제의 순서는 대부분 일치한다.**
   각 문제의 정답의 단서는 대부분 대화의 흐름에 맞춰 첫 문제부터 순서대로 제시된다.

2. **빈칸을 작성하는 주관식 문제가 출제된다.**
   빈칸에 알맞은 답을 작성하는 주관식 문제는, 음성에서 언급된 표현을 그대로 받아쓰는 문제와 질문에 대한 답을 쓰는 형태로 출제된다.

3. **정답의 후보가 2개 이상인 문제가 출제된다.**
   남/여를 구분해야 하는 문제, 언급되지 않은 것을 고르는 문제와 같이 정답의 후보가 2개 이상인 문제가 출제된다.

<화면에 제시되는 선택지>

> 11. A 山上和山下落差很大
> B 具有鲜明的历史和人文特色
> C 与周围的村庄保持融洽的关系
> D 是冬奥场馆历史上新的里程碑

Step 1 **선택지 또는 빈칸 작성 문제를 읽으며 대화 주제 예측하기**

음성을 듣기 전, 선택지 또는 빈칸 작성 문제를 재빨리 읽어 어떤 내용의 대화가 나올지 예측한다. 빈칸 작성 문제는 반드시 미리 읽어두어 해당 부분이 음성에서 언급될 것을 대비한다.

선택지의 **冬奥场馆**(동계 올림픽 경기장)을 통해 올림픽 경기장과 관련된 대화가 나올 것임을 예측할 수 있다.

<음성으로 들려주는 대화와 질문>

> 女：作为北京冬奥会延庆赛区总规划师，您成功地打造出了一个与大自然深度相融的冬奥赛区，¹¹这堪称是冬奥场馆历史上新的里程碑。当初您接到设计任务，第一次到延庆赛区时有怎样的感受呢？
>
> 男：我们第一次到那里时，觉得延庆赛区是一个非常具有挑战性，同时又很有魅力的场地。延庆赛区核心区位于小海坨山南麓，那里层峦叠翠、地形复杂，¹¹山上到山下有高达1400米的落差，山顶最低温度可以达到零下40度。另外，那里景色优美，生态环境好，而且¹¹有鲜明的历史和人文特色。我们还在那里偶然发现了上世纪40年代被废弃的一个山村遗迹。
>
> 11. 问：关于北京冬奥会延庆赛区，下列哪项不正确？

Step 2 **대화를 들으며 정답의 후보를 고르거나 빈칸 내용 작성해두기**

대화의 흐름에 맞춰 순서대로 각 문제의 정답의 후보를 고른다. 빈칸을 작성하는 문제는 문제의 내용이 언급될 때 바로 빈칸에 들어갈 내용을 작성해둔다.

음성에서 언급된 선택지 A **山上和山下落差很大**, B **具有鲜明的历史和人文特色**, D **是冬奥场馆历史上新的里程碑**를 정답의 후보로 고른다. 선택지 C **与周围的村庄保持融洽的关系**만 언급되지 않았으므로, 옳지 않은 것을 묻는 질문이 나올 것을 예측할 수 있다.

<화면에 제시되는 문제>

> 11. A 山上和山下落差很大
> B 具有鲜明的历史和人文特色
> **C 与周围的村庄保持融洽的关系** ✓
> D 是冬奥场馆历史上新的里程碑

해석 p.319

Step 3 **질문을 들으며 정답 확정하기**

질문을 듣고 선택해둔 정답의 후보나 작성해둔 답을 확인하여 정답으로 확정한다.

베이징 동계 올림픽 옌칭 지구에 관해 옳지 않은 것을 물었으므로, 선택지 C가 정답이다.

01 인터뷰 공략하기

MP3 바로듣기

외과 의사, 중국 공예 예술가와 같은 어떤 특정 분야 전문가의 성과, 견해 등을 인터뷰하는 내용이 출제된다. 주로 '업적이나 분야 소개 및 시작 계기 → 분야의 특징이나 경험 → 견해, 계획, 목표'를 이야기하는 흐름으로 인터뷰가 진행되며, 이와 관련된 내용을 묻는 질문이 출제된다.

예상 주제
- **戏剧制作人**(연극 제작자)의 인터뷰
  연극 수상 이력 → 연극이 문화 교류에서 하는 역할 → 중국 연극 발전에 대한 생각

- **重离子治疗**(중이온 가속기 치료) 담당 의사의 인터뷰
  중이온 가속기 치료 소개 → 중이온 가속기 치료의 장점 → 의학 물리학 인재 개발 목표

문제풀이 전략

Step 1 선택지 또는 빈칸 작성 문제를 읽으며 대화 주제 예측하기

- 선택지 또는 빈칸 작성 문제를 통해 대화 주제를 예측하고 어떤 내용의 대화가 나올지 대비하며 음성을 들으면 대화의 전반적인 내용을 빠르게 파악할 수 있다.

- 선택지에서 반복적으로 사용된 어휘 또는 특정 분야와 관련된 어휘를 통해 어떤 주제의 대화가 나올지 예측한다.

  예 A 电子产业遇到瓶颈
        B 要把资本集中在科研上
        C 技术上需要寻找突破口
        D 新型芯片的价格超出预算

  ▶ 선택지의 电子产业(전자 산업), 科研(과학 연구), 技术(기술), 芯片(칩)을 통해 전자 기술에 관한 대화가 나올 것임을 예측할 수 있다.

Step 2 대화를 들으며 정답의 후보를 고르거나 빈칸 내용 작성해두기

- 인터뷰는 주로 다음과 같은 흐름으로 진행된다.

업적, 분야 소개 및 시작 계기	▶	분야의 특징, 경험	▶	견해, 계획, 목표

- 대화에서 언급된 내용과 일치하는 선택지를 정답의 후보로 골라둔다. 정답의 후보는 2개 이상일 수 있으므로 대화에서 언급된 선택지들을 잘 기억해둔다.

- 인터뷰 대상이 언급하는 내용에서 정답이 언급될 가능성이 높으므로, 남자와 여자 중 누가 인터뷰 대상인지 파악하여 인터뷰 대상의 말을 더욱 주의 깊게 듣는다.

- 대화에서 선택지 세 개가 언급되는 경우, 옳지 않은 것을 묻는 문제가 나올 것임을 예측한다.

- 빈칸 작성 문제는 문제의 내용이 대화에서 언급되면 곧바로 빈칸에 들어갈 표현을 받아쓰거나, 질문에 대한 답을 작성한다.

Step 3 질문을 들으며 정답 확정하기

- 인터뷰에서는 다음과 같은 질문을 들을 수 있다.

업적, 분야 소개 및 시작 계기	女的担任了哪家公司的法律顾问? 여자는 어느 회사의 법률 고문을 맡았는가?
	重离子治疗属于癌症的哪种治疗方法? 중이온 치료는 암의 어떤 치료 방법에 속하는가?
분야의 특징, 경험	建设延庆赛区的挑战性大的主要原因是什么? 옌칭 지구의 건축 도전성이 큰 주요 원인은 무엇인가?
	男的对与法国编剧和导演合作的经历有什么感受? 남자는 프랑스 작가 및 감독과 협업한 경험에 대해 어떤 느낌이 있는가?
견해, 계획, 목표	关于湿地保护, 男的建议普通人怎样做? 습지 보호에 관해, 남자는 일반인이 어떻게 하는 것을 제안하는가?
	女的对戏剧工作者有什么期待? 여자는 연극인들에게 어떠한 기대를 가지고 있는가?

전략 적용

🎧 제2부분_1_01_전략 적용

Step별 해설을 보기 전에, 문제풀이 전략에 따라 음성을 듣고 직접 정답을 골라보세요.

<화면에 제시되는 선택지와 빈칸 작성 문제>

1. A 湿地资源总量比较丰富
   B 已有成熟的湿地保护机制
   C 人均湿地面积居全球第五位
   D 受到公民的强烈关注和重视

2. 国家对生态环境保护、生态文明建设重视起来，对
   湿地的保护也被纳入了：_____。

3. A 跟随世界的潮流
   B 注重工业经济的发展
   C 迫切需要解决温饱问题
   D 遵照了当时的宪法规定

4. 《湿地保护法》总则里对全社会湿地保护的良好氛
   围的形成以及_____的提升，都做了明确的规定。

5. A 增加对湿地的专业知识
   B 多去欣赏湿地独特的风光
   C 积极报考有关湿地修复的专业
   D 从身边的小事提升湿地保护意识

6. A 只能采用已获批的修复方案
   B 一定程度上可允许新的破坏
   C 全国人民都可以参与修复工作
   D 以省级重要湿地为优先修复对象

— Step 1 선택지 또는 빈칸 작성 문제를 읽으며 대화 주제 예측하기

음성을 듣기 전, 선택지 또는 빈칸 작성 문제를 재빨리 읽어 어떤 내용의 대화가 나올지 예측한다. 빈칸 작성 문제는 반드시 미리 읽어두어 해당 부분이 음성에서 언급될 것을 대비한다.

선택지와 문제에서 언급된 湿地(습지), 湿地保护(습지 보호), 生态文明建设(생태 문명 건설), 宪法(헌법), 修复(복구하다)를 통해 습지의 보호와 법에 관한 대화가 나올 것임을 예측할 수 있다.

<음성으로 들려주는 대화와 질문>

女：[1]在《湿地保护法》的起草过程中，您担任了专家
团队负责人职位。在组建这个团队的时候，[1]中国
的湿地处于一种什么样的状况？而这些状况跟相关
法律的缺失又有怎样的关系呢？

男：湿地生态系统对维护水资源安全、生物安全和粮食
安全，以及对减缓全球气候变化，都发挥了重要的
作用。但由于湿地长期以来得不到人们的重视，再
加上人们对它的生态功能的重要性认识不足，导致
湿地受到的破坏不断增加。当时，中国因为没有上
位法，所以湿地面临着面积减少、功能衰退、生
物多样性下降等问题。尽管[1]湿地资源总量比较丰
富，但由于中国人口众多，人均湿地面积仅占全球
人均面积的五分之一，所以我们的湿地显得尤其珍
贵、尤其稀缺。另外，经济发展导致的湿地破坏现

— Step 2 대화를 들으며 정답의 후보를 고르거나 빈칸 내용 작성해두기

대화의 흐름에 맞춰 순서대로 각 문제의 정답의 후보를 고른다. 빈칸을 작성하는 문제는 문제의 내용이 언급될 때 바로 빈칸에 들어갈 내용을 작성해둔다.

1 在《湿地保护法》的起草过程中……中国的湿地处于一种什么样的状况？과 湿地资源总量比较丰富를 듣고 선택지 A 湿地资源总量比较丰富를 정답의 후보로 고른다.

象时有发生。之后，²国家对生态环境保护、生态文明建设重视起来，对湿地的保护也被纳入了**重要制度框架中**。我们认为，湿地立法确实是有急迫性和必要性的。

女：中国曾经大规模围湖造田，这种做法在近十年来是否已经很少见了？社会大众对湿地的了解和认识跟上世纪相比，您觉得有什么转变呢？

男：过去我们一直通过沼泽来进行对湿地的研究。1992年，中国加入《湿地公约》以后才真正引入了湿地这个概念。³中国在70年代围湖造田，这是因为在当时历史背景下，我们对湿地的认识有局限性。那个时候中国"以粮食为纲"，全国粮食短缺，所以我们要考虑粮食安全。³为了解决温饱问题，中国便开始大规模地开发湿地。现在温饱问题解决了，人们的环境保护意识也增强了许多。所以我们的任何一项政策都应该放在当时的历史背景条件下去看，虽然有局限性，但也有当时现实的急迫性和需求性。

女：对于专业工作者还有普通人，您认为他们应了解这部法律的哪些内容呢？

男：湿地保护离不开全社会湿地保护意识的提升。所以，⁴我们在《湿地保护法》总则里对全社会湿地保护的良好氛围的形成以及**公众湿地保护意识**的提升，都做了明确的规定；同时，我们对湿地保护的权利和义务也做出了一些规定。湿地保护离不开科技工作者，因此我们对人才培养、学科建设等内容也做出了一些规定。⁵对普通人来讲，要形成湿地保护的意识。我们倡议"保护湿地，从身边小事做起"，比如去野外观鸟的时候不穿鲜艳的衣服，不随手丢弃垃圾，不滥采湿地植物等。另外，湿地的修复也需要专业人士的参与。⁶该法律规定了国家重要湿地和省级重要湿地，湿地修复必须要编制湿地修复方案，⁶要用通过批准的修复方案来修复湿地，保证修复的科学性和合理性，防止对湿地造成新的破坏。

1. 问：在法律起草时期，中国的湿地处于什么状态？
2. 问：国家对生态环境保护、生态文明建设重视起来，对湿地的保护也被纳入了哪里？
3. 问：男的认为中国为什么在70年代实行了围湖造田？
4. 问：《湿地保护法》总则里对全社会湿地保护的良好氛围的形成以及什么的提升做了明确的规定？
5. 问：关于湿地保护，男的建议普通人怎样做？
6. 问：根据男的的话，《湿地保护法》对湿地修复有什么规定？

2 国家对生态环境保护、生态文明建设重视起来，对湿地的保护也被纳入了重要制度框架中을 듣고 2번 빈칸에 **重要制度框架中**을 작성해둔다.

3 中国在70年代围湖造田……为了解决温饱问题，中国便开始大规模地开发湿地。를 듣고 선택지 C **迫切需要解决温饱问题**를 정답의 후보로 고른다.

4 我们在《湿地保护法》总则里对全社会湿地保护的良好氛围的形成以及公众湿地保护意识的提升，都做了明确的规定을 듣고 4번 빈칸에 **公众湿地保护意识**을 작성해둔다.

5 对普通人来讲，要形成湿地保护的意识。我们倡议"保护湿地，从身边小事做起"를 듣고 선택지 D **从身边的小事提升湿地保护意识**을 정답의 후보로 고른다.

6 该法律规定了……要用通过批准的修复方案来修复湿地를 듣고 선택지 A **只能采用已获批的修复方案**을 정답의 후보로 고른다.

Step 3 질문을 들으며 정답 확정하기

질문을 듣고 선택해둔 정답의 후보나 작성해 둔 답을 확인하여 정답으로 확정한다.

<화면에 제시되는 선택지와 빈칸 작성 문제>

1. **A 湿地资源总量比较丰富** ✓
   B 已有成熟的湿地保护机制
   C 人均湿地面积居全球第五位
   D 受到公民的强烈关注和重视

—— 1 법의 초안을 작성하던 시기에 중국의 습지는 어떤 상태에 놓여 있었는지 물었으므로, 선택지 A가 정답이다.

2. 国家对生态环境保护、生态文明建设重视起来，对 —— 湿地的保护也被纳入了**重要制度框架中**。

—— 2 음성에서 언급된 **重要制度框架中**을 정답으로 작성한다.

3. A 跟随世界的潮流
   B 注重工业经济的发展
   C 迫切需要解决温饱问题 ✓
   D 遵照了当时的宪法规定

—— 3 남자는 중국이 왜 70년대에 간척을 실행했다고 생각하는지 물었으므로, 선택지 C가 정답이다.

4. 《湿地保护法》总则里对全社会湿地保护的良好氛 —— 围的形成以及**公众湿地保护意识**的提升，都做了明确的规定。

—— 4 음성에서 언급된 **公众湿地保护意识**을 정답으로 작성한다.

5. A 增加对湿地的专业知识
   B 多去欣赏湿地独特的风光
   C 积极报考有关湿地修复的专业
   D 从身边的小事提升湿地保护意识 ✓

—— 5 습지 보호에 관해 남자는 일반인이 어떻게 하는 것을 제안하는지 물었으므로, 선택지 D가 정답이다.

6. **A 只能采用已获批的修复方案** ✓
   B 一定程度上可允许新的破坏
   C 全国人民都可以参与修复工作
   D 以省级重要湿地为优先修复对象

—— 6 남자의 말에 근거하여 <습지 보호법>은 습지 복구에 어떤 규정이 있는지 물었으므로, 선택지 A가 정답이다.

해석 p.319

실전연습문제

음성을 듣고 질문에 알맞은 선택지를 고르거나 빈칸을 작성하세요. 🎧 제2부분_1_02_실전연습문제

1 男的为二女儿亲自做了手术，该手术是其医学生涯的_____。

2 A 进行常规治疗
  B 在患处敷上中药
  C 切掉损伤的皮肤组织
  D 用排脓血的方法做手术

3 当时小儿外科这个类别几乎无人知晓，因此_____非常稀少。

4 A 捐献了部分医疗器械
  B 支援了小儿外科手术
  C 为小儿外科增加了病床
  D 提供了免费的医疗书籍

5 A 会给患儿准备小礼物
  B 穿梭于几家医院接诊
  C 治愈了身患绝症的患儿
  D 对待患儿的态度很亲切

6 A 在成人外科担任过教授
  B 是中国小儿外科的开创者
  C 具备新生儿皮下坏疽的手术经验
  D 以极少的人力开展了小儿外科工作

정답 p.320

'역경이 성장에 도움이 된다/순조로운 환경이 성장에 도움이 된다'와 같이 어떠한 주제를 놓고 남/여가 서로 토론하는 내용이 출제된다. 주로 '의견 제시 → 의견 반박 → 의견 총정리 또는 재주장'의 흐름으로 토론이 진행되며, 이와 관련된 내용을 묻는 질문이 출제된다.

예상 주제

- 新闻道德比新闻价值更重要(뉴스 윤리가 뉴스 가치보다 중요하다)/新闻价值比新闻道德更重要(뉴스 가치가 뉴스 윤리보다 중요하다)에 대한 토론

- 完美主义阻碍马上行动(완벽주의는 바로 행동하는 것을 방해한다)/完美主义不影响马上行动(완벽주의는 바로 행동하는 것에 영향을 주지 않는다)에 대한 토론

문제풀이 전략

Step 1 선택지 또는 빈칸 작성 문제를 읽으며 대화 주제 예측하기

- 선택지 또는 빈칸 작성 문제를 통해 대화 주제를 예측하고 어떤 내용의 대화가 나올지 대비하며 음성을 들으면 대화의 전반적인 내용을 빠르게 파악할 수 있다.
- 선택지에서 반복적으로 사용된 어휘 또는 특정 분야와 관련된 어휘를 통해 어떤 주제의 대화가 나올지 예측한다.

  예   A 谎言可变为理解和宽容
       B 诚信原则要求人真诚守信
       C 必要时的隐瞒与诚信不矛盾
       D 善意的谎言能体现情感的细腻

  ▶ 선택지에서 공통적으로 언급된 谎言(거짓말), 诚信(정직)을 통해 거짓말과 정직에 관한 대화가 나올 것임을 예측할 수 있다.

Step 2 대화를 들으며 정답의 후보를 고르거나 빈칸 내용 작성해두기

- 토론은 주로 다음과 같은 흐름으로 진행된다.

| 의견 제시 | ▶ | 의견 반박 | ▶ | 의견 총정리, 재주장 |

- 대화에서 언급된 내용과 일치하는 선택지를 정답의 후보로 골라둔다. 정답의 후보는 2개 이상일 수 있으므로 대화에서 언급된 선택지들을 잘 기억해둔다.
- 대화 초반에서 언급되는 남자와 여자의 의견을 구별해서 파악해두면 남녀 각각의 의견에 해당하는 내용을 정답의 후보로 고르기 쉽다.
- 대화에서 선택지 세 개가 언급되는 경우, 옳지 않은 것을 묻는 문제가 나올 것임을 예측한다.
- 빈칸 작성 문제는 문제의 내용이 대화에서 언급되면 곧바로 빈칸에 들어갈 표현을 받아쓰거나, 질문에 대한 답을 작성한다.

Step 3 질문을 들으며 정답 확정하기

- 토론에서는 다음과 같은 질문을 들을 수 있다.

의견 제시	男的认为低碳生活的关键是什么？ 남자는 저탄소 생활의 관건이 무엇이라고 생각하는가?
의견 반박	关于学习是实践的基础，女的用什么来反驳男的的观点？ 배움이 실천의 기초라는 것에 관해, 여자는 무엇으로 남자의 관점을 반박하는가?
의견 총정리, 재주장	下列哪项可以支持女的的观点？ 다음 중 여자의 관점을 지지할 수 있는 것은 무엇인가?

전략 적용

🎧 제2부분_2_01_전략 적용

Step별 해설을 보기 전에, 문제풀이 전략에 따라 음성을 듣고 직접 정답을 골라보세요.

<화면에 제시되는 선택지와 빈칸 작성 문제>

1. 凡事要想成功，就必须要有一个正确理论的指导，
   否则就是_____。

2. A 采用古代名人故事
   B 结合日常生活事例
   C 引用海外名人的名言
   D 以反问的方式来质问

3. A 是实践的最终目的
   B 为实践带来理论指导
   C 可以使实践无条件成功
   D 能检验实践的结果是否正确

4. A 实践带来的结果因人而异
   B 学习决定了实践成就的大小
   C 缺乏实践的学习犹如纸上谈兵
   D 学习的过程等同于实践的过程

5. A 实践最终实现学习的价值
   B 实践是检验知识真伪的方法
   C 想要成功必须要有导师的指导
   D 做好理论准备才能更好地迎接挑战

6. A 引领人做好基本知识的积累
   B 提供研究所需的许多知识理论
   C 可以吸引更多的海外技术人员
   D 通过对未知领域的探索积累相关经验

Step 1 선택지 또는 빈칸 작성 문제를 읽으며 대화 주제 예측하기

음성을 듣기 전, 선택지 또는 빈칸 작성 문제를 재빨리 읽어 어떤 내용의 대화가 나올지 예측한다. 빈칸 작성 문제는 반드시 미리 읽어두어 해당 부분이 음성에서 언급될 것을 대비한다.

선택지에서 공통적으로 언급된 实践(실천), 学习(배움)를 통해 이에 관한 대화가 나올 것임을 예측할 수 있다.

<음성으로 들려주는 대화와 질문>

男：我方承认实践很重要，但学习比实践更重要。首先学习是实践的基础。学习能使人明智，学习给我们提供了正确的理论指导。[1]我们知道凡事要想成功，就必须要有一个正确理论的指导，否则就是蛮干，而不是真正的实践。而且学习能为实践积累必要的能力。俗话说，"书中自有黄金屋"，如果没有书中的知识，人拿什么去实践呢？

Step 2 대화를 들으며 정답의 후보를 고르거나 빈칸 내용 작성해두기

대화의 흐름에 맞춰 순서대로 각 문제의 정답의 후보를 고른다. 빈칸을 작성하는 문제는 문제의 내용이 언급될 때 바로 빈칸에 들어갈 내용을 작성해둔다.

1 我们知道凡事要想成功，就必须要有一个正确理论的指导，否则就是蛮干을 듣고 1번 빈칸에 蛮干을 작성해둔다.

女：学习固然重要，但我方认为实践比学习更重要。实践是挖掘知识的途径，是学习前最基础的一环，人类只有进行不断的实践，才能获得基本知识，才能有所谓的学习。²像神农尝百草一样，如果没有神农的积极探索和实践，后人又怎样知道关于百草的所有知识？要想学习，就要先通过实践来创造理论。

男：学习对实践起着指导作用。理论是实践的前提和基础。³拥有了学习带来的理论指导，我们的实践才会更加有效地朝我们的目标发展。兵法有云，"兵马未动，粮草先行"。没有理论做"粮草"，实践就将"裹足不前，寸步难行"！

女：实践就是学习知识的过程，是我们学习时必不可少的一环。现在大学生做实验，甚至计算数学题的这些实践，都是我们学习中不可缺少的，⁴缺少实践的学习，就好比纸上谈兵。古人常说，"纸上得来终觉浅，绝知此事要躬行"，也就是说如果想要深入理解其中的道理，必须要亲自实践才行。

男：⁴学习给实践提供了巨大的推动力，并决定了实践成果的大小。知识就是力量，丰富的知识就是巨大的力量。如今国家科教兴国，⁵目的就是为了让人具备坚实的知识基础，为以后的实践做好准备。学习和实践必须是先行后续的关系。实践当然重要，但是更重要的是做好准备去迎接实践。现在处于知识经济时代，由不知到知，由略懂到精通，这都需要学习的过程。综上所述，我方坚定认为学习比实践更重要。

女：实践是检验真理的唯一标准，只有经得住实践的理论才能成为真理，只有真正实践过才能辨别自己所学习的理论中哪些是真理论，哪些是伪理论。学习的价值必须要由实践来体现，实践也是学习的终极价值。事实上，⁶实践更有利于生产力的提高，促进社会的发展。现代生产力受限于技术，虽然学习提供了很多研究所需的知识理论，但⁶我们更需要的是对一些未知领域的探索。通过实践能更好地积累相关经验。因此，我方坚持"实践比学习更重要"的立场。

1. 问：凡事要想成功，就必须要有一个正确理论的指导，否则就是什么？

2. 问：关于学习是实践的基础，女的用什么来反驳男的的观点？

3. 问：男的认为学习对实践起怎样的作用？

4. 问：下列哪项符合女的的观点？

5. 问：下列哪项可以支持男的的观点？

6. 问：根据女的的观点，实践如何促进生产力的发展？

2 就像神农尝百草一样，如果没有神农的积极探索和实践，后人又怎样知道关于百草的所有知识？을 듣고 선택지 A 采用古代名人故事을 정답의 후보로 고른다.

3 拥有了学习带来的理论指导，我们的实践才会更加有效地朝我们的目标发展。을 듣고 선택지 B 为实践带来理论指导를 정답의 후보로 고른다.

4 缺少实践的学习，就好比纸上谈兵 그리고 学习给实践提供了巨大的推动力，并决定了实践成果的大小。를 듣고 선택지 B 学习决定了实践成就的大小, C 缺乏实践的学习犹如纸上谈兵을 정답의 후보로 고른다.

5 目的就是为了让人具备坚实的知识基础，为以后的实践做好准备。学习和实践必须是先行后续的关系。实践当然重要，但是更重要的是做好准备去迎接实践。을 듣고 선택지 D 做好理论准备才能更好地迎接挑战을 정답의 후보로 고른다.

6 实践更有利于生产力的提高……我们更需要的是对一些未知领域的探索。通过实践能更好地积累相关经验을 듣고 선택지 D 通过对未知领域的探索积累相关经验을 정답의 후보로 고른다.

Step 3 질문을 들으며 정답 확정하기

질문을 듣고 선택해둔 정답의 후보나 작성해둔 답을 확인하여 정답으로 확정한다.

1. 凡事要想成功，就必须要有一个正确理论的指导，
   否则就是蛮干。

2. **A 采用古代名人故事** ✓
   B 结合日常生活事例
   C 引用海外名人的名言
   D 以反问的方式来质问

3. A 是实践的最终目的
   B 为实践带来理论指导 ✓
   C 可以使实践无条件成功
   D 能检验实践的结果是否正确

4. A 实践带来的结果因人而异
   B 学习决定了实践成就的大小
   C 缺乏实践的学习犹如纸上谈兵 ✓
   D 学习的过程等同于实践的过程

5. A 实践最终实现学习的价值
   B 实践是检验知识真伪的方法
   C 想要成功必须要有导师的指导
   D 做好理论准备才能更好地迎接挑战 ✓

6. A 引领人做好基本知识的积累
   B 提供研究所需的许多知识理论
   C 可以吸引更多的海外技术人员
   D 通过对未知领域的探索积累相关经验 ✓

1 음성에서 언급된 蛮干을 정답으로 작성한다.

2 배움이 실천의 기초라는 것에 관해 여자는 무엇으로 남자의 관점을 반박하는지 물었으므로, 선택지 A가 정답이다.

3 남자는 배움이 실천에 어떤 역할을 한다고 생각하는지 물었으므로, 선택지 B가 정답이다.

4 여자의 관점에 부합하는 것을 물었으므로, 여자의 관점으로 언급되었던 선택지 C가 정답이다.

5 남자의 관점을 지지할 수 있는 것을 물었으므로, 선택지 D가 정답이다.

6 여자의 관점에 근거하여 실천은 어떻게 생산력의 발전을 촉진하는지 물었으므로, 선택지 D가 정답이다.

해석 p.323

실전연습문제

음성을 듣고 질문에 알맞은 선택지를 고르거나 빈칸을 작성하세요. 🎧 제2부분_2_02_실전연습문제

1 A 无法照顾到方方面面
   B 只差一个关键的机遇
   C 一切事情都顺心如意
   D 不存在势不可挡的势力

2 A 事物的发展全由外部因素决定
   B 可以寄希望于不可捉摸的事物上
   C 培养好的素质不代表一定能获得成功
   D 机遇只能对成功起到锦上添花的作用

3 A 客观环境对成功起决定性作用
   B 世界上缺少的只是慧眼识珠的伯乐
   C 历史上怀才不遇的人大多缺乏能力
   D 再有能力也可能被埋没于芸芸众生之中

4 A 周围人的遭遇
   B 自身的失败案例
   C 某个名人的事例
   D 男的犯的逻辑错误

5 女的认为，实力是走向成功的_____。

6 A 终究会发光
   B 不需要任何机遇
   C 会隐藏自己的优点
   D 努力寻找成功的捷径

정답 p.324

03 비즈니스 협상 공략하기

MP3 바로듣기

카펫이나 중국 특산 오렌지와 같은 어떠한 상품의 가격 또는 운송 방식 등에 대해 두 사람이 서로 협상하는 내용이 출제된다. 주로 '상품의 특징 및 장점 설명 → 주문 수량이나 가격 흥정 → 보험, 운송 방식 등 추가 사항 논의'의 흐름으로 협상이 진행되며, 이와 관련된 내용을 묻는 질문이 출제된다.

예상 주제

- **实木地板**(나무 장판)에 대한 비즈니스 협상
  해당 회사의 나무 장판이 세계에서 얻은 명성 → 가격 흥정 → 운송 방식 논의

- **脐橙**(네이블 오렌지)에 대한 비즈니스 협상
  네이블 오렌지가 다른 오렌지보다 좋은 점 → 무게당 가격 제시 및 흥정 → 담수손 보험 가입 및 포장재 논의

▼문제풀이 전략

Step 1 선택지 또는 빈칸 작성 문제를 읽으며 대화 주제 예측하기

- 선택지 또는 빈칸 작성 문제를 통해 대화 주제를 예측하고 어떤 내용의 대화가 나올지 대비하며 음성을 들으면 대화의 전반적인 내용을 빠르게 파악할 수 있다.

- 선택지에서 반복적으로 사용된 어휘 또는 특정 분야와 관련된 어휘를 통해 어떤 주제의 대화가 나올지 예측한다.

  예 A 用空运代替海运
      B 采用手工刺绣的方式
      C 降低每条手帕的成本
      D 使用昂贵的丝绸布料

  ▶ 선택지의 刺绣(수를 놓다), 手帕(손수건), 丝绸布料(실크 원단)를 통해 손수건에 관한 대화가 나올 것임을 예측할 수 있다.

Step 2 대화를 들으며 정답의 후보를 고르거나 빈칸 내용 작성해두기

- 비즈니스 협상은 주로 다음과 같은 흐름으로 진행된다.

  | 상품의 특징 및 장점 설명 | ▶ | 주문 수량, 가격 흥정 | ▶ | 추가 사항 논의 |

- 대화에서 언급된 내용과 일치하는 선택지를 정답의 후보로 골라둔다. 정답의 후보는 2개 이상일 수 있으므로 대화에서 언급된 선택지들을 잘 기억해둔다.

- 대화에서 선택지 세 개가 언급되는 경우, 옳지 않은 것을 묻는 문제가 나올 것임을 예측한다.

- 빈칸 작성 문제는 문제의 내용이 대화에서 언급되면 곧바로 빈칸에 들어갈 표현을 받아쓰거나, 질문에 대한 답을 작성한다.

Step 3 질문을 들으며 정답 확정하기

- 비즈니스 협상에서는 다음과 같은 질문을 들을 수 있다.

상품의 특징 및 장점 설명	关于男的的产品，可以知道什么？ 남자의 제품에 관해, 알 수 있는 것은 무엇인가? 关于"绿色生活"保健茶，可以知道什么？ '친환경 생활' 건강차에 관해, 알 수 있는 것은 무엇인가?
주문 수량, 가격 흥정	一公斤特级奉节脐橙的最初报价是多少？ 특급 네이블 오렌지 1kg의 가격은 처음에 얼마였는가? 女的对实木地板的维修保养提出了怎样的条件？ 여자는 나무 장판의 유지 보수에 대해 어떤 조건을 제시했는가?
추가 사항 논의	女的希望采用什么运输方式运送产品？ 여자는 어떤 운송 방식을 채택해 제품을 운송하기를 희망하는가？ 对于女的提出的保险条件，男的持什么态度？ 여자가 제시한 보험 조건에 대해, 남자는 어떤 태도를 취했는가？

전략 적용

 제2부분_3_01_전략 적용

Step별 해설을 보기 전에, 문제풀이 전략에 따라 음성을 듣고 직접 정답을 골라보세요.

<화면에 제시되는 선택지와 빈칸 작성 문제>

1. A 与手表匠人有过合作
   B 设计和制作耗时较长
   C 在国际上比较有名气
   D 由国际知名设计师设计

2. A 可以在夜晚看清表盘
   B 可以带入水下300米处
   C 可以在表盘转换多地时间
   D 可以在爬山时测量人的心率

3. 女的打算采购的1300块手表中包含了多少块格林尼治型手表？ _____

4. A 说明了产品的质量和相关认证
   B 强调了产品在国际上的品牌影响力
   C 介绍了产品领先于市场的特殊性能
   D 解释了产品的生产程序对产品价格的影响

5. A 空运
   B 陆运
   C 海运
   D 邮寄

6. A 强烈拒绝
   B 表示赞同
   C 提出质疑
   D 勉强同意

Step 1 선택지 또는 빈칸 작성 문제를 읽으며 대화 주제 예측하기

음성을 듣기 전, 선택지 또는 빈칸 작성 문제를 재빨리 읽어 어떤 내용의 대화가 나올지 예측한다. 빈칸 작성 문제는 반드시 미리 읽어두어 해당 부분이 음성에서 언급될 것을 대비한다.

선택지와 문제에서 언급된 **手表**(손목시계), **设计**(디자인), **制作**(제작), **品牌**(브랜드), **产品**(제품)을 통해 손목시계에 관한 대화가 나올 것임을 예측할 수 있다.

<음성으로 들려주는 대화와 질문>

女：您好，非常高兴能来到贵司进行有关手表的业务洽谈。
男：您好，我们期待能与贵司有圆满的合作。那么先介绍一下我们公司的产品吧？
女：可以，我也想进一步了解一下贵司的产品。
男：[1]我司产品的国际知名度和品牌影响力是有目共睹的，我们生产的手表在世界市场上处于领先地位。这是因为我们的产品从设计到制作始终保持高水准，做工上更是精益求精，容不得一丝马虎。
女：从贵司提供的产品目录和样品册来看，贵司的手表似乎有许多性能，可以简单介绍一下吗？

Step 2 대화를 들으며 정답의 후보를 고르거나 빈칸 내용 작성해두기

대화의 흐름에 맞춰 순서대로 각 문제의 정답의 후보를 고른다. 빈칸을 작성하는 문제는 문제의 내용이 언급될 때 바로 빈칸에 들어갈 내용을 작성해둔다.

1 **我司产品的国际知名度和品牌影响力是有目共睹**的를 듣고 선택지 C **在国际上比较有名气**를 정답의 후보로 고른다.

男：我们的手表具有自动上弦、防水、防尘等性能，还根据不同的使用场合分为不同系列的产品。如²探险家型手表，上面附带了红色辅助针，人在夜间也能看清表盘；还有我们的潜水型手表，其防水深度超过300米，可适应多种水下环境；还有我们公司最受欢迎的格林尼治型手表，可以让人同时读取两地的时间，这款是专为热爱环球旅行的专业人士设计的。除此之外，我们还生产能够同时满足运动、商业、工程等各种环境的多功能手表。

女：我们很满意贵司手表的性能，但是我还想确认一下贵司是否对表扣进行了全钢抛光处理，以及镜面是否是双面防眩蓝宝石水晶镜面。

男：这一点请您放心，我们公司的手表在这些方面都经过了细致的处理。

女：贵司的产品很符合我们的要求。³我们打算采购潜水型手表500块，格林尼治型手表800块，共1300块。请问贵司的报价是多少？

男：我方报价是潜水型手表每块3万元人民币，格林尼治型手表每块4万元人民币。

女：⁴这个报价未免太高了吧？我们以前也和其他厂家合作过，但贵司的报价比市场的平均价高很多。

男：⁴我们的产品全部通过了质量体系认证，对于所有产品，我们都会出具第三方检测机构的书面检测报告。这个价格与我们提供的产品质量是相符的。

女：我们打算与贵司维持长期的合作关系，所以还是希望能给予我们相对优惠的价格。

男：看在您的诚意上，我们可以给予5%的优惠，这已经是我们做出的最大让步了。

女：好吧，那价格就这样定了，我们来谈谈包装和运送方式吧。⁵我们希望使用原装的礼品盒包装，⁵采用班轮运输。运输过程中一定要注意防水问题，手表的防水问题至关重要。

男：请放心，我司已与运输行业合作已久，在运输过程中从未出现过产品损坏的问题。我们还会对包装进行全面的防水、防震和防磁处理。

女：好的，⁶那么在保险方面，就按发票金额的110%进行投保，您意下如何？

男：⁶我同意，那么我们开始签订合同吧。

1. 问：关于男的的产品，可以知道什么？

2. 问：探险家型手表有什么功能？

3. 问：女的打算采购的1300块手表中包含了多少块格林尼治型手表？

4. 问：男的是怎么反驳女的对手表价格的质疑的？

5. 问：女的希望采用什么运输方式运送产品？

6. 问：男的对女的提出的保险相关事宜持什么态度？

2 探险家型手表，上面附带了红色辅助针，人在夜间也能看清表盘을 듣고 선택지 A 可以在夜晚看清表盘을 정답의 후보로 고른다.

3 我们打算采购潜水型手表500块，格林尼治型手表800块，共1300块。를 듣고 3번 빈칸에 800块를 작성해둔다.

4 这个报价未免太高了吧?와 我们的产品全部通过了质量体系认证，对于所有产品，我们都会出具第三方检测机构的书面检测报告。这个价格与我们提供的产品质量是相符的。를 듣고 선택지 A 说明了产品的质量和相关认证을 정답의 후보로 고른다.

5 我们希望……采用班轮运输를 듣고 선택지 C 海运을 정답의 후보로 고른다.

6 那么在保险方面，就按发票金额的110%进行投保，您意下如何?와 我同意를 듣고 선택지 B 表示赞同을 정답의 후보로 고른다.

Step 3 질문을 들으며 정답 확정하기

질문을 듣고 선택해둔 정답의 후보나 작성해둔 답을 확인하여 정답으로 확정한다.

1. A 与手表匠人有过合作
   B 设计和制作耗时较长
   C 在国际上比较有名气 ✓
   D 由国际知名设计师设计

   ――― 1 남자의 제품에 관해 알 수 있는 것을 물었으므로, 선택지 C가 정답이다.

2. **A 可以在夜晚看清表盘** ✓
   B 可以带入水下300米处
   C 可以在表盘转换多地时间
   D 可以在爬山时测量人的心率

   ――― 2 탐험가형 손목시계는 어떤 기능이 있는지 물었으므로, 선택지 A가 정답이다.

3. 女的打算采购的1300块手表中包含了多少块格林尼治型手表？ <u>800块</u>

   ――― 3 여자가 구입하려고 한 1,300개의 시계에서 그리니치형 시계가 몇 개 포함되어 있는지 물었으므로, 800块를 정답으로 작성한다.

4. **A 说明了产品的质量和相关认证** ✓
   B 强调了产品在国际上的品牌影响力
   C 介绍了产品领先于市场的特殊性能
   D 解释了产品的生产程序对产品价格的影响

   ――― 4 남자는 무엇으로 손목시계에 대해 여자가 제기한 의문을 반박했는지 물었으므로, 선택지 A가 정답이다.

5. A 空运
   B 陆运
   C 海运 ✓
   D 邮寄

   ――― 5 여자는 어떤 운송 방식을 채택해 제품을 운송하길 희망하는지 물었으므로, 선택지 C가 정답이다.

6. A 强烈拒绝
   B 表示赞同 ✓
   C 提出质疑
   D 勉强同意

   ――― 6 남자는 여자가 제시한 보험 관련 사항에 어떤 태도를 취하는지 물었으므로, 선택지 B가 정답이다.

해석 p.327

실전연습문제

음성을 듣고 질문에 알맞은 선택지를 고르거나 빈칸을 작성하세요. 🎧 제2부분_3_02_실전연습문제

1 A 访问生产基地
  B 从机场直奔工厂
  C 参观地毯样品陈列室
  D 参加主办方举办的晚宴

2 A 相对广阔的销路
  B 先进的印染技术
  C 生产过程的自动化
  D 物联网的广泛应用

3 男的打算订购的地毯数量总共是多少？

  _____

4 A 已达到了国际认证标准
  B 没有统一的企业内部标准
  C 具体条款因产品颜色而异
  D 已在产品说明书上明确注明

5 A 表示中立
  B 欣然接受
  C 爱理不理
  D 犹豫不决

6 A 交货期限
  B 运货方式
  C 产品的报价
  D 检验机构的选择范围

정답 p.328

음성을 듣고 질문에 알맞은 선택지를 고르거나 빈칸을 작성하세요. 🎧 제2부분_실전테스트

1 A 小时候被誉为"神童"
   B 跟随绘画名家学过艺
   C 曾接受过专业的学院教育
   D 成年后才开始对绘画感兴趣

4 A 不介意"青出于蓝"
   B 具有较好的理论知识
   C 准确地指出学生的不足
   D 能给学生总结绘画的规律

2 A 学生很难精益求精
   B 学生不能传递绘画的精髓
   C 学生只能接触到单调的艺术风格
   D 涉及到的绘画题材不集中于一个主题

5 A 总共展出80张作品
   B 既展出作品也展出文献
   C 作品主题大多以人物为主
   D 在中国美术馆里的两个大厅中进行

3 老师必须要_____，这样才能看出学生的问题并引导他们。

6 画里动物和幼崽在一起的情景，是用_____的方式来表现母爱这种永恒的题材的。

7 A 实际上收益甚微
   B 用了多样的宣传手段
   C 以高品质的红茶为原料
   D 使用高海拔地区的茶叶

10 A 难以理解
    B 无法接受
    C 强烈谴责
    D 无比惊讶

8 A 保护心脑血管
   B 降低人的血压
   C 治疗过敏症状
   D 抵抗人体衰老

11 男的的公司一年的收益率能达到多少？

    _____

9 A 公司总部刚成立不久
   B 销售渠道只局限在实体店
   C 缺乏对目标受众的准确分析
   D 没有把主要资金投入在宣传上

12 A 要写上茶叶原产地信息
    B 要有关于利润分配的条款
    C 要在第三方监督下签署合同
    D 要写清对方的债务承担条款

정답 p.331

제3부분

장문 듣고 답을 고르거나 작성하기

듣기 제3부분은 장문을 듣고 질문에 맞는 답을 고르거나 빈칸을 작성하는 형태로, 장문 1개당 5~7문제씩 총 3개의 장문에 대해 23번부터 40번까지 18문제가 출제된다. 장문 1개당 답을 고르는 문제는 5~7개, 빈칸을 작성하는 문제는 0~2개가 출제된다.

고득점비책 01   다큐멘터리 공략하기
고득점비책 02   연설·강연 공략하기

출제 유형

1. **다큐멘터리**
   과학, 경제, 역사, 사회·문화 등에 관한 현상, 사건, 객관적인 정보를 설명하는 장문으로, 주로 <특정 대상 소개 → 대상의 특징 및 관련 정보 언급 → 추가 정보나 설명 대상 재언급>의 흐름으로 진행된다.

2. **연설·강연**
   어떤 주제에 대해 여러 사람 앞에서 화자의 의견을 전달하거나, 어떤 내용을 설명하여 가르치는 내용의 장문으로, 주로 <대상 소개 → 구체적인 정보 언급 → 이에 대한 화자의 의견 언급>의 흐름으로 진행된다.

출제 경향

1. **장문의 흐름과 문제의 순서는 대부분 일치한다.**
   각 문제의 정답의 단서는 대부분 장문의 흐름에 맞춰 첫 문제부터 순서대로 제시된다.

2. **빈칸을 작성하는 주관식 문제가 출제된다.**
   빈칸에 알맞은 답을 작성하는 문제는 음성에서 언급된 부분을 그대로 받아쓰는 형태로, 각 장문당 0~2문제 출제된다.

3. **정답의 후보가 2개 이상인 문제가 출제된다.**
   정답의 후보가 2개 이상 제시되어 정답의 후보 중 1개를 고르거나 언급되지 않은 것을 고르는 문제가 출제된다.

정답이 들리는 문제풀이 스텝

\<화면에 제시되는 선택지\>

> 23. A 遭到了百姓强烈的反对
> B 促进了秦国的经济和军事发展
> C 为秦国的对外贸易奠定了基础
> D 是中国历史上最后一次变法运动

Step 1 선택지 또는 빈칸 작성 문제를 읽으며
장문 유형 예측하기

음성을 듣기 전, 선택지 또는 빈칸 작성 문제를 재빨리 읽어 어떤 내용의 장문이 나올지 예측한다. 빈칸 작성 문제는 반드시 미리 읽어두어 해당 부분이 음성에서 언급될 것을 대비한다.

선택지에 秦国(진나라)가 언급되었으므로 진나라와 관련된 장문이 나올 것임을 예측할 수 있다.

\<음성으로 들려주는 장문\>

> 　　今天我将为大家讲述有关商鞅变法的内容。商鞅变法是著名政治家商鞅在秦国实行的变法运动。²³商鞅变法影响极为深远，对秦国的经济和军事发展起到了重大的作用。在众多的变法运动中，商鞅变法可谓是最成功的例子。
> 　　战国初期，面对强盛的魏国，秦国始终处于弱势。为了强国，秦孝公下令招贤，商鞅听说秦孝公发布了求贤令，便投奔了秦国。秦孝公任用商鞅，让商鞅在秦国开展变法运动，从此秦国走上了富强之路。
>
> 23.　问：关于商鞅变法，可以知道什么？

Step 2 장문을 들으며 정답의 후보를 고르거나
빈칸 내용 작성해두기

장문의 흐름에 맞춰 순서대로 각 문제의 정답의 후보를 고른다. 빈칸 작성 문제는 문제의 내용이 언급될 때 바로 빈칸에 들어갈 내용을 작성해둔다.

음성에서 언급된 '진나라의 경제와 군사 발전에 중대한 역할을 했다(对秦国的经济和军事发展起到了重大的作用)'를 듣고 선택지 B 促进了秦国的经济和军事发展을 정답의 후보로 고른다.

\<화면에 제시되는 문제\>

> 23. A 遭到了百姓强烈的反对
> **B 促进了秦国的经济和军事发展 ✓**
> C 为秦国的对外贸易奠定了基础
> D 是中国历史上最后一次变法运动

해석 p.336

Step 3 질문을 들으며 정답 확정하기

질문을 듣고 선택해둔 정답의 후보나 작성해둔 답을 확인하여 정답으로 확정한다.

상앙 변법에 관해 알 수 있는 것을 물었으므로, 선택지 B가 정답이다.

MP3 바로듣기

다큐멘터리는 과학, 경제, 역사, 사회·문화 등에 관한 현상, 사건, 객관적인 정보를 설명하는 장문이다. 주로 '특정 대상 소개 → 대상의 특징 및 관련 정보 언급 → 추가 정보나 설명 대상 재언급'의 흐름으로 진행되고, 이와 관련된 내용을 묻는 질문이 출제된다.

예상 주제

- **新四大发明**(신 4대 발명)에 대한 다큐멘터리
  신 4대 발명에 대한 소개 → 신 4대 발명의 종류 → 신 4대 발명의 영향

- **石油开采**(석유 채굴)에 대한 다큐멘터리
  석유는 어떻게 생기는지에 대한 소개 → 석유 채굴 방법 → 석유 채굴이 가져오는 경제적 영향 및 석유 제품 소개

🎋 문제풀이 전략

Step 1 선택지 또는 빈칸 작성 문제를 읽으며 장문 유형 예측하기

- 선택지 또는 빈칸 작성 문제를 통해 장문 주제를 예측하고 어떤 내용의 장문이 나올지 대비하며 음성을 들으면 장문의 전반적인 내용을 빠르게 파악할 수 있다.

- 선택지에서 반복적으로 사용된 어휘 또는 특정 분야와 관련된 어휘가 있고, 선택지의 내용이 해당 어휘의 특징을 나타내면 다큐멘터리가 나올 것을 예측할 수 있다.

  예   A   抗生素不会对人体产生任何副作用
        B   抗生素能有效抑制细菌细胞壁的合成
        C   浓度过高的抗生素可能会产生耐药性
        D   发现并应用抗生素是人类的一大革命

  ▶ 선택지에 抗生素(항생 물질)가 반복적으로 사용되었고, 선택지의 내용이 抗生素의 특징을 나타내므로 抗生素와 관련된 다큐멘터리가 나올 것임을 예측할 수 있다.

Step 2 장문을 들으며 정답의 후보를 고르거나 빈칸 내용 작성해두기

- 다큐멘터리는 주로 다음과 같은 내용의 흐름으로 진행된다.

특정 대상 소개	▶	대상의 특징 및 관련 정보 언급	▶	추가 정보나 설명 대상 재언급

- 다큐멘터리 초중반에서 언급되는 특정 대상 소개, 대상의 특징 및 관련 정보를 듣고 처음 3~4개 문제의 선택지 중 내용이 일치하는 선택지를 정답의 후보로 골라둔다. 정답의 후보는 2개 이상일 수 있으므로 음성에서 언급된 선택지들을 잘 기억해둔다. (※ 처음 3~4개 문제는 주로 장문의 세부 내용을 묻는다.)

- 다큐멘터리 초반이나 후반에서 언급되는 설명 대상을 듣고, 마지막 문제의 선택지 중 내용이 일치하는 선택지를 정답의 후보로 골라둔다. (※ 마지막 문제는 주로 장문의 중심 내용을 묻는다.)

- 빈칸 작성 문제는 문제의 내용이 음성에서 언급되면 곧바로 빈칸에 들어갈 표현을 받아쓴다.

Step 3 질문을 들으며 정답 확정하기

- 다큐멘터리에서는 주로 다음과 같은 질문을 들을 수 있다.

세부 내용을 묻는 질문	关于 "强联系"，可以知道什么？ '강한 유대'에 관해, 알 수 있는 것은 무엇인가?
	下列哪项不是目前存在的医疗问题？ 다음 중 현존하는 의료 문제가 아닌 것은?
중심 내용을 묻는 질문	这段话主要告诉我们什么？ 이 장문이 주로 우리에게 알려주고자 하는 것은 무엇인가?
	这段话主要谈了什么？ 이 장문에서 주로 이야기하는 것은 무엇인가?

전략 적용

🎧 제3부분_1_01_전략 적용

Step별 해설을 보기 전에, 문제풀이 전략에 따라 음성을 듣고 직접 정답을 골라보세요.

<화면에 제시되는 선택지>

1. A "强联系" 无需用心经营和维护
   B "强联系" 通常指的是 "泛泛之交"
   C "强联系" 是情感上建立的较强的连接
   D "强联系" 给人们带来的影响微乎其微

2. A 能够使人理解他人的处境
   B 能够使人客观地观察周围环境
   C 能使人更好地激发对他人的同情心
   D 能使人获得自己不了解的圈外信息

3. A 解决人的负面情绪
   B 增加人们获得的信息量
   C 让人有更强烈的存在感
   D 让人对人性有更透彻的了解

4. A 多听取家人的意见
   B 慎重选择交友渠道
   C 主动离开自己的舒适区
   D 珍惜来之不易的工作机会

5. A "弱联系" 产生的根源
   B "强联系" 带来的弊端
   C "强联系" 与 "弱联系" 的区别
   D "弱联系" 在日常生活中的重要性

Step 1 **선택지 또는 빈칸 작성 문제를 읽으며 장문 유형 예측하기**

음성을 듣기 전, 선택지 또는 빈칸 작성 문제를 재빨리 읽어 어떤 내용의 장문이 나올지 예측한다. 빈칸 작성 문제는 반드시 미리 읽어두어 해당 부분이 음성에서 언급될 것을 대비한다.

선택지와 문제에 **强联系**(강한 유대), **情绪**(감정), **弱联系**(약한 유대)와 같은 어휘가 있고, 1번 선택지가 **强联系**의 특징을 나타내므로, 강한 유대 및 약한 유대와 관련된 다큐멘터리가 나올 것임을 예측할 수 있다.

듣기

제3부분 해커스 HSK 7-9급 한 권으로 마스터

<음성으로 들려주는 장문과 질문>

在每个人的交往圈子中，都有"强联系"和"弱联系"。"强联系"和"弱联系"是社会学概念，是美国著名社会学家格兰诺维特提出的人际关系理论。[1]"强联系"最可能产生于家庭成员、同事和同学之间，他们在生活和工作中有较多的互动机会，人与人之间有较强的情感连接。"弱联系"则指与联系不频繁，甚至在生活中没有太多交际的人的关系，也就是人们经常说的"点头之交"、"泛泛之交"。相较于关系亲近且联系密切的家人、朋友和同事，"弱联系"的存在似乎可有可无，无足轻重。但最新调查显示，[5]比起"强联系"，有时"弱联系"能给人带来更多的可能性。建立"弱联系"的社交网络能提升人的幸福感、知识量和归属感，这份"淡如水"的交情有时比想象中重要得多。

[2]信息匮乏时，"弱联系"能提供新的机会和新的消息。经常待在一起的人能接触到的信息基本上是一致的，而要想打听新的机会和新的消息，还要依靠那些联系并不多的"弱联系"。[2]"弱联系"的真正意义是把不同社交圈子连接起来，从圈外获取有用的信息。根据"弱联系"理论，一个人在社会上所获得的机会的多少，与其社交网络结构有很大的关系。格兰诺维特调查了282名在波士顿工作的上班族，调查结果显示，84%的人通过"弱联系"找到了工作，甚至有的人通过只见过一次面的"陌生人"得到了工作机会。

[3]当人感到不快乐时，"弱联系"能帮助人消除负面情绪，让人更有幸福感。研究发现，"弱联系"网络规模更大的受试者一般快乐程度更高，并且当受试者偶遇的"弱联系"对象更多的时候，他们往往也会感到更快乐。有时和自己熟识的人交谈反而更难，是因为谈话中往往会带有情绪负担，而与"弱联系"交谈却更为轻松自在。

[5]出于这两点原因，[4/5]人们应当尽量培养"弱联系"。尽管关系亲密的家人和朋友很重要，但关系相对疏远的"点头之交"也很重要。扩大"弱联系"需要不断积累。首先要选择对的圈子，要知道这种连接是相互的，讲究"你来我往"，而不是一味索取。其次[4]要主动离开舒适区，尽可能扩大自己的生活圈，让自己进入新的圈子。最后，也可以主动连接自己熟悉的两个交际圈，做沟通的节点。

1. 问：关于"强联系"，可以知道什么？
2. 问："弱联系"为什么能给人提供新的信息？
3. 问：当人感到不快乐时，"弱联系"能起到什么作用？
4. 问：根据这段话，人们应该如何培养"弱联系"？
5. 问：这段话主要谈的是什么？

Step 2 장문을 들으며 정답의 후보를 고르거나 빈칸 내용 작성해두기

장문의 흐름에 맞춰 순서대로 각 문제의 정답의 후보를 고른다. 빈칸 작성 문제는 문제의 내용이 언급될 때 바로 빈칸에 들어갈 내용을 작성해둔다.

1 "强联系"最可能产生于家庭成员、同事和同学之间，他们在生活和工作中有较多的互动机会，人与人之间有较强的情感连接。를 듣고 선택지 C "强联系"是情感上建立的较强的连接를 정답의 후보로 고른다.

2 信息匮乏时，"弱联系"能提供新的机会和新的消息。와 "弱联系"的真正意义是把不同社交圈子连接起来，从圈外获取有用的信息。를 듣고 선택지 D 能使人获得自己不了解的圈外信息를 정답의 후보로 고른다.

3 当人感到不快乐时，"弱联系"能帮助人消除负面情绪，让人更有幸福感。을 듣고 선택지 A 解决人的负面情绪를 정답의 후보로 고른다.

4 人们应当尽量培养"弱联系"……要主动离开舒适区，尽可能扩大自己的生活圈을 듣고 선택지 C 主动离开自己的舒适区를 정답의 후보로 고른다.

5 比起"强联系"，有时"弱联系"能给人带来更多的可能性。建立"弱联系"的社交网络能提升人的幸福感、知识量和归属感，这份"淡如水"的交情有时比想象中重要得多。와 出于这两点原因，人们应当尽量培养"弱联系"。를 듣고 선택지 D "弱联系"在日常生活中的重要性을 정답의 후보로 고른다.

Step 3 질문을 들으며 정답 확정하기

질문을 듣고 선택해둔 정답의 후보나 작성해둔 답을 확인하여 정답으로 확정한다.

1. A "强联系"无需用心经营和维护
   B "强联系"通常指的是"泛泛之交"
   C "强联系"是情感上建立的较强的连接 ✓
   D "强联系"给人们带来的影响微乎其微

———— 1 '강한 유대'에 관해 알 수 있는 것은 무엇인지를 물었으므로, 선택지 C가 정답이다.

2. A 能够使人理解他人的处境
   B 能够使人客观地观察周围环境
   C 能使人更好地激发对他人的同情心
   D 能使人获得自己不了解的圈外信息 ✓

———— 2 '약한 유대'는 왜 사람들에게 새로운 정보를 제공할 수 있는지 물었으므로, 선택지 D가 정답이다.

3. **A 解决人的负面情绪** ✓
   B 增加人们获得的信息量
   C 让人有更强烈的存在感
   D 让人对人性有更透彻的了解

———— 3 사람이 행복하지 않다고 느낄 때 '약한 유대'는 어떤 역할을 할 수 있는지 물었으므로, 선택지 A가 정답이다.

4. A 多听取家人的意见
   B 慎重选择交友渠道
   C 主动离开自己的舒适区 ✓
   D 珍惜来之不易的工作机会

———— 4 이 장문에 근거하여 사람들은 어떻게 '약한 유대'를 키워야 하는지 물었으므로, 선택지 C가 정답이다.

5. A "弱联系"产生的根源
   B "强联系"带来的弊端
   C "强联系"与"弱联系"的区别
   D "弱联系"在日常生活中的重要性 ✓

———— 5 이 장문이 주로 이야기하는 것을 물었으므로, 선택지 D가 정답이다.

해석 p.336

실전연습문제

음성을 듣고 질문에 알맞은 선택지를 고르거나 빈칸을 작성하세요. 🎧 제3부분_1_02_실전연습문제

1 A 仫佬语不同于壮语
   B 仫佬族有自己的文字
   C 仫佬族平时用汉语交流
   D 仫佬族混合使用两种文字

2 A 具有艺术价值
   B 曲调单调但欢快
   C 可以传授生活经验
   D 用来进行伦理道德教育

3 A 建立了单一民族国家
   B 推行了强硬的治国政策
   C 在多元文化的夹缝中生存
   D 形成了独特的文化统治圈

4 A 不认同祖先的生存方式
   B 认为自己的文化低人一等
   C 国家严禁仫佬族过自己的传统节日
   D 生活各方面融入了其他民族的文化元素

5 传唱千年的仫佬族民歌正面临着：_____。

6 A 仫佬族学校全程用仫佬语上课
   B 给居住环境添加更多的民族元素
   C 政府相关部门积极挖掘仫佬族文化
   D 把文献资料的搜集范围扩大到全国

정답 p.337

연설·강연 공략하기

MP3 바로듣기

연설·강연은 어떤 주제에 대해 여러 사람 앞에서 화자의 의견을 전달하거나, 어떤 내용을 설명하여 가르치는 내용의 장문이다. 주로 '대상 소개 → 구체적인 정보 언급 → 이에 대한 화자의 의견 언급'의 흐름으로 진행되고, 이와 관련된 내용을 묻는 질문이 출제된다.

예상 주제

- 循环经济(순환 경제)를 발전시켜야 한다는 연설
  순환 경제에 대한 소개 → 순환 경제의 특징과 현황 → 중국은 순환 경제를 발전시켜야 한다는 의견

- 航天员(우주 비행사)에 대한 강연
  우주 비행사에 대한 소개 → 우주 비행사가 되기 위한 훈련 내용 → 중국 우주 비행이 앞으로 나아가야 할 방향에 대한 의견

📙 문제풀이 전략

Step 1 선택지 또는 빈칸 작성 문제를 읽으며 장문 유형 예측하기

- 선택지 또는 빈칸 작성 문제를 통해 장문 주제를 예측하고 어떤 내용의 장문이 나올지 대비하며 음성을 들으면 장문의 전반적인 내용을 빠르게 파악할 수 있다.

- 선택지에 要/需要(~해야 한다), 不要(~하면 안 된다), 应/应该(~해야 한다)와 같이 주장을 나타내는 표현이 있거나, 선택지가 주관적인 의견을 드러내는 내용이면 연설·강연이 나올 것을 예측할 수 있다.

  예 A 社会各界需要踊跃参与 "低碳实践"
  B 冰川退缩将引发气候变化和生态失衡
  C 世界各国需要合力实现温室气体净零排放
  D 地球上的生物物种正以前所未有的速度消失

  ▶ 선택지에 需要(~해야 한다)와 같이 주장을 나타내는 표현이 있으므로 연설·강연이 나올 것임을 예측할 수 있다.

Step 2 장문을 들으며 정답의 후보를 고르거나 빈칸 내용 작성해두기

- 연설·강연은 주로 다음과 같은 내용의 흐름으로 진행된다.

대상 소개	▶	구체적인 정보 언급	▶	이에 대한 화자의 의견 언급

- 연설·강연 초중반에서 언급되는 대상 소개, 구체적인 정보를 듣고 처음 3~4개 문제의 선택지 중 내용이 일치하는 선택지를 정답의 후보로 골라둔다. 정답의 후보는 2개 이상일 수 있으므로 음성에서 언급된 선택지들을 잘 기억해둔다. (※ 처음 3~4개 문제는 주로 장문의 세부 내용을 묻는다.)

- 연설·강연 후반에서 언급되는 화자의 의견을 듣고, 마지막 문제의 선택지 중 내용이 일치하는 선택지를 정답의 후보로 골라둔다. (※ 마지막 문제는 주로 장문의 중심 내용을 묻는다.)

- 빈칸 작성 문제는 문제의 내용이 음성에서 언급되면 곧바로 빈칸에 들어갈 표현을 받아쓴다.

Step 3 질문을 들으며 정답 확정하기

- 연설·강연에서는 주로 다음과 같은 질문을 들을 수 있다.

세부 내용을 묻는 질문	关于现在的知识产权，下列哪项不正确？ 현재의 지식 재산권에 관해, 다음 중 옳지 않은 것은? 下列哪项不属于冰雪经济对地区经济社会带来的推动作用？ 다음 중 동계 경제가 지역 경제 사회에 가져온 추진 효과에 속하지 않는 것은?
중심 내용을 묻는 질문	女的接下来要讲什么内容？ 여자는 이어서 무엇을 이야기하려고 하는가? 男的对中国知识产权保护提出了什么意见？ 남자는 중국 지식 재산권 보호에 대해 어떤 의견을 제시했는가?

전략 적용

🎧 제3부분_2_01_전략 적용

Step별 해설을 보기 전에, 문제풀이 전략에 따라 음성을 듣고 직접 정답을 골라보세요.

<화면에 제시되는 선택지와 빈칸 작성 문제>

1. A 商家对商标样式持有的决定权
   B 购买者对商品持有的所有权和支配权
   C 文艺作家对其作品享有的人身权及财产权
   D 发明者对所发明的科技产品享有的独占权

2. A 《垄断法》
   B 《发明人法规》
   C 《安妮女王法令》
   D 《知识产权保护法》

3. A 保护范围持续扩大
   B 被纳入世贸组织保护范畴
   C 是世贸组织的三大支柱之一
   D 一些发达国家调整了知识产权战略

4. 在1992年和2000年，中国政府对专利法进行了两次
   修改，强化了：＿＿＿＿＿＿＿＿。

5. A 尽早完善知识产权保护法
   B 竭尽全力达到国际领先水平
   C 应提高公民的知识产权保护意识
   D 应向国际组织呼吁知识产权保护

Step 1 **선택지 또는 빈칸 작성 문제를 읽으며 장문 유형 예측하기**

음성을 듣기 전, 선택지 또는 빈칸 작성 문제를 재빨리 읽어 어떤 내용의 장문이 나올지 예측한다. 빈칸 작성 문제는 반드시 미리 읽어두어 해당 부분이 음성에서 언급될 것을 대비한다.

선택지에 **知识产权**(지식 재산권)이 공통적으로 언급되었고, 2번 선택지가 모두 법률을 나타내며, 5번 선택지에 **应**(~해야 한다)과 같이 주장을 나타내는 어휘가 있으므로, 지식 재산권의 법률과 관련된 연설·강연이 나올 것임을 예측할 수 있다.

듣기

제3부분 해커스 HSK 7-9급 한 권으로 마스터

本次《法律在线》将介绍知识产权保护相关问题。知识产权保护，一般是指人类智力劳动产生的智力劳动成果所有权。它是依据各国法律赋予符合条件的著作者、发明者或成果拥有者在一定期限内享有的独占权利，一般包括版权和工业产权。[1]版权是指创作文学、艺术和科学作品的作者及其他著作权人依法对其作品所享有的人身权和财产权的总称；工业产权则是指包括发明专利、实用新型专利、外观设计专利、商标、服务标记、厂商名称、货源名称或原产地名称等在内的权利人享有的独占性权利。

为了保护世界人类社会的共同财产，1474年3月19日，[2]威尼斯共和国颁布了世界上第一部专利法，其正式名称是《发明人法规》，这是世界上最早的专利成文法。[2]随后1623年英国发布的《垄断法》在欧美国家所产生的影响大大超过了威尼斯专利法，因此英国《垄断法》被认为是资本主义国家专利法的始祖，是世界专利法发展史上的第二个里程碑。随着17世纪印刷术的改进，印刷出版业成为了新兴行业。为了保护印刷出版商和设计师的权利，[2]英国制订了《安妮女王法令》，这是世界上首部版权法。

知识产权保护已成为国际经济秩序的战略制高点，并成为了各国激烈竞争的焦点之一。[3]如今知识产权已被纳入世界贸易组织的管辖范围，与货物贸易、服务贸易并重，成为世界贸易组织的三大支柱之一。以美国、日本为代表的发达国家，纷纷指定和调整面向新世纪的知识产权战略，并将其纳入国家经济、科技发展的总体战略之中。

中国的知识产权保护在改革开放中不断发展，取得了一定的成就。中国建立并完善了专利法律法规体系，[4]在1992年和2000年，中国政府对专利法进行了两次修改，强化了行政执法力度，进一步明确了促进科技进步和创新的立法权力边界，由此形成了专门的全国专利工作体系和运行机制。

尽管如此，知识产权保护在中国还处于发展阶段。在社会上，[5]人们对知识产权保护的意识还不够强，所以我们需要提高全民意识，只有每个公民都有了知识产权保护意识，法律实施起来才能够更加顺利。

1. 问：版权指的是什么？

2. 问：下列哪项是世界上第一部专利法？

3. 问：关于现在的知识产权，下列哪项不正确？

4. 问：在1992年和2000年，中国政府对专利法进行了两次修改，强化了什么？

5. 问：男的对中国知识产权保护提出了什么意见？

Step 2 장문을 들으며 정답의 후보를 고르거나 빈칸 내용 작성해두기

장문의 흐름에 맞춰 순서대로 각 문제의 정답의 후보를 고른다. 빈칸 작성 문제는 문제의 내용이 언급될 때 바로 빈칸에 들어갈 내용을 작성해둔다.

1 版权是指创作文学、艺术和科学作品的作者及其他著作权人依法对其作品所享有的人身权和财产权的总称을 듣고 선택지 C 文艺作家对其作品享有的人身权及财产权을 정답의 후보로 고른다.

2 威尼斯共和国颁布了世界上第一部专利法，其正式名称是《发明人法规》와 随后1623年英国发布的《垄断法》그리고 英国制订了《安妮女王法令》을 듣고 선택지 A《垄断法》, B《发明人法规》, C《安妮女王法令》을 정답의 후보로 고른다.

3 如今知识产权已被纳入世界贸易组织的管辖范围，与货物贸易、服务贸易并重，成为世界贸易组织的三大支柱之一。以美国、日本为代表的发达国家，纷纷指定和调整面向新世纪的知识产权战略를 듣고 선택지 B 被纳入世贸组织保护范畴, C 是世贸组织的三大支柱之一, D 一些发达国家调整了知识产权战略을 정답의 후보로 고른다.

4 在1992年和2000年，中国政府对专利法进行了两次修改，强化了行政执法力度를 듣고 4번 빈칸에 行政执法力度를 작성해둔다.

5 人们对知识产权保护的意识还不够强，所以我们需要提高全民意识을 듣고 선택지 C 应提高公民的知识产权保护意识을 정답의 후보로 고른다.

Step 3 질문을 들으며 정답 확정하기

질문을 듣고 선택해둔 정답의 후보나 작성해둔 답을 확인하여 정답으로 확정한다.

1. A 商家对商标样式持有的决定权
    B 购买者对商品持有的所有权和支配权
    C 文艺作家对其作品享有的人身权及财产权 ✓
    D 发明者对所发明的科技产品享有的独占权

    1 저작권이란 무엇을 가리키는지 물었으므로, 선택지 C가 정답이다.

2. A 《垄断法》
    B 《发明人法规》 ✓
    C 《安妮女王法令》
    D 《知识产权保护法》

    2 세계 최초의 특허법을 물었으므로, 선택지 B가 정답이다.

3. **A 保护范围持续扩大** ✓
    B 被纳入世贸组织保护范畴
    C 是世贸组织的三大支柱之一
    D 一些发达国家调整了知识产权战略

    3 현재의 지식 재산권에 관해 옳지 않은 것을 물었으므로, 언급되지 않은 선택지 A가 정답이다.

4. 在1992年和2000年，中国政府对专利法进行了两次修改，强化了<u>行政执法力度</u>。

    4 음성에서 언급된 **行政执法力度**를 정답으로 작성한다.

5. A 尽早完善知识产权保护法
    B 竭尽全力达到国际领先水平
    C 应提高公民的知识产权保护意识 ✓
    D 应向国际组织呼吁知识产权保护

    5 남자는 중국 지식 재산권 보호에 대해 어떤 의견을 제시했는지 물었으므로, 선택지 C가 정답이다.

해석 p.340

실전연습문제

음성을 듣고 질문에 알맞은 선택지를 고르세요. 🎧 제3부분_2_02_실전연습문제

1 A 出众的口才
   B 策略和礼仪
   C 广泛的人脉资源
   D 丰富的谈判经验

2 A 宽容
   B 尊重
   C 知己知彼
   D 互惠互利

3 A 谈判双方的喜好是否相投
   B 谈判场合的氛围是否和谐
   C 谈判双方是否来自同一个共同体
   D 谈判双方看似不起眼的礼仪举止

4 A 能够使谈判过程趋于简单化
   B 是塑造企业形象的重要手段
   C 能够加深与谈判对象的情谊
   D 是从事商务活动时应适用的行业标准

5 A 商务谈判礼仪的来源
   B 商务谈判礼仪的优缺点
   C 商务谈判礼仪的原则和效果
   D 各行业商务谈判礼仪的不同点

정답 p.341

음성을 듣고 질문에 알맞은 선택지를 고르거나 빈칸을 작성하세요. 🎧 제3부분_실전테스트

1   A 金融业
    B 服务业
    C 建筑业
    D 加工业

2   A 金融上的支持
    B 精细化的管理
    C 注销成本的增加
    D 费用的优惠及减免

3   A 免除商户的税金
    B 帮助商户缴纳租金
    C 扩大商户的经营范围
    D 延迟商户的缴费时间

4   A 必须要办理工商登记
    B 新的优惠政策适用范围广
    C 合并或转业期间允许营业
    D 可同时从事三种商业活动

5   A 政府为扩大就业实施的新政
    B 小微企业和个体工商户的差异
    C 办理工商登记时所需的具体材料
    D 政府为个体工商户发展提供的支持

6   "使命必达"的企业文化强调了要专注于：
    _____

7   A 变化多端的环境和气候问题
    B 复杂的国际局势和贸易摩擦
    C 全球500强企业内部的管理问题
    D 国际市场对科技产品需求下降的趋势

8   A 为公司现时的困难感到担忧
    B 提醒员工要关注时代的发展趋势
    C 凸显公司在技术领域的领导地位
    D 信息与通信技术领域需要年轻的人才

9   A 人才资本的价值越来越小
    B 大幅提高薪资是最有效的方法
    C 培养员工工作时的专注度是根本
    D 提升员工的专业技能和创新能力很重要

10   A 政府给了企业强大的支持
     B 企业要承担的社会责任十分重大
     C 企业的经济效益对社会的影响很大
     D 合作伙伴对企业的发展起到了推动作用

11 A 加大对公司的宣传力度
B 始终把员工的利益放在第一位
C 保持现状，维持公司现时的经营状态
D 发展技术创新与业务创新，提高竞争力

12 _____的立体结构赋予了金刚石极高的硬度。

13 A 在硬物撞击下容易发生碎裂
B 具有良好的导电性及导热性
C 会在超过1000℃的温度下熔化
D 有另外一个名字——"非晶体态"

14 A 在金刚石的晶面涂了一层碳粉
B 将金刚石放置于密封的环境中
C 瓦解并重建了富勒烯的晶体结构
D 给内部的碳原子注入了二氧化碳

15 A 密度比晶体结构大
B 分子没有固定形状
C 分子直径大于晶体结构
D 原子和分子结构排列混乱

16 A 强度高于金刚石
B 具有高粘滞系数
C 硬度与韧性均可兼得
D 更适合用来制作工艺品

17 用非晶体材料制造出来的车窗玻璃将比普通玻璃硬至少数十倍，这将大幅度加强交通运输工具的_____。

18 A 军事领域
B 医疗器械领域
C 人工智能领域
D 光伏发电领域

무료 MP3 및 학습자료 제공

china.Hackers.com

독해

제1부분

장문 독해

제2부분

순서 배열하기

제3부분

지문 읽고
질문에 맞는 답변 쓰기

제1부분

장문 독해

독해 제1부분은 지문을 읽고 이와 관련된 내용을 묻는 질문에 맞는 답을 고르는 형태이다. 총 4개의 지문이 출제되고, 각각 7문제씩 41번~68번까지 총 28문제가 출제된다.

고득점비책 01   세부 내용 문제 공략하기
고득점비책 02   중심 내용 문제 공략하기
고득점비책 03   의미 파악 문제 공략하기
고득점비책 04   빈칸에 들어갈 어휘를 고르는 문제 공략하기

출제 유형

1. **세부 내용 문제**
   지문에서 언급된 세부 내용을 제대로 파악하고 있는지를 묻는 유형이다. **为什么/什么** 등과 같은 의문사를 포함한 질문, 특정 세부 사항과 관련된 내용을 묻는 질문, 지문 내용과 관련하여 일치·불일치를 묻는 질문으로 출제된다.

2. **중심 내용 문제**
   특정 단락이나 지문 전체의 중심 내용을 묻거나, 지문의 제목을 묻는 유형이다.

3. **의미 파악 문제**
   지문에 밑줄로 표시된 특정 표현이나 특정 글자 1개의 의미를 묻는 유형이다.

4. **빈칸에 들어갈 어휘를 고르는 문제**
   특정 단락의 빈칸에 들어갈 어휘로 알맞은 것이 무엇인지 묻는 유형이다.

출제 경향

1. **세부 내용 문제가 가장 많이 출제된다.**
   세부 내용 문제 중에서도 **为什么/什么/怎么/如何**와 같은 의문사를 포함한 질문이 가장 많이 출제된다.

2. **지문의 흐름과 문제의 순서는 대부분 일치한다.**
   각 문제의 정답의 단서는 대부분 지문의 흐름에 맞춰 첫 문제부터 순서대로 제시된다.

<화면에 제시되는 지문과 문제>

被称为"契文"或"殷墟文字"的甲骨文，是如今能见到的最早的汉字。甲骨文主要指中国商朝晚期王室为了占卜记事而在龟甲或兽骨上契刻的文字，内容一般是占卜所问之事或者是所得结果。殷商灭亡，周朝兴起之后，甲骨文还被使用了一段时期，因此甲骨文是研究商周时期社会历史的重要资料。甲骨文上承原始刻绘符号，下启青铜铭文，是汉字发展的关键形态。

甲骨文最早是被河南安阳一个小村庄的村民们发现的，当时他们还不知道这是古代的遗物，只把它当作包治百病的药材——"龙骨"来使用。他们把许多刻着甲骨文的龟甲兽骨磨成粉末，把它当作药吃进肚里，这也就是所谓的"人吞商史"。

直到后来，清朝朝廷命官王懿荣无意中看到自己吃的"龙骨"上面刻画着一些符号，觉得十分好奇，便仔细地端详起来。 [41]为了找到更多"龙骨"，以进行深入研究，他派人把药房里所有刻有符号的"龙骨"全部买下，并把这些奇怪的图案画下来。经过长时间的研究，他确信这是一种文字。这是甲骨文的价值最早被认定的事件，王懿荣也因此被后人誉为"甲骨文之父"。

甲骨文是中国最早的系统文字，也是比较成熟的文字，它的点横撇捺、疏密结构都具备了书法的基本特点。它孕育了书法艺术的美，很值得欣赏和品味。甲骨文遵循了象形、指事、会意、假借、转注、形声"六书"的汉字构造法则，被许多书法名家认为是一种高水平的书法艺术。中国著名作家郭沫若曾透露出对甲骨文的赞赏，他在某一书中写道，"卜辞契于龟骨，其契之精而字之美，每令吾辈数千载后人神往。"如今书法界出现了"甲骨文书法"，这是指借鉴甲骨文的特征加以自行创造的现代书法作品。书法家们将甲骨文视作一种灵感，但是他们并不严格按照甲骨文的书法特征去创作，而是综合甲骨文、金文、战国文字等多种古文字的特点来进行创作。

41. 甲骨文的价值是如何被认定的？
   A 周朝人发现了用来占卜的骨头
   B 书法家创造了甲骨文书法作品
   C 村民把刻着字的兽骨当药材使用
   D 有个官员深入研究了刻有符号的"龙骨" ✓

해석 p.350

Step 1 질문 또는 선택지 읽고 핵심어구 확인하기

질문이 갑골문의 가치는 어떻게 인정받게 되었는지 물었으므로, **甲骨文的价值**(갑골문의 가치)과 **被认定**(인정받다)을 핵심어구로 확인해둔다.

Step 2 정답의 단서 찾기

질문의 핵심어구와 관련하여, 갑골문의 가치가 최초로 인정받은 사건이라고 언급된 부분을 정답의 단서로 찾는다.

Step 3 정답 고르기

정답의 단서를 통해 알 수 있는 선택지 D **有个官员深入研究了刻有符号的"龙骨"**(한 관원이 부호가 새겨진 '용골'을 심도 있게 연구했다)가 정답이다.

01 세부 내용 문제 공략하기

세부 내용 문제는 지문에서 언급된 왜, 무엇이, 어떻게 등과 관련된 정보나 특정 세부 사항과 관련된 내용, 지문 내용과 관련하여 일치·불일치하는 것을 묻는 문제이다. 질문이나 선택지의 핵심어구와 관련된 부분을 지문에서 재빨리 찾아낼 수 있어야 한다.

질문 형태

1. 为什么/什么/怎么/如何 등과 같은 의문사를 포함한 질문

   湿地为什么被称作"地球之肾"? 습지는 왜 '지구의 신장'이라고 불리는가?

2. 특정 세부 사항과 관련된 내용을 묻는 질문

   关于民用无人机，可以知道: 민간용 드론에 관해, 알 수 있는 것은:

3. 일치·불일치하는 것을 묻는 질문

   关于科普兰，下列哪项正确? 코플랜드에 관해, 다음 중 옳은 것은?

   下列哪项不属于无人机的优点? 다음 중 드론의 장점에 속하지 않는 것은?

📝 문제풀이 전략

Step 1 질문 또는 선택지 읽고 핵심어구 확인하기

질문을 읽고 질문에서 핵심어구를 확인해둔다. 질문에 핵심어구가 없고, 전체 지문이나 특정 단락에 근거하여 일치 또는 불일치하는 것을 묻는 경우, 선택지에서 핵심어구를 확인해둔다.

핵심어구

질문 硬盘工作时，若中途突然断掉电源，可能会导致什么?

하드 디스크가 작동할 때, 만약 중간에 전원이 갑자기 끊기면, 무엇을 초래할 가능성이 큰가?

선택지 A 磁头的发热 헤드의 발열

B 硬盘的损坏 하드 디스크의 손상

C 数据系统的瘫痪 데이터 시스템의 다운

D 硬盘的高速旋转 하드 디스크의 고속 회전

Step 2 정답의 단서 찾기

지문에서 질문 또는 선택지의 핵심어구가 그대로 언급됐거나 관련된 내용이 언급된 부분 주변에서 정답의 단서를 찾는다.

핵심어구   정답의 단서

지문 硬盘工作时，一般都处于高速旋转的状态，若中途突然断掉电源，可能会导致硬盘损坏。

하드 디스크가 작동할 때, 일반적으로 고속 회전 상태에 있는데, 만약 중간에 전원이 갑자기 끊기면, 하드 디스크가 손상되는 것을 초래할 수 있다.

Step 3 정답 고르기

정답의 단서를 통해 알 수 있는 내용이나 유추할 수 있는 내용의 선택지를 정답으로 선택한다.

정답 B 硬盘的损坏 하드 디스크의 손상

✦ 전략 적용

Step별 해설을 보기 전에, 문제풀이 전략에 따라 직접 정답을 골라보세요.

☑ 为什么/什么/怎么/如何 등과 같은 의문사를 포함한 질문

> 　　残疾人奥林匹克运动会是由国际奥委会和国际残奥会主办的、专为残疾人举行的世界大型综合性运动会，每四年举办一届。残奥会分为夏季残奥会和冬季残奥会。夏季残奥会始办于1960年，有射箭、田径、马术、盲人门球、举重等众多比赛项目。冬季残奥会从1976年开始举办，比赛项目有高山滑雪、越野滑雪、冰上雪橇球、轮椅体育舞蹈等四个大项，每个大项中又包括若干小项。
> ——— Step 1　질문 또는 선택지 읽고 핵심어구 확인하기
>
> 　　残奥会比赛项目在几十年的发展和演变过程中，几乎每届都有变化，有些仅仅是昙花一现，有些则经久不衰，保留至今。随着残奥会团结、友谊、勇气以及诚实竞争的理念深入人心，参赛国家、地区的数量和参赛运动员人数呈逐届递增的趋势，残奥会的影响力日趋增大。
> ——— Step 2　정답의 단서 찾기
>
> 残奥会的参赛人数 为什么呈现出 逐渐增加的趋势？ ——— Step 3　정답 고르기
> A 人们想得到丰厚的奖金　　　　　B 残奥会的理念深入人心
> C 残疾人的人权得到了保障　　　　D 奥运会场馆设计得更加人性化

Step 1　질문이 패럴림픽의 참가 인원은 왜 점차 증가하는 추세를 보이는지 물었으므로, **残奥会的参赛人数**(패럴림픽의 참가 인원), **逐渐增加的趋势**(점차 증가하는 추세)을 핵심어구로 확인해둔다.

Step 2　질문의 핵심어구와 관련하여, 지문에서 **随着残奥会团结、友谊、勇气以及诚实竞争的理念深入人心，参赛国家、地区的数量和参赛运动员人数呈逐届递增的趋势**(패럴림픽의 단결, 우정, 용기 및 진실된 경쟁의 이념이 사람들의 마음속에 깊이 파고들면서, 참가 국가, 지역의 수와 참가 선수의 수는 매회 점점 늘어나는 추세를 보인다)이라고 한 부분을 정답의 단서로 찾는다.

Step 3　정답의 단서를 통해 알 수 있는 선택지 B **残奥会的理念深入人心**(패럴림픽의 이념이 사람들의 마음속에 깊이 파고들어서)이 정답이다.

☒ 특정 세부 사항과 관련된 내용을 묻는 질문

> 　　生命在进化中都有最适合自身的温度，进化程度越高，对最佳适宜温度的要求越高。人体细胞对高温的耐受性比低温差，高温会对肿瘤细胞产生微妙的生物学作用，因此出现了治疗肿瘤的温热疗法。然而事物都具有两面性。流行病学调查发现，一些消化道癌症有可能与热饮热食有关。
> ——— Step 1　질문 또는 선택지 읽고 핵심어구 확인하기
>
> 　　研究发现，当人吃了太烫的食物后，口腔、食管黏膜会有轻度灼伤，灼伤的黏膜表层会及时脱落、更新，基底细胞会迅速增生、更新、补充。如果细胞增生的速度异常快或持续受不良刺激，细胞就可能会发生变异，最终产生不良后果。另外，食管黏膜在热刺激不断增加的情况下会增厚，增厚的黏膜对热刺激反应变得越来越迟钝，因此人会接受越来越严重的灼伤刺激。这种恶性循环还可能会引起久治不愈的食管炎，食管炎有时伴有间变细胞，这有可能是癌前病变之一。
> ——— Step 2　정답의 단서 찾기
>
> 根据上文，人的食管黏膜增厚的原因 可能是： ——— Step 3　정답 고르기
> A 饮水量不足　　　　　　　　B 摄入过多辣椒素
> C 持续受到热刺激　　　　　　D 食用未清洗的食物

Step 1　질문이 위 글에 근거하여, 사람의 식도 점막이 두꺼워지는 원인을 물었으므로, **人的食管黏膜增厚的原因**(사람의 식도 점막이 두꺼워지는 원인)을 핵심어구로 확인해둔다.

Step 2　질문의 핵심어구와 관련하여, 지문에서 **食管黏膜在热刺激不断增加的情况下会增厚**(식도 점막은 열자극이 끊임없이 증가하는 상황에서 두꺼워진다)라고 한 부분을 정답의 단서로 찾는다.

Step 3　정답의 단서를 통해 알 수 있는 선택지 C **持续受到热刺激**(지속적으로 열자극을 받는 것)가 정답이다.

[1] 일치하는 것을 묻는 질문

群体恐慌现象可导致很多人在火灾或人群拥挤的情况下丧生。与正常情况相比，处于恐慌状态中的人群移动起来速度更快。紧急情况发生时人群会挤成一堆，互相推搡，导致出口堵塞。在那样的情况下，跌倒或受伤的人还会阻碍人群的移动，使得人群更为恐慌。在这个时候，人容易失去判断能力，大家为了求生向前冲，却忽略了其他出口，因此常常会造成悲惨的结果。

> **Step 1** 질문 또는 선택지 읽고 핵심어구 확인하기

匈牙利和德国的科学家认为，人群在紧急情况下的移动可以用方程式来表示。最近有计算机模型可以估算出在紧急情况下人群从建筑物疏散所需要的时间，以及被困在建筑物内的人的数量。这个复杂的数学模型中的各项因子取自工程手册、有关灾难的统计数据、录像资料等。

科学家们模拟了人群从足球场观众席上逃离的程序，程序中设定了200人试图通过一个1米宽的出口逃生。科学家们发现，不安的人群在出口周围聚成了弧形。当方程式中的恐慌因子增大时，弧形会逐渐压紧，导致那些被挤入出口的人纷纷摔倒，从而进一步阻碍人群的疏散。科学家们把这种现象称为"欲速则不达效应"，在发生火灾时，这种情况尤其让人觉得可悲，人们慌乱逃生反而会使自己的生存机会减少。科学家们建议，除了确保建筑物有足够多的出口，以便人群能快速疏散之外，建筑师在设计建筑物时还应该在出口前面设置一些圆柱，防止人群形成弧形。出口附近也最好不要设置开阔的空间，因为这样的空间会使人群的流动速度降低大约20%。这是因为当人来到一个较为开阔的空间时，总会设法挤到他人前面，空间就会变得更狭窄，导致拥挤的现象。

> **Step 2** 정답의 단서 찾기

关于 人群恐慌时在出口形成的弧形，下列哪项正确？
① 可吸引救护人员的注意
② 有助于扩大人的视野范围
③ 会随人群恐慌程度而缩小
④ 压紧时不利于人群的快速疏散

A ①②
B ①③
C ②④
D ③④

> **Step 3** 정답 고르기

Step 1 질문이 사람들이 공황에 빠졌을 때 출구에서 형성하는 부채꼴 모양에 관해 옳은 것을 물었으므로, 人群恐慌时在出口形成的弧形(사람들이 공황에 빠졌을 때 출구에서 형성하는 부채꼴 모양)을 핵심어구로 확인해둔다.

Step 2 질문의 핵심어구와 관련하여, 지문에서 不安的人群在出口周围聚成了弧形.当方程式中的恐慌因子增大时, 弧形会逐渐压紧, 导致那些被挤入出口的人纷纷摔倒, 从而进一步阻碍人群的疏散(불안한 사람들이 출구 주변에서 부채꼴 모양으로 모인다. 방정식의 공황 인자가 커지면 부채꼴 모양이 점차 눌려 출구로 밀려든 사람들이 잇달아 넘어지게 되고, 이로 인해 사람들이 대피하는 데 한층 더 방해가 된다)이라고 한 부분을 정답의 단서로 찾는다.

Step 3 정답의 단서와 내용이 일치하는 ③ 会随人群恐慌程度而缩小(사람들의 공황 정도에 따라 작아진다)와 ④ 压紧时不利于人群的快速疏散(눌릴 때 사람들의 빠른 대피에 도움이 되지 않는다)이 포함된 선택지 D ③④가 정답이다. ①과 ②는 관련 내용이 지문에서 언급되지 않았으므로 오답이다.

[2] 불일치하는 것을 묻는 질문

Step 1 질문 또는 선택지 읽고 핵심어구 확인하기

科学家已经发现，气候变化将在今后几十年内对世界粮食供应构成明显的威胁。然而一项新的研究表明，中国本土植物的多样性，对保障全球粮食安全和未来农业可持续发展具有重要意义。

经英国某大学研究小组鉴定发现，中国有871种野生本土植物，其中可以用来改良并在全球范围内种植的重要作物有28种，包括水稻、小麦、小米等。这些野生种被称为"作物野生近缘植物"，其中有42%在全世界是绝无仅有的。

Step 2 정답의 단서 찾기

作物野生近缘植物是与作物亲缘关系密切的野生物种。这类野生物种广泛分布于未经人工驯化的自然野生环境中。人们利用作物野生近缘植物优良的基因，将其适应性特征转移到作物中，这有助于提高作物对极端环境和多种病虫害的抗性，从而保障粮食生产。不仅如此，作物野生近缘植物还可以用来改善作物的营养成分和口感。面对气候变化对全球粮食安全造成的不利影响，植物遗传育种专家已经将目光渐渐转向作物野生近缘植物。中国的作物野生近缘植物被用于作物改良的成功案例并不罕见。例如，一种水稻野生近缘植物已被用来增强水稻作物的抗旱性和抗铝性；一种野生大豆已被成功用来提高大豆蛋白质含量。

然而令人担忧的是，在这871种本土的作物野生近缘植物中，至少有17%在中国面临着灭绝的危险，因此人们需要对这些物种采取紧急保护措施。专家表示，应迫切关注中国的作物野生近缘植物，切实保护这些物种，在这类物种永久消失之前，将其用于作物改良计划中。

关于 作物野生近缘植物，下列哪项 **不正确**？

A 与作物亲缘关系密不可分
B 其中一部分物种濒临灭绝
C 被用来提高作物的观赏价值
D 其基因可用于改良作物的特性

Step 3 정답 고르기

Step 1　질문이 작물 야생 근연 식물에 관해 옳지 않은 것을 물었으므로, **作物野生近缘植物**(작물 야생 근연 식물)를 핵심어구로 확인해둔다.

Step 2　질문의 핵심어구와 관련하여, 지문의 세 번째 단락의 **作物野生近缘植物是与作物亲缘关系密切的野生物种.……利用作物野生近缘植物优良的基因，将其适应性特征转移到作物中，这有助于提高作物对极端环境和多种病虫害的抗性**(작물 야생 근연 식물은 작물과의 친연 관계가 밀접한 야생 생물종이다.…… 작물 야생 근연 식물의 우수한 유전자를 이용해 그것의 적응 형질을 작물로 옮기는데, 이는 극한 환경과 다양한 병충해에 대한 작물의 저항성을 높이는 것에 도움을 준다), 마지막 단락의 **至少有17%在中国面临着灭绝的危险**(중국에서 멸종 위기에 처해 있는 것이 적어도 17%가 있다)이라고 한 부분을 정답의 단서로 찾는다.

Step 3　정답의 단서에서 언급되지 않은 선택지 C **被用来提高作物的观赏价值**(작물의 관상 가치를 높이는 데에 쓰인다)이 정답이다.

해석 p.350

고득점비책 01 세부 내용 문제 공략하기 **65**

지문을 읽고 질문에 알맞은 선택지를 고르세요.

1-7

　　疟疾是经蚊虫叮咬或输入带疟原虫者的血液而感染疟原虫所引起的虫媒感染病。这是一种严重危害人类生命健康的世界性流行病。据世界卫生组织报告，全世界约有10亿人口生活在疟疾流行地区，每年约2亿人患上疟疾，100余万人死于疟疾。

　　1969年，中国中医科学院接受了抗疟药研究任务，担任科技组组长的屠呦呦领导组员，从系统收集整理历代医籍、本草和民间药方入手，在收集2000个药方的基础上，编写了以640种药物为主题的《抗疟单验方集》，对其中的200多种中药开展了实验研究。研究团队经历了380多次失败，终于在1971年发现了青蒿能抗疟这一事实。

　　然而在抗疟药物的筛选中，用当时的工艺方法所提取的青蒿的抗疟效果并不令人满意，因此在很长一段时间里，青蒿并没有引起大家的重视，但屠呦呦始终认定青蒿中的某些成分具有抗疟作用。屠呦呦继续利用现代医学方法进行研究，在不断改进提取方法后发现：根据提取方法的不同，青蒿的药效也会有很大的差异。她从东晋名医葛洪的《肘后备急方》中"青蒿一握，以水二升，渍绞取汁，尽服之"受到启发，认为从青蒿中压出的汁液里很可能有"抗疟"的化学成分。在反复阅读《肘后备急方》后，屠呦呦发现青蒿抗疟的有效成分是通过"<u>绞汁</u>"，而不是通过传统中药"水煎"的方法来提取的，这是因为"高温"破坏了其中的有效成分。

　　据此，屠呦呦改用低沸点的溶剂——乙醚来提取青蒿中的有效成分，所得的提取物确实对鼠疟的抑制起到了显著的效果。屠呦呦成功地在青蒿中分离出一种无色结晶，后来将其命名为青蒿素。

　　以青蒿素类药物为主的联合疗法成为了世界卫生组织推荐的抗疟疾标准疗法，至此，青蒿素正式登上了疟疾治疗的舞台。世界卫生组织认为，青蒿素联合疗法是当下治疗疟疾最有效的手段。青蒿素作为一种具有"高效、速效、低毒"优点的新结构类型抗疟药，对各类疟疾都有特效。在西非的贝宁，当地民众还把中国医疗队给他们使用的这种疗效明显、价格便宜的中国药称为"来自遥远东方的神药"。屠呦呦也因此成为了中国第一个诺贝尔生理学或医学奖得主，她在领奖台上发表了《青蒿素的发现：传统中医献给世界的礼物》的主题演讲。

　　近年来随着研究的深入，青蒿素的其他作用也逐渐被发现，并得以应用。据研究，青蒿素对抗肿瘤也有很大的作用。体外实验表明，一定剂量的青蒿素可以明显抑制癌细胞的生长，并能杀死肝癌细胞、乳腺癌细胞、宫颈癌细胞等多种癌细胞。此外，青蒿素对放疗的放射增敏作用可减少放疗剂量和放疗副作用。

　　青蒿素的发现被称为"二十世纪下半叶最伟大的医学创举"，没有青蒿素，地球上每年将有数百万人死于疟疾。青蒿素是中国人研制成功的，在全球范围内得到认可的抗疟药物。青蒿素十分重要，因此被誉为"中国神药"。

1 关于疟疾，下列哪项正确？
   A 可通过血液传染   B 不至于导致死亡
   C 是一种不常见的疾病   D 全球患该病的人占少数

2 第二段主要讲的是什么内容？
   A 青蒿抗疟疾得到了证实   B 有关青蒿素的论文首次被发表
   C 科学研究院整理了历代著名书籍 D 疟疾成为了威胁人们生命的传染病

3 根据上文，青蒿素除了有抗疟疾作用，还有什么其他作用？
   A 有利于增强记忆力   B 可以抑制体内癌细胞生长
   C 可医治因病毒引起的感冒   D 可作为保健食品供老人食用

4 画线词语"绞汁"最可能是什么意思？
   A 用力压出汁液   B 搅拌后过滤汁液
   C 用高温熬出汁液   D 用高沸点溶剂提取汁液

5 青蒿素正式登上治疗疟疾的舞台的标志是：
   A 从青蒿中成功分离出了白色晶体   B 屠呦呦的团队获得了诺贝尔医学奖
   C 发表了《青蒿素的发现》主题演讲 D 青蒿素联合疗法成为了抗疟疾标准疗法

6 根据第五段，青蒿素有什么特点？
   A 价格昂贵   B 整体呈绿色
   C 治疗速度快   D 提取方法多样

7 上文**没有**提及到什么？
   A 青蒿素的发现者   B 青蒿素的应用范围
   C 青蒿素的抗疟原理   D 世界对青蒿素的评价

湿地是极其珍贵的自然资源，也是重要的生态系统。就如人的肾脏在人体中占据了重要的位置一样，湿地在自然环境中也扮演了类似的角色，因此湿地时常被称作"地球之肾"。

湿地仅覆盖了地球表面的6%，却为地球上已知物种的20%提供了必要的生存环境，因此湿地具有不可替代的综合功能，是地球生态中必不可少的部分。为了对湿地进行更加精确的定义和研究，科学家们把湿地定义为"陆地和水域的交汇处，水位接近或处于地表面，或有浅层积水的自然生态环境"。根据该定义，世界上的湿地可以分为20多个类型，极具多样性。

由于湿地是位于陆生生态系统和水生生态系统之间的过渡性地带，＿＿＿＿＿＿＿被浸泡在特定的环境中，所以在湿地周边通常生长着许多湿地植物。除植物之外，许多珍稀鸟类的繁殖和迁徙都离不开湿地，因此湿地也成为了众多鸟类的乐园。

湿地可以储存大量的水分，干旱的时候，在湿地中保存的水分会流出，成为水源，为河流补给所需的水。湿地还能通过其水分循环功能来改善局部气候。人类在进行各项工业活动的过程中会排放出大量的二氧化碳，影响全球的气候环境，而湿地里茂盛的植物可以吸收空气中的二氧化碳。当这些植物死亡以后，它们的残体会相互交织在一起，形成疏松的草根层，碳元素就会这样以固态的形式保存下来。而植物会通过蒸腾作用促进水分循环，把湿地里的水分化为气体，并输送到大气中，就这样改善局部的气候。同时，湿地还是天然的"过滤器"，它有助于减缓水流的速度，并能沉淀和排除含有毒物和杂质的生活污水，以此净化水质。湿地多方面的功能能对维持生态平衡起到积极的作用，它是人类赖以生存和发展的重要自然基础。

遗憾的是，在20世纪中后期，人类对资源的过度开发和对环境的污染导致湿地面积大幅度缩小，大量的湿地被改造成农田，多样的湿地物种遭到破坏。为了提高人们的湿地保护意识，《湿地公约》常务委员会将每年的2月2日定为了"世界湿地日"。从1997年开始，世界各国都会在2月2日以不同的活动来宣传保护自然环境资源和生态环境的重要性。在这一天，政府机构会举办相关活动，以此来提高人们对湿地价值和效益的认知，从而让人们自然而然地产生湿地保护意识。

8 湿地为什么被称作"地球之肾"？

   A 颜色跟肾脏一样   B 形状酷似人的肾脏

   C 所处的地域比较特别   D 发挥着与肾脏类似的作用

9 关于湿地，下列哪项正确？

   A 水位通常低于地表面   B 覆盖了地球20%的面积

   C 湿度大的土壤被定义为湿地   D 处于陆地和水域相汇合的地方

10 根据上下文，第三段空白处最适合填入的词语是：

   A 沼泽   B 贝壳

   C 土壤   D 稻草

11 湿地成为鸟类乐园的原因是：

   A 大部分昆虫生活在湿地   B 生长在湿地的灌木很茂盛

   C 其他动物不能在湿地生存   D 鸟类的迁徙与繁殖需要湿地

12 根据第四段，下列哪项**不属于**湿地的作用？

   A 净化水质   B 保存大量水分

   C 改善局部气候   D 防止二氧化碳的流失

13 下列哪项属于湿地改善局部气候的方式？

   A 通过培养水生植物   B 通过水分循环功能

   C 通过增加水流的速度   D 通过湿地的生物多样性

14 上文主要谈的是：

   A 湿地的定义及生态意义   B 修复湿地的可行性方案

   C 湿地在全球的分布特点   D 人为破坏对湿地造成的影响

정답 p.352

02 중심 내용 문제 공략하기

중심 내용 문제는 특정 단락이나 지문 전체의 주제를 묻거나, 지문의 제목을 묻는 문제이다. 단락이나 지문의 중심 내용을 재빨리 찾을 수 있어야 한다.

질문 형태

1. 특정 단락의 중심 내용을 묻는 질문

   第四段主要谈的是什么? 네 번째 단락에서 주로 말하는 것은 무엇인가?

2. 지문 전체의 중심 내용을 묻는 질문

   上文主要谈的是: 위 글이 주로 말하는 것은:

   最适合做上文标题的是: 위 글의 제목으로 가장 적절한 것은:

문제풀이 전략

Step 1 질문 또는 선택지 읽고 핵심어구 확인하기

• 특정 단락의 중심 내용을 묻는 경우, 몇 번째 단락인지 확인해둔다.
• 지문 전체의 중심 내용을 묻는 경우 지문이 주로 말하고자 하는 것(主要谈/主要说明)을 묻는 것인지, 지문의 제목(标题/题目)으로 적절한 것을 묻는 것인지 확인해둔다.

질문 上文主要谈的是: 위 글이 주로 말하는 것은:

선택지
A 热带雨林植物的多样性 열대 우림 식물의 다양성
B 热带雨林植物的成活因素 열대 우림 식물의 생존 요인
C 热带雨林植物的分布特点 열대 우림 식물의 분포 특징
D 热带雨林植物所需的生长条件 열대 우림 식물이 필요로 하는 생장 조건

Step 2 정답의 단서 찾기

• 특정 단락의 중심 내용을 묻는 경우 해당 단락 전체를 재빨리 읽어 중심 내용을 나타내는 문장을 정답의 단서로 찾는다. 중심 내용을 나타내는 문장은 주로 단락의 처음이나 마지막 부분에 나오기 쉽다.
• 지문 전체의 중심 내용을 묻는 경우 주로 지문의 마지막 문제로 출제되므로, 앞의 문제들을 풀면서 읽은 내용을 토대로 지문의 중심 내용을 떠올린다. 지문 전체의 중심 내용을 드러내는 문장은 지문의 첫 단락이나 마지막 단락에 나오기 쉽다.

정답의 단서

지문 由此可见，热带雨林植物种类繁多，寄生植物、藤本植物等多样的植物构成热带雨林的独特景观。
이를 통해 열대 우림 식물의 종류가 많고, 기생 식물과 덩굴 식물 등 다양한 식물이 열대 우림의 특수한 경관을 구성한다는 점을 알 수 있다.

Step 3 정답 고르기

정답의 단서 또는 지문 전체 내용을 통해 유추할 수 있는 내용의 선택지를 정답으로 고른다.

정답 A 热带雨林植物的多样性 열대 우림 식물의 다양성

Step별 해설을 보기 전에, 문제풀이 전략에 따라 직접 정답을 골라보세요.

---

²"音爆"是物体在空气中运动的速度突破音速时产生的冲击波所引起的巨大响声。它通常是由超音速战斗机或其他超音速飞行器跨音速飞行而造成的。

把一粒石子投入水中，水面便会出现一圈圈涟漪，这是石子扰动水面形成的波；船在航行时，船头会激起倒V字型的楔形波纹。物体在空气中运动类似于船在水上滑行，只不过是二维的水面变成了三维的空间。在空气中运动的任何物体都会扰动空气形成波。波在空气中的传播速度就是音速。当物体运动的速度越来越快时，问题就出现了。物体的运动速度达到音速，空气分子就来不及互相避开，都被挤压在一起。

当飞机的速度接近音速时，就等于一堵空气墙横在前面。¹如果飞机动力足够充沛、结构足够结实、外形足够合理，被空气墙裹住的飞机便会超过音速。此时被压缩到极致的空气被穿透，产生激波，造成压力的剧烈波动。这就是神秘巨响的来源，它有一个更通俗的名字叫做音爆。如果你有幸听过音爆，你会注意到它实际上是由连续的两声巨响组成的，这两声巨响分别代表了空气被飞机前部撞开和空气在飞机尾部闭合时形成的激波。

"音爆"的强弱以及对地面影响的大小，与飞机飞行高度有着直接的关系。激波距离越远，波的强度也越弱。当飞机进行低空超音速飞行时，不但会影响人们的生活和工作，严重时还会震碎玻璃，甚至会损坏建筑物，造成直接的损失。不过，当飞机超过一定的飞行高度时，地面基本不会受到影响。

<1번>
Step 1 질문 또는 선택지 읽고 핵심어구 확인하기
Step 2 정답의 단서 찾기
Step 3 정답 고르기

1. 第三段主要谈的是什么？
A 音爆形成的具体原因
B 音爆对周边环境的影响
C 音爆和音速实际上的区别
D 音爆出现时应采取的措施

<2번>
Step 1 질문 또는 선택지 읽고 핵심어구 확인하기
Step 2 정답의 단서 찾기
Step 3 정답 고르기

2. 最适合做上文标题的是：
A 飞行员与"音爆"
B "音爆"防范措施
C 水下的"雷声"——"音爆"
D 冲击波引起的巨响——"音爆"

---

1 특정 단락의 중심 내용을 묻는 질문

1. Step 1 질문이 세 번째 단락의 중심 내용을 물었다.

Step 2 단락 초반에서 如果飞机动力足够充沛、结构足够结实、外形足够合理，被空气墙裹住的飞机便会超过音速。此时被压缩到极致的空气被穿透，产生激波，造成压力的剧烈波动。这就是神秘巨响的来源，它有一个更通俗的名字叫做音爆。(만약 비행기의 동력이 충분하고, 구조가 충분히 튼튼하며, 외형이 충분히 합리적이면, 공기 벽에 둘러싸인 비행기는 음속을 초과하게 된다. 이때 극도로 압축된 공기가 뚫려 충격파를 발생시키고, 압력의 강한 파동을 일으킨다. 이것이 바로 신비로운 굉음의 근원이며, 이는 소닉 붐이라는 더 대중적인 이름이 있다.)라고 하며 소닉 붐의 구체적인 형성 원인을 언급하고 있다.

Step 3 따라서 정답의 단서를 통해 알 수 있는 선택지 A 音爆形成的具体原因(소닉 붐이 형성되는 구체적인 원인)이 정답이다.

2 지문 전체의 중심 내용을 묻는 질문

2. Step 1 질문이 제목으로 적절한 것을 물었다.

Step 2 첫 번째 단락에서 "音爆"是物体在空气中运动的速度突破音速时产生的冲击波所引起的巨大响声。('소닉 붐'이란 물체가 공기 중에서 움직이는 속도가 음속을 돌파할 때 발생하는 충격파가 일으키는 큰 소리이다.)이라고 했고, 지문이 소닉 붐의 발생 원리, 소닉 붐의 형성 원인에 대해 차례대로 언급하고 있다.

Step 3 따라서 정답의 단서를 통해 알 수 있는 선택지 D 冲击波引起的巨响——"音爆"(충격파가 일으킨 큰 소리-'소닉 붐')가 정답이다.

해석 p.358

지문을 읽고 질문에 알맞은 선택지를 고르세요.

1-7

　　对于手臂、手部触觉及运动控制系统完好的人来说，当他们伸手去拿一杯热咖啡时，能够感受到咖啡的温度，并以此调整握姿，防止手被烫伤；在他们触碰或者握住物品的瞬间，就能感觉到物体的质感，从而能够自如地握住并移动物体。

　　但是当一个人穿戴假肢时，这些日常事务就变得非常困难，更别说是用大脑去控制了。穿戴假肢后，肘部可以向内弯曲，手腕可以旋转，手指可以抓握，但由于没有直接的触觉反馈，动作还是非常笨拙。

　　近日，在《科学》杂志上发布的一项研究表明，当四肢瘫痪的残疾人士用意念控制机械臂时，机械臂可以向人的大脑提供直接的触觉反馈。这极大地改善了残疾人士假肢的功能，使他们能够快速完成某个动作，例如将水从一个杯子倒入另一个杯子。

　　这项研究的参与人是35岁的科普兰。他18岁时遭遇了一场车祸，导致他脖子以下的部位都无法动弹。自2014年以来，他一直自愿参与美国匹兹堡大学康复神经工程实验室的这项研究。

　　研究团队在科普兰的大脑皮层中植入了两套88根电极阵列，这些微小的电极阵列深入到大脑运动皮层和大脑体感皮层。大脑运动皮层是参与计划、控制和执行自主运动的区域，而大脑体感皮层是处理身体感官信息的区域。这些电极阵列可以用电脉冲来模拟一系列的感觉，刺激大脑中控制指尖的区域，从而产生触觉。

　　科普兰是世界上第一个不仅在大脑运动皮层，而且在大脑体感皮层植入微型电极阵列的人。通过这个阵列，他不仅能接收到触觉反馈，还能用大脑_____机械臂。整个过程与脊髓功能完好的人身上的神经回路运作过程类似。

　　在实验中，穿戴机械臂的科普兰可以把不同大小的管子、球体、杯子等物品从一个桌子上移到另一个桌子上。他用机械臂抓取并移动物体的时间比原先的时间减少了一半，从20.9秒减少到了10.2秒。随着研究的推进，研究团队使用越来越多的电极来模拟了他右手的食指、无名指和小指。

　　目前，研究团队正在测试用机械臂抓取物体时控制压力的能力，实验内容是让参与者拿起一个虚拟鸡蛋。研究团队表示，给机械臂加上触觉，不仅仅是为了增加机械臂的灵活性，也是为了让穿戴机械臂的人能够牵着亲人的手，感受情感联结。他们还表示，希望进一步完善机械臂，让那些失去手臂功能的人在家里也能自由使用这类系统。相信在不远的将来，机械臂可以与其它技术结合起来，通过刺激手臂的肌肉或神经来恢复手臂功能。

1 穿戴假肢时会怎么样？
   A 手臂不能转动   B 动作更加灵敏
   C 手可以抓握物体   D 手肘可以向外弯曲

2 第三段主要谈的是什么？
   A 机械臂的可用时间   B 机械臂的运作原理
   C 提高机械臂韧性的方法   D 机械臂实验所取得的成果

3 大脑中植入的电极阵列如何产生触觉？
   A 通过精确地模仿人的行为   B 通过加强与视觉有关的功能
   C 通过给人的手臂持续施加压力   D 通过刺激大脑中与手指连接的区域

4 关于科普兰，下列哪项正确？
   A 他的手部残疾是先天性的   B 被迫参与了医学临床实验
   C 在美国匹兹堡大学就读康复治疗专业 D 在大脑的运动皮层和体感皮层植入了电极

5 根据上下文，第六段空白处最适合填入的词语是：
   A 摆设   B 操控
   C 遥控   D 操劳

6 在实验中，科普兰成功做到了什么事情？
   A 把鸡蛋从篮子里取出并弄碎   B 在杯子里倒满了刚做好的咖啡
   C 把抓取和移动物体的时间缩短了一半 D 戴着机械臂做了一系列高难度体育运动

7 上文主要谈的是：
   A 机械臂的动力学原理   B 机械臂在人体上的应用
   C 机械臂带来的安全问题   D 机械臂的内部结构特点

中国文化源远流长，汉字是其中的亮点之一。汉字自出现以来，一直发展到现代。现在使用的汉字其实已经被简化了，这是一个从复杂到简单的过程，而这个过程艰难且曲折。

晚清时期，中国遭受列强的侵略和压迫，百姓生活十分悲惨。一些爱国者开始反思国家落后的原因。当时大部分人认为，旧文化和封建思想是一个很严重的问题，繁体字也被认为是应该被改革的内容之一。繁体字本身非常复杂，由于笔画较多，很多作家在写文章时只愿意写主旨，不会作深入的解释，这也是古代文言文难以理解的原因。

1915年新文化运动开始以后，社会各界学者纷纷提出汉字改革。汉字改革的宗旨是让每个人都更容易学会使用汉字，从而打破封建社会少数知识分子对文化和知识的垄断，提高中国人的文化教育水平，使中国更加强大。"中华书局"创始人陆费逵曾经指出，要普及教育，就要提倡更方便、更容易记住的现代白话文，而使用白话文，则需要简化汉字。这一观点得到了很多人的支持。在新文化运动和五四运动的推动下，汉字改革被持续推进，但由于缺乏国民政府的坚定支持，加上各派意见不一，汉字改革阻力重重，发展缓慢，后来因抗日战争的爆发而中断。

孙中山曾经说过："人既尽其才，则百事俱举；百事举矣，则富强不足谋也。"想要富国强民，就必须在全国大力"扫盲"。新中国成立以后，汉字改革的主要方向是简化汉字。经过多次起草和修改，《汉字简化方案》于1956年正式公布，共简化了500多个汉字，比如以前的"瞭解"就被简化成了"了解"。这标志着汉字简化在中国正式实施，这次改革就是上世纪50年代到60年代著名的汉字"一简"。"一简"虽然也有不足之处，但<u>瑕不掩瑜</u>，其结果就是中国百姓的识字率快速上升。

第一次汉字简化明显是非常成功的，汉字的使用也变得更加方便。随后在70年代又掀起了第二次汉字简化运动的热潮，但第二次汉字简化失败了。

第一次汉字简化完成以后，人们普遍认为汉字的简化工作还没有结束，不够"简单"，所以一直有继续简化汉字的要求。实际上，在第一次汉字简化中，结构字主要来源于民间文字，委员会成员们只是收集了这些民间文字，并做了简单的修改和整理，所以第一次汉字简化相对容易，取得了很好的成效。而在第二次汉字简化中，委员会成员们为了增加简化字的数量，不但自行创造了文字，还采用了多种简化方法，其中最常见的简化方法是同音代替词。所谓同音代替词，就是用同一拼音的简单的词代替相对复杂的词。可是这些同音异义词虽然发音一样，词义却大相径庭。如果把这些同音异义词写成一个词，在学习和使用的过程中很容易让人混淆词的本义。第二次汉字简化实施后，报社和教育局都尝试用第二次简化的汉字来印刷报纸和教科书，但是这些经过多次修改的简体字反而给人们带来了混乱，因此并没有得到人们的认可。第二次汉字简化中改革的汉字渐渐被人遗忘，最后便以失败而告终。

8 下列哪项属于汉字改革的宗旨？

    A 普及汉字   B 消除方言

    C 保存现有的文化   D 稳固知识分子的地位

9 根据第三段，汉字改革遇到了哪些困难？

    ① 缺乏政府支持

    ② 改革资金不足

    ③ 遭到民众反对

    ④ 改革意见不一

    A ②④   B ①③

    C ①④   D ②③

10 第四段主要谈了什么？

    A 孙中山提倡使用同音异义词   B 学者提出减少汉字数量的主张

    C 汉字简化可能带来的负面影响   D 汉字简化在中国正式实施的标志

11 画线词语"瑕不掩瑜"的"瑕"与下列哪个括号中的词语意思相近？

    A 无(微)不至   B 大醇小(疵)

    C 莫名其(妙)   D 无(恶)不作

12 在第二次汉字简化中，主要采用了什么简化方法？

    A 同音代替词   B 发音简化法

    C 反义替代法   D 笔画增强法

13 关于第二次汉字简化，可以知道：

    A 受到海外华人的反对   B 政府没有加大宣传力度

    C 教科书不能使用简体字   D 简化字给人们造成了混乱

14 最适合做上文标题的是：

    A 汉字的改革   B 汉字书写规则

    C 中国文字的起源   D 汉字与象形文字的关系

정답 p.358

03 의미 파악 문제 공략하기

의미 파악 문제는 지문에 밑줄로 표시된 특정 표현이나 특정 글자 1개의 의미를 묻는 문제이다. 지문에서 밑줄로 표시된 표현의 주변 문맥을 토대로 해당 표현이나 글자의 의미를 파악할 수 있어야 한다.

질문 형태

1. **특정 표현의 의미를 묻는 질문**
   画线词语"兼容并包"最可能是什么意思？ 밑줄 친 어휘 '兼容并包'는 무슨 의미일 가능성이 가장 큰가?

2. **특정 글자의 의미를 묻는 질문**
   画线词语"枯竭"的"竭"与下列哪个括号中的词语意思相近？
   밑줄 친 어휘 '枯竭'의 '竭'는 선택지 괄호 안 어떤 어휘와 의미가 비슷한가？

🖋문제풀이 전략

Step 1 질문 또는 선택지 읽고 핵심어구 확인하기

- 질문에 따옴표(" ")로 표시된 표현을 핵심어구로 확인해둔다.
- 해당 표현의 의미를 알고 있다면, 해당하는 의미의 선택지를 미리 확인해둔다.

질문 画线词语 " 핵심어구 壮志难酬 " 最可能是什么意思？ 밑줄 친 어휘 '壮志难酬'는 무슨 의미일 가능성이 가장 큰가？

선택지 A 无法忘记往事 옛일을 잊을 수 없다
         B 抱负难以得到实现 포부를 실현하기 어렵다
         C 应付上级喜好很难 상급자의 취향을 맞추는 것은 어렵다
         D 很难揣测统治者的想法 통치자의 생각을 추측하기 어렵다

Step 2 정답의 단서 찾기

지문에서 밑줄로 표시된 핵심어구의 주변 문맥을 파악하여 정답의 단서를 찾는다. 핵심어구의 의미를 알고 있다면, 알고 있는 의미가 문맥과 부합하는지 확인한다.

지문 辛弃疾的政治思想在当时得不到统治集团的认可， 정답의 단서 于是他把这种 핵심어구 壮志难酬 的情感寄托于诗词中。
         신기질의 정치 사상은 당시에 통치 집단의 인정을 받지 못했고, 그래서 그는 이러한 위대한 바람을 이루지 못한 감정을 시사에 표현했다.

Step 3 정답 고르기

정답의 단서를 통해 알 수 있는 내용이나 유추할 수 있는 내용의 선택지를 정답으로 선택한다.

정답 B 抱负难以得到实现 포부를 실현하기 어렵다

▶ 정답의 단서를 통해 壮志难酬는 신기질의 정치적 바람이 실현되지 못했다는 의미임을 알 수 있다.

전략 적용

Step별 해설을 보기 전에, 문제풀이 전략에 따라 직접 정답을 골라보세요.

1 특정 표현의 의미를 묻는 질문

在周庄，经常可以看到男女老少围坐一席，边吃茶点边聊天，有说有笑，其乐无穷。这种习俗被称为吃"阿婆茶"。

如今，吃"阿婆茶"依然在周庄盛行，连年轻人也会在业余时间围席而坐。若<u>东道主</u>定于某日请吃"阿婆茶"，他会在数天前就四处邀请宾客，筹备茶点，然后在当天洗涤茶具，摆放桌椅。到了约定时间，宾客们从四面八方到来，东道主全家便热情地招待宾客、冲茶、抓蜜饯，之后大家便开始天南地北地叙谈。宾客吃茶至少要喝完三轮方可离席。"阿婆茶"散后，大家拱手告别，临别时定好下次"阿婆茶"的东道主、时间和地点。

—— **Step 1** 질문 또는 선택지 읽고 핵심어구 확인하기

—— **Step 2** 정답의 단서 찾기

画线词语"东道主"的意思是：
A 城镇的领导人 　　　B 从东方来的客人 ——— **Step 3** 정답 고르기
C 邀请客人的主家 　　　D 卖名贵茶叶的商人

Step 1 밑줄 친 어휘 '东道主'의 의미를 물었으므로, 东道主를 핵심어구로 확인해둔다.

Step 2 밑줄로 표시된 핵심어구가 있는 若东道主定于某日请吃"阿婆茶"，他会在数天前就四处邀请宾客，筹备茶点(만약 주최자가 어느 날 '아포차'를 대접할 예정이라면, 그는 며칠 전부터 여기저기서 손님을 초대하고 다과를 준비한다)을 정답의 단서로 찾는다.

Step 3 정답의 단서를 통해 东道主는 손님을 초대하고 다과를 준비하는 사람임을 알 수 있다. 따라서 선택지 C 邀请客人的主家(손님을 초대한 주인)가 정답이다.

2 특정 글자의 의미를 묻는 질문

墨子是中国古代著名的思想家、教育家、军事家，同时也是墨家学派的创始人。墨子曾经学习过孔子的儒学，但由于对儒家学说不满，最终舍弃儒学，另创对立的学派——墨家学派。

—— **Step 1** 질문 또는 선택지 읽고 핵심어구 확인하기

墨子认为"官无常贵，民无终贱"，要求"饥者得食，寒者得衣，劳者得息"。他还认为君臣、父子、兄弟都要在平等的基础上相互友爱，并认为社会上之所以出现强者欺负弱者、富人欺辱穷人、贵人看不起贱民的现象，即"强执弱、<u>富侮贫</u>、贵傲贱"，是天下人不相爱所致。他反对战争，强调和平。墨子一生过着简朴的生活，他主张"量腹而食，量身而衣"与"节用，节葬，非乐"。他的主张大多来源于朴素的唯物主义思想。

—— **Step 2** 정답의 단서 찾기

画线词语"富侮贫"的"侮"与下列哪个括号中的词语意思相近？
A （齐）心协力 　　　B 仗势（欺）人
C 前（赴）后继 　　　D 忍（饥）挨饿 ——— **Step 3** 정답 고르기

Step 1 밑줄 친 어휘 '富侮贫'의 '侮'와 의미가 비슷한 것을 물었으므로, 富侮贫을 핵심어구로 확인해둔다. 富侮贫은 '부유한 자가 가난한 자를 업신여기다'라는 의미이며, 이 중 侮는 '업신여기다'라는 의미이다.

Step 2 밑줄로 표시된 핵심어구가 있는 强者欺负弱者、富人欺辱穷人、贵人看不起贱民的现象，即"强执弱、富侮贫、贵傲贱"(강한 자가 약한 자를 괴롭히고, 부유한 자가 가난한 자를 업신여기고, 명성과 지위가 높은 자가 신분이나 지위가 낮은 자를 얕보는 현상, 즉 '강집약, 부모빈, 귀오천')을 정답의 단서로 찾는다.

Step 3 정답의 단서를 통해 富侮贫의 侮는 '업신여기다'라는 의미로 사용됐음을 확인할 수 있다. 따라서 '업신여기다'의 의미를 가진 '欺'가 포함된 선택지 B 仗势（欺）人(세력을 믿고 남을 업신여기다)이 정답이다.

A （齐）心协力는 '같은 마음으로 함께 노력하다'라는 의미이고, 이 중 '齐'는 '같다'라는 의미이다.
C 前（赴）后继는 '앞사람이 나아가고 뒷사람이 쫓아간다'라는 의미이고, 이 중 '赴'는 '나아가다'라는 의미이다.
D 忍（饥）挨饿는 '굶주림을 참다'라는 의미이고, 이 중 '饥'는 '굶주리다'라는 의미이다.

해석 p.364

지문을 읽고 질문에 알맞은 선택지를 고르세요.

1-7

　　中国有句老话，叫"民以食为天"。"吃"永远是排在第一位的大事，而不同时期、不同地区的饮食口味也是差别极大。想要做出不同口味的食物，除了要有新鲜的食材之外，选择一些适合食材本身的调味品也是一大关键。古人用调味品造就了古代饮食文化的辉煌历史。

　　先秦时期，人们对调味品的认知还处在萌芽阶段，因此当时的调味品比较单调，主要以盐、梅、酒为三大主料。在实际烹饪中，主要以盐来进行调味，这种随手可得的调味品在整个烹饪历史上有着关键的作用，因此将盐称为"百味之王"丝毫不为过。

　　春秋战国时期的齐国，就是靠海盐成为了富甲一方的强国。继海盐之后，还出现了池盐、井盐、岩盐等。由于盐的地位无可替代，在汉武帝以后，都是由中央政府直接控制食盐，贩卖私盐是重罪。这是因为一方面，盐是国家的战略物资，士兵需要食盐才有力气作战，所以国家通过管控盐来维护统治权；另一方面，盐是国家税收的主要来源之一，利润空间巨大。在唐宋时期，盐所带来的收入占国家财政收入的一半以上，到了元代，更是占到了百分之八十。

　　虽然盐的原料唾手可得，但盐并不是万能调料，遇到腥膻之物就无法发挥其作用了，这时另一种调味品——梅子就体现出了独特的价值。在古代殷商遗址中，人们发现了不少用来制作调味品的梅子核，在《尚书·商书·说命下篇》中也出现了"**若作和羹，尔惟盐梅**"的话语。这些都说明了做汤的时候梅子是一种必不可少的调味品，尤其在烹制肉类、鱼类等腥膻之气较重的食物时，使用梅子则更为有效。根据推断，由于大量使用梅子，当时的菜肴以酸味为主。

　　酒在古代调味品"家族"中排行"老三"。在安阳郭家庄一处遗址发现，夏商时期就已经开始用酒来做菜了。最早的酒是用谷物自然发酵而制成的。据《世本》记载，夏朝人仪狄，酿出了酒，并将其作为调味品。酒在食物烹饪中起到了关键的作用，这也从侧面印证了古代农业的发展程度。

　　除了盐、梅、酒这三种古代最基本的调味品之外，还有很多调味品可供人选择。用大豆和麦子制成的"豆酱"和"麦酱"是调制咸味的调味品。有了酱料，曾经难以下咽的食物也变得异常美味，而且菜肴在外观上也有了很大的改善，"色、香、味"俱全的菜肴就是从这时开始出现的。

　　古人对甜味也做了明确的记载，即"以甘养肉"，这说明古人认为甜味对促进身体机能有很好的功效。起初，人们从植物和果实中_____糖分，如蔗糖、蔗浆、果糖等等。在各种糖类调味品中，麦芽糖是最为普遍的一种，古文中称之为"饴"。

　　在所有味道中，最让人过瘾的是辣。古人用花椒、姜、茱萸来调制辣味，以解心头的**嗜辣之情**。除了这三种常见的辣味调味品外，达官贵人还会使用珍贵的胡椒来调制辣味。宋朝以后，胡椒开始大规模进入中国，开始成为百姓首选的调味品，而辣椒到明朝末年才传入了中国，距今也就400多年。

　　数千年来，博大精深的中国饮食文化从寡淡走向丰富，时至今日，已俘获了众多人的心，这其中调味品功不可没。调味品在发展过程中相互融合，其背后蕴藏着古人的无穷智慧，那就是：**兼容并包**。

1 关于盐，第二段中**没有**提到的是：

A 被称为"百味之王"

B 会消除食材本身的味道

C 是先秦时期三大主料之一

D 在烹饪历史中有很重要的作用

2 在古代，盐为什么受到中央政府的直接管控？

① 盐是重要的战略物资

② 国家税收主要来源于盐

③ 盐关系到老百姓的吃穿住行

④ 盐业是国家综合国力的象征

A ①②

B ②④

C ①③

D ③④

3 画线句子"若作和羹，尔惟盐梅"在文中表示什么意思？

A 做羹汤时要有盐和梅

B 羹汤比盐和梅更受欢迎

C 盐和梅被看作是稀世珍宝

D 用盐泡的梅是古代常见的菜品

4 第五段主要介绍了什么？

A 从古代传下来的酿酒秘方

B 酒作为调味品起到的作用

C 酒在调味品中排第三的原因

D 酒与社会发展的正相关关系

5 根据上下文，第七段空白处最适合填入的词语是：

A 提取

B 换取

C 提拔

D 窃取

6 画线词语"嗜辣之情"的"嗜"与下列哪个括号中的词语意思相近？

A （心）平气和

B 发人深（思）

C （美）其名曰

D （乐）此不疲

7 画线词语"兼容并包"最可能是什么意思？

A 把食物加工得很美味

B 把所有的方面都容纳进来

C 把所有的事情都尽量兜揽过来

D 接纳其他国家的烹饪技术，开发新菜式

近日，一头搁浅的中华白海豚脱困的新闻被刷上了热搜，引发了不少网友关注和点赞。在广东省台山市，有个渔民发现了在滩涂搁浅的一头白海豚，就立即报了警。当时正好是海水退潮期，气温逐渐上升，若不及时采取救援措施，白海豚将危在旦夕。

为了在白海豚不受伤害的情况下尽快实施救援，民警们先对搁浅的白海豚采取了保护措施，通过浇水的方式防止白海豚脱水，还将自己的衣服脱下披在白海豚身上，防止它被阳光晒伤。之后民警们抱起它的头部，帮助其呼吸。

做完一系列的检查，确认白海豚未受伤后，民警们决定将其放回大海。当天下午3时30分左右，海水开始涨潮，民警们和熟悉海域情况的渔民一起将白海豚抬至水位高的海域。整个救援过程持续了7个小时，所幸的是，白海豚在脱离滩涂，进入海水后，逐渐恢复了活力，摇动了几下尾巴，一头扎进了海洋的怀抱。

中华白海豚主要生活在中国的东南部沿海地区。关于白海豚的记载，最早出现在唐朝，古代称它为卢亭、白忌或海猪。中华白海豚属于中国国家一级保护动物，素有"水上大熊猫"之称。

虽然名为"白海豚"，但是刚出生的中华白海豚呈深灰色，幼年个体呈灰色，成年个体则呈浅粉色或灰白色，老年个体通常全身呈乳白色。成年个体身上的粉红色并不是色素造成的，而是表皮下的血管所形成的。

作为宽吻海豚及虎鲸的近亲，中华白海豚也属于哺乳类动物，它会用肺部呼吸。外呼吸孔呈半月形，处在头部的顶端，呼吸时头部与背部露出水面，吸进氧气，呼气时发出"哧哧"的喷气声。风和日丽时，性情活泼的白海豚通常在水面上嬉戏，有时甚至全身跃出水面近1米高。

中华白海豚和人类一样保持恒温、怀胎产子，还会用乳汁哺育幼儿。它们不会聚集成大群，通常情况下只有3～5只生活在一起，或者单独活动。它们的群居结构非常有弹性，除了母豚及幼豚，白海豚群的成员会时常更换。

由于中华白海豚主要栖息于河口和沿海地区，与经济开发区、航运密集区的位置高度重叠，因此极易受到人类活动的干扰。渔网和船只造成的误伤、船只和填海工程造成的噪声污染、沿海工业和农药造成的水质污染、过度捕捞导致的渔业资源枯竭等，都对中华白海豚的生存和繁衍造成了严重的影响。我们要知道，没有人类的肆意破坏，大自然才能生生不息。

8　中华白海豚被困后，民警们采取了怎样的措施？

　　A 把白海豚强行拖入了大海　　　　　B 往白海豚身上涂抹了淤泥
　　C 给白海豚浇水，弄湿了其皮肤　　　D 检查了白海豚的回声定位系统

9　第二段主要介绍了什么？

　　A 白海豚的生存环境　　　　　　　　B 对白海豚的拯救措施
　　C 白海豚被搁浅的原因　　　　　　　D 白海豚脱离海水的过程

10　关于中华白海豚的颜色，可以知道什么？

　　① 幼年个体呈乳白色
　　② 成年个体呈灰白色
　　③ 老年个体呈粉红色
　　④ 刚出生的个体呈深灰色

　　A ①③　　　　　　　　　　　　　　B ①④
　　C ②④　　　　　　　　　　　　　　D ②③

11　画线词语"嬉戏"最可能是什么意思？

　　A 欢笑　　　　　　　　　　　　　　B 游泳
　　C 玩耍　　　　　　　　　　　　　　D 绽放

12　中华白海豚的哪种特点与人类相同？

　　A 能使体温保持稳定　　　　　　　　B 性情随周围环境而变化
　　C 群体内部社会等级分明　　　　　　D 在固定范围内形成大家族

13　画线词语"枯竭"的"竭"与下列哪个括号中的词语意思相近？

　　A 海(枯)石烂　　　　　　　　　　　B 使人难(堪)
　　C 道(尽)涂穷　　　　　　　　　　　D 萍水相(逢)

14　画线词语"生生不息"的"息"与下列哪个括号中的词语意思相近？

　　A (纷)繁复杂　　　　　　　　　　　B 历久(弥)新
　　C 如花似(锦)　　　　　　　　　　　D 戛然而(止)

정답 p.365

빈칸에 들어갈 어휘를 고르는 문제 공략하기

특정 단락의 빈칸에 들어갈 어휘로 알맞은 것이 무엇인지 묻는 문제이다. 빈칸 주변의 문맥을 토대로 빈칸에 들어갈 어휘를 고를 수 있어야 한다.

질문 형태	根据上下文，第二段空白处最适合填入的词语是: 앞뒤 내용에 근거하여, 두 번째 단락의 빈칸에 들어갈 어휘로 가장 알맞은 것은:

문제풀이 전략

Step 1 질문 또는 선택지 읽고 핵심어구 확인하기

질문을 읽고 빈칸의 위치를 확인한 후, 각 선택지를 핵심어구로 확인하고 의미를 파악해둔다.

질문	根据上下文，空白处最适合填入的词语是: 앞뒤 내용에 근거하여, 빈칸에 들어갈 어휘로 가장 알맞은 것은:

선택지	A 照办 그대로 처리하다 B 兴建 건축하다 C 遵循 따르다 D 征集 징집하다

Step 2 정답의 단서 찾기

- 빈칸 주변을 꼼꼼히 해석하면서 주변 문맥을 정확히 파악해둔다.
- 빈칸 주변의 문맥을 통해 정답의 단서를 찾기 어려울 경우, 단락 전체의 문맥을 통해 정답의 단서를 찾는다.

지문	정답의 단서 정답의 단서 在采购业务中，根据市场需要，应 _____ 以销定进的原则，购入适销对路的商品。 구매 업무에서 시장의 수요에 따라, 판매 현황에 맞추어 구매를 결정하는 원칙을 _____고, 소비자의 수요와 일치하는 상품을 구입해야 한다.

▶ 빈칸 주변이 '시장의 수요에 따라, 판매 현황에 맞추어 구매를 결정하는 원칙을 _____고, 소비자의 수요와 일치하는 상품을 구입해야 한다.'라는 문맥임을 파악해둔다.

Step 3 정답 고르기

정답의 단서를 통해 알 수 있는 빈칸에 들어갈 알맞은 어휘를 정답으로 선택한다.

정답	C 遵循 따르다

▶ 정답의 단서를 통해 빈칸에는 원칙을 준수해야 함을 나타내는 어휘가 들어가야 함을 알 수 있다.

Step별 해설을 보기 전에, 문제풀이 전략에 따라 직접 정답을 골라보세요.

在湖泊和海洋里，当藻类漫无节制地繁殖起来时，就会形成红潮。红潮到来时，由于藻类吸收太多氧气，当地的水域严重缺氧，会造成大量水生植物_____而死。

      — Step 1 질문 또는 선택지 읽고
핵심어구 확인하기

一直以来，人们都对红潮束手无策，他们所能做的，只是耐心等待着红潮自然消失。但现在，科学家们终于找到了一种消除红潮的办法——用超声波消除藻类。

藻类之所以能漂浮在水面，不沉入水底，是因为藻类里有一种浮力细胞，这种细胞中含有氮气气泡，氮气气泡就像藻类与生俱来的"救生圈"，藻类靠这些气泡的浮力，能轻松地漂浮在水面上。

— Step 2 정답의 단서 찾기

而科学家们正是抓住了藻类的这一特点，用特定频率的超声波引起浮力细胞里的气泡共振，当共振达到一定强度时，气泡就会把细胞胀破，使得藻类失去浮力的支撑而下沉。沉入水里的藻类一旦失去阳光，很快就会死亡。

最近一个英国研究小组利用三种不同频率的超声波对藻类进行了测试，他们发现，不同种类的水藻因为大小不等，共振频率也不一样。用超声波消除藻类的方法可以有针对性地去除特定的藻类，并且不会伤及其他的水生植物。

根据上下文，第一段空白处最适合填入的词语是：
A 滞后
B 流失
C 窒息
D 衰竭

— Step 3 정답 고르기

Step 1 질문이 첫 번째 단락의 빈칸에 들어갈 어휘로 가장 알맞은 것을 물었으므로, 각 선택지의 의미를 파악해둔다. A는 '정체하다', B는 '유실하다', C는 '질식하다', D는 '쇠약해지다'라는 의미이다.

Step 2 빈칸 주변이 当地的水域严重缺氧，会造成大量水生植物_____而死(그곳의 수역은 심각하게 산소가 부족하게 되어 수많은 수생 식물이 _____ 죽게 된다)라는 문맥임을 파악해둔다.

Step 3 정답의 단서를 통해 빈칸에는 산소가 부족하면 식물이 처할 수 있는 상황을 나타내는 어휘가 들어가야 함을 알 수 있다. 따라서 선택지 C 窒息(질식하다)가 정답이다.

해석 p.371

지문을 읽고 질문에 알맞은 선택지를 고르세요.

1-7

　　近日，覆盖全球一半人口和三分之一贸易量的自由贸易协定——《区域全面经济伙伴关系协定》正式生效。《区域全面经济伙伴关系协定》是2012年由东盟发起，_____数年，由中国、韩国、日本、澳大利亚、新西兰和东盟十国共15个成员国制定的协定。该协定的签署标志着当前世界上涵盖人口最多、成员构成最多元、发展潜力最大的自由贸易区正式启航。

　　据业内人士分析，对于中国经济而言，《区域全面经济伙伴关系协定》将改善外部贸易环境，推动中国与协定成员之间形成更为紧密的贸易投资和产业分工关系，为中国经济增长提供新动能。从出口方面来看，汽车零部件、电子元器件等上游产品的出口将进一步增长。长期来看，《区域全面经济伙伴关系协定》将有效增强中国经济"外循环"的韧性，在带动出口增长的同时，可能也会加速低附加值产业的外迁。

　　"原产地累积规则"是《区域全面经济伙伴关系协定》的一项重要成果。与多数自由贸易协定的双边原产地规则不同，该协定采用区域价值累积原则，主要是指在确定产品的原产资格时，可将其他成员国的原产材料累积计算，来满足最终出口产品增值40%的原产地标准，从而更容易享受到关税优惠。例如，A国采购中国的产品并在A国进行组装加工，如果在中国的增值部分和在A国的增值部分超过了40%，那么A国将该产品出口到B国时，仍认定A国为原产地，享受零关税待遇。

　　在原产地规则之下，《区域全面经济伙伴关系协定》为中国提出的国际大循环发展_____提供了切合时机的外部环境，各种制度型交易成本的下降将促进中国与成员国之间的贸易与投资。比如，为了获得零关税待遇，生产商将更倾向于使用区域内的原产材料，这有助于在本地区形成更加紧密、更具韧性的产业供应链。

　　此外，《区域全面经济伙伴关系协定》将提高贸易便利化水平，促进无纸化贸易。从贸易便利化角度看，各成员国就海关程序、检验检疫、技术标准等作出了高水平承诺，特别是承诺尽可能在货物抵达后48小时内放行，对快件、易腐货物等争取在抵达后6小时内放行，这一承诺将提升物流通关效率，促进出口增长。各方已承诺实行无纸化贸易，承认电子签名的效力，为网络交易的开展提供了制度性保障，这些措施将有利于企业借助跨境电商平台扩大出口。

　　《区域全面经济伙伴关系协定》是一个互惠互利的自由贸易协定，在货物贸易、服务贸易、投资和规则方面，它都体现了平衡。《区域全面经济伙伴关系协定》中还特别提到了经济技术合作等方面的规定，这将给一些发展中国家给予过渡期的安排，让这些国家能够更好地融入到区域经济一体化的大趋势中。

1 根据上下文，第一段空白处最适合填入的词语是：

A 荣获　　　　　　　　　　　　B 亮相

C 了结　　　　　　　　　　　　D 历时

2 关于《区域全面经济伙伴关系协定》，下列哪项**不正确**？

A 由15个成员国制定　　　　　　B 加入的成员国最多元

C 是由中东国家联合发起的　　　D 标志着发展潜力最大的自贸区的启航

3 《区域全面经济伙伴关系协定》将对中国经济起到怎样的作用？

A 能够建立可行的风险管理机制　B 有利于向外迁移低附加值产业

C 有效增强中国经济国际国内双循环　D 上游产品的中间商数量将进一步增长

4 《区域全面经济伙伴关系协定》的重要内容都有哪些？

① 提出非歧视原则

② 实行无纸化贸易

③ 采用原产地累积规则

④ 调整世贸组织的市场准入规则

A ①②　　　　　　　　　　　　B ②③

C ③④　　　　　　　　　　　　D ①④

5 根据上下文，第四段空白处最适合填入的词语是：

A 境遇　　　　　　　　　　　　B 借口

C 格局　　　　　　　　　　　　D 流量

6 在各成员国为提高贸易便利化水平而提出的各项措施中，下列哪项正确？

A 加强了区域内高端绿色产业链　B 争取抵达后6小时内将易腐货物放行

C 省略了一些不必要的出入境检验检疫流程　D 建立了一整套关于判定货物原产资格的规定

7 上文主要谈的是：

A《区域全面经济伙伴关系协定》的生效过程

B《区域全面经济伙伴关系协定》的国际评价

C《区域全面经济伙伴关系协定》带来的积极影响

D 签定《区域全面经济伙伴关系协定》时的外部环境

　　1972年至1974年发掘的长沙马王堆汉墓，是西汉初期长沙国丞相利苍一家三口的墓葬。马王堆汉墓保存之完整、文物之丰富震惊了世人，它被认为是20世纪世界最重大的考古发现之一。虽然在发掘马王堆汉墓的过程中经历了重重磨难，但湖南省博物馆和社会各组织机构主动承担起了文物保护和发掘的重担。近半个世纪以来，关于马王堆汉墓的研究成果_____。

　　马王堆三座墓葬中，二号墓墓主是利苍。二号墓的墓葬形制与一号、三号墓多有不同，主要体现在其上圆下方的墓坑和夯土外形。二号墓像圆顶帐篷一样，中间隆起，四周下垂，是"天圆地方"的典型。二号墓的墓葬形制是古人对宇宙认识的再现，古人认为天似穹庐，呈拱形，地似棋盘，呈方形。

　　最早发现的一号墓是入葬时间最晚的。考古学家们在一号墓里发现了一具并未腐烂的女尸，经鉴定，这是利苍之妻辛追的尸体。辛追面目依然_____可辨，头上还留有头发，脸上的皮肤和眼睫毛、鼻毛都还残存着，甚至连脑后用簪子别着的假发也能被分辨出来。肌肉组织和软骨等都十分完好，全身肌肉有弹性，皮肤细密而滑腻，部分关节可以转动，甚至手足上的纹路也清晰可见。这具尸体虽历经两千多年，但在出土时依然保存完好，这堪称考古学界的一个奇迹。临床医学检验表明，这具不腐女尸为尸体的保存以及古组织学、古病理学、古代疾病史和中国医学发展史提供了重要的科学资料。

　　三号墓结构与一号墓基本相似，但规模略小，墓坑较浅，墓壁只有三层台阶。考古学家们推断，三号墓墓主应该是利苍的儿子利豨。

　　马王堆汉墓的出土文物为研究西汉经济和科技的发展，以及当时的历史、文化、社会生活等方面提供了极为重要的实物资料。马王堆三座汉墓共出土珍贵文物三千多件，大多保存完好，其中有五百多件漆器，这些漆器制作精致、纹饰华丽、光泽如新。此外还有大量丝织品、帛画、帛书、竹简、竹木器、乐器、兵器、印章等珍品。其中有两件透明的素纱襌衣，一件重48克，另一件重49克，正如古人形容的"轻纱薄如空"、**"薄如蝉翼，轻若烟雾"**，_____让现代人称奇。这两件素纱襌衣反映了当时高超的织造工艺技术，是西汉纱织品的代表。

　　在马王堆汉墓出土的文物中，有稻谷、粟、小麦、大麦等粮食作物，以及大量的蔬菜、水果和肉制品。除了食品原材料外，还有一整套食器，这些都向我们完整地还原了西汉时期灿烂的饮食文化。

　　2016年6月，马王堆汉墓被评为世界十大古墓稀世珍宝之一。马王堆汉墓的修建时期正值西汉"文景之治"盛世，也是中国封建历史文化发展的高峰。马王堆汉墓的考古发掘为我们展示了这一重要历史时期的政治、经济、科学、军事、文化、艺术、医学等诸多方面的发展水平。

8 根据上下文，第一段空白处最适合填入的词语是：

A 扣人心弦   B 鸦雀无声

C 鹏程万里   D 举世瞩目

9 根据上下文，第三段空白处最适合填入的词语是：

A 分明   B 清明

C 清晰   D 精细

10 关于马王堆汉墓的一号墓，下列哪项正确？

A 墓主是长沙国丞相之母   B 尸体的保存程度堪称奇迹

C 是三座墓葬中入葬时间最早的   D 对解剖学的发展提供了重要的资料

11 关于马王堆汉墓的出土文物，可以知道什么？

A 数量最多的是纹饰华丽的漆器

B 有制作食物时使用的各类香料

C 帛画被认为是反映西汉纱织水平的代表

D 成为了研究西汉时期历史文化的实物资料

12 画线句子"薄如蝉翼，轻若烟雾"在感叹什么？

A 外形像鸟的翅膀   B 是用蝉翼制成的

C 衣服质地薄而轻   D 给人绚丽的视觉效果

13 根据上下文，第五段空白处最适合填入的词语是：

A 着实   B 任意

C 何苦   D 顺便

14 上文主要谈的是：

A 汉代博大精深的饮食文化   B 自给自足的农耕经济所具有的优势

C 马王堆汉墓所体现的商业发展水平   D 马王堆汉墓的结构特点及出土的文物

정답 p.371

지문을 읽고 질문에 알맞은 선택지를 고르세요.

1-7

　　一位英国科学家近日发现，通过人类大脑区域中的某种特定脑活动变化模式，可以实时监测人在快速眼动睡眠期和非快速眼动睡眠期有没有做梦。从研究中得知，人的梦境主要发生于快速眼动睡眠期。快速眼动睡眠期是人类睡眠周期中的一个重要阶段，在这个阶段，人的眼球会进行快速的水平运动，呼吸和心跳也会加快，并且还会伴随暂时性的肢体麻痹症状。在快速眼动睡眠期苏醒的人，对梦境的记忆会更加鲜明。

　　那么人为何会做梦呢？著名心理学家弗洛伊德认为，梦反映了人潜意识中的欲望。这表明，当人因种种原因无法在现实中实现某些愿望时，这些愿望会转化为欲望，并通过梦境呈现出来。

　　弗洛伊德把梦的来源分为四种。第一种是外界的刺激。当人做梦时出现生理信号，梦者就会在潜意识中把生理信号的信息编入梦里，从而改变梦境。第二种是白天产生了情绪波动，却因外界因素而无法"**如愿以偿**"。在这种情况下，人会将这种带有遗憾的意念留到夜晚，然后在梦里得到满足，这也就是我们常说的"日有所思，夜有所梦"。第三种是人平时无法突破自我的一些潜意识而造成的。比如一个害羞内向、不爱说话的女孩，可能会梦到自己在陌生的人群中放声高歌。第四种则可能是在白天有想要实现的意愿，但却被自己的某些想法所阻碍，因而无法实现。这种情况和第二种情况很相似，但是这个意愿不是被外界，而是被自己的意识打断的。

　　弗洛伊德根据对梦的分析，还开创了一个新的心理学流派，叫作精神分析学派。该学派的另一位心理学家荣格认为，潜意识是梦的重要来源。也就是说，潜意识中的某些情节和人物会出现在梦中，这说明梦并不是一种偶然事件，而是与人的现实世界和思想意识有着千丝万缕的联系。

　　梦境在很大程度上受到主观情绪的影响，所以在对梦境进行分析时，不能忽略个体的主观情绪。心理治疗师在对梦者进行心理治疗和梦境分析时，首先要了解梦者的个人生活经历，并将其与梦联系起来；其次要根据梦的文化背景，进行更恰当的分析；最后还要把梦放在梦者整体的生活背景中来考察，这样可以在更深的层面上理解梦境。

　　梦是大脑得以健康发育并维持正常思维的重要因素之一。做梦只是一种正常的生理现象，不过如果长期做噩梦，导致精神情绪出现异常，则可能有去精神科_____的必要。

1 第一段中**没有**提到的是：

A 快速眼动睡眠期的特征   B 监测人类是否做梦的方法

C 人睡眠不足时出现的症状   D 人类睡眠周期中的重要阶段

2 在快速眼动睡眠期可能会发生的现象是：

A 呼吸的频率会逐渐降低   B 心跳的速度会逐渐减慢

C 人的眼球会上下左右转动   D 手部和腿部短暂地失去知觉

3 画线词语"如愿以偿"的"偿"与下列哪个词语的意思相近？

A （称）心如意   B 各（如）其意

C 求仁（得）仁   D 正（中）下怀

4 根据弗洛伊德的观点，下列哪项是人梦境的来源之一？

A 人与生俱来的特征   B 父母平时的教育方式

C 人的价值观和世界观   D 那些无法突破自我的潜意识

5 如何深层理解梦境的含义？

A 注意倾听梦者的梦话   B 记录梦者每天的梦境

C 与梦中出现的人物进行交流   D 从梦者整体生活背景中分析梦境

6 根据上下文，最后一段空白处最适合填入的词语是：

A 就医   B 就职

C 就座   D 救治

7 上文主要谈的是：

A 人想要控制梦境的意愿   B 检测人类睡眠周期的必要性

C 人类梦境的来源与分析方法   D 分析梦境时需要具备的理论

8-14

　　无人机即无人驾驶飞机，是指没有驾驶员，用程序控制自动飞行或者由人在地面或母机上进行遥控的飞机。随着人工智能技术的不断发展，"无人机"与"智能驾驶"已成为智能科技的焦点。与载人飞机相比，无人机具有体积小、造价低、使用方便、对作战环境要求低、战场生存能力较强等优点，特别适用于执行危险性大的任务。

　　按应用领域，无人机可分为军用与民用。在军用方面，无人机分为侦察机和靶机。21世纪的无人侦察机将成为侦察卫星和有人侦察机的重要补充和增强手段。与有人侦察机相比，它具有可昼夜持续侦察的能力，因此不必担忧飞行员的疲劳或伤亡问题，特别是在敌方严密设防的重要地域实施侦察时，或在有人侦察机难以接近的情况下，无人侦察机就更能体现出其优越性。

　　而靶机泛指被作为射击训练目标的一种军用飞行器。这种飞行器利用预先设定好的飞行路径与模式，在军事演习或武器试射时，模拟敌军的航空器或突然来袭的导弹，为各类火炮和导弹系统提供假想的目标和射击的机会。靶机可分为特殊式、涡轮式和改装式。特殊式靶机性能比较接近军用飞行器，能够模拟多种目标与飞行状态，提供较为接近现实的训练目标；涡轮式靶机具备高速、高机动性等技术特点，是科技含量最高的新型靶机；改装式靶机则是用退役或封存了一定年限的军用飞机改装的靶机，这种靶机因为内部空间较大，可以装载更多的电子设备，也可以进行相对较为复杂的模拟训练。**但美中不足**的是，由于退役军机的来源比较不稳定，取得与使用成本高，同时只能模拟特定的军用机，无法模拟各类导弹，因此其应用并不广泛。

　　在民用方面，无人机的用途更是广泛，主要可以应用在农业、地质、气象、电力、视频拍摄等_____。例如在电力巡检工作中使用装有高清数码摄像机以及GPS定位系统的无人机，可以沿着电网进行自主定位和巡航，实时传送拍摄影像，监控人员可在电脑上同步收看并操控无人机。当城市因受自然灾害影响而不能正常供电时，无人机可对线路的潜在危险进行勘测与紧急排查，这样既能免去人攀爬杆塔之苦，又能勘测到人眼的视觉死角，对迅速恢复供电很有帮助。另外，在影视拍摄工作中也经常使用无人机完成拍摄任务。无人机搭载高清摄像机，可以在使用无线遥控的情况下，根据节目组拍摄需求，在空中进行拍摄。无人机灵活机动，它还可实现升起和拉低、左右旋转等操作，极大地提高拍摄效率。经典大片《哈利·波特》系列、《变形金刚4》等都使用无人机进行了拍摄。

　　总的来说，无人机的发展逐步趋于多元化。在未来，提高现有的技术、培养更多的高端人才、解决并突破技术难关是发展无人机的关键。

8 下列哪项**不属于**无人机的优点？

A 使用方便   B 制造成本较低

C 对作战环境要求低   D 特别适合做危险度低的任务

9 与有人侦察机相比，无人侦察机有什么不同之处？

A 发动机寿命更长   B 可不间断地侦察

C 会排放二氧化碳   D 制造过程比较繁杂

10 靶机在军事演习中发挥着什么作用？

A 成为袭击敌军的主力   B 给导弹系统提供假想目标

C 负责收集关于军队的大数据   D 决定军事演习的路径和方式

11 根据上下文，画线词语"美中不足"指的是什么？

A 靶机内部空间过大   B 使用成本在可接受范围内

C 需要大量电子设备来运行   D 可模拟的军用机种类有限

12 根据上下文，第四段空白处最适合填入的词语是：

A 前沿   B 纽带

C 角落   D 领域

13 关于民用无人机，可以知道：

A 可应用的行业少之又少   B 能够实现的飞行高度并不高

C 只能执行小规模的拍摄任务   D 可以勘测到人眼看不到的地方

14 上文主要谈了无人机哪两方面的内容？

① 优势

② 操作方法

③ 应用领域

④ 各行业的评价

A ①③   B ②④

C ②③   D ①④

15-21

　　微塑料是一种非常迷你的塑料碎片，它具体指的是直径小于5毫米的块状、丝状等形状的塑料碎片。这种"迷你塑料"广泛出现于人类的生活环境中，甚至还可能会存在于人体的血液中。《卫报》的一项最新调查研究显示，部分人的血液样本中居然含有微塑料，这是科学家首次在人体的血液中发现了微塑料，这一报道引起了人们的强烈关注。

　　就微塑料具体是如何进入人体这一问题，有若干种说法。根据文献调查，微塑料最可能通过人体呼吸道、口腔，或者细胞膜、胎盘甚至大脑进入人体各个器官。然而关于人体对微塑料的吸收和代谢，现如今还没有确切的研究报告。如果是通过空气传播的情况，微塑料可能来自汽车的尾气颗粒，或者是汽车轮胎摩擦后产生的颗粒。这些颗粒可以穿过细胞膜，引发氧化应激与炎症，严重时还会加大心血管疾病患者、呼吸道疾病患者和肺癌患者的死亡风险。

　　若是从口腔摄入的微塑料，则可能会涉及到食物链之间的联系。人们日常使用的化妆品和护理用品中有无数磨砂颗粒，这些颗粒体积很小，在污水处理厂的处理过程中很难被过滤掉，因此只能漂浮在水面上。这些游荡的微塑料会被浮游生物等食物链低端的生物吃掉，但由于微塑料难以消化，只能一直占据着这些生物的胃，致其患病或死亡。当食物链低端的生物被食物链高端的生物吃掉以后，微塑料和各种有机污染物也就随之进入上层动物体内。最后，这些微塑料会进入到处于食物链顶端的_____体内。

　　纽约大学研究发现，婴儿大便中的微塑料含量是成人的20倍。这是因为婴儿长期在地上爬行，并喜欢啃咬塑料玩具和奶瓶，这会使他们更多地暴露在塑料环境中，从而不知不觉摄入大量的微塑料。可见微塑料无处不在，塑料制品长期在我们的生活中被频繁使用，然后被丢弃到自然环境中，最后又转变为危害人类生命的物质。

　　目前，许多科研工作者致力于研发可代替某些高污染塑料制品的新型材料，努力为环境保护做出一份贡献。我们在日常生活中也可以从小事做起，在购物时尽量自己携带购物袋；洗护时选择含有天然去角质成分的产品，而避免使用含有微珠的产品；出行时尽量使用公共交通工具，或选择步行、骑自行车等低碳生活方式。只有从点滴改变，才能减少微塑料"乘虚而入"的概率。

15 第一段主要谈的是什么？

    A 在人体的血液中发现了微塑料   B 微塑料能够吸收生物体的营养

    C 微塑料被人体代谢的过程较复杂   D 微塑料对细胞膜产生危害的几率很大

16 通过空气传播的情况，微塑料可能来自哪里？

    A 空气中的微尘   B 沙尘暴中的沙砾

    C 汽车的尾气颗粒   D 树木排出的二氧化碳

17 根据上文，下列哪项属于微塑料进入上层动物体内的方式？

    A 通过受到感染的口腔   B 通过与其他动物的皮肤接触

    C 通过舐舐自身毛发上的微生物   D 通过吃处于食物链低端的生物

18 根据上下文，第三段空白处最适合填入的词语是：

    A 人类   B 产物

    C 储备   D 实物

19 婴儿体内的微塑料含量比成人高的原因是：

    A 婴儿的免疫力较成人强   B 婴儿的身体器官发育不完整

    C 成人消化塑料的能力比婴儿强   D 婴儿更容易暴露在塑料环境中

20 如何在日常生活中减少微塑料"乘虚而入"的概率？

    ① 使用自带购物袋

    ② 杜绝使用塑料产品

    ③ 尽量乘坐私家车出行

    ④ 使用含天然成分的产品

    A ①④   B ①②

    C ③④   D ②③

21 上文主要谈了哪方面的内容？

    A 微塑料的词义来源   B 微塑料的制作原理

    C 关于环境保护的政策   D 微塑料进入人体的途径

22-28

　　位于荷兰海牙的海牙国际法院是联合国六大主要机构之一，是最重要的司法机关，也是主权国家政府间的民事司法裁判机构。海牙国际法院主要有两方面的职能，一是对联合国成员国提交的案件作出有法律约束力的判决，二是对联合国机关和专门机构提交的法律问题提供相应的咨询意见。

　　海牙国际法院是根据《联合国宪章》于1945年6月成立的，国际法院院长和副院长每三年由法院法官以不记名的投票方式选出。海牙国际法院共有15名法官，在法官的选定上，海牙国际法院有许多限制。首先，法官候选人要在联合国安理会和联合国大会分别获得绝对多数的赞成票。其次，考虑到地区的均衡性，15名法官必须来自于不同的国家。来自不同国家的法官要代表世界各地的文化和主要法系，由此维持国际法庭的平衡性。值得注意的是，一旦在海牙国际法院担任法官一职，就不能代表本国政府的立场，也不能代表其他任何国家，因此担任法官后的第一项任务就是在公开庭上宣誓本人会秉公行使_____。

　　海牙国际法院受理的案件多为国际领土和边界纠纷，同其他法院相似，海牙国际法院也实行不告不理的原则，无权主动受理案件。海牙国际法院是具有特定管辖权限的民事法院，没有刑事管辖权，因而无法审判个人。海牙国际法院只能依据《国际法院规约》和《国际法院规则》运行，依照国际法解决各国向其提交的各种法律争端。

　　海牙国际法院是联合国唯一拥有自己的行政部门的主要机关，书记官处便是其常设行政机关。书记官处一方面可以提供司法支助，另一方面可以作为一个国际秘书处运作。除此之外，书记官处的书记官长需要负责办理《国际法院规约》和《国际法院规则》中所要求的一切公文、通知和文件的传送。

　　为了更好地履行职责，书记官处设立了多个实务司和单位，它们**各司其职**，其中法律事务部起到了履行司法职能的重要作用。法律事务部作为起草法院裁决书的秘书处，同时作为规则委员会的秘书处，对国际法问题进行研究，并根据要求为法院和书记官长编写研究报告和说明。该部门负责监督与东道国缔结的各项总部协定的执行情况，负责编写法院的会议记录，因此法律事务部是海牙国际法院书记官处必不可少的部门。

　　海牙国际法院自成立以来裁决了一系列国际争端问题，为稳定国家间关系做出了积极贡献。

22 海牙国际法院的职能是什么？

　① 审判民事案件和刑事案件

　② 对机构提出的法律问题给出意见

　③ 根据法律规定对有关条约作出判决

　④ 对联合国认可的机构颁发相关证书

　A ①②　　　　　　　　　　　　B ①④

　C ②③　　　　　　　　　　　　D ③④

23 下列哪项**不是**海牙国际法院选定法官的标准？

　A 精通多个国家的语言　　　　　B 与其他法官有不同的国籍

　C 代表世界各地的主要法系　　　D 在联合国大会获得绝对多数赞成票

24 根据上下文，第二段空白处最适合填入的词语是：

　A 主权　　　　　　　　　　　　B 权势

　C 势力　　　　　　　　　　　　D 职权

25 海牙国际法院处理的案件类型主要是：

　A 刑事责任案件　　　　　　　　B 领土纠纷案件

　C 个人权益案件　　　　　　　　D 社会治安案件

26 上文中，画线词语"各司其职"的意思是：

　A 每个公司都有其职能　　　　　B 各自坚守各自的职业道德

　C 各自负责自己管理的职务　　　D 在不同领域展示自己的才能

27 关于法律事务部，可以知道什么？

　A 管理书记官处的所有职员　　　B 探讨与国际法相关的问题

　C 接受外界人士的法律事务咨询　D 负责书记官长的文件翻译工作

28 根据上文，作者最可能支持下列哪个观点？

　A 海牙国际法院应修改法律执行基准　　B 海牙国际法院对国际关系有积极影响

　C 海牙国际法院在国际上的地位并不高　　D 海牙国际法院应取消对法官的选定限制

정답 p.377

제2부분

순서 배열하기

독해 제2부분은 제시된 단락을 문맥에 맞게 순서를 배열하여 하나의 지문을 완성하는 형태로, 69-73번까지 총 5개의 문제가 출제된다. 제시된 단락 중 이미 배열된 단락이 있으며, 다른 단락들과 논리적으로 연결되지 않아 정답이 될 수 없는 단락이 1개 있다.

고득점비책 01   키워드로 순서 배열하기
고득점비책 02   문맥으로 순서 배열하기

출제 유형

1. **키워드로 순서 배열하기**
   각 단락에서 특정 표현, 앞뒤 순서를 나타내는 표현, 대사 '这/那/此'와 함께 쓰인 표현을 키워드로 파악하여 문맥에 맞게 순서를 배열하는 유형이다.

2. **문맥으로 순서 배열하기**
   각 단락의 앞뒤 문맥을 파악하여 논리의 흐름에 맞게 순서를 배열하는 유형이다.

출제 경향

1. **힌트가 될 수 있는 이미 배열된 단락이 있다.**
   제시된 단락 중에 이미 배열된 단락이 있다. 이 단락에서 힌트를 얻어 앞 뒤 단락을 찾을 수 있다. 이미 배열된 단락의 순서는 고정적이지 않으며 매번 다르게 출제된다. 이미 배열된 단락에는 밑줄이 그어져 있다.

2. **배열할 수 없는 단락 1개가 있다.**
   제시되는 단락 중, 배열할 수 없는 단락 1개가 있다. 배열할 수 없는 단락은 다른 단락과 비슷한 주제의 내용이지만, 다른 단락과 논리적으로 연결되지 않아 정답이 될 수 없다.

<화면에 제시되는 문제>

[A] 海南岛中海拔低于200米的丘陵和草地是坡鹿的栖息地。根据海南地方志——《琼州府志》的记载，海南坡鹿在明清两个朝代常见于澄迈、琼山等地。在上个世纪50年代初期，还能见到海南坡鹿与牛群一起吃草的景象。

[B] 各项措施成效颇为显著，到了2000年底，海南坡鹿已经超过1000只，种群数量逐步恢复。随着海南各界对环境保护、生态平衡的认识不断增强，海南坡鹿越来越受到了重视。"保护海南坡鹿，倡导绿色生活，构建美丽家园"是大家的期许，只有齐心协力，才能将生物多样性这一人类赖以生存和发展的基础筑得越来越牢，促进人与自然的和谐共生。

[C] 具体来看，鹿科动物有将近一半的种类分布在中国，坡鹿、梅花鹿、麋鹿、白唇鹿等鹿种均被列为中国国家一级保护动物。大多数鹿拥有挺拔的身姿、修长的四肢、短小的尾巴以及如同枯枝一般的鹿角，跑起来动作优美、步态轻盈。

[D] 海南坡鹿的雄性个体长到6个月时头上会冒出角，随后这个角骨化凸起，成为不分叉的直角，2岁以后长出具有眉枝和主干的完整形态的角。与其他鹿类相比，雄性坡鹿角型非常简单，只有眉枝和不分叉的主干，在主干的末端有2-3个凸起的结节。

[E] 但是到了1963年，研究人员在考察海南岛的鸟兽区系时，发现海南坡鹿只存活100只左右，1976年再次考察时确认海南坡鹿仅剩26只。于是《世界自然保护联盟》将其列入濒危物种红色名录。为此，海南省政府不惜投入巨大的人力、财力、物力成立了大田坡鹿自然保护区，实施了"坡鹿迁地野放保护工程"，给坡鹿提供了足够的生活空间，改善了坡鹿的生存条件。

[F] 被誉为"东方夏威夷"的海南岛，位于中国领土的南端，是一个风景如画、气候宜人的热带岛屿。海南岛旅游资源十分丰富，闻名遐迩的大田坡鹿自然保护区就是其中之一，那里生存着中国乃至世界上唯一的海南坡鹿野生种群。

[G] 雄鹿未骨化而带茸毛的幼角叫鹿茸，海南坡鹿的鹿茸营养价值和药用价值都非常高。它既是名贵药材，又是高档滋补品。由于求之者越来越多，海南坡鹿个体数锐减。历史上，除了中部山地外，海南坡鹿在海南岛内都有分布。

| F | → | D | → | G | → | A | → | E | → | B |

69.　　　　70.　　　　　　　71.　　　72.　　　73.

해석 p.389

Step 1 첫 순서에 들어갈 단락 배열하기

69. 이미 배열된 G를 제외한 나머지 단락에서 첫 순서에 들어갈 단락을 찾아서 배열한다. F에서 海南岛(하이난섬)의 위치, 기후, 관광 자원 등을 언급하며 海南岛를 소개하는 내용이 포함되어 있으므로, F를 첫 순서로 배열한다.

Step 2 나머지 단락에서 단서를 찾아 배열하기

70. 이미 배열된 G의 전반부에 언급된 雄鹿(수사슴), 幼角(어린 뿔)를 키워드로 확인해둔다. G에서 확인한 키워드와 관련 있는 海南坡鹿的雄性个体(하이난 엘드사슴의 수컷 개체), 角(뿔)가 있으면서, 수컷 엘드사슴의 뿔을 구체적으로 설명한 내용인 D를 G 앞에 배열한다.

71. 이미 배열된 G에서 하이난 엘드사슴은 하이난섬 내 전역에 분포해 있다고 했다. 따라서 하이난성 내에 있는 坡鹿的栖息地(엘드사슴의 서식지)를 구체적으로 설명한 내용인 A를 G 뒤에 배열한다.

72. A에서 上个世纪50年代初期(1950년대 초반)에 하이난 엘드사슴을 자주 볼 수 있었다고 언급했다. 따라서 시간의 흐름상 1950년 후인 1963年(1963년), 1976年(1976년)과 엘드사슴 수가 크게 줄었다는 내용이 언급된 E를 A 뒤에 배열한다.

73. E에서 하이난 엘드사슴이 멸종위기종이 되어 보호 프로젝트를 실시했다고 언급했다. 따라서 시간의 흐름상 1976년 후인 2000年底(2000년 말)와 보호 조치가 효과가 있어 개체수가 회복되었다는 내용이 언급된 B를 E 뒤에 배열하여 지문을 완성한다.

[배열할 수 없는 단락]

C는 지문에서 언급된 坡鹿(엘드사슴)라는 키워드가 포함되어 있다. 그러나 지문 전체적으로 하이난 엘드사슴의 특징, 서식지, 보호 조치 등에 대해 설명하고 있는데, C는 엘드사슴이 아닌 사슴이라는 동물 자체의 종류와 특징을 언급하고 있으므로 배열할 수 없는 단락이다.

01 키워드로 순서 배열하기

제시된 단락에서 특정 표현, 앞뒤 순서를 나타내는 표현, 대사 '这/那/此'와 함께 쓰인 표현을 키워드로 찾아 순서를 배열한다. 단락별로 서로 관련 있는 키워드를 파악해두는 것이 중요하다.

문제풀이 전략

Step 1 첫 순서에 들어갈 단락 배열하기

- 특정 대상을 소개 또는 정의하는 내용이 포함된 단락을 첫 순서로 배열한다.
- 단락 초반에 **第二**(두 번째), **可见**(~을 알 수 있다), **总之**(결론적으로 말하면), **综上所述**(앞서 말한 내용을 종합했을 때) 등과 같은 표현이 있으면, 첫 순서에서 제외한다. 참고로, 总之, 综上所述와 같은 표현이 사용된 단락은 주로 마지막 순서로 배열되어 앞의 단락을 요약 및 정리하는 내용임을 알아둔다.

Step 2 나머지 단락에서 단서를 찾아 배열하기

1. 특정 표현을 키워드로 찾아 순서를 배열하는 경우

- 한 단락에서 언급된 특정 표현을 그대로 사용하거나 같은 주제로 연결되는 표현을 쓴 단락은 앞뒤 순서로 배열한다.

  东南亚的热带丛林中生活着一种神奇的动物——马来貘。
  동남아의 열대 정글에는 신기한 동물인 말레이맥이 살고 있다.

  → 马来貘最让人印象深刻的是它身上简约的黑白配色。
  말레이맥이 사람에게 가장 깊은 인상을 남긴 것은 몸 위의 심플한 흑백 배색이다.

2. 앞뒤 순서를 나타내는 표현을 키워드로 찾아 순서를 배열하는 경우

- 다음과 같이 앞뒤 순서를 나타내는 표현이 있으면 이를 키워드로 하여 순서를 배열한다.

앞뒤 순서를 나타내는 표현	首先(먼저) → 其次(그다음으로) → 再次/然后(그리고 나서) → 最后(마지막으로)
	第一阶段(첫 번째 단계) → 第二阶段(두 번째 단계) → 第三阶段(세 번째 단계)
	一来(첫째는) → 二来(둘째는) → 三来(셋째는)
	一是…(첫 번째는 ~이다) → 二是…(두 번째는 ~이다) → 三是…(세 번째는 ~이다)

3. 대사 '这/那/此'와 함께 쓰인 어휘를 키워드로 찾아 순서를 배열하는 경우

- 대사 '这/那/此' 뒤에 쓰인 어휘가 단독으로 사용된 단락을 찾아 앞순서로 배열한다.

  为了生存，所有生命都需要满足一些基本的需求，包括水、能量、生物分子等。
  생존을 위해서는 모든 생명이 물, 에너지, 생체 분자 등을 포함한 기본적인 요구 사항이 충족되어야 한다.

  → 如果这些基本需求无法得到满足，那么生物体就没有足够的资源来生长。
  만약 이러한 기본적인 요구 사항이 충족되지 못한다면, 생물체는 성장할 충분한 자원이 없다.

4. 배열된 단락과 동일한 키워드가 있지만 내용이 다르면 배열할 수 없다.

배열된 단락에서 언급된 키워드와 동일한 키워드가 포함되어 있지만, 전반적인 단락의 내용이 배열된 단락과 전혀 다른 내용을 이야기하고 있으면 배열할 수 없다.

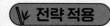

전략 적용

Step별 해설을 보기 전에, 문제풀이 전략에 따라 단락을 순서에 맞게 배열하세요.

1 특정 표현을 키워드로 찾아 순서를 배열하는 경우

[A]　在各地年画中，"民间年画四大家"最负盛名，分别是苏州的桃花坞年画、天津的杨柳青年画、潍坊的杨家埠木版年画和绵竹的木版年画。其中杨家埠木版年画已被列入国家级非物质文化遗产名录。

[B]　可见，年画是民俗文化的图解，它不单具有艺术价值，而且还承载着大量的自然和人文信息。各地年画工艺反映了不同地区的文化差异，同时也反映了人们不同的生活经验和情感。

[C]　杨家埠木版年画的内容与农民的生产、生活息息相关，洋溢着浓厚而淳朴的乡土气息。它构图饱满、色彩对比强烈，极具装饰性。它是真正的农民画，体现了中国北方农民奔放、勤劳、幽默、爱憎分明的性格特点与高尚的道德情操，反映了他们在劳动生活中的喜怒哀乐以及审美情趣。

[D]　明清两朝是中国版画的高峰时期。明代后期，商业手工业的发展、雕版印刷术的繁荣、彩色套印技术的进步等因素推动了版画的发展，这些因素还为民间年画的兴起提供了条件。从明代开始，在全国范围内相继形成了多个年画中心，也出现了众多年画艺术家。

[E]　年画是中国特有的传统民间艺术形式，它以通俗、喜庆的绘画表达了人们的审美情趣。年画始于古代的门神画，起初是用来祈福消灾的。随着绘画技艺的不断普及和表现形式的不断丰富，年画逐渐成为了老百姓喜闻乐见的民间工艺品。每逢春节，张贴年画已成为中国大多数地区的过年习俗。

Step 1　첫 순서에 들어갈 단락 배열하기

1. → A → 2. → 3.

Step 2　나머지 단락에서 단서를 찾아 배열하기

Step 1　1.　이미 배열된 A를 제외한 나머지 단락에서 첫 순서에 들어갈 단락을 찾아서 배열한다. E에서 年画(연화)의 유래, 형식 등을 언급하며 年画를 소개하는 내용이 포함되어 있으므로, E를 첫 순서로 배열한다.

Step 2　2.　이미 배열된 A의 후반부에 언급된 杨家埠木版年画(양자부 목판 연화)를 키워드로 확인해둔다. A에서 확인한 키워드 杨家埠木版年画가 동일하게 있으면서, 杨家埠木版年画가 무엇인지 구체적으로 설명하는 내용인 C를 A 뒤에 배열한다.

3.　단락 전반적으로 연화가 가지는 의미를 정리 및 요약하고 있는 B를 C 뒤에 배열하여 지문을 완성한다.

[배열할 수 없는 단락]
D는 지문에서 언급된 年画(연화)라는 키워드가 포함되어 있다. 그러나 지문 전체적으로 연화에 대해 설명하고 있는데, D는 연화가 아닌 명나라와 청나라 시기 중국 판화의 발전 배경과 영향에 대해 언급하고 있으므로 배열할 수 없는 단락이다.

2 앞뒤 순서를 나타내는 표현을 키워드로 찾아 순서를 배열하는 경우

［A］　科学家曾把从一位叫海拉的女子身上收集到的子宫颈癌细胞放在实验室进行分裂繁殖，癌细胞每24小时倍增一次，生长和分裂极其旺盛，至今已传了上千代，仍没有死亡的征象。科学家由此发现了第二种能永生的细胞——癌细胞。他们认为癌细胞能与病毒或其他生命物质发生信息交换，从而使自身生命不息。

［B］　许多研究结果显示，癌细胞在转移过程中会遇到很多困难，首先要经过数十次变异，然后要克服细胞间粘附作用，并改变形状穿过致密的结缔组织。癌细胞从原发部位中成功"逃逸"后，将通过微血管进入血液，在那里它还可能遭到白细胞的攻击。

［C］　美国细胞学家海弗利克发现，人体细胞从第1次分裂开始算起，毕生只能分裂50次左右，此后便会衰老死亡。生命必定要死亡吗？答案是"不"。

［D］　科学家们大胆地猜想，如果将癌细胞或生殖细胞的机理弄清楚，并应用于身上，岂不是也可以让人体的体细胞获得永生？有一位细胞学家利用遗传工程学，将哺乳动物的神经细胞移植到金鱼的卵细胞中，即把体细胞与生殖细胞进行结合，促进了遗传信息的交换。结果显示，神经细胞分裂了100次尚未衰老，依然生机勃勃。

［E］　有两种细胞是不会死亡的。第一种是生殖细胞。它们经过不断分裂，已生存了几千万年以上，而且仍在继续生存。因此有研究报告指出，这可能与生殖细胞携带的遗传物质有关。

— Step 1　첫 순서에 들어갈 단락 배열하기

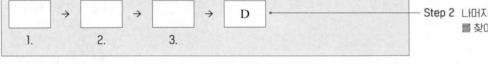

1. 　　 2. 　　 3.

— Step 2　나머지 단락에서 단서를 찾아 배열하기

Step 1　**1.** 이미 배열된 D를 제외한 나머지 단락에서 첫 순서에 들어갈 단락을 찾아서 배열한다. C에서 인체 세포 분열의 특징을 소개하는 내용이 포함되어 있으므로, C를 첫 순서로 배열한다.

Step 2　**2-3.** E의 전반부에 언급된 **第一种**(첫 번째)을 키워드로 확인해둔다. A에서 E의 **第一种**과 앞뒤 순서를 나타내는 표현인 **第二种**(두 번째)이 있으므로, E를 C 뒤에 배열하고, A는 E 뒤에 배열하여 지문을 완성한다.

[배열할 수 없는 단락]
B는 지문에서 언급된 **癌细胞**(암세포)라는 키워드가 포함되어 있다. 그러나 지문 전체적으로 죽지 않는 세포로 생식 세포와 암세포가 있다고 했으며 앞으로의 활용 전망에 대해 설명하고 있는데, B는 암세포의 전이 과정에 대해 언급하고 있으므로 배열할 수 없는 단락이다.

3 대사 '这/那/此'와 함께 쓰인 어휘를 키워드로 찾아 순서를 배열하는 경우

［A］ 港珠澳大桥在珠海－澳门路段采用"合作查验、一次放行"通关模式，即取消珠海、澳门两地口岸间的缓冲区，直接把两个口岸连在一起，旅客只需要排一次队即可完成出入境手续。另外，车辆在珠海地区时采用右行方式，到达港澳口岸后顺着道路方向自动调整为左行方式。

［B］ 此外，在港珠澳大桥的施工过程中，为了最大限度地减少对白海豚的干扰，工程团队出海跟踪300多次，拍摄30多万张照片，标识海域内白海豚数量，并摸清白海豚的生活习性，在施工时采取了针对性保护措施。

［C］ 外海人工建岛是港珠澳大桥建设的最大难点。大桥隧道两端的小岛状似蚝贝，这是在外海造出的两座面积为10万平方米的小岛。科研人员利用外海快速筑岛技术，将120个巨型钢圆筒直接固定在海床上，在中间填土建人工岛。此外，科研人员还完成了另一项难度较大的工程——建造海底沉管隧道。

［D］ 从高空俯瞰，港珠澳大桥宛若蛟龙，蜿蜒地伸向大海，将珠三角地区连成一片。它是世界上最长的跨海桥梁，也是一座名副其实的科技大桥，能抗16级台风、7级地震，使用寿命长达120年。

［E］ 这项工程同样也让科研人员感到很棘手。沉管隧道由33个巨型混凝土管节组成，把这些巨型管节在海底软基环境下对接安放，难度堪比航天器交会对接，需要精准的遥控、测绘、超算等一系列技术的支持。科研人员最后成功完成了这项世界首例外海深埋沉管隧道工程，飞越了这一国际"技术禁区"。

—— Step 1 첫 순서에 들어갈 단락 배열하기

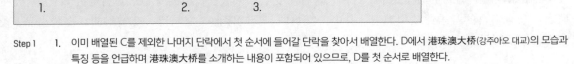

１. → C → ２. → ３.

—— Step 2 나머지 단락에서 단서를 찾아 배열하기

Step 1　1. 이미 배열된 C를 제외한 나머지 단락에서 첫 순서에 들어갈 단락을 찾아서 배열한다. D에서 港珠澳大桥(강주아오 대교)의 모습과 특징 등을 언급하며 港珠澳大桥를 소개하는 내용이 포함되어 있으므로, D를 첫 순서로 배열한다.

Step 2　2. 이미 배열된 C의 후반부에 언급된 另一项难度较大的工程(또 다른 난이도가 비교적 높은 공사)을 키워드로 확인해둔다. C에서 확인한 키워드 工程이 대사 这와 함께 쓰인 这项工程(이 공사)이 있으면서 해당 공사가 왜 난이도가 높은 공사인지에 대해 세부적으로 설명한 내용인 E를 C 뒤에 배열한다.

　　　3. C와 E에서 강주아오 대교 건설의 난제에 대해 언급했다. 따라서 此外，在港珠澳大桥的施工过程中(이 외에, 강주아오 대교 공사 과정에서)이라고 하며 공사 과정에서 취해진 추가적인 조치에 대해 언급한 B를 E 뒤에 배열하여 지문을 완성한다.

[배열할 수 없는 단락]
A는 지문에서 언급된 港珠澳大桥(강주아오 대교)라는 키워드가 포함되어 있다. 그러나 지문 전체적으로 강주아오 대교의 공사 과정에서 마주친 난관과 공사 과정에서 취한 추가적인 조치에 대해 설명하고 있는데, A는 공사와 관련된 내용이 아닌 대교에서의 차량 통과 방식에 대해 언급하고 있으므로 배열할 수 없는 단락이다.

해석 p.389

제시된 단락을 문맥에 맞게 배열하세요.

1-5

［A］　浪漫主义交响曲比较重视音乐自身潜能的发挥和乐器音色的组合。除此之外，浪漫主义交响曲还受到了浪漫主义情感美学的影响，在音乐表现手段和乐曲形式方面都处理得比较自由，因此它的旋律、和声以及配器手法都发生了较大的变化。弗朗茨·舒伯特是早期的浪漫主义作曲家，他的交响曲创作中既有古典音乐的传统因素，又显露出了浪漫主义的特点。

［B］　其中，交响曲的深刻性里包含着复杂性，所以交响曲对作曲家、演奏家和听众都有较高的要求。这种复杂性主要表现为乐器的复杂性。交响曲是器乐化的，通常不是用人的嗓音，而是用乐器来表现音乐中的各种情绪。也就是说，交响曲的演奏需要使用许多乐器，只有乐器与乐器之间完美地融合才能演奏出悦耳的音乐。

［C］　具体来说，交响曲的"交响性"有公众性、规模性、器乐性、叙事性和深刻性的特征。在公众性上，交响曲的交响乐队需要大量的演奏者来演奏气势磅礴的交响曲；在规模性上，交响曲时常会将长篇乐章连接在一起；在器乐性上，交响曲开发出了各类乐器丰富的表现潜能；在叙事性上，交响曲利用音乐的旋律感和乐器的独有特点，表现出了每个乐章所想表达的感情；在深刻性上，交响曲能够从复杂的音乐构造中体现音乐的深刻意义，给人留下持久的余韵。

［D］　在如今快节奏的生活模式下，许多人选择听交响乐来放松自己的身心。交响乐是一个很广泛的概念，它有丰富的音乐体裁和类型，其中，交响曲、交响序曲、交响诗、交响组曲、交响小品、交响音画等都属于交响乐的范畴。

［E］　首先，交响曲气势宏大。交响曲的参与人员较多，使用的乐器种类也很多，演奏起来自然就有了气势。其次，交响曲表现力丰富。交响曲是多乐章的、套曲结构的交响音乐，它就如同一本长篇小说，内容复杂但丰富，因此较短的交响曲也需要至少半小时的演奏时间。演奏者不仅需要在较长的时间之内把音乐完整地演奏出来，还要将交响曲丰富的内涵充分地表现出来。

［F］　从演奏的复杂性和困难程度来说，交响曲在所有器乐作品中处于顶端位置。交响曲的特别之处在于它与其他音乐类型有着"交响性"上的不同。笼统地说，交响性指的是用音乐的某些特性来支撑和体现交响曲的恢宏大气和复杂的篇章，诸如思想内涵的深刻、主题发展的深入和结构形式的严谨。这是交响曲与其他音乐类型所不同的特点。

[G]　总之，由于交响曲属于音乐艺术中较为高深和复杂的一种形式，因此交响曲确实会让某些听众"望而却步"。鉴赏交响曲时，最好能够结合多方面的文化视野、历史知识和音乐能力，这样可以体会到作品中更加深层的感情。交响曲的大多数作品表现了作曲家对现实生活的感受，若想比较深刻地了解作品的意义，可以从作品的时代背景着手，了解其特有的思想内涵。

[H]　交响乐中的交响曲是人们经常在音乐会听到的音乐类型，然而很多人并不知道交响曲和交响乐不是同一个概念。交响曲是交响乐中最为典型的代表，它之所以在交响乐中占有显赫地位，主要是因为有以下两个特点。

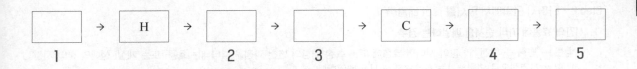

정답 p.391

제시된 각 단락의 앞뒤 문맥을 파악해서 순서를 배열한다. 각 단락을 재빨리 읽으며 적절한 논리의 흐름을 찾아 나가는 것이 중요하다.

문제풀이 전략

Step 1 첫 순서에 들어갈 단락 배열하기

- 특정 대상을 소개 또는 정의하는 내용이 포함된 단락을 첫 순서로 배열한다.

Step 2 나머지 단락에서 단서를 찾아 배열하기

1. 시간의 흐름에 따라 순서를 배열하는 경우

- '출현 → 변화 → 발전'과 같이 시대의 흐름에 따른 특정 대상의 변천 과정을 나타내는 흐름, 또는 계절, 생애와 같이 시간에 따라 자연적으로 변화해가는 흐름으로 순서를 배열한다.

纸质书自出现以来一直与人相伴。   종이책은 등장 이후 줄곧 사람과 함께 했다.
　　　　출현

→ 后来电子书彻底改变了现代人的阅读方式。   이후 전자책은 현대인의 독서 방식을 완전히 바꿔 놓았다.
　　　　　　　　　변화

→ 而如今人们更倾向于用碎片化时间来听有声书。   오늘날 사람들은 파편화된 시간으로 오디오 북을 듣는 것을 더 선호한다.
　　　　　　　발전

2. 특정 현상이 일어나는 원인 다음에 해결 방안을 배열하는 경우

- 특정 현상에 대해 분석하는 문맥일 경우에는 '현상이 일어나는 원인 → 해결 방안'의 흐름으로 순서를 배열한다.

春节期间“一票难求”，是因为列车数量不足。   춘절 기간에 '표 하나를 구하기도 힘든' 것은 열차 수량이 부족하기 때문이다.
　　　　　　　　　　　　원인

→ 为此相关部门增加了列车运行次数。   이를 위해 관련 부처는 열차의 운행 횟수를 늘렸다.
　　　　　해결 방안

3. 포괄적인 내용 다음에 구체적인 내용을 배열하는 경우

- 특정 대상과 관련하여, '포괄적인 내용 → 구체적인 내용'의 흐름으로 순서를 배열한다.

X射线多用于医学诊断。   X선은 의학 진단에 많이 사용된다.
　　포괄적

→ 医生可通过X射线判断人体某部位是否正常。   의사는 X선을 통해 인체의 어떤 부위가 정상인지 아닌지 판단할 수 있다.
　　　　　　구체적

4. 배열된 단락과 관련 있는 내용이지만 문맥이 이어지지 않으면 배열할 수 없다.

- 배열된 단락과 주제 및 내용이 긴밀하게 연관된 듯하지만 지문의 전체적인 흐름과 논리적으로 연결이 되지 않으면 배열할 수 없다.

✨ 전략 적용

Step별 해설을 보기 전에, 문제풀이 전략에 따라 단락을 순서에 맞게 배열하세요.

1 시간의 흐름에 따라 순서를 배열하는 경우

[A] 恒星会在核心进行核聚变，从而产生能量并向外传输，之后能量从表面辐射到外层空间。一旦核心的核反应殆尽，恒星的生命就会即将结束。恒星大小与质量的不同会导致其不同的结局：白矮星、中子星或黑洞。

[B] 恒星变成红巨星后也就慢慢进入“老年期”。恒星的体积急剧增大，导致恒星的表面温度下降，颜色越来越红。当恒星内部的核燃料消耗殆尽时，就会发生一场空前激烈的爆发。整个星体会被炸得粉碎，而这些残骸会成为孕育新一代恒星的原料。

[C] 在恒星诞生几百万到几千亿年后，恒星会消耗完核心的氢。这一阶段恒星核心会经历不同的核聚变反应，恒星也会经历多次收缩膨胀，最后产生巨大的辐射压力。辐射压力自恒星内部往外传递，并将恒星的外层物质迅速推向外围空间，形成红巨星。

[D] 恒星的演化开始于气体云。当气体云变得稠密，就会不断吸收外界气体，不断增加自身的重力。当重力超过一定数值时，恒星就开始用通过聚变反应释放的能量来平衡自身的重力。这种平衡就会形成一颗新恒星。

[E] 几千万年后，恒星会进入到“青年期”，这是它一生中的黄金阶段，这时的恒星被称为主序星。恒星会燃烧自身的氢元素来发光发热，恒星的亮度依赖于其表面温度，而表面温度则依赖于恒星的质量。大质量的恒星需要比较多的能量来抵抗对外壳的引力，因此燃烧氢的速度也快得多。

— Step 1 첫 순서에 들어갈 단락 배열하기

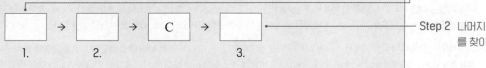

1. □ → 2. □ → C → 3. □

— Step 2 나머지 단락에서 단서를 찾아 배열하기

Step 1 1. 이미 배열된 C를 제외한 나머지 단락에서 첫 순서에 들어갈 단락을 찾아서 배열한다. D에서 恒星(항성)진화의 시작을 소개하는 내용이 포함되어 있으므로, D를 첫 순서로 배열한다.

Step 2 2-3. E에서 恒星会进入到“青年期”(항성은 '청년기'에 접어든다)라고 했고, B에서 恒星变成红巨星后也就慢慢进入“老年期”。(항성은 적색거성으로 변한 후 서서히 '노년기'에 접어든다.)라고 했다. 시간의 흐름상 青年期가 老年期보다 먼저 진행되므로 E를 C 앞에, B를 C 뒤에 배열하여 지문을 완성한다.

[배열할 수 없는 단락]
A는 지문의 주제인 항성의 진화와 관련이 있다. 그러나 지문 전체적으로 항성의 탄생부터 소멸까지를 인간의 '청년기', '노년기' 등으로 비유하며 설명하고 있는데, A는 항성의 소멸 과정 및 항성의 크기와 질량이 초래한 결과에 대한 내용을 언급하며 지문 흐름과 맞지 않으므로 배열할 수 없는 단락이다.

［A］　如果木地板的槽口有空隙，也会出现噪音，在这种情况下，地板所发出的声音一般是间断性的。如果噪音是连续性的，这一般是因为木榫之间的连接有些松动，拼缝不严，不牢固。

［B］　木地板作为建筑材料，具有无毒无味、脚感舒适、冬暖夏凉的优点。近年来，木地板渐渐进入了人们的视线，逐渐取代了瓷砖地板的地位。然而在使用木地板时，经常会碰到木地板发出响声的情况。这究竟是什么原因导致的？应该如何去解决这类问题？

［C］　有些人不喜欢瓷砖地板冰冷的脚感，所以重新装修房屋时会选择铺贴木地板。木地板是可以直接铺在瓷砖上的，但如果施工不当，踩上去会发出吱吱的声响，还会影响地板的使用寿命。

［D］　若室内环境过于干燥，会使木地板之间的连接力减少，进而导致木地板之间的接缝处出现松动的现象，这时踩在木地板上会发出吱吱的声音。倘若室内环境过于潮湿，木地板则会因膨胀而拱起，人走在上面，自然也会发出响声。

［E］　木地板发出声音时是可以补救的，可根据不同问题采取相应措施。当木地板的平整度不合格时，应拆掉地板，平整地面后重新铺装；出现裂缝时，可根据裂缝的大小决定是否补蜡、灌胶固定或重装；地板若因受潮而拱起时，需起开地板，待地板干燥后重新铺装；板面产生裂缝时，可磨平后重新刷油漆。

— Step 1　첫 순서에 들어갈 단락 배열하기

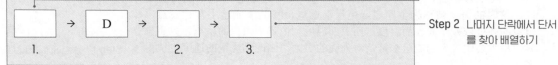

1. → D → 2. → 3.

— Step 2　나머지 단락에서 단서를 찾아 배열하기

Step 1　1.　이미 배열된 D를 제외한 나머지 단락에서 첫 순서에 들어갈 단락을 찾아서 배열한다. B에서 木地板(나무 바닥)의 특징과 문제점 등을 언급하며 건축 재료로 사용되는 木地板을 소개하는 내용이 포함되어 있으므로, B를 첫 순서로 배열한다.

Step 2　2.　이미 배열된 D에서 나무 바닥에서 소리가 나는 원인을 설명하고 있다. 따라서 木地板的槽口有空隙，也会出现噪音(나무 바닥의 홈에 틈이 있어도 소음이 발생할 수 있다)이라고 하며 나무 바닥에서 소리가 나는 또다른 원인에 대해 언급한 A를 D 뒤에 배열한다.

　　　3.　D와 A에서 나무 바닥에서 소리가 나는 원인을 설명했다. 따라서 木地板发出声音时是可以补救的(나무 바닥에서 소리가 나는 것은 보수할 수 있다)라고 하며 나무 바닥에서 소리가 나는 문제에 대한 해결책을 언급한 E를 A 뒤에 배열하여 지문을 완성한다.

[배열할 수 없는 단락]
C는 지문의 주제인 나무 바닥과 관련이 있다. 그러나 지문 전체적으로 나무 바닥에서 소리가 나는 원인과 보수 방법에 대해 설명하고 있는데, C는 시공 시 타일 위에 나무 바닥을 잘못 깔면 생길 수 있는 문제점과 관련된 내용을 언급하며 지문 흐름과 다른 내용을 이야기하고 있으므로 배열할 수 없는 단락이다.

3 포괄적인 내용 다음에 구체적인 내용을 배열하는 경우

［A］ 有人通过实验发现，在普通的水中加入一定比例的高分子聚合物，水和水管之间的摩擦力就会大大减小，水的流速就会提高两倍左右。如今，这种"光滑的水"已经成为消防队员用于救火的理想用水。

［B］ 水在常温常压下为无色无味的透明液体，它被称为人类生命的源泉，是维持生命的重要物质。我们所接触的水是日常生活中常见的普通的水，其实还有一些特殊的水，比如光滑的水和活化水等。

［C］ 水参与了工矿企业生产的一系列重要环节，在制造、加工、冷却、净化、洗涤等方面都发挥着重要的作用，因此水被誉为"工业的血液"。例如，在钢铁厂，要靠水降温保证生产；钢锭轧制成钢材，要用水冷却；炼钢更是离不开水，制造一吨钢，大约需要25吨的水。

［D］ 若说光滑的水是用化学原理改变水的状态的话，那么活化水则是用物理作用来改变水的状态的。如果把水放到粉碎机内，加速到一定程度，水就会变成活化水。活化水很容易穿透细胞膜，输送养料的能力大大增强。实验证明，用这种水喂猪，猪的生长速度会加快；用这种水养鱼，鱼的产卵量会增多。

［E］ 除此之外，还有其他一些经过改造的水可以应用到日常生活和生产中，大大提高生产效率。总而言之，水的重要性不言而喻，对我们人类的生命而言，水是不可或缺的物质。活用物理原理或化学原理对水进行改造，则可以使水发挥更大限度的妙用。

— Step 1 첫 순서에 들어갈 단락 배열하기

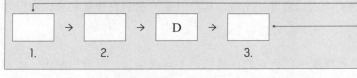

1. 　2. 　D 　3.

— Step 2 나머지 단락에서 단서를 찾아 배열하기

Step 1 　1. 이미 배열된 D를 제외한 나머지 단락에서 첫 순서에 들어갈 단락을 찾아서 배열한다. B에서 물과 **特殊的水**(특수한 물)의 종류를 소개하는 내용이 포함되어 있으므로, B를 첫 순서로 배열한다.

Step 2 　2. A는 B의 **特殊的水**에 해당하는 한 종류인 **光滑的水**(매끄러운 물)를 구체적으로 설명하는 내용이고, 이미 배열된 D에서 若说光滑的水是用化学原理改变水的状态的话，那么活化水则是用物理作用来改变水的状态的.(매끄러운 물이 화학적 원리로 물의 상태를 바꾼 것이라면, 활성화수는 물리 작용으로 물의 상태를 바꾼 것이다.)라고 하며 매끄러운 물에 이어서 활성화수에 대해 구체적으로 설명했으므로, A를 B 뒤 D 앞에 배열한다.

　3. 단락 전반적으로 물이 가지는 의미와 쓰임새를 정리 요약하고 있는 E를 D 뒤에 배열하여 지문을 완성한다. 참고로, 总而言之(결론적으로)와 같은 표현이 사용된 단락은 주로 마지막 순서에 배열된다.

[배열할 수 없는 단락]
C는 지문의 주제인 물의 쓰임새와 관련이 있다. 그러나 지문 전체적으로 여러 특수한 물에 대해 설명하고 있는데, C는 특수한 물이 아닌 광공업에서의 물의 쓰임새를 언급하며 지문 흐름과 다른 내용을 이야기하고 있으므로 배열할 수 없는 단락이다.

해석 p.393

제시된 단락을 문맥에 맞게 배열하세요.

1-5

[A]　在春秋战国时期，周王室衰败，诸侯国各自为政，学术上更是百家争鸣，当时的服饰文化也出现了百花齐放的局面。在那时，人们对服饰的设计思想相当活跃，并且拥有了高度成熟的服饰工艺。这一时期的纹样设计继承了商周时期的几何框架和对称手法，但不受框架的限制，因此人们在原有基础上设计出了更有灵动感的服装图案。

[B]　人类的服饰文化最早要从远古时期说起。当时人们穿衣服主要是为了御寒和保护自己的身体，因此他们会用兽皮或者树叶来遮盖身体。慢慢地，他们发明了骨锥、骨针等可以缝制衣服的工具，并用它们制作出了更加牢固的衣服。到了石器时代，人类开始使用纺织和编织技术。而殷商时期的服装面料主要以兽皮和葛麻、丝为主，虽然制作衣服的原料没有现在那么丰富，但在那个时期人们已经具备了精湛的工艺水平。

[C]　随着时间的推移，明朝的服饰出现了新的飞跃，它既沿袭了唐宋的部分服装特点，又有所创新。官员衣服上的不同图案表示不同的官阶，且图案多具有吉祥的寓意，从内而外透露出奢华的气息。到了清朝，衣袖短窄、朴素肃穆的满族旗装开始出现，这个时期的服装整体看起来比较保守，但也具有鲜明的个性。

[D]　满族服饰又称旗装，在清代典籍规定中，正式的旗装根据不同的场合，可分为朝服、吉服、常服、行服等。每套服饰通常包括一件马蹄袖长袍和一件对襟外褂，男性还有与之搭配的官帽和腰带。按照穿衣者的身份，满族服饰皆有一定的等级划分。除此之外，日常生活中还有便服，形制较为多样且随意。

[E]　由于当时诸侯国战乱不断，官兵们穿长袍时行动不便，于是赵武灵王鼓励他们穿一种便于骑马和射箭的服饰——胡服，也就是穿短衣和长裤，并配上靴子、帽子和腰带。这成为了中国历史上的第一次服装改革。除了胡服之外，当时还流行一种可以严密包裹身体的"深衣"，深衣与胡服不同，它的特点是上衣和下衣合为一体，并且男女都能穿。

[F]　衣、食、住、行是人类物质生活中最基本的要素。其中，"衣"位于首位，这表明服饰文化在人类千万年的生活中占据了举足轻重的位置。人类社会经历了千万年的演变，中国服饰也随之经历了一系列的变化。纵观各个朝代的服饰，可谓各有特色，各个朝代的服饰体现出了不同朝代独有的文化特点、社会背景和审美观念，还体现出了不同时期人类的智慧。

［G］ 这种深衣一直流行到东汉时期，虽在魏晋南北朝之后逐渐退出了历史舞台，但依旧深深影响了之后的服饰文化。唐朝一位名为马周的官员将深衣稍加改制，将其改为唐宋时期常见的襕衫。随着时代的变迁，服饰的色彩搭配也逐渐变得多样起来。唐朝的服装风格大胆，艳丽的色彩搭配着开放的设计，别有一番风味。宋朝则恰恰相反，因受到理学的影响，当时的服装以简约淡雅为主，面料质地也十分考究。

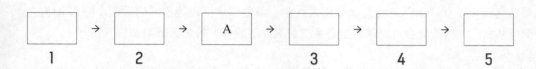

1 → 2 → A → 3 → 4 → 5

정답 p.395

제시된 단락을 문맥에 맞게 배열하세요.

1-5

[A]   赤潮生物消亡以后，并不会"就此作罢"。它们会在分解的过程中，消耗掉水中大量的溶解氧，致使其他海洋生物因缺氧而死亡，甚至导致海洋的生态平衡遭到严重的破坏。在发生过赤潮的地区，海水颜色会发生变化，水体可能会呈现出朱红色、茶色、黄褐色等不同的颜色，海水pH值会升高，还会变得粘稠。这些变化会对海洋的生态系统和渔业造成极大的负面影响。

[B]   赤潮现象的发生与浮游植物、原生动物或细菌等赤潮生物的骤然增殖有关，引起这种现象的原因主要有三个方面。首先，随着人类现代化工业的迅猛发展，大量污水被排放到海洋中，这些污水会使海水富营养化程度剧增，使水体受到严重污染，从而引发赤潮现象。其次，海水温度的上升促使生物因子——赤潮生物大量繁殖，使它们聚集在一起。最后，赤潮与纬度、季节、洋流、海域的封闭程度等自然因素有关。

[C]   海洋生态系统中存在着许多奇异的自然现象，赤潮便是其中的一种。赤潮会使海水变成血色，看起来十分诡异，因此赤潮也有"红色幽灵"之称。不过赤潮并不全部都是暗红色的，根据引发赤潮的生物种类和数量的不同，海水有时也呈现黄色、绿色、褐色等不同的颜色。赤潮的长消过程大致可分为起始、发展、维持和消亡四个阶段。

[D]   为了防止赤潮给海洋生态系统和渔业造成不利影响，可以用化学除藻剂抑制藻类细胞的活性，以此来控制赤潮生物的增殖；还可以利用鱼类、水生高等植物和海洋微生物来抑制赤潮生物的生长。赤潮给海洋生态系统和渔业带来巨大的危害，因此有关部门应该制定行之有效的预防措施，减少赤潮发生的次数和累计面积。

[E]   海域内通常有一定数量的赤潮生物种，如浮游植物、原生动物、细菌等，如果海域环境能够为赤潮生物提供生长和繁殖的基本条件，竞争力较强的赤潮生物就会逐渐增多，开启赤潮的"序幕"。在赤潮的发展阶段中，赤潮生物快速生长，且光照、温度、盐度、营养等外环境都会达到赤潮生物生长、繁殖的最适范围。在该阶段，赤潮生物的种群数量会不断增多，形成大范围的赤潮。

[F]   当赤潮生物逐渐适应生长环境以后，就会进入维持阶段。该阶段持续时间的长短取决于海水中的营养盐含量。因为在这个阶段，赤潮生物需要消耗大量的盐分来补充营养，若营养盐含量能够满足赤潮生物的生长需求，赤潮现象便能够持续很长时间。与之相反，若赤潮生物没能及时补充到营养盐，赤潮可能就会很快消失。

[G] 除了营养盐不足的原因之外，台风、雨雪等恶劣天气的出现也会使赤潮进入消亡的阶段。恶劣的天气会使海水的物理性质不稳定，导致赤潮生物难以继续生存。比如海水的温度超过赤潮生物适宜生存的范围时，赤潮生物会大量死亡，赤潮现象也会因此逐渐或突然消失。

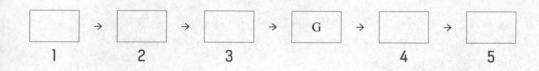

제3부분

지문 읽고 질문에 맞는 답변 쓰기

독해 제3부분은 지문을 읽고 이와 관련된 내용을 묻는 질문에 답변을 쓰는 형태이다. 총 2개의 지문이 출제되고, 각각 7문제씩 74번~87번까지 총 14문제가 출제된다. 답변은 10글자 이하로 작성해야 한다.

고득점비책 01   세부 내용 문제에 대한 답변 쓰기
고득점비책 02   중심 내용 문제에 대한 답변 쓰기
고득점비책 03   밑줄 친 어휘의 뜻 쓰기
고득점비책 04   빈칸에 들어갈 어휘 쓰기

출제 유형

1. **세부 내용 문제에 대한 답변 쓰기**
   지문에서 언급된 사항과 관련된 구체적인 내용을 묻는 질문에 답변을 쓰는 유형이다.

2. **중심 내용 문제에 대한 답변 쓰기**
   특정 단락이나 밑줄 친 부분의 중심 내용을 묻는 질문에 답변을 쓰는 유형이다.

3. **밑줄 친 어휘의 뜻 쓰기**
   지문의 밑줄 친 어휘가 어떤 뜻인지 묻는 질문에 답변을 쓰는 유형이다.

4. **빈칸에 들어갈 어휘 쓰기**
   특정 단락의 빈칸에 들어갈 알맞은 어휘가 무엇인지 묻는 질문에 답변을 쓰는 유형이다.

출제 경향

1. **지문의 표현을 그대로 답변으로 쓸 수 있는 문제가 자주 출제된다.**
   지문에 나와 있는 표현을 그대로 답변으로 쓸 수 있는 문제와 지문을 토대로 유추한 내용을 답변으로 쓰는 문제가 출제되는데, 그중 지문의 표현을 그대로 답변으로 쓸 수 있는 문제가 자주 출제된다.

2. **지문 내용의 흐름과 문제가 묻는 내용의 순서는 대부분 일치한다.**
   각 문제의 정답의 단서는 대부분 지문의 흐름에 맞춰서 첫 문제부터 순서대로 제시된다.

시간을 단축하는 문제풀이 스텝

<화면에 제시되는 지문과 질문>

　　肉眼几乎不可见的微针有望开启一个无痛注射和无痛血检的新时代。微针无论是与注射器结合还是与贴片结合，都能避免接触神经末梢，从而不会使人感到痛觉。

　　许多微针注射器和微针贴片已被应用于疫苗注射，有的还被应用于糖尿病、癌症以及神经性疼痛疗法的临床试验。[74]微针注射器和微针贴片会使药物直接进入表皮或真皮，所以比依靠皮肤扩散药物的透皮贴剂更有效地递送药物。研究人员还推出了一种用于治疗皮肤疾病的新技术。他们将星形微针混合到用于治疗的霜剂或凝胶中，这些星形微针会在皮肤上形成微小的穿孔，从而增强药剂的递送能力。

　　另外，微针产品能快速抽取血液或间质液，依此诊断疾病或监测健康状况。微针针头会使表皮或真皮的局部压力发生变化，从而迫使间质液或血液进入收集装置。如果将针头连接到生物传感器上，则可以在几分钟之内直接测量能够显示疾病状态的生物标志物，如葡萄糖、胆固醇、药物分解产物、免疫细胞等。

　　使用微针时不需要配置昂贵的设备，也不用对使用者进行深入培训，因此在医疗服务匮乏的地区也可以进行诊断检测和治疗。有些微针产品允许使用者在家抽取样本，甚至还能用于测量生物分子，根据测量结果来确定适当的药物剂量，然后按照剂量递送药物。这可以帮助人们更好地实现个性化医疗。

　　当然，微针也存在缺点，比如需要注射大剂量药物时，微针就难以满足需求了。并非所有的药物都可以通过微针注射，也不是所有的生物标志物都可以通过微针来采集。研究人员还需要通过更多研究来了解患者的年龄、体重、注射部位等因素如何影响微针技术的有效性。尽管如此，这些微针仍然有望大幅促进医疗行业的发展。

74. 微针注射器和微针贴片 会使 药物直接进入 哪里？

　　表皮或真皮

해석 p.399

Step 1 질문 읽고 핵심어구 확인하기

질문이 마이크로니들 주사기와 마이크로니들 패치는 약물을 어디로 바로 들어가게 하는지 물었으므로, **微针注射器和微针贴片**(마이크로니들 주사기와 마이크로니들 패치)과 **药物直接进入**(약물이 바로 들어가다)를 핵심어구로 확인해둔다.

Step 2 지문 읽고 정답의 단서 찾기

질문의 핵심어구와 관련하여, 마이크로니들 주사기와 마이크로니들 패치는 약물을 표피나 진피로 바로 들어가게 한다고 언급된 부분을 정답의 단서로 찾는다.

Step 3 10글자 이하로 답변 쓰기

정답의 단서에서 언급된 **表皮或真皮**(표피나 진피)를 그대로 답변으로 쓴다.

01 세부 내용 문제에 대한 답변 쓰기

지문에서 언급된 사항과 관련된 구체적인 내용을 묻는 질문에 대한 답변을 10글자 이하로 쓰는 유형이다. 주로 지문의 표현을 그대로 답변으로 쓸 수 있는 문제가 출제된다.

질문 형태

处理高放核废料的方法有什么？ 고준위 핵폐기물을 처리하는 방법에는 무엇이 있는가?

为什么黄河下游含沙量会突然减少？ 왜 황허 하류의 모래 함량이 갑자기 줄어들었는가?

图中A的名称是什么？ 그림 속 A의 명칭은 무엇인가?

문제풀이 전략

Step 1 질문 읽고 핵심어구 확인하기

• 질문을 읽고 질문의 핵심어구를 확인해둔다.

• 문제에 그림이 제시된다면, 그림에서 가리키고 있는 부분을 확인해둔다.

> 핵심어구　　　　　핵심어구
> **질문** 喷气式飞机的黑匣子通常安装在哪儿？
> 제트기의 블랙박스는 보통 어디에 설치되어 있는가?

▶ 질문이 제트기의 블랙박스는 보통 어디에 설치되어 있는지 물었으므로, 喷气式飞机的黑匣子, 安装을 질문의 핵심어구로 확인해둔다.

Step 2 지문 읽고 정답의 단서 찾기

• 질문에서 확인한 핵심어구를 지문에서 찾은 후, 그 주변에서 정답의 단서를 찾는다.

• 그림이 제시되는 문제는 지문에서 그림이 가리키는 부분과 관련된 내용을 정답의 단서로 찾는다.

> 핵심어구　　　　핵심어구　　　정답의 단서
> **지문** 喷气式飞机的黑匣子通常安装在飞机的尾部，这样在飞机失事时，它们才更容易被保存下来。
> 제트기의 블랙박스는 보통 항공기 꼬리 부분에 설치되어 있는데, 이렇게 해야 항공기 사고가 났을 때, 블랙박스가 보존되기 더 쉽다.

▶ 질문의 핵심어구인 喷气式飞机的黑匣子, 安装을 지문에서 찾은 후, 在飞机的尾部를 정답의 단서로 확인해둔다.

Step 3 10글자 이하로 답변 쓰기

• 정답의 단서를 토대로 답변을 쓴다. 이때 의문사 谁, 什么时候, 哪里/哪儿, 多久가 사용된 질문은 대부분 정답의 단서가 그대로 답변이 되고, 의문사 什么, 怎么/怎么样, 为什么가 사용된 질문은 주로 정답의 단서에 있는 표현을 활용한 짧은 구절이 답변이 된다.

> **답변** 飞机的尾部 항공기 꼬리 부분

▶ 정답의 단서에서 언급된 飞机的尾部를 그대로 답변으로 쓴다.

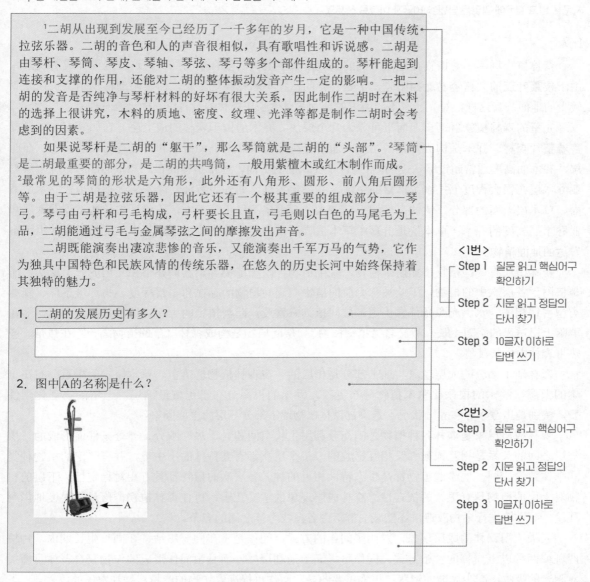

전략 적용

Step별 해설을 보기 전에, 문제풀이 전략에 따라 답변을 써보세요.

¹二胡从出现到发展至今已经历了一千多年的岁月，它是一种中国传统拉弦乐器。二胡的音色和人的声音很相似，具有歌唱性和诉说感。二胡是由琴杆、琴筒、琴皮、琴轴、琴弦、琴弓等多个部件组成的。琴杆能起到连接和支撑的作用，还能对二胡的整体振动发音产生一定的影响。一把二胡的发音是否纯净与琴杆材料的好坏有很大关系，因此制作二胡时在木料的选择上很讲究，木料的质地、密度、纹理、光泽等都是制作二胡时会考虑到的因素。

如果说琴杆是二胡的"躯干"，那么琴筒就是二胡的"头部"。²琴筒是二胡最重要的部分，是二胡的共鸣筒，一般用紫檀木或红木制作而成。²最常见的琴筒的形状是六角形，此外还有八角形、圆形、前八角后圆形等。由于二胡是拉弦乐器，因此它还有一个极其重要的组成部分——琴弓。琴弓由弓杆和弓毛构成，弓杆要长且直，弓毛则以白色的马尾毛为上品，二胡能通过弓毛与金属琴弦之间的摩擦发出声音。

二胡既能演奏出凄凉悲惨的音乐，又能演奏出千军万马的气势，它作为独具中国特色和民族风情的传统乐器，在悠久的历史长河中始终保持着其独特的魅力。

1. 二胡的发展历史 有多久？

2. 图中 A的名称 是什么？

← A

<1번>

Step 1 질문 읽고 핵심어구 확인하기

Step 2 지문 읽고 정답의 단서 찾기

Step 3 10글자 이하로 답변 쓰기

<2번>

Step 1 질문 읽고 핵심어구 확인하기

Step 2 지문 읽고 정답의 단서 찾기

Step 3 10글자 이하로 답변 쓰기

1. **Step 1** 질문이 얼후의 발전 역사는 얼마나 오래되었는지 물었으므로, **二胡的发展历史**(얼후의 발전 역사)을 핵심어구로 확인해둔다.

   Step 2 질문의 핵심어구와 관련하여, 지문에서 **二胡从出现到发展至今已经历了一千多年的岁月**(얼후는 출현부터 오늘날의 발전에 이르기까지 이미 천여 년의 세월을 겪었다)라고 한 부분을 정답의 단서로 찾는다.

   Step 3 정답의 단서에서 언급된 **一千多年**(천여 년)을 그대로 답변으로 쓴다.

2. **Step 1** 질문이 그림 속 A의 명칭을 물었으므로, 그림에서 A가 가리키고 있는 부분을 확인해둔다.

   Step 2 지문에서 **琴筒是二胡最重要的部分，是二胡的共鸣筒……最常见的琴筒的形状是六角形**(금통은 얼후의 가장 중요한 부분이며 얼후의 공명통인데……가장 흔한 금통의 모양은 육각형이다)이라고 한 부분을 정답의 단서로 찾는다.

   Step 3 정답의 단서를 통해 그림 속 A가 가리키고 있는 부분의 명칭은 **琴筒**(금통)임을 알 수 있다. 따라서 **琴筒**을 답변으로 쓴다.

해석 p.399

지문을 읽고 질문에 알맞은 답변을 10글자 이하로 쓰세요.

1-7

　　森林植物群落中，植物在地面不同的高度形成多层次的垂直空间结构，这就是森林成层现象。由于**枝繁叶茂**的大树容易遮挡阳光，于是喜光的植物不断往高处生长，而喜阴的植物则生长在光照较少的地面。就这样，对光照有不同需求的植物各自生长在森林的垂直空间中，森林便有了层次。

　　完整的森林植物群落自上而下可分为几个层次。乔木层位于森林的最上层，它如同帽子一样覆盖着整片森林。乔木是构成森林的主体，通常有高大的直立主干，树干和树冠有明显的区别。在此层，乔木的高度通常超过8米。亚乔木层位于乔木层的下面，通常指树高在2～8米的部分。乔木层与亚乔木层在很大程度上控制了群落的生境，并决定了群落的外貌特征。灌木层则指位于亚乔木层下面、草本层上面的部分，树的高度约为1～2米。灌木层不仅包括灌木，还包括生长达不到乔木层和亚乔木层高度的乔木。草本层是群落中草本植物所占的层，这些草本植物基本上就是指维管组织不发达的地面植物。

　　森林中还有一些植物，如藤本植物、寄生植物、附生植物等，它们并不独立构成一个层次，而是依附于各层次中的植物，因此被称为层间植物。层间植物的存在和丰富程度，与环境条件、森林类型密切相关，水、光照条件愈优越，层间植物愈繁茂。此类植物的生态习性基本是喜光的，多在群落上层透光的空隙生长，故又名"填空植物"。层间植物是构成森林群落的植物之一，在热带、亚热带森林中生长茂盛。

　　森林地下部分的成层现象与地上部分是相应的。在森林植物群落中，草本植物的根系分布在土壤的上层，灌木的根系比草本植物分布更深，乔木的根系分布于土壤最深层。土壤的物理化学性质，特别是土壤水分和养分状况，是决定森林植物地下部分分层的主要因素。

　　森林成层现象是森林各种植物之间充分利用生长空间和光、热、水分、养分条件而形成的。层与层之间的关系是相互依赖，又相互影响的。每个层次都有其特殊的小生境，并有一定的植物种类和个体数量，同一层次的植物都是生态特性相近的种。各层次的植物都具有相对稳定性，下层的植物对上层的植物具有更大的依存性。森林成层现象的意义在于，可使森林植物群落最大限度地影响环境，对环境进行生物改造，还能减弱群落中各植物个体之间的竞争。

　　人类应用森林的成层现象，发明了间作的方式。间作是指在同一田地、在同一生长期内，种植两种或两种以上作物的种植方式。间作可提高土地利用率，而且由间作形成的作物复合群体可增加对阳光的吸收，减少光能的浪费；更为重要的是，间作可提高农作物的产量，增加农民的收入。

1   第一段中，画线词语"枝繁叶茂"的意思是什么？

2   图中A所指的层的名称是什么？

A

3   图中B所指的层的名称是什么？

B

4   层间植物为什么又被称为"填空植物"？

5   第四段主要谈的是什么？

6   同一层次的植物之间有怎样的特点？

7   由间作形成的作物复合群体可以减少什么？

정답 p.400

중심 내용 문제에 대한 답변 쓰기

특정 단락이나 밑줄 친 부분의 중심 내용을 묻는 질문에 대한 답변을 10글자 이하로 쓰는 유형이다. 주로 중심 내용을 나타내는 문장 또는 지문의 문맥을 통해 유추할 수 있는 내용을 10글자 이내로 간결하게 쓰는 문제가 출제된다.

질문 형태

1. 특정 단락의 중심 내용을 묻는 질문

   第三段主要介绍了什么？ 세 번째 단락은 주로 무엇을 소개하고 있는가?
   第二段主要谈的是什么？ 두 번째 단락이 주로 이야기하고 있는 것은 무엇인가?

2. 밑줄 친 부분의 중심 내용을 묻는 질문

   第一段画线部分主要谈了什么？ 첫 번째 단락의 밑줄 친 부분은 주로 무엇을 이야기하고 있는가?
   第六段画线部分主要是为了说明什么？ 여섯 번째 단락의 밑줄 친 부분은 주로 무엇을 설명하기 위해서인가?

문제풀이 전략

Step 1 질문 읽고 핵심어구 확인하기

• 질문을 읽고 특정 단락의 중심 내용을 묻는지, 밑줄 친 부분의 중심 내용을 묻는지 확인하고, 특정 단락이나 밑줄 친 부분이 몇 번째 단락에 해당하는지 확인해둔다.

> 질문   第一段主要谈的是什么？
>
> 첫 번째 단락이 주로 이야기하고 있는 것은 무엇인가?
>
> ▶ 질문이 첫 번째 단락의 중심 내용을 물었다.

Step 2 지문 읽고 정답의 단서 찾기

• 특정 단락의 중심 내용을 묻는 경우, 해당 단락을 재빨리 읽어 중심 내용을 나타내는 문장을 정답의 단서로 찾는다. 중심 내용을 나타내는 문장은 주로 해당 단락의 처음이나 마지막 부분에 나오기 쉬우므로, 이 부분을 특히 주의 깊게 읽는다.

• 밑줄 친 부분의 중심 내용을 묻는 경우, 밑줄 친 부분의 문맥을 파악하여 이를 포괄할 수 있는 표현을 떠올린다.

> 　　　　　　　　　　　　정답의 단서
> 지문   有些人以为针和灸是同一种疗法，其实不然。虽然它们都建立在对人体经络穴位的认知上，但针疗产生的只是物理作用，而灸疗产生的是药物和物理的复合作用。此外，两者的治疗范围也不一样，可以说"针所不为，灸之所宜"。
>
> 어떤 사람들은 침과 뜸이 같은 치료법이라고 생각하지만 사실은 그렇지 않다. 비록 둘 다 인간의 경락혈에 대한 인식에 기반을 두고 있지만 침 치료는 물리적 효과만 생성하고, 뜸 치료는 약물과 물리적 복합 효과를 생성한다. 이밖에 두 가지의 치료 범위도 달라 '침으로 질병이 치료되지 않을 경우 뜸을 사용하라.'라고 할 수 있다.
>
> ▶ 단락의 중심 내용을 나타내는 문장에서 有些人以为针和灸是同一种疗法，其实不然。이라고 하며 이어진 내용에서 침 치료법과 뜸 치료법의 다른 점을 언급하고 있다.

Step 3 10글자 이하로 답변 쓰기

• 정답의 단서를 통해 유추할 수 있는 내용을 10글자 이내로 간결하게 쓴다.

> 답변   针疗和灸疗的不同点
>
> ▶ 정답의 단서를 통해 유추할 수 있는 针疗和灸疗的不同点을 답변으로 쓴다.

Step별 해설을 보기 전에, 문제풀이 전략에 따라 답변을 써보세요.

徐悲鸿是中国著名的现代画家、美术教育家，与张书旗、柳子谷二人并称为画坛的"金陵三杰"。在绘画领域，徐悲鸿倾向于现实主义，强调把西画技法融入到国画改革中。他看重光线和造型，讲究绘画主体的解剖结构，并推崇作品的思想与内涵，这对当时中国画坛影响甚大。

世人论及徐悲鸿，一定会提及他画的马。他作品里的奔马驰誉世界，几近成了现代中国画的象征和标志。然而实际上，他在人物、花鸟、山水等方面皆有名作，那些作品无不落笔有神、栩栩如生。他擅长素描、油画和中国画。他把西方艺术手法融入到中国画中，创造了新颖而独特的风格，而他的素描和油画则渗入了中国画的笔墨韵味。

正是因为在绘画上的名气太大，所以很多人忽略了徐悲鸿的书法。他才识超绝，艺术感觉敏锐，因此他的书法达到了相当高的水平，其书法作品丝毫不逊色于同时期的书法大家。[1]他的书法乍看似乎没有什么亮点，却耐人寻味。他的书法跌宕的体势不会给人一种紧张感，不矫饰、不造作，书风自然浑厚、奔放朴实，并带着强烈的抒情性。

徐悲鸿是中国百年艺术史上"丹青巨擘、教育巨子"，他对中西方的审美和文化差异进行了比较，提倡对民族艺术加以取舍、改良，并形成了自己的艺术改良理论。[2]为了纪念和弘扬徐悲鸿对中国美术事业的巨大贡献，中国文化艺术联合会于2003年设立了全国书画院系统中的最高美术奖项"徐悲鸿美术奖"。

1. 第三段主要介绍了什么？

2. 最后一段画线部分主要谈了什么？

<1번>
- Step 1 질문 읽고 핵심어구 확인하기
- Step 2 지문 읽고 정답의 단서 찾기
- Step 3 10글자 이하로 답변 쓰기

<2번>
- Step 1 질문 읽고 핵심어구 확인하기
- Step 2 지문 읽고 정답의 단서 찾기
- Step 3 10글자 이하로 답변 쓰기

1 특정 단락의 중심 내용을 묻는 질문

1. **Step 1** 질문이 세 번째 단락의 중심 내용을 물었다.

   Step 2 세 번째 단락에서 他的书法乍看似乎没有什么亮点，却耐人寻味。的书法跌宕的体势不会给人一种紧张感，不矫饰、不造作，书风自然浑厚、奔放朴实，并带着强烈的抒情性。(그의 서예는 얼핏 보면 포인트가 없는 듯하지만, 자세히 음미할 가치가 있다. 그의 서예의 자유분방한 기개는 사람에게 긴장감을 주지 않고 일부러 꾸며내지 않으며 부자연스럽지 않고, 서예 스타일은 자연스럽고 꾸밈이 없이 수수하고 소박하며, 강한 서정성을 띠고 있다.)이라며 쉬베이훙 서예 작품의 특징을 언급하고 있다.

   Step 3 따라서 정답의 단서를 통해 유추할 수 있는 **徐悲鸿书法的特点**(쉬베이훙 서예의 특징)을 답변으로 쓴다.

2 밑줄 친 부분의 중심 내용을 묻는 질문

2. **Step 1** 질문이 마지막 단락의 밑줄 친 부분의 중심 내용을 물었다.

   Step 2 마지막 단락의 밑줄 친 부분에서 '쉬베이훙 미술상'이 왜 설립되었는지에 대해서 언급하고 있으므로, 이를 포괄할 수 있는 표현인 **设立目的**(설립 목적)를 떠올릴 수 있다.

   Step 3 따라서 정답의 단서를 통해 유추할 수 있는 **"徐悲鸿美术奖"设立目的** ('쉬베이훙 미술상' 설립 목적)를 답변으로 쓴다.

해석 p.403

지문을 읽고 질문에 알맞은 답변을 10글자 이하로 쓰세요.

1-7

　　能源安全已成为影响各国可持续发展及世界和平稳定的战略性问题。能源安全包括能源的供给安全、价格安全、运输安全和能源消费的环境安全等。受诸多因素的影响，全球能源安全的脆弱性变得十分明显。如今加强全球能源治理被认为是摆在国际社会面前的重要课题。

　　合理的能源价格是保障能源安全的重要因素之一，而发展中国家缺乏能源定价权。目前石油、煤炭、天然气等能源正面临着供应短缺和价格上涨的危机，这给很多发展中国家带来了消极影响。在某些国家和地区，人们正深陷能源危机的泥潭。能源价格的上涨增加了普通家庭的日常开支，降低了人们的生活质量。不仅如此，高昂的能源价格还带动了电费的大幅上涨，并带来了一系列连锁反应，比如一些钢铁厂和化肥厂，由于能源成本上涨速度快于产品售价的上涨，因而不得不选择关闭工厂或大幅减产；再比如，能源价格的上涨导致了严重的通货膨胀。

　　当前国际政治经济形势异常错综复杂，全球能源版图正在出现重大变化。一是国际能源的生产中心正在西移。以前的能源中心无疑是中东地区和欧佩克组织（OPEC），但是技术的进步和页岩油的开发，不仅让美国成为了世界最大的石油生产国和最大的天然气出口国，而且极大地增加了美国影响国际能源市场和国际能源格局的能力。二是全球能源消费中心出现东移的态势。欧盟经济整体出现疲软现象，而中国、印度等亚洲国家对能源的需求越来越多。因此在不久的将来，亚洲地区将会取代欧美地区全球能源消费中心的地位。

　　随着中国工业化进程的不断推进，能源消耗也在持续上升。近年来中国的石油、天然气等能源对外依存度日益加深。中国不仅是世界第一大能源进口国，而且是能源对外依存度极高的国家，国际能源市场的变化将对中国的能源安全产生巨大的影响。

　　在这样的挑战下，发展中国家保证能源安全，成为了一个事关发展的重要问题。在能源问题变得更棘手之前，只有找到合理的解决方案，做到未雨绸缪，才能有助于保障能源安全，预防或减少国际突发事件对能源供应的冲击。为了解决能源问题，发展中国家需做到以下几点。第一，要提升技术水平和勘探能力，充分挖掘自身的能源潜力，推动各项战略能源的开发。同时，要进一步推动能源进口多元化，降低来源地区的集中度，尽可能增加战略储备。第二，要改善能源结构。提高可再生能源比重，将非化石能源作为满足未来新增能源需求的重点，降低对化石能源的依赖度。第三，要确保能源运输通道的安全。积极开发陆上管道运输通道，与相关国家和地区合作，本着互惠互利的原则开展国际能源合作。

1 什么被认为是摆在国际社会面前的重要课题？

2 保障能源安全的重要因素之一是什么？

3 第二段画线部分主要是为了讲什么？

4 第三段主要谈的是什么？

5 第四段画线部分主要谈了什么？

6 发展中国家保证能源安全，已成为了怎样的问题？

7 最后一段主要介绍的是什么？

정답 p.403

밑줄 친 어휘의 뜻 쓰기

지문에서 밑줄로 표시된 어휘의 의미를 묻는 질문에 대한 답변을 10글자 이하로 쓰는 유형이다. 밑줄로 표시된 어휘는 주로 사자성어나 구(词组)가 출제되며, 지문에서 밑줄로 표시된 어휘는 질문에서 따옴표(" ")로 표시된다.

질문 형태	请写出第二段中画线词语"自始至终"的含义。 두 번째 단락에서 밑줄 친 어휘 '自始至终'의 뜻을 쓰세요.
	第一段中，画线词语"共渡难关"的意思是什么？ 첫 번째 단락에서, 밑줄 친 어휘 '共渡难关'의 의미는 무엇인가?

📚 문제풀이 전략

Step 1 질문 읽고 핵심어구 확인하기

- 질문의 따옴표(" ")로 표시된 부분을 핵심어구로 확인해둔다.
- 핵심어구의 뜻을 알고 있으면 답변을 빈칸에 미리 써둔다.
- 핵심어구의 뜻을 모르면 한자의 뜻을 한 글자씩 또는 한 단어씩 해석하면서 의미를 유추해둔다.

> 질문   第二段中，画线词语 " 自始至终 " 的意思是什么？ 두 번째 단락에서, 밑줄 친 어휘 '自始至终'의 의미는 무엇인가?
> _{핵심어구}

   ▶ 自는 '~로부터', 始은 '처음', 至은 '~에 이르다', 终은 '끝'이라는 의미이므로, 自始至终은 '처음부터 끝까지'라는 의미임을 유추해둔다.

Step 2 지문 읽고 정답의 단서 찾기

- 지문에서 밑줄로 표시된 핵심어구 주변 문맥을 정답의 단서로 하여, 답변을 빈칸에 미리 써두었다면 쓴 의미가 맞는지 확인한다. 의미를 유추해둔 경우에는 유추한 의미가 문맥에서 동일한 의미로 사용되었는지 확인한다.

> 지문   他 自始至终 以一丝不苟的态度对待他的作品，以细腻的表现手法，使作品成为了本次大会的佳作。
> _{핵심어구}   _{정답의 단서}
> 그는 처음부터 끝까지 빈틈없는 태도로 그의 작품을 다루었고, 섬세한 표현 기법으로 작품을 이번 대회의 걸작으로 만들었다.

   ▶ 유추해둔 의미를 대입했을 때, '그는 처음부터 끝까지 빈틈없는 태도로 그의 작품을 다루었다'라는 자연스러운 문맥이 된다. 따라서 自始至终은 '처음부터 끝까지'라는 의미임을 확인할 수 있다.

Step 3 10글자 이하로 답변 쓰기

> 답변   从开始到结束 처음부터 끝까지

   ▶ '처음부터 끝까지'라는 의미의 从开始到结束를 답변으로 쓴다.

전략 적용

Step별 해설을 보기 전에, 문제풀이 전략에 따라 답변을 써보세요.

近几年来，野生胡蜂蜇人夺命事件频频发生，因此有很多人见了它就忙着逃跑。小小的胡蜂为何如此凶悍，令人<u>望而生畏</u>？ ◀─ **Step 1** 질문 읽고 핵심어구 확인하기

胡蜂主要吃动物性食物，它尤其善于捕食昆虫，经常捕食蜜蜂，因此被认为是蜜蜂的主要敌害之一。胡蜂虽然也会偶尔吸食花蜜，但它们并不酿蜜，而是将一小部分花蜜直接喂给幼蜂。大多数胡蜂会将卵产在猎物体内，幼虫孵化后便可直接食用猎物，有些胡蜂还会将小型节肢动物带回蜂巢给幼蜂吃。

胡蜂群体由蜂王、雄蜂和工蜂组成，其中工蜂性情暴烈凶狠，螯针明 ◀─ **Step 2** 지문 읽고 정답의 단서 찾기
显，排毒量大，攻击力强，伤人事件主要是工蜂所为。一般来讲，胡蜂头部的黑色斑点越多，攻击性就越强。胡蜂虽然体型不大，但尾部的螯针却是致命的，当胡蜂把螯针刺入人或动物的皮肤后，往里注入一种淡黄色液体，这种液体里含有神经毒素、溶血毒素等致命毒素。人一旦被胡蜂蜇伤，便可能在很短的时间内死亡，七只胡蜂还能将一头牛活活蜇死。

预防被胡蜂蜇伤的最有效措施就是远离蜂巢，避免打扰胡蜂的正常活动。胡蜂在没有感觉到威胁时，一般不会主动攻击人。如果只有零星几只胡蜂在身边飞舞，大可不必理会，就算它们落在身上，轻轻抖落即可。如果不慎遭到胡蜂的攻击，被袭者应该钻入灌木丛中潜伏，或面部朝下俯卧，提起衣领罩住颈部，或用随身携带的帽子、头巾等物品遮挡面部和颈部，屏息静气，耐心静候10~20分钟，待胡蜂散去后再伺机撤离。切忌扑打胡蜂，更不要拔腿就跑，因为胡蜂对动态的物体极为敏感。

第一段中，画线词语 "望而生畏" 的意思是什么？ ●

[   ] ◀─ **Step 3** 10글자 이하로 답변 쓰기

Step 1 밑줄 친 어휘 望而生畏를 핵심어구로 확인한다. 望은 '보다', 而은 '~하고', 生은 '생기다', 畏는 '두려워하다'라는 의미이므로, 望而生畏는 '보기만 해도 두려움이 생기다'라는 의미임을 유추해둔다.

Step 2 유추해둔 의미를 대입했을 때, '야생 말벌……많은 사람은 그것만 보면 달아나기 급급하다. 작은 말벌은 어째서 이렇게 사납고 사람들이 <u>보기만 해도 두려움이 생기게 하는 것일까?</u>'라는 자연스러운 문맥이 된다. 따라서 望而生畏는 '보기만 해도 두려움이 생기다'라는 의미임을 확인할 수 있다.

Step 3 看见了就产生恐惧(보기만 해도 두려움이 생기다)를 답변으로 쓴다.

해석 p.406

지문을 읽고 질문에 알맞은 답변을 10글자 이하로 쓰세요.

1-7

　　浙江宁波是中国的历史文化名城，早在七千年前，先民们就在这里繁衍生息，创造了灿烂的河姆渡文化。宁波历史悠久，人文荟萃，素有"书藏古今，港通天下"之称，其中"书藏古今"指的就是天一阁，其藏书量乃世界私家图书馆之最。正如苏州的虎丘、北京的故宫、杭州的西湖、安徽的黄山，宁波的天一阁也是极具代表性的著名景点之一。

　　天一阁始建于明嘉靖四十年，坐落于月湖西畔，由当时退隐的兵部右侍郎范钦主持修建。天一阁是中国现存的年代最早的私家藏书楼，也是亚洲现有最古老的图书馆和世界最早的三大家族图书馆之一。清乾隆时期，在皇帝的主持下，300多名高官和学者编纂了中国古代规模最大的丛书《四库全书》，由于当时天一阁进呈的图书最多，对编纂《四库全书》作出了重大的贡献，天一阁受到了乾隆皇帝的关注，自此闻名天下。阁内现藏各类古籍近30万卷，其中大部分为明代刻本和抄本。

　　后来宁波市政府以天一阁藏书楼为核心，建造了以藏书文化为特色的专题性博物院——天一阁博物院。天一阁博物院以其历史悠久的藏书文化、宛如天开的园林艺术、古朴典雅的古建风格及便捷优越的地理位置，每年吸引着来自世界各地的游客前来研学和观光。

　　进入博物院大门，就能看到正对面立有天一阁创始人范钦的铜像。据说范钦每到一地做官，都要搜集当地的书籍寄到宁波故宅。<u>他辞官回乡后，就在宅院东侧建造了藏书楼。因其崇信道教，便引用《易经》中的"天一生水，地六成之"，将藏书楼命名为"天一阁"。</u>

　　清康熙四年，范钦的曾孙范光文在天一阁的水池边堆叠假山，筑亭架桥，使其初具江南园林的风貌。1933年，宁波孔庙内的尊经阁以及当地的一批古代石碑被迁到天一阁后院保存。新中国成立后，宁波市政府又在天一阁两侧修建了两座园林，并将紧邻的陈氏宗祠、闻家祠堂和秦氏支祠纳入天一阁博物院统一管理，形成了如今的规模。

　　真正让天一阁名扬天下的，是其独具特色的规划和布局。由于书籍最怕火，范钦在设计天一阁时格外用心，做了很多防火、通风、防潮等措施。楼阁建成后，范钦制定了非常严格的登楼规定，据说至今登楼的人不超过10个。

　　天一阁内书籍排列得**井然有序**，其中尤以地方志、登科录等史料性书籍居多，甚至有不少书籍已成为海内孤本。其中最为珍贵的是明代的地方志和科举录，天一阁保存了明洪武四年至万历十一年的全部进士登科录。天一阁保存的登科录占该类文献存世量的80%以上，堪称"镇楼之宝"。除此之外，天一阁还收藏了五百多部家谱，其中涵盖了刘氏、袁氏、孔氏等百余个＿＿＿＿＿＿。

　　天一阁博物院在发展过程中，成为了展示中国古代民间藏书文化的场所，同时为书法、地方史和浙东民居建筑的研究提供了实物资料。都说"君子之泽，五世而斩"，然而范氏一家藏书的恩惠将延续万世，范钦的**丰功伟绩**，世人将铭记于心，因为这座古老的藏书楼不仅仅是一个城市的标志，更是一个国家的文化象征。

1   在清朝时期，天一阁对什么作出了重大的贡献？

2   天一阁博物院是以什么为特色的博物院？

3   第四段中，画线部分主要是为了说明什么？

4   第七段中，画线词语"井然有序"的意思是什么？

5   根据上下文，请在第七段的空白处填上一个恰当的词语。

6   天一阁博物院为书法、地方史和浙东民居建筑的研究提供了什么？

7   最后一段中，画线词语"丰功伟绩"的意思是什么？

정답 p.406

빈칸에 들어갈 어휘 쓰기

특정 단락의 빈칸에 들어갈 알맞은 어휘가 무엇인지 묻는 질문에 대한 답변을 10글자 이하로 쓰는 유형이다. 주로 빈칸 주변의 문맥을 토대로 답변을 쓸 수 있는 문제가 출제된다.

질문 형태

请在第三段的空白处填上合适的词语。　세 번째 단락의 빈칸에 들어갈 적합한 어휘를 쓰세요.

根据上下文，请在第二段的空白处填上一个恰当的词语。
앞뒤 내용에 근거하여, 두 번째 단락의 빈칸에 들어갈 알맞은 어휘를 쓰세요.

⤵문제풀이 전략

Step 1 질문 읽고 핵심어구 확인하기

• 질문을 읽고 빈칸이 몇 번째 단락에 해당하는지 확인해둔다.

질문　　根据上下文，请在第一段的空白处填上一个恰当的词语。
앞뒤 내용에 근거하여, 첫 번째 단락의 빈칸에 들어갈 알맞은 어휘를 쓰세요.

▶ 빈칸은 첫 번째 단락에 있다.

Step 2 지문 읽고 정답의 단서 찾기

• 빈칸의 주변 문맥을 정답의 단서로 하여, 문맥에 맞는 어휘가 무엇일지 떠올린다. 이때 빈칸 주변에 의미적으로 호응 관계를 이루는 표현이 있다면, 함께 쓰이는 적절한 표현을 떠올린다.

정답의 단서　　　　　　　　　　　정답의 단서

지문　　按《交通安全法》，当行人在道路上行走时，应当沿着＿＿＿＿＿走，或者靠边走。
〈교통안전법〉에 따라, 보행자가 도로를 걸을 때, ＿＿＿＿＿를 따라 걷거나 길옆으로 붙어서 걸어야 한다.

▶ 빈칸이 '보행자가 도로를 걸을 때, ＿＿＿＿＿를 따라 걷거나 길옆으로 붙어서 걸어야 한다'라는 문맥이므로, 빈칸에는 보행자가 통행할 때 걷는 도로를 나타내는 어휘가 들어가야 함을 알 수 있다. 따라서 빈칸 앞의 沿着(~을 따라) 그리고 빈칸 뒤 走(걷다)와 의미적으로 호응하면서 문맥에도 알맞은 人行道(인도)를 답변으로 떠올린다.

Step 3 10글자 이하로 답변 쓰기

답변　　人行道 인도

▶ 떠올린 人行道를 답변으로 쓴다.

Step별 해설을 보기 전에, 문제풀이 전략에 따라 답변을 써보세요.

近年来，中国的许多沿海城市都出现了海水入侵现象。其中，环渤海地区是海水入侵最严重的地区，山东省莱州市则是海水入侵面积最大的城市，其海水入侵面积超过260平方千米，年均入侵速度高达10平方千米以上。

— Step 1 질문 읽고 핵심어구 확인하기

引起海水入侵现象最主要的原因是超量开采地下水。在滨海地区，人们过多开采地下水，导致地下水位大幅度下降，从而造成了海水入侵的现象。海水入侵时，会先从小部分开始，随后那些部分逐渐扩散，相连成片，最后波及整个海岸。

被海水入侵的地区，地下水水质咸化。如果用盐分含量高的地下水灌溉作物，会导致土壤表层盐分聚集，使土壤盐渍化，降低土壤肥力，影响农作物产量。此外，水田面积减少，旱田面积增加，更为严重时还会迫使工厂、村镇集体搬迁，这会使入侵区成为不毛之地。

海水入侵还会给人带来一系列的健康问题。地下水被海水入侵时，水中碘和氟的含量会随之增加，如果居民常年饮用这种地下水，就会患上各种_____。有数据显示，受海水入侵影响的地区，人口平均死亡率比非入侵地区高。

— Step 2 지문 읽고 정답의 단서 찾기

海水入侵主要是由过量开采地下水引起的，若要防止海水入侵，就必须将地下水的开采量限制在一定范围内，调整开采的时间间隔。例如，在丰水期，可以适当地开采地下水，而在枯水期，则要减少地下水的开采量。

地下水的允许开采量是有限的，然而人们对水资源的需求却是无限的。为了满足人们对水资源的需求，国内外许多地区采用了蓄积降水的方法，使地下水得到了补充。

根据上下文，请在第四段的空白处填上一个恰当的词语。

— Step 3 10글자 이하로 답변 쓰기

Step 1 　빈칸은 네 번째 단락에 있다.

Step 2 　빈칸 주변이 '해수 침투는 사람에게 일련의 건강 문제도 야기한다. 지하수에 해수가 침투되면, 물속의 요오드와 불소의 함량도 더불어 증가하는데, 만약 주민들이 장기간 이런 지하수를 마시면 각종 _____ 에 걸릴 수 있다'는 문맥이므로, 빈칸에는 해수 침투로 요오드와 불소의 함량이 증가한 지하수를 오랜 기간 마시면 사람들의 몸 건강을 안 좋은 상태에 이르게 한다는 것을 나타내는 어휘가 들어가야 함을 알 수 있다. 따라서 빈칸 앞 患上(걸리다)과 의미적으로 호응하면서 문맥에도 알맞은 疾病(질병)을 답변으로 떠올린다.

Step 3 　빈칸에 疾病(질병)을 답변으로 쓴다.

지문을 읽고 질문에 알맞은 답변을 10글자 이하로 쓰세요.

1-7

随着网络视频业务的逐渐发展，互联网成为了重要的影视剧观看渠道，人们可以通过优酷、腾讯、爱奇艺等多个视频平台观看影视作品。除了大制作的商业电影之外，各类型的微电影也呈现出了"井喷式"的发展趋势。

微电影即微型电影，是指通过互联网新媒体平台传播的、几分钟到60分钟不等的影片，它适合在短时间休闲状态下观看。微电影一般都具有完整的故事情节，具备电影的所有要素，且内容也极其丰富，包含了幽默搞怪、时尚潮流、公益教育、商业定制等类型。

近两年，中国微电影领域发展速度惊人，微电影呈现百花齐放的局面。从制作规模来看，越来越多的专业电影团队和知名导演跻身于微电影的制作行列；从电影类型来看，由网民原创的作品层出不穷，甚至由一些专业团队为品牌量身打造的商业微电影也开始盛行起来；从影片的播放长度来看，微电影的_____虽短小，却具有精悍的特点，能给人带来更大的冲击力。

微电影的诞生离不开时代的需求。网络媒体的活跃使微电影得到了更好的技术支持，而人们想充分利用"碎片化"时间，这一需求促进了微电影产业的发展。人们在上班、排队的闲暇时刻，很难看完一部完整的电影，而微电影形式很简单，视频播放时间也**恰到好处**，因此正好契合了人们即时消费的诉求。与此同时，视频网站间的相互竞争也推动了微电影的发展。各大视频网站竞争激烈，使热门影视剧的版权价格也随之水涨船高，高昂的版权购买费导致运营成本的持续上升。在这样的情况下，自制微电影变成了一个不错的选择。自制微电影不仅成本较为低廉，并且其灵活性还能使网站在运营时占据更多的主动权，因此微电影也就这样逐渐发展了起来。

若想制作出优秀的微电影，要注重剧本、细节和构思三方面的特点，其中最重要的便是剧本的创作。首先，剧本和叙事方式要干净利落，台词也要简洁明了。其次要重视细节的表现，将电影所要表达的事件和感情用生动的画面表现出来，因为细节是表现人物、事件、社会环境和自然景物时最重要的要素。在一部微电影中，一个好的细节可以给内容起到画龙点睛的作用，给观众留下更加深刻的印象。最后，微电影的制作还要讲究构思。要时刻思考怎样才能制作出完整、新颖、精良的作品，只有这样才能创造出内容和形式俱佳的作品。

部分微电影在实现艺术追求的同时，还主动承担起对社会的责任，以艺术的力量向人们传播正确的理念。为了让外国人也能理解电影内容，一些国产的微电影还特意在屏幕下方添加了外语_____，这得到了国内外观众的一致好评。

1 第二段画线部分主要谈了什么？

2 根据上下文，请在第三段的空白处填上一个恰当的词语。

3 第四段中，画线词语"恰到好处"的意思是什么？

4 为什么热门影视剧的版权费持续上升？

5 自制微电影除了有灵活性之外，还有什么优势？

6 要想打造一部优秀的微电影，最需要注重什么？

7 根据上下文，请在最后一段的空白处填上一个恰当的词语。

정답 p.410

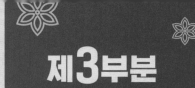
지문을 읽고 질문에 알맞은 답변을 10글자 이하로 쓰세요.

1-7

　　人殉是奴隶社会盛行的一项残酷而野蛮的丧葬制度。人殉最兴盛的时期是殷商时期，到了战国时期，各诸侯国先后废止了人殉制度，而秦国则是废止该制度的典型代表。秦献公元年"止从死"，秦国正式废止了人殉制度。春秋战国之际的社会变革促使葬俗发生变化，出现以俑殉葬，即用陶木俑等来代替人殉。秦兵马俑就是以俑代人殉葬的典型，也是以俑代人殉葬的顶峰。秦俑之所以在规模和逼真程度上达到如此的高度，除了工匠的智慧之外，与历史上第一个封建皇帝秦始皇的意志分不开。

　　秦始皇即位后，一项庞大的工程便随即开启，那就是修建骊山北麓的皇陵。整整过了37年，这项工程才得以完工，正好在第37个年头，秦始皇突然离世了。他在这个地下宫殿里隐藏了一个能够防御外来侵略力量的军事组织，一支浩浩荡荡的"军队"——兵马俑。

　　两千年过去了，然而这一杰作依然让全世界惊奇不已。目前已经出土的兵马俑总共有八千余尊，包括步兵、骑兵、车兵三个兵种，根据实战需要，不同兵种的装备也有所不同。他们神态各异，个性十足，或虎背熊腰，或浓眉大眼，或面含微笑，或神情拘谨，可谓千人千面，无一雷同。额头上的皱纹反映年龄，表情代表着某种情绪，每一个兵马俑都鲜活地描绘了当时中国士兵的神情和面貌。历史学家袁仲一先生将士兵俑的身体特征划分为三类，脸颊胖乎乎的为关中出身的秦士兵，圆脸尖下颌的为巴蜀出身的士兵，颧骨高、胡须浓密且体型彪悍的为陇东士兵。还可以从中找到被秦所灭的六国人，也可以找到匈奴等北方游牧民出身者。这些来自不同地域的士兵组成了秦统一天下后的部队。不仅仅是人，马也如此，雄俊的陶马形体也与真马大小相似，结实饱满，神态生动。

　　从兵马俑的分布可以看出，秦始皇想要的似乎是一支真正的"作战部队"。据考古发现，兵马俑分为四个坑。第一号坑是以步兵为主的长方形军阵，是秦军的主力部队。根据陶俑的冠式、铠甲和服饰的不同，可以分为高级军吏俑，中级军吏俑、下级军吏俑和一般武士俑等。在这里还发现了秦盾、青铜长剑和弓弩遗迹。第二号坑是以战车、骑兵为主，以步、弩兵种为辅的，混编的曲形军阵，为多兵混合武装部队。第三号坑是统帅三军的指挥部。第四号坑因陈胜、吴广农民起义，尚未完工。有军事专家分析后大为惊叹，因为整个部队大阵套小阵、大营包小营，营中有营、阵中有阵，通过有机配合，组成了一个可分可合、变幻无常、威力无比的大型军阵。如此庞大的布局，呈现出了当时的秦国攻无不克、战无不胜的无敌状态。特别是许多兵马俑士兵都没有佩戴头盔，这从侧面反映出了秦军无所畏惧、骁勇善战的特征。

　　由于秦兵马俑分工明确，因此根据当时所处的作战位置不同，秦兵马俑有不同的姿势和造型，跪射俑便是其中典型的代表。跪射俑出土于二号坑东部，他身穿战袍，外披铠甲，头顶左侧绾一发髻。跪射俑的左腿曲蹲，右膝着地，双手形象地展示出了持弓的单兵操练动作。除了跪射俑之外，其他兵马俑也真实地再现了当时的作战情景。

　　这些看似没有生命力的陶俑在不断地给我们传递着关于那个时期的各种信息，它们正以无声的方式告诉人们那个时代未知的秘密。

1 　春秋战国时期的葬俗发生了怎样的变化？

2 　第三段画线部分主要是为了说明什么？

3 　根据历史学家袁仲一先生的分类，兵马俑的士兵主要来自哪三个地区？

4 　第四段主要介绍了什么？

5 　二号坑兵马俑主要是什么部队？

6 　图中的兵马俑出土于哪个坑？

7 　图中A展示的是什么动作？

A

8-14

　　经济学上存在着一对概念——"实体经济"和"虚拟经济"。实体经济是指人通过思想工具在地球上创造的经济，包括物质的、精神的产品和服务的生产、流通等经济活动。虚拟经济是相对于实体经济而言的，是经济虚拟化的必然产物。虚拟经济既包括股票、债券、外汇等传统金融资产，又包括由金融创新所派生的各种衍生金融工具。经济专家表示，如果实体经济不景气，虚拟经济一定会受到影响，两者存在着**相辅相成**、密不可分的联系。

　　一方面，实体经济的发展借助于虚拟经济。虚拟经济影响着实体经济的宏观经营环境，实体经济要生存、要发展，除了其内部经营环境外，还必须有良好的外部宏观经营环境。外部宏观经营环境包括全社会的资金总量状况、资金筹措状况、资金循环状况等，而这些方面都与虚拟经济存在着直接或间接的关系，因此虚拟经济的发展状况将会在很大程度上影响实体经济的发展。除此之外，虚拟经济会为实体经济提供金融支持。实体经济的不断发展和居民储蓄的不断上升限制了生产投资的增长，许多生产活动因缺乏投资而被困在没有经济效益的领域上。虚拟经济则可以用其流动性和高获利性吸引人们把大量暂时闲置的资金投入到股票、债券、金融衍生产品等虚拟资本上。当全社会的闲置的资金由此投入到实体经济中时，就可以满足实体经济发展过程中的资金需要。

　　另一方面，虚拟经济的发展依赖于实体经济。实体经济为虚拟经济的发展提供物质基础，从根本上决定虚拟经济的产生和发展，因此离开实体经济，虚拟经济就会成为既不着天也不着地的空中楼阁。实体经济为了自身向更高处发展，会不断向虚拟经济提出新的要求，主要表现在对有价证券的市场化程度和金融市场的国际化程度上。总的来说，虚拟经济的_____和落脚点都是实体经济，而实体经济是检验虚拟经济发展程度的标准。

　　实体经济和虚拟经济是当今社会不可或缺的两种经济形式，两者中其中一方过热会导致经济的不稳定甚至崩溃。例如，虚拟经济过度膨胀会加大实体经济动荡的可能性，也可能会导致泡沫经济的形成。只有正确地处理两者间的关系，才能让社会经济平稳且有序地发展。

　　虚拟经济与实体经济虽各有千秋，对待这两种经济形式的关系时，应该坚持一视同仁的原则，不能对任何一方采取不重视的态度，也要避免对任何一方采取偏颇的态度。在宏观经济的规划上，在战略的部署上，在人才的培养上，都应统一谋划。努力实现实体经济和虚拟经济的均衡发展，才能让它们的长处得到最大限度的发挥，从而提高社会经济的运作效率。

8　虚拟经济包括哪些传统金融资产？

9　第一段中，画线词语"相辅相成"的意思是什么？

10　虚拟经济会为实体经济提供哪种支持？

11　为什么离开实体经济，虚拟经济就会成为空中楼阁？

12　根据上下文，请在第三段的空格处填上一个恰当的词语。

13　什么可能会导致泡沫经济形成？

14　对待虚拟经济与实体经济的关系时，应该坚持怎样的原则？

정답 p.412

무료 MP3 및 학습자료 제공

china.Hackers.com

写作
쓰기

제1부분

그래프 보고 글 쓰기

제2부분

논증하는 글 쓰기

제1부분

그래프 보고 글 쓰기

쓰기 제1부분은 제시된 그래프를 보고 묘사하고 분석하는 200자 내외의 글을 쓰는 형태로, 88번 1문제가 출제된다.

고득점비책 01   순위·분포를 나타내는 그래프 공략하기
고득점비책 02   추이를 나타내는 그래프 공략하기

출제 유형

1. **순위·분포를 나타내는 그래프**
   주로 막대그래프나 원그래프가 제시되며, '상품별 판매 현황' 또는 '중국 공업 분야 로봇 종류 비율'과 같이 각 항목의 순위나 항목별 분포 현황을 알 수 있는 그래프가 출제된다.

2. **추이를 나타내는 그래프**
   주로 선 그래프가 제시되며, 'A국 출생 인구 변화' 또는 'A국/B국 GDP 성장률 추이'와 같이 수치 변화 및 전체적인 추세를 알 수 있는 그래프가 출제된다.

공략 비법

1. **그래프에서 두드러지는 특징을 잡아 비교 분석한다.**
   묘사하고 분석하는 글을 쓰기 위해서는 단순히 그래프의 항목과 수치를 나열하기보다는 크고 작은 수치나 변화폭, 전반적인 추세 등 그래프에서 두드러지는 부분을 특징으로 잡아 비교 분석하는 내용이 포함되어야 한다.

2. **그래프를 묘사하고 분석하는 글을 쓸 때 활용할 수 있는 표현들을 익혀둔다.**
   'B的比重约占A的一半(B의 비율은 A의 절반 정도를 차지한다)'처럼 수치를 비교하는 표현이나 '从整体来看，A呈上升的趋势(전체적으로 보면 A는 상승세를 보이고 있다)'처럼, 전반적인 추세를 나타내는 표현과 같이 순위·분포를 나타내는 그래프나 추이를 나타내는 그래프를 묘사하고 분석하는 글을 쓸 때 활용할 수 있는 표현들을 익혀둔다.

글 쓰기가 쉬워지는 문제풀이 스텝

88. 以下是有关影响年轻人睡眠的因素的统计图，请对
图表进行描述与分析，写一篇200字左右的文章。

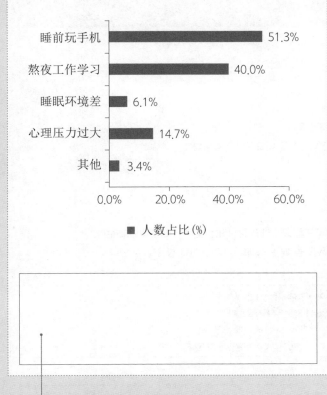

■ 人数占比(%)

Step 1 그래프 보고 세부 내용 분석하기

제시된 그래프가 무엇에 대한 것인지 확인한 후, 수치가 크거나 작은 항목, 변화폭, 전반적인 추세 등 그래프에서 두드러지는 특징을 잡아 비교 분석한다. 그런 다음 간단한 결론을 도출한다.

이 그래프는 **影响年轻人睡眠的因素**(젊은 층의 수면에 영향을 주는 요인)에 대해 조사한 결과이다.

睡前玩手机(자기 전에 하는 휴대폰)와 **熬夜工作学习**(밤샘 업무 및 공부)를 선택한 사람의 비율이 가장 많으며, 이 두 항목을 선택한 사람의 비율은 다른 세 항목보다 뚜렷하게 높다. **心理压力过大**(과도한 심리적 스트레스)와 **睡眠环境差**(좋지 않은 수면 환경)도 수면에 영향을 준다.

자기 전에 휴대폰을 하는 습관, 과도한 업무 및 공부가 젊은 층의 수면에 영향을 주는 주요한 요인이라는 결론을 도출할 수 있다.

Step 2 분석한 내용을 바탕으로 글 쓰기

'조사 주제 → 묘사·분석 내용 → 결론'의 흐름으로 그래프를 묘사하고 분석하는 글을 200자 내외로 쓴다.

<모범답안>

조사 주제
묘사·분석 내용
결론

　　从有关影响年轻人睡眠的因素的统计图可知，排在首位的因素是"睡前玩手机"，超过一半的年轻人的睡眠因睡前玩手机而受到影响，占比为51.3%。而40%的年轻人认为，熬夜工作学习影响了他们的睡眠，这个因素排在第二位。选择这两个因素的人数占比明显高于其他三个因素。排在第三位的因素是"心理压力过大"，约占15%。除此之外，"睡眠环境差"以及其他一些因素也会影响年轻人的睡眠。由此可见，睡前玩手机的习惯和繁重的工作学习任务是影响年轻人睡眠的主要因素。

글자수: 195자

해석 p.418

순위·분포를 나타내는 그래프 공략하기

'상품별 판매 현황', '중국 공업 분야 로봇 종류 비율'과 같이 각 항목의 순위나 항목별 분포 현황을 알 수 있는 그래프가 제시되며, 그래프에 제시된 수치를 토대로 순위나 분포의 특징을 묘사하고 분석할 수 있어야 한다.

문제풀이 전략

Step 1 그래프 보고 세부 내용 분석하기

- 수치가 가장 크거나 작은 항목을 특징으로 잡아 비교 분석한다.
- 수치 차이가 큰 항목은 다른 항목과 몇 배 정도 차이가 나는지를 비교하며 분석한다.
- 그래프를 통해 알 수 있는 간단한 결론을 도출한다.

Step 2 분석한 내용을 바탕으로 글 쓰기

- '조사 주제 → 묘사·분석 내용 → 결론'의 흐름으로 그래프를 묘사하고 분석하는 글을 200자 내외로 쓴다.
- 순위나 분포를 나타내는 그래프를 보고 묘사·분석 내용을 쓸 때는 아래와 같은 표현을 활용할 수 있다.

  1) 수치가 가장 크거나 작은 항목 언급하기

排在首位的是A/排在最后的是A   1위를 차지한 것은 A이다/가장 낮은 순위를 차지한 것은 A이다
选择A和B选项的人最多/最少   A와 B 항목을 선택한 사람이 가장 많다/가장 적다
从数值上看，A达到了最高值/最低值   수치상으로 보면 A가 최고치/최저치에 달했다
A占的比重最小，B和C占的比重也不大   A의 비율이 가장 낮고, B와 C의 비율도 높지 않다

  2) 수치 비교하기

B的比重约占A的一半   B의 비율은 A의 절반 정도를 차지한다
A的占比大约是B的n倍   A의 비율은 B의 약 n배이다
选择A的人数明显多于B   A를 선택한 사람 수는 B보다 확연히 많다
A的占比与B有将近n倍的差距   A의 비율은 B와 n배 가까이 차이가 난다
选择A选项的人数是B的n倍左右   A문항을 선택한 사람 수는 B의 n배 정도이다

- 결론을 쓸 때는 아래와 같은 표현을 활용할 수 있다.

可见，人们更倾向于⋯   사람들이 ∼하는 경향이 있음을 알 수 있다
可见，A是大多数人最重视的因素   A는 대다수의 사람이 가장 중시하는 요소임을 알 수 있다
由此看来，A和B是影响力最大的⋯   이것으로 미루어보아, A와 B가 영향력이 가장 큰 ∼이다
由此可见，A，B，C是⋯的主要因素   이를 통해, A, B, C가 ∼의 주요 요인이라는 것을 알 수 있다

<화면에 제시되는 그래프>

请对以下图表进行描述与分析，写一篇200字左右的文章。 —— **Step 1**

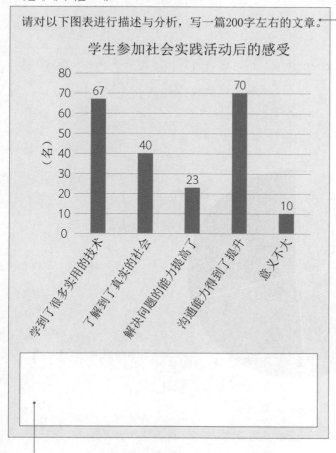

学生参加社会实践活动后的感受

Step 2 분석한 내용을 바탕으로 글 쓰기

Step 1 그래프 보고 세부 내용 분석하기

이 그래프는 **学生参加社会实践活动后的感受**(학생들이 사회 실습 활동에 참가한 후 느낀 점)와 관련된 조사 결과이다.

沟通能力得到了提升(소통 능력이 향상됐다)과 **学到了很多实用的技术**(많은 유용한 기술을 배웠다)를 선택한 학생들이 가장 많다.

意义不大(의미가 크지 않다)를 선택한 학생들의 수가 가장 적은데, **沟通能力得到了提升**을 선택한 학생 수는 **意义不大**를 선택한 학생 수보다 7배 많다. **了解到了真实的社会**(진정한 사회를 알게 됐다)를 선택한 학생은 40명이고, **解决问题的能力提高了**(문제 해결 능력이 향상됐다)를 선택한 학생은 23명이다.

학생들은 이번 사회 실습 활동에서 소통 능력이 향상됐고, 많은 유용한 기술을 배웠다는 결론을 도출할 수 있다.

'조사 주제 → 묘사·분석 내용 → 결론'의 흐름으로 그래프를 묘사하고 분석하는 글을 200자 내외로 쓴다.

<모범답안>

조사 주제 —

묘사·분석 내용 —

결론 —

　　近日，学校对"学生参加社会实践活动后的感受"进行了问卷调查。根据问卷调查可知，选择"沟通能力得到了提升"和"学到了很多实用的技术"选项的学生最多，分别有70人和67人。选择"意义不大"选项的学生最少，有10人。其中，选择"沟通能力得到了提升"选项的学生人数是"意义不大"的7倍。除此之外，排在第三位的选项是"了解到了真实的社会"，选择该选项的学生人数为40人。选择"解决问题的能力提高了"选项的学生则为23人。可见，学生们在这次社会实践活动中收获很大，尤其是沟通能力得到了提升，并且学到了很多实用的技术。

글자수: 219자

해석 p.419

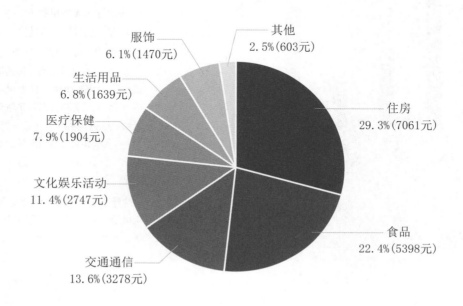

제시된 그래프를 보고 글을 쓰세요. 컴퓨터의 메모장을 활용하여 중국어로 입력하는 연습을 해보세요.

1

以下是有关2022年A国人均消费支出及构成的统计图，请对图表进行描述与分析，写一篇200字左右的文章。

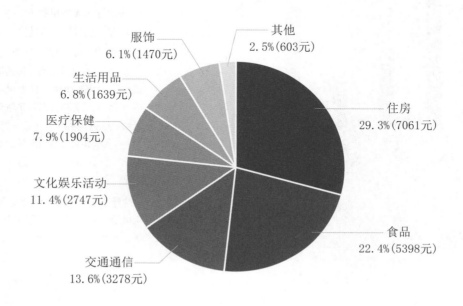

其他
2.5%(603元)

服饰
6.1%(1470元)

生活用品
6.8%(1639元)

住房
29.3%(7061元)

医疗保健
7.9%(1904元)

文化娱乐活动
11.4%(2747元)

食品
22.4%(5398元)

交通通信
13.6%(3278元)

■ 住房　　　■ 食品　　　■ 交通通信　　　■ 文化娱乐活动
■ 医疗保健　　■ 生活用品　　■ 服饰　　　□ 其他

2

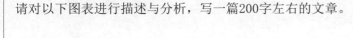

请对以下图表进行描述与分析，写一篇200字左右的文章。

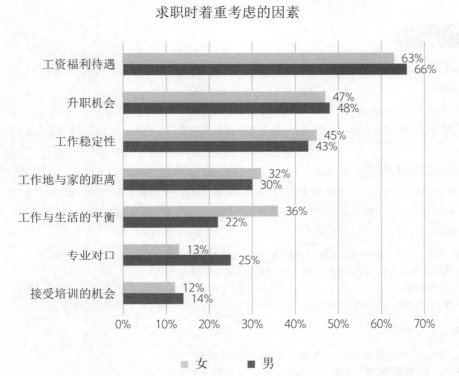

求职时着重考虑的因素

工资福利待遇　63%　66%

升职机会　47%　48%

工作稳定性　45%　43%

工作地与家的距离　32%　30%

工作与生活的平衡　36%　22%

专业对口　13%　25%

接受培训的机会　12%　14%

0%　10%　20%　30%　40%　50%　60%　70%

■ 女　■ 男

모범답안 p.419

고득점비책
02 추이를 나타내는 그래프 공략하기

'A국 출생 인구 변화', 'A국/B국 GDP 성장률 추이'와 같이 수치 변화와 전체적인 추세를 알 수 있는 그래프가 제시되며,
그래프에 제시된 수치를 토대로 추이를 묘사하고 분석할 수 있어야 한다.

문제풀이 전략

Step 1 그래프 보고 세부 내용 분석하기

• 전반적인 추세와 변화폭이 크고 작은 부분을 특징으로 잡아 분석한다.

• 수치 차이가 큰 항목은 다른 항목과 몇 배 정도 차이가 나는지를 비교하며 분석한다.

• 좋은 추세를 유지하는 방안, 나쁜 추세를 개선하는 방향과 같이 조사 결과와 관련된 제안을 결론으로 도출한다.

Step 2 분석한 내용을 바탕으로 글 쓰기

• '조사 주제 → 묘사·분석 내용 → 결론'의 흐름으로 그래프를 묘사하고 분석하는 글을 200자 내외로 쓴다.

• 추이를 나타내는 그래프를 보고 묘사·분석 내용을 쓸 때는 아래와 같은 표현을 활용할 수 있다.

1) 전반적인 추세 언급

> 从整体来看，…呈上升/下降的趋势　전체적으로 보면 ~는 상승세/하락세를 보이고 있다
>
> A以后表现出持续上升/下降的趋势　A 이후 지속적인 상승세/하락세를 보인다
>
> …的比例逐渐提高　~의 비율은 점점 높아진다
>
> …在A到B有所增加，而在C到D急速减少　~는 A에서 B까지는 다소 증가했지만, C에서 D까지는 급격하게 감소했다

2) 변화폭 설명 및 언급

> 其中，A到B的…大幅增加/减少　그중 A와 B 사이에 ~이 대폭 증가/감소했다
>
> 与A相比，B的数量变化并不明显　A와 비교했을 때 B의 수량 변화는 뚜렷하지 않다
>
> 值得关注的是，两者之间的差距越来越大/小　주목할 점은 두 항목 사이의 격차가 점점 커지고/작아지고 있다는 것이다
>
> 到了A，…急速增加/减少，比B大约增加/减少了…　A에는 ~가 급증/급감해, B보다 ~만큼 증가/감소했다

• 결론을 쓸 때는 아래와 같은 표현을 활용할 수 있다.

> 为了让A保持上升趋势，B要持续采取一系列措施，如…等
> A가 상승세를 유지하게 하기 위해 B는 ~ 등 일련의 조치를 지속적으로 취해야 한다
>
> 如果当前趋势持续下去，A将可能会继续减少，可能会出现…的问题，因此B需要采取一定的措施
> 만약 현재 추세가 지속된다면 A는 계속 감소할 것으로 보이며, ~하는 문제가 나타날 수 있으므로 B는 일정한 조치를 취할 필요가 있다

<화면에 제시되는 그래프>

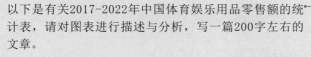

以下是有关2017-2022年中国体育娱乐用品零售额的统计表，请对图表进行描述与分析，写一篇200字左右的文章。

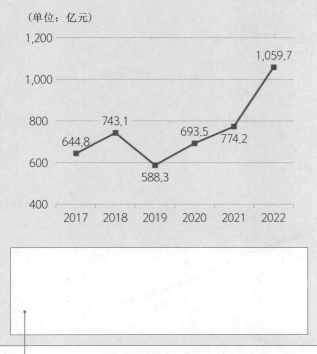

(单位：亿元)

1,200
1,059.7
1,000
800 743.1
644.8   693.5 774.2
600   588.3
400
2017 2018 2019 2020 2021 2022

Step 1 그래프 보고 세부 내용 분석하기

이 그래프는 **2017-2022年中国体育娱乐用品零售额**(2017~2022년 중국 스포츠 레저용품 소매액)와 관련된 조사 결과이다.

6년간 중국 스포츠 레저용품 소매액은 전반적으로 상승하는 추세이다.

2019년 이후 지속적인 상승세를 보이며, 2022년 소매액은 2019년 소매액의 2배 정도이다. 다른 연도의 소매액은 600억 위안에서 800억 위안 범위 내에 머무른다.

중국 스포츠 레저용품 관련 업계는 일련의 조치를 지속적으로 취해 소매액의 상승세를 유지해야 한다는 결론을 도출할 수 있다.

Step 2 분석한 내용을 바탕으로 글 쓰기

'조사 주제 → 묘사·분석 내용 → 결론'의 흐름으로 그래프를 묘사하고 분석하는 글을 200자 내외로 쓴다.

<모범답안>

조사 주제

　　以上是有关2017-2022年中国体育娱乐用品零售额的统计表。从整体来看，

묘사·분석 내용

6年间中国体育娱乐用品零售额呈上升的趋势。具体来看，零售额在2017年到2018年有所增加，而在2018年到2019年急速减少，2019年以后表现出持续上升的趋势。从数值上看，2019年的零售额减少到最低值，为588.3亿元，2022年的零售额达到了最高值，为1059.7亿元，约是最低零售额的两倍，其他年度的零售额大致上保持在600亿元和800亿元之间。为了保持当前的上升趋势，体育娱乐用

결론

品相关行业应该持续采取多方面措施，如推出新品、开展宣传活动等。

글자수: 242자

해석 p.421

제시된 그래프를 보고 글을 쓰세요. 컴퓨터의 메모장을 활용하여 중국어로 입력하는 연습을 해보세요.

ㅣ

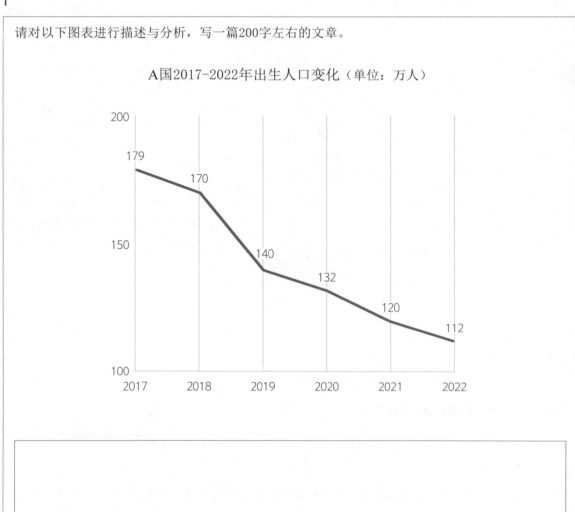

请对以下图表进行描述与分析，写一篇200字左右的文章。

A国2017-2022年出生人口变化（单位：万人）

2

以下是有关B省公共交通客运总量的统计图，请对图表进行描述与分析，写一篇200字左右的文章。

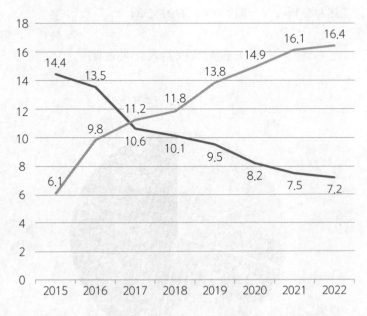

■ 公共汽车客运总量（亿人次）　　　■ 轨道交通客运总量（亿人次）

모범답안 p.421

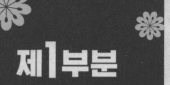

제시된 그래프를 보고 글을 쓰세요. 컴퓨터의 메모장을 활용하여 중국어로 입력하는 연습을 해보세요.

[테스트 1]

请对以下图表进行描述与分析，写一篇200字左右的文章。

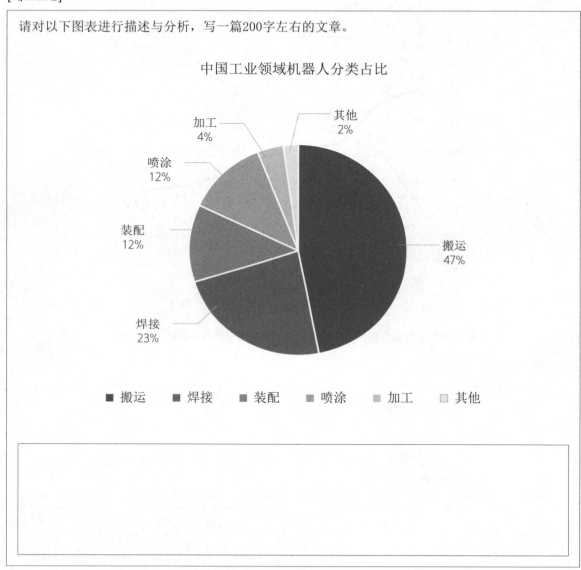

中国工业领域机器人分类占比

[테스트 2]

以下是有关A国和B国GDP增长率的统计图，请对图表进行描述与分析，写一篇200字左右的文章。

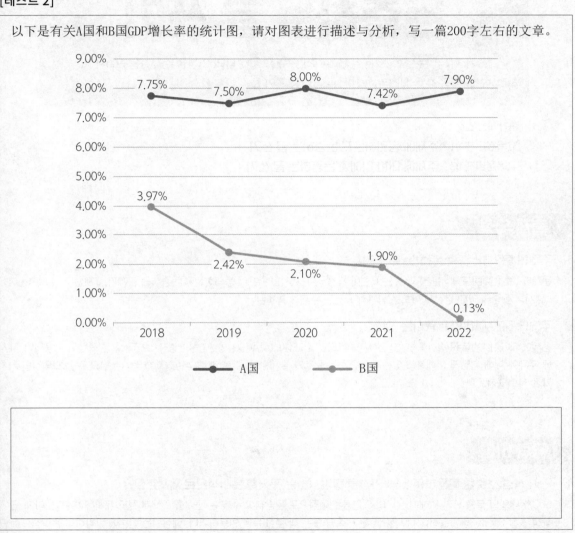

모범답안 p.423

제2부분

논증하는 글 쓰기

쓰기 제2부분은 제시되는 주제에 대해 근거를 들어 나의 의견을 주장하는 600자 내외의 글을 쓰는 형태로, 89번 1문제가 출제된다.

근거 작성 스킬
고득점비책 01   주제에 동의하는지 논증하는 글 쓰기
고득점비책 02   주제에 대한 이해를 논증하는 글 쓰기

출제 유형

1. **주제에 동의하는지 논증하는 글 쓰기**
   문제에 '**赞不赞同**(동의하는가)'과 같은 표현이 사용되어, 제시된 주제에 동의하는지 논증하는 문제가 출제된다. 주로 <논어>, <맹자> 등 중국 고대 경전에 나오는 명언과 관련된 주제가 출제된다.

2. **주제에 대한 이해를 논증하는 글 쓰기**
   문제에 '**谈谈你的认识**(당신의 인식을 논하시오)' 또는 '**论证你的观点**(당신의 관점을 논증하시오)'과 같은 표현이 사용되어, 제시된 주제에 대해 어떻게 이해하고 있는지 논증하는 문제가 출제된다. 주로 **谦虚**(겸손), **勤奋**(부지런함)과 같은 도덕적인 가치가 주제로 출제된다.

공략 비법

1. **근거 작성 스킬을 활용하여 나의 의견을 뒷받침하는 근거를 논리적으로 제시한다.**
   600자 내외의 글을 쓰기 위해서는 나의 의견을 논리적으로 뒷받침할 수 있는 근거를 2~3개 정도 제시해야 한다. 이때 '근거 작성 스킬(p.150)'을 활용하여 예시를 들거나, 속담 또는 책 구절 등을 인용하거나, 예상되는 반론에 반박하며 논리적으로 근거를 작성한다.

2. **주제에서 벗어난 내용을 쓰지 않도록 유의한다.**
   논증하는 글을 쓸 때 제시된 주제에서 벗어나지 않는 내용을 쓰는 것이 특히 중요하다. 또한, 문제에서 제시된 명언 및 도덕적 가치에 대한 설명을 최대한 답안에 활용하면 주제에 더 부합하는 글을 쓸 수 있다.

Step 1 문제 읽고 아웃라인 작성하기

제시된 문제를 읽고, 답안 작성칸에 '서론→본론→결론'의 흐름으로 아웃라인을 작성한다. 제시된 문제는 주제에 동의하는지를 묻는 문제이므로, 서론으로 동의 여부 및 주제를, 본론으로 근거 2~3개를, 결론으로 나의 의견 및 근거를 간략하게 재언급하며 마무리한다.

<화면에 제시되는 문제>

89. "生于忧患，死于安乐"出自《孟子•告子下》，意思是"困苦的处境可以使人发奋而得以生存，安逸的生活可以使人懈怠而消亡"。你赞不赞同"生于忧患，死于安乐"？请写一篇600字左右的文章，论证你的观点。

서론 동의 여부 및 주제	赞同 동의함 "生"与"死"代表成长与发展，堕落与失败 '살아남는 것'과 '죽게 되는 것'은 성장과 발전, 타락과 실패를 나타냄 若没有忧患，人最终会被社会淘汰 우환이 없다면 사람은 결국 사회에서 도태될 것임
본론 근거 1~3	桉树被淘汰的例子 유칼립투스가 도태된 예시 有些人认为这句话具有很大的片面性 어떤 사람은 이 말이 너무 단편적이라고 생각함 俗话说得好，"不经历风雨，怎能见彩虹" 속담에서 말하길, '비바람을 겪지 않고서, 어찌 무지개를 볼 수 있겠는가'라고 함
결론 의견 및 근거 재언급	应该在忧患中不断成长和发展，而不应该让自己在安逸的环境中逐渐消亡 우환 속에서 끊임없이 성장하고 발전해야 하고, 안락한 환경에서 점차적으로 자신을 죽음에 이르게 해서는 안 됨

Step 2 구상한 내용을 바탕으로 글 쓰기

구상한 내용을 바탕으로 논증하는 글을 600자 내외로 쓴다. 문제에서 제시된 명언에 대한 설명을 답안에 최대한 활용하고, 주제에서 벗어난 내용을 쓰지 않도록 유의한다.

<모범답안>

서론 동의 여부 및 주제	我赞同"生于忧患，死于安乐"这个观点。 　"生于忧患，死于安乐"一直被人们视为警世格言。这句耳熟能详的名言适用于两千多年前的战国时期，也同样适用于竞争激烈的现代社会。这句话中包含了深刻的人生哲理。 　其中，"生"与"死"不仅仅是实质意义上的生存或消亡，更是代表了一个人的成长与发展，堕落与失败。当人处于忧患中时，会感到一种压力，这种压力可以激励人的斗志，磨练人的品格。反之，若没有忧患而只有安乐，一味地安于现状、不思进取，人最终会被社会淘汰。
본론 근거 1~3	举个例子，澳大利亚的桉树本是栋梁之材，但是由于那里没有桉树的天敌，生长环境过于安逸，桉树飞速生长，严重影响了生态环境，最终被淘汰。桉树的命运引人深思，人类的发展与桉树也有相似之处。人们往往憧憬安逸的生活，但只有经历过苦难的人才能坦然面对一切，才有望成为栋梁之材。 　然而有些人认为，"生于忧患，死于安乐"具有很大的片面性。在他们看来，如果一个人有理想、有奋斗精神，那么他自然能在忧患中生存。同样，这种人即使处在安逸的环境中，也不会安于现状、不思进取，更不会走向消亡。然而还有一种人，他们遇到困难时，索性破罐子破摔，消极沉沦，这种人更不可能会在忧患中求生。 　这些想法也有一定的道理，但我认为，"生于忧患，死于安乐"是古人在经验中吸取的教训，是古人为我们留下的宝贵的精神财富，富有一定的哲理性。俗话说得好，"不经历风雨，怎能见彩虹"，只有在忧患面前不畏缩、不气馁、不低头，人们才会得到成长和发展，活出全新的自己。
결론 의견 및 근거 재언급	总而言之，我赞同"生于忧患，死于安乐"这个观点。人们应该保持忧患意识，并勇敢地面对生活中遇到的各种困难，在忧患中不断成长和发展，而不应该让自己在安逸的环境中逐渐消亡。

글자수: 615자

해석 p.425

쓰기

제2부분 해커스 HSK 7-9급 한 권으로 마스터

근거 작성 스킬

600자 내외의 글을 논리적으로 작성할 수 있도록 나의 의견을 뒷받침해주는 근거 작성 스킬 세 가지를 익혀두도록 한다.

"光而不耀，静水流深"出自《老子》，意思是"虽然有光亮，但不耀眼，表面平静的水，其实底下很深"，用来比喻表面不声不响却蕴藏着大智慧的人，告诫后人在顺境时不要过度炫耀自己，应该保持一颗平常心低调做人。你赞不赞同"光而不耀，静水深流"？

'빛나되 번쩍거리지 않고, 고요한 물은 깊게 흐른다'는 <노자>에 나온 말로, '빛은 있지만 눈부시지 않고, 겉으로 잔잔한 물은 사실 아래가 깊다'라는 뜻이다. 겉으로는 잠자코 있으면서도 큰 지혜를 품고 있는 사람을 비유한 것으로, 후대 사람들에게 순탄한 상황에서 자신을 과도하게 과시하지 말고, 평정심을 가지며 겸손한 사람이 되라는 것을 일깨워준다. 당신은 '빛나되 번쩍거리지 않고, 고요한 물은 깊게 흐른다'에 동의하는가?

→ 위 문제를 읽고 我赞同"光而不耀，静水流深"这句话。(나는 '빛나되 번쩍거리지 않고, 고요한 물은 깊게 흐른다'라는 말에 동의한다.)가 나의 의견이라고 할 때, 나의 의견을 뒷받침해줄 수 있는 근거를 아래 세 가지 스킬을 활용해서 작성해보자.

어휘 **出自** chūzì 통 ~로부터 나오다 **耀眼** yàoyǎn 휑 (광선이나 색채가 강렬하여) 눈부시다 **比喻** bǐyù 통 비유하다 **蕴藏** yùncáng 통 품다, 간직해 두다 **告诫** gàojiè 통 일깨우다, 훈계하다 **过度** guòdù 휑 과도하다 **炫耀** xuànyào 통 과시하다, 자랑하다 **平常心** píngchángxīn 명 평정심 **低调** dīdiào 휑 겸손하다 **赞同** zàntóng 통 동의하다

스킬 01 예시를 들며 근거 작성하기

나의 경험이나 일화, 알고 있는 사실 등을 예시로 들며 근거를 작성한다. 아래 내용은 '권위 있는 의사인 할아버지가 겸손한 태도로 인해 다른 사람들의 존경을 받는 것'을 예시로 들어 근거를 작성한 것이다.

나의 의견

我赞同"光而不耀，静水流深"这句话。以我的爷爷为例，他一生致力于医学的研究，是医院里有权威的医生。他曾经得过医院的最高荣誉奖，但从不炫耀自己的成就。他如此低调，我们都很尊敬他，把他视为做人的典范。由此可见，低调的人能获得别人的欣赏。

나는 '빛나되 번쩍거리지 않고, 고요한 물은 깊게 흐른다'라는 이 말에 동의한다. 나의 할아버지를 예로 들어보자면, 할아버지는 일평생 의학 연구에 매진하셨고, 병원에서 권위 있는 의사이시다. 할아버지는 병원의 최고 영예상을 받으신 적이 있지만, 여태껏 자신의 성과를 자랑하신 적이 없다. 할아버지는 이처럼 겸손하시고, 우리는 모두 할아버지를 존경하며, 할아버지를 사람됨의 본보기로 삼는다. 이를 통해 알 수 있듯이, 겸손한 사람은 다른 사람에게 높게 평가받을 수 있다.

어휘 **致力于** zhìlì yú 통 매진하다, 힘쓰다 **权威** quánwēi 휑 권위가 있는 **荣誉** róngyù 명 영예, 명예 **炫耀** xuànyào 통 자랑하다, 과시하다 **典范** diǎnfàn 명 본보기, 모범

• 활용 표현

举个例子 예를 들어	**以⋯为例** ~을 예로 들어보자면
打个比方 예를 들면 ~이다	**正如⋯** 마치 ~한 것처럼
拿⋯来说 ~에 대해 말해보자면	**例如** 예컨대

스킬 02 속담, 책 구절 등을 인용하며 근거 작성하기

속담, 책 구절, 명언 등을 인용하며 근거를 작성한다. 아래 내용은 '低调做人，你会一次比一次稳健。(겸손한 사람이 되면, 당신은 점점 더 단단해질 것이다.)'이라는 책 구절을 인용하여 근거를 작성한 것이다.

> 我赞同"光而不耀，静水流深"这句话。一本书上这样写道："低调做人，你会一次比一次稳健。"这告诉我们，凡事都低调的话，可以让人更踏实。如果能保持平常心，不浮躁，可以更好地走向成功。
>
> 나는 '빛나되 번쩍거리지 않고, 고요한 물은 깊게 흐른다'라는 이 말에 동의한다. 한 책에서 '겸손한 사람이 되면, 당신은 점점 더 단단해질 것이다.'라고 했다. 이는 우리에게 매사에 겸손하면 사람이 더 건실해질 수 있다는 것을 알려준다. 만약 평정심을 유지할 수 있고, 경솔하지 않으면, 성공을 향해 더 잘 나아갈 수 있다.

어휘   稳健 wěnjiàn 圈 단단하다, 안정되고 힘이 있다   凡事 fánshì 圈 매사, 만사   低调 dīdiào 圈 겸손하다   踏实 tāshi 圈 건실하다, 착실하다
　　　平常心 píngchángxīn 圈 평정심   浮躁 fúzào 圈 경솔하다

• **활용 표현**

> 俗话说得好，… 속담에서 말하길, ~
>
> 人们常说… 사람들은 흔히 ~라고 말한다
>
> 某位名人曾说过："…" 어떤 한 유명인은 '~'라고 말했다
>
> 一本书上这样写道："…" 한 책에서는 '~'라고 했다
>
> 有志者事竟成 하려고 하면 못 해낼 일이 없다
>
> 细节决定成败 사소한 것이 성공과 실패를 결정한다
>
> 人人皆可为师 누구나 스승이 될 수 있다
>
> 一分耕耘，一分收获 노력한 만큼 성과를 얻는다
>
> 不怕慢，只怕站 느린 것을 두려워하지 말고, 멈추는 것을 두려워하라

스킬 03 예상되는 반론을 반박하며 근거 작성하기

나의 의견에 대해 예상되는 반론을 제기하고, 이를 반박하면서 근거를 작성한다. 아래 내용은 '겸손하면 장점이 다른 사람에게 발견되기 어렵다'라는 반론을 제기하고 이를 반박하며 근거를 작성한 것이다.

> 我赞同"光而不耀，静水流深"这句话。有些人认为低调做事，自己的优点难以被发现。但其实不然，虽然低调的人是深藏不露，但遇到可以发挥能力的机会时，就会一鸣惊人，展示出自己的才能，这反而会让人对他刮目相看。
>
> 나는 '빛나되 번쩍거리지 않고, 고요한 물은 깊게 흐른다'라는 이 말에 동의한다. 어떤 사람들은 겸손하게 일을 하면 자신의 장점이 발견되기 어렵다고 생각한다. 하지만 사실은 그렇지 않다. 비록 겸손한 사람들이 능력을 겉으로 드러내지 않더라도, 능력을 발휘할 수 있는 기회가 오면 사람들을 놀라게 하며 자신의 재능을 보여줄 것이고, 이는 오히려 사람들이 그를 새로운 시각으로 바라보게 만들 것이다.

어휘 **深藏不露** shēn cáng bú lù 능력을 겉으로 드러내지 않다 **一鸣惊人** yìmíngjīngrén [성] (뜻밖에) 사람을 놀라게 하다 **展示** zhǎnshì [동] 보여주다, 드러내다 **刮目相看** guāmùxiāngkàn [성] 새로운 시각으로 바라보다, 눈을 비비고 다시 보다

• **활용 표현**

有些人认为…。但其实不然 어떤 사람들은 ~라고 생각한다. 하지만 사실은 그렇지 않다

有些人认为…，但我认为… 어떤 사람들은 ~라고 생각하지만, 나는 ~라고 생각한다

就算…，也不能否定… 설령 ~라고 할지라도, ~라는 것을 부정할 수 없다

有些人认为…。虽然从某种程度上说这是对的，但我认为…
어떤 사람들은 ~라고 생각한다. 비록 어느 정도는 맞지만 나는 ~라고 생각한다

有些人认为…。这些想法也有一定的道理，但我认为…
어떤 사람들은 ~라고 생각한다. 이러한 생각도 어느 정도 일리가 있지만, 나는 ~라고 생각한다

아래 문제에 대해 '信用很重要，我们应该要讲信用。(신용은 중요하며, 우리는 신용을 중시해야 한다.)'이라는 의견을 제시했다고 가정하고, 이를 뒷받침하는 근거를 앞서 배운 세 가지 스킬인 예시, 인용, 반박을 활용하여 작성해 보세요.

> 有位名人曾经说过：“信用就像一面镜子，只要有了裂缝，就不能像原来那样连成一片”。请谈谈你对信用的认识并论证你的观点。
>
> 어떤 유명인은 '신용은 거울과 같아서 균열이 생기면 원래의 모습처럼 하나가 될 수 없다'라고 말했다. 신용에 대한 당신의 인식을 논하고, 당신의 관점을 논증하시오.

[1] 예시를 들며 근거 작성하기

信用很重要，我们应该要讲信用。🖊 _____

_____

_____

_____

[2] 속담, 책 구절 등을 인용하며 근거 작성하기

信用很重要，我们应该要讲信用。🖊 _____

_____

_____

_____

[3] 예상되는 반론을 반박하며 근거 작성하기

信用很重要，我们应该要讲信用。🖊 _____

_____

_____

_____

모범답안 p.425

고득점비책 01 주제에 동의하는지 논증하는 글 쓰기

문제에 '赞不赞同(동의하는가)'과 같은 표현이 사용되어, 제시된 주제에 동의하는지 논증하는 글을 써야 한다.

예상 주제

1. 人无远虑，必有近忧(사람이 멀리 내다보지 않으면, 반드시 코앞에 근심이 생긴다)에 동의하는지
2. 三人行，必有我师(세 사람이 같이 길을 가면, 반드시 나의 스승이 있다)에 동의하는지
3. 如果你希望现在与过去不同，请研究过去(만약 현재가 과거와 다르기를 바란다면 과거를 연구하라)에 동의하는지

문제풀이 전략

(Step 1) 문제 읽고 아웃라인 작성하기

· 제시된 문제를 읽고, 답안 작성칸에 '서론→본론→결론'의 흐름으로 아웃라인을 작성한다.

서론 동의 여부 및 주제	▶	본론 근거 2~3개	▶	결론 의견 및 근거 재언급

▶ 주제에 동의하는지 논증하는 글은, 서론으로 동의하는지 아닌지와 주제를 작성한 후, 본론으로 제시된 주제의 의미를 나의 말로 쉽게 풀어 설명하고, 근거를 2~3개 정도 제시한다. 결론으로 나의 의견 및 근거를 간략하게 재언급하며 마무리한다.

(Step 2) 구상한 내용을 바탕으로 글 쓰기

구상한 내용을 바탕으로 논증하는 글을 600자 내외로 쓴다. 문제에서 제시된 명언에 대한 설명을 답안에 최대한 활용하고, 주제에서 벗어난 내용을 쓰지 않도록 유의한다.

전략 적용

Step 1 문제 읽고 아웃라인 작성하기

'서론→본론→결론'의 흐름으로 아웃라인을 작성한다. 근거 작성 스킬(p.150)을 활용하면, 나의 의견을 더욱 논리적으로 제시할 수 있다.

<화면에 제시되는 문제>

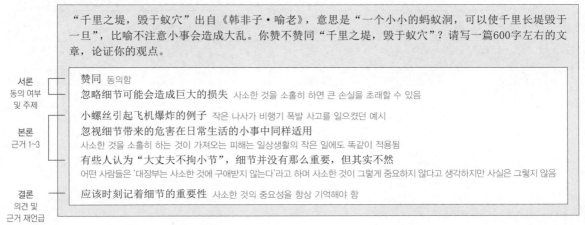

"千里之堤，毁于蚁穴"出自《韩非子·喻老》，意思是"一个小小的蚂蚁洞，可以使千里长堤毁于一旦"，比喻不注意小事会造成大乱。你赞不赞同"千里之堤，毁于蚁穴"？请写一篇600字左右的文章，论证你的观点。

서론 동의 여부 및 주제	赞同 동의함 忽略细节可能会造成巨大的损失 사소한 것을 소홀히 하면 큰 손실을 초래할 수 있음
본론 근거 1~3	小螺丝引起飞机爆炸的例子 작은 나사가 비행기 폭발 사고를 일으켰던 예시 忽视细节带来的危害在日常生活的小事中同样适用 사소한 것을 소홀히 하는 것이 가져오는 피해는 일상생활의 작은 일에도 똑같이 적용됨 有些人认为"大丈夫不拘小节"，细节并没有那么重要，但其实不然 어떤 사람들은 '대장부는 사소한 것에 구애받지 않는다'라고 하며 사소한 것이 그렇게 중요하지 않다고 생각하지만 사실은 그렇지 않음
결론 의견 및 근거 재언급	应该时刻记着细节的重要性 사소한 것의 중요성을 항상 기억해야 함

千里之堤，毁于蚁穴에 동의함을 논증하는 글을 600자 내외로 쓴다. 문제에서 제시된 千里之堤，毁于蚁穴에 대한 설명을 답안에 최대한 활용하고, 주제에서 벗어난 내용을 쓰지 않도록 유의한다.

<모범답안>

서론
동의 여부 및
주제

我赞同"千里之堤，毁于蚁穴"这句话。

"千里之堤，毁于蚁穴"一直被人们视为名言警句。这句家喻户晓的名言意思是千里长的堤坝会因蚁穴而倒塌。看似微小的蚂蚁，也能一点点地挖空看似坚实的长堤大坝。由此可以看出，注重细节很重要，忽略细节可能会造成巨大的损失。

본론
근거 1~3

举个例子，这是一个真实事件。一架飞机从机场起飞后，突然发生了剧烈爆炸，机上人员无一生还。航空公司把机身残骸检查了一遍，发现事竟是由一颗小螺丝引起的。在飞行途中，这架飞机发动机内的一颗螺丝因老化而折断，引起设备故障，从而产生火花，使飞机发生爆炸。一颗螺丝只是一个很小的东西，但就是因为忽略这个小细节，导致了灾难的发生。

"千里之堤，毁于蚁穴"中所说的忽视细节带来的危害不仅体现在大事上，在我们日常生活的小事中同样适用。以我为例，我以前有丢三落四的习惯，其实这也是一个不注重细节的表现。有一次我因为丢失了准考证而错过了重要的考试，自那次起，我知道了重视细节的必要性。

人们常说"细节决定成败"，细节看起来很小，所以人们会很容易就忽视它，最终导致失败。说事情的成败取决于细节也不为过。有些人认为"大丈夫不拘小节"，细节并没有那么重要，但其实不然，每次成功都是由无数个细节组成的，忽视细节，错误就会积小成多，到最后就只能以失败而告终。相反，认识到细节的重要性，做好每一步，细节就会发挥它的力量，助你走向成功。

결론
의견 및
근거 재언급

总而言之，我赞同"千里之堤，毁于蚁穴"这句话。人们应该时刻记着细节的重要性，抓住每个细节并把它处理好才不会酿成大祸。若总是忽略细节，纵容自己犯错误的话，就像堤坝因蚁穴而倒塌一样，最终会造成不可挽回的后果。

글자수: 602자

해석 p.426

실전연습문제

문제를 읽고 논증하는 글을 600자 내외로 작성하세요. 컴퓨터의 메모장을 활용하여 중국어로 입력하는 연습을 해보세요.

"人无远虑，必有近忧"出自《论语·卫灵公》，意思是"人做事不作长远的考虑和打算，马上就会有忧患"。你赞不赞同"人无远虑，必有近忧"？请写一篇600字左右的文章，论证你的观点。

모범답안 p.427

문제에 '谈谈你的认识(당신의 인식을 논하시오)' 또는 '论证你的观点(당신의 관점을 논증하시오)'과 같은 표현이 사용되어, 제시된 주제에 대해 어떻게 이해하고 있는지 논증하는 글을 써야 한다.

예상 주제

1. 自信(자신감)에 대한 이해
2. 谦虚(겸손)에 대한 이해
3. 近朱者赤, 近墨者黑(근주자적, 근묵자흑)에 대한 이해

문제풀이 전략

Step 1 문제 읽고 글의 아웃라인 작성하기

• 제시된 문제를 읽고, 답안 작성칸에 '서론→본론→결론'의 흐름으로 아웃라인을 작성한다.

서론 주제	▶	본론 의견 및 근거 1~3개, 실천 방법	▶	결론 의견 및 근거 재언급

▶ 주제에 대한 이해를 논증하는 글은, 서론으로 주제를 언급하고, 본론으로 의견 및 근거 1~3개와 실천 방법을 작성한 후, 결론으로 나의 의견 및 근거를 간략하게 재언급하며 마무리한다.

Step 2 구상한 내용을 바탕으로 글 쓰기

구상한 내용을 바탕으로 논증하는 글을 600자 내외로 쓴다. 문제에서 제시된 도덕적 가치에 대한 설명을 답안에 최대한 활용하고, 주제에서 벗어난 내용을 쓰지 않도록 유의한다.

전략 적용

Step 1 문제 읽고 아웃라인 작성하기

'서론→본론→결론'의 흐름으로 아웃라인을 작성한다. 근거 작성 스킬(p.150)을 활용하면, 나의 의견을 더욱 논리적으로 제시할 수 있다.

<화면에 제시되는 문제>

> 著名数学家华罗庚曾说过：“聪明在于勤奋，天才在于积累。”请写一篇600字左右的文章，谈谈你对勤奋的认识并论证你的观点。

서론
주제

勤奋是认真努力地做事，不怕困难和辛苦 부지런함은 열심히 노력하며 일하고, 어려움과 고생을 두려워하지 않는 것임
俗话说得好，“一分耕耘，一分收获” 속담에서 말하길, '노력한 만큼 성과를 얻는다'라고 함

본론
의견 및
근거 1~2,
실천 방법

爱迪生的例子 에디슨의 예시
没有付出后天的努力，那么可能很难获得成功 후천적인 노력을 기울이지 않는다면 성공을 얻기 어려움
给自己定下目标 스스로에게 목표 세우기
改变自己的心态 자신의 마음가짐을 바꾸기
时常与勤奋的人交往 부지런한 사람들과 자주 교류하기

결론
의견 및
근거 재언급

勤奋是一个值得学习的优良品德 부지런함은 배울 가치가 있는 훌륭한 성품임

勤奋에 대한 이해를 논증하는 글을 600자 내외로 쓴다. 문제에서 제시된 **聪明在于勤奋，天才在于积累**를 답안에 최대한 활용하고, 주제에서 벗어난 내용을 쓰지 않도록 유의한다.

<모범답안>

서론 주제	勤奋自古以来一直是一个优良的品德，简单来说，勤奋指的就是认真努力地做事，并且不怕困难和辛苦。 　　勤奋能够改变人的习惯，并且能让人进步。勤奋犹如一粒粒种子，付出得越多，收获也就越多。因此如果想获得成功，就要播下名为勤奋的种子。俗话说得好，"一分耕耘，一分收获"，成功的背后有无数的汗水，在时间的积累下，这些汗水就会转变为成功。在为目标努力的过程中，其实可以收获或多或少的经验，所以若想有所收获，就必须勤奋地耕耘。
본론 의견 및 근거 1~2, 실천 방법	以著名发明家爱迪生为例，他在漫长的一生中发明了无数的东西，对世界做出了极大的贡献。他创造出的许多发明现在依旧在我们的生活中扮演着重要的角色，然而，他的这些成就也不是那么轻易就能得到的。在他获得各种成就之前，他付出了许多辛勤的努力。或许有些人认为，爱迪生也许是一名天才，所以他才能创造出如此多的成就，但其实不然，即便是天才，如果只是坐享其成，没有付出后天的努力，那么依旧可能很难获得成功，这也验证了"聪明在于勤奋，天才在于积累。"这句话。 　　勤奋是一个可贵的品德，它可以使人在逆境中成长，并提高个人能力，体现出更多的人生价值。如果想做一个勤奋的人，就要做到以下几点。首先，给自己定下目标。当一个人有了目标，也就有了奋斗的方向，便会为了实现目标做出努力；其次，改变自己的心态。心态很重要，它能够决定我们是勤奋还是懒惰；最后，可以时常与勤奋的人交往。一个拥有好习惯和好品德的朋友，能够成为我们生活中最好的榜样。
결론 의견 및 근거 재언급	总之，我认为勤奋是一个值得学习的优良品德。一个人可能天资并不聪慧，但他能通过勤奋为自己开辟出新的道路，反之，一个天资聪颖的人若不付出丝毫的努力，那么他也很难获得成功。

글자수: 616자

해석 p.428

실전연습문제

문제를 읽고 논증하는 글을 600자 내외로 작성하세요. 컴퓨터의 메모장을 활용하여 중국어로 입력하는 연습을 해보세요.

> "满招损，谦受益"出自《尚书·大禹谟》，意思是"自满招致损失，谦虚得到益处"，请写一篇600字左右的文章，谈谈你对谦虚的认识并论证你的观点。

모범답안 p.429

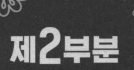
문제를 읽고 논증하는 글을 600자 내외로 작성하세요. 컴퓨터의 메모장을 활용하여 중국어로 입력하는 연습을 해보세요.

[테스트 1]

"日计不足，岁计有余"出自《庄子•庚桑楚》，意思是"每天算下来没有多少，一年算下来就很多"，比喻积少成多，凡事只要持之以恒，就能有很大收获。请写一篇600字左右的文章，谈谈你对积累的认识并论证你的观点。

有位名人曾说过："人要有毅力，否则将一事无成"，你赞不赞同这句话？请写一篇600字左右的文章，论证你的观点。

모범답안 p.430

무료 MP3 및 학습자료 제공

china.Hackers.com

통번역

제1부분

한국어 자료 읽고
번역하기

제2부분

한국어 자료 읽고
통역하기

통번역 제1부분과 제2부분은 제시된 한국어 자료를 중국어로 번역하거나 통역하는 문제로 출제된다. 주어진 시간 내에 한국어 자료가 전달하고자 하는 메시지를 그대로 전달하고, 중국인의 언어 습관에 가까운 수준 높은 중국어로 자연스럽게 통번역할 수 있도록 스킬을 익혀둔다.

스킬 01 중국어 술어의 위치에 유의하며 통번역하기

1 한국어 <u>정부는</u> <u>새로운 교통 법규를</u> <u>공포했다.</u>
　　　　　　주어　　　　목적어　　　　　술어

　　중국어 <u>政府</u> <u>颁布</u> <u>了</u> <u>新的交通法规</u>。
　　　　　　주어　　술어　　了　　　　목적어

2 한국어 <u>과도하게 자신을 나무라는 것은</u> <u>개인의 성장을</u> <u>방해한다.</u>
　　　　　　　　　　　주어　　　　　　　　　목적어　　　술어

　　중국어 <u>过于批评自己</u> <u>妨碍</u> <u>个人的成长</u>。
　　　　　　　　주어　　　　　술어　　　목적어

➔ 한국어 문장은 '주어+목적어+술어'의 순서로 술어가 목적어 뒤에 있지만, 중국어는 '주어+술어+목적어'의 순서로 주어 뒤에 술어가 위치한다. 따라서 중국어의 술어에 해당하는 한국어 표현을 찾아 주어 뒤로 가져와서 통번역한다.

확인학습
아래 주어진 문장을 중국어로 통역해보세요. 그다음 중국어로 번역해보세요.

[1] 문자의 출현은 인류가 문명 시대에 들어섰음을 상징한다.

　✎ _____

[2] 수차례의 실험을 통해, 연구원들은 인체 노화를 가속시키는 요인을 발견했다.

　✎ _____

[3] 오랫동안 이어진 협력 관계를 변화시키는 것은 모두에게 있어 완전히 새로운 도전이다.

　✎ _____

모범답안 p.434

1 한국어   바이러스 제거 소프트웨어는 이미 다 설치되었다.

  중국어   杀毒软件　 已经　 安装好了。(결과보어)

2 한국어   국가박물관은 다양한 문화재를 비교적 온전하게 보존하고 있다.

  중국어   国家博物馆　 将各种文物　 保存得较为完好。(정도보어)

3 한국어   여러 나라에서 기증한 구호물품이 모두 항구를 통해 수송되어 들어왔다.

  중국어   许多国家捐赠的救灾物资　 都通过港口　 运了进来。(방향보어)

→ 한국어 문장에 동작의 결과, 정도, 방향을 나타내는 내용이 있으면 보어를 활용하여 통번역한다.

• 자주 활용할 수 있는 표현

결과보어	다 처리하다 处理完	물체를 움켜쥐다 握住物体
	가루로 갈다 磨成粉末	이천여 년 전으로 거슬러 올라가다 追溯到两千多年前
정도보어	매우 가지런하게 배치하다 排列得非常整齐	초조해서 편히 잘 수 없다 焦急得无法安睡
	더 오래 보존하다 保存得更长久	점점 더 무성하게 자라다 生长得越来越茂盛
방향보어	양성해내다 培养出	번식하기 시작하다 繁殖起来
	수용하다 容纳进来	악화되다 恶化下去

확인학습   아래 주어진 문장을 중국어로 통역해보세요. 그다음 중국어로 번역해보세요.

[1] 이 대학은 수많은 엘리트 인재를 양성해냈다.

✎ _____

[2] 책상에는 낮에 다 처리하지 못한 중요 문건이 한 무더기 쌓여 있다.

✎ _____

[3] 공장 내부의 각종 설비는 매우 가지런히 배치되어 있는데, 이는 노동자들이 조작하기에 편리하다.

✎ _____

모범답안 p.434

1 한국어 이런 투자 방식은 투자 위험을 최저로 낮출 수 있다.

 중국어 这种投资方式可以把投资风险降到最低。

2 한국어 학생의 인성 교육을 최우선으로 두는 학교야말로 진정한 좋은 학교이다.

 중국어 把学生的素质教育放在第一位的学校才是真正的好学校。

→ 한국어 문장이 어떤 대상에 대한 구체적인 행위와 처리 결과를 드러내는 내용의 문장일 때 把字문을 활용하여 통번역할 수 있다. 把字문의 형태는
 '(주어+)把+행위의 대상+술어+기타성분'이다.

• **자주 활용할 수 있는 표현**

품질을 관건으로 보다 **把质量看作关键**	영상을 인터넷에 업로드하다 **把视频上传到网上**
바닷물을 담수로 바꾸다 **把海水转化为淡水**	지식을 전수해 나가다 **把知识传授出去**
사회적 편익을 최우선으로 하다 **把社会效益放在首位**	도안을 방직물에 수놓다 **把图案绣在纺织品上**
시간을 30분 이내로 제한하다 **把时间控制在30分钟以内**	전통과 현대를 함께 결합하다 **把传统和现代结合在一起**
우주비행사를 안전하게 우주로 보내다 **把航天员安全地送上太空**	오래된 민족 문화를 후대에 계승하다 **把古老的民族文化传给后人**

확인학습 아래 주어진 문장을 중국어로 통역해보세요. 그다음 중국어로 번역해보세요.

 (1) 이 환경 과학자가 연구 개발한 장치는 바닷물을 담수로 바꿀 수 있다.

 ✎ _____

 (2) 오늘날 우주선은 우주비행사를 안전하게 우주로 보낼 수 있다.

 ✎ _____

 (3) 이런 종류의 소형 드론을 사용할 때, 시간을 30분 이내로 제한해주세요.

 ✎ _____

 모범답안 p.434

1   한국어   홍수의 영향을 받아, 연해 지역의 집은 대량의 바닷물에 잠길 것이다.

     중국어   受到洪水的影响，沿海地区的房屋可能会被大量海水淹没。

2   한국어   넓은 면적의 삼림이 인간에 의해 심각하게 훼손되어, 야생동물의 서식지가 대폭 줄어들었다.

     중국어   大面积的森林被人类严重破坏，野生动物的栖息地大幅减少。

→ 한국어 문장이 어떤 대상이 구체적인 행위를 당하는 내용의 문장일 때 被자문을 활용하여 통번역할 수 있다. 被자문의 형태는 '주어+被(+행위의 주체)+술어(+기타성분)'이다.

• 자주 활용할 수 있는 표현

중국으로 유입되다 **被引入中国**	기관으로부터 인정받다 **被机关认可**
폭넓게 받아들여지다 **被广泛接纳**	해양으로 방류되다 **被排放到海洋中**
보호 범위에 포함되다 **被纳入保护范畴**	질병을 치료하는 데 사용되다 **被用来治病**
전면적으로 사용이 금지되다 **被全面禁止使用**	큰 불에 모조리 타버리다 **被大火烧得一干二净**
정식 경기 종목으로 채택되다 **被列为正式比赛项目**	고급 가구를 만드는 데 사용되다 **被用来制作高档家具**

확인학습 아래 주어진 문장을 중국어로 통역해보세요. 그다음 중국어로 번역해보세요.

[1] 1992년 올림픽에서 배드민턴은 정식 경기 종목으로 채택되었다.

   ✎ _____

[2] 해당 약품은 부작용이 커서, 전면적으로 사용이 금지되었다.

   ✎ _____

[3] 매끄럽고 단단한 목재는 고급 가구를 만드는 데 자주 사용된다.

   ✎ _____

모범답안 p.434

1 한국어   직원을 성장시키기 위해, 회사는 많은 직무 능력 훈련 과정을 개설했다.

  중국어   为了让员工成长，公司开设了很多职业技能培训课程。

2 한국어   여행은 사람의 시야를 넓힐 수 있고, 사람이 더 많은 지혜를 얻게 할 수도 있다.

  중국어   旅行能开阔人的视野，还能使人获得更多智慧。

→ 한국어 문장이 '~이 (~을) 시키다, ~하게 하다'와 같이 사역의 의미가 드러나는 내용의 문장일 때 让, 使, 令 등을 사용한 겸어문을 활용하여 통번역할 수 있다.

• 자주 활용할 수 있는 표현

사람을 감탄하게 하다 **令人赞叹**	부모를 자랑스럽게 하다 **令父母自豪**
세계를 놀라게 하다 **令世界震惊**	사회가 불안정하게 하다 **令社会动荡不安**
(사람이) 견고한 기반을 가지게 하다 **让人具备坚实的基础**	(사람이) 두려움에 빠지게 하다 **让人陷入恐惧之中**
삼림이 예전의 모습을 회복하게 하다 **让森林恢复成昔日的面貌**	전 세계 경제가 마비되게 하다 **让全球经济陷入瘫痪**
환경이 위협을 받게 하다 **使环境受到威胁**	기술이 일정한 수준으로 오르게 하다 **使技术上升到一定的高度**
도시의 환경 퀄리티가 개선되게 하다 **使城市的环境质量得到改善**	디지털 경제가 양호한 발전을 이루게 하다 **使数字经济得到良好的发展**

(확인학습) 아래 주어진 문장을 중국어로 통역해보세요. 그다음 중국어로 번역해보세요.

[1] 사람을 감탄하게 하는 이 명소는 매년 수백만 명의 관광객을 끌어들여 관람하게 한다.

✎ _____

[2] 과학 기술은 디지털 경제가 양호한 발전을 이루게 했고, 이는 인류 사회의 진보를 촉진했다.

✎ _____

[3] 에너지 공급 부족 문제는 전 세계 경제가 마비되게 할 수 있다.

✎ _____

모범답안 p.435

1 한국어   그 도서관은 학생들에게 좋은 학습 환경을 조성했다.

   중국어   那家图书馆给学生们营造了很好的学习环境。

2 한국어   제멋대로 오수를 배출한 기업은 상응하는 책임을 져야 한다.

   중국어   大肆排放污水的企业应当承担相应责任。

→ '환경을 조성하다'를 营造环境으로, '책임을 지다'를 承担责任이라고 하는 것과 같이 중국어에서 자주 호응하여 사용되는 어휘를 활용하여 통번역한다.

• 자주 활용할 수 있는 표현

타격을 받다 **遭受打击**	의미를 가지다 **承载内涵**
주목을 끌다 **引起关注**	부담을 가중시키다 **加重负担**
기밀을 누설하다 **泄露机密**	소멸 위기에 놓이다 **濒临消亡**
이동 경로 **出行路线**	인명 피해 **人员伤亡**
보안 위험 **安全隐患**	돌이킬 수 없는 손실 **不可挽回的损失**

(확인학습) 아래 주어진 문장을 중국어로 통역해보세요. 그다음 중국어로 번역해보세요.

[1] 극단적인 기후 변화는 전 세계의 주목을 끌었다.

✎ _____

[2] 물가의 지속적인 인상과 이율의 끊임없는 상승은 소비자의 경제적 부담을 가중시켰다.

✎ _____

[3] 만약 회사의 상업 기밀을 누설한다면, 법률적인 처벌을 받을 것이다.

✎ _____

모범답안 p.435

1 한국어   현실에 부합하지 않는 정책은 종종 대중의 반발을 불러일으킨다.

   (머릿속)   현실에 부합하지 않는 정책은 종종 대중의 반대에 부딪힌다.

   중국어   不切实际的政策常常会遭到大众的反对。

2 한국어   이 무역 협정은 양국 간 문화 교류 확대를 위한 발판을 마련했다.

   (머릿속)   이 무역 협정은 양국 간 문화 교류 확대를 위한 기초를 쌓았다.

   중국어   该贸易协定为扩大两国间的文化交流奠定了基础。

→ 한국어 표현과 1:1로 대응하는 중국어가 떠오르지 않으면 머릿속에서 쉽게 바꾼 뒤 통번역한다. 이때, 원래 한국어 문장이 전달하고자 하는 메시지가 그대로 전달될 수 있게 유의하며 통번역해야 한다.

• **자주 활용할 수 있는 표현**

차세대 → 새로운 세대 **新一代**	본고장 → 고향 **故乡**
으뜸이다 → 1등이다 **排名第一**	각광받다 → 주목을 받다 **受到瞩目**
모습을 감추다 → 사라지다 **消失**	삶의 터전 → 생존의 공간 **生存的空间**
간과할 수 없다 → 무시할 수 없다 **不可忽视**	둔화되다 → 속도가 느려지다 **速度变慢**
베일을 벗다 → 대중의 눈앞에 나타나다 **出现在大众面前**	딜레마에 빠지다 → 선택하기 어렵다 **难以做出选择**

확인학습

아래 주어진 문장을 중국어로 통역해보세요. 그다음 중국어로 번역해보세요.

[1] 오랫동안 공개되지 않았던 로봇이 드디어 베일을 벗었다.

  ✎ _____

[2] 사회 경제 성장이 둔화됨으로 인해 취업 시장도 상응하는 영향을 받았다.

  ✎ _____

[3] 많은 국가가 난민 보호 정책과 자국민 보호 정책 사이에서 딜레마에 빠졌다.

  ✎ _____

모범답안 p.435

중국어가 떠오르지 않는 어려운 한국어 표현은 뜻을 풀어서 통번역하기

---

1 한국어   일부 젊은 부부들은 그들이 딩크족이라고 밝혔다.

  (머릿속)   일부 젊은 부부들은 그들이 아이를 낳지 않기로 선택한 사람이라고 밝혔다.

  중국어   有一些年轻夫妻表示他们是选择不生孩子的人。   *딩크족 丁克族

2 한국어   이 경쟁이 치열한 사회에서, 적자생존은 불변의 법칙이다.

  (머릿속)   이 경쟁이 치열한 사회에서, 환경에 적응하는 자만이 살아남을 수 있다는 것은 불변의 법칙이다.

  중국어   在这个竞争激烈的社会，适应环境的人才能生存是不变的法则。   *적자생존 适者生存

→ 전문용어, 사자성어와 같이 어려운 한국어 표현은 이에 해당하는 중국어로 통번역한다. 이때, 해당 중국어 표현이 떠오르지 않을 경우 머릿속에서
   한국어 표현의 뜻을 풀어서 떠올린 후, 이를 중국어로 통번역할 수 있다.

• 자주 활용할 수 있는 표현

판이하다 **截然不同** → 완전히 다르다 **完全不同**

지구온난화 **全球变暖** → 지구 기온 상승 **地球气温上升**

경제가 불경기이다 **经济不景气** → 경제 상황이 좋지 않다 **经济情况不好**

천편일률적으로 되다 **变得千篇一律** → 완전히 같아지다 **变得完全一样**

세계적으로 명성을 떨치다 **闻名世界** → 전 세계적으로 유명하다 **在全世界都很有名**

(확인학습)   아래 주어진 문장에서 밑줄 친 표현을 중국어로 풀어 써보세요. 그리고 괄호에 있는 표현을 사용해서 전체 문장을
중국어로 통역한 다음 번역해보세요.

[1] 사회의 고령화 정도가 끊임없이 심해짐에 따라, 독거노인(**空巢老人**)이 갈수록 많아지고 있다.

    풀어 쓴 표현 ✐ _____

    문장 ✐ _____

[2] 현장의 분위기는 매우 뜨거웠고, 관객의 박수 소리가 꼬리에 꼬리를 물고 터져 나왔다(**此起彼伏**).

    풀어 쓴 표현 ✐ _____

    문장 ✐ _____

[3] 외부 유동인구의 영향을 받아, 이 도시의 임대 시장은 공급이 수요를 따르지 못하는(**供不应求**) 상태에 있다.

    풀어 쓴 표현 ✐ _____

    문장 ✐ _____

모범답안 p.435

1 한국어   이 나라의 첫 번째 헌법은 1992년에 초고가 작성되었다.

   중국어   该国的第一部宪法起草于1922年。

   ▶ '초고를 작성하다'는 写草稿로 직역하기보다 하나의 중국어 동사 **起草**로 통번역하는 것이 더욱 자연스럽다.

2 한국어   적극적으로 아이와 상호 작용을 하는 것은 아이의 표현력을 효과적으로 높일 수 있다.

   중국어   积极地与孩子互动能有效提高孩子的表达能力。

   ▶ '상호 작용을 하다'는 做相互作用으로 직역하기보다 하나의 중국어 동사 **互动**으로 통번역하는 것이 더욱 자연스럽다.

→ 일부 한국어 표현은 그대로 직역하기보다 하나의 중국어 동사로 통번역하는 것이 더욱 자연스럽다. 이렇게 하면 문장이 중국인의 언어습관에 더욱 가까워지고 간결해진다.

• **자주 활용할 수 있는 표현**

잘 알다 = **熟知**

잘 팔리다 = **畅销**

피해를 보다 = **吃亏**

식욕을 증진시키다 = **开胃**

원래 상태로 되돌리다 = **还原**

확인학습 아래 주어진 문장을 중국어로 통역해보세요. 그다음 중국어로 번역해보세요.

[1] 최근 의학 전문가는 이런 약이 피부 염증을 일으키는 것을 막을 수 있다는 것을 발견했다.

✎ _____

[2] 만약 한 기업이 파산을 선언하면, 그와 관련된 다른 기업도 불행한 일을 당하게 된다.

✎ _____

[3] 전문가들은 재테크를 잘하고, 돈을 과도하게 지출하지 말아야 한다고 제안한다.

✎ _____

모범답안 p.436

긴 한국어 문장은 여러 개의 짧은 중국어 문장으로 통번역하기

한국어	독서를 통해, 사람들은 비교적 짧은 시간 내에 많은 지식을 배울 수 있으며 사람들이 서로 다른 시각으로 문제를 대하는 능력을 갖게 한다는 측면에서 봤을 때 독서의 장점은 매우 뚜렷하다.
(머릿속)	독서를 통해, 사람들은 비교적 짧은 시간 내에 많은 지식을 배울 수 있다. 독서는 사람들이 서로 다른 시각으로 문제를 대하는 능력을 갖게 한다. 따라서 이러한 측면에서 봤을 때, 독서의 장점은 매우 뚜렷하다.
중국어	通过阅读，人们可以在较短的时间内学到很多知识，阅读可以使人具有从不同角度看问题的能力。因此从这个方面来看，阅读的优点非常明显。

→ 한국어는 띄어쓰기가 있지만, 중국어는 띄어쓰기 없이 쉼표나 마침표로 문장을 끊는다. 따라서 한국어 문장에 여러 동작이나 상황이 연속적으로 나열되어 있으면 머릿속에서 여러 개의 짧은 문장으로 나누면서 중국어 문장으로 통번역한다. 이때, 짧은 문장 사이에 적절한 연결어나 주어를 넣어주면 문장이 더 자연스럽다.

확인학습

아래 주어진 문장을 중국어로 통역해보세요. 그다음 중국어로 번역해보세요.

[1] 운동은 신체를 단련시키는 효과가 있는데, 관련된 연구에 의하면 규칙적인 운동은 신체 건강에 도움이 되며, 사람의 우울 증상을 개선할 수 있다.

✎ _____

_____

[2] 그 마트는 최근 손님 수가 끊임없이 줄어드는 문제에 부딪혔는데, 이러한 문제를 해결하기 위해서 배송 서비스를 확대하고 다양한 판촉 행사를 열기로 결정했다.

✎ _____

_____

[3] 한 기업이 성공을 얻고자 한다면 먼저 좋은 직원이 있어야 하며 좋은 직원이 없으면 좋은 사업 아이템을 찾기 어렵고, 시장 경향을 정확하게 파악하기도 쉽지 않다.

✎ _____

_____

모범답안 p.436

제1부분

한국어 자료 읽고 번역하기

통번역 제1부분은 35분 동안 제시된 한국어 자료를 읽고 이를 중국어로 번역하는 형태로, 90번~91번 총 2문제가 출제된다.

고득점비책 01 지식 정보 관련 자료 공략하기
고득점비책 02 중국 문화 관련 자료 공략하기

출제 유형

1. **지식 정보 관련 자료**
   시사 이슈, 환경, 과학 기술 등 분야의 특정 대상이나 현상을 소개하는 한국어 자료가 출제된다.

2. **중국 문화 관련 자료**
   중국의 문화유산, 중국 관련 역사, 전통문화 등에 대한 내용을 소개하는 한국어 자료가 출제된다.

공략 비법

1. **'번역 → 답안 검토' 시간을 문제당 '10~15분 → 3~5분'으로 적절히 분배한다.**
   주어진 35분 동안 완성도 있는 번역을 하기 위해서는 1문제당 '번역하기 10~15분 → 번역한 내용 검토하기 3~5분'으로 시간을 분배한다. 답안 검토 시간을 확보하여 오타나 누락된 부분이 없도록 유의한다.

2. **필수 통번역 스킬을 활용하여 한 문장씩 꼼꼼하게 번역해 나간다.**
   한국어 자료에서 전달하고자 하는 내용을 자연스러운 중국어로, 누락하는 내용 없이 번역하는 것이 중요하다. 따라서 '필수 통번역 스킬 10(p.162)'을 활용하여 자료의 첫 문장부터 한 문장씩 번역해 나간다.

3. **<HSK 7-9급 고득점 대비 어휘·표현집>에 수록된 필수 한-중 표현을 익혀둔다.**
   별책부록 <HSK 7-9급 고득점 대비 어휘·표현집>의 '통번역 영역을 위한 필수 한-중 표현(p.64)'에서 제시하고 있는 중국어 호응 어휘, 관용 표현을 꼼꼼히 익혀두면 제시된 한국어를 자연스러운 중국어로 번역할 수 있다.

Step 1 한국어 자료를 바로 중국어로 번역하기 [약 10~15분]

화면에 제시되는 한국어 자료를 답안 작성칸에 한 문장씩 바로 번역해 나간다. 이때 '필수 통번역 스킬 10(p.162)'을 활용하여 자주 쓰이는 표현과 문장 구조로 번역한다.

<화면에 제시되는 자료>

> 90.　　사람들의 환경 보호 의식이 변화하면서, 사회적으로 점차 친환경 제품을 사용하는 분위기가 형성되었다. 이러한 상황에서 소비자의 새로운 수요를 만족시키기 위해 많은 기업은 '환경을 보호하자'는 슬로건을 내걸고 각종 친환경 제품을 출시했다. ……
>
> ---
>
> 随着人们环保意识的改变，……

<한 문장씩 중국어로 번역하기>

	제시된 한국어 문장 ▶	번역한 중국어 문장
문장①	사람들의 환경 보호 의식이 변화하면서, 사회적으로 점차 친환경 제품을 사용하는 분위기가 형성되었다. ♥ 번역 포인트 · '친환경 제품'은 绿色产品이다. 이때 绿色产品이 떠오르지 않으면, '환경 보호 제품'으로 의미를 풀어 环保产品으로 번역할 수 있다. [스킬8]	▶ 随着人们环保意识的改变，社会上逐渐形成了使用绿色产品的氛围。
문장②	이러한 상황에서 소비자의 새로운 수요를 만족시키기 위해 많은 기업은 '환경을 보호하자'는 슬로건을 내걸고 각종 친환경 제품을 출시했다. ♥ 번역 포인트 · '환경을 보호하자'는 슬로건을 내걸다'는 打着"保护环境"的口号이다. 이때 打着"保护环境"的口号가 떠오르지 않으면, ''환경을 보호하자'고 제창하다'로 의미를 풀어 提倡"保护环境"으로 번역할 수 있다. [스킬8]	▶ 在这种情况下，为了满足消费者的新需求，很多企业打着"保护环境"的口号，推出了各类绿色产品。

Step 2 번역한 내용 검토하여 최종 번역본 완성하기 [약 3~5분]

작성한 내용을 검토하여 최종 답안을 완성한다. 아래 체크리스트를 활용하여 오류나 오타를 수정하면 더욱 완성도 높은 번역본을 완성할 수 있다.

· 체크리스트

> ✓ 빠트린 부분은 없는가?
> ✓ 오타는 없는가?
> ✓ 온점(。), 쉼표(，), 모점(、)과 같은 문장부호 사용이 적절한가?

<모범답안>

> 　　随着人们环保意识的改变，社会上逐渐形成了使用绿色产品的氛围。在这种情况下，为了满足消费者的新需求，很多企业打着"保护环境"的口号，推出了各类绿色产品。……

지식 정보 관련 자료 공략하기

식량 문제와 같은 시사 이슈, 친환경 제품과 같은 환경 관련 주제, 비행 자동차와 같은 과학 기술 관련 주제 등의 정보를 소개하는 한국어 자료가 출제된다.

예상 주제

1. 농촌 여행(乡村旅游)의 출현과 발전

2. 식수 조림(植树造林)을 통해 자연 환경을 회복한 사례

3. 박물관의 디지털화 발전(博物馆的数字化发展)이 가져온 변화

전략 적용

Step 1   한국어 자료를 바로 중국어로 번역하기 [약 10~15분]

화면에 제시되는 한국어 자료를 답안 작성칸에 한 문장씩 바로 번역해 나간다. 이때 '필수 통번역 스킬 10(p.162)'을 활용하여 자주 쓰이는 표현과 문장 구조로 번역한다.

<화면에 제시되는 자료>

현대 사회에 아무리 먹을거리가 넘쳐난다고 하더라도 식량 문제는 여전히 전 지구의 큰 난제이다. 오늘날 대부분의 사람은 언제 어디서든 여러 맛있는 음식을 누릴 수 있지만 안타깝게도 세상 모든 사람이 이 즐거움을 누릴 수 있는 것은 아니다. 어떤 지역에서는 식량 부족으로 인해 영양실조에 걸린 사람들이 어떻게 생존해 나가게 할 것인지에 대해 머리를 싸매며 고민을 하고 있지만, 이 문제는 오랜 시간이 지났음에도 해결되지 못했다.

이뿐만 아니라 오랜 가뭄, 지구온난화 등 기후 변화로 인해 밀, 옥수수 등 주요 식량의 생산량이 크게 줄어들었으며 세계 식량의 운송 및 보급도 큰 타격을 받았다. 사람들은 현재 식량의 생산량이 줄어들고 식량 공급이 원활하지 않은 거대한 어려움에 직면하였으며, 현재의 식량 문제는 악화되는 추세를 보이고 있다. 이 외에, 물가의 끝없는 상승은 식량 가격에도 영향을 주어, 많은 국가가 경제 위기와 식량 위기에 함께 봉착해있다.

이러한 상황에서, 전문가들은 각국이 자국의 식량 공급을 확보하는 것을 가장 중요한 목표로 봐야 한다고 조언했다. 하지만 식량 문제는 기후 문제, 인플레이션 등 다양한 요인과 함께 연결되어 있기 때문에 전문가들은 관련 문제가 단기간 내에 해결되기는 어려울 것이라고 보았다.

> 在现代社会，……

	제시된 한국어 문장 ▶	번역한 중국어 문장
문장①	현대 사회에 아무리 먹을거리가 넘쳐난다고 하더라도 식량 문제는 여전히 전 지구의 큰 난제이다.	在现代社会，即使食物再丰富，粮食问题仍然是全球的一大难题。
	♥ 번역 포인트	
	· '먹을거리가 넘쳐나다'가 떠오르지 않으면 '먹을거리가 풍부하다'로 쉽게 바꿔서 食物丰富로 번역한다. [스킬7]	
문장②	오늘날 대부분의 사람은 언제 어디서든 여러 맛있는 음식을 누릴 수 있지만 안타깝게도 세상 모든 사람이 이 즐거움을 누릴 수 있는 것은 아니다.	如今，大部分人随时随地都能享受到各种美食，但遗憾的是，并不是世界上所有的人都能享受到这种快乐。
	♥ 번역 포인트	
	· '누리다'는 동작에 어떤 결과가 있음을 나타내는 결과보어 到를 활용하여 享受到로 번역한다. [스킬2]	
문장③	어떤 지역에서는 식량 부족으로 인해 영양실조에 걸린 사람들이 어떻게 생존해 나가게 할 것인지에 대해 머리를 싸매며 고민을 하고 있지만, 이 문제는 오랜 시간이 지났음에도 해결되지 못했다.	在某些地区，人们在绞尽脑汁思考如何让因食物不足而营养不良的人生存下去，而这个问题经过了很长时间都没有得到解决。
	♥ 번역 포인트	
	· '영양실조에 걸린 사람들이 생존해 나가게 하다'는 让을 활용하여 让营养不良的人生存下去로 번역한다. [스킬5] · '머리를 싸매다'는 绞尽脑汁이다. 이때 绞尽脑汁이 떠오르지 않으면, '최선을 다하다'로 의미를 풀어 尽全力로 번역할 수 있다. [스킬8]	
문장④	이뿐만 아니라 오랜 가뭄, 지구온난화 등 기후 변화로 인해 밀, 옥수수 등 주요 식량의 생산량이 크게 줄어들었으며 세계 식량의 운송 및 보급도 큰 타격을 받았다.	不仅如此，由于长期干旱、全球变暖等气候变化，小麦、玉米等主要粮食的生产量大幅下降，世界粮食的运输和供应也遭受了严重的打击。
	♥ 번역 포인트	
	· '오랜 가뭄'은 长期干旱이다. 이때 长期干旱이 떠오르지 않으면, '오랫동안 비가 오지 않다'로 의미를 풀어 长期没下雨로 번역할 수 있다. [스킬8] · '지구온난화'는 全球变暖이다. 이때 全球变暖이 떠오르지 않으면, '지구 기온 상승'으로 의미를 풀어 地球气温上升으로 번역할 수 있다. [스킬8] · '타격을 받다'는 중국어의 호응어휘 遭受打击를 활용하여 번역한다. [스킬6]	
문장⑤	사람들은 현재 식량의 생산량이 줄어들고 식량 공급이 원활하지 않은 거대한 어려움에 직면하였으며, 현재의 식량 문제는 악화되는 추세를 보이고 있다.	人们正面对粮食生产量下降、粮食供应不畅的巨大困难，目前的粮食问题呈现出恶化的趋势。
	♥ 번역 포인트	
	· '공급이 원활하지 않다'는 중국어의 호응어휘 供应不畅을 활용하여 번역한다. [스킬6] · '~을 보이다'는 상황이나 현상 등이 드러남을 나타내는 방향보어 出를 활용하여 呈现出로 번역한다. [스킬2]	
문장⑥	이 외에, 물가의 끝없는 상승은 식량 가격에도 영향을 주어, 많은 국가가 경제 위기와 식량 위기에 함께 봉착해있다.	另外，物价的不断上涨也影响了粮食的价格，许多国家同时面临着经济危机和粮食危机。
	♥ 번역 포인트	
	· '영향을 주다'는 给影响으로 그대로 직역하기보다 하나의 중국어 동사 影响으로 번역한다. [스킬9] · '봉착하다'가 떠오르지 않으면 '직면하다'로 쉽게 바꿔서 面临으로 번역한다. [스킬7]	
문장⑦	이러한 상황에서, 전문가들은 각국이 자국의 식량 공급을 확보하는 것을 가장 중요한 목표로 봐야 한다고 조언했다.	在这种情况下，专家建议各国要把确保本国的粮食供应视为最重要的目标。
	♥ 번역 포인트	
	· 중국어 문장에서 술어가 되는 建议(조언하다)의 위치에 유의하며 번역한다. [스킬1] · '자국의 식량 공급을 확보하는 것을 가장 중요한 목표로 보다'는 把를 활용하여 把确保本国的粮食供应视为最重要的目标로 번역한다. [스킬3]	

해커스 HSK 7-9급 한 권으로 마스터

제2부분

<table>
<tr><td rowspan="2">문장⑧</td><td>하지만 식량 문제는 기후 문제, 인플레이션 등 다양한 요인과 함께 연결되어 있기 때문에 전문가들은 관련 문제가 단기간 내에 해결되기는 어려울 것이라고 보았다. ▶ 然而由于粮食问题与气候问题、通货膨胀等多个因素联系在一起，因此专家认为相关问题在短期内很难被解决。</td></tr>
<tr><td>번역 포인트
· '인플레이션'은 通货膨胀이다. 이때 通货膨胀이 떠오르지 않으면 '화폐 가치가 떨어지고 물가가 오르는 현상'으로 의미를 풀어 货币价值下降、物价上涨的现象으로 번역할 수 있다. [스킬 8]
· '관련 문제가 해결되다'는 被를 활용하여 相关问题被解决로 번역한다. [스킬 4]</td></tr>
</table>

Step 2 번역한 내용 검토하여 최종 번역본 완성하기 [약 3~5분]

작성한 내용을 검토하여 최종 답안을 완성한다. 아래 체크리스트를 활용하여 오류나 오타를 수정하면 더욱 완성도 높은 번역본을 완성할 수 있다.

· 체크리스트

✓ 빠트린 부분은 없는가?
✓ 오타는 없는가?
✓ 온점(。), 쉼표(，), 모점(、)과 같은 문장부호 사용이 적절한가?

<화면에 제시되는 자료>

현대 사회에 아무리 먹을거리가 넘쳐난다고 하더라도 식량 문제는 여전히 전 지구의 큰 난제이다. 오늘날 대부분의 사람은 언제 어디서든 여러 맛있는 음식을 누릴 수 있지만 안타깝게도 세상 모든 사람이 이 즐거움을 누릴 수 있는 것은 아니다. 어떤 지역에서는 식량 부족으로 인해 영양실조에 걸린 사람들이 어떻게 생존해 나가게 할 것인지에 대해 머리를 싸매며 고민을 하고 있지만, 이 문제는 오랜 시간이 지났음에도 해결되지 못했다.

이뿐만 아니라 오랜 가뭄, 지구온난화 등 기후 변화로 인해 밀, 옥수수 등 주요 식량의 생산량이 크게 줄어들었으며 세계 식량의 운송 및 보급도 큰 타격을 받았다. 사람들은 현재 식량의 생산량이 줄어들고 식량 공급이 원활하지 않은 거대한 어려움에 직면하였으며, 현재의 식량 문제는 악화되는 추세를 보이고 있다. 이 외에, 물가의 끝없는 상승은 식량 가격에도 영향을 주어, 많은 국가가 경제 위기와 식량 위기에 함께 봉착해있다.

이러한 상황에서, 전문가들은 각국이 자국의 식량 공급을 확보하는 것을 가장 중요한 목표로 봐야 한다고 조언했다. 하지만 식량 문제는 기후 문제, 인플레이션 등 다양한 요인과 함께 연결되어 있기 때문에 전문가들은 관련 문제가 단기간 내에 해결되기는 어려울 것이라고 보았다.

<모범답안>

在现代社会，即使食物再丰富，粮食问题仍然是全球的一大难题。如今，大部分人随时随地都能享受到各种美食，但遗憾的是，并不是世界上所有的人都能享受到这种快乐。

在某些地区，人们在绞尽脑汁思考如何让因食物不足而营养不良的人生存下去，而这个问题经过了很长时间都没有得到解决。不仅如此，由于长期干旱、全球变暖等气候变化，小麦、玉米等主要粮食的生产量大幅下降，世界粮食的运输和供应也遭受了严重的打击。人们正面对粮食生产量下降、粮食供应不畅的巨大困难，目前的粮食问题呈现出恶化的趋势。另外，物价的不断上涨也影响了粮食的价格，许多国家同时面临着经济危机和粮食危机。

在这种情况下，专家建议各国要把确保本国的粮食供应视为最重要的目标。然而由于粮食问题与气候问题、通货膨胀等多个因素联系在一起，因此专家认为相关问题在短期内很难被解决。

어휘 p.437

다음 자료를 읽고 중국어로 번역해 보세요. 컴퓨터의 메모장을 활용하여 중국어로 입력하는 연습을 해보세요.

사물인터넷은 차세대 정보 기술의 중요한 구성 부분이다. 사물인터넷의 활용은 여러 방면에 걸쳐 있으며, 특히 가정, 공공 부문, 농업 등 분야에서 광범위하게 활용되고 있다.

먼저, 스마트홈은 가정에서 사물인터넷 기술을 활용한 사례 중 하나이다. 밖에 외출 시 휴대전화로 집 안 구석구석을 둘러보며 보안 위험을 점검할 수 있고, 원격제어를 통해 가전제품을 제어하여 화재 사고의 발생을 예방할 수도 있다. 그다음으로, 사물인터넷은 도로 교통 방면에서도 널리 활용되고 있다. 예를 들어 사물인터넷을 이용해 도로 교통 상황을 모니터링할 수 있고, 운전자가 도로 정보를 받은 후 바로 이동 경로를 조정함으로써 교통 체증을 해소할 수 있다. 이 밖에도 많은 도시에서 스마트 주차 관리 시스템을 차량 관리에 도입하기도 하여 주차난 문제를 효과적으로 해결했다. 마지막으로, 농업에서도 사물인터넷이 사용되는데, 스마트팜 시스템은 사물인터넷 장비를 통해 농업 생산 환경을 실시간으로 점검하고 원격으로 농장을 제어해 인건비를 줄일 수 있다.

사물인터넷은 최근 크게 주목받는 획기적인 기술로 우리의 일상생활에 큰 영향을 미칠 것이며, 심지어 우리의 생활 방식과 생활 습관에 변화가 생기게 할 것이다.

모범답안 p.437

중국 문화 관련 자료 공략하기

시후(西湖)와 같은 중국의 문화유산, 빙탕후루(冰糖葫芦)의 역사, 무술(武术) 연마와 같은 중국 문화의 가치나 의의 등을 소개하는 한국어 자료가 출제된다.

예상 주제   1. 전지(剪纸)의 특징

2. 공자(孔子)가 아이를 만나 깨달음을 얻은 일화

3. 자수(刺绣) 예술과 현대에서 인재 양성의 필요성

🌿 전략 적용

Step 1 한국어 자료를 바로 중국어로 번역하기 [약 10~15분]

화면에 제시되는 한국어 자료를 답안 작성칸에 한 문장씩 바로 번역해 나간다. 이때 '필수 통번역 스킬 10(p.162)'을 활용하여 자주 쓰이는 표현과 문장 구조로 번역한다.

<화면에 제시되는 자료>

> 　빙탕후루는 탕후루라고도 부르는 중국의 전통 간식으로, 북방의 겨울에 빙탕후루의 모습을 자주 볼 수 있다. 빙탕후루는 남송 시기에 생겨났으며, 당시 이런 먹거리는 남송 황궁에서 질병을 치료하는 데 사용되었다. 이후 빙탕후루는 점차 민간으로 퍼져나갔고, 많은 사람이 즐길 수 있는 먹거리로 떠올랐다. 빙탕후루는 민국 시기에 가장 성행하여 극장, 공원, 찻집 등 장소에서 사람들은 이것을 유리 덮개로 덮인 접시에 담아 판매했다. 이와 동시에 민국 시기에는 빙탕후루를 전문적으로 판매하는 가게도 많아서, 이런 가게들도 사람들의 인기를 얻었다. 위와 같은 판매 방식 외에도 당시에는 길거리에서 빙탕후루를 파는 많은 노점상이 등장했다.
>
> 　빙탕후루에는 다양한 비타민이 풍부하게 들어 있고 식욕을 증진시키고 피로를 풀어주는 효능도 있어 예나 지금이나 인기 있는 먹거리다. 빙탕후루를 만들 때 가장 많이 사용되는 식재료는 과일인데, 최근에는 많은 사람이 발상을 전환하여 빙탕후루의 새로운 제작 방법을 많이 발명해냈다. 그들은 자급자족하며 빙탕후루와 자신이 좋아하는 음식을 결합해 신기한 음식을 직접 만들어냈다.

冰糖葫芦……

<한 문장씩 중국어로 번역하기>

	제시된 한국어 문장	▶	번역한 중국어 문장
문장①	빙탕후루는 탕후루라고도 부르는 중국의 전통 간식으로, 북방의 겨울에 빙탕후루의 모습을 자주 볼 수 있다.	▶	冰糖葫芦又名糖葫芦，它是中国的传统小吃，在北方的冬天可以时常见到冰糖葫芦的身影。
	번역 포인트 · 문장이 길기 때문에 '탕후루라고도 부르는'에서 한번 끊어준다. 뒤 문장과 자연스럽게 이어지도록 뒤 문장 바로 앞에 주어 它(이것)를 넣어준다. [스킬10] · '모습을 보다'는 중국어의 호응어휘 见到身影을 활용하여 번역한다. [스킬6]		
문장②	빙탕후루는 남송 시기에 생겨났으며, 당시 이런 먹거리는 남송 황궁에서 질병을 치료하는 데 사용되었다.	▶	冰糖葫芦起源于南宋时期，当时这种美食在南宋皇宫中被用来治病。
	번역 포인트 · '질병을 치료하는 데 사용되다'는 被를 활용하여 被用来治病으로 번역한다. [스킬4]		
문장③	이후 빙탕후루는 점차 민간으로 퍼져나갔고, 많은 사람이 즐길 수 있는 먹거리로 떠올랐다.	▶	后来，冰糖葫芦逐渐传到了民间，成为了许多人都能享受的美食。
	번역 포인트 · '~으로 퍼져나가다'는 동작이 어느 지점에 도달함을 나타내는 결과보어 到를 활용하여 传到로 번역한다. [스킬2]		
문장④	빙탕후루는 민국 시기에 가장 성행하여 극장, 공원, 찻집 등 장소에서 사람들은 이것을 유리 덮개로 덮인 접시에 담아 판매했다.	▶	冰糖葫芦在民国时期最为盛行，在剧院、公园、茶楼等场所，人们会把它放在用玻璃罩盖着的盘子里销售。
	번역 포인트 · '이것을 유리 덮개로 덮인 접시에 담아 판매하다'는 把를 활용하여 把它放在用玻璃罩盖着的盘子里销售로 번역한다. [스킬3]		
문장⑤	이와 동시에 민국 시기에는 빙탕후루를 전문적으로 판매하는 가게도 많아서, 이런 가게들도 사람들의 인기를 얻었다.	▶	与此同时，民国时期还有不少专门卖冰糖葫芦的店铺，这些店铺也受到了人们的青睐。
	번역 포인트 · '인기를 얻다'는 중국어의 호응어휘 受到青睐를 활용하여 번역한다. [스킬6]		
문장⑥	위와 같은 판매 방식 외에도 당시에는 길거리에서 빙탕후루를 파는 많은 노점상이 등장했다.	▶	除了以上的销售方式之外，当时还出现了很多在街头售卖冰糖葫芦的小贩。
	번역 포인트 · 중국어 문장에서 술어가 되는 出现(등장하다)의 위치에 유의하며 번역한다. [스킬1] 이때, '등장하다'는 없던 것이 출현함을 나타내는 出现으로 번역해야 하고, 인물이 무대에 등장함을 나타내는 登场으로 번역하지 않도록 유의한다.		
문장⑦	빙탕후루에는 다양한 비타민이 풍부하게 들어 있고 식욕을 증진시키고 피로를 풀어주는 효능도 있어 예나 지금이나 인기 있는 먹거리다.	▶	冰糖葫芦中富含多种维生素，它还具有开胃和消除疲劳的功效，无论是在过去还是现在，都是一种很有人气的美食。
	번역 포인트 · '풍부하게 들어 있다'는 丰富地含有로 그대로 직역하기보다 하나의 중국어 동사 富含로, '식욕을 증진시키다'는 增加食欲로 그대로 직역하기보다 하나의 중국어 동사 开胃로 번역한다. [스킬9]		
문장⑧	빙탕후루를 만들 때 가장 많이 사용되는 식재료는 과일인데, 최근에는 많은 사람이 발상을 전환하여 빙탕후루의 새로운 제작 방법을 많이 발명해냈다.	▶	制作冰糖葫芦时使用得最多的食材是水果，而最近许多人转换思路，发明出了冰糖葫芦的很多新做法。
	번역 포인트 · '발상을 전환하다'는 转换思路다. 이때 转换思路가 떠오르지 않으면, '생각의 방향을 바꾸다'로 의미를 풀어 改变思考的方向으로 번역할 수 있다. [스킬8]		

문장⑨	그들은 자급자족하며 빙탕후루와 자신이 좋아하는 음식을 결합해 신기한 음식을 직접 만들어냈다. ▶	他们自给自足，将冰糖葫芦和自己喜欢的食物结合起来，亲手做出了让人感到神奇的食物。

📍번역 포인트

· '자급자족하다'은 自给自足이다. 이때 自给自足가 떠오르지 않으면, '자신이 자신의 요구를 만족시키다'로 의미를 풀어 自己满足自己的需求로 번역할 수 있다. [스킬8]
· '신기한 음식'은 让을 활용하여 让人感到神奇的食物로 번역한다. [스킬5]

Step 2 번역한 내용 검토하여 최종 번역본 완성하기 [약 3~5분]

작성한 내용을 검토하여 최종 답안을 완성한다. 아래 체크리스트를 활용하여 오류나 오타를 수정하면 더욱 완성도 높은 번역본을 완성할 수 있다.

· 체크리스트

✔ 빠트린 부분은 없는가?
✔ 오타는 없는가?
✔ 온점(.), 쉼표(,), 모점(、)과 같은 문장부호 사용이 적절한가?

<화면에 제시되는 자료>

빙탕후루는 탕후루라고도 부르는 중국의 전통 간식으로, 북방의 겨울에 빙탕후루의 모습을 자주 볼 수 있다. 빙탕후루는 남송 시기에 생겨났으며, 당시 이런 먹거리는 남송 황궁에서 질병을 치료하는 데 사용되었다. 이후 빙탕후루는 점차 민간으로 퍼져나갔고, 많은 사람이 즐길 수 있는 먹거리로 떠올랐다. 빙탕후루는 민국 시기에 가장 성행하여 극장, 공원, 찻집 등 장소에서 사람들은 이것을 유리 덮개로 덮인 접시에 담아 판매했다. 이와 동시에 민국 시기에는 빙탕후루를 전문적으로 판매하는 가게도 많아서, 이런 가게들도 사람들의 인기를 얻었다. 위와 같은 판매 방식 외에도 당시에는 길거리에서 빙탕후루를 파는 많은 노점상이 등장했다.

빙탕후루에는 다양한 비타민이 풍부하게 들어 있고 식욕을 증진시키고 피로를 풀어주는 효능도 있어 예나 지금이나 인기 있는 먹거리다. 빙탕후루를 만들 때 가장 많이 사용되는 식재료는 과일인데, 최근에는 많은 사람이 발상을 전환하여 빙탕후루의 새로운 제작 방법을 많이 발명해냈다. 그들은 자급자족하며 빙탕후루와 자신이 좋아하는 음식을 결합해 신기한 음식을 직접 만들어냈다.

<모범답안>

冰糖葫芦又名糖葫芦，它是中国的传统小吃，在北方的冬天可以时常见到冰糖葫芦的身影。冰糖葫芦起源于南宋时期，当时这种美食在南宋皇宫中被用来治病。后来，冰糖葫芦逐渐传到了民间，成为了许多人都能享受的美食。冰糖葫芦在民国时期最为盛行，在剧院、公园、茶楼等场所，人们会把它放在用玻璃罩盖着的盘子里销售。与此同时，民国时期还有不少专门卖冰糖葫芦的店铺，这些店铺也受到了人们的青睐。除了以上的销售方式之外，当时还出现了很多在街头售卖冰糖葫芦的小贩。

冰糖葫芦中富含多种维生素，它还具有开胃和消除疲劳的功效，无论是在过去还是现在，都是一种很有人气的美食。制作冰糖葫芦时使用得最多的食材是水果，而最近许多人转换思路，发明出了冰糖葫芦的很多新做法。他们自给自足，将冰糖葫芦和自己喜欢的食物结合起来，亲手做出了让人感到神奇的食物。

어휘 p.439

다음 자료를 읽고 중국어로 번역해 보세요. 컴퓨터의 메모장을 활용하여 중국어로 입력하는 연습을 해보세요.

시후는 항저우시 서부에 위치해 있으며, 주변의 많은 산과 시후는 절묘하게 결합하여 수려한 경치를 형성했는데, 시후는 이로 인해 세계적으로 명성을 떨치고 있다. 수천 년 동안 시후의 아름다운 자연 경치는 많은 사람이 감탄이 나오게 했다. 고대 문인들이 시후를 위해 사람들에게 회자되는 시를 한 수 또 한 수 썼기 때문에 시후는 사람들이 동경하는 정신적 보금자리가 되었다. 시후는 고대 문인들이 창작한 시구로 인해 각광을 받아 많은 관광객이 명성을 흠모하여 찾고 있다.

시후는 아름다운 풍경을 자랑할 뿐만 아니라 현지 생태계를 유지하는 중요한 기능을 가지고 있다. 시후는 주변의 식물 자원이 풍부하고 다양화되게 하고 도시 환경도 개선되게 했다. 자연환경 방면의 가치 외에도 시후는 문화 방면의 가치가 있다. 따라서 시후의 깊은 문화적 의미가 더욱 큰 효과를 발휘하게 하기 위해서는 사람들이 시후가 내포한 깊은 의미를 이해하게 해야 하고, 더 많은 사람에게 시후의 역사와 문화를 널리 퍼트려야 한다. 이 외에도, 사람들은 세계 유산의 관점에서 시후를 평가해야 하고, 시후를 '경관 시후'에서 '인문 시후'로 승화시켜 그것에 더 많은 문화적 의미와 문화적 가치를 부여해야 한다.

모범답안 p.439

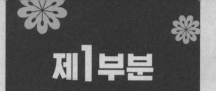

다음 자료를 읽고 중국어로 번역해 보세요. 컴퓨터의 메모장을 활용하여 중국어로 입력하는 연습을 해보세요.

1

인터넷 시스템이 해커로부터 공격받는 사건이 빈번히 발생해서 인터넷 안전은 뜨거운 이슈로 떠올랐다. 조사 결과에서 80%의 인터넷 안전 문제는 내부자가 일으킨 것으로 나타났기 때문에 기업은 인트라넷의 안전성 문제를 가장 중요한 위치에 두어야 하고, 일련의 안전 관리 제도를 만들어 내야 한다. 인터넷 안전을 보장하기 위해, 개인도 안전 대비 의식을 높여야 하고, 잠깐의 소홀함으로 인해 초래되는 돌이킬 수 없는 손실을 피해야 한다. 이 외에, 국가는 관련 법률과 법규를 만들어야 하고, 인터넷 안전 업무에 대한 감사 역량을 강화해야 한다.

2

중국에는 유명한 여성 무술가가 있는데, 그녀는 중국 10대 무술 명교수 중 한 명으로 뽑혔다. 그녀는 어릴 적부터 병약해서 가족들은 그녀가 단련을 통해 건강한 신체와 정신을 얻기를 바랐고, 그녀가 중국 무술을 배우게 했다. 그녀의 무술 선생님은 현지에서 제법 유명한 무술가로 중국 무술의 각종 기법을 잘 알고 있었고, 그녀는 선생님을 따라 낮에는 학교에 다니고 밤에는 무술을 익히는 생활을 시작했다. 이렇게 그녀의 중국 무술에 대한 공부는 점점 좋은 경지에 들어섰고, 비록 난이도가 높은 무술 동작이 많았지만 그녀는 시종일관 끈기 있게 배웠다. 매일매일 반복되는 훈련 아래 그녀는 중국 무술이라는 이 중국 전통 스포츠 종목에 점점 빠져들었다. 중국 무술을 배우는 과정에서 그녀는 이것이 사람의 안과 밖을 고루 돌볼 수 있는 운동이며, 중국 무술은 신체 소질을 향상시킬 수 있을 뿐만 아니라 의지력도 키울 수 있다는 것을 느꼈다.

그녀의 무술 기법은 시간의 흐름 속에서 비약적인 발전을 이루었다. 무예가 향상됨에 따라 그녀는 많은 국내외 무술대회에 참가해 수차례 우승을 차지하기도 했다. 이후의 무술 생애에서 수많은 좌절을 겪었지만 그녀는 낙담하지 않았다. 훗날 중국 무술에 대한 지식을 전수해 나가기 위해 그녀는 대학 무술 교재 집필 작업에 참여했고, 자신의 평생을 중국 무술에 바쳤다.

모범답안 p.441

제2부분

한국어 자료 읽고 통역하기

통번역 제2부분은 제시된 한국어 자료를 읽고 이를 중국어로 통역하는 형태로, 92번~ 93번 총 2문제가 출제된다. 한 문제당 준비시간 1분, 답변시간 2분이 주어진다.

고득점비책 01 지식 정보 관련 자료 공략하기
고득점비책 02 중국 문화 관련 자료 공략하기

출제 유형

1. **지식 정보 관련 자료**
   사회 문제, 환경 문제, 과학 기술이 미친 영향 등 최신 이슈 및 정보에 대해 설명하는 한국어 자료가 출제된다.

2. **중국 문화 관련 자료**
   중국의 문화유산이나 역사, 전통 등과 관련된 내용을 설명하는 한국어 자료가 출제된다.

공략 비법

1. **필수 통번역 스킬을 활용하여 한 문장씩 꼼꼼하게 통역해본다.**
   한국어 자료에서 전달하고자 하는 내용과 메시지를 자연스러운 중국어로, 누락하는 내용 없이 통역하는 것이 중요하다. 따라서 준비시간에 '필수 통번역 스킬 10(p.162)'을 활용하여 자료의 첫 문장부터 한 문장씩 통역해본다.

2. **막힘없이 통역할 수 있도록 중국어 문장 앞 부분을 메모한다.**
   준비시간이 1분으로 길지 않아 통역해본 모든 내용을 중국어로 메모하기는 어려우므로, 준비시간 동안 통역해본 문장의 앞 부분을 재빨리 메모해둔다. 문장의 앞 부분을 메모해두면, 통역할 때 문장의 첫 시작 부분을 보면서 바로 말할 수 있어 막힘 없이 통역할 수 있다.

통역이 쉬워지는 문제풀이 스텝

Step 1 한국어 자료를 한 문장씩 중국어로 통역해보며 메모하기 [준비시간 1분]

준비시간 1분 동안 화면에 제시되는 한국어 자료를 한 문장씩 중국어로 통역하며, 통역해본 문장의 앞 부분을 자료 하단에 제시되는 메모란에 재빨리 메모해둔다. 이때 '필수 통번역 스킬 10(p.162)'을 활용하여 자주 쓰이는 표현과 문장 구조로 통역한다.

<화면에 제시되는 자료>

> 92.   보고에 따르면, 중국의 쇼트클립 사용자 규모는 이미 8억 명에 달한다고 한다. 쇼트클립이 이렇게 많은 사
> 용자에게 영향을 줄 수 있었던 것은 제작 과정이 간단하고 전파력이 높다는 등의 특징이 있기 때문이다. ……
>
> (草稿区，不计分) ⤷ 메모란에 작성한 내용은 점수에 반영되지 않는다.
>
> 报告显示，中国……
> 短视频之所以……，是因为……

<한 문장씩 중국어로 통역해보기>

	제시된 한국어 문장 ▶	통역해본 중국어 문장
문장①	보고에 따르면, 중국의 쇼트클립 사용자 규모는 이미 8억 명에 달한다고 한다. **통역 포인트** · 중국어 문장에서 술어가 되는 达到(달하다)의 위치에 유의하며 통역한다. [스킬1]	报告显示，中国短视频用户的规模已经达到了8亿人。
문장②	쇼트클립이 이렇게 많은 사용자에게 영향을 줄 수 있었던 것은 제작 과정이 간단하고 전파력이 높다는 등의 특징이 있기 때문이다. **통역 포인트** · '영향을 주다'는 给影响으로 그대로 직역하기보다 하나의 중국어 동사 影响으로 통역한다. [스킬9]	短视频之所以能够影响如此多的用户，是因为它具有制作过程简单、传播性强等特点。

Step 2 한국어 자료와 작성한 메모를 보면서 정확한 발음으로 통역하기 [답변시간 2분]

준비시간이 끝나면, '삐-' 소리와 함께 2분의 답변시간이 시작된다. '삐-' 소리가 들리면 화면에 제시되는 자료와 준비시간에 작성한 메모를 함께 보면서 정확한 발음으로 통역한다. 이때 빠르게 말하려 하기보다는 어법 실수 없이 차근차근 말하는 것에 더 유의한다.

<모범답변>

> 报告显示，中国短视频用户的规模已经达到了8亿人。短视频之所以能够影响如此多的用户，是因为它具有制作过程简单、传播性强等特点。……

01 지식 정보 관련 자료 공략하기

출산률 저하와 같은 사회 문제, 백색 오염과 같은 환경 문제, 무선 이어폰과 같은 과학 기술이 가져온 영향 등 최신 이슈 및 정보를 설명하는 내용의 자료가 출제된다.

예상 주제 1. 식품 안전(食品安全)의 문제점과 중요성

2. 자연 경치(自然景观)의 훼손과 보호

3. 인공 강우(人工降雨)의 방식 및 기술

전략 적용

Step 1 한국어 자료를 한 문장씩 중국어로 통역해보며 메모하기 [준비시간 1분]

준비시간 1분 동안 화면에 제시되는 한국어 자료를 한 문장씩 중국어로 통역하며, 통역해본 문장의 앞 부분을 자료 하단에 제시되는 메모란에 재빨리 메모해둔다. 이때 '필수 통번역 스킬 10(p.162)'을 활용하여 자주 쓰이는 표현과 문장 구조로 통역한다.

<화면에 제시되는 자료>

> 통계에 따르면, 최근 몇 년 동안 일부 국가의 출산율은 지속적으로 하락하는 추세가 나타났다. 국가의 발전은 출산율과 관련이 있으며, 만약 출산율이 일정 정도까지 하락한다면 노동 인구도 이에 따라 감소해 이는 결국 경제 활력의 부족을 초래할 것이다. 많은 사람은 높은 집값을 출산율이 하락하는 주요 원인 중 하나로 보는데, 대다수의 보통 사람은 열심히 한평생을 일해도 대도시에서 집을 사기 어렵기 때문이다. 이 외에, 자녀 양육 비용이 대폭 상승하고 많은 돈이 아이의 생활과 교육에 쓰이기 때문에 사람들의 출산 의지는 해마다 하락한다. 이에 대해 전문가는 출산율이 낮은 현상이 지속될 것이며, 이러한 추세에 따르면 몇몇 국가는 모습을 감출 위험에 직면할 수 있다고 지적했다.

（草稿区，不计分）

> 据统计，近几年来有些国家……
> 国家的发展……，如果出生率……，劳动人口……，这最终会导致……
> 很多人把……，因为大多数普通人即使……，也……
> 除此之外，养育子女的成本……，大量的钱……，因此……
> 对此，专家指出，出生率……

<한 문장씩 중국어로 통역해보기>

	제시된 한국어 문장 ▶	통역해본 중국어 문장
문장①	통계에 따르면, 최근 몇 년 동안 일부 국가의 출산율은 지속적으로 하락하는 추세가 나타났다.	据统计，近几年来有些国家出现了出生率持续下降的趋势。
	📍 **통역 포인트**	
	· '추세가 나타나다'는 중국어의 호응어휘 出现趋势을 활용하여 통역한다. [스킬6]	
문장②	국가의 발전은 출산율과 관련이 있으며, 만약 출산율이 일정 정도까지 하락한다면 노동 인구도 이에 따라 감소해 이는 결국 경제 활력의 부족을 초래할 것이다.	国家的发展与出生率有关，如果出生率下降到一定程度，劳动人口也会随之减少，这最终会导致经济活力不足。
	📍 **통역 포인트**	
	· '~까지 하락하다'는 동작이 어느 지점에 도달함을 나타내는 결과보어 到를 활용하여 下降到로 통역한다. [스킬2]	
문장③	많은 사람은 높은 집값을 출산율이 하락하는 주요 원인 중 하나로 보는데, 대다수의 보통 사람은 열심히 한 평생을 일해도 대도시에서 집을 사기 어렵기 때문이다.	很多人把高房价视为出生率下降的主要原因之一，因为大多数普通人即使努力工作一辈子，也很难在大城市买房。
	📍 **통역 포인트**	
	· '높은 집값을 원인 중 하나로 보다'는 把를 활용하여 把高房价视为原因之一로 통역한다. [스킬3]	
문장④	이 외에, 자녀 양육 비용이 대폭 상승하고 많은 돈이 아이의 생활과 교육에 쓰이기 때문에 사람들의 출산 의지는 해마다 하락한다.	除此之外，养育子女的成本大幅上升，大量的钱被花在孩子的生活和教育上，因此人们的生育意愿逐年下降。
	📍 **통역 포인트**	
	· '아이의 생활과 교육에 쓰이다'는 被를 활용하여 被花在孩子的生活和教育上으로 통역한다. [스킬4]	
문장⑤	이에 대해 전문가는 출산율이 낮은 현상이 지속될 것이며, 이러한 추세에 따르면 몇몇 국가는 모습을 감출 위험에 직면할 수 있다고 지적했다.	对此，专家指出，出生率低的现象将会持续下去，按照这样的趋势，有些国家可能会面临消失的危险。
	📍 **통역 포인트**	
	· 중국어 문장에서 술어가 되는 指出(지적하다)의 위치에 유의하며 통역한다. [스킬1] · '모습을 감추다'가 떠오르지 않으면 '사라지다'로 쉽게 바꿔서 消失로 통역한다. [스킬7]	

Step 2 한국어 자료와 작성한 메모를 보면서 정확한 발음으로 통역하기 [답변시간 2분]

준비시간이 끝나면, '삐-' 소리와 함께 2분의 답변시간이 시작된다. '삐-' 소리가 들리면 화면에 제시되는 자료와 준비시간에 작성한 메모를 함께 보면서 정확한 발음으로 통역한다. 이때 빠르게 말하려 하기보다는 어법 실수 없이 차근차근 말하는 것에 더 유의한다.

<화면에 제시되는 자료>

통계에 따르면, 최근 몇 년 동안 일부 국가의 출산율은 지속적으로 하락하는 추세가 나타났다. 국가의 발전은 출산율과 관련이 있으며, 만약 출산율이 일정 정도까지 하락한다면 노동 인구도 이에 따라 감소해 이는 결국 경제 활력의 부족을 초래할 것이다. 많은 사람은 높은 집값을 출산율이 하락하는 주요 원인 중 하나로 보는데, 대다수의 보통 사람은 열심히 한평생을 일해도 대도시에서 집을 사기 어렵기 때문이다. 이 외에, 자녀 양육 비용이 대폭 상승하고 많은 돈이 아이의 생활과 교육에 쓰이기 때문에 사람들의 출산 의지는 해마다 하락한다. 이에 대해 전문가는 출산율이 낮은 현상이 지속될 것이며, 이러한 추세에 따르면 몇몇 국가는 모습을 감출 위험에 직면할 수 있다고 지적했다.

<모범답변>

据统计，近几年来有些国家出现了出生率持续下降的趋势。国家的发展与出生率有关，如果出生率下降到一定程度，劳动人口也会随之减少，这最终会导致经济活力不足。很多人把高房价视为出生率下降的主要原因之一，因为大多数普通人即使努力工作一辈子，也很难在大城市买房。除此之外，养育子女的成本大幅上升，大量的钱被花在孩子的生活和教育上，因此人们的生育意愿逐年下降。对此，专家指出，出生率低的现象将会持续下去，按照这样的趋势，有些国家可能会面临消失的危险。

* p.444에 있는 QR코드를 스캔하면 모범답변 음원을 들을 수 있어요. 음원을 따라 읽으며 연습하세요.

어휘 p.444

다음 자료를 읽고 중국어로 통역해 보세요. 컴퓨터의 메모장을 활용하여 중국어로 입력하는 연습을 해보세요.

1

    백색 오염은 일회용 식기, 플라스틱 병, 비닐봉지 등 플라스틱 제품이 아무렇게나 버려져 생태 환경에 야기한 오염을 가리킨다. 한편으로, 플라스틱 제품은 원가가 낮고 무게가 가벼우며 오래 쓸 수 있다는 등의 장점이 있으며 많은 영역에서 광범위하게 사용되고 있다. 하지만 다른 한편으로, 플라스틱 제품은 환경이 심각한 위협을 받게 했다. 왜냐하면 많은 사람이 조금의 절제도 없이 플라스틱 제품을 사용하고, 게다가 플라스틱은 쉽게 썩지 않기 때문이다. 따라서 사람들은 백색 오염이 가져온 위협을 이해하고, 환경보호 의식을 높여야 한다.

(草稿区，不计分)

2

    무선 이어폰의 출현은 사람들의 일상생활을 더 편리하게 했다. 무선 이어폰이 생기고부터 사람들은 더 이상 꼬인 이어폰 줄에 시달리지 않게 되었다. 게다가 무선 이어폰을 가볍게 터치하기만 하면 손쉽게 전화를 받거나 음악을 틀 수 있어서 차를 운전하거나 운동을 할 때 특히 편리하다. 하지만 무선 이어폰은 왼쪽과 오른쪽이 연결되어 있지 않기 때문에 사람들은 그중 한쪽을 잃어버리기 쉽다. 그 외에, 어떤 사람들은 무선 이어폰으로 다른 사람의 대화를 엿듣고 타인의 프라이버시를 침해하는데, 그래서 사람들은 무선 이어폰의 안전성 문제를 걱정하기 시작했다. 결론적으로, 무선 이어폰은 장점도 있고 단점도 있으므로, 개인의 선호에 따라서 무선 이어폰을 사용할지 말지 결정을 하면 된다.

(草稿区，不计分)

만리장성과 같은 중국의 문화유산, 중국 화폐의 역사, 중국의 차를 마시는 습관과 같이 중국의 역사, 전통 등과 관련된 내용을 설명하는 내용의 자료가 출제된다.

예상 주제 | 1. 타이산(泰山)의 역사적 가치

2. 문인사예(文人四艺)의 종류와 의미

3. 술 문화(酒文化)의 계승과 보호

전략 적용

Step 1 **한국어 자료를 한 문장씩 중국어로 통역해보며 메모하기** [준비시간 1분]

준비시간 1분 동안 화면에 제시되는 한국어 자료를 한 문장씩 중국어로 통역하며, 통역해본 문장의 앞 부분을 자료 하단에 제시되는 메모란에 재빨리 메모해둔다. 이때 '필수 통번역 스킬 10(p.162)'을 활용하여 자주 쓰이는 표현과 문장 구조로 통역한다.

<화면에 제시되는 자료>

> 만리장성은 중국 고대의 군사 방어 시설로, 그것의 역사는 이천여 년 전으로 거슬러 올라갈 수 있다. 당시 사회는 매우 혼란스러웠고 전쟁이 자주 발생했기 때문에 외래의 침략에 저항하기 위해 사람들은 만리장성을 세웠다. 방어 기능 이외에, 만리장성은 정보를 전달하는 기능도 가지고 있다. 만리장성 위에는 대량의 봉화대가 설치되어 있어 적이 침략했을 때 주로 불을 붙이는 방식으로 사람들이 긴급 상황이 발생했다는 것을 알게 하고, 그리하여 군사 정보를 전달했다. 만리장성은 그것의 방대한 규모와 중요한 역사적 가치로 인해 1987년에 세계문화유산으로 지정되었다.
>
> (草稿区，不计分)
>
> > 长城是……，它的历史……
> > 当时的社会……，战争……，因此为了……，人们……
> > 除了……，长城还具有……
> > 长城上设置了……，当敌人……，主要以……，从而……
> > 长城因……，在1987年……

<한 문장씩 중국어로 통역해보기>

	제시된 한국어 문장	▶	통역해본 중국어 문장
문장①	만리장성은 중국 고대의 군사 방어 시설로, 그것의 역사는 이천여 년 전으로 거슬러 올라갈 수 있다.		长城是中国古代的军事防御设施，它的历史可以追溯到两千多年前。

📍통역 포인트

· '~으로 거슬러 올라가다'는 동작이 어느 지점에 도달함을 나타내는 결과보어 到를 활용하여 追溯到로 통역한다. [스킬2]

문장②	당시 사회는 매우 혼란스러웠고 전쟁이 자주 발생했기 때문에 외래의 침략에 저항하기 위해 사람들은 만리장성을 세웠다.		当时的社会非常混乱，战争频发，因此为了抵抗外来侵略，人们建起了长城。

📍통역 포인트

· '자주 발생하다'는 经常发生으로 그대로 직역하기보다 하나의 중국어 동사 频发로 통역한다. [스킬9]

문장③	방어 기능 이외에, 만리장성은 정보를 전달하는 기능도 가지고 있다.		除了防御功能，长城还具有传递情报的功能。

📍통역 포인트

· '정보를 전달하다'는 중국어의 호응어휘 传递情报를 활용하여 통역한다. [스킬6]
  이때, '정보'는 '기밀 혹은 군사 정보'를 가리키는 情报로 통역해야 하고, '뉴스, 소식'과 같이 일반적인 정보를 가리키는 信息로 통역하지 않도록 유의한다.

문장④	만리장성 위에는 대량의 봉화대가 설치되어 있어 적이 침략했을 때 주로 불을 붙이는 방식으로 사람들이 긴급 상황이 발생했다는 것을 알게 하고, 그리하여 군사 정보를 전달했다.		长城上设置了大量的烽火台，当敌人入侵时，主要以点火的方式让人们知道有紧急情况发生，从而传递军事情报。

📍통역 포인트

· 문장이 길기 때문에 '설치되어 있어'에서 한번 끊어준다. [스킬10]
· '사람들이 긴급 상황이 발생했다는 것을 알게 하다'는 让을 활용하여 让人们知道有紧急情况发生으로 통역한다. [스킬5]

문장⑤	만리장성은 그것의 방대한 규모와 중요한 역사적 가치로 인해 1987년에 세계문화유산으로 지정되었다.		长城因其庞大的规模和重要的历史价值，在1987年被列为世界文化遗产。

📍통역 포인트

· '세계문화유산으로 지정되다'는 被를 활용하여 被列为世界文化遗产으로 통역한다. [스킬4]

Step 2 한국어 자료와 작성한 메모를 보면서 정확한 발음으로 통역하기 [답변시간 2분]

준비시간이 끝나면, '삐-' 소리와 함께 2분의 답변시간이 시작된다. '삐-' 소리가 들리면 화면에 제시되는 자료와 준비시간에 작성한 메모를 함께 보면서 정확한 발음으로 통역한다. 이때 빠르게 말하려 하기보다는 어법 실수 없이 차근차근 말하는 것에 더 유의한다.

<화면에 제시되는 자료>

만리장성은 중국 고대의 군사 방어 시설로, 그것의 역사는 이천여 년 전으로 거슬러 올라갈 수 있다. 당시 사회는 매우 혼란스러웠고 전쟁이 자주 발생했기 때문에 외래의 침략에 저항하기 위해 사람들은 만리장성을 세웠다. 방어 기능 이외에, 만리장성은 정보를 전달하는 기능도 가지고 있다. 만리장성 위에는 대량의 봉화대가 설치되어 있어 적이 침략했을 때 주로 불을 붙이는 방식으로 사람들이 긴급 상황이 발생했다는 것을 알게 하고, 그리하여 군사 정보를 전달했다. 만리장성은 그것의 방대한 규모와 중요한 역사적 가치로 인해 1987년에 세계문화유산으로 지정되었다.

<모범답변>

长城是中国古代的军事防御设施，它的历史可以追溯到两千多年前。当时的社会非常混乱，战争频发，因此为了抵抗外来侵略，人们建起了长城。除了防御功能，长城还具有传递情报的功能。长城上设置了大量的烽火台，当敌人入侵时，主要以点火的方式让人们知道有紧急情况发生，从而传递军事情报。长城因其庞大的规模和重要的历史价值，在1987年被列为世界文化遗产。

* p.446에 있는 QR코드를 스캔하면 모범답변 음원을 들을 수 있어요. 음원을 따라 읽으며 연습하세요.

어휘 p.446

다음 자료를 읽고 중국어로 통역해 보세요. 컴퓨터의 메모장을 활용하여 중국어로 입력하는 연습을 해보세요.

1

　　중국은 전 세계에서 비교적 이르게 화폐를 사용한 나라 중 하나이며 화폐 사용의 역사가 길게는 오천 년에 달한다. 중국 고대 화폐는 형성과 발전 과정에서 잇따라 여러 번의 매우 중대한 변천을 겪었다. 조개껍데기는 중국 최초의 화폐였지만, 상품 거래의 발전에 따라 화폐 수요량이 점점 더 커져 조개껍데기는 사람들의 수요를 만족시킬 수 없게 되었다. 이후 천, 칼, 은 등이 모두 화폐를 주조하는 데 사용되었다. 진나라가 중국을 통일한 후, 황제는 새로운 화폐 제도를 만들고 통일된 화폐를 발행하라는 명령을 내렸다. 진나라의 화폐 제도는 다음 시대까지 계속해서 이어졌다.

(草稿区，不计分)

2

　　중국은 차의 본고장이며, 오래된 차 재배 역사와 차를 마시는 특별한 풍속이 있다. 차는 중국 전통문화의 중요한 구성 부분이며 아름다운 삶에 대한 사람들의 동경과 건강에 대한 추구를 나타내고 있다. 차는 사람들의 생활과 밀접하게 관련되어 있는데, 이것은 사람의 몸과 마음을 편안하게 할 수 있으며, 게다가 차를 마시는 것은 스트레스를 해소하는 데 도움이 된다. 이 외에도, 차는 면역력을 높이는 데에도 도움이 된다. 홍차를 예로 들어, 만약 농도가 5%에 이르면 감기 바이러스는 박멸될 수 있다.

(草稿区，不计分)

모범답변 p.446

실제로 시험에 응시하는 것처럼, 음성을 들으며 문제당 1분 동안 준비한 후, 2분 동안 중국어로 통역하세요. 컴퓨터의 메모장을 활용하여 중국어로 입력하는 연습을 해보세요.

[테스트 1] 🎧 제2부분_테스트1

1

식물을 심는 것을 통해 도시 환경을 개선하는 행위는 도시 녹화라고 불린다. 도시 녹화는 도시 생태계를 원래 상태로 되돌리고, 도시 주민 생활 환경을 개선하는 데 중요한 역할을 할 수 있다. 녹색 식물은 유해 가스를 흡수함으로써 공기의 질을 높일 수 있다. 이 외에 나무는 햇빛을 막을 수 있기 때문에, 무더운 여름에 사람들은 나무 아래의 그늘진 곳에서 더위를 피하고 시원한 바람을 쐴 수 있다. 녹색 식물은 스트레스를 해소하고 사람의 마음이 평온해지게 하는 효과도 있다. 따라서 사람들은 식물 보호를 도시 환경을 개선하는 중요한 일환으로 봐야 한다.

(草稿区，不计分)

2

고대에 중국의 도자기는 일찍이 널리 전파되었는데, 그것은 역사에 깊은 흔적을 남겼다. 그러나 현대에 이르러 도자기 예술은 오히려 고대와 같이 발전을 이루지 못했다. 그럼에도 불구하고 도자기 예술을 지속적으로 발전시키기 위해 몇몇 도자기 거장들은 여전히 열심히 창작 활동을 하고 있다. 그들은 도자기 예술의 전통을 계승했을 뿐만 아니라 각종 새로운 시도까지 하여 도자기 예술이 더 많은 가능성을 가지게 했다. 그들은 시대의 발걸음을 바짝 뒤따르며 전통과 현대를 완벽하게 함께 결합했고, 많은 놀라운 작품을 만들어냈다.

(草稿区，不计分)

1

과학 기술의 끊임없는 발전은 인류의 생활 수준이 점차 높아지게 했다. 로봇 청소기, 스마트TV 등은 몇십 년 전에는 단지 인류 상상 속의 산물에 불과했지만 오늘날에는 이미 잘 팔리는 과학 기술 제품이 되었다. 인류는 언제나 과학 기술이 가져온 편리함을 누리고 있지만, 과학 기술이 가져온 부정적인 영향도 간과할 수는 없다. 예를 들어 과학 기술의 발전에 따라 점점 더 많은 사람이 인터넷이나 전자 제품에 중독되고 있다. 이 외에도 과학 기술의 발전은 개인정보 유출이라는 사회적 문제를 야기하기도 한다. 따라서 사람들은 과학 기술의 발전을 중요한 위치에 두어야 할 뿐만 아니라 과학 기술이 가져오는 부정적인 영향에 대해서도 경계심을 가져야 한다.

(草稿区，不计分)

2

먹이를 찾는 것은 동물의 본능이고, 미식을 추구하는 것은 사람의 천성이다. 역사 자료의 기록에 따르면, 중국의 음식 문화는 하나라, 상나라, 주나라 시기에 나타났고, 명나라는 음식 문화가 절정에 다다른 시기이다. 명나라 시기에, 농업 생산 기술과 농업 경제는 큰 발전을 이루었고, 또한 일부 농산품이 중국으로 유입되면서 광범위하게 전파되었다. 이는 또한 당시의 미식 요리 기술이 일정한 수준으로 오르게 했다. 당시 사람들은 각종 외래 식자재로 다양한 요리를 만들며 기존의 요리 종류를 대단히 풍부하게 했다. 명나라의 개방적인 사회 풍조는 마침 명나라 미식 문화의 기틀을 다졌다고 할 수 있다.

(草稿区，不计分)

모범답변 p.449

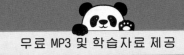

무료 MP3 및 학습자료 제공

china.Hackers.com

말하기

제1부분
자료 읽고
문제에 답변하기

제2, 3부분
단문 듣고
질문에 답변하기

제1부분

자료 읽고 문제에 답변하기

말하기 제1부분은 제시된 자료를 읽고 문제에 맞게 답변하는 형태로, 94번 1문제가 출제되며, 준비시간 3분, 답변시간 3분이 주어진다.

고득점비책 01   제시된 자료 활용하여 문제에 답변하기
고득점비책 02   의견을 묻는 문제에 답변하기

출제 유형

1. **제시된 자료 활용하여 문제에 답변하기**
   제시된 자료를 활용하여 문제에 답변하는 문제는 강의, 전시회 관람, 체험활동 등과 같은 주제의 자료가 화면에 제시되며, 주로 이를 활용해서 다른 사람에게 일정이나 프로그램 등을 소개하는 형태로 출제된다.

2. **의견을 묻는 문제에 답변하기**
   의견을 묻는 문제에 답변하는 문제는 강의, 전시회 관람, 체험활동 등과 같은 주제의 자료가 화면에 제시되며, 주로 제시된 자료에 근거하여 여러 항목 중에서 어떤 수업에 관심이 있는지, 또는 어떤 활동에 참여하고 싶은지 등과 같이 나의 의견이나 관심사를 말하는 형태로 출제된다.

공략 비법

1. **문제를 가장 먼저 확인한다.**
   문제는 주로 제시된 자료의 가장 하단에 있다. 자료를 읽을 때 문제를 가장 먼저 확인하면, 자료에서 어떤 내용을 중점적으로 파악해야 하는지 확인할 수 있어 자료를 보는 동시에 바로 답변을 구상할 수 있다.

2. **<상황 언급 → 자료 내용 언급 → 마무리>의 흐름으로 답변 아웃라인을 구상하며 짜임새 있게 답변한다.**
   주어진 시간 안에 제시된 문제에 대해 짜임새 있는 답변을 하는 것이 중요하다. 따라서 <상황 언급 → 자료 내용 언급 → 마무리>의 흐름으로 답변 아웃라인을 구상하여 답변한다.

답변이 쉬워지는 문제풀이 스텝

(Step 1) 문제 파악하고 자료를 읽으면서 답변 아웃라인 구상하기 [준비시간 3분]

준비시간 3분 동안, 제시된 자료의 문제를 먼저 읽고 자료에서 어떤 내용을 중점적으로 파악해야 하는지 확인한 후, 자료를 처음부터 읽으면서 답변 아웃라인을 구상한다. 답변을 구상할 때는 문제에서 제시된 상황을 먼저 간단하게 언급한 후, 자료를 보며 구체적인 내용을 말하고, 답변을 정리하는 짧은 한 두 문장으로 마무리한다. 나의 의견을 묻는 문제가 있으면 자료를 보며 이에 근거하여 내 의견을 함께 설명한다.

<화면에 제시되는 자료>   <구상한 답변 아웃라인>

94. 你们学校下周将邀请几位心理咨询师开展"心理夏令营"心理健康教育讲座，同学们可以自由选择自己感兴趣的讲座。

时间	地点	主题	主要内容
星期一 (10:00-12:00)	法学院 大讲堂	情感	如何处理 心中的 "情绪垃圾"
星期二 (14:00-16:00)	社会学院 报告厅	自我提升	提升自我 价值的途径
星期三 (14:00-17:00)	大礼堂	人际交往	常见的人际 交往问题及 解决办法

1) 有一个同学想了解情感和自我提升方面的讲座，请你根据上面的表格向那位同学详细介绍一下。
2) 你对下周的哪场讲座最感兴趣？为什么？

상황 언급	감정과 자기개발 측면의 강의에 대해 소개해주겠음
자료 내용 언급 + 나의 의견	– 월요일에 법률대학 대강당에서 감정을 주제로 하는 강의가 있음. 마음속 '감정 쓰레기'를 어떻게 처리하는가에 대해 이야기할 것임 – 자기 개발 강의는 화요일에 사회대학 세미나실에서 열림. '자기 가치를 높이는 방법'에 대해 이야기할 것임 – 인간관계 측면의 강의에 가장 관심 있음. 새로운 친구를 만나는 것을 좋아하는데, 때때로 인간관계를 어떻게 처리해야 할지 잘 모르겠음 – 수요일에 마침 인간관계 관련 강의가 있으며, '흔히 볼 수 있는 인간관계 문제 및 해결 방안'에 대해 이야기함. 이 강의를 통해, 스스로가 인간관계를 잘 처리할 수 있길 바람
마무리	'심리 여름 캠프'에서 가장 관심 있는 것은 인간관계 측면의 강의임

(Step 2) 구상한 답변 아웃라인을 토대로 자료 보며 답변하기 [답변시간 3분]

준비시간이 끝나면, '삐–'소리와 함께 3분의 답변시간이 시작된다. '삐–'소리가 들리면 화면에 제시된 자료를 보면서 구상한 답변 아웃라인을 떠올리며 정확한 발음으로 답변한다. 이때 빠르게 말하려고 하기보다는 어법 실수 없이 차근차근 말하는 것에 더 유의한다.

<모범답변>

상황 언급 ── 你好，听说你想了解情感和自我提升方面的讲座，我来给你详细介绍一下。

首先，星期一上午十点到十二点在法学院大讲堂有以情感为主题的讲座，心理咨询师会讲"如何处理心中的'情绪垃圾'"。其次，以自我提升为主题的讲座则在星期二下午两点到四点在社会学院报告厅举办，心理咨询师将给我们讲述"提升自我价值的途径"。

자료 내용
언급
+
나의 의견

接下来我来说说我最感兴趣的讲座，我对人际交往方面的讲座最感兴趣。我平时喜欢认识新朋友，但我发现和不同的人交往时会遇到各种不同的问题，有时候我不知道应该如何去正确地处理人际关系。星期三下午两点到五点，大礼堂刚好有一场人际交往方面的讲座，心理咨询师将在现场讲述"常见的人际交往问题及解决办法"。我打算去听这个讲座，我觉得它非常适合我听。通过这个讲座，我希望自己能学到一些在人际交往中的心理学技巧，从而更好地处理人际关系。

마무리 ── 因此，在下周的"心理夏令营"心理健康教育讲座中，我最感兴趣的是人际交往方面的讲座。

해석 p.454

제시된 자료 활용하여 문제에 답변하기

화면에 제시되는 자료를 활용하여, 주로 다른 사람에게 세부적인 일정이나 프로그램의 상세 내용 등을 소개하는 형태로 문제가 출제된다.

예상 주제 | 1. 剪纸课(전지 수업) 일정 및 참여 주의 사항
2. 能源研究所夏令营(에너지 연구소 여름캠프) 일정 및 활동 주의 사항

전략 적용

Step 1 **문제 파악하고 자료를 읽으면서 답변 아웃라인 구상하기** [준비시간 3분]

준비시간 3분 동안, 제시된 자료의 문제를 먼저 읽고 자료에서 어떤 내용을 중점적으로 파악해야 하는지 확인한 후, 자료를 처음부터 읽으면서 답변 아웃라인을 구상한다. 답변을 구상할 때는 문제에서 제시된 상황을 먼저 간단하게 언급한 후, 자료를 보며 구체적인 내용을 말하고, 답변을 정리하는 짧은 한 두 문장으로 마무리한다. 나의 의견을 묻는 문제가 있으면 자료를 보며 이에 근거하여 내 의견을 함께 설명한다.

<화면에 제시되는 자료>

古筝考试安排

考试日期	考试等级	考试时间
1月8日 （周六）	初级	9:00-10:00
	中级	10:30-11:30
	高级	15:00-17:00

考试级别	
初级	一～四级
中级	五～七级
高级	八～十级

【注意事项】
一、考试共分三个等级，按照考生的成绩给予具体级别。
二、考场提供古筝，考生无需自备。
三、考生应自带指甲套，考场不提供指甲套。
四、考生必须在《古筝考试作品集》中选择符合自己考试等级的曲目，若选择了该作品集中没有收录的曲目，则不能参加考试。
五、考生需三人一组进入考场，其他考生演奏时应安静地等候自己的顺序，不应做出影响他人的举动。

如果你是古筝考试主管机构的工作人员，有学生想参加古筝考试，请你告诉学生古筝考试的安排以及注意事项。

<구상한 답변 아웃라인>

상황 언급	고쟁 시험 주관 기관의 직원으로서 구체적인 내용과 주의 사항을 알려주겠음
	- 시험 날짜는 1월 8일 토요일이며 시험은 초급, 중급, 고급으로 나뉨 - 초급 시험은 9시~10시, 중급 시험은 10시 30분~11시 30분, 고급 시험은 15~17시임 - 초급은 1~4급, 중급은 5~7급, 고급은 8~10급으로 나뉨
자료 내용 언급	- 시험은 세 등급으로 나뉘며, 성적에 따라 구체적인 급수 부여함 - 고사장에서 고쟁을 제공하므로 직접 준비하지 않아도 됨 - 손가락 픽 지참해야 함. 고사장에서 제공하지 않기 때문 - <고쟁 시험 작품집>에서 자신의 시험 등급에 맞는 곡을 선택해야 하고, 해당 작품집에 없는 곡을 선택하면 시험에 참가할 수 없음 - 3인 1조로 고사장에 들어가고, 다른 수험생이 연주할 때 조용히 자신의 순서를 기다려야 하며, 남에게 영향을 미치는 행동을 하면 안 됨
마무리	모든 일이 순조롭기를 바라고 모르는 것이 있으면 물어보길 바람

구상한 답변 아웃라인을 토대로 자료 보며 답변하기 [답변시간 3분]

준비시간이 끝나면, '삐–'소리와 함께 3분의 답변시간이 시작된다. '삐–'소리가 들리면 화면에 제시된 자료를 보면서 구상한 답변 아웃라인을 떠올리며 정확한 발음으로 답변한다. 이때 빠르게 말하려고 하기보다는 어법 실수 없이 차근차근 말하는 것에 더 유의한다.

<모범답변>

상황 언급 ——

　　你好，我是古筝考试主管机构的工作人员。我来告诉你古筝考试的安排和注意事项吧。

　　首先，说一下具体内容。古筝考试的日期是1月8日，周六。考试共分为初级、中级、高级三个等级，初级考试时间是上午九点到十点，中级考试时间是上午十点半到十一点半，高级考试时间是下午三点到五点。此外，初级为一到四级，中级为五到七级，高级为八到十级。

자료 내용 언급

　　其次，说一下注意事项。一共有五个注意事项。第一，考试分三个等级，按照考生的成绩给予具体级别。第二，考场提供古筝，你不用自己带古筝去考场。第三，你要自己带指甲套，因为考场不提供指甲套。第四，你必须在《古筝考试作品集》中选择符合自己考试等级的曲目，如果你选择该作品集中没有收录的曲目，就不能参加考试。第五，考试时三人一组进入考场，其他考生演奏时，你要安静地等候自己的顺序，不应该做出影响他人的举动。

마무리 ——

　　最后，希望你一切顺利，如果有不懂的地方，可以再问我。

* p.454에 있는 QR코드를 스캔하면 모범답변 음원을 들을 수 있어요. 음원을 따라 읽으며 연습하세요.

해석 p.454

실전연습문제 🐼

제시된 자료를 읽고 답변하세요.

零废弃购物展

【购物展地点安排】

展区	地点	详细运营内容
食品区	西湖公园正门	购物展开展期间每天都运营
饮品区	西湖公园南门	购物展的第一、二天运营
日用品区	西湖公园东门	购物展的第三、四天运营

【注意事项】

（一）不提供塑料袋，顾客请自备购物袋，也可以在展厅内购买可重复使用的购物袋。

（二）所销售的产品均为散装，请顾客自备容器。

（三）为了防止食品被污染，不得退换已装入自带容器的食品。

（四）各个展区都设有电子秤，顾客可以随时用电子秤确认所购买商品的重量。

（五）购买五百元以上时，可获得纯天然肥皂一块。

如果你是这次零废弃购物展的负责人，在购物展开始的第一天，请你向顾客们介绍这次购物展的具体活动安排以及购物注意事项，并说一些希望他们积极参与的话语。

模범답변 p.455

02 의견을 묻는 문제에 답변하기

화면에 제시되는 자료에 근거하여, 주로 여러 항목 중 어떤 수업에 관심 있는지, 또는 어떤 활동에 가장 참여하고 싶은지 등과 같이 나의 의견이나 관심사를 선택하여 말하는 형태로 문제가 출제된다.

예상 주제 | 1. 校内讲座(교내 강의) 진행 일정 및 주요 강의 내용
 | 2. 国家博物馆展览(국립박물관 전시) 일정 및 전시 관련 정보

전략 적용

Step 1 문제 파악하고 자료를 읽으면서 답변 아웃라인 구상하기 [준비시간 3분]

준비시간 3분 동안, 제시된 자료의 문제를 먼저 읽고 자료에서 어떤 내용을 중점적으로 파악해야 하는지 확인한 후, 자료를 처음부터 읽으면서 답변 아웃라인을 구상한다. 답변을 구상할 때는 문제에서 제시된 상황을 먼저 간단하게 언급한 후, 자료를 보며 구체적인 내용을 말하고, 답변을 정리하는 짧은 한 두 문장으로 마무리한다. 나의 의견을 묻는 문제가 있으면 자료를 보며 이에 근거하여 내 의견을 함께 설명한다.

<화면에 제시되는 자료>

7月8日~7月11日世界博览中心将举办"世界环境日环保活动"，你在小区里看到了以下公告。

活动名称	活动内容	特别事项
环保工艺品大赛	– 废旧物品大改造	① 本次活动为免费活动，但在进入活动现场时须出示身份证。② 关注"环保协会"微信公众号，即可在出口处领取一份"环保小礼包"。
环保摄影作品展	– 环保摄影作品展示 – 环保摄影作品颁奖仪式	
"变废为宝"环保走秀	– 环保服装制作方式讲解 – 古风环保服装走秀	

1) 有人想了解有关摄影和走秀的活动，请你根据上面的表格给他详细说明一下。
2) 你最想参加哪个活动？为什么？

<구상한 답변 아웃라인>

상황 언급	사진과 패션쇼 행사에 대해 설명해주겠음
자료 내용 언급 + 나의 의견	– 이 두 행사는 7월 8일부터 7월 11일까지 개최됨. 사진과 관련된 행사는 친환경 사진 작품전이며, 친환경 사진 작품과 시상식을 볼 수 있음 – '쓰레기를 보물로 바꾸다' 친환경 패션쇼는 친환경 의류 제작 방식 설명, 고풍스러운 친환경 의류 패션쇼 두 부분으로 나뉨 – 이번 행사는 무료지만 입장할 때 신분증을 제시해야 함. '친환경 협회'의 위챗 공식 계정을 팔로우하면 '친환경 선물'을 받을 수 있음 – 친환경 공예품 대회에 가장 참여하고 싶음. 친환경 제품에 관심이 많고 수공예를 하는 것도 좋아해서, 대회에서 특별한 수공예품을 만들고 싶기 때문임 – 폐기물 개조 행사가 있음. 쓰레기를 줄이는 데 공헌할 수 있으며, 다른 사람들이 어떻게 폐기물을 활용하여 공예품을 만드는지를 볼 수 있음
마무리	'세계 환경의 날 친환경 행사'에서 가장 참여하고 싶은 행사는 친환경 공예품 대회임

구상한 답변 아웃라인을 토대로 자료 보며 답변하기 [답변시간 3분]

준비시간이 끝나면, '삐-'소리와 함께 3분의 답변시간이 시작된다. '삐-'소리가 들리면 화면에 제시된 자료를 보면서 구상한 답변 아웃라인을 떠올리며 정확한 발음으로 답변한다. 이때 빠르게 말하려고 하기보다는 어법 실수 없이 차근차근 말하는 것에 더 유의한다.

<모범답변>

상황 언급	你好，听说你想了解有关摄影和走秀的活动，我可以给你详细说明一下。
자료 내용 언급 + 나의 의견	首先，这两个活动会从7月8号到7月11号举办，地点是世界博览中心。有关摄影的活动是环保摄影作品展，你可以欣赏到环保摄影作品，还能看到环保摄影作品的颁奖仪式。其次，"变废为宝"环保走秀的活动分为环保服装制作方式讲解和古风环保服装走秀两个部分。此外，这次活动是免费的，不过入场时你要出示你的身份证。你还可以关注"环保协会"的微信公众号，这样的话你就能在出口处领取一份"环保小礼包"。 接下来我来说说我最想参加的活动。我最想参加环保工艺品大赛，因为我一直以来都对环保产品很感兴趣，而且平时我还喜欢做一些小手工，所以我想在大赛上用回收的废物做出特别的手工艺品。环保工艺品大赛有废旧物品大改造活动，我觉得如果我去参加这个活动，能为减少垃圾作出一定的贡献，还能看到其他人如何利用废物制作工艺品，这会是一个非常有意义的活动。
마무리	所以，在这次的"世界环境日环保活动"中，我最想参加的是环保工艺品大赛。

* p.457에 있는 QR코드를 스캔하면 모범답변 음원을 들을 수 있어요. 음원을 따라 읽으며 연습하세요.

해석 p.457

실전연습문제

제시된 자료를 읽고 답변하세요.

你在学校官网看到了青少年心理健康咨询中心的志愿者招募公告，以下是该活动的详细内容。

活动名称	青少年心理健康咨询中心志愿者招募	
招募时间	8月2日～8月3日 09:00～17:30	
招募地点	北区运动场	
各部门工作内容	组织部	1. 撰写志愿活动策划书 2. 借用活动道具 3. 协调宣传部做好前期的宣传工作 4. 制作气质类型测试、性格测试、人际关系测试等方面的测试表
	宣传部	1. 制作海报和宣传单 2. 推广并宣传咨询中心的活动 3. 记录和拍摄相关活动过程
	行政部	1. 协调各部门成员的工作 2. 协助心理咨询人员的工作 3. 为咨询者提供引导服务

1）有同学想参加这次志愿者活动，他对组织部和行政部的工作很感兴趣，请你根据上面的表格向那位同学详细介绍一下。

2）你最想去哪个部门工作？为什么？

模범답변 p.457

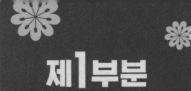

실제로 시험에 응시하는 것처럼 음성을 들으며 테스트당 3분 동안 준비한 후, 3분 동안 답변하세요.

[테스트 1] 🎧 제1부분_테스트1

剪纸课安排

授课老师	周婷	
时间	9月8日 星期四 13:00-16:00	
地点	广州会展中心	
内容	理论 (一小时)	1. 剪纸的起源和发展 2. 剪纸与其他艺术的区别 3. 剪纸的制作步骤
	实践 (两小时)	1. 选择图案，动手操作 2. 作品展示

【注意事项】

1. 报名费为50元/人，广州市民持身份证可享受七折优惠。
2. 课上将给学员提供纸、剪刀等听课所需材料。使用剪刀时，务必注意安全。
3. 上课前会给每人提供三张红纸，需要额外纸张的学员可在讲台旁自行领取。
4. 课上将提供剪纸图案，若想用其他图案制作，可自备图案。
5. 应保持教室干净整洁，课后应自觉收拾好自己身边的垃圾。

如果你是该剪纸课的负责人，有其他城市的学生询问剪纸课的相关信息，请你向这位学生介绍剪纸课的活动安排以及注意事项，并说一些鼓励学生参与活动的话语。

你发现学校公告栏上贴着"中国传统文化系列讲座"的日程表，上面介绍了本周将在学校举行的各类讲座。

主题	时间地点	主讲人	主要内容
象棋基础与要领	3月9日 13:30-15:30 信息楼501教室	象棋特级大师： 赵冰	– 象棋的起源与发展 – 象棋的棋谱规则
太极拳实用拳法解析	3月9日 19:00-21:00 立心楼213教室	太极大师： 杨正英	– 太极拳的主要特点 – 太极拳的基本原则 – 太极拳拳术介绍
京剧经典剧目鉴赏	3月10日 10:00-12:00 明德楼大讲堂	京剧代表性传承人： 李世霞	– 京剧表演的特征 – 京剧经典剧目《连环套》赏析 – 京剧武生经典剧目赏析
书法知识大讲解	3月10日 13:30-15:30 宣和楼608教室	中国科学院教授： 于晓阳	– 文房四宝的介绍 – 书法字体间的区别
印章的起源与发展	3月10日 19:00-21:00 致远楼113教室	清华大学教授： 张卫东	– 印章的起源与发展 – 从古至今的印章样式 – 印章的鉴赏

1）有一个外国同学想了解象棋和太极拳方面的讲座，请你根据上面的表格向那位同学详细介绍一下。
2）你对哪场讲座最感兴趣？为什么？

모범답변 p.459

제2, 3부분

단문 듣고 질문에 답변하기

말하기 제2, 3부분은 단문을 듣고 질문에 답변하는 형태로 출제된다. 제2부분은 1개의 단문에 95번~97번 총 3문제가 출제되며, 단문의 음성이 끝나면 별도의 준비시간 없이 바로 답변시간이 주어진다. 95번~96번은 문제당 30초, 97번은 2분의 답변시간이 주어진다. 제3부분은 1개의 단문에 98번 1문제가 출제되며, 준비시간과 답변시간이 각 3분 주어진다. 단문과 질문은 화면으로 제시되지 않고 음성으로만 들려준다.

고득점비책 01 95번~97번, 단문 활용하여 답변하기
고득점비책 02 98번, 관점 표현하기

출제 유형

1. **95번~97번, 단문 활용하여 답변하기**
   95번~97번은 주로 논설문, 실용문, 이야기 단문이 출제된다. 95번과 96번은 주로 단문을 활용하여 단문의 주제나 관련 세부 내용을 답하는 문제가 출제되며, 97번은 주로 단문을 활용하여 단문의 중심 내용에 대한 나의 의견을 답하는 문제가 출제된다.

2. **98번, 관점 표현하기**
   98번은 속담·성어·도덕적 가치와 관련된 단문이 출제되며, 주로 단문에서 언급된 속담·성어·도덕적 가치에 대한 나의 관점을 표현하는 문제가 출제된다.

공략 비법

1. **단문 내용을 최대한 많이 메모해둔다.**
   말하기 제2, 3부분은 단문과 질문이 화면에 제시되지 않으며 한 번만 들려준다. 따라서 단문 내용을 답변에 적절하게 활용하고 질문에 맞는 답변을 하기 위해서는 단문과 질문에서 언급되는 내용을 최대한 많이 메모해두는 것이 중요하다.

2. **듣고 말하는 능력을 키울 수 있도록 쉐도잉 연습을 한다.**
   말하기 제2, 3부분은 단문과 질문을 오로지 한 번만 들려주므로 단문을 듣고 바로 이해하는 직청직해 능력이 중요하다. 해커스중국어 사이트에서 제공되는 <통역·말하기 모범답변 쉐도잉 연습 프로그램>으로 쉐도잉 연습을 하면, 단문을 듣자마자 바로 이해하는 직청직해 능력과 말하는 능력을 키울 수 있다.

답변이 쉬워지는 문제풀이 스텝

Step 1 단문 들으며 내용 메모하기 [음성 약 1~2분]

음성으로만 제공되는 단문을 듣고 질문에 답변해야 하므로 단문에서 언급되는 세부 내용을 최대한 많이 메모해둔다. 특히 논설문은 화자가 언급한 주장과 사례를, 실용문은 단문의 취지와 주요 내용을, 이야기는 중심 사건과 교훈 및 영향을 위주로 메모해둔다. 메모할 때는 단문 내용을 그대로 받아쓰기보다는 핵심표현을 위주로 메모한다.

<음성으로 들려주는 단문>

95-97. 归属感是一种基本的心理需求，是指个体与所属群体之间的一种内在联系。归属感有重要的意义。一是归属感能增加人对工作的热情。研究得出，缺乏归属感的人更容易对自己从事的工作缺乏热情。这是因为如果对工作环境没有归属感，就很难感受到工作的意义，并会失去前行的动力。二是归属感有益于维持人的身心健康和良好的社会关系，因为个体和所属群体之间的这种社会联系能让人感受到内在联系，所以归属感能够使我们维持积极的社会关系。人们可以从这种内在联系中得到温暖，获得帮助和爱，从而减少孤独感和寂寞感，获得安全感。因此，主动培养归属感可以提高幸福感。当一个人不再是孤身一人，而是有所归属时，这种心灵力量会为人的前行提供无限的动力。

(草稿区，不计分) 메모란에 작성한 내용은 점수에 반영되지 않는다.

归属感 소속감
增加工作热情　没有归属感　失去动力 일에 대한 열정을 증가시킴　소속감이 없음　동력을 잃음
维持身心健康和社会关系　温暖 심신 건강과 사회적 관계를 유지함　따뜻함
减少孤独感和寂寞感　获得安全感　提高幸福感 외로움과 적막함을 줄임　안정감을 얻음　행복감을 높임

Step 2 질문 듣고 답변하기

주로 단문을 활용하여 단문의 주제나 관련 세부 내용 또는 중심 내용에 대한 나의 의견을 답변하는 질문이 출제되며, '삐-' 소리가 나오면 답변한다. 질문을 듣고 앞서 작성한 메모를 토대로 답변하면 보다 짜임새 있는 답변을 할 수 있다. 제2부분은 질문을 듣고 95번~96번은 30초, 97번은 2분간 답변한다. 제3부분은 질문을 듣고 3분간 준비 후 3분간 답변한다.

<음성으로 들려주는 질문>

97. 问：你认为归属感重要吗？请说出原因。

<모범답변>

　　我认为归属感很重要，具体原因如下。归属感能让人更有责任感，并体会到工作的意义。当一个人没有归属感时，就容易对工作失去热情和动力。而有归属感的人，会觉得工作很有意义，工作时也会更加努力，他获得成就的可能性也更高。此外，归属感可以让我们维持稳定的社会关系。因为归属感将人与人联系在了一起，这不仅有益于保持人的身心健康和良好的社会关系，还可以使人从中获得温暖，从而减少孤独感和寂寞感，获得安全感和幸福感。从另一个角度看，这能让人更好地建立和维持良好的社会关系。因此，我认为归属感很重要，这种心灵力量会给人无限的动力。

해석 p.462

주로 논설문, 실용문, 이야기와 같은 단문이 출제된다. 95번~96번 질문은 주로 단문을 활용하여 단문의 주제나 관련 세부 내용을 답하는 문제가 출제되며, 30초의 답변시간이 주어진다. 97번 질문은 주로 단문을 활용하여 단문의 중심 내용에 대한 나의 의견을 답하는 문제가 출제되며, 2분의 답변시간이 주어진다.

예상 주제	1. 碳标签(탄소 라벨링)의 의미와 효과
	2. 无人配送(무인 배송)의 출현과 장점
	3. 城市垃圾(도시 쓰레기)의 문제점과 처리 방안

╲╱문제풀이 전략

Step 1 단문 들으며 내용 메모하기 [음성 약 1~2분]

• 95번~97번은 논설문, 실용문, 이야기와 같은 단문이 출제되므로, 단문을 들을 때 다음과 같은 내용을 주의 깊게 메모해둔다.

논설문	단문의 주제, 화자의 주장이나 의견, 구체적인 사례 및 근거
실용문	단문의 취지나 목적, 구체적인 사례와 세부 내용
이야기	등장인물, 등장인물과 관련된 중심 사건, 교훈 및 영향

Step 2 95번, 96번 질문 듣고 답변하기 [문제당 답변시간 30초]

• 95번과 96번 질문은 주로 의문사 의문문으로 제시되므로, 의문사 자리에 해당 내용을 넣어서 답변하면 더 수월하게 답변할 수 있다. 질문이 긴 경우 질문의 핵심이 되는 내용을 기억하여 답변에 활용한다.

질문	长期营养不良会引起什么症状?	장기간의 영양실조는 어떤 증상을 일으키는가?
답변	长期营养不良会引起厌食症状。	장기간의 영상실조는 거식 증상을 일으킵니다.

Step 3 97번 질문 듣고 답변하기 [답변시간 2분]

• 97번 질문을 듣고 '삐─'소리가 나온 다음, 앞서 작성한 메모를 토대로 '나의 입장 → 이유 → 마무리' 순으로 답변한다. 이때 아래와 같은 표현을 암기해두면 나의 입장을 말할 때나 마무리를 할 때 막힘없이 답변할 수 있다.

나의 입장을 말할 때 활용할 수 있는 표현	我认为……，具体原因如下。 저는 ~라고 생각합니다. 구체적인 이유는 아래와 같습니다.
	我认为……，以下是我的观点。 저는 ~라고 생각합니다. 아래는 저의 입장입니다.
	我的观点是……。 저의 입장은 ~입니다.
마무리할 때 활용할 수 있는 표현	因此，我认为……。 따라서 저는 ~라고 생각합니다.
	综上所述，我认为……。 앞서 언급한 내용을 종합했을 때, 저는 ~라고 생각합니다.
	总的来说，……。 종합하자면, ~.

☘ 전략 적용

Step 1 단문 들으며 내용 메모하기 [음성 약 1~2분]

음성으로만 제공되는 단문을 듣고 준비시간 없이 바로 질문에 답변해야 하므로 단문에서 언급되는 세부 내용을 최대한 많이 메모해둔다. 특히 논설문은 화자가 언급한 주장과 사례를, 실용문은 단문의 취지와 주요 내용을, 이야기는 중심 사건과 교훈 및 영향을 위주로 메모해둔다. 메모할 때 단문 내용을 그대로 받아쓰기보다는 핵심표현을 위주로 메모하고, 중국어가 바로 떠오르지 않는다면 한어병음으로 메모한다.

<음성으로 들려주는 단문> 🎧 제2, 3부분_1_01_전략 적용_단문

> 　　如今 95智能家居已悄悄走进我们的生活，并且变得越来越普遍。智能家居产品种类丰富，它给现代人的生活提供了很多便利。人们对智能家居充满了无限期待，而科技的进步逐渐使家居智能化成为现实。智能家居有许多不错的功能。首先，智能家居可以让人更容易控制家电。有了智能家居，96人们不需要去操作很多东西，96用语音控制和远程控制就可以实现家居的智能化。人们能通过语音控制来操控家电，出门在外时，还能用远程控制轻易操作家里的电器。其次，智能家居还能保障安全。这是因为智能家居具有防盗、防火、防煤气泄漏以及紧急救助等功能。一旦家中有煤气泄漏或非法入侵的情况，智能家居的报警器就会自动响起，并将报警信息发送到手机上。虽然有人担心黑客可能会侵入智能家居系统窃取隐私，但只要平时有意识地采取措施来保护智能家居设备，就能防范黑客的恶意入侵。智能家居优秀的功能势必会给人们的生活带来全新的感受。

(草稿区，不计分)

智能家居　普遍　提供便利 스마트홈　보편화됨　편리함을 제공함
科技进步　智能化　现实 과학 기술의 발전　스마트화　현실
容易控制家电　语音控制　远程控制 가전제품 제어가 쉬움　음성 제어　원격 제어
在外　轻易操作电器 밖에 있음　손쉽게 전자제품을 조작함
保障安全　防盗　防火 안전 보장　도난 방지　화재 방지
煤气泄漏　非法入侵　报警信息 가스 누출　불법 침입　긴급 메시지
保护智能家居设备　全新感受 스마트홈 설비 보호　새로운 느낌

▶ 제시된 음성은 **智能家居**(스마트홈)와 관련된 논설문이므로, 단문의 주제와 화자의 주장이나 의견, 이에 대한 구체적인 사례 및 근거를 위주로 메모한다.

Step 2 95번, 96번 질문 듣고 답변하기 [문제당 답변시간 30초]

95번과 96번은 주로 단문을 활용하여 단문의 주제나 관련 세부 내용을 답하는 질문이 출제되며, 질문을 듣고 한 문장으로 답변한다. '삐~'소리가 나온 다음 답변해야 하며, 문제당 30초의 답변시간이 주어지고 별도의 준비시간은 없다. 답변이 끝나면 남은 시간에는 작성해둔 메모를 확인하면서 지문 내용을 떠올리고, 다음 질문에 답변할 준비를 한다.

<음성으로 들려주는 질문>

95. 问：这篇文章主要提到的是什么？

<모범답변>

这篇文章主要提到的是智能家居。

▶ 질문이 이 단문이 주로 이야기하는 것은 무엇인지 물었다. 음성 전반적으로 **智能家居**에 대해 이야기하고 있으므로, **这篇文章主要提到的是智能家居。**라는 완전한 문장으로 답변한다.

<음성으로 들려주는 질문>

> 96. 问：说话人认为人们可以用哪两种方式来实现家居的智能化？

<모범답변>

> 说话人认为人们可以用语音控制和远程控制这两种方式来实现家居的智能化。

▶ 질문이 화자는 사람들이 어떤 두 가지 방식으로 가정의 스마트화를 실현할 수 있다고 생각하는지 물었다. 음성에서 **人们……用语音控制和远程控制就可以实现家居的智能化**가 언급되었으므로, **说话人认为人们可以用语音控制和远程控制这两种方式来实现家居的智能化**.라는 완전한 문장으로 답변한다.

Step 3 97번 질문 듣고 답변하기 [답변시간 2분]

97번은 주로 단문을 활용하여 중심 내용에 대한 나의 의견을 답변하는 질문이 출제되며, '삐-' 소리가 나온 다음 답변해야 한다. 2분의 답변시간이 주어지고 별도의 준비시간은 없다. 질문을 듣고 앞서 작성한 메모를 토대로 '나의 입장 → 이유 → 마무리'순으로 답변하면 보다 짜임새 있는 답변을 할 수 있다. 답변할 때는 빠르게 말하려고 하기보다 어법 실수 없이 차근차근 말하는 것에 더 유의한다.

<음성으로 들려주는 질문>

> 97. 问：你认为智能家居值得大力推广吗？请说出理由。

<모범답변>

> 　　我认为智能家居值得大力推广，以下是我的观点。
> 　　智能家居能让人们的生活变得更方便。在科技发展的现代社会，智能家居变得越来越普遍，智能家居产品也越来越多样，通过使用智能家居，人们可以享受到便利的生活。有了智能家居，人们可以更容易地控制家电。例如可以通过语音控制来操控家电，在外面也可以用远程控制来操作家里的电器。可见智能家居使生活变得更便利。
> 　　不仅如此，智能家居还能保障家里的安全。如今很多智能家居系统有防盗、防火等功能。如果发生煤气泄漏或非法入侵的状况，它还能自动报警，并将报警信息发送到手机上。
> 　　综上所述，我认为智能家居值得大力推广，因为它能让现代人的生活更加便利和智能。

▶ 질문이 스마트홈을 널리 보급할 가치가 있다고 생각하는지 물었으므로, 이에 대한 입장을 먼저 밝힌 후 그렇게 생각한 이유를 설명하고, 나의 입장을 정리하는 한 두 문장으로 답변을 마무리한다.

* p.462에 있는 QR코드를 스캔하면 모범답변 음원을 들을 수 있어요. 음원을 따라 읽으며 연습하세요.

해석 p.462

음성을 들으며 아래 메모란에 메모한 후, 질문을 듣고 답변하세요. 컴퓨터의 메모장을 활용하여 중국어로 입력하는 연습을 해보세요. 🎧 제2, 3부분_1_02_실전연습문제_단문

95-97

(草稿区，不计分)

95
🎤

96
🎤

97
🎤

모범답변 p.463

98번, 관점 표현하기

MP3 바로듣기

주로 속담·성어·도덕적 가치와 관련된 단문이 출제된다. 98번 질문은 주로 단문에서 언급된 속담·성어·도덕적 가치에 대한 나의 관점을 표현하는 문제가 출제되며, 준비시간과 답변시간이 각 3분 주어진다.

예상 주제	
	1. **天人合一**(천인합일)와 관련된 자연과 인간의 관계
	2. **尊老爱老**(노인을 공경하고 사랑하다)와 관련된 인생 태도
	3. **家有一老，如有一宝**(집안에 노인이 있으면 보물이 있는 것과 같다)와 관련된 교훈

문제풀이 전략

Step 1 단문 들으며 내용 메모하기 [음성 약 1분]

- 98번은 주로 속담·성어·도덕적 가치와 관련된 단문이 출제되므로, 단문을 들을 때 이와 관련된 중심 사건이나 특정 대상의 특징 및 관련 정보 등을 위주로 메모한다.

Step 2 98번 질문 듣고 아웃라인 작성하기 [준비시간 3분]

- 98번 질문을 듣고, 아래의 '답변 아웃라인과 문장 템플릿'을 활용하여 아웃라인을 작성한다.

답변 아웃라인	문장 템플릿
나의 관점	**我认为……是值得我们学习的。** 저는 ~는 우리가 배울 만한 가치가 있다고 생각합니다.
단문 줄거리	**首先，根据材料，我们可以知道……。** 먼저, 자료에 근거하여 우리는 ~을 알 수 있습니다.
느낀 점	**其次，这段话让我明白，……。** 그다음으로, 이 단문은 제가 ~을 깨닫게 해주었습니다.
마무리	**综上所述，我认为我们应该懂得……。** 앞서 언급한 내용을 종합했을 때, 저는 우리 모두가 ~을 잘 이해해야 한다고 생각합니다.

Step 3 작성한 아웃라인 보면서 답변하기 [답변시간 3분]

- 준비시간이 끝나고 '삐–'소리가 나온 다음 작성한 아웃라인을 보면서 정확한 발음으로 또박또박 답변한다.

✔ 전략 적용

Step 1 단문 들으며 내용 메모하기 [음성 약 1분]

음성으로만 제공되는 단문을 듣고 질문에 답변해야 하므로 단문에서 언급되는 내용을 최대한 많이 메모해둔다. 주로 속담·성어·도덕적 가치와 관련된 단문이 출제되므로, 단문을 들으며 이와 관련된 중심 사건이나 특정 대상의 특징 및 관련 정보 등을 메모한다. 특히 단문에서 언급된 속담·성어·도덕적 가치에 대한 나의 관점을 표현하는 문제가 주로 출제되므로, 속담·성어·도덕적 가치는 놓치지 않고 반드시 메모해둔다.

<음성으로 들려주는 단문> 🎧 제2, 3부분_2_01_전략 적용_단문

> 坚持不懈是一种人生态度，这种态度是成功的基础，能帮助人们克服各种困难和挑战。中国的"杂交水稻之父"袁隆平毕业后被分配到山村任教，积累了许多农业科研经验。他意识到粮食短缺问题后，决心发明新的水稻品种。虽然经历了一次次失败，但他没有放弃，仍然坚持研究，最终成功培育出了新的水稻品种。由此可见，坚持不懈的人最终会收获成功的果实。在漫长的人生道路上，人总会经历一些坎坷和挫折，面对同样的困难，有的人选择坚韧不拔地前进，而有的人却选择放弃。那些能在困难面前勇往直前的人，通常会把眼前的困难当作磨练意志的机会，克服一次次的困难后，便会获得成长。坚持不懈不仅意味着持之以恒地努力，更意味着相信自己有能力克服任何障碍。有时，也许目标看起来难以实现，但只要坚持不懈，就会在不知不觉中离目标越来越近。

(草稿区，不计分)

> 坚持不懈 成功的基础 느슨해지지 않고 끝까지 해 나감 성공의 기초
> 袁隆平 决心发明新的水稻品种 위안룽핑 새로운 품종의 벼를 개발하기로 결심함
> 经历失败 没有放弃 成功培育出 실패를 겪음 포기하지 않음 성공적으로 재배해냄
> 会经历挫折 有的人 前进 좌절을 겪음 어떤 사람 앞으로 나아감
> 克服困难 어려움을 극복함
> 相信自己克服障碍 자신이 장애물을 극복할 수 있다고 믿음

▶ 성어 **坚持不懈**(느슨해지지 않고 끝까지 해 나가다)와 관련된 단문이므로, 이와 관련된 중심 사건이나 관련 정보 등을 위주로 메모한다.

Step 2 98번 질문 듣고 아웃라인 작성하기 [준비시간 3분]

98번 질문을 듣고 준비시간 3분 동안 앞서 작성한 메모를 토대로 메모란에 아웃라인을 작성한다. 아웃라인을 작성할 때는 '나의 관점 → 단문 줄거리 → 느낀 점 → 마무리'의 흐름으로 구상하면 보다 짜임새 있는 답변을 준비할 수 있다.

<음성으로 들려주는 질문>

98. 问：你对"坚持不懈"有什么想法，请谈谈你的观点。

<메모>

> 坚持不懈　成功的基础
> 袁隆平　决心发明新的水稻品种
> 经历失败　没有放弃　成功培育出
> 会经历挫折　有的人　前进
> 克服困难
> 相信自己克服障碍

<작성한 답변 아웃라인>

나의 관점	**坚持不懈的态度值得学习** 느슨해지지 않고 끝까지 해 나가는 태도는 배울 만한 가치가 있음
단문 줄거리	**成功的基础** 성공의 기초 **袁隆平，经历失败，从未放弃** 위안룽핑, 어려움을 겪었지만 한번도 포기하지 않음 **培育出了新的品种** 새로운 품종을 재배해냄
느낀 점	**会经历挫折，做勇敢面对困难的人** 좌절을 겪지만 용감하게 어려움을 직면하는 사람이 되어야 함 [나의 관점] **应该学习袁隆平，坚持自己的选择** 위안룽핑을 배워야 함, 자신의 선택을 고수해야 함 [나의 관점] **坚持不懈，才会离目标和成功越来越近** 느슨해지지 않고 끝까지 해 나가야 목표와 성공에 점점 가까워질 수 있음 [나의 관점]
마무리	**应该懂得坚持不懈是成功的基础** 느슨해지지 않고 끝까지 해 나가는 것이 성공의 기초임을 잘 이해해야 함 **要通过努力，克服困难和障碍** 노력을 통해 어려움과 장애물을 극복해야 함

▶ 질문이 자료에 근거하여 坚持不懈에 대한 관점을 말해보라고 했으므로, 작성한 메모를 활용하여 坚持不懈에 대한 나의 관점과 단문의 주요 내용을 설명한 후, 단문을 듣고 느낀 점과 나의 관점을 정리하는 한 두 문장으로 답변 아웃라인을 구상한다.

Step 3　작성한 아웃라인 보면서 답변하기 [답변시간 3분]

준비시간이 끝나면 '삐-'소리와 함께 3분의 답변시간이 주어진다. 이때 준비시간에 작성한 아웃라인을 보면서 정확한 발음으로 또박또박 답변한다. 답변할 때는 빠르게 말하려고 하기보다 어법 실수 없이 차근차근 말하는 것에 더 유의한다.

<모범답변>

> 　　我认为"坚持不懈"这种人生态度是值得我们学习的。
> 　　首先，根据材料，我们可以知道坚持不懈是成功的基础。中国"杂交水稻之父"袁隆平在发明新的水稻品种的过程中，经历了很多次失败，但他面对困难从未放弃，所以最后培育出了新的水稻品种，获得了成功。这说明了坚持不懈的态度可以让人有所收获。
> 　　其次，这段话让我明白，我们在人生中会经历很多挫折，但不应该轻易放弃，要做一个勇敢面对困难的人。许多人遇到阻碍可能会选择放弃，但是我们应该学习袁隆平先生，始终坚持自己的选择，并相信自己。我们只有坚持不懈，才会离目标和成功越来越近。
> 　　综上所述，我认为我们应该懂得坚持不懈是成功的基础这个道理。在追求目标的过程中，我们要通过不断的努力，克服各种困难和障碍，只有这样，我们才能在实现自己目标的同时，成为一个更优秀的人。

* p.464에 있는 QR코드를 스캔하면 모범답변 음원을 들을 수 있어요. 음원을 따라 읽으며 연습하세요.

해석 p.464

실전연습문제

음성을 들으며 아래 메모란에 메모한 후, 질문을 듣고 답변하세요. 컴퓨터의 메모장을 활용하여 중국어로 입력하는 연습을 해보세요. 🎧 제2, 3부분_2_02_실전연습문제_단문

98

(草稿区，不计分)

모범답변 p.465

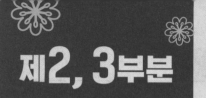

실제로 시험에 응시하는 것처럼 음성을 들으며 아래 메모란에 메모한 후, 질문을 듣고 답변하세요. 컴퓨터의 메모장을 활용하여 중국어로 입력하는 연습을 해보세요.　🎧 제2, 3부분_실전테스트_단문

95-97

（草稿区，不计分）

95

답변시간 30초

96

답변시간 30초

97

답변시간 2분

98

(草稿区，不计分)

준비시간 3분
답변시간 3분

모범답변 p.467

무료 MP3 및 학습자료 제공

china.Hackers.com

실전모의고사

실전모의고사
1회

中文水平考试

HSK（七—九级）

注　意

一、HSK（七—九级）分五部分，共98题：

    1．听力（40题，约30分钟）

    2．阅读（47题，60分钟）

    3．写作（2题，55分钟）

    4．翻译（4题，41分钟）

    5．口语（5题，约24分钟）

二、全部考试约210分钟。

MP3 바로듣기

一、听 力

第一部分

第1-10题：请根据所听到的内容，判断下面的句子是否符合原文，符合原文的
请画"✓"，不符合的请画"✗"。

1. 《旅游绿皮书》围绕"旅游新发展格局"这一主题，对中国旅游发展进行了
   透视和前瞻。　　　　　　　　　　　　　　　　　　　　　　　　　（　　　　）

2. 微度假是指车程在2-3小时，为期5-7天的一种频次较高、满足感较强的长途
   旅游模式。　　　　　　　　　　　　　　　　　　　　　　　　　　（　　　　）

3. 微度假"短小而精"的特点中，"小"指的是出游距离短、出游时间少。　（　　　　）

4. "80后"、"90后"微度假游客所追求的是基于兴趣的深度体验和沉浸式玩法。（　　　　）

5. 这则新闻主要介绍了微度假与"宅酒店"度假模式相结合的社会背景以及微
   度假的特点。　　　　　　　　　　　　　　　　　　　　　　　　　（　　　　）

6. 北京冬奥会吉祥物的设计是由中央美术学院的一个团队进行的。　　　（　　　　）

7. "冰墩墩"富有太空感的服装体现了追求卓越、引领时代的姿态。　　（　　　　）

8. "冰墩墩"的冰晶外壳寓意着和平和希望，是中国向世界传递的充满和平和
   希望的温暖。　　　　　　　　　　　　　　　　　　　　　　　　　（　　　　）

9. 由于冬奥会吉祥物的大批量生产，市民们毫不费力就能买到"冰墩墩"和
   "雪容融"。　　　　　　　　　　　　　　　　　　　　　　　　　　（　　　　）

10. 这则新闻主要谈的是北京冬奥会吉祥物所具有的寓意以及其受欢迎的理由。（　　　　）

第二部分

第11-22题：请选择或填写正确答案。

11. A 语言上的障碍影响了合作　　　　　　　　B 双方在艺术的理解上没有差异
　　 C 双方在戏剧的分析上存在分歧　　　　　　D 艺术表现形式的不同导致意见不一

12. 面对具有不同文化背景的艺术时，我们可能会存在_____，但是仍然能够感受到艺术的美。

13. A 可以引起不同国家观众的共鸣　　　　　　B 能使中国文化在外国发扬光大
　　 C 能让外国人更加关注中国电视剧　　　　　D 可使中外文化达到互相融合的效果

14. 男的认为，好的戏剧作品有着哲学家也认可的_____。

15. A 最扣人心弦的　　　　　　　　　　　　　　B 华丽且另类的
　　 C 让人眼前一亮的　　　　　　　　　　　　　D 浅显且容易被人接受的

16. A 科班出身的戏剧演员能演且敢演
　　 B 观众爱看的戏剧最终都可以成为好戏剧
　　 C 高度的精神价值是戏剧的评价标准之一
　　 D 能否发掘更大的舞台价值是选拔演员的标准

17. A 亚洲特级脐橙奖　　　　　　　　B 农业部无公害产品银奖
    C 国际进出口水果质量奖　　　　　D 中国国际农业博览会金奖

18. A 共分为四个不同的等级　　　　　B 二级脐橙的价格比较高昂
    C 每个等级的脐橙颜色都不一样　　D 外形是划分脐橙等级的标准之一

19. 一公斤特级奉节脐橙的最初报价是多少钱？　　　＿＿＿＿＿＿＿＿

20. A 详细介绍了该公司脐橙的品质　　B 重新讲述了脐橙种植的难点所在
    C 再次说明了脐橙具有的营养价值　D 讲了脐橙的栽培历史和种植技术

21. A 勉强妥协　　　　　　　　　　　B 爽快同意
    C 委婉拒绝　　　　　　　　　　　D 一味反驳

22. A 用火车进行运输　　　　　　　　B 用高铁进行运输
    C 用船舶进行运输　　　　　　　　D 用航空设备进行运输

第三部分

第23-40题：请选择或填写正确答案。

23. A 紫砂壶的样式极为奇特　　　　　　　B 紫砂壶有很高的收藏价值
    C 紫砂壶是最负盛名的皇家贡品　　　　D 紫砂壶能长时间保持茶的色香味

24. A 米黄紫砂壶被视为次品　　　　　　　B 紫色为紫砂壶原本的色彩
    C 颜色缺乏明显的浓淡之分　　　　　　D 与原料比例和烧制的温度息息相关

25. A 方器平正方直且棱角分明　　　　　　B 呈现了"天圆地方"的思想
    C 方器造型占据着绝对的主导地位　　　D 圆器中可以巧妙地融合"方"的因素

26. A 烧制紫砂壶时无需提心吊胆　　　　　B 紫砂壶精湛的技艺代代相传
    C 工匠们愿意为艺术创作同舟共济　　　D 艺术大师们在工艺手法上各有千秋

27. A 紫砂壶的历史故事　　　　　　　　　B 紫砂壶的原料与造型
    C 紫砂壶在国际上的地位　　　　　　　D 紫砂壶在日常生活中的应用

28. A 支持激进的政治改革　　　　　　　　B 对政治成就无欲无求
    C 在某些方面比较执着　　　　　　　　D 对其他政派不存有偏见

29. 苏轼是宋代文学历史上成就最高的代表，他的_____加之散文，都在文坛占有一
    席之地。

30. A 是田园诗派的代表　　　　　　　　　B 极具现实主义色彩
    C 都是以抒发郁闷情怀为主　　　　　　D 后期作品主要描写大自然

31. A 水平超越了辛弃疾
   C 开创了浪漫派的先河

   B 题材上有新的突破
   D 首次用词表达了离愁别绪

32. A 女的不太喜欢辛弃疾
   C 女的认为辛弃疾比苏轼更伟大

   B 女的更喜欢欧阳修的诗词
   D 女的更喜欢苏轼艺术方面的成就

33. A 苏轼感人的政治事迹
   C 现代人对苏轼的各种评价

   B 苏轼与好友之间的往事
   D 苏轼的书法成就及书法特点

34. A 看病难且费用昂贵
   C 医护人员资质不足

   B 医疗体系效率较低
   D 医疗服务质量欠佳

35. 在新兴技术的推动下，医疗信息化进入了_____的阶段。

36. A 允许家属随时探访重症患者
   C 让患者有机会去大型医院就诊

   B 避免探访者和患者的直接接触
   D 拉近了患者与社工之间的距离

37. A 区域医疗资源紧张
   C 重症患者的护理成本高

   B 区域医疗管理混乱
   D 个人健康档案被非法盗取

38. A 进食时间
   C 剩余治疗期限

   B 服药禁忌
   D 健康的睡眠习惯

39. 高效、高质量和可负担的智慧医疗可以有效防止医疗费用的_____。

40. A 智慧医疗的构成和前景
   C 各个国家对智慧医疗的应用程度

   B 现代医疗系统的优点与缺点
   D 智慧医疗不能被广泛应用的原因

二、 阅 读

第一部分

第41-68题：请选择正确答案。

41-47.

中国是酒文化历史非常悠久的国家，北宋的苏轼曾写过"明月几时有，把酒问青天"的名句，唐朝的李白也曾写过"金樽清酒斗十千，玉盘珍羞直万钱"的诗句。酒文化渗透于古人的生活中，与此同时也在不断发生着变化。

其实在一开始，酒并非是一种日常饮品。在商周时期，饮酒这个行为被视为是政治风气不好、社会道德败坏的标志。当时人们会把饮酒和道德堕落联系起来，那时候的酒一般用来做祭祀活动，若在除了祭祀之外的场合饮酒，则会被世人唾骂和谴责。然而随着时间的_____，饮酒逐渐变成了贵族们的一种享受，众多达官贵人在酒的"怀抱"中失去了自我判断力，甚至有君王在饮酒作乐中荒废了朝政，使国家走向了灭亡。

酒会给人带来**心旷神怡**的感觉，许多人喝酒后会忘记烦恼，但是酒也把许多贪欲的人带向了深渊。因此各个朝代为了禁酒，制定了五花八门的政策。周公看到夏朝和商朝都因酒衰亡，便认为酒是不祥之物，于是制定了中国历史上第一篇禁酒宣言——《酒诰》。在《酒诰》中，周公指出，饮酒要有度，不要酗酒，并且还强调不准群饮。《酒诰》的禁酒之教可以总结为"无彝酒，执群饮，戒缅酒"，这九字成为了后世禁酒的经典语录。周公对酒的态度可以用"节制"二字来概括，他并没有完全否定酒文化，而是号召节制饮酒，这恰好也符合了当代人对饮酒的正确态度。

秦朝也实施过相关禁令。秦朝的禁酒法规规定，居住在农村的平民百姓禁止销售酒类产品，酒业直接由官府管控，并且官府限制农村的百姓买酒，还会对私自经营酒业的人加收十倍成本的赋税。在秦朝严格的禁酒制度下，酒商们的经营受到了重创。这些举措虽然严重加深了朝廷与酒商之间的矛盾，但是在很大程度上节约了制酒用的粮食，增加了朝廷的财政收入，为秦国后来的统一事业提供了极大的物质支持。

然而，禁酒令的政策随着时代的变迁逐渐变宽。在西汉时期，为了让民众们可以合法聚会饮酒，朝廷特地设立了"饮酒日"，在"饮酒日"，人们可以与家人或好友自由地饮酒纵歌。特别的是，"饮酒日"并不是指单独的某一天，而是指法律规定的许多节日，比如腊日、伏日、社日等，在这些重要的传统节日，朝廷允许聚众饮酒。与秦朝严格的禁令相比，汉朝酒业的发展环境更加宽松，在这个时期，酿酒技术还得到了发展。

到了现代社会，为了让人们安全使用交通工具，政府对饮酒制定了更多的法律规定。从古至今，各项法律和政策都是为了更好地管理国家，维持社会的平稳和谐，禁酒令也是如此。

41. 商周时期，随意喝酒会发生什么？

    A 会违反禁酒的政策　　　　　　　　　B 会被人们嫌弃和指责

    C 会被罚款千万两白银　　　　　　　　D 会被官府工作人员抓走

42. 根据上下文，第二段空白处最适合填入的词语是：

    A 推敲　　　　　　　　　　　　　　　B 推移

    C 推算　　　　　　　　　　　　　　　D 退让

43. 画线词语"心旷神怡"最可能是什么意思？

    A 心情愉快且精神舒畅　　　　　　　　B 抑制不住内心的欲望

    C 心胸开阔且神态庄严　　　　　　　　D 性格开朗且精神面貌佳

44. 第三段主要谈的是什么？

    A 实施禁酒令后产生的效果　　　　　　B 贩卖酒类时需要遵守的规定

    C 中国古代禁酒宣言相关内容　　　　　D 酒文化对经济发展带来的好处

45. 关于秦朝的禁酒法规，下列哪项正确？

    ① 缓和了官员和百姓的关系　　　　　② 农村的百姓不能贩卖酒类产品

    ③ 私自卖酒的人要付更多的税金　　　④ 大量购买酒的人要出示有关证件

    A ①②　　　　　　　　　　　　　　　B ①④

    C ③④　　　　　　　　　　　　　　　D ②③

46. 酿酒技术在汉朝为什么得到了很大的提升？

    A 商人们吸纳了海外的酿酒知识　　　　B 当时的社会氛围促进了酒业的发展

    C 官府出资让百姓进入酿酒行业学习　　D 人们会在"饮酒日"与家人学习酿酒技术

47. 上文主要谈的是：

    A 每个朝代颁布禁酒令的根本原因

    B 酒对人类生产生活带来的巨大危害

    C 有关禁酒的法律法规对酒业产生的影响

    D 不同时期的人对酒的看法和与酒相关的法规

48-54.

通货膨胀是经济学中常用的术语，适度的通货膨胀不仅可以促进整体市场的发展，还可以带动本国货币贬值，并刺激就业。但是急速的通货膨胀则会导致市场出现不同程度的经济危机，严重时还会使市场经济受到严重的打击。

在经济学上，通货膨胀通常指的是整体物价水平的持续性上升。通货膨胀最显著的特点就是老百姓平时购买的商品价格普遍上涨，而股票、债券和其他金融资产的价格则未必上涨。

对一个国家来说，良性通货膨胀有利于经济的发展，因此很多国家都会_____维持一定程度的通货膨胀，比如采取较为宽松的货币政策，实行较低的基准利率等，这些举措都有助于刺激经济的可持续发展。良性通货膨胀会使人们手里的金钱贬值，但是总体来说，人们也能从市场中获得更多的收益。在良性通货膨胀环境之下，国家的经济情况是相对稳定的，因此许多人可能会利用手头上可支配的资金去进行对股票基金的投资。

但是，若出现恶性通货膨胀，国家经济就会出现过山车式的下滑。在发生严重的通货膨胀时，一个国家的货币可能会在一瞬间就变得"一文不值"。国家的经济运行秩序会受到巨大的影响，这时会出现大量倒闭的企业，经济也随之萎缩，国家的偿债能力也会迅速下降，严重时还会引发全球性金融危机。

引起通货膨胀的原因大体可分为直接原因和间接原因两种，直接原因在于货币供应过多。在一定的时间内，市场上的商品和劳务是相对固定的，而如果市场上货币流通过多，就需要用更多的货币来购买商品与劳务，这就导致了物价的上涨。引起通货膨胀的间接原因则分为六个方面，包括需求拉动、成本推动、结构失调、供给不足、预期不当、体制因素。总而言之，通货膨胀出现的原因并不是单一的，各种因素同时推进了价格水平的上涨，形成了混合推进的通货膨胀。

恶性通货膨胀的出现可能会对人的心理产生**难以逆料**的消极影响。面对收入的迅速萎缩，消费者信心指数会大幅下降，还会对生活质量的提高失去信心，从而产生负面心理。这种状况很容易破坏国民经济和社会的正常运转，因此政府需要保证经济运行维持在相对稳定的水平，并保持物价水平相对稳定。除此之外，政府还需要加强市场管理，创造良好的市场环境，尽可能减少通货膨胀对人们生活产生的影响。

48. 适度的通货膨胀会带来什么变化？

    A 他国货币贬值   B 有效提高就业率

    C 物价水平大幅下降   D 缓解家庭债务危机

49. 根据前两段，可以知道什么？

    A 通货膨胀通常会伴随着经济危机   B 通货膨胀会使整体物价水平上升

    C 急速的通货膨胀可以促进市场的发展   D 股票和基金价格的上涨是通货膨胀引起的

50. 根据上下文，第三段空白处最适合填入的词语是：

    A 无故   B 猛然

    C 有意   D 亲身

51. 下列哪项不属于良性通货膨胀可能会带来的好处？

    A 有利于人们参与投资事业   B 可以稳定国家的经济情况

    C 可以使人们手中的货币升值   D 能使人们在市场经济中获得收益

52. 一个国家如果出现恶性通货膨胀，会引发什么问题？

    A 出现新兴企业   B 股票投资市场过热

    C 国家货币可能严重贬值   D 兑换外币的手续更加复杂

53. 画线词语"难以逆料"在文中表示什么意思？

    A 感到难为情   B 不难做出选择

    C 很难事先料到   D 难以逆转局面

54. 上文最可能出自哪个刊物？

    A 科幻世界   B 科学焦点

    C 经济观察报   D 阳光少年报

55-61.

　　"三教合一"是指儒教、佛教、道教三个教派的融合。儒教、佛教和道教是中国传统思想文化的重要组成部分，长期以来它们之间相互斗争与融合，而融合是发展的总趋势。"三教合一"是唐代之后中国思想史的整体发展趋势，但"三教合一"这一概念在明朝之前的古代文献中出现的次数甚少，到了晚明时期才得到了较为普遍的使用。对"三教合一"进行过最系统论述的是晚明民间宗教教派"三一教"的创始人林兆恩。

　　关于三教一致的说法最早在元代出现，虽然当时还没有"三教合一"这一术语，但是却有很多类似的叫法，比如"三教归一"、"三教一源"、"三教同源"、"三教一教"等。从"三教并立"到"三教合一"，经历了一段漫长的发展过程。

　　中国自古以来就是一个多民族、多宗教和多文化的国家，宗教、哲学的产生和发展具有悠远的历史。早在先秦以前，中国就已出现了以崇拜天帝、祖先为主要特征的宗法性宗教，这是儒教的前身。在先秦时期，儒学则是一种以政治、伦理为主的学说，它缺乏哲学的_____，疏于思维和论证的方法，因此在春秋战国时期的百家争鸣中没有占据主导地位。汉初统治者推崇黄老之学，在汉武帝定儒教为国教后，出现了两汉经学。经学可以说是对儒学的第一次改造。

　　东汉时期，张陵在四川奉老子为教主，以《道德经》为主要经典，同时吸收一些原始宗教信仰、巫术、神仙方术等创立了道教。而在三国时期，大批印度和西域僧人来华从事译经、传教的工作，这为之后佛教在魏晋南北朝时期的广泛传播起到了重要的推动作用。在南北朝时期，佛教由于受到帝王的重视，经过改造后，逐渐在民间扎下根来，至隋唐达到了鼎盛时期，形成了许多具有民族特色的中国佛教宗派和学派，并传播到了邻近的国家。佛教一方面在建立民族化的宗派和理论体系时摄取了大量的儒、道思想，另一方面又与儒、道进行了"流血斗争"，由此儒、佛、道逐渐形成了鼎足之势。

　　在北宋初期，朝廷对佛教采取了保护政策，普度大批僧人，重编《大藏经》。南宋统治范围仅限于秦岭淮河以南地区，统治者却**偏安一隅**，此时佛教虽然保持了一定的繁荣，但总体却在衰落。佛教与儒、道结合，呈现出了"三教合一"的发展趋势。与此相反，道教在两宋时期进入了全盛时期，宋徽宗自称为道君皇帝，采取了一系列崇道措施。一时间道众倍增，宫观规模日益扩大。至元代，道教正式分为全真和正一两个主要派别，这些派别从自身教派的立场出发，高举"三教合一"旗帜。元代以后，佛教与道教衰落，理学勃兴。理学是宋元明时期儒家思想学说的通称，是古代最为精致、最为完备的理论体系。理学吸纳了佛、道的大量哲学思想、思维形式和修持方法，使三个教派密切联系在一起，难解难分，并发展至今。

　　总的来说，从"三教"的视野来了解中华民族传统文化，有利于更好地总结传统思想文化，同时，"合一"也是一种对不同文化开放与包容的态度。"三教合一"有助于人们了解中国传统文化的丰富性与多元性，构建多元一体的文明。然而，过分强调"合一"是否会泯灭宗教的差异性，也是今后值得关注的问题。

55. 关于"三教合一"这一术语，下列哪项正确？

A 最初出现于唐朝时期
B 诞生于三一教主发起的宗教改革
C 元代以前在文献中出现的次数甚多
D 代表着中国思想史的整体发展趋势

56. 根据上下文，第三段空白处最适合填入的词语是：

A 内幕
B 内耗
C 内涵
D 内需

57. 佛教从引入中国到在民间扎根，下列哪些因素起到了重要作用？

① 大批僧人从事译经和传教工作
② 受到了统治者的重视并得到了改造
③ 帝王们推动了崇儒抑佛政策的落实
④ 出现过不同领袖之间的排斥和激烈斗争

A ①②
B ①④
C ②③
D ③④

58. 画线词语"偏安一隅"的"安"与下列哪个括号中的词语意思相近？

A 心神不（安）
B 转危为（安）
C （安）于现状
D （安）个头衔

59. 关于宋元明时期的理学，可以知道：

A 被认为是道家学派的根基
B 被采纳为元代末期的官方哲学
C 最看重"天人合一"的哲学思想
D 是宋元明时期儒家思想学说的通称

60. "三教合一"中"合一"所展现的是什么？

A 无比虔诚的宗教信仰
B 对自身传统文化的优越感
C 宗教发展所呈现的普遍规律
D 对不同文化开放与包容的态度

61. 最适合做上文标题的是：

A "三教合一"的演进过程
B "三教合一"的古建筑群
C "三教合一"与"三教鼎立"的特点
D 周边国家如何受到"三教合一"的影响

62-68.

　　随着技术的进步，越来越多的人希望计算机能够具备与人进行语言沟通的能力，因此语音识别这一技术也越来越受到关注。语音识别技术是让机器通过识别和理解的过程，把语音信号转换为相应的文本或命令的高新技术，也就是让机器人听懂人类的语音。

　　如果电脑配置有"语音识别"的程序组，那么在声音通过转换装置输入到电脑内部，并以数位方式储存后，语音辨析程序便会开始对输入的声音与事先储存好的声音_____进行对比。对比工作完成后，语音辨析程序就会给另一个程序传送一个它认为最接近的声音序号，这就可以知道之前输入到电脑里的声音是什么意思。

　　目前的语音识别系统以统计模式识别的基本理论为基础。一个完整的语音识别程序可大致分为三部分。一是语音特征提取。在这个过程中，对语音信号进行采样得到波形数据之后，提取出合适的声学特征参数，供后续声学模型使用。二是语音与声学模型匹配。声学模型是识别系统的底层模型，并且是语音识别系统中最关键的一部分。声学模型通常是通过加工已获取的语音特征而建立的，目的是为每个发音建立发音模板，在识别时将未知的语音特征同声学模型进行匹配与比较。三是语义理解过程，即计算机对识别结果进行语法、语义分析的过程，通过语言模型来理解语言的意义，并做出相应的反应。

　　语音识别是一个涉及心理学、生理学、声学、语言学、计算机科学等多个学科的交叉学科，具有较为广阔的应用场景，当今信息社会的高速发展迫切需要性能优越的、能满足各种不同需求的自动语音识别技术。然而，实现这样的目标面临着诸多困难。例如不同的发音人或不同的口音会导致语音特征在参数空间的分布不同，这会影响到语音识别技术输出的准确性。同一发音人心理或生理变化带来的语音变化也会让语音识别技术不能准确判断发音人的指示，从而不能做出相应的反应。另外，发音人的发音方式和习惯引起的省略、连读等多变的语音现象所带来的语音输入问题，也是语音识别技术需要克服的难点。专家认为，为了降低语音识别技术的算法错误率，提供多样的高质量训练数据至关重要。

　　在现阶段，语音识别技术已经发展成一系列产业链，上游主要为一些提供数据与云服务的企业，这些企业能提供具有海量数据处理、存储以及高性能运算能力的云计算技术。中游主要为通过语音识别技术实现商业化落地的硬件及软件供应商。下游则是人们所熟悉的一些商业化形式，例如智慧教育、车载系统等，还涉及到医疗、教育、客服、语音审核等专业领域。在未来五到十年内，语音识别系统的应用将更加广泛。各种各样的应用语音识别技术的产品出现在市场上，语音识别系统也会越来越适应人的各种说话方式。语音识别技术接下来将为人们带来怎样的便利，我们拭目以待。

62. 语音识别技术的主要作用是:

A 提高计算机的算法准确率   B 把语音转化为机器能识别的数据

C 能让人识别机器发出的所有指令 D 提高人与人之间的语言沟通能力

63. 根据上下文,第二段空白处最适合填入的词语是:

A 序幕   B 限度

C 先例   D 样本

64. 关于语音识别程序,下列哪项正确?

A 主要分为四大部分   B 提取语音的过程耗时最长

C 声学模型是系统的底层模型   D 语义理解过程是最关键的一部分

65. 第四段主要谈的是什么?

A 语音识别技术的主要应用范畴 B 语音识别技术在使用过程中的局限性

C 语音识别技术对商业经济的积极意义 D 语音识别技术与其他学科的具体联系

66. 根据上文,发音人的哪些特征会给语音识别带来影响?

① 发音时声调的高低   ② 使用特定国家的语言

③ 由习惯引起的各种语音现象   ④ 因心情变化而产生的语音变化

A ②③   B ①④

C ③④   D ①②

67. 下列哪项**不属于**对语音识别技术产业链的描述?

A 语音识别可应用于专业领域   B 上游的企业能提供云计算技术

C 在未来的五到十年或将会成为现实 D 软件供应商可让语音识别技术商业化

68. 根据上文,作者最可能支持的观点是:

A 应用前景广阔的语音识别技术值得期待

B 语音识别技术是一个国家综合国力的象征

C 难点与问题较多的语音识别技术难以发展

D 语音识别技术在一定程度上侵犯了个人隐私

第二部分

第69-73题：请将顺序被打乱的语段重新排序，完成一篇逻辑连贯的文章。
其中一个选项为干扰项，需排除；画线选项无需排序。

[A]　按照形态，珊瑚岛可以分为环礁、岸礁和堡礁三个种类。环礁是海洋中呈环状分布的珊瑚礁，其宽度一般较窄。岸礁则分布在海岸或岛岸附近，呈长条形状，主要集中在南美的巴西海岸及西印度群岛，台湾岛附近的珊瑚礁也大多是岸礁。而堡礁则距岸较远，呈堤坝状，与海岸之间有潟湖分布，其中最有名的就是澳大利亚东海岸的大堡礁。

[B]　许多人不知道珊瑚虫和珊瑚的区别。珊瑚虫是属于珊瑚虫纲的一种小型生物，它们体积较小，形状也较为单一，呈圆状或树枝状。能够造珊瑚礁的珊瑚虫大约有500多种，这些造礁珊瑚虫主要生活在浅海水域。它们能在生长过程中吸收海水中的钙和二氧化碳，然后分泌出石灰石。珊瑚不同于单个的珊瑚虫，它是由许多珊瑚虫聚集在一起形成的，因此体积较大。珊瑚虽然外表看起来像植物，但实际上属于动物的范畴。

[C]　在这三类岛屿中，大陆岛的地质构造与大陆是最相似的。大陆岛是延伸到海底的大陆地块露出水面而形成的岛，这些岛屿在地质时期曾是大陆的一部分，后来因地壳某一部分断裂下沉而形成海峡，脱离大陆的一部分陆地则被海水包围形成岛屿。它们的共同特点是：岛屿面积较大，地势较高，主要分布在大陆的外围。

[D]　珊瑚虫的遗骸堆积在水下的高地上形成珊瑚礁，珊瑚礁露出海面便成为了珊瑚岛。密克罗尼西亚和波利尼西亚中的绝大部分岛屿都属于珊瑚岛。珊瑚岛的地势较为平坦，一般海拔为3-5米，岛上几乎都由珊瑚沙覆盖，只有西沙群岛中的石岛礁岩是凸出的，海拔高达15.9米。珊瑚岛的特点就是面积较小，一般只有几平方公里。

[E]　根据组成物质和构成成因，大陆岛可以分为基岩岛和冲积岛。大多数基岩岛原是大陆的一部分，后来因为地壳沉降或海面上升，海水淹没了低地，较高的海滨山地、丘陵露出海面，成为了岛屿，所以基岩岛在地质构造和地表形态方面与临近的陆地相似。而冲积岛则是由河流挟带的泥沙在河口逐渐堆积而成的，因此又被叫作"沙岛"。

[F]　散落在太平洋上的岛屿多如繁星，看起来似乎杂乱无章，但从地质构造可以清晰地看出各岛屿间是有联系的，走向连成一线，大体上以弧形延伸，有规律地分布在太平洋上。太平洋上的岛屿有一万多个，不仅分布没有规律，而且大小悬殊，形态各异。按成因分类，太平洋岛屿有大陆岛、火山岛和珊瑚岛三类，后两类又被称为海洋岛。

［G］　火山岛是由海底火山喷发物堆积而成的，这些岛屿一般面积较小，地势高峻。火山岛有的由单个火山喷发而形成，如太平洋的皮特克恩岛；有的是几个火山聚集而成的，如夏威夷岛，它由八座火山聚集而成。至今，人们还没有真正看过海底火山爆发的景象，至多只是看到海底不断冒出新的岩浆，形成新的火成岩。另外，火山岛并不只是海洋中的火山喷发才会形成，陆地火山的爆发同样可以形成火山岛。

| 69. | → | 70. | → | 71. | → | 72. | → | D 73. | → | |

第三部分

第74-87题：请回答下列问题，答案字数要在十字以内。

74-80.

  京剧是中国流行最广，影响最大的戏曲剧种。它被认为是中国传统文化的精髓，因此被称为"国粹"。早在2006年，京剧就被国务院批准列入了第一批国家级非物质文化遗产名录中。

  京剧的发展经历了孕育期、形成期、成熟期和鼎盛期四个阶段。1790年秋，为庆祝乾隆帝八旬寿辰，全国各地的戏班都到北京演出，而徽班就是其中极其重要的一个群体。徽班是清朝中期兴起于安徽、江苏等地的戏曲班社，因艺人多为安徽籍而得名。徽班的唱腔兼容了多种声腔，为京剧主要声腔的形成打下了基础。1840年-1860年，在徽戏、秦腔、汉调的合流，以及昆曲、京腔的发展下，京剧开始形成。在形成期，京剧曲调板式完备且丰富，并出现了第一代京剧演员，他们为丰富各个行当的声腔和表演艺术作出了独特的创新。1883年-1917年，京剧步入了成熟期。在这一时期，旦角开始崛起，并与生角呈并驾齐驱之势。1917年以后，中国涌现出了大量的优秀京剧演员，京剧进入了鼎盛期，呈现出了流派纷呈的繁盛局面。

  在京剧艺术中，妆容和服饰尤其重要。要想在舞台上充分展现人物的形象，就需要在脸上绘制符合角色特点的妆容，因此京剧演员除了需要掌握"唱、念、做、打"的基本功，还要具备上妆和勾脸谱的技能。此外，在塑造人物形象时，服饰也会起到重要的作用，京剧服饰的艺术价值往往会通过其精湛的工艺和华丽的风格表现出来，因此京剧服饰的重要性不言而喻。

  <u>京剧服饰又称为行头，行头代表各种角色所穿戴的物品的总称，具体包括长袍、短衣、铠甲等相关物品。</u>为了表现出不同类型的人物，京剧服饰分为大衣、二衣、三衣和云肩四大类。大衣包括富贵衣、官衣、蟒、宫装等，多用于塑造帝王、朝廷官员、少爷小姐等角色；二衣主要用来塑造元帅、大将或武艺高强的草莽英雄，大衣与二衣的区别在于大衣多用于塑造文官，二衣多用于塑造武官；三衣所包含的物品大多为人物穿着中的靴鞋和内衣装束；而云肩则是一种衣饰，它一般围脖子一周，佩戴在人的肩上。

  根据人物的不同，京剧表演中会出现不同的装束，所以很多戏迷可以做到见衣识人。插在表演者背后的"靠旗"便是传统戏曲中武将角色的重要装束之一。它在京剧中主要起到装饰性作用，用来象征统兵将领，渲染武将的威风，显示表演者的技巧，并增加表演时的动态美。除此之外，在京剧表演中，不同角色还会佩戴不同的盔头，盔头是剧中人物所戴的各种帽子的总称，它与京剧服饰一样，在塑造人物形象时能起到重要的作用。

  京剧利用各种服饰和道具塑造了丰富的人物形象，它作为一种流传甚广的艺术形式，融入到了许多流行歌曲、民间艺术、电影作品等其他形式中。<u>这</u>使不同形式的艺术作品具有更深刻的文化内涵。

74. 京剧为什么被称为"国粹"？

_____

75. 第二段主要谈的是什么？

_____

76. 除了基本功外，京剧演员还要有什么技能？

_____

77. 第四段画线部分主要谈了什么？

_____

78. 用于塑造武官形象的京剧服饰是哪一类？

_____

79. 在文中提到的京剧装束中，什么用来象征统兵将领？

_____

80. 最后一段画线词语"这"指代什么？

_____

81-87.

　　液态阳光的生产过程具有零污染、零排放的特点，因此受到了业界极大的关注。与气态燃料相比，液态燃料具有便于储存和运输的特点。在全球能源危机日趋严重的背景下，人们对各种替代燃料的需求也在持续增长，于是许多科学家把研究重心从化石能源转向了以太阳能为代表的可再生能源。

　　针对碳排放问题，世界上有许多公认的解决办法。第一，发展光能、风能等清洁能源，以此代替污染较大的化石能源；第二，利用碳捕获和碳封存技术，将二氧化碳封存于废弃矿井或深海海底中；第三，发展氢燃料电池，使新能源电动车逐步代替燃油汽车，从而减少汽油和柴油带来的污染。而液态阳光是一种比煤更加清洁、比电更便于传输、比气更便于储存、比油更加便宜的能源。在一定程度上来看，液态阳光是一项应该得到推广的可再生能源。

　　液态阳光的制作需要两个步骤。首先把太阳能、风能等清洁能源分解成水后制作氢气，此过程完全没有碳排放，因此这种氢气也被称为"绿氢"。其次，让"绿氢"和二氧化碳相互反应，由此生成甲醇或其他燃料。通过这一系列的步骤，就可以得到液态阳光。简单来说，就是利用太阳能、风能等可再生能源，将水和二氧化碳转化为液态阳光，从而对二氧化碳加以合理运用，实现减碳目标。

　　液态阳光以一种化学储能的形式，解决了可再生能源供应的随机性和间歇性问题，因此成为了理想的储氢载体。除此之外，液态阳光技术还利用空气中的二氧化碳，将二氧化碳转化为有用的甲醇，这符合了当前节能减排的趋势。根据相关碳排放政策，企业一旦超额排放二氧化碳，就需要缴纳碳税，严重时将被禁止进行高碳排放的生产。许多企业面临转型的压力，但节能减排已经是**大势所趋**。液态阳光技术在这种态势下有助于实现双碳目标，促进社会经济的发展。

　　液态阳光从本质上来说是一种人工光合成反应，这种反应相当于自然界中的光合作用，但是效率比光合作用更高。液态阳光中隐藏着一场重大的能源革命，它可以替代许多化石能源，减少碳排放，帮助人类实现可持续发展的目标。可以说，液态阳光为国家新能源的发展绘制了一幅美好的_____，通过进一步的规划，液态阳光有望在未来的生产生活中得到更多的应用。

81. 液态阳光的生产过程有怎样的特点？

_____

82. 人们能够利用碳捕获和碳封存技术，将二氧化碳封存在哪里？

_____

83. 把清洁能源分解后制成的氢气为什么被称为"绿氢"？

_____

84. 液态阳光解决了可再生能源供应的什么问题？

_____

85. 请写出第四段中画线词语"大势所趋"的含义。

_____

86. 液态阳光的人工合成反应与自然界中的什么现象类似？

_____

87. 根据上下文，请在最后一段空白处填上一个恰当的词语。

_____

三、写作

第一部分

第88题：以下是有关广东A大学各专业男女比例的统计图，请对图表进行描述与分析，写一篇200字左右的文章，限定时间为15分钟。

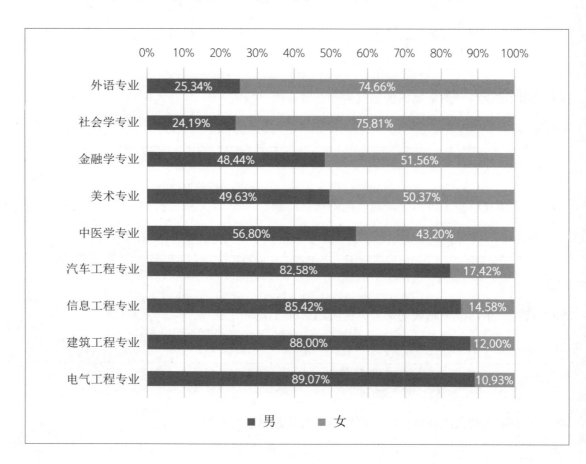

88. _____

_____

_____

_____

第二部分

第89题：请写一篇话题作文，限定时间为40分钟。

89. 荷兰哲学家斯宾诺莎曾说过："如果你希望现在与过去不同，请研究过去"。你赞不赞同这句话？请写一篇600字左右的文章，论证你的观点。

_____

_____

_____

_____

_____

_____

_____

_____

_____

四、翻 译

第一部分

第90-91题：请将下列两篇短文译写成中文，限定时间为35分钟。

90.　　최근, 농촌이 새로운 여행지로서 각광받으면서, 농촌 생활을 체험할 수 있는 여행 프로그램도 인기를 많이 끌고 있다. 여행 업계의 새로운 트렌드를 따르기 위해, 많은 농촌 민박집도 숙박, 체험, 레저를 하나로 결합한 서비스를 자신의 특색으로 삼기 시작했다. 매일 높은 건물과 많은 사람에 둘러싸여 있는 도시 사람들에게 있어 농촌 여행은 일상생활에서 잠시 벗어나는 좋은 방법이다. 이와 동시에, 농촌 여행의 출현과 발전은 농촌 지역 경제를 활성화하는 데 큰 기여를 했고, 도시와 농촌 간의 교통을 더 편리하게 만들었다.

_____

_____

_____

_____

_____

_____

_____

91. 어느 날 공자가 마차를 타고 곳곳을 돌아다니다가 어느 곳에 이르렀을 때 한 남자아이가 흙으로 둘러싸인 작은 성 안에 앉아 있는 것을 보았다. 공자는 매우 궁금해서, 그는 남자아이에게 왜 마차가 다가오는 것을 보고도 피하지 않았는지 질문을 던졌다. 남자아이는 눈을 깜박이며 예로부터 지금까지 마차가 성을 우회했지 성이 마차를 우회하는 경우는 없었으니, 공자가 자신이 쌓은 토성을 우회해야 하며 본래 공자가 지식이 해박하고 이치를 아는 사람이라고 생각했는데, 공자가 이렇게 말할 줄은 몰랐다고 말했다. 남자아이의 말은 공자를 깜짝 놀라게 했다.

체면을 차리기 위해 공자는 일련의 질문을 던져서 남자아이를 곤란하게 했지만 모두 남자아이에 의해 재치있게 해결되었다. 공자는 남자아이가 머리 회전이 빠르고 지혜가 남보다 뛰어나 자신조차도 그를 논쟁으로 이길 수 없다고 생각하여, 길게 탄식할 수밖에 없었다. 공자는 허리를 숙이고 남자아이에게 그가 남자아이를 자신의 스승으로 삼고 싶다고 상냥하게 말했다. 훗날 공자는 다른 사람의 언행과 행동거지에는 반드시 배울 점이 있으니 다른 사람에게 묻는 것을 개의치 말라고 제자들에게 가르쳤다. 이 나이가 고작 일곱 살에 불과한 남자아이는 바로 중국 고대 10대 신동 중 한 명으로, 그의 이야기는 당시의 사회를 발칵 뒤집었다.

第二部分

MP3 바로듣기

第92-93题：口译。

92. 　　전 세계 각지에 아름다운 명소는 너무 많아서 일일이 다 셀 수 없다. 그러나 최근 일부 명소는 관광객을 유치하기 위해 상세한 계획을 세우지 않은 상황에서 기존에 있던 자연 경관을 함부로 개조해 주변의 환경을 훼손했다. 사람들은 돈을 벌기 위해 수단과 방법을 가리지 않으면 안 되며, 자연 경관을 보호해야 한다. 만약 자연 경관을 개조할 수밖에 없는 상황을 맞닥뜨렸다면 사람들은 생태 보호를 최우선으로 해야 하는데, 이는 자연 경관을 함부로 개조하는 것이 생태계에도 영향을 주기 때문이다. 결론적으로, 생태계 보호에 기반하여 자연 경관을 개조해야만 자연 경관이 더 나은 보호를 받게 할 수 있다.

(2分钟)

93. 　　타이산은 중국 산둥성의 중부에 위치하고, 중국의 매우 많은 명산 중 으뜸인 산이며, '천하제일의 산'으로 불린다. 타이산은 중국의 전통 명산으로서, 깊고 두터운 역사 문화적 의미를 담고 있다. 긴 세월 속에, 무수한 시인들은 사람들이 경탄을 금치 못하게 하는 시구를 남겼다. 이 외에도, 타이산의 지질 구조는 매우 복잡해서 높은 과학 연구 가치를 지니고 있다. 타이산은 오랜 역사를 가지고 있을 뿐만 아니라, 매우 온전하게 보존되어 있기 때문에 세계문화유산에 등재됐다.

(2分钟)

五、口语

第一部分

第94题：应用读说。

医院免费体检预约表

时间	星期一	星期二	星期三	星期四	星期五
10:00 – 11:00			可预约	可预约	
11:00 – 12:00	可预约				可预约
14:00 – 15:00		可预约			可预约

【注意事项】

（一）可通过医院窗口、官方网站或电话进行预约。预约成功后若想更改时间或取消预约，可通过以上任意一种方式进行。

（二）预约时需要提供患者的姓名、性别、年龄以及症状等信息。患者可在微信小程序中随时查看预约信息。

（三）若有发烧、咳嗽等疑似传染病的症状，预约时一定要告诉医院工作人员。

（四）体检前，要求空腹八小时以上，不能进食，不能喝水。

（五）体检一周后，患者可通过微信查询体检报告。

94. 如果你是这家医院的工作人员，你的朋友小丽想去医院做免费体检，她只有上午有空，请你告诉她医院的可预约时间以及注意事项。(3分钟)

第二部分

第95-97题：听材料回答问题。

95. （30秒）

_____

96. （30秒）

_____

97. （2分钟）

_____

第三部分

第98题：观点表达。

98. （3分钟）

_____

실전모의고사
2회

中文水平考试

HSK（七—九级）

注　意

一、HSK（七—九级）分五部分，共98题：

　　1．听力（40题，约30分钟）

　　2．阅读（47题，60分钟）

　　3．写作（2题，55分钟）

　　4．翻译（4题，41分钟）

　　5．口语（5题，约24分钟）

二、全部考试约210分钟。

一、听 力

第一部分

第1-10题：请根据所听到的内容，判断下面的句子是否符合原文，符合原文的请画"✓"，不符合的请画"✗"。

1. 职业倦怠的表现之一是心理上对工作保持距离或对自己的工作感到愤怒。　　　（　　　）

2. 职业倦怠作为一种职业病，普遍出现在能力出众的企业员工身上，在新入职的员工身上则较少出现。　　　（　　　）

3. 当人在工作上不能得心应手时，会产生无助感，更无法对工作保持热情。　　　（　　　）

4. 要想化解职业倦怠，应丰富知识，提升职业技能，从而迎接源源不断的挑战，提升掌控感。　　　（　　　）

5. 这则新闻旨在告诉人们职业倦怠现象将使整个社会变得动荡不安。　　　（　　　）

6. 中国外贸发展取得的历史性成就，主要体现在数量的扩大和质量的提升。　　　（　　　）

7. 近十年来，中国货物贸易进出口的国际市场份额居高，并保持不变。　　　（　　　）

8. 中国海关持续优化了口岸营商环境，减少了进出口环节监管证件，压缩了整体通关时间。　　　（　　　）

9. "网购保税进口"、"跨境电商出口海外仓"等监管模式，不符合跨境电商企业的发展要求。　　　（　　　）

10. 这则新闻主要谈的是中国外贸发展的显著成就和海关实施的各种措施。　　　（　　　）

第二部分

第11-22题：请选择或填写正确答案。

11. A 将军能引领士兵摆脱苦难　　　　B 每个士兵都要有远大的理想
　　C 士兵最后都应该坐上将军的宝座　D 成为将军就能实现价值观的转变

12. A 引用著名哲学家的名言明确强调自己的观点
　　B 用动物举例说明不是每一个士兵都能当将军
　　C 用历史故事证明不想当将军的士兵是好士兵
　　D 用自己的大学经历说明男的的观点不切实际

13. A 可以杜绝不正当竞争的出现　　　B 有利于军队司令做出英明的决策
　　C 由此产生的良性竞争能促进军队的发展　D 使军队里的每个成员获得升职加薪的机会

14. A 士兵应该服从上级的调动　　　　B 每个人都有属于自己的位置
　　C 人所处的位置没有贵贱之分　　　D 守株待兔的人不会被社会认同

15. 女的认为，我们的社会群体并不都是由＿＿＿＿＿＿组成的。

16. A 不争强好胜　　　　　　　　　　B 愿意与时俱进
　　C 做好自己担任的工作　　　　　　D 开辟实现梦想的新道路

17. A 整个项目为期三年　　　　　　　　　　B 在重庆开发一个生态社区

C 首期开发的公寓在下半年开盘　　　　D 总投资额将达到50亿元人民币

18. A 产品享有非常好的口碑　　　　　　　　B 企业已发展为建材行业领头羊

C 产品已荣获了年度最受欢迎建材奖　　D 产品已通过了国际质量管理体系认证

19. A 运输产品时在南京港停留两天　　　　　B 运输途中出现的质量问题由女方承担

C 运输方式采用铁路和海运双重运输方式　D 遇到自然灾害时运输费用由双方共同承担

20. A 只对部分产品进行维修保养　　　　　　B 每月最多只提供一次上门保养服务

C 安装一年后维修保养时收取相应的费用　D 在接到维修通知后24小时内到达现场处理

21. 女的报价时，在原有价格的基础上打了多少折？　　　　_____

22. A 犹豫不决　　　　　　　　　　　　　　B 勃然大怒

C 爱理不理　　　　　　　　　　　　　　D 欣然接纳

第三部分

第23-40题：请选择或填写正确答案。

23. A 他想传承南方的戏剧艺术   B 他渴望到处流浪走遍天下
    C 他与师傅赵宝丰感情颇深   D 他希望与富家子弟交流切磋

24. A 《红楼梦》   B 《水浒传》
    C 《隋唐两朝志传》   D 《宋太祖龙虎风云会》

25. A 大胆去掉所有空洞而虚幻的故事情节   B 用喜剧式的艺术虚构创造生动的细节
    C 抵制文学创作中的历史虚无主义倾向   D 大的历史事件和主要人物的特点基本属实

26. A 分段叙事   B 讲究文章篇幅
    C 故事前后衔接   D 段落结构颇为灵活

27. A 提倡文人们集体撰写作品集   B 只着重塑造非凡的英雄人物
    C 通篇语言深奥且充满浪漫色彩   D 情节从线性的流动变得错综复杂

28. A 以资源的高效利用和循环利用为核心   B 是符合可持续发展理念的经济发展模式
    C 以低消耗、低排放和高效率为基本特征   D 运用机械论的思想来指导人类的经济活动

29. A 建立了双轨制回收系统   B 提高了包装材料的回收率
    C 制定了废弃物排放后的末端处理法   D 发布了《十四五循环经济发展规划》

30. 作为一种新的经济发展方式，循环经济与传统经济最大的区别是_____。

31. A 经济活动不能向生态化转换　　　　B 企业不能获取更高的经济利益
　　C 企业有意不配合政府的宏观政策　　D 市民的思想意识跟不上时代的步伐

32. A 企业没有给自身发展提供新路径　　B 企业无条件采纳生态发展新模式
　　C 企业没有树立相应的成本管理理念　D 企业面临着机遇与挑战并存的大环境

33. A 力求建立全球气候治理体系
　　B 主要围绕农业领域进行生产改革
　　C 通过多方面合作共建绿色"一带一路"
　　D 巩固中国在循环经济领域中的国际领先地位

34. A 迷信在当时已不被人们所推崇
　　B 他们的思想比迷信思想出现得更早
　　C 他们以理性辅助证据的方式归纳道理
　　D 他们的思想对社会制度的建设具有现实意义

35. A 为了解决最基本的哲学问题　　　　B 为了履行当时领导者的命令
　　C 为了表达一种新颖的研究方式　　　D 为了克服西方哲学的根本缺陷

36. "爱智慧"的_____是社会意识的具体存在和表现形式。

37. A 研究世界的创始者　　　　　　　　B 分析人类的生存目标
　　C 追求世界的本原和本质　　　　　　D 寻找人与神沟通的纽带

38. A 意识是物质的产物　　　　　　　　B 物质依赖意识而存在
　　C 世界的统一性在于物质性　　　　　D 人们需要依靠科学技术生存

39. "可知论"认为人可以凭借_____完全认知世界。

40. A 介绍哲学问题的解决方法　　　　　B 阐述著名哲学家笛卡尔的观点
　　C 展示哲学两大派别的思想差异　　　D 分析哲学观点中最受争议的案例

二、阅读

第一部分

第41-68题：请选择正确答案。

41-47.

我们常说，家长是孩子的第一任老师，家长的言传身教是对孩子最好的教育。家长所做的事、所说的话，都会被孩子看在眼里，因此孩子童年时期的个性和品德很容易受到家长的直接影响。

为了发扬中华民族重视家庭教育的优良传统，并增进家庭与社会的幸福和谐，全国人民代表大会在会议上通过了《中华人民共和国家庭教育促进法》，这引发了全社会和家长的普遍关注。

《中华人民共和国家庭教育促进法》中明确表示，家庭教育是指家长或其他监护人为促进未成年人全面健康成长，而对其实施的道德品质、身体素质、文化修养、生活技能和行为习惯等方面的培育和引导。这是中国首次就家庭教育制定法规，该项法规的出台意味着家庭教育已经由传统的"家事"上升为"国事"。

《中华人民共和国家庭教育促进法》从多个方面关注未成年人的身心发展和教育，力求对未成年人进行正确的指引，使其在父母或其他监护人的培养下健康成长。在心理方面，监护人要教育未成年人树立正确的成才观和劳动观，引导未成年人培养丰富的兴趣爱好，并增强他们的科学探索精神和创新意识。最重要的是，监护人要时刻关注未成年人的心理健康，教导其珍惜自己和他人的生命。在身体方面，监护人要保证未成年人的身体健康状况，引导其养成良好的生活习惯和行为习惯，让他们在饮食上摄入充分的营养，在此基础上，还要鼓励他们积极锻炼身体，并保证充足的睡眠。

除了家庭对未成年人心理和身体方面的指引之外，家校社协同育人机制也很重要。居民委员会可以依托城乡社区公共服务设施，设立相关家庭教育指导服务站，配合家庭教育指导机构，对居民宣传家庭教育知识，并为未成年人的监护人提供相关指导意见。学校则要将家庭教育指导服务纳入工作计划中，对教师们进行有关培训。

总体来看，《中华人民共和国家庭教育促进法》的立法意图是为了促进家庭教育，并对孩子监护人进行"指引"和"赋能"。其中，"指引"是指通过法律让父母知道如何做一名合格的家长，引导家长用科学的方法和理念教育孩子；"赋能"则是指当家长在教育上遇到问题时，可向公共服务机构获取相应的帮助，在学习中提升教育能力。

家长的正确引导是孩子走向成功的基础，家长只有树立正确的教育观念，才能使孩子_____地发展。家长在引导孩子成长的过程中，不要只看着一个方向而行动，最好"<u>眼观四路，耳听八方</u>"，也就是说，家长要注重孩子各方面的发展。

41. 根据上文，对孩子来说什么是最好的教育方式？

    A 依托城乡服务站的教育培训   B 定期去科学馆进行探索和研究

    C 去国外参加多种多样的研修课程   D 家长在日常生活中的言语和行为

42. 根据第三段，可以知道什么？

    A 家庭教育被认为是学校教育的延伸   B 家长要关注孩子与他人沟通时的态度

    C 家庭教育能促进未成年人多方面的成长 D 出台的相关教育法规可以使家庭更加和谐

43. 在心理方面，监护人具体要怎么做？

    A 增强未成年人的探索意识   B 鼓励未成年人积极锻炼身体

    C 给未成年人更多放松身心的时间   D 指导未成年人养成良好的生活习惯

44. 根据上文，社区设立的家庭教育指导服务站有什么作用？

    A 可为社区进行一定的宣传   B 能提高未成年人的自律意识

    C 能为人们普及家庭教育相关知识   D 可以为社区居民定时开展教育讲座

45. 根据上下文，最后一段空白处最适合填入的词语是：

    A 未知数   B 全方位

    C 下意识   D 一把手

46. 画线句子"眼观四路，耳听八方"在文中最可能是什么意思？

    A 要重视孩子的兴趣爱好   B 要留意孩子性格上的变化

    C 要听取其他家长的教育经验   D 要从多方面关注孩子的发展

47. 上文主要谈了哪两方面内容？

    ① 家庭教育相关法规的修改意见

    ② 家庭教育相关法规的具体内容

    ③ 家庭教育相关法规的颁布和立法意图

    ④ 家庭教育相关法规给教育机构带来的影响

    A ①②   B ①④

    C ②③   D ③④

48-54.

　　据统计，中国的Z世代人群已高达2.64亿人，Z世代如今逐渐开始进入职场，他们是伴随着互联网和手机成长的一代人，表现出了追求个人价值、自由和独立的特点。随着Z世代慢慢成为职场的"主力军"，他们对工作的态度以及对职场规则的重构，给整个社会的就业环境带来了一股新的_____。

　　根据某咨询公司的最新调查数据，91%的年轻求职者会在投递简历之前主动调查公司的背景和负面新闻，并有90%的受访者表示，企业的口碑会成为他们入职时考虑的条件中**不可或缺**的重要因素。调查还发现，许多Z世代的人会利用自己掌握的互联网知识，通过多个平台事先了解雇主，这打破了企业单方面挑选人才的传统，对企业的整体情况提出了更高的要求。

　　在求职过程中，企业对应聘者的背景调查是一个常见的环节，这个环节主要是用人单位通过相关专业人员，对应聘者的背景资料进行真实性核查。但是如今部分Z世代在求职过程中反而会对企业进行反向背调，可以说这也成为了一种新的求职趋势。除了直接对HR提问之外，有的人还会利用各种招聘网站和社会媒体查询企业的相关信息。更有甚者，会通过查找企业相关新闻或了解投资人背景，深度挖掘企业的信息。

　　面对Z世代的反向背调，部分企业严防死守，禁止员工发布有关企业的个人评论，由此避免不利于企业的信息出现。然而，这并无法从根源上解决问题。对于企业而言，最重要的不是消除不利信息，而是应该思考自身该如何持续发展，用企业本身的文化和氛围吸引Z世代的求职者。在求职者深挖各类负面信息时，企业应该意识到自身问题，或针对不足之处进行改进，或着重宣传自身优势。

　　以前大多数求职者关注的是薪资、晋升路径以及涨薪模式等，而Z世代则加大了对企业文化和领导风格的关注。他们更加注重自己的个人价值是否能得到肯定，以及自己是否会被视为一个独立的个体。Z世代的这些想法弱化了大企业自带的光环，也给一些企业文化和氛围良好的创业企业带来了机会。

　　在调查数据中还显示，60%的Z世代受访者认为，企业如果有不同于其他企业的特别的福利待遇，并了解社会热点，就能使求职者对企业有更好的评价。可见，企业若想获得Z世代人才，就要追踪热点新闻，了解当前人才的需求和社会流行趋势，在求职者开始调查企业之前，就先让对方看到企业的"**闪光点**"。

　　当然，并不是所有的Z世代都追求同样的价值观念，他们当中有更关注企业氛围和人际关系的人，也有更关注薪资待遇和未来发展的人。每一类人都有与自己相匹配的企业，对企业和求职者来说，这个过程是双向的选择。

48. 根据上下文，第一段空白处最适合填入的词语是：

A 功效　　　　　　　　　　　B 贺电

C 风气　　　　　　　　　　　D 归宿

49. 画线词语"不可或缺"的"或"与下列哪个括号中的词语意思相近？

A （稍）逊一筹　　　　　　　B 转（瞬）即逝

C （屈）指可数　　　　　　　D 无足（轻）重

50. 下列哪项**不属于**如今求职者的反向背调方式？

A 查看企业相关新闻报道　　　B 去应聘网站查找有关信息

C 调查在职员工的个人信息　　D 向企业人事部职员咨询问题

51. 企业应如何面对求职者的反向背调？

A 控制舆论的发展方向　　　　B 多多注重自身的发展

C 加强对应聘人员的背调　　　D 禁止员工发布企业相关信息

52. Z世代对当今社会带来的影响是：

A 激发了当代人的创业热情　　B 使部分企业放宽了应聘条件

C 给创业企业的发展创造了机会　D 为年轻人争取了更多的就业岗位

53. 根据上下文，画线词语"闪光点"指的是什么？

A 企业的优势　　　　　　　　B 企业的文化氛围

C 企业的负面信息　　　　　　D 企业的分级管理制度

54. 根据上文，作者最可能支持的观点是？

A 企业应该重视对员工的人文关怀　B 要建立符合Z世代性格特点的企业

C 求职是企业和个人互相匹配的过程　D 企业应在发展过程中注入大量新鲜血液

55-61.

　　喀斯特地貌是具有溶蚀力的水对可溶性岩石起到溶蚀、冲蚀、潜蚀作用，以及坍陷等机械侵蚀作用所形成的地表和地下形态的总称。喀斯特地貌又被称为岩溶地貌，为中国五大造型地貌之一。

　　中国是世界上对喀斯特地貌记述和研究最早的国家，早在2000多年前，《山海经》中就已提到了溶洞、伏流、石山等景象；宋代沈括的《梦溪笔谈》、范成大的《桂海虞衡志》和周去非的《岭外代答》则对岩溶现象有较多记载；明代的王守仁和宋应星也曾对石灰岩岩溶地貌做过较为确切的描述，特别是宋应星，他在《天工开物》中对岩溶及石灰华的再沉积机理做过开创性的研究和记述。明代地理学家、旅行家徐霞客把对喀斯特地貌的研究成果详细记述在他的地理名著《徐霞客游记》中。他探查过的洞穴有270多个，且都有对方向、高度、宽度和深度的具体记载。他对喀斯特地貌的类型、分布、地区间的差异、成因做了详细的考察和记述。

　　喀斯特地貌的形成是石灰岩地区地下水长期溶蚀的结果。石灰岩的主要成分是碳酸钙，在有水和二氧化碳的条件下产生化学反应并生成碳酸氢钙，碳酸氢钙可溶于水，于是石灰岩空洞逐步形成并扩大。而水的溶蚀能力来源于二氧化碳与水结合形成的碳酸，碳酸分解出氢离子和碳酸根离子，氢离子与碳酸钙产生化学反应，从而使碳酸钙溶解。

　　喀斯特地貌可划分为许多不同的类型。按出露条件分为裸露型喀斯特、覆盖型喀斯特、埋藏型喀斯特；按气候带分为热带喀斯特、亚热带喀斯特、温带喀斯特、寒带喀斯特；按岩性分为石灰岩喀斯特、白云岩喀斯特、石膏喀斯特。此外还有按海拔高度、发育程度、水文特征、形成时期等来划分的方式。

　　中国喀斯特地貌分布之广泛，类型之多，为世界所罕见，该地貌类型主要集中在广西、云南、贵州等省。中国南方喀斯特拥有最显著的喀斯特地貌类型，是世界上最壮观的热带至亚热带喀斯特地貌样本之一。中国南方喀斯特一期由云南石林喀斯特、贵州荔波喀斯特、重庆武隆喀斯特组成，于2007年被评选为世界自然遗产，并入选《世界遗产名录》。随后包括桂林喀斯特等在内的中国南方喀斯特二期也被成功列入《世界遗产名录》。中国的喀斯特地貌所形成的千姿百态的景观和洞穴奇景，给人以直观的、形象化的艺术感受，被认为是重要的旅游资源，比如，桂林山水、云南石林、四川九寨沟、贵州黄果树、济南趵突泉、河北拒马河等景区都是**举世闻名**的游览胜地。

　　喀斯特地貌的研究在工农业生产上具有重要意义。喀斯特地区有许多不利于工农业发展的因素需要克服，但也有大量有利于生产的因素可以开发利用。喀斯特地区的地表异常缺水，对农业生产影响很大，但＿＿＿＿着丰富的地下水，因此合理开发利用喀斯特泉，对工农业的发展十分重要。然而喀斯特地区的地下洞穴对坝体、交通线和厂矿建筑构成不稳定的因素，因此持续研究和探测地下洞穴的分布，并及时采取相应措施是喀斯特地区建设成功的关键。

55. 关于中国古籍对喀斯特地形的记载，下列哪项正确？

A 《天工开物》中记述了溶洞、石山等现象

B 《岭外代答》中说明了喀斯特地貌的形成原理

C 《徐霞客游记》中记载了喀斯特地貌地区间的差异

D 《山海经》中确切记述了岩溶及石灰华的再沉积机理

56. 喀斯特地貌形成的原因是：

A 碳酸钙长时间被风力所侵蚀　　　B 石灰岩地区地下水长期溶蚀

C 碳酸根离子与碳酸钙产生化学反应　D 水与二氧化碳结合产生大量碳酸氢钙

57. 第四段中**没有**提到喀斯特地貌的哪种分类方法？

A 气候带　　　　　　　　　　　B 岩石硬度

C 出露条件　　　　　　　　　　D 海拔高度

58. 关于中国南方喀斯特地貌，可以知道什么？

A 整齐有序地分布在东南沿海地区　　B 地貌的区域性和差异性特征不够明显

C 是世界上最壮观的喀斯特地貌样本之一　D 被列入《世界遗产名录》的过程较为曲折

59. 跟第五段画线词语"举世闻名"意思相反的一项是：

A 鼎鼎大名　　　　　　　　　　B 索然无味

C 置之不理　　　　　　　　　　D 鲜为人知

60. 根据上下文，最后一段空白处最适合填入的词语是：

A 收藏　　　　　　　　　　　　B 珍藏

C 躲藏　　　　　　　　　　　　D 蕴藏

61. 上文主要谈了什么？

A 中国喀斯特地貌的概况　　　　　B 中国境内多种地形之间的对比

C 不同的气候所形成的不同地貌　　D 喀斯特地貌对古代经济产生的作用

62-68.

如今，汽车的电动化成为了行业共识，动力电池作为电动汽车的核心部件，其技术的发展一直是人们关注的焦点。然而电池成本高、续航里程短，是众多消费者在选购电动汽车时的顾虑，也是阻碍电动汽车进一步发展的主要因素。成本更低、续航更持久、更安全、能量密度更高，这些都是电动汽车行业对电池提出的重要需求，也是研究人员**孜孜不倦**追求的方向。

目前电动汽车普遍使用的是锂离子电池，虽然近年来锂离子电池的性能不断提升，但与满足消费者需求仍存在一定距离。科学界认为锂离子电池的发展已经达到极限，而固态电池是下一代动力电池的发展方向之一。

固态电池是一种使用固体电极和固体电解质的电池。固态锂电池技术将锂、钠制成的玻璃化合物作为传导物质，它能取代以往锂离子电池的电解液，大大提升锂电池的能量密度。

传统的锂离子电池又被科学家们称为"摇椅式电池"，"摇椅"的两端为电池的正负两极，中间为液态电解质，而锂离子就像优秀的运动员，在正负两极之间来回"奔跑"。在锂离子从正极到负极再到正极运动的过程中，电池的充放电过程便完成了。固态电池也与之相同，只不过电解质为固态，其密度以及结构可以让更多带电离子传导更大的电流，_____提升电池容量。不仅如此，由于没有电解液，固态电池的封存变得更加容易，在汽车等大型设备上使用时，也不需要额外增加冷却管、电子控件等零件。

与传统锂离子电池相比，固态电池具有多种优势。第一，能量密度高。使用固体电解质后，锂离子电池的适用材料体系也会发生改变，其中最核心的一点就是不必使用嵌锂的石墨负极，而是直接使用金属锂来做负极，这可以明显减轻负极材料的用量，使得整个电池的能量密度明显提高。第二，体积小。传统锂离子电池需要使用隔膜和电解液，它们加起来占据了电池近40%的体积和25%的质量。而如果使用固体电解质，正负极之间的距离可以缩短到十微米，电池的厚度也能随之大大减少，固态电池也将趋于小型化、薄膜化。第三，韧性更好。固态电池变得轻薄后，韧性也会明显提高，即使经受几百到几千次的弯曲，其性能也基本不会下降。第四，更安全。传统锂离子电池在大电流下工作时可能会出现短路，甚至在高温下易发生燃烧，而固态电池则能解决这些问题，因而更加安全。

尽管固态电池仍面临诸多技术壁垒，但按照现在的发展趋势来看，未来的电池将朝着更高比能量进发，固态电池的迭代升级有望让更强大的电池走向现实。

62. 很多消费者为什么在购买电动汽车时会犹豫？

A 购买渠道单一   B 电池种类繁多

C 电池的续航里程短   D 电池技术未得到国际认证

63. 画线词语"孜孜不倦"在文中表示什么意思？

A 事业蓬勃发展   B 想方设法解决难题

C 勤勤恳恳不知疲倦   D 内心焦急得无法安睡

64. 根据上下文，第四段空白处最适合填入的词语是：

A 即便   B 进而

C 假使   D 虽说

65. 第四段主要讲的是什么内容？

A 固态电池的应用前景   B 两种电池的工作原理

C 锂离子电池的定价基准   D 锂离子电池所引发的争议

66. 下列哪项不是固态电池的优点？

A 可直接使用金属锂做负极   B 正负极间的距离可以缩短

C 经历多次弯曲性能也不会下降   D 锂离子电池适用材料体系不易改变

67. 为了保障安全性，固态电池解决了哪两个问题？

① 在高电压下工作时寿命缩短的问题

② 在高温下工作时容易发生燃烧的问题

③ 在大电流下工作时可能会出现的短路问题

④ 在充电时间过长时离子无法移动到正极的问题

A ①④   B ①③

C ②③   D ②④

68. 上文主要谈的是：

A 固态电池的具体优势   B 电池行业面临的危机

C 汽车电动化的重要性   D 固态电池在电动车中的应用

第二部分

第69-73题：请将顺序被打乱的语段重新排序，完成一篇逻辑连贯的文章。
其中一个选项为干扰项，需排除；画线选项无需排序。

[A] <u>在上个世纪，有科学家研究发现，灯塔水母具有特殊的繁殖方式，这导致它的生命周期与众不同。一般来说，水母正常的生命周期从受精卵开始，渐渐长成体表长满纤毛的模样，如同毛茸茸的幼虫，人们称之为"浮浪幼体"；随后幼体会蜕变成水螅型；水螅型进化成水母型后，便会产生卵子和精子，最后走向死亡。换言之，水母繁殖的完成便象征着生命走向尽头。</u>

[B] 灯塔水母是肉食性生物，以浮游生物、小的甲壳类、多毛类甚至小的鱼类为食。灯塔水母主要分布在加勒比地区的海域中，但因为远洋船舶会排放压舱水，这使它们逐渐散布至其他临近海域，并扩散到西班牙、意大利和日本的近海，甚至出现在大西洋的另一侧。它是一种有毒的生物，若被混在虾酱中被人误食的话，会引起食物中毒。

[C] 动物界中长寿的动物有很多，比如弓头鲸、大蜥蜴以及我们熟悉的陆龟，它们的平均寿命长达几百年。南极洲海绵更是神奇，它们中寿命最长的个体甚至可以存活1550年。

[D] 虽然灯塔水母被誉为海洋中的"永生之花"，但有些科学家对"灯塔水母可以长生不死"这一观点持怀疑态度。其原因在于，灯塔水母的"返老还童"有一定的条件限制，这个现象常常是它们遭受饥饿、物理性损伤或其他突发危机的时候才会发生。而灯塔水母的这种转化，其实是无脊椎动物中无性世代和有性世代交替出现的现象，这并不是灯塔水母的"独门绝技"。

[E] 然而，灯塔水母在生命周期中能够"返老还童"。也就是说，灯塔水母不会像其他的水母一样死亡，它会在最后的死亡阶段重新回到水螅型，亦即是幼年期，在水螅型阶段进行无性繁殖。这就好比一只青蛙重新变成了蝌蚪，再由蝌蚪变成青蛙。人们将灯塔水母跳过死亡的这一过程叫作"细胞转分化"，在这个过程中，细胞从一个类型转变为另一个类型。这种转变通常会在器官再生的情况下出现，这个过程不会有次数限制，灯塔水母可以通过反复的"细胞转分化"来获得无限的寿命。

[F] 灯塔水母红色的消化系统引起了很多科学家的关注。灯塔水母可以咽下比它大的猎物，这归功于强大的消化系统。猎物一旦被它吞下去，它的胃就会分泌出大量的蛋白酶，同时还会加速蠕动。灯塔水母吸收营养的过程也十分特别，消化系统将食物消化之后，它的细胞会吞噬细小的食物颗粒，食物颗粒在细胞之中形成食物泡，经过一系列的反应，营养物质就能够被运到全身。

[G]　即使科学家对灯塔水母的"长生不死"进行了一定程度的否定，但是不管灯塔水母是否能够不经历死亡，它都是自然界中颇为神奇的存在。这使人不得不惊叹大自然惊人的力量，它能让一些简单的原核细胞形成各种各样的生物，而生物间环环相扣，并顺应着环境变化让自己不断繁衍生息，这吸引着人们通过探索其中的奥秘来揭开它们神秘的面纱。

[H]　但长寿并不代表永生，根据目前的科学研究成果，自然界唯一被称为"长生不死的生物"的，只有一种小小的水母。这种小型水母直径只有4-5毫米，通体透明。它的整体形状如同灯塔，因此得名"灯塔水母"。

69. □ → H → □ → A → □ → □ → □
　　　　　　 70.　　　　　　 71.　　 72.　　 73.

第三部分

第74-87题：请回答下列问题，答案字数要在十字以内。

74-80.

搏克是蒙古族传统的体育娱乐活动之一，是历史悠久的蒙古式摔跤运动。搏克作为蒙古族三大运动之首，在蒙古语中具有结实、团结、持久的含义。搏克不断与时俱进，如今已成为符合现代文明的运动。在2006年，搏克被列入第一批国家级非物质文化遗产名录。

搏克已有近两千年的历史，它在西汉初期开始盛行，在元代得到广泛传播，至清代达到空前发展。搏克的发展过程大致可分为"最野蛮—野蛮—文明—现代文明"四个阶段。在最野蛮阶段，为了生存，人们在与野兽和敌人的搏斗中发展出了搏克，当时这种运动以"生死"为取胜标准；在野蛮阶段和文明阶段，搏克开始用于政治、军事、经济和文化娱乐，胜负标准从"生死"逐步演变为"双肩着地"和"躯干着地"；到了现代文明阶段，随着人类社会的进步，搏克的胜负标准又发生了质变，膝盖以上任何部位着地即为负，胜方应该<u>适可而止</u>，不可以对对方二次用力。

按照比赛要求，摔跤手要穿传统的蒙古族摔跤服，也就是上身穿着牛皮或帆布制成的紧身短袖背心，蒙古族亲切地称它为"召德格"。短袖背心上钉满铜质或银质的大号图钉，后背中间写有"吉祥"之类的字样。腰上系着用红、黄、蓝三色绸子做成的围裙。下身穿肥大的白色摔跤裤，外面再套一条绣着动物或花卉图案的套裤，这样不仅在出汗时不沾衣服，而且还可以防止意外事故的发生。此外，摔跤手还会脚蹬蒙古靴，并在脖子上挂着五色绸条做成的"章嘎"，"章嘎"标志着摔跤手在比赛中获胜的次数，次数越多，彩条也就越多。

搏克是一项具有大众性的体育运动，其大众性主要体现在参赛者的资格要求上。比赛不分年龄、地位、民族、地域和运动经历，只要名额未满，就可以参加。在规则面前人人平等，就算是恰巧路过的外乡人想参加比赛，也绝对不会被冷落或拒绝。

搏克的比赛形式非常庄重。根据报名情况，参加比赛的摔跤手一般少则几十人，多则可达一千人。在所有的对抗性运动项目中，如此壮观的场面屈指可数。比赛在悠扬激昂的赞歌声中开始，摔跤手们挥舞着壮实的双臂，跳着模仿狮子、鹿、鹰等姿态的舞蹈入场，给人留下威武彪悍的印象。比赛场地无特殊要求，只要有平坦的草地或土质地面即可进行比赛。

按照蒙古族的传统习俗，赛前要推选一位德高望重的长者当_____，由他来负责维持赛场秩序，执行比赛规则，并对比赛结果作出判决。长者发令后，参赛双方先握手致敬，随后便开始交锋。比赛规则简单明了，不限时间，也不分摔跤手的体重，一跤分胜负。在比赛中不得抱腿，不得做出危险动作。搏克要求摔跤手协调腰部和腿部的动作，在对抗中充分展示自己的力量和技巧。

搏克运动具有强烈的对抗性和竞争性，它是蒙古族勇敢和力量的象征，也是人们智慧的结晶。搏克涵盖着蒙古族政治、经济、文化、军事、哲学思想的方方面面。现代的搏克运动不仅保留着人人平等、重在参与的思想，也体现了人们团结友爱、拼搏进取的精神。这些正是草原文化的核心内涵，这种内涵始终贯穿着搏克的整个发展过程。

74. 如今搏克已发展成为什么？

_____

75. 在最野蛮阶段，人们为什么在与野兽和敌人的搏斗中发展出了搏克？

_____

76. 第二段中，画线词语"适可而止"的意思是什么？

_____

77. 摔跤手脖子上挂着的"章嘎"标志着什么？

_____

78. 搏克的大众性主要体现在哪方面？

_____

79. 比赛开始后，摔跤手们是怎样入场的？

_____

80. 请在第六段的空白处填上合适的词语。

_____

81-87.

　　载人飞船完成预定任务后，载有航天员的返回舱就要返回地球，这个过程看起来很简单，但是要经过重重考验，也需要很高的科技水平来支撑。

　　载人飞船一般可分为推进舱、轨道舱和返回舱三部分。推进舱又叫仪器舱，通常安装推进系统、电源等设备，并为航天员提供氧气和水。推进舱的两侧还装有面积达20多平方米的形状像翅膀的主太阳能电池帆翼。轨道舱是航天员的主要活动区域，它集工作、吃饭、睡觉、盥洗等诸多功能于一体，除了升空和返回时要进入返回舱以外，其他时间航天员都在轨道舱里。返回舱是航天员的"驾驶室"，是航天员往返太空时乘坐的舱段，为密闭空间，前端有舱门。返回舱返回地球时会在重力的作用下进入大气层，气流会使高速飞行的返回舱难以保持固定的姿态，因此必须把返回舱做成不倒翁的形状，底大头小，这样稳定性更强。

　　载人飞船的返航需要这三个部分精准地配合才能完成，整个返回过程需要经过制动离轨、自由下降、再入大气层和着陆四个阶段。

　　在制动离轨段，飞船会通过调姿、制动、减速，从原飞行轨道进入返回轨道。返回前，飞船首先要调整姿态，在水平方向逆时针转动90°，将轨道舱在前、返回舱居中、推进舱在后的状态调整为横向飞行状态，这是飞船的第一次调姿。紧接着，轨道舱与返回舱会进行分离，轨道舱留在太空轨道继续飞行。此后，飞船会进行第二次调姿，脱离原飞行轨道进入返回轨道。

　　在飞船离开原运行轨道进入大气层之前，空气阻力很小，飞船主要在地球引力的作用下呈自由飞行状态，因此，这个阶段称为自由下降段。在这个阶段，<u>推进舱会与返回舱分离，返回舱则会重新调整进入大气层的角度，这是一项极其重要的工作，如果角度太小，飞船将从大气层边缘擦过而不能返回；如果角度太大，飞船返回速度过快，就会像流星一样在大气层中被烧毁。</u>

　　从返回舱进入稠密大气层到其回收着陆系统开始工作的飞行阶段被称为再入段。飞船返回的时候，从离轨时的真空环境再次进入大气层，大气层随着高度的降低，空气密度越来越大，返回舱进入稠密的大气层后，产生大量热量，返回舱表面和底部的防热层开始燃烧，**这**能保护返回舱的安全。下降到一定高度后，返回舱被等离子体包围，与地面失去联系，这个区域就是著名的"黑障区"。在这个阶段中，返回舱要不断适应瞬间改变的环境，因此，再入段是返回过程中环境最为恶劣的阶段。

　　返回舱下降到一定的高度时，降落伞就会被打开，从打开降落伞到着陆这个过程称为着陆段。在距地面10千米左右高度，返回舱的回收着陆系统开始工作，先后拉出引导伞、减速伞和主伞，使返回舱的速度缓缓下降，在距地面1米左右时，系统启动反推发动机，使返回舱安全着陆。

　　返回舱着陆一段时间后，宇航员在工作人员的帮助下出舱，这个时候返航才能被认为大功告成。

81. 航天员在轨道舱可以进行哪些活动？

_____

82. 把返回舱做成不倒翁的形状有什么好处？

_____

83. 轨道舱与返回舱在什么阶段进行分离？

_____

84. 第五段画线部分主要是为了说明什么？

_____

85. 第六段画线词语"这"指代什么？

_____

86. 在"黑障区"，被等离子体包围的返回舱会怎么样？

_____

87. 第七段主要谈的是什么？

_____

三、写作

第一部分

第88题：请对下列图表进行描述与分析，写一篇文章，字数为200字左右，限定时间为15分钟。

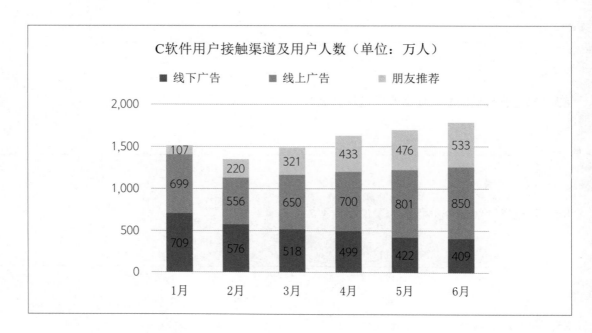

C软件用户接触渠道及用户人数（单位：万人）

■ 线下广告　　■ 线上广告　　■ 朋友推荐

88. _____

_____

_____

_____

第二部分

第89题：请写一篇话题作文，限定时间为40分钟。

89. "三人行，必有我师焉"出自《论语》，意思是"在一起行走的三个人当中，必定有可以做我老师的"，指要虚心向别人学习。你赞不赞同"三人行，必有我师焉"？请写一篇600字左右的文章，论证你的观点。

_____

_____

_____

_____

_____

_____

_____

_____

四、翻 译

第一部分

第90-91题：请将下列两篇短文译写成中文，限定时间为35分钟。

90.　　중국 전지는 가위로 종이에 무늬를 잘라내 생활에 색채를 더하거나 다른 민속 활동과 조화를 이루는 데 쓰이는 민간 예술이다. 전지 예술은 현재까지 이미 1000여 년의 역사가 있는데, 남북조 시대에 중국 최초의 전지 작품이 등장했으며 당시의 전지는 반복해서 접는 처리 방식을 사용했다. 오늘날 전지는 누구나 다 아는 전통 문화 예술이 되었으며, 다양한 민속 행사에서 중요한 위치를 차지하고 있다. 춘절을 보낼 때 사람들은 전지를 창문이나 벽에 붙여 새해에 대한 기대를 나타낸다.

91.　　어떤 한 마을이 외진 산간 지대에 자리 잡고 있었는데, 그곳은 삼림이 뒤덮고 있는 면적이 크고, 풍경이 매우 아름다우며, 현지의 마을 사람들은 오랜 기간 평온한 생활을 했다. 그러나 몇 년 전 어느 건조한 가을에 마을의 뒷산에서 심각한 화재 사고가 발생했다. 마을 사람들이 신고한 후, 삼림 소방대원은 곧바로 서둘러 달려왔고, 그들은 몇 시간을 분투하고 나서야 산불을 완전히 진압했다. 그 화재 사고는 비록 인명 피해를 초래하지는 않았지만, 그곳의 자연환경이 큰 피해를 입게 했다. 삼림의 식물은 큰불에 모조리 타버렸고, 야생동식물은 이로 인해 삶의 터전을 잃었으며, 이렇게 뒷산은 버려진 땅으로 변했다. 설상가상인 것은, 마을 사람들이 심은 과일나무도 큰 영향을 받아서, 그들은 어쩔 수 없이 심각한 경제적 손실을 부담했다.

　　마을 사람들은 삼림이 예전의 모습을 회복하게 하기 위해서 나무를 심어 숲을 조성하는 활동을 여러 차례 개최했다. 그들은 나무가 드문 뒷산에 많은 묘목을 심었고, 과수원에 새로 씨를 뿌렸다. 많은 해가 지나가고, 마을 사람들이 심은 나무는 점점 더 무성하게 자라나 뒷산의 환경도 큰 변화가 생겨, 많은 야생동물이 다시 뒷산으로 돌아왔고 그 마을은 이전보다 더 생기 있어졌다.

MP3 바로듣기

第二部分

第92-93题： 口译。

92.　　올해 여름 연이은 고온 날씨는 중국의 많은 지역이 영향을 받게 했기 때문에, 일부 지역에서 인공 강우를 실시했다. 인공 강우는 인위적인 방식을 통해 비를 내리게 하는 방법인데, 이 방법은 강수량을 늘리는 데 사용될 수 있어서 농지의 가뭄을 완화하고, 저수지의 물 공급 능력을 강화할 수 있다. 현재 중국의 인공 강우 기술은 이미 비교적 높은 수준에 도달했다. 최근, 중국의 과학 연구원은 인공 강우와 관련이 있는 과학 연구 프로젝트의 초대에 응해 참가했다. 연구 작업에서 과학 연구원은 인공 강우 기술의 발전 문제를 상세하게 탐구했고, 이는 지속 가능한 발전의 촉진에 새로운 기회를 가져다주었다.

(2分钟)

93.　　중국 고대 문인들이 반드시 익혀야 할 예술에는 네 종류가 있었는데, 옛사람들은 이것들을 개인의 문화적 소양을 드러내는 수단으로 삼았다. 첫 번째는 중국 전통 음악을 대표하는 고금으로, 중국 옛사람들은 고금의 소리를 좋아했으며, 이는 고금이 고대에서 좋은 발전을 이루게 했다. 두 번째는 바둑으로 일종의 전통적인 전략형 게임이며, 그것은 중화 문화의 풍부한 의미를 내포하고 있다. 세 번째는 서예로, 서예는 문자를 미적 감각이 풍부한 예술 작품으로 바꿀 수 있고, 그것은 한자 특유의 전통 예술이다. 마지막은 회화로 특히 중국화를 가리키며, 옛사람들은 자연과 사회에 대한 인식을 그림에 표현하기를 좋아했기 때문에 중국화의 표현 형식과 내용에서 당시 사람의 감정을 알 수 있었다. 고대 문인들이 사랑한 이 네 종류의 예술은 고대에 '문인사예'라고 불렸다.

(2分钟)

五、口 语

第一部分

第94题：应用读说。

你在国家博物馆官网上得知，下个月国家博物馆将举办一系列专题展览。

展览名称	展览时间	展览地点	展览信息
新疆文物精品展	3月8日-9月7日	北19展厅	- 展示新疆各地区出土的精美文物，包括陶器、纺织品、木器、佛像等
中国古代饮食文化展	3月11日-12月2日	北11展厅	- 详细介绍食材、器具、烹饪技法、古代餐桌礼仪等 - 全面展现中国古代饮食文化的历史变迁
古罗马文明展	3月26日-7月10日	北3、北4展厅	- 展示来自意大利的503件珍贵文物 - 系统介绍意大利半岛实现政治和文化统一的历史进程
中国古代玉器展	3月28日-12月30日	北1展厅	- 阐释中国古代玉文化的发展脉络 - 完美展现玉器制作的工艺流程 - 全方位挖掘古代玉器中所蕴含的精神文化内涵

94. 1）你的同事想去参观中国古代玉器和新疆文物有关的展览，请你根据上面的表格向那位
　　同事详细介绍一下。

　　2）你对哪个专题展览最感兴趣？为什么？

　　（3分钟）

第二部分

第95-97题：听材料回答问题。

95. （30秒）

_____

96. （30秒）

_____

97. （2分钟）

_____

第三部分

第98题：观点表达。

98. （3分钟）

_____

정답 및 모범답안 p.516

실전모의고사
3회

中文水平考试

HSK（七—九级）

注　意

一、HSK(七—九级)分五部分，共98题：

1. 听力(40题，约30分钟)

2. 阅读(47题，60分钟)

3. 写作(2题，55分钟)

4. 翻译(4题，41分钟)

5. 口语(5题，约24分钟)

二、全部考试约210分钟。

一、听力

MP3 바로듣기

第一部分

第1-10题: 请根据所听到的内容, 判断下面的句子是否符合原文, 符合原文的请画"✓", 不符合的请画"✗"。

1. 随着翻译需求的日益增长, 人工智能翻译预计会在2028年完全取代人工翻译。 ( )

2. 最初的翻译机器能够翻译出单词, 但是很难根据语境翻译。 ( )

3. 如今的许多翻译软件携带了语音翻译功能, 能精准地识别语音。 ( )

4. 如果想要获得高质量的翻译内容, 就需要人为的润色, 并理顺文章的逻辑。 ( )

5. 这则新闻主要谈了人工智能翻译软件市场的竞争状况。 ( )

6. 相关调查显示, 虚拟人市场规模预计将在2030年达到2000亿元。 ( )

7. 虚拟人的出现源于人的个性化需求, 随着人们需求的增大, 虚拟人将变得更加多元化。 ( )

8. 虚拟明星属于功能性虚拟人, 因此在制作该类虚拟人时更侧重于其实用性。 ( )

9. 实时渲染和人物建模技术是制作虚拟偶像时会使用到的技术。 ( )

10. 这则新闻主要谈的是虚拟人行业未来可能会面临的困境, 以及如何解决可能会出现的问题。 ( )

第二部分

第11-22题：请选择或填写正确答案。

11. A 手术　　　　　　　　　　　　　B 放射治疗
    C 化学治疗　　　　　　　　　　　 D 药物治疗

12. A 碳离子能精准杀死肿瘤细胞　　　 B 能释放比普通放疗更多的能量
    C 治疗周期比传统治疗方法更短　　 D 碳离子可准确预测癌细胞的数量

13. 相比传统的癌症治疗方法，重离子治疗的＿＿＿＿＿＿＿＿＿是相对较少的。

14. 下面是重离子放射治疗的主要流程，请在空白处填上恰当的内容。

放射肿瘤医师 进行诊断	→	与医学物理师共同 制定放射治疗方案	→	医学物理师 ＿＿＿＿＿＿＿＿＿＿

15. 医学物理师同医师一样，负有＿＿＿＿＿＿＿＿＿的责任。

16. A 逐步提高医科学生毕业的门槛　　 B 国家应该派遣医科学生到国外进修
    C 大型综合医院要引进外国的先进设备　 D 大学应与大型综合医院积极合作培养人才

17. A 调查新闻真伪   B 关注新闻的价值和意义
    C 避免新闻产生负面影响   D 将新闻效果放在首要位置

18. A 新闻对社会有很强的影响力   B 新闻价值可以影响新闻道德
    C 新闻记者应该传播有意义的新闻   D 有价值的新闻能传达出深刻的内容

19. A 新闻的价值取向主要由政府决定   B 新闻报道要关注群体的利益问题
    C 虚假新闻是影响新闻道德的主要因素   D 有新闻道德的记者写出的新闻更有价值

20. A 可以打击虚假新闻   B 能够激发人们的共鸣
    C 能给新闻社带来巨大收益   D 可以加强新闻媒体的监督力度

21. A 以大地震为例证明新闻道德在现实中的作用
    B 引用著名历史事件批判新闻报道的价值导向
    C 用知名人士说过的话来强调新闻道德的重要性
    D 将法律法规作为证据说明新闻道德与群体的关联性

22. 男的认为，只有对事件进行冷静的观察，才能_____。

第三部分

第23-40题：请选择或填写正确答案。

23. A 让后代做更多善事　　　　　　　　B 教育具有一定的强制性
　　C 老师做示范后学生来效仿　　　　　D 按人的性格采用不同的教育方式

24. A 引用一些教育家的观点　　　　　　B 列举国外一些实际案例
　　C 使用语感强烈的排比法　　　　　　D 提出自己独特的教育理念

25. A 父母常对孩子说激励的话　　　　　B 父母把优良传统传给孩子
　　C 父母在他人面前极力称赞孩子　　　D 父母带给孩子潜移默化的影响

26. A 应该把社会教育放在第一位　　　　B 青少年时期是学习知识的关键时期
　　C 学校教育有利于让孩子更好地了解自己　D 家庭教育的根本在于让孩子实现自我价值

27. A 对孩子产生根深蒂固的影响　　　　B 有利于丰富孩子们的精神世界
　　C 引起了许多不合理的教育现象　　　D 是实施家庭教育和学校教育的前提

28. 中国古代的"四大发明"为人类文明进步做出了巨大贡献，是祖先留下的_____。

29. A 拥有的系统技术最全　　　　　　　B 高铁内部网速是全球第一
　　C 覆盖了全国所有省市和地区　　　　D 能够二十四小时不间断运行

30. A 指纹支付　　　　　　　　　　　　B 刷脸支付
　　C 掌纹支付　　　　　　　　　　　　D 声波支付

31. A 需骑行者自行为其充电
    C 衍生出了多样的共享经济
    B 拥有较为复杂的操作系统
    D 位于"新四大发明"之首

32. A 改变了人与人之间的交流方式
    C 激发了消费者购买奢侈品的欲望
    B 消除了私有制经济产生的壁垒
    D 推动了许多电商平台的出现和发展

33. A 在民国时期有所发展
    C 其中包括制造陶瓷的技术
    B 改变了古代的商业模式
    D 该说法源自英国的某位学者

34. A 被认为是中国音乐剧的典型代表
    C 是最具生命力的音乐剧作品之一
    B 经典版首次在北京二七剧场上演
    D 目前全球累计演出不超过350场

35. A 鼓舞人心的音乐
    C 作品较高的知名度
    B 演员出色的演技
    D 优秀的本土化改编

36. A 出现接受障碍
    C 对外语的热情高涨
    B 认知能力变得低下
    D 认为外国文学神圣无比

37. 东西方审美的共性来源于对观众的认知、对时代的呼应，以及对时代文化的_____。

38. A 把整个剧本细分为七个章节
    C 充分考虑了汉英两种语言的语音规律
    B 删除了一些不符合时代特征的内容
    D 在故事中注入了鲜明的中国文化元素

39. 世界经典之所以能走近中国观众，正是因为作品通过音乐剧表达了人性价值，让每一个进入剧情的观众都能_____。

40. A 应该引进更多出众的译配人才
    C 应该挑战西方文学体系的权威
    B 应该创作立足中国观众的作品
    D 应该挖掘更多的传统文化价值

二、阅　读

第一部分

第41-68题：请选择正确答案。

41-47.

现代天文学观测结果表明，可观测的宇宙直径约为930亿光年。天文学家们在这个范围里已经发现了数千亿个星系，人类所处的银河系只是其中很普通的"一员"。很多人以为在浩瀚的宇宙中一定挤满了繁多星系，**实则不然**，宇宙中还存在着星系分布非常稀疏的区域，天文学家们将这类宇宙空间称为"空洞"。

最典型的宇宙空洞之一——波江座宇宙空洞直径达10亿光年，平均密度只有星系平均密度的4%。在这个空洞中几乎没有恒星、行星、星云及星际气体，也几乎没有神秘的不可见的暗物质。天文学家们对这种"空洞无物"的现象感到很惊奇。明尼苏达大学天文学教授鲁德尼科和他的同事在《天体物理学杂志》上撰文说，他们是在研究美国国家射电天文台和威尔金森微波各向异性探测器的观测数据时，在猎户星座西南方向的波江座中发现这个"巨洞"的。这个空洞的所在区域与众不同，因为其宇宙微波背景辐射温度比宇宙的其他区域都略微低一些，因而该空洞也被称为"冷区"。天文学家们认为这个"冷区"就像是被人取走东西后剩下的空洞。

那么，宇宙中为什么会出现空洞？中国科学院国家天文台的研究员给出了一种解释。在天文学里，空洞指的是丝状结构之间的空间，空洞中几乎不存在星系。如果用一个鲜活的比喻来说明，宇宙就像一个三维立体的"渔网"，"网线"密集的地方就形成一个结点，结点处的密度高于其他区域，因此结点处的物质就会多一些，那里就是各种恒星、星云等星系诞生的地点，而"网线"交织稀疏处就出现了空洞。

有些天文学家猜测，或许空洞曾经也是星系密集区域，但是在空洞的中心有一个巨大的黑洞，周围的天体物质都被这个黑洞吸引并吞噬，在经历_____或者未知的天体活动后，一切物质都消失不见了。但是这个理论无法解释为什么这个区域内几乎不存在暗物质。

也有一些天文学家认为，这些巨大的空洞可能是平行宇宙存在的第一个证据，正是因为存在平行宇宙，所以宇宙微波背景辐射图像显示了空洞的辐射异常。

宇宙空洞究竟是什么？天文学家们目前无法得到确切的答案。毕竟空洞距离人类太遥远，人类还没有能力派出探测器前往这个区域进行探测。正如天文学家们所猜测的那样，或许空洞是平行宇宙存在的证据，或许空洞的发现只是因为宇宙的大小超越人类的想象，人类对宇宙物质的分布估测得还不够准确。不可否认的是，空洞的存在给宇宙蒙上了更加神秘的面纱。

41. 画线词语"实则不然"的意思是什么？

    A 名副其实
    C 核实的结果不可靠

    B 实话实说
    D 其实不是这么一回事

42. 下列哪项**不是**波江座宇宙空洞的特点？

    A 平均密度非常小
    C 不存在任何恒星

    B 直径达10亿光年
    D 几乎没有暗物质

43. 波江座宇宙空洞为什么又被称为"冷区"？

    A 引力波辐射变弱时周围温度下降
    C 超高频辐射遮挡了来自太阳的辐射

    B 宇宙微波背景辐射温度相对低一些
    D 其降温原理类似于冰箱的制冷系统

44. 第三段主要谈的是什么？

    A 空洞与黑洞之间存在的差异
    C 中国的研究员对空洞作出的解释

    B 空洞中几乎不存在星系的原因
    D 划分宇宙"冷区"与其它区域的依据

45. 下列哪项属于天文学家们对宇宙空洞的猜测？

    ① 空洞曾经是一个星系密集的区域
    ③ 空洞可以被看作是渔网网线的结点处

    ② 黑洞的形成与空洞的存在息息相关
    ④ 空洞可能是平行宇宙存在的第一个证据

    A ②③
    C ②④

    B ①③
    D ①④

46. 根据上下文，第四段空白处最适合填入的词语是：

    A 爆满
    C 爆炸

    B 鄙视
    D 飙升

47. 根据上文，作者最可能支持下列哪个观点？

    A 空洞的发现源于人类无限的想象力
    C 人类有望在短期内用探测器探测空洞

    B 空洞形成的确切原因有待进一步研究
    D 当前的平行宇宙理论完全可以站得住脚

48-54.

　　《易经·系辞》有云，"一阴一阳之谓道"，"道"是指道理、规律，意思就是阴和阳组成了世间万物的发展规律。阴阳的最初涵义是很简单的，表示阳光的向背，向日为阳，背日为阴，后来引申为气候的寒暖，方位的上下、左右和内外，运动状态的躁动和宁静等。中国古代哲学家们体会到自然界中的一切现象都存在着正反两方面，于是就用阴阳这个概念来解释自然界两种对立的、相互消长的物质势力，并认为阴阳的对立和消长是事物本身所固有的。后来，阴阳成为了中国古代哲学的一对范畴，形成了阴阳学说。

　　根据阴阳学说，世界是物质性的整体，自然界的任何事物都包含相互对立的阴阳两个方面，而对立的双方又是相互统一的。阴阳的对立统一运动，是自然界一切事物发生、发展、变化及消亡的根本原因。正如《黄帝内经》所说，"阴阳者，天地之道也，万物之纲纪，变化之父母，生杀之本始"。阴阳的对立统一运动推动着世间万物的发展，换言之，世界本身就是阴阳对立统一运动的结果。

　　中国古代哲学家把阴阳关系概括成对立制约、互根作用、消长平衡和相互转化这四种关系。阴阳的对立制约主要表现在两者之间的相互制约、相互斗争上。阴阳相互制约和相互斗争的结果是两者的统一，即达到了动态平衡，如果这种平衡_____破坏，就会出现问题。

　　阳依存于阴，阴依存于阳。阴阳对立而存在，任何一方都不能脱离对方而单独存在，这就是阴阳的互根作用。阴阳的互根作用既是事物发展变化的条件，又是阴阳相互转化的内在根据。

　　阴阳之间的相互制约和互根互用，并不是永远处于静止状态的，而是始终在不断变化，即所谓的"消长平衡"。阴阳就在这种运动变化中生生不息，而阴阳的消长现象可以看成是事物发展变化中量变的过程。

　　阴阳对立的双方在一定条件下会向其相反的方向转化，这种相互转化是一种质变的过程。表示量变的阴阳消长和表示质变的阴阳转化是与事物发展变化全过程密不可分的两个阶段，消长是转化的前提，而转化则是消长的最终结果。

　　阴和阳的这四种关系也被中国古代医学家们运用到了临床中，他们认为人的机体内阴阳失衡是引起疾病的原因，因此人体内阴阳再次恢复平衡才能使身体**平复如旧**。在古代医学体系中，阴阳学说影响了人们对人体生命的认识，并被有机地融入了中医学理论之中，成为了中医学理论体系的一个重要组成部分。此外，阴阳学说也是贯穿于整个中医学理论体系的指导思想和重要的方法论。

48. 阴阳最初的涵义是什么？

    A 太极的两端   B 方位的上下

    C 气候的寒热   D 阳光的向背

49. 下列哪项属于古代哲学家对阴阳的对立和消长的认识？

    A 两者中只有一方才能存在   B 两者是事物本身所固有的

    C 阴阳的对立是消长的前提   D 两者之间有着先后顺序之分

50. 根据阴阳学说，自然界一切事物发展的根本原因是：

    A 人们的主观臆想   B 阴阳的对立统一运动

    C 事物内部的矛盾和弊端   D 宇宙中未知的物质势力

51. 根据上下文，第三段空白处最适合填的词语是：

    A 遭罪   B 糟蹋

    C 遭殃   D 遭受

52. 如何看待阴阳之间的关系？

    ① 阴阳不能独立存在   ② 阴阳之间不存在制约

    ③ 阴阳可无条件地进行相互转化   ④ 阴阳处在永无静止的消长变化中

    A ①③   B ②③

    C ①④   D ②④

53. 画线词语 "平复如旧" 中的 "复" 与下列哪个括号中的词语意思相近？

    A （素）不相识   B 返老（还）童

    C 络绎不（绝）   D 夜以（继）日

54. 上文主要谈的是：

    A 古代哲学家对阴阳学说的不同理解   B 阴阳学说的本质以及阴阳之间的关系

    C 活用阴阳学说解决哲学问题的各种案例 D 中医学运用阴阳学说进行治疗的具体方法

55-61.

传统婚姻礼仪是中国民俗礼仪中最隆重的礼仪之一。周代是礼仪的集大成时代，彼时逐渐形成了一套完整的婚姻礼仪。

《仪礼》上清晰明了地指出："昏有六礼，纳采、问名、纳吉、纳征、请期、亲迎。""六礼"即六个礼法，是指由求婚至完婚的整个婚礼流程。在漫长的历史发展中，六礼逐渐成为了汉族传统婚姻礼仪。

纳采为六礼之首，即男方家请媒人去女方家提亲，女方家答应议婚后，男方家备礼前去求婚的环节。纳采时男方家一般以雁作为礼物送给女方家。当时用雁作为礼物是有一定依据的。雁是一种候鸟，秋去春来，从不失信，因此送雁表示男方将会遵守迎娶女方的承诺。雁反映了人们永不离异、白头偕老的美好愿望。

如果女方家收下了男方家的礼物，就表示同意这门婚事，于是就要实施第二步程序——问名。问名就是请媒人交换男女双方的姓名和生日，也就是互相通报"生辰八字"。"八字"通常被写在一张红纸上，字数一般为偶数，如果是奇数，就增减一个无关紧要的字凑成偶数。男方家先将"八字"写好后贴在左边，把右边留给女方家，以示礼让；女方家接到"八字"后要回信，将男方的"八字"移向右边，把女方的贴在左边，表示尊重男方。

纳吉是第三步程序，它有纳取吉利之意。问名之后，双方通过各种各样的方式考察缔结婚姻的可能性，有的人到庙里求签，有的人会去占卜。这种行为叫"合婚"，也被称为"批八字"。双方的婚事定下来以后，就不能随意反悔了。

纳吉结束后，男方家就会向女方家送彩礼，这一程序是纳征，只有此项仪式完成后男方才能娶女方。这是进入婚姻阶段的重要标志，当男方家去女方家送彩礼时，必须选择偶数的吉日，由媒人和男方的父母、亲戚携带着礼物去相亲。古时的纳征相当于如今的"送聘礼"。

请期则指的是男方家选择结婚的良辰吉日，由媒人向女方家征求意见，相当于现在的"下日子"。民间一般会选用双月双日，_____着"好事成双"的含义。女方家对办喜事的日子表示同意后，双方便开始准备婚礼。

婚礼的最后一道程序是亲迎，也就是迎娶新娘。到成婚的当天，新郎就会亲自到女方家迎接新娘。亲迎是六礼中最隆重的仪式，为确保万无一失，这一天有很多不被允许的事，比如迎亲队伍返回男方家时不走迎亲时走过的路，被称为"**不走回头路**"，寄托了新人们对婚姻不后悔的决心；还有迎亲队伍若恰好遇到送殡队伍，不能掉头就走，因为棺材与"观财"同音，所以迎亲队伍会大喊"遇见财宝"，以取吉祥平安之意。

这些婚礼习俗无不体现着中国人对婚姻的重视。随着时代的变化，婚礼习俗也在不断变化，六礼虽然繁琐，但还是有部分礼仪一直流传到了现代。这些传统婚礼习俗是中国文化的瑰宝，每一项礼仪中都渗透着中国人的哲学思想。

55. 根据第二段，可以知道：

A 现代婚礼仪式多而繁琐

B 少数民族的婚礼习俗各不相同

C 《礼记》展示了宫廷的婚礼习俗

D 《仪礼》对婚礼中的"六礼"做了明确的记载

56. 纳采时，男方家为什么以雁作为礼物送给女方家？

A 雁有着耀眼的姿态　　　　　　　B 雁比其它候鸟更常见

C 雁是信守承诺的动物　　　　　　D 雁在古代寓意着富贵

57. 问名时互相通报的"八字"有什么特点？

A 字数通常为偶数　　　　　　　　B 上面只能留有生日

C 需写在一张白纸上　　　　　　　D 回信时男方的贴在左边

58. 关于"六礼"，下列哪项不正确？

A 最隆重的仪式是亲迎　　　　　　B 纳征时必须选择奇数的吉日

C 有些礼仪仍然能在现代婚礼中找到　　D 纳吉是双方考察结婚可能性的礼节

59. 根据上下文，第七段空白处最适合填入的词语是：

A 蕴含　　　　　　　　　　　　　B 预告

C 会意　　　　　　　　　　　　　D 留意

60. 画线句子"不走回头路"最可能是什么意思？

A 对自己的选择不后悔　　　　　　B 走路时只能直视前方

C 诚实地面对自己的人生　　　　　D 不在乎别人对自己的评价

61. 上文主要谈的是什么？

A 少数民族的特色婚礼习俗　　　　B 复原古代传统礼节的原因

C 体现着哲学思想的婚礼礼节　　　D 关于废除传统婚礼礼仪的观点

62-68.

　　机械自动化在人类历史上早已出现。例如《墨子》一书中记录了鲁班制作了能够借助风力飞翔的"木鸟"；而诸葛亮则在三国时期发明了_____的运粮工具——"木牛流马"，这种工具使用起来较为轻松，人们不需要用很大的力气就能操纵它。"木鸟"和"木牛流马"的设计都具有典型的机械自动化特征，但是现代意义上的机械自动化技术则出现在西方工业革命时期，在那以后，机械自动化技术得到了极大的发展，很多行业都离不开此技术。

　　机械自动化是自动化技术的一个分支，自动化指的是机器或装置在无人干预的情况下按照预定的程序指令进行操作或控制的过程，而机械自动化正是机器或装置通过机械方式来实现自动化控制的过程。因此该技术被大范围运用于工业生产中，大幅提高了生产效率和生产质量。

　　在传统的工业生产过程中，很多生产工具都是由大型器械和多个工人操作的，工人的操作过程可能会存在安全隐患，因此使用智能型机械来进行自动化的生产，可以保证工人的人身安全。机械自动化技术能够通过计算机等大型辅助设备的计算，模拟出工作环境，从而得出最优化的流程方案，这让工业生产流程变得更加简便化和人性化。

　　机械自动化技术作为工业发展的前沿技术，涵盖了多门学科的知识，这些知识可以活用于柔性自动化、智能化、集成化、虚拟化等生产方向。其中，柔性自动化指的是机械技术与电子技术相结合的方式，这种方式适用于市场需求多变的领域，可以用于生产小批量的物件，满足**日新月异**的市场需求，跟上产品更新换代的步伐。柔性自动化生产技术是目前中国应用最多的机械自动化生产技术。智能化的机械自动化技术则被广泛运用于科学研究和民生经济上，这种技术将感知能力与学习能力融合于机械自动化的操控上，让机械生产过程更加智能化。该技术主要应用于家电、智能手机等物品的制造中。机械自动化的集成化则主要表现在机械设备的系统上。集成化生产技术可以让人在一台设备上完成大部分生产流程的操控，提高生产效率。虚拟化生产技术则主要在虚拟空间内进行加工和空间模拟，从而给产品的生产和设计带来帮助。虚拟化可能会成为未来机械自动化技术的主要发展方向。

　　与此同时，在发展自动化技术的过程中，除了尖端的机械生产科技外，还可以发展一些投资少、见效快、应用场景广的技术，并把这些技术投入到小微企业的发展和生产中，这也能带动国家多个产业的蓬勃发展。随着自动化技术的不断延伸，大数据的收集和流通变得更加快捷和方便，未来的机械制造产业也会随之向着更加多元化和智能化的方向前进。机械自动化技术是未来机械制造业的重要发展方向，人类对机械自动化的不断探索和创新，会对未来的工业发展带来更多新的方向。

62. 根据上下文，第一段空白处最适合填入的词语是：

A 茂密
B 洪亮
C 沉稳
D 便捷

63. 根据前两段，可以知道什么？

A 机械自动化主要运用于工业生产
B 鲁班设计了古代运输粮食的工具
C 机械自动化属于最前沿的工业技术
D 自动化是工人利用机器制作产品的方式

64. 机械自动化技术有什么优点？

A 可以刺激企业间的竞争
B 可以优化工业生产流程
C 可以提高员工的创新能力
D 可以使企业自主研发高科技产品

65. 画线词语"日新月异"的意思是什么？

A 日子越来越滋润
B 不断发展和变化
C 难以预测今后的趋势
D 新的和旧的堆积在一起

66. 根据第四段，下列哪项不正确？

A 集成化主要表现在机械设备的系统上
B 机械自动化技术包含了许多学科的内容
C 机械自动化的智能化一般用于空间模拟中
D 虚拟化是未来机械自动化技术的发展方向

67. 若想带动国家多个产业的发展，需要怎么做？

A 将自动化技术延伸到更加高端的产业
B 收集更多有关自动化产业发展的报告
C 把自动化技术应用在民生经济的发展上
D 将投资少见效快的技术投入到小微企业中

68. 上文主要谈了哪两方面内容？

① 机械自动化技术的应用
② 机械自动化专业的就业方向
③ 机械自动化和该技术的定义
④ 机械自动化技术的国际地位

A ①②
B ①③
C ②④
D ③④

第二部分

第69-73题：请将顺序被打乱的语段重新排序，完成一篇逻辑连贯的文章。
其中一个选项为干扰项，需排除；画线选项无需排序。

[A] 到了西周后期，汉字演变为大篆。大篆有两个特点：一是线条化，早期粗细不匀的线条变得均匀柔和、简练生动；二是规范化，字形结构更为整齐，逐渐摆脱了图画的原形，奠定了方块字的基础。后来秦朝丞相李斯将大篆去繁就简，发明了小篆。如今书法界把大篆和小篆合称为篆书。小篆完全脱离了图画文字，成为了整齐和谐且美观大方的方块字。然而它也存在自身的根本性缺点，那就是书写起来很不方便。

[B] 到了宋朝，随着文化的兴盛和印刷术的发展，雕版印刷被广泛使用，汉字得到了进一步的完善和发展，因此出现了一种醒目易读的新型书体——宋体印刷体，后世又称之为宋体。宋体横细竖粗、结体端庄、疏密适当、字迹清晰。读者即使长时间阅读宋体，也不容易疲劳，所以书籍报刊的正文一般都用宋体刊印。

[C] 汉字是世界上最古老的文字之一，它是经过长期演变逐渐形成的，蕴含着古人的智慧。汉字的演变过程大体分为七个阶段，在不同的历史时期所形成的字体有着各自鲜明的艺术特征，这七个阶段的不同字体被统称为"汉字七体"。汉字在形体上逐渐由图形转变为笔画；在造字原则上从表形、表意转变到形声，整体上符合文字由繁到简，由不规范到规范的发展规律。

[D] 金文是商朝、西周、东周时期铸刻在青铜器上的铭文，由于流传下来的文字多见于钟鼎之上，因此又称钟鼎文。据著名古文字学家容庚的《金文编》记载，金文的字数共计3722个，其中可以识别的字有2420个。金文线条粗而宽，点画圆润。它与甲骨文属于同一系统的文字，但比甲骨文更规范，结构更整齐。

[E] 现代通用的汉字手写正体字就是由楷书演变而来的。楷书在沿用汉朝隶书规矩的同时，进一步追求形体美，且结构上更趋严整。古人在楷书的基础上发展出了行书，行书书写起来较为流畅，字体介于楷书和草书之间。行书分为行楷和行草两种，字体比较端正平稳，近于楷书的称行楷；字体比较放纵流动，近于草书的称行草。

[F] 几乎在同一时期出现了形体向左右两边撑开的隶书。隶书是一种庄重的字体，字形多呈宽扁形态，横画长而竖画短。很多学者认为隶书是由篆书发展而来的。至汉朝，隶书发展到了成熟阶段，汉字的易读性和书写汉字的速度都有了极大的提高。

［G］　汉字的起源有据可查，约在公元前14世纪就已经出现了初步的定型文字，即甲骨文。甲骨文是镌刻在龟甲和兽骨上的文字，它既是象形文字又是表音文字。甲骨文的出土地点曾是商朝后期的都城，都城后来成了废墟，被后人称为"殷墟"，因此甲骨文也被称为"殷墟文字"。研究发现甲骨文的单字数量已逾四千字。

［H］　之后汉字又演变为结构简省、笔画连绵的草书。初期的草书打破了隶书的方整性和严谨性，字体看起来十分潇洒。此后，揉合隶书和草书的特点而自成一体的楷书在唐朝开始盛行。

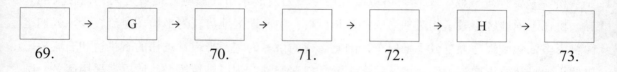

69.　→　G　→　70.　→　71.　→　72.　→　H　→　73.

第三部分

第74-87题：请回答下列问题，答案字数要在十字以内。

74-80.

　　中国地域广袤、江河纵横、湖泊众多，为了使交通更加便利，人们建造了各种类型的桥梁。在古代，中国桥梁数量居世界之首，因此自古就有**"桥的国度"**之称。桥梁与人们的日常生活密不可分，因而出现了很多与桥有关的成语、俗语和歇后语，如"过河拆桥"、"船到桥头自然直"、"独木桥相遇——进退两难"等。

　　桥容易受地理气候、文化习俗以及社会生产力发展水平的影响，地域之间存在较大的差异，桥在不同地区形成了相对独立的特色和风格。中原地区地势较为平坦，河流较少，人们运输物资多依赖于骡马大车或手推板车，因此修建的桥多为宽阔平坦且雄伟的石拱桥和石梁桥，以便于船只从桥下通过；西北地区山高水激、谷深崖陡，难以砌筑桥墩，所以多采用藤条、圆木等山区材料，建造绳索吊桥；岭南地区盛产坚硬的花岗岩，当地人多修建花岗岩桥；而云南少数民族地区盛产竹材，因而别具一格的竹桥随处可见。

　　在中国传统文化中，桥本身就是实用性与艺术性的融合体。古桥的艺术性主要表现在两方面，即造型风格和装饰工艺。造型风格主要体现在曲线、韵味和气势上，如江南水乡的一些小梁细桥，使人联想到"小桥流水人家"的诗情画意。装饰工艺则主要体现在雕刻工艺上，很多古桥上的雕刻工艺精细，且往往与神话传说有密切的联系，如治水的蛟龙、降伏水怪的神兽等。丰富多样的装饰工艺形成了中国桥梁艺术的独特风格。

　　中国有很多著名的古桥，五亭桥便是其中之一，它是中国十大名桥，也被认为是"中国最美的桥"。五亭桥位于扬州瘦西湖，建于1757年乾隆皇帝第二次南巡期间，距今已有260多年的历史。五亭桥又名莲花桥，因相聚的五亭形似一朵并蒂盛开的莲花而得名。桥含五亭，一亭居中，四翼各设一亭，亭与亭之间以回廊相连。中间亭子的屋顶名为重檐攒尖顶，四角上翘，亭内刻有精美图案，并悬挂着风铃。桥基由十二块大青石砌成，形成厚重有力的"工"字型，桥身有大小不一的十五个桥孔，各个桥孔彼此相连。五亭桥上的五个亭子突出了江南之秀，而厚重的桥基和桥身体现了北方之雄。五亭桥把南秀北雄巧妙地结合在一起，折射出了扬州的地域文化特征——南北兼容。中国著名桥梁专家茅以升曾评价说："中国最古老的桥是赵州桥，最壮美的桥是卢沟桥，而最秀美、最富艺术代表性的桥是五亭桥。"五亭桥被很多桥梁专家誉为中国亭桥结合的典范。

74. 画线部分"桥的国度"说明了古代中国桥梁怎么样？

75. 中原地区的石拱桥和石梁桥具有怎样的特点？

_____

76. 第三段主要介绍了什么？

_____

77. 第四段画线部分主要谈了什么？

_____

78. 图中A屋顶的名称是什么？

_____

79. 图中B在五亭桥中共有几个？

_____

80. 五亭桥折射出了当地哪种地域文化特征？

_____

81-87.

　　细胞主要由三种物质组成：DNA、RNA和蛋白质。DNA和RNA记录了人类的遗传信息，而蛋白质是生命活动的主要承担者，没有蛋白质就没有生命。每个蛋白质中的氨基酸链扭曲、折叠、缠绕成复杂的_____结构，而不是简单的二维结构，因此"看清"蛋白质结构对理解其功能至关重要。但想要破解蛋白质结构，通常需要花很长时间，有时候甚至难以完成。

　　在解析蛋白质结构的几十年历史中，生物学家们曾经用X射线晶体学、核磁共振波谱学和冷冻电镜技术解析了很多蛋白质结构，并以此更好地推进了疾病机理、药物研发等工作，然而这些手段**劳心劳力**又费钱费时。截至目前，约有10万个蛋白质结构已得到了解析，但这在数十亿计的蛋白质结构中只占了很小的一部分。

　　为了解决预测蛋白质结构难这一问题，从2014年起，计算生物学家们开始用深度学习来预测蛋白质结构。深度学习是机器学习的一种，而机器学习是实现人工智能的必经之路。深度学习其实是以模拟大脑神经元的工作方式来进行预测的，其好处在于不需要告诉计算机怎么一步步去做，而只需要给计算机输入和输出。只要给计算机输入氨基酸序列，就可以让计算机自主学习预测蛋白质结构的方法。与其他方法相比，这一方法的优势在于可以大幅提高蛋白质结构预测的精确度。

　　由人工智能驱动的结构生物学领域的爆炸性进展，为人类探秘生命提供了一个前所未有的视角。人工智能的出现不仅可以预测那些无法得到实验样品的蛋白质结构，还使很多无力承担结构解析的实验室也能参与到相关研究中来。

　　近日，一个研究小组宣布，他们已经开发了新的平台，并用新开发的人工智能预测出了35万种蛋白质结构，包括人类基因组所表达的约2万种蛋白质和其他生物学研究中的20种常用模式生物的蛋白质。这是用传统实验方法解析的蛋白质结构数量的两倍之多。除此之外，该研究小组还表示，他们会将预测结果免费向公众开放，这将是科学界的一笔宝贵财富。

　　人工智能预测蛋白质结构成为举世公认的年度科技亮点，该技术被《科学》杂志评为"十大科学突破之首"，且被《麻省理工科技评论》评为"十大突破性技术"。不可否认，人工智能预测蛋白质结构将永久改变生物学和医学的进程。

81. 在细胞的组成物质中，蛋白质被认为是什么？

_____

82. 根据上下文，请在第一段的空白处填上一个恰当的词语。

_____

83. 第二段中，画线词语"劳心劳力"的意思是什么？

_____

84. 深度学习是通过模拟什么来进行预测的？

_____

85. 让计算机自主学习预测蛋白质结构这一方法的优势体现在哪儿？

_____

86. 结构生物学领域的爆炸性进展为人类探秘生命提供了什么？

_____

87. 用人工智能预测出35万种蛋白质结构的研究小组表示，他们将如何处理预测结果？

_____

三、写作

第一部分

第88题：请对下列图表进行描述与分析，写一篇文章，字数为200字左右，
限定时间为15分钟。

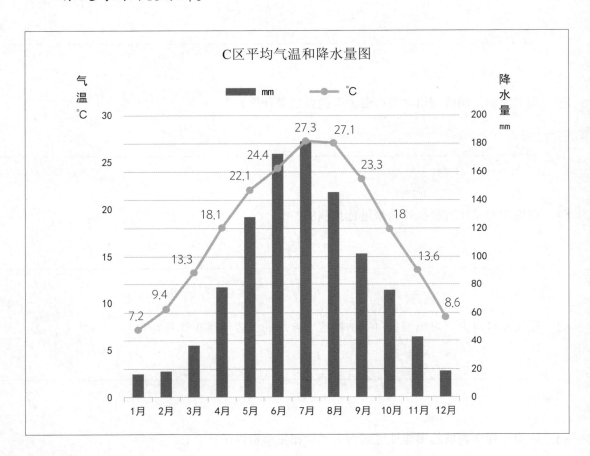

88. _____

_____

_____

_____

第89题：请写一篇话题作文，限定时间为40分钟。

89. 爱默生曾说过："自信是成功的第一秘诀"。请写一篇600字左右的文章，谈谈你对自信的
认识并论证你的观点。

四、 翻 译

第一部分

第90-91题：请将下列两篇短文译写成中文，限定时间为35分钟。

90.　　사회의 발전에 따라, 소비자는 더 빠르고 더 편리한 배달 서비스를 점점 추구하게 되었고, 이는 주로 음식 문화에서 드러난다. 현재 배달 서비스는 각종 영역으로 확장되었고, 일상용품을 배달하는 서비스로 발전되었다. 식재료든 생활필수품이든, 인터넷으로 상품을 선택해 구매하기만 하면 빠르게 소비자의 수중으로 배달된다. 이전에 사람들은 인터넷에서 물건을 산 후 일반적으로 몇 날 며칠을 기다려야 했지만 지금 상황은 예전과 판이하다. 사람들은 지정한 시간에 상품을 받을 수 있게 되었고, 배달원의 실시간 위치를 빠르게 확인할 수도 있다.

_____

_____

_____

_____

_____

_____

_____

91.　　중국 자수는 중국의 오래된 민간 전통 수공예로 옛사람들의 지혜를 응집한 것이다. 중국 자수는 역사가 유구하며, 수천 년 전부터 사람들은 바늘과 실을 사용하여 디자인된 각종 도안을 방직물에 수놓았다. 중국 자수가 구체적으로 언제 기원했는지는 아직 많은 논쟁과 이견이 있지만, 부정할 수 없는 것은 그것이 오랜 역사에서 큰 발전을 이루었다는 점이다. 정교하고 아름답게 제작된 자수 제품은 수많은 가정에 들어왔을 뿐만 아니라 고대 중국에서 대외로 수출되는 주요 상품이 되었다. 자수는 가장 동양적인 특색을 갖춘 예술 중 하나로 여겨졌기 때문에 자수 제품은 특히 유럽 상류층에게 인기가 있었다.

　　오늘날 상품 경제의 발전에 따라 자수는 현대 생산 방식의 타격을 받았고, 많은 전통 기술이 소멸 위기에 놓여 있으며 일부는 심지어 이미 민간에서 사라졌다. 조사에서 자수 업종에 종사하는 젊은이가 적어도 너무 적어, 이는 자수 기술의 전승과 발전이 인재 부족 문제에 직면하게 한 것으로 나타났다. 이에 대해 관련 부서는 민간 자수 예술의 보호와 전승을 강화하는 동시에 다양한 방법으로 민간 자수 산업에 경제적 원조를 해야 한다. 이 외에 자수 종사자는 전통 자수와 현대적 요소를 하나로 융합하여 젊은 사람들이 자수라는 이 예술에 관심이 생기게 할 수 있다.

第二部分

第92-93题: 口译。

92.　　얼마 전, 뉴스에서 한 요식업 체인점이 경영에서 여러 식품 안전 문제가 있다는 것을 보도하여 대중의 광범위한 관심을 불러일으켰다. 이 사건에 대해 관련 부서는 즉시 입건하여 처리했으며, 문제의 근원을 찾아냈다. 유사한 문제가 여러 차례 발생해서, 해당 식당은 법에 의거하여 처벌을 받았다. 식품 안전과 소비자의 건강은 밀접한 관계가 있고, 식당의 자체 브랜드 이미지에도 영향을 줄 수 있기 때문에 식당은 식품 안전을 최우선으로 여기고, 경영 관리에서 나타나는 안전 허점을 철저히 막아야 한다.

(2分钟)

93.　　중국의 천 년이 넘는 역사 속에서 술 문화는 생활 속의 각 영역에 스며들었다. 시가의 창작에서부터 음식의 조리까지, 술은 중국인의 생활 속에서 중요한 위치를 차지한다. 술을 빚는 기술을 계승하기 위해서, 중국은 술을 빚는 전통 기술을 무형문화재 명단에 등재했다. 무형문화재는 사람들에게 중국 전통문화의 중요한 구성 부분이라고 여겨지며, 그것은 중국의 역사와 민족 정신을 기록했다. 그리고 술을 빚는 기술은 하나의 전통 기술로서, 중국의 역사, 문화, 풍습 등 여러 방면의 내용을 집중적으로 드러낼 수 있기 때문에 더 많은 보호와 계승이 필요하다.

(2分钟)

五、口语

第一部分

第94题：应用读说。

深圳能源研究所夏令营活动安排

活动日期	活动地点	活动内容
6月5日	研究所会议室	1) 学员报到、学员分组 2) 开营仪式 3) 参观实验室
6月6日	研究所资料室	1) 听前沿领域学术报告 2) 与组员讨论课题 3) 与导师座谈交流
6月7日	锂电池制造基地	1) 深入了解锂电池自动化生产过程 2) 听行业技术专家的讲座
6月8日	深圳市内及郊区	1) 体验深圳人文风貌
6月9日	研究所会议室	1) 闭营仪式 2) 优秀组员评选

【注意事项】

一、免费提供伙食和住宿，可报销不超过300元的单程路费（需提供纸质车票）。

二、学员应遵守夏令营的安排，按时参加每一项活动。

三、学员必须遵守研究所的有关制度和夏令营的要求。

四、夏令营主办方将统一为学员购买人身意外伤害保险。

五、被评为夏令营优秀组员的学员将获得深圳能源研究所的实习机会。

【补充说明】

一、夏令营结束后，可向研究所办公室申请夏令营学员结业证明书。

二、因个人情况不能参与活动时，需在开营前告知办公室工作人员。

94. 如果你是本次夏令营的负责人，请你向学生们介绍夏令营的活动安排以及注意事项，并说一些鼓励的话。(3分钟)

第二部分

第95-97题：听材料回答问题。

95. （30秒）

_____

96. （30秒）

_____

97. （2分钟）

_____

第三部分

第98题：观点表达。

98. （3分钟）

_____

정답 및 모범답안 p.564

해커스 중국어

중국어

HSK7-9급

한 권으로 마스터

정답·해설·모범답안

해커스

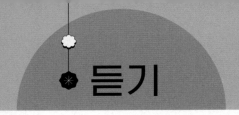

듣기

제1부분

정답이 들리는 문제풀이 스텝

p.19

<문제>

1. 소극 스튜디오의 설립은 소극 전통 공연 예술이 이미 폭넓게 받아들여졌다는 것을 설명한다. (✕)

<음성>

얼마 전, 소극 공연 예술가인 류젠양의 아트 스튜디오의 간판 수여식 및 소극 애니메이션 <몽키킹2: 서유기 여정의 시작> 발표회가 사오싱 시 소극 예술 센터에서 열렸다. ¹소극 스튜디오의 설립은 소극 공연 예술 전승과 발전을 위한 중요한 조치이다. 첫 번째 소극 애니메이션인 <몽키킹2: 서유기 여정의 시작>은 애니메이션 시각 요소와 소극 고전 노래 곡조를 성공적으로 결합했고, 디지털 애니메이션의 표현 방식으로 전통 소극을 완전히 새로운 화풍으로 관객들에게 선보였다. 류젠양은 이러한 방식으로 전통극을 젊어지게 하여, ¹국내외의 더 많은 젊은 사람들이 소극 예술을 이해하고 좋아하도록 사로잡아 소극이 비교적 잘 전승되고 발전되기를 바란다고 밝혔다.

어휘 문제 **绍剧** shàojù 몡 소극[저장(**浙江**)성의 전통극] **接纳** jiēnà 몡 받아들이다

뉴스 **授牌仪式** shòupái yíshì 몡 간판 수여식 **发布会** fābùhuì 몡 발표회 **展现** zhǎnxiàn 통 선보이다 **剧目** jùmù 몡 극, 공연물, 레퍼토리
动漫 dòngmàn 몡 애니메이션 **视觉** shìjué 몡 시각 **元素** yuánsù 몡 요소 **唱腔** chàngqiāng 몡 노래 곡조

고득점비책 01 스포츠·예술·과학 기술 관련 뉴스 공략하기 p.20

MP3 바로듣기 ▶

전략 적용

p.21

<문제>

1. <중국 청소년 축구 리그전 조직 업무 방안>은 중국축구협회가 독립적으로 제정한 방안이다. (✕)

2. 중국 청소년 축구 리그전은 중국에서 매우 큰 사회적 영향력을 가지고 있다. (✓)

3. 기존의 캠퍼스 축구 시리즈 리그는 리그 참가자에게 어느 정도 제약이 있었는데, 이번 청소년 축구 리그전은 관련 제한이 없다. (✓)

4. 중국 청소년 축구 리그전은 디지털화 관리를 실현하여 모든 리그 참가 절차를 정보화된 방법으로 이루어지게 할 것이다. (✓)

5. 이 뉴스에서 주로 이야기하는 것은 중국 청소년 축구 리그전의 경기 규칙과 리그 진행 과정이다. (✕)

<음성>

¹최근 교육부, 국가체육연맹과 중국축구협회가 공동으로 제정한 <중국 청소년 축구 리그전 조직 업무 방안>이 공식적으로 발표됐다. 이 방안은 전 청소년을 대상으로 한 중국 내 최고 수준의 축구 리그전이 서막을 열 것이라는 것을 상징하며, 이는 중국 청소년 축구 분야의 체육과 교육의 융합이 경기 설계와 집행 측면에서 실질적인 돌파구를 맞이했다는 것을 의미한다.

²중국 청소년 축구 리그전은 중국에서 가장 널리 보급되어 있고, 참가 인원이 가장 많으며, 경기 수준이 가장 높고, ²사회적 영향력이 가장 큰 청소년 축구 최상위 대회이다. 이 리그전은 주로 전 청소년을 대상으로 청소년 선수들의 건강한 발전을 종합 목표로 하고 있으며, 축구에 참여하는 청소년들의 수를 충분히 늘릴 계획이다. 리그 일정 편성, 참가 인원과 경기 중계방송 등의 방면에서 중국 청소년 축구 리그전은 우선권을 갖고 있다. 완전히 새로운 이 리그는 중국 청소년 축구 분야에서 최고의 위치를 차지할 것으로 보인다.

중국 청소년 축구 리그전 행정 부서의 책임자는 ³기존의 캠퍼스 축구 시리즈 리그는 참가 팀에 대해 어느 정도 제한이 있었지만, 이번 리그는 전 청소년을 대상으로 하며 선수와 팀에 출전 제한을 두지 않았기 때문에 체육 학교 대표팀, 학교 대표팀, 프로 구단 청소년 훈련팀과 사회 청소년 훈련 기관이 모두 경기에 참가할 수 있다는 것이 이번 리그의 하이라이트라고 소개했다. 그는 중국 청소년 축구 리그전을 계기로 기존 청소년 리그에도 상응하는 조정을 해야 하며, 지방 리그에도 지도적 조언을 해줘야 한다고 밝혔다.

어휘   문제   **联赛** liánsài 圐 리그전   **赛事** sàishì 圐 리그, 경기   **制约** zhìyuē 圐 제약   **数字化** shùzìhuà 圐 디지털화하다   **进程** jìnchéng 圐 진행 과정

   뉴스   **发布** fābù 圐 발표하다   **规格** guīgé 圐 수준   **序幕** xùmù 圐 서막   **意味着** yìwèizhe 圐 의미하다   **竞赛** jìngsài 圐 경기하다   **执行** zhíxíng 圐 집행하다

实质 shízhì 圐 실질   **突破** tūpò 圐 돌파하다   **覆盖面积** fùgài miànjī 圐 보급되어 있는 정도, 커버리지   **赛历** sàilì 圐 리그 일정   **编制** biānzhì 圐 편성하다

转播 zhuǎnbō 圐 중계방송   **优先权** yōuxiānquán 圐 우선권   **占据** zhànjù 圐 차지하다   **系列** xìliè 圐 시리즈   **队伍** duìwu 圐 팀, 부대

机构 jīgòu 圐 기관   **契机** qìjī 圐 계기   **相应** xiāngyìng 圐 상응하다   **给予** jǐyǔ 圐 주다, 부여하다   **官方** guānfāng 圐 공식   **平台** píngtái 圐 플랫폼

실전연습문제   p.23

1 ✓	2 ✗	3 ✓	4 ✗	5 ✗

1-5

近年来，各大城市就如何打造车路协同的车联网进行了探索，江苏省便是其中之一。江苏省苏州市有一家自动驾驶行业的领军企业，该企业相关负责人介绍，¹在海量数据和算法的支撑下，汽车可以感知到周围环境的变化，还能实现红绿灯通讯，并能突破视觉局限性。因此他们很重视搭建由数据驱动的算法框架，使不断流入的量产数据更新迭代，从而解决自动驾驶中出现的各种问题。

众多智能网联汽车企业串联在一起，构建出了辉煌的产业生态链。据悉，²江苏省高铁新城已聚集80家以上的 智能网联汽车企业，这些企业涉及到30余个细分领域。³智能化的交通除了给自动驾驶行业带来发展之外，还可以通过人工智能技术，深入了解交通数据规律，由此从城市宏观的交通态势来进行交通状况分析。从微观上看，交通流量大的地区是很混乱的，可能会出现无法预知的交通事故，但是³在人工智能的帮助下从宏观上观测交通态势，就可以从微观上治理交通，比如可以管理学校、医院、景区和社区等区域的综合交通情况。

一些业内专家表示，智能交通是建设交通强国的核心，因此要推动多个产业之间的协同合作与联动，不断完善智能交通网的建设，推进创新型交通技术研发体系，以此带动智能化交通的发展。未来，⁴政府还将在北京、上海、广东、河北等省市加大对智能交通技术研发和基础设施建设的支持，积极发挥大数据、云计算等新一代信息技术在交通中的作用，并大力发展智能出行服务、智能车路协同建设和交通智能管控等智能体系。

得益于政府的扶持和科技的进步，交通行业正在朝着数字化、网络化和智能化的方向急速发展。结合人工智能技术的智能路网正逐渐与城市交通融合，这为解决城市交通管理、交通拥堵等问题提供了新的思路。

최근 몇 년간 각 대도시에서는 차량 인프라 협력 시스템의 차량인터넷을 어떻게 만들 것인가에 대해 모색해 왔는데, 장쑤성도 그중 하나이다. 장쑤성 쑤저우시에는 자율주행 업계를 선도하는 기업이 하나 있는데, 해당 기업 관계자는 ¹수많은 데이터와 알고리즘이 뒷받침되면 자동차는 주변 환경의 변화를 감지할 수 있고, 신호등 통신도 실현할 수 있으며, 시각적인 한계성을 돌파할 수 있다고 소개했다. 이 때문에 그들은 데이터를 구동하여 알고리즘의 틀을 세우는 것을 매우 중시하며, 끊임없이 유입되는 양산 데이터를 업데이트하고 교체하여 자율주행에서 발생하는 여러 문제를 해결할 것이다.

수많은 스마트 커넥티드카 업체들은 하나로 연결되어 눈부신 산업 생태계를 구축했다. ²장쑤성 고속철도 신도시에는 이미 80개 이상의 스마트 커넥티드카 업체가 모여 있으며, 이 기업들은 30여 개의 세부 분야와 관계되어 있다고 알려져 있다. ³스마트화된 교통은 자율주행 산업에 발전을 가져다준 것 이외에도, 인공지능 기술을 통해 교통 데이터 규칙을 심층적으로 이해함으로써 도시의 거시적인 교통 추세로 교통 상황을 분석할 수 있다. 미시적으로 보면 교통량이 많은 지역은 혼잡해서 예측할 수 없는 교통사고가 발생할 수 있지만, ³인공지능의 도움을 받아 거시적으로 교통 추세를 관측하면 미시적으로 교통을 관리할 수 있다. 학교, 병원, 관광지, 단지 등 구역의 종합적인 교통 상황을 관리할 수 있는 것이 그 예이다.

일부 업계 전문가들은 스마트 교통이 교통 강국을 건설하는 데 핵심인 만큼 여러 산업 간의 협동 및 연동을 촉진해야 하고, 스마트 교통망 구축을 끊임없이 보완하며, 혁신적인 교통 기술 연구 개발 체제를 추진함으로써 스마트 교통의 발전을 이끌어야 한다고 밝혔다. 앞으로 ⁴정부는 베이징, 상하이, 광동, 허베이 등 성(省)과 시(市)에 스마트 교통 기술 연구 개발과 인프라 구축에 대한 지원을 확대하고, 빅 데이터, 클라우드 컴퓨팅 등 차세대 정보 기술을 교통에 적극 활용하고 스마트 모빌리티 서비스, 스마트 차량 인프라 협력 시스템 구축과 교통 스마트 관제 등의 스마트 체계를 크게 발전시킬 것이다.

정부 지원과 과학 기술 발전에 힘입어 교통 산업은 디지털화, 네트워크화, 스마트화의 방향으로 급속히 발전하고 있다. 인공지능 기술이 접목된 스마트 도로망은 점차 도심 교통과 융합되고 있는데, 이는 도심 교통 관리, 교통 체증 등 문제를 해결하는 데 새로운 노선을 제시하고 있다.

어휘   **车路协同** chēlùxiétóng 圐 차량 인프라 협력 시스템   **车联网** chēliánwǎng 圐 차량인터넷   **探索** tànsuǒ 圐 모색하다   **海量** hǎiliàng 圐 아주 많은 수량

算法 suànfǎ 圐 알고리즘   **支撑** zhīchēng 圐 뒷받침하다, 지탱하다   **通讯** tōngxùn 圐 통신   **突破** tūpò 圐 돌파하다   **局限性** júxiànxìng 圐 한계성

搭建 dājiàn 圐 세우다   **驱动** qūdòng 圐 구동하다   **框架** kuàngjià 圐 틀, 프레임   **更新迭代** gēngxīn diédài 업데이트하고 교체하다

网联汽车 wǎnglián qìchē 圐 커넥티드카[정보 통신 기술과 자동차를 연결시켜 양방향 소통이 가능한 차량]   **串联** chuànlián 圐 연결하다

辉煌 huīhuáng [형] 눈부시다 **产业** chǎnyè [명] 산업 **生态链** shēngtàiliàn [명] 생태계 **据悉** jùxī [동] ~라고 알려져 있다 **涉及** shèjí [동] 관계되다
宏观 hóngguān [형] 거시적인 **态势** tàishì [명] 추세 **微观** wēiguān [형] 미시적인 **混乱** hùnluàn [형] 혼잡하다 **事故** shìgù [명] 사고 **治理** zhìlǐ [동] 관리하다
社区 shèqū [명] (아파트 등의) 단지, 커뮤니티 **区域** qūyù [명] 구역 **创新** chuàngxīn [동] 혁신하다 **体系** tǐxì [명] 체제, 시스템 **大数据** dàshùjù [명] 빅 데이터
云计算 yúnjìsuàn [명] 클라우드 컴퓨팅 **得益于** déyì yú ~에 힘입어 **扶持** fúchí [동] 지원하다 **数字化** shùzìhuà [동] 디지털화하다

1 在数据和算法的支撑下，汽车可以突破视觉局限性。（ ）

데이터와 알고리즘이 뒷받침되면 자동차는 시각적인 한계성을 돌파할 수 있다. (✓)

해설 음성에서 **在海量数据和算法的支撑下，汽车可以感知到周围环境的变化，还能实现红绿灯通讯，并能突破视觉局限性**이라고 했고, 문제에서는 데이터와 알고리즘이 뒷받침되면 자동차는 시각적인 한계성을 돌파할 수 있다고 했으므로 일치로 판단한다.

어휘 **算法** suànfǎ [명] 알고리즘 **支撑** zhīchēng [동] 뒷받침하다, 지탱하다 **突破** tūpò [동] 돌파하다 **局限性** júxiànxìng [명] 한계성

2 根据相关调查，江苏省高铁新城现有30多家智能网联汽车企业，这些企业涉及到80多个细分领域。（ ）

관련 조사에 따르면, 장쑤성 고속철도 신도시에는 현재 30여 개의 스마트 커넥티드카 업체가 있으며, 이 기업들은 80여 개의 세부 분야와 관계되어 있다고 한다. (✕)

해설 음성에서 **江苏省高铁新城已聚集80家以上的智能网联汽车企业，这些企业涉及到30余个细分领域**라고 했는데, 문제에서는 장쑤성 고속철도 신도시에 현재 30여 개의 스마트 커넥티드카 업체가 있으며, 이 기업들은 80여 개 세부 분야와 관계되어 있다고 했으므로 불일치로 판단한다.

어휘 **网联汽车** wǎnglián qìchē [명] 커넥티드카[정보통신 기술과 자동차를 연결시켜 양방향 소통이 가능한 차량] **涉及** shèjí [동] 관계되다

3 智能化的交通能通过宏观分析，对城市的交通进行治理。（ ）

스마트화된 교통은 거시적인 분석을 통해 도시의 교통을 관리할 수 있다. (✓)

해설 음성에서 **智能化的交通……在人工智能的帮助下从宏观上观测交通态势，就可以从微观上治理交通**이라고 했고, 문제에서는 스마트화된 교통은 거시적인 분석을 통해 도시의 교통을 관리할 수 있다고 했으므로 일치로 판단한다.

어휘 **宏观** hóngguān [형] 거시적인 **治理** zhìlǐ [동] 관리하다

4 为了完善智能交通的建设，政府将把智能交通技术的研发成果应用到所有省市。（ ）

스마트 교통 구축을 보완하기 위해, 정부는 스마트 교통 기술의 연구 개발 성과를 모든 성과 시에 활용할 예정이다. (✕)

해설 음성에서 **政府还将在北京、上海、广东、河北等省市加大对智能交通技术研发和基础设施建设的支持**이라고 했는데, 문제에서는 스마트 교통 구축을 보완하기 위해, 정부는 스마트 교통 기술의 연구 개발 성과를 모든 성과 시에 활용할 예정이라고 했으므로 불일치로 판단한다.

어휘 **完善** wánshàn [동] 보완하다 **应用** yìngyòng [동] 활용하다

5 该新闻报道了交通系统与日益发展的人工智能之间产生的矛盾。（ ）

이 뉴스는 교통 체제와 날로 발전하는 인공지능 사이에서 발생하는 갈등을 보도했다. (✕)

해설 문제에서 이 뉴스가 교통 체제와 날로 발전하는 인공지능 사이에서 발생하는 갈등을 보도했다고 했는데, 음성에서는 **交通系统与人工智能之间产生的矛盾**과 관련한 내용이 언급되지 않았고, 전반적으로 스마트 교통의 특징과 장점에 대해 이야기하고 있으므로 불일치로 판단한다.

어휘 **体系** tǐxì [명] 체제, 시스템

고득점비책 02 시사 관련 뉴스 공략하기 p.24

MP3 바로듣기 ▶

전략 적용

p.25

<문제>	<음성>
1. 경제 수준 향상은 현재 중국 고령화 인구 증가의 원인 중 하나이다. (✓) 2. 조사에서, 인구 유입량이 많은 도시의 고령화 정도가 상대적으로 심한 것으로 나타났다. (✕) 3. 현재 사회의 고령화 상황에서 돌봄 서비스 업계의 문턱이 점점 높아지고 있다. (✕)	전 세계 인구의 고령화 추세 중, 중국의 고령화 증가 속도가 가장 빠르고 규모도 가장 크다. 제7차 전국 인구 조사 결과에서 중국의 60세 이상 노인 수가 2억 6000만 명을 넘어섰다고 나타났는데, 이는 중국인 5명 중 1명이 노인이라는 것을 뜻한다. 출산율 하락, [1]경제 수준 향상 및 1인당 평균 수명 연장에 따라 고령화 비율은 각 지역에서 계속 늘어나고 있다.

4. 양로 보장 시스템을 제정할 때, 노년층의 경제적 원천을 보장하여 노년층이 기본적인 생활을 유지할 수 있도록 해야 한다. (✓)

5. 이 뉴스에서 주로 이야기하는 것은 고령화 문제 및 양로 보장 시스템 제정 시 주의해야 할 사항이다. (✓)

관련 [2]조사에서 일부 대도시의 인구 유입이 뚜렷하지 않기 때문에 고령화 정도가 비교적 심한 반면, [2]인구 유입이 많은 도시는 고령화 추세가 오히려 둔화된 것으로 나타났다. 비록 많은 도시가 다양한 인재 정책으로 젊은 층의 유입을 유도하고 있지만, 고령화가 심화되는 배경 아래 더욱 중시해야 하는 것은 사실 노인 봉양 문제이다.

[3]고령화 상황에서 사람들의 돌봄 서비스에 대한 수요는 날로 급증하여, 노인 봉양, 의료와 간병 보험 기금에 대한 지급 압박은 계속해서 늘어날 전망이다. 수억 명의 노령 인구를 위해 질 높은 양로 서비스를 어떻게 제공할 것인가는 현재 직면한 큰 도전이다.

중국사회보장학회 회장은 현재 양로는 더 이상 보장 제도가 아니라 하나의 제도적 시스템이라고 밝혔다. 노년층의 양로 문제를 해결하기 위해서는 완전한 양로 보장 시스템의 제정이 급선무이다.

[4]양로 보장 시스템을 제정할 때, 먼저 연금 제도를 중시해야 하는데, 노년층의 경제적 원천을 공평하고 확실하게 보장하여 그들이 기본적인 생활을 유지할 수 있도록 해야 한다. 그다음은 양로 서비스 제도 최적화를 중시하는 것인데, 정부, 시장 주체, 사회, 개인 및 가정은 노년층의 양로 서비스에 대한 만족을 보장해야 한다. 마지막으로 노년층의 장기 간병 보험 제도를 중시하고 동시에 의료 보장 제도를 보완해야 한다. 노년층의 수요가 제대로 충족되도록 해야만 노년층의 양로 생활을 보장할 수 있다.

수많은 노인들은 여전히 사회에서 중요한 역할을 맡고 있다. 따라서 건강한 고령화와 긍정적인 고령관은 사회 발전에 큰 의의가 있다.

어휘 문제 **老龄化** lǎolínghuà 圏 고령화 **情形** qíngxing 圏 상황 **护理服务** hùlǐ fúwù 돌봄 서비스 **门槛** ménkǎn 圏 문턱 **保障** bǎozhàng 圏 보장하다
体系 tǐxì 圏 시스템 **来源** láiyuán 圏 원천 **维持** wéichí 圏 유지하다

뉴스 **人口普查** rénkǒu pǔchá 인구 조사 **意味着** yìwèizhe 圏 뜻하다 **生育率** shēngyùlǜ 圏 출산율 **减缓** jiǎnhuǎn 圏 둔화하다 **政策** zhèngcè 圏 정책
需求 xūqiú 圏 수요 **日益** rìyì 圏 날로 **高涨** gāozhǎng 圏 급증하다 **护理保险** hùlǐ bǎoxiǎn 圏 간병 보험 **基金** jījīn 圏 기금
当务之急 dāngwùzhījí 圏 급선무, 당장 급히 처리해야 하는 일 **养老金** yǎnglǎojīn 圏 연금 **注重** zhùzhòng 圏 중시하다
着重 zhuózhòng 圏 중시하다 **确保** quèbǎo 圏 보장하다 **依旧** yījiù 圏 여전히 **担当** dāndāng 圏 맡다 **职责** zhízé 圏 역할

실전연습문제 p.27

1 ✓	2 ✓	3 ✗	4 ✗	5 ✗

1 - 5

[1]第五届联合国环境大会续会2月28日在肯尼亚首都内罗毕开幕，分别在线上和线下同时举行，来自近200个会员国的超2000名代表参会。联合国环境大会是全球环境问题的最高决策机构，其前身是联合国环境规划署。该大会每两年举行一次，旨在激发全球应对气候变化、污染、生态系统退化等挑战的积极性。

[2]本届联合国环境大会第一阶段会议已于2月初召开，此次续会为第二阶段会议。本次会议的主题是"加强自然保护行动以实现可持续发展目标"，重点探讨如何为气候变化、生物多样性丧失、废弃物污染这三大地球危机提供切实可行的解决方案，[2]重点关注塑料污染、绿色回收和化学废弃物管理等问题。联合国环境规划署执行主任英厄·安诺生强调："这是一个可载入史册的重要时刻。"

开幕式上，担任会议主席的挪威气候与环境部部长在致辞中呼吁所有国家齐心协力，用科学、创新、以自然为本的方式积极应对环境和气候问题。他还指出，解决因人类活动导致的环境和气候问题刻不容缓，下一代的未来取决于现代人的行动。

[1]제5회 유엔환경총회(UNEA) 속개 회의가 2월 28일 케냐의 수도인 나이로비에서 열렸다. 온라인과 오프라인에서 각각 동시에 개최됐고, 200여개 회원국에서 온 2000명이 넘는 대표가 회의에 참석했다. 유엔환경총회는 전 세계 환경 문제의 최고 의사 결정 기구로, 그것의 전신은 유엔환경계획(UNEP)이다. 이 총회는 2년에 한 번 개최되는데, 전 세계 기후 변화, 오염, 생태계 교란 등의 어려움에 대응하는 적극성을 불러일으키는것을 목적으로 한다.

[2]이번 유엔환경총회의 1차 회의는 이미 2월 초에 열렸으며, 이번 속개 회의는 2차 회의이다. 이번 회의 주제는 '자연 보호 행동을 강화하여 지속 가능 발전 목표를 이루자'인데, 기후 변화, 생물 다양성 파괴, 폐기물 오염이 3대 지구 위기에 어떻게 실행가능한 해결 방안을 제공할 수 있을지를 중점적으로 토론했고, [2]플라스틱 오염, 친환경 재활용과 화학 폐기물 관리 등 문제를 중점적으로 주목했다. 유엔환경계획 사무총장 잉거 앤더슨은 "이것은 역사에 기록될 중요한 순간이다."라고 강조했다.

개막식에서 의장을 맡은 노르웨이 기후 및 환경부 부장은 축사에서 모든 나라가 힘을 합쳐 과학, 혁신, 자연을 기반으로 한 방법을 이용해 적극적으로 환경과 기후 문제에 대응하자고 호소했다. 그는 또한 인류의 활동으로 인해 야기된 환경과 기후 문제 해결은 잠시도 지체할 수 없으며, 다음 세대의 미래는 현대인의 행동에 달렸다고 지적했다.

联合国环境规划署发布的报告显示，[3]1950年至2017年期间，全球累计生产约92亿吨塑料，其中塑料回收利用率不足10%，约有70亿吨成为塑料垃圾。预计2040年，全球每年将有约7.1亿吨塑料垃圾被遗弃到自然环境中。到2050年，地球上将有超过130亿吨塑料垃圾，蓝色地球可能变成"塑料星球"。为有效应对全球共同面临的塑料污染问题，[4]此次大会通过了各国协作解决塑料污染问题的决议，旨在就塑料污染治理，启动政府间谈判工作机制，[4]力争到2024年制定一项具有法律约束力的国际协定。

中国经济体制与管理研究所研究员张德元表示，尽管塑料污染治理已成全球共识，但也存在国家间发展不平衡的特征，各国会存在较大的差异。中国作为全球最大的发展中国家，将以此次大会召开为契机，进一步加大塑料污染治理力度，力争为全球塑料污染治理贡献更大的中国智慧。

유엔환경계획에서 발표한 보고서에는 [3]1950년부터 2017년까지 전 세계에서 누계 약 92억톤 플라스틱을 생산했고, 그중 플라스틱 재활용 비율은 10%도 안되며, 약 70억톤은 플라스틱 쓰레기가 된 것으로 나타났다. 2040년에는 전 세계에서 매년 약 7.1억톤에 달하는 플라스틱 쓰레기가 자연환경에 버려질 것으로 예상했다. 2050년이 되면, 지구상에 130억톤이 넘는 플라스틱 쓰레기가 있을 것이며, 푸른 지구는 '플라스틱 지구'가 될지도 모른다. 전 세계가 공통적으로 맞닥뜨린 플라스틱 오염 문제에 효과적으로 대응하기 위해, [4]이번 총회에서 각 나라에서 플라스틱 오염 문제를 협력하여 해결하는 결의가 통과되었는데, 이는 플라스틱 오염을 관리하고, 정부간 협상 메커니즘을 실시하여, [4]2024년까지 법적 효력이 있는 국제 협정 제정에 힘쓰는 것을 목적으로 한다.

중국 경제 체제 관리 연구소의 연구원인 장더위안은 플라스틱 오염 관리가 이미 전 세계적으로 합의가 됐지만, 국가간 발전 불균형이라는 특징도 존재하므로, 각 나라마다 비교적 큰 차이가 존재할 수 있다고 표명했다. 중국은 전 세계에서 가장 큰 개발도상국으로서, 이번 회의 개최를 계기로 하여 플라스틱 오염 관리 역량을 한층 더 강화하고, 전 세계 플라스틱 오염 관리를 위해 더욱 큰 중국의 지혜를 공헌하는 데 힘쓸 것이다.

어휘 **联合国** Liánhéguó [고유] 유엔, 국제 연합 **续会** xùhuì [명] 속개 회의 **肯尼亚** Kěnníyà [고유] 케냐 **内罗毕** Nèiluóbì [고유] 나이로비 **决策** juécè [명] 의사 결정 **机构** jīgòu [명] 기구 **规划** guīhuà [명] 계획 **旨在** zhǐzài ~을 목적으로 하다 **激发** jīfā [동] 불러일으키다 **应对** yìngduì [동] 대응하다 **生态系统退化** shēngtài xìtǒng tuìhuà 생태계 교란 **探讨** tàntǎo [동] 토론하다 **生物** shēngwù [명] 생물 **丧失** sàngshī [동] 파괴되다 **废弃物** fèiqìwù [명] 폐기물 **危机** wēijī [명] 위기 **切实可行** qièshí kěxíng 실행 가능하다 **关注** guānzhù [동] 주목하다 **回收** huíshōu [동] 재활용하다 **执行主任** zhíxíng zhǔrèn [명] 사무총장 **载入史册** zǎirù shǐcè 역사에 기록되다 **会议主席** huìyì zhǔxí [명] 의장 **挪威** Nuówēi [고유] 노르웨이 **致辞** zhìcí [동] 축사를 하다 **呼吁** hūyù [동] 호소하다 **齐心协力** qíxīnxiélì [성] (한마음 한뜻으로) 힘을 합치다 **创新** chuàngxīn [동] 혁신하다 **刻不容缓** kèbùrónghuǎn [성] 잠시도 지체할 수 없다 **发布** fābù [동] 발표하다 **累计** lěijì [동] 누계하다 **预计** yùjì [동] 예상하다 **遗弃** yíqì [동] 버리다 **协作** xiézuò [동] 협력하다 **决议** juéyì [명] 결의 **治理** zhìlǐ [동] 관리하다 **启动** qǐdòng [동] (법령·계획 등을) 실시하다 **机制** jīzhì [명] 메커니즘 **力争** lìzhēng [동] (목표를 달성하기 위해) 힘쓰다 **法律约束力** fǎlǜ yuēshùlì [명] 법적 효력 **协定** xiédìng [명] 협정 **共识** gòngshí [명] 합의, 공통의 인식 **发展中国家** fāzhǎnzhōng guójiā [명] 개발도상국 **契机** qìjī [명] 계기

---

1 第五届联合国环境大会续会以两种形式进行。（ ）

제5회 유엔환경총회 속개 회의는 두 가지 형식으로 진행됐다. (✓)·

해설 음성에서 第五届联合国环境大会续会2月28日在肯尼亚首都内罗毕开幕, 分别在线上和线下同时举行이라고 했고, 문제에서는 제5회 유엔환경총회 속개 회의가 두 가지 형식으로 진행됐다고 했으므로 일치로 판단한다.

어휘 **联合国** Liánhéguó [고유] 유엔, 국제 연합 **续会** xùhuì [명] 속개 회의

---

2 本届联合国环境大会关注了有关塑料污染的问题。（ ）

이번 유엔환경총회에서 플라스틱 오염 문제에 대해 주목했다. (✓)

해설 음성에서 本届联合国环境大会……重点关注塑料污染、绿色回收和化学废弃物管理等问题라고 했고, 문제에서는 이번 유엔환경총회에서 플라스틱 오염 문제에 대해 주목했다고 했으므로 일치로 판단한다.

어휘 **关注** guānzhù [동] 주목하다

---

3 2017年之前全球塑料回收利用率比较可观。（ ）

2017년 이전에 전 세계 플라스틱 재활용률은 비교적 훌륭했다. (✗)

해설 음성에서 1950年至2017年期间, 全球累计生产约92亿吨塑料, 其中塑料回收利用率不足10%, 约有70亿吨成为塑料垃圾라고 했는데, 문제에서는 2017년 이전에 전 세계 플라스틱 재활용률은 비교적 훌륭했다고 했으므로 불일치로 판단한다.

어휘 **回收** huíshōu [동] 재활용하다 **可观** kěguān [형] 훌륭하다

---

4 此次大会通过了有关塑料污染治理的国际协定，该协定具有法律约束力。（ ）

이번 총회에서 플라스틱 오염 관리에 대한 국제 협정이 통과되었으며, 해당 협정은 법적 효력이 있다. (✗)

해설 음성에서 此次大会……力争到2024年制定一项具有法律约束力的国际协定이라고 했는데, 문제에서는 이번 총회에서 플라스틱 오염 관리에 대한 국제 협정이 통과되었으며, 해당 협정은 법적 효력이 있다고 했으므로 불일치로 판단한다.

어휘 **治理** zhìlǐ [동] 관리하다 **协定** xiédìng [명] 협정 **法律约束力** fǎlǜ yuēshùlì [명] 법적 효력

这则新闻旨在介绍联合国环境大会的历史以及历年的主题焦点。（　）	이 뉴스는 유엔환경총회의 역사 및 역대 주제와 쟁점을 소개하는 것을 목적으로 한다. (**✗**)

해설 　문제에서 이 뉴스는 유엔환경총회의 역사 및 역대 주제와 쟁점을 소개하는 것을 목적으로 한다고 했는데, 음성에서는 **联合国环境大会的历史, 历年的主题焦点**과 관련한 내용이 언급되지 않았고, 전반적으로 제5회 유엔환경총회에서 중점적으로 논의된 사항에 대해 이야기하고 있으므로 불일치로 판단한다.

어휘 　**历年** liánián 圐 역대　**焦点** jiāodiǎn 圐 쟁점, 포커스

제1부분　실전테스트 p.28

MP3 바로듣기 ▶

1 ✓	2 ✗	3 ✓	4 ✓	5 ✗	6 ✓	7 ✗	8 ✗	9 ✓	10 ✓

1 - 5

为了迎接"世界读书日"，并为乡村孩子的学习助力，[1]故宫博物院在北京市密云区某乡镇小学举行了"故宫小书包"公益捐赠活动，为密云区所属的34所小学捐赠了价值14万元的故宫图书，其中包括《跟着王希孟游千里江山》、《故宫神兽》、《故宫知时节》、《故宫画谱》等备受读者热捧的故宫系列图书。

故宫作为中华优秀传统文化的代表，其丰富多彩的艺术馆藏及建筑凝聚了精粹，存藏于其中的百万件文物是历史信息含量丰富的宝贵遗产，具有深厚的文化价值。[2]"故宫小书包"活动为乡村儿童提供了了解紫禁城历史、人物、建筑和院藏珍品的机会。该活动不仅捐赠了有关书籍，[2]还鼓励乡村孩子们开展线下、线上读书会，并参与故宫征文比赛、故宫专家课堂和相关研学活动，这使孩子们能从各个角度解读故宫及其文物中蕴含的丰富的文化历史内涵。

"故宫小书包"活动将对6000所乡村学校发放故宫公益图书，并长期助力乡村振兴事业。该活动使更多的乡村孩子学习和传承祖国的优秀传统文化，让历史文化知识走进孩子们的心灵，丰富他们的精神世界。故宫出版社社长表示，故宫出版社自成立以来获得了多项国家级荣誉，[3]出版社出版的文物艺术、宫廷文化、明清历史三大类书籍也受到了读者们的大力喜爱。未来故宫出版社将坚持把社会效益放在首位，大力发展故宫的图书出版事业和文创事业。

在图书捐赠发布会上，受到捐赠的其中一所学校的校长和10名学生代表在现场打开了"故宫小书包"。书包里装满了以中国书法、绘画、历史、器皿、建筑为主题的图书，[4]这些图书不仅能让孩子们的心灵在优秀传统文化的滋养下得到升华，还能使教师们的师德在优秀传统文化中得到提升。故宫是拥有丰富历史文化的文化大IP，通过"故宫小书包"公益项目，故宫所蕴含的深厚传统文化将被传播给更多的学生。

'세계 책의 날'을 맞아 시골 아이들의 학습에 힘을 보태기 위해 [1]고궁 박물관은 베이징시 미원구의 한 지방 소도시 초등학교에서 '고궁 책가방' 공익 기증 행사를 열어 미원구 소속의 34개 초등학교에 14만 위안 상당의 고궁 도서를 기증했는데, 이중에는 <왕희맹과 천리강산 유람하기>, <고궁 신수>, <고궁으로 24절기 알기>, <고궁 화보> 등 독자들의 열렬한 사랑을 받고 있는 고궁 시리즈 도서가 포함되어 있다.

고궁은 중화의 우수한 전통문화의 대표로서, 그것의 풍부하고 다채로운 예술 수장품과 건축물은 정수를 응축하고 있고, 그곳에 보관되어 있는 백만 점의 문화재는 역사 정보 내용이 풍부한 귀중한 유산으로 깊은 문화적 가치를 지니고 있다. [2]'고궁 책가방' 행사는 시골 어린이들에게 자금성의 역사, 인물, 건축 및 소장품에 대해 알아볼 수 있는 기회를 제공했다. 이 행사는 관련 도서를 기증했을뿐만 아니라 [2]시골 어린이들이 오프라인과 온라인 독서회를 열고 고궁 공모전, 고궁 전문가 수업과 관련된 연구 활동에 참여하도록 [2]격려했는데, 이는 아이들이 고궁 및 문화재에 내포된 풍부한 문화 역사적 의미를 다양한 각도에서 해석할 수 있게 했다.

'고궁 책가방' 행사는 6000개의 시골 학교에 고궁 공익 도서를 배포하고, 장기적으로 농촌 진흥 사업에 힘을 보탤 것이다. 이 행사는 더 많은 시골 어린이가 조국의 우수한 전통문화를 배우고 계승하게 했고, 역사 문화 지식이 아이들의 마음에 들어가 그들의 정신 세계를 풍부하게 했다. 고궁 출판사 사장은 고궁 출판사가 설립된 이래로 다양한 국가급의 영예를 얻었으며, [3]출판사에서 출판된 문화재 예술, 궁정 문화, 명나라와 청나라 역사 3대 서적도 독자들의 대대적인 사랑을 받았다고 밝혔다. 앞으로 고궁 출판사는 사회적 편익을 최우선으로 하여, 고궁의 도서 출판 사업과 문화 콘텐츠 사업에 힘쓸 것이라고 말했다.

도서 기증 발표회에서 기증을 받은 학교의 교장과 학생 대표 10명이 현장에서 '고궁 책가방'을 열었다. 책가방에는 중국 서예, 회화, 역사, 그릇, 건축을 주제로 한 도서들이 가득했는데, [4]이 도서들은 훌륭한 전통문화의 양분 아래 아이들의 몸과 마음을 승화시킬 뿐만 아니라, 교사들의 스승으로서의 덕목도 우수한 전통문화 속에서 향상시킬 수 있게 할 수 있다. 고궁은 풍부한 역사 문화를 지닌 문화 콘텐츠이며, '고궁 책가방' 공익 행사를 통해 고궁이 담고 있는 깊은 전통문화가 더 많은 학생에게 전파될 것이다.

어휘 　**乡村** xiāngcūn 圐 시골, 농촌　**乡镇** xiāngzhèn 圐 지방 소도시　**捐赠** juānzèng 圐 기증하다　**热捧** rèpěng 圐 열렬히 사랑하다　**系列** xìliè 圐 시리즈, 계열
馆藏 guǎncáng 圐 수장품　**凝聚** níngjù 圐 응축하다　**精粹** jīngcuì 圐 정수　**文物** wénwù 圐 문화재　**遗产** yíchǎn 圐 유산　**珍品** zhēnpǐn 圐 진귀한 물건
书籍 shūjí 圐 도서　**开展** kāizhǎn 圐 열다, 전개하다　**征文比赛** zhēngwén bǐsài 圐 공모전　**蕴含** yùnhán 圐 내포하다, 담고 있다　**内涵** nèihán 圐 의미, 내포
振兴 zhènxīng 圐 진흥시키다　**事业** shìyè 圐 사업　**传承** chuánchéng 圐 계승하다　**祖国** zǔguó 圐 조국　**心灵** xīnlíng 圐 마음, 영혼　**荣誉** róngyù 圐 영예, 명예
宫廷 gōngtíng 圐 궁정, 궁궐　**社会效益** shèhuì xiàoyì 圐 사회적 편익　**文创** wénchuàng 문화 콘텐츠　**发布会** fābùhuì 圐 발표회　**现场** xiànchǎng 圐 현장
书法 shūfǎ 圐 서예　**器皿** qìmǐn 圐 그릇, 식기　**心灵** xīnlíng 圐 마음, 영혼　**滋养** zīyǎng 圐 양분　**升华** shēnghuá 圐 승화하다
师德 shīdé 圐 스승으로서의 덕목　**大IP** dà IP 圐 잠재력 있고 기대 가치가 큰 콘텐츠를 가리킴

1 故宫博物院举行了公益捐赠活动，为34所小学捐献了价值十几万元的故宫图书。（ ）

고궁 박물관은 공익 기증 행사를 열어 34개의 초등학교에 10여만 위안 상당의 고궁 도서를 기부했다. （✓）

해설　음성에서 故宫博物院在北京市密云区某乡镇小学举行了"故宫小书包"公益捐赠活动，为密云区所属的34所小学捐赠了价值14万元的故宫图书라고 했고, 문제에서는 고궁 박물관이 공익 기증 행사를 열어 34개의 초등학교에 10여만 위안 상당의 고궁 도서를 기부했다고 했으므로 일치로 판단한다.

어휘　捐赠 juānzèng 圖 기증하다　捐献 juānxiàn 圖 기부하다

2 "故宫小书包"活动给全国儿童提供了了解世界文物和传统建筑的机会，还鼓励孩子们开展读书会。（ ）

'고궁 책가방' 행사는 전국의 어린이들에게 세계 문화재와 전통 건축물을 이해할 수 있는 기회를 제공했고, 어린이들이 독서회를 열도록 격려했다. （✕）

해설　음성에서 "故宫小书包"活动为乡村儿童提供了了解紫禁城历史、人物、建筑和院藏珍品的机会。……还鼓励乡村孩子们开展线下、线上读书会라고 했는데, 문제에서는 '고궁 책가방' 행사가 전국의 어린이들에게 세계 문화재와 전통 건축물을 이해할 수 있는 기회를 제공했다고 했으므로 불일치로 판단한다.

어휘　文物 wénwù 圖 문화재　开展 kāizhǎn 圖 열다, 전개하다

3 故宫出版社出版的文物艺术、明清历史、宫廷文化三大类书籍受到了读者们的喜爱。（ ）

고궁 출판사에서 출판된 문화재 예술, 명나라와 청나라의 역사, 궁정 문화 3대 서적은 독자들의 사랑을 받았다. （✓）

해설　음성에서 出版社出版的文物艺术、宫廷文化、明清历史三大类书籍也受到了读者们的大力喜爱라고 했고, 문제에서는 고궁 출판사에서 출판된 문화재 예술, 명나라와 청나라 역사, 궁정 문화 3대 서적은 독자들의 사랑을 받았다고 했으므로 일치로 판단한다.

어휘　宫廷 gōngtíng 圖 궁정, 궁궐　书籍 shūjí 圖 도서, 책

4 "故宫小书包"里的图书既能让孩子们升华自己的心灵，也能让教师们在优秀传统文化中提升师德。（ ）

'고궁 책가방' 안의 도서는 아이들이 자신의 몸과 마음을 승화시킬 수 있게 할뿐만 아니라, 교사가 우수한 전통문화 속에서 스승으로서의 덕목도 향상시킬 수 있게 한다. （✓）

해설　음성에서 这些图书不仅能让孩子们的心灵在优秀传统文化的滋养下得到升华，还能使教师们的师德在优秀传统文化中得到提升이라고 했고, 문제에서는 '고궁 책가방' 안의 도서는 아이들이 자신의 몸과 마음을 승화시킬 수 있게 할뿐만 아니라 교사가 우수한 전통문화 속에서 스승의 덕목도 향상시킬 수 있게 한다고 했으므로 일치로 판단한다.

어휘　升华 shēnghuá 圖 승화하다　心灵 xīnlíng 圖 마음, 영혼　师德 shīdé 圖 스승으로서의 덕목

5 该新闻报道了全国各地在"世界读书日"举行的许多鼓励市民阅读的文艺活动。（ ）

이 뉴스는 전국 각지에서 '세계 책의 날'에 개최한 시민들의 독서를 장려하는 많은 문예 행사를 보도했다. （✕）

해설　문제에서 이 뉴스가 전국 각지에서 '세계 책의 날'에 개최한 시민들의 독서를 장려하는 많은 문예 행사를 보도했다고 했는데, 음성에서는 鼓励市民阅读的文艺活动과 관련한 내용이 언급되지 않았고, 전반적으로 '고궁 책가방' 행사와 관련된 내용을 이야기하고 있으므로 불일치로 판단한다.

어휘　文艺 wényì 圖 문예

6 - 10

[6]自特困行业缓缴社会保险费政策出台以来，社会各界尤其是用人单位和参保人员都十分关注，很多人通过服务热线和网上留言等方式，咨询了解有关政策内容和管理操作。[6]政府有关部门每天安排专人收集相关问题，并通过各种途径及时予以答复。

　　一、关于适用范围：特困行业缓缴社会保险费政策具有专门指向性，如果属于相关行业，就可以适用缓缴政策。[7]按照缓缴政策规定，涉及餐饮、零售、旅游、民航、物流等行业的企业均可以申请缓缴社会保险费。此外，上述行业中以单位方式参加社会保险的有雇工的个体工商户以及各类灵活就业人员也包含在适用范围内。

[6]타격 업종의 사회 보험료 납부 유예 정책이 나온 이래, 사회 각계, 특히 고용 업체와 보험 가입자들이 높은 관심을 보이고 있으며, 많은 사람들이 서비스 핫라인이나 인터넷으로 댓글을 남기는 등의 방식을 통해 관련 정책 내용과 행정 운영에 대해 문의하고 있습니다. [6]정부 관련 부처는 매일 전담 인력을 배치해 관련 질문을 수집하고 각종 경로를 통해 신속하게 답변을 제공하고 있습니다.

첫째, 적용 범위와 관련하여, 타격 업종의 사회 보험료 납부 유예 정책은 구체적인 방향성이 있습니다. 만약 관련 업종에 해당하면 납부 유예를 적용할 수 있습니다. [7]납부 유예 정책 규정에 따라, 요식업, 소매, 여행, 민간 항공, 물류 등 업종과 관련된 기업은 모두 사회 보험료 납부 유예를 신청할 수 있습니다. 이 밖에, 위에서 언급된 업종 중 업체 단위로 사회 보험에 가입한 고용인이 있는 자영업자 및 각종 비정규직도 적용 대상에 포함됩니다.

二、关于缓缴款项：社会保险费包括单位缴费和个人缴费两部分。按照缓缴政策规定，[8]缓缴适用于社会保险费的单位缴纳部分。职工个人应缴纳部分，则不适用缓缴政策，企业应依法履行代扣代缴义务。

三、关于个体工商户和各类灵活就业人员：为了减轻缴费压力，按照缓缴政策规定，在以个人身份参加企业职工基本养老保险的个体工商户和各类灵活就业人员中，今年缴纳企业职工基本养老保险费有困难的，可申请暂缓缴费。

四、关于缓缴期限：在允许缓缴的最长期限内，企业可以根据实际需求，自主确定缓缴期限，最长可以申请12个月。

五、关于不按期补缴的后果：国家出台缓缴政策是为了缓解企业当期的资金压力，是有期限的，缓缴期满后企业应及时足额补缴费款，否则将承担相应的法律后果。按照缓缴政策规定，企业原则上应在缓缴期满后的一个月内补缴缓缴的失业保险费和工伤保险费；缓缴的企业职工基本养老保险费最迟于今年年底前补缴到位。[9]如果未按时足额补缴，根据《社会保险法》的相关条款，[9]由社会保险费征收机构责令限期缴纳或者补足，并自欠缴之日起，按日加收万分之五的滞纳金；超过最后期限仍不缴纳者，由有关行政部门处以欠缴数额一倍以上三倍以下的罚款。

最后要提醒的是，特困行业缓缴企业社会保险费政策出台后，地方政府或部门可能会出台本地的具体实施意见，所以有关操作请以当地政府或部门的规定为准。如果在缴纳社会保险费的过程中遇到问题，可通过服务热线、税务部门门户网站等渠道反映。

둘째, 납부 유예금과 관련하여, 사회 보험료는 직장 납부와 개인 납부 두 부분이 포함됩니다. 납부 유예 정책 규정에 따라, [8]납부 유예는 사회 보험료의 직장에서 납부해야 할 부분에 적용됩니다. 근로자 개인이 납부해야 할 부분은 납부 유예 정책이 적용되지 않으며, 기업은 법에 따라 원천 징수 의무를 이행해야 합니다.

셋째, 자영업자와 각종 비정규직 종사자와 관련하여, 납입 압박을 줄이기 위해 납부 유예 정책 규정에 따라 개인 자격으로 기업 근로자 기초 연금 보험에 가입한 자영업자와 각종 비정규직 종사자 중, 올해 기업 근로자 기초 연금 보험료 납부가 곤란한 경우에는 납부 유예를 신청할 수 있습니다.

넷째, 납부 유예 기간과 관련하여, 납부 유예가 허용되는 최장 기간 내에 기업은 실수요에 따라 자율적으로 납부 유예 기간을 정할 수 있고, 최장 12개월까지 신청할 수 있습니다.

다섯째, 기한 내 추가 납부를 하지 않은 결과와 관련해, 나라에서 납부 유예 정책을 낸 것은 기업의 당기 자금 압박을 완화하기 위함이며 기한이 있는 것입니다. 납부 유예 기간 만료 후 기업은 즉시 규정된 금액의 납입금을 추가 납부해야 하며, 그렇지 않으면 상응하는 법적 책임을 져야 합니다. 납부 유예 정책 규정에 따르면, 기업은 원칙상 유예 기간 만료 후 1개월 이내에 유예된 실업 보험료와 산재 보험료를 납부해야 하며, 유예된 기업 근로자 기초 연금 보험료를 늦어도 올해 말까지 제대로 추가 납부해야 합니다. [9]만약 제때에 규정된 금액을 추가 납부하지 않을 경우, 〈사회 보험법〉의 관련 조항에 따라 [9]사회 보험료 징수 기관에서 기한 내에 납부하거나 보충하도록 명령하고, 체납일로부터 1일당 0.05%의 체납금을 가산 징수하며, 최후 기한을 넘겨 여전히 납부하지 않은 경우에는 관련 행정 부처에서 체납액의 1배 이상 3배 이하의 과태료를 부과합니다.

마지막으로 주의해야 할 것은, 타격 업종 기업 사회 보험료 납부 유예 정책이 나온 후 지방 정부나 부처에서 구체적인 시행 의견이 나올 수 있으므로 관련 사항은 현지 정부나 부처의 규정을 기준으로 삼으시기 바랍니다. 만약 사회 보험료 납부 과정에서 문제가 생기면, 핫라인, 세무 부서 포털 사이트 등의 경로로 전달하시면 됩니다.

어휘　特困行业 tèkùn hángyè 몡 타격 업종, 극빈 업종　缓缴 huǎn jiǎo 납부를 유예하다　政策 zhèngcè 몡 정책　出台 chūtái 통 나오다, 내놓다
　　　热线 rèxiàn 몡 핫라인[긴급 비상용의 직통 전화]　操作 cāozuò 통 운영하다, 시행하다　途径 tújìng 몡 경로　予以 yǔyǐ 통 ~을 주다　答复 dáfù 통 답변하다
　　　指向性 zhǐxiàngxìng 몡 방향성, 지향성　零售 língshòu 통 소매하다, 낱개로 팔다　物流 wùliú 몡 물류　雇工 gùgōng 통 고용인
　　　个体工商户 gètǐ gōngshānghù 몡 자영업자, 개인 사업자　灵活就业人员 línghuó jiùyè rényuán 비정규직[프리랜서, 계약직 등]
　　　缴纳 jiǎonà 통 납부하다　款项 kuǎnxiàng 몡 금액, 비용　缴费 jiǎo fèi (비용을) 납부하다　履行 lǚxíng 통 이행하다　代扣代缴 dài kòu dài jiǎo 원천 징수
　　　期限 qīxiàn 몡 기한　需求 xūqiú 몡 수요　自主 zìzhǔ 통 자율적으로 하다　足额 zú'é 몡 규정된 금액　相应 xiāngyìng 통 상응하다
　　　工伤保险 gōngshāng bǎoxiǎn 몡 산재 보험　条款 tiáokuǎn 몡 조항　征收 zhēngshōu 통 징수하다　机构 jīgòu 몡 기관, 기구　责令 zélìng 통 명령하다
　　　欠缴 qiànjiǎo 통 체납하다　滞纳金 zhìnàjīn 몡 체납금　行政 xíngzhèng 몡 행정　数额 shù'é 몡 액수　实施 shíshī 통 시행하다　渠道 qúdào 몡 경로

---

6 自特困行业缓缴社会保险费政策出台以来，政府有关部门安排专人解答了咨询内容。（　）

타격 업종 사회 보험료 납부 유예 정책이 나온 이래 정부 관련 부처에서는 전담 인력을 배치해 문의 사항에 답변했다. （✓）

해설　음성에서 自特困行业缓缴社会保险费政策出台以来……政府有关部门每天安排专人收集相关问题，并通过各种途径及时予以答复。라고 했고, 문제에서는 타격 업종 사회 보험료 납부 유예 정책이 나온 이래 정부 관련 부처에서는 전담 인력을 배치해 문의 사항에 답변했다고 했으므로 일치로 판단한다.

어휘　特困行业 tèkùn hángyè 몡 타격 업종, 극빈 업종　缓缴 huǎn jiǎo 납부를 유예하다　政策 zhèngcè 몡 정책　出台 chūtái 통 나오다, 내놓다

---

7 按照缓缴政策规定，除了涉及餐饮、零售、旅游、物流等行业的企业以外，其他企业均可以申请缓缴社会保险费。（　）

납부 유예 정책 규정에 따라, 요식업, 소매, 여행, 민간 항공, 물류 등 업종과 관련된 기업을 제외한 다른 기업에서도 모두 사회 보험료 납부 유예를 신청할 수 있다. （✕）

해설　음성에서 按照缓缴政策规定，涉及餐饮、零售、旅游、民航、物流等行业的企业均可以申请缓缴社会保险费。라고 했는데, 문제에서는 요식업, 소매, 여행, 민간 항공, 물류 등 업종과 관련된 기업을 제외한 다른 기업에서도 모두 사회 보험료 납부 유예를 신청할 수 있다고 했으므로 불일치로 판단한다.

어휘　物流 wùliú 몡 물류

8 此次缓缴政策适用于社会保险费的个人应缴纳部分。（　） | 이번 납부 유예 정책은 사회 보험료의 개인이 납부해야 할 부분에 적용된다. (✕)

해설　음성에서 缓缴适用于社会保险费的单位应缴纳部分。职工个人应缴纳部分，则不适用缓缴政策라고 했는데, 문제에서는 이번 납부 유예 정책은 사회 보험료의 개인이 납부해야 할 부분에 적용된다고 했으므로 불일치로 판단한다.

어휘　缴纳 jiǎonà 圖 납부하다

9 如果未按时足额补缴，社会保险费征收机构将按日加收万分之五的滞纳金。（　） | 만약 제때에 규정된 금액을 추가 납부하지 않을 경우, 사회 보험료 징수 기관에서 1일당 0.05%의 체납금을 가산 징수한다. (✓)

해설　음성에서 如果未按时足额补缴……由社会保险费征收机构责令限期缴纳或者补足，并自欠缴之日起，按日加收万分之五的滞纳金라고 했고, 문제에서는 만약 제때에 규정된 금액을 추가 납부하지 않을 경우, 사회 보험료 징수 기관에서 1일당 0.05%의 체납금을 가산 징수한다고 했으므로 일치로 판단한다.

어휘　足额 zú'é 圖 규정된 금액　征收 zhēngshōu 圖 징수하다　机构 jīgòu 圖 기관, 기구　滞纳金 zhìnàjīn 圖 체납금

10 这则新闻主要谈的是对政府相关政策的具体解析。（　） | 이 뉴스에서 주로 이야기하는 것은 정부 관련 정책에 관한 구체적인 분석이다. (✓)

해설　음성 전반적으로 사회 보험료 납부 유예 정책을 5가지로 나누어 세부 사항을 설명했다. 문제에서는 이 뉴스에서 주로 이야기하는 것은 정부 관련 정책에 관한 구체적인 분석이라고 했으므로 일치로 판단한다.

어휘　政策 zhèngcè 圖 정책

제2부분

정답이 들리는 문제풀이 스텝

p.31

<선택지>	**<음성>**

<선택지>

11. A 산 위와 산 아래의 높이차가 크다

    B 뚜렷한 역사와 인문적 특색을 갖추고 있다

    C 주위 마을과 조화로운 관계를 유지하고 있다

    D 동계 올림픽 경기장 역사의 새로운 이정표이다

<음성>

여: 베이징 동계 올림픽 옌칭 지구 총괄 기획자로서, 당신은 자연과 깊은 조화를 이룬 동계 올림픽 지구를 성공적으로 만들어 냈는데요, [11]이는 동계 올림픽 경기장 역사의 새로운 이정표라 할 수 있습니다. 당시 설계 임무를 받고 처음 옌칭 지구에 도착했을 때 당신은 어떤 느낌을 받았나요?

남: 우리가 처음 그곳에 갔을 때 옌칭 지구는 매우 도전성이 있으면서도 매력이 있는 장소라고 생각했습니다. 옌칭 지구의 핵심 구역은 샤오하이퉈산의 남쪽 기슭에 있는데, 그곳은 산봉우리가 많고 험준하며 지형이 복잡해 [11]산 위에서 산 아래까지 1,400m의 높이차가 있고, 산 정상의 최저 기온은 영하 40도까지 내려갑니다. 그 외에도, 그곳은 경치가 아름답고 생태 환경이 훌륭하며 [11]뚜렷한 역사와 문화적 특색이 있습니다. 우리는 우연히 그곳에서 1940년대에 버려진 산골 마을의 흔적을 발견하기도 했습니다.

11. 질문: 베이징 동계 올림픽 옌칭 지구에 관해, 다음 중 옳지 않은 것은?

어휘

선택지   落差 luòchā 图 높이차, 낙차   鲜明 xiānmíng 图 뚜렷하다   融洽 róngqià 图 조화롭다   里程碑 lǐchéngbēi 图 이정표, 기념비적 사건

대화   冬奥会 Dōng'àohuì 고유 동계 올림픽   规划师 guīhuàshī 图 기획자   相融 xiāng róng 조화를 이루다

       堪称 kānchēng 图 ~라고 할 수 있다, ~라고 할 만하다   当初 dāngchū 图 당시, 당초   南麓 nánlù 图 남쪽 기슭

       层峦叠翠 céngluándiécuì 图 산봉우리가 많고 험준하다   地形 dìxíng 图 지형   生态 shēngtài 图 생태   废弃 fèiqì 图 버리다, 폐기하다

       遗迹 yíjì 图 흔적, 유적

고득점비책 01 인터뷰 공략하기 p.32

MP3 바로듣기 ▶

전략 적용

p.33

<선택지 및 문제>

1. **A 습지 자원 총량이 비교적 풍부하다**

    B 이미 성숙한 습지 보호 시스템이 있다

    C 1인당 습지 면적이 전 세계 5위를 차지한다

    D 국민의 많은 관심과 중시를 받는다

2. 국가는 생태 환경 보호, 생태 문명 건설을 중시하기 시작했고, 습지에 대한 보호도 <u>중요한 제도적</u> 틀에 포함되었다.

3. A 세계의 흐름에 따른다

    B 공업 경제의 발전을 중시한다

    C 먹고 사는 문제를 시급하게 해결해야 한다

    D 당시 헌법 규정을 준수했다

4. <습지 보호법> 총칙은 전 사회적 습지 보호에 대한 양호한 사회적 분위기 형성 및 <u>국민의 습지 보호 의식</u> 향상에 대해 명확한 규정을 두었다.

5. A 습지에 대한 전문 지식을 늘린다

    B 습지의 독특한 풍경을 많이 감상하러 간다

    C 습지 복구와 관련된 전공에 적극적으로 지원한다

    D 주변의 작은 일에서부터 습지 보호 의식을 향상시킨다

<음성>

여: [1]<습지 보호법> 초안을 작성하는 과정에서 당신은 전문가 팀 책임직을 맡았습니다. 이 팀을 꾸릴 때, [1]중국의 습지는 어떤 상황에 처해 있었나요? 이런 상황들이 관련 법의 부재와는 또 어떤 관계가 있었나요?

남: 습지 생태계는 수자원 안전, 생물 안전과 식량 안전을 지키는 것 및 지구 기후 변화를 늦추는 데 중요한 역할을 했습니다. 그러나 습지가 오랫동안 사람들의 중시를 받지 못했고, 거기에 습지의 생태적 기능의 중요성에 대한 사람들의 인식이 부족한 것은 습지 파괴가 끊임없이 증가하는 것을 초래했습니다. 당시 중국은 상위법이 없어 습지의 면적 감소, 기능 쇠퇴, 생물 다양성 저하 등 문제에 직면해 있었습니다. [1]습지 자원은 총량이 풍부한 편이었지만 중국은 인구가 많고 1인당 습지 면적이 세계 1인당 면적의 5분의 1에 불과하기 때문에 우리의 습지는 더욱 귀하며 더욱 희소합니다. 그 밖에, 경제 발전이 초래한 습지 파괴 현상도 종종 나타나고 있었습니다. 그 후, [2]국가는 생태 환경 보호, 생태 문명 건설을 중시하기 시작했고, 습지에 대한 보호도 **중요한 제도적 틀**에 포함되었습니다. 우리는 습지 입법이 확실히 시급하고 필요하다고 생각했습니다.

여: 중국은 일찍이 대규모 간척을 했는데, 이런 방법은 최근 10년 사이에 보기 드물어진 것이 맞나요? 습지에 대한 대중의 이해와 인식은 지난 세기와 비교해 어떤 변화가 있다고 생각하십니까?

---

6. **A** 허가를 받은 복구 방안만 사용할 수 있다
   B 새로운 파괴를 어느 정도 허용할 수 있다
   C 전 국민이 모두 복구 작업에 참여할 수 있다
   D 성(省)급 중요 습지를 우선 복구 대상으로 한다

남: 과거에 저희는 줄곧 늪을 통해 습지에 대한 연구를 진행했습니다. 1992년 중국이 <습지 협약>에 가입한 이후 습지라는 개념이 진정한 의미에서 도입됐습니다. ³중국이 1970년대 간척을 한 것은 당시 역사적 배경에서 습지에 대한 우리의 인식에 한계가 있었기 때문입니다. 당시 중국은 '식량을 중점으로 삼았으며', 전국적으로 식량이 부족했기 때문에 우리는 식량 안전을 고려해야 했습니다. ³먹고 사는 문제를 해결하기 위해 중국은 습지를 대규모로 개발하기 시작했습니다. 현재 먹고 사는 문제는 해결되었고 사람들의 환경 보호에 대한 의식도 많이 높아졌습니다. 그래서 우리의 모든 정책은 당시의 역사적 배경에서 봐야 합니다. 비록 한계도 있었지만, 그 당시 현실에서 시급하고 필요했던 점도 있습니다.

여: 전문직 종사자와 일반인에게 있어서 이 법의 어떤 내용을 이해해야 한다고 생각하십니까?

남: 습지 보호는 사회 전반의 습지 보호 의식 향상과 떼려야 뗄 수 없습니다. 그래서 ⁴우리는 <습지 보호법> 총칙에 전 사회적 습지 보호에 대한 양호한 사회적 분위기 형성 및 **국민의 습지 보호 의식** 향상에 대해 명확한 규정을 두었고, 동시에 우리는 습지 보호의 권리와 의무에 대해서도 몇몇 규정을 두었습니다. 습지 보호는 과학 기술 종사자와 떼려야 뗄 수 없기 때문에 우리는 인재 양성, 학과 창설 등의 내용에 대해서도 몇몇 규정을 두었습니다. ⁵일반인들은 습지 보호 의식을 형성해야 합니다. 우리는 "습지 보호, 주변의 작은 일부터 시작하라"고 제안합니다. 예를 들어, 야외에 새를 보러 나갈 때 강렬한 색의 옷을 입지 않고, 쓰레기를 함부로 버리지 않으며, 습지 식물을 채취하지 않는 것 등입니다. 이 외에, 습지 복구에도 전문 인력의 참여가 필요합니다. ⁶해당 법은 국가 중요 습지와 성(省)급 중요 습지를 ⁶규정했으며, 습지 복구는 반드시 습지 복구 방안을 작성해야 하며, ⁶허가된 복구 방안으로 습지를 복구함으로써 복구의 과학성과 합리성을 보장하고 습지에 대한 새로운 파괴를 방지해야 합니다.

1. 질문: 법의 초안을 작성하던 시기에, 중국의 습지는 어떤 상태에 놓여 있었는가?
2. 질문: 국가가 생태 환경 보호, 생태 문명 건설을 중시하기 시작하면서, 습지에 대한 보호도 어디에 포함되었는가?
3. 질문: 남자는 중국이 왜 70년대에 간척을 실행했다고 생각하는가?
4. 질문: <습지 보호법> 총칙은 전 사회적 습지 보호에 대한 양호한 사회적 분위기 형성 및 무엇의 향상에 대해 명확한 규정을 두었는가?
5. 질문: 습지 보호에 관해, 남자는 일반인이 어떻게 하는 것을 제안하는가?
6. 질문: 남자의 말에 근거하여, <습지 보호법>은 습지 복구에 어떤 규정이 있는가?

어휘 선택지 **湿地** shīdì 몡 습지 **机制** jīzhì 몡 시스템, 메커니즘 **生态** shēngtài 몡 생태 **纳入** nàrù 통 포함시키다, 올리다 **跟随** gēnsuí 통 따르다
潮流 cháoliú 몡 흐름, 추세 **温饱问题** wēnbǎo wèntí 몡 먹고 사는 문제 **风光** fēngguāng 몡 풍경, 경치 **意识** yìshí 몡 의식 **获批** huò pī 허가를 받다
优先 yōuxiān 동 우선하다

대화 **起草** qǐcǎo 통 글의 초안을 작성하다 **职位** zhíwèi 몡 직위 **生态系统** shēngtài xìtǒng 몡 생태계 **维护** wéihù 통 지키다 **生物** shēngwù 몡 생물
上位法 shàngwèifǎ 몡 상위법[법의 체계에서 앞선 순위의 법] **衰退** shuāituì 통 쇠퇴하다 **珍贵** zhēnguì 혱 귀하다 **稀缺** xīquē 혱 희소하다
框架 kuàngjià 몡 틀, 골격 **围湖造田** wéi hú zào tián 간척하다[바다나 호수의 일부를 둑으로 막고, 그 안의 물을 빼내어 육지로 만들다]
沼泽 zhǎozé 몡 늪 **局限性** júxiànxìng 몡 한계, 제한 **政策** zhèngcè 몡 정책 **氛围** fēnwéi 몡 분위기 **倡议** chàngyì 통 제안하다, 제의하다
编制 biānzhì 통 작성하다 **防止** fángzhǐ 통 방지하다

실전연습문제 p.35

1 重要转折点	2 D	3 小儿外科的从事者	4 B	5 D	6 A

女：您如今已百岁高龄，却依旧坚持每日在医院巡房，可谓是将自己人生的大部分时间都奉献给了儿科事业。您是如何与儿科结缘的呢？

男：[1]我曾为我刚出生的二女儿亲自做了手术，那个手术可以说是我医学生涯的**重要转折点**。那次手术使我获得了儿科手术的成功经验。自那以后，我开始将目光转向了儿科。

女：可以和我们具体谈谈您的那次手术吗？

男：在1949年，我的二女儿出生了，当时很多[2]产房蔓延着一种恶性皮下化脓性传染病，我的女儿出生没多久也感染上了这个疾病。按照常规治疗，孩子必死无疑，于是[2]我决心要攻克这个病。我提出了切开患处排出脓血的方法，当时其他医生都觉得我的设想过于大胆，都不敢行动。但毕竟这关乎到我女儿的生命，我没有罢休，立马亲自操刀。[2]好在我的方法管用了，手术很成功。

女：尽管您现在说得轻松，但是难以想象当时您承受的压力有多大。

男：可不是嘛，当时没有人愿意承担小儿手术伴随的风险，都觉得办不到，所以全部的重担都落在我一个人身上。在我成功地给女儿做完手术之后，这个消息很快传了出去，于是我有了一定的口碑，[6]操刀了许多新生儿皮下坏疽的手术，将该病的死亡率降低到了5%。那时候我突然意识到我国婴儿手术死亡率之所以居高不下，是因为当时的医生惧怕儿科医学带来的困难，无人钻研儿科医学这个冷门专业。[6]这唤起了我开创小儿外科的坚定信念。

女：在您决心开创小儿外科之前，我国小儿外科整体状况怎么样呢？

男：[3]当时我国连个儿童医院都没有，[3]小儿外科这个类别几乎无人知晓，因此**小儿外科的从事者**非常稀少。在当时那种情况下，如果小孩生病了，就只能和成年人一样去普通医院，能治就治，不能治就放弃。

女：看样子在那个年代小儿外科可以说是很稀缺的，可以告诉我们您创立小儿外科的具体过程吗？

男：首先我们在病房划分出了5张床位专收小儿外科患儿，并安排了小儿外科手术日和门诊时间。当时的小儿外科除了我之外，还有另一位医生，我们就这样逐渐开展了医院的小儿外科工作。

女：[6]我很好奇以这么少的人力，您是如何开展小儿外科工作的呢？

男：[4]我们当时得到了北大医院成人外科和内科医师们的鼎力相助。每做一个新手术，我们都会查阅无数相关书籍，并在有把握的情况下做手术。如果风险太大太棘手，就会转到内科进行常规保守治疗。[4]当时胸外科、骨科、泌尿科、麻醉科等科室的专家也经常协助我们做手术。工作遇到困难时我们也会向其他科室的行家求助，器械不足也可以向专家们借。

女：[5]听说您日常接诊的时候往往会起身相迎，还会在问诊前洗手并把手搓热后再接触患儿的皮肤，遇到哭闹的孩子，还会表演变魔术的"绝活"。所以您被患儿和家属们称为"宝藏爷爷"，对此您有什么想法？

여: 선생님께서는 현재 100세 고령이신데도 여전히 매일 병원 회진을 지속하고 계십니다. 자신의 일생의 대부분 시간을 소아과 사업에 바쳤다고 말할 수 있는 셈이지요. 어떻게 소아과와 인연을 맺으셨나요?

남: [1]저는 일찍이 갓 태어난 둘째 딸을 위해 직접 수술을 도맡았는데, 그 수술은 저의 의학 인생의 **중요한 전환점**이라고 할 수 있습니다. 그 수술은 제가 소아과 수술의 성공 경험을 얻게 해주었습니다. 그 후로 저는 소아과로 눈길을 돌리기 시작했습니다.

여: 저희에게 그 수술에 대해 자세히 말씀해 주실 수 있나요?

남: 1949년, 제 둘째 딸이 태어났습니다. 당시 많은 [2]분만실에 악성 피하 화농성 전염병이 만연해 있었고, 제 딸도 태어난 지 얼마 안 돼서 이 질병에 걸렸습니다. 일반적인 치료로는 틀림없이 아이가 죽기 때문에, [2]저는 이 병을 물리치기로 결심했습니다. 저는 환부를 절개해 피고름을 배출하는 방법을 제시했는데, 당시 다른 의사들은 모두 저의 생각이 너무 대담하다고 여겨 모두 감히 행동으로 옮길 수 없었습니다. 그러나 어쨌든 제 딸의 생명이 걸린 문제였기 때문에, 저는 멈추지 않고 바로 직접 집도했습니다. [2]다행히 제 방법은 효과적이었고, 수술은 성공적이었습니다.

여: 비록 선생님께서는 지금 편안하게 말씀하시지만, 당시에 선생님께서 감당하신 스트레스가 얼마나 컸는지 상상하기 어렵네요.

남: 그렇고 말고요. 당시에는 아무도 소아 수술에 수반되는 위험을 감수하려 하지 않았고, 해결할 수 없다고 생각해서, 모든 중책을 제가 다 안았었죠. 제가 성공적으로 딸아이를 수술한 후, 이 소식이 빠르게 퍼져나가 저는 어느 정도 소문이 났고, [6]많은 신생아 피하 괴저 수술을 집도하여 이 병의 사망률을 5%대로 낮추었습니다. 그때 저는 중국의 영아 수술 사망률이 높은 이유를 갑자기 깨달았는데, 당시 의사들이 소아과 의학이 야기하는 문제를 두려워해서, 소아과 의학이라는 이 비인기 전공을 깊이 연구하는 사람이 없었기 때문입니다. [6]이것은 제가 소아외과를 창설해야겠다는 확고한 신념을 불러일으켰습니다.

여: 선생님께서 소아외과를 열어야겠다고 결심하시기 전에, 중국 소아외과의 전반적인 상황은 어땠나요?

남: [3]당시 중국에는 어린이 병원조차 없었고, [3]소아외과라는 이 분류를 거의 아무도 몰라서, **소아외과 종사자**가 매우 적었습니다. 당시 그런 상황에서, 만약 아이가 아프면 성인과 마찬가지로 일반 병원에 가서 치료받을 수 있으면 치료받고, 아니면 포기했습니다.

여: 보아하니 그 시기 소아외과는 희소했다고 할 수 있겠네요. 저희에게 선생님께서 소아외과를 창설한 구체적인 과정을 알려 주실 수 있나요?

남: 먼저 저희는 병실에 5개의 침상을 구분하여 소아외과 환자만 받았고, 소아외과 수술일과 외래 진료 시간을 마련했습니다. 당시의 소아외과는 저를 제외하고, 또 다른 의사 선생님 한 분이 계셨는데, 저희는 이렇게 점차 병원에서의 소아외과 업무를 넓혀갔습니다.

여: [6]이렇게 적은 인력으로, 어떻게 소아외과 업무를 진행하셨는지 궁금합니다.

남: [4]저희는 당시에 베이징대학교 병원의 성인 외과와 내과 의사 선생님들의 큰 도움을 받았습니다. 새로운 수술을 할 때마다, 저희는 무수한 관련 서적을 찾아보고, 확신이 있는 상태에서 수술했습니다. 만약 수술의 위험 부담이 너무 크고 까다롭다면 내과로 옮겨 일반적인 보존 치료를 진행했습니다. [4]당시 흉부외과, 정형외과, 비뇨기과와 마취 등 각 과의 전문의들도 저희 수술에 자주 협조했습니다. 일이 어려움에 처했을 때는 다른 과 전문의들에게 도움을 요청했고, 기구가 부족해도 전문의들에게 빌릴 수 있었습니다.

여: [5]듣자 하니 선생님께서 평소 진료할 때 종종 자리에서 일어나 맞이하시기도 하고, 문진 전에 손을 씻고 손을 비벼 따뜻하게 한 후 환자의 피부와 접촉하고, 울고불고 난리를 피우는 아이를 만났을 때는 마술이라는 '재주'를 부리신다고 하더군요. 그래서 선생님께서는 환자와 가족에게 '보물 같은 할아버지'라고도 불린다지요. 이에 대해서 어떤 생각을 가지고 계시나요?

男：我很感谢人们能这样称呼我。我认为想要详细了解患儿的病情，就应该让他们放下紧张的心情，并与他们进行深度的交流，只有这样才能掌握每一个患儿的具体情况，给出确切的治疗方案。	남: 저는 사람들이 저를 이렇게 불러줘서 감사할 따름입니다. 저는 환자의 병세를 자세하게 알고 싶다면, 그들이 긴장된 마음을 풀고, 그들과 깊은 대화를 나눠야 한다고 생각합니다. 이렇게 해야만 환자 한 명 한 명의 구체적인 상태를 파악해 적절한 치료 방안을 제시할 수 있습니다.

어휘 依旧 yījiù 圏 여전히　奉献 fèngxiàn 图 바치다　事业 shìyè 圏 사업　结缘 jiéyuán 圏 인연을 맺다　生涯 shēngyá 圏 인생, 생애　目光 mùguāng 圏 눈길
蔓延 mànyán 图 만연하다, 널리 번지다　化脓性 huànóngxìng 圏 화농성　疾病 jíbìng 圏 질병　常规 chángguī 圏 일반적인
攻克 gōngkè 圏 물리치다, 난관을 돌파하다　脓血 nóngxuè 圏 피고름　设想 shèxiǎng 圏 생각, 구상　过于 guòyú 圏 너무, 지나치게　大胆 dàdǎn 圏 대담하다
罢休 bàxiū 圏 멈추다, 그만두다　立马 lìmǎ 圏 바로, 당장　操刀 cāodāo 圏 집도하다　管用 guǎnyòng 圏 효과적이다　伴随 bànsuí 圏 수반하다, 동행하다
重担 zhòngdàn 圏 중책, 무거운 짐　口碑 kǒubēi 圏 입소문　新生儿皮下坏疽 xīnshēng'ér pí xià huàijū 신생아 피하 괴저[급성 화농성 감염을 가리킴]
死亡 sǐwáng 圏 사망하다　意识 yìshí 圏 깨닫다　婴儿 yīng'ér 圏 영아, 갓난아이　惧怕 jùpà 圏 두려워하다　钻研 zuānyán 圏 깊이 연구하다
坚定 jiāndìng 圏 확고하다　信念 xìnniàn 圏 신념　知晓 zhīxiǎo 圏 알다　稀缺 xīquē 圏 희소하다　创立 chuànglì 圏 창설하다　门诊 ménzhěn 圏 외래 진료
鼎力相助 dǐnglìxiāngzhù 圏 큰 힘으로 도움을 주다　书籍 shūjí 圏 서적　棘手 jíshǒu 圏 (처리하기가) 까다롭다
保守治疗 bǎoshǒu zhìliáo 보존 치료[수술하지 않고, 주로 약물로 치료하는 것을 가리킴]　泌尿科 mìniàokē 圏 비뇨기과　麻醉科 mázuìkē 圏 마취과
协助 xiézhù 圏 협조하다　器械 qìxiè 圏 기구, 기계　搓 cuō 圏 (두 손으로 반복하여) 비비다　魔术 móshù 圏 마술　绝活 juéhuó 圏 재주, 특기
家属 jiāshǔ 圏 가족　宝藏 bǎozàng 圏 보물　确切 quèqiè 圏 적절하다

---

1 | 男的为二女儿亲自做了手术，该手术是其医学生涯的**重要转折点**。 | 남자는 둘째 딸을 위해 직접 수술을 도맡았는데, 그 수술은 그의 의학 인생의 **중요한 전환점**이었다. |
|---|---|

해설 음성에서 언급된 我曾为我刚出生的二女儿亲自做了手术，那个手术可以说是我医学生涯的重要转折点。을 듣고 重要转折点을 정답으로 작성한다.

어휘 生涯 shēngyá 圏 인생, 생애

---

2 | 问：男的是如何治疗恶性皮下化脓性传染病的？ | 질문: 남자는 악성 피하 화농성 전염병을 어떻게 치료했는가? |
|---|---|
| A 进行常规治疗 | A 일반적인 치료를 진행한다 |
| B 在患处敷上中药 | B 환부에 중약을 바른다 |
| C 切掉损伤的皮肤组织 | C 손상된 피부 조직을 잘라낸다 |
| **D 用排脓血的方法做手术** | **D 피고름을 배출하는 방법으로 수술한다** |

해설 음성에서 언급된 产房蔓延着一种恶性皮下化脓性传染病……我决心要攻克这个病。我提出了切开患处排出脓血的方法……好在我的方法管用了，手术很成功。을 듣고 선택지 D 用排脓血的方法做手术를 정답의 후보로 고른다. 질문이 남자는 악성 피하 화농성 전염병을 어떻게 치료했는지 물었으므로 선택지 D가 정답이다.

어휘 化脓性 huànóngxìng 圏 화농성　常规 chángguī 圏 일반적인　敷 fū 圏 바르다　损伤 sǔnshāng 圏 손상되다　脓血 nóngxuè 圏 피고름

---

3 | 当时小儿外科这个类别几乎无人知晓，因此**小儿外科的从事者**非常稀少。 | 당시 소아외과라는 이 분류를 거의 아무도 몰라서, **소아외과 종사자**가 매우 적었다. |
|---|---|

해설 음성에서 언급된 当时……小儿外科这个类别几乎无人知晓，因此小儿外科的从事者非常稀少를 듣고 小儿外科的从事者를 정답으로 작성한다.

어휘 知晓 zhīxiǎo 圏 알다

---

4 | 问：北大医院内、外科医生提供了什么帮助？ | 질문: 베이징대학교 병원의 내과, 외과 의사들은 어떤 도움을 주었는가? |
|---|---|
| A 捐献了部分医疗器械 | A 일부 의료 기구를 기부했다 |
| **B 支援了小儿外科手术** | **B 소아외과 수술을 지원했다** |
| C 为小儿外科增加了病床 | C 소아외과를 위해 병상을 늘렸다 |
| D 提供了免费的医疗书籍 | D 의료 서적을 무료로 제공했다 |

해설 음성에서 언급된 我们当时得到了北大医院成人外科和内科医师们的鼎力相助。……当时胸外科、骨科、泌尿科、麻醉科等科室的专家也经常协助我们做手术。를 듣고 선택지 B 支援了小儿外科手术를 정답의 후보로 고른다. 질문이 베이징대학교 병원의 내과, 외과 의사들은 어떤 도움을 주었는지 물었으므로 선택지 B가 정답이다.

어휘 捐献 juānxiàn 圏 기부하다　器械 qìxiè 圏 기구, 기계　支援 zhīyuán 圏 지원하다　书籍 shūjí 圏 서적

5	问：男的为什么被称为"宝藏爷爷"？	질문: 남자는 왜 '보물 같은 할아버지'로 불렸는가？

A 会给患儿准备小礼物
B 穿梭于几家医院接诊
C 治愈了身患绝症的患儿
D 对待患儿的态度很亲切

A 환자를 위해 선물을 준비한다
B 병원 몇 군데를 왕래하며 진료를 맡는다
C 불치병에 걸린 환자를 치유했다
D 환자를 대하는 태도가 친근하다

해설　음성에서 언급된 听说您日常接诊的时候往往会起身相迎，还会在问诊前洗手并把手搓热后再接触患儿的皮肤，遇到哭闹的孩子，还会表演变魔术的"绝活"。所以您被患儿和家属们称为"宝藏爷爷"를 듣고 선택지 D 对待患儿的态度很亲切를 정답의 후보로 고른다. 질문이 남자는 왜 '보물 같은 할아버지'로 불렸는지 물었으므로 선택지 D가 정답이다.

어휘　**宝藏** bǎozàng 명 보물　**穿梭** chuānsuō 동 빈번하게 왕래하다　**治愈** zhìyù 동 치유하다　**绝症** juézhèng 명 불치병

6	问：关于男的，下列哪项不正确？	질문: 남자에 관해, 다음 중 옳지 않은 것은？

A 在成人外科担任过教授
B 是中国小儿外科的开创者
C 具备新生儿皮下坏疽的手术经验
D 以极少的人力开展了小儿外科工作

A 성인외과에서 교수를 한 적이 있다
B 중국 소아외과의 창시자이다
C 신생아 피하 괴저 수술 경험이 있다
D 아주 적은 인력으로 소아외과 업무를 시작했다

해설　음성에서 언급된 操刀了许多新生儿皮下坏疽的手术와 这唤起了我开创小儿外科的坚定信念。그리고 我很好奇以这么少的人力，您是如何开展小儿外科工作的呢？를 듣고 선택지 B 是中国小儿外科的开创者，C 具备新生儿皮下坏疽的手术经验，D 以极少的人力开展了小儿外科工作를 정답의 후보로 고른다. 질문이 남자에 관해 옳지 않은 것을 물었으므로 언급되지 않은 선택지 A 在成人外科担任过教授가 정답이다.

어휘　**新生儿皮下坏疽** xīnshēng'ér pí xià huàijū 신생아 피하 괴저[급성 화농성 감염을 가리킴]

고득점비책 02 토론 공략하기 　p.36

MP3 바로듣기 ▶

전략 적용
　　　　　　　　　　　　　　　　　　　　　　　　　　　p.37

＜선택지 및 문제＞

1. 어떤 일이든 성공하려면 반드시 정확한 이론의 지도가 있어야 하고, 그렇지 않다면 <u>무턱대고 하는 것</u>이다.

2. **A 고대 유명인의 이야기를 사용한다**
   B 일상생활 사례를 결합한다
   C 해외 유명인의 명언을 인용한다
   D 반문하는 방식으로 질문한다

3. A 실천의 최종 목적이다
   B 실천을 위해 이론적 지도를 가져다준다
   C 실천을 무조건적으로 성공시킬 수 있다
   D 실천 결과가 정확한지 검증할 수 있다

4. A 실천이 가져다준 결과는 사람에 따라 다르다
   B 배움은 실천 성과의 크기를 결정한다
   C 실천이 부족한 배움은 탁상공론과 같다
   D 배움의 과정은 실천의 과정과 같다

5. A 실천은 결국 배움의 가치를 실현한다
   B 실천은 지식의 진위를 검증하는 방법이다
   C 성공하려면 반드시 지도자의 지도가 필요하다
   D 이론적 준비를 잘해야 도전을 더 잘 맞이할 수 있다

6. A 기초 지식 축적을 잘하도록 인도한다
   B 연구에서 필요로 하는 다양한 지식 이론을 제공한다
   C 더 많은 해외 기술자를 끌어들일 수 있다
   D 미지 영역에 대한 탐색을 통해 관련 경험을 쌓는다

＜음성＞

남: 우리 측은 실천이 중요하다는 것에 동의하지만, 배움이 실천보다 더 중요하다고 생각합니다. 우선 배움은 실천의 기초입니다. 배움은 사람을 현명하게 할 수 있고, 배움은 우리에게 정확한 이론적 지도를 제공합니다. [1]우리는 어떤 일이든 성공하려면 반드시 정확한 이론의 지도가 있어야 하고, 그렇지 않다면 진정한 실천이 아니라 [1]<u>무턱대고 하는 것</u>이라는 것을 알고 있습니다. 게다가 배움은 실천을 위해 필요한 능력을 쌓이게 합니다. 옛말에 "책 속에는 황금으로 만든 집이 있다"라고 했습니다. 만약 책 속의 지식이 없다면 사람은 무엇을 가지고 실천할까요？

여: 배움도 물론 중요하지만, 우리 측은 실천이 배움보다 더 중요하다고 생각합니다. 실천은 지식을 발굴하는 수단이고, 배움 전 가장 기초적인 부분입니다. 인류는 끊임없는 실천을 해야만 기초적인 지식을 얻을 수 있고, 비로소 배움이라는 것을 가질 수 있습니다. [2]신농이 온갖 풀을 맛본 것과 같이, 만약 신농의 적극적인 탐색과 실천이 없었다면, 후손들은 어떻게 온갖 풀에 대한 모든 지식을 알게 될 수 있었을까요？ 배우고 싶다면 먼저 실천을 통해서 이론을 만들어야 합니다.

남: 배움은 실천에 지도적 역할을 합니다. 이론은 실천의 전제이자 기초입니다. [3]배움이 가져다주는 이론적 지도가 있어야, 우리의 실천이 더욱 효과적으로 우리의 목표를 향해 나아갈 수 있습니다. 병법에 "군대와 말을 움직이기 전에, 양식과 사료를 먼저 보낸다"라는 말이 있습니다. '양식과 사료'가 되는 이론이 없다면, 실천은 '앞으로 나아가지 않고 멈추어 서고, 한 걸음도 옮길 수 없게' 될 것입니다.

여: 실천은 지식을 배우는 과정이고, 우리가 배울 때 꼭 필요한 부분입니다. 현재 대학생들이 실험하고, 심지어 수학 문제를 계산하는 이러한 실천은 모두 우리의 배움에 없어서는 안 되는 것입니다.

[4]실천이 부족한 배움은 탁상공론과 같습니다. 옛사람들이 종종 "종이에서 얻은 깊이가 끝내는 얕을 것이니, 제대로 알려면 몸소 행해야 한다"라는 말을 하곤 했는데, 즉 그 이치를 깊이 이해하고 싶다면 직접 실천해야 한다는 뜻입니다.

남: [4]배움은 실천에 큰 추진력을 제공했고, 실천 성과의 크기를 결정했습니다. 지식은 곧 힘이고, 풍부한 지식은 곧 큰 힘입니다. 오늘날 국가가 과학과 교육을 발전시키는 것을 통해 나라를 일으키는 [5]목적은 사람이 견고한 지식 기반을 가지게 하여 앞으로의 실천에 준비를 잘해두게 하기 위한 것입니다. 배움과 실천은 반드시 배움이 선행되고 실천이 뒤이어 따라오는 관계여야 합니다. 실천은 물론 중요하지만, 더 중요한 것은 잘 준비하여 실천을 맞이하는 것입니다. 지금은 지식 경제 시대입니다. 모르는 것에서 아는 것까지, 대충 아는 것에서 정통하기까지, 이 모든 것에는 배움의 과정이 필요합니다. 앞서 말한 내용을 종합해 보면, 우리 측은 배움이 실천보다 더 중요하다고 확고하게 생각합니다.

여: 실천은 진리를 검증하는 유일한 기준입니다. 실천을 견뎌낸 이론만이 진리가 될 수 있고, 진정한 실천을 해봐야 자신이 배운 이론 중 어떤 것이 참된 이론이고, 어떤 것이 거짓된 이론인지를 판별할 수 있습니다. 배움의 가치는 반드시 실천으로 구현되어야 하며, 실천은 배움의 최종 가치이기도 합니다. 사실상 [6]실천은 생산성 향상에 더 도움이 되어 사회의 발전을 촉진합니다. 현시대 생산력은 기술에 의해 제한받고 있습니다. 비록 배움은 많은 연구에서 필요로 하는 지식 이론을 제공했지만, [6]우리가 더 필요로 하는 것은 미지 영역에 대한 탐색입니다. 실천을 통해 관련 경험을 더욱 잘 축적할 수 있습니다. 이 때문에 우리 측은 '배움보다 실천이 더 중요하다'는 입장을 유지합니다.

1. 질문: 어떤 일이든 성공하려면 반드시 정확한 이론의 지도가 있어야 하는데, 그렇지 않다면 무엇인가?
2. 질문: 배움이 실천의 기초라는 것에 관해, 여자는 무엇으로 남자의 관점을 반박하는가?
3. 질문: 남자는 배움이 실천에 어떤 역할을 한다고 생각하는가?
4. 질문: 다음 중 여자의 관점에 부합하는 것은?
5. 질문: 다음 중 남자의 관점을 지지할 수 있는 것은?
6. 질문: 여자의 관점에 근거하여, 실천은 어떻게 생산력의 발전을 촉진하는가?

어휘 선택지 **检验** jiǎnyàn [동] 검증하다 **纸上谈兵** zhǐshàngtánbīng [성] 탁상공론 **真伪** zhēnwěi [명] 진위 **探索** tànsuǒ [동] 탐색하다

단문 **承认** chéngrèn [동] 동의하다 **明智** míngzhì [형] 현명하다 **凡事** fánshì [명] 어떤 일이든, 모든 일 **指引** zhǐyǐn [동] 지도하다
蛮干 mángàn [동] 무턱대고 하다 **俗话** súhuà [명] 옛말 **固然** gùrán [접] 물론 ~하지만 **途径** tújìng [명] 수단, 경로
神农 Shénnóng [고유] 신농[중국 고대 전설 속에 나오는 인물] **粮草** liángcǎo [명] 양식과 사료[군인이 먹을 양식과 말이 먹을 사료를 뜻함]
裹足不前 guǒzúbùqián [성] 앞으로 나아가지 않고 멈추어 서다 **寸步难行** cùnbùnánxíng [성] 한 걸음도 옮길 수 없다 **躬行** gōngxíng [동] 몸소 행하다
科教兴国 kējiào xīngguó 과학과 교육을 발전시키는 것을 통해 나라를 일으키다 **坚实** jiānshí [형] 견고하다 **精通** jīngtōng [동] 정통하다
辨别 biànbié [동] 판별하다 **终极** zhōngjí [명] 최종 **反驳** fǎnbó [동] 반박하다

실전연습문제 p.39

1 B	2 D	3 C	4 C	5 通行证	6 A

1-6

男：一个人成功的关键在于机遇，若没有机遇，那么即便拥有卓越的才能，也无处发挥。三国时期的周瑜曾经感叹过：[1]"万事俱备，只欠东风。"可见人的成功单凭主观的能力是不够的，还要有机遇的支撑才能走上成功的道路。

남: 한 사람의 성공의 핵심은 기회에 달려 있습니다. 기회가 없다면 설령 출중한 재능을 가지고 있더라도 발휘할 곳이 없습니다. 삼국시대 주유는 [1]"모든 것이 다 준비되었으나 동풍이 모자라는구나."라고 한탄한 적이 있습니다. [1]사람의 성공은 주관적인 능력만으로는 부족하고, 기회의 뒷받침이 있어야 성공의 길을 갈 수 있다는 것을 알 수 있습니다.

女: 我方认为事物的发展需要各方面共同作用才能产生效果，没有前期内部的积累，无论遇到什么机遇都不可能获得成功，因此²机遇不是成功的关键，只能说是一个锦上添花的要素。把希望寄托于一个不知道什么时候会到来的机会，不如依靠自己的能力去争取。只有修炼好个人素质与能力，才能利用机遇去发挥更多的才能。由此可见，个人的能力才是成功的关键因素。

男: ³若一个人的人生中始终没有机遇，那么即便拥有再强的能力也无处发挥，反而会被埋没于芸芸众生之中。在这个世界上，我们从不缺乏努力的人，我们缺乏的只是能够识别出千里马的伯乐。如果遇不上慧眼识珠的伯乐，那就只能"骈死于槽枥之间"了。

女: 把一切成功归功于机遇是非常片面化的思维。⁴画家达芬奇一生创作出了无数佳作，靠的是他长期的勤奋和刻苦，他的努力积攒成了实力，使他走向了成功。就如刚才我所说，在事物的发展过程中，要重视内因和外因，内因是根本，外因是条件。因此内因决定事物的根本属性，没有内因的话，根本不可能推动外因的发展。

男: 一个人的能力确实是³成功路上必不可少的一部分，但是这只是一种主观条件，³真正能够起到决定性作用的还是客观环境。好的客观环境指的就是机遇，历史上有许多怀才不遇的人，最终没有走向成功。这并不是因为他们的能力不够，而是因为他们始终没有发挥自己能力的机会。

女: 但一个人若想要发挥自己的能力，他首先也要有实力才行。⁵简单来说，实力是走向成功的**通行证**，只有一个人有实力，机遇才能发挥作用。没有把实力作为基础，再大的机遇也没有任何意义。

男: 总的来说，我方认为人的成功与机遇始终脱离不了关系，即使你有再好的能力，没有机遇是很难走向成功的。

女: 我方认为机遇再好，没有实力的话就不会成功。机遇只不过是为一个早已准备好的人提供捷径罢了，⁶有实力的人无论在哪里，始终都会发光。

여: 우리 측은 사물의 발전은 각 방면에서 함께 작용해야만 효과를 낼 수 있고, 초기의 내부 축적 없이는 어떠한 기회를 만나도 성공할 수 없다고 생각합니다. 따라서 ²기회는 성공의 핵심이 아니라, 단지 금상첨화인 요소일 뿐이라고 할 수 있습니다. 언제 올지 모르는 기회에 희망을 걸기보다는 자신의 능력으로 쟁취하는 것이 낫습니다. 개인의 소양과 능력을 잘 수련해야만 기회를 이용하여 더 많은 재능을 발휘할 수 있습니다. 이로부터 개인의 능력이야말로 성공의 핵심 요소라는 결론을 내릴 수 있습니다.

남: ³한 사람의 인생에 계속 기회가 없다면 아무리 좋은 능력을 갖추고 있더라도 발휘할 데가 없고, 오히려 수많은 보통의 사람들에게 묻힐 수 있습니다. 이 세상에서 노력하는 사람이 부족한 적은 없었고, 부족한 것은 단지 천리마를 식별할 수 있는 백락 뿐이었습니다. 만약 진주를 식별할 수 있는 혜안을 지닌 백락을 만나지 못한다면, '평범한 말과 마구간에서 같이 죽을 수밖에' 없을 것입니다.

여: 모든 성공을 기회 덕으로 보는 것은 매우 단편적인 사고입니다. ⁴화가 다빈치는 평생 무수한 걸작을 창작해 냈는데, 오랜 시간 노력하고 애를 썼기 때문이며, 그의 노력은 실력으로 쌓아 올려져서 그가 성공으로 나아가게 했습니다. 제가 방금 말한 것처럼, 사물의 발전 과정에서 내적 요인과 외적 요인을 중시해야 하는데, 내적 요인은 근본이고, 외적 요인은 조건입니다. 따라서 내적 요인이 사물의 근본적 속성을 결정하고, 내적 요인이 없으면 외적 요인의 발전을 추진하는 것은 근본적으로 불가능합니다.

남: 한 사람의 능력은 분명 ³성공의 길에서 필수적인 부분이긴 하지만, 이것은 주관적인 조건일 뿐이고, ³진정으로 결정적인 역할을 할 수 있는 것은 역시 객관적인 환경입니다. 좋은 객관적 환경은 바로 기회를 뜻합니다. 역사적으로 재능이 있으면서도 펼 기회를 만나지 못한 사람이 많았는데, 결국 성공을 향해 나아가지 못했습니다. 이 것은 그들이 능력이 부족해서가 아니라 자신의 능력을 발휘할 기회가 끝내 없었기 때문입니다.

여: 하지만 한 사람이 자신의 능력을 발휘하려면 실력부터 갖춰야 합니다. ⁵쉽게 말해, 실력은 성공으로 가는 **통행증**이며, 사람이 실력이 있어야 기회가 효과를 발휘할 수 있습니다. 실력을 기초로 하지 않는다면, 아무리 큰 기회라도 의미가 없습니다.

남: 전체적으로 말하면, 우리 측은 사람의 성공과 기회는 항상 떼려야 뗄 수 없는 관계이고, 아무리 좋은 능력이 있더라도 기회가 없다면 성공으로 나아가기 어렵다고 생각합니다.

여: 우리 측은 기회가 아무리 좋아도, 실력이 없으면 성공할 수 없다고 생각합니다. 기회는 준비된 자에게 지름길을 제공하는 것일 뿐, ⁶실력 있는 사람은 어디서든 끝내 빛을 발하기 마련입니다.

어휘

机遇 jīyù 몡 (좋은) 기회　**即便** jíbiàn 젭 설령 ~하더라도　**拥有** yōngyǒu 동 가지다, 소유하다　**卓越** zhuóyuè 혱 출중하다

周瑜 Zhōu Yú 고유 주유[중국 삼국시대 오나라의 걸출한 군사가]

万事俱备,只欠东风 wànshìjùbèi, zhǐqiàndōngfēng 젱 모든 것이 다 준비되었으나 동풍이 모자라다[모든 것이 다 준비되었으나 중요한 것 하나가 모자라다]

支撑 zhīchēng 동 (무너지지 않게) 받치다　**锦上添花** jǐnshàngtiānhuā 정 금상첨화, 좋은 일에 또 좋은 일을 더하다　**要素** yàosù 몡 요소

寄托 jìtuō 동 걸다, 맡기다　**修炼** xiūliàn 동 수련하다　**素质** sùzhì 몡 소양　**埋没** máimò 동 묻다　**芸芸众生** yúnyúnzhòngshēng 정 수많은 보통의 사람

识别 shíbié 동 식별하다　**千里马** qiānlǐmǎ 몡 천리마

伯乐 Bó Lè 고유 백락[춘추 시대 진나라의 말을 잘 감별한 사람으로, 인재를 잘 발견하여 등용하는 사람을 비유함]

慧眼识珠 huìyǎnshízhū 진주를 식별할 수 있는 혜안을 지니다[인재나 물건을 식별할 수 있는 안광을 지녔다는 것을 가리킴]

骈死于槽枥之间 pián sǐ yú cáolì zhījiān 평범한 말과 마구간에서 같이 죽다[인재가 발굴되지 못하고 묻히는 것을 가리킴]　**片面化** piànmiàn huà 단편적인

思维 sīwéi 몡 사고　**达芬奇** Dá Fēnqí 고유 레오나르드 다빈치　**佳作** jiāzuò 몡 걸작　**积攒** jīzǎn 동 쌓다

怀才不遇 huáicáibúyù 정 재능이 있으면서도 펼 기회를 만나지 못하다　**实力** shílì 몡 (정치·경제적인) 실력　**依托** yītuō 동 의존하다, 의탁하다

脱离 tuōlí 동 벗어나다, 단절하다　**捷径** jiéjìng 몡 지름길　**罢了** bàle 조 단지 ~일 따름이다

1 问：男的提到的"万事俱备，只欠东风"是什么意思？

질문: 남자가 언급한 "모든 것이 다 준비되었으나 동풍이 모자라는구나"는 무슨 의미인가?

A 无法照顾到方方面面	A 모든 부분을 다 고려할 수 없다
B 只差一个关键的机遇	**B 결정적인 기회가 모자라다**
C 一切事情都顺心如意	C 모든 일이 뜻대로 되다
D 不存在势不可挡的势力	D 세찬 기세를 막아낼 수 없는 세력은 존재하지 않는다

해설　음성에서 언급된 "万事俱备, 只欠东风。"可见人的成功单凭主观的能力是不够的, 还要有机遇的支撑才能走上成功的道路。를 듣고 선택지 B 只差一个关键的机遇를 정답의 후보로 고른다. 질문이 남자가 언급한 "모든 것이 다 준비되었으나 동풍이 모자라는구나"는 무슨 의미인지 물었으므로 선택지 B가 정답이다.

어휘　万事俱备, 只欠东风 wànshìjùbèi, zhǐqiàndōngfēng 쥉 모든 것이 다 준비되었으나 동풍이 모자라다[모든 것이 다 준비되었으나 중요한 것 하나가 모자라다]
机遇 jīyù 쥉 (좋은) 기회　顺心如意 shùnxīn rúyì 뜻대로 되다　势不可挡 shìbùkědǎng 쥉 세찬 기세를 막아 낼 수 없다　势力 shìlì 쥉 세력

---

2 问：下列哪项是女的的观点？

질문: 다음 중 여자의 관점인 것은?

A 事物的发展全由外部因素决定	A 사물의 발전은 모두 외부 요인에 의해 결정된다
B 可以寄希望于不可捉摸的事物上	B 종잡을 수 없는 사물에 희망을 걸 수 있다
C 培养好的素质不代表一定能获得成功	C 좋은 소양을 길러내는 것이 반드시 성공할 수 있다는 것은 아니다
D 机遇只能对成功起到锦上添花的作用	**D 기회는 단지 성공에 금상첨화의 역할밖에 하지 못한다**

해설　음성에서 언급된 机遇不是成功的关键, 只能说是一个锦上添花的要素를 듣고 선택지 D 机遇只能对成功起到锦上添花的作用을 정답의 후보로 고른다. 질문이 여자의 관점인 것을 물었으므로 선택지 D가 정답이다.

어휘　不可捉摸 bùkězhuōmō 쥉 종잡을 수 없다　素质 sùzhì 쥉 소양　锦上添花 jǐnshàngtiānhuā 쥉 금상첨화, 좋은 일에 또 좋은 일을 더하다

---

3 问：下列哪项不是男的的观点？

질문: 다음 중 남자의 관점이 아닌 것은?

A 客观环境对成功起决定性作用	A 객관적인 환경은 성공에 결정적인 작용을 한다
B 世界上缺少的只是慧眼识珠的伯乐	B 세상에 부족한 것은 오직 진주를 식별할 수 있는 혜안을 지닌 백락 뿐이다
C 历史上怀才不遇的人大多缺乏能力	**C 역사상 재능이 있으면서도 펼 기회를 만나지 못한 사람은 대부분 능력이 부족하다**
D 再有能力也可能被埋没于芸芸众生之中	D 아무리 능력이 있어도 수많은 보통의 사람들에게 묻힐 수 있다

해설　음성에서 언급된 若一个人的人生中始终没有机遇, 那么即便拥有再强的能力也无处发挥, 反而会被埋没于芸芸众生之中。在这个世界上, 我们从不缺乏努力的人, 我们缺乏的只是能够识别出千里马的伯乐。와 成功路上……真正能够起到决定性作用的还是客观环境을 듣고 선택지 A 客观环境对成功起决定性作用, B 世界上缺少的只是慧眼识珠的伯乐, D 再有能力也可能被埋没于芸芸众生之中을 정답의 후보로 고른다. 질문이 남자의 관점이 아닌 것을 물었으므로 언급되지 않은 선택지 C 历史上怀才不遇的人大多缺乏能力가 정답이다.

어휘　慧眼识珠 huìyǎnshízhū 쥉 진주를 식별할 수 있는 혜안을 지니다[인재나 물건을 식별할 수 있는 안광을 지녔다는 것을 가리킴]
怀才不遇 huáicáibúyù 쥉 재능이 있으면서도 펼 기회를 만나지 못하다　埋没 máimò 쥉 묻다　芸芸众生 yúnyúnzhòngshēng 쥉 수많은 보통의 사람

---

4 问：女的用什么来反驳男的的观点？

질문: 여자는 무엇으로 남자의 관점을 반박하는가？

A 周围人的遭遇	A 주위 사람들의 처지
B 自身的失败案例	B 자신의 실패 사례
C 某个名人的事例	**C 어떤 유명인의 사례**
D 男的犯的逻辑错误	D 남자가 범한 논리적 오류

해설　음성에서 언급된 画家达芬奇一生创作出了无数佳作, 靠的是他长期的勤奋和刻苦, 他的努力积攒成了实力, 使他走向了成功。을 듣고 선택지 C 某个名人的事例를 정답의 후보로 고른다. 질문이 여자는 무엇으로 남자의 관점을 반박하고 있는지 물었으므로 선택지 C가 정답이다.

어휘　反驳 fǎnbó 쥉 반박하다　遭遇 zāoyù 쥉 처지　案例 ànlì 쥉 사례　事例 shìlì 쥉 사례

---

5 女的认为，实力是走向成功的**通行证**。

여자는 실력은 성공으로 가는 **통행증**이라고 생각한다.

해설　음성에서 언급된 简单来说, 实力是走向成功的通行证을 듣고 通行证을 정답으로 작성한다.

어휘　通行证 tōngxíngzhèng 쥉 통행증

6 问：根据女的的话，真正有实力的人会怎么样？	질문: 여자의 말에 근거하여, 진정으로 실력이 있는 사람은 어떠한가?
A 终究会发光 B 不需要任何机遇 C 会隐藏自己的优点 D 努力寻找成功的捷径	**A 결국 빛날 것이다** B 어떤 기회도 필요 없다 C 자신의 장점을 숨긴다 D 성공의 지름길을 찾으려고 노력한다

해설 음성에서 언급된 **有实力的人无论在哪里，始终都会发光**을 듣고 선택지 A **终究会发光**을 정답의 후보로 고른다. 질문이 여자의 말에 근거하여 진정으로 실력이 있는 사람은 어떠한지 물었으므로 선택지 A가 정답이다.

어휘 **实力** shílì [명] 실력 **终究** zhōngjiū [부] 결국 **隐藏** yǐncáng [동] 숨기다 **捷径** jiéjìng [명] 지름길

고득점비책 03 비즈니스 협상 공략하기 p.40

MP3 바로듣기 ▶

전략 적용

p.41

<선택지 및 문제>

1. A 손목시계 장인과 협력한 적이 있다
   B 디자인과 제작에 소모된 시간이 비교적 길다
   C 국제적으로 꽤 명성이 있다
   D 국제적으로 유명한 디자이너가 디자인한다

2. **A 밤에 문자판을 잘 볼 수 있다**
   B 수중 300미터 아래까지 가지고 들어갈 수 있다
   C 문자판에서 여러 곳의 시간을 바꿀 수 있다
   D 등산할 때 사람의 심박수를 측정할 수 있다

3. 여자가 구입하려고 한 1,300개의 시계 중 그리니치형 시계는 몇 개가 포함되어 있는가? 800개

4. **A 제품의 품질과 관련 인증을 설명했다**
   B 제품의 국제적 브랜드 영향력을 강조했다
   C 제품의 시장을 선도하는 특수한 기능을 소개했다
   D 제품의 생산 절차가 제품 가격에 미치는 영향을 설명했다

5. A 항공 운송
   B 육로 운송
   C 해상 운송
   D 우편

6. A 강력히 거절한다
   B 찬성한다
   C 의문을 제기한다
   D 마지못해 동의한다

<음성>

여: 안녕하세요, 귀사에 와서 손목시계와 관련된 업무 협의를 할 수 있어서 매우 기쁩니다.

남: 안녕하세요, 저희는 귀사와 원만한 협력을 할 수 있기를 기대합니다. 그럼, 먼저 저희 회사 제품부터 소개해 볼까요?

여: 네, 저도 귀사의 제품에 대해 좀 더 알고 싶습니다.

남: [1]저희 회사 제품의 국제적 인지도와 브랜드 영향력은 누구나 다 알고 있습니다. 저희가 생산한 손목시계는 세계 시장에서 선도적 위치에 놓여 있습니다. 이는 저희 제품이 디자인부터 제작까지 항상 높은 퀄리티를 유지하고 있고, 제작 기술에서는 더욱더 완벽을 추구하여 아주 조금의 소홀함도 용납하지 않기 때문입니다.

여: 귀사에서 제공하는 제품 목록과 견본책을 보니, 귀사의 손목시계는 많은 기능이 있는 것 같습니다. 간단하게 소개해 주실 수 있나요?

남: 저희 손목시계는 자동 태엽 감기, 방수, 방진 등의 기능이 있으며, 또한 사용 장소에 따라 제품이 시리즈별로 나누어져 있습니다. 예를 들어 [2]탐험가형 손목시계 위에는 빨간색 보조 바늘이 달려 있어 야간에도 문자판이 잘 보입니다. 또한 저희의 잠수형 손목시계는 방수 깊이가 300미터가 넘으며, 다양한 수중 환경에 적응할 수 있습니다. 그리고 저희 회사에서 가장 인기 있는 그리니치형 손목시계는 두 곳의 시간을 동시에 읽을 수 있도록 하였는데, 이 시리즈는 세계 일주를 사랑하는 전문가들을 위해 특별히 디자인된 것입니다. 이 밖에도 저희는 스포츠, 비즈니스, 엔지니어링 등 각종 환경을 동시에 만족시키는 다기능 손목시계도 생산합니다.

여: 저희는 귀사 손목시계의 기능에 매우 만족합니다. 하지만 저는 귀사가 버클에 올 스틸 광택 처리를 진행했는지, 또 글라스가 양면 눈부심 방지 사파이어 크리스털 글라스인지도 확인하고 싶습니다.

남: 이 점은 안심하세요. 저희 회사의 손목시계는 이러한 부분에서 세심한 처리를 거쳤습니다.

여: 귀사의 제품은 저희 요구에 매우 부합합니다. [3]저희는 잠수형 손목시계 500개, 그리니치형 손목시계 800개, 총 1,300개를 구입할 계획입니다. 귀사의 제시 가격은 얼마입니까?

남: 저희 측의 제시 가격은 잠수형 손목시계 1개에 3만 위안, 그리니치형 손목시계 1개에 4만 위안입니다.

여: [4]이 제시 가격은 아무래도 너무 높지 않나요? 저희는 이전에 다른 공장과도 협력했었는데, 귀사의 제시 가격이 시장의 평균 가격보다 훨씬 높네요.

남: [4]저희 제품은 모두 품질 체계 인증을 통과했습니다. 모든 제품에 대해서 저희는 제3자 검사 기관의 서면 검사 보고서를 발급합니다. 이 가격은 저희가 제공한 제품 품질과 서로 부합됩니다.

여: 저희는 귀사와 장기적인 협력 관계를 유지할 예정이니, 저희에게 상대적으로 할인된 가격을 주시면 좋겠습니다.

남: 당신의 성의를 생각해서 저희는 5%의 할인을 해드리겠습니다. 이것은 이미 저희가 할 수 있는 가장 큰 양보입니다.

여: 알겠습니다. 그러면 가격은 이렇게 정하고, 포장과 운송 방식에 대해서 얘기해 봅시다. [5]저희는 오리지널 선물 박스로 포장하고, [5]정기선 운송을 희망합니다. 운송 과정에서 반드시 방수 문제를 주의해야 하는데, 손목시계의 방수 문제는 지극히 중요합니다.

남: 안심하세요. 저희 회사는 운송업계와 오랫동안 협력해 왔고, 운송 과정에서 제품이 훼손되는 문제가 발생한 적은 한 번도 없었습니다. 저희는 포장에 대해 전면적인 방수, 방진, 내자성 처리도 할 것입니다.

여: 알겠습니다. [6]그러면 보험 부분은 송장 금액의 110%로 보험에 가입하겠습니다. 어떻게 생각하시나요?

남: [6]동의합니다. 그러면 이제 계약을 체결합시다.

1. 질문: 남자의 제품에 관해, 알 수 있는 것은 무엇인가?
2. 질문: 탐험가형 손목시계는 어떤 기능이 있는가?
3. 질문: 여자가 구입하려고 한 1,300개의 시계 중 그리니치형 시계는 몇 개가 포함되어 있는가?
4. 질문: 남자는 손목시계에 대해 여자가 제기한 의문을 어떻게 반박했는가?
5. 질문: 여자는 어떤 운송 방식을 채택해 제품을 운송하기를 희망하는가?
6. 질문: 남자는 여자가 제시한 보험 관련 사항에 어떤 태도를 취하는가?

어휘

선택지 匠人 jiàngrén 圆장인 表盘 biǎopán 圆(시계 등의) 문자판 测量 cèliáng 圆측정하다 心率 xīnlǜ 圆심박수
采购 cǎigòu 圆(주로 기관·기업 등에서) 구입하다 认证 rènzhèng 圆인증 质疑 zhìyí 圆의문을 제기하다 勉强 miǎnqiǎng 圆마지못해 하다

대화 洽谈 qiàtán 圆협의하다 圆满 yuánmǎn 圆원만하다 有目共睹 yǒumùgòngdǔ 圆누구나 다 알고 있다 领先 lǐngxiān 圆선두에 서다
做工 zuògōng 圆제작하는 기술 精益求精 jīngyìqiújīng 圆(현재도 훌륭하지만) 더욱더 완벽을 추구하다 样品册 yàngpǐncè 圆견본책
性能 xìngnéng 圆기능, 성능 上弦 shàngxián 圆태엽을 감다 场合 chǎnghé 圆(어떤) 장소 系列 xìliè 圆시리즈 探险 tànxiǎn 圆탐험하다
辅助 fǔzhù 圆보조적인 潜水 qiánshuǐ 圆잠수하다 人士 rénshì 圆인사 表扣 biǎokòu 圆버클 抛光 pāoguāng 圆광택을 내다
防眩 fáng xuàn 눈부심을 방지하다 蓝宝石 lánbǎoshí 圆사파이어 报价 bàojià 圆판매가를 제시하다 未免 wèimiǎn 圆아무래도 ~이다
体系 tǐxì 圆체계 出具 chūjù 圆발급하다 机构 jīgòu 圆기관 书面 shūmiàn 圆서면 相符 xiāngfú 圆서로 부합하다 给予 jǐyǔ 圆주다
诚意 chéngyì 圆성의, 진심 包装 bāozhuāng 圆포장하다 班轮 bānlún 圆정기선 至关重要 zhì guān zhòngyào 지극히 중요하다
损坏 sǔnhuài 圆훼손시키다 防磁 fángcí 圆내자성의 投保 tóubǎo 圆보험에 가입하다 意下 yìxià 圆생각

실전연습문제 p.43

| 1 D | 2 C | 3 2000条 | 4 D | 5 B | 6 C |

1-6

女: 您好, 马总, 非常欢迎您到我们公司来。[1]您上午刚下飞机, 就直接去参观了工厂, 一定感到很疲劳吧。

男: 有专车接送, 所以不觉得很累。非常感谢李经理为我们精心安排了工作行程。

女: 这是我们应该做的。上午[1]您参观了我们的广州工厂, 大体了解了地毯制造过程, 还参观了样品陈列室, 您对我们的产品印象如何?

男: 我觉得很好, 这次来广州的目的主要是参观贵厂, 了解贵厂的生产能力、管理水平, 开发产品的速度和市场适销产品。我们对贵厂各方面的条件都非常满意。[2]其中印象最深刻的是生产过程自动化, 用机器绣出的花纹看起来既精致又奇妙。刚才我已经在样品陈列室里找到了我想要的款式。

여: 안녕하세요, 마 회장님. 저희 회사에 오신 것을 환영합니다. [1]오전에 비행기에서 내리자마자 바로 공장으로 참관하러 가셔서, 정말 피곤하시겠어요.

남: 전용차가 있어서 힘들다고 느끼지 않았습니다. 리 매니저님이 저희를 위해 정성을 들여 업무 일정을 배정해 주셔서 대단히 감사합니다.

여: 저희가 마땅히 해야 할 일입니다. 오전에 [1]회장님은 광저우 공장을 참관하셔서 카펫 제조 과정을 대략 알아보셨고, 또 샘플 진열실도 참관하셨습니다. 저희 제품에 대해 어떤 인상을 받으셨나요?

남: 저는 좋다고 생각합니다. 이번에 광저우에 온 목적은 주로 귀사의 공장을 참관하여, 귀사 공장의 생산 능력, 관리 수준, 상품 개발 속도와 시장에서 잘 팔리는 제품을 알아보는 것입니다. 저희는 귀사 공장의 여러 조건에 매우 만족합니다. [2]그중 인상이 가장 깊었던 것은 생산 과정의 자동화인데, 기계로 수놓은 무늬가 정교하고 기묘해 보였습니다. 방금 저는 샘플 진열실에서 제가 원하는 스타일을 이미 찾았습니다.

女: 非常感谢您对我厂的肯定和信任。马总，您提到刚才已经找到满意的款式，能否详细说一下货物的货号和颜色？这次订购的具体数量是多少呢？

男: ³我需要两个货号，一个是浅灰色的簇绒地毯，货号为GBT1006；另一个是黑色的机织威尔顿地毯，货号为GBT3026。这次订货的数量并不是很多，两个货号各1000条。我需要先了解这类地毯在海外市场的销售情况。

女: 好的，货号、颜色和数量就这么定下来了。我们的地毯是我厂自发研制的产品，由于目前还没有统一的国家标准，因此我们执行了企业标准，⁴具体的标准条款我们已在产品说明书上明确标识了。

男: 这一点我理解，稍后请让我看一下产品说明书上标明的质量标准。另外，贵厂是怎么考虑产品的运输包装的？

女: 外包装我们一般采用瓦楞牛皮纸制成的纸箱。此外，每一条地毯都用专用塑料袋包裹。

男: 好的。贵厂对付款方式有什么要求？一般采用哪种付款方式？

女: 我们惯用的做法是采用不可撤销信用证。这是我们的第一次合作，我想信用证的付款方式最为合适。

男: ⁵我也认为这是最合理最安全的付款方式。另外，对于产品检验，我有几点需要说明。一是请贵厂在"国家进出口商品检验局"做出口商品检验，并出具验证证书。二是货物到港口后，我们会通过当地商品检验机构做相关检验。

女: 这没问题。不过关于第二点要求，贵方选择检验机构时，希望能提前得到我厂的确认。

男: 可以。⁶接下来我们要谈最重要的事情了，我最关心的是贵厂给出的价格。

여: 저희 공장에 대한 긍정과 신뢰에 대단히 감사합니다. 마 회장님, 방금 만족하는 스타일을 이미 찾았다고 하셨는데, 상품의 번호와 색상을 자세히 말씀해 주실 수 있나요? 이번에 주문하실 구체적인 수량은 얼마인가요?

남: ³저는 두 가지 상품이 필요한데, 하나는 연회색의 터프트 카펫이고, 상품 번호는 GBT1006입니다. 다른 하나는 기계로 짠 검은색의 월턴 카펫이고, 상품 번호는 GBT3026입니다. 이번에 주문할 수량은 많지는 않고, 상품 번호 당 각 1,000개입니다. 저는 우선 해외 시장에서의 이러한 카펫의 판매 상황을 알고 싶습니다.

여: 네, 상품 번호, 색상과 수량은 이렇게 정하겠습니다. 저희 카펫은 공장에서 자발적으로 연구 제작된 제품입니다. 현재 통일된 국가 기준이 없어서 저희는 기업 기준을 적용했으며, ⁴구체적인 기준 조항은 이미 제품 설명서에 명확하게 명시했습니다.

남: 이 점은 이해했습니다. 이따가 제품 설명서에 표시된 품질 기준을 보여주세요. 그 밖에, 귀사의 공장은 제품의 운송과 포장에 대해 어떻게 생각하고 있나요?

여: 겉포장은 보통 골판 크라프트지로 제작된 종이 박스를 사용하고 있습니다. 이 외에, 모든 카펫은 전용 비닐봉투로 포장하고 있습니다.

남: 네. 귀사의 공장은 지불 방식에 어떤 요구 사항이 있나요? 일반적으로 어떤 지불 방식을 사용하고 있나요?

여: 저희가 주로 사용하는 방법은 취소 불능 신용장입니다. 이번은 저희의 첫 번째 협업이니, 저는 신용장의 지불 방식이 가장 적합하다고 생각합니다.

남: ⁵저도 이것이 가장 합리적이고 가장 안전한 지불 방식이라고 생각합니다. 그 밖에, 상품 검사에 대해서 저는 몇 가지 설명할 것이 있습니다. 첫 번째는 귀사의 공장에서 '국가 수출입 상품 검사국'에 수출입 상품 검사를 해서, 검증 증서를 발급해주세요. 두 번째는 상품이 항구에 도착하면, 저희가 현지 상품 검사 기관을 통해 관련 검사를 할 것입니다.

여: 문제없습니다. 하지만 두 번째 요구 사항에 관해서는 귀사가 검사 기관을 선택할 때, 사전에 저희 공장의 확인을 받아 주시기 바랍니다.

남: 알겠습니다. ⁶이어서 저희는 가장 중요한 일을 논의해야 하는데, 제가 가장 관심이 있는 것은 귀사의 공장에서 제시한 가격입니다.

어휘 专车 zhuānchē 圖 전용차 精心 jīngxīn 圖 정성을 들이다 大体 dàtǐ 圖 대략 样品 yàngpǐn 圖 샘플 陈列室 chénlièshì 圖 진열실
适销 shìxiāo 圖 잘 팔리다, 시장(소비자)의 수요에 맞다 绣 xiù 圖 수놓다 精致 jīngzhì 圖 정교하다 奇妙 qímiào 圖 기묘하다, 신기하다
款式 kuǎnshì 圖 스타일 货物 huòwù 圖 상품 订购 dìnggòu 圖 (물건을) 주문하다 簇绒 cùróng 圖 터프트[양모로 만든 섬유 다발] 机织 jīzhī 圖 기계로 짜다
威尔顿地毯 wēiěrdùn dìtǎn 圖 월턴 카펫[영국 월턴 시에서 짜기 시작한 카펫] 自发 zìfā 圖 자발적인 研制 yánzhì 圖 연구 제작하다
执行 zhíxíng 圖 적용하다, 집행하다 条款 tiáokuǎn 圖 (법규·계약 등의) 조항 标识 biāoshí 圖 명시하다 稍后 shāohòu 圖 이따가, 잠시 뒤
标明 biāomíng 圖 표시하다 运输 yùnshū 圖 운송하다 包装 bāozhuāng 圖 포장 瓦楞牛皮纸 wǎléng niúpízhǐ 圖 골판 크라프트지
包裹 bāoguǒ 圖 포장하다, 싸매다 惯用 guànyòng 圖 습관적으로 사용하다 撤销 chèxiāo 圖 취소하다 检验 jiǎnyàn 圖 검사하다 出具 chūjù 圖 발급하다
验证 yànzhèng 圖 검증하다 证书 zhèngshū 圖 증서 港口 gǎngkǒu 圖 항구 机构 jīgòu 圖 기관

1	问: 下列哪项不属于男的今天的日程？	질문: 다음 중 남자의 오늘 일정에 속하지 않는 것은?

A 访问生产基地
B 从机场直奔工厂
C 参观地毯样品陈列室
D 参加主办方举办的晚宴

A 생산 기지를 방문한다
B 공항에서 공장으로 바로 간다
C 카펫 샘플 진열실을 참관한다
D 주최측에서 개최하는 저녁 연회에 참석한다

해설 음성에서 언급된 您上午刚下飞机，就直接去参观了工厂과 您参观了我们的广州工厂，大体了解了地毯制造过程，还参观了样品陈列室을 듣고 선택지 A 访问生产基地, B 从机场直奔工厂, C 参观地毯样品陈列室을 정답의 후보로 고른다. 질문이 남자의 오늘 일정에 속하지 않는 것을 물었으므로 언급되지 않은 선택지 D 参加主办方举办的晚宴이 정답이다.

어휘 访问 fǎngwèn 圖 방문하다 基地 jīdì 圖 기지 直奔 zhíbèn 圖 바로 가다 样品 yàngpǐn 圖 샘플 陈列室 chénlièshì 圖 진열실
主办方 zhǔbànfāng 圖 주최측

2 问：什么给男的留下了深刻的印象？   질문: 무엇이 남자에게 깊은 인상을 남겼는가?

A 相对广阔的销路	A 상대적으로 넓은 판로
B 先进的印染技术	B 선진적인 날염 기술
C 生产过程的自动化	**C 생산 과정의 자동화**
D 物联网的广泛应用	D 사물인터넷의 광범위한 응용

해설   음성에서 언급된 其中印象最深刻的是生产过程自动化를 듣고 선택지 C 生产过程的自动化를 정답의 후보로 고른다. 질문이 무엇이 남자에게 깊은 인상을 남겼는지 물었으므로 선택지 C가 정답이다.

어휘   广阔 guǎngkuò 圐 넓다, 광활하다   销路 xiāolù 圐 (상품의) 판로   先进 xiānjìn 圐 선진적이다   印染 yìnrǎn 圐 날염하다
物联网 wùliánwǎng 圐 사물인터넷

---

3 问：男的打算订购的地毯数量总共是多少？   질문: 남자가 주문하려고 하는 카펫의 총 수량은 얼마인가?

2000条	2000개

해설   음성에서 我需要两个货号，一个是浅灰色的簇绒地毯，货号为GBT1006；另一个是黑色的机织威尔顿地毯，货号为GBT3026。这次订货的数量并不是很多，两个货号各1000条。라고 했고, 질문이 남자가 주문하려는 카펫의 총 수량은 얼마인지 물었으므로 2000条를 정답으로 작성한다.

어휘   订购 dìnggòu 圐 (물건을) 주문하다

---

4 问：关于地毯的标准条款，下列哪项正确？   질문: 카펫의 기준 조항에 관해, 다음 중 옳은 것은?

A 已达到了国际认证标准	A 국제 인증 기준에 도달했다
B 没有统一的企业内部标准	B 통일된 기업 내부 기준이 없다
C 具体条款因产品颜色而异	C 구체적인 조항은 상품 색상마다 다르다
D 已在产品说明书上明确注明	**D 이미 제품 설명서에 명확하게 명시했다**

해설   음성에서 언급된 具体的标准条款我们已在产品说明书上明确标识了를 듣고 선택지 D 已在产品说明书上明确注明을 정답의 후보로 고른다. 질문이 카펫의 기준 조항에 관해 옳은 것을 물었으므로 선택지 D가 정답이다.

어휘   条款 tiáokuǎn 圐 (법규·계약 등의) 조항   认证 rènzhèng 圐 인증하다   注明 zhùmíng 圐 명시하다, 표기해 밝히다

---

5 问：关于女的提出的付款方式，男的是什么态度？   질문: 여자가 제안한 지불 방식에 관해, 남자는 어떤 태도인가?

A 表示中立	A 중립을 나타내다
B 欣然接受	**B 흔쾌히 받아들이다**
C 爱理不理	C 본체만체하다
D 犹豫不决	D 결정을 내리지 못하고 주저하다

해설   음성에서 언급된 我也认为这是最合理最安全的付款方式。을 듣고 선택지 B 欣然接受를 정답의 후보로 고른다. 질문이 여자가 제안한 지불 방식에 관해 남자는 어떤 태도인지 물었으므로 선택지 B가 정답이다.

어휘   中立 zhōnglì 圐 중립하다, 중립을 지키다   欣然 xīnrán 圐 흔쾌히   爱理不理 àilǐbùlǐ 圐 본체만체하다
犹豫不决 yóuyùbùjué 결정을 내리지 못하고 주저하다

---

6 问：他们接下来可能会谈论什么话题？   질문: 그들은 이어서 어떤 화제를 논의할 가능성이 큰가?

A 交货期限	A 납품 기한
B 运货方式	B 화물 운송 방식
C 产品的报价	**C 제품의 견적**
D 检验机构的选择范围	D 검사 기관의 선택 범위

해설   음성에서 언급된 接下来我们要谈最重要的事情了，我最关心的是贵厂给出的价格。를 듣고 선택지 C 产品的报价를 정답의 후보로 고른다. 질문이 그들은 이어서 어떤 화제를 논의할 가능성이 큰지 물었으므로 선택지 C가 정답이다.

어휘   交货 jiāohuò 圐 납품하다   期限 qīxiàn 圐 기한   运货 yùn huò 화물을 운송하다   报价 bàojià 圐 견적   检验 jiǎnyàn 圐 검사하다   机构 jīgòu 圐 기관

| 1 D | 2 A | 3 有开阔的眼界 | 4 A | 5 B | 6 拟人化 |
| 7 D | 8 C | 9 D | 10 B | 11 30%~35% | 12 B |

1-6

女：¹方楚雄老师，您从小跟随岭东大家学画画，被誉为"神童"，至今已有60多年的绘画经历了，可以说您的起点非常高了。后来您还¹到美术学院接受了正规学院派教育。学院派教育和跟师学艺这两种方式您都亲身体验过了。您认为这两种方式各有什么优缺点呢？

男：以前基本上都是师傅带徒弟，这种方式的优点是，老师可以手把手地教学生，而学生能够得到老师的真传，但是这种方式也有局限性。²学院派教育课程设置比较广，能够接触到很多艺术流派，但由于它课程比较繁杂，²学生很难对自己喜欢的艺术流派学得更加精细和深入。最近学院里实行导师制，我觉得挺好的，学生可以在学院经过全面的学习后，进入研究生导师工作室，与老师进行更深入的学习。

女：您一直在倡导"圣贤施教，各因其材，小以小成，大以大成，无弃人也"是为人师表的典范。您执教四十多年来，可以说是"桃李满天下"，您认为怎样才能培养出好学生呢？

男：第一，我认为老师一定得是一个优秀的画家，只有自己能够创作出好的作品，才能被学生信服。第二，作为老师，要具备精深的专业知识和扎实的教学基本功，这样才能更好地帮助学生总结一些绘画规律。第三，³老师必须要有开阔的眼界，这样才能看出学生的问题并引导他们。第四，⁴师德也要很好，作为教师，一定要热爱教学，把自己所掌握的都教给学生，不仅要不害怕"青出于蓝"，还要以身作则，教导学生人品高画品才能高。

女：据悉，您这一次要在中国美术馆举行一场大型个人画展，能给我们介绍一下这次画展吗？

男：这次我在中国美术馆的圆厅和8，9号三个大厅举办画展。⁵这个展览一共展出120多件作品，基本上都是我从八十年代初到现在创作的作品，⁵里面还有一些教学的文献。这次画展包括两大板块，其中一个叫做"天地壮阔"，把动物和花鸟放在一个宏大的场景中，让观众有一种亲临其境的感觉，除此之外，还有一幅巨大的画，画的是非洲大草原的各种动物，它们很和谐地生活在大自然里。

女：方老师，从您的作品可以看出，比起人物画，您更喜欢把动物作为素材来作画，听说您还去非洲大草原观察过动物的迁徙，能跟我们谈谈其中有什么特别的原因吗？

여：¹팡추슝 선생님, 선생님께서는 어려서부터 링둥에 있는 선생님을 따라 그림을 배웠으며 '신동'이라 불렸고, 지금까지 60여 년의 그림을 그린 경력이 있으니, 당신의 시작점은 매우 좋았다고 말할 수 있겠네요. 이후에 당신은 ¹미술 학교에서 정규 학교 교육도 받으면서, 학교 교육과 스승에게 기예를 배우는 이 두 가지 방식을 모두 직접 겪어 보셨습니다. 이 두 가지 방식이 각각 어떤 장단점을 가지고 있다고 생각하십니까?

남：예전에는 대체로 스승이 제자를 지도했는데, 이런 방식의 장점은 스승이 제자를 몸소 가르칠 수 있고, 제자는 스승의 진수를 전수받을 수 있다는 것이지만, 이런 방식은 한계도 있습니다. ²학교 교육은 교과 과정이 비교적 넓게 개설되어 있어 많은 예술 유파를 접할 수 있지만, 교과 과정이 비교적 복잡하기 때문에 ²학생은 자신이 좋아하는 예술 유파에 대해 더 정교하고 깊이 있게 공부하기는 어렵습니다. 최근 학교에서 지도 교수제를 실시하고 있는데, 저는 매우 좋다고 생각합니다. 학생들은 학교에서 전면적인 학습을 거친 후에 대학원 지도 교수의 작업실에 들어가서 교수님과 더 깊이 있는 학습을 할 수 있습니다.

여：선생님께서는 줄곧 '성현이 가르침을 베풀 때는 상대의 재능에 맞게 베푸는데, 재능이 작으면 작은 성취를 이루게 하고, 재능이 크면 큰 성취를 이루게 하여, 사람을 포기하는 법이 없다'가 스승으로서의 모범이라고 제창하고 계십니다. 교편을 잡은 지 40여 년간 가히 '문하생이 천하에 가득하다'라고 할 수 있는데, 어떻게 하면 제자를 잘 양성해 낼 수 있다고 생각하십니까?

남：제 생각에 첫째, 스승은 반드시 훌륭한 화가여야 하고, 스스로가 좋은 작품을 창작할 수 있어야만 학생들에게 신뢰받을 수 있다고 생각합니다. 둘째, 선생님으로서 깊은 전문 지식과 튼튼한 교수 기본기를 갖추어야 하며, 이래야 학생들에게 회화의 법칙을 더 잘 정리해 줄 수 있습니다. 셋째, ³선생님은 반드시 넓은 식견이 있어야 하며, 이래야 학생들의 문제점을 파악하고 그들을 이끌 수 있습니다. 넷째, ⁴스승의 덕목도 좋아야 합니다. 스승으로서 반드시 가르치는 것을 좋아해야 하고, 자신이 배운 것을 학생들에게 모두 가르쳐 주어야 하며, '청출어람'을 두려워하지 않을 뿐만 아니라 솔선수범하여 인품이 뛰어나야 그림의 품격이 높아질 수 있다고 학생들에게 가르쳐야 합니다.

여：저희가 아는 바에 의하면 이번에 중국 미술관에서 대형 개인전을 여신다고 하는데, 저희에게 이번 전시를 소개해 주실 수 있을까요?

남：이번에 저는 중국미술관 원형 홀과 8, 9번 3개 홀에서 전시회를 개최합니다. ⁵이 전시회는 모두 120여 점의 작품을 전시하는데, 대체로 제가 80년대 초부터 현재까지 창작한 작품들이고, ⁵교육에 관련된 문헌도 있습니다. 이번 전시회는 크게 총 2개의 분야를 포함하고 있습니다. 그중 하나는 '천지장활'이라는 것인데, 동물과 꽃과 새를 하나의 웅장한 장면에 배치해 관람객들이 그 장소에 직접 가 있는 것 같은 느낌을 줍니다. 이 외에도 거대한 그림이 한 폭 있는데, 아프리카 대초원의 다양한 동물들이 대자연 속에서 조화롭게 살고 있는 것을 그렸습니다.

여：팡 선생님, 선생님의 작품에서 인물화보다 동물을 소재로 그리는 것을 더 좋아하신다는 것을 알 수 있습니다. 아프리카 대초원에 가서 동물의 이동을 관찰한 적도 있다고 들었습니다. 어떤 특별한 이유가 있으셨는지 말씀해 주실 수 있을까요?

男：我觉得一个画家需要热爱生活、热爱生命。我在画里经常表现出大自然的美，[6]我常常画动物和幼崽在一起的情景，这是用拟人化的方式来表现母爱这种永恒的题材。我也喜欢画大的动物，比如非洲的动物体型很大，它们可以给我传递一种温情和舒适感，以及强大的生命力。说实话，我个人认为动物画是比较难画的，因为动物身体构造比较复杂，而且它又一直在动。因此我会亲自去观察它们，致力把它们画得生动。

女：据我们所知，您还喜欢文人画，您的《古松》这幅作品的题材虽然很常见，但是又觉得画中的松树很特别，像松梅竹这样的老题材，您是如何画出新意的呢？

男：松梅竹刚好符合中国文人喜欢的清高、傲骨的情怀，我也很喜欢用它们作为一种人文题材来作画。我看到这棵松树的时候，它的枝干铺天盖地向四面伸过去，像一把大伞一样，这样的视觉冲击是我以前从未经历过的，于是我就决定要把它画出来。我觉得作画时还是要到生活里面去感受，多留意身边的一花一草，才能找到突破口。

남：저는 화가는 삶을 사랑하고 생명을 사랑하는 마음이 필요하다고 생각합니다. 저는 그림 속에서 대자연의 아름다움을 자주 표현했고, [6]동물이 새끼와 함께 있는 모습을 자주 그렸는데, 이것은 의인화의 방식으로 모성애라는 영원한 소재를 표현한 것입니다. 저는 큰 동물을 그리는 것도 좋아합니다. 예를 들어 아프리카의 동물은 몸집이 큰데, 그것들은 제게 온정과 편안함, 그리고 강한 생명력을 전달해 줍니다. 솔직히 개인적으로 동물 그림은 비교적 그리기 어렵다고 생각하는데, 동물의 신체 구조가 비교적 복잡하고 계속 움직이기 때문입니다. 그래서 제가 직접 가서 관찰하고, 그것들을 생동감 있게 그리기 위해 애씁니다.

여：문인화도 좋아하시는 것으로 알고 있는데, 선생님의 <고송>이라는 작품의 소재는 비록 흔하지만, 또 그림 속의 소나무가 특별하다고 느껴집니다. 소나무, 매화나무, 대나무와 같은 옛 소재를 어떻게 새로운 내용으로 그려내셨나요？

남：소나무, 매화나무, 대나무는 중국 문인들이 좋아하는 맑고 강직한 정취에 부합하며, 저도 그것들을 하나의 인문 소재로 삼아 그림을 그리는 것을 매우 좋아합니다. 저는 이 소나무를 보았을 때, 줄기가 하늘을 뒤덮고 사방으로 뻗어 마치 큰 우산처럼 보였는데, 이러한 시각적 충격은 제가 이전에 경험해 본 적이 없는 것이었습니다. 그래서 저는 그것을 그리기로 했습니다. 저는 그림을 그릴 때는 역시 생활 속에서 느껴야 하고, 주변의 꽃 한 송이, 풀 한 포기를 잘 살펴야 새로운 돌파구를 찾을 수 있다고 생각합니다.

어휘 跟随 gēnsuí 圖 따르다　神童 shéntóng 圖 신동　绘画 huìhuà 圖 그림을 그리다 회화　起点 qǐdiǎn 圖 시작점　正规 zhèngguī 圖 정규의
亲身 qīnshēn 團 직접　徒弟 túdì 圖 제자　手把手 shǒubǎshǒu 몸소 가르치다　局限性 júxiànxìng 圖 한계　设置 shèzhì 圖 개설하다, 설치하다
实行 shíxíng 圖 실시하다　导师 dǎoshī 圖 지도교수　倡导 chàngdǎo 圖 제창하다, 선도하다　为人师表 wéirénshībiǎo 타인의 모범이 되다
典范 diǎnfàn 圖 모범　执教 zhíjiào 교편을 잡다　桃李满天下 táolǐ mǎn tiānxià 문하생이 천하에 가득하다[제자가 많음을 비유]
创作 chuàngzuò 圖 (문예 작품을) 창작하다　开阔 kāikuò 圖 넓히다　眼界 yǎnjiè 圖 식견, 안목　引导 yǐndǎo 圖 이끌다, 인도하다　师德 shīdé 圖 스승의 덕목
以身作则 yǐshēnzuòzé 圖 솔선수범하다　据悉 jùxī 圖 아는 바에 의하면 ~라고 한다　文献 wénxiàn 圖 문헌[역사적 가치나 참고할 가치가 있는 도서 자료]
板块 bǎnkuài 圖 분야　场景 chǎngjǐng 圖 (연극·영화·드라마의) 장면　宏大 hóngdà 圖 웅장하다　非洲 Fēizhōu 교유 아프리카　和谐 héxié 圖 조화롭다
幼崽 yòuzǎi 圖 새끼　拟人化 nǐrénhuà 圖 의인화　永恒 yǒnghéng 圖 영원하다　题材 tícái 圖 (문학이나 예술 작품의) 소재　传递 chuándì 圖 전달하다
致力 zhìlì 圖 애쓰다, 힘쓰다　松梅竹 sōngméizhú 圖 소나무·매화나무·대나무　枝 zhī 圖 가지　铺天盖地 pūtiāngàidì 圖 하늘을 뒤덮다, 천지를 뒤덮다
冲击 chōngjī 圖 충격을 입게 하다　突破 tūpò 圖 돌파하다

---

1 问：关于方楚雄老师，下列哪项不正确？　　질문：팡추슝 선생에 관해, 다음 중 옳지 않은 것은？

　　A 小时候被誉为"神童"　　　　　　　　　A 어린 시절에는 '신동'이라 불렸다
　　B 跟随绘画名家学过艺　　　　　　　　　B 유명 화가를 따라 기예를 배운 적이 있다
　　C 曾接受过专业的学院教育　　　　　　　C 전문적인 학교 교육을 받은 적이 있다
　　D 成年后才开始对绘画感兴趣　　　　　**D 성년이 되어서야 그림을 그리는 것에 흥미를 느끼기 시작했다**

해설 음성에서 언급된 方楚雄老师，您从小跟随岭东大家学画画，被誉为"神童"……到美术学院接受了正规学院派教育를 듣고 선택지 A 小时候被誉为"神童"，B 跟随绘画名家学过艺，C 曾接受过专业的学院教育를 정답의 후보로 고른다. 질문이 팡추슝 선생에 관해 옳지 않은 것을 물었으므로 언급되지 않은 선택지 D 成年后才开始对绘画感兴趣가 정답이다.

어휘 神童 shéntóng 圖 신동　跟随 gēnsuí 圖 따르다　绘画 huìhuà 圖 회화 圖 그림을 그리다

---

2 问：绘画教育中，学院派教育有什么缺点？　　질문：회화 교육에서, 학교 교육은 어떤 단점이 있는가？

　　A 学生很难精益求精　　　　　　　　　**A 학생들은 더욱더 완벽을 추구하기 어렵다**
　　B 学生不能传递绘画的精髓　　　　　　　B 학생들은 회화의 정수를 전달할 수 없다
　　C 学生只能接触到单调的艺术风格　　　　C 학생들은 단조로운 예술 스타일만 접할 수 있다
　　D 涉及到的绘画题材不集中于一个主题　　D 다루는 회화 소재가 한 가지 주제에 국한되지 않는다

해설 음성에서 언급된 学院派教育……学生很难对自己喜欢的艺术流派学得更加精细和深入를 듣고 선택지 A 学生很难精益求精을 정답의 후보로 고른다. 질문이 회화 교육에서 학교 교육은 어떤 단점이 있는지 물었으므로 선택지 A가 정답이다.

어휘 绘画 huìhuà 圖 회화　精益求精 jīngyìqiújīng 圖 (현재도 훌륭하지만) 더욱더 완벽을 추구하다　传递 chuándì 圖 전달하다
精髓 jīngsuǐ 圖 정수[사물의 본질을 이루는 가장 중요하고 뛰어난 부분을 비유함]　涉及 shèjí 圖 다루다　题材 tícái 圖 (문학이나 예술 작품의) 소재

3 老师必须要**有开阔的眼界**，这样才能看出学生的问题并引导他们。

선생님은 반드시 **넓은 식견이 있어**야 하며, 이래야 학생들의 문제점을 파악하고 그들을 이끌 수 있다.

해설　음성에서 언급된 老师必须要有开阔的眼界,这样才能看出学生的问题并引导他们을 듣고 有开阔的眼界를 정답으로 작성한다.

어휘　眼界 yǎnjiè 圖 식견, 안목

---

4 问：一个优秀教师的师德，主要表现在什么方面？

질문：훌륭한 선생님의 스승의 덕목은 주로 어느 부분에서 나타나는가？

A 不介意"青出于蓝"
B 具有较好的理论知识
C 准确地指出学生的不足
D 能给学生总结绘画的规律

A '청출어람'을 개의치 않는다
B 비교적 좋은 이론 지식을 가지고 있다
C 학생의 부족한 부분을 정확히 지적한다
D 학생들에게 회화의 법칙을 정리해줄 수 있다

해설　음성에서 언급된 师德也很好,作为教师,一定要热爱教学,把自己所掌握的都教给学生,不仅要不害怕"青出于蓝"을 듣고 선택지 A 不介意"青出于蓝"을 정답의 후보로 고른다. 질문이 훌륭한 선생님의 스승의 덕목은 주로 어느 부분에서 나타나는지 물었으므로 선택지 A가 정답이다.

어휘　师德 shīdé 圖 스승의 덕목

---

5 问：关于这次画展，可以知道什么？

질문：이번 전시회에 관해, 알 수 있는 것은 무엇인가？

A 总共展出80张作品
B 既展出作品也展出文献
C 作品主题大多以人物为主
D 在中国美术馆里的两个大厅中进行

A 총 80점의 작품이 전시된다
B 작품도 전시하고 문헌도 전시한다
C 작품의 주제는 대부분 인물 위주이다
D 중국 미술관에 있는 두 개의 홀에서 진행한다

해설　음성에서 언급된 这个展览一共展出120多件作品……里面还有一些教学的文献을 듣고 선택지 B 既展出作品也展出文献을 정답의 후보로 고른다. 질문이 이번 전시회에 관해 알 수 있는 것을 물었으므로 선택지 B가 정답이다.

어휘　文献 wénxiàn 圖 문헌[역사적 가치나 참고할 가치가 있는 도서 자료]

---

6 画里动物和幼崽在一起的情景，是用**拟人化**的方式来表现母爱这种永恒的题材的。

그림 속에 동물이 새끼와 함께 있는 모습은 **의인화**의 방식으로 모성애라는 영원한 소재를 표현한 것이다.

해설　음성에서 언급된 我常常画动物和幼崽在一起的情景,这是用拟人化的方式来表现母爱这种永恒的题材.를 듣고 拟人化를 정답으로 작성한다.

어휘　幼崽 yòuzǎi 圖 새끼　拟人化 nǐrénhuà 圖 의인화　永恒 yǒnghéng 圖 영원하다

---

7 - 12

女：听说贵司的绿茶保健产品已经注册了"绿色生活"品牌，而且销售情况很不错，希望这次能与贵司合作成功。

男：很高兴贵司这次打算投资我们公司的绿茶产品。我们这次推出的"绿色生活"保健茶确实得到了广大消费者的喜爱。

女：近几年来保健品行业风生水起，我们研究了很多保健产品，其中贵司近期畅销的"绿色生活"保健茶引起了我们的关注。我只知道这种绿茶生长在海拔超过2200米的地方，除此之外，它还有什么特别之处吗？

男：[7]我们的绿茶生长在高海拔地区，所以品质都是上等的。特别是茶里的茶多酚含量高达35%，远远超过其他茶类产品。[8]茶多酚的抗氧化成分可以抗衰老，还能保护心脑血管，预防癌症，而且对高血压患者和便秘患者有益。可以说这款保健茶除了饮用方便以外，还具有极大的养生功效。

여：귀사의 녹차 건강제품은 이미 '친환경 생활' 브랜드에 등록되어 있으며, 게다가 판매 상황이 좋다고 들었습니다. 이번에 귀사와 성공적으로 협력할 수 있기를 바랍니다.

남：귀사가 이번에 저희 회사의 녹차 제품에 투자하신다는 것이 매우 기쁩니다. 저희가 이번에 출시한 '친환경 생활' 건강차는 확실히 많은 소비자들의 사랑을 받았습니다.

여：최근 몇 년 동안 건강식품 업계가 붐을 일으키면서 저희는 많은 건강 제품을 연구했는데, 그중 귀사에서 최근에 잘 팔리는 '친환경 생활' 건강차가 저희의 관심을 끌었습니다. 이 녹차가 해발 2,200m가 넘는 곳에서 자란다는 것만 알고 있는데, 이것 이외에도 특별한 점이 더 있을까요？

남：[7]저희 녹차는 고지대에서 자라기 때문에 품질이 모두 최고입니다. 특히 차에 있는 티 폴리페놀 함량이 35%에 달하는데, 다른 차 제품보다 훨씬 높습니다. [8]티 폴리페놀의 항산화 성분은 노화를 방지하고, 심뇌혈관을 보호하여 암을 예방할 수 있습니다. 게다가 고혈압 환자와 변비 환자에게 좋습니다. 이 건강차는 마시기에 편리할 뿐만 아니라, 매우 많은 보양 효능을 가지고 있다고 말할 수 있습니다.

女: 听说贵司的这款保健茶虽然在药店销量较好，已经有了较为稳定的销售渠道，但是知名度似乎还不够啊？

男: 不可否认，和其他老字号相比，9我们产品的知名度确实还不算高，这是因为我们的资金主要投入在产品的质量上，所以没有集中宣传。我们相信一个好的产品一定要有高质量，只有质量过硬才能脚踏实地走下去。

女: 我也很认同你的这个观点。我想知道若我司进行了投资，贵方打算将资金用在哪方面呢？

男: 针对我们公司目前的状况，我们打算把资金用于扩大产品生产规模和宣传力度上，毕竟打响知名度是我们的当务之急。

女: 10那我们来谈谈出资额度吧，我方出资额度是200万元。

男: 10您的出价有点低了，我们目前需要大笔资金来进行宣传，所以才在寻找合作伙伴。您也知道我们产品的优势，根据现有的销售渠道和产品质量，未来几年我们品牌将拥有更加广阔的市场前景。

女: 我们可以提高一些预算，但是贵司要保证产品年收益必须要达到30%以上。

男: 请您放心，您可以看看11我们公司近两年的产品生产和销售情况，11一年的收益率始终保持在30%～35%。在目前的情况下继续加大宣传力度的话，我们产品的年收益一定还会持续增长。

女: 我们能把出资额度提高到300万，再往上就不行了，毕竟我们从未在保健品领域进行过如此大的投资，风险还是很大的。

男: 好的，关于风险承担的问题，我建议我们双方都购买保险，然后将保险费用计入成本。请贵司相信我们的产品，我们的茶叶产品没有季节性，易于保存，所以永远没有淡季一说。目前市面上虽有众多茶类保健品，但是在产品质量上，我能保证我们的产品绝对是茶类保健品中的佼佼者。

女: 我了解了。12考虑到我们今后的长期合作，一定要在合同上写明利润分配和风险承担等条款，特别是利润分配，按照投资份额算。

男: 这个方面您大可放心，我们会按照要求拟好合同。

여: 듣자 하니 귀사의 이 건강차는 약국에서 잘 팔리고 있고, 이미 비교적 안정적인 판매 루트도 있는 것 같지만, 인지도는 아직 부족한 것 같은데요?

남: 부인할 수는 없습니다. 다른 오래된 브랜드에 비해, 9저희 제품의 인지도가 높지 않은 것은 사실이며, 이는 저희의 자금이 주로 제품의 품질에 쓰여서, 홍보에 집중하지 않았기 때문입니다. 저희는 좋은 제품은 반드시 높은 품질이 있어야 하고, 품질이 탄탄해야 비로소 착실하게 나아갈 수 있다고 믿습니다.

여: 저도 이 관점에 매우 동의합니다. 만약 저희 회사가 투자한다면, 귀사는 자금을 어디에 사용하실 계획인지 알고 싶습니다.

남: 저희 회사의 현재 상황에 맞게 저희는 자금을 제품 생산 규모와 홍보력을 확대하는 데 사용할 것입니다. 결국 인지도를 크게 높이는 것이 급선무입니다.

여: 10그럼 출자 한도를 얘기해 봅시다. 저희의 출자 한도는 200만 위안입니다.

남: 10귀사가 제시한 가격은 약간 낮습니다. 저희는 현재 많은 돈을 들여서 홍보를 해야 하므로 협력할 파트너를 찾고 있는 것입니다. 귀사도 저희 제품의 강점을 알고 있습니다. 기존의 판매 루트와 제품 품질에 따라 향후 몇 년 동안 저희 브랜드는 더욱 넓은 시장 전망을 가질 것입니다.

여: 예산을 약간 올릴 수 있지만, 귀사는 제품의 연간 수익률이 30% 이상이 되도록 보증해야 합니다.

남: 안심하세요. 11저희 회사의 최근 2년 동안의 제품 생산과 판매 상황을 보시면 111년 동안의 수익률은 줄곧 30%~35%를 유지하고 있습니다. 지금 상황에서 지속적으로 홍보를 강화한다면, 저희 제품의 연간 수익은 분명히 계속 늘어날 것입니다.

여: 저희가 출자 한도를 300만 위안까지 올릴 수 있으나, 더는 안 됩니다. 어쨌든 저희가 지금까지 건강식품 분야에 이렇게 큰 투자를 한 적이 없어서 리스크가 큽니다.

남: 네, 리스크 부담 문제에 관해, 저희 양측이 모두 보험에 가입한 후에 보험 비용을 원가에 포함할 것을 제안합니다. 저희 제품을 믿어 주세요. 저희 찻잎 제품은 계절을 타지 않고, 보관하기 쉽습니다. 그래서 영원히 비성수기가 없다고 말할 수 있습니다. 현재 시중에는 차 종류의 건강기능식품이 많이 있지만, 제품 품질 면에서 저희 제품이 차 종류의 건강기능식품 중에서 가장 우수한 것이라고 보장할 수 있습니다.

여: 알겠습니다. 12저희의 향후 장기 협력을 고려하여 반드시 계약서에 이익 분배와 리스크 부담 등의 조항을 명시해 주셔야 합니다. 특히 이익 분배는 투자 지분에 따라 계산됩니다.

남: 이 부분은 안심하셔도 됩니다. 요구 사항에 따라 계약서를 잘 작성하겠습니다.

어휘 风生水起 fēngshēngshuǐqǐ 圖 붐을 일으키다, 발전이 빠르다 畅销 chàngxiāo 圖 잘 팔리다 关注 guānzhù 圖 관심을 끌다 海拔 hǎibá 圖 해발
品质 pǐnzhì 圖 품질 茶多酚 cháduōfēn 圖 티 폴리페놀 抗氧化 kàngyǎnghuà 항산화 衰老 shuāilǎo 圖 노화하다, 노쇠하다 癌症 áizhèng 圖 암
血压 xuèyā 圖 혈압 便秘 biànmì 圖 변비 患者 huànzhě 圖 환자 功效 gōngxiào 圖 효능 渠道 qúdào 圖 루트 脚踏实地 jiǎotàshídì 圖 착실하다
当务之急 dāngwùzhījí 圖 급선무, 당장 급히 처리해야 하는 일 广阔 guǎngkuò 圖 넓다 前景 qiánjǐng 圖 전망 预算 yùsuàn 圖 예산 淡季 dànjì 圖 비성수기
佼佼者 jiǎojiǎozhě 圖 우수한 것, 출중한 사람 条款 tiáokuǎn 圖 (법규·계약 등의) 조항 拟 nǐ 圖 (초안을) 작성하다

7 问: 关于"绿色生活"保健茶，可以知道什么？　　질문: '친환경 생활' 건강차에 관해, 알 수 있는 것은 무엇인가?

A 实际上收益甚微　　　　　　　　　　　　A 실제 수익이 매우 적다
B 用了多样的宣传手段　　　　　　　　　　B 다양한 홍보 수단을 사용했다
C 以高品质的红茶为原料　　　　　　　　　C 고품질의 홍차를 원료로 한다
D 使用高海拔地区的茶叶　　　　　　　　D 고지대 찻잎을 사용한다

해설 음성에서 언급된 **우리의 绿色生长在高海拔地区**를 듣고 선택지 D **使用高海拔地区的茶叶**를 정답의 후보로 고른다. 질문이 '친환경 생활' 건강차에 관해 알 수 있는 것을 물었으므로 선택지 D가 정답이다.

어휘 收益 shōuyì 圖 수익 品质 pǐnzhì 圖 품질 海拔 hǎibá 圖 해발

8

问：根据男的的话，下列哪项不是茶多酚的好处？

질문: 남자의 말에 근거하여, 다음 중 티 폴리페놀의 장점이 아닌 것은?

A 保护心脑血管	A 심뇌혈관을 보호한다
B 降低人的血压	B 혈압을 낮춘다
C 治疗过敏症状	**C 알레르기 증상을 치료한다**
D 抵抗人体衰老	D 신체 노화를 막는다

해설 음성에서 언급된 茶多酚的抗氧化成分可以抗衰老, 还能保护心脑血管, 预防癌症, 而且对高血压患者和便秘患者有益。를 듣고 선택지 A 保护心脑血管, B 降低人的血压, D 抵抗人体衰老를 정답의 후보로 고른다. 질문이 남자의 말에 근거하여 티 폴리페놀의 장점이 아닌 것을 물었으므로 언급되지 않은 선택지 C 治疗过敏症状이 정답이다.

어휘 茶多酚 cháduōfēn 圆 티 폴리페놀 血压 xuèyā 圆 혈압 症状 zhèngzhuàng 圆 증상 抵抗 dǐkàng 圆 막다

9

问："绿色生活"保健茶的知名度为什么比较低？

질문: 왜 '친환경 생활' 건강차의 인지도는 비교적 낮은가?

A 公司总部刚成立不久	A 회사가 설립된 지 얼마 되지 않았다
B 销售渠道只局限在实体店	B 판매 루트가 오프라인 매장으로 제한되어 있다
C 缺乏对目标受众的准确分析	C 타깃층에 대한 정확한 분석이 부족하다
D 没有把主要资金投入在宣传上	**D 자금을 주로 홍보에 쓰지 않았다**

해설 음성에서 언급된 我们产品的知名度确实还不算高, 这是因为我们的资金主要投入在产品的质量上, 所以没有集中于宣传을 듣고 선택지 D 没有把主要资金投入在宣传上을 정답의 후보로 고른다. 질문이 왜 '친환경 생활' 건강차의 인지도는 비교적 낮은지 물었으므로 선택지 D가 정답이다.

어휘 渠道 qúdào 圆 루트, 경로

10

问：男的对女的刚开始提出的出资额度表现出了怎样的态度？

질문: 남자는 여자가 처음에 제시한 출자 한도에 대해 어떤 태도를 보였는가?

A 难以理解	A 이해하기 어렵다
B 无法接受	**B 받아들일 수 없다**
C 强烈谴责	C 강력히 비난하다
D 无比惊讶	D 더없이 놀라다

해설 음성에서 언급된 那我们来谈谈出资额度吧, 我方出资额度是200万元。과 您的出价有点低了를 듣고 선택지 B 无法接受를 정답의 후보로 고른다. 질문이 남자는 여자가 처음에 제시한 출자 한도에 대해 어떤 태도를 보였는지 물었으므로 선택지 B가 정답이다.

어휘 谴责 qiǎnzé 圆 비난하다 无比 wúbǐ 圆 더 비할 바가 없다 惊讶 jīngyà 圆 놀랍다

11

问：男的的公司一年的收益率能达到多少？

질문: 남자의 회사는 1년 동안의 수익률이 얼마나 되는가?

30%～35%	30~35%

해설 음성에서 我们公司……一年的收益率始终保持在30%～35%라고 했고, 질문이 남자의 회사는 1년 동안의 수익률이 얼마나 되는지 물었으므로 30%～35%를 정답으로 작성한다.

어휘 收益 shōuyì 圆 수익

12

问：女的对双方签订的合同有什么要求？

질문: 여자는 양측이 체결한 계약에 어떤 요구 사항이 있는가?

A 要写上茶叶原产地信息	A 찻잎 원산지 정보를 적어야 한다
B 要有关于利润分配的条款	**B 이익 분배에 관한 조항이 있어야 한다**
C 要在第三方监督下签署合同	C 제3자의 감독 하에 계약을 체결해야 한다
D 要写清对方的债务承担条款	D 상대방의 채무 부담 조항을 분명히 써야 한다

해설 음성에서 언급된 考虑到我们今后的长期合作, 一定要在合同上写明利润分配和风险承担等条款, 特别是利润分配, 按照投资份额算。을 듣고 선택지 B 要有关于利润分配的条款을 정답의 후보로 고른다. 질문이 여자는 양측이 체결한 계약에 어떤 요구 사항이 있는지 물었으므로 선택지 B가 정답이다.

어휘 条款 tiáokuǎn 圆 (법규·계약 등의) 조항 监督 jiāndū 圆 감독하다 签署合同 qiānshǔ hétong 계약을 체결하다 债务 zhàiwù 圆 채무

정답이 들리는 문제풀이 스텝

p.47

<선택지>

23. A 백성들의 격렬한 반대에 부딪혔다
    B 진나라의 경제와 군사 발전을 촉진시켰다
    C 진나라의 대외 무역을 위한 기초를 다졌다
    D 중국 역사상 마지막 변법 운동이다

<음성>

오늘은 제가 여러분을 위해 상앙 변법과 관련된 내용을 들려드리겠습니다. 상앙 변법은 저명한 정치가 상앙이 진나라에서 실시한 변법 운동입니다. [23]상앙 변법의 영향은 매우 컸고, 진나라의 경제와 군사 발전에 중대한 역할을 했습니다. 수많은 변법 운동 중에서 상앙 변법은 가장 성공적인 사례라고 할 수 있습니다.

전국 시대 초기에 진나라는 강성한 위나라에 줄곧 약세를 보였습니다. 나라를 강하게 하기 위해 진효공은 유능한 인재를 초빙할 것을 명령했고, 상앙은 진효공이 인재를 구한다는 명령을 공표했다는 것을 듣고 진나라로 찾아갔습니다. 진효공은 상앙을 등용하여 상앙에게 진나라에서 변법 운동을 전개하게 했고, 이때부터 진나라는 부강의 길에 올랐습니다.

23. 질문: 상앙 변법에 관해, 알 수 있는 것은 무엇인가?

어휘 선택지 **奠定** diàndìng [동] 다지다

장문 **强盛** qiángshèng [형] (국가 등의 세력이) 강성하다 **秦孝公** Qín Xiàogōng [고유] 진효공[중국 전국시대 진나라의 제25대 군주]
招贤 zhāoxián [동] 인재를 초빙하다 **开展** kāizhǎn [동] 전개되다

고득점비책 01 다큐멘터리 공략하기 p.48

MP3 바로듣기 ▶

전략 적용

p.49

<선택지>

1. A '강한 유대'는 애써 이끌고 지킬 필요가 없다
   B '강한 유대'는 보통 '깊지 못한 관계'를 가리킨다
   C '강한 유대'는 정서적으로 맺어진 비교적 강한 연결이다
   D '강한 유대'가 사람에게 가져오는 영향은 미미하다

2. A 다른 사람의 처지를 이해할 수 있게 한다
   B 객관적으로 주변 환경을 관찰할 수 있게 한다
   C 다른 사람에 대한 동정심을 더 잘 불러일으킬 수 있게 한다
   D 자신이 모르는 커뮤니티 밖 정보를 얻을 수 있게 한다

3. **A 사람의 부정적인 감정을 해결한다**
   B 사람들이 얻는 정보량을 늘린다
   C 사람이 더 강렬한 존재감이 있게 한다
   D 인성에 대해 더욱 냉철한 이해가 있게 한다

4. A 가족의 의견을 많이 수렴한다
   B 친구를 사귀는 경로를 신중히 선택한다
   C 능동적으로 자신만의 컴포트존을 벗어난다
   D 힘들게 얻은 일자리를 소중히 한다

5. A '약한 유대'가 생기는 근원
   B '강한 유대'가 가져오는 폐단
   C '강한 유대'와 '약한 유대'의 차이
   D '약한 유대'의 일상생활에서의 중요성

<음성>

모든 사람의 교류 커뮤니티에는, '강한 유대'와 '약한 유대'가 있다. '강한 유대'와 '약한 유대'는 사회학적 개념으로, 미국의 저명한 사회학자 그라노베터가 제기한 인간관계 이론이다. [1]'강한 유대'는 가족 구성원, 동료, 학교 친구 사이에서 생길 가능성이 가장 높은데, 그들은 삶과 일에서 서로 영향을 줄 기회가 비교적 많고, 사람과 사람 사이에 비교적 강한 정서적 연결이 있다. '약한 유대'란 연락이 잦지 않고, 심지어 생활 속에서 별로 왕래가 없는 사람과의 관계를 가리키는데, 즉 사람들이 흔히 말하는 '인사나 하는 사이', '깊지 못한 관계'이다. 관계가 가깝고 연결이 밀접한 가족, 친구, 동료와 비교했을 때, '약한 유대'의 존재는 있어도 그만 없어도 그만이고, 별로 중요하지 않아 보인다. 하지만 최근 조사에 따르면, [5]'강한 유대'와 비교했을 때, 때때로 '약한 유대'가 더 많은 가능성을 가져다줄 수 있는 것으로 나타났다. [5]'약한 유대'를 맺어주는 사회 연결망은 사람의 행복감, 지식량, 소속감을 높여줄 수 있고, 이 '물처럼 담백한' 친분은 때때로 상상보다 훨씬 중요하다.

[2]정보가 부족할 때 '약한 유대'는 새로운 기회와 새로운 소식을 제공할 수 있다. 늘 함께 있는 사람들이 접할 수 있는 정보는 거의 똑같은데, 새로운 기회와 새로운 소식을 알아보려면 연락이 많지 않은 '약한 유대'에 의존해야 한다. [2]'약한 유대'의 진정한 의미는 서로 다른 커뮤니티를 연결시켜 커뮤니티 밖에서 유용한 정보를 얻는 것이다. '약한 유대' 이론에 따르면, 한 사람이 사회에서 얻을 수 있는 기회의 양은 그 사람의 사회 연결망 구조와 관련이 크다. 그라노베터는 보스턴에서 일하는 직장인 282명을 조사했는데, 조사 결과 84%의 사람이 '약한 유대'를 통해 일자리를 구했으며, 심지어 어떤 사람은 한 번밖에 보지 않은 '낯선 사람'을 통해 일자리를 얻은 것으로 나타났다.

[3]사람이 행복하지 않다고 느낄 때, '약한 유대'는 부정적인 감정을 해소할 수 있게 도와주어 사람을 더 행복하게 만든다. 연구에서 '약한 유대' 네트워크 규모가 더 큰 피험자들이 일반적으로 행복의 정도가 더

높았고, 또한 피험자들이 우연히 만난 '약한 유대'의 대상이 더 많을 때 그들은 이따금 더 행복하다고 느끼는 것으로 드러났다. 때로는 자신이 잘 알고 있는 사람과 커뮤니케이션하는 것이 되려 더 어려운 것은, 이야기 도중 종종 정서적인 부담을 느끼기 때문이다. 반면 '약한 유대' 대상과의 커뮤니케이션은 더 편하고 자유롭다.

[5]이 두 가지 이유로 [4/5]사람들은 '약한 유대'를 최대한 키워야 한다. 비록 관계가 깊은 가족과 친구도 중요하지만, 관계가 상대적으로 소원한 '인사나 하는 사이'도 중요하다. '약한 유대'를 넓히려면 끊임없이 축적하는 것이 필요하다. 먼저 올바른 커뮤니티를 골라야 하고, 이러한 연결은 상호적인 것이라는 점을 알아야 하며, 일방적으로 받는 것이 아닌 '서로 오고 가는 것'을 중시해야 한다. 그다음으로 [4]능동적으로 컴포트존을 벗어나 자신의 생활권을 최대한 넓혀, 새로운 커뮤니티로 진입할 수 있도록 해야 한다. 마지막으로 자신이 잘 알고 있는 두 커뮤니티를 능동적으로 연결해 소통의 중간다리 역할을 할 수도 있다.

1. 질문: '강한 유대'에 관해, 알 수 있는 것은 무엇인가?
2. 질문: '약한 유대'는 왜 사람들에게 새로운 정보를 제공할 수 있는가?
3. 질문: 사람이 행복하지 않다고 느낄 때, '약한 유대'는 어떤 역할을 할 수 있는가?
4. 질문: 이 장문에 근거하여, 사람들은 어떻게 '약한 유대'를 키워야 하는가?
5. 질문: 이 장문이 주로 이야기하는 것은 무엇인가?

어휘

선택지 **强联系** qiángliánxì [명] 강한 유대 **泛泛之交** fànfànzhījiāo [명] 깊지 못한 관계 **微乎其微** wēihūqíwēi [성] 미미하다, 보잘것없을 정도로 작다 **处境** chǔjìng [명] 처지 **透彻** tòuchè [형] 냉철하다, 투철하다 **慎重** shènzhòng [형] 신중하다 **渠道** qúdào [명] 경로, 루트 **舒适区** shūshìqū [명] 컴포트존(comfort zone), 안전지대 **来之不易** láizhībúyì [성] 힘들게 얻다, 손에 넣기 쉽지 않다 **弱联系** ruòliánxì [명] 약한 유대 **根源** gēnyuán [명] 근원 **弊端** bìduān [명] 폐단

장문 **圈子** quānzi [명] 커뮤니티, 테두리 **互动** hùdòng [동] 서로 영향을 주다, 상호 작용하다 **频繁** pínfán [형] 잦다 **点头之交** diǎntóuzhījiāo [명] 인사나 하는 사이 **亲近** qīnjìn [형] 가깝다 **可有可无** kěyǒukěwú [성] 있어도 되고 없어도 된다 **无足轻重** wúzúqīngzhòng [성] 별로 중요하지 않다, 보잘것없다 **社交网络** shèjiāo wǎngluò [명] 사회 연결망, 소셜 네트워크 **归属感** guīshǔgǎn [명] 소속감 **交情** jiāoqing [명] 친분 **匮乏** kuìfá [동] 부족하다 **依靠** yīkào [동] 의존하다 **社交圈子** shèjiāo quānzi [명] 커뮤니티 **受试者** shòushìzhě [명] 피험자[시험이나 실험에서 대상이 되는 사람] **交谈** jiāotán [동] 커뮤니케이션하다 **负担** fùdān [명] 부담, 책임 **自在** zìzài [형] 자유롭다 **亲密** qīnmì [형] (관계가) 깊다 **疏远** shūyuǎn [형] 소원하다 **索取** suǒqǔ [동] 받다 **节点** jiédiǎn [명] 중간다리

실전연습문제 p.51

| 1 A | 2 B | 3 C | 4 D | 5 消亡的危险 | 6 C |

1-6

居住在中国西南地区的仫佬族是历史较悠久的民族之一。[1]据明清时期的文献记载：仫佬族有自己的语言，仫佬语与汉语迥然不同，和壮语也有差别，但他们没有自己的文字；仫佬族平时用仫佬语交流，而记录时使用汉字。

仫佬族热情好客、能歌善舞，在悠久的历史发展过程中，创造了丰富多彩的民族文化。用仫佬语唱的仫佬族民歌就是其中最重要的一种。[2]仫佬族民歌种类多样、内容广泛、形式灵活，且[2]具有独特的艺术价值。善良而勤劳的仫佬族善唱山歌，他们历来[2]用民歌来传授生产知识和生活经验，交流感情，保存风俗习惯，[2]进行伦理道德方面的教育。

중국 남서부에 거주하는 무라오족은 비교적 역사가 오래된 민족 중 하나이다. [1]명나라와 청나라 시대의 문헌 기록에 따르면 무라오족은 자신들만의 언어가 있는데, 무라오어는 한어와 현저하게 다르며 장어(壮语)와도 차이가 있다. 하지만 그들은 자신들만의 문자가 없다. 무라오족은 평소 무라오어로 소통을 하지만 기록을 할 때는 한자를 사용한다.

무라오족은 친절하고 손님 접대를 좋아하며 노래와 춤이 뛰어나 오랜 역사 발전 과정에서 다채로운 민족 문화를 만들어냈다. 무라오어로 부르는 무라오족 민요는 그중에서도 가장 중요한 것이다. [2]무라오족의 민요는 종류가 다양하고, 내용이 광범위하며, 형식이 유연하고 게다가 [2]독특한 예술적 가치를 지니고 있다. 착하고 부지런한 무라오족은 산타령을 잘 부르는데, 그들은 예로부터 [2]민요로 생산 지식과 생활 경험을 전수하고, 감정을 교류하며 풍습을 보존하고 [2]윤리 도덕 분야의 교육을 했다.

为了在动荡的社会中生存和发展，仫佬族始终以顽强的毅力与其他势力抗争，他们多次迁徙、移居，不断寻找属于自己的领土并建立家园。他们因为始终处于弱势地位，所以形成不了自身的文化统治圈，但他们又不能封闭自己，与外界断绝交流。[3]在整个流动变迁的过程中，他们选择了与其他民族同生共存，而原属于自己的生活方式和文化特征只能在多元文化的夹缝中生存。

近年来，随着经济的快速发展、生产生活方式的变化以及汉族文化的不断渗透，仫佬族自身的生活方式和原始文化受到了极大的冲击。目前，[4]仫佬族的日常生活、衣着服饰、文化表象、语言交流、居住环境等都融入了其他民族的文化元素，加之汉化严重，很多年轻人已经不会用仫佬语交流，许多传统文化在仫佬族青年人中也已经失传。以贵州省为例，会以仫佬语唱民歌的人已不足50人，能使用仫佬语交流的人更是少之又少，[5]传唱千年的仫佬族民歌正面临着**消亡的危险**。因此，保护和传承仫佬族民歌迫在眉睫。为了保护和挖掘仫佬族传统文化，基东村中心小学从2014年起，就把仫佬族古民歌调教学列入课堂内容，引导仫佬族学生学习本民族传统文化。

仫佬族元老之一、仫佬族文化代表性传承人金文仁老人自1993年起，就一直研究仫佬族的民族文化。在谈及保护和传承仫佬族文化时，金文仁老人说："关于仫佬族的现存文献资料很少，这对开展研究有一定的困难，即使想举办大规模的民族传统活动，也因资金不足而无法开展。"在[6]金文仁老人看来，在保护仫佬族文化方面还有许多工作要做。由于原有的仫佬族民族特色不是很突出，仫佬语已基本不被使用，仫佬族文化大量失传，因此[6]需要政府相关部门去挖掘、去抢救仫佬族传统文化，把古老的民族文化传承给后人。

요동치는 사회에서 살아남고 발전하기 위해, 무라오족은 시종일관 강인한 의지로 다른 세력과 맞서왔으며, 그들은 여러 차례 이동하고 이주하며 끊임없이 자신들만의 땅을 찾아 삶의 터전을 지었다. 그들은 시종일관 약자의 위치에 처해있었기 때문에 자신들의 문화 통치권을 형성할 수 없었지만, 그렇다고 스스로를 가두고 외부와의 교류를 단절할 수도 없었다. [3]옮겨 다니고 변화하는 과정에서, 그들은 다른 민족과 공존하는 것을 택했고, 자신들만의 생활 방식과 문화적 특징은 다문화의 틈바구니에서 살아남을 수밖에 없었다.

최근 경제의 빠른 발전, 생산 및 생활 방식의 변화와 한족 문화의 끊임없는 침투에 따라 무라오족의 생활 방식과 원시 문화는 큰 충격을 받았다. 현재 [4]무라오족의 일상생활, 옷차림, 문화적 상징, 언어 교류, 주거 환경 등은 모두 다른 민족의 문화적 요소가 녹아 있고, 게다가 중국 문화에 심하게 동화되어, 많은 젊은이들이 이미 무라오어로 교류할 줄 모르고, 많은 전통문화도 이미 무라오족 젊은이들 사이에서 사라졌다. 구이저우성을 예로 들면, 무라오어로 민요를 부를 줄 아는 사람은 이미 50명도 채 안 되고, 무라오어로 교류할 수 있는 사람은 더 드물어 [5]천 년 동안 불러온 무라오족의 민요는 **사라질 위기**에 처했다. 따라서 무라오족의 민요 보호와 전승이 매우 시급하다. 무라오족 전통문화의 보호와 발굴을 위해, 지둥마을 중심 초등학교는 2014년부터 무라오족 옛 민요 교육을 수업 내용에 포함시켰고, 무라오족 학생들에게 자기 민족의 전통문화를 배우도록 유도하고 있다.

무라오족 원로 중 한 명이자 무라오족 문화의 대표적 계승자인 진원런 노인은 1993년부터 무라오족의 민족 문화를 줄곧 연구해 왔다. 무라오족 문화의 보호와 전승에 대해 언급할 때 진원런 노인은 "무라오족에 관한 현존하는 문헌 자료가 적어 연구를 진행하는 데 상당한 어려움이 있습니다. 대규모의 민족 전통 행사를 개최하고 싶어도, 자금이 부족해 진행할 수 없습니다."라고 말했다. [6]진원런 노인은 무라오족 문화 보호 측면에서 아직 해야할 일이 많다고 본다. 기존 무라오족의 민족적 특색이 그렇게 뚜렷한 편이 아니고, 무라오어는 거의 쓰이지 않으며, 무라오족의 문화가 많이 사라져서 [6]정부 관련 부처가 무라오족 전통문화를 발굴하고 구조하여 오래된 민족 문화를 후대에게 계승해줄 필요가 있다.

어휘 居住 jūzhù 图 거주하다　仫佬族 Mùlǎozú 고유 무라오족[중국 소수 민족 중 하나]　文献 wénxiàn 圆 문헌[역사적 가치나 참고 가치가 있는 도서 자료]
记载 jìzǎi 图 기록하다　迥然不同 jiǒngránbùtóng 현저하게 다르다　壮语 Zhuàngyǔ 고유 장어[장족(壮族)의 언어]　差别 chābié 圆 차이
勤劳 qínláo 圈 부지런하다　山歌 shāngē 圆 산타령[산이나 들에서 일을 할 때 부르는 민간 가곡]　历来 lìlái 예로부터, 줄곧　传授 chuánshòu 图 전수하다
伦理 lúnlǐ 圆 윤리　动荡 dòngdàng 圈 (정세·상황 등이) 불안하다　生存 shēngcún 图 살아남다, 생존하다　顽强 wánqiáng 圈 강인하다
毅力 yìlì 圆 굳센 의지, 끈기　抗争 kàngzhēng 图 맞서다, 항쟁하다　迁徙 qiānxǐ 图 이동하다, 옮겨가다　移居 yíjū 图 이주하다　领土 lǐngtǔ 圆 땅, 영토
家园 jiāyuán 圆 삶의 터전　统治 tǒngzhì 图 통치하다　封闭 fēngbì 图 가두다, 폐쇄하다　外界 wàijiè 圆 외부　断绝 duànjué 图 단절하다
变迁 biànqiān 圆 변화하다　多元文化 duōyuán wénhuà 图 다문화　夹缝 jiāfèng 圆 틈바구니, 틈새　渗透 shèntòu 图 침투하다, 스며들다
原始 yuánshǐ 圈 원시의　冲击 chōngjī 圆 충격을 입게 하다　衣着服饰 yīzhuó fúshì 圆 옷차림　表象 biǎoxiàng 圆 상징　元素 yuánsù 圆 요소
汉化 hànhuà 图 중국 문화에 동화되다　失传 shīchuán 图 사라지다, 전해 내려오지 않다　消亡 xiāowáng 图 사라지다, 없어지다
传承 chuánchéng 图 전승하다　迫在眉睫 pòzàiméijié 圆 (일이 눈앞에 닥쳐) 매우 시급하다　挖掘 wājué 图 발굴하다　引导 yǐndǎo 图 유도하다
开展 kāizhǎn 图 진행하다　抢救 qiǎngjiù 图 (응급 상황에서) 구조하다　后人 hòurén 圆 후대

1 问：根据明清时期的文献记载，可以知道什么？ | 질문：명나라와 청나라 시대의 문헌 기록에 근거하여, 알 수 있는 것은 무엇인가?

A 仫佬语不同于壮语	A 무라오어는 장어와 다르다
B 仫佬族有自己的文字	B 무라오족은 자신들만의 문자가 있다
C 仫佬族平时用汉语交流	C 무라오족은 평소 한어로 소통한다
D 仫佬族混合使用两种文字	D 무라오족은 두 가지 문자를 혼용한다

해설 음성에서 언급된 据明清时期的文献记载：仫佬族有自己的语言，仫佬语与汉语迥然不同，和壮语也有差别를 듣고 선택지 A 仫佬语不同于壮语를 정답의 후보로 고른다. 질문이 명나라와 청나라 시대의 문헌 기록에 근거하여 알 수 있는 것을 물었으므로, 선택지 A가 정답이다.

어휘 文献 wénxiàn 圆 문헌[역사적 가치나 참고할 가치가 있는 도서 자료]　记载 jìzǎi 图 기록하다
仫佬族 Mùlǎozú 고유 무라오족[중국 소수 민족 중 하나]　壮语 Zhuàngyǔ 고유 장어[장족(壮族)의 언어]　混合 hùnhé 图 혼합하다

问：下列哪项不属于仫佬族民歌的具体特点？

질문: 다음 중 무라오족 민요의 구체적인 특징에 속하지 않는 것은?

A 具有艺术价值
B 曲调单调但欢快
C 可以传授生活经验
D 用来进行伦理道德教育

A 예술적 가치가 있다
B 곡조가 단조롭지만 경쾌하다
C 생활 경험을 전수할 수 있다
D 윤리 도덕 교육을 하는 데 사용된다

해설 음성에서 언급된 仫佬族民歌……具有独特的艺术价值과 用民歌来传授生产知识和生活经验……进行伦理道德方面的教育를 듣고 A 具有艺术价值, C 可以传授生活经验, D 用来进行伦理道德教育를 정답의 후보로 고른다. 질문이 무라오족 민요의 구체적인 특징에 속하지 않는 것을 물었으므로, 언급되지 않은 선택지 B 曲调单调但欢快가 정답이다.

어휘 曲调 qǔdiào 몡 곡조　欢快 huānkuài 혱 경쾌하다　传授 chuánshòu 동 전수하다　伦理 lúnlǐ 몡 윤리

3

问：在流动变迁的过程中，仫佬族选择了怎样的生存方式？

질문: 옮겨 다니고 변화하는 과정에서, 무라오족은 어떠한 생존 방식을 택했는가?

A 建立了单一民族国家
B 推行了强硬的治国政策
C 在多元文化的夹缝中生存
D 形成了独特的文化统治圈

A 단일 민족 국가를 세웠다
B 강경한 치국 정책을 추진했다
C 다문화의 틈바구니에서 살아남았다
D 독특한 문화 통치권을 형성했다

해설 음성에서 언급된 在整个流动变迁的过程中, 他们选择了与其他民族同生共存, 而原属于自己的生活方式和文化特征只能在多元文化的夹缝中生存。을 듣고 선택지 C 在多元文化的夹缝中生存을 정답의 후보로 고른다. 질문이 옮겨 다니고 변화하는 과정에서 무라오족은 어떠한 생존 방식을 택했는지 물었으므로, 선택지 C가 정답이다.

어휘 强硬 qiángyìng 혱 강경하다　治国 zhìguó 동 치국하다　政策 zhèngcè 몡 정책　夹缝 jiāfèng 몡 틈바구니, 틈새　统治 tǒngzhì 동 통치하다

4

问：为什么许多仫佬族年轻人不是很了解自己民族的传统文化？

질문: 많은 무라오족 젊은이들은 왜 자기 민족의 전통문화를 잘 모르는가?

A 不认同祖先的生存方式
B 认为自己的文化低人一等
C 国家严禁仫佬族过自己的传统节日
D 生活各方面融入了其他民族的文化元素

A 선조의 생존 방식에 동의하지 않는다
B 자신의 문화가 남보다 수준이 낮다고 생각한다
C 나라에서 무라오족이 자신의 전통 명절을 보내는 것을 엄격히 금지한다
D 생활 각 방면에 다른 민족의 문화 요소가 녹아 있다

해설 음성에서 언급된 仫佬族的日常生活、衣着服饰、文化表象、语言交流、居住环境等都融入了其他民族的文化元素, 加之汉化严重, 很多年轻人已经不会用仫佬语交流, 许多传统文化在仫佬族青年人中也已经失传을 듣고 선택지 D 生活各方面融入了其他民族的文化元素를 정답의 후보로 고른다. 질문이 많은 무라오족 젊은이들은 왜 자기 민족의 전통문화를 잘 모르는지 물었으므로, 선택지 D가 정답이다.

어휘 认同 rèntóng 동 동의하다　祖先 zǔxiān 몡 선조　生存 shēngcún 동 생존하다　严禁 yánjìn (엄격하게) 금지하다　元素 yuánsù 몡 요소

5

传唱千年的仫佬族民歌正面临着消亡的危险。

천년 동안 불려온 무라오족의 민요는 사라질 위기에 처했다.

해설 음성에서 언급된 传唱千年的仫佬族民歌正面临着消亡的危险을 듣고 消亡的危险을 정답으로 작성한다.

어휘 消亡 xiāowáng 동 사라지다, 없어지다

6

问：金文仁老人认为，为了保护和传承仫佬族文化，应采取什么措施？

질문: 진원런 노인은 무라오족 문화를 보호하고 전승하기 위해 어떠한 조치를 취해야 한다고 생각하는가?

A 仫佬族学校全程用仫佬语上课
B 给居住环境添加更多的民族元素
C 政府相关部门积极挖掘仫佬族文化
D 把文献资料的搜集范围扩大到全国

A 무라오족 학교는 모든 수업을 무라오어로 진행한다
B 주거 환경에 더 많은 민족적 요소를 더한다
C 정부 관련 부처가 적극적으로 무라오족 문화를 발굴한다
D 문헌 자료의 수집 범위를 전국으로 확대한다

해설 음성에서 언급된 金文仁老人……需要政府相关部门去挖掘、去抢救仫佬族传统文化, 把古老的民族文化传承给后人을 듣고 선택지 C 政府相关部门积极挖掘仫佬族文化를 정답의 후보로 고른다. 질문이 진원런 노인은 무라오족 문화를 보호하고 전승하기 위해 어떠한 조치를 취해야 한다고 생각하는지 물었으므로, 선택지 C가 정답이다.

어휘 添加 tiānjiā 동 더하다　挖掘 wājué 동 발굴하다　文献 wénxiàn 몡 문헌[역사적 가치나 참고할 가치가 있는 도서 자료]　搜集 sōují 동 수집하다

전략 적용
p.53

<선택지 및 문제>

1. A 상표의 디자인에 대해 판매자가 가지고 있는 결정권
   B 구매자가 상품에 대해 가지고 있는 소유권과 지배권
   C 문예 작가가 자신의 작품에 대해 지니는 인격권 및 재산권
   D 발명자가 발명한 과학 기술 제품에 대해 지니는 독점권

2. A <전매조례>
   B <발명자 법규>
   C <앤여왕법>
   D <지식 재산권 보호법>

3. **A 보호 범위는 계속해서 확대되고 있다**
   B 세계무역기구의 보호 범위에 포함되었다
   C 세계무역기구의 3대 기둥 중 하나이다
   D 일부 선진국이 지식 재산 보호 전략을 수정했다

4. 1992년과 2000년, 중국 정부는 특허법에 대해 두 번의 개정을 진행했고,
   행정 집행 역량을 강화했다.

5. A 지식 재산 보호 법을 조속히 보완한다
   B 전력을 다해 국제 선두 수준에 도달한다
   C 국민의 지식 재산권 보호 의식을 향상해야 한다
   D 국제 조직에 지식 재산권 보호를 호소해야 한다

<음성>

이번 <법률 온라인>에서는 지식 재산권 보호 관련 문제를 소개하고자 합니다. 지식 재산권 보호란 일반적으로 인간의 지적 노동에서 발생하는 지적 노동 성과 소유권을 가리킵니다. 그것은 각국의 법률에 의거해 조건에 맞는 저작자, 발명자 또는 성과 보유자에게 일정 기간 동안 누릴 수 있는 독점적 권리를 부여하는 것으로, 일반적으로 저작권과 산업 재산권을 포함합니다. [1]저작권이란 문학, 예술과 과학 작품을 창작한 저자 및 기타 저작권자가 법에 따라 그 작품에 대하여 지니는 인격권과 재산권의 총칭이며, 산업 재산권은 발명 특허, 실용신안 특허, 디자인 특허, 상표, 서비스 표기, 제조업자명, 공급원명 또는 원산지명 등을 포함한 권리자가 지니는 독점적 권리를 말합니다.

세계 인류 사회의 공동 재산을 보호하기 위해, 1474년 3월 19일 [2]베네치아 공화국은 세계 최초의 특허법을 공포했는데, 그것의 정식 명칭은 <발명자 법규>로, 이는 세계 최초의 특허 관련 성문법입니다. [2]이어서 1623년 영국에서 공포한 <전매조례>가 서양 국가에 미친 영향은 베네치아 특허법을 크게 앞질렀기 때문에, 영국의 <전매조례>는 자본주의 국가 특허법의 시조로 여겨지며, 세계 특허법 발전사 상 두 번째 기념비적인 사건입니다. 17세기에 인쇄술이 개선됨에 따라 인쇄 출판업은 신흥 업종이 되었습니다. 인쇄 출판업자와 디자이너의 권리를 보호하기 위해, [2]영국은 <앤여왕법>을 제정했는데, 이는 세계 최초의 저작권법입니다.

지식 재산권 보호는 이미 국제 경제 질서의 전략적 요충지가 되었으며, 각국이 치열하게 경쟁하는 이슈 중 하나가 되었습니다. [3]오늘날 지식 재산권은 이미 세계무역기구의 관할 범위에 포함되었으며, 화물 무역, 서비스 무역과 함께 중시되고 있고 세계무역기구의 3대 기둥 중 하나가 되었습니다. 미국, 일본을 대표로 하는 선진국들은 새로운 세기를 향한 지식 재산권 전략을 잇달아 수립하고 수정하여 이를 국가 경제, 과학 기술 발전의 총체적 전략에 포함시키고 있습니다.

중국의 지식 재산권 보호는 개혁 개방 속에서 끊임없이 발전하여 일정 부분 성과를 거두었습니다. 중국은 특허 법률 법규 체계를 제정하고 보완했습니다. [4]1992년과 2000년, 중국 정부는 특허법에 대해 두 번의 개정을 진행했고, **행정 집행 역량을** 강화했으며, 과학 기술의 진보와 혁신을 촉진하는 입법 권한의 경계를 한층 더 명확히 하였고, 이를 통해 전문적인 전국 특허 사업 체계와 운영 체제를 형성하였습니다.

그럼에도 불구하고, 지식 재산권 보호는 중국에서 아직 발전 단계에 있습니다. 사회에서 [5]지식 재산권 보호에 대한 사람들의 의식이 아직 강하지 않기 때문에, 우리는 국민 모두의 의식을 향상할 필요가 있습니다. 국민 모두가 지식 재산권 보호 의식을 가져야만 비로소 법률이 더욱 순조롭게 실행될 수 있습니다.

1. 질문: 저작권이란 무엇을 가리키는가?
2. 질문: 다음 중 세계 최초의 특허법은?
3. 질문: 현재의 지식 재산권에 관해, 다음 중 옳지 않은 것은?
4. 질문: 1992년과 2000년, 중국 정부는 특허법에 대해 두 번의 개정을 진행했고, 무엇을 강화했는가?
5. 질문: 남자는 중국 지식 재산권 보호에 대해 어떤 의견을 제시했는가?

어휘

선택지 　商标 shāngbiāo 명 상표　支配权 zhīpèiquán 명 지배권　享有 xiǎngyǒu 동 지니다, 누리다　垄断 lǒngduàn 동 독점하다
知识产权 zhīshi chǎnquán 명 지식 재산　范畴 fànchóu 명 범위　支柱 zhīzhù 명 기둥　行政 xíngzhèng 명 행정
竭尽全力 jiéjìnquánlì 성 전력을 다하다　公民 gōngmín 명 국민, 공민　意识 yìshí 명 의식　呼吁 hūyù 동 호소하다

장문 　智力劳动 zhìlì láodòng 명 지적 노동　依据 yījù 동 의거하다　赋予 fùyǔ 동 부여하다, 주다　著作者 zhùzuòzhě 명 저작자　期限 qīxiàn 명 기간, 기한
版权 bǎnquán 명 저작권　专利 zhuānlì 명 특허　涉及 shèjí 동 관련되다　标记 biāojì 명 표기

威尼斯共和国 Wēinísī gònghéguó [고유] 베네치아 공화국 颁布 bānbù [통] 공포하다 资本主义 zīběn zhǔyì [명] 자본주의
里程碑 lǐchéngbēi [명] 기념비적 사건, 이정표 战略制高点 zhànlüè zhìgāodiǎn [명] 전략적 요충지 焦点 jiāodiǎn [명] 이슈, 초점
管辖 guǎnxiá [통] 관할하다 指定 zhǐdìng [통] 수립하다, 지정하다 创新 chuàngxīn [통] 혁신하다 机制 jīzhì [명] 체제, 메커니즘

실전연습문제 p.55

| 1 B | 2 B | 3 D | 4 B | 5 C |

1-5

在企业之间的贸易往来中，商务谈判显得尤为重要。在双方建立密切合作关系之前，需要经历商务谈判活动。没有商务谈判，经济活动便无法开展，因此相关礼仪就显得特别重要。¹而决定商务谈判成功的不仅仅是谈判策略，礼仪也是重要因素之一。

那么什么是商务谈判礼仪？所谓商务谈判礼仪，就是指商务人员在从事商务活动的过程中应使用的礼仪规范。商务谈判礼仪有助于提高商务活动的效益。

商务谈判礼仪有以下几个原则。第一，知己知彼。俗话说"知己知彼，百战不殆"，谈判前的准备工作就是"知己知彼"的过程。通过多种途径，尽可能多了解谈判对象的礼仪习惯、谈判风格和谈判经验。第二，互惠互利。所谓互惠互利，就是在谈判过程中，在不损害自身根本利益的前提下，尽可能为谈判对象考虑，主动为对方保留一定的利益。²第三，尊重。尊重是商务谈判的核心，尊重谈判对象，不触碰对方的禁忌，以免使谈判过程变得不愉快。第四，宽容。在商务谈判中，由于各自的立场不同，难免会出现冲突和误解，这时换位思考，体谅对方，可以机智地处理好突发情况，争取更长远的利益。第五，适度。商务谈判礼仪要合乎规范，做到恰到好处。因此把握好沟通时的情感尺度是建立良好关系的重要条件。³正所谓细节决定成败，商务谈判活动中一个看似不起眼的礼仪举止会关系到谈判的成败，所以我们一定要遵守商务谈判的礼仪原则。

企业形象的好坏有两个衡量指标：知名度和美誉度。其中，商务人员的表现是影响美誉度的重要因素。在商务谈判场合，⁴商业谈判礼仪就是塑造企业形象的重要手段，这使谈判过程更加具体化、标准化、系统化，使谈判对象得到尊重、信任、支持甚至情感上的满足。若商务谈判圆满成功，就会给企业带来相应的经济效益和社会效应，使企业能在激烈的市场竞争中立于不败之地。⁵商务谈判礼仪的这五项原则有助于我们商务谈判的圆满成功，从而达到企业发展这一目的。

기업 간의 무역 거래에서 비즈니스 협상은 특히 중요합니다. 양측이 긴밀한 협력 관계를 구축하기 전에 비즈니스 협상을 거치는 것이 필요합니다. 비즈니스 협상이 없으면 경제 활동을 진행할 수 없기 때문에 관련 예절은 특히 중요합니다. ¹그리고 비즈니스 협상의 성공을 결정짓는 것은 협상 전략뿐만 아니라, 예절 또한 중요한 요소 중 하나입니다.

그렇다면 비즈니스 협상 예절이란 무엇일까요? 비즈니스 예절이란 비즈니스맨들이 비즈니스 활동을 하는 과정에서 사용해야 하는 예절과 규범을 가리킵니다. 비즈니스 협상 예절은 비즈니스 활동의 효과와 이익을 높이는 데 도움이 됩니다.

비즈니스 협상 예절은 아래와 같은 몇 가지 원칙이 있습니다. 첫째, 지피지기입니다. 옛말에 '지피지기면 백전불태'라는 말이 있듯이 협상 전의 준비 작업은 '지피지기'의 과정입니다. 다양한 경로를 통해 협상 대상의 예절 습관, 협상 스타일, 협상 경험을 최대한 많이 파악하는 것입니다. 둘째, 서로 혜택과 이익을 얻는 것입니다. 서로 혜택과 이익을 얻는 것이란 협상 과정에서 자신의 근본적인 이익을 해치지 않는 전제하에 가능한 한 협상 대상을 위해 생각하고, 적극적으로 상대방을 위해 일정한 이익을 남겨두는 것입니다. ²셋째, 존중입니다. 존중은 비즈니스 협상의 핵심입니다. 협상 과정이 불쾌해지지 않도록 협상 대상을 존중하며 상대방의 금기를 건드리지 않는 것입니다. 넷째, 관용입니다. 비즈니스 협상에서 각자의 입장이 다르기 때문에 충돌과 오해가 생길 수밖에 없는데, 이때 상대방의 입장에서 생각하고 상대방을 이해하는 것은 돌발 상황을 슬기롭게 처리하고 장기적인 이익을 얻을 수 있게 합니다. 다섯째, 정도를 아는 것입니다. 비즈니스 협상 예절은 규범에 부합해야 하고, 적절해야 합니다. 따라서 소통할 때의 감정적 잣대를 잘 잡는 것은 좋은 관계를 만드는 중요한 조건입니다. ³디테일이 성패를 가른다는 말처럼, 비즈니스 협상에서 별것 아닌 것 같은 예절과 행동 하나가 협상의 성패에 관계되므로, 우리는 반드시 비즈니스 협상의 예절 원칙을 준수해야 합니다.

기업 이미지의 좋고 나쁨은 인지도와 호감도라는 두 가지 비교 지표가 있습니다. 이중 비즈니스맨의 태도는 호감도에 영향을 미치는 중요한 요소입니다. 비즈니스 협상 장소에서 ⁴비즈니스 협상 예절은 기업 이미지를 구축하는 중요한 수단인데, 이는 협상 과정을 더 구체화, 표준화, 체계화하여 협상 대상이 존중, 신뢰, 지지, 심지어 정서적 만족까지 얻게 합니다. 비즈니스 협상이 원만하게 성공하면 기업에 상응하는 경제적 효과와 사회적 효과를 가져와 기업이 치열한 시장 경쟁에서 입지를 튼튼하게 할 수 있습니다. ⁵비즈니스 협상 예절의 이 다섯 가지 원칙은 우리의 비즈니스 협상이 원만하게 성공하는 데 도움이 되고, 기업 발전이라는 목적을 이루게 합니다.

어휘 尤为 yóuwéi [부] 특히 开展 kāizhǎn [통] 진행하다 策略 cèlüè [명] 전략 礼仪 lǐyí [명] 예절 规范 guīfàn [명] 규범 效益 xiàoyì [명] 효과와 이익 俗话 súhuà [명] 옛말 途径 tújìng [명] 경로 前提 qiántí [명] 전제 禁忌 jìnjì [명] 금기 以免 yǐmiǎn [접] ~하지 않도록 立场 lìchǎng [명] 입장 冲突 chōngtū [통] 충돌하다 误解 wùjiě [통] 오해 换位思考 huànwèi sīkǎo 상대방의 입장에서 생각하다 体谅 tǐliàng [통] (남의 입장에서) 이해하다 机智 jīzhì [형] 슬기롭다 突发 tūfā [통] 갑자기 발생하다 恰到好处 qiàdàohǎochù [성] 아주 적절하다 举止 jǔzhǐ [명] 행동 衡量 héngliáng [통] 비교하다 指标 zhǐbiāo [명] 지표 美誉度 měiyùdù [명] 호감도 塑造 sùzào [통] 구축하다 圆满 yuánmǎn [형] 원만하다

1	
问：决定商务谈判成功的因素是什么？	질문: 비즈니스 협상의 성공을 결정짓는 요소는 무엇인가?
A 出众的口才	A 출중한 입담
B 策略和礼仪	**B 전략과 예절**
C 广泛的人脉资源	C 넓은 인맥 자원
D 丰富的谈判经验	D 풍부한 협상 경험

해설 음성에서 언급된 **而决定商务谈判成功的不仅仅是谈判策略，礼仪也是重要因素之一。**를 듣고 선택지 B **策略和礼仪**를 정답의 후보로 고른다. 질문이 비즈니스 협상의 성공을 결정짓는 요소는 무엇인지 물었으므로, 선택지 B가 정답이다.

어휘 **出众** chūzhòng[형]출중하다 **口才** kǒucái[명]입담 **策略** cèlüè[명]전략 **礼仪** lǐyí[명]예절 **人脉** rénmài[명]인맥

2	
问：不触碰对方的禁忌，属于商务谈判的哪项原则？	질문: 상대방의 금기를 건드리지 않는 것은 비즈니스 협상의 어떤 원칙에 해당하는가?
A 宽容	A 관용
B 尊重	**B 존중**
C 知己知彼	C 지피지기
D 互惠互利	D 서로 혜택과 이익을 얻는 것

해설 음성에서 언급된 **第三，尊重。尊重是商务谈判的核心，尊重谈判对象，不触碰对方的禁忌，以免使谈判过程变得不愉快。**를 듣고 선택지 B **尊重**을 정답의 후보로 고른다. 질문이 상대방의 금기를 건드리지 않는 것은 비즈니스 협상의 어떤 원칙에 해당하는지 물었으므로, 선택지 B가 정답이다.

어휘 **禁忌** jìnjì[명]금기 **宽容** kuānróng[동]관용하다

3	
问：根据这段话，什么会关系到商务谈判的成败？	질문: 이 장문에 근거하여, 비즈니스 협상의 성패와 관계되는 것은 무엇인가?
A 谈判双方的喜好是否相投	A 협상하는 양측의 기호가 서로 일치하는지
B 谈判场合的氛围是否和谐	B 협상 장소의 분위기가 화목한지
C 谈判双方是否来自同一个共同体	C 협상하는 양측이 같은 공동체에서 왔는지
D 谈判双方看似不起眼的礼仪举止	**D 협상하는 양측의 별것 아닌 것 같은 예절과 행동**

해설 음성에서 언급된 **正所谓细节决定成败，商务谈判活动中一个看似不起眼的礼仪举止会关系到谈判的成败**를 듣고 선택지 D **谈判双方看似不起眼的礼仪举止**을 정답의 후보로 고른다. 질문이 비즈니스 협상의 성패와 관계되는 것은 무엇인지 물었으므로, 선택지 D가 정답이다.

어휘 **相投** xiāngtóu[동]일치하다, 서로 잘 맞다 **场合** chǎnghé[명]장소 **氛围** fēnwéi[명]분위기 **和谐** héxié[형]화목하다 **举止** jǔzhǐ[명]행동

4	
问：关于商务谈判礼仪，下列哪项正确？	질문: 비즈니스 협상 예절에 관해, 다음 중 옳은 것은?
A 能够使谈判过程趋于简单化	A 협상 과정을 단순화시킬 수 있다
B 是塑造企业形象的重要手段	**B 기업 이미지를 구축하는 중요한 수단이다**
C 能够加深与谈判对象的情谊	C 협상 상대와의 우정을 돈독히 할 수 있다
D 是从事商务活动时应适用的行业标准	D 상업 활동에 종사할 때 적용해야 할 업계 기준이다

해설 음성에서 언급된 **商业谈判礼仪就是塑造企业形象的重要手段**을 듣고 선택지 B **是塑造企业形象的重要手段**을 정답의 후보로 고른다. 질문이 비즈니스 협상 예절에 관해 옳은 것을 물었으므로, 선택지 B가 정답이다.

어휘 **塑造** sùzào[동]구축하다

5	
问：这段话主要谈了什么？	질문: 이 장문에서 주로 이야기하는 것은 무엇인가?
A 商务谈判礼仪的来源	A 비즈니스 협상 예절의 기원
B 商务谈判礼仪的优缺点	B 비즈니스 협상 예절의 장단점
C 商务谈判礼仪的原则和效果	**C 비즈니스 협상 예절의 원칙과 효과**
D 各行业商务谈判礼仪的不同点	D 각 업계 비즈니스 협상 예절의 차이점

해설 음성에서 언급된 **商务谈判礼仪的这五项原则有助于我们商务谈判的圆满成功，从而达到企业发展这一目的。**를 듣고 선택지 C **商务谈判礼仪的原则和效果**를 정답의 후보로 고른다. 질문이 이 장문에서 주로 이야기하는 것은 무엇인지 물었으므로, 선택지 C가 정답이다.

어휘 **来源** láiyuán[명]기원

1 B	2 C	3 D	4 A	5 D	6 为客户和社会创造价值
7 B	8 B	9 D	10 B	11 D	12 牢固而紧密
13 A	14 C	15 D	16 C	17 安全防护体系	18 D

1 - 5

个体工商户是一支庞大的社会团体组织，主要以家庭成员或个人的劳动为基础，从事工商经营活动。截至去年年底，个体工商户占据了中国国内市场主体总量的三分之二，其数量已达到1.03亿户。¹个体工商户在中国市场主体中占有极大的数量，其中大部分集中于服务业，且主要以住宿餐饮、批发零售和居民服务等业态为主。

在疫情的冲击下，部分个体工商户和小微企业面临着经营的困难，²政府高度重视该问题，²各省市出台了一系列惠企政策，例如金融支持、费用优惠及减免、精细化管理和降低注销成本等多项政策。

在金融上，部分银行精简了个体工商户的开户申请材料，并根据可识别的风险等级，精准匹配了风险防控措施。在资金上，部分省市推出了助企纾困的政策，比如持续减税降费，缓解融资压力，减免房屋租金。在管理上，³政府对经营存在困难的个体工商户采取了适当延长缓缴时间的政策，且针对不同的个体工商户设定了更加精细合理的收费方案，³促进了个体工商户的稳定经营。在注销审批上，部分省市提供了网上服务，在材料齐全的条件下，只需半天即可办理成功。

虽然疫情给中国的经济带来了不小的打击，但政府的精准帮扶增强了小微企业和个体工商户的抗风险能力，促进了个体工商户的持续健康发展。在此期间，社会上也出现了部分想要加入个体工商户行列的人。如果想要加入个体工商户的"阵营"，首先要了解个体工商户的相关法律法规和具体经营范围。

个体工商户是依据《城乡个体工商户管理暂行条例》成立和运行的。⁴在条例中明确表明，个体工商户必须要办理工商登记，取得营业执照。因此个体工商户首先要在工商行政管理部门办理完相关登记之后，才能开始准备营业事项。若个体工商户合并、转业或者歇业，也必须办理相关登记手续。除此之外，个体工商户还应当在法律允许的范围之内从事其工商经营活动，其中包括加工业、手工业、零售业、服务业、修理业等。个体工商户应当在市场监督管理部门核准的经营范围内从事经营活动。

政府高度重视和支持个体工商户的发展，因此一直在加强各项扶持政策的宣传力度。根据个体工商户的运营情况和市场主体需求，⁵政府还将推出更多具有针对性的举措，并在此基础上，完善创业就业和职业培训服务，并加大稳负、稳岗、扩就业政策的实施，持续开展金融支持个体工商户发展专项活动。最后，若发现损害个体工商户利益的各种垄断行为，政府还将依法进行查处，由此营造公平和谐的市场环境。

개인 사업자는 거대한 사회 단체 조직으로, 주로 가족 구성원이나 개인의 노동을 기반으로 하여 상공업 경영 활동에 종사한다. 작년 연말까지 개인 사업자는 중국 국내 시장 주체 총량의 3분의 2를 차지했고, 그 수는 이미 1억 300만 명에 이르렀다. ¹개인 사업자는 중국 시장 주체에서 매우 많은 수를 차지하고 있으며, 그중 대부분은 서비스업에 집중되어 있고, 주로 숙박업, 요식업, 도소매와 주민 서비스 등의 업종을 위주로 한다.

전염병 발생 상황의 충격으로, 일부 개인 사업자와 영세 기업들이 경영난을 겪고 있다. ²정부는 이 문제를 고도로 중시하여 ²각 성과 시는 일련의 기업 혜택 정책을 내놓았는데, 금융 지원, 비용 할인 및 감면, 정밀화 관리와 말소 비용 인하 등의 여러 가지 정책이 그 예다.

금융 면에서, 일부 은행은 개인 사업자의 계좌 개설 신청 서류를 간소화했고, 식별 가능한 위험 등급에 따라 위험 예방 통제 대책을 정확하게 매칭했다. 자금 면에서, 일부 성과 시는 기업 구제 정책을 내놓았는데, 지속적인 세금 감면과 행정 비용 인하, 융자 부담 완화, 주택 임대료 감면 등이 그 예다. 관리 면에서, ³정부는 경영에 어려움이 있는 개인 사업자에게 납부 유예 기간을 적절하게 연장하는 정책을 취했고, 또한 다양한 개인 사업자에 대해 더욱 세밀하고 합리적인 비용 징수 방안을 마련함으로써 ³개인 사업자의 안정적인 경영을 촉진했다. 말소 심사 허가 면에서, 일부 성과 시는 온라인 서비스를 제공했는데, 자료가 완전히 갖춰졌다는 조건 하에 반나절이면 바로 처리를 완료할 수 있다.

비록 전염병 발생 상황이 중국 경제에 적지 않은 타격을 가져다주었지만, 정부의 정확한 도움이 영세 기업과 개인 사업자의 위험 대응 능력을 강화시켜, 개인 사업자의 지속적인 건강한 발전을 촉진했다. 이 기간 동안, 사회에서는 개인 사업자의 대열에 합류하려는 사람들도 일부 나타났다. 만약 개인 사업자 '진영'에 가입하고 싶다면, 우선 개인 사업자의 관련 법률과 법규 및 구체적인 경영 범위를 이해해야 한다.

개인 사업자는 <도농개인사업자관리임시조례>에 의거하여 설립되고 굴러간다. ⁴조례에서 개인 사업자는 반드시 사업자 등록을 해야 하고, 사업자 등록증을 취득해야 한다고 ⁴명시되어 있다. 따라서 개인 사업자는 우선 상공업 행정 관리 부서에서 관련 등록을 마치고 나서야 비로소 영업과 관련된 사항을 준비할 수 있다. 만약 개인 사업자가 합병, 업종 전환 또는 휴업을 한다면 이 또한 관련된 등록 절차를 밟아야 한다. 이 밖에도, 개인 사업자는 법률이 허용하는 범위 내에서 상공업 경영 활동에 종사해야 하는데, 가공업, 수공업, 소매업, 서비스업, 수리업 등이 이에 포함된다. 그리고 개인 사업자는 시장 감독 관리 부서가 심사 비준한 경영 범위에서 경영 활동을 해야 한다.

정부는 개인 사업자의 발전을 고도로 중시하고 지원하고 있어서 각종 지원 정책의 홍보 강도를 계속해서 강화하고 있다. 개인 사업자의 운영 상황과 시장 주체의 수요에 따라, ⁵정부는 더 많은 맞춤형 조치를 선보일 것이며, 이를 바탕으로 창업, 취업과 직업 훈련 서비스를 개선하고 부담 감소, 일자리 안정화, 고용 증대 정책의 실시를 확대하며, 금융으로 개인 사업자의 발전을 지원하는 특별 활동을 지속적으로 전개해 나갈 것이다. 마지막으로 만약 개인 사업자의 이익을 침해하는 각종 독점 행위가 적발되면, 정부는 법에 따라 조사하고 처리하여 공정하고 조화로운 시장 환경을 조성할 것이다.

어휘 **个体工商户** gètǐ gōngshānghù 뗑 개인 사업자, 자영업자 **庞大** pángdà 뗑 거대하다, 방대하다 **团体** tuántǐ 뗑 단체, 집단 **成员** chéngyuán 뗑 구성원 **工商** gōngshāng 뗑 상공업 **截至** jiézhì 통 ~까지이다 **住宿** zhùsù 통 숙박하다 **批发** pīfā 통 도매하다 **零售** língshòu 통 소매하다 **居民** jūmín 뗑 주민

业态 yètài [명] 업종, 경영 형태 **疫情** yìqíng [명] 전염병 발생 상황 **冲击** chōngjī [동] 충격을 입게 하다 **小微企业** xiǎowēi qǐyè [명] 영세 기업
出台 chūtái [동] 내놓다 **一系列** yíxìliè [형] 일련의 **政策** zhèngcè [명] 정책 **金融** jīnróng [명] 금융 **减免** jiǎnmiǎn [동] 감면하다 **精细** jīngxì [형] 정밀하다
注销 zhùxiāo [동] 말소하다 **成本** chéngběn [명] 비용, 원가 **精简** jīngjiǎn [동] 간소화하다 **开户** kāihù [동] 계좌를 개설하다 **识别** shíbié [동] 식별하다
等级 děngjí [명] 등급, 계급 **精准** jīngzhǔn [형] 정확하다, 틀림없다 **匹配** pǐpèi [동] 매칭하다 **助企纾困** zhùqǐ shūkùn 기업 구제
减税降费 jiǎnshuì jiàngfèi 세금 감면과 행정 비용 인하 **融资** róngzī [동] 융자하다 **缓缴** huǎn jiǎo 납부를 유예하다 **审批** shěnpī [동] 심사하여 허가하다
齐全 qíquán [형] 완전히 갖추다, 완비하다 **帮扶** bāngfú [동] 돕다 **依据** yījù [동] 의거하다 **运行** yùnxíng [동] 굴러가다, 운행하다
营业执照 yíngyè zhízhào [명] 사업자 등록증 **行政** xíngzhèng [명] 행정 **合并** hébìng [동] 합병하다 **转业** zhuǎnyè [동] 업종을 전환하다 **歇业** xiēyè [동] 휴업하다
核准 hézhǔn [동] 심사하여 비준하다 **扶持** fúchí [동] 지원하다, 부축하다 **需求** xūqiú [명] 수요 **举措** jǔcuò [명] 조치 **创业** chuàngyè [동] 창업하다
开展 kāizhǎn [동] 전개하다 **垄断** lǒngduàn [동] 독점하다 **查处** cháchǔ [동] 조사하여 처리하다 **和谐** héxié [형] 조화롭다

1

问：在中国经济市场中，个体工商户大部分集中于哪个行业？	질문: 중국 경제 시장에서 개인 사업자는 대부분 어느 업계에 집중되어 있는가?
A 金融业 **B 服务业** C 建筑业 D 加工业	A 금융업 **B 서비스업** C 건축업 D 가공업

해설 음성에서 언급된 **个体工商户在中国市场主体中占有极大的数量，其中大部分集中于服务业**를 듣고 선택지 B **服务业**를 정답의 후보로 고른다. 질문이 중국 경제 시장에서 개인 사업자는 대부분 어느 업계에 집중되어 있는지 물었으므로, 선택지 B가 정답이다.

어휘 **个体工商户** gètǐ gōngshānghù [명] 개인 사업자, 자영업자 **金融** jīnróng [명] 금융

2

问：下列哪项不属于政府对个体工商户提供的惠企政策？	질문: 다음 중 정부가 개인 사업자에 제공하는 기업 혜택 정책에 속하지 않는 것은?
A 金融上的支持 B 精细化的管理 **C 注销成本的增加** D 费用的优惠及减免	A 금융에서의 지원 B 정밀화된 관리 **C 말소 비용의 증가** D 비용 할인 및 감면

해설 음성에서 언급된 **政府……各省市出台了一系列惠企政策，例如金融支持、费用优惠及减免、精细化管理和降低注销成本等多项政策**를 듣고 선택지 A **金融上的支持**, B **精细化的管理**, D **费用的优惠及减免**을 정답의 후보로 고른다. 질문이 정부가 개인 사업자에 제공하는 기업 혜택 정책에 속하지 않는 것을 물었으므로, 언급되지 않은 선택지 C **注销成本的增加**가 정답이다.

어휘 **政策** zhèngcè [명] 정책 **金融** jīnróng [명] 금융 **精细** jīngxì [형] 정밀하다 **注销** zhùxiāo [동] 말소하다 **成本** chéngběn [명] 비용, 원가
减免 jiǎnmiǎn [동] 감면하다

3

问：政府通过什么举措来促进商户的稳定经营？	질문: 정부는 어떤 조치를 통해서 사업자의 안정적인 경영을 촉진하는가?
A 免除商户的税金 B 帮助商户缴纳租金 C 扩大商户的经营范围 **D 延迟商户的缴费时间**	A 사업자의 세금을 면제한다 B 사업자 대신 임대료를 납부한다 C 사업자의 경영 범위를 넓힌다 **D 사업자의 비용 납부 기간을 늦춘다**

해설 음성에서 언급된 **政府对经营存在困难的个体工商户采取了适当延长缓缴时间的政策……促进了个体工商户的稳定经营**을 듣고 선택지 D **延迟商户的缴费时间**을 정답의 후보로 고른다. 질문이 정부는 어떤 조치를 통해서 사업자의 안정적인 경영을 촉진하는지 물었으므로, 선택지 D가 정답이다.

어휘 **举措** jǔcuò [명] 조치 **免除** miǎnchú [동] 면제하다 **税金** shuìjīn [명] 세금 **缴纳** jiǎonà [동] 납부하다 **缴费** jiǎofèi [동] 비용을 납부하다

4

问：个体工商户的条例中强调了什么？	질문: 개인 사업자의 조례에서 무엇을 강조했는가?
A 必须要办理工商登记 B 新的优惠政策适用范围广 C 合并或转业期间允许营业 D 可同时从事三种商业活动	**A 반드시 사업자 등록을 해야 한다** B 새로운 우대 정책은 적용 범위가 넓다 C 합병 또는 업종 전환 기간에 영업을 허락한다 D 동시에 세 가지 상업 활동에 종사할 수 있다

해설 음성에서 언급된 **在条例中明确表明, 个体工商户必须要办理工商登记**를 듣고, 선택지 A **必须要办理工商登记**를 정답의 후보로 고른다. 질문이 개인 사업자의 조례에서 무엇을 강조했는지 물었으므로, 선택지 A가 정답이다.

어휘 **条例** tiáolì 圖 조례 **合并** hébìng 圖 합병하다 **转业** zhuǎnyè 圖 업종을 전환하다

---

5 问: 这段话主要告诉我们什么?   질문: 이 장문이 주로 우리에게 알려주고자 하는 것은 무엇인가?

A 政府为扩大就业实施的新政	A 정부가 취업을 확대하기 위해 실시한 새로운 정책
B 小微企业和个体工商户的差异	B 영세 기업과 개인 사업자의 차이
C 办理工商登记时所需的具体材料	C 사업자 등록을 할 때 필요한 구체적인 자료
D 政府为个体工商户发展提供的支持	**D 개인 사업자의 발전을 위해 정부가 제공한 지원**

해설 음성에서 언급된 **政府还将推出更多具有针对性的举措, 并在此基础上, 完善创业就业和职业培训服务, 并加大减负、稳岗、扩就业政策的实施, 持续开展金融支持个体工商户发展专项活动**을 듣고 선택지 D **政府为个体工商户发展提供的支持**를 정답의 후보로 고른다. 질문이 이 장문이 주로 우리에게 알려주고자 하는 것을 물었으므로, 선택지 D가 정답이다.

어휘 **实施** shíshī 圖 실시하다 **新政** xīnzhèng 圖 새로운 정책 **小微企业** xiǎowēi qǐyè 圖 영세 기업

---

6 - 11

尊敬的各位嘉宾、亲爱的员工们, 大家好! 很高兴能够在这个重要的场合与大家相聚, 接下来我来谈谈我的一些看法。首先, 我想借此机会向全体员工表示崇高的敬意和衷心的感谢, 是你们一直以来的辛勤努力和付出, 为公司的发展奠定了坚实的基础, 推动了我们在全球范围内的成功。同时, 我也要向众多合作伙伴表示感谢, 感谢你们对我们的信任和支持。

今天, 我特意选择在这个场合发表言论, 是因为我认为我们所处的时代充满了机遇和挑战, 需要我们思考和行动。[6]我们公司始终秉承着"使命必达"的企业文化, 致力于为客户创造价值, 也为社会创造价值。然而, 我们不可避免地要面对来自内外部环境的各种困难和挑战。

首先, [7]我想强调的是全球经济环境的不确定性。目前, 错综复杂的国际局势和各国间的贸易摩擦给企业的经济带来了不少的影响和压力。面对这种情况, 我们不能止步不前, 应该积极面对变化, 灵活应对, 寻找新的增长点和发展机会。

其次, [8]数字化和新技术的浪潮席卷全球, 为各行各业带来了深刻的变革。作为信息与通信技术领域的领军企业, [8]我们必须要紧跟时代的步伐, 不断创新和超越自我。只有敢想敢干, 才能在激烈的市场竞争中立于不败之地。

此外, 还有我特别关注的[9]人才培养与激励。人才是企业发展的核心驱动力。在这个信息时代, 人才资本的价值愈发凸显。因此, [9]我们要不断加强员工培训, 提升专业技能和创新能力, 让员工们能够更好地适应和应对未来的变化。

最后, 我想强调的是社会责任的重要性。作为一家全球性企业, 我们不仅要追求经济效益, [10]更要积极承担起社会责任。正所谓"天下兴亡, 匹夫有责", 我们要始终坚持诚信经营, 履行企业公民的义务, 为社会的可持续发展贡献力量。同时, 我们也要注重生态环境的保护, 致力于构建更加美丽的地球家园。

존경하는 귀빈 여러분, 친애하는 직원 여러분, 안녕하세요! 이 중요한 자리에 여러분과 함께할 수 있어 기쁩니다. 이어서 저의 생각을 말해보겠습니다. 우선, 저는 이 기회를 빌려 전 직원 여러분들에게 숭고한 경의와 깊은 감사를 표하고 싶습니다. 여러분들이 줄곧 부지런히 노력하고 고생하여 회사의 발전을 위해 견고한 기초를 다져주었고, 우리가 전 세계적으로 성공할 수 있게 이끌었습니다. 동시에 저는 많은 파트너에게도 감사를 표합니다. 우리 회사를 믿어주시고 지지해 주셔서 감사합니다.

오늘 제가 특별히 이 자리에서 의견을 발표하게 된 것은, 우리가 처한 시대가 기회와 도전으로 가득 차 있어 우리가 생각하고 행동할 필요가 있다고 생각하기 때문입니다. [6]우리 회사는 줄곧 '사명을 완수한다'라는 기업 문화를 계승하고 있고, 고객을 위한 가치 창출에 힘쓰고 있으며, 사회를 위한 가치 창출에도 힘쓰고 있습니다. 그러나 우리는 불가피하게도 내부 및 외부 환경의 다양한 어려움과 도전에 직면해야 합니다.

우선 [7]저는 글로벌 경제 환경의 불확실성을 강조하고 싶습니다. 현재 복잡하게 얽힌 국제 정세와 각 국가 간의 무역 마찰이 기업 경제에 많은 영향과 부담을 가져왔습니다. 이러한 상황에 직면하여 우리는 멈추면 안 되고, 변화에 적극적으로 대응하고 유연하게 대응하며, 새로운 성장 포인트와 발전 기회를 찾아야 합니다.

그다음으로, [8]디지털화와 신기술의 물결이 전 세계를 휩쓸며 각종 산업에 큰 변혁을 가져왔습니다. 정보통신기술 분야의 선도기업으로서 [8]우리는 반드시 시대의 흐름에 발맞춰 끊임없이 혁신하고 스스로를 뛰어넘어야 합니다. 대담하게 생각하고 과감하게 행동해야만 치열한 시장 경쟁에서 확고한 위치를 차지할 수 있습니다.

이 외에, 제가 특히 주목하는 [9]인재 양성과 동기부여에 있습니다. 인재는 기업 발전의 핵심 원동력입니다. 이 정보화 시대에 인재 자본의 가치는 더욱 두드러지고 있습니다. 따라서 [9]우리는 직원 교육을 지속적으로 강화하고 직원들의 전문 기술과 혁신 능력을 향상하여 직원들이 미래의 변화에 더 잘 적응하고 대처할 수 있도록 해야 합니다.

마지막으로 저는 사회적 책임의 중요성을 강조하고 싶습니다. 글로벌 기업으로서 우리는 경제적 효과와 이익을 추구해야 할 뿐만 아니라 [10]사회적 책임도 적극적으로 부담해야 합니다. '나라의 흥망은 모든 사람에게 책임이 있다'라는 것처럼 우리는 항상 신용을 지키며 경영하고 기업시민의 의무를 이행하며, 사회의 지속 가능한 발전에 힘을 보태야 합니다. 동시에 우리는 생태 환경 보호도 중시하여 더 아름다운 지구를 만드는 데 힘써야 합니다.

在面对严峻的市场环境和激烈的行业竞争时，我们公司一直都保持着乐观向前的信心和底气。¹¹未来，我们会一如既往地推动技术创新与业务创新，持续提升竞争力和核心能力，为实现伟大目标而不懈努力。

再次感谢大家的支持和配合，让我们携手同行，共创美好未来！谢谢大家。

가혹한 시장 환경과 치열한 산업 경쟁에 직면했을 때, 우리 회사는 줄곧 낙관적이고 발전적인 확신과 저력을 유지했습니다. ¹¹앞으로 우리는 지난날과 다름없이 기술 혁신과 비즈니스 혁신을 추진하고, 경쟁력과 핵심 능력을 지속적으로 향상하여 위대한 목표를 달성하기 위해 부단히 노력할 것입니다.

다시 한번 여러분의 지지와 협조에 감사드리며, 우리 함께 협력하며 나아가 아름다운 미래를 창조합시다! 감사합니다.

어휘
场合 chǎnghé 圐 자리, 장소　崇高 chónggāo 圐 숭고하다　衷心 zhōngxīn 圐 진심의　辛勤 xīnqín 圐 부지런하다　奠定 diàndìng 圐 다지다
坚实 jiānshí 圐 견고하다　特意 tèyì 嘌 특별히　言论 yánlùn 圐 의견, 언사　机遇 jīyù 圐 기회　秉承 bǐngchéng 圐 계승하다　使命 shǐmìng 圐 사명, 중대한 책임
致力 zhìlì 圐 힘쓰다　客户 kèhù 圐 고객, 바이어　错综复杂 cuòzōngfùzá 복잡하게 얽히다　局势 júshì 圐 정세　摩擦 mócā 圐 마찰
灵活 línghuó 圐 유연하다, 융통성이 있다　数字化 shùzìhuà 圐 디지털화하다　浪潮 làngcháo 圐 물결　席卷 xíjuǎn 圐 휩쓸다
变革 biàngé 圐 (주로 사회 제도를) 변혁하다　步伐 bùfá 圐 발걸음　创新 chuàngxīn 圐 혁신하다　超越 chāoyuè 圐 뛰어넘다
立于不败之地 lì yú bú bài zhī dì 확고한 위치를 차지하다　关注 guānzhù 圐 주목하다, 관심을 가지다　激励 jīlì 圐 격려하다, 북돋워 주다
驱动力 qūdònglì 圐 원동력　资本 zīběn 圐 자본, 밑천　愈 yù 嘌 더욱　凸显 tūxiǎn 圐 두드러지다, 분명하게 드러나다　效益 xiàoyì 圐 효과와 이익
天下兴亡，匹夫有责 tiānxià xīngwáng, pǐfū yǒu zé 나라의 흥망은 모든 사람에게 책임이 있다　诚信 chéngxìn 圐 신용을 지키다　履行 lǚxíng 圐 이행하다
公民 gōngmín 圐 시민, 국민　注重 zhùzhòng 圐 중시하다　生态 shēngtài 圐 생태　严峻 yánjùn 圐 가혹하다　底气 dǐqì 圐 저력
一如既往 yìrújìwǎng 지난날과 다름없다　不懈努力 búxiè nǔlì 부단히 노력하다　携手 xiéshǒu 圐 협력하다

6　"使命必达"的企业文化强调了要专注于**为客户和社会创造价值**。
'사명을 완수한다'라는 기업 문화는 **고객과 사회를 위해 가치를 창출하는 것**에 전념해야 한다는 것을 강조했다.

해설　음성에서 언급된 我们公司始终秉承着"使命必达"的企业文化,致力于为客户创造价值,也为社会创造价值。을 듣고 为客户和社会创造价值을 정답으로 작성한다.

어휘　使命 shǐmìng 圐 사명, 중대한 책임　专注 zhuānzhù 圐 전념하다

7　问：全球经济环境的不确定性主要受到了什么影响？
질문: 글로벌 경제 환경의 불확실성은 주로 어떤 영향을 받았는가?

A 变化多端的环境和气候问题
B **复杂的国际局势和贸易摩擦**
C 全球500强企业内部的管理问题
D 国际市场对科技产品需求下降的趋势

A 변덕스러운 환경과 기후 문제
B **복잡한 국제 정세와 무역 마찰**
C 전세계 500대 기업 내부의 관리 문제
D 국제 시장의 과학 기술 제품에 대한 수요의 하락 추세

해설　음성에서 언급된 我想强调的是全球经济环境的不确定性。目前,错综复杂的国际局势和各国间的贸易摩擦给企业的经济带来了不少的影响和压力。를 듣고 선택지 B 复杂的国际局势和贸易摩擦를 정답의 후보로 고른다. 질문이 글로벌 경제 환경의 불확실성은 주로 어떤 영향을 받았는지 물었으므로 선택지 B가 정답이다.

어휘　变化多端 biànhuàduōduān 圐 변덕스럽다　局势 júshì 圐 정세　摩擦 mócā 圐 마찰

8　问：男的为什么强调数字化和新技术的浪潮？
질문: 남자는 왜 디지털화와 신기술의 물결을 강조했는가?

A 为公司现时的困难感到担忧
B **提醒员工要关注时代的发展趋势**
C 凸显公司在技术领域的领导地位
D 信息与通信技术领域需要年轻的人才

A 회사의 현재 어려움 때문에 걱정한다
B **직원들에게 시대의 발전 추세에 주목해야 한다고 일깨운다**
C 회사의 기술 분야에서의 지위를 부각시킨다
D 정보통신기술 분야에 젊은 인재가 필요하다

해설　음성에서 언급된 数字化和新技术的浪潮席卷全球……我们必须要紧跟时代的步伐를 듣고 선택지 B 提醒员工要关注时代的发展趋势를 정답의 후보로 고른다. 질문이 남자는 왜 디지털화와 신기술의 물결을 강조했는지 물었으므로 선택지 B가 정답이다.

어휘　数字化 shùzìhuà 圐 디지털화하다　浪潮 làngcháo 圐 물결　担忧 dānyōu 圐 걱정하다　关注 guānzhù 圐 주목하다, 관심을 가지다
凸显 tūxiǎn 圐 부각하다, 분명하게 드러나다　领域 lǐngyù 圐 분야, 영역

9　问：关于人才培养与激励，下列哪项正确？
질문: 인재 양성과 동기부여에 대해, 다음 중 옳은 것은?

A 人才资本的价值越来越小
B 大幅提高薪资是最有效的方法
C 培养员工工作时的专注度是根本
D **提升员工的专业技能和创新能力很重要**

A 인재 자본의 가치가 점점 줄어든다
B 임금을 대폭 인상하는 것이 가장 효과적인 방법이다
C 직원들의 업무 집중도를 키우는 것이 기본이다
D **직원들의 전문 기술과 혁신 능력을 향상하는 것이 중요하다**

해설 음성에서 언급된 **人才培养与激励……我们要不断加强员工培训，提升专业技能和创新能力**를 듣고 선택지 D **提升员工的专业技能和创新能力很重要**를 정답의 후보로 고른다. 질문이 인재 양성과 동기부여에 대해 옳은 것을 물었으므로 선택지 D가 정답이다.

어휘 **激励** jīlì [동] 격려하다, 북돋워 주다 **资本** zīběn [명] 자본, 밑천 **薪资** xīnzī [명] 임금 **专注** zhuānzhù [동] 집중하다, 전념하다 **创新** chuàngxīn [동] 혁신하다

10 问：男的提到"天下兴亡，匹夫有责"是为了说明什么？

질문: 남자가 '나라의 흥망은 모든 사람에게 책임이 있다'를 언급한 것은 무엇을 설명하기 위함인가?

A 政府给了企业强大的支持
B 企业要承担的社会责任十分重大
C 企业的经济效益对社会的影响很大
D 合作伙伴对企业的发展起到了推动作用

A 정부는 기업에 강력한 지원을 제공했다
B 기업이 부담해야 하는 사회적 책임이 매우 중대하다
C 기업의 경제적 효과와 이익은 사회에 미치는 영향이 크다
D 파트너는 기업의 발전을 촉진하는 역할을 했다

해설 음성에서 언급된 **更要积极承担起社会责任。正所谓"天下兴亡，匹夫有责"**를 듣고 선택지 B **企业要承担的社会责任十分重大**를 정답의 후보로 고른다. 질문이 남자가 '나라의 흥망은 모든 사람에게 책임이 있다'를 언급한 것은 무엇을 설명하기 위함인지 물었으므로 선택지 B가 정답이다.

어휘 **天下兴亡，匹夫有责** tiānxià xīngwáng, pǐfū yǒu zé 나라의 흥망은 모든 사람에게 책임이 있다 **效益** xiàoyì [명] 효과와 이익

11 问：男的的公司未来会采取怎样的行动？

질문: 남자의 회사는 앞으로 어떤 행동을 취할 것인가?

A 加大对公司的宣传力度
B 始终把员工的利益放在第一位
C 保持现状，维持公司现时的经营状态
D 发展技术创新与业务创新，提高竞争力

A 회사에 대한 홍보 강도를 높인다
B 항상 직원들의 이익을 최우선으로 생각한다
C 현상을 유지하고, 회사의 현재 경영 상태를 유지한다
D 기술 혁신과 비즈니스 혁신을 발전시키고, 경쟁력을 높인다

해설 음성에서 언급된 **未来，我们会一如既往地推动技术创新与业务创新，持续提升竞争力和核心能力，为实现伟大目标而不懈努力。**를 듣고 선택지 D **发展技术创新与业务创新，提高竞争力**를 정답의 후보로 고른다. 질문이 남자의 회사는 앞으로 어떤 행동을 취할 것인지 물었으므로 선택지 D가 정답이다.

어휘 **力度** lìdù [명] 힘의 강도 **创新** chuàngxīn [동] 혁신하다

12 - 18

150千米深的地球内部温度超过1000℃，压力相当于地表的5万倍，在这里，部分坚硬的岩石会在高温高压下熔化，但同时也发生着自然界中最美妙的转变。在犹如炼炉的环境中，平平无奇的六边形石墨晶体逐渐转变为晶莹剔透的天然金刚石。

金刚石是自然界最坚硬的物质，在工业生产中发挥着非常重要的作用。它还有另外一个名字——"钻石"。金刚石极其坚硬的原因在于其分子结构，12**牢固而紧密**的立体结构赋予了金刚石极高的硬度。虽然13金刚石的硬度在自然界可谓无敌，但它13在硬物撞击下也容易发生碎裂。此外，金刚石不具导电性，这无疑会对金刚石的运用造成一定的限制。

那么是否有一种材料，既具备和金刚石相媲美的硬度，又具备导电性呢？答案是：有。近日，来自中国燕山大学的研究团队成功研制出了一种全新的非晶体材料。领导这项研究的田永君院士一直深耕于超硬材料领域。在最新的研究中，他的14研究团队在高温高压条件下瓦解并重建了富勒烯的晶体结构，制作出了新型非晶体材料。这种非晶体材料和金刚石有一些相似之处，主要由碳原子构成。但不同的是，金刚石的原子和分子的排列是完美的晶体结构，而15非晶体材料的原子和分子的排列不整齐，其结构更加混乱。

150km 깊이의 지구 내부 온도는 1000℃가 넘고, 압력은 지표면의 5만 배에 이른다. 이곳에서 일부 단단한 암석은 고온 고압에서 녹아내리지만, 자연에서 가장 아름다운 변화도 함께 일어나고 있다. 용광로와 같은 환경에서, 특이함이 없이 평범한 육각형 흑연 결정체가 점차 반짝이고 투명한 천연 금강석으로 변화하고 있다.

금강석은 자연에서 가장 단단한 물질로, 공업 생산에서 매우 중요한 역할을 발휘하고 있다. 그것은 '다이아몬드'라는 또 다른 이름도 있다. 금강석이 매우 단단한 이유는 그것의 분자 구조에 있는데, 12**견고하고 치밀한** 입체 구조가 금강석에 높은 경도를 부여했다. 비록 13금강석의 경도는 자연에서 무적이라고 할 수 있지만, 이것은 13단단한 물체에 부딪히면 깨지기 쉽기도 하다. 이 밖에도 금강석은 전도성이 없어서, 이는 틀림없이 금강석의 활용에 어느 정도의 제한을 초래할 것이다.

그렇다면 금강석과 견줄 만한 경도를 가지고 있으면서 전도성도 갖춘 소재가 있을까? 정답은 '있다'이다. 최근 중국옌산대학 연구팀이 새로운 비결정 소재를 성공적으로 연구 제작해냈다. 이 연구를 이끈 톈용쥔 원사는 줄곧 초경질 소재 분야를 깊이 연구해 왔다. 최근 연구에서 그의 14연구팀은 고온 고압 조건에서 풀러렌의 결정 구조를 분해하고 복구해 새로운 비결정 소재를 만들어냈다. 이 비결정 소재는 금강석과 닮은 점이 있는데, 주로 탄소 원자로 이루어져 있다는 점이다. 그러나 다른 점은, 금강석의 원자와 분자의 배열은 완벽한 결정 구조이지만, 15비결정 소재의 원자와 분자의 배열은 일정하지 않아 그 구조가 더 혼란스럽다.

根据力学性能测试，这种新型非晶体材料维氏硬度比金刚石还高，因此可以划破金刚石晶面。除了硬度很高之外，它的强度也与金刚石相当。[16]这是有史以来玻璃态碳中硬度最高、强度最强的物质。与金刚石相比，它还具备两个优势。首先，[16]金刚石韧性不足的问题在这种非晶体材料上得到了解决。其次，它还具有半导体特性。

结合优越的力学性能与半导体性能的新型非晶体材料有望在各个领域得到广泛的应用。在交通运输领域，[17]用这种[17]非晶体材料制造出来的车窗玻璃将比普通玻璃硬至少数十倍，这将大幅度加强汽车、高铁等[17]交通运输工具的安全防护体系。此外，[18]新型非晶体材料还可能将在光伏发电领域"大展身手"，提高太阳能转化为电能的效率。

这一研发成果证明中国的科研实力实际上已经走在了世界前列，在世界范围内具有相当大的竞争力。相信在科研人员的努力下，这类新型非晶体材料将在不远的将来走出实验室，投入到工业生产中。

역학 성능 테스트에 따르면 이 새로운 비결정 소재는 금강석보다 비커스 경도가 더 높아, 금강석 결정면을 긁을 수 있다. 경도가 높다는 점을 제외하고도 이것의 강도는 금강석에 맞먹는다. [16]이는 역대 유리상 탄소 중 경도가 가장 높고, 강도가 가장 센 물질이다. 금강석과 비교했을 때, 이것은 두 가지 장점을 가지고 있다. 우선 [16]금강석의 인성이 부족한 문제는 이런 비결정 소재에서 해결됐다. 둘째, 이것은 반도체 특성도 가지고 있다.

뛰어난 역학적 성능과 반도체 성능이 결합된 새로운 비결정 소재는 각 분야에서 널리 응용될 수 있을 것으로 기대된다. 교통 운송 분야에서 이 [17]비결정 소재로 만든 차창 유리는 일반 유리보다 최소 수십 배 이상 단단할 것이며, 이는 자동차, 고속 철도 등 [17]교통수단의 안전 보호 체계를 대폭 강화할 것이다. 이 외에, [18]새로운 비결정 소재는 태양광 발전 분야에서도 '힘을 발휘해' 태양 에너지를 전기 에너지로 전환하는 효율을 높일 수 있을 것이다.

이 연구 개발 성과는 중국의 과학 연구 실력이 사실상 세계 최고 수준에 올라섰고, 세계적으로 상당한 경쟁력을 갖추고 있다는 것을 증명한다. 과학 연구원의 노력으로 이런 새로운 비결정 소재가 머지않은 미래에 실험실에서 나와 공업 생산에 투입될 것이라고 믿는다.

어휘 **坚硬** jiānyìng [형] 단단하다, 견고하다 **岩石** yánshí [명] 암석, 바위 **高压** gāoyā [명] 고압, 높은 압력 **熔化** rónghuà [동] 녹아내리다, 용화하다
美妙 měimiào [형] 아름답다, 훌륭하다 **犹如** yóurú [동] (마치) ~와 같다 **炼炉** liànlú [명] 용광로 **平平无奇** píngpíng wú qí 특이함이 없이 평범하다
石墨 shímò [명] 흑연 **晶莹剔透** jīngyíngtītòu [성] 반짝이고 투명하다 **金刚石** jīngāngshí [명] 금강석, 다이아몬드 **钻石** zuànshí [명] 다이아몬드
牢固 láogù [형] 견고하다 **立体** lìtǐ [형] 입체의 **赋予** fùyǔ [동] 부여하다 **硬度** yìngdù [명] 경도[물질의 단단하고 무른 정도] **硬物** yìngwù [명] 단단한 물체
撞击 zhuàngjī [동] 부딪히다 **碎裂** suìliè [동] 깨지다 **导电性** dǎodiànxìng [명] 전도성 **相媲美** xiāng pìměi ~와 견줄 만하다 **研制** yánzhì [동] 연구 제작하다
晶体 jīngtǐ [명] 결정(체) **深耕** shēn gēng 깊이 연구하다 **瓦解** wǎjiě [동] 분해하다, 와해되다 **富勒烯** fùlèxī [명] 풀러렌[탄소의 동소체]
新型 xīnxíng [형] 새로운, 신형의 **混乱** hùnluàn [형] 혼란스럽다 **性能** xìngnéng [명] 성능 **测试** cèshì [동] 테스트하다
维氏硬度 wéishì yìngdù [명] 비커스 경도[경도 표시법 중 하나] **玻璃态碳** bōli tài tàn [명] 유리상 탄소[파단면이 유리와 같은 탄소 재료]
韧性 rènxìng [명] 인성[재료의 질긴 정도] **优越** yōuyuè [형] 뛰어나다 **大幅度** dà fúdù 대폭 **体系** tǐxì [명] 체계, 시스템 **光伏发电** guāngfú fādiàn 태양광 발전
大展身手 dà zhǎn shēnshǒu 힘을 발휘하다 **实力** shílì [명] 실력, 힘

12 牢固而紧密的立体结构赋予了金刚石极高的硬度。 | 견고하고 치밀한 입체 구조가 금강석에 높은 경도를 부여했다.

해설 음성에서 언급된 **牢固而紧密的立体结构赋予了金刚石极高的硬度**를 듣고 **牢固而紧密**를 정답으로 작성한다.

어휘 **牢固** láogù [형] 견고하다 **立体** lìtǐ [형] 입체의 **赋予** fùyǔ [동] 부여하다 **金刚石** jīngāngshí [명] 금강석, 다이아몬드
硬度 yìngdù [명] 경도[물질의 단단하고 무른 정도]

13 问：关于金刚石的特点，可以知道什么？ | 질문: 금강석의 특징에 관해, 알 수 있는 것은 무엇인가?

A 在硬物撞击下容易发生碎裂
B 具有良好的导电性及导热性
C 会在超过1000℃的温度下熔化
D 有另外一个名字——"非晶体态"

A 단단한 물체에 부딪히면 깨지기 쉽다
B 훌륭한 전도성과 열전도성을 가지고 있다
C 1000℃가 넘는 온도에서 녹아내린다
D '비결정 상태'라는 다른 이름이 있다

해설 음성에서 언급된 **金刚石……在硬物撞击下也容易发生碎裂**를 듣고 선택지 A **在硬物撞击下容易发生碎裂**를 정답의 후보로 고른다. 질문이 금강석의 특징에 관해 알 수 있는 것을 물었으므로, 선택지 A가 정답이다.

어휘 **硬物** yìngwù [명] 단단한 물체 **撞击** zhuàngjī [동] 부딪히다 **碎裂** suìliè [동] 깨지다 **导电性** dǎodiànxìng [명] 전도성 **导热性** dǎorèxìng [명] 열전도성
熔化 rónghuà [동] 녹아내리다 **晶体** jīngtǐ [명] 결정(체)

14 问：研究团队用怎样的方式研发出了新型非晶体材料？ | 질문: 연구팀은 어떤 방법으로 새로운 비결정 소재를 연구 개발해냈는가?

A 在金刚石的晶面涂了一层碳粉
B 将金刚石放置于密封的环境中
C 瓦解并重建了富勒烯的晶体结构
D 给内部的碳原子注入了二氧化碳

A 금강석의 결정면에 탄소 분말을 발랐다
B 금강석을 밀봉된 환경에 놓는다
C 풀러렌의 결정 구조를 분해하고 복구했다
D 내부 탄소 원자에 이산화 탄소를 주입했다

해설 음성에서 언급된 研究团队在高温高压条件下瓦解并重建了富勒烯的晶体结构,制作出了新型非晶体材料를 듣고 선택지 C 瓦解并重建了 富勒烯的晶体结构를 정답의 후보로 고른다. 질문이 연구팀은 어떤 방법으로 새로운 비결정 소재를 연구 개발해냈는지 물었으므로, 선택지 C가 정답이다.

어휘 新型 xīnxíng 형 새로운, 신형의 涂 tú 통 바르다 密封 mìfēng 통 밀봉하다 瓦解 wǎjiě 통 분해하다, 와해되다 富勒烯 fùlèxī 명 풀러렌[탄소의 동소체]
　　 注入 zhùrù 주입하다 二氧化碳 èryǎnghuàtàn 명 이산화 탄소

---

15 问：新型非晶体材料的内部结构怎么样? 　질문: 새로운 비결정 소재의 내부 구조는 어떠한가?

A 密度比晶体结构大 　A 밀도가 결정 구조보다 크다
B 分子没有固定形状 　B 분자가 고정된 형태가 없다
C 分子直径大于晶体结构 　C 분자의 직경이 결정 구조보다 크다
D 原子和分子结构排列混乱 　**D 원자와 분자 구조 배열이 혼란스럽다**

해설 음성에서 언급된 非晶体材料的原子和分子的排列不整齐,其结构更加混乱을 듣고 선택지 D 原子和分子结构排列混乱을 정답의 후보로 고른다. 질문이 새로운 비결정 소재의 내부 구조는 어떠한지 물었으므로, 선택지 D가 정답이다.

어휘 密度 mìdù 명 밀도 混乱 hùnluàn 형 혼란스럽다 直径 zhíjìng 명 직경

---

16 问：与金刚石相比，新型非晶体材料具有怎样的优势? 　질문: 금강석과 비교했을 때, 새로운 비결정 소재는 어떤 장점을 가지고 있는가?

A 强度高于金刚石 　A 강도가 금강석보다 높다
B 具有高粘滞系数 　B 높은 점성 계수를 가지고 있다
C 硬度与韧性均可兼得 　**C 경도와 인성을 모두 가지고 있다**
D 更适合用来制作工艺品 　D 공예품을 제작하기에 더욱 적합하다

해설 음성에서 언급된 这是有史以来玻璃态碳中硬度最高、强度最强的物质。과 金刚石韧性不足的问题在这种非晶体材料上得到了解决를 듣고 선택지 C 硬度与韧性均可兼得를 정답의 후보로 고른다. 질문이 금강석과 비교했을 때 새로운 비결정 소재는 어떤 장점을 가지고 있는지 물었으므로, 선택지 C가 정답이다.

어휘 粘滞系数 niánzhì xìshù 명 점성 계수[유체가 지닌 점성의 크기를 나타내는 값] 韧性 rènxìng 명 인성[재료의 질긴 정도] 兼得 jiān dé 모두 가지고 있다

---

17 用非晶体材料制造出来的车窗玻璃将比普通玻璃硬至少 数十倍，这将大幅度加强交通运输工具的**安全防护体 系**。 　비결정 소재로 만든 차창 유리는 일반 유리보다 최소 수십 배 이상 단단할 것이며, 이는 교통수단의 **안전 보호 체계**를 대폭 강화할 것 이다.

해설 음성에서 언급된 用……非晶体材料制造出来的车窗玻璃将比普通玻璃硬至少数十倍,这将大幅度加强……交通运输工具的安全防护体系 를 듣고 安全防护体系를 정답으로 작성한다.

어휘 大幅度 dà fúdù 대폭 体系 tǐxì 명 체계, 시스템

---

18 问：新型非晶体材料还将在哪一领域发挥自身特性? 　질문: 새로운 비결정 소재는 또 어느 분야에서 자신의 특성을 발휘할 것인가?

A 军事领域 　A 군사 분야
B 医疗器械领域 　B 의료 기계 분야
C 人工智能领域 　C 인공지능 분야
D 光伏发电领域 　**D 태양광 발전 분야**

해설 음성에서 언급된 新型非晶体材料还可能将在光伏发电领域"大展身手",提高太阳能转化为电能的效率를 듣고 선택지 D 光伏发电领域를 정답의 후보로 고른다. 질문이 새로운 비결정 소재는 또 어느 분야에서 자신의 특성을 발휘할 것인지 물었으므로, 선택지 D가 정답이다.

어휘 器械 qìxiè 명 기계 人工智能 réngōng zhìnéng 명 인공지능 光伏发电 guāngfú fādiàn 태양광 발전

독해

제1부분

시간을 단축하는 문제풀이 스텝
p.61

　'계문' 또는 '은허문자'로 불리는 갑골문은 오늘날 만나볼 수 있는 최초의 한자이다. 갑골문은 주로 중국 상나라 말기 왕실에서 점을 치고 역사를 기록하기 위해 거북이 껍데기나 짐승 뼈에 새긴 문자를 가리키는데, 내용은 일반적으로 점을 치면서 물어본 내용이나 얻은 결과이다. 은상이 멸망하고, 주나라가 흥성한 뒤에도 갑골문은 한동안 사용되었다. 이 때문에 갑골문은 상나라와 주나라 시대 사회 역사를 연구하는 중요한 자료이다. 갑골문은 원시 조각 부호를 계승하면서 청동 명문에 영향을 주었으며, 한자 발전의 가장 중요한 형태이다.

　갑골문은 허난 안양의 어느 작은 마을 주민들에 의해서 최초로 발견된 것으로, 당시 이들은 이것이 고대 유물인 줄 모르고 그것을 만병통치의 약재인 '용골'로만 사용했다. 그들은 갑골문이 새겨진 많은 거북이 껍데기와 짐승 뼈를 가루로 갈고 약으로 삼아서 먹었는데, 이것이 이른바 '사람이 상 왕조 역사를 삼키다'이다.

　훗날 청나라 조정의 명관인 왕의영이 무심코 자신이 먹은 '용골'에 부호가 새겨진 것을 보고, 너무 궁금해서 자세히 들여다보기 시작했다. [41]더 많은 '용골'을 찾아 심도 있는 연구를 하기 위해, 그는 사람을 보내 약방의 부호가 새겨진 모든 '용골'을 전부 사들였고, 이러한 기이한 도안을 그려놓았다. 오랜 시간의 연구를 거쳐서 그는 이것이 일종의 문자라는 것을 확신했다. 이것이 갑골문의 가치가 최초로 인정받은 사건이고, 왕의영도 이로 인해 후손들에게 '갑골문의 아버지'로 칭송받았다.

　갑골문은 중국 최초의 체계적인 문자이면서 비교적 성숙한 문자이기도 한데, 그것의 점, 가로획, 왼 삐침과 오른 삐침 그리고 밀도 있는 구조는 모두 서예의 기본 특징을 갖추고 있다. 그것은 서예 예술의 아름다움을 내포하고 있으며, 감상하고 음미할 가치가 있다. 갑골문은 상형, 지사, 회의, 가차, 전주, 형성이라는 '육서'의 한자 구조 법칙을 따르고 있어, 많은 서예가에게 수준 높은 서예 예술로 인식되고 있다. 중국의 저명한 작가 궈모뤄는 일전에 갑골문에 대한 찬탄을 드러낸 적이 있는데, 그는 한 책에서 "갑골문자는 거북이 껍데기에 새겨져 있고, 그 새김의 정교함과 글자의 아름다움은 우리 같이 수천 년 뒤의 후대 사람들의 마음을 끌리게 한다"라고 했다. 오늘날 서예계에는 '갑골문 서예'가 나타났는데, 이것은 갑골문의 특징을 참고하고 자체적인 창조를 더한 현대 서예 작품을 가리킨다. 서예가들은 갑골문을 일종의 영감으로 간주한다. 그러나 그들은 갑골문의 서예적 특징을 엄격하게 따져서 창작하지 않고, 갑골문, 금문, 전국시대 문자 등 다양한 고대 문자의 특징을 종합하여 창작한다.

41. 갑골문의 가치는 어떻게 인정받게 되었는가?

　　A 주나라 사람이 점치는 데 쓰는 뼈를 발견했다
　　B 서예가가 갑골문 서예 작품을 창조했다
　　C 마을 사람이 글자가 새겨진 짐승 뼈를 약재로 사용했다
　　D 한 관원이 부호가 새겨진 '용골'을 심도 있게 연구했다

어휘 甲骨文 jiǎgǔwén 圏갑골문　占卜 zhānbǔ 圏점치다　契刻 qìkè 圏새기다　灭亡 mièwáng 圏멸망하다　兴起 xīngqǐ 圏흥성하다　符号 fúhào 圏부호
铭文 míngwén 圏명문[기물 등에 새겨져 있는 글자]　形态 xíngtài 圏형태　遗物 yíwù 圏유물　粉末 fěnmò 圏가루, 분말　朝廷 cháotíng 圏조정
端详 duānxiang 圏자세히 보다　图案 tú'àn 圏도안　确信 quèxìn 圏확신하다　撇捺 piěnà 圏왼 삐침과 오른 삐침[한자의 필획을 가리킴]
书法 shūfǎ 圏서예, 서법　遵循 zūnxún 圏따르다　六书 liùshū 육서[한자의 구조 및 사용에 관한 6가지의 명칭]　透露 tòulù 圏드러내다
赞赏 zànshǎng 圏찬탄하다, 칭찬하다　借鉴 jièjiàn 圏참고로 하다　灵感 línggǎn 圏영감　创作 chuàngzuò 圏(문예 작품을) 창작하다

고득점비책 01 세부 내용 문제 공략하기 p.62

전략 적용
p.63

1.　패럴림픽은 국제올림픽위원회와 국제패럴림픽위원회가 주최하는, 오로지 장애인만을 위해 열리는 세계 대형 종합 스포츠 대회로, 4년마다 1번씩 개최된다. 패럴림픽은 하계 패럴림픽과 동계 패럴림픽으로 나뉜다. 하계 패럴림픽은 1960년에 시작되었고, 양궁, 육상 경기, 승마, 맹인 골볼, 역도 등 많은 경기 종목들이 있다. 동계 패럴림픽은 1976년부터 개최되기 시작했는데, 경기 종목에는 알파인 스키, 크로스컨트리 스키, 아이스하키, 휠체어 댄스스포츠 등 4개의 큰 종목이 있고, 각각의 큰 종목마다 몇 개의 작은 종목들이 포함되어 있다.

　패럴림픽의 경기 종목은 몇십 년 동안의 발전과 변천 과정에서 거의 매회 변화가 있었는데, 어떤 종목은 잠깐 나타났다가 바로 사라져 버렸고, 어떤 종목들은 오랫동안 성행하여 오늘날까지 남아 있다. 패럴림픽의 단결, 우정, 용기 및 진실된 경쟁의 이념이 사람들의 마음속에 깊이 파고들면서, 참가 국가, 지역의 수와 참가 선수의 수는 매회 점점 늘어나는 추세를 보이고, 패럴림픽의 영향력은 나날이 커지고 있다.

　패럴림픽의 참가 인원은 왜 점차 증가하는 추세를 보이는가?

　　A 사람들이 많은 상금을 받고 싶어서

B 패럴림픽의 이념이 사람들의 마음속에 깊이 파고들어서

C 장애인의 인권이 보장을 받아서

D 올림픽 경기장이 더욱더 사람 중심으로 설계돼서

어휘 残疾人奥林匹克运动会 Cánjírén Àolínpǐkè Yùndònghuì 〔고유〕패럴림픽[장애인 올림픽] 主办 zhǔbàn 〔동〕주최하다
盲人门球 mángrén ménqiú 〔명〕맹인 골볼[시각장애인을 위한 구기 종목] 高山滑雪 gāoshān huáxuě 〔명〕알파인 스키
越野滑雪 yuèyě huáxuě 〔명〕크로스컨트리 스키 冰上雪橇球 bīngshàng xuěqiāoqiú 〔명〕아이스하키 体育舞蹈 tǐyù wǔdǎo 〔명〕댄스스포츠
若干 ruògān 〔대〕몇, 소량 演变 yǎnbiàn 〔동〕변천하다 昙花一现 tánhuāyíxiàn 〔성〕잠깐 나타났다가 바로 사라져 버리다 团结 tuánjié 〔동〕단결하다
递增 dìzēng 〔동〕점점 늘다

---

2. 생명은 진화 중에 모두 자신에게 가장 적합한 온도가 있으며, 진화 정도가 높을수록 최적 온도에 대한 요구도 높다. 인체 세포는 고온에 대한 내성이 저온보다 떨어지며, 고온은 종양 세포에도 미묘한 생물학적 작용을 일으키기 때문에 종양을 치료하는 온열 요법이 생겼다. 그러나 모든 사물은 양면성을 가지고 있다. 역학 조사 결과 일부 소화 기관 암은 뜨거운 음식을 먹고 마시는 것과 관련이 있을 수 있다.

연구에 따르면 사람이 너무 뜨거운 음식을 먹은 후에 구강, 식도 점막은 가벼운 화상을 입을 수 있다. 화상을 입은 점막의 표면은 즉시 벗겨지고 다시 자라며 기저 세포가 빠르게 증식하고 다시 자라고 보충된다. 만약 세포의 증식 속도가 비정상적으로 빨라지거나 지속적으로 나쁜 자극을 받으면 세포에 변이가 생겨 결국 나쁜 결과가 생길 수 있다. 또한 식도 점막은 열자극이 끊임없이 증가하는 상황에서 두꺼워지는데, 두꺼워진 점막은 열자극에 대해 반응이 둔해지기 때문에 사람은 점점 더 심한 화상 자극을 받는다. 이런 악순환은 오래 치료해도 낫지 않는 식도염을 일으킬 수도 있고, 식도염은 역형성 세포를 동반하기도 하는데 이는 암 발생 전 병변 중 하나일 수도 있다.

위 글에 근거하여, 사람의 식도 점막이 두꺼워지는 원인은 아마도:

A 음수량의 부족

B 캡사이신의 과다 섭취

C 지속적으로 열자극을 받는 것

D 세척되지 않은 음식을 먹는 것

어휘 进化 jìnhuà 〔동〕진화하다 细胞 xìbāo 〔명〕세포 微妙 wēimiào 〔형〕미묘하다 肿瘤 zhǒngliú 〔명〕종양 生物学 shēngwùxué 〔명〕생물학
癌症 áizhèng 〔명〕암 口腔 kǒuqiāng 〔명〕구강 黏膜 niánmó 〔명〕점막 灼伤 zhuóshāng 〔명〕화상을 입다 更新 gēngxīn 〔동〕다시 자라다, 갱신하다
异常 yìcháng 〔형〕비정상적이다 反射 fǎnshè 〔동〕반사하다 迟钝 chídùn 〔형〕둔하다 恶性循环 èxìng xúnhuán 악순환 愈 yù 〔동〕(병이) 낫다
间变细胞 jiànbiàn xìbāo 〔명〕역형성 세포[분화가 되지 않은 세포] 病变 bìngbiàn 〔명〕병변 辣椒素 làjiāosù 〔명〕캡사이신

3.

(1) 집단 공황 현상은 화재나 인파가 몰린 상태에서 많은 사람이 목숨을 잃는 것을 초래할 수 있다. 정상적인 상황에 비해 공황 상태에 처한 사람들이 이동하는 속도는 더 빠르다. 긴급 상황이 발생했을 때 사람들은 한데 몰려 서로 힘껏 밀쳐 출구가 막히는 것을 초래한다. 그런 상황에서 넘어지거나 다친 사람은 사람들의 이동을 방해하게 돼, 사람들을 더욱 공포에 질리게 한다. 이때 사람은 판단력을 잃기가 쉽고, 모두 살아남기 위해 앞을 향해 달려가지만 다른 출구를 간과해서 비참한 결과를 낳곤 한다.

헝가리와 독일의 과학자들은 사람들의 긴급 상황에서의 이동을 방정식으로 표시할 수 있을 것이라고 생각했다. 최근에는 긴급 상황에서 사람들이 건물에서 대피하는 데 걸리는 시간 및 건물 안에 갇힌 사람의 수를 계산할 수 있는 컴퓨터 모델이 있다. 이 복잡한 수학적 모델의 각 인자는 공학 매뉴얼, 재난 관련 통계 데이터, 녹화 자료 등에서 얻은 것이다.

과학자들은 사람들이 축구장 관중석에서 빠져나가는 프로그램을 시뮬레이션했고, 프로그램에서는 200명의 사람이 폭 1m의 출구를 통해 탈출을 시도하는 것으로 설정했다. 과학자들은 불안한 사람들이 출구 주변에서 부채꼴 모양으로 모인다는 사실을 알아냈다. 방정식의 공황 인자가 커지면 부채꼴 모양이 점차 눌려 출구로 밀려든 사람들이 잇달아 넘어지게 되고, 이로 인해 사람들이 대피하는 데 한층 더 방해가 된다. 과학자들은 이런 현상을 '일을 서두르다 도리어 그르치는 효과'라고 부른다. 화재가 났을 때 이런 상황은 특히 더욱 안타까운데, 사람들이 황급히 탈출하는 것이 오히려 스스로의 생존 기회를 줄어들게 만든다. 과학자들은 사람들이 빨리 대피할 수 있도록 충분한 출구를 확보하는 것 외에도, 건축가들이 건물을 설계할 때 출구 앞에 원기둥을 설치해 사람들이 부채꼴 모양을 이루지 않도록 해야 한다고 제안했다. 출구 근처에도 넓은 공간을 만들지 않는 게 좋은데, 이러한 공간은 사람들의 이동 속도를 약 20% 정도 감소시키기 때문이다. 이는 사람이 비교적 넓은 공간에 왔을 때, 항상 다른 사람 앞으로 비집고 가려고 하면서 공간이 더 비좁아지고, 붐비는 현상을 초래하기 때문이다.

사람들이 공황에 빠졌을 때 출구에서 형성하는 부채꼴 모양에 관해, 다음 중 옳은 것은?

① 구급 대원의 주의를 끌 수 있다

② 사람의 시야 범위를 넓히는 데 도움이 된다

③ 사람들의 공황 정도에 따라 작아진다

④ 눌릴 때 사람들의 빠른 대피에 도움이 되지 않는다

A ①②

B ①③

C ②④

D ③④

어휘 **群体恐慌现象** qúntǐ kǒnghuāng xiànxiàng [명] 집단 공황 현상 **推搡** tuīsǎng [동] 힘껏 밀치다 **堵塞** dǔsè [동] 막다 **跌倒** diēdǎo 넘어지다
阻碍 zǔ'ài [동] 방해하다, 가로막다 **悲惨** bēicǎn [형] 비참하다 **匈牙利** Xiōngyálì [고유] 헝가리 **方程式** fāngchéngshì [명] 방정식 **模型** móxíng [명] 모델
疏散 shūsàn [동] 대피하다, 흩어놓다 **灾难** zāinàn [명] 재난 **统计** tǒngjì [동] 통계하다 **录像** lùxiàng [명] 녹화 **试图** shìtú [동] 시도하다
弧形 húxíng [명] 부채꼴 모양 **生存** shēngcún [동] 생존하다 **确保** quèbǎo [동] 확보하다 **以便** yǐbiàn [접] ~하기 위하여 **设置** shèzhì [동] 설치하다, 만들다
防止 fángzhǐ [동] (나쁜 일을) 방지하다 **开阔** kāikuò [형] 넓다 **设法** shèfǎ [동] ~하려고 하다, 방법을 강구하다 **狭窄** xiázhǎi [형] 비좁다 **视野** shìyě [명] 시야

(2) 과학자들은 기후 변화가 향후 수십 년 안에 세계 식량 공급에 분명한 위협이 될 것이라는 사실을 이미 발견했다. 하지만 한 새로운 연구에서 중국 본토 식물의 다양성은 전 세계 식량 안전과 미래 농업의 지속 가능한 발전을 보장하는 데 중요한 의미를 갖는 것으로 나타났다.

영국의 한 대학 연구팀의 확인을 통해, 중국에는 871종의 야생 토종 식물이 있으며, 이 중 개량하여 전 세계적 범위로 재배하는 데 쓰일 수 있는 중요 작물은 벼, 밀, 좁쌀 등을 포함한 28종이 있음을 발견했다. 이 야생 생물종은 '작물 야생 근연 식물'로 불리며, 이 중 전 세계적으로 극히 드문 것은 42%가 있다.

작물 야생 근연 식물은 작물과의 친연 관계가 밀접한 야생 생물종이다. 이런 야생 생물종은 인공적으로 길들여지지 않은 자연 야생 환경에 널리 분포한다. 사람들은 작물 야생 근연 식물의 우수한 유전자를 이용해 그것의 적응 형질을 작물로 옮기는데, 이는 극한 환경과 다양한 병충해에 대한 작물의 저항성을 높이는 것에 도움을 주어 식량 생산을 보장한다. 뿐만 아니라 작물 야생 근연 식물은 작물의 영양분과 식감을 개선하는 데에도 쓰일 수도 있다. 기후 변화가 전 세계 식량 안전에 미치는 악영향에 직면하여, 식물 유전 품종 개량 전문가들은 이미 점차 작물 야생 근연 식물로 시선을 돌리고 있다. 중국의 작물 야생 근연 식물이 작물 개량에 쓰인 성공 사례는 드물지 않다. 예를 들어 벼의 한 작물 야생 근연 식물은 이미 벼의 가뭄과 알루미늄에 대한 저항력을 높이는 데 사용되고 있으며, 한 야생 대두는 이미 성공적으로 대두의 단백질 함량을 높이는 데 쓰였다.

하지만 걱정스러운 것은, 이 871종의 토종 작물 야생 근연 식물 중 중국에서 멸종 위기에 처해 있는 것이 적어도 17%가 있기 때문에 이 생물종에 대해 긴급 보호 조치를 취해야 한다는 것이다. 전문가들은 절실하게 중국의 작물 야생 근연 식물에 관심을 갖고 이 생물종들을 확실하게 보호하여, 이러한 생물종들이 영원히 사라지기 전에 이를 작물 개량 계획에 활용해야 한다고 밝혔다.

작물 야생 근연 식물에 관해, 다음 중 **옳지 않은** 것은?
A 작물의 친연 관계와 떼려야 뗄 수 없다
B 그중 일부분은 멸종 위기에 처해 있다
C 작물의 관상 가치를 높이는 데에 쓰인다
D 그것의 유전자는 작물의 특성을 개량하는 데 쓰일 수 있다

어휘 **供应** gōngyìng [동] 공급하다 **保障** bǎozhàng [동] 보장하다 **鉴定** jiàndìng [동] 확인하다, 감정하다 **改良** gǎiliáng [동] 개량하다
种植 zhòngzhí [동] 재배하다 **物种** wùzhǒng [명] 생물종 **作物野生近缘植物** zuòwù yěshēng jìnyuán zhíwù [명] 작물 야생 근연 식물
绝无仅有 juéwújǐnyǒu [성] 극히 드물다 **人工** réngōng [형] 인공의 **驯化** xùnhuà [동] 길들이다 **基因** jīyīn [명] 유전자 **转移** zhuǎnyí [동] 옮기다
极端 jíduān [형] 극한의, 극단적인 **遗传** yíchuán [동] 유전하다 **育种** yùzhǒng [동] 품종을 개량하다 **目光** mùguāng [명] 시선 **案例** ànlì [명] 사례
罕见 hǎnjiàn [형] 보기 드물다 **蛋白质** dànbáizhì [명] 단백질 **担忧** dānyōu [동] 걱정하다 **灭绝** mièjué [동] 멸종하다 **切实** qièshí [형] 확실하다
濒临 bīnlín [동] ~에 처해 있다

실전연습문제 p.66

1 A	2 A	3 B	4 A	5 D	6 C	7 C	8 D	9 D
10 C	11 D	12 D	13 B	14 A				

1-7

[1]疟疾是经蚊虫叮咬或[1]输入带疟原虫者的血液而感染疟原虫所引起的虫媒感染病。这是一种严重危害人类生命健康的世界性流行病。据世界卫生组织报告，全世界约有10亿人口生活在疟疾流行地区，每年约2亿人患上疟疾，100余万人死于疟疾。

1969年，中国中医科学院接受了抗疟药研究任务，担任科技组组长的屠呦呦领导组员，从系统收集整理历代医籍、本草和民间药方入手，在收集2000个药方的基础上，编写了以640种药物为主题的《抗疟单验方集》，对其中的200多种中药开展了实验研究。[2]研究团队经历了380多次失败，终于在1971年发现了青蒿能抗疟这一事实。

[1]말라리아는 모기나 벌레에 물렸거나 [1]말라리아 병원충을 가진 사람의 혈액을 수혈받아 말라리아 병원충에 감염돼 생기는 충매 전염병이다. 이것은 인류의 생명 건강을 심각하게 해치는 세계적 유행병이다. 세계보건기구(WHO)에 따르면 전 세계 인구의 10억 명 정도가 말라리아가 유행하는 지역에 살고 있으며, 매년 약 2억 명이 말라리아에 걸리고 100만 명이 넘는 사람들이 말라리아로 인해 사망하고 있다.

1969년 중국 중의학 과학원은 말라리아 치료제 연구 임무를 부여받았고, 과학 기술팀 팀장을 맡은 투유유가 팀원들을 이끌고 역대 의학 서적, 약재와 민간 처방을 체계적으로 수집하고 정리하는 것부터 시작해서, 2000개의 처방을 수집한 것을 토대로 640종의 약물을 주제로 한 <항학단험방집>을 펴냈으며, 그중 200여 종의 중약에 대한 실험과 연구를 진행했다. [2]연구진은 380여 차례의 실패를 거듭한 끝에, 마침내 1971년 개똥쑥이 말라리아를 치료할 수 있다는 사실을 발견했다.

然而在抗疟药物的筛选中，用当时的工艺方法所提取的青蒿的抗疟效果并不令人满意，因此在很长一段时间里，青蒿并没有引起大家的重视，但屠呦呦始终认定青蒿中的某些成分具有抗疟作用。屠呦呦继续利用现代医学方法进行研究，在不断改进提取方法后发现：根据提取方法的不同，青蒿的药效也会有很大的差异。她从东晋名医葛洪的《肘后备急方》中"青蒿一握，以水二升，渍绞取汁，尽服之"受到启发，[4]认为从青蒿中压出的汁液里很可能有"抗疟"的化学成分。在反复阅读《肘后备急方》后，[4]屠呦呦发现青蒿抗疟的有效成分是通过"绞汁"，而不是通过传统中药"水煎"的方法来提取的，这是因为"高温"破坏了其中的有效成分。

据此，屠呦呦改用低沸点的溶剂——乙醚来提取青蒿中的有效成分，所得的提取物确实对鼠疟的抑制起到了显著的效果。[7]屠呦呦成功地在青蒿中分离出一种无色结晶，后来将其命名为青蒿素。

[5]以青蒿素类药物为主的联合疗法成为了世界卫生组织推荐的抗疟疾标准疗法，至此，青蒿素正式登上了疟疾治疗的舞台。世界卫生组织认为，青蒿素联合疗法是当下治疗疟疾最有效的手段。[6]青蒿素作为一种具有"高效、速效、低毒"优点的新结构类型抗疟药，[7]对各类疟疾都有特效。在西非的贝宁，当地民众还把中国医疗队给他们使用的这种疗效明显、价格便宜的中国药称为"来自遥远东方的神药"。屠呦呦也因此成为了中国第一个诺贝尔生理学或医学奖得主，她在领奖台上发表了《青蒿素的发现：传统中医献给世界的礼物》的主题演讲。

近年来随着研究的深入，[3]青蒿素的其他作用也逐渐被发现，并得以应用。据研究，青蒿素对抗肿瘤也有很大的作用。体外实验表明，[3]一定剂量的青蒿素可以明显抑制癌细胞的生长，并能杀死肝癌细胞、乳腺癌细胞、宫颈癌细胞等多种癌细胞。此外，青蒿素对放疗的放射增敏作用可减少放疗剂量和放疗副作用。

[7]青蒿素的发现被称为"二十世纪下半叶最伟大的医学创举"，没有青蒿素，地球上每年将有数百万人死于疟疾。青蒿素是中国人研制成功的，在全球范围内得到认可的抗疟药物。青蒿素十分重要，因此被誉为"中国神药"。

그러나 말라리아 치료제 선별에서, 당시의 공정 방법으로 추출한 개똥쑥의 말라리아 치료 효과가 만족스럽지 못했고, 이로 인해 오랫동안 개똥쑥은 많은 사람의 관심을 끌지 못했다. 그러나 투유유는 시종일관 개똥쑥의 일부 성분이 말라리아 치료 효과가 있다고 굳게 믿었다. 투유유는 계속해서 현대 의학 방법을 이용하여 연구를 진행했고, 끊임없이 추출 방법을 개선한 후, 추출 방법에 따라 개똥쑥의 약효에 큰 차이가 있는 것을 발견했다. 그녀는 동진 명의 갈홍의 <주후비급방> 중 '개똥쑥 한 줌을 두 되 정도의 물에 담근 후 즙을 짜서 이를 전부 복용한다'에서 깨달음을 얻어, [4]개똥쑥에서 압축된 즙에 '말라리아를 치료하는' 화학 성분이 들어 있을 가능성이 크다고 생각했다. <주후비급방>을 거듭해서 읽은 후, [4]투유유는 개똥쑥이 말라리아를 치료하는 효과적인 성분은 '즙을 짜는 것'을 통해서이지, 전통 중약의 '탕을 달이는' 방법을 통해서 추출하는 것이 아니며, 이는 '고온'이 그 안의 효과적인 성분을 파괴했기 때문이라는 것을 발견했다.

이에 따라 투유유는 끓는점이 낮은 용매인 에틸에테르를 이용해 개똥쑥의 유효 성분을 추출했는데, 얻어낸 추출물은 확실히 쥐의 말라리아 억제에 탁월한 효과를 발휘했다. [7]투유유는 개똥쑥에서 성공적으로 무색 결정 한 가지를 분리했는데, 후에 이것을 아르테미시닌으로 명명했다.

[5]아르테미시닌류의 약물을 위주로 한 다제병용요법은 세계보건기구가 권고하는 말라리아 퇴치 표준 요법이 되었다. 이로써, 아르테미시닌은 정식으로 말라리아 치료의 무대에 올랐다. 세계보건기구는 아르테미시닌 다제병용요법이 현재 말라리아를 치료하는 데 가장 효과적인 수단이라고 보고 있다. [6]아르테미시닌은 '높은 효능, 빠른 효과, 낮은 독성'이라는 장점을 가진 새로운 구조의 말라리아 치료제로, [7]각종 말라리아에 특효가 있다. 서아프리카 베냉의 현지 주민들은 중국 의료진이 이들에게 사용한 이러한 치료 효과가 뚜렷하면서도 값이 싼 중국약을 '머나먼 동방에서 온 신약(神药)'이라고 부르기도 한다. 투유유는 이로 인해 중국 최초의 노벨 생리의학상 수상자가 되기도 했다. 그녀는 시상대에서 <아르테미시닌의 발견: 전통 중국 의학이 세계에게 바친 선물>이라는 주제 연설을 발표했다.

최근 몇 년 동안 연구가 깊어짐에 따라, [3]아르테미시닌의 다른 효과도 점차 발견되어 응용되고 있다. 연구에 따르면, 아르테미시닌은 항종양에도 큰 효과가 있는 것으로 나타났다. 체외 실험에서 [3]일정량의 아르테미시닌은 암세포의 성장을 현저히 억제하고, 간암 세포, 유방암 세포, 자궁경부암 세포 등 다양한 암세포를 죽일 수 있는 것으로 나타났다. 이 외에도, 아르테미시닌의 방사선 치료에 대한 방사선증감작용은 방사선량과 방사선 치료의 부작용을 감소시킬 수 있다.

[7]아르테미시닌의 발견은 '20세기 후반기 가장 위대한 의학적 업적'으로 불린다. 아르테미시닌이 없었다면, 지구상에서는 매년 수백만 명이 말라리아로 인해 사망했을 것이다. 아르테미시닌은 중국인이 연구 제작에 성공하여, 세계적인 범위 내에서 인정받는 말라리아 치료제이다. 아르테미시닌은 매우 중요하기에, '중국의 신약(神药)'으로 칭송받는다.

어휘 疟疾 nüèjí 圈 말라리아 蚊 wén 圈 모기 原虫 yuánchóng 圈 병원충 虫媒感染病 chóngméi gǎnrǎnbìng 圈 충매 전염병[곤충을 매개체로 전염되는 병]
世界卫生组织 Shìjiè Wèishēng Zǔzhī 교위 세계보건기구(WHO) 抗疟药 kàngnüèyào 圈 말라리아 치료제
屠呦呦 Tú Yōuyōu 교위 투유유[중국의 약리학자로 중국 최초의 노벨 생리의학상 수상자] 历代 lìdài 圈 역대 医籍 yījí 圈 의학 서적 本草 běncǎo 圈 약재, 본초
民间 mínjiān 圈 민간 开展 kāizhǎn 圈 진행하다, 전개되다 青蒿 qīnghāo 圈 개똥쑥
筛选 shāixuǎn 圈 선별하다 提取 tíqǔ 圈 추출하다 认定 rèndìng 圈 굳게 믿다, 확정하다 东晋 Dōng Jìn 교위 동진[진나라 후반에 해당하는 중국의 왕조]
葛洪 Gě Hóng 교위 갈홍[동진 시대의 의약학자] 肘后备急方 Zhǒuhòubèijífāng 교위 주후비급방[진나라 갈홍이 편찬한 의학 서적] 渍 zì 圈 담그다
绞 jiǎo 圈 짜다 汁液 zhīyè 圈 즙 化学成分 huàxué chéngfèn 圈 화학 성분 煎 jiān 圈 (약이나 차를) 달이다 沸点 fèidiǎn 圈 끓는점 溶剂 róngjì 圈 용매
乙醚 yǐmí 圈 에틸에테르 抑制 yìzhì 圈 억제하다 显著 xiǎnzhù 圈 탁월하다 结晶 jiéjīng 圈 결정 命名 mìngmíng 圈 명명하다
青蒿素 qīnghāosù 圈 아르테미시닌 联合疗法 liánhé liáofǎ 圈 다제병용요법[2가지 이상의 항암제를 동시에 사용하여 치료하는 기법]
贝宁 Bèiníng 교위 베냉[아프리카의 공화국] 遥远 yáoyuǎn 圈 (시간이나 거리가) 아득히 멀다 神药 shényào 圈 신약[신통할 정도로 효과가 있는 약]
诺贝尔生理学或医学奖 Nuòbèi'ěr Shēnglǐxué Huò Yīxué Jiǎng 교위 노벨 생리의학상 对抗 duìkàng 圈 대항하다 肿瘤 zhǒngliú 圈 종양
剂量 jìliàng 圈 (방사선·화학 치료제의) 사용량 细胞 xìbāo 圈 세포 放疗 fàngliáo 圈 방사선 치료
放射增敏作用 fàngshè zēngmǐn zuòyòng 방사선증감작용[화합물을 이용해 암세포가 방사선치료에 잘 반응하게 만드는 것] 下半叶 xiàbànyè 圈 후반기
创举 chuàngjǔ 圈 업적, 최초의 시도 研制 yánzhì 圈 연구 제작하다

1 关于疟疾，下列哪项正确？

말라리아에 관해, 다음 중 옳은 것은?

A 可通过血液传染 / **A 혈액을 통해 감염될 수 있다**
B 不至于导致死亡 / B 죽음을 초래하지는 않는다
C 是一种不常见的疾病 / C 흔치 않은 질병이다
D 全球患该病的人占少数 / D 전 세계적으로 이 병에 걸린 사람이 소수이다

해설 질문이 말라리아에 관해 옳은 것을 물었다. 질문에 핵심어구가 없으므로 각 선택지의 핵심어구 **血液传染**, **导致死亡**, **不常见的疾病**, **患该病的人**과 관련된 내용을 지문에서 재빨리 찾는다. 첫 번째 단락에서 **疟疾是……输入带疟原虫者的血液而感染疟原虫所引起的虫媒感染病**이라고 했으므로, 선택지 A **可通过血液传染**이 정답이다. 참고로, 선택지 B, C, D는 첫 번째 단락에서 **每年约2亿人患上疟疾，100余万人死于疟疾**라고 했으므로 오답이다.

어휘 **疟疾** nüèji [명] 말라리아 **患病** huànbìng [동] 병에 걸리다

2 第二段主要讲的是什么内容？

두 번째 단락에서 주로 말하는 것은 무슨 내용인가?

A 青蒿抗疟疾得到了证实 / **A 개똥쑥이 말라리아 치료 효과가 있다는 것이 입증되었다**
B 有关青蒿素的论文首次被发表 / B 아르테미시닌 관련 논문이 처음으로 발표됐다
C 科学研究院整理了历代著名书籍 / C 과학연구원에서 역대 저명한 서적을 정리했다
D 疟疾成为了威胁人们生命的传染病 / D 말라리아가 사람들의 생명을 위협하는 전염병이 되었다

해설 질문이 두 번째 단락의 중심 내용을 물었으므로, 두 번째 단락을 재빠르게 읽으며 중심 내용을 파악한다. 단락 후반에서 **研究团队经历了380多次失败，终于在1971年发现了青蒿能抗疟这一事实。**이라고 하며 연구진이 개똥쑥의 말라리아 치료 효과를 발견했다는 사실을 언급하고 있다. 따라서 이를 통해 알 수 있는 선택지 A **青蒿抗疟疾得到了证实**이 정답이다.

어휘 **青蒿** qīnghāo [명] 개똥쑥 **证实** zhèngshí [동] 입증하다 **历代** lìdài [명] 역대

3 根据上文，青蒿素除了有抗疟疾作用，还有什么其他作用？

위 글에 근거하여, 아르테미시닌은 말라리아 치료 효과 외에 어떤 다른 효과가 있는가?

A 有利于增强记忆力 / A 기억력 강화에 도움이 된다
B 可以抑制体内癌细胞生长 / **B 체내의 암세포 성장을 억제할 수 있다**
C 可医治因病毒引起的感冒 / C 바이러스로 인해 생긴 감기를 치료할 수 있다
D 可作为保健食品供老人食用 / D 건강식품으로서 노인들이 먹도록 제공할 수 있다

해설 질문이 아르테미시닌의 다른 효과를 물었으므로, 질문의 핵심어구 **青蒿素**, **其他作用**과 관련된 내용을 지문에서 재빨리 찾는다. 여섯 번째 단락에서 **青蒿素的其他作用……一定剂量的青蒿素可以明显抑制癌细胞的生长**이라고 했으므로, 선택지 B **可以抑制体内癌细胞生长**이 정답이다.

어휘 **青蒿素** qīnghāosù [명] 아르테미시닌 **细胞** xìbāo [명] 세포

4 画线词语"绞汁"最可能是什么意思？

밑줄 친 어휘 '**绞汁**'은 무슨 의미일 가능성이 가장 큰가?

A 用力压出汁液 / **A 힘껏 즙을 짜낸다**
B 搅拌后过滤汁液 / B 섞은 후 즙을 여과한다
C 用高温熬出汁液 / C 고온으로 즙을 달여낸다
D 用高沸点溶剂提取汁液 / D 고비점 용제로 즙을 추출한다

해설 밑줄 친 어휘 '**绞汁**'의 의미를 물었으므로, **绞汁**이 밑줄로 표시된 부분을 지문에서 재빨리 찾는다. 세 번째 단락에서 **认为从青蒿中压出的汁液里很可能有"抗疟"的化学成分……屠呦呦发现青蒿抗疟的有效成分是通过"绞汁"**이라고 했으므로, 문맥상 **绞汁**은 개똥쑥에서 말라리아 치료 효과가 있는 즙을 짜낸다는 의미임을 알 수 있다. 따라서 선택지 A **用力压出汁液**가 정답이다.

어휘 **绞** jiǎo [동] 짜다 **汁液** zhīyè [명] 즙 **搅拌** jiǎobàn [동] 섞다 **过滤** guòlǜ [동] 여과하다 **熬** áo [동] (음식 등을) 달이다 **溶剂** róngjì [명] 용제 **提取** tíqǔ [동] 추출하다

5 青蒿素正式登上治疗疟疾的舞台的标志是：

아르테미시닌이 정식으로 말라리아 치료의 무대에 올랐다는 것을 상징하는 것은:

A 从青蒿中成功分离出了白色晶体 / A 개똥쑥에서 성공적으로 백색 결정체를 분리해낸 것
B 屠呦呦的团队获得了诺贝尔医学奖 / B 투유유 팀이 노벨 의학상을 받은 것
C 发表了《青蒿素的发现》主题演讲 / C <아르테미시닌의 발견> 주제 연설을 발표한 것
D 青蒿素联合疗法成为了抗疟疾标准疗法 / **D 아르테미시닌 다제병용요법이 말라리아 퇴치 표준 요법이 된 것**

해설 질문이 아르테미시닌이 정식으로 말라리아 치료의 무대에 올랐다는 상징을 물었으므로, 질문의 핵심어구 青蒿素正式登上治疗疟疾的舞台的标志과 관련된 내용을 지문에서 재빨리 찾는다. 다섯 번째 단락에서 以青蒿素类药物为主的联合疗法成为了世界卫生组织推荐的抗疟疾标准疗法, 至此, 青蒿素正式登上了疟疾治疗的舞台。라고 했으므로, 선택지 D 青蒿素联合疗法成为了抗疟疾标准疗法가 정답이다.

어휘 屠呦呦 Tú Yōuyōu 고유 투유유[중국의 약리학자로 중국 최초의 노벨 생리의학상 수상자]
联合疗法 liánhé liáofǎ 명 다제병용요법[2가지 이상의 항암제를 동시에 사용하여 치료하는 기법]

---

6 根据第五段, 青蒿素有什么特点?

A 价格昂贵
B 整体呈绿色
C 治疗速度快
D 提取方法多样

다섯 번째 단락에 근거하여, 아르테미시닌은 어떤 특징이 있는가?

A 가격이 비싸다
B 전체적으로 초록색을 띤다
C 치료 속도가 빠르다
D 추출 방법이 다양하다

해설 질문이 아르테미시닌은 어떤 특징이 있는지 물었으므로, 질문의 핵심어구 青蒿素, 特点과 관련된 내용을 지문에서 재빨리 찾는다. 다섯 번째 단락에서 青蒿素作为一种具有"高效、速效、低毒"优点的新结构类型抗疟药라고 했으므로, 선택지 C 治疗速度快가 정답이다.

어휘 昂贵 ángguì 형 비싸다   治疗 zhìliáo 동 치료하다   提取 tíqǔ 동 추출하다

---

7 上文没有提及到什么?

A 青蒿素的发现者
B 青蒿素的应用范围
C 青蒿素的抗疟原理
D 世界对青蒿素的评价

위 글에서 어떤 것이 언급되지 않았는가?

A 아르테미시닌의 발견자
B 아르테미시닌의 활용 범위
C 아르테미시닌의 말라리아 치료 원리
D 아르테미시닌에 대한 세계의 평가

해설 질문이 위 글에서 언급되지 않은 것을 물었다. 질문에 핵심어구가 없으므로 각 선택지의 핵심어구 发现者, 应用范围, 抗疟原理, 评价와 관련된 내용을 지문에서 재빨리 찾는다. 네 번째 단락에서 屠呦呦成功地在青蒿中分离出一种无色结晶, 后来将其命名为青蒿素。라고 했고, 다섯 번째 단락에서 对各类疟疾都有特效라고 했으며, 마지막 단락에서 青蒿素的发现被称为"二十世纪下半叶最伟大的医学创举"라고 했다. 따라서 언급되지 않은 선택지 C 青蒿素的抗疟原理가 정답이다.

어휘 提及 tíjí 동 언급하다

---

8 – 14

湿地是极其珍贵的自然资源, 也是重要的生态系统。[8]就如人的肾脏在人体中占据了重要的位置一样, 湿地在自然环境中也扮演了类似的角色, 因此湿地时常被称作"地球之肾"。

湿地仅覆盖了地球表面的6%, 却为地球上已知物种的20%提供了必要的生存环境, 因此湿地具有不可替代的综合功能, 是地球生态中必不可少的部分。为了对湿地进行更加精确的定义和研究, [9/14]科学家们把湿地定义为"陆地和水域的交汇处, [14]水位接近或处于地表面, 或有浅层积水的自然生态环境"。根据该定义, 世界上的湿地可以分为20多个类型, 极具多样性。

[10]由于湿地是位于陆生生态系统和水生生态系统之间的过渡性地带, 土壤被浸泡在特定的环境中, 所以在湿地周边通常生长着许多湿地植物。除植物之外, [11]许多珍稀鸟类的繁殖和迁徙都离不开湿地, 因此湿地也成为了众多鸟类的乐园。

[12]湿地可以储存大量的水分, 干旱的时候, 在湿地中保存的水分会流出, 成为水源, 为河流补给所需的水。[12/13]湿地还能通过其水分循环功能来改善局部气候。人类在进行各项工业活动的过程中会排出大量的二氧化碳, 影响全球的气候环境, 而湿地里茂盛的植物可以吸收空气中的二氧化碳。当这些植物死亡以后, 它们的残体会相互交织在一起, 形成疏松的草根层, 碳元素就会这样以固态的形式保存下来。而植物会通过蒸腾作用促进水分循环, 把湿地里的水分化为气体,

습지는 매우 귀중한 자연 자원이자 중요한 생태계이기도 하다. [8]사람의 신장이 인체에서 중요한 위치를 점하는 것처럼, 습지도 자연환경에서 비슷한 역할을 하는데, 이로 인해 습지는 '지구의 신장'이라 자주 불린다.

습지는 지구 표면의 6%밖에 차지하고 있지 않지만, 지구상에서 발견된 생물종의 20%에게 필수적인 생존 환경을 제공하기 때문에, 습지는 대체 불가능한 복합적인 기능을 갖고 있으며 지구 생태계에서 없어선 안 되는 부분이다. 습지에 대해 보다 정확한 정의와 연구를 진행하기 위해, [9/14]과학자들은 습지를 '육지와 수역이 만나는 지점, [14]수위가 지표면에 근접 또는 위치해 있거나, 혹은 물이 얕게 고여 있는 자연 생태 환경'[9/14]으로 정의했다. 이 정의에 따르면 세계의 습지는 20여 개의 유형으로 나눌 수 있으며, 매우 다양하다.

[10]습지는 육지 생태계와 수생 생태계 사이에 위치한 과도기적 지역이고 토양이 특정한 환경에 잠겨 있기 때문에, 습지 주변에는 보통 많은 습지 식물이 자란다. 식물 외에도 [11]많은 희귀 조류들의 번식과 이동은 습지와 떼려야 뗄 수 없고, 이로 인해 습지는 수많은 조류의 낙원이 되기도 했다.

[12]습지는 많은 양의 수분을 저장할 수 있으며, 가물 때는 습지에 보존되어 있던 수분이 흘러나와 수원이 되어 하천에 필요한 물을 공급한다. [12/13]습지는 수분 순환 기능을 통해 국지적 기후를 개선할 수도 있다. 인류는 각종 공업 활동을 하는 과정에서 대량의 이산화 탄소를 배출하여 전 세계의 기후 환경에 영향을 주는데, 습지에 무성한 식물들은 공기 중의 이산화 탄소를 흡수할 수 있다. 이 식물들이 죽은 후 그들의 잔해는 서로 한데 뒤엉켜 느슨한 풀뿌리층이 형성되고, 탄소는 이렇게 고체 형태로 보존된다. 식물은 증산 작용을 통해 수분 순환을

并输送到大气中，就这样改善局部的气候。同时，湿地还是天然的"过滤器"，它有助于减缓水流的速度，并能沉淀和排除含有毒物和杂质的生活污水，[12]以此净化水质。[14]湿地多方面的功能能对维持生态平衡起到积极的作用，它是人类赖以生存和发展的重要自然基础。

遗憾的是，在20世纪中后期，人类对资源的过度开发和对环境的污染导致湿地面积大幅度缩小，大量的湿地被改造成农田，多样的湿地物种遭到破坏。为了提高人们的湿地保护意识，《湿地公约》常务委员会将每年的2月2日定为了"世界湿地日"。从1997年开始，世界各国都会在2月2日以不同的活动来宣传保护自然环境资源和生态环境的重要性。在这一天，政府机构会举办相关活动，以此来提高人们对湿地价值和效益的认知，从而让人们自然而然地产生湿地保护意识。

촉진하는데, 습지의 수분을 기체로 기화시켜 대기로 내보내 국지적 기후를 개선한다. 동시에 습지는 천연 '필터'이기도 한데, 물이 흐르는 속도를 늦추는 데 도움이 되고 유독 물질과 불순물이 함유된 생활 하수를 침전 및 배출할 수 있으며, [12]이를 통해 수질을 정화한다. [14]습지의 다방면의 기능은 생태 균형을 유지하는 데 긍정적인 역할을 할 수 있고, 이는 인류가 생존하고 발전하는 중요한 자연의 기초이다.

안타깝게도 20세기 중후반 인류의 자원에 대한 과도한 개발과 환경에 대한 오염은 습지 면적이 대폭 축소되는 것을 초래했고, 대량의 습지가 논밭으로 개조되면서 다양한 습지 생물종이 파괴됐다. 사람들의 습지 보호 의식을 높이기 위해, <습지협약> 상무 위원회는 매년 2월 2일을 '세계 습지의 날'로 지정했다. 1997년부터 세계 각국은 2월 2일에 다양한 활동으로 자연환경 자원과 생태 환경 보호의 중요성을 알리고 있다. 이날 정부 기관은 관련 활동을 개최하여 이를 통해 습지의 가치와 효익에 대한 사람들의 인식을 높이고 자연스럽게 습지 보호 의식이 생기게 한다.

어휘　湿地 shīdì 圏 습지　珍贵 zhēnguì 圈 귀중하다　生态系统 shēngtài xìtǒng 圏 생태계　肾脏 shènzàng 圏 신장　占据 zhànjù 圄 점하다, 차지하다
扮演 bànyǎn 圄 역할을 맡아 하다　类似 lèisì 圄 비슷하다　时常 shícháng 囝 자주　覆盖 fùgài 圄 차지하다, 덮다　生存 shēngcún 圄 생존하다
精确 jīngquè 圈 정확하다　定义 dìngyì 圏 정의　水域 shuǐyù 圏 수역, 수면의 일정한 구역　交汇处 jiāohuìchù 圏 만나는 지점
过渡性地带 guòdùxìng dìdài 圏 과도기적 지역　土壤 tǔrǎng 圏 토양, 흙　浸泡 jìnpào 圄 (오랜 시간 물에) 잠그다　特定 tèdìng 圈 특정한
周边 zhōubiān 圏 주변　珍稀 zhēnxī 圈 희귀하다　繁殖 fánzhí 圄 번식하다　迁徙 qiānxǐ 圄 이동하다, 이주하다　储存 chǔcún 圄 저장하다
干旱 gānhàn 圈 가물다　循环 xúnhuán 圄 순환하다　局部气候 júbù qìhòu 圏 국지적 기후　排放 páifàng 圄 배출하다
二氧化碳 èryǎnghuàtàn 圏 이산화 탄소　茂盛 màoshèng 圈 무성하다, 번창하다　死亡 sǐwáng 圄 죽다　残体 cántǐ 圏 잔해　交织 jiāozhī 圄 뒤엉키다
疏松 shūsōng 圈 느슨하다, 푸석푸석하다　碳元素 tàn yuánsù 圏 탄소　固态 gùtài 圏 고체
蒸腾作用 zhēngténg zuòyòng 圏 증산 작용[식물 안의 수분이 수증기가 되어 공기 중으로 나오는 현상]　循环 xúnhuán 圄 순환하다
过滤器 guòlǜqì 圏 필터, 여과기　沉淀 chéndiàn 圄 침전하다　杂质 zázhì 圏 불순물　过度 guòdù 圈 과도하다　幅度 fúdù 圏 (사물의 변동) 폭
改造 gǎizào 圄 개조하다　意识 yìshí 圏 의식　委员会 wěiyuánhuì 圏 위원회　机构 jīgòu 圏 기관, 기구　效益 xiàoyì 圏 효익, 효과와 이익

8　湿地为什么被称作"地球之肾"？

　　A 颜色跟肾脏一样
　　B 形状酷似人的肾脏
　　C 所处的地域比较特别
　　D 发挥着与肾脏类似的作用

습지는 왜 '지구의 신장'이라고 불리는가?

　　A 색깔이 신장과 같아서
　　B 모양이 사람의 신장과 매우 비슷해서
　　C 위치하는 지역이 비교적 특이해서
　　D 신장과 비슷한 역할을 해서

해설　질문이 습지는 왜 '지구의 신장'이라고 불리는지 물었으므로, 질문의 핵심어구 湿地, 被称作"地球之肾"과 관련된 내용을 지문에서 재빨리 찾는다. 첫 번째 단락에서 就如人的肾脏在人体中占据了重要的位置一样，湿地在自然环境中也扮演了类似的角色，因此湿地时常被称作"地球之肾"。이라고 했으므로, 선택지 D 发挥着与肾脏类似的作用이 정답이다.

어휘　湿地 shīdì 圏 습지　肾脏 shènzàng 圏 신장　酷似 kùsì 圄 매우 비슷하다

9　关于湿地，下列哪项正确？

　　A 水位通常低于地表面
　　B 覆盖了地球20%的面积
　　C 湿度大的土壤被定义为湿地
　　D 处于陆地和水域相汇合的地方

습지에 관해, 다음 중 옳은 것은?

　　A 수위가 보통 지표면보다 낮다
　　B 지구 면적의 20%를 차지한다
　　C 습도가 높은 토양이 습지라고 정의된다
　　D 육지와 수역이 서로 모이는 곳에 있다

해설　질문이 습지에 관해 옳은 것을 물었다. 질문에 핵심어구가 없으므로 각 선택지의 핵심어구 水位, 20%的面积, 湿度大的土壤, 陆地和水域相汇合的地方과 관련된 내용을 지문에서 재빨리 찾는다. 두 번째 단락에서 科学们把湿地定义为"陆地和水域的交汇处"라고 했으므로, 선택지 D 处于陆地和水域相汇合的地方이 정답이다. 참고로, 선택지 A, B, C는 두 번째 단락에서 湿地仅覆盖了地球表面的6%……科学们把湿地定义为"陆地和水域的交汇处，水位接近或处于地表面，或有浅层积水的自然生态环境"이라고 했으므로 오답이다.

어휘　湿地 shīdì 圏 습지　覆盖 fùgài 圄 차지하다, 덮다　土壤 tǔrǎng 圏 토양　定义 dìngyì 圄 정의하다　汇合 huìhé 圄 (물줄기가) 모이다

10　根据上下文，第三段空白处最适合填入的词语是：

　　A 沼泽

앞뒤 내용에 근거하여, 세 번째 단락의 빈칸에 들어갈 어휘로 가장 알맞은 것은:

　　A 늪

B 贝壳 　　　　　　　　　　　　　　　B 조개

C 土壤 　　　　　　　　　　　　　　**C 토양**

D 稻草 　　　　　　　　　　　　　　　D 볏짚

해설 　질문이 세 번째 단락의 빈칸에 들어갈 어휘로 가장 알맞은 것을 물었다. 선택지 A는 '늪', B는 '조개', C는 '토양', D는 '볏짚'이라는 의미이다. 빈칸 주변이 '습지는 육지 생태계와 수생 생태계 사이에 위치한 과도기적 지역이고 _____ 이 특정한 환경에 잠겨 있기 때문에, 습지 주변에는 보통 많은 습지 식물이 자란다.'라는 문맥이므로, 빈칸에는 특정한 환경에 잠길 수 있으면서 식물이 자랄 수 있는 곳에 해당하는 어휘가 들어가야 한다. 따라서 선택지 C 土壤이 정답이다.

어휘 　沼泽 zhǎozé 圐늪　贝壳 bèiké 圐조개　土壤 tǔrǎng 圐토양　稻草 dàocǎo 圐볏짚

11 　湿地成为鸟类乐园的原因是：　　　　　습지가 조류의 낙원이 된 원인은:

A 大部分昆虫生活在湿地 　　　　　　　A 대부분의 곤충이 습지에 살아서

B 生长在湿地的灌木很茂盛 　　　　　　B 습지에서 자라는 관목이 무성해서

C 其他动物不能在湿地生存 　　　　　　C 다른 동물은 습지에서 생존할 수 없어서

D 鸟类的迁徙与繁殖需要湿地 　　　　**D 조류의 이동과 번식에 습지가 필요해서**

해설 　질문이 습지가 조류의 낙원이 된 원인을 물었으므로, 질문의 핵심어구 湿地成为鸟类乐园的原因과 관련된 내용을 지문에서 재빨리 찾는다. 세 번째 단락에서 许多珍稀鸟类的繁殖和迁徙都离不开湿地，因此湿地也成为了众多鸟类的乐园이라고 했으므로, 선택지 D 鸟类的迁徙与繁殖需要湿地가 정답이다.

어휘 　灌木 guànmù 圐관목　茂盛 màoshèng 圐무성하다, 우거지다　迁徙 qiānxǐ 이동하다, 이주하다　繁殖 fánzhí 圐번식하다

12 　根据第四段，下列哪项**不属于**湿地的作用？　네 번째 단락에 근거하여, 다음 중 습지의 효과에 속하지 **않는** 것은?

A 净化水质 　　　　　　　　　　　　　A 수질 정화를 한다

B 保存大量水分 　　　　　　　　　　　B 많은 양의 수분을 저장한다

C 改善局部气候 　　　　　　　　　　　C 국지적 기후를 개선한다

D 防止二氧化碳的流失 　　　　　　　**D 이산화 탄소의 유출을 방지한다**

해설 　질문이 네 번째 단락에 근거하여 습지의 효과에 속하지 않는 것을 물었으므로, 질문의 핵심어구 湿地的作用과 관련된 내용을 지문에서 재빨리 찾는다. 네 번째 단락에서 湿地可以储存大量的水分……湿地还能通过其水分循环功能来改善局部气候。……以此净化水质이라고 했으므로, 언급되지 않은 선택지 D 防止二氧化碳的流失이 정답이다.

어휘 　局部气候 júbù qìhòu 国국지적 기후　二氧化碳 èryǎnghuàtàn 圐이산화 탄소

13 　下列哪项属于湿地改善局部气候的方式？　다음 중 습지가 국지적 기후를 개선하는 방식에 속하는 것은?

A 通过培养水生植物 　　　　　　　　　A 수생 식물을 배양하는 것을 통해

B 通过水分循环功能 　　　　　　　　**B 수분 순환 기능을 통해**

C 通过增加水流的速度 　　　　　　　　C 물이 흐르는 속도를 높이는 것을 통해

D 通过湿地的生物多样性 　　　　　　　D 습지의 생물 다양성을 통해

해설 　질문이 습지가 국지적 기후를 개선하는 방식에 속하는 것을 물었으므로, 질문의 핵심어구 改善局部气候的方式과 관련된 내용을 지문에서 재빨리 찾는다. 네 번째 단락에서 湿地还能通过其水分循环功能来改善局部气候。라고 했으므로, 선택지 B 通过水分循环功能이 정답이다.

어휘 　局部气候 júbù qìhòu 国국지적 기후　循环 xúnhuán 圐순환하다　生物 shēngwù 圐생물

14 　上文主要谈的是：　　　　　　　　　　위 글에서 주로 말하는 것은:

A 湿地的定义及生态意义 　　　　　　**A 습지의 정의 및 생태적 의의**

B 修复湿地的可行性方案 　　　　　　　B 습지 복원의 실행 가능한 방안

C 湿地在全球的分布特点 　　　　　　　C 습지의 전 세계에서의 분포 특징

D 人为破坏对湿地造成的影响 　　　　　D 인위적인 파괴가 습지에 미치는 영향

해설 　질문이 지문 전체의 중심 내용을 물었다. 두 번째 단락에서 科学家们把湿地定义为"陆地和水域的交汇处，水位接近或处于地表面，或有浅层积水的自然生态环境"이라고 하며 습지의 정의를 언급했고, 네 번째 단락에서 湿地多方面的功能能对维持生态平衡起到积极的作用，它是人类赖以生存和发展的重要自然基础。라고 하며 습지가 생태계에 미치는 긍정적인 영향을 언급하고 있다. 따라서 선택지 A 湿地的定义及生态意义가 정답이다.

어휘 　修复 xiūfù 圐복원하다　定义 dìngyì 圐정의　人为 rénwéi 圐인위적인

전략 적용

p.71

[2]'소닉 붐'이란 물체가 공기 중에서 움직이는 속도가 음속을 돌파할 때 발생하는 충격파가 일으키는 큰 소리이다. 이것은 보통 초음속 전투기나 다른 초음속 비행체가 음속을 가로질러 비행하면서 발생한다.

돌멩이 한 알을 물속에 던지면 수면 위로 동그란 잔물결이 생기는데, 이는 돌멩이가 수면을 요동치게 해서 생긴 파동이다. 배가 항해할 때 뱃머리에 역V자형의 쐐기 모양의 물결이 인다. 물체가 공기 중에서 움직이는 것은 배가 물 위에서 미끄러지며 나아가는 것과 비슷한데, 2차원인 수면이 3차원인 공간으로 바뀐 것에 불과하다. 공기 중에서 움직이는 어떠한 물체도 공기를 요동치게 하여 파동을 형성한다. 공기 중의 파동의 전파 속도가 바로 음속이다. 물체가 움직이는 속도가 점점 빨라질 때 문제가 생기게 되는데, 물체의 운동 속도가 음속에 도달할 때 공기 분자들은 미처 서로를 피하지 못하고 함께 압축된다.

비행기의 속도가 음속에 가까워질 때는 공기 벽이 앞에 가로놓인 것과 같다. [1]만약 비행기의 동력이 충분하고, 구조가 충분히 튼튼하며, 외형이 충분히 합리적이면, 공기 벽에 둘러싸인 비행기는 음속을 초과하게 된다. 이때 극도로 압축된 공기가 뚫려 충격파를 발생시키고, 압력의 강한 파동을 일으킨다. 이것이 바로 신비로운 굉음의 근원이며, 이는 소닉 붐이라는 더 대중적인 이름이 있다. 만약 당신이 운 좋게 소닉 붐을 들은 적이 있다면, 당신은 그것이 실제로는 연속된 두 번의 굉음으로 구성되어 있다는 것을 알아차릴 것이다. 이 두 번의 굉음은 각각 공기가 비행기 앞부분에 부딪혀 갈라지는 것과 공기가 비행기 뒤쪽에서 합쳐질 때 형성되는 충격파를 나타낸다.

'소닉 붐'의 강약 및 지상에 미치는 영향의 크기는 비행기의 비행 고도와 직접적인 관계가 있다. 충격파의 거리가 멀수록 파동의 강도도 약해진다. 비행기가 저공 초음속 비행을 할 때 사람들의 생활과 업무에 영향을 줄 뿐만 아니라, 심하면 유리를 깨트리고, 심지어는 건축물을 파손하여 직접적인 손실을 초래한다. 그러나 비행기가 일정 비행 고도를 넘으면 지상은 거의 영향을 받지 않는다.

1. 세 번째 단락에서 주로 말하는 것은 무엇인가?
   A 소닉 붐이 형성되는 구체적인 원인
   B 주변 환경에 대한 소닉 붐의 영향
   C 소닉 붐과 음속의 실질적인 차이
   D 소닉 붐이 나타날 때 취해야 하는 조치

2. 위 글의 제목으로 가장 적절한 것은:
   A 조종사와 '소닉 붐'
   B '소닉 붐'의 대비책
   C 물 속의 '천둥 소리'-'소닉 붐'
   D 충격파가 일으킨 큰 소리-'소닉 붐'

어휘 **音爆** yīnbào[명] 소닉 붐[제트기가 급강하하여 음속을 돌파할 때 내는 충격파 때문에 생기는 폭발음] **突破** tūpò[동] 돌파하다 **冲击波** chōngjībō[명] 충격파 **超音速战斗机** chāoyīnsù zhàndòujī[명] 초음속 전투기 **粒** lì[양] 알, 톨 **涟漪** liányī[명] 잔물결 **扰动** rǎodòng[동] 요동치게 하다, 어지럽히다 **航行** hángxíng[동] 항해하다 **激起** jīqi (물결이) 일다 **楔形** xiēxíng[명] 쐐기형 **波纹** bōwén[명] 물결 **类似** lèisì[동] 비슷하다 **维** wéi[명] 차원 **横** héng[동] 가로지르다 **动力** dònglì[명] 동력 **充沛** chōngpèi[형] 충분하다 **裹** guǒ[동] 둘러싸다, 휘감다 **压缩** yāsuō[동] 압축하다 **剧烈** jùliè[형] 강하다 **来源** láiyuán[명] 근원 **通俗** tōngsú[형] 대중적이다 **损坏** sǔnhuài[동] 파손하다

실전연습문제 p.72

1 C	2 D	3 D	4 D	5 B	6 C	7 B	8 A	9 C
10 D	11 B	12 A	13 D	14 A				

1-7

对于手臂、手部触觉及运动控制系统完好的人来说，当他们伸手去拿一杯热咖啡时，能够感受到咖啡的温度，并以此调整握姿，防止手被烫伤；在他们触碰或者握住物品的瞬间，就能感觉到物体的质感，从而能够自如地握住并移动物体。

팔과 손의 촉각 및 운동 제어 시스템이 완전한 사람에게 있어, 그들이 손을 뻗어 뜨거운 커피 한 잔을 집을 때, 커피의 온도를 느끼며 이를 통해 움켜쥔 자세를 조절하여, 손에 화상을 입는 것을 방지할 수 있다. 그들이 물건을 만지거나 쥐는 순간, 물체의 질감을 느낄 수 있어서, 이를 통해 자유자재로 물체를 움켜쥐고 움직일 수 있게 된다.

但是当一个人穿戴假肢时，这些日常事务就变得非常困难，更别说是用大脑去控制了。[1]穿戴假肢后，肘部可以向内弯曲，手腕可以旋转，[1]手指可以抓握，但由于没有直接的触觉反馈，动作还是非常笨拙。

近日，在《科学》杂志上发布的一项研究表明，当四肢瘫痪的残疾人士用意念控制机械臂时，[2]机械臂可以向人的大脑提供直接的触觉反馈。[2]这极大地改善了残疾人士假肢的功能，使他们能够快速完成某个动作，例如将水从一个杯子倒入另一个杯子。

这项研究的参与人是35岁的科普兰。他18岁时遭遇了一场车祸，导致他脖子以下的部位都无法动弹。自2014年以来，他一直自愿参与美国匹兹堡大学康复神经工程实验室的这项研究。[3]研究团队在科普兰的大脑皮层中植入了两套88根电极阵列，这些微小的电极阵列深入到大脑运动皮层和大脑体感皮层。大脑运动皮层是参与计划、控制和执行自主运动的区域，而大脑体感皮层是处理身体感官信息的区域。[3]这些电极阵列可以用电脉冲来模拟一系列的感觉，刺激大脑中控制指尖的区域，从而产生触觉。

[4]科普兰是世界上第一个不仅在大脑运动皮层，而且在大脑体感皮层植入微型电极阵列的人。通过这个阵列，他不仅能接收到触觉反馈，[5]还能用大脑操控机械臂。整个过程与脊髓功能完好的人身上的神经回路运作过程类似。

[6]在实验中，穿戴机械臂的科普兰可以把不同大小的管子、球体、杯子等物品从一个桌子上移到另一个桌子上。[6]他用机械臂抓取并移动物体的时间比原先的时间减少了一半，从20.9秒减少到了10.2秒。随着研究的推进，研究团队使用越来越多的电极来模拟了他右手的食指、无名指和小指。

目前，研究团队正在测试用机械臂抓取物体时控制压力的能力，实验内容是让参与者拿起一个虚拟鸡蛋。[7]研究团队表示，给机械臂加上触觉，不仅仅是为了增加机械臂的灵活性，也是为了让穿戴机械臂的人能够牵着亲人的手，感受情感联结。他们还表示，希望进一步完善机械臂，让那些失去手臂功能的人在家里也能自由使用这类系统。相信在不远的将来，机械臂可以与其它技术结合起来，通过刺激手臂的肌肉或神经来恢复手臂功能。

하지만 사람이 의수를 착용할 때, 이런 일상적인 일은 매우 어려워지는데, 대뇌로 컨트롤하는 것은 말할 것도 없다. [1]의수를 착용한 후, 팔꿈치를 안으로 구부릴 수 있고, 손목을 돌릴 수 있으며 [1]손가락으로 잡을 수 있지만, 직접적인 촉각 피드백이 없기 때문에 동작이 여전히 매우 둔하다.

최근 <사이언스>지에 발표된 연구에 따르면 사지가 마비된 장애인이 생각으로 로봇팔을 컨트롤할 때, [2]로봇팔이 사람의 대뇌에 직접적인 촉각 피드백을 제공할 수 있는 것으로 나타났다. 이는 [2]장애인 의수의 기능을 크게 개선해, 그들이 어떤 동작을 빠르게 수행할 수 있게 했는데, 컵에서 다른 컵으로 물을 붓는 것이 그 예다.

이 연구의 참가자는 35세의 코플랜드이다. 그는 18세 때 교통사고를 당해 목 아래 부위를 모두 움직일 수 없게 되었다. 2014년부터 그는 줄곧 미국 피츠버그대학 재활 신경 공학 연구소의 이 연구에 자원하여 참여했다. [3]연구팀은 코플랜드의 대뇌 피질에 88개 전극 배열을 2세트 삽입했고, 이러한 미세한 전극 배열은 대뇌의 운동 피질과 체감각 피질 깊숙이 들어갔다. 대뇌의 운동 피질은 계획, 컨트롤, 자율 운동 수행에 관여하는 구역이고, 대뇌의 체감각 피질은 신체의 감각 기관 정보를 처리하는 구역이다. [3]이 전극 배열들은 전자 펄스로 일련의 감각을 시뮬레이션할 수 있고, 대뇌 속에서 손끝을 컨트롤하는 구역을 자극해 촉각을 발생시킬 수 있다.

[4]코플랜드는 세계 최초로 대뇌의 운동 피질뿐만 아니라 대뇌의 체감각 피질에도 소형 전극 배열을 삽입한 사람이다. 이 배열을 통해 그는 촉각 피드백을 받을 수 있을 뿐만 아니라 [5]대뇌로 로봇팔을 조종할 수도 있다. 모든 과정은 척수 기능이 완전한 사람의 몸에서 신경 회로가 작동하는 과정과 유사하다.

[6]실험에서 로봇팔을 착용한 코플랜드는 다양한 크기의 파이프, 둥근 물체, 컵 등의 물체를 테이블에서 다른 테이블로 옮길 수 있었다. [6]그가 로봇팔로 물체를 집어 옮기는 시간은 20.9초에서 10.2초로 [6]원래 시간보다 절반이 줄어들었다. 연구가 진행될수록 연구팀은 점점 더 많은 전극을 사용하여 그의 오른손 검지, 약지, 새끼손가락을 시뮬레이션했다.

현재 연구팀은 로봇팔로 물체를 집을 때 압력을 컨트롤하는 능력을 테스트하고 있으며, 실험 내용은 참여자가 가짜 달걀 하나를 집어 들게 하는 것이다. [7]연구팀은 로봇팔에 촉각을 더하는 것은 단순히 로봇팔의 기동성을 높이기 위해서 뿐만 아니라 로봇팔을 착용한 사람들이 가족의 손을 잡고 감정적 연결을 느낄 수 있게 하기 위한 것이라고 설명했다. 그들은 또한 로봇팔을 한층 더 보완해 팔 기능을 잃은 사람들이 집에서도 자유롭게 이런 시스템을 사용할 수 있게 하고 싶다고 설명했다. 머지않은 미래에 로봇팔은 다른 기술과 결합해, 팔의 근육이나 신경을 자극하는 것으로 팔의 기능을 회복시킬 수 있으리라 믿는다.

어휘 手臂 shǒubì 图 팔 触觉 chùjué 图 촉각 握姿 wòzī 图 움켜쥔 자세 防止 fángzhǐ 图 방지하다 烫伤 tàngshāng 图 화상을 입다 瞬间 shùnjiān 图 순간

穿戴 chuāndài 图 착용하다 假肢 jiǎzhī 图 의수, 의족 事务 shìwù 图 일, 사무 肘部 zhǒubù 图 팔꿈치 弯曲 wānqū 图 구부리다

旋转 xuánzhuǎn 图 돌리다, 회전하다 反馈 fǎnkuì 图 피드백하다 笨拙 bènzhuō 图 둔하다 发布 fābù 图 발표하다 四肢 sìzhī 图 사지, 팔다리

瘫痪 tānhuàn 图 마비되다 残疾人士 cánjí rénshì 图 장애인 意念 yìniàn 图 생각 机械臂 jīxièbì 图 로봇팔 遭遇 zāoyù 图 (좋지 않은 일을) 당하다

部位 bùwèi 图 부위[주로 인체에 사용함] 动弹 dòngtan 图 움직이다 康复 kāngfù 图 재활하다 神经 shénjīng 图 신경 大脑皮层 dànǎo pícéng 图 대뇌 피질

植入 zhírù 图 삽입하다 阵列 zhènliè 图 배열하다, 진열하다 运动皮层 yùndòng pícéng 图 운동 피질 体感皮层 tǐgǎn pícéng 图 체감각 피질

执行 zhíxíng 图 수행하다 自主 zìzhǔ 图 자율적으로 하다 区域 qūyù 图 구역 电脉冲 diànmàichōng 图 전자 펄스 模拟 mónǐ 图 시뮬레이션하다

操控 cāokòng 图 조종하다 脊髓 jǐsuǐ 图 척수 类似 lèisì 图 유사하다 测试 cèshì 图 테스트하다 虚拟 xūnǐ 图 가짜의, 가상의 牵 qiān 图 (끌어) 잡다

---

1 穿戴假肢时会怎么样？

  A 手臂不能转动
  B 动作更加灵敏
  C 手可以抓握物体
  D 手肘可以向外弯曲

의수를 착용하면 어떻게 되는가？

  A 팔을 돌릴 수 없다
  B 동작이 더욱 민첩해진다
  C 손으로 물체를 잡을 수 있다
  D 팔꿈치를 바깥으로 구부릴 수 있다

질문이 의수를 착용하면 어떻게 되는지 물었으므로, 질문의 핵심어구 **穿戴假肢时**과 관련된 내용을 지문에서 재빨리 찾는다. 두 번째 단락에서 **穿戴假肢后……手指可以抓握**라고 했으므로, 선택지 C **手指可以抓握物体**가 정답이다.

어휘 **穿戴** chuāndài 圄 착용하다 **假肢** jiǎzhī 圄 의수, 의족 **灵敏** língmǐn 圄 민첩하다 **手肘** shǒuzhǒu 圄 팔꿈치 **弯曲** wānqū 圄 구부리다

---

2 第三段主要谈的是什么？　　　　　　　　세 번째 단락에서 주로 말하는 것은 무엇인가?

　A 机械臂的可用时间　　　　　　　　　　A 로봇팔의 사용 가능한 시간
　B 机械臂的运作原理　　　　　　　　　　B 로봇팔의 작동 원리
　C 提高机械臂韧性的方法　　　　　　　　C 로봇팔의 강도를 높이는 방법
　D 机械臂实验所取得的成果　　　　　　**D 로봇팔 실험이 얻은 성과**

해설 질문이 세 번째 단락의 중심 내용을 물었으므로, 세 번째 단락을 재빠르게 읽으며 중심 내용을 파악한다. 단락 중반에서 **机械臂……极大地改善了残疾人士假肢的功能，使他们能够快速完成某个动作**라고 하며 로봇팔이 이뤄낸 주요 성과를 소개하였다. 따라서 이를 통해 알 수 있는 선택지 D **机械臂实验所取得的成果**가 정답이다.

어휘 **机械臂** jīxièbì 圄 로봇팔 **原理** yuánlǐ 圄 원리 **韧性** rènxìng 圄 강도, 강인함

---

3 大脑中植入的电极阵列如何产生触觉？　　대뇌에 삽입된 전극 배열은 어떻게 촉각을 발생시킬 수 있는가?

　A 通过精确地模仿人的行为　　　　　　　A 사람의 행동을 정교하게 모방하는 것을 통해서
　B 通过加强与视觉有关的功能　　　　　　B 시각과 관련된 기능을 강화하는 것을 통해서
　C 通过给人的手臂持续施加压力　　　　　C 사람의 팔에 지속적으로 압력을 가하는 것을 통해서
　D 通过刺激大脑中与手指连接的区域　　**D 대뇌 속 손가락과 연결된 구역을 자극하는 것을 통해서**

해설 질문이 대뇌에 삽입된 전극 배열은 어떻게 촉각을 발생시킬 수 있는지 물었으므로, 질문의 핵심어구 **大脑中植入的电极阵列**, 触觉와 관련된 내용을 지문에서 재빨리 찾는다. 다섯 번째 단락에서 **研究团队在科普兰的大脑皮层中植入了两套88根电极阵列……这些电极阵列可以用电脉冲来模拟一系列的感觉，刺激大脑中控制指尖的区域，从而产生触觉。**라고 했으므로, 선택지 D **通过刺激大脑中与手指连接的区域**가 정답이다.

어휘 **阵列** zhènliè 圄 배열하다, 진열하다 **触觉** chùjué 圄 촉각 **施加** shījiā 圄 (압력이나 영향 등을) 가하다 **区域** qūyù 圄 구역

---

4 关于科普兰，下列哪项正确？　　　　　　코플랜드에 관해, 다음 중 옳은 것은?

　A 他的手部残疾是先天性的　　　　　　　A 그의 손 장애는 선천적인 것이다
　B 被迫参与了医学临床实验　　　　　　　B 의학 임상 실험에 강제로 참여했다
　C 在美国匹兹堡大学就读康复治疗专业　　C 미국 피츠버그대학에서 재활 치료 학과를 다녔다
　D 在大脑的运动皮层和体感皮层植入了电极　**D 대뇌의 운동 피질과 체감각 피질에 전극을 삽입했다**

해설 질문이 코플랜드에 관해 옳은 것을 물었다. 질문에 핵심어구가 없으므로 각 선택지의 핵심어구 **手部残疾, 医学临床实验, 就读康复治疗专业, 在大脑的运动皮层和体感皮层植入了电极**와 관련된 내용을 지문에서 재빨리 찾는다. 여섯 번째 단락에서 **科普兰是世界上第一个不仅在大脑运动皮层，而且在大脑体感皮层植入微型电极阵列的人。**이라고 했으므로, 선택지 D **在大脑的运动皮层和体感皮层植入了电极**가 정답이다. 참고로, 선택지 A, B는 네 번째 단락에서 **他18岁时遭遇了一场车祸，导致他脖子以下的部位都无法动弹。自2014年以来，他一直自愿参与美国匹兹堡大学康复神经工程实验室的这项研究。**라고 했으므로 오답이다. 선택지 C는 지문에서 언급되지 않았으므로 오답이다.

어휘 **残疾** cánjí 圄 장애 **被迫** bèipò 圄 강제하다 **临床** línchuáng 圄 임상하다 **康复** kāngfù 圄 재활하다 **运动皮层** yùndòng pícéng 圄 운동 피질 **体感皮层** tǐgǎn pícéng 圄 체감각 피질 **植入** zhírù 圄 삽입하다

---

5 根据上下文，第六段空白处最适合填入的词语是：　앞뒤 내용에 근거하여, 여섯 번째 단락의 빈칸에 들어갈 어휘로 가장 알맞은 것은:

　A 摆设　　　　　　　　　　　　　　　　A 진열하다
　B 操控　　　　　　　　　　　　　　　**B 조종하다**
　C 遥控　　　　　　　　　　　　　　　　C 원격 조종하다
　D 操劳　　　　　　　　　　　　　　　　D 수고하다

해설 질문이 여섯 번째 단락의 빈칸에 들어갈 어휘로 가장 알맞은 것을 물었다. 선택지 A는 '진열하다', B는 '조종하다', C는 '원격 조종하다', D는 '수고하다'라는 의미이다. 빈칸 주변이 '대뇌로 로봇팔을 _____ 할 수도 있다. 모든 과정은 척수 기능이 완전한 사람의 몸에서 신경 회로가 작동하는 과정과 유사하다'라는 문맥이므로, 빈칸에는 대뇌의 신경 제어와 관련된 어휘가 들어가야 한다. 따라서 선택지 B **操控**이 정답이다. 참고로, 선택지 C는 통신 설비를 통해 일정 거리 이상의 물체를 조종한다는 의미이므로 오답이다.

어휘 **操控** cāokòng 圄 조종하다 **遥控** yáokòng 圄 원격 조종하다 **操劳** cāoláo 圄 수고하다

6 在实验中，科普兰成功做到了什么事情？

A 把鸡蛋从篮子里取出并弄碎
B 在杯子里倒满了刚做好的咖啡
C 把抓取和移动物体的时间缩短了一半
D 戴着机械臂做了一系列高难度体育运动

실험에서, 코플랜드는 어떤 일을 성공적으로 해냈는가?

A 달걀을 바구니에서 꺼내서 깨트린다
B 컵 안에 방금 만든 커피를 가득 따랐다
C 물체를 집어 옮기는 시간을 절반으로 단축했다
D 로봇팔을 착용한 채로 일련의 고난도 체육 운동을 했다

해설 질문이 실험에서 코플랜드는 어떤 일을 성공적으로 해냈는지 물었으므로, 질문의 핵심어구 实验, 科普兰成功做到와 관련된 내용을 지문에서 재빨리 찾는다. 일곱 번째 단락에서 在实验中……他用机械臂抓取并移动物体的时间比原先的时间减少了一半이라고 했으므로, 선택지 C 把抓取和移动物体的时间缩短了一半이 정답이다.

어휘 篮子 lánzi 몡 바구니   缩短 suōduǎn 통 단축하다

7 上文主要谈的是：

A 机械臂的动力学原理
B 机械臂在人体上的应用
C 机械臂带来的安全问题
D 机械臂的内部结构特点

위 글에서 주로 말하는 것은：

A 로봇팔의 동역학 원리
B 로봇팔의 인체에서의 응용
C 로봇팔이 가져온 안전 문제
D 로봇팔의 내부 구조 특징

해설 질문이 지문 전체의 중심 내용을 물었다. 지문이 의수의 한계, 로봇팔 연구의 결과 및 성과를 차례대로 언급하고 있다. 그리고 마지막 단락에서 研究团队表示，给机械臂加上触觉，不仅仅是为了增加机械臂的灵活性，也是为了让穿戴机械臂的人能够牵着亲人的手，感受情感联结。他们还表示，希望进一步完善机械臂，让那些失去手臂功能的人在家里也能自由使用这类系统。이라고 했다. 따라서 선택지 B 机械臂在人体上的应用이 정답이다.

어휘 动力学 dònglìxué 몡 동역학[물체의 운동과 힘의 관계를 다루는 학문]

---

8 - 14

中国文化源远流长，汉字是其中的亮点之一。[14]汉字自出现以来，一直发展到现代。现在使用的汉字其实已经被简化了，这是一个从复杂到简单的过程，而这个过程艰难且曲折。

晚清时期，中国遭受列强的侵略和压迫，百姓生活十分悲惨。一些爱国者开始反思国家落后的原因。当时大部分人认为，旧文化和封建思想是一个很严重的问题，繁体字也被认为是应该被改革的内容之一。繁体字本身非常复杂，由于笔画较多，很多作家在写文章时只愿意写主旨，不会作深入的解释，这也是古代文言文难以理解的原因。

1915年新文化运动开始以后，社会各界学者纷纷提出汉字改革。[8]汉字改革的宗旨是让每个人都更容易学会使用汉字，从而打破封建社会少数知识分子对文化和知识的垄断，提高中国人的文化教育水平，使中国更加强大。"中华书局"创始人陆费逵曾经指出，要普及教育，就要提倡更方便、更容易记住的现代白话文，而使用白话文，则需要简化汉字。这一观点得到了很多人的支持。在新文化运动和五四运动的推动下，[9]汉字改革被持续推进，但由于缺乏国民政府的坚定支持，加上各派意见不一，汉字改革阻力重重，发展缓慢，后来因抗日战争的爆发而中断。

孙中山曾经说过："人既尽其才，则百事俱举；百事举矣，则富强不足谋也。"想要富国强民，就必须在全国大力"扫盲"。新中国成立以后，汉字改革的主要方向是简化字。经过多次起草和修改，[10]《汉字简化方案》于1956年正式公布，共简化了500多个汉字，比如以前的"瞭解"就被简化成了"了解"。[10]这标志着汉字简化在中国正式实施，这次改革就是上世纪50年代到60年代著名的汉字"一简"。[11]"一简"虽然也有不足之处，但<u>瑕不掩瑜</u>，其结果就是中国百姓的识字率快速上升。

중국 문화는 역사가 유구한데, 한자는 그중의 포인트 중 하나이다. [14]한자는 출현한 이래로 현대까지 줄곧 발전해왔다. 현재 사용하는 한자는 사실 이미 간소화된 것인데, 이것은 복잡한 것에서 간단해지는 것으로 가는 과정이었으며, 이 과정은 험난하고 우여곡절이 많았다.

청나라 말기, 중국은 열강의 침략과 억압을 받아 백성들의 생활은 매우 비참했다. 일부 애국자들은 국가가 낙후된 원인을 되돌아보기 시작했다. 당시 대부분의 사람들은 낡은 문화와 봉건 사상이 심각한 문제라고 생각했고, 번체자도 개혁되어야 할 내용 중 하나로 여겨졌다. 번체자는 그 자체로 매우 복잡한데, 획수가 비교적 많아서, 많은 작가가 글을 쓸 때 요지만 쓰기를 원하며, 깊이 있는 설명은 하지 않았는데, 이는 고대 문어문이 이해하기 어려운 이유이기도 하다.

1915년 신문화 운동이 시작된 이후, 사회 각계 학자들이 잇따라 한자 개혁을 제기했다. [8]한자 개혁의 목적은 모든 사람이 한자를 사용하는 것을 더욱 쉽게 배우게 하여, 봉건 사회에서 소수 지식인의 문화와 지식에 대한 독점을 타파함으로써, 중국인의 문화 교육 수준을 끌어올리고 중국을 더욱 강대하게 만드는 것이다. '중화서국' 창시자인 육비규는 교육을 보급하려면, 더 편리하고 기억하기 쉬운 현대 백화문을 제창해야 하고, 백화문을 사용하려면 한자를 간소화하는 것이 필요하다고 지적한 적 있다. 이 관점은 많은 사람의 지지를 받았다. 신문화 운동과 5·4 운동의 전개 하에, [9]한자 개혁은 계속해서 추진되었지만, 국민 정부의 확고한 지지가 부족했고, 각파의 의견이 분분한 것까지 더해져, 한자 개혁에 대한 저지가 거듭되었고, 발전이 느렸다. 이후에는 항일 전쟁의 발발로 인해 중단되었다.

손중산은 "사람이 한 가지 일에 최선을 다하면, 어떤 일이든 성공할 수 있고, 어떤 일이든 성공할 수 있다면 부강해지는 일을 걱정하지 않아도 된다."라고 말한 적이 있다. 나라를 부유하게 만들고 국민을 강성하게 하려면, 반드시 전국적으로 강력하게 '문맹 퇴치'를 해야 한다. 신중국 수립 이후, 한자 개혁의 주요 방향은 한자를 간소화하는 것이었다. 여러 차례의 초안 작성과 수정을 거쳐, [10]<한자 간소화 방안>은 1956년 정식으로 발표됐는데, 총 500여 개의 한자를 간소화했으며, 이전의 '瞭解'가 '了解'로 간소화된 것이 그 예다. [10]이는 한자 간소화

第一次汉字简化明显是非常成功的，汉字的使用也变得更加方便。随后在70年代又掀起了第二次汉字简化运动的热潮，但第二次汉字简化失败了。

第一次汉字简化完成以后，人们普遍认为汉字的简化工作还没有结束，不够"简单"，所以一直有继续简化汉字的要求。实际上，在第一次汉字简化中，结构字主要来源于民间文字，委员会成员们只是收集了这些民间文字，并做了简单的修改和整理，所以第一次汉字简化相对容易，取得了很好的成效。而[12]在第二次汉字简化中，委员会成员们为了增加简化字的数量，不但自行创造了文字，还采用了多种简化方法，其中[12]最常见的简化方法是同音代替词。所谓同音代替词，就是用同一拼音的简单的词代替相对复杂的词。可是这些同音异义词虽然发音一样，词义却大相径庭。如果把这些同音异义词写成一个词，在学习和使用的过程中很容易让人混淆词的本义。[13]第二次汉字简化实施后，报社和教育局都尝试用第二次简化的汉字来印刷报纸和教科书，但是[13]这些经过多次修改的简体字反而给人们带来了混乱，因此并没有得到人们的认可。第二次汉字简化中改革的汉字渐渐被人遗忘，最后便以失败而告终。

가 중국에서 정식으로 실시됐다는 것을 상징하는데, 이 개혁이 바로 1950~60년대의 유명한 한자 '제1차 간소화'이다. [11]제1차 간소화는 비록 부족한 점도 있지만, **결점이 장점을 가릴 수 없었고**, 그 결과는 바로 중국 국민들의 식자율이 빠르게 올랐다는 것이다.

제1차 한자 간소화는 분명 매우 성공적이었고, 한자의 사용도 더욱 편리해졌다. 이후 1970년대에 제2차 한자 간소화 운동 붐이 또 일었으나, 제2차 한자 간소화는 실패했다.

제1차 한자 간소화가 완성된 이후, 사람들은 보편적으로 한자의 간소화 작업이 아직 끝나지 않았고, 덜 '간단하다'고 생각하여, 계속해서 한자를 간소화해야 한다는 요구가 줄곧 있어 왔다. 사실상, 제1차 한자 간소화에서 구성 글자는 주로 민간 문자에서 유래한 것인데, 위원회의 구성원들은 단지 이러한 민간 글자를 수집해서 간단한 수정과 정리를 했을 뿐이기 때문에, 제1차 간소화는 상대적으로 쉬웠고, 좋은 효과를 거두었다. 반면 [12]제2차 한자 간소화에서 위원회 구성원들은 간소화된 글자의 수량을 늘리기 위해 자체적으로 글자를 창조했을 뿐만 아니라, 여러 가지 간소화 방안을 채택했고, 그중 [12]가장 흔히 볼 수 있는 간소화 방안은 동음대체어이다. 동음대체어란 같은 병음의 간단한 단어로 상대적으로 복잡한 단어를 대체하는 것이다. 그러나 이러한 동음이의어는 비록 발음은 같지만, 의미 차이는 매우 크다. 만약 이러한 동음이의어를 한 단어로 쓴다면 학습하고 사용하는 과정에서 사람들이 단어 본래의 의미를 헷갈리기 쉽게 만든다. [13]제2차 한자 간소화가 실시된 이후, 신문사와 교육청은 모두 제2차 간소화의 한자로 신문과 교과서를 인쇄하는 것을 시도했지만, [13]이렇게 여러 번 수정을 거친 간체자는 오히려 사람들에게 혼란만 가져다주어 사람들의 인정을 받지 못했다. 제2차 한자 간소화 중 개혁된 한자는 사람들에게 점점 잊혀졌고, 결국 실패로 끝났다.

어휘 | 源远流长 yuányuǎnliúcháng [성] 역사가 유구하다　亮点 liàngdiǎn [명] 포인트　简化 jiǎnhuà [동] 간소화하다　艰难 jiānnán [형] 험난하다
曲折 qūzhé [형] 우여곡절이 많다　晚清 wǎn Qīng 청나라 말기　遭受 zāoshòu [동] (불행 또는 손해를) 받다, 당하다　列强 lièqiáng [명] 열강
侵略 qīnlüè [동] 침략하다　压迫 yāpò [동] 억압하다　悲惨 bēicǎn [형] 비참하다　反思 fǎnsī [동] (지난 일을) 되돌아보다, 반성하다　封建 fēngjiàn [명] 봉건
繁体字 fántǐzì [명] 번체자　本身 běnshēn [명] 그 자체　主旨 zhǔzhǐ [명] 요지　宗旨 zōngzhǐ [명] 목적　垄断 lǒngduàn [동] 독점하다
陆费逵 Lù Fèikuí [고유] 육비규[중국 근대 교육가]　普及 pǔjí [동] 보급하다　白话文 báihuàwén [명] 백화문 [구어체 문장]　推动 tuīdòng [동] (업무 등을) 추진하다
坚定 jiāndìng [형] 확고하다　意见不一 yìjiàn bùyī [명] 의견이 분분하다　阻力 zǔlì [명] 저지　缓慢 huǎnmàn [형] 느리다　爆发 bàofā [동] 발발하다, 폭발하다
中断 zhōngduàn [동] 중단되다　孙中山 Sūn Zhōngshān [고유] 손중산[쑨원, 중국의 정치가]　扫盲 sǎománg [동] 문맹을 퇴치하다
起草 qǐcǎo [동] 글의 초안을 작성하다　实施 shíshī [동] 실시하다　瑕不掩瑜 xiábùyǎnyú [성] 결점이 장점을 가릴 수 없다
识字率 shízìlǜ 식자율[글자를 식별하는 사람들의 비율]　掀起 xiānqǐ [동] 일다　热潮 rècháo [명] 붐, 열기　来源 láiyuán [동] 유래하다　民间 mínjiān [명] 민간
成员 chéngyuán [명] 구성원　收集 shōují [동] 수집하다　成效 chéngxiào [명] 효과　自行 zìxíng [부] 자체적으로　大相径庭 dàxiāngjìngtíng [성] 차이가 매우 크다
混淆 hùnxiáo [동] 헷갈리다　尝试 chángshì [동] 시도해보다　印刷 yìnshuā [동] 인쇄하다　简体字 jiǎntǐzì [명] 간체자　告终 gàozhōng [동] 끝나다

8 下列哪项属于汉字改革的宗旨？　다음 중 한자 개혁의 목적에 속하는 것은？

A 普及汉字
B 消除方言
C 保存现有的文化
D 稳固知识分子的地位

A 한자를 보급한다
B 방언을 없앤다
C 기존의 문화를 보존한다
D 지식인의 지위를 공고히 한다

해설 | 질문이 한자 개혁의 목적에 속하는 것을 물었으므로, 질문의 핵심어구 汉字改革的宗旨와 관련된 내용을 지문에서 재빨리 찾는다. 세 번째 단락에서 汉字改革的宗旨는 让每个人都更容易学会使用汉字라고 했으므로, 선택지 A 普及汉字가 정답이다. 참고로, 선택지 B, C는 지문에서 언급되지 않았으므로 오답이다. 선택지 D는 세 번째 단락에서 打破封建社会少数知识分子对文化和知识的垄断이라고 했으므로 오답이다.

어휘 | 宗旨 zōngzhǐ [명] 목적　普及 pǔjí [동] 보급하다　消除 xiāochú [동] 없애다　稳固 wěngù [동] 공고히 하다

9 根据第三段，汉字改革遇到了哪些困难？　세 번째 단락에 근거하여, 한자 개혁은 어떤 어려움을 겪었는가？

① 缺乏政府支持
② 改革资金不足
③ 遭到民众反对
④ 改革意见不一

① 정부의 지지가 부족하다
② 개혁 자금이 모자라다
③ 민중의 반대에 부딪히다
④ 개혁 의견이 분분하다

A ②④	A ②④
B ①③	B ①③
C ①④	**C ①④**
D ②③	D ②③

해설   질문이 세 번째 단락에 근거하여 한자 개혁은 어떤 어려움을 겪었는지 물었으므로, 질문의 핵심어구 汉字改革, 困难과 관련된 내용을 지문에서 재빨리 찾는다. 세 번째 단락에서 汉字改革被持续推进, 但由于缺乏国民政府的坚定支持, 加上各派意见不一, 汉字改革阻力重重, 发展缓慢이라고 했으므로, ① 缺乏政府支持과 ④ 改革意见不一이 포함된 선택지 C ①④가 정답이다.

어휘   民众 mínzhòng 몡 민중   意见不一 yìjiàn bùyī 의견이 분분하다

---

10   第四段主要谈了什么？   네 번째 단락에서 주로 말하는 것은 무엇인가?

A 孙中山提倡使用同音异义词	A 손중산이 동음이의어의 사용을 제창한 것
B 学者提出减少汉字数量的主张	B 학자가 제기한 한자 수량 감축의 주장
C 汉字简化可能带来的负面影响	C 한자 간소화가 가져올 수 있는 부정적인 영향
D 汉字简化在中国正式实施的标志	**D 한자 간소화가 중국에서 정식으로 실시된 것의 상징**

해설   질문이 네 번째 단락의 중심 내용을 물었으므로, 네 번째 단락을 재빠르게 읽으며 중심 내용을 파악한다. 단락 중반에서 《汉字简化方案》……这标志着汉字简化在中国正式实施이라고 하며 <한자 간소화 방안>은 한자 간소화가 중국에서 정식으로 실시됐다는 것을 상징한다는 내용을 언급하고 있다. 따라서 이를 통해 알 수 있는 선택지 D 汉字简化在中国正式实施的标志가 정답이다.

어휘   孙中山 Sūn Zhōngshān 고유 손중산[쑨원, 중국의 정치가]   简化 jiǎnhuà 동 간소화하다   实施 shíshī 동 실시하다

---

11   画线词语"瑕不掩瑜"的"瑕"与下列哪个括号中的词语意思相近？   밑줄 친 어휘 '瑕不掩瑜'의 '瑕'는 선택지 괄호 안 어떤 어휘와 의미가 비슷한가?

A 无(微)不至	A (미세한 것)까지 이르지 않음이 없다
B 大醇小(疵)	**B 다소의 (결점)은 있어도 대체로 괜찮다**
C 莫名其(妙)	C 아무도 그 (오묘함)을 설명할 수 없다
D 无(恶)不作	D 온갖 (악행)을 저지르다

해설   질문의 瑕不掩瑜는 '결점이 장점을 가릴 수 없다'라는 의미이며, 이 중 瑕는 '흠, 결점'이라는 의미이다. 네 번째 단락에서 "一简"虽然也有不足之处, 但瑕不掩瑜, 其结果就是中国百姓的识字率快速上升.이라고 하며, 간소화에 부족한 점이 있었지만 결과적으로 중국 국민들의 식자율을 높였기에 결점이 장점을 가릴 수 없다고 언급하였으므로, 瑕는 '결점'이라는 의미로 사용됐음을 확인할 수 있다. 따라서 '결점'의 의미를 가진 '疵'가 포함된 선택지 B 大醇小(疵)가 정답이다.

어휘   瑕不掩瑜 xiábùyǎnyú 졍 결점이 장점을 가릴 수 없다   无微不至 wúwēibúzhì 졍 미세한 것까지 이르지 않음이 없다, 매우 세심하다
大醇小疵 dàchúnxiǎocī 졍 다소의 결점은 있어도 대체로 괜찮다   莫名其妙 mòmíngqímiào 졍 아무도 그 오묘함을 설명할 수 없다, 어리둥절하게 하다   无恶不作 wú'èbúzuò 졍 온갖 악행을 저지르다

---

12   在第二次汉字简化中，主要采用了什么简化方法？   제2차 한자 간소화에서, 주로 어떤 간소화 방법을 채택했는가?

A 同音代替词	**A 동음대체어**
B 发音简化法	B 발음 간소화법
C 反义替代法	C 반의대체법
D 笔画增强法	D 필획 강화법

해설   질문이 제2차 한자 간소화에서 주로 어떤 간소화 방법을 채택했는지 물었으므로, 질문의 핵심어구 第二次汉字简化, 简化方法와 관련된 내용을 지문에서 재빨리 찾는다. 마지막 단락에서 在第二次汉字简化中……最常见的简化方法是同音代替词라고 했으므로, 선택지 A 同音代替词가 정답이다.

어휘   简化 jiǎnhuà 동 간소화하다   反义 fǎnyì 명 반의, 반대말   笔画 bǐhuà 명 필획

---

13   关于第二次汉字简化，可以知道：   제2차 한자 간소화에 관해, 알 수 있는 것은:

A 受到海外华人的反对	A 해외 화교의 반대를 받았다
B 政府没有加大宣传力度	B 정부가 홍보 강도를 높이지 않았다
C 教科书不能使用简体字	C 교과서는 간제차를 쓸 수 없었다
D 简化字给人们造成了混乱	**D 간소화된 글자는 사람에게 혼란을 야기했다**

해설 질문이 제2차 한자 간소화에 관해 알 수 있는 것을 물었다. 질문에 핵심어구가 없으므로 각 선택지의 핵심어구 **海外华人的反对, 宣传力度, 教科书, 造成了混乱**과 관련된 내용을 지문에서 재빨리 찾는다. 마지막 단락에서 **第二次汉字简化实施后……这些经过多次修改的简体字反而给人们带来了混乱**이라고 했으므로, 선택지 D **简化字给人们造成了混乱**이 정답이다.

어휘 **简化** jiǎnhuà [동] 간소화하다

14 最适合做上文标题的是:

A 汉字的改革
B 汉字书写规则
C 中国文字的起源
D 汉字与象形文字的关系

위 글의 제목으로 가장 적절한 것은:

A 한자의 개혁
B 한자 필기 규칙
C 중국 문자의 기원
D 한자와 상형 문자의 관계

해설 질문이 제목으로 적절한 것을 물었다. 첫 번째 단락에서 **汉字自出现以来，一直发展到现代。现在使用的汉字其实已经被简化了，这是一个从复杂到简单的过程，而这个过程艰难且曲折。**라고 했고, 지문이 한자 간소화의 배경, 1차 한자 간소화와 2차 한자 간소화의 전개 과정과 결과를 차례대로 언급하고 있다. 따라서 선택지 A **汉字的改革**가 정답이다.

어휘 **起源** qǐyuán [명] 기원

고득점비책 03 의미 파악 문제 공략하기 p.76

전략 적용

p.77

1. 저우좡에서는 남녀노소가 둘러앉아 다과를 먹으며 담소를 나누고, 웃음꽃을 피우며 즐거움이 끝이 없는 모습을 자주 볼 수 있다. 이런 풍습은 '아포차'를 먹는다고 불린다.
오늘날 '아포차'를 먹는 것은 여전히 저우좡에서 성행하고 있는데, 젊은이들조차 여가 시간에 자리에 둘러앉고는 한다. 만약 주최자가 어느 날 '아포차'를 대접할 예정이라면, 그는 며칠 전부터 여기저기에서 손님을 초대하고 다과를 준비한 뒤 당일에 다기를 세척하고 책상과 의자를 배치한다. 약속 시간이 되면, 손님들이 사방팔방에서 찾아오고, 주최자의 온 가족은 따뜻하게 손님을 맞이하며, 차를 끓이고 정과를 내온 후 모두들 이런저런 이야기를 나누기 시작한다. 손님이 차를 마실 때는 적어도 세 번은 다 마셔야 비로소 자리를 떠날 수 있다. '아포차'가 끝난 후에는 모두 두 손을 맞잡으며 작별 인사를 하고, 헤어질 때 다음 '아포차'의 주최자, 시간 및 장소를 정한다.

밑줄 친 어휘 '**东道主**'의 의미는:
A 도시의 지도자
B 동쪽에서 온 손님
C 손님을 초대한 주인
D 진귀한 차를 파는 상인

어휘 **习俗** xísú [명] 풍습 **盛行** shèngxíng [동] 성행하다 **东道主** dōngdàozhǔ [명] (손님을 초대한) 주최자, 주인 **筹备** chóubèi [동] 준비하다
洗涤 xǐdí [동] 세척하다 **蜜饯** mìjiàn [명] 정과[꿀이나 설탕물에 조려 만든 음식] **天南海北** tiānnánhǎiběi [성] 이런저런 이야기를 하다
叙谈 xùtán [동] 이야기를 나누다 **方可** fāng kě 비로소 ~할 수 있다 **拱手** gǒngshǒu [동] 두 손을 맞잡고 인사하다 **主家** zhǔjiā [명] 주인, 소유주

2. 묵자는 중국 고대의 유명한 사상가, 교육가, 군사가이면서 동시에 묵가학파의 창시자이다. 묵자는 한때 공자의 유학을 공부했으나, 유가 학설에 불만을 품어 결국 유학을 버리고 대립하는 학파인 묵가학파를 창설했다.
묵자는 '관리에게 영원한 고귀함은 없고, 백성에게 영원한 비천함이 없다'라고 생각했고, '굶주리는 자는 먹을 것을 얻고, 추운 자는 옷을 얻고, 일하는 자는 휴식을 얻는 것'을 요구했다. 그는 군신, 부자, 형제는 모두 평등한 토대 위에서 서로 우애롭게 지내야 한다고도 생각했고, 사회에서 강한 자가 약한 자를 괴롭히고, 부유한 자가 가난한 자를 업신여기고, 명성과 지위가 높은 자가 신분이나 지위가 낮은 자를 얕보는 현상, 즉 '강집약, 부모빈, 귀오천'은 세상 사람들이 서로 사랑하지 않고 있어서 빚어진 일이라고 생각했다. 그는 전쟁을 반대했으며, 평화를 강조했다. 묵자는 한평생 검소한 삶을 살았고, 그는 "먹을 만큼만 먹고, 몸에 맞춰 옷을 입는다"와 "쓰임을 절약하고, 장례식을 절약하며, 향락을 금한다"를 주장했다. 그의 주장은 대부분 소박한 유물주의적 사상에서 비롯된 것이다.

밑줄 친 어휘 '**富侮贫**'의 '**侮**'는 선택지 괄호 안 어떤 어휘와 의미가 비슷한가?
A (같은) 마음으로 함께 노력하다
B 세력을 믿고 남을 (업신여기다)
C 앞사람이 (나아가고), 뒷사람이 쫓아간다
D (굶주림)을 참다

어휘 **儒家** Rújiā [고유] 유가 **舍弃** shěqì [동] 버리다 **君臣** jūnchén [명] 군신[임금과 신하] **欺负** qīfu [동] 괴롭히다 **欺辱** qīrǔ [동] 업신여기다

唯物主义 wéiwùzhǔyì 圈 유물주의[의식이나 정신 따위의 실재를 부정하고, 우주 만물의 궁극적 실재는 물질이라고 보는 이론]
齐心协力 qíxīnxiélì 圈 같은 마음으로 함께 노력하다 仗势欺人 zhàngshìqīrén 圈 세력을 믿고 남을 업신여기다
前赴后继 qiánfùhòujì 圈 앞사람이 나아가고, 뒷사람이 쫓아간다 忍饥挨饿 rěnjī'ái'è 圈 굶주림을 참다

실전연습문제 p.78

1 B	2 A	3 A	4 B	5 A	6 D	7 B	8 C	9 B
10 C	11 C	12 A	13 C	14 D				

1 - 7

中国有句老话，叫"民以食为天"。"吃"永远是排在第一位的大事，而不同时期、不同地区的饮食口味也是差别极大。想要做出不同口味的食物，除了要有新鲜的食材之外，选择一些适合食材本身的调味品也是一大关键。古人用调味品造就了古代饮食文化的辉煌历史。

[1]先秦时期，人们对调味品的认知还处在萌芽阶段，因此当时的调味品比较单调，[1]主要以盐、梅、酒为三大主料。在实际烹饪中，主要以盐来进行调味，[1]这种随手可得的调味品在整个烹饪历史上有着关键的作用，因此将盐称为"百味之王"丝毫不为过。

春秋战国时期的齐国，就是靠海盐成为了富甲一方的强国。继海盐之后，还出现了池盐、井盐、岩盐等。由于盐的地位无可替代，[2]在汉武帝以后，都是由中央政府直接控制食盐，贩卖私盐是重罪。这是因为一方面，[2]盐是国家的战略物资，士兵需要食盐才有力气作战，所以国家通过管控盐来维护统治权；另一方面，[2]盐是国家税收的主要来源之一，利润空间巨大。在唐宋时期，盐所带来的收入占国家财政收入的一半以上，到了元代，更是占到了百分之八十。

虽然盐的原料唾手可得，但盐并不是万能调料，遇到腥膻之物就无法发挥其作用了，这时另一种调味品——梅子就体现出了独特的价值。在古代殷商遗址中，人们发现了不少用来制作调味品的梅子核，在《尚书·商书·说命下篇》中也出现了"[3]若作和羹，尔惟盐梅"的话语。[3]这些都说明了做汤的时候梅子是一种必不可少的调味品，尤其在烹制肉类、鱼类等腥膻之气较重的食物时，使用梅子则更为有效。根据推断，由于大量使用梅子，当时的菜肴以酸味为主。

酒在古代调味品"家族"中排行"老三"。在安阳郭家庄一处遗址发现，夏商时期就已经开始用酒来做菜了。最早的酒是用谷物自然发酵而制成的。据《世本》记载，[4]夏朝人仪狄，酿出了酒，并将其作为调味品。酒在食物烹饪中起到了关键的作用，这也从侧面印证了古代农业的发展程度。

除了盐、梅、酒这三种古代最基本的调味品之外，还有很多调味品可供人选择。用大豆和麦子制成的"豆酱"和"麦酱"是调制咸味的调味品。有了酱料，曾经难以下咽的食物也变得异常美味，而且菜肴在外观上也有了很大的改善，"色、香、味"俱全的菜肴就是从这时开始出现的。

중국에는 '식량은 국민 생활의 근본이다'라는 옛말이 있다. '먹는 일'은 언제나 1순위를 차지하는 큰일이고, 각기 다른 시기, 지역에 따라 음식 맛도 차이가 매우 크다. 서로 다른 맛의 요리를 만들려면 신선한 식재료가 있어야 한다는 것 외에 식재료 그 자체에 어울리는 조미료를 선택하는 것도 하나의 큰 관건이다. 옛사람들은 조미료를 사용하여 고대 음식 문화의 찬란한 역사를 만들어냈다.

[1]선진 시대에는 조미료에 대한 사람들의 인식이 아직 싹트는 단계에 있었기 때문에 당시 조미료는 비교적 단조로운 편이었고, [1]주로 소금, 매실, 술을 3대 주재료로 삼았다. 실제 조리에서는 주로 소금으로 맛을 냈는데, [1]이런 손쉽게 얻을 수 있는 조미료는 전체 조리 역사에 있어서 핵심적인 역할을 했기 때문에, 소금을 '맛의 제왕'이라고 부르는 것은 전혀 과언이 아니었다.

춘추 전국 시대의 제나라는 바로 해염 덕분에 일대에서 가장 부유한 강국이 됐다. 해염에 이어 지염, 정염, 암염 등이 등장했다. 소금의 지위는 대체가 불가능했기 때문에 [2]한무제 이후에는 중앙정부가 직접 식염을 통제하였고, 밀매 소금을 판매하는 것은 중죄였다. 이는 한편으로는 [2]소금이 국가의 전략 물자이고, 병사들은 소금을 먹어야 전투를 치를 힘이 있었기 때문이며, 따라서 국가는 소금 관리와 통제를 통해 통치권을 보전했다. 다른 한편으로 [2]소금은 국가 세수의 주요 원천 중 하나로, 이윤이 매우 컸다. 당나라와 송나라 시대에는 소금이 가져오는 수입이 국가 재정 수입의 절반 이상을 차지했고, 원대에 이르러서는 80%까지 차지했다.

비록 소금의 원료는 쉽게 손에 넣을 수 있지만 소금은 만능 조미료가 아닌데, 비리고 누린 냄새가 나는 것에는 이것의 효과를 발휘할 수 없다. 이때 또 다른 조미료인 매실이 특별한 가치를 보여주었다. 고대 은상 유적에서 사람들은 조미료를 만드는 데 쓰인 적지 않은 매실 씨앗을 발견했는데, <상서·상서·설명하편>에도 '[3]국이 잘 배합되게 하려면 소금과 시큼한 매실만 있으면 된다'라는 말이 나타났다. [3]이것들은 모두 국을 만들 때 매실이 없어서는 안 되는 조미료라는 것을 설명했다. 특히 육류, 생선 등 비리고 누린 냄새가 강한 음식을 조리할 때 매실을 사용하면 더욱 효과적이다. 추정에 따르면, 매실을 대량으로 사용했기 때문에 당시 요리는 신맛이 주를 이뤘다.

술은 고대 조미료 '가족'에서 '셋째'로 꼽힌다. 안양 궈자좡의 한 유적에서 하나라와 상나라 시기부터 이미 술로 요리를 만들기 시작했다는 사실이 발견되었다. 최초의 술은 곡물을 자연 발효시켜 만든 것이었다. <세본>의 기록에 따르면 [4]하나라 사람인 의적이 술을 빚었고, 그것을 조미료로 사용했다. 술은 음식 조리에 있어서 핵심적인 역할을 했고, 이는 고대 농업의 발전 수준을 방증했다.

소금, 매실, 술 이 세 가지 고대의 가장 기본적인 조미료 외에도 사람들은 선택할 수 있는 조미료가 많이 있었다. 콩과 밀로 만든 '메주'와 '호밀장'은 짠맛을 만드는 조미료이다. 양념이 생겨나고서는 삼키기 힘들었던 음식도 대단히 맛있어졌으며 게다가 요리가 외관에서도 크게 나아져, '색, 향, 맛'을 모두 갖춘 요리가 이때부터 출현했다.

古人对甜味也做了明确的记载，即"以甘养肉"，这说明古人认为甜味对促进身体机能有很好的功效。⁵起初，人们从植物和果实中**提取**糖分，如蔗糖、蔗浆、果糖等等。在各种糖类调味品中，麦芽糖是最为普遍的一种，古文中称之为"饴"。

在所有味道中，⁶最让人过瘾的是辣。古人用花椒、姜、茱萸来调制辣味，以解心头的**嗜辣之情**。除了这三种常见的辣味调味品外，达官贵人还会使用珍贵的胡椒来调制辣味。宋朝以后，胡椒开始大规模进入中国，开始成为百姓首选的调味品，而辣椒到明朝末年才传入了中国，距今也就400多年。

数千年来，博大精深的中国饮食文化从寡淡走向丰富，时至今日，已俘获了众多人的心，这其中调味品功不可没。⁷调味品在发展过程中相互融合，其背后蕴藏着古人的无穷智慧，那就是：**兼容并包**。

옛날 사람들은 단맛에 대해서도 명확하게 기록했는데, 즉 '단맛으로 살을 키운다'이다. 이는 옛날 사람들이 단맛이 신체기능을 촉진하는 데 좋은 효능이 있다고 생각했다는 것을 말해준다. ⁵처음에 사람들은 식물과 열매에서 자당, 사탕수수즙, 과당 등의 당분을 **추출했다**. 각종 당류 조미료 중에서 맥아당은 가장 흔한 것으로, 옛말에 '엿당'이라고 불렸다.

모든 맛 중에서 ⁶가장 끝내주는 맛은 매운맛이다. 옛날 사람들은 산초, 생강, 수유를 이용해 매운맛을 만들어 마음속의 **매운맛을 즐기려는 욕구**를 풀곤 했다. 흔한 이 세 가지 매운맛 조미료 외에도 고관 및 귀인들은 귀한 후추로 매운맛을 만들었다. 송나라 이후 후추는 중국에 대대적으로 들어오기 시작했고, 백성들이 가장 선호하는 조미료로 자리 잡기 시작했다. 반면 고추는 명나라 말기에야 중국에 들어왔으며, 지금까지 고작 400여 년에 불과하다.

수천 년 동안 다양하고 심오한 중국 음식 문화는 담백함에서 풍부함으로 나아갔고, 오늘날에 이르러 수많은 사람들의 마음을 사로잡았는데, 여기에는 조미료가 큰 공을 세웠다. ⁷조미료는 발전 과정에서 서로 융합됐고, 그 뒤에는 옛사람들의 무궁한 지혜가 깃들어 있는데, 그것은 바로 **각 방면의 것을 모두 받아들이는 것**이다.

어휘   **民以食为天** mínyǐshíwéitiān 刨 식량은 국민 생활의 근본이다   **饮食** yǐnshí 阋 음식   **差别** chābié 阋 차이   **食材** shícái 阋 식재료   **本身** běnshēn 때 그 자체
调味品 tiáowèipǐn 阋 조미료   **辉煌** huīhuáng 刨 찬란하다   **先秦时期** Xiānqín shíqī 교 선진 시대[일반적으로 춘추 전국 시대를 가리킴]
萌芽 méngyá 图 싹트다   **烹饪** pēngrèn 图 조리하다   **春秋战国时期** Chūnqiū Zhànguó shíqī 교 춘추 전국 시대
齐国 Qíguó 교 제나라[춘추전국시대의 제후국]   **富甲一方** fùjiǎyìfāng 일대에서 가장 부유하다   **池盐** chíyán 지염[못의 물로 만든 소금]
井盐 jǐngyán 정염[염분이 많은 우물에서 만든 소금]   **岩盐** yányán 암염[산에서 채굴되는 소금]   **汉武帝** Hànwǔdì 교 한무제[중국 한나라 7대 황제]
中央 zhōngyāng 阋 중앙   **贩卖** fànmài 图 팔다   **私盐** sīyán 阋 밀매 소금   **战略** zhànlüè 阋 전략   **物资** wùzī 阋 물자
维护 wéihù 图 보전하다, 유지하고 보호하다   **统治权** tǒngzhìquán 阋 통치권   **来源** láiyuán 阋 원천, 근원   **财政** cáizhèng 阋 재정
唾手可得 tuòshǒukědé 刨 쉽게 손에 넣을 수 있다   **调料** tiáoliào 阋 조미료   **腥膻** xīngshān 图 비리고 누린 냄새   **梅子** méizi 阋 매실   **遗址** yízhǐ 阋 유적
菜肴 càiyáo 阋 요리   **夏商时期** Xià Shāng shíqī 교 하나라와 상나라 시기   **记载** jìzǎi 图 기록하다   **酿** niàng 图 빚다   **侧面** cèmiàn 阋 측면
豆酱 dòujiàng 阋 메주   **麦酱** màijiàng 阋 호밀장   **调制** tiáozhì 图 (혼합하여) 만들다   **异常** yìcháng 图 대단히   **提取** tíqǔ 图 추출하다   **蔗糖** zhètáng 阋 자당
蔗浆 zhèjiāng 阋 사탕수수 즙   **果糖** guǒtáng 阋 과당   **麦芽糖** màiyátáng 阋 맥아당   **饴** yí 阋 엿당   **过瘾** guòyǐn 阋 끝내주다   **茱萸** zhūyú 阋 수유
达官贵人 dáguānguìrén 阋 고관과 귀인   **珍贵** zhēnguì 刨 귀하다   **胡椒** hújiāo 阋 후추
博大精深 bódàjīngshēn 刨 다양하고 심오하다, (사상·학식 등이) 넓고 심오하다   **寡淡** guǎdàn 刨 담백하다   **俘获** fúhuò 图 사로잡다, 포획하다
功不可没 gōng bù kě mò 刨 큰 공을 세우다   **蕴藏** yùncáng 图 깃들다, 잠재하다   **兼容并包** jiānróngbìngbāo 刨 각 방면의 것을 모두 받아들이다

---

1   关于盐，第二段中**没有**提到的是：

A 被称为"百味之王"
B 会消除食材本身的味道
C 是先秦时期三大主料之一
D 在烹饪历史中有很重要的作用

소금에 관해, 두 번째 단락에서 언급되지 **않은** 것은:

A '맛의 제왕'이라고 불린다
B 식재료 그 자체의 맛을 없앤다
C 선진 시대의 3대 주재료 중 하나이다
D 조리 역사에서 매우 중요한 역할을 했다

해설   질문이 소금에 관해 두 번째 단락에서 언급되지 않은 것을 물었으므로, 질문의 핵심어구 盐과 관련된 내용을 지문에서 재빨리 찾는다. 두 번째 단락에서 先秦时期……主要以盐、梅、酒为三大主料……这种随手可得的调味品在整个烹饪历史上有着关键的作用,因此将盐称为"百味之王"丝毫不为过라고 했으므로, 언급되지 않은 선택지 B 会消除食材本身的味道가 정답이다.

어휘   **本身** běnshēn 때 그 자체   **烹饪** pēngrèn 图 조리하다

---

2   在古代，盐为什么受到中央政府的**直接管控**？

① 盐是重要的战略物资
② 国家税收主要来源于盐
③ 盐关系到老百姓的吃穿住行
④ 盐业是国家综合国力的象征

A ①②
B ②④
C ①③
D ③④

고대에 소금은 왜 중앙정부의 직접적인 관리와 통제를 받았는가?

① 소금이 중요한 전략 물자라서
② 국가 세수는 주로 소금에서 나와서
③ 소금은 백성들의 의류, 음식, 주거, 교통에 관계돼서
④ 염업은 국가 종합 국력의 상징이라서

A ①②
B ②④
C ①③
D ③④

해설 질문이 고대에 소금은 왜 중앙정부의 직접적인 관리와 통제를 받았는지 물었으므로, 질문의 핵심어구 盐, 中央政府的直接管控과 관련된 내용을 지문에서 재빨리 찾는다. 세 번째 단락에서 在汉武帝以后, 都是由中央政府直接控制食盐……盐是国家的战略物资……盐是国家税收的主要来源之一라고 했으므로, ① 盐是重要的战略物资와 ② 国家税收主要来源于盐이 포함된 선택지 A ①②가 정답이다.

어휘 中央 zhōngyāng 圏 중앙 战略 zhànlüè 圏 전략 物资 wùzī 圏 물자 来源 láiyuán 圏 나오다, 기원하다

---

3 画线句子"若作和羹，尔惟盐梅"在文中表示什么意思？

A 做羹汤时要有盐和梅
B 羹汤比盐和梅更受欢迎
C 盐和梅被看作是稀世珍宝
D 用盐泡的梅是古代常见的菜品

밑줄 친 문장 '若作和羹，尔惟盐梅'는 글에서 무슨 의미를 나타내는가？

A 국을 만들 때 소금과 매실이 있어야 한다
B 국은 소금과 매실보다 더 환영받는다
C 소금과 매실은 보기 드문 진귀한 보물로 여겨진다
D 소금에 절인 매실은 고대에 흔히 볼 수 있는 요리이다

해설 밑줄 친 문장 '若作和羹，尔惟盐梅'의 의미를 물었으므로, 若作和羹，尔惟盐梅가 밑줄로 표시된 부분을 지문에서 재빨리 찾는다. 네 번째 단락에서 若作和羹，尔惟盐梅……这些都说明了做羹的时候梅子是一种必不可少的调味品이라고 했으므로, 문맥상 若作和羹，尔惟盐梅는 소금뿐만 아니라 매실도 국을 만들 때 반드시 필요한 조미료라는 점을 나타내는 것임을 알 수 있다. 따라서 이를 통해 알 수 있는 선택지 A 做羹汤时要有盐和梅가 정답이다.

어휘 羹汤 gēngtāng 圏 국 稀世 xīshì 圏 보기 드물다

---

4 第五段主要介绍了什么？

A 从古代传下来的酿酒秘方
B 酒作为调味品起到的作用
C 酒在调味品中排第三的原因
D 酒与社会发展的正相关关系

다섯 번째 단락은 주로 무엇을 소개하고 있는가？

A 고대로부터 전해 내려오는 술을 담그는 비법
B 술이 조미료로서 한 역할
C 술이 조미료에서 순위가 세 번째인 이유
D 술과 사회 발전의 긍정적 상관관계

해설 질문이 다섯 번째 단락의 중심 내용을 물었으므로, 다섯 번째 단락을 재빠르게 읽으며 중심 내용을 파악한다. 단락 후반에서 夏朝人仪狄, 酿出了酒, 并将其作为调味品。酒在食物烹饪中起到了关键的作用, 这也从侧面印证了古代农业的发展程度라고 하며 술이 조미료로서 요리에서 한 역할을 소개하고 있다. 따라서 이를 통해 알 수 있는 선택지 B 酒作为调味品起到的作用이 정답이다.

어휘 酿酒 niàngjiǔ 圏 술을 담그다 调味品 tiáowèipǐn 圏 조미료

---

5 根据上下文，第七段空白处最适合填入的词语是：

A 提取
B 换取
C 提拔
D 窃取

앞뒤 내용에 근거하여, 일곱 번째 단락의 빈칸에 들어갈 어휘로 가장 알맞은 것은:

A 추출하다
B 바꾸어 가지다
C 등용하다
D 훔치다

해설 질문이 일곱 번째 단락의 빈칸에 들어갈 어휘로 가장 알맞은 것을 물었다. 선택지 A는 '추출하다', B는 '바꾸어 가지다', C는 '등용하다', D는 '훔치다'라는 의미이다. 빈칸 주변이 '처음에 사람들은 식물과 열매에서 자당, 사탕수수즙, 과당 등의 당분을 _____'라는 문맥이므로, 빈칸에는 당분을 식물과 열매에서 뽑아내는 것을 의미하는 어휘가 들어가야 한다. 따라서 선택지 A 提取가 정답이다.

어휘 提取 tíqǔ 圏 추출하다 提拔 tíbá 圏 등용하다 窃取 qièqǔ 圏 훔치다

---

6 画线词语"嗜辣之情"的"嗜"与下列哪个括号中的词语意思相近？

A （心）平气和
B 发人深（思）
C （美）其名曰
D （乐）此不疲

밑줄 친 어휘 '嗜辣之情'의 '嗜'은 선택지 괄호 안 어떤 어휘와 의미가 비슷한가？

A （마음이）평온하고 태도가 온화하다
B 사람을 골똘히 （생각하게 하다）
C （듣기 좋은）이름으로 부르다
D 어떤 일을 （즐겨）피곤함을 느끼지 않다

해설 질문의 嗜辣之情은 '매운맛을 즐기려는 욕구'라는 의미이며, 이 중 嗜은 '즐기다'라는 의미이다. 여덟 번째 단락에서 最让人过瘾的是辣。古人用花椒、姜、茱萸来调制辣味, 以解心头的嗜辣之情이라고 하며, 사람들이 매운맛을 즐겼다고 언급하였으므로, 嗜은 '즐기다'라는 의미로 사용됐음을 확인할 수 있다. 따라서 '즐기다'의 의미를 가진 '乐'가 포함된 선택지 D （乐）此不疲가 정답이다.

어휘 心平气和 xīnpíngqìhé 圏 마음이 평온하고 태도가 온화하다 发人深思 fārénshēnsī 圏 사람을 골똘히 생각하게 하다
美其名曰 měiqímíngyuē 圏 듣기 좋은 이름으로 부르다 乐此不疲 lècǐbùpí 圏 어떤 일을 즐겨 피곤함을 느끼지 않다

7	画线词语"兼容并包"最可能是什么意思?	밑줄 친 어휘 '兼容并包'는 무슨 의미일 가능성이 가장 큰가?
	A 把食物加工得很美味	A 음식을 맛있게 가공한다
	B 把所有的方面都容纳进来	**B 모든 부분을 다 수용한다**
	C 把所有的事情都尽量兜揽过来	C 모든 일을 최대한 도맡는다
	D 接纳其他国家的烹饪技术，开发新菜式	D 다른 나라의 조리 기술을 받아들여서, 새로운 요리를 개발한다

해설 밑줄 친 어휘 '**兼容并包**'의 의미를 물었으므로, **兼容并包**가 밑줄로 표시된 부분을 지문에서 재빨리 찾는다. 마지막 단락에서 **调味品在发展过程中相互融合，其背后蕴藏着古人的无穷智慧，那就是：兼容并包。**라고 했으므로, 문맥상 **兼容并包**는 중국 조미료가 발전 과정에서 다양한 부분을 융합하고 수용하였다는 의미임을 알 수 있다. 따라서 선택지 B **把所有的方面都容纳进来**가 정답이다.

어휘 **兼容并包** jiānróngbìngbāo [성] 각 방면의 것을 모두 받아들이다 **兜揽** dōulǎn [동] 도맡다 **烹饪** pēngrèn [동] 조리하다

8 - 14

近日，一头搁浅的中华白海豚脱困的新闻被刷上了热搜，引发了不少网友关注和点赞。在广东省台山市，有个渔民发现了在滩涂搁浅的一头白海豚，就立即报了警。当时正好是海水退潮期，气温逐渐上升，若不及时采取救援措施，白海豚将危在旦夕。

为了在白海豚不受伤害的情况下尽快实施救援，[8/9]民警们先对搁浅的白海豚采取了保护措施，通过浇水的方式防止白海豚脱水，[9]还将自己的衣服脱下披在白海豚身上，防止它被阳光晒伤。之后民警们抱起它的头部，帮助其呼吸。

做完一系列的检查，确认白海豚未受伤后，民警们决定将其放回大海。当天下午3时30分左右，海水开始涨潮，民警们和熟悉海域情况的渔民一起将白海豚抬至水位高的海域。整个救援过程持续了7个小时，所幸的是，白海豚在脱离滩涂，进入海水后，逐渐恢复了活力，摇动了几下尾巴，一头扎进了海洋的怀抱。

中华白海豚主要生活在中国的东南部沿海地区。关于白海豚的记载，最早出现在唐朝，古代称它为卢亭、白忌或海猪。中华白海豚属于中国国家一级保护动物，素有"水上大熊猫"之称。

虽然名为"白海豚"，但是[10]刚出生的中华白海豚呈深灰色，幼年个体呈灰色，[10]成年个体则呈浅粉色或灰白色，老年个体通常全身呈乳白色。成年个体身上的粉红色并不是色素造成的，而是表皮下的血管所形成的。

作为宽吻海豚及虎鲸的近亲，中华白海豚也属于哺乳类动物，它会用肺部呼吸。外呼吸孔呈半月形，处在头部的顶端，呼吸时头部与背部露出水面，吸进氧气，呼气时发出"哧哧"的喷气声。风和日丽时，[11]性情活泼的白海豚通常在水面上**嬉戏**，有时甚至全身跃出水面近1米高。

[12]中华白海豚和人类一样保持恒温、怀胎产子，还会用乳汁哺育幼儿。它们不会聚集成大群，通常情况下只有3～5只生活在一起，或者单独活动。它们的群居结构非常有弹性，除了母豚及幼豚，白海豚群的成员会时常更换。

由于中华白海豚主要栖息于河口和沿海地区，与经济开发区、航运密集区的位置高度重叠，因此极易受到人类活动的干扰。渔网和船只造成的误伤、船只和填海工程造成的噪声污染、沿海工业和农药造成的水质污染、[13]过度捕捞导致的渔业资源**枯竭**等，都对中华白海豚的生存和繁衍造成了严重的影响。[14]我们要知道，没有人类的肆意破坏，大自然才能**生生不息**。

최근 좌초된 중국 흰돌고래가 곤경에서 벗어난 뉴스가 인기 검색어에 오르며 네티즌들의 관심과 좋아요를 받았다. 광둥성 타이산시에서 한 어민이 갯벌에 좌초된 흰돌고래를 발견해 즉시 경찰에 신고했다. 당시는 마침 썰물 때이고, 기온이 점점 올라가고 있었기에, 만약 제때 구조 조치를 취하지 않으면 흰돌고래가 매우 위급할 수 있었다.

흰돌고래가 다치지 않는 상황에서 가능한 한 빨리 구조를 실시하기 위해, [8/9]경찰관들은 먼저 좌초된 흰돌고래에게 보호 조치를 취했고, 물을 뿌리는 방식으로 흰돌고래의 탈수를 방지했으며, [9]자신의 옷을 벗어서 흰돌고래의 몸에 걸치기도 하며 그것이 햇볕에 화상을 입는 것을 방지했다. 이후 경찰관들은 흰돌고래의 머리를 감싸 안으며 흰돌고래의 호흡을 도왔다.

일련의 검사를 마치고 흰돌고래가 다치지 않은 것을 확인한 후, 경찰관들은 흰돌고래를 바다에 풀어주기로 했다. 이날 오후 3시30분쯤 밀물이 밀려오기 시작하자, 경찰관들은 해역 사정에 밝은 어민들과 함께 흰돌고래를 수위가 높은 해역으로 들어 옮겼다. 전체 구조 과정은 7시간 동안 계속되었는데, 다행인 것은 흰돌고래는 갯벌을 벗어나 바닷물에 들어가자 점차 활기를 되찾았고 꼬리를 몇 번 흔들며 곧장 바다의 품으로 들어갔다.

중국 흰돌고래는 주로 중국 동남부 연해 지역에 살고 있다. 흰돌고래는 당나라 때 처음 출현했으며, 고대에는 이를 노정, 백기 혹은 해저라 불렀다. 중국 흰돌고래는 중국 국가 1급 보호 동물로, 평소에 '수상 판다'라고 불려졌다.

비록 이름은 '흰돌고래'지만, [10]갓 태어난 중국 흰돌고래는 짙은 회색을 띠고, 유년 개체는 회색을 띠며, [10]성년 개체는 연분홍 또는 회백색을 띠고, 노년 개체는 보통 온몸이 우윳빛을 띤다. 성인 개체의 분홍색은 색소가 만들어낸 것이 아니라 표피 아래 혈관에 의해 형성된 것이다.

큰돌고래와 범고래의 근친으로서 중국 흰돌고래도 포유류 동물에 속하며 폐로 호흡한다. 외부 호흡 구멍은 반달 모양을 띠면서 머리 부분의 꼭대기에 위치하며, 숨을 쉴 때는 머리와 등이 수면으로 나와 산소를 들이마시고, 숨을 내쉴 때는 '칙칙' 하는 공기를 내뿜는 소리가 난다. 날씨가 화창할 때 [11]활달한 성격의 흰돌고래는 보통 수면 위에서 **놀거나**, 때로는 온몸이 수면 위 1m 가까이 뛰어오르기도 한다.

[12]중국 흰돌고래는 인간과 마찬가지로 체온을 일정하게 유지하고, 새끼를 배고 낳으며 게다가 젖으로 새끼를 키운다. 그들은 큰 무리를 이루지 않고 보통 3~5마리만 함께 살거나 혹은 단독으로 활동한다. 이들의 무리 구조는 매우 탄력성이 있어 어미 돌고래와 새끼 돌고래를 제외한 흰돌고래 무리의 구성원은 자주 바뀐다.

중국 흰돌고래는 주로 강어귀와 연안 지역에 서식하는데, 경제 개발 지구, 운항 밀집 지역의 위치와 크게 겹쳐 있어 인간이 하는 활동의 방해를 받기 아주 쉽다. 어망과 선박에 의한 부상, 선박과 해안 매립 공사가 만들어낸 소음 공해, 연안 공업과 농약에 의한 수질 오염, [13]과도한 포획에 의한 어업 자원 **고갈** 등은 모두 중국 흰돌고래의 생존과 번식에 심각한 영향을 끼친다. [14]우리는 인간이 제멋대로 파괴

하는 것이 없어야 대자연은 비로소 **멈추지 않고 생장하고 번식할 수** 있다는 것을 알아야 한다.

어휘 | 搁浅 gēqiǎn 图 좌초하다　**白海豚** báihǎitún 图 흰돌고래　脱困 tuō kùn 곤경에서 벗어나다　刷上 shuāshang (인터넷에) 오르다　**热搜** rèsōu 인기 검색어
关注 guānzhù 관심을 가지다　渔民 yúmín 어민　滩涂 tāntú 갯벌　报警 bàojǐng 경찰에 신고하다　退潮 tuìcháo 썰물이 되다
救援 jiùyuán 图 구조하다　危在旦夕 wēizàidànxī 매우 위급하다　实施 shíshī 图 실시하다　防止 fángzhǐ 图 방지하다　涨潮 zhǎngcháo 图 밀물이 밀려오다
海域 hǎiyù 图 해역　脱离 tuōlí 图 벗어나다　活力 huólì 图 활기　摇动 yáodòng 흔들다　扎 zhā (파고) 들다, 찌르다　怀抱 huáibào 图 품
沿海 yánhǎi 图 연해, 연안　呈 chéng 图 (빛깔을) 띠다　个体 gètǐ 图 개체　乳白色 rǔbáisè 图 우윳빛　血管 xuèguǎn 图 혈관
宽吻海豚 kuānwěn hǎitún 图 큰돌고래　虎鲸 hǔjīng 图 범고래　哺乳类动物 bǔrǔlèi dòngwù 포유류 동물　肺 fèi 图 폐, 허파　孔 kǒng 图 구멍
顶端 dǐngduān 图 꼭대기, 정상　氧气 yǎngqì 图 산소　风和日丽 fēnghérìlì 图 날씨가 화창하다　嬉戏 xīxì 图 놀다　恒温 héngwēn 图 일정한 온도
怀胎产子 huáitāi chǎnzǐ 새끼를 배고 낳다　乳汁 rǔzhī 图 젖　哺育 bǔyù 图 키우다　幼儿 yòu'ér 图 새끼　弹性 tánxìng 图 탄력성　成员 chéngyuán 图 구성원
时常 shícháng 图 자주　栖息 qīxī 图 서식하다　重叠 chóngdié 图 겹치다, 중첩하다　干扰 gānrǎo 图 방해하다　过度 guòdù 图 과도하다
捕捞 bǔlāo 图 포획하다　枯竭 kūjié 图 고갈되다　繁衍 fányǎn 图 번식하다　肆意 sìyì 图 제멋대로
生生不息 shēngshēngbùxī 图 멈추지 않고 생장하고 번식하다

8 中华白海豚被困后，民警们采取了怎样的措施? | 중국 흰돌고래가 고립되고 난 후, 경찰관들은 어떤 조취를 취했는가?

A 把白海豚强行拖入了大海 | A 흰돌고래를 강제로 바다 속으로 끌어넣었다
B 往白海豚身上涂抹了淤泥 | B 흰돌고래의 몸에 진흙을 발랐다
C 给白海豚浇水，弄湿了其皮肤 | **C 흰돌고래에게 물을 뿌려 피부를 젖게 만들었다**
D 检查了白海豚的回声定位系统 | D 흰돌고래의 반향 정위 시스템을 점검했다

해설 | 질문이 중국 흰돌고래가 고립되고 난 후, 경찰관들은 어떤 조취를 취했는지 물었으므로, 질문의 핵심어구 中华白海豚被困, 民警们, 措施과 관련된 내용을 지문에서 재빨리 찾는다. 두 번째 단락에서 民警们先对搁浅的白海豚采取了保护措施,通过浇水的方式防止白海豚脱水라고 했으므로, 선택지 C 给白海豚浇水,弄湿了其皮肤가 정답이다.

어휘 | 白海豚 báihǎitún 图 흰돌고래　涂抹 túmǒ 图 바르다　淤泥 yūní 图 진흙
回声定位 huíshēng dìngwèi 반향 정위[소리를 내서 그 메아리 소리로 위치를 확인하는 방법]

9 第二段主要介绍了什么? | 두 번째 단락은 주로 무엇을 소개하고 있는가?

A 白海豚的生存环境 | A 흰돌고래의 생존 환경
B 对白海豚的拯救措施 | **B 흰돌고래에 대한 구조 조치**
C 白海豚被搁浅的原因 | C 흰돌고래가 좌초된 이유
D 白海豚脱离海水的过程 | D 흰돌고래가 바닷물을 빠져나가는 과정

해설 | 질문이 두 번째 단락의 중심 내용을 물었으므로, 두 번째 단락을 재빠르게 읽으며 중심 내용을 파악한다. 단락 중반과 후반에서 民警们先对搁浅的白海豚采取了保护措施,通过浇水的方式防止白海豚脱水,还将自己的衣服脱下披在白海豚身上,防止它被阳光晒伤。之后民警们抱起它的头部,帮助其呼吸라고 하며 흰돌고래를 구조하기 위해 취한 각종 조치를 언급하고 있다. 따라서 이를 통해 알 수 있는 선택지 B 对白海豚的拯救措施이 정답이다.

어휘 | 白海豚 báihǎitún 图 흰돌고래　生存 shēngcún 图 생존하다　拯救 zhěngjiù 图 구조하다　搁浅 gēqiǎn 图 좌초하다　脱离 tuōlí 图 벗어나다

10 关于中华白海豚的颜色，可以知道什么? | 중국 흰돌고래의 색깔에 관해, 다음 중 알 수 있는 것은?

① 幼年个体呈乳白色 | ① 유년 개체는 우윳빛을 띤다
② 成年个体呈灰白色 | ② 성년 개체는 회백색을 띤다
③ 老年个体呈粉红色 | ③ 노년 개체는 분홍색을 띤다
④ 刚出生的个体呈深灰色 | ④ 갓 태어난 개체는 짙은 회색을 띤다

A ①③ | A ①③
B ①④ | B ①④
C ②④ | **C ②④**
D ②③ | D ②③

해설 | 질문이 중국 흰돌고래의 색깔에 관해 알 수 있는 것을 물었으므로, 질문의 핵심어구 中华白海豚的颜色와 관련된 내용을 지문에서 재빨리 찾는다. 다섯 번째 단락에서 刚出生的中华白海豚呈深灰色……成年个体则呈浅粉色或灰白色라고 했으므로, ② 成年个体呈灰白色와 ④ 刚出生的个体呈深灰色가 포함된 C ②④가 정답이다.

어휘 | 个体 gètǐ 图 개체　呈 chéng 图 (빛깔을) 띠다　乳白色 rǔbáisè 图 우윳빛

11 画线词语"嬉戏"最可能是什么意思?

A 欢笑
B 游泳
C 玩耍
D 绽放

밑줄 친 어휘 '**嬉戏**'는 무슨 의미일 가능성이 가장 큰가?

A 환하게 웃다
B 수영하다
C 장난치다
D 피어나다

해설 밑줄 친 어휘 '**嬉戏**'의 의미를 물었으므로, **嬉戏**가 밑줄로 표시된 부분을 지문에서 재빨리 찾는다. 여섯 번째 단락에서 **性情活泼的白海豚通常在水面上嬉戏，有时甚至全身跃出水面近1米高**라고 했으므로, 문맥상 **嬉戏**는 흰돌고래가 온몸이 수면 위 1m 가까이 뛰어오를 정도로 수면 위에서 장난치며 논다는 의미임을 알 수 있다. 따라서 이를 통해 알 수 있는 선택지 C **玩耍**가 정답이다.

어휘 **嬉戏** xīxì [동] 놀다 **绽放** zhànfàng [동] (꽃이) 피어나다

12 中华白海豚的哪种特点与人类相同?

A 能使体温保持稳定
B 性情随周围环境而变化
C 群体内部社会等级分明
D 在固定范围内形成大家族

중국 흰돌고래의 어떤 특징이 인간과 같은가?

A 체온을 안정적으로 유지할 수 있다
B 성격이 주위 환경에 따라 바뀐다
C 무리 내부의 사회 계급이 분명하다
D 고정된 범위 내에서 대가족을 형성한다

해설 질문이 중국 흰돌고래의 어떤 특징이 인간과 같은지를 물었으므로, 질문의 핵심어구 **中华白海豚, 与人类相同**과 관련된 내용을 지문에서 재빨리 찾는다. 일곱 번째 단락에서 **中华白海豚和人类一样保持恒温**이라고 했으므로, 선택지 A **能使体温保持稳定**이 정답이다.

어휘 **性情** xìngqíng [명] 성격, 성질 **群体** qúntǐ [명] 무리 **分明** fēnmíng [형] 분명하다

13 画线词语"枯竭"的"竭"与下列哪个括号中的词语意思相近?

A 海(枯)石烂
B 使人难(堪)
C 道(尽)涂穷
D 萍水相(逢)

밑줄 친 어휘 '**枯竭**'의 '**竭**'는 선택지 괄호 안 어떤 어휘와 의미가 비슷한가?

A 바닷물이 (마르고) 돌이 썩다
B 사람을 (견디기) 어렵게 하다
C 갈 수 있는 길이 (없다)
D 우연히 (만나다)

해설 질문의 **枯竭**는 '고갈되다'라는 의미이며, 이 중 **竭**는 '다하다, 없어지다'라는 의미이다. 마지막 단락에서 **过度捕捞导致的渔业资源枯竭**라고 하며, 과도한 포획으로 어업 자원이 없어지고 있다고 언급하였으므로, **竭**는 '없어지다'라는 의미로 사용됐음을 확인할 수 있다. 따라서 '없어지다'의 의미를 가진 '**尽**'이 포함된 선택지 C **道(尽)涂穷**이 정답이다.

어휘 **枯竭** kūjié [동] 고갈되다 **道尽涂穷** dàojìntúqióng [성] 갈 수 있는 길이 없다 **萍水相逢** píngshuǐxiāngféng [성] 우연히 만나다

14 画线词语"生生不息"的"息"与下列哪个括号中的词语意思相近?

A (纷)繁复杂
B 历久(弥)新
C 如花似(锦)
D 戛然而(止)

밑줄 친 어휘 '**生生不息**'의 '**息**'는 선택지 괄호 안 어떤 어휘와 의미가 비슷한가?

A (많고) 번잡하고 복잡하다
B 오랜 시간이 경과했는데도 오히려 (더) 새로워지다
C 마치 꽃과 (비단) 같다
D 뚝 (멈추다)

해설 질문의 **生生不息**는 '멈추지 않고 생장하고 번식하다'라는 의미이며, 이 중 **息**는 '멈추다, 그만두다'라는 의미이다. 마지막 단락에서 **我们要知道，没有人类的肆意破坏，大自然才能生生不息。**라고 하며, 인류의 파괴가 없어야 대자연이 멈추지 않고 생장하고 번식할 수 있다고 언급하였으므로, **息**는 '멈추다'라는 의미로 사용됐음을 확인할 수 있다. 따라서 '멈추다'의 의미를 가진 '**止**'이 포함된 선택지 D **戛然而(止)**이 정답이다.

어휘 **生生不息** shēngshēngbùxī [성] 멈추지 않고 생장하고 번식하다 **纷繁复杂** fēnfán fùzá 많고 번잡하고 복잡하다
历久弥新 lìjiǔmíxīn [성] 오랜 시간이 경과하고 더 새로워지다 **如花似锦** rúhuāsìjǐn [성] 마치 꽃과 비단 같다, 풍경이 매우 화려하다
戛然而止 jiárán'érzhǐ [성] 뚝 멈추다

전략 적용

호수와 바다에서 해조류가 무절제하게 번식하기 시작할 때 적조가 형성된다. 적조가 생기면 해조류가 산소를 너무 많이 흡수하기 때문에 그곳의 수역은 심각하게 산소가 부족하게 되어 수많은 수생 식물이 **질식해서** 죽게 된다.

지금까지 사람들은 적조에 속수무책이었고, 그들이 할 수 있는 것은 그저 인내심을 가지고 적조가 자연스럽게 없어지기를 기다리는 것뿐이었다. 하지만 이제 과학자들이 드디어 적조를 없애는 방법을 찾아냈는데, 바로 초음파로 조류를 없애는 것이다.

해조류가 물에 뜰 수 있고, 수면 아래로 가라앉지 않는 것은 해조류 안에 부력 세포가 있기 때문이다. 이러한 세포에는 질소 기포가 있고 질소 기포는 해조류의 타고난 '구명 튜브'와 같아 해조류는 이 기포들의 부력에 의해 물 위에 쉽게 뜰 수 있다.

과학자들은 해조류의 이런 특징을 포착해 특정 주파수의 초음파로 부력 세포의 기포에 공진을 일으켜, 공진이 일정 강도에 도달하면 기포가 세포를 부풀려 터트려서 해조류가 부력의 지탱을 잃고 가라앉게 한다. 물에 잠긴 해조류는 햇빛을 잃으면 빠르게 죽어버린다.

최근 영국의 한 연구진은 세 가지 다른 주파수의 초음파로 해조류에 대해 실험을 진행했고, 그들은 해조류마다 크기가 다르기 때문에 공진 주파수도 다르다는 점을 발견했다. 초음파를 사용해 해조류를 없애는 방법은 특정 해조류를 겨냥해서 제거할 수 있으면서, 다른 수생 식물을 다치지 않게 할 수 있다.

앞뒤 내용에 근거하여, 첫 번째 단락의 빈칸에 들어갈 어휘로 가장 알맞은 것은:
A 정체하다
B 유실하다
C 질식하다
D 쇠약해지다

어휘 　湖泊 húpō 圏 호수　藻类 zǎolèi 圏 해조류　节制 jiézhì 됨 절제하다　繁殖 fánzhí 圏 번식하다　红潮 hóngcháo 圏 적조　氧气 yǎngqì 圏 산소
水域 shuǐyù 圏 수역　窒息 zhìxī 圏 질식하다　束手无策 shùshǒuwúcè 圀 속수무책이다　消除 xiāochú 圏 없애다　超声波 chāoshēngbō 圏 초음파
漂浮 piāofú 圏 뜨다　浮力 fúlì 圏 부력　细胞 xìbāo 圏 세포　氮气 dànqì 圏 질소　气泡 qìpào 圏 기포　与生俱来 yǔ shēng jù lái 타고나다
救生圈 jiùshēngquān 圏 구명 튜브　特定 tèdìng 圏 특정한　频率 pínlǜ 圏 주파수　共振 gòngzhèn 圏 공진하다　胀 zhàng 圏 부풀리다
支撑 zhīchēng 圏 지탱하다　死亡 sǐwáng 圏 죽다　滞后 zhìhòu 圏 정체하다　流失 liúshī 圏 유실하다　衰竭 shuāijié 圏 쇠약해지다

실전연습문제 p.84

1 D	2 C	3 B	4 B	5 C	6 B	7 C	8 D	9 C
10 B	11 D	12 C	13 A	14 D				

1 - 7

近日，覆盖全球一半人口和三分之一贸易量的自由贸易协定——《区域全面经济伙伴关系协定》正式生效。[2]《区域全面经济伙伴关系协定》是[1/2]2012年由东盟发起，[1]历时数年，由中国、韩国、日本、澳大利亚、新西兰和东盟十国共15个成员国制定的协定。该协定的签署标志着当前世界上涵盖人口最多、成员构成最多元、发展潜力最大的自由贸易区正式启航。

据业内人士分析，对于中国经济而言，《区域全面经济伙伴关系协定》将改善外部贸易环境，推动中国与协定成员之间形成更为紧密的贸易投资和产业分工关系，为中国经济增长提供新动能。从出口方面来看，汽车零部件、电子元器件等上游产品的出口将进一步增长。[3]长期来看，《区域全面经济伙伴关系协定》将有效增强中国经济"外循环"的韧性，在带动出口增长的同时，可能也会加速低附加值产业的外迁。

[4]"原产地累积规则"是《区域全面经济伙伴关系协定》的一项重要成果。与多数自由贸易协定的双边原产地规则不同，该协定采用区域价值累积原则，主要是指在确定产品的原产资格时，可将其他成员国的原产材料累积计算，来满足

최근 전 세계 인구의 절반과 교역량의 3분의 1을 차지하는 자유무역협정인 <역내포괄적경제동반자협정(RCEP)>이 정식으로 발효됐다. [2]<역내포괄적경제동반자협정>은 [1/2]2012년 아세안이 발의했고, [1]수년의 시간이 걸려서 중국, 한국, 일본, 호주, 뉴질랜드와 아세안 10개국의 총 15개 회원국이 제정한 협정이다. 이 협정의 체결은 현재 세계에서 포함하는 인구가 가장 많고, 회원 구성이 가장 다양하며, 발전 가능성이 가장 큰 자유무역지역이 정식으로 출범했음을 나타낸다.

업계 인사의 분석에 따르면 중국 경제에 있어서 <역내포괄적경제동반자협정>이 대외 무역 환경을 개선하고, 중국과 협정 회원국 간에 더욱 긴밀한 무역 투자와 산업 분업 관계를 형성하도록 추진하며, 중국 경제 성장에 새로운 동력을 제공할 것이라고 분석하고 있다. 수출 측면에서 보면 자동차 부품, 전자 부속품 등 상위 제품의 수출이 한층 더 늘어날 것이다. [3]장기적으로 보면, <역내포괄적경제동반자협정>이 중국 경제 '외순환'의 유연성을 효과적으로 강화하여 수출 증가를 이끄는 동시에 저부가 가치 산업의 다른 나라로의 이전을 가속화할 수도 있을 것이다.

[4]'원산지 누적 기준'은 <역내포괄적경제동반자협정>의 중요한 성과다. 대다수 자유무역협정의 양자 원산지 기준과 달리, 이 협정은 역내 가치 누적 원칙을 채택했는데, 주로 제품의 원산지 자격을 정할 때 다른 회원국의 원재료를 누적 계산하여 최종 수출 제품이 가치가 40%

最终出口产品增值40%的原产地标准，从而更容易享受到关税优惠。例如，A国采购中国的产品并在A国进行组装加工，如果在中国的增值部分和在A国的增值部分超过了40%，那么A国将该产品出口到B国时，仍认定A国为原产地，享受零关税待遇。

在原产地规则之下，《区域全面经济伙伴关系协定》[5]为中国提出的国际大循环发展格局提供了切合时机的外部环境，各种制度型交易成本的下降将促进中国与成员国之间的贸易与投资。比如，为了获得零关税待遇，生产商将更倾向于使用区域内的原产材料，这有助于在本地区形成更加紧密、更具韧性的产业供应链。

此外，[4]《区域全面经济伙伴关系协定》将提高贸易便利化水平，促进无纸化贸易。[6]从贸易便利化角度看，各成员国就海关程序、检验检疫、技术标准等作出了高水平承诺，特别是承诺尽可能在货物抵达后48小时内放行，[6]对快件、易腐货物等争取在抵达后6小时内放行，这一承诺将提升物流通关效率，促进出口增长。各方已承诺实行无纸化贸易，承认电子签名的效力，为网络交易的开展提供了制度性保障，这些措施将有利于企业借助跨境电商平台扩大出口。

[7]《区域全面经济伙伴关系协定》是一个互惠互利的自由贸易协定，在货物贸易、服务贸易、投资和规则方面，它都体现了平衡。《区域全面经济伙伴关系协定》中还特别提到了经济技术合作等方面的规定，这将给一些发展中国家给予过渡期的安排，让这些国家能够更好地融入到区域经济一体化的大趋势中。

증가하는 원산지 기준을 충족시켜 관세 혜택을 더욱 쉽게 누리게 되는 것을 가리킨다. 예를 들어 A국이 중국의 제품을 구매해서 A국에서 조립 가공을 하는데 만약 중국에서 가치가 증가되는 부분과 A국에서 가치가 증가하는 부분이 40%를 넘으면, A국이 B국으로 이 제품을 수출할 때 A국을 원산지로 인정하여 무관세 대우를 받는 것이다.

원산지 기준에 따라서 <역내포괄적경제동반자협정>은 [5]중국이 제시한 국제 대순환 발전 구도에 시기 적합한 외부 환경을 제공했고, 각종 제도적 거래 비용의 하락은 중국과 회원국 간의 무역과 투자를 촉진할 것이다. 무관세 대우를 받기 위해 생산업체들이 역내의 원재료를 사용하게 되는 경향이 더욱 크다는 것이 그 예인데, 이는 이 지역이 더욱 긴밀하고 더욱 유연성 있는 산업 공급 사슬을 형성하는 데 도움이 된다.

이 밖에도, [4]<역내포괄적경제동반자협정>은 무역 편리화 수준을 끌어올려, 종이 없는 무역을 촉진할 것이다. [6]무역 편리화 측면에서 보면 각 회원국은 세관 절차, 검사 검역, 기술 기준 등에 대해 높은 수준의 약속을 했다. 특히 가급적 화물 도착 후 48시간 이내에 통행을 허가해주고, [6]속달 우편, 부패하기 쉬운 화물 등에 대해 도착 후 6시간 이내에 통행을 허가해주는 것을 목표로 노력하겠다고 약속했는데 이 약속은 물류 통관 효율을 높이고, 수출 증가를 촉진할 것이다. 각국은 이미 종이 없는 무역을 실행할 것을 약속했으며, 전자 서명의 효력을 인정했고, 인터넷 상거래의 발전에 제도적 보장을 제공했다. 이러한 조치는 기업이 크로스보더 전자상거래 플랫폼의 도움을 받아 수출을 확대하는 데 도움이 될 것이다.

[7]<역내포괄적경제동반자협정>은 서로 혜택과 이득을 받는 자유무역협정으로 상품 무역, 서비스 무역, 투자와 기준 측면에서 모두 균형을 이루었다. <역내포괄적경제동반자협정>에서는 특별히 경제 기술 협력 등 측면의 기준이 언급되기도 했는데, 이는 일부 개발도상국들에게 과도기를 보낼 수 있게 마련해주어 이러한 국가들이 역내 경제 일체화라는 큰 흐름에 잘 유입될 수 있도록 했다.

어휘 **覆盖** fùgài [동] 차지하다 **自由贸易协定** zìyóu màoyì xiédìng [명] 자유무역협정(FTA) **生效** shēngxiào [동] 발효되다, 효력이 발생하다
东盟 dōngméng [명] 아세안[동남아시아국가연합] **发起** fāqǐ [동] 발의하다, 제창하다 **历时** lìshí [동] 시간이 걸리다 **签署** qiānshǔ [동] 체결하다, 서명하다
当前 dāngqián [명] 현재 **涵盖** hángài [동] 포함하다 **多元** duōyuán [형] 다양한 **自由贸易区** zìyóumàoyìqū [명] 자유무역지역 **启航** qǐháng [동] 출범하다
人士 rénshì [명] 인사 **产业** chǎnyè [명] 산업 **零部件** língbùjiàn [명] 부품 **电子元器件** diànzǐ yuánqìjiàn [명] 전자 부속품 **循环** xúnhuán [동] 순환하다
韧性 rènxìng [명] 유연성, 근성 **带动** dàidòng [동] 이끌다 **附加值** fùjiāzhí [명] 부가 가치 **外迁** wàiqiān [동] 다른 나라로 이전하다 **累积** lěijī [동] 누적하다
增值 zēngzhí [동] 가치가 증가하다 **关税** guānshuì [명] 관세 **采购** cǎigòu [동] (주로 기관·기업 등에서) 구매하다 **组装** zǔzhuāng [동] 조립하다
加工 jiāgōng [동] 가공하다 **格局** géjú [명] 구도, 격식과 구조 **切合** qièhé [동] 적합하다 **时机** shíjī [명] 시기, 기회 **交易** jiāoyì [동] 거래하다
倾向 qīngxiàng [동] 경향이 있다 **供应链** gōngyìngliàn [명] 공급 사슬 **便利** biànlì [형] 편리하다 **检验** jiǎnyàn [동] 검사하다 **检疫** jiǎnyì [동] 검역하다
承诺 chéngnuò [동] 약속하다 **抵达** dǐdá [동] 도착하다 **放行** fàngxíng [동] 통행을 허가하다 **效力** xiàolì [명] 효력 **开展** kāizhǎn [동] 발전하다, 전개하다
保障 bǎozhàng [동] 보장하다 **借助** jièzhù [동] 도움을 받다 **电商** diànshāng [명] 전자상거래[**电子商务**의 줄임말] **平台** píngtái [명] 플랫폼
发展中国家 fāzhǎnzhōng guójiā [명] 개발도상국 **给予** jǐyǔ [동] 주다 **过渡期** guòdùqī [명] 과도기 **融入** róngrù [동] 유입되다

1 根据上下文，第一段空白处最适合填入的词语是：

A 荣获
B 亮相
C 了结
D 历时

앞뒤 내용에 근거하여, 첫 번째 단락의 빈칸에 들어갈 어휘로 가장 알맞은 것은:

A 영예를 누리다
B 선보이다
C 결말이 나다
D 시간이 걸리다

해설 질문이 첫 번째 단락의 빈칸에 들어갈 어휘로 가장 알맞은 것을 물었다. A는 '영예를 누리다', B는 '선보이다', C는 '결말이 나다', D는 '시간이 걸리다'라는 의미이다. 빈칸 주변이 '2012년 아세안이 발의했고, 수년의 ________ 중국, 한국, 일본, 호주, 뉴질랜드와 아세안 10개국의 총 15개 회원국이 제정한 협정이다'라는 문맥이므로, 빈칸에는 2012년부터 수년의 시간이 경과했음을 나타내는 어휘가 들어가야 한다. 따라서 선택지 D **历时**이 정답이다.

어휘 **荣获** rónghuò [동] 영예를 누리다 **亮相** liàngxiàng [동] 선보이다 **了结** liǎojié [동] 결말이 나다 **历时** lìshí [동] 시간이 걸리다

2 关于《区域全面经济伙伴关系协定》，下列哪项**不正确**？

A 由15个成员国制定
B 加入的成员国最多元
C 是由中东国家联合发起的
D 标志着发展潜力最大的自贸区的启航

<역내포괄적경제동반자협정>에 관해, 다음 중 **옳지 않은** 것은?

A 15개 회원국이 제정했다
B 가입한 회원국이 가장 다양하다
C 중동 국가들이 연합해서 발의한 것이다
D 발전 가능성이 가장 높은 자유무역지대의 출범을 나타낸다

해설 질문이 <역내포괄적경제동반자협정>에 관해 옳지 않은 것을 물었다. 질문에 핵심어구가 없으므로 각 선택지의 핵심어구 **15个成员国, 加入的成员国, 中东国家联合, 发展潜力最大的自贸区**와 관련된 내용을 지문에서 재빨리 찾는다. 첫 번째 단락에서 **《区域全面经济伙伴关系协定》是2012年由东盟发起**라고 했으므로, 지문의 내용과 일치하지 않는 선택지 C **是由中东国家联合发起的**가 정답이다. 참고로, 선택지 A, B, D는 첫 번째 단락에서 **由中国、韩国、日本、澳大利亚、新西兰和东盟十国共15个成员国制定的协定。该协定的签署标志着当前世界上涵盖人口最多、成员构成最多元、发展潜力最大的自由贸易区正式启航**이라고 했으므로 오답이다.

어휘 **协定** xiédìng [명] 협정 **多元** duōyuán [형] 다양한 **启航** qǐháng [동] 출범하다

3 《区域全面经济伙伴关系协定》将对中国经济起到怎样的作用？

A 能够建立可行的风险管理机制
B 有利于向外迁移低附加值产业
C 有效增强中国经济国际国内双循环
D 上游产品的中间商数量将进一步增长

<역내포괄적경제동반자협정>은 중국 경제에 어떤 역할을 할 것인가?

A 실행할 수 있는 위험 관리 메커니즘을 세울 수 있다
B 저부가 가치 산업이 다른 나라로 이전하는 것에 도움이 된다
C 중국 경제의 국제와 국내의 이중 순환을 효과적으로 강화할 수 있다
D 상위 제품의 중개인 수가 한층 늘어날 것이다

해설 질문이 <역내포괄적경제동반자협정>은 중국 경제에 어떤 역할을 할 것인지 물었으므로, 질문의 핵심어구 **《区域全面经济伙伴关系协定》, 中国经济, 作用**과 관련된 내용을 지문에서 재빨리 찾는다. 두 번째 단락에서 **长期来看,《区域全面经济伙伴关系协定》将有效增强中国经济"外循环"的韧性, 在带动出口增长的同时, 可能也会加速低附加值产业的外迁。**이라고 했으므로, 선택지 B **有利于向外迁移低附加值产业**가 정답이다.

어휘 **机制** jīzhì [명] 메커니즘 **附加值** fùjiāzhí [명] 부가 가치 **产业** chǎnyè [명] 산업 **循环** xúnhuán [동] 순환하다 **中间商** zhōngjiānshāng [명] 중개인

4 《区域全面经济伙伴关系协定》的重要内容都有哪些？

① 提出非歧视原则
② 实行无纸化贸易
③ 采用原产地累积规则
④ 调整世贸组织的市场准入规则

A ①②
B ②③
C ③④
D ①④

<역내포괄적경제동반자협정>의 주요 내용은 모두 어떤 것들이 있는가?

① 비차별 원칙을 내세운다
② 종이 없는 무역을 실행한다
③ 원산지 누적 기준을 채택한다
④ 세계무역기구(WTO)의 시장 진입 기준을 조정한다

A ①②
B ②③
C ③④
D ①④

해설 질문이 <역내포괄적경제동반자협정>의 주요 내용은 모두 어떤 것들이 있는지 물었다. 질문에 핵심어구가 없으므로 각 번호의 핵심어구 **非歧视原则, 无纸化贸易, 原产地累积规则, 市场准入规则**와 관련된 내용을 지문에서 재빨리 찾는다. 세 번째 단락에서 **"原产地累积规则"是《区域全面经济伙伴关系协定》的一项重要成果。**라고 했고, 다섯 번째 단락에서 **《区域全面经济伙伴关系协定》将提高贸易便利化水平, 促进无纸化贸易**라고 했으므로, ② **实行无纸化贸易**와 ③ **采用原产地累积规则**가 포함된 선택지 B ②③이 정답이다.

어휘 **歧视** qíshì [동] 차별하다 **累积** lěijī [동] 누적하다 **世贸组织** Shìmào Zǔzhī [고유] 세계무역기구[WTO]

5 根据上下文，第四段空白处最适合填入的词语是：

A 境遇
B 借口
C 格局
D 流量

앞뒤 내용에 근거하여, 네 번째 단락의 빈칸에 들어갈 어휘로 가장 알맞은 것은:

A 형편
B 핑계
C 구도
D 유동량

해설 질문이 네 번째 단락의 빈칸에 들어갈 어휘로 가장 알맞은 것을 물었다. A는 '형편', B는 '핑계', C는 '구도', D는 '유동량'이라는 의미이다. 빈칸 주변이 '중국이 제시한 국제 대순환 발전 ________에 시기 적합한 외부 환경을 제공했다'라는 문맥이므로, 빈칸에는 중국이 제시한 국제 대순환 발전이라는 상황을 나타내는 어휘가 들어가야 한다. 따라서 선택지 C **格局**가 정답이다.

어휘 **境遇** jìngyù [명] 형편 **格局** géjú [명] 구조 **流量** liúliàng [명] 유동량

6 在各成员国为提高贸易便利化水平而提出的各项措施中，下列哪项正确？

A 加强了区域内高端绿色产业链
B 争取抵达后6小时内将易腐货物放行
C 省略了一些不必要的出入境检验检疫流程
D 建立了一整套关于判定货物原产资格的规定

각 회원국이 무역 편리화 수준을 끌어올리기 위해 내놓은 각종 조치 중 옳은 것은?

A 역내 첨단 친환경 산업 사슬을 강화했다
B 도착 후 6시간 이내에 부패하기 쉬운 화물의 통행 허가를 목표로 노력한다
C 불필요한 출입국 검사와 검역 절차를 생략했다
D 상품 원산지 자격을 결정하는 일련의 규칙을 세웠다

해설 질문이 각 회원국이 무역 편리화 수준을 끌어올리기 위해 내놓은 각종 조치 중에서 옳은 것을 물었으므로, 질문의 핵심어구 **各成员国为提高贸易便利化水平而提出的各项措施**과 관련된 내용을 지문에서 재빨리 찾는다. 다섯 번째 단락에서 **从贸易便利化角度看，各成员国……对快件、易腐货物等争取在抵达后6小时内放行**이라고 했으므로, 선택지 B **争取抵达后6小时内将易腐货物放行**이 정답이다. 참고로, 선택지 A, C, D는 지문에서 언급되지 않았으므로 오답이다.

어휘 **产业链** chǎnyèliàn [명] 산업 사슬 **抵达** dǐdá [동] 도착하다 **放行** fàngxíng [동] 통행을 허가하다 **检验** jiǎnyàn [동] 검사하다 **检疫** jiǎnyì [동] 검역하다

7 上文主要谈的是：

A 《区域全面经济伙伴关系协定》的生效过程
B 《区域全面经济伙伴关系协定》的国际评价
C 《区域全面经济伙伴关系协定》带来的积极影响
D 签订《区域全面经济伙伴关系协定》时的外部环境

위 글에서 주로 말하는 것은:

A <역내포괄적경제동반자협정>의 발효 과정
B <역내포괄적경제동반자협정>의 국제적 평가
C <역내포괄적경제동반자협정>이 가져온 긍정적인 영향
D <역내포괄적경제동반자협정>을 체결할 때의 외부 환경

해설 질문이 지문 전체의 중심 내용을 물었다. 지문이 <역내포괄적경제동반자협정>이 중국 경제에 미치는 영향, <역내포괄적경제동반자협정>의 주요 성과, <역내포괄적경제동반자협정>의 긍정적인 영향을 차례대로 언급하고 있다. 그리고 마지막 단락에서 **《区域全面经济伙伴关系协定》是一个互惠互利的自由贸易协定，在货物贸易、服务贸易、投资和规则方面，它都体现了平衡。**이라고 했다. 따라서 선택지 C **《区域全面经济伙伴关系协定》带来的积极影响**이 정답이다.

어휘 **生效** shēngxiào [동] 발효되다, 효력이 발생하다 **签订** qiāndìng [동] 체결하다

8 - 14

1972年至1974年发掘的长沙马王堆汉墓，是西汉初期长沙国丞相利苍一家三口的墓葬。[8]马王堆汉墓保存之完整、文物之丰富震惊了世人，它被认为是20世纪世界最重大的考古发现之一。虽然在发掘马王堆汉墓的过程中经历了重重磨难，但湖南省博物馆和社会各组织机构主动承担起了文物保护和发掘的重担。[8]近半个世纪以来，关于马王堆汉墓的研究成果<u>举世瞩目</u>。

马王堆三座墓葬中，二号墓墓主是利苍。[14]二号墓的墓葬形制与一号、三号墓多有不同，主要体现在其上圆下方的墓坑和夯土外形。二号墓像圆顶帐篷一样，中间隆起，四周下垂，是“天圆地方”的典型。二号墓的墓葬形制是古人对宇宙认识的再现，古人认为天似穹庐，呈拱形，地似棋盘，呈方形。

最早发现的一号墓是入葬时间最晚的。考古学家们[10]在一号墓里发现了一具并未腐烂的女尸，经鉴定，这是利苍之妻辛追的尸体。[9]辛追面目依然<u>清晰</u>可辨，头上还留有头发，脸上的皮肤和眼睫毛、鼻毛都还残存着，甚至连脑后用簪子别着的假发也能被分辨出来。肌肉组织和软骨等都十分完好，全身肌肉有弹性，皮肤细密而滑腻，部分关节可以转动，甚至手足上的纹路也清晰可见。[10]这具尸体虽历经两千多年，但在出土时依然保存完好，这堪称考古学界的一个奇迹。临床医学检验表明，这具不腐女尸为尸体的保存以及古组织学、古病理学、古代疾病史和中国医学发展史提供了重要的科学资料。

1972년부터 1974년까지 발굴한 창사 마왕퇴한묘는 서한 초기 장사국의 승상 이창의 일가 세 식구의 고분이다. [8]마왕퇴한묘는 온전하게 보존되었고 유물이 풍부하여 세상 사람들을 놀라게 했으며, 이는 20세기에 세계에서 가장 중대한 고고학적 발견 중 하나로 여겨진다. 비록 마왕퇴한묘를 발굴하는 과정에서 여러 고난을 겪었지만, 후난성 박물관과 사회 각 조직 기관이 적극적으로 유물 보존과 발굴의 중책을 맡았다. [8]근 반세기 동안 마왕퇴한묘에 관한 연구 성과를 <u>세계가 주목했다</u>.

마왕퇴의 3개 고분 중 2호묘 묘의 주인은 이창이다. [14]2호묘의 고분 형태는 1호묘, 3호묘와 여러 가지 차이가 있는데, 주로 위는 둥글고 아래는 네모난 무덤구덩이와 단단히 다져진 외형에서 나타난다. 2호묘는 돔형 텐트처럼 한가운데가 돌출되어 있고 사방이 아래로 기울어져 '하늘은 둥글고, 땅은 모나다'의 전형이다. 2호묘의 고분 형태는 옛사람들의 우주에 대한 인식의 재현인데, 옛사람들은 하늘은 파오와 같이 아치형을 띠고 땅은 바둑판과 같이 네모 모형을 띤다고 여겼다.

가장 먼저 발견된 1호묘는 매장 시기가 가장 늦은 것이다. 고고학자들은 [10]1호묘에서 아직 부패하지 않은 여성 시신을 발견했는데, 감정한 결과 이것은 이창의 아내 신추의 시신이었다. [9]신추의 얼굴 생김새는 여전히 <u>뚜렷하게</u> 구별해낼 수 있었고, 머리에는 머리카락이 남아 있었으며, 얼굴의 피부와 속눈썹, 코털이 아직 남아 있었고, 심지어 머리 뒤쪽에 비녀로 꽂은 가발도 구별해낼 수 있었다. 근육 조직과 연골 등도 매우 온전했고 전신 근육에 탄력이 있었으며, 피부가 촘촘하고 매끄러우며 일부 관절은 회전할 수 있었고, 심지어 손과 발의 지문도 뚜렷하게 잘 보였다. [10]이 시신은 비록 2,000여 년이 지났지만, 출토할 때도 여전히 잘 보존돼 있어 이는 고고학계의 기적이라고 할 수 있다. 임상 의학 검사에서 이 부패하지 않은 여자 시신은 시신의 보존과 고대 조직학, 고대 병리학, 고대 질병사와 중국 의학 발전사에 중요한 과학 자료를 제공한 것으로 드러났다.

¹⁴三号墓结构与一号墓基本相似，但规模略小，墓坑较浅，墓壁只有三层台阶。考古学家们推断，三号墓墓主应该是利苍的儿子利豨。

¹¹马王堆汉墓的出土文物为研究西汉经济和科技的发展，以及当时的历史、文化、社会生活等方面提供了极为重要的实物资料。¹⁴马王堆三座汉墓共出土珍贵文物三千多件，大多保存完好，其中有五百多件漆器，这些漆器制作精致、纹饰华丽、光泽如新。此外还有大量丝织品、帛画、帛书、竹简、竹木器、乐器、兵器、印章等珍品。^{12/13}其中有两件透明的素纱禅衣，一件重48克，另一件重49克，正如古人形容的"轻纱薄如空"、"**薄如蝉翼，轻若烟雾**"，¹³**着实**让现代人称奇。这两件素纱禅衣反映了当时高超的织造工艺技术，是西汉纱织品的代表。

在马王堆汉墓出土的文物中，有稻谷、粟、小麦、大麦等粮食作物，以及大量的蔬菜、水果和肉制品。除了食品原材料外，还有一整套食器，这些都向我们完整地还原了西汉时期灿烂的饮食文化。

2016年6月，马王堆汉墓被评为世界十大古墓稀世珍宝之一。马王堆汉墓的修建时期正值西汉"文景之治"盛世，也是中国封建历史文化发展的高峰。马王堆汉墓的考古发掘为我们展示了这一重要历史时期的政治、经济、科学、军事、文化、艺术、医学等诸多方面的发展水平。

---

¹⁴3호묘의 구조는 1호묘와 거의 비슷하지만 규모가 약간 작고, 무덤 구덩이가 비교적 얕으며 묘벽에는 3층 계단이 있다. 고고학자들은 3호묘 묘의 주인이 이창의 아들 이희일 것으로 추정하고 있다.

¹¹마왕퇴한묘에서 출토된 유물은 서한의 경제와 과학 기술의 발전, 그리고 당시의 역사, 문화, 사회생활 등 방면을 연구하는 데 매우 중요한 실물 자료를 제공했다. ¹⁴마왕퇴의 3개 한묘에서 총 3000여 점의 진귀한 유물이 출토되었는데 대부분 잘 보존돼 있었다. 그중 500여 점의 칠기가 있었는데 이 칠기들은 정교하게 제작되었고, 무늬가 화려하며, 광택이 새것과도 같았다. 이 밖에 대량의 견직물, 백화, 백서, 죽통, 죽목기, 악기, 병기, 도장 등 진귀한 물건이 많이 있었다. ^{12/13}그중 투명한 소사단의 두 벌이 있었는데, 한 벌은 무게가 48g이고, 다른 한 벌은 무게가 49g으로 옛사람들이 표현한 '가벼운 천이 없는 것과 같이 얇다', '**매미의 날개처럼 얇으며, 연기와 안개처럼 가볍다**'처럼 ¹³**확실히** 현대인들이 신기하다고 칭찬할 만했다. 이 두 벌의 소사단의는 당시의 뛰어난 직조 공예 기술을 반영하였으며, 서한 사직물의 대표이다.

마왕퇴한묘에서 출토된 유물에는 벼, 조, 밀, 보리 등 곡류 작물 등이 있었고, 그리고 대량의 채소, 과일과 육제품이 있었다. 식품 원자재 외에도 식기 한 세트가 있었는데, 이러한 것들은 모두 우리에게 서한 시대의 찬란한 음식 문화를 고스란히 복원해주었다.

2016년 6월, 마왕퇴한묘는 세계 10대 보기 드문 고분 중 하나로 평가되었다. 마왕퇴한묘의 건설 시기는 바로 서한의 '문경지치'의 태평 성세이자 중국 봉건 역사 문화 발전의 절정이기도 하다. 마왕퇴묘의 고고학적 발굴은 우리에게 이 중요한 역사 시기의 정치, 경제, 과학, 군사, 문화, 예술, 의학 등 많은 방면의 발전 수준을 보여주었다.

어휘　**发掘** fājué 图 발굴하다　**马王堆汉墓** mǎwángduī hànmù 마왕퇴한묘[중국 후난성 창사시에서 발견한 한 서한 초의 무덤]　**墓葬** mùzàng 图 고분
　　文物 wénwù 图 유물　**震惊** zhènjīng 图 놀라게 하다　**磨难** mónàn 图 고난　**机构** jīgòu 图 기관　**举世瞩目** jǔshìzhǔmù 정 (전) 세계가 주목하다
　　夯土 hāngtǔ 图 단단히 다진 땅　**下垂** xiàchuí 图 아래로 기울어지다, 아래로 처지다　**典型** diǎnxíng 图 전형　**宇宙** yǔzhòu 图 우주
　　穹庐 qiónglú 图 파오[몽골인들이 예부터 사용해온 원형으로 된 가옥]　**拱形** gǒngxíng 图 아치형　**腐烂** fǔlàn 图 부패하다, 부식하다　**鉴定** jiàndìng 图 감정하다
　　尸体 shītǐ 图 (사람이나 동물의) 시체　**面目** miànmù 图 얼굴 생김새　**清晰** qīngxī 图 뚜렷하다　**簪子** zānzi 图 비녀　**细密** xìmì 图 촘촘하다
　　滑腻 huánì 图 매끄럽다　**临床医学** línchuáng yīxué 임상 의학　**检验** jiǎnyàn 图 검사하다　**推断** tuīduàn 图 추정하다
　　汉墓 hànmù 图 한묘[중국 서한, 동한 시기의 고분을 일컬음]　**珍贵** zhēnguì 图 진귀하다　**漆器** qīqì 图 칠기　**精致** jīngzhì 图 정교하다　**纹饰** wénshì 图 무늬
　　华丽 huálì 图 화려하다　**光泽** guāngzé 图 광택　**丝织品** sīzhīpǐn 图 견직물　**帛画** bóhuà 图 백화[고대 견직물에 그린 그림]　**帛书** bóshū 图 백서[비단에 쓴글]
　　印章 yìnzhāng 图 도장　**珍品** zhēnpǐn 图 진귀한 물건　**素纱禅衣** sùshā dānyī 소사단의[얇은 비단으로 만든 옷]　**翼** yì 图 날개　**烟雾** yānwù 图 연기와 안개
　　着实 zhuóshí 图 확실히　**高超** gāochāo 图 뛰어나다　**稻谷** dàogǔ 图 벼　**粟** sù 图 조　**粮食作物** liángshí zuòwù 图 곡류 작물　**还原** huányuán 图 복원하다
　　灿烂 cànlàn 图 찬란하다　**稀世珍宝** xīshì zhēnbǎo 보기 드문 보물
　　文景之治 wénjǐngzhīzhì 문경지치[서한 한문제(汉文帝)와 한경제(汉景帝)의 치세를 일컫는 말]　**盛世** shèngshì 图 태평 성세　**封建** fēngjiàn 图 봉건
　　展示 zhǎnshì 图 보여주다

8　根据上下文，第一段空白处最适合填入的词语是：　　앞뒤 내용에 근거하여, 첫 번째 단락의 빈칸에 들어갈 어휘로 가장 알맞은 것은:

A 扣人心弦　　　　　　　　　　　　　　　　A 심금을 울리다
B 鸦雀无声　　　　　　　　　　　　　　　　B 쥐 죽은 듯 조용하다
C 鹏程万里　　　　　　　　　　　　　　　　C 전도유망하다
D 举世瞩目　　　　　　　　　　　　　　　**D 전 세계가 주목하다**

해설　질문이 첫 번째 단락의 빈칸에 들어갈 어휘로 가장 알맞은 것을 물었다. A는 '심금을 울리다', B는 '쥐 죽은 듯 조용하다', C는 '전도유망하다', D는 '전 세계가 주목하다'라는 의미이다. 빈칸 주변이 '근 반세기 동안 마왕퇴한묘에 관한 연구 성과를 _____'라는 문맥이고, 단락 중반에서 '마왕퇴한묘는 온전하게 보존되었고 유물이 풍부하여 세상 사람들을 놀라게 했으며, 이는 20세기에 세계에서 가장 중대한 고고학적 발견 중 하나로 여겨진다.'라고 했으므로, 빈칸에는 마왕퇴한묘의 연구 성과의 중요성을 나타내는 어휘가 들어가야 한다. 따라서 선택지 D 举世瞩目가 정답이다.

어휘　**扣人心弦** kòurénxīnxián 정 (사람의) 심금을 울리다　**鸦雀无声** yāquèwúshēng 정 쥐 죽은 듯 조용하다　**鹏程万里** péngchéngwànlǐ 정 전도유망하다
　　举世瞩目 jǔshìzhǔmù 정 전 세계가 주목하다

9 根据上下文，第三段空白处最适合填入的词语是：

A 分明
B 清明
C 清晰
D 精细

앞뒤 내용에 근거하여, 세 번째 단락의 빈칸에 들어갈 어휘로 가장 알맞은 것은:

A 분명하다
B 청명하다
C 뚜렷하다
D 세밀하다

해설　질문이 세 번째 단락의 빈칸에 들어갈 어휘로 가장 알맞은 것을 물었다. A는 '분명하다', B는 '청명하다', C는 '뚜렷하다', D는 '세밀하다'라는 의미이다. 빈칸 주변이 '신추의 얼굴 생김새는 여전히 _____ 구별해낼 수 있었다'라는 문맥이므로, 빈칸에는 시각적으로 신추의 얼굴 생김새를 구별할 수 있음을 나타내는 어휘가 들어가야 한다. 따라서 선택지 C 清晰가 정답이다. 참고로, 선택지 A는 사물의 경계를 구분할 때 쓰이므로 오답이다.

어휘　分明 fēnmíng 휑 분명하다　清明 qīngmíng 휑 청명하다　清晰 qīngxī 휑 뚜렷하다　精细 jīngxì 휑 정교하다

---

10 关于马王堆汉墓的一号墓，下列哪项正确？

A 墓主是长沙国丞相之母
B 尸体的保存程度堪称奇迹
C 是三座墓葬中入葬时间最早的
D 对解剖学的发展提供了重要的资料

마왕퇴한묘의 1호묘에 관해, 다음 중 옳은 것은?

A 묘의 주인은 장사국 승상의 어머니이다
B 시체의 보존 정도는 기적이라고 말할 수 있다
C 세 개 고분 중 매장 시기가 가장 이른 것이다
D 해부학의 발전에 중요한 자료를 제공했다

해설　질문이 마왕퇴한묘의 1호묘에 관해 옳은 것을 물었으므로, 질문의 핵심어구 一号墓와 관련된 내용을 지문에서 재빨리 찾는다. 세 번째 단락에서 在一号墓里发现了一具并未腐烂的女尸……这具尸体虽历经两千多年，但在出土时依然保存完好，这堪称考古学界的一个奇迹。라고 했으므로, 선택지 B 尸体的保存程度堪称奇迹가 정답이다. 참고로, 선택지 A, C, D는 세 번째 단락에서 最早发现的一号墓是入葬时间最晚的。……这是利苍之妻辛追的尸体……这具不腐女尸为尸体的保存以及古组织学、古病理学、古代疾病史和中国医学发展史提供了重要的科学资料라고 했으므로 오답이다.

어휘　马王堆汉墓 mǎwángduī hànmù 마왕퇴한묘[중국 후난성 장사시에서 발견한 한 서한 초의 무덤]　尸体 shītǐ 휑 (사람이나 동물의) 시체　堪称 kānchēng 통 ~라고 말할 수 있다　墓葬 mùzàng 휑 고분　解剖学 jiěpōuxué 휑 해부학

---

11 关于马王堆汉墓的出土文物，可以知道什么？

A 数量最多的是纹饰华丽的漆器
B 有制作食物时使用的各类香料
C 帛画被认为是反映西汉纱织水平的代表
D 成为了研究西汉时期历史文化的实物资料

마왕퇴한묘에서 출토된 유물에 관해, 알 수 있는 것은 무엇인가?

A 수량이 가장 많은 것은 무늬가 화려한 칠기이다
B 음식을 만들 때 사용하는 각종 향료가 있다
C 도장은 서한 방직 수준을 반영하는 대표로 여겨진다
D 서한 시대의 역사 문화를 연구하는 실물 자료가 되었다

해설　질문이 마왕퇴한묘에서 출토된 유물에 관해 알 수 있는 것을 물었으므로, 질문의 핵심어구 出土文物와 관련된 내용을 지문에서 재빨리 찾는다. 다섯 번째 단락에서 马王堆汉墓的出土文物为研究西汉经济和科技的发展，以及当时的历史、文化、社会生活等方面提供了极为重要的实物资料。라고 했으므로, 선택지 D 成为了研究西汉时期历史文化的实物资料가 정답이다.

어휘　文物 wénwù 휑 유물　纹饰 wénshì 휑 무늬　华丽 huálì 휑 화려하다　漆器 qīqì 휑 칠기　帛画 bóhuà 휑 백화[고대 견직물에 그린 그림]

---

12 画线句子“薄如蝉翼，轻若烟雾”在感叹什么？

A 外形像鸟的翅膀
B 是用蝉翼制成的
C 衣服质地薄而轻
D 给人绚丽的视觉效果

밑줄 친 문장 '薄如蝉翼，轻若烟雾'는 무엇을 감탄하고 있는가?

A 외형이 새의 날개 같다
B 매미의 날개로 만들어진 것이다
C 옷의 재질이 얇으면서 가볍다
D 사람들에게 화려하고 아름다운 시각 효과를 준다

해설　밑줄 친 문장 '薄如蝉翼，轻若烟雾'의 의미를 물었으므로, 薄如蝉翼, 轻若烟雾가 밑줄로 표시된 부분을 지문에서 재빨리 찾는다. 다섯 번째 단락에서 其中有两件透明的素纱襌衣，一件重48克，另一件重49克，正如古人形容的“轻纱薄如空”、“薄如蝉翼，轻若烟雾”라고 했으므로, 문맥상 薄如蝉翼, 轻若烟雾는 옷의 무게가 각각 48g, 49g으로 굉장히 가볍다는 의미임을 알 수 있다. 따라서 선택지 C 衣服质地薄而轻이 정답이다.

어휘　质地 zhìdì 휑 재질　材质 cáizhì 휑 재질　翼 yì 휑 날개

13

根据上下文，第五段空白处最适合填入的词语是：	앞뒤 내용에 근거하여, 다섯 번째 단락의 빈칸에 들어갈 어휘로 가장 알맞은 것은:
A 着实	**A** 확실히
B 任意	B 제멋대로
C 何苦	C 무엇 때문에
D 顺便	D 겸사겸사

해설 질문이 다섯 번째 단락의 빈칸에 들어갈 어휘로 가장 알맞은 것을 물었다. A는 '확실히', B는 '제멋대로', C는 '무엇 때문에', D는 '겸사겸사'라는 의미이다. 빈칸 주변이 '그중 투명한 소사단의 두 벌이 있었는데, 한 벌은 무게가 48g이고, 다른 한 벌은 무게가 49g로 옛사람들이 표현한 '가벼운 천이 없는 것과 같이 얇다', '매미의 날개처럼 얇으며, 연기와 안개처럼 가볍다'처럼 ＿＿＿＿＿ 현대인들이 신기하다고 칭찬할 만해.'라는 문맥이므로, 빈칸에는 두 벌의 소사단의가 공기처럼 가벼운 것은 현대인이 칭찬할만 하다는 점이 틀림없음을 나타내는 어휘가 들어가야 한다. 따라서 선택지 A 着实이 정답이다.

어휘 **着实** zhuóshí 휑 확실히　**任意** rènyì 휑 제멋대로　**何苦** hékǔ 휑 무엇 때문에

14

上文主要谈的是：	위 글에서 주로 말하는 것은:
A 汉代博大精深的饮食文化	A 한나라 시대의 다양하고 심오한 음식 문화
B 自给自足的农耕经济所具有的优势	B 자급자족하는 농경 경제가 가진 장점
C 马王堆汉墓所体现的商业发展水平	C 마왕퇴한묘에서 드러난 상업 발전 수준
D 马王堆汉墓的结构特点及出土的文物	**D** 마왕퇴한묘의 구조적 특징 및 출토된 유물

해설 질문이 지문 전체의 중심 내용을 물었다. 두 번째 단락에서 二号墓的墓葬形制与一号、三号墓多有不同，主要体现在其上圆下方的墓坑和夯土外形。이라고 하며 2호묘의 구조적 특징을 언급하였고, 네 번째 단락에서 三号墓结构与一号墓基本相似라고 하며 3호묘의 구조적 특징을 언급하였으며, 다섯 번째 단락에서 马王堆三座汉墓共出土珍贵文物三千多件이라고 하며 마왕퇴한묘에서 출토된 유물에 대해 언급하고 있다. 따라서 선택지 D 马王堆汉墓的结构特点及出土的文物가 정답이다.

어휘 **博大精深** bódàjīngshēn 휑 다양하고 심오하다, (사상·학식 등이) 넓고 심오하다　**自给自足** zìjǐzìzú 휑 자급자족하다　**文物** wénwù 몡 문물

제1부분　실전테스트 p.88

1 C	2 D	3 B	4 D	5 D	6 A	7 C	8 D	9 B
10 B	11 D	12 D	13 D	14 A	15 A	16 C	17 D	18 A
19 D	20 A	21 D	22 C	23 A	24 D	25 B	26 C	27 B
28 B								

1 - 7

一位英国科学家近日发现，[1]通过人类大脑区域中的某种特定脑活动变化模式，可以实时监测人在快速眼动睡眠期和非快速眼动睡眠期有没有做梦。从研究中得知，人的梦境主要发生于快速眼动睡眠期。[1/2]快速眼动睡眠期[1]是人类睡眠周期中的一个重要阶段，在这个阶段，人的眼球会进行快速的水平运动，呼吸和心跳也会加快，并且还[1/2]伴随暂时性的肢体麻痹症状。在快速眼动睡眠期苏醒的人，对梦境的记忆会更加鲜明。

那么人为何会做梦呢？著名心理学家弗洛伊德认为，梦反映了人潜意识中的欲望。这表明，当人因种种原因无法在现实中实现某些愿望时，这些愿望会转化为欲望，并通过梦境呈现出来。

영국의 한 과학자는 최근 [1]사람의 대뇌 영역의 어떤 특정 뇌 활동 변화 패턴을 통해 사람이 렘수면과 비렘수면 동안 꿈을 꾸는지 안 꾸는지 실시간으로 모니터링할 수 있다는 것을 발견했다. 연구에서 사람의 꿈속 세계는 주로 렘수면 때 발생한다는 사실을 알아냈다. [1/2]렘수면은 [1]사람의 수면 주기의 중요한 단계로, 이 단계에서 사람의 안구는 빠른 수평적 운동을 하며 호흡과 심장 박동도 빨라지고, 게다가 [1/2]일시적인 사지 마비 증상도 동반한다. 렘수면 때 깨어난 사람은 꿈속 세계에 대한 기억이 더욱 선명하다.

그렇다면 사람은 왜 꿈을 꾸는 것일까? 유명한 심리학자 프로이트는 꿈이 사람의 무의식 속에 있는 욕망을 반영한 것이라고 주장했다. 이는 사람이 여러 가지 이유로 현실에서 어떤 소망을 이루지 못할 때, 이러한 소망들이 욕망으로 바뀌어 꿈속 세계를 통해 나타난다는 것을 보여준다.

[4/7]弗洛伊德把梦的来源分为四种。第一种是外界的刺激。当人做梦时出现生理信号，梦者就会在潜意识中把生理信号的信息编入梦里，从而改变梦境。[3]第二种是白天产生了情绪波动，却因外界因素而无法“**如愿以偿**”。在这种情况下，人会将这带有遗憾的意念留到夜晚，然后在梦里得到满足，这也就是我们常说的“日有所思，夜有所梦”。[4]第三种是人平时无法突破自我的一些潜意识而造成的。比如一个害羞内向、不爱说话的女孩，可能会梦到自己在陌生的人群中放声高歌。第四种则可能是在白天有想要实现的意愿，但却被自己的某些想法所阻碍，因而无法实现。这种情况和第二种情况很相似，但是这个意愿不是被外界，而是被自己的意识打断的。

弗洛伊德根据对梦的分析，还开创了一个新的心理学流派，叫作精神分析学派。该学派的另一位心理学家荣格认为，潜意识是梦的重要来源。也就是说，潜意识中的某些情节和人物会出现在梦中，这说明梦并不是一种偶然事件，而是与人的现实世界和思想意识有着千丝万缕的联系。

[7]梦境在很大程度上受到主观情绪的影响，所以在对梦境进行分析时，不能忽略个体的主观情绪。心理治疗师在对梦者进行心理治疗和梦境分析时，首先要了解梦者的个人生活经历，并将其与梦联系起来；其次要根据梦的文化背景，进行更恰当的分析；最后还要[5]把梦放在梦者整体的生活背景中来考察，这样可以在更深的层面上理解梦境。

梦是大脑得以健康发育并维持正常思维的重要因素之一。做梦只是一种正常的生理现象，[6]不过如果长期做噩梦，导致精神情绪出现异常，则可能有去精神科**就医**的必要。

[4/7]프로이트는 꿈의 기원을 네 가지로 나눴다. 첫 번째는 외부의 자극이다. 사람은 꿈을 꿀 때 생리 신호가 나타나는데, 꿈을 꾸는 사람은 무의식적으로 생리 신호의 정보를 꿈속으로 넣어 꿈속 세계를 바꾼다. [3]두 번째는 낮에 감정적인 동요가 생겼지만, 외부적 요인 때문에 '**마음속으로 바라던 바를 이룰**' 수 없었던 것이다. 이러한 상황에서 사람은 아쉬움이 담긴 이러한 생각을 밤까지 간직하고 있다가 꿈속에서 만족을 얻는데, 이것이 바로 우리가 자주 말하는 '낮에 생각한 것을 밤에 꿈꾼다'이다. [4]세 번째는 사람이 평소에 스스로를 뛰어넘지 못한 일부 무의식으로 인해 생긴 것이다. 수줍고 내성적이며 말하기를 좋아하지 않는 여자아이가 낯선 사람들 속에서 목청껏 노래를 부르는 꿈을 꾸는 것이 그 예이다. 네 번째는 이루고 싶은 소망이 낮에 있었지만, 자신의 어떤 생각들로 인해 가로막혀 이룰 수 없는 경우일 수 있다. 이러한 상황은 두 번째 상황과 비슷하지만 이 소망은 외부가 아닌 자신의 의식에 의해 가로막힌 것이다.

프로이트는 꿈에 대한 분석에 따라 정신 분석 학파라는 새로운 심리학 유파를 개척하기도 했다. 이 학파의 또 다른 심리학자 융은 무의식이 꿈의 중요한 기원이라고 주장했다. 즉, 무의식 속의 어떤 정황과 인물이 꿈속에서 나타난다는 것인데, 이는 꿈이 결코 우연한 사건이 아니라 사람의 현실 세계와 이데올로기가 매우 복잡하게 얽혀 있는 관계라는 것을 말해 준다.

[7]꿈속 세계는 상당한 부분에서 주관적인 감정의 영향을 받기 때문에 꿈속 세계에 대해 분석을 진행할 때, 개인의 주관적인 감정을 간과해서는 안 된다. 심리치료사는 꿈을 꾸는 사람에게 심리 치료와 꿈속 세계에 대한 분석을 진행할 때, 먼저 꿈을 꾸는 사람의 개인적 삶의 경험을 이해하고 이를 꿈과 연결시켜야 한다. 그다음 꿈의 문화적 배경에 근거하여 더욱 적절한 분석을 해야 한다. 마지막으로 [5]꿈을 꾸는 사람의 전체적인 삶의 배경에 꿈을 놓고 고찰해야 하는데, 이렇게 하면 더욱 깊은 차원에서 꿈속 세계를 이해할 수 있다.

꿈은 대뇌가 건강하게 발달하고 정상적인 사고를 유지할 수 있게 하는 중요한 요소 중 하나이다. 꿈을 꾸는 것은 정상적인 생리 현상일 뿐이지만, [6]만약 장기간 악몽을 꿔서 정신과 정서적으로 이상이 생긴다면, 정신과에 가서 **진찰을 받을** 필요가 있을 수도 있다.

어휘 **模式** móshì [명] 패턴, 모델 **实时** shíshí [부] 실시간으로 **监测** jiāncè [동] 모니터링하다
快速眼动睡眠期 kuàisù yǎndòng shuìmiánqī 렘수면[급속한 안구 운동이 일어나는 얕은 수면 상태]
非快速眼动睡眠期 fēi kuàisù yǎndòng shuìmiánqī 비렘수면[안구 운동이 없는 깊은 수면 상태] **梦境** mèngjìng [명] 꿈속 세계 **周期** zhōuqī [명] 주기
伴随 bànsuí [동] 동반하다 **肢体** zhītǐ [명] 사지 **麻痹** mábì [동] 마비되다 **症状** zhèngzhuàng [명] 증상 **苏醒** sūxǐng [동] 깨어나다
弗洛伊德 Fúluòyīdé [고유] 프로이트[오스트리아 출신의 신경과 의사, 정신 분석의 창시자] **潜意识** qiányìshí [명] 무의식, 잠재의식 **欲望** yùwàng [명] 욕망
呈现 chéngxiàn [동] 나타나다 **来源** láiyuán [명] 기원 **外界** wàijiè [명] 외부 **生理** shēnglǐ [명] 생리(학) **编入** biānrù 넣다, 끼워넣다 **波动** bōdòng [동] 동요하다
如愿以偿 rúyuànyǐcháng [성] 마음속으로 바라던 바를 이루다 **意念** yìniàn [명] 생각
日有所思，夜有所梦 rìyǒu suǒsī, yèyǒu suǒmèng 낮에 생각한 것을 밤에 꿈꾸다 **突破** tūpò [동] 뛰어넘다, 돌파하다 **意愿** yìyuàn [명] 소망, 바람
阻碍 zǔ'ài [동] 가로막다, 방해하다 **意识** yìshí [명] 의식 **打断** dǎduàn [동] 가로막다, 중단하다 **流派** liúpài [명] 유파
荣格 Rónggé [고유] 융[스위스 출신의 심리학자, 분석 심리학의 창시자] **情节** qíngjié [명] 정황 **事件** shìjiàn [명] 사건
思想意识 sīxiǎng yìshí [명] 이데올로기[개인이나 사회 집단의 사상, 행동 따위를 이끄는 관념이나 신념의 체계]
千丝万缕 qiānsīwànlǚ [성] 매우 복잡하게 얽혀 있다 **个体** gètǐ [명] 개인, 개체 **恰当** qiàdàng [형] 적절하다 **考察** kǎochá [동] 고찰하다 **思维** sīwéi [명] 사고
噩梦 èmèng [명] 악몽

1 第一段中**没有**提到的是：

A 快速眼动睡眠期的特征
B 监测人类是否做梦的方法
C 人睡眠不足时出现的症状
D 人类睡眠周期中的重要阶段

첫 번째 단락에서 언급되지 않은 것은:

A 렘수면의 특징
B 사람이 꿈을 꾸는지 안 꾸는지 모니터링하는 방법
C 사람이 수면이 부족할 때 나타나는 증상
D 사람 수면 주기에서의 중요한 단계

해설 질문이 첫 번째 단락에서 언급되지 않은 것을 물었다. 질문에 핵심어구가 없으므로 각 선택지의 핵심어구 **快速眼动睡眠期, 监测是否做梦的方法, 睡眠不足时出现的症状, 睡眠周期中的重要阶段**과 관련된 내용을 지문에서 재빨리 찾는다. 첫 번째 단락에서 **通过人类大脑区域中的某种特定脑活动变化模式，可以实时监测人在快速眼动睡眠期和非快速眼动睡眠期有没有做梦……快速眼动睡眠期是人类睡眠周期中的**

一个重要阶段，在这个阶段，人的眼球会进行快速的水平运动，呼吸和心跳也会加快，并且还会伴随暂时性的肢体麻痹症状。이라고 했으므로, 언급되지 않은 선택지 C 人睡眠不足时出现的症状이 정답이다.

어휘 **快速眼动睡眠期** kuàisù yǎndòng shuìmiánqī 렘수면[급속한 안구 운동이 일어나는 얕은 수면 상태] **监测** jiāncè [동] 모니터링하다
周期 zhōuqī [명] 주기

2 在快速眼动睡眠期可能会发生的现象是：

A 呼吸的频率会逐渐降低
B 心跳的速度会逐渐减慢
C 人的眼球会上下左右转动
D 手部和腿部短暂地失去知觉

렘수면 동안 나타날 가능성이 있는 현상은:

A 호흡의 빈도가 점차 줄어든다
B 심장 박동의 속도가 점차 느려진다
C 사람의 안구가 상하좌우로 움직인다
D 손과 다리가 잠시 감각을 잃는다

해설 질문이 렘수면 동안 나타날 가능성이 있는 현상을 물었으므로, 질문의 핵심어구 快速眼动睡眠期可能会发生的现象과 관련된 내용을 지문에서 재빨리 찾는다. 첫 번째 단락에서 快速眼动睡眠期……会伴随暂时性的肢体麻痹症状이라고 했으므로, 선택지 D 手部和腿部短暂地失去知觉가 정답이다.

어휘 **频率** pínlǜ [명] 빈도 **知觉** zhījué [명] 감각

3 画线词语"如愿以偿"的"偿"与下列哪个词语的意思相近？

A （称）心如意
B 各（如）其意
C 求仁（得）仁
D 正（中）下怀

밑줄 친 어휘 '如愿以偿'의 '偿'은 아래 괄호 중 어떤 어휘와 의미가 비슷한가?

A 마음에 (맞고) 뜻대로 되다
B 모든 사람이 자신의 소망을 (이루다)
C 원하던 것을 (얻다)
D 자신의 생각과 꼭 (맞다)

해설 질문의 如愿以偿은 '마음속으로 바라던 바를 이루다'라는 의미이며, 이중 偿은 '이루다, 실현하다'라는 의미이다. 세 번째 단락에서 第二种是白天产生了情绪波动，却因外界因素而无法"如愿以偿"。在这种情况下，人会将这种带有遗憾的意念留到夜晚，然后在梦里得到满足라고 하며, 외부적 요인으로 인해 바라던 바를 이루지 못했고, 이로 인해 아쉬움이 밤까지 남아 꿈속에서 만족을 얻는다고 언급하였으므로, 偿은 '이루다'라는 의미로 사용됐음을 확인할 수 있다. 따라서 '이루다'의 의미를 가진 '如'가 포함된 선택지 B 各(如)其意가 정답이다.

어휘 **称心如意** chènxīnrúyì [성] 마음에 맞고 뜻대로 되다 **各如其意** gèrúqíyì [성] 모든 사람이 자신의 소망을 이루다
求仁得仁 qiúréndérén [성] 원하던 것을 얻다 **正中下怀** zhèngzhòngxiàhuái [성] 자신의 생각과 꼭 맞다

4 根据弗洛伊德的观点，下列哪项是人梦境的来源之一？

A 人与生俱来的特征
B 父母平时的教育方式
C 人的价值观和世界观
D 那些无法突破自我的潜意识

프로이트의 관점에 근거하여, 다음 중 사람의 꿈속 세계의 기원 중 하나인 것은?

A 사람이 태어날 때부터 갖고 있는 특징
B 부모님 평소의 교육 방식
C 사람의 가치관과 세계관
D 스스로를 뛰어넘지 못한 그런 무의식

해설 질문이 프로이트의 관점에 근거하여 사람의 꿈속 세계의 기원 중 하나인 것을 물었으므로, 질문의 핵심어구 弗洛伊德, 人梦境的来源之一와 관련된 내용을 지문에서 재빨리 찾는다. 세 번째 단락에서 弗洛伊德把梦的来源分为四种。…… 第三种是人平时无法突破自我的一些潜意识而造成的。라고 했으므로, 선택지 D 那些无法突破自我的潜意识이 정답이다.

어휘 **弗洛伊德** Fúluòyīdé [고유] 프로이트[오스트리아 출신의 신경과 의사, 정신 분석의 창시자] **梦境** mèngjìng [명] 꿈속 세계 **来源** láiyuán [동] 기원하다
与生俱来 yǔshēngjùlái [성] 태어날 때부터 갖고 있는 천성 **突破** tūpò [동] 뛰어넘다, 돌파하다 **潜意识** qiányìshí [명] 무의식, 잠재의식

5 如何深层理解梦境的含义？

A 注意倾听梦者的梦话
B 记录梦者每天的梦境
C 与梦中出现的人物进行交流
D 从梦者整体生活背景中分析梦境

어떻게 꿈속 세계의 함의를 심층적으로 이해하는가?

A 꿈을 꾸는 사람의 잠꼬대를 주의 깊게 듣는다
B 꿈을 꾸는 사람의 매일의 꿈속 세계를 기록한다
C 꿈속에서 나타난 인물과 교감을 한다
D 꿈을 꾸는 사람의 전체적인 삶의 배경에서 꿈속 세계를 분석한다

해설 질문이 어떻게 꿈속 세계의 함의를 심층적으로 이해하는지 물었으므로, 질문의 핵심어구 深层理解梦境과 관련된 내용을 지문에서 재빨리 찾는다. 다섯 번째 단락에서 把梦放在梦者整体的生活背景中来考察，这样可以在更深的层面上理解梦境이라고 했으므로, 선택지 D 从梦者整体生活背景中分析梦境이 정답이다.

어휘 **倾听** qīngtīng [동] 주의 깊게 듣다, 경청하다

6

根据上下文，最后一段空白处最适合填入的词语是：

앞뒤 내용에 근거하여, 마지막 단락의 빈칸에 들어갈 어휘로 가장 알맞은 것은:

A 就医
B 就职
C 就座
D 救治

A 진찰을 받다
B 구직하다
C 착석하다
D 응급 처치하다

해설 질문이 마지막 단락의 빈칸에 들어갈 어휘로 가장 알맞은 것을 물었다. 선택지 A는 '진찰을 받다', B는 '구직하다', C는 '착석하다', D는 '응급 처치하다'라는 의미이다. 빈칸 주변이 '만약 장기간 악몽을 꿔서 정신과 정서적으로 이상이 생긴다면, 정신과에 가서 _____ 필요가 있을 수도 있다.'라는 문맥이므로, 빈칸에는 정신과에 가서 진료를 받는 행위를 나타내는 어휘가 들어가야 한다. 따라서 선택지 A 就医가 정답이다.

어휘 救治 jiùzhì 圖 응급 처치하다

7

上文主要谈的是：

위 글에서 주로 말하는 것은:

A 人想要控制梦境的意愿
B 检测人类睡眠周期的必要性
C 人类梦境的来源与分析方法
D 分析梦境时需要具备的理论

A 사람이 꿈속 세계를 통제하고자 하는 소망
B 사람의 수면 주기를 검사할 필요성
C 사람의 꿈속 세계의 기원과 분석 방법
D 꿈속 세계를 분석할 때 갖춰야 할 이론

해설 질문이 지문 전체의 중심 내용을 물었다. 세 번째 단락에서 弗洛伊德把梦的来源分为四种。이라고 하며 꿈의 네 가지 기원에 대해 소개했고, 다섯 번째 단락에서 梦境在很大程度上受到主观情绪的影响，所以在对梦境进行分析时，不能忽略个体的主观情绪。라고 하며 꿈속 세계를 분석할 때 주의해야 할 점을 소개했다. 따라서 선택지 C 人类梦境的来源与分析方法가 정답이다.

어휘 意愿 yìyuàn 圖 소망, 바람   检测 jiǎncè 圖 검사 측정하다

8 - 14

无人机即无人驾驶飞机，是指没有驾驶员，用程序控制自动飞行或者由人在地面或母机上进行遥控的飞机。随着人工智能技术的不断发展，"无人机"与"智能驾驶"已成为智能科技的焦点。与载人飞机相比，8/14无人机14具有体积小、造价低、使用方便、对作战环境要求低、战场生存能力较强等优点，8特别适用于执行危险性大的任务。

14按应用领域，无人机可分为军用与民用。在军用方面，无人机分为侦察机和靶机。21世纪的9无人侦察机将成为侦察卫星和有人侦察机的重要补充和增强手段。9与有人侦察机相比，它具有可昼夜持续侦察的能力，因此不必担忧飞行员的疲劳或伤亡问题，特别是在敌方严密设防的重要地域实施侦察时，或在有人侦察机难以接近的情况下，无人侦察机就更能体现出其优越性。

而10靶机泛指被作为射击训练目标的一种军用飞行器。这种飞行器利用预先设定好的飞行路径与模式，在军事演习或武器试射时，模拟敌军的航空器或突然来袭的导弹，10为各类火炮和导弹系统提供假想的目标和射击的机会。靶机可分为特殊式、涡轮式和改装式。特殊式靶机性能比较接近军用飞行器，能够模拟多种目标与飞行状态，提供较为接近现实的训练目标；涡轮式靶机具备高速、高机动性等技术特点，是科技含量最高的新型靶机；改装式靶机则是用退役或封存了一定年限的军用飞机改装的靶机，这种靶机因为内部空间较大，可以装载更多的电子设备，也可以进行相对较为复杂的模拟训练。但11美中不足的是，由于退役军机的来源比较不稳定，取得与使用成本高，同时只能模拟特定的军用机，无法模拟各类导弹，因此其应用并不广泛。

드론 즉 무인비행기는, 조종사 없이 프로그램으로 자동 비행을 컨트롤하거나 사람이 지상이나 메인 항공기에서 원격 조종하는 비행기를 가리킨다. 인공지능 기술이 끊임없이 발전하면서 '드론'과 '스마트 드라이빙'은 이미 스마트 테크놀로지의 이슈로 떠올랐다. 유인기와 비교했을 때, 8/14드론은 14부피가 작고 제작비가 적게 들며, 사용이 편리하고 작전 환경에 대한 요구 사항이 적고, 전장 생존력이 비교적 뛰어나다는 등의 장점이 있어 8위험도가 큰 임무 수행에 특히 적합하다.

14활용 분야에 따라 드론은 군용과 민간용으로 나뉜다. 군용 분야에서 드론은 정찰기와 표적기로 분류된다. 21세기의 9무인정찰기는 정찰위성과 유인정찰기의 중요한 보완 및 보강 수단이 될 것이다. 9유인정찰기와 비교했을 때, 무인정찰기는 밤낮으로 지속적인 정찰을 할 수 있는 능력을 갖추고 있어 조종사의 피로나 사상 문제를 염려할 필요가 없으며, 특히 적이 치밀하게 방어를 하고 있는 중요한 지역에서 정찰을 실시할 때나 유인정찰기가 접근하기 어려운 상황에서 무인정찰기는 그것의 장점을 더욱 드러낼 수 있다.

반면 10표적기는 일반적으로 사격 훈련의 목표물이 되는 군용 비행 장치를 가리킨다. 이러한 비행 장치는 미리 설정된 비행 경로와 패턴을 이용해 군사 훈련이나 무기 시험 발사 때 적군의 항공기나 갑자기 습격해오는 미사일을 시뮬레이션해, 10각종 화포와 미사일 시스템에 가상의 목표물과 사격 기회를 제공한다. 표적기는 특수형, 터빈형, 개조형으로 나눌 수 있다. 특수형 표적기의 성능은 군용 비행 장치에 비교적 근접하고, 다양한 목표물과 비행 상태를 시뮬레이션할 수 있어 비교적 현실에 가까운 훈련 목표물을 제공한다. 터빈형 표적기는 고속, 고기동성 등 기술적 특징을 갖추고 있고, 과학 기술 수준이 가장 높은 신형 표적기이다. 개조형 표적기는 퇴역했거나 일정 기간 동안 밀봉 보관한 군용기를 개조한 표적기로, 이러한 표적기는 내부 공간이 비교적 넓어 더 많은 전자 장비를 충분히 적재할 수 있고, 상대적으로 비교적 복잡한 모의 훈련도 가능하다. 하지만 11부족한 점이 있다면 퇴역 군용기는 공급이 비교적 불안정해 취득 및 사용 비용이 높고, 동시에 특정 군용기만 시뮬레이션할 수 있으며 여러 가지 미사일 시뮬레이션이 불가능해 활용이 결코 광범위하지 않다.

¹³在民用方面，无人机的用途更是广泛，¹²主要可以应用在农业、地质、气象、电力、视频拍摄等领域。例如在电力巡检工作中使用装有高清数码摄像机以及GPS定位系统的无人机，可以沿着电网进行自主定位和巡航，实时传送拍摄影像，监控人员可在电脑上同步收看并操控无人机。当城市因受自然灾害影响而不能正常供电时，无人机可对线路的潜在危险进行勘测与紧急排查，这样既能免去人攀爬杆塔之苦，又¹³能勘测到人眼的视觉死角，对迅速恢复供电很有帮助。另外，在影视拍摄工作中也经常使用无人机完成拍摄任务。无人机搭载高清摄像机，可以在使用无线遥控的情况下，根据节目组拍摄需求，在空中进行拍摄。无人机灵活机动，它还可实现升起和拉低、左右旋转等操作，极大地提高拍摄效率。经典大片《哈利·波特》系列、《变形金刚4》等都使用无人机进行了拍摄。

总的来说，无人机的发展逐步趋于多元化。在未来，提高现有的技术、培养更多的高端人才、解决并突破技术难关是发展无人机的关键。

¹³민간용 분야에서 드론의 용도는 더욱 광범위한데, ¹²주로 농업, 지질, 기상, 전력, 영상 촬영 등 영역에 활용될 수 있다. 예를 들어 전기 계측 작업에서 고화질 디지털 카메라와 GPS 위치 확인 시스템이 탑재된 드론을 사용하면 전력망을 따라 자체 위치 확인과 주행을 하고 실시간으로 촬영 영상을 전송할 수 있어, 모니터링 요원은 컴퓨터에서 드론을 실시간으로 시청하고 조종할 수 있다. 도시가 자연재해의 영향으로 인해 정상적으로 전기 공급을 할 수 없을 때 드론은 회로의 잠재적 위험에 대해 탐지와 긴급 조사를 할 수 있으며, 이렇게 하면 사람이 송전탑을 오르는 고생을 피할 수도 있고, ¹³사람 눈의 시각적인 사각지대를 탐지할 수 있어 신속하게 전력 공급 재개하는 데 큰 도움이 된다. 이외에 영상 촬영 작업에서도 자주 드론을 사용해서 촬영 임무를 완수한다. 드론에 고화질 카메라를 탑재하면, 무선 원격 조종을 사용하는 상황에서 제작진의 촬영 요구에 따라 공중에서 촬영할 수 있다. 드론은 민첩하고 재빠르며 상승과 하강, 좌우 회전 등의 조작도 가능해서 촬영 효율을 크게 높였다. 고전 블록버스터 <해리 포터> 시리즈, <트랜스포머4> 등은 모두 드론을 사용해 촬영을 했다.

결론적으로 드론의 발전은 점차 다원화되고 있다. 미래에는 기존 기술을 향상시키고 더 많은 고급 인력을 양성하며 기술적 난관을 해결하고 돌파하는 것이 드론을 발전시키는 것의 핵심이다.

어휘 　**无人机** wúrénjī 圆 드론　**遥控** yáokòng 圖 원격 조종하다　**人工智能** réngōng zhìnéng 圆 인공지능, AI　**焦点** jiāodiǎn 圆 이슈, (문제나 관심사의) 초점　**体积** tǐjī 圆 부피　**造价** zàojià 圆 제작비　**作战** zuòzhàn 圖 작전하다, 전투하다　**战场** zhànchǎng 圆 전장　**执行** zhíxíng 圖 수행하다　**军用** jūnyòng 圆 군용　**民用** mínyòng 圆 민간용　**侦察机** zhēnchájī 圆 정찰기[적의 동태와 상황 등을 파악해 선제적인 군사작전을 가능하게 하는 군용기]　**靶机** bǎjī 圆 표적기[항공기의 사격, 방공(防空) 유도탄 발사 등의 연습에서 표적으로 쓰이는 무인 비행기]　**卫星** wèixīng 圆 위성　**昼夜** zhòuyè 圆 밤낮, 주야　**担忧** dānyōu 圖 염려하다　**严密** yánmì 圖 치밀하다, 엄중하다　**实施** shíshī 圖 실시하다　**优越性** yōuyuèxìng 圆 장점, 우월성　**泛指** fànzhǐ 圖 일반적으로 ~을 가리키다　**预先** yùxiān 圖 미리, 사전에　**设定** shèdìng 圖 설정하다　**模式** móshì 圆 패턴, 모델　**演习** yǎnxí 圖 훈련하다　**武器** wǔqì 圆 무기　**航空器** hángkōngqì 圆 항공기　**导弹** dǎodàn 圆 미사일　**火炮** huǒpào 圆 화포　**涡轮** wōlún 圆 터빈[원동기의 한 종류]　**性能** xìngnéng 圆 성능　**机动性** jīdòngxìng 圆 기동성　**新型** xīnxíng 圆 신형의　**退役** tuìyì 圖 퇴역하다, 은퇴하다　**封存** fēngcún 圖 밀봉하여 보관하다　**来源** láiyuán 圆 공급, 기원　**成本** chéngběn 圆 비용, 원가　**特定** tèdìng 圆 특정한　**地质** dìzhì 圆 지질　**气象** qìxiàng 圆 기상　**视频** shìpín 圆 영상　**拍摄** pāishè 圖 촬영하다　**电力巡检** diànlì xúnjiǎn 전기 계측　**高清** gāoqīng 圆 고화질의　**巡航** xúnháng 圖 주행하다, 순항하다　**监控** jiānkòng 圖 모니터링하다　**免去** miǎnqù 圖 피하다, 면하다　**杆塔** gāntǎ 圆 송전탑　**勘测** kāncè 圖 탐지하다, 측량 조사하다　**死角** sǐjiǎo 圆 사각지대　**节目组** jiémùzǔ 圆 제작진　**需求** xūqiú 圆 요구　**机动** jīdòng 圆 재빠르다, 기민하다　**旋转** xuánzhuǎn 圖 회전하다　**操作** cāozuò 圖 조작하다　**系列** xìliè 圆 시리즈　**多元化** duōyuánhuà 圖 다원화된　**高端** gāoduān 圆 고급의, 첨단의　**突破** tūpò 圖 돌파하다

8　下列哪项**不**属于无人机的优点?　｜　다음 중 드론의 장점에 속하지 않는 것은?

　A　使用方便　｜　A 사용이 편리하다
　B　制造成本较低　｜　B 제조 비용이 낮다
　C　对作战环境要求低　｜　C 작전 환경에 대한 요구 사항이 적다
　D　特别适合做危险度低的任务　｜　**D 위험도가 낮은 임무를 하기에 특히 적합하다**

해설 　질문이 드론의 장점에 속하지 않는 것을 물었으므로, 질문의 핵심어구 无人机的优点과 관련된 내용을 지문에서 재빨리 찾는다. 첫 번째 단락에서 无人机……特别适用于执行危险性大的任务라고 했으므로, 지문의 내용과 일치하지 않는 선택지 D 特别适合做危险度低的任务가 정답이다. 참고로, 선택지 A, B, C는 첫 번째 단락에서 无人机具有体积小、造价低、使用方便、对作战环境要求低라고 했으므로 오답이다.

어휘 　**无人机** wúrénjī 圆 드론　**成本** chéngběn 圆 비용, 원가　**作战** zuòzhàn 圖 작전하다, 전투하다

9　与有人侦察机相比，无人侦察机有什么不同之处?　｜　유인정찰기와 비교했을 때, 무인정찰기는 어떤 차이점이 있는가?

　A　发动机寿命更长　｜　A 엔진 수명이 더 길다
　B　可不间断地侦察　｜　**B 쉬지 않고 정찰할 수 있다**
　C　会排放二氧化碳　｜　C 이산화 탄소를 배출한다
　D　制造过程比较繁杂　｜　D 제조 과정이 비교적 복잡하다

해설 　질문이 유인정찰기와 비교했을 때 무인정찰기는 어떤 차이점이 있는지 물었으므로, 질문의 핵심어구 有人侦察机, 无人侦察机와 관련된 내용을 지문에서 재빨리 찾는다. 두 번째 단락에서 无人侦察机……与有人侦察机相比，它具有可昼夜持续侦察的能力라고 했으므로, 선택지 B 可不间断地侦察가 정답이다.

어휘 　**发动机** fādòngjī 圆 엔진　**间断** jiànduàn 圖 중단되다　**排放** páifàng 圖 배출하다　**二氧化碳** èryǎnghuàtàn 圆 이산화 탄소

10 靶机在军事演习中发挥着什么作用？

A 成为袭击敌军的主力
B 给导弹系统提供假想目标
C 负责收集关于军队的大数据
D 决定军事演习的路径和方式

표적기는 군사 훈련에서 어떤 역할을 하는가?

A 적군을 습격하는 주력이 된다
B 미사일 시스템에 가상의 목표물을 제공한다
C 군대와 관련된 빅데이터 수집을 책임진다
D 군사 훈련의 경로와 방식을 결정한다

해설 　질문이 표적기는 군사 훈련에서 어떠한 역할을 하는지 물었으므로, 질문의 핵심어구 靶机, 军事演习, 作用과 관련된 내용을 지문에서 재빨리 찾는다. 세 번째 단락에서 靶机……为各类火炮和导弹系统提供假想的目标和射击的机会라고 했으므로, 선택지 B 给导弹系统提供假想目标가 정답이다.

어휘 　靶机 bǎjī 圆 표적기[항공기의 사격, 방공(防空) 유도탄 발사 등의 연습에서 표적으로 쓰이는 무인 비행기] 演习 yǎnxí 통 훈련하다 袭击 xíjī 통 습격하다
导弹 dǎodàn 圆 미사일 军队 jūnduì 圆 군대 大数据 dàshùjù 圆 빅 데이터

---

11 根据上下文，画线词语"美中不足"指的是什么？

A 靶机内部空间过大
B 使用成本在可接受范围内
C 需要大量电子设备来运行
D 可模拟的军用机种类有限

앞뒤 내용에 근거하여, 밑줄 친 어휘 '美中不足'가 가리키는 것은 무엇인가?

A 표적기 내부 공간이 너무 넓다
B 사용 비용이 허용 범위 안에 있다
C 운행에 대량의 전자 설비가 필요하다
D 시뮬레이션 가능한 군용기 종류에 한계가 있다

해설 　밑줄 친 어휘 '美中不足'가 가리키는 것을 물었으므로, 美中不足가 밑줄로 표시된 부분을 지문에서 재빨리 찾는다. 세 번째 단락에서 美中不足的是, 由于退役军机的来源比较不稳定, 取得与使用成本高, 同时只能模拟特定的军用机, 无法模拟各类导弹, 因此其应用并不广泛이라고 했으므로, 문맥상 美中不足는 퇴역 군용기 중 특정 군용기만이 시뮬레이션할 수 있다는 의미임을 알 수 있다. 따라서 선택지 D 可模拟的军用机种类有限이 정답이다.

어휘 　运行 yùnxíng 통 운행하다 军用 jūnyòng 圆 군용

---

12 根据上下文，第四段空白处最适合填入的词语是：

A 前沿
B 纽带
C 角落
D 领域

앞뒤 내용에 근거하여, 네 번째 단락의 빈칸에 들어갈 어휘로 가장 알맞은 것은:

A 최전방
B 유대
C 구석
D 영역

해설 　질문이 네 번째 단락의 빈칸에 들어갈 어휘로 가장 알맞은 것을 물었다. 선택지 A는 '최전방', B는 '유대', C는 '구역', D는 '영역'이라는 의미이다. 빈칸 주변이 '주로 농업, 지질, 기상, 전력, 영상 촬영 등 _____ 에 활용될 수 있다'라는 문맥이므로, 빈칸에는 농업, 지질, 기상, 전력, 영상 촬영과 같은 여러가지 분야를 가리키는 어휘가 들어가야 한다. 따라서 선택지 D 领域가 정답이다.

어휘 　前沿 qiányán 圆 최전방 纽带 niǔdài 圆 유대, 연결 고리 角落 jiǎoluò 圆 구석

---

13 关于民用无人机，可以知道：

A 可应用的行业少之又少
B 能够实现的飞行高度并不高
C 只能执行小规模的拍摄任务
D 可以勘测到人眼看不到的地方

민간용 드론에 관해, 알 수 있는 것은:

A 활용 가능한 업종이 매우 드물다
B 실현될 수 있는 비행 고도는 결코 높지 않다
C 소규모의 촬영 임무만 수행할 수 있다
D 사람 눈으로 볼 수 없는 곳을 탐지할 수 있다

해설 　질문이 민간용 드론에 관해 알 수 있는 것을 물었으므로, 질문의 핵심어구 民用无人机와 관련된 내용을 지문에서 재빨리 찾는다. 네 번째 단락에서 在民用方面, 无人机……能测到人眼的视觉死角라고 했으므로, 선택지 D 可以勘测到人眼看不到的地方이 정답이다.

어휘 　民用 mínyòng 圆 민간용 执行 zhíxíng 통 수행하다 拍摄 pāishè 통 촬영하다 勘测 kāncè 통 탐지하다, 측량 조사하다

上文主要谈了无人机哪两方面的内容？	위 글은 주로 드론의 어느 두 분야에 대한 내용을 말하고 있는가?
① 优势	① 장점
② 操作方法	② 조작 방법
③ 应用领域	③ 활용 범위
④ 各行业的评价	④ 각 업계의 평가
A ①③	A ①③
B ②④	B ②④
C ②③	C ②③
D ①④	D ①④

해설　질문이 지문 전체의 중심 내용을 물었다. 첫 번째 단락에서 无人机具有体积小、造价低、使用方便、对作战环境要求低、战场生存能力较强等 优点이라고 하며 드론의 장점을 언급했고, 두 번째 단락에서 按应用领域, 无人机可分为军用与民用이라고 하면서 드론의 응용 분야를 군용과 민간용으로 나눠 상세하게 언급했다. 따라서 ① 优势과 ③ 应用领域가 포함된 선택지 A ①③이 정답이다.

어휘　操作 cāozuò 圐 조작하다

15 – 21

微塑料是一种非常迷你的塑料碎片，它具体指的是直径小于5毫米的块状、丝状等形状的塑料碎片。这种"迷你塑料"广泛出现于人类的生活环境中，甚至还可能会存在于人体的血液中。《卫报》的一项最新调查研究显示，[15]部分人的血液样本中居然含有微塑料，这是科学家首次在人体的血液中发现了微塑料，这一报道引起了人们的强烈关注。

[21]就微塑料具体是如何进入人体这一问题，有若干种说法。根据文献调查，微塑料最可能通过人体呼吸道、口腔、或者细胞膜、胎盘甚至大脑进入人体各个器官。然而关于人体对微塑料的吸收和代谢，现如今还没有确切的研究报告。[16]如果是通过空气传播的情况，微塑料可能来自汽车的尾气颗粒，或者是汽车轮胎摩擦后产生的颗粒。这些颗粒可以穿过细胞膜，引发氧化应激与炎症，严重时还会加大心血管疾病患者、呼吸道疾病患者和肺癌患者的死亡风险。

若是从口腔摄入的微塑料，则可能会涉及到食物链之间的联系。人们日常使用的化妆品和护理用品中有无数磨砂颗粒，这些颗粒体积很小，在污水处理厂的处理过程中很难被过滤掉，因此只能漂浮在水面上。这些游荡的微塑料会被浮游生物等食物链低端的生物吃掉，但由于微塑料难以消化，只能一直占据着这些生物的胃，致其患病或死亡。[17]当食物链低端的生物被食物链高端的生物吃掉以后，微塑料和各种有机污染物也就随之进入上层动物体内。最后，[18]这些微塑料会进入到处于食物链顶端的人类体内。

纽约大学研究发现，[19]婴儿大便中的微塑料含量是成人的20倍。这是因为婴儿长期在地上爬行，并喜欢啃咬塑料玩具和奶瓶，这会使他们更多地暴露在塑料环境中，从而不知不觉摄入大量的微塑料。可见微塑料无处不在，塑料制品长期在我们的生活中被频繁使用，然后被丢弃到自然环境中，最后又转变为危害人类生命的物质。

미세 플라스틱은 아주 작은 플라스틱 조각인데, 그것은 구체적으로 지름이 5mm보다 작은 덩어리 형태, 가늘고 긴 형태 등의 플라스틱 조각을 가리킨다. 이런 '미니 플라스틱'은 인류의 생활 환경에서 광범위하게 나타나고, 심지어 인체의 혈액에도 존재할 수 있다. <더 가디언>의 최근 조사 연구에서 [15]일부 사람의 혈액 샘플에 놀랍게도 미세 플라스틱이 들어 있는 것으로 나타났는데, [15]이는 과학자가 인체의 혈액에서 미세 플라스틱을 처음으로 발견한 것이어서, 이 보도는 사람들의 큰 관심을 불러일으켰다.

[21]미세 플라스틱이 구체적으로 어떻게 인체에 들어갔는지의 이 문제에 대해서는 몇 가지 설이 있다. 문헌 조사에 따르면 미세 플라스틱은 인체 호흡기, 구강 혹은 세포막, 태반, 심지어 뇌를 통해 인체 각 기관에 들어갈 가능성이 가장 높다. 그러나 인체가 미세플라스틱에 대한 흡수와 대사에 대해서는 현재까지 아직 정확한 연구 보고가 없다. [16]만약 공기로 전파되는 경우라면 미세 플라스틱은 자동차의 배기가스 입자나 자동차 타이어가 마찰하면서 생긴 알갱이[16]에서 온 것일 수 있다. 이 알갱이들은 세포막을 통과해 산화 스트레스와 염증을 유발할 수 있고, 심할 경우 심혈관질환 환자, 호흡기질환 환자와 폐암 환자의 사망 위험을 높인다.

만일 구강으로 섭취된 미세 플라스틱이라면 먹이 사슬 간의 관계에 영향을 미칠 수 있다. 사람들이 일상적으로 사용하는 화장품과 케어 제품에는 무수한 스크럽 알갱이가 있는데, 이 알갱이들은 부피가 작아 하수 처리장의 처리 과정에서 걸러지기 힘들어 수면 위에 떠다닐 수밖에 없다. 이런 떠다니는 미세 플라스틱은 플랑크톤 등 먹이 사슬 하위의 생물에게 먹히지만, 미세 플라스틱은 소화되기 어렵고 계속 이런 생물의 위에 자리잡고 있을 수밖에 없어 이들이 병에 걸리거나 죽게 한다. [17]먹이 사슬 하위의 생물이 먹이 사슬 상위의 생물에게 잡아먹히면, 미세 플라스틱과 각종 유기 오염 물질도 이에 따라 상위 동물의 몸속으로 들어간다. 결국 [18]이런 미세 플라스틱은 먹이 사슬의 꼭대기에 있는 인류의 몸속으로 들어간다.

뉴욕 대학교 연구에서는 [19]아기 대변에 있는 미세 플라스틱 함량이 성인의 20배에 달하는 것을 발견했다. [19]이는 아기가 긴 시간 동안 바닥을 기고 플라스틱 장난감과 젖병을 물어뜯는 것을 좋아하기 때문인데, 이는 그들이 플라스틱 환경에 더 많이 노출되게 하여 자신도 모르게 많은 양의 미세 플라스틱을 섭취하게 한다. 미세 플라스틱은 어디에나 있으며, 플라스틱 제품은 우리의 생활에서 긴 시간 동안 빈번하게 사용되었고, 그 후 자연환경에 버려져 결국 다시 인류의 생명을 해치는 물질로 변한다는 것을 알 수 있다.

目前，许多科研工作者致力于研发可代替某些高污染塑料制品的新型材料，努力为环境保护做出一份贡献。我们在日常生活中也可以从小事做起，[20]在购物时尽量自己携带购物袋；洗护时选择含有天然去角质成分的产品，而避免使用含有微珠的产品；出行时尽量使用公共交通工具，或选择步行、骑自行车等低碳生活方式。只有从点滴改变，[20]才能减少微塑料"乘虚而入"的概率。

현재 많은 과학 연구자는 일부 오염이 심한 플라스틱 제품을 대체할 수 있는 신형 재료를 연구 개발하는 데 힘쓰고 있으며, 환경 보호에 공헌을 할 수 있도록 노력하고 있다. 우리도 일상생활에서 작은 일부터 시작해서 [20]쇼핑할 때 최대한 스스로 쇼핑백을 챙기고, 씻을 때는 천연 각질 제거 성분이 함유된 제품을 선택하고, 미세한 알갱이가 함유된 제품을 피하고, 외출 시 최대한 대중교통을 이용하거나 걷기, 자전거 타기 등 저탄소 생활 방식을 선택하는 것이 좋다. 사소한 것부터 변화해야만 [20]미세 플라스틱이 '빈틈을 타고 들어올' 확률을 줄일 수 있다.

15　第一段主要谈的是什么？　　　　　　　　　　첫 번째 단락에서 주로 말하는 것은 무엇인가？

　A 在人体的血液中发现了微塑料　　　　　　　**A 인체의 혈액에서 미세 플라스틱을 발견했다**
　B 微塑料能够吸收生物体的营养　　　　　　　　B 미세 플라스틱은 생물체의 영양분을 흡수할 수 있다
　C 微塑料被人体代谢的过程较复杂　　　　　　　C 미세 플라스틱이 인체에서 대사되는 과정은 비교적 복잡하다
　D 微塑料对细胞膜产生危害的几率很大　　　　　D 미세 플라스틱은 세포막에 해를 끼칠 확률이 크다

해설　질문이 첫 번째 단락의 중심 내용을 물었으므로, 첫 번째 단락을 재빠르게 읽으며 중심 내용을 파악한다. 단락 후반에서 部分人的血液样本中居然含有微塑料, 这是科学家首次在人体的血液中发现了微塑料라고 하며 과학자들이 인체의 혈액에 미세 플라스틱이 있다는 사실을 발견했다는 내용을 언급하고 있다. 따라서 이를 통해 알 수 있는 선택지 A 在人体的血液中发现了微塑料가 정답이다.

어휘　微塑料 wēisùliào 圐 미세 플라스틱　代谢 dàixiè 圐 (신진)대사　细胞膜 xìbāomó 圐 세포막

16　通过空气传播的情况，微塑料可能来自哪里？　　공기로 전파되는 경우, 미세 플라스틱은 어디에서 왔을 가능성이 큰가？

　A 空气中的微尘　　　　　　　　　　　　　　　A 공기 중의 미세먼지
　B 沙尘暴中的沙砾　　　　　　　　　　　　　　B 모래바람 중의 모래와 자갈
　C 汽车的尾气颗粒　　　　　　　　　　　　　**C 자동차의 배기가스 입자**
　D 树木排出的二氧化碳　　　　　　　　　　　　D 나무에서 배출된 이산화 탄소

해설　질문이 공기로 전파되는 경우 미세 플라스틱은 어디에서 왔을 가능성이 큰지 물었으므로, 질문의 핵심어구 空气传播, 微塑料, 来自와 관련된 내용을 지문에서 재빨리 찾는다. 두 번째 단락에서 如果是通过空气传播的情况, 微塑料可能来自汽车的尾气颗粒라고 했으므로, 선택지 C 汽车的尾气颗粒가 정답이다.

어휘　微尘 wēichén 圐 미세먼지　沙尘暴 shāchénbào 圐 모래바람　沙砾 shālì 圐 모래와 자갈　颗粒 kēlì 圐 입자, 알갱이
　　　二氧化碳 èryǎnghuàtàn 圐 이산화 탄소

17　根据上文，下列哪项属于微塑料进入上层动物体内的方式？　　위 글에 근거하여, 다음 중 미세 플라스틱이 상위 동물의 몸속으로 들어가는 방식에 속하는 것은？

　A 通过受到感染的口腔　　　　　　　　　　　　A 감염된 구강을 통해서
　B 通过与其他动物的皮肤接触　　　　　　　　　B 다른 동물의 피부와 접촉하는 것을 통해서
　C 通过舔舐自身毛发上的微生物　　　　　　　　C 자신의 털 위에 있는 미생물을 핥는 것을 통해서
　D 通过吃处于食物链低端的生物　　　　　　　**D 먹이 사슬 하위 생물을 먹는 것을 통해서**

해설　질문이 미세 플라스틱이 상위 동물의 몸속으로 들어가는 방식에 속하는 것을 물었으므로, 질문의 핵심어구 微塑料进入上层动物体内的方式과 관련된 내용을 지문에서 재빨리 찾는다. 세 번째 단락에서 当食物链低端的生物被食物链高端的生物吃掉以后, 微塑料和各种有机污染物也就随之进入上层动物体内。라고 했으므로, 선택지 D 通过吃处于食物链低端的生物가 정답이다.

어휘　感染 gǎnrǎn 圐 감염되다　口腔 kǒuqiāng 圐 구강　舔舐 tiǎn shì 핥다　食物链 shíwùliàn 圐 먹이 사슬

18 根据上下文，第三段空白处最适合填入的词语是：

A 人类
B 产物
C 储备
D 实物

앞뒤 내용에 근거하여, 세 번째 단락의 빈칸에 들어갈 어휘로 가장 알맞은 것은:

A 인류
B 산물
C 비축 물자
D 실물

해설 질문이 세 번째 단락의 빈칸에 들어갈 어휘로 가장 알맞은 것을 물었다. 선택지 A는 '인류', B는 '산물', C는 '비축 물자', D는 '실물'이라는 의미이다. 빈칸 주변이 '이런 미세 플라스틱은 먹이 사슬의 꼭대기에 있는 _____ 의 몸속으로 들어간다'라는 문맥이므로, 빈칸에는 생물이면서 '몸속'과 의미적으로 호응하는 어휘가 들어가야 한다. 따라서 선택지 A 人类가 정답이다.

어휘 **储备** chǔbèi 圖 비축 물자, 비축 인력

19 婴儿体内的微塑料含量比成人高的原因是：

A 婴儿的免疫力较成人强
B 婴儿的身体器官发育不完整
C 成人消化塑料的能力比婴儿强
D 婴儿更容易暴露在塑料环境中

아기 몸속의 미세 플라스틱 함량이 성인보다 높은 원인은:

A 아기의 면역력이 성인보다 비교적 강하다
B 아기의 신체 기관은 발육이 불완전하다
C 성인이 플라스틱을 소화하는 능력이 아기보다 강하다
D 아기는 플라스틱 환경에 더 쉽게 노출된다

해설 질문이 아기 몸속의 미세 플라스틱 함량이 성인보다 높은 원인을 물었으므로, 질문의 핵심어구 婴儿体内的微塑料含量比成人高的原因과 관련된 내용을 지문에서 재빨리 찾는다. 네 번째 단락에서 婴儿大便中的微塑料含量是成人的20倍。这是因为婴儿长期在地上爬行, 并喜欢啃咬塑料玩具和奶瓶, 这会使他们更多地暴露在塑料环境中이라고 했으므로, 선택지 D 婴儿更容易暴露在塑料环境中이 정답이다.

어휘 **婴儿** yīng'ér 圖 아기 **免疫力** miǎnyìlì 圖 면역력 **器官** qìguān 圖 (생물체의) 기관 **发育** fāyù 圖 발육하다 **暴露** bàolù 圖 노출하다, 폭로하다

20 如何在日常生活中减少微塑料 "乘虚而入" 的概率？

① 使用自带购物袋
② 杜绝使用塑料产品
③ 尽量乘坐私家车出行
④ 使用含天然成分的产品

A ①④
B ①②
C ③④
D ②③

어떻게 일상생활에서 미세 플라스틱이 '빈틈을 타고 들어오는' 확률을 줄일 수 있는가?

① 직접 챙긴 쇼핑백을 사용한다
② 플라스틱 제품 사용을 근절한다
③ 최대한 자가용을 타고 외출한다
④ 천연 성분이 함유된 제품을 사용한다

A ①④
B ①②
C ③④
D ②③

해설 질문이 어떻게 일상생활에서 미세 플라스틱이 '빈틈을 타고 들어오는' 확률을 줄일 수 있는지 물었으므로, 질문의 핵심어구 在日常生活中减少微塑料 "乘虚而入"와 관련된 내용을 지문에서 재빨리 찾는다. 마지막 단락에서 在购物时尽量自己携带购物袋；洗护时选择含有天然去角质成分的产品……才能减少微塑料 "乘虚而入" 的概率라고 했으므로, ① 使用自带购物袋와 ④ 使用含天然成分的产品이 포함된 선택지 A ①④가 정답이다.

어휘 **乘虚而入** chéngxū'érrù 圖 빈틈을 타고 들어오다 **概率** gàilǜ 圖 확률 **杜绝** dùjué 圖 근절하다

21 上文主要谈了哪方面的内容？

A 微塑料的词义来源
B 微塑料的制作原理
C 关于环境保护的政策
D 微塑料进入人体的途径

위 글은 주로 어떤 분야의 내용을 말하고 있는가?

A 미세 플라스틱의 단어 의미의 유래
B 미세 플라스틱의 제작 원리
C 환경 보호와 관련된 정책
D 미세 플라스틱이 인체에 들어가게 된 경로

해설 질문이 지문 전체의 중심 내용을 물었다. 두 번째 단락에서 就微塑料具体是如何进入人体这一问题, 有若干种说法。라고 했고, 지문 전반적으로 미세 플라스틱이 인체에 들어가게 된 몇 가지 경로에 대해 언급하고 있다. 따라서 선택지 D 微塑料进入人体的途径이 정답이다.

어휘 **原理** yuánlǐ 圖 원리 **途径** tújìng 圖 경로, 방법

位于荷兰海牙的海牙国际法院是联合国六大主要机构之一，是最重要的司法机关，也是主权国家政府间的民事司法裁判机构。[22]海牙国际法院主要有两方面的职能，一是对联合国成员国提交的案件作出有法律约束力的判决，二是对联合国机关和专门机构提交的法律问题提供相应的咨询意见。

海牙国际法院是根据《联合国宪章》于1945年6月成立的，国际法院院长和副院长每三年由法院法官以不记名的投票方式选出。海牙国际法院共有15名法官，[23]在法官的选定上，海牙国际法院有许多限制。首先，法官候选人要在联合国安理会和联合国大会分别获得绝对多数的赞成票。其次，考虑到地区的均衡性，15名法官必须来自于不同的国家。来自不同国家的法官要代表世界各地的文化和主要法系，由此维持国际法庭的平衡性。值得注意的是，一旦在海牙国际法院担任法官一职，就不能代表本国政府的立场，也不能代表其他任何国家，因此[24]担任法官后的第一项任务就是在公开庭上宣誓本人会秉公行使**职权**。

[25]海牙国际法院受理的案件多为国际领土和边界纠纷，同其他法院相似，海牙国际法院也实行不告不理的原则，无权主动受理案件。海牙国际法院是具有特定管辖权限的民事法院，没有刑事管辖权，因而无法审判个人。海牙国际法院只能依据《国际法院规约》和《国际法院规则》运行，依照国际法解决各国向其提交的各种法律争端。

海牙国际法院是联合国唯一拥有自己的行政部门的主要机关，书记官处便是其常设行政机关。书记官处一方面可以提供司法支助，另一方面可以作为一个国际秘书处运作。除此之外，书记官处的书记官长需要负责办理《国际法院规约》和《国际法院规则》中所要求的一切公文、通知和文件的传送。

[26]为了更好地履行职责，书记官处设立了多个实务司和单位，它们**各司其职**，其中法律事务部起到了履行司法职能的重要作用。[27]法律事务部作为起草法院裁决书的秘书处，同时作为规则委员会的秘书处，[27]对国际法问题进行研究，并根据要求为法院和书记官长编写研究报告和说明。该部门负责监督与东道国缔结的各项总部协定的执行情况，负责编写法院的会议记录，因此法律事务部是海牙国际法院书记官处必不可少的部门。

[28]海牙国际法院自成立以来裁决了一系列国际争端问题，为稳定国家间关系做出了积极贡献。

네덜란드 헤이그에 위치한 헤이그 국제사법재판소(ICJ)는 유엔(UN) 6대 주요 기관 중 하나로, 가장 중요한 사법 기관이자 주권 국가의 정부 간의 민사 사법 재판 기관이기도 하다. [22]헤이그 국제사법재판소는 주로 두 가지 측면의 기능이 있는데, 첫째는 유엔 회원국이 제기한 사건에 법적 구속력이 있는 판결을 내리는 것이고, 둘째는 유엔 기관과 전문 기관에서 제기한 법률문제에 상응하는 자문 의견을 제공하는 것이다.

헤이그 국제사법재판소는 <유엔 헌장>에 근거하여 1945년 6월 성립되었으며, 국제사법재판소 소장과 부소장은 삼 년마다 법원의 법관이 무기명의 투표 방식으로 선출된다. 헤이그 국제사법재판소는 총 15명의 법관이 있는데, [23]법관 선정에 있어서 헤이그 국제사법재판소는 많은 규제가 있다. 먼저, 법관 후보자는 유엔 안보리와 유엔 총회에서 각각 절대다수의 찬성표를 얻어야 한다. 그다음 지역의 형평성을 고려하여 15명의 법관은 반드시 다른 나라에서 온 사람이어야 한다. 다른 나라에서 온 법관은 세계 각지의 문화와 주요 법계를 대표함으로써 국제 법정의 형평성을 유지한다. 주목할 만한 점은 헤이그 국제사법재판소에서 법관으로 일하게 되면 자국 정부의 입장을 대변할 수 없고, 다른 어떤 나라도 대변할 수 없다는 점이다. 따라서 [24]법관을 맡은 후 첫 번째 임무는 바로 공개정에서 본인이 공평하게 **직권**을 행사하겠다는 선서를 하는 것이다.

[25]헤이그 국제사법재판소가 맡는 사건은 대부분 국제 영토와 국경선 분쟁인데, 다른 법원과 같이 헤이그 국제사법재판소도 불고불리 원칙을 실행하여 자발적으로 사건을 맡을 권리가 없다. 헤이그 국제사법재판소는 특정 관할 권한을 가진 민사법원으로 형사 관할권이 없기 때문에 개인을 심판할 수 없다. 헤이그 국제사법재판소는 <국제법원규정>과 <국제법원규칙>에만 따라서 운영될 수 있으며, 국제법에 근거하여 각국이 헤이그 국제사법재판소에 제기한 각종 법률 분쟁을 해결한다.

헤이그 국제사법재판소는 유엔에서 유일하게 자신의 행정부서를 가지고 있는 주요 기관인데, 사무처는 헤이그 국제사법재판소의 상설 행정 기관이다. 사무처는 한편으로 사법 지원을 제공할 수 있고, 다른 한편으로는 국제 사무국으로 운영될 수 있다. 이 밖에 사무처의 사무처장은 <국제법원규정>과 <국제법원규칙>에서 요구하는 모든 공문, 통지와 문서의 전달을 책임지고 처리해야 한다.

[26]직책을 더 잘 이행하기 위해 사무처에는 여러 개의 실무과와 부서를 설립했는데, 그들은 **각자 맡은 바 임무를 다하고** 그중 법률사무국은 사법 기능을 집행하는 데 중요한 역할을 한다. [27]법률사무국은 법원 판결문의 초안을 작성하는 사무국인 동시에 운영위원회의 사무국으로 [27]국제법 문제에 대해 연구하고, 요구 사항에 따라 법원과 사무처장에게 연구 보고와 설명을 작성한다. 이 부서는 당사국과 체결한 각종 본부 협약의 이행 상황을 책임지고 감독하며, 법원의 회의록을 책임지고 작성하기 때문에 법률사무국은 헤이그 국제사법재판소 사무처에 없어서는 안 될 부서이다.

[28]헤이그 국제사법재판소는 설립된 이래에 일련의 국제 분쟁을 판결했고, 국가 간의 관계를 안정시키는 데 긍정적인 기여를 했다.

어휘 荷兰 Hélán [고유] 네덜란드   海牙 Hǎiyá [고유] 헤이그[네덜란드의 수도]   联合国 Liánhéguó [고유] 유엔(UN), 국제 연합   机构 jīgòu [명] 기관, 기구   司法 sīfǎ [명] 사법
主权 zhǔquán [명] 주권   裁判 cáipàn [동] 재판하다   职能 zhínéng [명] 기능   案件 ànjiàn [명] (법률상의) 사건   约束力 yuēshùlì [명] 구속력
判决 pànjué [동] 판결하다   相应 xiāngyìng [동] 상응하다   法官 fǎguān [명] 법관   投票 tóupiào [동] 투표하다   候选人 hòuxuǎnrén [명] 후보자
联合国安理会 Liánhéguó Ānlǐhuì [고유] 유엔 안보리   联合国大会 Liánhéguó Dàhuì [고유] 유엔 총회   法庭 fǎtíng [명] 법정   宣誓 xuānshì [동] 선서하다
本人 běnrén [명] 본인   秉公 bǐnggōng [부] 공평하게   行使 xíngshǐ [동] 행사하다   职权 zhíquán [명] 직권   受理 shòulǐ [동] 맡다, 취급하다   领土 lǐngtǔ [명] 영토
边界 biānjiè [명] (지역 간의) 국경선   纠纷 jiūfēn [명] 분쟁   不告不理 bú gào bù lǐ 불고불리[청구한 사실에 대해서만 심리 및 판결할 수 있다는 원칙]
特定 tèdìng [형] 특정한   管辖 guǎnxiá [동] 관할하다   刑事 xíngshì [명] 형사   审判 shěnpàn [동] 심판하다   依据 yījù [개] ~에 따라서   运行 yùnxíng [동] 운영하다
争端 zhēngduān [명] 분쟁   事件 shìjiàn [명] 사건   拥有 yōngyǒu [동] 가지다   行政 xíngzhèng [명] 행정   书记官处 shūjìguānchù [명] 사무처
常设 chángshè [동] 상설하다   秘书处 mìshūchù [명] 사무국   书记官长 shūjìguānzhǎng [명] 사무처장   履行 lǚxíng [동] 이행하다   职责 zhízé [명] 직책[직무와 책임]
各司其职 gèsīqízhí [성어] 각자 맡은 바 임무를 다하다   起草 qǐcǎo [동] (글의) 초안을 작성하다   裁决书 cáijuéshū [명] 판결문   编写 biānxiě [동] 작성하다
监督 jiāndū [동] 감독하다   东道国 dōngdàoguó [명] 당사국, 주최국   缔结 dìjié [동] 체결하다   执行 zhíxíng [동] 집행하다   裁决 cáijué [동] 판결하다

22	海牙国际法院的职能是什么？	헤이그 국제사법재판소의 기능은 무엇인가？

① 审判民事案件和刑事案件
② 对机构提出的法律问题给出意见
③ 根据法律规定对有关案件作出判决
④ 对联合国认可的机构颁发相关证书

① 민사 사건과 형사 사건을 심판한다
② 기관이 제기한 법률문제에 대해 의견을 준다
③ 법률 규정에 근거하여 관련 사건에 판결을 내린다
④ 유엔이 승인한 기관에 대해 관련 증서를 수여한다

A ①②
B ①④
C ②③
D ③④

A ①②
B ①④
C ②③
D ③④

해설 질문이 헤이그 국제사법재판소의 기능을 물었으므로, 질문의 핵심어구 海牙国际法院的职能과 관련된 내용을 지문에서 재빨리 찾는다. 첫 번째 단락에서 海牙国际法院主要有两方面的职能，一是对联合国成员国提交的案件作出有法律约束力的判决，二是对联合国机关和专门机构提交的法律问题提供相应的咨询意见。이라고 했으므로, ② 对机构提出的法律问题给出意见과 ③ 根据法律规定对有关案件作出判决가 포함된 선택지 C ②③가 정답이다.

어휘 海牙 Hǎiyá 〔교유〕 헤이그[네덜란드의 수도] 职能 zhínéng 〔명〕 기능 审判 shěnpàn 〔동〕 심판하다 案件 ànjiàn 〔명〕 (법률상의) 사건 刑事 xíngshì 〔명〕 형사의 机构 jīgòu 〔명〕 기관, 기구 判决 pànjué 〔동〕 판결하다 联合国 Liánhéguó 〔교유〕 유엔(UN), 국제 연합 颁发 bānfā 〔동〕 (증서나 상장 따위를) 수여하다 证书 zhèngshū 〔명〕 증서

23	下列哪项**不是**海牙国际法院选定法官的标准？	다음 중 헤이그 국제사법재판소가 법관을 선정하는 기준이 아닌 것은？

A 精通多个国家的语言
B 与其他法官有不同的国籍
C 代表世界各地的主要法系
D 在联合国大会获得绝对多数赞成票

A 여러 나라의 언어에 능통하다
B 다른 법관과 다른 국적을 가지고 있다
C 세계 각지의 주요 법계를 대표한다
D 유엔 총회에서 절대다수의 찬성표를 얻는다

해설 질문이 헤이그 국제사법재판소가 법관을 선정하는 기준이 아닌 것을 물었으므로, 질문의 핵심어구 海牙国际法院选定法官的标准과 관련된 내용을 지문에서 재빨리 찾는다. 두 번째 단락에서 在法官的选定上，海牙国际法院有许多限制。首先，法官候选人要在联合国安理会和联合国大会分别获得绝对多数的赞成票。其次，考虑到地区的均衡性，15名法官必须来自于不同的国家。来自不同国家的法官要代表世界各地的文化和主要法系，由此维持国际法庭的平衡性。이라고 했으므로, 언급되지 않은 선택지 A 精通多个国家的语言이 정답이다.

어휘 法官 fǎguān 〔명〕 법관 精通 jīngtōng 〔동〕 능통하다 联合国大会 Liánhéguó Dàhuì 〔교유〕 유엔 총회

24	根据上下文，第二段空白处最适合填入的词语是：	앞뒤 내용에 근거하여, 두 번째 단락의 빈칸에 들어갈 어휘로 가장 알맞은 것은：

A 主权
B 权势
C 势力
D 职权

A 주권
B 권세
C 세력
D 직권

해설 질문이 두 번째 단락의 빈칸에 들어갈 어휘로 가장 알맞은 것을 물었다. 선택지 A는 '주권', B는 '권세', C는 '세력', D는 '직권'이라는 의미이다. 빈칸 주변이 '법관을 맡은 후 첫 번째 임무는 바로 공개정에서 본인이 공평하게 _____을 행사하겠다는 선서를 하는 것이다'라는 문맥이므로, 빈칸에는 법관의 권한을 의미하는 어휘가 들어가야 한다. 따라서 선택지 D 职权이 정답이다.

어휘 主权 zhǔquán 〔명〕 주권 权势 quánshì 〔명〕 권세 势力 shìlì 〔명〕 세력 职权 zhíquán 〔명〕 직권

25	海牙国际法院处理的案件类型主要是：	헤이그 국제사법재판소가 처리하는 사건의 유형은 주로：

A 刑事责任案件
B 领土纠纷案件
C 个人权益案件
D 社会治安案件

A 형사 책임 사건
B 영토 분쟁 사건
C 개인 권익 사건
D 사회 치안 사건

해설 질문이 헤이그 국제사법재판소가 처리하는 사건의 유형은 주로 무엇인지 물었으므로, 질문의 핵심어구 海牙国际法院处理的案件类型과 관련된 내용을 지문에서 재빨리 찾는다. 세 번째 단락에서 海牙国际法院受理的案件多为国际领土和边界纠纷이라고 했으므로, 선택지 B 领土纠纷案件이 정답이다.

어휘 案件 ànjiàn 〔명〕 (법률상의) 사건 刑事 xíngshì 〔명〕 형사의 领土 lǐngtǔ 〔명〕 영토 纠纷 jiūfēn 〔명〕 분쟁 权益 quányì 〔명〕 권익 治安 zhì'ān 〔명〕 치안

26 上文中，画线词语“各司其职”的意思是：

A 每个公司都有其职能
B 各自坚守各自的职业道德
C 各自负责自己管理的职务
D 在不同领域展示自己的才能

위 글에서 밑줄 친 어휘 '各司其职'의 의미는:

A 모든 회사는 모두 그 기능을 가지고 있다
B 각자가 각자의 직업 도덕을 준수한다
C 각자가 자신이 관리하는 직무를 책임진다
D 서로 다른 분야에서 자신의 능력을 보여준다

해설 밑줄 친 어휘 '各司其职'의 의미를 물었으므로, 各司其职이 밑줄로 표시된 부분을 지문에서 재빨리 찾는다. 다섯 번째 단락에서 **为了更好地履行职责，书记官处设立了多个实务司和单位，它们各司其职**이라고 했으므로, 문맥상 **各司其职**은 설립된 여러 개의 실무과와 부서가 각자 업무를 진행한다는 의미임을 알 수 있다. 따라서 선택지 C **各自负责自己管理的职务**가 정답이다.

어휘 **各司其职** gèsīqízhí [성] 각자 맡은 바 임무를 다하다 **职能** zhínéng [명] 기능 **职务** zhíwù [명] 직무 **展示** zhǎnshì [동] 보여주다, 드러내다

27 关于法律事务部，可以知道什么？

A 管理书记官处的所有职员
B 探讨与国际法相关的问题
C 接受外界人士的法律事务咨询
D 负责书记官长的文件翻译工作

법률사무국에 관해, 알 수 있는 것은 무엇인가?

A 사무처의 모든 직원을 관리한다
B 국제법과 관련된 문제를 탐구한다
C 외부 인사의 법률 사무 자문을 받는다
D 사무처장의 문건 번역 업무를 책임진다

해설 질문이 법률사무국에 관해 알 수 있는 것을 물었으므로, 질문의 핵심어구 **法律事务部**와 관련된 내용을 지문에서 재빨리 찾는다. 다섯 번째 단락에서 **法律事务部……对国际法问题进行研究**라고 했으므로, 선택지 B **探讨与国际法相关的问题**가 정답이다.

어휘 **书记官处** shūjìguānchù [명] 사무처 **探讨** tàntǎo [동] 탐구하다 **外界** wàijiè [명] 외부 **人士** rénshì [명] 인사 **书记官长** shūjìguānzhǎng [명] 사무처장

28 根据上文，作者最可能支持下列哪个观点？

A 海牙国际法院应修改法律执行基准
B 海牙国际法院对国际关系有积极影响
C 海牙国际法院在国际上的地位并不高
D 海牙国际法院应取消对法官的选定限制

위 글에 근거하여, 저자는 다음 중 어떤 관점을 지지할 가능성이 가장 큰가?

A 헤이그 국제사법재판소는 법 집행 기준을 개정해야 한다
B 헤이그 국제사법재판소는 국제 관계에 긍정적인 영향을 끼친다
C 헤이그 국제사법재판소의 국제적 위상은 결코 높지 않다
D 헤이그 국제사법재판소는 법관 선정에 대한 제한을 없애야 한다

해설 질문이 저자가 지지할 관점으로 가능성이 가장 큰 것을 물었다. 마지막 단락에서 **海牙国际法院自成立以来裁决了一系列国际争端问题，为稳定国家间关系做出了积极贡献。**이라고 했으므로, 저자는 헤이그 국제사법재판소가 국제 관계에 미치는 영향을 긍정적으로 보고 있음을 알 수 있다. 따라서 선택지 B **海牙国际法院对国际关系有积极影响**이 정답이다.

어휘 **执行** zhíxíng [동] 집행하다

제2부분

시간을 단축하는 문제풀이 스텝

p.97

[F] '동양의 하와이'로 불리는 하이난섬은 중국 영토 남단에 위치해 있으며, 풍경이 그림 같고 날씨가 쾌적한 열대섬이다. 하이난섬은 관광 자원이 아주 풍부한데, 명성이 자자한 다텐 엘드사슴 자연 보호 구역이 바로 그중 하나이다. 그곳에는 중국, 나아가 세계에서도 유일한 하이난 엘드사슴 야생종 무리가 살고 있다.

[D] 하이난 엘드사슴의 수컷 개체는 6개월쯤 자라면 머리에 뿔이 돋아나는데, 이어서 이 뿔은 골화되고 튀어나오며 끝이 갈라지지 않는 직각으로 자라나며, 2살 이후에 가지뿔과 주요 뿔이 있는 완전한 형태의 뿔이 자라난다. 다른 사슴류에 비해 수컷 엘드사슴의 뿔 모양은 매우 단순한데, 가지뿔과 끝이 갈라지지 않는 주요 뿔밖에 없고, 주요 뿔의 끝에 2~3개의 튀어나온 마디가 있다.

[G] 수사슴의 골화되지 않고 솜털이 난 어린 뿔을 녹용이라고 하며, 하이난 엘드사슴 녹용의 영양가나 약용 가치는 모두 매우 높다. 그것은 진귀한 약재이자 고급 보양품이다. 이를 찾는 사람이 갈수록 많아져서 하이난 엘드사슴의 개체 수는 급격하게 감소했다. 역사적으로, 하이난 엘드사슴은 중부 산지를 제외하고 하이난섬 내 전역에 분포해 있다.

[A] 하이난섬에서 해발 200m 이하의 언덕과 초원은 엘드사슴의 서식지이다. 하이난 지방지인 <충저우부지>의 기록에 따르면 하이난 엘드사슴은 명나라와 청나라 두 왕조 때 청마이현과 충산 등지에서 흔히 볼 수 있었다고 한다. 1950년대 초반에는 하이난 엘드사슴이 소떼와 함께 풀을 뜯는 모습도 볼 수 있었다.

[E] 하지만 1963년 연구원들이 하이난섬의 새와 짐승의 분포 구역을 조사했을 때 하이난 엘드사슴은 100마리 정도만 생존해있다는 사실을 밝혀냈고, 1976년에 다시 조사했을 때 하이난 엘드사슴은 26마리뿐이었다는 것이 확인되었다. 따라서 <세계자연보전연맹>은 이것을 멸종위기종 적색 목록에 올렸다. 이 때문에, 하이난성 정부는 막대한 인력, 자금, 물자를 아끼지 않고 쏟아 부어 다텐 엘드사슴 자연 보호 구역을 세우고 '엘드사슴 이동 및 방목 보호 프로젝트'를 실시해 엘드사슴에게 충분한 생활 공간을 제공하여 엘드사슴의 생존 조건을 개선했다.

[B] 각 조치의 효과가 상당히 뚜렷하게 드러나서, 2000년 말에는 하이난 엘드사슴이 1000마리를 넘어섰고, 개체수가 점차 회복되었다. 하이난 각계에서 환경 보호, 생태 균형에 대한 인식이 끊임없이 강화됨에 따라 하이난 엘드사슴은 갈수록 중시되고 있다. "하이난 엘드사슴을 보호하고, 친환경 생활을 제창하며, 아름다운 터전을 구축하자"는 모두의 바람이다. 모두가 한마음 한뜻으로 협력해야만 생물의 다양성이라는 인류의 생존과 발전의 기초를 더욱 견고하게 쌓을 수 있으며, 사람과 자연의 조화로운 공생을 촉진할 수 있다.

[배열할 수 없는 단락]

[C] 구체적으로 보면, 사슴과 동물 중 거의 절반이 중국에 분포하고 있으며, 엘드사슴, 꽃사슴, 사불상, 토롤드사슴 등 사슴 종은 모두 중국 국가 1급 보호 동물로 등재되어 있다. 대부분의 사슴은 꼿꼿한 자태, 늘씬한 네발, 짧고 작은 꼬리 및 마른 나뭇가지처럼 생긴 뿔을 가지고 있으며, 달리는 동작이 아름답고 걸음걸이가 가볍다.

배열된 순서

| F | → | D | → | G | → | A | → | E | → | B |
| 69. | | 70. | | | | 71. | | 72. | | 73. |

어휘 海南岛 Hǎinándǎo [고유] 하이난섬 海拔 hǎibá [명] 해발 丘陵 qiūlíng [명] 언덕 坡鹿 pōlù [명] 엘드사슴[사슴의 한 종류] 栖息地 qīxīdì [명] 서식지
地方志 dìfāngzhì [명] 지방지[지방의 사회·정치·경제 등의 상황을 기록한 책] 记载 jìzǎi [동] 기록하다 朝代 cháodài [명] 왕조 成效 chéngxiào [명] 효과
显著 xiǎnzhù [형] 뚜렷하게 드러나다 生态 shēngtài [명] 생태 倡导 chàngdǎo [동] 제창하다 齐心协力 qíxīnxiélì [성] 한마음 한뜻으로 협력하다
生物 shēngwù [명] 생물 和谐 héxié [형] 조화롭다 将近 jiāngjìn [부] 거의 挺拔 tǐngbá [형] 꼿꼿하다, 우뚝 솟다 四肢 sìzhī [명] (동물의) 네발, 사지
枯枝 kūzhī [명] 마른 나뭇가지 轻盈 qīngyíng [형] (자태나 동작 등이) 가볍다, 나긋나긋하다 雄性 xióngxìng [명] 수컷 个体 gètǐ [명] 개체 凸起 tūqǐ [동] 튀어나오다
分叉 fēn chà [이합] (여러 갈래로) 갈라지다 形态 xíngtài [명] 형태 考察 kǎochá [동] 조사하다 联盟 liánméng [명] 연맹 不惜 bùxī [동] 아끼지 않다
实施 shíshī [동] 실시하다 领土 lǐngtǔ [명] 영토 闻名遐迩 wénmíngxiá'ěr [성] 명성이 자자하다 生存 shēngcún [동] 살다, 생존하다 茸毛 róngmáo [명] 솜털
鹿茸 lùróng [명] 녹용

고득점비책 01 키워드로 순서 배열하기 p.98

전략 적용

p.99

1. [E] 연화는 중국 특유의 전통 민간 예술 형식으로, 그것은 통속적이고 길한 회화로 사람들의 심미적 정취를 표현했다. 연화는 고대의 문신화에서 시작되었는데, 처음에는 복을 기원하고 액땜을 하는 용도로 사용되었다. 회화 기예가 끊임없이 보급되고 표현 형식이 끊임없이 풍부해짐에 따라, 연화는 점차 서민들에게 사랑받는 민간 공예품이 되었다. 매년 춘절이 되면 연화를 붙이는 것은 이미 중국 대다수 지역의 춘절 풍습이 되었다.

[A] 각 지역의 연화 가운데 '4대 민간 연화'가 가장 명성을 누리고 있는데, 각각 쑤저우의 타오화우 연화, 톈진의 양리우칭 연화, 웨이팡의 양쟈부 목판 연화와 몐주의 목판 연화이다. 이 중 양쟈부 목판 연화는 이미 국가무형문화유산으로 등재되었다.

[C] 양자부 목판 연화의 내용은 농민들의 생산, 생활과 매우 밀접하게 관계되어 있으며, 깊고 순박한 향토 분위기가 가득 넘쳐흐르고 있다. 그것은 구도가 탄탄하며, 색채 대비가 강렬하고, 장식성이 있다. 그것은 진정한 농민화로 중국 북방 농민의 분방하고, 부지런하고, 유머러스하고, 좋고 싫음이 분명한 성격 특징과 고상한 도덕적 지조를 나타냈고, 그들의 노동 생활에서의 희로애락과 심미적 정취를 반영했다.

[B] 연화는 민속 문화를 그림으로 설명한 것이며, 그것은 예술적 가치를 지니고 있을 뿐만 아니라, 게다가 아주 많은 자연과 인문학적 정보까지 담고 있음을 알 수 있다. 각 지역의 연화 공예는 지역마다의 문화 차이를 반영했으며, 동시에 사람들의 다양한 생활 경험과 정서도 반영되어 있다.

[배열할 수 없는 단락]

[D] 명나라와 청나라 시기는 중국 판화의 절정기이다. 명나라 후기에는 상업과 수공업의 발전, 조판 인쇄술의 번영, 채색 인쇄술의 발전 등의 요인이 판화의 발전을 이끌었으며, 이러한 요소는 민간 연화의 부흥을 위한 조건을 제공하기도 했다. 명나라 때부터 전국 범위 내에서 여러 연화 중심지가 계속해서 형성되었으며, 수많은 연화 예술가들도 등장했다.

배열된 순서

E	→	A	→	C	→	B
1.				2.		3.

어휘 年画 niánhuà [명] 연화[춘절에 실내에 붙이는 그림] 非物质文化遗产 fēiwùzhì wénhuà yíchǎn [명] 무형문화유산
图解 tújiě [동] (어떤 내용을) 그림으로 설명하다 承载 chéngzài [동] 담고 있다 洋溢 yángyì [동] 가득 넘쳐흐르다
浓厚 nónghòu [형] (색채·분위기 등이) 깊다 淳朴 chúnpǔ [형] 순박하다 构图 gòutú [명] 구도 饱满 bǎomǎn [형] 탄탄하다
奔放 bēnfàng [형] 분방하다, (감정이나 생각을) 마음껏 드러내다 勤劳 qínláo [형] 부지런하다 爱憎分明 àizēngfēnmíng [성] 좋고 싫음이 분명하다
高尚 gāoshàng [형] 고상하다 审美 shěnměi [형] 심미적이다 高峰 gāofēng [명] 절정, 최고점 民间 mínjiān [명] 민간 相继 xiāngjì [부] 계속해서, 연이어
通俗 tōngsú [형] 통속적이다 起初 qǐchū [명] 처음 祈福消灾 qí fú xiāo zāi 복을 기원하고 액땜을 하다 普及 pǔjí [동] 보급되다
喜闻乐见 xǐwénlèjiàn [성] 사랑받다 工艺品 gōngyìpǐn [명] 공예품 习俗 xísú [명] 풍습

2. [C] 미국의 세포학자 헤이플릭은 인체 세포가 1차 분열부터 계산했을 때 평생 50회 정도만 분열할 수 있고, 그 후 노화하여 죽는다는 것을 발견했다. 생명은 반드시 죽게 되는 것인가? 답은 '아니다'이다.

[E] 두 종류의 세포는 죽지 않는다. 첫 번째는 생식 세포이다. 그것들은 분열을 거듭해 수천만 년 이상 생존해 왔고, 또 계속 생존해 있다. 이 때문에 관련 연구 보고에서 이는 생식 세포가 갖고 있는 유전 물질과 관련이 있을 수 있다고 밝혔다.

[A] 과학자들은 일찍이 헬라라고 불리는 여성의 몸에서 채취한 자궁경부암 세포를 실험실에서 분열 및 증식시켰는데, 암세포는 24시간마다 한 번씩 배로 증식할 정도로 성장과 분열이 매우 왕성하여 지금까지 이미 천 대에 걸쳐 전해 내려왔고 여전히 죽을 징후가 없다. 과학자들은 이를 통해 두 번째로 영구 생존할 수 있는 세포인 암세포를 발견했다. 그들은 암세포가 바이러스나 다른 생명 물질과 정보를 교환해 자신들의 생명이 끝나지 않게 할 수 있다고 보았다.

[D] 과학자들은 만약 암세포나 생식 세포의 메커니즘을 규명해서 사람의 몸에 적용하면 인체의 체세포도 영생할 수 있지 않겠느냐고 대담하게 추측했다. 한 세포학자는 유전자 공학을 이용해 포유동물의 신경 세포를 금붕어의 난세포에 이식했다. 즉 체세포와 생식 세포를 결합시켜 유전 정보의 교환을 촉진시킨 것이다. 그 결과 신경 세포는 100회 분열하였으나 아직 노화되지 않았고, 여전히 활력이 넘쳤다.

[배열할 수 없는 단락]

[B] 많은 연구 결과에서 암세포는 전이 과정에서 큰 어려움을 겪는 것으로 나타났는데, 먼저 수십 번의 변이를 거친 다음 세포간 부착을 극복하고, 형태를 변화시켜 조밀한 결합 조직을 꿰뚫어야 한다. 암세포가 최초 발생 부위에서 성공적으로 '탈출'한 후 미세혈관을 통해 혈액으로 들어가게 되고, 그곳에서 백혈구의 공격을 받을 수도 있다.

배열된 순서

C	→	E	→	A	→	D
1.		2.		3.		

어휘 子宫颈癌 zǐgōngjǐng'ái [명] 자궁경부암 细胞 xìbāo [명] 세포 分裂 fēnliè [동] 분열하다 繁殖 fánzhí [동] 증식하다 倍增 bèizēng [동] 배로 증식하다
旺盛 wàngshèng [형] 왕성하다 死亡 sǐwáng [동] 죽다, 사망하다 转移 zhuǎnyí [동] 전이하다
细胞间粘附 xìbāojiān zhānfù 세포간 부착[세포끼리 달라붙어 있는 현상] 致密 zhìmì [형] 조밀하다, 촘촘하다 结缔组织 jiédì zǔzhī 결합 조직
部位 bùwèi [명] 부위 逃逸 táoyì [동] 도망가다 攻击 gōngjī [동] 공격하다 岂不是 qǐbúshì (어찌) ~이 아니겠는가? 遗传 yíchuán [동] 유전하다
哺乳动物 bǔrǔ dòngwù [명] 포유동물 神经 shénjīng [명] 신경 移植 yízhí [동] 이식하다 尚未 shàngwèi 아직 ~하지 않다 衰老 shuāilǎo [형] 노화하다
生机勃勃 shēngjībóbó [성] 활력이 넘치다 生殖 shēngzhí [동] 생식하다 生存 shēngcún [동] 생존하다 携带 xiédài [동] 가지다, 휴대하다

3. [D] 높은 곳에서 내려다본 강주아오 대교는 마치 교룡처럼 구불구불하게 바다로 뻗어 있어 주삼각 지역을 하나로 연결했다. 이는 세계에서 가장 긴 해상 교량이자 명실상부한 과학 기술 대교이기도 한데, 규모 16급의 태풍, 규모 7급의 지진에 견딜 수 있고 사용 수명은 120년에 이른다.

[C] 외해에 인위적으로 섬을 만드는 것은 강주아오 대교 건설의 최대 난제이다. 대교 터널 양 끝의 작은 섬은 굴조개 모양이며, 이는 외해에서 만들어진 두 개의 면적이 10만 제곱미터인 작은 섬이다. 연구진은 외해 고속 섬 건축 기술을 이용해 120개의 거대한 강철 원통을 바로 해저에 고정하고 중간에 흙을 채워 인공섬을 만들었다. 이 외에, 연구진은 또 다른 난이도가 비교적 높은 공사인 해저 침매 터널 건설을 완성하기도 했다.

[E] 이 공사는 마찬가지로 연구진들을 애먹었다. 침매 터널은 33개의 거대한 콘크리트 파이프 조합으로 구성되어 있는데, 이 거대한 파이프 조합을 해저의 연약 지반 환경에서 도킹하고 설치하는 것은 우주선 도킹과 비교할 만한 난이도이며, 정밀한 원격 조종, 측량 제도, 슈퍼 컴퓨팅 등 일련의 기술적 뒷받침이 필요하다. 연구진은 결국 세계 최초의 외해 매몰 침매 터널 공사를 성공적으로 완료했고, 이 국제적 '기술 성역'을 뛰어넘었다.

[B] 이 외에, 강주아오 대교 공사 과정에서 흰돌고래에 대한 방해를 최소화하기 위해 공사팀은 300여 차례의 출항 추적을 하고 30여만 장의 사진을 촬영하여, 해역 내 흰돌고래 개체수를 표시하고 흰돌고래의 생활 습성을 파악하여 공사 시 맞춤형 보호 조치를 취했다.

[배열할 수 없는 단락]
[A] 강주아오 대교는 주하이–마카오 간 '협력 검사, 한번에 통과'라는 통관 모델을 채택했는데, 즉 주하이와 마카오 두 지역의 항구 간 완충 지대를 없애고 두 항구를 바로 연결하여 여행객은 한 번만 줄을 서면 출입국 수속을 마칠 수 있다. 또한, 차량이 주하이 지역에 있을 때는 우측통행 방식을 사용하다가 홍콩·마카오 항구에 도착하면 도로 방향을 따라 좌측통행 방식으로 자동 조정된다.

배열된 순서

D → C → E → B
1.   2.   3.

어휘   **港珠澳** Gǎng Zhū Ào 강주아오[홍콩-주하이-마카오를 함께 일컫는 말]   **放行** fàngxíng 圖 통과하다, 통행을 허가하다   **模式** móshì 圖 모델, 모드
       口岸 kǒu'àn 圖 항구   **缓冲区** huǎnchōngqū 圖 완충 지대[대립하는 나라 사이의 충돌을 완화하기 위해 설치한 중립 지대]
       施工 shīgōng 圖 공사하다, 시공하다   **白海豚** báihǎitún 圖 흰돌고래   **干扰** gānrǎo 圖 방해하다   **跟踪** gēnzōng 圖 추적하다   **拍摄** pāishè 圖 촬영하다
       标识 biāoshí 圖 표시하다, 식별하다   **海域** hǎiyù 圖 해역   **人工** réngōng 圖 인위적인, 인공의   **隧道** suìdào 圖 터널   **端** duān 圖 (한쪽의) 끝
       蚝贝 háobèi 圖 굴조개   **沉管** chénguǎn 침매 공법[물 밑에 터널을 만드는 공법 중 하나]   **俯瞰** fǔkàn 圖 내려다보다, 굽어보다
       宛若 wǎnruò 圖 마치 ~와 같다   **蛟龙** jiāolóng 圖 교룡[상상 속의 동물]   **蜿蜒** wānyán 圖 구불구불하다[꿈틀꿈틀 기어가는 모양을 나타냄]
       桥梁 qiáoliáng 圖 교량, 다리   **名副其实** míngfùqíshí 圖 명실상부하다   **台风** táifēng 圖 태풍   **棘手** jíshǒu 圖 애먹다, 까다롭다
       混凝土 hùnníngtǔ 圖 콘크리트   **管节** guǎnjié 파이프 조합   **软基** ruǎnjī 圖 연약 지반[상부에 건조물을 세울 수 없을 정도로 견고하지 못한 지반]
       对接 duìjiē 圖 도킹하다   **堪比** kān bǐ ~와 비교할 만하다   **航天器** hángtiānqì 圖 우주선   **精准** jīngzhǔn 圖 정밀하다   **遥控** yáokòng 圖 원격 조종하다
       测绘 cèhuì 圖 측량하여 제도하다   **支撑** zhīchēng 圖 뒷받침하다, 지탱하다   **禁区** jìnqū 圖 성역, 금지 구역

실전연습문제   p.102

1 D	2 E	3 F	4 B	5 G

1 - 5

[D] 在如今快节奏的生活模式下，许多人选择听交响乐来放松自己的身心。交响乐是一个很广泛的概念，它有丰富的音乐体裁和类型，其中，交响曲、交响序曲、交响诗、交响组曲、交响小品、交响音画等都属于交响乐的范畴。

[D] 오늘날 빠른 리듬의 생활 패턴 아래 많은 사람은 교향악을 들으며 몸과 마음을 편안하게 하는 것을 선택한다. 교향악은 하나의 광범위한 개념으로, 그것은 풍부한 음악 장르와 유형이 있으며, 그중 교향곡, 교향적 서곡, 교향시, 교향적 모음곡, 교향 소품, 교향적 스케치 등이 모두 교향악의 범주에 속한다.

[H] 交响乐中的交响曲是人们经常在音乐会听到的音乐类型，然而很多人并不知道交响曲和交响乐不是同一个概念。交响曲是交响乐中最为典型的代表，它之所以在交响乐中占有显赫地位，主要是因为有以下两个特点。

[H] 교향악 중 교향곡은 사람들이 음악회에서 흔히 듣는 음악 유형이지만, 교향곡과 교향악이 같은 개념이 아니라는 사실을 모르는 사람이 많다. 교향곡은 교향악 중 가장 대표적인 상징인데, 그것이 교향악에서 빛나는 위치를 차지하는 이유는 주로 아래 두 가지 특징이 있기 때문이다.

[E] 首先，交响曲气势宏大。交响曲的参与人员较多，使用的乐器种类也很多，演奏起来自然就有了气势。其次，交响曲表现力丰富。交响曲是多乐章的、套曲结构的交响音乐，它就如同一本长篇小说，内容复杂但丰富，因此较短的交响曲也需要至少半小时的演奏时间。演奏者不仅需要在较长的时间之内把音乐完整地演奏出来，还要将交响曲丰富的内涵充分地表现出来。

[E] 먼저, 교향곡은 기세가 웅장하다. 교향곡은 참여 인원이 비교적 많고 사용하는 악기의 종류도 다양해서 연주하면 자연스럽게 기세가 있게 된다. 그다음으로, 교향곡은 표현력이 풍부하다. 교향곡은 다악장, 모음곡 구조의 교향 음악인데, 이는 장편 소설과 같이 내용이 복잡하지만 풍부해서 비교적 짧은 교향곡도 최소 30분 이상 연주해야 한다. 연주자는 긴 시간 안에 음악을 완전하게 연주해야 할 뿐만 아니라, 교향곡의 풍부한 함의도 충분히 표현해내야 한다.

[F] 从演奏的复杂性和困难程度来说，交响曲在所有器乐作品中处于顶端位置。交响曲的特别之处在于它与其他音乐类型有着“交响性”上的不同。笼统地说，交响性指的是用音乐的某些特性来支撑和体现交响曲的恢宏大气和复杂的篇章，诸如思想内涵的深刻、主题发展的深入和结构形式的严谨。这是交响曲与其他音乐类型所不同的特点。	[F] 연주의 복잡함과 어려움의 정도에 있어 교향곡은 모든 기악 작품 중 정점에 있다. 교향곡의 특별한 점은 다른 음악 장르와 '교향성'에서 다른 점이 있기 때문이다. 포괄적으로 말하면 교향성이란 음악의 어떤 특성으로 교향곡의 웅장함과 복잡한 악장을 뒷받침하고 구현한다는 뜻인데, 이를테면 사상적 함의의 깊음, 주제 발전의 심화와 구조적인 형식의 치밀함 같은 것이다. 이는 교향곡의 다른 음악 장르와 다른 특징이다.
[C] 具体来说，交响曲的“交响性”有公众性、规模性、器乐性、叙事性和深刻性的特征。在公众性上，交响曲的交响乐队需要大量的演奏者来演奏气势磅礴的交响曲；在规模性上，交响曲时常会将长篇乐章连接在一起；在器乐性上，交响曲开发出了各类乐器丰富的表现潜能；在叙事性上，交响曲利用音乐的旋律感和乐器的独有特点，表现出了每个乐章所想表达的感情；在深刻性上，交响曲能够从复杂的音乐构造中体现音乐的深刻意义，给人留下持久的余韵。	[C] 구체적으로 말하자면, 교향곡의 '교향성'은 대중성, 규모성, 기악성, 서사성과 깊이성의 특징을 지닌다. 대중성 면에서, 교향곡의 교향 악단은 기세가 충만한 교향곡을 연주하기 위해 많은 연주자를 필요로 한다. 규모성 면에서, 교향곡은 항상 길이가 긴 악장들이 연결되어 있다. 기악성 면에서, 교향곡은 다양한 악기의 풍부한 표현 잠재력을 개발해냈다. 서사성 면에서, 교향곡은 음악의 선율감과 악기의 고유 특징을 이용해 악장마다 표현하고자 하는 감정을 표현했다. 깊이성 면에서, 교향곡은 복잡한 음악 구조에서 음악의 깊은 의미를 드러낼 수 있기 때문에 긴 여운을 남긴다.
[B] 其中，交响曲的深刻性里包含着复杂性，所以交响曲对作曲家、演奏家和听众都有较高的要求。这种复杂性主要表现为乐器的复杂性。交响曲是器乐化的，通常不是用人的嗓音，而是用乐器来表现音乐中的各种情绪。也就是说，交响曲的演奏需要使用许多乐器，只有乐器与乐器之间完美地融合才能演奏出悦耳的音乐。	[B] 그중에서도 교향곡의 깊이성은 복잡함을 내포하고 있기 때문에 교향곡은 작곡가, 연주자와 청중에게 모두 비교적 높은 요구 사항이 있다. 이런 복잡함은 주로 악기의 복잡함으로 나타난다. 교향곡은 기악화가 되어 있어, 일반적으로 사람의 목소리를 이용하는 것이 아닌 악기로 음악 속의 다양한 감정을 나타낸다. 바꿔 말하면, 교향곡의 연주자는 많은 악기를 사용해야 하는데, 악기와 악기 간이 완벽히 융합되어야만 듣기 좋은 음악을 연주해낼 수 있다.
[G] 总之，由于交响曲属于音乐艺术中较为高深和复杂的一种形式，因此交响曲确实会让某些听众“望而却步”。鉴赏交响曲时，最好能够结合多方面的文化视野、历史知识和音乐能力，这样可以体会到作品中更加深层的感情。交响曲的大多数作品表现了作曲家对现实生活的感受，若想比较深刻地了解作品的意义，可以从作品的时代背景着手，了解其特有的思想内涵。	[G] 결론적으로 말하면, 교향곡은 음악 예술 중 다소 심오하고 복잡한 형식에 속하기 때문에 교향곡은 일부 청중을 '뒷걸음치게 하는' 것도 사실이다. 교향곡을 감상할 때, 다방면의 문화적 시야, 역사적 지식과 음악 능력을 결합하는 것이 가장 좋은데, 이렇게 하면 작품 속의 더 깊은 감정을 느낄 수 있다. 교향곡의 대다수 작품은 작곡가들이 실생활에 대해 느끼는 감정을 표현한 것인데, 만약 작품의 의미를 좀 더 깊이 이해하고 싶다면 작품의 시대적 배경에서부터 시작해 그 특유의 사상적 함의를 살펴볼 수 있다.
[배열할 수 없는 단락] [A] 浪漫主义交响曲比较重视音乐自身潜能的发挥和乐器音色的组合。除此之外，浪漫主义交响曲还受到了浪漫主义情感美学的影响，在音乐表现手段和乐曲形式方面都处理得比较自由，因此它的旋律、和声以及配器手法都发生了较大的变化。弗朗茨·舒伯特是早期的浪漫主义作曲家，他的交响曲创作中既有古典音乐的传统因素，又显露出了浪漫主义的特点。	[A] 낭만주의 교향곡은 음악 자체의 잠재력 발휘와 악기 음색의 조합을 중시한다. 이 외에도 낭만주의 교향곡은 낭만주의 감정미학의 영향을 받아, 음악적 표현 기법과 악곡 형식 측면에서 비교적 자유롭게 쓰여 그것의 선율, 화성 및 악기 배치 방식에 모두 비교적 큰 변화가 일어났다. 프란츠 슈베르트는 초기 낭만주의 작곡가로, 그의 교향곡 작품은 클래식 음악의 전통적 요소가 있으면서도 낭만주의의 특징이 드러난다.

어휘 **节奏** jiézòu [명] 리듬 **模式** móshì [명] 패턴, 양식 **交响乐** jiāoxiǎngyuè [명] 교향악 **体裁** tǐcái [명] 장르, 체재 **交响曲** jiāoxiǎngqǔ [명] 교향곡 **范畴** fànchóu [명] 범주 **典型** diǎnxíng [형] 대표적인 **显赫** xiǎnhè [형] 빛나다, 찬란하다 **气势** qìshì [명] 기세, 포스 **宏大** hóngdà [형] 웅장하다 **演奏** yǎnzòu [동] 연주하다 **内涵** nèihán [명] 함의, 의미 **顶端** dǐngduān [명] 정점, 정상 **笼统** lǒngtǒng [형] 포괄적이다, 두루뭉술하다 **支撑** zhīchēng [동] 뒷받침하다, 지탱하다 **诸如** zhūrú [접] 이를테면, 예컨대 **严谨** yánjǐn [형] 치밀하다, 엄격하다 **气势磅礴** qìshìpángbó [성] 기세가 충만하다 **时常** shícháng [부] 항상, 늘 **潜能** qiánnéng [명] 잠재력 **旋律** xuánlǜ [명] 선율, 멜로디 **持久** chíjiǔ [형] 길다, 오래 유지되다 **余韵** yúyùn [명] 여운 **嗓音** sǎngyīn [명] 목소리 **望而却步** wàng'érquèbù [성] 뒷걸음치다, 꽁무니를 빼다 **鉴赏** jiànshǎng [동] 감상하다 **视野** shìyě [명] 시야 **深层** shēncéng [형] 깊은, 심층의 **着手** zhuóshǒu [동] 시작하다, 착수하다 **浪漫主义** làngmàn zhǔyì [명] 낭만주의 **和声** héshēng [명] 화성, 화음 **手法** shǒufǎ [명] (예술 작품의) 방식, 기법

해설
1. 이미 배열된 C, H를 제외한 나머지 단락에서 첫 순서에 들어갈 단락을 찾아서 배열한다. 이미 배열된 H의 전반부에서 언급된 **交响乐**(교향악)를 키워드로 확인해둔다. H에서 확인한 키워드 **交响乐**가 동일하게 있으면서, **交响乐**의 종류를 소개하는 내용이 포함되어 있는 D를 첫 순서로 배열한다.
2. 이미 배열된 H의 후반부에 언급된 **有以下两个特点**(아래 두 가지 특징이 있다)을 키워드로 확인해둔다. H에서 확인한 키워드 **两个特点**에 부합하는 **首先**(먼저), **其次**(그다음으로)가 있으면서 교향곡의 두 가지 특징을 구체적으로 설명하는 내용인 E를 H 뒤에 배열한다.

3. 이미 배열된 C의 전반부에 언급된 交响性(교향성)을 키워드로 확인해둔다. C에서 확인한 키워드 交响性이 동일하게 있으면서, 交响性이 무엇인지에 대한 세부 설명이 언급된 F를 C 앞에 배열한다.

4. 이미 배열된 C의 후반부에 언급된 深刻性(깊이성)을 키워드로 확인해둔다. C에서 확인한 키워드 深刻性이 동일하게 있으면서 깊이성이 무엇인지 구체적으로 설명하는 내용인 B를 C 뒤에 배열한다.

5. 단락 전반적으로 교향곡을 감상하는 방법에 대해 언급하고 있는 G를 B 뒤에 배열하여 지문을 완성한다. 참고로, 总之(결론적으로 말하면)와 같은 표현이 사용된 단락은 주로 마지막 순서로 배열된다.

[배열할 수 없는 단락]
A는 지문에서 언급된 交响曲(교향곡)라는 키워드가 포함되어 있다. 그러나 지문 전체적으로 교향곡의 세부적인 특징을 나열하며 설명하고 있는데, A는 교향곡 자체의 특징이 아닌 낭만주의 교향곡의 특징을 언급하고 있으므로 배열할 수 없는 단락이다.

배열된 순서

D	→	H	→	E	→	F	→	C	→	B	→	G
1.				2.		3.				4.		5.

고득점비책 02 문맥으로 순서 배열하기 p.104

전략 적용

p.105

1. [D] 항성의 진화는 가스 구름에서 시작된다. 가스 구름이 조밀해지면 끊임없이 외부 가스를 흡수해서 자신의 중력을 끊임없이 증가시킨다. 중력이 일정 수치를 넘으면 항성은 핵융합 반응을 통해 방출되는 에너지로 자신의 중력을 균형 있게 만들기 시작한다. 이런 균형은 새로운 항성을 생성한다.

[E] 수천만 년 후에 항성은 '청년기'에 접어드는데, 이는 항성의 일생 중 황금기로, 이때의 항성은 주계열성이라고 불린다. 항성은 자신의 수소를 태워 빛과 열을 내는데, 항성의 밝기는 표면 온도에 달려 있으며, 표면 온도는 항성의 질량에 달려 있다. 질량이 큰 항성은 외각의 인력에 저항하기 위해 비교적 많은 에너지를 필요로 하기 때문에 수소를 연소하는 속도도 훨씬 빠르다.

[C] 항성이 탄생하고 수백만에서 수천억 년 후에, 항성은 중심핵의 수소를 다 소모한다. 이 단계에서 항성의 중심핵은 서로 다른 핵융합 반응을 거치고, 항성도 여러 차례의 수축과 팽창을 거쳐 마지막으로 엄청난 복사압을 만들어 낸다. 복사압은 항성 내부에서 외부로 전달되고, 항성의 외층 물질을 빠르게 주위 공간으로 밀어내 적색거성을 형성한다.

[B] 항성은 적색거성으로 변한 후 서서히 '노년기'에 접어든다. 항성의 부피가 급격히 커지는 것은 항성의 표면 온도가 내려가고 색이 점점 더 붉어지는 것을 초래한다. 항성 내부의 핵연료가 다 소모될 때, 전례 없는 격렬한 폭발이 일어난다. 성체 전체는 폭파되어 산산조각이 나게 되고 이 잔해들은 차세대 항성을 생성하는 원료가 된다.

[배열할 수 없는 단락]
[A] 항성은 중심핵에서 핵융합하여 에너지를 생성하고 외부로 전달한 다음, 에너지는 표면에서 외부 공간으로 방출된다. 중심핵의 핵반응이 끝나가면 항성의 생명도 곧 끝난다. 항성의 크기와 질량의 차이는 서로 다른 결과를 초래할 수 있는데, 백색왜성, 중성자별 혹은 블랙홀이 있다.

배열된 순서

D	→	E	→	C	→	B
1.		2.				3.

어휘 **恒星** héngxīng [명] 항성 **核聚变** héjùbiàn [명] 핵융합 **能量** néngliàng [명] 에너지 **辐射** fúshè [동] (중심에서 여러 방향으로) 방출하다, 복사하다
殆尽 dàijìn [동] (곧) 끝나다, 거의 다하다 **即将** jíjiāng [부] 곧, 머지않아 **结局** jiéjú [명] 결과 **体积** tǐjī [명] 부피 **急剧** jíjù [형] 급격하다 **燃料** ránliào [명] 연료
消耗 xiāohào [동] 소모하다 **爆发** bàofā [동] 폭발하다 **粉碎** fěnsuì [동] 산산조각나다 **残骸** cánhái [명] 잔해 **孕育** yùnyù [동] 생성하다, 낳아 기르다
诞生 dànshēng [동] 탄생하다 **氢** qīng [명] 수소 **收缩** shōusuō [동] 수축하다 **膨胀** péngzhàng [동] 팽창하다 **辐射压力** fúshè yālì [명] 복사압
传递 chuándì [동] 전달하다 **演化** yǎnhuà [동] 진화하다, 변천하다 **稠密** chóumì [형] 조밀하다, 많고 빽빽하다 **外界** wàijiè [명] 외부, 바깥 세계
释放 shìfàng [동] 방출하다 **主序星** zhǔxùxīng [명] 주계열성 **抵抗** dǐkàng [동] 저항하다 **外壳** wàiké [명] 외각, 겉껍질 **引力** yǐnlì [명] 인력, 만유인력

2. [B] 나무 바닥은 건축 자재로서, 독이나 냄새가 없고, 발에 닿는 촉감이 편안하며, 겨울에는 따뜻하고 여름에는 시원하다는 장점이 있다. 최근 몇 년 동안, 나무 바닥은 점점 사람들의 눈에 들어왔고, 점차 타일 바닥의 자리를 대체하게 되었다. 그러나 나무 바닥을 사용할 때 나무 바닥에서 소리가 나는 상황을 마주하는 경우가 많다. 이는 도대체 어떤 원인으로 발생하는 것일까? 이런 문제는 어떻게 해결해야 할까?

[D] 만약 실내 환경이 너무 건조하면 나무 바닥 사이의 연결력이 떨어지게 하고, 더 나아가 나무 바닥 사이의 이음매가 헐거워지는 현상이 발생한다. 이때 나무 바닥을 밟으면 삐걱거리는 소리가 난다. 만약 실내 환경이 너무 습하면 나무 바닥이 팽창해서 솟아올라 사람이 위에서 걸으면 자연스럽게 소리가 난다.

[A]　만약 나무 바닥의 홈에 틈이 있어도 소음이 발생할 수 있는데, 이 경우 바닥에서 나는 소리는 보통 간헐적이다. 만약 소음이 연속적이면 이것은 보통 사개 간의 연결이 헐거워 이음매가 촘촘하지 않고 튼튼하지 않기 때문이다.

[E]　나무 바닥에서 소리가 나는 것은 보수할 수 있으며, 문제마다 상응하는 조치를 취할 수 있다. 나무 바닥의 평탄도가 기준에 부합하지 않을 때에는 바닥을 뜯어 바닥을 평평하게 한 후 다시 깔아야 한다. 균열이 나타났을 때는 균열의 크기에 따라 왁스를 칠할지, 글루를 쓸지 아니면 새로 깔지를 결정하면 된다. 바닥이 습해져서 솟아오를 때는 바닥을 들어 평평하게 하고, 바닥이 건조된 후에 다시 깔아야 한다. 바닥 표면에 균열이 생기면, 표면을 고르게 한 후 다시 페인트를 칠하면 된다.

[배열할 수 없는 단락]
[C]　어떤 사람들은 타일 바닥의 발에 닿는 차가운 느낌이 싫어서 집을 새로 인테리어할 때 나무 바닥을 까는 것을 선택한다. 나무 바닥은 타일 위에 바로 깔 수 있지만, 시공을 잘못하면 밟을 때 삐걱거리는 소리가 나고, 바닥의 사용 수명에 영향을 끼칠 수 있다.

배열된 순서

1.　　　　　　　　　2.　　　　　　3.

어휘　槽口 cáokǒu 圆 홈　空隙 kòngxì 圆 틈, 간격　噪音 zàoyīn 圆 소음
　　　木榫 mùsǔn 圆 사개[모통이를 끼워 맞추기 위하여 서로 맞물리는 끝을 들쭉날쭉하게 파낸 부분]　松动 sōngdòng 圆 헐거워지다
　　　拼缝 pīnfèng 圆 이음매　牢固 láogù 圆 튼튼하다, 견고하다　进入视线 jìnrù shìxiàn 눈에 들어오다　取代 qǔdài 圆 대체하다　瓷砖 cízhuān 圆 타일
　　　铺 pū 圆 (물건을) 깔다　施工 shīgōng 圆 시공하다, 공사하다　过于 guòyú 圆 너무, 지나치게　进而 jìn'ér 圆 더 나아가　接缝处 jiēfèngchù 圆 이음매
　　　倘若 tǎngruò 圆 만약　膨胀 péngzhàng 圆 팽창하다　拱 gǒng 圆 솟아오르다　补救 bǔjiù 圆 보수하다, 구제하다　相应 xiāngyìng 圆 상응하다
　　　铺装 pūzhuāng 圆 깔다　裂缝 lièfèng 圆 균열, 틈　蜡 là 圆 왁스, 양초　油漆 yóuqī 圆 페인트

3.　[B]　물은 상온 상압에서 무색무취의 투명한 액체로, 이는 인류 생명의 원천으로 불리며 생명을 유지하게 하는 중요한 물질이다. 우리가 접하는 물은 일상생활에서 흔히 볼 수 있는 일반적인 물이고, 사실 특수한 물들도 있는데, 매끄러운 물과 활성화수 등이 그 예다.

[A]　어떤 사람이 실험을 통해 일반적인 물에 일정 비율의 고분자 화합물을 넣으면, 물과 수도관 사이의 마찰력이 크게 줄어들어 물의 유속이 2배 정도 향상된다는 것을 발견했다. 현재 이런 '매끄러운 물'은 이미 소방대원이 불을 끄는 데 사용하는 이상적인 물이 되었다.

[D]　매끄러운 물이 화학적 원리로 물의 상태를 바꾼 것이라면, 활성화수는 물리 작용으로 물의 상태를 바꾼 것이다. 만약 물을 분쇄기 안에 넣어 어느 정도까지 가속시키면 물은 활성화수로 변한다. 활성화수는 세포막을 쉽게 통과하여 영양분을 운반하는 능력이 크게 강화된다. 실험에서 이 물을 돼지에게 먹이면 돼지의 성장 속도가 빨라지고, 이 물로 물고기를 기르면 물고기의 산란량이 늘어나는 것이 증명됐다.

[E]　이 밖에 일상생활과 생산에 활용되어 생산성을 크게 높일 수 있는 다른 개조된 물도 있다. 결론적으로 물의 중요성은 말할 필요도 없는 것이며, 우리 인류의 생명에 있어 물은 없어서는 안 되는 물질이다. 물리 원리나 화학 원리를 활용해 물을 개조하면, 물의 쓰임새가 더 발휘되게 할 수 있다.

[배열할 수 없는 단락]
[C]　물은 광공업 기업 생산의 일련의 중요한 부분에 개입하며 제조, 가공, 냉각, 정화, 세척 등 측면에서 모두 중요한 역할을 하므로, 물은 '산업의 혈액'으로 불린다. 예를 들어, 제철소에서는 물로 온도를 낮춰 생산을 보장해야 하며, 쇳덩어리를 압연하여 강철 자재로 만들려면 물로 냉각을 해야 한다. 제강은 더욱이 물과 떼려야 뗄 수 없는 관계인데, 1톤의 강철을 만들려면 약 25톤의 물이 필요하다.

배열된 순서

1.　　　　2.　　　　　　　　3.

어휘　聚合物 jùhéwù 圆 화합물　摩擦力 mócālì 圆 마찰력　消防队员 xiāofáng duìyuán 圆 소방대원　液体 yètǐ 圆 액체　源泉 yuánquán 圆 원천
　　　维持 wéichí 圆 유지하다　环节 huánjié 圆 부분, 일환　加工 jiāgōng 圆 가공하다　冷却 lěngquè 圆 냉각하다
　　　钢锭 gāngdìng 圆 쇳덩어리[강철의 원료]　轧制 zházhì 圆 압연하다[압연기로 금속 재료를 원하는 모양으로 만들다]
　　　炼钢 liàngāng 圆 제강하다, 강철을 만들다　原理 yuánlǐ 圆 원리　粉碎机 fěnsuìjī 圆 분쇄기　细胞膜 xìbāomó 圆 세포막
　　　喂 wèi 圆 (음식을) 먹이다, 기르다　改造 gǎizào 圆 개조하다, 변모시키다　总而言之 zǒng'éryánzhī 圆 결론적으로, 요컨대
　　　不言而喻 bùyán'éryù 圆 말할 필요도 없다　妙用 miàoyòng 圆 쓰임새, 기묘한 효능

1 F	2 B	3 E	4 G	5 C

1-5

[F] 衣、食、住、行是人类物质生活中最基本的要素。其中，"衣"位于首位，这表明服饰文化在人类千千万年的生活中占据了举足轻重的位置。人类社会经历了千千万年的演变，中国服饰也随之经历了一系列的变化。纵观各个朝代的服饰，可谓各有特色，各个朝代的服饰体现出了不同朝代独有的文化特点、社会背景和审美观念，还体现出了不同时期人类的智慧。

[B] 人类的服饰文化最早要从远古时期说起。当时人们穿衣服主要是为了御寒和保护自己的身体，因此他们会用兽皮或者树叶来遮盖身体。慢慢地，他们发明了骨锥、骨针等可以缝制衣服的工具，并用它们制作出了更加牢固的衣服。到了石器时代，人类开始使用纺织和编织技术。而殷商时期的服装面料主要以兽皮和葛麻、丝为主，虽然制作衣服的原料没有现在那么丰富，但在那个时期人们已经具备了精湛的工艺水平。

[A] 在春秋战国时期，周王室衰败，诸侯国各自为政，学术上更是百家争鸣，当时的服饰文化也出现了百花齐放的局面。在那时，人们对服饰的设计思想相当活跃，并且拥有了高度成熟的服饰工艺。这一时期的纹样设计继承了商周时期的几何框架和对称手法，但不受框架的限制，因此人们在原有基础上设计出了更有灵动感的服装图案。

[E] 由于当时诸侯国战乱不断，官兵们穿长袍时行动不便，于是赵武灵王鼓励他们穿一种便于骑马和射箭的服饰——胡服，也就是穿短衣和长裤，并配上靴子、帽子和腰带。这成为了中国历史上的第一次服装改革。除了胡服之外，当时还流行一种可以严密包裹身体的"深衣"，深衣与胡服不同，它的特点是上衣和下衣合为一体，并且男女都能穿。

[G] 这种深衣一直流行到东汉时期，虽在魏晋南北朝之后逐渐退出了历史舞台，但依旧深深影响了之后的服饰文化。唐朝一位名为马周的官员将深衣稍加改制，将其改为唐宋时期常见的襕衫。随着时代的变迁，服饰的色彩搭配也逐渐变得多样起来。唐朝的服装风格大胆，艳丽的色彩搭配着开放的设计，别有一番风味。宋朝则恰恰相反，因受到理学的影响，当时的服装以简约淡雅为主，面料质地也十分考究。

[C] 随着时间的推移，明朝的服饰出现了新的飞跃，它既沿袭了唐宋的部分服装特点，又有所创新。官员衣服上的不同图案表示不同的官阶，且图案多具有吉祥的寓意，从内而外透露出奢华的气息。到了清朝，衣袖短窄、朴素肃穆的满族旗装开始出现，这个时期的服装整体看起来比较保守，但也具有鲜明的个性。

[F] 옷, 음식, 집, 교통은 인류 물질생활의 가장 기본적인 요소이다. 그중 '옷'이 가장 앞에 있는데, 이는 복식 문화가 인류 천만년의 생활에서 매우 중요한 위치를 차지하고 있음을 나타낸다. 인류 사회는 천만년의 변화 발전을 겪었고, 중국의 복식도 그에 따라 일련의 변화를 겪었다. 각 왕조 복식을 전반적으로 살펴보면, 각기 다른 특색이 있다고 말할 수 있으며, 각 왕조의 복식은 서로 다른 시대의 고유한 문화적 특징, 사회적 배경과 심미적 관념을 드러냈으며, 서로 다른 시기의 인간의 지혜를 드러내기도 했다.

[B] 인류의 최초 복식 문화는 상고 시대부터 이야기해야 한다. 당시 사람들이 옷을 입는 것은 주로 추위를 막고 자신의 몸을 보호하기 위해서였다. 따라서 그들은 짐승의 가죽이나 나뭇잎으로 몸을 가렸다. 점차적으로, 그들은 뼈송곳, 뼈바늘 등 옷을 만들 수 있는 도구를 발명했고, 그것들로 더 견고한 옷을 만들어냈다. 석기 시대에 이르러, 인류는 방직과 편직 기술을 사용하기 시작했다. 은상 시대의 옷감은 주로 짐승 가죽, 칡 섬유, 실크 위주였다. 비록 옷을 만드는 원료가 지금처럼 풍부하지는 않았지만, 그 시대의 사람들은 이미 훌륭한 공예 수준을 갖췄다.

[A] 춘추 전국 시대에 주나라 왕실이 쇠퇴하고, 제후국은 각자 정치를 했으며, 학문적으로는 더욱 백가쟁명 했고, 당시의 복식 문화도 백화제방하는 국면이 나타났다. 당시 복식에 대한 사람들의 디자인 의식이 상당히 활기를 띠었고, 고도로 성숙한 복식 기술을 가지고 있었다. 이 시기의 문양 디자인은 상주 시대의 기하학적 구조와 대칭 기법을 계승하면서도 구조에 구애받지 않았기 때문에 사람들은 원래 가지고 있던 기초에서 더 날렵한 느낌의 복식 도안을 만들어냈다.

[E] 당시 제후국들은 전란이 끊이지 않았기 때문에, 장교와 사병들이 장포를 입었을 때 거동이 불편해지자, 조무령왕은 그들이 말타기와 활쏘기에 편리한 복식인 호복을 입을 것을 독려했다. 즉 짧은 상의와 긴 바지를 입고 장화, 모자와 허리띠를 곁들이는 것이다. 이것은 중국 역사상 첫 번째 의상 개혁이 되었다. 호복 외에도, 당시에는 몸을 빈틈없이 싸맨 '심의'가 유행했는데, 심의는 호복과 다르게, 그것의 특징은 상의와 하의가 하나로 합쳐져 있고 남녀가 모두 입을 수 있었다는 것이다.

[G] 이러한 심의는 동한 시대까지 유행하다가 위진남북조 이후 점차 역사의 무대에서 사라졌지만, 이후의 복식 문화에 여전히 깊은 영향을 끼쳤다. 당나라에 마저우라는 관원이 이런 심의를 약간 수정해서, 당나라와 송나라 시대에서 흔히 볼 수 있었던 난삼으로 만들었다. 시대의 변천에 따라, 복식의 색상 조합도 점차 다양해졌다. 당나라의 옷 스타일은 대담했는데, 곱고 아름다운 색채는 개방적인 디자인과 조합되어 또 다른 멋이 있었다. 송나라는 정반대였는데, 이학의 영향을 받아 당시의 복장은 검소하고 단아함을 위주로 했고, 옷감 재질에도 매우 신경을 썼다.

[C] 시간이 흐름에 따라, 명나라의 복식에는 새로운 도약이 나타났는데, 그것은 당나라와 송나라의 일부 복장 특징을 답습하면서도, 혁신이 있었다. 관원들의 옷에 있는 서로 다른 도안은 서로 다른 관원의 등급을 나타냈으며, 도안은 대부분 길한 함의를 가지고 있어 안팎으로 호화롭고 화려한 분위기를 풍겼다. 청나라에 이르러 옷소매가 짧으며, 소박하고 정숙한 기장이 나타나기 시작했는데, 이 시기의 복장은 전체적으로 보수적으로 보이지만, 뚜렷한 개성도 지니고 있었다.

[배열할 수 없는 단락]
[D] 满族服饰又称旗装，在清代典籍规定中，正式的旗装根据不同的场合，可分为朝服、吉服、常服、行服等。每套服饰通常包括一件马蹄袖长袍和一件对襟外褂，男性还有与之搭配的官帽和腰带。按照穿衣者的身份，满族服饰皆有一定的等级划分。除此之外，日常生活中还有便服，形制较为多样且随意。

[D] 만주족 복장은 기장이라고도 하며, 청나라 전적 규정에서 공식 기장은 상황에 따라 조복, 길복, 상복, 행복 등으로 나눌 수 있다. 각 복식에는 일반적으로 말굽형 소매의 장포와 대금 겉옷이 포함되며, 남성은 이와 곁들이는 관모와 허리띠가 있다. 옷을 입는 사람의 신분에 따라 만주족 복장은 모두 일정한 계급 구분이 있다. 이 밖에 일상생활에서는 편복도 있었는데 형식이 비교적 다양하고 자유로웠다.

어휘 **要素** yàosù [명] 요소 **占据** zhànjù [동] 차지하다 **举足轻重** jǔzúqīngzhòng [성] 매우 중요한 위치에 있다 **演变** yǎnbiàn [동] 변화 발전하다
服饰 fúshì [명] 복식, 의복과 장신구 **纵观** zòngguān [동] 전반적으로 살펴보다 **可谓** kěwèi [동] ~라고 말할 수 있다 **审美** shěnměi [동] 심미하다
御寒 yùhán [동] 추위를 막다 **遮盖** zhēgài [동] 가리다 **骨锥** gǔzhuī [명] 뼈송곳 **骨针** gǔzhēn [명] 뼈바늘 **缝制** féngzhì [동] (옷 등을) 만들다
牢固 láogù [형] 견고하다 **石器时代** Shíqì shídài [고유] 석기시대 **纺织** fǎngzhī [동] 방직하다 **编织** biānzhī [동] 편직하다, 짜다 **面料** miànliào [명] 옷감
葛麻 gémá [명] 칡 섬유 **精湛** jīngzhàn [형] 훌륭하다 **衰败** shuāibài [동] 쇠퇴하다 **诸侯国** zhūhóuguó [명] 제후국
百家争鸣 bǎijiāzhēngmíng [성] 백가쟁명[많은 학자들이 자신의 학설을 자유롭게 발표하는 것을 나타냄]
百花齐放 bǎihuāqífàng [성] 백화제방[갖가지 예술·학문이 번영함을 나타냄] **局面** júmiàn [명] 국면 **继承** jìchéng [동] 계승하다 **几何** jǐhé [명] 기하학
框架 kuàngjià [명] 구조, 뼈대 **对称** duìchèn [형] 대칭의 **手法** shǒufǎ [명] (예술 작품의) 기법 **灵动** língdòng [형] 날렵하다 **图案** tú'àn [명] 도안
长袍 chángpáo [명] 장포[중국 남자들이 입었던 전통 의복] **赵武灵王** Zhào Wǔlíngwáng 조무령왕[중국 전국시대 조나라의 왕]
便于 biànyú [동] (~하기에) 편리하다 **胡服** húfú [명] 호복[위에는 짧은 겹옷, 아래는 바지를 입고 가죽 신발을 신는 복장] **靴子** xuēzi [명] 장화
严密 yánmì [형] 빈틈없다 **包裹** bāoguǒ [동] 싸매다 **深衣** shēnyī [명] 심의[고대 중국의 의복, 상의와 하의가 하나로 이어져 있음] **依旧** yījiù [부] 여전히
改制 gǎizhì [동] 수정하다, 개조하다 **襕衫** lánshān [명] 난삼[상의와 하의가 이어 붙은 옷] **搭配** dāpèi [동] 조합하다, 곁들이다 **大胆** dàdǎn [형] 대담하다
艳丽 yànlì [형] 곱고 아름답다 **风味** fēngwèi [명] 멋, 풍미 **理学** lǐxué [명] 이학[북송 시기 형성된 철학사상] **淡雅** dànyǎ [형] 단아하다 **质地** zhìdì [명] 재질
飞跃 fēiyuè [동] 도약하다 **沿袭** yánxí [동] 답습하다 **创新** chuàngxīn [명] 혁신 **官阶** guānjiē [명] 관원의 등급 **吉祥** jíxiáng [형] 길하다 **寓意** yùyì [명] 함의, 우의
透露 tòulù [동] 풍기다, 드러내다 **奢华** shēhuá [형] 호화롭고 화려하다 **朴素** pǔsù [형] 소박하다 **肃穆** sùmù [형] 정숙하다, 엄숙하고 경건하다
旗装 qízhuāng [명] 기장[만주족의 복장] **保守** bǎoshǒu [형] 보수적이다 **鲜明** xiānmíng [형] 뚜렷하다 **典籍** diǎnjí [명] 전적[고대 법과 제도를 기록한 서적]
场合 chǎnghé [명] 상황, 장소 **马蹄袖** mǎtíxiù [명] 말굽형 소매 **对襟** duìjīn [명] 대금[중국식 윗옷] **外褂** wàiguà [명] 겉옷[청나라 관리의 겉옷] **皆** jiē [부] 모두, 전부
等级 děngjí [명] 계급, 등급 **划分** huàfēn [동] 구분하다

해설
1. 이미 배열된 A를 제외한 나머지 단락에서 첫 순서에 들어갈 단락을 찾아서 배열한다. F에서 **服饰文化**(복식 문화)를 언급하며 인류의 복식 문화와 중국의 복식 문화를 소개하는 내용이 포함되어 있으므로, F를 첫 순서로 배열한다.
2. F에서 각 왕조의 복식은 서로 다른 시대의 고유한 특징들을 드러냈다고 했다. 따라서 인류 최초의 복식 문화부터 시대의 흐름에 따라 인류의 옷 만드는 기술이 발전되었다는 것을 구체적으로 설명하는 내용인 B를 F 뒤에 배열한다.
3. 이미 배열된 A의 전반부에 언급된 **诸侯国**(제후국)를 키워드로 확인해둔다. A에서 확인한 키워드 **诸侯国**가 동일하게 있으면서, 해당 시기에 유행한 의상이 무엇인지 구체적으로 설명하는 내용인 E를 A 뒤에 배열한다.
4. E의 후반부에 언급된 키워드 **深衣**(심의)를 키워드로 확인해둔다. E에서 확인한 키워드 **深衣**가 대사 **这**와 함께 쓰인 **这种深衣**(이러한 심의)가 있으면서, 당나라에 이르러 변화된 심의의 모습이 언급된 G를 E 뒤에 배열한다.
5. G에서 당나라와 송나라 시대의 복식 문화를 설명했다. 따라서 당나라와 송나라의 복장 특징을 이어받아 나타난 새로운 복장을 언급한 C를 G 뒤에 배열하여 지문을 완성한다.

[배열할 수 없는 단락]
D는 지문의 주제인 복식 문화와 관련이 있다. 그러나 지문 전체적으로 시간의 흐름에 따라 각 시대별로 복식 문화가 어떻게 발전했는지 설명하고 있는데, D는 만주족 복장의 세부적인 특징만을 언급하며 지문 흐름과 다른 내용을 이야기하고 있으므로 배열할 수 없는 단락이다.

배열된 순서

F	→	B	→	A	→	E	→	G	→	C
1.		2.				3.		4.		5.

| 1 C | 2 E | 3 F | 4 A | 5 D |

1 - 5

[C] 海洋生态系统中存在着许多奇异的自然现象，赤潮便是其中的一种。赤潮会使海水变成血色，看起来十分诡异，因此赤潮也有"红色幽灵"之称。不过赤潮并不全部都是暗红色的，根据引发赤潮的生物种类和数量的不同，海水有时也呈现黄色、绿色、褐色等不同的颜色。赤潮的长消过程大致可分为起始、发展、维持和消亡四个阶段。

[E] 海域内通常有一定数量的赤潮生物种，如浮游植物、原生动物、细菌等，如果海域环境能够为赤潮生物提供生长和繁殖的基本条件，竞争力较强的赤潮生物就会逐渐增多，开启赤潮的"序幕"。在赤潮的发展阶段中，赤潮生物快速生长，且光照、温度、盐度、营养等外环境都会达到赤潮生物生长、繁殖的最适范围。在该阶段，赤潮生物的种群数量会不断增多，形成大范围的赤潮。

[F] 当赤潮生物逐渐适应生长环境以后，就会进入维持阶段。该阶段持续时间的长短取决于海水中的营养盐含量。因为在这个阶段，赤潮生物需要消耗大量的盐分来补充营养，若营养盐含量能够满足赤潮生物的生长需求，赤潮现象便能够持续很长时间。与之相反，若赤潮生物没能及时补充到营养盐，赤潮可能就会很快消失。

[G] 除了营养盐不足的原因之外，台风、雨雪等恶劣天气的出现也会使赤潮进入消亡的阶段。恶劣的天气会使海水的物理性质不稳定，导致赤潮生物难以继续生存。比如海水的温度超过赤潮生物适宜生存的范围时，赤潮生物会大量死亡，赤潮现象也会因此逐渐或突然消失。

[A] 赤潮生物消亡以后，并不会"就此作罢"。它们会在分解的过程中，消耗掉水中大量的溶解氧，致使其他海洋生物因缺氧而死亡，甚至导致海洋的生态平衡遭到严重的破坏。在发生过赤潮的地区，海水颜色会发生变化，水体可能会呈现出朱红色、茶色、黄褐色等不同的颜色，海水pH值会升高，还会变得粘稠。这些变化会对海洋的生态系统和渔业造成极大的负面影响。

[D] 为了防止赤潮给海洋生态系统和渔业造成不利影响，可以用化学除藻剂抑制藻类细胞的活性，以此来控制赤潮生物的增殖；还可以利用鱼类、水生高等植物和海洋微生物来抑制赤潮生物的生长。赤潮给海洋生态系统和渔业带来巨大的危害，因此有关部门应该制定行之有效的预防措施，减少赤潮发生的次数和累计面积。

[C] 해양 생태계에는 많은 기이한 자연 현상이 존재하는데, 적조는 그중 하나이다. 적조는 바닷물을 붉은색으로 변하게 해 매우 기이해 보이게 하는데, 이 때문에 적조는 '붉은 유령'이라고도 불린다. 그러나 적조가 모두 검붉은색인 것은 아니며, 적조를 일으키는 생물의 종류와 수량에 따라 바닷물은 때때로 노란색, 녹색, 갈색 등 다른 색을 띠기도 한다. 적조의 생성과 소멸 과정은 크게 시작, 발달, 유지 및 소멸의 4단계로 나눌 수 있다.

[E] 해역 내에는 일반적으로 일정한 수량의 적조생물이 있는데, 식물성 플랑크톤, 원생 동물이나 박테리아 등이 그 예다. 만약 해역 환경이 적조 생물에게 성장과 번식의 기본 조건을 제공할 수 있다면 경쟁력이 비교적 강한 적조 생물은 급속도로 증가하여 적조의 '서막'을 연다. 적조의 발전 단계에서 적조 생물은 빠르게 성장하며 빛, 온도, 염도, 영양 등 외부 환경은 적조 생물의 성장과 번식에 가장 적합한 범위에 도달한다. 이 단계에서 적조 생물의 개체 수는 끊임없이 증가하여 광범위한 적조를 형성한다.

[F] 적조 생물이 성장 환경에 적응하고 난 이후에는 유지 단계에 들어선다. 이 단계의 지속 시간의 길이는 바닷물의 영양염 함량에 따라 결정된다. 이 단계에서 적조 생물은 대량의 염분을 소모하여 영양을 보충해야 하기 때문에, 영양염 함량이 적조 생물의 성장 수요를 충족시킬 수 있다면 적조 현상은 오랫동안 지속될 수 있다. 이와 반대로, 만약 적조 생물이 제때 영양염을 보충하지 못하면 적조는 빠르게 사라진다.

[G] 영양염 부족이라는 문제 외에도, 태풍과 눈비 등 악천후의 발생도 적조가 소멸 단계에 들어서게 한다. 악천후는 바닷물의 물리적 성질을 불안정하게 해 적조 생물이 계속해서 생존하기 어렵게 한다. 바닷물 온도가 적조 생물이 살기 적합한 범위를 초과하면, 적조 생물은 대량으로 폐사하고 이로 인해 적조 현상도 점차 혹은 갑자기 소멸하게 되는 것이 그 예다.

[A] 적조 생물이 소멸했다고 해서 '여기서 멈추는' 것이 아니다. 그것들은 분해되는 과정에서 물속의 많은 용존 산소를 소모해 다른 해양 생물들이 산소 부족으로 폐사하고 심지어 해양 생태계 균형이 심각하게 파괴되는 것을 야기한다. 적조가 발생했던 지역에서는 바닷물의 색이 바뀌는데, 주홍색, 갈색, 황갈색 등 서로 다른 색을 띠게 될 수 있고, 바닷물의 pH지수가 높아지고 끈적해지기도 한다. 이런 변화는 해양 생태계와 어업에도 엄청난 부정적인 영향을 미친다.

[D] 적조가 해양 생태계와 어업에 영향을 끼치는 것을 막기 위해서는 화학 살조제를 사용해서 조류 세포의 활성을 억제하여 적조 생물의 증식을 제어할 수 있다. 또 어류, 수생고등식물과 해양 미생물로 적조 생물의 성장을 제어할 수도 있다. 적조는 해양 생태계와 어업에 막대한 손해를 주기 때문에, 관련 부서에서는 적조 발생 횟수와 누적 면적을 줄이기 위한 효과적인 예방 조치를 수립해야 한다.

[B]　赤潮现象的发生与浮游植物、原生动物或细菌等赤潮生物的骤然增殖有关，引起这种现象的原因主要有三个方面。首先，随着人类现代化工业的迅猛发展，大量污水被排放到海洋中，这些污水会使海水富营养化程度剧增，使水体受到严重污染，从而引发赤潮现象。其次，海水温度的上升促使生物因子——赤潮生物大量繁殖，使它们聚集在一起。最后，赤潮与纬度、季节、洋流、海域的封闭程度等自然因素有关。

[B]　적조 현상의 발생은 식물성 플랑크톤, 원생 동물 또는 박테리아 등과 같은 적조 생물의 급격한 증식과 관련이 있는데, 이러한 현상이 일어나는 원인은 크게 세 가지가 있다. 먼저, 인류 현대화 공업의 급격한 발전에 따라 많은 양의 오수가 해양으로 방류되었는데, 이러한 오수는 바닷물의 부영양화 정도를 급증시키고 수질을 심각하게 오염시켜 적조 현상을 유발한다. 그다음으로, 바닷물 온도의 상승은 생물학적 요소인 적조 생물을 대량으로 증식시켜 그들이 응집하게 한다. 마지막으로, 적조는 위도, 계절, 해류, 해역의 폐쇄 정도 등 자연적 요인과 관련이 있다.

어휘　**生态系统** shēngtài xìtǒng 圖 생태계　**赤潮** chìcháo 圖 적조　**诡异** guǐyì 圖 기이하다　**幽灵** yōulíng 圖 유령　**生物** shēngwù 圖 생물
呈现 chéngxiàn 圖 띠다, 나타나다　**消亡** xiāowáng 圖 소멸하다　**海域** hǎiyù 圖 해역　**浮游植物** fúyóu zhíwù 圖 식물성 플랑크톤
原生动物 yuánshēng dòngwù 圖 원생 동물　**细菌** xìjūn 圖 박테리아, 세균　**繁殖** fánzhí 圖 번식하다, 증식하다　**序幕** xùmù 圖 서막
种群数量 zhǒngqún shùliàng 圖 개체 수　**营养盐** yíngyǎngyán 圖 영양염[플랑크톤 등의 생육과 증식에 필요한 염류]　**消耗** xiāohào 圖 소모하다
需求 xūqiú 圖 수요　**台风** táifēng 圖 태풍　**生存** shēngcún 圖 생존하다　**死亡** sǐwáng 圖 폐사하다, 죽다　**作罢** zuòbà 圖 멈추다, 그만두다
分解 fēnjiě 圖 분해하다　**溶解氧** róngjiěyǎng 圖 용존 산소[물속에 녹아 있는 산소]　**致使** zhìshǐ 圖 ~을 야기하다　**粘稠** niánchóu 圖 끈적하다
除藻剂 chúzǎojì 圖 살조제　**藻类** zǎolèi 圖 조류　**细胞** xìbāo 圖 세포　**微生物** wēishēngwù 圖 미생물, 세균　**骤然** zhòurán 圖 급격히, 돌연
增殖 zēngzhí 圖 증식하다　**迅猛** xùnměng 圖 급격하다　**排放** páifàng 圖 방류하다
富营养化 fùyíngyǎnghuà 圖 부영양화[수질이 빈영양에서 부영양으로 변하는 일]　**纬度** wěidù 圖 위도　**封闭** fēngbì 圖 폐쇄하다

해설　1. 이미 배열된 G를 제외한 나머지 단락에서 첫 순서에 들어갈 단락을 찾아서 배열한다. C에서 해양 생태계의 기이한 자연 현상인 **赤潮**(적조)를 소개하는 내용이 포함되어 있으므로, C를 첫 순서로 배열한다.

2. C에서 적조 현상에 대해 소개했다. 따라서 적조 현상이 일어나는 원인, 적조 현상의 시작과 발전 단계를 구체적으로 설명하는 내용인 E를 C 뒤에 배열한다.

3. 이미 배열된 G에서 적조의 **消亡的阶段**(소멸 단계)을 설명하고 있고, F에서 적조의 **维持阶段**(유지 단계)을 설명하고 있다. 시간의 흐름상 소멸 단계 이전에는 **维持阶段**(유지 단계)이 진행되므로, F를 G 앞에 배열한다.

4. 이미 배열된 G의 전반부에 언급된 **消亡的阶段**(소멸 단계)을 키워드로 확인해둔다. G에서 확인한 키워드와 관련된 **消亡**이 동일하게 있으면서, 적조 생물이 소멸된 후를 구체적으로 설명한 내용인 A를 G 뒤에 배열한다.

5. A의 후반부에 언급된 **海洋的生态系统和渔业**(해양 생태계와 어업)를 키워드로 확인해둔다. A에서 확인한 키워드 **海洋的生态系统和渔业**가 동일하게 있으면서, 적조를 줄이는 방법을 구체적으로 설명한 내용인 D를 A 뒤에 배열하여 지문을 완성한다.

[배열할 수 없는 단락]
B는 지문의 주제인 적조 현상과 관련이 있다. 그러나 지문 전체적으로 적조 현상의 시작, 발달, 유지 및 소멸의 4단계를 차례대로 설명하고 있는데, B는 적조 현상의 단계가 아닌 적조 현상 발생의 원인만을 언급하며 지문 흐름과 다른 내용을 이야기하고 있으므로 배열할 수 없는 단락이다.

배열된 순서

C →	E →	F →	G →	A →	D
1.	2.	3.		4.	5.

제3부분

시간을 단축하는 문제풀이 스텝
p.113

육안으로는 거의 보이지 않는 마이크로니들은 무통 주사와 무통 혈액 검사의 새로운 시대를 열 것으로 기대된다. 마이크로니들은 주사기와 결합하는 것이든 패치와 결합하는 것이든 신경 말단에 접촉하는 것을 피할 수 있어 사람이 통증을 느끼지 않게 한다.

많은 마이크로니들 주사기와 마이크로니들 패치는 백신 주사에 활용되고 있고, 어떤 것은 당뇨병이나 암 그리고 신경성 통증 치료법의 임상 시험에도 활용되고 있다. [74]마이크로니들 주사기와 마이크로니들 패치는 약물을 표피나 진피로 바로 들어가게 해서 피부로 약물을 퍼트리는 경피 패치보다 더 효과적으로 약물을 전달한다. 연구진들은 피부 질환을 치료하는 데 쓰이는 신기술도 선보였다. 그들은 별 모양의 마이크로니들을 치료에 쓰이는 연고나 젤에 혼합했는데, 이러한 별 모양 마이크로니들은 피부에 미세한 구멍을 만들어 약제의 전달력을 높여준다.

이밖에 마이크로니들 제품은 혈액이나 간질액을 빠르게 채취할 수 있어 이에 따라 질병을 진단하거나 건강 상태를 모니터링할 수 있다. 마이크로니들은 표피나 진피 일부의 압력에 변화를 발생시켜, 간질액이나 혈액이 수집 장치로 들어가게 한다. 만약 주삿바늘을 바이오센서에 연결하면, 포도당, 콜레스테롤, 약물 분해 산물, 면역 세포 등과 같이 질병 상태를 나타낼 수 있는 바이오마커를 몇 분 안에 바로 측정할 수 있다.

마이크로니들을 사용할 때는 고가의 장비가 필요 없고, 사용자에게 심도 있는 교육을 하지 않아도 되기 때문에, 의료 서비스가 부족한 지역에서도 진단 검사와 치료를 할 수 있다. 일부 마이크로니들 제품은 사용자가 집에서 샘플을 채취할 수 있도록 하고, 심지어 무선 통신 설비를 연결하여 생체 분자를 측정하는 데 사용할 수 있도록 해, 측정 결과에 따라 적절한 약물 사용량을 확정한 후 사용량에 따라 약물을 전달할 수 있다. 이는 사람들이 개별화된 의료를 더 잘 실현하도록 돕는다.

물론 마이크로니들은 단점도 존재한다. 대량의 약물을 주사해야 할 때, 마이크로니들은 그 수요를 충족시키기 어려운 것이 그 예다. 모든 약물이 결코 마이크로니들을 통해서 주사할 수 있는 것도 아니며, 또 마이크로니들을 통해서 모든 바이오마커를 채집할 수 있는 것도 아니다. 연구원들은 더 많은 연구를 통해 환자의 연령, 체중, 주사 부위 등의 요인이 마이크로니들 기술의 유효성에 어떻게 영향을 미치는지 알아내야 한다. 그럼에도 불구하고 이러한 마이크로니들은 여전히 의료계의 발전을 크게 촉진할 것으로 기대된다.

74. 마이크로니들 주사기와 마이크로니들 패치는 약물을 어디로 바로 들어가게 하는가?

> 표피나 진피

어휘 微针 wēizhēn 圐 마이크로니들 　注射 zhùshè 圐 주사하다 　血检 xuèjiǎn 圐 혈액 검사를 하다 　贴片 tiēpiàn 圐 패치 　神经 shénjīng 圐 신경
末梢 mòshāo 圐 말단 　疫苗 yìmiáo 圐 백신 　糖尿病 tángniàobìng 圐 당뇨병 　癌症 áizhèng 圐 암 　临床 línchuáng 圐 임상하다 　试验 shìyàn 圐 시험하다
扩散 kuòsàn 圐 퍼지다 　透皮贴 tòupítiē 圐 경피 패치[약물이 피부를 통해 직접 혈중으로 흡수되도록 하는 패치] 　疾病 jíbìng 圐 질환, 질병
混合 hùnhé 圐 혼합하다 　霜剂 shuāngjì 圐 연고(제) 　凝胶 níngjiāo 圐 젤, 겔 　药剂 yàojì 圐 약제 　诊断 zhěnduàn 圐 진단하다 　监测 jiāncè 圐 모니터링하다
局部 júbù 圐 일부, 국부 　装置 zhuāngzhì 圐 장치 　生物传感器 shēngwù chuángǎnqì 圐 바이오센서[물질의 성질을 조사하는 계측기]
测量 cèliáng 圐 측정하다 　生物标志物 shēngwù biāozhìwù 圐 바이오마커[질병 또는 노화가 진행되는 과정에서 나타나는 생물학적 지표가 되는 변화]
葡萄糖 pútáotáng 圐 포도당 　胆固醇 dǎngùchún 圐 콜레스테롤 　酒精 jiǔjīng 圐 알코올 　分解 fēnjiě 圐 분해하다 　产物 chǎnwù 圐 산물, 결과
免疫 miǎnyì 圐 면역하다 　细胞 xìbāo 圐 세포 　昂贵 ángguì 圐 고가의 　样本 yàngběn 圐 샘플, 견본 　通讯 tōngxùn 圐 통신
生物分子 shēngwù fēnzǐ 圐 생체 분자[생물체를 구성하는 분자] 　剂量 jìliàng 圐 (약물의) 사용량 　个性化 gèxìnghuà 圐 개별화하다 　需求 xūqiú 圐 수요
采集 cǎijí 圐 채집하다 　患者 huànzhě 圐 환자 　部位 bùwèi 圐 부위[주로 인체에 사용함]

고득점비책 01 세부 내용 문제에 대한 답변 쓰기 p.114

전략 적용
p.115

[1]얼후는 출현부터 오늘날의 발전에 이르기까지 이미 천여 년의 세월을 겪었으며, 그것은 중국의 전통 현악기이다. 얼후의 음색은 사람의 목소리와 비슷해 가창성과 호소력이 있다. 얼후는 금간(울림통 윗쪽의 막대), 금통(울림통), 금피(울림통을 씌우는 가죽), 금축(현 조이개), 현, 활 등 여러 부품으로 구성되어 있다. 금간은 연결과 지지의 역할을 할 뿐만 아니라 얼후의 전체적인 진동 및 소리에도 어느 정도 영향을 미친다. 얼후의 소리가 맑은지는 금간 재료의 좋고 나쁨과 밀접한 관련이 있기 때문에 얼후를 만들 때 목재의 선택에 매우 주의를 기울여야 하며, 목재의 재질, 밀도, 결, 광택 등은 모두 얼후를 만들 때 고려하는 요소이다.

만약 금간이 얼후의 '몸통'이라면, 금통은 얼후의 '머리'이다. [2]금통은 얼후의 가장 중요한 부분이며 얼후의 공명통인데 일반적으로 자단목이나 마호가니로 만들어진다. [2]가장 흔한 금통의 모양은 육각형이며, 그 밖에 팔각형, 원형, 앞은 팔각형이고 뒤는 원형인 모양 등이 있다. 얼후는 현악기이기 때문에 매우 중요한 구성 요소인 활도 있다. 활은 활대와 활털로 구성되는데, 활대는 길고 곧아야 하고 활털은 흰색 말꼬리털을 상등품으로 치며, 얼후는 활털과 금속 현 사이의 마찰을 통해 소리를 낼 수 있다.

얼후는 처량하고 슬픈 음악을 연주할 수도 있고 천군만마의 기세를 연주할 수도 있어, 얼후는 중국적 특색과 민족적 정취를 독자적으로 갖춘 전통 악기로서 유구한 역사 속에서도 독특한 매력을 항상 간직하고 있다.

1. 얼후의 발전 역사는 얼마나 오래되었는가?

천여 년

2. 그림 속 A의 명칭은 무엇인가?

금통

어휘 **拉弦乐器** lāxián yuèqì [명] 현악기 **诉说感** sùshuōgǎn [명] 호소력 **支撑** zhīchēng [동] (무너지지 않게) 지지하다 **质地** zhìdì [명] 재질 **密度** mìdù [명] 밀도 **纹理** wénlǐ [명] 결, 무늬 **光泽** guāngzé [명] 광택 **共鸣** gòngmíng [동] 공명하다, 공감하다 **紫檀木** zǐtánmù [명] 자단목[나무의 한 종류] **红木** hóngmù [명] 마호가니[나무의 한 종류] **摩擦** mócā [명] 마찰, 충돌 **演奏** yǎnzòu [동] 연주하다 **凄凉** qīliáng [형] 처량하다 **悲惨** bēicǎn [형] 슬프다, 비참하다 **气势** qìshì [명] 기세, 형세 **独具** dújù [동] 독자적으로 갖추다 **风情** fēngqíng [명] 정취, 분위기

실전연습문제 p.116

1 树枝繁密树叶茂盛 2 亚乔木层 3 草本层
4 多在透光的空隙生长 5 森林地下的成层现象 6 生态特性相近
7 光能的浪费

1-7

森林植物群落中，植物在地面不同的高度形成多层次的垂直空间结构，这就是森林成层现象。由于[1]枝繁叶茂的大树容易遮挡阳光，于是喜光的植物不断往高处生长，而喜阴的植物则生长在光照较少的地面。就这样，对光照有不同需求的植物各自生长在森林的垂直空间中，森林便有了层次。

完整的森林植物群落自上而下可分为几个层次。[2]乔木层位于森林的最上层，它如同帽子一样覆盖着整片森林。乔木是构成森林的主体，通常有高大的直立主干，树干和树冠有明显的区别。在此层，乔木的高度通常超过8米。[2]亚乔木层位于乔木层的下面，通常指树高在2～8米的部分。乔木层与亚乔木层在很大程度上控制了群落的生境，并决定了群落的外貌特征。[3]灌木层则指位于亚乔木层下面、草本层上面的部分，树的高度约为1～2米。灌木层不仅包括灌木，还包括生长达不到乔木层和亚乔木层高度的乔木。草本层是群落中草本植物所占的层，这些草本植物基本上就是指维管组织不发达的地面植物。

森林中还有一些植物，如藤本植物、寄生植物、附生植物等，它们并不独立构成一个层次，而是依附于各层次中的植物，因此被称为层间植物。[4]层间植物的存在和丰富程度，与环境条件、森林类型密切相关，水、光照条件愈优越，层间植物愈繁茂。[4]此类植物的生态习性基本是喜光的，多在群落上层透光的空隙生长，故又名“填空植物”。层间植物是构成森林群落的植物之一，在热带、亚热带森林中生长茂盛。

숲의 식물 군집에서 식물은 서로 다른 높이로 여러 층의 수직 공간 구조를 형성하는데, 이것이 바로 숲의 층상 구조이다. [1]**가지가 빽빽하고 잎이 무성한** 큰 나무는 쉽게 햇빛을 가리기 때문에 빛을 좋아하는 식물은 끊임없이 높이 자라고, 그늘을 좋아하는 식물은 빛이 비교적 적은 지면에서 자란다. 이처럼 빛에 대한 요구가 서로 다른 식물이 각각 숲의 수직 공간에서 자라면서 숲에 층이 생긴다.

완전한 숲의 식물 군집은 위에서부터 아래로 네 개의 층으로 나뉜다. [2]교목층은 숲의 최상층에 위치하며 모자처럼 숲 전체를 덮고 있다. 교목은 숲을 구성하는 주체이며 일반적으로 높고 큰 곧은 줄기가 있으며 줄기와 수관 사이에 분명한 차이가 있다. 이 층에서 교목의 높이는 일반적으로 8m가 넘는다. [2]아교목층은 교목층 아래에 위치하며 일반적으로 나무의 높이가 2~8m인 부분을 말한다. 교목층과 아교목층은 군집의 서식 환경을 크게 제어하고 군집의 외관 특징을 결정한다. [3]관목층은 아교목층 아래, 초본층 위에 위치한 부분을 말하며, 나무의 높이는 약 1~2m이다. 관목층은 관목뿐만 아니라 교목층, 아교목층 높이만큼 자라지 않는 교목도 포함하고 있다. 초본층은 군집에서 초본 식물이 차지하는 층으로, 이 초본 식물들은 기본적으로 유관속조직이 발달하지 않은 지상 식물을 가리킨다.

숲에는 덩굴 식물, 기생 식물, 부생 식물 등과 같은 식물들도 있는데, 이들은 하나의 층을 독립적으로 구성하지 않고 각 층의 식물에 의존하기 때문에 층간 식물이라고 불린다. [4]층간 식물의 존재와 풍부함은 환경 조건 및 숲의 유형과 밀접한 관련이 있으며, 물과 햇빛 조건이 우수할수록 층간 식물은 더욱 무성해진다. [4]이러한 식물의 생태학적 습성은 기본적으로 빛을 좋아하고, 대부분 군집 상층의 빛이 통하는 틈에서 자라므로 '틈을 메우는 식물'이라고도 한다. 층간 식물은 숲의 군집을 구성하는 식물 중 하나로, 열대 및 아열대 숲에서 무성하게 자란다.

⁵森林地下部分的成层现象与地上部分是相应的。在森林植物群落中，草本植物的根系分布在土壤的上层，灌木的根系比草本植物分布更深，乔木的根系分布于土壤最深层。土壤的物理化学性质，特别是土壤水分和养分状况，是决定森林植物地下部分分层的主要因素。

森林成层现象是森林各种植物之间充分利用生长空间和光、热、水分、养分条件而形成的。层与层之间的关系是相互依赖，又相互影响的。每个层次都有其特殊的小生境，并有一定的植物种类和个体数量，⁶同一层次的植物都是生态特性相近的种。各层次的植物都具有相对稳定性，下层的植物对上层的植物具有更大的依赖性。森林成层现象的意义在于，可使森林植物群落最大限度地影响环境，对环境进行生物改造，还能减弱群落中各植物个体之间的竞争。

人类应用森林的成层现象，发明了间作的方式。间作是指在同一田地、在同一生长期内，种植两种或两种以上作物的种植方式。间作可提高土地利用率，而且⁷由间作形成的作物复合群体可增加对阳光的吸收，⁷减少光能的浪费；更为重要的是，间作可提高农作物的产量，增加农民的收入。

⁵숲의 지하 부분의 층상 구조는 지상 부분과 상응한다. 숲의 식물 군집에서 초본 식물의 뿌리는 토양 상층에 분포하고, 관목의 뿌리는 초본 식물보다 더 깊게 분포하며 교목의 뿌리는 토양 가장 깊은 곳에 분포한다. 토양의 물리 화학적 특성, 특히 토양의 수분 및 영양 상태는 숲 식물의 지하 부분 층을 결정하는 주요 요인이다.

숲의 층상 구조는 숲의 다양한 식물들 사이에서 성장 공간과 빛, 열, 수분, 양분 조건을 충분히 활용하여 형성된 것이다. 층과 층 사이의 관계는 상호 의존적이며 상호 영향을 미친다. 층마다 특별한 작은 생태 환경이 있을 뿐만 아니라 일정한 식물 종, 개체 수량이 있으며 ⁶동일한 층에 있는 식물은 생태학적 특성이 유사한 종이다. 각 층의 식물은 상대적인 안정성을 가지고 있으며 하위 층의 식물은 상위 층의 식물에 더 많이 의존한다. 숲의 층상 구조의 의미는 숲의 식물 군집이 환경에 최대한 영향을 미치게 하고 환경에 대해 생물학적 개조를 하며 군집 내 각 식물 개체 간의 경쟁을 약화시킨다는 것에 있다.

인류는 숲의 층상 구조를 응용하여 사이짓기라는 방식을 발명했다. 사이짓기란 같은 밭, 같은 생육 기간 동안 2종 혹은 2종 이상의 작물을 심는 방법을 말한다. 사이짓기는 토지 이용률을 높일 수 있으며, 게다가 ⁷사이짓기로 형성된 작물 복합체는 햇빛의 흡수를 증가하고 ⁷빛 에너지 낭비를 줄일 수 있다. 더 중요한 것은 사이짓기는 농작물의 수확량을 증가시키고 농민의 수입을 증가시킬 수 있다는 것이다.

어휘　**群落** qúnluò 圐 군집[같은 조건에서 떼를 지어 자라는 식물 집단]　**层次** céngcì 圐 층, 단계　**垂直** chuízhí 圐 수직이다
　　　成层现象 chéngcéng xiànxiàng 圐 층상 구조[식물 군집에서 수직 분포에 나타나는 층상의 구조]　**枝繁叶茂** zhīfányèmào 圐 가지가 빽빽하고 잎이 무성하다
　　　遮挡 zhēdǎng 圐 가리다, 차단하다　**需求** xūqiú 圐 수요, 필요　**乔木** qiáomù 圐 교목　**覆盖** fùgài 圐 덮다, 점유하다　**灌木** guànmù 圐 관목
　　　草本 cǎoběn 圐 초본[연한 풀줄기로 된 식물]　**维管组织** wéiguǎn zǔzhī 유관속조직[식물체내에서 액을 운반하는 일을 하는 조직]　**愈** yù 圐 ~하면 할수록 ~하다
　　　优越 yōuyuè 圐 우수하다　**繁茂** fánmào 圐 (초목이) 무성하다　**生态** shēngtài 圐 생태　**空隙** kòngxì 圐 틈, 간격
　　　茂盛 màoshèng 圐 무성하다, 우거지다　**相应** xiāngyìng 圐 상응하다　**土壤** tǔrǎng 圐 토양, 흙　**养分** yǎngfèn 圐 영양, 양분　**依赖** yīlài 圐 의존하다
　　　个体 gètǐ 圐 개체　**生物** shēngwù 圐 생물　**改造** gǎizào 圐 개조하다, 변모시키다
　　　间作 jiānzuò 圐 사이짓기하다, 간작하다[한 농작물을 심은 이랑 사이에 다른 농작물을 심어 가꾸는 일]　**种植** zhòngzhí 圐 심다, 재배하다

1　第一段中，画线词语"枝繁叶茂"的意思是什么？　첫 번째 단락에서, 밑줄 친 어휘 '枝繁叶茂'는 무슨 뜻인가?

　　　树枝繁密树叶茂盛　　　　　　　　　　　　가지가 빽빽하고 잎이 무성하다

해설　질문의 枝繁叶茂에서 枝은 '나뭇가지', 繁은 '빽빽하다', 叶는 '잎', 茂는 '무성하다'라는 의미이므로, 枝繁叶茂는 '가지가 빽빽하고 잎이 무성하다'라는 의미임을 유추할 수 있다. 枝繁叶茂가 포함된 문장은 <u>가지가 빽빽하고 잎이 무성한 큰 나무는 쉽게 햇빛을 가린다</u>'라는 자연스러운 문맥이므로, 枝繁叶茂는 유추해둔 '가지가 빽빽하고 잎이 무성하다'라는 의미로 사용되었음을 확인할 수 있다. 따라서 树枝繁密树叶茂盛을 답변으로 쓴다.

어휘　**枝繁叶茂** zhīfányèmào 圐 가지가 빽빽하고 잎이 무성하다

2　图中A所指的层的名称是什么？　그림 속 A가 가리키는 층의 명칭은 무엇인가?

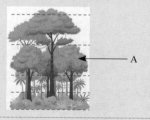

　　　亚乔木层　　　　　　　　　　　　　　　　아교목층

해설　질문이 그림 속 A의 명칭을 물었으므로, 지문을 읽으며 A가 가리키는 부분을 찾는다. 두 번째 단락에서 乔木层位于森林的最上层……亚乔木层位于乔木层的下面이라고 했으므로, 그림 속 A가 가리키고 있는 부분의 명칭은 亚乔木层임을 알 수 있다. 따라서 亚乔木层을 답변으로 쓴다.

어휘　**乔木** qiáomù 圐 교목

3 图中B所指的层的名称是什么?	그림 속 B가 가리키는 층의 명칭은 무엇인가?

B

草本层	초본층

해설 질문이 그림 속 B의 명칭을 물었으므로, 지문을 읽으며 B가 가리키는 부분을 찾는다. 두 번째 단락에서 **灌木层**则指位于**亚乔木层**下面、**草本层**上面的部分이라고 했으므로, 그림 속 B가 가리키고 있는 부분의 명칭은 **草本层**임을 알 수 있다. 따라서 **草本层**을 답변으로 쓴다.

어휘 **草本** cǎoběn 圈초본[연한 풀줄기로 된 식물]

4 层间植物为什么又被称为"填空植物"?	층간 식물은 왜 '틈을 메우는 식물'이라고도 불리는가?
多在透光的空隙生长	주로 빛이 통하는 틈에서 자라다

해설 질문이 층간 식물은 왜 '틈을 메우는 식물'이라고도 불리는지 물었으므로, 질문의 핵심어구 **层间植物**, "**填空植物**"와 관련된 내용을 지문에서 재빨리 찾는다. 세 번째 단락에서 **层间植物**……此类植物的生态习性基本是喜光的, 多在群落上层透光的空隙生长, 故又名"填空植物"。라고 했으므로, 층간 식물은 주로 빛이 통하는 틈에서 자라기 때문에 '틈을 메우는 식물'이라고도 불리는 것을 알 수 있다. 따라서 **多在透光的空隙生长**을 답변으로 쓴다.

어휘 **空隙** kòngxì 圈틈, 간격

5 第四段主要谈的是什么?	네 번째 단락은 주로 무엇을 이야기하고 있는가?
森林地下的成层现象	숲의 지하 부분의 층상 구조

해설 질문이 네 번째 단락의 중심 내용을 물었으므로, 네 번째 단락을 재빠르게 읽으며 중심 내용을 파악한다. 네 번째 단락에서 **森林地下部分的成层现象与地上部分是相应的**。라고 하며 초본 식물의 뿌리는 토양 상층에, 관목의 뿌리는 그보다 더 깊게, 교목의 뿌리는 가장 깊은 곳에 분포한다고 했으므로, 네 번째 단락의 중심 내용은 숲의 지하 부분의 층상 구조임을 알 수 있다. 따라서 **森林地下的成层现象**을 답변으로 쓴다.

어휘 **成层现象** chéngcéng xiànxiàng 圈층상 구조[식물 군집에서 수직 분포에 나타나는 층상의 구조]

6 同一层次的植物之间有怎样的特点?	동일한 층에 있는 식물 간에는 어떤 특징이 있는가?
生态特性相近	생태학적 특성이 유사하다

해설 질문이 동일한 층에 있는 식물 간에는 어떤 특징이 있는지 물었으므로, 질문의 핵심어구 **同一层次的植物**와 관련된 내용을 지문에서 재빨리 찾는다. 다섯 번째 단락에서 **同一层次的植物都是生态特性相近的**种이라고 했으므로, 해당 부분에서 언급된 **生态特性相近**을 그대로 답변으로 쓴다.

어휘 **生态** shēngtài 圈생태

7 由间作形成的作物复合群体可以减少什么?	사이짓기로 형성된 작물 복합체는 무엇을 줄일 수 있는가?
光能的浪费	빛 에너지 낭비

해설 질문이 사이짓기로 형성된 작물 복합체는 무엇을 줄일 수 있는지 물었으므로, 질문의 핵심어구 **由间作形成的作物复合群体**와 관련된 내용을 지문에서 재빨리 찾는다. 마지막 단락에서 **由间作形成的作物复合群体可**……减少光能的浪费라고 했으므로, 해당 부분에서 언급된 **光能的浪费**를 그대로 답변으로 쓴다.

어휘 **间作** jiànzuò 圈사이짓기하다, 간작하다[한 농작물을 심은 이랑 사이에 다른 농작물을 심어 가꾸는 일]

전략 적용

p.119

쉬베이홍은 중국의 유명한 현대 화가이자 미술 교육가로, 장수치, 리우쯔구 두 사람과 더불어 미술계의 '금릉삼걸'이라고 불린다. 회화 영역에서 쉬베이홍은 현실주의에 치우쳐 있고, 서양화 기법을 중국화 개혁에 녹아들게 하는 것을 강조했다. 그는 빛과 형상을 중시하고 회화 주체의 해부 구조에 신경을 썼으며, 작품의 사상과 의미를 높이 평가했는데, 이는 당시 중국 미술계에 끼치는 영향이 매우 컸다.

세상 사람들은 쉬베이홍을 거론할 때, 반드시 그가 그린 말을 언급한다. 그의 작품 속의 질주하는 말은 세계에서 명성을 날렸고, 현대 중국화의 상징과 지표가 되기에 이르렀다. 하지만 사실상 그는 인물, 꽃과 새, 산과 물 등 방면에서 모두 명작이 있으며, 그 작품들은 활력이 있고, 생동감이 넘친다. 그는 스케치, 유화와 중국화에 뛰어났다. 그는 서양 예술 기법을 중국화에 융합해 참신하고 독특한 스타일을 창조했고, 그의 스케치와 유화는 중국화의 붓과 먹의 정취가 배어 있다.

회화에서 명성이 너무 높았기 때문에, 많은 사람은 쉬베이홍의 서예를 간과했다. 그는 재능과 학식이 출중하고, 예술적 감각이 예민하여 그의 서예는 상당한 수준에 도달했고, 그의 서예 작품은 같은 시기의 서예 대가들에 조금도 뒤처지지 않았다. [1]그의 서예는 얼핏 보면 포인트가 없는 듯하지만, 자세히 음미할 가치가 있다. 그의 서예의 자유분방한 기개는 사람에게 긴장감을 주지 않고 일부러 꾸며내지 않으며 부자연스럽지 않고, 서예 스타일은 자연스럽고 꾸밈이 없이 수수하고 소박하며, 강한 서정성을 띠고 있다.

쉬베이홍은 중국 백 년 예술 역사상의 '회화 거장이자, 교육 대가'이다. 그는 중국과 서양의 심미와 문화 차이를 비교했고, 민족 예술에 대해 취사선택을 하고 개량할 것을 제창했으며, 자신만의 예술 개량 이론을 형성했다. [2]쉬베이홍이 중국의 미술 사업을 위해 위대한 공헌을 한 것을 기념하고 드높이기 위해, 중국 문화 예술 연합회는 2003년에 전국 서화원 계통의 최고 미술상인 '쉬베이홍 미술상'을 만들었다.

1. 세 번째 단락은 주로 무엇을 소개하고 있는가?

> 쉬베이홍 서예의 특징

2. 마지막 단락의 밑줄 친 부분은 주로 무엇을 이야기하고 있는가?

> '쉬베이홍 미술상' 설립 목적

어휘

绘画 huìhuà 명 회화 동 그림을 그리다　技法 jìfǎ 명 기법　融入 róngrù 통 녹아들다　造型 zàoxíng 명 형상　解剖 jiěpōu 통 해부하다
推崇 tuīchóng 통 높이 평가하다　内涵 nèihán 명 의미　驰誉 chíyù 통 명성을 날리다　几近 jǐjìn 통 (거의) ~에 이르다
栩栩如生 xǔxǔrúshēng 생동감이 넘치다　擅长 shàncháng 통 (어떤 방면에) 뛰어나다　素描 sùmiáo 명 스케치　手法 shǒufǎ 명 (예술 작품의) 기법
新颖 xīnyǐng 혱 참신하다　渗入 shènrù 통 배다, 스며들다　韵味 yùnwèi 명 정취　书法 shūfǎ 명 서예　才识 cáishí 명 재능과 학식　超绝 chāojué 통 출중하다
敏锐 mǐnruì 혱 예민하다　逊色 xùnsè 혱 뒤처지다　乍看 zhàkàn 얼핏 보다　耐人寻味 nàirénxúnwèi 자세히 음미할 가치가 있다
跌宕 diēdàng 혱 자유분방하다　矫饰 jiǎoshì 통 일부러 꾸며대다　浑厚 húnhòu 혱 꾸밈이 없고 수수하다　朴实 pǔshí 소박하다
抒情性 shūqíngxìng 명 서정성　丹青 dānqīng 명 회화, 그림　巨擘 jùbò 명 거장　审美 shěnměi 명 심미하다　取舍 qǔshě 통 취사선택하다
改良 gǎiliáng 통 개량하다　弘扬 hóngyáng 통 드높이다　事业 shìyè 명 사업　奖项 jiǎngxiàng 명 상

실전연습문제　p.120

1 加强全球能源治理	2 合理的能源价格	3 能源价格上涨的影响
4 全球能源版图的变化	5 中国能源对外依存度高	6 事关发展的重要问题
7 解决能源问题的方法		

1 - 7

能源安全已成为影响各国可持续发展及世界和平稳定的战略性问题。能源安全包括能源的供给安全、价格安全、运输安全和能源消费的环境安全等。受诸多因素的影响，全球能源安全的脆弱性变得十分明显。如今[1]加强全球能源治理被认为是摆在国际社会面前的重要课题。

에너지 안전은 이미 각국의 지속 가능한 발전 및 세계 평화 안정에 영향을 미치는 전략적 문제가 되었다. 에너지 안전에는 에너지의 공급 안전, 가격 안전, 수송 안전과 에너지 소비의 환경 안전 등이 포함된다. 수많은 요인의 영향을 받아 전 세계 에너지 안전의 취약성이 매우 뚜렷해졌다. 현재 [1]전 세계 에너지 관리를 강화하는 것은 국제 사회 앞에 놓인 중요한 과제가 되었다.

²合理的能源价格是保障能源安全的重要因素之一，而发展中国家缺乏能源定价权。目前石油、煤炭、天然气等能源正面临着供应短缺和价格上涨的危机，这给很多发展中国家带来了消极影响。在某些国家和地区，人们正深陷能源危机的泥潭。³能源价格的上涨增加了普通家庭的日常开支，降低了人们的生活质量。不仅如此，高昂的能源价格还带动了电费的大幅上涨，并带来了一系列连锁反应，比如一些钢铁厂和化肥厂，由于能源成本上涨速度快于产品售价的上涨，因而不得不选择关闭工厂或大幅减产；再比如，能源价格的上涨导致了严重的通货膨胀。

当前国际政治经济形势异常综综复杂，⁴全球能源版图正在出现重大变化。一是国际能源的生产中心正在西移。以前的能源中心无疑是中东地区和欧佩克组织（OPEC），但是技术的进步和页岩油的开发，不仅让美国成为了世界最大的石油生产国和最大的天然气出口国，而且极大地增加了美国影响国际能源市场和国际能源格局的能力。二是全球能源消费中心出现东移的态势。欧盟经济整体出现疲软现象，而中国、印度等亚洲国家对能源的需求越来越多。因此在不久的将来，亚洲地区将会取代欧美地区全球能源消费中心的地位。

随着中国工业化进程的不断推进，能源消耗也在持续上升。⁵近年来中国的石油、天然气等能源对外依存度日益加深。中国不仅是世界第一大能源进口国，而且是能源对外依存度极高的国家，国际能源市场的变化将对中国的能源安全产生巨大的影响。

在这样的挑战下，⁶发展中国家保证能源安全，成为了一个事关发展的重要问题。在能源问题变得更棘手之前，只有找到合理的解决方案，做到未雨绸缪，才能有助于保障能源安全，预防或减少国际突发事件对能源供应的冲击。⁷为了解决能源问题，发展中国家需做到以下几点。第一，要提升技术水平和勘探能力，充分挖掘自身的能源潜力，推动各项战略能源的开发。同时，要进一步推动能源进口多元化，降低来源地区的集中度，尽可能增加战略储备。第二，要改善能源结构。提高可再生能源比重，将非化石能源作为满足未来新增能源需求的重点，降低对化石能源的依赖度。第三，要确保能源运输通道的安全。积极开发陆上管道运输通道，与相关国家和地区合作，本着互惠互利的原则开展国际能源合作。

²합리적인 에너지 가격은 에너지 안전을 보장하는 중요한 요소 중 하나이지만, 개발도상국은 에너지 가격 결정권이 결여되어 있다. 현재 석유, 석탄, 천연가스 등 에너지는 공급 부족과 가격 인상 위기에 마주해 있으며, 이는 많은 개발도상국에 부정적 영향을 가져왔다. 일부 국가와 지역에서는 사람들이 에너지 위기의 늪에 빠져들고 있다. ³에너지 가격의 상승은 일반 가정의 일상 지출을 증가시켰고, 사람들의 삶의 질을 떨어뜨렸다. 뿐만 아니라, 비싼 에너지 가격은 전기 요금이 큰 폭으로 오르게 했으며, 일련의 연쇄 반응을 가져왔다. 예를 들어 일부 제철소와 화학 비료 공장은 에너지 원가의 가격 상승 속도가 제품 가격 상승보다 더 빨라서 이 때문에 공장 문을 닫거나 생산량을 대폭 감소할 수밖에 없었다. 또 다른 예로는 에너지 가격의 상승이 심각한 인플레이션을 초래했다는 것이다.

현재 국제 정치 경제 정세는 대단히 복잡하게 얽혀 있으며, ⁴전 세계 에너지 판도는 중대한 변화가 나타나고 있다. 첫째는 국제 에너지의 생산 중심지가 서쪽으로 이동하고 있다는 것이다. 예전 에너지의 중심지는 의심할 여지 없이 중동 지역과 석유 수출국 기구(OPEC)였다. 그러나 기술의 발전과 셰일 오일의 개발은 미국을 세계 최대 석유 생산국이자 최대 천연가스 수출국으로 만들었을 뿐만 아니라, 국제 에너지 시장과 국제 에너지 구조에 대한 미국의 영향력을 크게 증가시켰다. 둘째는 전 세계 에너지 소비의 중심지가 동쪽으로 옮겨가는 형세가 나타난 것이다. 유럽 연합(EU) 경제가 전반적으로 약세를 보이는 반면 중국, 인도 등 아시아 국가의 에너지에 대한 수요가 점점 늘고 있다. 따라서 머지않은 미래에 아시아 지역은 유럽과 미국 지역의 전 세계 에너지 소비의 중심지 위치를 대체할 것이다.

중국의 공업화 과정이 끊임없이 추진됨에 따라 에너지 소비도 지속적으로 상승하고 있다. ⁵최근 들어 중국의 석유, 천연가스 등 에너지의 대외 의존도가 나날이 심화되고 있다. 중국은 세계 1위의 에너지 수입국일 뿐만 아니라 에너지의 대외 의존도가 매우 높은 국가여서, 국제 에너지 시장의 변화는 중국의 에너지 안전에 거대한 영향을 미칠 것으로 보인다.

이런 시련 속에서 ⁶개발도상국이 에너지 안전을 보장하는 것은 발전과 관련된 중요한 문제가 되었다. 에너지 문제가 더욱 까다로워지기 전에 합리적인 해결책을 찾아 미리 대비해야만 에너지 안전을 보장하고, 국제적 돌발 사태로 인한 에너지 공급 충격을 예방하거나 감소시키는 데 도움이 될 수 있다. ⁷에너지 문제를 해결하기 위해, 개발도상국은 다음과 같이 해야 한다. 첫째, 기술 수준과 탐사 능력을 높이고, 자체 에너지 잠재력을 충분히 발굴해 각종 전략적 에너지 개발을 추진해야 한다. 동시에 에너지 수입의 다원화를 한층 더 추진해 공급지의 집중도를 낮추고 전략 비축 물자를 최대한 늘려야 한다. 둘째, 에너지 구조를 개선해야 한다. 재생 에너지 비중을 높이고, 비화석 에너지를 미래의 새로운 에너지 수요를 충족시키는 포인트로 삼아 화석 에너지에 대한 의존도를 낮춰야 한다. 셋째, 에너지 수송로의 안전을 확보해야 한다. 육상 관로 수송로를 적극적으로 개발하고 관련 국가 및 지역과 협력하며, 상호 이익과 혜택을 주는 원칙에 입각하여 국제 에너지 협력을 전개해야 한다.

어휘　战略 zhànlüè⒳ 전략　供给 gōngjǐ⒲ 공급하다　诸多 zhūduō⒳ 수많은　脆弱 cuìruò⒨ 취약하다　治理 zhìlǐ⒲ 관리하다, 다스리다　课题 kètí⒳ 과제
保障 bǎozhàng⒲ 보장하다　石油 shíyóu⒳ 석유　天然气 tiānránqì⒳ 천연가스　危机 wēijī⒳ 위기　泥潭 nítán⒳ 늪　开支 kāizhī⒳ 지출
高昂 gāo'áng⒨ (가격이) 비싸다　连锁 liánsuǒ⒨ 연쇄적이다　化肥 huàféi⒳ 화학 비료　成本 chéngběn⒳ 원가, 가격
通货膨胀 tōnghuò péngzhàng⒳ 인플레이션　当前 dāngqián⒳ 현재　异常 yìcháng⒨ 대단히　错综复杂 cuòzōngfùzá⒥ 복잡하게 얽혀 있다
版图 bǎntú⒳ 판도　欧佩克组织 Ōupèikè Zǔzhī⒢⒨ 석유 수출국 기구(OPEC)　页岩油 yèyányóu⒳ 셰일 오일[셰일 암석층에서 채취한 액체 상태의 탄화수소]
格局 géjú⒳ 구조　疲软 píruǎn⒲ 약세를 보이다　需求 xūqiú⒳ 수요　取代 qǔdài⒲ 대체하다　消耗 xiāohào⒲ 소비하다　日益 rìyì⒨ 나날이
依存 yīcún⒲ 의존하다　事关 shìguān⒲ ~에 관련되다　棘手 jíshǒu⒨ 까다롭다　未雨绸缪 wèiyǔchóumóu⒥ 미리 대비하다, 사전에 철저히 준비하다
突发 tūfā⒲ 돌발하다　事件 shìjiàn⒳ 사태, 사건　供应 gōngyìng⒲ 공급하다　冲击 chōngjī⒲ 충격을 입게 하다　勘探 kāntàn⒲ 탐사하다
挖掘 wājué⒲ 발굴하다　潜力 qiánlì⒳ 잠재력　多元化 duōyuánhuà⒲ 다원화된　来源地区 láiyuán dìqū⒳ 공급지　储备 chǔbèi⒳ 비축 물자, 비축 인력
比重 bǐzhòng⒳ 비중　化石 huàshí⒳ 화석　依赖 yīlài⒲ 의존하다　确保 quèbǎo⒲ 확보하다　管道 guǎndào⒳ 관로[물이나 가스 따위의 유체가 흐르는 관]
开展 kāizhǎn⒲ 전개하다

1 | 什么被认为是摆在国际社会面前的重要课题? | 무엇이 국제 사회 앞에 놓인 중요한 과제로 여겨지는가?

加强全球能源治理 | 전 세계 에너지 관리를 강화하는 것

해설　질문이 무엇이 국제 사회 앞에 놓인 중요한 과제로 여겨지는지 물었으므로, 질문의 핵심어구 摆在国际社会面前的重要课题와 관련된 내용을 지문에서 재빨리 찾는다. 첫 번째 단락에서 加强全球能源治理被认为是摆在国际社会面前的重要课题라고 했으므로, 해당 부분에서 언급된 加强全球能源治理를 그대로 답변으로 쓴다.

어휘　课题 kètí 圐 과제　治理 zhìlǐ 圄 관리하다, 다스리다

---

2 | 保障能源安全的重要因素之一是什么? | 에너지 안전을 보장하는 중요한 요소 중 하나는 무엇인가?

合理的能源价格 | 합리적인 에너지 가격

해설　질문이 에너지 안전을 보장하는 중요한 요소 중 하나가 무엇인지 물었으므로, 질문의 핵심어구 保障能源安全的重要因素와 관련된 내용을 지문에서 재빨리 찾는다. 두 번째 단락에서 合理的能源价格是保障能源安全的重要因素之一라고 했으므로, 해당 부분에서 언급된 合理的能源价格를 그대로 답변으로 쓴다.

어휘　保障 bǎozhàng 圄 보장하다

---

3 | 第二段画线部分主要是为了讲什么? | 두 번째 단락의 밑줄 친 부분은 주로 무엇을 이야기하기 위함인가?

能源价格上涨的影响 | 에너지 가격 상승의 영향

해설　질문이 두 번째 단락의 밑줄 친 부분의 중심 내용을 물었으므로, 두 번째 단락의 밑줄 친 부분을 재빠르게 읽으며 중심 내용을 파악한다. 밑줄 친 부분에서 에너지 가격이 상승함으로 인해 초래된 많은 문제를 언급했으므로, 밑줄 친 부분의 중심 내용은 에너지 가격 상승의 영향임을 알 수 있다. 따라서 能源价格上涨的影响을 답변으로 쓴다.

어휘　上涨 shàngzhǎng 圄 상승하다

---

4 | 第三段主要谈的是什么? | 세 번째 단락에서 주로 이야기하는 것은 무엇인가?

全球能源版图的变化 | 전 세계 에너지 판도의 변화

해설　질문이 세 번째 단락의 중심 내용을 물었으므로, 세 번째 단락을 재빠르게 읽으며 중심 내용을 파악한다. 세 번째 단락에서 全球能源版图正在出现重大变化라고 하며 에너지 생산 중심지와 에너지 소비의 중심지가 변화하고 있다고 했으므로, 세 번째 단락의 중심 내용은 전 세계 에너지 판도의 변화임을 알 수 있다. 따라서 全球能源版图的变化를 답변으로 쓴다.

어휘　版图 bǎntú 圐 판도

---

5 | 第四段画线部分主要谈了什么? | 네 번째 단락의 밑줄 친 부분에서 주로 이야기하는 것은 무엇인가?

中国能源对外依存度高 | 중국 에너지의 대외 의존도가 높다

해설　질문이 네 번째 단락의 밑줄 친 부분의 중심 내용을 물었으므로, 네 번째 단락의 밑줄 친 부분을 재빠르게 읽으며 중심 내용을 파악한다. 밑줄 친 부분에서 중국의 에너지 대외 의존도가 심화되고 있어 국제 에너지 시장의 변화는 중국 에너지 안전에 큰 영향을 미칠 것으로 보인다고 했으므로, 밑줄 친 부분의 중심 내용은 중국 에너지의 대외 의존도가 높다는 점임을 알 수 있다. 따라서 中国能源对外依存度高를 답변으로 쓴다.

어휘　依存 yīcún 圄 의존하다

---

6 | 发展中国家保证能源安全, 已成为了怎样的问题? | 개발도상국이 에너지 안전을 보장하는 것은 이미 어떤 문제가 되었는가?

事关发展的重要问题 | 발전과 관련된 중요한 문제

해설　질문이 개발도상국이 에너지 안전을 보장하는 것은 어떤 문제가 되었는지 물었으므로, 질문의 핵심어구 发展中国家保证能源安全과 관련된 내용을 지문에서 재빨리 찾는다. 마지막 단락에서 发展中国家保证能源安全, 成为了一个事关发展的重要问题라고 했으므로, 해당 부분에서 언급된 事关发展的重要问题를 그대로 답변으로 쓴다.

어휘　事关 shìguān 圄 ~에 관련되다

解决能源问题的方法   에너지 문제를 해결하는 방법

해설   질문이 마지막 단락의 중심 내용을 물었으므로, 마지막 단락을 재빠르게 읽으며 중심 내용을 파악한다. 마지막 단락에서 为了解决能源问题, 发展中国家需做到以下几点。이라고 하며 에너지 문제를 해결하기 위해 해야 할 일을 언급하고 있으므로, 마지막 단락의 중심 내용은 에너지 문제를 해결하는 방법임을 알 수 있다. 따라서 解决能源问题的方法를 답변으로 쓴다.

어휘   方法 fāngfǎ 圏 방법

고득점비책 03 밑줄 친 어휘의 뜻 쓰기   p.122

전략 적용   p.123

최근 몇 년 동안 야생 말벌이 사람을 쏘아 목숨을 잃게 하는 사건이 빈번하게 발생해서, 많은 사람은 그것만 보면 달아나기 급급하다. 작은 말벌은 어째서 이렇게 사납고 사람들이 **보기만 해도 두려움이 생기게 하는** 것일까?

말벌은 주로 동물성 음식을 먹는데, 특히 곤충을 잘 잡아먹으며, 꿀벌도 자주 잡아먹어서, 꿀벌의 주요 천적 중 하나로 꼽힌다. 말벌은 비록 가끔씩 꽃꿀을 빨아 먹기도 하지만, 꿀을 만들지 않고 소량의 꽃꿀을 직접 새끼벌에게 먹인다. 대부분 말벌은 알을 먹잇감에 낳아서 유충이 부화하고 나면 먹잇감을 바로 먹게 하고, 일부 말벌은 작은 절지동물을 벌집으로 가져와 새끼벌에게 먹이기도 한다.

말벌 무리는 여왕벌, 수벌과 일벌로 구성되어 있다. 그중 일벌은 성격이 사납고 흉악하며, 독침이 뚜렷하고, 독의 배출량이 많으며, 공격력이 강해, 사람을 해치는 일은 주로 일벌의 소행이다. 일반적으로 말벌 머리의 검은 반점이 많을수록 공격성이 강하다. 말벌은 비록 체형이 크지는 않지만 꼬리의 독침은 치명적이다. 말벌은 사람이나 동물의 피부에 독침을 찌른 후, 그 안에 옅은 노란색 액체를 주입하는데, 이 액체 속에는 신경 독소, 용혈 독소 등 치명적인 독소가 포함되어 있다. 사람이 일단 말벌에 쏘이면 아주 짧은 시간 안에 죽을 수도 있는데, 말벌 일곱 마리는 소 한 마리를 산 채로 쏘아 죽일 수도 있다.

말벌에게 쏘이는 것을 예방하는 가장 효과적인 조치는 벌집을 멀리하고, 말벌의 정상적인 활동을 방해하지 않는 것이다. 말벌이 위협을 느끼지 않을 때는 보통 자발적으로 사람을 공격하지 않는다. 만약 말벌 몇 마리가 옆에서 날아다닌다면, 전혀 관심을 가질 필요가 없다. 설령 말벌들이 몸에 앉아도, 가볍게 털어 내면 된다. 만약 부주의로 말벌의 공격을 당한다면, 공격을 당한 사람은 관목 숲에 들어가 숨어 있거나, 얼굴을 아래로 가게 해서 엎드린 다음 옷깃을 들어서 목을 덮거나 휴대하고 있는 모자, 두건 등의 물건으로 얼굴과 목을 가리고, 숨을 죽이며 참을성 있게 10~20분 기다렸다가 말벌이 흩어진 후에 기회를 엿봐서 떠나야 한다. 절대 말벌에 갑자기 달려들어서는 안 되고, 달아나면 더욱 안 된다. 왜냐하면 말벌은 움직이는 물체에 매우 민감하기 때문이다.

첫 번째 단락에서, 밑줄 친 어휘 '望而生畏'의 의미는 무엇인가?

> 보기만 해도 두려움이 생기다

어휘   胡蜂 húfēng 圏 말벌   蜇 zhē 圏 (벌 등이) 쏘다   夺命 duó mìng 목숨을 잃게 하다   凶悍 xiōnghàn 圏 사납다
望而生畏 wàng'érshēngwèi 圏 보기만 해도 두려움이 생기다   捕食 bǔshí 圏 (동물이 먹이를) 잡아먹다   花蜜 huāmì 圏 꽃꿀[꽃에서 분비하는 꿀]
酿蜜 niàngmì 圏 꿀을 만들다   节肢动物 jiézhī dòngwù 圏 절지동물   卵 luǎn 圏 알   猎物 lièwù 圏 먹잇감, 사냥감   孵化 fūhuà 圏 부화하다
暴烈 bàoliè 圏 사납다   凶狠 xiōnghěn 圏 흉악하다   螫针 shìzhēn 圏 (벌 등의 꼬리에 달린) 독침   攻击 gōngjī 圏 공격하다   斑点 bāndiǎn 圏 반점
刺 cì 圏 (뾰족한 물건으로) 찌르다   液体 yètǐ 圏 액체   神经 shénjīng 圏 신경   溶血 róngxuè 圏 용혈[적혈구가 파괴되어 헤모글로빈이 혈구 밖으로 나오는 현상]
致命 zhìmìng 圏 치명적이다   零星 língxīng 圏 소량의   理会 lǐhuì 圏 관심을 가지다   抖落 dǒu luò 털어내다   不慎 búshèn 圏 부주의하다
灌木丛 guànmùcóng 圏 관목 숲   潜伏 qiánfú 圏 숨어 있다   俯卧 fǔwò 圏 엎드리다   罩 zhào 圏 덮다   随身携带 suíshēn xiédài 휴대하다, 몸에 지니다
遮挡 zhēdǎng 圏 가리다   屏息 bǐngxī 圏 숨을 죽이다   伺机 sìjī 圏 기회를 엿보다   切忌 qièjì 圏 절대 ~해서는 안 된다   扑 pū 圏 갑자기 달려들다
拔腿就跑 bátuǐ jiù pǎo (재빨리) 달아나다

실전연습문제   p.124

1 编纂《四库全书》   2 藏书文化   3 天一阁名字的由来
4 整齐有秩序   5 姓氏   6 实物资料
7 伟大的功劳和成就

浙江宁波是中国的历史文化名城，早在七千年前，先民们就在这里繁衍生息，创造了灿烂的河姆渡文化。宁波历史悠久，人文荟萃，素有"书藏古今，港通天下"之称，其中"书藏古今"指的就是天一阁，其藏书量乃世界私家图书馆之最。正如苏州的虎丘、北京的故宫、杭州的西湖、安徽的黄山，宁波的天一阁也是极具代表性的著名景点之一。

天一阁始建于明嘉靖四十年，坐落于月湖西畔，由当时退隐的兵部右侍郎范钦主持修建。天一阁是中国现存的年代最早的私家藏书楼，也是亚洲现有最古老的图书馆和世界最早的三大家族图书馆之一。[1]清乾隆时期，在皇帝的主持下，300多名高官和学者编纂了中国古代规模最大的丛书《四库全书》，由于当时天一阁进呈的图书最多，对编纂《四库全书》作出了重大的贡献，天一阁受到了乾隆皇帝的关注，自此闻名天下。阁内现藏各类古籍近30万卷，其中大部分为明代刻本和抄本。

后来宁波市政府[2]以天一阁藏书楼为核心，建造了以藏书文化为特色的专题性博物院——天一阁博物院。天一阁博物院以其历史悠久的藏书文化、宛如天开的园林艺术、古朴典雅的古建风格及便捷优越的地理位置，每年吸引着来自世界各地的游客前来研学和观光。

进入博物院大门，就能看到正对面立有天一阁创始人范钦的铜像。据说范钦每到一地做官，都要搜集当地的书籍寄到宁波故宅。[3]他辞官回乡后，就在宅院东侧建造了藏书楼。因其崇信道教，便引用《易经》中的"天一生水，地六成之"，将藏书楼命名为"天一阁"。

清康熙四年，范钦的曾孙范光文在天一阁的水池边堆叠假山，筑亭架桥，使其初具江南园林的风貌。1933年，宁波孔庙内的尊经阁以及当地的一批古代石碑被迁到天一阁后院保存。新中国成立后，宁波市政府又在天一阁两侧修建了两座园林，并将紧邻的陈氏宗祠、闻家祠堂和秦氏支祠纳入天一阁博物院统一管理，形成了如今的规模。

真正让天一阁名扬天下的，是其独具特色的规划和布局。由于书籍最怕火，范钦在设计天一阁时格外用心，做了很多防火、通风、防潮等措施。楼阁建成后，范钦制定了非常严格的登楼规定，据说至今登楼的人不超过10个。

[4]天一阁内书籍排列得**井然有序**，其中尤以地方志、登科录等史料性书籍居多，甚至有不少书籍已成为海内孤本。其中最为珍贵的是明代的地方志和科举录，天一阁保存了明洪武四年至万历十一年的全部进士登科录。天一阁保存的登科录占该类文献存世量的80%以上，堪称"镇楼之宝"。除此之外，[5]天一阁还收藏了五百多部家谱，其中涵盖了刘氏、袁氏、孔氏等百余个**姓氏**。

[6]天一阁博物院在发展过程中，成为了展示中国古代民间藏书文化的场所，同时[6]为书法、地方史和浙东民居建筑的研究提供了实物资料。都说"君子之泽，五世而斩"，然而[7]范氏一家藏书的恩惠将延续万世，范钦的**丰功伟绩**，世人将铭记于心，因为这座古老的藏书楼不仅仅是一个城市的标志，更是一个国家的文化象征。

저장성의 닝보는 중국의 역사 문화로 유명한 도시이며, 일찍이 7,000년 전 옛사람들은 바로 이곳에서 번성했고, 찬란한 하모도 문화를 창조했다. 닝보는 역사가 유구하며 인재와 문물이 한데 모여 있는데, 예로부터 '서장고금, 항통천하'라는 칭호를 가졌으며, 그중 '서장고금'은 천일각을 가리키며, 그곳에 소장된 도서량은 세계 개인 도서관 중 최고이다. 쑤저우의 후치우, 베이징의 고궁, 항저우의 서호, 안후이의 황산처럼 닝보의 천일각도 매우 대표적인 명소 중 하나이다.

천일각은 명나라 가정 40년에 건립되었고, 웨후 서쪽에 위치해 있으며, 당시 은퇴했던 병부 우시랑 범흠이 주관하여 건설했다. 천일각은 중국에서 현존하는 연대가 가장 이른 개인 장서각이며, 아시아에서 현존하는 가장 오래된 도서관이자 세계 최초의 3대 가족 도서관 중 나이기도 하다. [1]청나라 건륭 시기에 황제의 주관하에 300명의 고관과 학자가 중국 고대 최대 규모의 총서 《사고전서》를 편찬했는데, 당시 천일각에서 진상한 도서가 가장 많았고, 이는 <사고전서>를 편찬하는 데 큰 공헌을 해 천일각은 건륭 황제의 관심을 받아 이로부터 유명해졌다. 각 안에는 현재 30만 권에 이르는 고서적이 소장되어 있는데, 그중 대부분은 명나라 시대의 판본과 필사본이다.

이후 닝보시 정부는 [2]천일각 장서각을 중심으로 도서 소장 문화를 특색으로 한 테마 박물관인 천일각 박물관을 건립했다. 천일각 박물관은 역사가 유구한 도서 소장 문화, 천혜와 같은 정원 예술, 고풍스럽고 우아한 고대 건축 양식 및 편리하고 뛰어난 지리적 위치로 매년 세계 각지의 관광객들이 연구와 관광을 하러 오게 이끈다.

박물관 정문에 들어서면 바로 맞은편에 천일각의 설립자인 범흠의 동상이 서 있다. 범흠은 한 지역에 관리로 부임할 때마다 현지 서적을 수집해 닝보에 있는 저택에 보냈다고 한다. [3]그는 관직을 그만두고 귀향한 뒤 저택 동쪽에 장서각을 지었다. 그는 도교를 신봉했기 때문에 <역경>의 '천일생수, 지육성지'를 인용하여 장서각을 '천일각'이라 이름 지었다.

청나라 강희 4년, 범흠의 증손자 범광문은 천일각의 연못가에 인공산을 쌓고 정자와 다리를 놓아 강남 정원으로서의 면모를 처음으로 갖추게 했다. 1933년 닝보 공자묘 내 존경각과 현지 고대 비석들이 천일각 뒤뜰로 옮겨져 보존되었다. 신중국 수립 이후 닝보시 정부는 천일각 양쪽에 2개의 정원을 다시 조성하고, 인접한 진씨종사, 문가사당과 진씨지사를 천일각 박물관에 편입해 통합 관리하여 현재의 규모를 갖추게 되었다.

천일각이 진정으로 명성을 떨치게 한 것은 이것이 갖춘 독특한 설계와 배치이다. 책은 불에 가장 약하기 때문에 범흠은 천일각을 설계할 때 각별히 신경을 써서 방화, 환기, 습기 차단 등의 조치를 많이 취했다. 누각이 세워진 뒤 범흠은 매우 엄격한 누각에 오르는 규정을 만들었는데, 지금까지 누각에 오른 사람이 10명을 넘지 않는다고 한다.

[4]천일각 내의 책들은 **가지런하고 질서 있게** 배치되어 있는데, 그중 특히 지방지, 등과록 등 사료적 서적이 많으며, 심지어는 세계 유일본이 된 서적들도 적지 않다. 그중에서도 가장 귀한 것은 명나라의 지방지와 과거록인데, 천일각은 명나라 홍무 4년부터 만력 11년까지의 모든 진사 등과록을 보존하고 있다. 천일각에 보존된 등과록은 세상에 남아 있는 이러한 종류의 문헌 중 80% 이상을 차지할 정도이기에 가히 '가장 진귀한 보물'이라 칭할 수 있다. 이 밖에도 [5]천일각에는 500여 부의 가보가 소장되어 있는데, 그중 류씨, 원씨, 공씨 등 백여 개의 **성씨**가 포함되어 있다.

[6]천일각 박물관은 발전 과정에서 중국 고대 민간 도서 소장 문화를 보여주는 장소가 되었고, 동시에 [6]서예, 지방사와 저장성 동쪽의 민가 건축 연구에 실물 자료를 제공했다. 모두들 '군자의 은혜는 5대를 내려가서 사라진다'라고 하지만 [7]범씨 일가가 도서를 소장한 은혜는 만대에 이를 것이고, 범흠의 **위대한 공로와 성과**를 사람들은 마음에 깊이 새길 것이다. 왜냐하면 이 오래된 장서각은 한 도시의 상징일뿐만 아니라 한 나라의 문화적 상징이기 때문이다.

어휘 **先民** xiānmín 몝 옛사람　　**繁衍生息** fányǎn shēngxī 번성하다　　**灿烂** cànlàn 몝 찬란하다

河姆渡文化 Hémǔdù wénhuà 하모도 문화[중국 양쯔강 하류지역의 초기신석기시대 문화]　　**人文荟萃** rénwénhuìcuì 몝 인재와 문물이 한데 모이다

天一阁 Tiānyīgé 고유 천일각[중국 명나라 때 범흠이 설치한 서고]　　**乃** nǎi 쩝 ~이다[서면어]　　**嘉靖** Jiājìng 고유 가정[명나라 시대 세종의 연호]

畔 pàn 몝 (강·호수 등의) 가, 가장자리　　**退隐** tuìyǐn 몝 은퇴하다　　**修建** xiūjiàn 몝 건설하다, 조성하다

兵部右侍郎 bīngbù yòu shìláng 몝 병부 우시랑[관직의 명칭]　　**编纂** biānzuǎn 몝 편찬하다　　**丛书** cóngshū 몝 총서, 시리즈

乾隆 Qiánlóng 고유 건륭[청나라 시대 고종의 연호]　　**皇帝** huángdì 몝 황제　　**卷** juàn 몝 권　　**刻本** kèběn 몝 판본　　**抄本** chāoběn 몝 필사본

专题 zhuāntí 몝 (전문적인) 테마　　**园林** yuánlín 몝 정원　　**便捷** biànjié 몝 편리하다　　**优越** yōuyuè 몝 뛰어나다, 우월하다　　**观光** guānguāng 몝 관광하다

创始人 chuàngshǐrén 몝 설립자　　**铜像** tóngxiàng 몝 동상　　**搜集** sōují 몝 수집하다　　**书籍** shūjí 몝 서적　　**宅院** zháiyuàn 몝 저택　　**崇信** chóng xìn 신봉하다

易经 Yìjīng 고유 역경[유학 오경의 하나]　　**命名** mìngmíng 몝 이름 짓다　　**康熙** Kāngxī 고유 강희[청나라 시대 성조의 연호]　　**曾孙** zēngsūn 몝 증손자

堆叠 duīdié 몝 겹겹이 쌓아올리다　　**独具** dújù 몝 (독자적으로) 갖추다　　**规划** guīhuà 몝 설계, 계획　　**布局** bùjú 몝 배치

井然有序 jǐngrányǒuxù 몝 가지런하고 질서가 있다, 질서 정연하다　　**文献** wénxiàn 몝 문헌[역사적 가치나 참고할 가치가 있는 도서 자료]

家谱 jiāpǔ 몝 가보[한집안의 친족 관계 등을 계통적으로 적은 책]　　**涵盖** hángài 몝 포함하다　　**姓氏** xìngshì 몝 성씨　　**展示** zhǎnshì 몝 보여주다, 드러내다

书法 shūfǎ 몝 서예　　**君子** jūnzǐ 몝 군자, 학식과 덕망이 높은 사람　　**丰功伟绩** fēnggōngwěijì 몝 위대한 공로와 성과　　**铭记** míngjì 몝 마음에 깊이 새기다

1	在清朝时期，天一阁对什么作出了重大的贡献？	청나라 시기에, 천일각은 무엇에 큰 공헌을 했는가?
	编纂《四库全书》	<사고전서>를 편찬하다

해설　질문이 청나라 시기에, 천일각은 무엇에 큰 공헌을 했는지 물었으므로, 질문의 핵심어구 天一阁, 重大的贡献과 관련된 내용을 지문에서 재빨리 찾는다. 두 번째 단락에서 清乾隆时期，在皇帝的主持下，300多名高官和学者编纂了中国古代规模最大的丛书《四库全书》，由于当时天一阁进呈的图书最多，对编纂《四库全书》作出了重大的贡献이라고 했으므로, 해당 부분에서 언급된 编纂《四库全书》를 그대로 답변으로 쓴다.

어휘　**天一阁** Tiānyīgé 고유 천일각[중국 명나라 때 범흠이 설치한 서고]　　**编纂** biānzuǎn 몝 편찬하다

2	天一阁博物院是以什么为特色的博物院？	천일각 박물관은 무엇을 특색으로 한 박물관인가?
	藏书文化	도서 소장 문화

해설　질문이 천일각 박물관은 무엇을 특색으로 한 박물관인지 물었으므로, 질문의 핵심어구 天一阁博物院과 관련된 내용을 지문에서 재빨리 찾는다. 세 번째 단락에서 以天一阁藏书楼为核心，建造了以藏书文化为特色的专题性博物院——天一阁博物院이라고 했으므로, 해당 부분에서 언급된 藏书文化를 그대로 답변으로 쓴다.

어휘　**特色** tèsè 몝 특색, 특징

3	第四段中，画线部分主要是为了说明什么？	네 번째 단락의 밑줄 친 부분은 주로 무엇을 설명하기 위함인가?
	天一阁名字的由来	천일각이라는 이름의 유래

해설　질문이 네 번째 단락의 밑줄 친 부분의 중심 내용을 물었으므로, 네 번째 단락의 밑줄 친 부분을 재빠르게 읽으며 중심 내용을 파악한다. 밑줄 친 부분에서 그(범흠)가 <역경>의 구절을 인용하여 장서각을 '천일각'이라고 이름 지었다고 했으므로, 밑줄 친 부분의 중심 내용은 천일각이라는 이름의 유래임을 알 수 있다. 따라서 天一阁名字的由来를 답변으로 쓴다.

어휘　**由来** yóulái 몝 유래

4	第七段中，画线词语"井然有序"的意思是什么？	일곱 번째 단락에서, 밑줄 친 어휘 '井然有序'의 의미는 무엇인가?
	整齐有秩序	가지런하고 질서가 있다

해설　질문의 井然有序에서 井然은 '가지런하다', 有序는 '질서가 있다'라는 의미이므로, 井然有序는 '가지런하고 질서가 있다'라는 의미임을 유추할 수 있다. 井然有序가 포함된 문장은 '천일각 내의 책들은 가지런하고 질서 있게 배치되어 있다'라는 자연스러운 문맥이므로, 井然有序는 유추해둔 '가지런하고 질서가 있다'라는 의미로 사용되었음을 확인할 수 있다. 따라서 整齐有秩序를 답변으로 쓴다.

어휘　**井然有序** jǐngrányǒuxù 몝 가지런하고 질서가 있다, 질서 정연하다

5	根据上下文，请在第七段的空白处填上一个恰当的词语。	앞뒤 내용에 근거하여, 일곱 번째 단락의 빈칸에 들어갈 알맞은 어휘를 쓰세요.
	姓氏	성씨

해설　일곱 번째 단락의 빈칸 주변을 읽는다. 빈칸 앞은 '천일각에는 500여 부의 가보가 소장되어 있는데, 그중 류씨, 원씨, 공씨 등 백여 개의 ＿＿＿가 포함되어 있다'라는 문맥이므로, 빈칸에는 류씨, 원씨, 공씨를 가리키는 어휘가 들어가야 한다. 따라서 姓氏를 답변으로 쓴다.

어휘　**姓氏** xìngshì 몝 성씨

6	天一阁博物院为书法、地方史和浙东民居建筑的研究提供了什么？	천일각 박물관은 서예와 지방사, 저장성 동쪽의 민가 건축 연구에 무엇을 제공했는가?
	实物资料	실물 자료

해설 질문이 천일각 박물관은 서예와 지방사, 저장성 동쪽의 민가 건축 연구에 무엇을 제공했는지 물었으므로, 질문의 핵심어구 天一阁博物院为书法、地方史和浙东民居建筑的研究提供과 관련된 내용을 지문에서 재빨리 찾는다. 마지막 단락에서 天一阁博物院……为书法、地方史和浙东民居建筑的研究提供了实物资料라고 했으므로, 해당 부분에서 언급된 实物资料를 그대로 답변으로 쓴다.

어휘 书法 shūfǎ 圐 서예

7	最后一段中，画线词语"丰功伟绩"的意思是什么？	마지막 단락에서, 밑줄 친 어휘 '丰功伟绩'의 의미는 무엇인가?
	伟大的功劳和成就	위대한 공로와 성과

해설 질문의 丰功伟绩에서 丰은 '위대하다', 功은 '공로', 伟는 '위대하다', 绩는 '성과'라는 의미이므로, 丰功伟绩는 '위대한 공로와 성과'라는 의미임을 유추할 수 있다. 丰功伟绩가 포함된 문장은 '범씨 일가가 도서를 소장한 은혜는 만대에 이를 것이고, 범흠의 위대한 공로와 성과를 사람들은 마음에 깊이 새길 것이다. 왜냐하면 이 오래된 장서각은 한 도시의 상징일뿐만이 아니라 한 나라의 문화적 상징이기 때문이다'라는 자연스러운 문맥이므로, 丰功伟绩는 유추해둔 '위대한 공로와 성과'라는 의미로 사용되었음을 확인할 수 있다. 따라서 伟大的功劳和成就를 답변으로 쓴다.

어휘 丰功伟绩 fēnggōngwěijì 위대한 공로와 성과　功劳 gōngláo 圐 공로

고득점비책 04 빈칸에 들어갈 어휘 쓰기 p.126

전략 적용
p.127

　　최근 몇 년간, 중국의 많은 연해 도시에서 해수 침투 현상이 나타났다. 그중 환보하이 지역은 중국 해수 침투가 가장 심각한 지역이고, 산둥성 라이저우시는 해수 침투 면적이 가장 큰 도시로, 해수 침투 면적이 260제곱킬로미터를 초과했고 연평균 침투 속도도 10제곱킬로미터 이상에 달한다.

　　해수 침투 현상이 발생하는 가장 주요한 원인은 인공적으로 규정된 양을 초과하여 지하수를 채굴하는 것이다. 연해 지역에서 사람들이 지하수를 과다하게 채굴하여, 지하수 수위가 대폭 낮아져 해수가 침투되는 현상이 나타났다. 해수가 침투할 때는 먼저 작은 부분부터 시작해, 그 부분들이 점차 퍼지고 넓은 면적으로 이어져 결국 전체 해안으로 확산된다.

　　해수가 침투된 지역은 지하수 수질이 염류화된다. 만약 염분 함량이 높은 지하수로 작물에 물을 주면, 토양 표층에 염분이 집적되는 것을 야기하여, 토양이 염류화되게 하고 토양의 비옥도를 떨어뜨리며, 농작물 생산량에 영향을 끼친다. 이외에 논의 면적이 감소하고 메마른 땅의 면적이 증가하게 되며, 더욱 심각할 때는 공장과 마을이 집단 이주하게 만드는데, 이는 침투 지역이 불모지가 되어 버리게 한다.

　　해수 침투는 사람에게 일련의 건강 문제도 야기한다. 지하수에 해수가 침투되면, 물속의 요오드와 불소의 함량도 더불어 증가하는데, 만약 주민들이 장기간 이런 지하수를 마시면 각종 질병에 걸릴 수 있다. 한 데이터에서는 해수 침투 영향을 받은 지역은 인구 평균 사망률이 침투되지 않은 지역보다 높은 것으로 나타났다.

　　해수 침투는 주로 지하수를 과도하게 채굴하여 발생하고, 해수 침투를 막기 위해서는 지하수의 채굴량을 일정한 범위 내로 제한하고 채굴하는 시간 간격을 조정해야 한다. 예를 들어 물의 양이 풍부한 시기에는 지하수를 적절히 채굴해도 되지만, 물의 양이 부족한 시기에는 지하수의 채굴량을 줄여야 한다.

　　지하수의 허용 채굴량은 한계가 있지만, 물에 대한 사람들의 수요는 무한하다. 물에 대한 사람들의 수요를 충족시키기 위해, 국내외 많은 지역에서 강수를 비축하는 방법을 사용하여 지하수를 보충했다.

앞뒤 내용에 근거하여, 네 번째 단락의 빈칸에 들어갈 알맞은 어휘를 쓰세요.

> 질병

어휘 海水入侵 hǎishuǐ rùqīn 圐 해수 침투[바닷물이 해안 지역의 지하수가 있는 지층으로 침투하는 현상]
环渤海地区 huán Bóhǎi dìqū 환보하이 지역[보하이 주위를 둘러싼 경제권]　山东省 Shāndōngshěng 고유 산둥성　莱州市 Láizhōushì 고유 라이저우시
开采 kāicǎi 圐 채굴하다　扩散 kuòsàn 圐 퍼지다　波及 bōjí 圐 확산되다, 파급되다　盐分 yánfèn 圐 염분　灌溉 guàngài 圐 (논밭에) 물을 주다
土壤 tǔrǎng 圐 토양　表层 biǎocéng 圐 표층　聚集 jùjí 圐 집적되다　肥力 féilì 圐 비옥도　水田 shuǐtián 圐 논　旱田 hàntián 圐 메마른 땅, 밭
搬迁 bānqiān 圐 이주하다, 이전하다　不毛之地 bùmáozhīdì 圐 불모지　碘 diǎn 圐 요오드　氟 fú 圐 불소

1-7

　　随着网络视频业务的逐渐发展，互联网成为了重要的影视剧观看渠道，人们可以通过优酷、腾讯、爱奇艺等多个视频平台观看影视作品。除了大制作的商业电影之外，各类型的微电影也呈现出了"井喷式"的发展趋势。

　　[1]微电影即微型电影，是指通过互联网新媒体平台传播的、几分钟到60分钟不等的影片，它适合在短时间休闲状态下观看。微电影一般都具有完整的故事情节，具备电影的所有要素，且内容也极其丰富，包含了幽默搞怪、时尚潮流、公益教育、商业定制等类型。

　　近两年，中国微电影领域发展速度惊人，微电影呈现百花齐放的局面。从制作规模来看，越来越多的专业电影团队和知名导演跻身于微电影的制作行列；从电影类型来看，由网民原创的作品层出不穷，甚至由一些专业团队为品牌量身打造的商业微电影也开始盛行起来；[2]从影片的播放长度来看，微电影的篇幅虽短小，却具有精悍的特点，能给人带来更大的冲击力。

　　微电影的诞生离不开时代的需求。网络媒体的活跃使微电影得到了更好的技术支持，而人们想充分利用"碎片化"时间，这一需求促进了微电影产业的发展。人们在上班、排队的闲暇时刻，很难看完一部完整的电影，而[3]微电影形式很简单，视频播放时间也恰到好处，因此正好契合了人们即时消费的诉求。与此同时，视频网站间的相互竞争也推动了微电影的发展。[4]各大视频网站竞争激烈，使热门影视剧的版权价格也随之水涨船高，高昂的版权购买费导致运营成本的持续上升。在这样的情况下，自制微电影变成了一个不错的选择。[5]自制微电影不仅成本较为低廉，并且其灵活性还能使网站在运营时占据更多的主动权，因此微电影也就这样逐渐发展了起来。

　　[6]若想制作出优秀的微电影，要注重剧本、细节和构思三方面的特点，其中最重要的便是剧本的创作。首先，剧本和叙事方式要干净利落，台词也要简洁明了。其次要重视细节的表现，将电影所要表达的事件和感情用生动的画面表现出来，因为细节是表现人物、事件、社会环境和自然景物时最重要的要素。在一部微电影中，一个好的细节可以给内容起到画龙点睛的作用，给观众留下更加深刻的印象。最后，微电影的制作还要讲究构思。要时刻思考怎样才能制作出完整、新颖、精良的作品，只有这样才能创造出内容和形式俱佳的作品。

　　部分微电影在实现艺术追求的同时，还主动承担起对社会的责任，以艺术的力量向人们传播正确的理念。[7]为了让外国人也能理解电影内容，一些国产的微电影还特意在屏幕下方添加了外语字幕，这得到了国内外观众的一致好评。

　　온라인 동영상 서비스가 점점 발전함에 따라, 인터넷은 영화와 드라마 시청의 중요한 루트가 되었고, 사람들은 유쿠, 텐센트, 아이치이 등 다양한 동영상 플랫폼을 통해 영화와 드라마 작품을 볼 수 있게 됐다. 블록버스터 상업 영화 이외에 다양한 장르의 마이크로 무비들도 '폭발적인' 발전 추세를 나타내고 있다.

　　[1]마이크로 무비란 즉 소형 영화로, 인터넷의 새로운 미디어 플랫폼을 통해 전파되는 몇 분에서 60분 사이의 영화이며, 이는 짧은 시간에 캐주얼하게 보기 적합하다. 마이크로 무비는 일반적으로 완전한 스토리를 갖추고 있으며, 영화의 모든 요소를 갖추고 있다. 게다가 내용도 매우 풍부한데, 유머, 트렌드, 공익 교육, 상업용 맞춤 제작 등의 유형이 포함된다.

　　최근 2년 동안 중국의 마이크로 무비 분야의 발전 속도는 놀라웠으며, 마이크로 무비들은 함께 발전하는 양상을 보이고 있다. 제작 규모 면에서 보면 점점 많은 전문 영화팀과 유명 감독들이 마이크로 무비의 제작 대열에 합류하고 있다. 영화 장르 면에서 보면 누리꾼의 창작물이 끊임없이 나오고 있으며, 심지어 일부 전문팀이 브랜드를 위해 맞춤 제작한 상업 마이크로 무비까지 성행하기 시작했다. [2]영화 상영 길이를 보면, 마이크로 무비의 분량은 비록 짧지만, 강렬하다는 특징이 있어 사람들에게 더 큰 임팩트를 줄 수 있다.

　　마이크로 무비의 탄생은 시대적 수요와 떼려야 뗄 수 없다. 온라인 매체의 활성화는 마이크로 무비가 더 좋은 기술 지원을 받게 했고, 사람들은 '파편화'된 시간을 충분히 사용하고 싶어 하며, 이 수요는 마이크로 무비 산업의 발전을 더 촉진시켰다. 사람들은 출근길이나 줄을 서는 한가한 시간에 완전한 영화 한 편을 다 보기는 힘들지만 [3]마이크로 무비는 형식이 간단하고, 영상 재생 시간도 딱 알맞다. 이 때문에 사람들의 즉각적인 소비 욕구에 꼭 들어맞는다. 이와 동시에 동영상 사이트 간의 상호 경쟁도 마이크로 무비의 발전을 촉진시켰다. [4]대형 동영상 사이트들의 경쟁이 치열해지면서 인기 있는 영화와 드라마의 저작권 가격도 잇따라 치솟았고, 값비싼 저작권 구입비는 운영 비용의 지속적인 상승을 야기했다. 이런 상황에서 자체 제작 마이크로 무비는 좋은 선택지가 되었다. [5]자체 제작 마이크로 무비들은 비용이 비교적 저렴할 뿐만 아니라, 그 유연성은 사이트가 운영에서 더 많은 주도권을 가질 수 있게 하기 때문에 마이크로 무비들은 이렇게 점점 발전하기 시작했다.

　　[6]훌륭한 마이크로 무비를 만들어 내려면 대본, 디테일과 구상이라는 세 가지 특징을 중시해야 하는데, 그중에서 가장 중요한 것은 바로 대본 창작이다. 먼저, 대본과 서술 방식은 깔끔해야 하며, 대사도 간결하고 명료해야 한다. 다음으로는 디테일한 표현을 중시해야 하고, 영화가 표현하고자 하는 사건과 감정을 생동감 있는 화면으로 드러내야 한다. 디테일은 인물, 사건, 사회 환경과 자연경관을 표현할 때 가장 중요한 요소이기 때문이다. 한 마이크로 무비에서 좋은 디테일은 내용에서 화룡점정 역할을 하여 관객들에게 더욱 깊은 인상을 줄 수 있다. 마지막으로 마이크로 무비 제작은 구상도 중요시해야 한다. 어떻게 하면 완전하고 참신하며 훌륭한 작품을 제작할 수 있을지 늘 고민해야 하며, 이렇게 해야만 내용과 형식을 모두 갖춘 작품을 만들어 낼 수 있다.

　　일부 마이크로 무비는 예술적 추구를 실현하는 동시에 적극적으로 사회에 대한 책임도 지면서 예술의 힘으로 사람들에게 올바른 이념을 전파한다. [7]외국인들도 영화 내용을 이해할 수 있도록 일부 중국 국산 마이크로 무비는 일부러 화면 아래에 외국어 자막을 넣었으며, 이는 국내외 관객들의 호응을 얻었다.

视频 shìpín 圈 동영상　**渠道** qúdào 圈 루트, 경로　**平台** píngtái 圈 플랫폼

微电影 wēidiànyǐng 圈 마이크로 무비[웹드라마와 비슷한 형태의 영상물로 온라인에서만 감상할 수 있는 드라마나 영화를 일컬음]　**呈现** chéngxiàn 圏 나타나다

故事情节 gùshi qíngjié 스토리, 줄거리　**要素** yàosù 圈 요소　**潮流** cháoliú 圈 트렌드　**百花齐放** bǎihuāqífàng 圏 함께 발전하다, 일제히 꽃을 피우다

局面 júmiàn 圈 양상, 국면　**跻身于** jīshēn yú (대열 등에) 합류하다, 들어가다　**行列** hángliè 圈 대열, 행렬　**层出不穷** céngchūbùqióng 圏 끊임없이 나타나다

量身打造 liàngshēn dǎzào 맞춤 제작하다　**盛行** shèngxíng 圏 성행하다　**篇幅** piānfú 圈 분량　**精悍** jīnghàn 圈 강렬하다　**冲击力** chōngjīlì 圈 임팩트, 충격

诞生 dànshēng 圏 탄생하다　**需求** xūqiú 圈 수요　**产业** chǎnyè 圈 산업　**闲暇** xiánxiá 圈 한가하다

恰到好处 qiàdàohǎochù 圏 딱 알맞다, 딱 알맞은 부분에 이르다　**热门** rèmén 圈 인기 있는 것, 유행하는 것　**版权** bǎnquán 圈 저작권

高昂 gāo'áng 圈 값비싸다　**成本** chéngběn 圈 비용　**低廉** dīlián 圈 저렴하다　**占据** zhànjù 圏 차지하다　**注重** zhùzhòng 圏 중시하다　**剧本** jùběn 圈 대본

构思 gòusī 圏 구상하다　**创作** chuàngzuò 圏 (문예 작품을) 창작하다　**干净利落** gānjìnglìluò 圈 깔끔하다　**事件** shìjiàn 圈 사건

画龙点睛 huàlóngdiǎnjīng 圏 화룡점정　**新颖** xīnyǐng 圈 참신하다　**屏幕** píngmù 圈 화면, 스크린

---

1 第二段画线部分主要谈了什么？　두 번째 단락의 밑줄 친 부분은 주로 무엇을 설명하기 위함인가？

微电影的概念　마이크로 무비의 개념

해설　질문이 두 번째 단락의 밑줄 친 부분의 중심 내용을 물었으므로, 두 번째 단락의 밑줄 친 부분을 재빠르게 읽으며 중심 내용을 파악한다. 밑줄 친 부분에서 마이크로 무비의 뜻, 전파 방식, 길이 등에 대해 언급하며 마이크로 무비의 전반적인 개념에 대해 설명하고 있으므로, 밑줄 친 부분의 중심 내용은 마이크로 무비의 개념임을 알 수 있다. 따라서 微电影的概念을 답변으로 쓴다.

어휘　微电影 wēidiànyǐng 圈 마이크로 무비[웹드라마와 비슷한 형태의 영상물로 온라인에서만 감상할 수 있는 드라마나 영화를 일컬음]

---

2 根据上下文，请在第三段的空白处填上一个恰当的词语。　앞뒤 내용에 근거하여, 세 번째 단락의 빈칸에 들어갈 알맞은 어휘를 쓰세요.

篇幅　분량

해설　세 번째 단락의 빈칸 주변을 읽는다. 빈칸 앞뒤는 '영화 상영 길이를 보면, 마이크로 무비의 ＿＿＿은 비록 짧지만, 강렬하다는 특징이 있어 사람들에게 더 큰 임팩트를 줄 수 있다'라는 문맥이므로, 빈칸에는 마이크로 무비 상영 길이를 나타내는 어휘가 들어가야 함을 알 수 있다. 따라서 短小(짧다)와 의미적으로 호응하면서 문맥에도 알맞은 篇幅를 답변으로 쓴다.

어휘　篇幅 piānfú 圈 분량

---

3 第四段中，画线词语"恰到好处"的意思是什么？　네 번째 단락에서, 밑줄 친 어휘 '恰到好处'의 의미는 무엇인가？

刚好合适　딱 알맞다

해설　질문의 恰到好处에서 恰는 '딱', 到는 '이르다', 好는 '알맞다', 处는 '부분'이라는 의미이므로, 恰到好处는 '딱 알맞은 부분에 이르다', 즉 '딱 알맞다'라는 의미임을 유추할 수 있다. 恰到好处가 포함된 문장은 '마이크로 무비는 형식이 간단하고, 영상 재생 시간도 딱 알맞다. 이 때문에 사람들의 즉각적인 소비 욕구에 꼭 들어맞는다'라는 자연스러운 문맥이므로, 恰到好处는 유추해둔 '딱 알맞다'라는 의미로 사용되었음을 확인할 수 있다. 따라서 刚好合适를 답변으로 쓴다.

어휘　恰到好处 qiàdàohǎochù 圏 딱 알맞다, 딱 알맞은 부분에 이르다

---

4 为什么热门影视剧的版权费持续上升？　왜 인기 있는 영화와 드라마의 저작권비가 지속적으로 오르는가？

各大视频网站竞争激烈　대형 동영상 사이트들의 경쟁이 치열하다

해설　질문이 왜 인기 있는 영화와 드라마의 저작권비가 지속적으로 오르는지 물었으므로, 질문의 핵심어구 热门影视剧, 版权费, 上升과 관련된 내용을 지문에서 재빨리 찾는다. 네 번째 단락에서 各大视频网站竞争激烈，使热门影视剧的版权价格也随之水涨船高라고 했으므로, 해당 부분에서 언급된 各大视频网站竞争激烈를 그대로 답변으로 쓴다.

어휘　热门 rèmén 圈 인기 있는 것, 유행하는 것　版权 bǎnquán 圈 저작권

---

5 自制微电影除了有灵活性之外，还有什么优势？　자체 제작 마이크로 무비는 유연성이 있는 것 외에, 또 어떤 장점이 있는가？

成本较为低廉　비용이 비교적 저렴하다

해설　질문이 자체 제작 마이크로 무비는 유연성이 있는 것 외에, 또 어떤 장점이 있는지 물었으므로, 질문의 핵심어구 自制微电影, 优势과 관련된 내용을 지문에서 재빨리 찾는다. 네 번째 단락에서 自制微电影不仅成本较为低廉，并且其灵活性还能使网站在运营时占据更多的主动权이라고 했으므로, 해당 부분에서 언급된 成本较为低廉을 그대로 답변으로 쓴다.

어휘　成本 chéngběn 圈 비용　低廉 dīlián 圈 저렴하다

要想打造一部优秀的微电影，最需要注重什么？　　훌륭한 마이크로 무비를 제작하려면 무엇을 가장 중시해야 하는가?

剧本的创作　　대본 창작

해설　질문이 훌륭한 마이크로 무비를 제작하려면 무엇을 가장 중시해야 하는지 물었으므로, 질문의 핵심어구 优秀的微电影과 관련된 내용을 지문에서 재빨리 찾는다. 다섯 번째 단락에서 若想制作出优秀的微电影，要注重剧本、细节和构思三方面的特点，其中最重要的便是剧本的创作。라고 했으므로, 해당 부분에서 언급된 剧本的创作를 그대로 답변으로 쓴다.

어휘　剧本 jùběn 圆 대본

根据上下文，请在最后一段的空白处填上一个恰当的词语。　　앞뒤 내용에 근거하여, 마지막 단락의 빈칸에 들어갈 알맞은 어휘를 쓰세요.

字幕　　자막

해설　마지막 단락의 빈칸 주변을 읽는다. 빈칸 앞뒤는 '외국인들도 영화 내용을 이해할 수 있도록 일부 중국 국산 마이크로 무비는 일부러 화면 아래에 외국어 ＿＿＿을 넣었으며, 이는 국내외 관객들의 호응을 얻었다.'라는 문맥이므로, 빈칸에는 외국인이 중국 영화를 볼 때 등장인물의 대화를 알아들어서 영화 내용을 이해할 수 있게 한 것을 나타내는 어휘가 들어가야 한다. 따라서 外语(외국어)와 의미적으로 호응하면서 문맥에도 알맞은 字幕를 답변으로 쓴다.

어휘　字幕 zìmù 圆 자막

제3부분　실전테스트 p.130

1 出现以俑殉葬	2 兵马俑的数量和种类	3 关中、巴蜀、陇东
4 兵马俑四个坑的特点	5 多兵混合武装部队	6 二号坑
7 持弓的单兵操练动作	8 股票、债券、外汇等	9 互相辅助互相促成
10 金融支持	11 实体经济提供物质基础	12 出发点
13 虚拟经济过度膨胀	14 一视同仁的原则	

1-7

　　人殉是奴隶社会盛行的一项残酷而野蛮的丧葬制度。人殉最兴盛的时期是殷商时期，到了战国时期，各诸侯国先后废止了人殉制度，而秦国则是废止该制度的典型代表。秦献公元年"止从死"，秦国正式废止了人殉制度。[1]春秋战国之际的社会变革促使葬俗发生变化，出现以俑殉葬，即用陶木俑等来代替人殉。秦兵马俑就是以俑代人殉葬的典型，也是以俑代人殉葬的顶峰。秦俑之所以在规模和逼真程度上达到如此的高度，除了工匠的智慧之外，与历史上第一个封建皇帝秦始皇的意志分不开。

　　秦始皇即位后，一项庞大的工程便随即开启，那就是修建骊山北麓的皇陵。整整过了37年，这项工程才得以完工，正好在第37个年头，秦始皇突然离世了。他在这个地下宫殿里隐藏了一个能够防御外来侵略力量的军事组织，一支浩浩荡荡的"军队"——兵马俑。

　　[2]两千年过去了，然而这一杰作依然让全世界惊奇不已。目前已经出土的兵马俑总共有八千余尊，包括步兵、骑兵、车兵三个兵种，根据实战需要，不同兵种的装备也有所不同。他们神态各异，个性十足，或虎背熊腰，或浓眉大眼，或面含微笑，或神情拘谨，可谓千人千面，无一雷同。额头上的皱纹反映年龄，表情代表着某种情绪，每一个兵马俑都鲜活地描绘了当时中国士兵的神情和面貌。[3]历史学家袁仲一先生将士兵俑的身体特征划分为三类，脸颊胖乎乎的为关中出身的秦士兵，圆脸尖下颌的为巴蜀出身的士兵，颧骨高、胡须浓密且体型彪悍的为陇东士兵。还可以从中找到被秦所

　　순장은 노예제 사회에서 성행했던 잔혹하고 야만적인 장례 제도이다. 순장이 가장 흥했던 시기는 은상 시기였고, 전국 시대에 이르러서 각 제후국은 연이어 순장 제도를 폐지했는데, 진나라는 이 제도를 폐지한 전형적인 대표이다. 진헌공 원년에 '순장을 금지'하며 진나라는 정식으로 순장 제도를 폐지했다. [1]춘추 전국 시대 때의 사회 변혁은 장례 제도를 변화하게 했고, 인형으로 순장시키는 것이 등장했는데, 즉 도용(도기 인형)과 목용(나무 인형) 등으로 인간 순장을 대신하는 것이다. 진나라의 병마용은 인형으로 인간 순장을 대신한 대표적인 것이며, 인형으로 인간 순장을 대신한 것의 최고봉이기도 하다. 진나라 병마용이 규모와 진짜 같은 수준에서 이토록 높은 정도에 도달할 수 있었던 것은 기술자의 지혜 이외에도, 역사상 최초의 봉건제도 황제였던 진시황의 의지와도 떼어 놓을 수 없다.

　　진시황이 즉위한 후, 거대한 공사가 곧바로 시작됐는데, 그것은 바로 리산 북쪽 기슭에 황릉을 조성하는 것이었다. 꼬박 37년이 지난 후에야 이 공사는 비로소 완공되었고, 마침 딱 37년째 되던 해 진시황이 갑자기 세상을 떠났다. 그는 이 지하 궁전에 외부의 침략 세력을 방어할 수 있는 군사 조직이자, 위풍당당한 '군대'인 병마용을 숨겨두었다.

　　[2]2천 년이 지났는데도 이 걸작은 여전히 세계를 놀라게 한다. 현재 이미 출토된 병마용은 모두 8천여 점이 있는데, 보병, 기병, 전차병 세 종류를 포함하고 있으며, 실전 수요에 따라 병사 종류마다 장비도 다소 차이가 있다. 그것들은 각각 표정이 다르고 개성이 넘치며, 장대한 기골을 가지고 있거나 짙은 눈썹과 큼지막한 눈을 가지고 있기도 하고, 얼굴에 미소를 짓고 있거나 표정이 어색하기도 하여, 각인각색에 비슷한 것이 없다고 말할 수 있다. 이마의 주름살은 나이를 반영하고, 표정은 어떠한 정서를 나타내며, 병마용 하나하나가 당시 중국 병사들의 표정과 모습을 생생하게 묘사했다. [3]역사학자 위안중이 선생은 병사용의

灭的六国人，也可以找到匈奴等北方游牧民出身者。这些来自不同地域的士兵组成了秦统一天下后的部队。不仅仅是人，马也如此，雄俊的陶马形体也与真马大小相似，结实饱满，神态生动。

从兵马俑的分布可以看出，秦始皇想要的似乎是一支真正的"作战部队"。据考古发现，[4]兵马俑分为四个坑。第一号坑是以步兵为主的长方形军阵，是秦军的主力部队。根据陶俑的冠式、铠甲和服饰的不同，可以分为高级军吏俑、中级军吏俑、下级军吏俑和一般武士俑等。在这里还发现了秦盾、青铜长剑和弓弩遗迹。[5]第二号坑是以战车、骑兵为主，以步、弩兵种为辅的，混编的曲形军阵，为多兵混合武装部队。第三号坑是统帅三军的指挥部。第四号坑因陈胜、吴广农民起义，尚未完工。有军事专家分析后大为惊叹，因为整个部队大阵套小阵、大营包小营，营中有营、阵中有阵，通过有机配合，组成了一个可分可合、变幻无常、威力无比的大型军阵。如此庞大的布局，呈现出了当时的秦国攻无不克、战无不胜的无敌状态。特别是许多兵马俑士兵都没有佩戴头盔，这从侧面反映出了秦军无所畏惧、骁勇善战的特征。

由于秦兵马俑分工明确，因此根据当时所处的作战位置不同，秦兵马俑有不同的姿势和造型，跪射俑便是其中典型的代表。[6]跪射俑出土于二号坑东部，他身穿战袍，外披铠甲，头顶左侧绾一发髻。[6/7]跪射俑的左腿曲蹲，右膝着地，双手形象地展示出了持弓的单兵操练动作。除了跪射俑之外，其他兵马俑也真实地再现了当时的作战情景。

这些看似没有生命力的陶俑在不断地给我们传递着关于那个时期的各种信息，它们正以无声的方式告诉人们那个时代未知的秘密。

신체적 특징을 세 가지로 구분했는데, 볼이 통통한 것은 관중 출신의 진나라 병사이고, 얼굴이 둥글고 턱이 뾰족한 것은 파촉 출신의 병사이며, 광대뼈가 높고 수염이 빽빽하며 몸집이 건장하고 용맹한 것은 농동의 병사이다. 그중에서 진나라에 멸망한 육국의 사람도 찾을 수 있고, 흉노 등 북방 유목민 출신도 찾을 수 있다. 서로 다른 지역에서 온 이 병사들은 진나라가 천하를 통일한 이후의 군대를 구성했다. 사람뿐만 아니라 말도 마찬가지인데, 웅장한 도마(도기 말)의 형체도 진짜 말과 크기가 비슷하며, 튼튼하고 풍만하며 생동감이 넘친다.

병마용의 분포를 보면 알 수 있듯이, 진시황이 원한 것은 진정한 '전투 부대'인 것으로 보인다. 고고학적 발견에 따르면, [4]병마용은 4개의 갱으로 나뉜다. 제1호갱은 보병을 주축으로 한 직사각형 모양의 군진으로, 진나라 군대의 주력 부대이다. 도용의 모자 형태, 갑옷과 복식의 차이에 따라 상급 군관용, 중급 군관용, 하급 군관용과 일반 무사용 등으로 나눌 수 있다. 이곳에서는 진나라 방패, 청동 장검과 활과 쇠뇌 유적도 발견되었다. [5]제2호갱은 전차, 기병을 주축으로 하고 보병과 노병을 보조로 혼재되어 있는 곡선형 군진으로, 다양한 병사가 혼합된 무장 부대이다. 제3호갱은 3군을 통솔하는 지휘부이다. 제4호갱은 진승, 오광의 농민 봉기로 인해 아직 완공되지 않았다. 어떤 군사 전문가는 이를 분석하며 크게 감탄했는데, 전체 부대가 큰 진영이 작은 진영을 감싸고 큰 대대가 작은 대대를 감싸서, 대대 안에 대대가 있고, 진영 안에 진영이 있기 때문이었다. 유기적인 배열로 분리와 합침이 가능하고 변화무쌍하며 위력이 아주 뛰어난 대형 군진을 구성했다. 이 같은 거대한 배치는 당시 진나라가 공격하면 반드시 이기고, 백전백승인 무적의 상태를 나타냈다. 특히 많은 병마용 병사는 투구를 쓰지 않았는데, 이는 다른 면에서 진나라 군사가 어떤 것도 두려워하지 않고, 용맹하며 전투에 능하다는 특징을 보여준다.

진나라의 병마용은 역할 분담이 명확하기 때문에 당시 처한 전투 위치에 따라 진나라의 병마용은 자세와 형상이 다른데, 무릎싸움이 그중에서 대표적인 것이다. [6]무릎싸움은 2호갱 동쪽에서 출토됐는데, 그는 전포를 입고, 외피에는 갑옷을 입고 정수리 왼쪽에 상투를 틀고 있다. [6/7]무릎싸움의 왼쪽 다리는 쪼그리고 있고, 오른쪽 무릎은 땅에 닿아 있으며, 양손은 활을 든 병사 1명의 훈련 동작을 구체적으로 드러내고 있다. 무릎싸움 외에 다른 병마용들도 당시의 전투 모습을 생생하게 재현하고 있다.

이 생명력이 없어 보이는 도용들은 우리에게 그 시기에 대한 다양한 정보를 끊임없이 전달하고 있는데, 그들은 그 시대의 알려지지 않은 비밀을 소리 없는 방식으로 알려주고 있다.

어휘　人殉 rénxùn 圈 순장　奴隷 núlì 圈 노예　盛行 shèngxíng 圈 성행하다　残酷 cánkù 圈 잔혹하다　野蛮 yěmán 圈 야만이다　丧葬 sāngzàng 圈 장례
兴盛 xīngshèng 圈 흥하다　诸侯 zhūhóu 圈 제후　废止 fèizhǐ 圈 (법령·제도 등을) 폐지하다　秦国 Qínguó 고유 진나라
典型 diǎnxíng 圈 전형적인 圈 대표적인 것, 대표　之际 zhījì 圈 때　变革 biàngé 圈 (주로 사회 제도를) 변혁하다　葬俗 zàngsú 圈 장례 제도
殉葬 xùnzàng 圈 순장하다　兵马俑 bīngmǎyǒng 圈 병마용[옛날 순장할 때 쓰는 도기로 만든 병사와 말 모양의 우상]　顶峰 dǐngfēng 圈 최고봉, (산의) 정상
逼真 bīzhēn 圈 진짜와 같다　工匠 gōngjiàng 圈 기술자　封建 fēngjiàn 圈 봉건 제도　皇帝 huángdì 圈 황제　意志 yìzhì 圈 의지　即位 jíwèi 圈 즉위하다
庞大 pángdà 圈 거대하다　随即 suíjí 圈 곧바로　修建 xiūjiàn 圈 조성하다, 건설하다　骊山 Líshān 고유 리산[산시 린퉁에 있는 산 이름]　北麓 běilù 圈 북쪽 기슭
皇陵 huánglíng 圈 황릉　整整 zhěngzhěng 圈 꼬박　宫殿 gōngdiàn 圈 궁전　隐藏 yǐncáng 圈 숨기다　侵略 qīnlüè 圈 침략하다　浩荡 hàodàng 圈 위풍당당하다
军队 jūnduì 圈 군대　杰作 jiézuò 圈 걸작　惊奇 jīngqí 圈 놀라다　出土 chūtǔ 圈 출토되다, 발굴되어 나오다　尊 zūn 圈 점, 기[불상이나 조각상을 세는 단위]
神态 shéntài 圈 표정, 모습　十足 shízú 圈 넘치다　虎背熊腰 hǔbèixióngyāo 圈 장대한 기골　神情 shénqíng 圈 표정　拘谨 jūjǐn 圈 어색하다
雷同 léitóng 圈 비슷하다　额头 étóu 圈 이마　鲜活 xiānhuó 圈 생생하다　描绘 miáohuì 圈 묘사하다　面貌 miànmào 圈 모습, 면모　划分 huàfēn 圈 구분하다
关中 Guānzhōng 고유 관중[산시성 웨이허 유역 일대]　出身 chūshēn 圈 출신　下颌 xiàhé 圈 턱　巴蜀 Bā Shǔ 圈 파촉[쓰촨성(四川省)의 옛 이름]
颧骨 quángǔ 圈 광대뼈　胡须 húxū 圈 수염　彪悍 biāohàn 圈 건장하고 용맹하다　匈奴 Xiōngnú 圈 흉노, 흉노족　游牧民 yóumùmín 圈 유목민
雄俊 xióngjùn 圈 웅장하다　作战 zuòzhàn 圈 전투하다　考古 kǎogǔ 圈 고고학　坑 kēng 圈 갱, 구덩이　步兵 bùbīng 圈 보병　军阵 jūnzhèn 圈 군진, 전투 대형
铠甲 kǎijiǎ 圈 갑옷　军吏 jūnlì 圈 군관　青铜 qīngtóng 圈 청동　长剑 chángjiàn 圈 장검　弓弩 gōngnǔ 圈 활과 쇠뇌　战车 zhànchē 圈 전차
骑兵 qíbīng 圈 기병　弩兵 nǔbīng 圈 노병　混编 hùn biān 혼재되다, 섞여서 편성되다　混合 hùnhé 圈 혼합하다　武装 wǔzhuāng 圈 무장
统帅 tǒngshuài 圈 통솔하다　农民起义 nóngmín qǐyì 圈 농민봉기　尚未 shàngwèi 圈 아직 ~하지 않다　变幻无常 biànhuànwúcháng 圈 변화무쌍하다
威力无比 wēilì wúbǐ 圈 위력이 아주 뛰어나다　布局 bùjú 圈 배치　呈现 chéngxiàn 圈 나타나다　攻无不克 gōngwúbúkè 圈 공격하면 반드시 이긴다
战无不胜 zhànwúbúshèng 圈 백전백승　无敌 wúdí 圈 무적이다　无所畏惧 wúsuǒwèijù 圈 어떤 것도 두렵지 않다, 매우 용감하다
骁勇 xiāoyǒng 圈 용맹하다　跪射 guìshè 圈 무릎싸움[한쪽 무릎을 꿇고 사격하는 자세]　战袍 zhànpáo 圈 전포[고대에 전사가 입던 옷]
绾 wǎn 圈 둥글게 감아 매듭을 짓다　发髻 fàjì 圈 상투　单兵 dānbīng 圈 병사 1명　操练 cāoliàn 圈 훈련하다　传递 chuándì 圈 전달하다

1	春秋战国时期的葬俗发生了怎样的变化？	춘추 전국 시대의 장례 제도에는 어떠한 변화가 생겼는가？
	出现以俑殉葬	인형으로 순장시키는 것이 등장했다

해설　질문이 춘추 전국 시대의 장례 제도에는 어떠한 변화가 생겼는지 물었으므로, 질문의 핵심어구 春秋战国时期的葬俗, 变化와 관련된 내용을 지문에서 재빨리 찾는다. 첫 번째 단락에서 春秋战国之际的社会变革促使葬俗发生变化, 出现以俑殉葬이라고 했으므로, 해당 부분에서 언급된 出现以俑殉葬을 그대로 답변으로 쓴다.

어휘　葬俗 zàngsú 圄 장례 제도　殉葬 xùnzàng 图 순장하다

2	第三段画线部分主要是为了说明什么？	세 번째 단락의 밑줄 친 부분은 주로 무엇을 설명하기 위해서인가？
	兵马俑的数量和种类	병마용의 수량과 종류

해설　질문이 세 번째 단락의 밑줄 친 부분의 중심 내용을 물었으므로, 세 번째 단락의 밑줄 친 부분을 재빠르게 읽으며 중심 내용을 파악한다. 밑줄 친 부분에서 출토된 병마용은 8천여 점이 있고 세 가지 종류가 있다고 했으므로, 밑줄 친 부분의 중심 내용은 병사용의 수량과 종류임을 알 수 있다. 따라서 兵马俑的数量和种类를 답변으로 쓴다.

어휘　兵马俑 bīngmǎyǒng 圄 병마용[옛날 순장할 때 쓰는 도기로 만든 병사와 말 모양의 우상]

3	根据历史学家袁仲一先生的分类，兵马俑的士兵主要来自哪三个地区？	역사학자인 위안중이 선생의 분류에 따르면, 병마용의 병사는 주로 어느 세 지역에서 왔는가？
	关中、巴蜀、陇东	관중, 파촉, 농동

해설　질문이 역사학자인 위안중이 선생의 분류에 따르면 병마용의 병사는 주로 어느 세 지역에서 왔는지 물었으므로, 질문의 핵심어구 袁仲一先生的分类와 관련된 내용을 지문에서 재빨리 찾는다. 세 번째 단락에서 历史学家袁仲一先生将士兵俑的身体特征划分为三类, 脸颊胖乎乎的为关中出身的秦士兵, 圆脸尖下颌的为巴蜀出身的士兵, 颧骨高、胡须浓密且体型彪悍的为陇东士兵。이라고 했으므로, 병사가 주로 온 세 지역은 관중, 파촉, 농동임을 알 수 있다. 따라서 关中、巴蜀、陇东을 답변으로 쓴다.

어휘　关中 Guānzhōng 고유 관중[산시성 웨이허 유역 일대]　巴蜀 Bā Shǔ 고유 파촉[쓰촨성(四川省)의 옛 이름]

4	第四段主要介绍了什么？	네 번째 단락은 주로 무엇을 소개하고 있는가？
	兵马俑四个坑的特点	병마용 4개 갱의 특징

해설　질문이 네 번째 단락의 중심 내용을 물었으므로, 네 번째 단락을 재빠르게 읽으며 중심 내용을 파악한다. 네 번째 단락에서 兵马俑分为四个坑이라고 하며 각 갱의 특징을 구체적으로 언급하고 있으므로, 네 번째 단락의 중심 내용은 병마용 4개 갱의 특징임을 알 수 있다. 따라서 兵马俑四个坑的特点을 답변으로 쓴다.

어휘　坑 kēng 圄 갱, 구덩이

5	二号坑兵马俑主要是什么部队？	제2호갱의 병마용은 주로 어떤 부대인가？
	多兵混合武装部队	다양한 병사가 혼합된 무장 부대

해설　질문이 제2호갱의 병마용은 주로 어떤 부대인지 물었으므로, 질문의 핵심어구 二号坑兵马俑, 部队와 관련된 내용을 지문에서 재빨리 찾는다. 네 번째 단락에서 第二号坑是以战车、骑兵为主，以步、弩兵种为辅的，混编的曲形军阵，为多兵混合武装部队。라고 했으므로, 해당 부분에서 언급된 多兵混合武装部队를 그대로 답변으로 쓴다.

어휘　混合 hùnhé 图 혼합하다　武装 wǔzhuāng 图 무장

6	图中的兵马俑出土于哪个坑？	그림 속 병마용은 몇 호 갱에서 출토됐는가？
	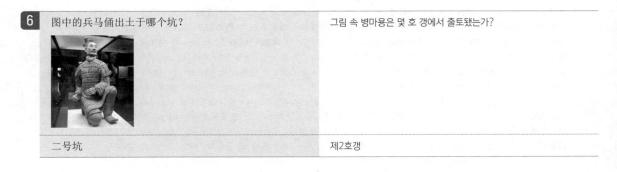	
	二号坑	제2호갱

해설 질문이 그림 속 병마용은 몇 호 갱에서 출토됐는지 물었으므로, 지문을 읽으며 그림의 병마용이 언급되는 부분을 찾는다. 다섯 번째 단락에서 跪射俑出土于二号坑东部，他身穿战袍，外披铠甲，头顶左侧绾一发髻。跪射俑的左腿曲蹲，右膝着地，双手形象地展示出了持弓的单兵操练动作。라고 했으므로, 그림 속 병마용인 무릎쏴용은 제2호갱에서 출토됐음을 알 수 있다. 따라서 二号坑을 답변으로 쓴다.

어휘 出土 chūtǔ 圖 출토되다, 발굴되어 나오다

7

图中A展示的是什么动作? 그림 속 A는 어떤 동작을 드러내고 있는가?

持弓的单兵操练动作 활을 든 병사 1명의 훈련 동작

해설 질문이 그림 속 A는 어떤 동작을 드러내고 있는지 물었으므로, 지문을 읽으며 A가 가리키는 부분을 찾는다. 다섯 번째 단락에서 跪射俑的左腿曲蹲，右膝着地，双手形象地展示出了持弓的单兵操练动作。라고 했으므로, 그림 속 A가 가리키고 있는 부분은 활을 든 병사 1명의 훈련 동작을 드러내고 있음을 알 수 있다. 따라서 持弓的单兵操练动作을 답변으로 쓴다.

어휘 单兵 dānbīng 圖 병사 1명   操练 cāoliàn 圖 훈련하다

---

8 - 14

　　经济学上存在着一对概念——"实体经济"和"虚拟经济"。实体经济是指人通过思想工具在地球上创造的经济，包括物质的、精神的产品和服务的生产、流通等经济活动。虚拟经济是相对于实体经济而言的，是经济虚拟化的必然产物。[8]虚拟经济既包括股票、债券、外汇等传统金融资产，又包括由金融创新所派生的各种衍生金融工具。经济专家表示，如果[9]实体经济不景气，虚拟经济一定会受到影响，两者存在着相辅相成、密不可分的联系。

　　一方面，实体经济的发展借助于虚拟经济。虚拟经济影响着实体经济的宏观经营环境，实体经济要生存、要发展，除了其内部经营环境外，还必须有良好的外部宏观经营环境。外部宏观经营环境包括全社会的资金总量状况、资金筹措状况、资金循环状况等，而这些方面都与虚拟经济存在着直接或间接的关系，因此虚拟经济的发展状况将会在很大程度上影响实体经济的发展。除此之外，[10]虚拟经济会为实体经济提供金融支持。实体经济的不断发展和居民储蓄的不断上升限制了生产投资的增长，许多生产活动因缺乏投资而被困在没有经济效益的领域上。虚拟经济则可以用其流动性和高获利性吸引人们把大量暂时闲置的资金投入到股票、债券、金融衍生产品等虚拟资本上。当全社会的闲置的资金由此投入到实体经济中时，就可以满足实体经济发展过程中的资金需要。

　　另一方面，虚拟经济的发展依赖于实体经济。[11]实体经济为虚拟经济的发展提供物质基础，从根本上决定虚拟经济的产生和发展，因此[11]离开实体经济，虚拟经济就会成为既不着天也不着地的空中楼阁。实体经济为了自身向更高处发展，会不断向虚拟经济提出新的要求，主要表现在对有价证券的市场化程度和金融市场的国际化程度上。总的来说，[12]虚拟经济的出发点和落脚点都是实体经济，而实体经济是检验虚拟经济发展程度的标准。

경제학에서는 '실물 경제'와 '가상 경제'라는 한 쌍의 개념이 존재한다. 실물 경제는 인간이 사상적 도구를 통해 지구에서 창조한 경제를 가리키는데, 물질적, 정신적 상품과 서비스의 생산, 유통 등 경제 활동을 포함한다. 가상 경제는 실물 경제에 대해 상대적으로 이르는 말로 경제 가상화의 필연적 산물이다. [8]가상 경제는 주식, 채권, 외환 등 전통적인 금융 자산을 포함할 뿐만 아니라, 금융 혁신으로 파생된 다양한 파생금융상품도 포함한다. 경제 전문가들은 만약 [9]실물 경제가 불황이면 가상 경제는 반드시 영향을 받게 되며, 둘은 서로 돕고 서로 완성시키는, 떼려야 뗄 수 없는 관련이 있다고 밝혔다.

한편으로, 실물 경제의 발전은 가상 경제의 도움을 받는다. 가상 경제는 실물 경제의 거시적 경영 환경에 영향을 미치고 있는데, 실물 경제가 생존하고 발전하려면 실물 경제의 내부 경제 환경 이외에 양호한 거시적 외부 경영 환경도 있어야 한다. 거시적 외부 경영 환경은 사회 전반의 자금 총량 상황, 자금 조달 상황, 자금 순환 상황 등을 포함하는데, 이런 부분들은 모두 가상 경제와 직간접적인 관계가 있기 때문에 가상 경제의 발전 상황은 실물 경제의 발전에도 크게 영향을 미칠 것이다. 이 밖에 [10]가상 경제는 실물 경제에 금융적 지원을 제공한다. 실물 경제의 끊임없는 발전과 가계 저축의 끊임없는 상승은 생산 투자의 증가를 제한했고, 많은 생산 활동은 투자 부족으로 경제 효과와 이익이 없는 분야에 발이 묶이게 되었다. 가상 경제는 유동성과 높은 수익성으로 사람들이 대량의 일시적인 여유 자금을 주식, 채권, 금융파생상품 등 가상 자본에 투입하도록 끌어당길 수 있다. 사회 전반의 여유 자금이 이를 통해 실물 경제에 투입될 때 실물 경제 발전 과정의 자금 수요를 충족시킬 수 있다.

다른 한편으로, 가상 경제의 발전은 실물 경제에 의존하기도 한다. [11]실물 경제는 가상 경제의 발전을 위해 물질적 토대를 제공하며, 가상 경제의 발생과 발전을 근본적으로 결정하기 때문에 [11]실물 경제를 벗어나면 가상 경제는 하늘에도 닿아 있지 않고 땅에도 닿아 있지 않은 공중누각이 될 것이다. 실물 경제는 더 높은 곳으로 발전하기 위해 가상 경제에 새로운 요구 사항을 끊임없이 제기하는데, 주로 유가 증권에 대한 시장화 정도와 금융 시장의 국제화 정도에서 나타난다. 전반적으로 말해서 [12]가상 경제의 출발점과 목표점은 모두 실물 경제이고, 실물 경제는 가상 경제의 발전 정도를 검증하는 기준이다.

实体经济和虚拟经济是当今社会不可或缺的两种经济形式，两者中其中一方过热会导致经济的不稳定甚至崩溃。例如，[13]虚拟经济过度膨胀会加大实体经济动荡的可能性，也可能会导致泡沫经济的形成。只有正确地处理两者间的关系，才能让社会经济平稳且有序地发展。

[14]虚拟经济与实体经济虽各有千秋，[14]对待这两种经济形式的关系时，应该坚持一视同仁的原则，不能对任何一方采取不重视的态度，也要避免对任何一方采取偏颇的态度。在宏观经济的规划上，在战略的部署上，在人才的培养上，都应统一谋划。努力实现实体经济和虚拟经济的均衡发展，才能让它们的长处得到最大限度的发挥，从而提高社会经济的运作效率。

실물 경제와 가상 경제는 현재 사회에 없어서는 안 되는 두 가지 경제 형식으로, 둘 중 어느 한쪽이 과열되면 경제가 불안정해지고, 심지어는 침몰까지 초래한다. 예컨대 [13]가상 경제의 과도한 팽창은 실물 경제가 요동칠 가능성을 높이고 거품 경제의 형성을 초래할 수도 있다. 둘 사이의 관계를 제대로 다뤄야 사회 경제가 안정적이고 질서 있도록 발전하게 할 수 있다.

[14]가상 경제와 실물 경제는 비록 각기 특색을 가지고 있지만 [14]이 두 가지 경제 형태의 관계를 대할 때는 이들을 동일시하는 원칙을 고수해야 하고, 어느 한쪽에도 등한시하는 태도를 취해서는 안 되며, 어느 한쪽에 대해 편파적인 태도를 취하는 것도 피해야 한다. 거시 경제의 계획, 전략의 배치, 인재의 육성에 있어 모두 통일되도록 계획해야 한다. 실물 경제와 가상 경제의 균형적인 발전을 실현하도록 노력해야만 이들의 장점을 최대한 발휘하여 사회 경제의 운용 효율을 높일 수 있다.

어휘　**实体** shítǐ圏 실물, 실체　**虚拟** xūnǐ圏 가상의　**流通** liútōng圏 유통하다　**金融** jīnróng圏 금융　**债券** zhàiquàn圏 채권　**衍生** yǎnshēng圏 파생하다
　　　　相辅相成 xiāngfǔxiāngchéng圏 서로 돕고 서로 (촉진하여) 완성시키다, 상부상조하다　**借助于** jièzhù yú ~의 도움을 받다, ~에 힘입다
　　　　宏观 hóngguān圏 거시적인　**生存** shēngcún圏 생존하다　**筹措** chóucuò圏 조달하다　**循环** xúnhuán圏 순환하다　**间接** jiànjiē圏 간접적인
　　　　居民储蓄 jūmín chǔxù圏 가계 저축　**效益** xiàoyì圏 효과와 이익　**依赖** yīlài圏 의존하다
　　　　空中楼阁 kōngzhōnglóugé圏 공중누각[근거 없는 이론이나 현실과 동떨어진 환상 같은 것]　**落脚点** luòjiǎodiǎn圏 목표점, 결과　**检验** jiǎnyàn圏 검증하다
　　　　崩溃 bēngkuì圏 침몰하다, 붕괴하다　**过度** guòdù圏 과도하다　**膨胀** péngzhàng圏 팽창하다, 확대하다
　　　　动荡 dòngdàng圏 (정세·상황 등이) 요동치다, 동요하다　**泡沫经济** pàomò jīngjì圏 거품 경제[특수한 상황에서 경기가 실제보다 과대팽창되는 경기 상태]
　　　　各有千秋 gèyǒuqiānqiū圏 각기 특색을 가지고 있다　**一视同仁** yíshìtóngrén圏 동일시하다, 차별하지 않다　**偏颇** piānpō圏 편파적이다
　　　　规划 guīhuà圏 계획하다, 기획하다　**战略** zhànlüè圏 전략　**部署** bùshǔ圏 배치하다　**均衡** jūnhéng圏 균형을 이루다

8　虚拟经济包括哪些传统金融资产？　가상 경제는 어떤 전통적인 금융 자산을 포함하는가?

股票、债券、外汇等　주식, 채권, 외환 등

해설　질문이 가상 경제는 어떤 전통적인 금융 자산을 포함하는지 물었으므로, 질문의 핵심어구 虚拟经济, 传统金融资产과 관련된 내용을 지문에서 재빨리 찾는다. 첫 번째 단락에서 虚拟经济既包括股票、债券、外汇等传统金融资产이라고 했으므로, 해당 부분에서 언급된 股票、债券、外汇等을 그대로 답변으로 쓴다.

어휘　**虚拟** xūnǐ圏 가상의　**金融** jīnróng圏 금융　**债券** zhàiquàn圏 채권

9　第一段中，画线词语"相辅相成"的意思是什么？　첫 번째 단락에서 밑줄 친 어휘 '相辅相成'의 의미는 무엇인가?

互相辅助互相促成　서로 돕고 서로 완성시키다

해설　질문의 相辅相成에서 相은 '서로', 辅는 '돕다', 成은 '완성시키다'라는 의미이므로, 相辅相成은 '서로 돕고 서로 완성시키다'라는 의미임을 유추할 수 있다. 相辅相成이 포함된 문장은 '실물 경제가 불황이면 가상 경제는 반드시 영향을 받게 되며, 둘은 서로 돕고 서로 완성시키는, 떼려야 뗄 수 없는 관련이 있다'라는 자연스러운 문맥이므로, 相辅相成은 '서로 돕고 서로 완성시키다'라는 의미로 사용되었음을 확인할 수 있다. 따라서 互相辅助互相促成을 답변으로 쓴다.

어휘　**相辅相成** xiāngfǔxiāngchéng圏 서로 돕고 서로 (촉진하여) 완성시키다, 상부상조하다

10　虚拟经济会为实体经济提供哪种支持？　가상 경제는 실물 경제에 어떤 지원을 제공하는가?

金融支持　금융적 지원

해설　질문이 가상 경제는 실물 경제에 어떤 지원을 제공하는지 물었으므로, 질문의 핵심어구 虚拟经济会为实体经济提供, 支持와 관련된 내용을 지문에서 재빨리 찾는다. 두 번째 단락에서 虚拟经济为实体经济提供金融支持이라고 했으므로, 해당 부분에서 언급된 金融支持을 그대로 답변으로 쓴다.

어휘　**虚拟** xūnǐ圏 가상의　**实体** shítǐ圏 실물, 실체　**金融** jīnróng圏 금융

11　为什么离开实体经济，虚拟经济就会成为空中楼阁？　실물 경제를 벗어나면, 가상 경제는 왜 공중누각이 되는가?

实体经济提供物质基础　실물 경제가 물질적 토대를 제공한다

해설 질문이 실물 경제를 벗어나면, 가상 경제는 왜 공중누각이 되는지 물었으므로, 질문의 핵심어구 离开实体经济, 虚拟经济就会成为空中楼阁와 관련된 내용을 지문에서 재빨리 찾는다. 세 번째 단락에서 实体经济为虚拟经济的发展提供物质基础……离开实体经济, 虚拟经济就会成为既不着天也不着地的空中楼阁라고 했으므로, 실물 경제가 물질적 토대를 제공하기 때문에 실물 경제를 벗어나면 가상 경제가 공중누각이 되는 것임을 알 수 있다. 따라서 实体经济提供物质基础를 답변으로 쓴다.

어휘 空中楼阁 kōngzhōnglóugé 圏 공중누각[근거 없는 이론이나 현실과 동떨어진 환상 같은 것]

---

12 根据上下文，请在第三段的空格处填上一个恰当的词语。 | 앞뒤 내용에 근거하여, 세 번째 단락의 빈칸에 들어갈 가장 알맞은 어휘를 쓰세요.
出发点 | 출발점

해설 질문이 세 번째 단락의 빈칸에 들어갈 가장 알맞은 어휘를 물었다. 빈칸 앞뒤는 '가상 경제의 _____ 과 목표점은 모두 실물 경제이다'라는 문맥이므로, 빈칸에는 목표점과 상반되는 어휘가 들어가야 한다. 따라서 落脚点과 의미적으로 호응하면서 문맥에도 알맞은 出发点을 답변으로 쓴다.

어휘 出发点 chūfādiǎn 圏 출발점

---

13 什么可能会导致泡沫经济形成？ | 무엇이 거품 경제의 형성을 초래할 수 있는가?
虚拟经济过度膨胀 | 가상 경제의 과도한 확대

해설 질문이 무엇이 거품 경제의 형성을 초래할 수 있는지 물었으므로, 질문의 핵심어구 导致泡沫经济形成과 관련된 내용을 지문에서 재빨리 찾는다. 네 번째 단락에서 虚拟经济过度膨胀会加大实体经济动荡的可能性, 也可能会导致泡沫经济的形成이라고 했으므로, 해당 부분에서 언급된 虚拟经济过度膨胀을 그대로 답변으로 쓴다.

어휘 泡沫经济 pàomò jīngjì 圏 거품 경제[특수한 상황에서 경기가 실제보다 과대팽창되는 경기 상태] 过度 guòdù 圏 과도하다
膨胀 péngzhàng 圏 팽창하다, 확대하다

---

14 对待虚拟经济与实体经济的关系时，应该坚持怎样的原则？ | 가상 경제와 실물 경제의 관계를 대할 때, 어떤 원칙을 고수해야 하는가?
一视同仁的原则 | 동일시하는 원칙

해설 질문이 가상 경제와 실물 경제의 관계를 대할 때, 어떤 원칙을 고수해야 하는지 물었으므로, 질문의 핵심어구 对待虚拟经济与实体经济的关系, 原则와 관련된 내용을 지문에서 재빨리 찾는다. 마지막 단락에서 虚拟经济与实体经济……对待这两种经济形式的关系时, 应该坚持一视同仁的原则라고 했으므로, 해당 부분에서 언급된 一视同仁的原则를 그대로 답변으로 쓴다.

어휘 一视同仁 yíshìtóngrén 圏 동일시하다, 차별하지 않다

쓰기

제1부분

글 쓰기가 쉬워지는 문제풀이 스텝

화면에 제시되는 그래프   p.137

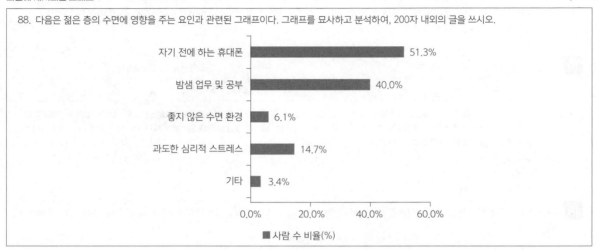

88. 다음은 젊은 층의 수면에 영향을 주는 요인과 관련된 그래프이다. 그래프를 묘사하고 분석하여, 200자 내외의 글을 쓰시오.

모범답안

　　젊은 층의 수면에 영향을 주는 요인과 관련된 그래프에서 알 수 있듯이, 1위를 차지한 요인은 '자기 전에 하는 휴대폰'이다. 절반이 넘는 젊은 층의 수면은 자기 전에 하는 휴대폰으로 인해 영향을 받고 있으며, 비율은 51.3%이다. 40%의 젊은 층은 밤샘 업무 및 공부가 그들의 수면에 영향을 주었다고 생각하며, 이 요인은 2위를 차지했다. 이 두 가지 요인을 선택한 사람의 비율은 다른 3개 요인보다 뚜렷하게 높다. 3위를 차지한 요인은 '과도한 심리적 스트레스'로 약 15%를 차지했다. 이 외에, '좋지 않은 수면 환경' 및 기타 몇몇 요인들이 젊은 층의 수면에 영향을 주고 있다. 이를 통해, 자기 전에 휴대폰을 하는 습관과 과중한 업무 및 공부가 젊은 층의 수면에 영향을 주는 주요한 요인이라는 것을 알 수 있다.

어휘　　**统计图** tǒngjìtú ⑬ 그래프　　**占比** zhànbǐ ⑬ (전체 중에서 차지하는) 비율　　**繁重** fánzhòng ⑬ (일·임무 따위가) 과중하다, 많고 무겁다

고득점비책 01 순위·분포를 나타내는 그래프 공략하기 p.138

전략 적용

화면에 제시되는 그래프

p.139

다음 그래프를 묘사하고 분석하여, 200자 내외의 글을 쓰시오.

학생들이 사회 실습 활동에 참가한 후 느낀 점

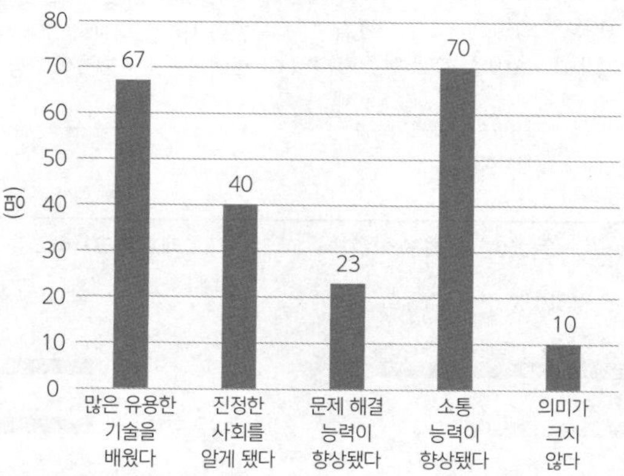

모범답안

최근 학교에서 '학생들이 사회 실습 활동에 참가한 후 느낀 점'에 대한 설문조사를 실시했다. 설문조사에 따르면 '소통 능력이 향상됐다'와 '많은 유용한 기술을 배웠다'라는 항목을 선택한 학생이 각각 70명과 67명으로 가장 많다는 것을 알 수 있다. '의미가 크지 않다'라는 항목을 선택한 학생은 10명으로 가장 적다. 이 중 '소통 능력이 향상됐다'라는 항목을 선택한 학생 수는 '의미가 크지 않다'의 7배이다. 이 외에, 3위를 차지한 항목은 '진정한 사회를 알게 됐다'이며, 이 항목을 선택한 학생 수는 40명이다. '문제 해결 능력이 향상됐다'를 선택한 학생은 23명이다. 학생들은 이번 사회 실습 활동에서 얻은 바가 많으며, 특히 소통 능력이 향상됐고, 많은 유용한 기술을 배웠다는 것을 알 수 있다.

어휘 **社会实践** shèhuì shíjiàn 사회 실습 **问卷调查** wènjuàn diàochá [명] 설문조사 **选项** xuǎnxiàng [명] 항목

실전연습문제 p.140

1 以下是有关2022年A国人均消费支出及构成的统计图，请对图表进行描述与分析，写一篇200字左右的文章。

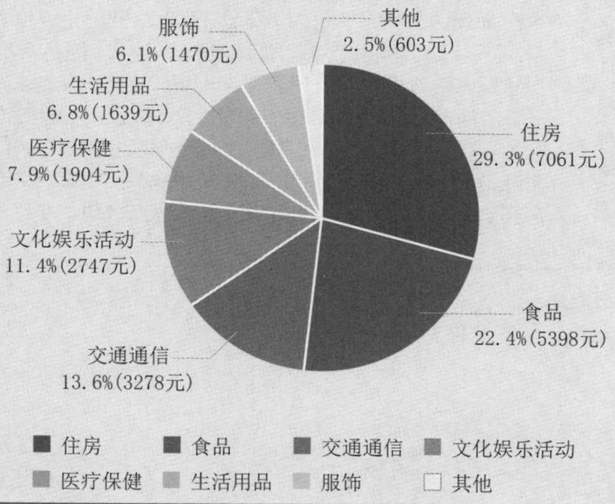

다음은 2022년 A국 1인당 소비 지출 및 구성과 관련된 그래프이다. 그래프를 묘사하고 분석하여, 200자 내외의 글을 쓰시오.

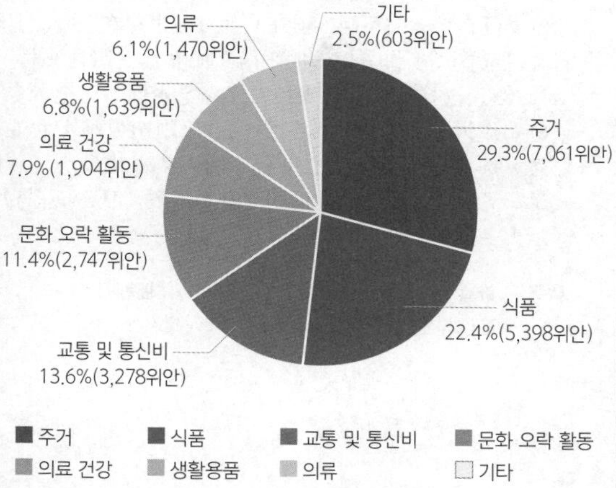

有关2022年A国人均消费支出及构成的统计图显示，人们在"住房"和"食品"上的消费支出最多，其中，"住房"的消费支出占比最大，占总体支出的29.3%，人均消费额为7061元。而"食品"的消费支出额则为5398元，占22.4%。紧随其后的是消费支出为3278元的"交通通信"和消费支出为2747元的"文化娱乐活动"，这两项分别占据了A国人均消费支出的13.6%和11.4%。除"其他"消费支出外，"服饰"、"生活用品"和"医疗保健"的占比最小，分别为6.1%、6.8%和7.9%。其中，"服饰"的占比约为"住房"的五分之一，两者之间差距较大。可见，在日常生活中，A国人在"食"和"住"方面的消费支出最大。

2022년 A국 1인당 소비 지출 및 구성과 관련된 그래프에서 보여지는 것과 같이 사람들은 '주거'와 '식품'에서의 소비 지출이 가장 많다. 그중 '주거'의 소비 지출이 차지하는 비율이 가장 높은데, 전체 지출의 29.3%를 차지하며, 1인당 소비액은 7,061위안이다. '식품'의 소비 지출액은 5,398위안으로 22.4%를 차지한다. 그 뒤를 바로 잇는 것은 소비 지출액이 3,278위안인 '교통 및 통신비'와 소비 지출액이 2,747위안인 '문화 오락 활동'이며, 이 두 항목은 각각 A국 1인당 소비 지출의 13.6%와 11.4%를 차지한다. '기타' 소비 지출을 제외하면 '의류', '생활용품'과 '의료 건강'의 비율이 가장 낮은데, 각각 6.1%, 6.8%와 7.9%이다. 이 중 '의류' 비율은 '주거'의 약 5분의 1 수준이며, 두 항목 간의 차이는 비교적 크다. 일상생활에서 A국 사람들은 '식'과 '주' 측면에서의 소비 지출이 가장 큰 것을 알 수 있다.

어휘 支出 zhīchū 图 지출하다 占据 zhànjù 图 차지하다

2 请对以下图表进行描述与分析，写一篇200字左右的文章。

다음 그래프를 묘사하고 분석하여, 200자 내외의 글을 쓰시오.

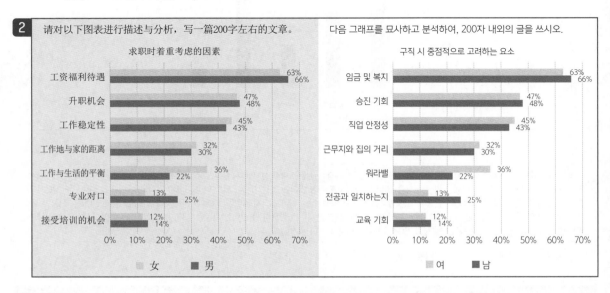

求职时着重考虑的因素 / 구직 시 중점적으로 고려하는 요소

近日，有机构对人们"求职时着重考虑的因素"进行了调查。调查结果显示，排在首位的是"工资福利待遇"，无论男女，占比都超过60%，"升职机会"和"工作稳定性"排在第二、第三位。男女在求职时着重考虑的因素整体上没有太大的不同，但在某些方面也存在差异。具体来看，选择"工作与生活的平衡"的女性占比为36%，男性为22%，选择该选项的女性占比高于男性，而把"专业对口"作为着重考虑因素的男性占比则明显高于女性。另外，选择"接受培训的机会"的人数占比最小。总的来说，男女在求职时考虑的因素基本一致，且工资福利待遇是大多数人最重视的因素。

최근 관련 기관에서 사람들이 '구직 시 중점적으로 고려하는 요소'에 대한 조사를 실시했다. 조사 결과 1위를 차지한 것은 '임금 및 복지'로, 남녀를 막론하고 비율이 모두 60%가 넘었으며, '승진 기회'와 '직업 안정성'이 2, 3위를 차지했다. 남녀가 구직 시 중점적으로 고려하는 요소는 전체적으로 큰 차이가 없지만 어떤 면에서는 차이가 있다. 구체적으로 말하자면, '워라밸'을 선택한 여성의 비율은 36%, 남성은 22%로, 해당 항목을 선택한 여성의 비율이 남성보다 높았고, '전공과 일치하는지'를 중점적으로 고려하는 요소로 꼽은 남성 비율이 여성보다 확연히 높다. 그 외에 '교육 기회'를 선택한 사람의 비율이 가장 낮다. 종합하자면, 남녀가 구직 시 고려하는 요소는 대체로 일치하며, 임금 및 복지가 대다수의 사람이 가장 중시하는 요소이다.

어휘 着重 zhuózhòng 图 중점을 두다, 치중하다 福利 fúlì 圀 복지, 복리 升职 shēngzhí 图 승진하다
工作与生活的平衡 gōngzuò yǔ shēnghuó de pínghéng 워라밸, 일과 삶의 균형 机构 jīgòu 圀 기관, 기구

전략 적용

화면에 제시되는 그래프

p.143

다음은 2017~2022년 중국 스포츠 레저용품 소매액과 관련된 그래프이다. 그래프를 묘사하고 분석하여, 200자 내외의 글을 쓰시오.

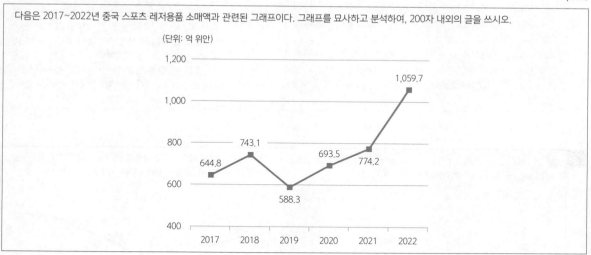

(단위: 억 위안)

모범답안

위는 2017-2022년 중국 스포츠 레저용품 소매액과 관련된 그래프이다. 전체적으로 보면 6년간 중국 스포츠 레저용품 소매액은 상승하는 추세이다. 구체적으로 보면, 소매액은 2017년부터 2018년까지 다소 증가하다가 2018년부터 2019년까지 급감했지만, 2019년 이후 지속적인 상승세를 보였다. 수치상으로 보면 2019년의 소매액이 588억 3,000만 위안으로 최저치로 감소했고, 2022년의 소매액은 1,059억 7,000만 위안으로 최고치에 달해 최저 소매액의 약 2배였으며, 다른 연도의 소매액은 대체로 600억 위안에서 800억 위안 사이에서 유지됐다. 소매액 상승세를 유지하기 위해 중국 스포츠 레저용품 관련 업계는 신제품 출시, 홍보 이벤트 진행 등과 같은 일련의 조치를 지속적으로 취해야 한다.

어휘   **体育娱乐** tǐyù yúlè 몡 스포츠 레저   **零售额** língshòu'é 몡 소매액   **年度** niándù 몡 연도   **大致** dàzhì 匣 대체로   **开展** kāizhǎn 동 진행하다, 전개하다

실전연습문제   p.144

1   请对以下图表进行描述与分析，写一篇200字左右的文章。   다음 그래프를 묘사하고 분석하여, 200자 내외의 글을 쓰시오.

A国2017-2022年出生人口变化（单位：万人）   A국의 2017-2022년 출생 인구 변화 (단위: 만 명)

上面的图表所显示的是A国2017年至2022年出生人口变化。从整体来看，在这6年间，A国的出生人口呈下降的趋势。其中，2017年的出生人口为179万人，2018年则有所减少，为170万人。然而到了2019年，出生人口数量大幅减少，比2018年大约减少了30万人。2020年的出生人口为132万人，与2019年相比，数量变化并不明显。值得关注的是，2020年之后，出生人口数量加速减少。尤其是2022年，出生人口仅为112万人，这远远低于2017年的出生人口。根据图表可知，如果当前趋势持续下去，A国出生人口将会继续减少，甚至会导致一系列负面问题。因此国家应该采取积极的措施，应对出生人口减少带来的问题。

위의 그래프는 2017년부터 2022년까지 A국의 출생 인구 변화를 나타내고 있다. 전체적으로 보면 6년 동안 A국의 출생 인구는 감소세를 보이고 있다. 이 중 2017년의 출생 인구는 179만 명이고, 2018년의 출생 인구는 다소 감소한 170만 명이다. 그러나 2019년에는 출생 인구가 급감해 2018년보다 약 30만 명이 감소했다. 2020년의 출생 인구는 132만 명으로 2019년과 비교했을 때 수의 변화가 뚜렷하지 않다. 주목할 점은 2020년 이후 출생 인구 감소가 가속화되고 있다는 것이다. 특히 2022년 출생 인구는 112만 명으로 2017년 출생 인구보다 훨씬 낮다. 그래프에 근거하여, 만약 현재 추세가 지속된다면, A국의 출생 인구는 계속 감소할 것이며 심지어는 일련의 부정적인 문제가 야기될 것을 추론할 수 있다. 이 때문에 국가에서는 적극적인 대책을 내놓아, 출생 인구 감소가 야기하는 문제에 대처해야 한다.

어휘 **关注** guānzhù[동] 주목하다, 관심을 가지다 **远远** yuǎnyuǎn[부] 훨씬, 상당히

2 以下是有关B省公共交通客运总量的统计图，请对图表进行描述与分析，写一篇200字左右的文章。

다음은 B성(省)의 대중교통 여객량과 관련된 그래프이다. 그래프를 묘사하고 분석하여, 200자 내외의 글을 쓰시오.

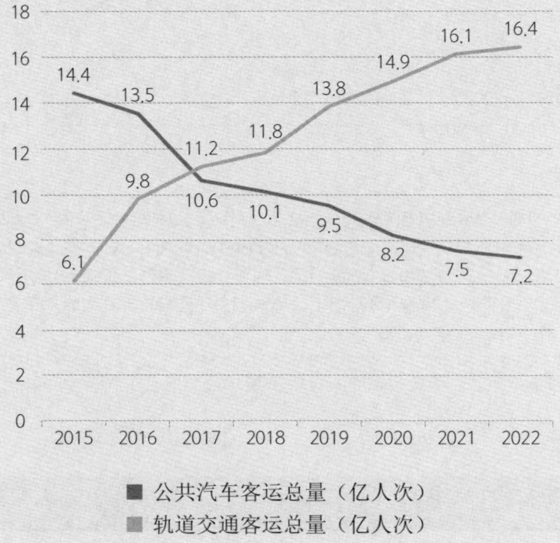

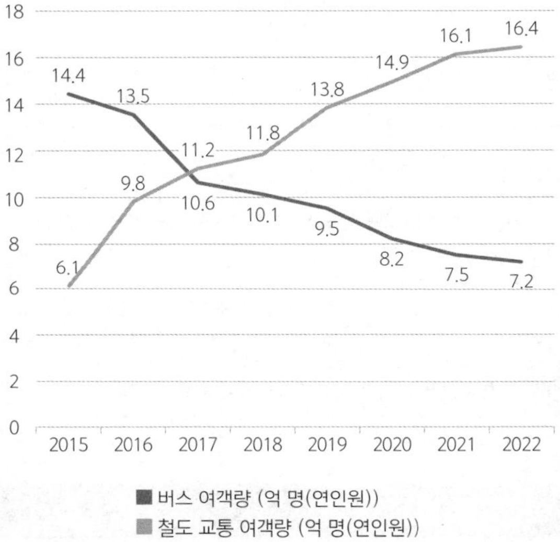

모범답안

上面的是有关B省公共交通客运总量的统计图。从整体来看，B省的轨道交通客运总量呈现了持续上升的趋势，而公共汽车客运总量则呈现出了下降的趋势。值得关注的是，在2017年之前，公共汽车客运总量高于轨道交通客运总量，但从2017年开始，B省的轨道交通客运总量超过了公共汽车客运总量，并且两者之间的差距越来越大。到了2022年，B省的轨道交通客运总量达到了16亿4千万人次，是2022年公共汽车客运总量的两倍多。根据图表可以推断，B省人出行时越来越倾向于选择轨道交通，如果当前趋势持续下去，公共汽车运营企业可能会面临经营危机。因此公共汽车运营企业应该及时采取措施来应对危机。

위는 B성의 대중교통 여객량과 관련된 그래프이다. 전체적으로 보면 B성의 철도 교통 여객량은 지속적인 증가세를 보인 반면, 버스 여객량은 감소세를 보인다. 주목할만한 점은 2017년 이전에는 버스 여객량이 철도 교통 여객량보다 많았지만, 2017년부터 B성의 철도 교통 여객량이 버스 여객량을 넘어섰고, 두 항목 사이의 격차는 점점 커지고 있다. 2022년이 되자 B성의 철도 교통 여객량은 연인원 16억 4,000만 명에 달하여 2022년 버스 여객량의 두 배가 넘었다. 그래프에 근거하여, B성의 사람들이 외출 시 갈수록 철도 교통을 선택하는 경향이 있다는 점을 추론할 수 있다. 만약 현재 추세가 지속된다면, 버스 업계는 경영 위기를 맞닥뜨릴 수 있다. 이 때문에 버스 업계는 제때 조치를 취해 위기에 대응해야 한다.

어휘 **省** shěng[명] 성[중국의 최상급 지방 행정 단위] **人次** réncì[명] 연인원[일정 기간 동안 사람 수의 총합계] **轨道交通** guǐdào jiāotōng[명] 철도 교통 **呈现** chéngxiàn[동] 보이다, 나타내다 **关注** guānzhù[동] 주목하다, 관심을 가지다 **倾向** qīngxiàng[동] 경향이 있다 **危机** wēijī[명] 위기

제1부분 실전테스트 p.146

[테스트 1]

请对以下图表进行描述与分析，写一篇200字左右的文章。

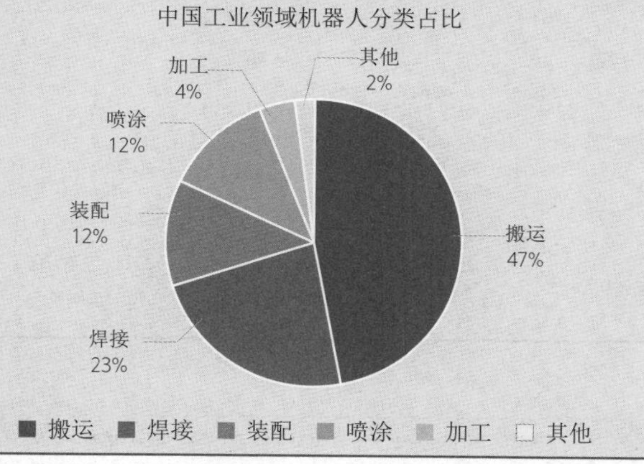

다음 그래프를 묘사하고 분석하여, 200자 내외의 글을 쓰시오.

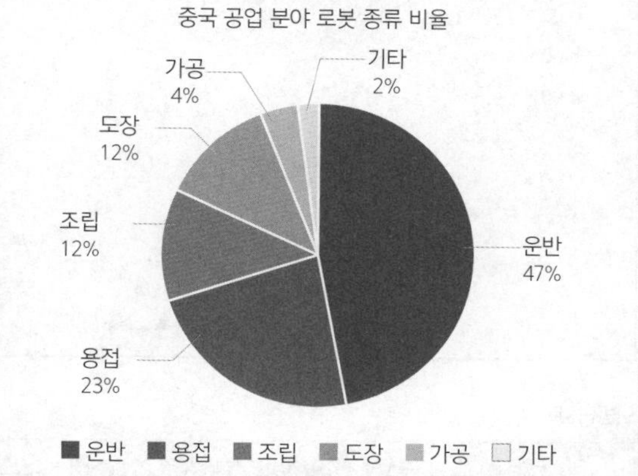

모범답안

近日，有关机构对“中国工业领域机器人分类占比”进行了调查。调查结果显示，排在首位的是搬运机器人，占比为47%，这说明在工业领域中，应用最多的是搬运机器人。排在第二位的焊接机器人占比为23%，比重约占搬运机器人的一半。排在第三位的是装配机器人和喷涂机器人，占比均为12%。此外，加工机器人应用较少，占比为4%，只占装配机器人和喷涂机器人的三分之一。其余2%是其他类型的工业机器人。由此可见，在工业领域中，应用较为广泛的机器人是搬运机器人和焊接机器人。

최근, 관련 기관에서 '중국 공업 분야 로봇 종류 비율'에 대해 조사를 실시했다. 조사 결과, 1위를 차지한 것은 47% 비율을 차지하는 운반 로봇으로 나타났는데, 이는 공업 분야에서 가장 많이 활용되고 있는 로봇은 운반 로봇임을 뜻한다. 2위를 차지한 용접 로봇의 비율은 23%로, 운반 로봇의 절반 정도의 비중을 차지한다. 3위를 차지한 것은 조립 로봇과 도장 로봇으로 비율은 12%이다. 이 외에, 가공 로봇의 비율은 4%로 비교적 적게 활용되고 있는데, 조립 로봇과 도장 로봇의 3분의 1밖에 되지 않는다. 나머지 2%는 기타 유형의 공업 로봇이다. 이를 통해, 공업 분야에서 비교적 널리 활용되는 로봇은 운반 로봇과 용접 로봇임을 알 수 있다.

어휘 **焊接** hànjiē [동] 용접하다 **装配** zhuāngpèi [동] 조립하다 **喷涂** pēntú [동] 도장하다, 페인트를 분사해서 칠하다 **加工** jiāgōng [동] 가공하다
机构 jīgòu [명] 기관, 기구 **比重** bǐzhòng [명] 비중

以下是有关A国和B国GDP增长率的统计图，请对图表进行描述与分析，写一篇200字左右的文章。

다음은 A국과 B국의 GDP 성장률에 관련된 그래프이다. 그래프를 묘사하고 분석하여, 200자 내외의 글을 쓰시오.

모범답안

　　上面的是有关A国和B国GDP增长率的统计图。从整体来看，在2018年到2022年五年间，A国的GDP增长率没有很大的变化，而B国的GDP增长率则呈现出下降的趋势。具体来看，A国的GDP增长率每年都高于B国，且每年均保持在7%以上，尤其在2020年达到最高点，为8%。A国的GDP增长率虽有波动，但是变化幅度不大。而B国的GDP增长率一直低于4%，其中，2018年的GDP增长率是近五年内最高的，为3.97%，而2022年GDP增长率达到最低点，为0.13%。从目前的情况来看，A国应该努力维持当前趋势，使经济持续稳定发展，而B国应当积极采取一系列经济政策来扭转当前的局面。

　　위는 A국과 B국의 GDP 성장률에 관련된 그래프이다. 전체적으로 보면 2018년부터 2022년까지 5년간 A국의 GDP 증가율은 큰 변화가 없는 반면, B국의 GDP 성장률은 하락세를 보이고 있다. 구체적으로 보면, A국의 GDP 성장률은 매년 B국보다 높고, 게다가 매년 7% 이상을 유지하고 있으며, 특히 2020년에는 8%로 최고점에 도달했다. A국의 GDP 성장률은 변동이 있지만 변동폭이 크지 않다. 반면 B국의 GDP 성장률은 줄곧 4%를 밑돌고 있으며, 그중 2018년의 GDP 성장률은 3.97%로 최근 5년 동안 가장 높고, 2022년 GDP 성장률은 0.13%로 가장 낮다. 현재 상황으로 봤을 때, A국은 현재의 추세를 유지하고, 경제가 계속 안정적으로 발전할 수 있도록 노력해야 한다. 반면 B국은 적극적으로 일련의 경제 정책을 실시하여 현재의 국면을 전환해야 한다.

어휘　**呈现** chéngxiàn 图 보이다, 드러나다　**波动** bōdòng 图 변동, 파동　**幅度** fúdù 图 (사물의 변동) 폭　**维持** wéichí 图 유지하다　**当前** dāngqián 图 현재
政策 zhèngcè 图 정책　**扭转** niǔzhuǎn 图 전환시키다, 방향을 바로 잡다

제2부분

글 쓰기가 쉬워지는 문제풀이 스텝

화면에 제시되는 문제

p.149

89. '우환 속에서는 살아남고, 안락 속에서는 죽게 된다'는 <맹자·고자하>에 나온 말로, '힘겨운 상황은 사람으로 하여금 분발하게 하여 살아남을 수 있게 하고, 안일한 삶은 사람으로 하여금 나태해지게 하여 죽음에 이르게 한다'라는 뜻이다. 당신은 '우환 속에서는 살아남고, 안락 속에서는 죽게 된다'에 동의하는가? 600자 내외의 글을 써서 당신의 관점을 논증하시오.

모범답안

나는 '우환 속에서는 살아남고, 안락 속에서는 죽게 된다'라는 이 관점에 동의한다.

'우환 속에서는 살아남고, 안락 속에서는 죽게 된다'는 줄곧 사람들에게 세상 사람들을 깨우치는 격언으로 여겨지고 있다. 이 익숙한 명언은 2,000여 년 전인 전국 시대에도 적용됐고, 경쟁이 치열한 현대사회에도 마찬가지로 적용된다. 이 말에는 깊은 삶의 철학이 담겨 있다.

그중 '살아남는 것'과 '죽게 되는 것'은 실질적인 의미의 생존 또는 죽음일 뿐만 아니라, 더욱이 한 사람의 성장과 발전, 타락과 실패를 나타낸다. 사람은 우환이 있을 때 스트레스를 받게 되는데, 이런 스트레스는 사람의 투지를 북돋우고, 인격을 단련시킬 수 있다. 반대로 우환이 없고, 안락만 있어 자꾸만 현실에 안주하고 앞으로 나아갈 생각을 하지 않는다면 사람은 결국 사회에서 도태될 것이다.

예를 들면, 호주의 유칼립투스는 본래 재목으로 쓸 만한 나무였지만, 그곳에는 유칼립투스의 천적이 없기 때문에 성장 환경이 지나치게 안락하여 유칼립투스는 급속하게 자랐고, 생태 환경에 심각한 영향을 미쳐 결국 도태됐다. 유칼립투스의 운명은 사람들로 하여금 깊이 생각하게 만들었는데, 인간의 발전도 유칼립투스와 유사한 점이 있다. 사람들은 종종 안락한 삶을 동경하지만, 고난을 겪은 사람만이 모든 것을 태연히 마주할 수 있고, 중요한 임무를 맡을 만한 인재가 될 가능성이 있다.

그러나 어떤 사람은 '우환 속에서는 살아남고, 안락 속에서는 죽게 된다'라는 말이 너무 단편적이라고 생각한다. 그들은 만약 사람이 꿈이 있고 분투 정신이 있다면, 그 사람은 자연스럽게 우환 속에서 생존할 수 있을 것이라고 생각한다. 마찬가지로 이런 사람은 안락한 환경에 처한다고 하더라도 현실에 안주하거나 앞으로 나아갈 생각을 하지 않을 리가 없으며, 죽음을 향해 나아가지도 않을 것이다. 그러나 어떤 사람은 어려움을 맞닥뜨리면 아예 자포자기하고 부정적인 생각에 빠지게 되는데, 이런 사람은 더더욱 우환 속에서 살아남지 못할 것이다.

이러한 생각도 어느 정도 일리가 있지만 나는 '우환 속에서는 살아남고, 안락 속에서는 죽게 된다'는 옛사람들이 경험에서 얻은 교훈이며, 옛사람들이 우리에게 남긴 귀중한 정신적 자산이고, 많은 철학적 의미를 지닌다고 생각한다. 속담에서 말하길, '비바람을 겪지 않고서, 어찌 무지개를 볼 수 있겠는가'라고 한다. 우환 앞에서 위축되지 않고, 좌절하지 않고, 굴복하지 않아야 사람들은 성장하고 발전하며 완전히 새로운 나로 살아날 수 있다.

결론적으로 말하자면, 나는 '우환 속에서는 살아남고, 안락 속에서는 죽게 된다'는 관점에 동의한다. 사람들은 위기의식을 가져야 하고 삶에서 마주하는 다양한 어려움에 용감하게 맞서야 하며, 우환 속에서 끊임없이 성장하고 발전해야 하고, 안락한 환경에서 점차 자신을 죽음에 이르게 해서는 안 된다.

어휘 忧患 yōuhuàn 圈 우환 处境 chǔjìng 圈 (처해 있는) 상황, 처지 生存 shēngcún 图 생존하다 安逸 ānyì 圈 안일하다 懈怠 xièdài 圈 나태하다, 태만하다
消亡 xiāowáng 圈 죽음에 이르다, 멸망하다 论证 lùnzhèng 图 논증하다 警世格言 jǐngshì géyán 圈 세상 사람들을 깨우치는 격언
耳熟能详 ěrshúnéngxiáng 圈 많이 들어 귀에 익숙하다 实质 shízhì 圈 실질 堕落 duòluò 图 (사상·행동이) 타락하다 激励 jīlì 图 북돋우다
反之 fǎnzhī 圈 반대로 一味地 yíwèide 자꾸만, 무턱대고 现状 xiànzhuàng 圈 현실, 현 상태
不思进取 bùsījìnqǔ 圈 앞으로 나아갈 생각을 하지 않는다, 현실에 안주하다 淘汰 táotài 图 도태하다
栋梁之材 dòngliángzhīcái 圈 재목으로 쓸 만한 나무, 중요한 임무를 맡을 만한 인재 过于 guòyú 圈 지나치게 生态 shēngtài 圈 생태
憧憬 chōngjǐng 图 동경하다 坦然 tǎnrán 圈 태연하다 索性 suǒxìng 圈 아예 破罐子破摔 pò guànzi pò shuāi 자포자기하다
沉沦 chénlún 圈 (고통 등에) 빠지다 财富 cáifù 圈 자산 俗话 súhuà 圈 속담 总而言之 zǒng'éryánzhī 圈 결론적으로 말하자면 意识 yìshí 圈 의식

근거 작성 스킬 확인학습 모범답안

p.153

(1) 예시를 들며 근거 작성하기

信用很重要，我们应该要讲信用。举个例子，以前有个商人乘船过河时掉进了水里，他对岸上的渔夫承诺，如果渔夫救自己，就给100两金子。但是他被救上岸后翻脸不认账，只给了渔夫10两金子。后来那个商人又掉进了水里，但渔夫知道他是个不讲信用的人，于是没有去救他，他就那样被淹死了。

신용은 중요하며, 우리는 신용을 중시해야 한다. 예를 들어, 옛날에 어떤 상인이 배를 타고 강을 건너다가 물에 빠졌다. 그는 물가에 있던 어부에게 만약 어부가 자신을 구해준다면 금 100냥을 주겠다고 약속했다. 하지만 그는 물가로 구조된 후 태도가 돌변하여 빚을 진 것을 인정하지 않고, 어부에게 금 10냥만 주었다. 이후 그 상인이 또 물에 빠졌지만 어부는 그가 신용을 중시하지 않는 사람이라는 것을 알아서 그를 구하러 가지 않았고, 그는 그렇게 물에 빠져 죽었다.

어휘 乘 chéng 图 타다 承诺 chéngnuò 图 약속하다 翻脸 fānliǎn 图 태도가 돌변하다 认账 rènzhàng 图 빚진 것을 인정하다

[2] 속담, 책 구절 등을 인용하며 근거 작성하기

信用很重要，我们应该要讲信用。讲信用是中华民族的传统美德，至今流传着许多有关信用的名言。孔子曾说过："言而无信，不知其可也"，意思是说，一个人如果不讲信用，那么就没什么是可以认可的。这句话很好地说明了讲信用的重要性。

신용은 중요하며, 우리는 신용을 중시해야 한다. 신용을 중시하는 것은 중화민족의 전통적인 미덕으로, 지금까지 신용에 관한 많은 명언이 전해져 내려오고 있다. 공자는 '말에 믿음이 없으면, 그것이 옳다는 것을 알지 못한다'라고 했는데, 사람이 신용을 중시하지 않으면, 인정할 수 있는 것이 없다는 의미이다. 이 말은 신용을 중시하는 것의 중요성을 잘 설명해준다.

어휘 美德 měidé 몡 미덕 名言 míngyán 몡 명언 认可 rènkě 통 인정하다

[3] 예상되는 반론을 반박하며 근거 작성하기

信用很重要，我们应该要讲信用。有些人认为，信用只能在成就大事时派上用场，但其实不然，人无信不立，事无信不成，商无信不兴。信用关系到我们社会和生活的方方面面，信用对每个人都有重要的意义。

신용은 중요하며, 우리는 신용을 중시해야 한다. 어떤 사람들은 신용이 큰일을 성취할 때만 유용하게 쓰인다고 생각하는데, 사실은 그렇지 않다. 사람은 신용이 없으면 일어서지 못하고, 일은 신용이 없이 이루어지지 않으며, 장사는 신용이 없이 흥할 수 없다. 신용은 우리 사회와 생활의 모든 방면과 관계되며, 신용은 모든 사람에게 중요한 의미를 가진다.

어휘 派上用场 pàishang yòngchǎng 유용하게 쓰이다 方方面面 fāngfāngmiànmiàn 몡 모든 방면

고득점비책 01 주제에 동의하는지 논증하는 글 쓰기 p.154

전략 적용

화면에 제시되는 문제

'천 리에 달하는 제방도 개미구멍에 무너진다'는 <한비자·유로>에 나온 말로, '아주 작은 개미구멍이 천 리의 긴 제방을 하루아침에 무너뜨릴 수 있다'라는 뜻이며, 작은 일에 주의하지 않으면 큰 혼란을 초래할 수 있음을 비유한 것이다. 당신은 '천 리에 달하는 제방도 개미구멍에 무너진다'에 동의하는가? 600자 내외의 글을 써서 당신의 관점을 논증하시오.

모범답안

나는 '천 리에 달하는 제방도 개미구멍에 무너진다'라는 이 말에 동의한다.

'천 리에 달하는 제방도 개미구멍에 무너진다'라는 말은 줄곧 사람들에게 격언으로 여겨지고 있다. 잘 알려진 이 명언은 천 리 길이나 되는 둑이 개미구멍 때문에 주저앉는다는 뜻이다. 아주 작아 보이는 개미도 단단해 보이는 길고 큰 제방을 조금씩 파낼 수 있다. 이를 통해 사소한 것에 신경을 쓰는 것이 중요하며, 사소한 것을 소홀히 하면 큰 손실을 초래할 수 있다는 것을 알 수 있다.

예를 들어, 이것은 실제 사건인데, 비행기 한 대가 공항에서 이륙한 후, 갑자기 격렬한 폭발이 발생했고, 기내에 탑승한 사람 중 살아 돌아온 사람은 한 명도 없었다. 항공사는 기체의 잔해를 조사했고, 뜻밖에도 사고는 작은 나사 하나가 일으킨 것임을 발견했다. 비행 도중 이 비행기의 엔진 안에 있던 나사 하나가 노화로 인해 부러지면서 장비의 고장을 일으켰고, 이로 인해 불꽃이 튀어 비행기를 폭발하게 했다. 나사 하나는 아주 작은 것에 불과하지만, 바로 이 사소한 것을 소홀히 했기 때문에 재난의 발생을 초래했다.

'천 리에 달하는 제방도 개미구멍에 무너진다'에서 말하는 사소한 것을 소홀히 하는 것이 가져오는 피해는 큰일에서만 나타나는 것이 아니라, 우리 일상생활의 작은 일에도 똑같이 적용된다. 나를 예로 들어보자면, 나는 예전에 이것저것 잘 빠트리는 버릇이 있었는데, 사실 이것도 사소한 것에 신경을 쓰지 않는 행동이다. 한번은 내가 수험표를 잃어버려서 중요한 시험을 놓친 적이 있었고, 그때부터 나는 사소한 것을 중시하는 것의 필요성을 알게 되었다.

사람들은 흔히 '사소한 것이 성공과 실패를 결정한다'라고 말한다. 사소한 것은 작아 보여서 사람들은 그것을 쉽게 무시하고, 결국 실패를 초래한다. 일의 성공과 실패는 사소한 것에 달려 있다고 해도 과언이 아니다. 어떤 사람들은 '대장부는 사소한 것에 구애받지 않는다'라고 하며 사소한 것이 그렇게 중요하지 않다고 생각하지만 사실은 그렇지 않다. 모든 성공은 수많은 사소한 것으로 이루어져 있으며, 사소한 것을 무시하면 작은 실수가 쌓여 커지게 되고, 결국 실패로 끝날 수밖에 없다. 반대로 사소한 것의 중요성을 깨닫고 매 과정을 잘 처리하면 사소한 것이 힘을 발휘하여 성공으로 나아갈 수 있도록 도울 것이다.

결론적으로 말하자면, 나는 '천 리에 달하는 제방도 개미구멍에 무너진다'라는 이 말에 동의한다. 사람들은 사소한 것의 중요성을 항상 기억해야 하고, 모든 사소한 것을 잡아 나가며 이를 잘 처리해야 큰 화가 생기지 않을 것이다. 만약 매번 사소한 것을 소홀히 하고, 자신이 실수하는 것을 내버려둔다면 제방이 개미구멍에 의해 주저앉은 것처럼, 끝내는 돌이킬 수 없는 결과가 초래될 것이다.

어휘 蚁穴 yǐxué 몡 개미구멍 蚂蚁 mǎyǐ 몡 개미 名言警句 míngyán jǐngjù 몡 (명언과) 격언 家喻户晓 jiāyùhùxiǎo 쩡 잘 알려지다, 집집마다 다 알다
堤坝 dībà 몡 둑, 제방 倒塌 dǎotā 통 주저앉다, 무너지다 坚实 jiānshí 톈 단단하다 注重 zhùzhòng 통 신경을 쓰다 忽略 hūlüè 통 소홀히 하다
事件 shìjiàn 몡 사건 剧烈 jùliè 톈 격렬하다 爆炸 bàozhà 통 (큰 소리를 내며) 폭발하다 航空 hángkōng 통 항공하다, 하늘을 날다
残骸 cánhái 몡 (건물·기계·차량 등의) 잔해 事故 shìgù 몡 사고 螺丝 luósī 몡 나사 发动机 fādòngjī 몡 엔진 折断 zhéduàn 부러지다
故障 gùzhàng 몡 (기계 따위의) 고장 灾难 zāinàn 몡 재난 丢三落四 diūsānlàsì 이것저것 잘 빠트리다 不为过 bù wéi guò ~는 과언이 아니다
酿成大祸 niàngchéngdàhuò 큰 화가 생기다 纵容 zòngróng 통 내버려두다, 용인하다 挽回 wǎnhuí 통 돌이키다, 만회하다

"人无远虑，必有近忧"出自《论语·卫灵公》，意思是"人做事不作长远的考虑和打算，马上就会有忧患"。你赞不赞同"人无远虑，必有近忧"？请写一篇600字左右的文章，论证你的观点。	'사람이 멀리 내다보지 않으면 반드시 코앞에 근심이 생긴다'는 <논어·위령공>에 나온 말로, '사람이 일을 할 때 장기적인 생각이나 계획을 세우지 않으면 곧 근심이 생긴다'라는 뜻이다. 당신은 '사람이 멀리 내다보지 않으면 반드시 코앞에 근심이 생긴다'에 동의하는가? 600자 내외의 글을 써서 당신의 관점을 논증하시오.

작성한 답안 아웃라인

서론 동의 여부 및 주제	赞同 동의함 远虑是人们对未来的一种思考和规划 멀리 내다보는 것은 미래에 대한 사람들의 생각과 계획임
본론 근거 1~3	有位名人曾经说过："人生如下棋，深谋远虑者胜" 어떤 유명인이 '인생은 바둑을 두는 것과 같다. 주도면밀하게 계획하고 멀리 내다보는 사람이 승리한다'라고 말했음 考虑得越远，越能占据主动权，从而积极迎接挑战 멀리 내다볼수록 주도권을 차지할 수 있고, 이로써 적극적으로 도전에 임할 수 있음 诸葛亮凡事都有远虑，计划得很周密，所以解决了一个个近忧 제갈량은 모든 일을 멀리 내다보고 주도면밀하게 계획하여, 코앞의 근심을 하나하나 해결했음 "人无远虑，必有近忧"同样适用于对国家的治理 '사람이 멀리 내다보지 않으면 반드시 코앞에 근심이 생긴다'는 나라를 다스리는 데도 동일하게 적용됨 如果一个国家没有长远的发展计划，很可能会在短时间内遇到很多问题 한 나라가 장기적인 발전 계획이 없다면 짧은 기간 내에 많은 문제를 겪을 가능성이 큼 有些人认为远虑就是杞人忧天 어떤 사람들은 멀리 내다보는 것이 쓸데없는 걱정이라고 생각함 但我认为，目光短浅的人局限于一事一物，容易为近忧所困 그러나 나는 근시안적인 사람은 한 가지 일에 국한되어 코앞의 근심에 시달리기 쉽다고 생각함
결론 의견 및 근거 재언급	我们应该要有长远的打算，而不应该只顾眼前 우리는 장기적인 계획이 있어야 하고, 눈앞만 생각해서는 안 됨

모범답안

서론 동의 여부 및 주제	我赞同"人无远虑，必有近忧"这句话。 "人无远虑，必有近忧"是一句耳熟能详的警句，虽简短却将远虑的重要性概括得淋漓尽致。它强调，人如果没有长远的考虑和计划，就会有即将到来的忧患。 远虑是人们对未来的一种思考和规划。我们会在生活中面临很多选择，在做出决策之前，我们要深谋远虑、考虑周到。人生就像航海，若临行前做好充分的准备，就能应对可能出现的不测，哪怕只有一张航海图，也不至于让人毫无防备地陷入漩涡之中。有远虑的人能看到未来，所以能正确地认识、对待和处理近忧。当遇到挫折时，有远虑的人就会多一份豁达、自信和智慧。	나는 '사람이 멀리 내다보지 않으면 반드시 코앞에 근심이 생긴다'라는 이 말에 동의한다. '사람이 멀리 내다보지 않으면 반드시 코앞에 근심이 생긴다'는 익숙한 격언으로, 짧지만 멀리 내다보는 것의 중요성을 상세하고 빈틈없이 요약한 말이다. 이는 사람이 만약 장기적인 생각과 계획이 없으면, 머지않아 다가올 근심이 있을 것이라는 점을 강조한다. 멀리 내다보는 것은 미래에 대한 사람들의 생각과 계획이다. 우리는 삶에서 많은 선택에 직면하며, 결정을 내리기 전에 우리는 주도면밀하게 계획하고 멀리 내다보며, 꼼꼼하게 고려해야 한다. 인생은 마치 항해하는 것과 같아서 떠나기 전에 충분히 준비해두면 혹시 모를 예기치 못한 일에 대처할 수 있고, 설령 단 한 장의 항해도만 있다 하더라도 사람을 무방비로 소용돌이에 빠지게 하지는 않는다. 멀리 내다보는 사람은 미래를 볼 수 있기 때문에 코앞의 근심을 정확하게 인식하고, 대하며, 처리할 수 있다. 좌절을 겪을 때, 멀리 내다보는 사람은 대범함, 자신감과 지혜가 더 많을 것이다.
본론 근거 1~3	这就好比下棋，有位名人也曾经说过："人生如下棋，深谋远虑者胜"。下棋的水平高不高，就在于考虑得远不远。考虑得越远，越能占据主动权，从而积极迎接挑战；如果只看到眼前的一步，就只能走一步算一步，步步被动。	이는 마치 바둑을 두는 것과 같은데, 어떤 유명인도 '인생은 바둑을 두는 것과 같다. 주도면밀하게 계획하고 멀리 내다보는 사람이 승리한다'라고 말했다. 바둑을 두는 수준이 높은지 아닌지는 멀리 내다보는지 아닌지에 있다. 멀리 내다볼수록 주도권을 차지할 수 있고, 이로써 적극적으로 도전에 임할 수 있다. 만약 눈앞의 한 걸음만 본다면 그때 그때 사정을 보며 진행해 모든 걸음이 수동적일 수밖에 없다.

诸葛亮被认为是深谋远虑的代表人物，草船借箭、借东风、空城计等历史故事均与诸葛亮有关。即使没有《三国演义》中的夸张和美化，诸葛亮也是古代杰出的政治家、谋略家和军事家。他凡事都有远虑，计划得很周密，所以解决了一个个近忧，协助刘备打下了江山。

“人无远虑，必有近忧”同样适用于对国家的治理。如果一个国家只注重眼前的发展，而没有长远的发展计划，则很可能会在短时间内遇到很多问题。因此在治理国家时，应该考虑人类活动对自然和社会的长远影响，正确地处理当前利益和长远利益之间的关系。

有些人认为远虑就是杞人忧天。他们常说，昨天是过去的，明天是未来的，只有今天才是自己的，因此与其总是考虑着明天，还不如活在当下。但我认为，目光短浅的人局限于一事一物，容易为近忧所困。如果人没有长远的打算，就很容易随波逐流，漫无目的地度过一生。

제갈량은 주도면밀하게 계획하고 멀리 내다보는 대표적인 인물로 꼽히는데, 짚더미를 쌓은 배로 화살을 얻은 것, 좋은 형세를 이용한 것, 성을 비우는 전술 등의 역사 이야기는 모두 제갈량과 관련이 있다. <삼국연의> 속의 과장과 미화가 없더라도 제갈량은 고대의 출중한 정치가이자 지략가, 군사 전문가이다. 그는 모든 일을 멀리 내다보고 주도면밀하게 계획하여, 코앞의 근심을 하나하나 해결했고, 유비를 도와 전쟁을 통해 나라를 세웠다.

'사람이 멀리 내다보지 않으면 반드시 코앞에 근심이 생긴다'는 나라를 다스리는 데도 동일하게 적용된다. 만약 한 나라가 눈앞의 발전에만 신경 쓰고 장기적인 발전 계획이 없다면 짧은 기간 내에 많은 문제를 겪을 가능성이 크다. 따라서 나라를 다스릴 때 인간의 활동이 자연과 사회에 미치는 장기적인 영향을 고려해서, 현재의 이익과 장기적인 이익 사이의 관계를 정확하게 다루어야 한다.

어떤 사람들은 멀리 내다보는 것이 쓸데없는 걱정이라고 생각한다. 그들은 어제는 과거이고, 내일은 미래이며, 오늘만이 자신의 것이기 때문에 항상 내일을 생각하기보다는 현재를 사는 게 낫다고 말한다. 그러나 나는 근시안적인 사람은 한 가지 일에 국한되어 코앞의 근심에 시달리기 쉽다고 생각한다. 만약 사람이 장기적인 계획이 없으면, 물결에 휩쓸려 목적 없이 일생을 보내기가 쉽다.

결론 의견 및 근거 재언급

总而言之，我赞同“人无远虑，必有近忧”这句话。我们应该要有长远的打算，放眼于未来，而不应该只顾眼前。

결론적으로 말하자면, 나는 '사람이 멀리 내다보지 않으면 반드시 코앞에 근심이 생긴다'라는 이 말에 동의한다. 우리는 장기적인 계획이 있어야 하고, 미래로 눈을 돌려야 하며, 눈앞만 생각해서는 안 된다.

어휘 **忧患** yōuhuàn [명] 근심 **论证** lùnzhèng [동] 논증하다 **耳熟能详** ěrshúnéngxiáng [성] 자주 들어 익숙하다 **警句** jǐngjù [명] 격언
淋漓尽致 línlíjìnzhì [성] 상세하고 빈틈없다 **即将** jíjiāng [부] 머지않아 **规划** guīhuà [명] 계획 **决策** juécè [동] (정책과 방법을) 결정하다
深谋远虑 shēnmóuyuǎnlǜ [성] 주도면밀하게 계획하고 멀리 내다보다 **毫无** háowú 전혀 ~이 없다 **陷入** xiànrù [동] (불리한 지경에) 빠지다
漩涡 xuánwō [명] 소용돌이 **挫折** cuòzhé [동] 좌절시키다 **豁达** huòdá [형] 대범하다, 명랑하다 **占据** zhànjù [동] 차지하다
被动 bèidòng [형] 수동적이다 **三国演义** Sānguóyǎnyì [고유] 삼국연의[중국 명나라 때 나관중이 지은 장편 소설] **杰出** jiéchū [형] 출중하다
周密 zhōumì [형] 주도면밀하다 **打下江山** dǎ xià jiāngshān 전쟁을 통해 나라를 세우다 **治理** zhìlǐ [동] 다스리다 **注重** zhùzhòng [동] 신경을 쓰다
当前 dāngqián [명] 현재 **杞人忧天** qǐrényōutiān [성] 쓸데없는 걱정 **目光短浅** mùguāngduǎnqiǎn [성] 근시안적이다, 시야가 좁다
局限 júxiàn [동] 국한하다 **随波逐流** suíbōzhúliú [성] 물결에 휩쓸리다, 남이 하는 대로 따라 하다 **漫无目的** mànwúmùdì (아무런) 목적이 없다

고득점비책 02 주제에 대한 이해를 논증하는 글 쓰기 p.156

전략 적용

화면에 제시되는 문제

저명한 수학자 화뤄경은 '똑똑함은 부지런함에 있고 천재는 경험을 축적하는 데 있다.'라고 말했다. 600자 내외의 글을 써서 부지런함에 대한 당신의 인식을 논하고, 당신의 관점을 논증하시오.

모범답안

부지런함은 예로부터 줄곧 훌륭한 성품이었다. 간단히 말해서, 부지런함이 가리키는 것은 열심히 노력하며 일하고, 어려움과 고생을 두려워하지 않는 것이다.

부지런함은 사람의 습관을 바꿀 수 있고, 또 사람을 발전시킬 수 있다. 부지런함은 씨앗 한 알과 같아서 바치는 것이 많을수록 더 많은 것을 얻는다. 따라서 성공을 얻고 싶다면 부지런함이라는 이름의 씨앗을 뿌려야 한다. 속담에서 말하길, '노력한 만큼 성과를 얻는다'라고 한다. 성공의 이면에는 수많은 땀방울이 있고, 시간이 축적되면 그 땀방울들은 성공으로 바뀐다. 목표를 위해 노력하는 과정에서 사실상 많든 적든 경험을 얻을 수 있기 때문에 무언가를 얻고자 한다면 부지런히 노력해야 한다.

미국의 유명한 발명가 에디슨을 예로 들어보자면, 그는 긴 생애 동안 무수히 많은 것을 발명하며 세상에 큰 공헌을 했다. 그가 만들어 낸 수많은 발명품들은 지금도 우리 삶에서 여전히 중요한 역할을 하고 있다. 그러나 그의 이런 성취 역시 그리 쉽게 얻을 수 있던 것이 아니었다. 그가 여러 가지 성과를 거두기 전에, 그는 수없이 근면한 노력을 기울였다. 어떤 사람들은 에디슨이 아마 천재여서 그렇게 많은 성과를 이루어 낼 수 있었으리라 생각할지도 모르지만, 사실은 그렇지 않다. 설령 천재일지라도 가만히 앉아 남이 고생해서 얻은 성과를 누리고, 후천적인 노력을 기울이지 않는다면 마찬가지로 성공을 얻기 어려우며, 이는 '똑똑함은 부지런함에 있고 천재는 경험을 축적하는 데 있다.'라는 말을 증명한다.

부지런함은 귀중한 성품이다. 그것은 사람을 역경 속에서 성장시키고 개인의 능력을 향상시키며 더 많은 삶의 가치를 실현할 수 있게 해준다. 부지런한 사람이 되려면 다음과 같은 몇 가지를 실천해야 한다. 우선, 스스로에게 목표를 세운다. 사람은 목표가 생겼을 때 분투하고자 하는 방향도 생기고, 목표를 이루기 위해 노력하게 된다. 그다음으로, 자신의 마음가짐을 바꾸는 것이다. 마음가짐은 중요한데, 그것은 우리가 부지런한지 게으른지를 결정할 수 있다. 마지막으로, 부지런한 사람들과 자주 교류해도 좋다. 좋은 습관과 좋은 성품을 가진 친구는 우리 삶에서 가장 좋은 본보기가 될 수 있다.

한마디로, 나는 부지런함은 배울 가치가 있는 훌륭한 성품이라고 생각한다. 사람은 타고난 자질이 총명하지 않을 수 있지만, 부지런함을 통해 자신에게 새로운 길을 열어줄 수 있다. 이와 반대로 타고난 자질이 똑똑한 사람이라도 일말의 노력조차 하지 않는다면 성공을 얻기 어렵다.

어휘 品德 pǐndé 囫 성품 犹如 yóurú 囫 (마치) ~와 같다 粒 lì 囫 알, 톨 种子 zhǒngzi 囫 씨앗 俗话 súhuà 囫 속담
一分耕耘，一分收获 yìfēn gēngyún, yìfēn shōuhuò 노력한 만큼 성과를 얻는다 漫长 màncháng 囫 (시간·공간이) 길다 依旧 yījiù 囫 여전히, 마찬가지로
扮演 bànyǎn 囵 ~역할을 하다 辛勤 xīnqín 囫 근면하다 天才 tiāncái 囫 천재 即便 jíbiàn 囵 설령 ~더라도
坐享其成 zuòxiǎngqíchéng 囵 가만히 앉아서 남이 고생해서 얻은 성과를 누리다 验证 yànzhèng 囵 증명하다, 검증하다 心态 xīntài 囫 마음가짐
懒惰 lǎnduò 囫 게으르다 时常 shícháng 囵 자주 拥有 yōngyǒu 囵 가지다 榜样 bǎngyàng 囫 본보기 天资 tiānzī 囫 타고난 자질
聪慧 cōnghuì 囫 총명하다 开辟 kāipì 囵 (길을) 열다 反之 fǎnzhī 囵 이와 반대로 聪颖 cōngyǐng 囫 똑똑하다

실전연습문제 p.157

"满招损，谦受益" 出自《尚书·大禹谟》，意思是 "自满招致损失，谦虚得到益处"，请写一篇600字左右的文章，谈谈你对谦虚的认识并论证你的观点。	'교만하면 손해를 보고, 겸손하면 이익을 본다'는 <상서·대우모>에 나온 말로 '자만은 손실을 초래하고, 겸손하면 이익을 얻을 수 있다'라는 뜻이다. 600자 내외의 글을 써서 겸손에 대한 당신의 인식을 논하고, 당신의 관점을 논증하시오.

작성한 답안 아웃라인

서론 주제	谦虚指不夸大自己的能力和价值，肯接受他人的指教 겸손은 자신의 능력과 가치를 과장하지 않고, 타인의 조언을 기꺼이 받아들이는 것을 가리킴
본론 의견 및 근거1~3, 실천 방법	比较谦虚的人和自满的人 겸손한 사람과 자만하는 사람 비교 意识到自己的价值是一件好事，但是盲目自信，反而会给自己带来损害 자신의 가치를 깨닫는 것은 좋은 일이지만, 무턱대고 자신감을 가지는 것은 오히려 스스로에게 피해를 가져다 줄 수 있음 某位名人曾说过："虚心使人进步，骄傲使人落后" 어떤 유명한 사람은 '겸허함은 사람을 발전하게 하고, 교만함은 사람을 뒤처지게 한다'라고 했음 古人也曾说过："山外有山，人外有人" 옛사람들도 '산 밖에 산이 있고, 사람 밖에 사람이 있다'라고 했음 有些人认为，谦虚是一种自我贬低，会让别人看低自己，但其实不然 어떤 사람들은 겸손이 일종의 자기 비하이며, 다른 사람들이 자신을 얕보게 만든다고 생각하는데, 사실은 그렇지 않음 了解自己的缺点和不足，不断改进自身存在的问题 자신의 단점과 부족한 점을 알고, 끊임없이 자신이 갖고 있는 문제점을 개선해야 함 要时常警惕自己不能骄傲自满 항상 자신이 교만하고 자만하지 않도록 경계해야 함 要乐于接受他人的意见，尊重别人的想法 다른 사람의 의견을 달갑게 받아들이고, 다른 사람의 생각을 존중해야 함
결론 의견 및 근거 재언급	谦虚是一种每个人都应该具备的优秀品德 겸손은 모든 사람이 갖추어야 할 훌륭한 덕목임

모범답안

서론 주제	谦虚是一种美德，也是一种态度，它能够体现出一个人的为人处世之道。谦虚具体指一个人不夸大自己的能力和价值，肯接受他人的指教。	겸손은 일종의 미덕이자 태도이며, 그것은 한 사람이 다른 사람과 잘 어울려 살아가는 방법을 보여줄 수 있다. 겸손은 구체적으로 한 사람이 자신의 능력과 가치를 과장하지 않고, 타인의 조언을 기꺼이 받아들이는 것을 가리킨다.
본론 의견 및 근거 1~3, 실천 방법	无论在学习中还是在工作中，谦虚的品质都很重要。一个谦虚的人，会懂得尊重他人，他也因此能够得到别人的尊重。和谦虚的人相比，自满的人会因为取得一点点的成绩就引以为豪，甚至觉得他人都比不上自己，这反而会使他不思进取。能意识到自己的价值是一件好事，但是对待任何事都盲目自信，反而会给自己带来损害。	배움에서든 일에서든 겸손한 인품은 매우 중요하다. 겸손한 사람은 다른 사람을 존중할 줄 알고, 이로 인해 그도 다른 사람의 존중을 받을 수 있다. 겸손한 사람과 비교하자면, 자만하는 사람은 약간의 성과만 있어도 이를 자랑스러워하며, 심지어는 다른 사람들이 모두 자신보다 못하다고 생각하는데, 이는 오히려 그가 현실에 안주하게 한다. 자신의 가치를 깨달을 수 있는 것은 좋은 일이지만, 어떤 일을 대하든 무턱대고 자신감을 가지는 것은 오히려 스스로에게 피해를 가져다 줄 수 있다.

某位名人曾说过："虚心使人进步，骄傲使人落后"，这再次强调了谦虚的重要性。如果想在各方面都得到发展，就应该虚心学习他人的优点，从而提升和完善自己。遇到不明白的问题时，只要放低姿态请教他人，就能使自己得到进步。古人也曾说过："山外有山，人外有人"，意思是说总有比自己能力强的人，这也告诉了我们做人需谦虚的道理。

有些人认为，谦虚是一种自我贬低，会让别人看低自己，但其实不然，谦虚是一种能够正确看待自己优缺点的良好态度，反而是突显自己美德的表现。以我看过的一个故事为例，有位知名作家准备出版新作，然而编辑认为他这次作品的内容存在很多漏洞。作家刚开始感到很诧异，但是转念一想，自己虽是作家，可也有出错的时候，于是他虚心向编辑请教，并改正了文章中的错误。就这样，他的作品出版后得到了大众的一致好评。这个作家能够正确看待自己的不足之处，这是一种谦虚的表现。

想要做到谦虚，首先要了解自己的缺点和不足，不断改进自身存在的问题；其次要时常警惕自己不能骄傲自满，记住自满会招致损失的道理；最后要乐于接受他人的意见，尊重别人的想法。

어떤 유명한 사람은 '겸허함은 사람을 발전하게 하고, 교만함은 사람을 뒤처지게 한다'라고 했다. 이는 겸손의 중요성을 재차 강조한다. 만약 각 분야에서 발전하고 싶다면, 겸허하게 다른 사람의 장점을 배우고, 이를 통해 자신을 향상시키고 보완해야 한다. 이해가 안 되는 문제를 맞닥뜨렸을 때, 자세를 낮추고 다른 사람에게 가르침을 청하기만 하면 자신을 발전하게 할 수 있다. 옛사람들도 '산 밖에 산이 있고, 사람 밖에 사람이 있다'라고 했는데, 자기보다 능력이 뛰어난 사람은 늘 있기 마련이라는 뜻으로, 이 역시 우리에게 사람은 겸손해야 한다는 도리를 알려준다.

어떤 사람들은 겸손이 일종의 자기 비하이며, 다른 사람들이 자신을 얕보게 만든다고 생각하는데, 사실은 그렇지 않다. 겸손은 정확하게 자신의 장단점을 볼 수 있는 좋은 태도이며, 오히려 자신의 미덕을 돋보이게 하는 표현이다. 내가 봤던 한 이야기를 예로 들어보자면, 어떤 유명한 작가가 신작을 출간하려 했는데, 편집자는 그의 이번 작품 내용에 많은 허점이 있다고 생각했다. 작가는 처음에 의아함을 느꼈지만 생각을 바꾸어 자신이 비록 작가이지만 실수할 때도 있을 수 있다고 생각하여, 겸허하게 편집자에게 가르침을 청하고 글에서 실수한 부분들을 고쳤다. 이렇게, 그의 작품은 출간된 후 대중의 한결같은 호평을 받았다. 이 작가가 정확하게 자신의 부족한 부분을 볼 수 있는 것, 이것이 겸손의 표현이다.

겸손을 실천하고 싶다면, 먼저 자신의 단점과 부족한 점을 알고, 끊임없이 자신이 갖고 있는 문제점을 개선해야 한다. 그다음으로 항상 자신이 교만하고 자만하지 않도록 경계해야 하고, 자만이 손실을 초래할 것이라는 도리를 기억해야 한다. 마지막으로 다른 사람의 의견을 달갑게 받아들이고, 다른 사람의 생각을 존중해야 한다.

결론 의견 및 근거 재언급

综上所述，谦虚是一种每个人都应该具备的优秀品德，它能使人获得进步。在生活中，我们应该保持谦虚的态度。

앞서 언급한 내용을 종합하자면, 겸손은 모든 사람이 갖추어야 할 훌륭한 덕목이며, 그것은 사람을 진보하게 한다. 생활 속에서 우리는 겸손한 태도를 유지해야 한다.

어휘 **自满** zìmǎn [형] 자만하다 **招致** zhāozhì [동] 초래하다 **论证** lùnzhèng [동] 논증하다 **不思进取** bùsījìnqǔ [성] 현실에 안주하다 **意识** yìshí [동] 깨닫다 **盲目** mángmù [형] 무턱대는, 맹목적인 **姿态** zītài [명] 자세 **请教** qǐngjiào [동] 가르침을 청하다 **贬低** biǎndī [동] 비하하다 **漏洞** lòudòng [명] 허점, 구멍 **诧异** chàyì [형] 의아해하다 **警惕** jǐngtì [동] 경계하다

제2부분 실전테스트 p.158

[테스트 1]

"日计不足，岁计有余"出自《庄子·庚桑楚》，意思是"每天算下来没有多少，一年算下来就很多"，比喻积少成多，凡事只要持之以恒，就能有很大收获。请写一篇600字左右的文章，谈谈你对积累的认识并论证你的观点。

'매일 세어보면 모자라지만, 한 해 동안 세어보면 남는 것이 있다'는 <장자·경상초>에 나온 말로, '매일 계산해 보면 얼마 없지만 1년으로 계산해 보면 많다'라는 뜻이며, 티끌 모아 태산이고, 모든 일은 오랫동안 계속해 나가기만 하면 큰 수확을 거둘 수 있다는 것을 비유한 것이다. 600자 내외의 글을 써서 축적에 대한 당신의 인식을 논하고, 당신의 관점을 논증하시오.

작성한 답안 아웃라인

서론 주제	**积累指随着时间一天天积聚经验、知识、成就等的行为** 축적이란 시간에 따라 경험, 지식, 성취 등을 하루하루 쌓는 행위를 가리킴 **积累是一种力量，也是一种智慧** 축적은 일종의 힘이자 지혜임
본론 의견 및 근거 1~2, 실천 방법	**某位名人曾说过："有一分劳动就有一分收获，日积月累，积少成多"** 어떤 유명인은 '노동이 있으면 수확도 있고, 나날이 쌓이면, 티끌 모아 태산이다'라고 했음 **成功需要刻苦的努力和点滴的积累** 성공은 고통을 감내하는 노력과 사소한 축적이 필요함 **在学习和生活中，有许多事情都能够体现出积累的重要性** 공부나 생활 속에서 축적의 중요성을 보여줄 수 있는 수많은 일이 있음 **攻读博士学位的老同学的例子** 박사 학위를 공부하는 동창 예시

	要脚踏实地坚持下去 착실하게 꾸준히 해 나가야 함
	要多用眼睛去观察，用耳朵去倾听，用纸笔去做记录 눈으로 많이 관찰하며 귀로 경청하고, 종이와 펜으로 기록해야 함
结论 의견 및 근거 재언급	每天从小事做起，并坚持下去，会对未来的发展带来很大的意义 매일 작은 일부터 시작하고, 꾸준히 해 나가는 것은 미래의 발전에 큰 의미를 가져올 것임

모범답안

서론 주제

积累指随着时间一天天积聚经验、知识、成就等的行为。为了自己将来的发展，人们会将有用的东西聚集起来，并使其慢慢增长和完善，这就是一个积累的过程。

积累是一种力量，也是一种智慧。许多经验都是积累起来的，即便每天只进步一点点，那也说明正在发展的路上前进。积累并不是一件一蹴而就的事情，它就像细密的针线活，需要一针一针慢慢地缝，最后才能做出完整的作品。

본론 의견 및 근거 1~2, 실천 방법

有的人妄想一下子就到达成功的顶峰，却不知只有脚踏实地、不断积累，才能造就成功。某位名人曾说过："有一分劳动就有一分收获，日积月累，积少成多"，这句话给了我深刻的启迪。当我们确立好一个目标之后，会幻想达到目标之后感受到的喜悦，但是却逐渐感受到通往目标的路是那么的漫长和崎岖。成功需要我们刻苦的努力和点滴的积累，在追求目标的路上不做任何努力，就很难收获果实。

在学习和生活中，有许多事情都能够体现出积累的重要性。打个比方，我有一个在攻读博士学位的老同学，他曾多次和我提到积累的重要性。前几年，他被教授推荐参与一个学术论文的征集活动，当时距离投稿只有一个月，而他发现论文主题刚好是自己平时研究过的内容。他日积月累的经验和知识使他在撰写论文时得到了许多启示，于是他在短短一个月内完成了一篇高质量的论文。这位老同学平时就有积累的习惯，即便是在空闲的时间也会钻研多样的知识，来扩大知识面。

积累的过程就是坚持的过程，一个懂得积累的人，也就是一个随时都有准备的人。想要做出成果，最重要的就是要脚踏实地坚持下去，只有不断地积累，才能成就大事。除此之外，还要多用眼睛去观察，用耳朵去倾听，然后再用纸笔去做记录，这样就能让自己学而不忘。

결론 의견 및 근거 재언급

总而言之，每天从点滴的小事做起，并长久地坚持下去，会对未来的发展带来很大的意义。

축적이란 시간에 따라 경험, 지식, 성취 등을 하루하루 쌓는 행위를 가리킨다. 자신의 미래 발전을 위해 사람들은 유용한 것들을 모으고, 그것들이 천천히 늘어나고 완벽해지게 하는데, 이것이 바로 축적의 과정이다.

축적은 일종의 힘이자 지혜이다. 많은 경험은 모두 축적해 나가는 것이고, 설령 매일 조금씩만 진보하더라도 그것은 발전의 길에서 앞으로 나아가고 있다는 것을 설명해준다. 축적은 결코 단번에 해내는 일이 아니다. 그것은 촘촘한 바느질과 같아, 한 땀 한 땀 천천히 꿰매야 마침내 온전한 작품을 만들어낼 수 있다.

누군가는 한번에 성공의 정점에 도달하겠다는 허황된 생각을 하는데, 착실하게, 끊임없이 축적해야만 성공을 이루어낼 수 있다는 것을 모른다. 어떤 유명인은 '노동이 있으면 수확도 있고, 나날이 쌓이면, 티끌 모아 태산이다'라고 했는데, 이 말은 나에게 깊은 일깨움을 주었다. 우리는 하나의 목표를 세운 후, 목표를 달성한 후에 느낄 기쁨을 상상하지만, 목표로 통하는 길이 그만큼 길고 험난하다는 것을 점차 느끼게 된다. 성공은 우리의 고통을 감내하는 노력과 사소한 축적이 필요하며, 목표를 추구하는 길 위에서 아무런 노력도 하지 않으면 열매를 거두기 어렵다.

공부나 생활 속에서 축적의 중요성을 보여줄 수 있는 수많은 일이 있다. 예를 들면 나에게는 박사 학위를 공부하는 동창이 있는데, 그는 나에게 여러 차례 축적의 중요성을 언급한 적이 있다. 몇 년 전 그는 교수님의 추천으로 한 학술 논문 공모전에 참여했는데, 당시 투고까지 한 달밖에 남지 않았지만, 그는 논문 주제가 마침 자신이 평소 연구했던 내용이라는 것을 발견했다. 그가 나날이 쌓아온 경험과 지식은 그가 논문을 쓸 때 많은 깨달음을 얻게 했고, 그래서 그는 짧디짧은 한 달이라는 시간 내에 높은 수준의 논문을 완성했다. 이 동창은 평소에 축적하는 습관이 있으며, 여가 시간일지라도 다양한 지식을 연구하며 지식의 폭을 넓혀 나갔다.

축적의 과정은 꾸준히 하는 과정이고, 축적을 할 줄 아는 사람은 언제든지 준비가 되어 있는 사람이다. 성과를 내고 싶다면 가장 중요한 것은 착실하게 꾸준히 해 나가는 것이고, 끊임없이 축적해야만 큰 일을 성취해낼 수 있다. 이 외에 눈으로 많이 관찰하며 귀로 경청하고, 그다음에는 종이와 펜으로 기록해야만, 스스로가 배우고 잊지 않게 만들 수 있다.

결론적으로 말하자면, 매일 사소한 작은 일부터 시작하고, 오래도록 꾸준히 해 나가는 것은 미래의 발전에 큰 의미를 가져올 것이다.

어휘　比喻 bǐyù 圐 비유하다　积少成多 jīshǎochéngduō 圐 티끌 모아 태산이다　持之以恒 chízhīyǐhéng 圐 오랫동안 계속해 나가다
论证 lùnzhèng 圐 논증하다　即便 jíbiàn 圐 (설령) ~하더라도　一蹴而就 yícù'érjiù 단번에 해내다　针线活 zhēnxiànhuó 바느질
妄想 wàngxiǎng 圐 허황된 생각을 하다　脚踏实地 jiǎotàshídì (일하는 것이) 착실하다　启迪 qǐdí 일깨우다　确立 quèlì 圐 세우다, 수립하다
喜悦 xǐyuè 圐 기쁘다　漫长 màncháng 圐 (시간·공간이) 길다　崎岖 qíqū 圐 (산길이) 험난하다　比方 bǐfang 圐 예를 들다　学位 xuéwèi 圐 학위
征集活动 zhēngjí huódòng 공모전　投稿 tóugǎo 圐 투고하다　撰写 zhuànxiě 圐 쓰다, 집필하다　启示 qǐshì 圐 깨달음
钻研 zuānyán 圐 (깊이) 연구하다　倾听 qīngtīng 圐 경청하다

有位名人曾说过："人要有毅力，否则将一事无成"，你赞不赞同这句话？请写一篇600字左右的文章，论证你的观点。	어떤 유명인은 '사람은 끈기가 있어야 하며, 그렇지 않으면 아무것도 이룰 수 없다'라고 말했다. 당신은 이 말에 동의하는가? 600자 내외의 글을 써서 당신의 관점을 논증하시오.

작성한 답안 아웃라인

서론 동의 여부 및 주제	**赞同** 동의함 **毅力能使人克服各种各样的困难，人要有毅力，才能有所成就** 끈기는 온갖 어려움을 극복할 수 있게 해주며, 사람은 끈기가 있어야 비로소 성취할 수 있음
본론 근거1~3	**音乐家贝多芬的例子** 음악가 베토벤의 예시 **有毅力的人获得成功的可能性更高，能够得到多方位的成长，不会轻易被困难和挫折打倒** 끈기 있는 사람은 성공할 가능성이 더 높고, 다방면으로 성장할 수 있으며, 어려움과 좌절에 쉽게 넘어지지 않음 **毅力可以在各个方面带给我们好的影响** 끈기는 모든 면에서 우리에게 좋은 영향을 가져다줄 수 있음 **与学习语言有关的例子** 언어 학습과 관련된 예시 **一本有名的书上这样写道："有志者事竟成"** 한 유명한 책에는 '뜻이 있는 자는 못 해낼 것이 없다'라고 쓰여 있음 **获得成功的关键在于这个人有没有毅力** 성공을 얻는 관건은 이 사람이 끈기가 있는지 없는지임
결론 의견 및 근거 재언급	**若没有毅力，就很难收获成功的果实** 끈기가 없다면, 성공의 열매를 거두기 어려움

모범답안

서론 동의 여부 및 주제	我赞同"人要有毅力，否则将一事无成"这句话。 　　"人要有毅力，否则将一事无成"说的是一个人必须要有毅力，不然无法成就任何事。有毅力的人一般都是很自律的，所以无论是在大事上还是在小事上，他总会有所收获；没有毅力的人，则很难获得成功。毅力能使人在成长的路上克服各种各样的困难，因此人要有毅力，才能有所成就。	나는 '사람은 끈기가 있어야 하며, 그렇지 않으면 아무것도 이룰 수 없다'라는 이 말에 동의한다. 　　'사람은 끈기가 있어야 하며, 그렇지 않으면 아무것도 이룰 수 없다'가 말하는 바는 사람은 반드시 끈기가 있어야 하며, 아니면 어떤 일도 성취할 수 없다는 것이다. 끈기가 있는 사람은 보통 자제력이 있고, 그래서 큰일이든 작은 일이든 그는 항상 성과가 있기 마련이지만, 끈기가 없는 사람은 성공을 얻기 어렵다. 끈기는 사람이 성장의 길에서 온갖 어려움을 극복할 수 있게 해주기 때문에 사람은 끈기가 있어야 비로소 성취할 수 있다.
본론 근거 1~3	以有名的音乐家贝多芬为例，他在年轻时患上了耳疾，并在中年时失聪了，然而他没有轻易放弃对音乐的热情，以坚强的信念和毅力完成了一首又一首伟大的作品，即便是在完全丧失听觉后，他也依旧坚持创作。贝多芬的毅力成就了他，让他向更好的方向发展。从贝多芬的事迹可以看出，有毅力的人获得成功的可能性更高；有毅力的人能够得到多方位的成长；有毅力的人不会轻易被困难和挫折打倒。 　　我们的日常生活中，毅力可以在各个方面带给我们好的影响。打个比方，我们在学习语言时，需要长时间的积累，所以学习的过程会很漫长，很多人有可能在中途就会放弃，但是学语言最重要的是我们的毅力。因为语言能力并不是一朝一夕就能提升的，而是需要日积月累的坚持，而这份坚持正需要毅力的支撑。只有以毫不动摇的意志坚持学习，才能在一天天的学习中获得成功，如果学习时没有毅力，那么自然也就很难收获成果。 　　一本有名的书上这样写道："有志者事竟成"，意思是只要有决心和毅力，就会获得成功。有毅力的人不一定比他人聪慧，但是他们会通过自己的努力得到一定的回报。也就是说，获得成功的关键在于这个人有没有毅力，毅力是成功的基石。	유명한 음악가 베토벤을 예로 들어보자면, 그는 젊은 시절 귓병을 앓았고, 중년에는 청력을 잃었다. 그러나 그는 음악에 대한 열정을 쉽게 버리지 않았고 강한 신념과 끈기로 위대한 작품을 하나 또 하나 완성했으며, 설령 청력을 완전히 상실한 뒤에도 그는 여전히 창작을 꾸준하게 해 나갔다. 베토벤의 끈기는 그를 성취하게 했고, 그가 더 좋은 방향으로 발전하게 했다. 베토벤의 업적을 통해 끈기 있는 사람은 성공할 가능성이 더 높고, 끈기 있는 사람은 다방면으로 성장할 수 있으며, 끈기 있는 사람은 어려움과 좌절에 쉽게 넘어지지 않는다는 것을 알 수 있다. 　　우리의 일상생활에서 끈기는 모든 면에서 우리에게 좋은 영향을 가져다줄 수 있다. 예를 들면 우리는 언어를 배울 때 오랜 시간의 축적이 필요하다. 그래서 배우는 과정이 길며, 많은 사람이 중간에 포기할 가능성이 있다. 하지만 언어를 배울 때 가장 중요한 것은 우리의 끈기이다. 언어 능력은 하루아침에 향상될 수 있는 것이 아니기 때문에, 나날이 쌓아나가는 꾸준함이 필요하고, 이러한 꾸준함은 끈기의 지탱이 필요하다. 전혀 흔들리지 않는 의지로 배움을 꾸준히 해 나가야, 하루하루의 배움 속에서 성공을 얻을 수 있다. 만약 배울 때 끈기가 없다면 자연스럽게 성과를 거두기도 어려워진다. 　　한 유명한 책에는 '뜻이 있는 자는 못 해낼 것이 없다'라고 쓰여 있는데, 결심과 끈기만 있다면, 성공을 얻을 수 있다는 뜻이다. 끈기가 있는 사람이 반드시 다른 사람보다 슬기로운 것은 아니지만, 그들은 자신의 노력을 통해 어느 정도의 보답을 받을 것이다. 다시 말해 성공을 얻는 관건은 이 사람이 끈기가 있는지 없는지이며, 끈기는 성공의 초석이다.

　　总而言之，我赞同"人要有毅力，否则将一事无成"这句话。做事时只有始终保持顽强的毅力，才有可能获得成功，若没有毅力，就很难收获成功的果实。

결론적으로 말하자면, 나는 '사람은 끈기가 있어야 하며, 그렇지 않으면 아무것도 이룰 수 없다'라는 이 말에 동의한다. 일할 때 시종일관 강인한 끈기를 유지해야만 성공을 얻을 수 있고, 만일 끈기가 없다면, 성공의 열매를 거두기 어렵다.

어휘　毅力 yìlì 몡 끈기　论证 lùnzhèng 동 논증하다　失聪 shīcōng 동 청력을 잃다　信念 xìnniàn 몡 신념　即便 jíbiàn 젭 (설령) ~하더라도
　　　丧失 sàngshī 동 상실하다　依旧 yījiù 뷔 여전히　创作 chuàngzuò 동 (문예 작품을) 창작하다　事迹 shìjì 몡 업적　方位 fāngwèi 몡 방면, 위치
　　　挫折 cuòzhé 동 좌절시키다　比方 bǐfang 동 예를 들다　漫长 màncháng 혱 (시간·공간이) 길다　支撑 zhīchēng 동 (무너지지 않게) 지탱하다
　　　意志 yìzhì 몡 의지　聪慧 cōnghuì 혱 슬기롭다　回报 huíbào 동 보답하다　基石 jīshí 몡 초석[사물의 기초를 비유적으로 이르는 말]
　　　顽强 wánqiáng 혱 강인하다

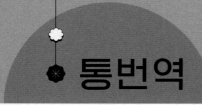

통번역

필수 통번역 스킬 10 확인학습 모범답안

스킬 01

p.162

[1] 文字的出现标志着人类进入了文明时代。
어휘 **标志** biāozhì [동] 상징하다

[2] 通过多次实验，研究人员发现了加速人体衰老的因素。
어휘 **衰老** shuāilǎo [형] 노화하다

[3] 改变长期以来的合作关系对所有人来说都是全新的挑战。
어휘 **全新** quán xīn 완전히 새롭다

스킬 02

p.163

[1] 这所大学培养出了许多精英人才。
어휘 **精英** jīngyīng [명] 엘리트

[2] 桌子上堆着一堆白天没有处理完的重要文件。
어휘 **堆** duī [동] 쌓다 [양] 무더기

[3] 工厂内部的各类设备排列得非常整齐，这便于工人们操作。
어휘 **便于** biànyú [동] (~하기에) 편리하다 **操作** cāozuò [동] 조작하다

스킬 03

p.164

[1] 这位环境科学家研发的装置可以把海水转化为淡水。
어휘 **装置** zhuāngzhì [명] 장치 **淡水** dànshuǐ [명] 담수

[2] 如今宇宙飞船能够把航天员安全地送上太空。
어휘 **宇宙飞船** yǔzhòu fēichuán [명] 우주선 **航天员** hángtiānyuán [명] 우주 비행사 **太空** tàikōng [명] 우주

[3] 使用这类小型无人机时，请把时间控制在30分钟以内。
어휘 **无人机** wúrénjī [명] 드론

스킬 04

p.165

[1] 在1992年的奥运会上，羽毛球被列为正式比赛项目。
어휘 **奥运会** Àoyùnhuì [고유] 올림픽

[2] 该药品副作用很大，因此被全面禁止使用。
어휘 **副作用** fùzuòyòng [명] 부작용

[3] 光滑且坚硬的木材常被用来制作高档家具。
어휘 **坚硬** jiānyìng [형] 단단하다

스킬 05

p.166

[1] 这个令人赞叹的景点每年都会吸引数百万名游客前来参观。

어휘 **赞叹** zàntàn [동] 감탄하다

[2] 科学技术使数字经济得到了良好的发展，这促进了人类社会的进步。

어휘 **数字经济** shùzì jīngjì [명] 디지털 경제

[3] 能源供给不足的问题可能会让全球经济陷入瘫痪。

어휘 **供给** gōngjǐ [동] 공급하다 **陷入** xiànrù [동] (불리한 지경에) 빠지다 **瘫痪** tānhuàn [동] 마비되다

스킬 06

p.167

[1] 极端的气候变化引起了全世界的关注。

어휘 **极端** jíduān [형] 극단적인 **关注** guānzhù [동] 주목하다, 관심을 가지다

[2] 物价的持续上涨和利率的不断上升加重了消费者的经济负担。

어휘 **利率** lìlǜ [명] 이율 **负担** fùdān [명] 부담

[3] 如果泄露公司的商业机密，将会受到法律上的惩罚。

어휘 **泄露** xièlòu [동] (비밀 등을) 누설하다 **机密** jīmì [명] 기밀 **惩罚** chéngfá [동] 처벌하다

스킬 07

p.168

[1] 长期未被公开的机器人终于出现在大众面前了。

* '베일을 벗다'가 떠오르지 않으면 '대중의 눈앞에 나타나다'로 쉽게 바꿔서 **出现在大众面前**으로 통번역한다.

어휘 **机器人** jīqìrén [명] 로봇 **大众** dàzhòng [명] 대중

[2] 由于社会经济增长速度变慢，就业市场受到了相应的影响。

* '둔화되다'가 떠오르지 않으면 '속도가 느려지다'로 쉽게 바꿔서 **速度变慢**으로 통번역한다.

어휘 **就业** jiùyè [동] 취업하다 **相应** xiāngyìng [동] 상응하다

[3] 许多国家在难民保护政策和国民保护政策之间难以做出选择。

* '딜레마에 빠지다'가 떠오르지 않으면 '선택하기 어렵다'로 쉽게 바꿔서 **难以做出选择**로 통번역한다.

어휘 **政策** zhèngcè [명] 정책

스킬 08

p.169

[1] [풀어 쓴 표현] 没有子女照顾的老年人

[문장] 随着社会老龄化程度不断加深，空巢老人越来越多。

* '독거노인'은 **空巢老人**이다. 이때 **空巢老人**이 떠오르지 않으면 '자녀의 보살핌을 받지 못하는 노인'으로 의미를 풀어 **没有子女照顾的老年人**으로 통번역할 수 있다.

어휘 **老龄化** lǎolínghuà 고령화되다 **空巢老人** kōngcháo lǎorén 독거노인, 빈 둥지 노인

[2] [풀어 쓴 표현] 连续不断

[문장] 现场的气氛非常热烈，观众的掌声此起彼伏。

* '꼬리에 꼬리를 물고 터져 나오다'는 **此起彼伏**이다. 이때 **此起彼伏**가 떠오르지 않으면 '연속해서 끊이지 않다'로 의미를 풀어 **连续不断**으로 통번역할 수 있다.

어휘 **此起彼伏** cǐqǐbǐfú [성] (사물 · 상황이) 꼬리에 꼬리를 물고 터져 나오다

[3] **풀어 쓴 표현** 供应不能满足需求

문장 受外来流动人口的影响，该市租房市场处于供不应求的状态。

* '공급이 수요를 따르지 못하다'는 **供不应求**이다. 이때 **供不应求**가 떠오르지 않으면 '공급이 수요를 만족시키지 못하다'로 의미를 풀어 **供应不能满足需求**로 통번역할 수 있다.

어휘　**供应** gōngyìng 圖 공급하다　**需求** xūqiú 圖 수요　**供不应求** gōngbúyìngqiú 圖 공급이 수요를 따르지 못하다

스킬 09 　　　　　　　　　　　　　　　　　　　　　　　　　　　　　　　　　　p.170

[1] 最近医学专家发现这种药能防止皮肤发炎。

* '염증을 일으키다'는 **引起炎症**으로 그대로 직역하기보다 하나의 중국어 동사 **发炎**으로 통번역한다.

어휘　**防止** fángzhǐ 圖 방지하다　**发炎** fāyán 圖 염증을 일으키다

[2] 如果一家企业宣告破产，那么与其相关的其他企业都会遭殃。

* '불행한 일을 당하다'는 **遭遇不幸的事情**으로 그대로 직역하기보다 하나의 중국어 동사 **遭殃**으로 통번역한다.

어휘　**宣告** xuāngào 圖 선언하다　**遭殃** zāoyāng 圖 불행한 일을 당하다, 재난을 만나다

[3] 专家建议应做好理财，不应透支过多的金钱。

* '과도하게 지출하다'는 **过度支出**로 그대로 직역하기보다 하나의 중국어 동사 **透支**로 통번역한다.

어휘　**理财** lǐcái 圖 재테크하다　**透支** tòuzhī 圖 과도하게 지출하다

스킬 10 　　　　　　　　　　　　　　　　　　　　　　　　　　　　　　　　　　p.171

[1] 运动有锻炼身体的效果。根据相关研究，有规律的运动有助于身体健康，能够改善人的抑郁症状。

어휘　**抑郁** yìyù 圖 우울하다　**症状** zhèngzhuàng 圖 증상

[2] 那家超市最近遇到了顾客数量不断减少的问题。为了解决这样的问题，那家超市决定增加配送服务，开展多种促销活动。

어휘　**促销活动** cùxiāo huódòng 圖 판촉 행사

[3] 一家企业要想获得成功，首先要有好的员工。如果企业没有好的员工，就很难找到不错的经营项目，也不容易准确把握市场趋势。

어휘　**经营项目** jīngyíng xiàngmù 사업 아이템

제1부분

고득점비책 01 지식 정보 관련 자료 공략하기 p.174

전략적용

在现代社会，即使食物再丰富，粮食问题仍然是全球的一大难题。如今，大部分人随时随地都能享受到各种美食，但遗憾的是，并不是世界上所有的人都能享受到这种快乐。

在某些地区，人们在绞尽脑汁思考如何让因食物不足而营养不良的人生存下去，而这个问题经过了很长时间都没有得到解决。不仅如此，由于长期干旱、全球变暖等气候变化，小麦、玉米等主要粮食的生产量大幅下降，世界粮食的运输和供应也遭受了严重的打击。人们正面对粮食生产量下降、粮食供应不畅的巨大困难，目前的粮食问题呈现出恶化的趋势。另外，物价的不断上涨也影响了粮食的价格，许多国家同时面临着经济危机和粮食危机。

在这种情况下，专家建议各国要把确保本国的粮食供应视为最重要的目标。然而由于粮食问题与气候问题、通货膨胀等多个因素联系在一起，因此专家认为相关问题在短期内很难被解决。

어휘 绞尽脑汁 jiǎojìnnǎozhī 머리를 싸매다 生存 shēngcún 图 생존하다 干旱 gānhàn 图 가물다 全球变暖 quánqiúbiànnuǎn 图 지구온난화
供应 gōngyìng 图 공급하다 遭受 zāoshòu 图 (손해 등을) 받다, 입다 打击 dǎjī 图 타격을 주다 不畅 bú chàng 원활하지 않다
呈现 chéngxiàn 图 보이다, 드러나다 恶化 èhuà 图 악화되다 危机 wēijī 图 위기 确保 quèbǎo 图 확보하다 通货膨胀 tōnghuòpéngzhàng 图 인플레이션

실전연습문제 p.177

사물인터넷은 차세대 정보 기술의 중요한 구성 부분이다. 사물인터넷의 활용은 여러 방면에 걸쳐 있으며, 특히 가정, 공공 부문, 농업 등 분야에서 광범위하게 활용되고 있다.

먼저, 스마트홈은 가정에서 사물인터넷 기술을 활용한 사례 중 하나이다. 밖에 외출 시 휴대전화로 집 안 구석구석을 둘러보며 보안 위험을 점검할 수 있고, 원격 제어를 통해 가전제품을 제어하여 화재 사고의 발생을 예방할 수도 있다. 그다음으로, 사물인터넷은 도로 교통 방면에서도 널리 활용되고 있다. 예를 들어 사물인터넷을 이용해 도로 교통 상황을 모니터링할 수 있고, 운전자가 도로 정보를 받은 후 바로 이동 경로를 조정함으로써 교통 체증을 해소할 수 있다. 이 밖에도 많은 도시에서 스마트 주차 관리 시스템을 차량 관리에 도입하기도 하여 주차난 문제를 효과적으로 해결했다. 마지막으로, 농업에서도 사물인터넷이 사용되는데, 스마트팜 시스템은 사물인터넷 장비를 통해 농업 생산 환경을 실시간으로 점검하고 원격으로 농장을 제어해 인건비를 줄일 수 있다.

사물인터넷은 최근 크게 주목받는 획기적인 기술로 우리의 일상생활에 큰 영향을 미칠 것이며, 심지어 우리의 생활 방식과 생활 습관에 변화가 생기게 될 것이다.

한 문장씩 중국어로 번역하기

	제시된 한국어 문장	▶	번역한 중국어 문장
문장①	사물인터넷은 차세대 정보 기술의 중요한 구성 부분이다.	▶	物联网是新一代信息技术的重要组成部分。
	♥ 번역 포인트		
	· '차세대'가 떠오르지 않으면 '새로운 세대'로 쉽게 바꿔서 新一代로 번역한다. [스킬7]		
문장②	사물인터넷의 활용은 여러 방면에 걸쳐 있으며, 특히 가정, 공공 부문, 농업 등 분야에서 광범위하게 활용되고 있다.	▶	物联网的应用涉及到方方面面，尤其在家居、公共部门、农业等领域得到了广泛的运用。
	♥ 번역 포인트		
	· '걸쳐 있다'가 떠오르지 않으면 '관련되어 있다'로 쉽게 바꿔서 涉及로 번역한다. [스킬7] 이때, '~에 관련되어 있다'는 동작이 어느 지점에 도달함을 나타내는 결과보어 到를 활용하여 涉及到로 번역한다. [스킬2]		

문장③	먼저, 스마트홈은 가정에서 사물인터넷 기술을 활용한 사례 중 하나이다. 밖에 외출 시 휴대전화로 집 안 구석구석을 둘러보며 보안 위험을 점검할 수 있고, 원격 제어를 통해 가전제품을 제어하여 화재 사고의 발생을 예방할 수도 있다. ▶	首先，智能家居是在家庭中应用物联网技术的例子之一。出门在外时，可以通过手机查看家里各个角落，检测安全隐患，还可以通过远程操控来控制电器，预防火灾事故的发生。

◉ 번역 포인트
- 문장이 길기 때문에 '집 안 구석구석을 둘러보며'와 '가전제품을 제어하여'에서 한번 끊어준다. [스킬10]
- '보안 위험'은 중국어의 호응어휘 **安全隐患**을 활용하여 번역한다. [스킬6]
- '원격 제어'는 **远程操控**이다. 이때 **远程操控**이 떠오르지 않으면, '원거리 조작'으로 의미를 풀어 **远距离操作**로 번역할 수 있다. [스킬8]

문장④	그다음으로, 사물인터넷은 도로 교통 방면에서도 널리 활용되고 있다. ▶	其次，物联网在道路交通方面也应用得很广泛。

◉ 번역 포인트
- '널리 활용되고 있다'는 정도보어 **很广泛**을 활용하여 **应用得很广泛**으로 번역한다. [스킬2]

문장⑤	예를 들어 사물인터넷을 이용해 도로 교통 상황을 모니터링할 수 있고, 운전자가 도로 정보를 받은 후 바로 이동 경로를 조정함으로써 교통 체증을 해소할 수 있다. ▶	例如，可以利用物联网对道路交通状况进行监控，司机收到道路信息后可以及时调整出行路线，从而缓解交通压力。

◉ 번역 포인트
- '이동 경로'는 중국어의 호응어휘 **出行路线**을 활용하여 번역한다. [스킬6]

문장⑥	이 밖에도 많은 도시에서 스마트 주차 관리 시스템을 차량 관리에 도입하기도 하여 주차난 문제를 효과적으로 해결했다. ▶	除此之外，不少城市还把智能停车管理系统投入到车辆管理中，有效解决了停车难的问题。

◉ 번역 포인트
- '스마트 주차 관리 시스템을 차량 관리에 도입하다'는 把를 활용하여 **把智能停车管理系统投入到车辆管理中**으로 번역한다. [스킬3]

문장⑦	마지막으로, 농업에서도 사물인터넷이 사용되는데, 스마트팜 시스템은 사물인터넷 장비를 통해 농업 생산 환경을 실시간으로 점검하고 원격으로 농장을 제어해 인건비를 줄일 수 있다. ▶	最后，在农业中也会用到物联网，智能农场系统可以通过物联网设备实时检测农业生产环境，并远程操控农场，减少人工成本。

◉ 번역 포인트
- '실시간으로 점검하다'는 중국어의 호응어휘 **实时检测**를 활용하여 번역한다. [스킬6]

문장⑧	사물인터넷은 최근 크게 주목받는 획기적인 기술로 우리의 일상 생활에 큰 영향을 미칠 것이며, 심지어 우리의 생활 방식과 생활 습관에 변화가 생기게 할 것이다. ▶	物联网作为最近备受关注的突破性技术，将对我们的日常生活产生巨大影响，甚至使我们的生活方式和生活习惯发生变化。

◉ 번역 포인트
- '획기적인 기술'은 **突破性技术**다. 이때 **突破性技术**가 떠오르지 않으면, '새로운 기술'로 의미를 풀어 **新型技术**로 번역할 수 있다. [스킬8]
- '생활 방식과 생활 습관에 변화가 생기게 하다'는 使을 활용하여 **使生活方式和生活习惯发生变化**로 번역한다. [스킬5]

모범답안

> 物联网是新一代信息技术的重要组成部分。物联网的应用涉及到方方面面，尤其在家居、公共部门、农业等领域得到了广泛的运用。
>
> 首先，智能家居是在家庭中应用物联网技术的例子之一。出门在外时，可以通过手机查看家里各个角落，检测安全隐患，还可以通过远程操控来控制电器，预防火灾事故的发生。其次，物联网在道路交通方面也应用得很广泛。例如，可以利用物联网对道路交通状况进行监控，司机收到道路信息后可以及时调整出行路线，从而缓解交通压力。除此之外，不少城市还把智能停车管理系统投入到车辆管理中，有效解决了停车难的问题。最后，在农业中也会用到物联网，智能农场系统可以通过物联网设备实时检测农业生产环境，并远程操控农场，减少人工成本。
>
> 物联网作为最近备受关注的突破性技术，将对我们的日常生活产生巨大影响，甚至使我们的生活方式和生活习惯发生变化。

어휘　**物联网** wùliánwǎng [명] 사물인터넷　**涉及** shèjí [동] 관련되다, 걸쳐 있다　**智能家居** zhìnéng jiājū [명] 스마트홈　**角落** jiǎoluò [명] 구석
隐患 yǐnhuàn [명] (드러나지 않은) 위험, 폐해　**远程操控** yuǎnchéng cāokòng 원격 제어　**电器** diànqì [명] 가전제품　**监控** jiānkòng [동] 모니터링하다
出行路线 chūxíng lùxiàn 이동 경로　**智能农场** zhìnéng nóngchǎng [명] 스마트팜　**人工成本** réngōng chéngběn [명] 인건비　**突破性** tūpòxìng 획기적

고득점비책 02 중국 문화 관련 자료 공략하기 p.178

전략적용

冰糖葫芦又名糖葫芦，它是中国的传统小吃，在北方的冬天可以时常见到冰糖葫芦的身影。冰糖葫芦起源于南宋时期，当时这种美食在南宋皇宫中被用来治病。后来，冰糖葫芦逐渐传到了民间，成为了许多人都能享受的美食。冰糖葫芦在民国时期最为盛行，在剧院、公园、茶楼等场所，人们会把它放在用玻璃罩盖着的盘子里销售。与此同时，民国时期还有不少专门卖冰糖葫芦的店铺，这些店铺也受到了人们的青睐。除了以上的销售方式之外，当时还出现了很多在街头售卖冰糖葫芦的小贩。

冰糖葫芦中富含多种维生素，它还具有开胃和消除疲劳的功效，无论是在过去还是现在，都是一种很有人气的美食。制作冰糖葫芦时使用得最多的食材是水果，而最近许多人转换思路，发明出了冰糖葫芦的很多新做法。他们自给自足，将冰糖葫芦和自己喜欢的食物结合起来，亲手做出了让人感到神奇的食物。

어휘　**冰糖葫芦** bīngtánghúlu [명] 빙탕후루[과일을 꼬챙이에 꽂아 설탕물이나 엿을 발라 굳힌 것]　**时常** shícháng [부] 자주, 늘　**起源于** qǐyuán yú ~에 생겨나다
美食 měishí [명] 먹거리, 맛있는 음식　**民间** mínjiān [명] 민간　**盛行** shèngxíng [동] 성행하다, 널리 유행하다　**场所** chǎngsuǒ [명] 장소　**店铺** diànpù [명] 가게, 점포
青睐 qīnglài [동] 인기를 누리다　**小贩** xiǎofàn [명] 노점상, 행상인　**富含** fùhán [동] 풍부하게 들어 있다　**维生素** wéishēngsù [명] 비타민
开胃 kāiwèi [동] 식욕을 증진시키다　**消除** xiāochú [동] 풀다, 해소하다　**功效** gōngxiào [명] 효능　**自给自足** zìjǐzìzú [성] 자급자족하다　**神奇** shénqí [형] 신기하다

실전연습문제 p.181

시후는 항저우시 서부에 위치해 있으며, 주변의 많은 산과 시후는 절묘하게 결합하여 수려한 경치를 형성했는데, 시후는 이로 인해 세계적으로 명성을 떨치고 있다. 수천 년 동안 시후의 아름다운 자연 경치는 많은 사람이 감탄이 나오게 했다. 고대 문인들이 시후를 위해 사람들에게 회자되는 시를 한 수 또 한 수 썼기 때문에 시후는 사람들이 동경하는 정신적 보금자리가 되었다. 시후는 고대 문인들이 창작한 시구로 인해 각광을 받아 많은 관광객이 명성을 흠모하여 찾고 있다.

시후는 아름다운 풍경을 자랑할 뿐만 아니라 현지 생태계를 유지하는 중요한 기능을 가지고 있다. 시후는 주변의 식물 자원이 풍부하고 다양화되게 하고 도시 환경도 개선되게 했다. 자연환경 방면의 가치 외에도 시후는 문화 방면의 가치가 있다. 따라서 시후의 깊은 문화적 의미가 더욱 큰 효과를 발휘하게 하기 위해서는 사람들이 시후가 내포한 깊은 의미를 이해하게 해야 하고, 더 많은 사람에게 시후의 역사와 문화를 널리 퍼트려야 한다. 이 외에도, 사람들은 세계 유산의 관점에서 시후를 평가해야 하고, 시후를 '경관 시후'에서 '인문 시후'로 승화시켜 그것에 더 많은 문화적 의미와 문화적 가치를 부여해야 한다.

한 문장씩 중국어로 번역하기

	제시된 한국어 문장	▶	번역한 중국어 문장
문장①	시후는 항저우시 서부에 위치해 있으며, 주변의 많은 산과 시후는 절묘하게 결합하여 수려한 경치를 형성했는데, 시후는 이로 인해 세계적으로 명성을 떨치고 있다.	▶	西湖位于杭州市西部，周围的群山与西湖绝妙地结合在一起，形成了秀丽的风景，西湖也因此闻名世界。
	📍 번역 포인트 · '세계적으로 명성을 떨치다'는 **闻名世界**이다. 이때 **闻名世界**가 떠오르지 않으면, '전 세계적으로 유명하다'로 의미를 풀어 **在全世界都很有名**으로 번역할 수 있다. [스킬 8]		
문장②	수천 년 동안 시후의 아름다운 자연 경치는 많은 사람이 감탄이 나오게 했다.	▶	千百年来，西湖优美的自然风光使许多人发出了感叹。
	📍 번역 포인트 · '많은 사람이 감탄이 나오게 했다'는 **使**을 활용하여 **使许多人发出了感叹**으로 번역한다. [스킬 5]		

문장③	고대 문인들이 시후를 위해 사람들에게 회자되는 시를 한 수 또 한 수 썼기 때문에 시후는 사람들이 동경하는 정신적 보금자리가 되었다. ▶	古代文人们为西湖写下了一首又一首脍炙人口的诗词，因此西湖成为了人们向往的精神家园。
	◉ 번역 포인트	
	· '사람들에게 회자되다'는 脍炙人口다. 이때 脍炙人口가 떠오르지 않으면, '사람들이 모두 칭찬하다'로 의미를 풀어 人人都赞美로 번역할 수 있다. [스킬8]	
	· '보금자리'가 떠오르지 않으면 '집'으로 쉽게 바꿔서 家园으로 번역한다. [스킬7]	
문장④	시후는 고대 문인들이 창작한 시구로 인해 각광을 받아 많은 관광객이 명성을 흠모하여 찾고 있다. ▶	西湖因古代文人们创作的诗句而受到了瞩目，所以许多游客都慕名前来。
	◉ 번역 포인트	
	· '각광을 받다'는 중국어의 호응어휘 受到瞩目를 활용하여 번역한다. [스킬6]	
	· '명성을 흠모하다'는 仰慕名声으로 그대로 직역하기보다 하나의 중국어 동사 慕名으로 번역한다. [스킬9]	
문장⑤	시후는 아름다운 풍경을 자랑할 뿐만 아니라 현지 생태계를 유지하는 중요한 기능을 가지고 있다. ▶	西湖不仅拥有美丽的风景，还具有维持当地生态系统的重要功能。
	◉ 번역 포인트	
	· '풍경을 자랑하다'가 떠오르지 않으면 '풍경을 가지다'로 쉽게 바꿔서 拥有风景으로 번역한다. [스킬7]	
문장⑥	시후는 주변의 식물 자원이 풍부하고 다양화되게 하고 도시 환경도 개선되게 했다. ▶	西湖使周边的植物资源变得丰富多样，也使城市环境得到了改善。
	◉ 번역 포인트	
	· '주변의 식물 자원이 풍부하고 다양화되게 하다'와 '도시 환경이 개선되게 했다'는 使을 활용하여 使周边的植物资源变得丰富多样과 使城市环境得到了改善으로 번역한다. [스킬5]	
문장⑦	자연환경 방면의 가치 외에도 시후는 문화 방면의 가치가 있다. ▶	除了自然环境方面的价值，西湖还存在文化方面的价值。
	◉ 번역 포인트	
	· 중국어 문장에서 술어가 되는 存在(있다)의 위치에 유의하며 번역한다. [스킬1]	
문장⑧	따라서 시후의 깊은 문화적 의미가 더욱 큰 효과를 발휘하게 하기 위해서는 사람들이 시후가 내포한 깊은 의미를 이해하게 해야 하고, 더 많은 사람에게 시후의 역사와 문화를 널리 퍼트려야 한다. ▶	因此为了让西湖深厚的文化内涵发挥出更大的作用，应该要让人们了解到西湖蕴含的深厚意义，向更多的人传播西湖的历史和文化。
	◉ 번역 포인트	
	· '시후의 깊은 문화적 의미가 더욱 큰 효과를 발휘하게 하다'는 让西湖深厚的文化内涵发挥出更大的作用으로, '사람들이 시후가 내포한 깊은 의미를 이해하게 하다'는 让人们了解到西湖蕴含的深厚意义로 让을 활용하여 번역한다. [스킬5]	
문장⑨	이 외에도, 사람들은 세계 유산의 관점에서 시후를 평가해야 하고, 시후를 '경관 시후'에서 '인문 시후'로 승화시켜 그것에 더 많은 문화적 의미와 문화적 가치를 부여해야 한다. ▶	除此之外，人们应该从世界遗产的角度来评价西湖，把西湖从"景观西湖"升华为"人文西湖"，给它赋予更多的文化内涵和文化价值。
	◉ 번역 포인트	
	· '시후를 '경관 시후'에서 '인문 시후'로 승화시키다'는 把를 활용하여 把西湖从"景观西湖"升华为"人文西湖"로 번역한다. [스킬3]	

모범답안

　　西湖位于杭州市西部，周围的群山与西湖绝妙地结合在一起，形成了秀丽的风景，西湖也因此闻名世界。千百年来，西湖优美的自然风光使许多人发出了感叹。古代文人们为西湖写下了一首又一首脍炙人口的诗词，因此西湖成为了人们向往的精神家园。西湖因古代文人们创作的诗句而受到了瞩目，所以许多游客都慕名前来。

西湖不仅拥有美丽的风景，还具有维持当地生态系统的重要功能。西湖使周边的植物资源变得丰富多样，也使城市环境得到了改善。除了自然环境方面的价值，西湖还存在文化方面的价值。因此为了让西湖深厚的文化内涵发挥出更大的作用，应该要让人们了解到西湖蕴含的深厚意义，向更多的人传播西湖的历史和文化。除此之外，人们应该从世界遗产的角度来评价西湖，把西湖从"景观西湖"升华为"人文西湖"，给它赋予更多的文化内涵和文化价值。

어휘 **闻名世界** wénmíngshìjiè 세계적으로 명성을 떨치다　**风光** fēngguāng 图 경치
脍炙人口 kuàizhìrénkǒu 图 사람들에게 회자되다, 칭찬을 받으며 사람들의 입에 자주 오르내리다　**向往** xiàngwǎng 图 동경하다, 갈망하다
创作 chuàngzuò 图 (문예 작품을) 창작하다　**慕名** mùmíng 图 명성을 흠모하다　**拥有** yōngyǒu 图 가지다　**维持** wéichí 图 유지하다
生态系统 shēngtài xìtǒng 图 생태계　**周边** zhōubiān 图 주변　**内涵** nèihán 图 의미　**蕴含** yùnhán 图 내포하다　**升华** shēnghuá 图 승화하다
赋予 fùyǔ 图 (중대한 임무나 사명 등을) 부여하다

제1부분　실전테스트 p.182

1　인터넷 시스템이 해커로부터 공격받는 사건이 빈번히 발생해서 인터넷 안전은 뜨거운 이슈로 떠올랐다. 조사 결과에서 80%의 인터넷 안전 문제는 내부자가 일으킨 것으로 나타났기 때문에 기업은 인트라넷의 안전성 문제를 가장 중요한 위치에 두어야 하고, 일련의 안전 관리 제도를 만들어 내야 한다. 인터넷 안전을 보장하기 위해, 개인도 안전 대비 의식을 높여야 하고, 잠깐의 소홀함으로 인해 초래되는 돌이킬 수 없는 손실을 피해야 한다. 이 외에, 국가는 관련 법률과 법규를 만들어야 하고, 인터넷 안전 업무에 대한 감사 역량을 강화해야 한다.

한 문장씩 중국어로 번역하기

	제시된 한국어 문장　▶　번역한 중국어 문장
문장①	인터넷 시스템이 해커로부터 공격받는 사건이 빈번히 발생해서 인터넷 안전은 뜨거운 이슈로 떠올랐다.　▶　网络系统被黑客攻击的事件频频发生，因此网络安全成为了热门话题。
	♥ 번역 포인트
	· '해커로부터 공격받다'는 被를 활용하여 被黑客攻击로 번역한다. [스킬4]
	· '떠오르다'가 떠오르지 않으면 '~가 되다'로 쉽게 바꿔서 成为로 번역한다. [스킬7]
문장②	조사 결과에서 80%의 인터넷 안전 문제는 내부자가 일으킨 것으로 나타났기 때문에 기업은 인트라넷의 안전성 문제를 가장 중요한 위치에 두어야 하고, 일련의 안전 관리 제도를 만들어 내야 한다.　▶　调查结果显示，80%的网络安全问题是由内部人员引起的，因此企业应该把内部网络的安全性问题放在首要位置，制定出一系列安全管理制度。
	♥ 번역 포인트
	· '인트라넷의 안전성 문제를 가장 중요한 위치에 두다'는 把를 활용하여 把内部网络的安全性问题放在首要位置으로 번역한다. [스킬3]
	· '만들어 내다'는 없던 것이 새로 생겨남을 나타내는 방향보어 出를 활용하여 制定出로 번역한다. [스킬2]
문장③	인터넷 안전을 보장하기 위해, 개인도 안전 대비 의식을 높여야 하고, 잠깐의 소홀함으로 인해 초래되는 돌이킬 수 없는 손실을 피해야 한다.　▶　为了保证网络安全，个人也要提高安全防范意识，避免因一时疏忽而造成不可挽回的损失。
	♥ 번역 포인트
	· '돌이킬 수 없는 손실'은 중국어의 호응어휘 不可挽回的损失을 활용하여 번역한다. [스킬6]
문장④	이 외에, 국가는 관련 법률과 법규를 만들어야 하고, 인터넷 안전 업무에 대한 감사 역량을 강화해야 한다.　▶　此外，国家应该制定相关法律法规，加强对网络安全工作的监督力度。
	♥ 번역 포인트
	· '감사 역량'이 떠오르지 않으면 '감독하는 역량'으로 쉽게 바꿔서 监督力度로 번역한다. [스킬7]

모범답안

> 网络系统被黑客攻击的事件频频发生，因此网络安全成为了热门话题。调查结果显示，80%的网络安全问题是由内部人员引起的，因此企业应该把内部网络的安全性问题放在首要位置，制定出一系列安全管理制度。为了保证网络安全，个人也要提高安全防范意识，避免因一时疏忽而造成不可挽回的损失。此外，国家应该制定相关法律法规，加强对网络安全工作的监督力度。

어휘 **黑客** hēikè [명] 해커 **攻击** gōngjī [동] 공격하다 **事件** shìjiàn [명] 사건 **频频** pínpín [부] 빈번히 **热门** rèmén [명] 뜨거운 것, 인기 있는 것
首要 shǒuyào [형] 가장 중요한 **一系列** yíxìliè [형] 일련의 **防范** fángfàn [동] 대비하다 **意识** yìshí [명] 의식 **挽回** wǎnhuí [동] 돌이키다, 만회하다
监督 jiāndū [동] 감독하다

2

> 중국에는 유명한 여성 무술가가 있는데, 그녀는 중국 10대 무술 명교수 중 한 명으로 뽑혔다. 그녀는 어릴 적부터 병약해서 가족들은 그녀가 단련을 통해 건강한 신체와 정신을 얻기를 바랐고, 그녀가 중국 무술을 배우게 했다. 그녀의 무술 선생님은 현지에서 제법 유명한 무술가로 중국 무술의 각종 기법을 잘 알고 있었고, 그녀는 선생님을 따라 낮에는 학교에 다니고 밤에는 무술을 익히는 생활을 시작했다. 이렇게 그녀의 중국 무술에 대한 공부는 점점 좋은 경지에 들어섰고, 비록 난이도가 높은 무술 동작이 많았지만 그녀는 시종일관 끈기 있게 배웠다. 매일매일 반복되는 훈련 아래 그녀는 중국 무술이라는 이 중국 전통 스포츠 종목에 점점 빠져들었다. 중국 무술을 배우는 과정에서 그녀는 이것이 사람의 안과 밖을 고루 돌볼 수 있는 운동이며, 중국 무술은 신체 소질을 향상시킬 수 있을 뿐만 아니라 의지력도 키울 수 있다는 것을 느꼈다.
>
> 그녀의 무술 기법은 시간의 흐름 속에서 비약적인 발전을 이루었다. 무예가 향상됨에 따라 그녀는 많은 국내외 무술대회에 참가해 수차례 우승을 차지하기도 했다. 이후의 무술 생애에서 수많은 좌절을 겪었지만 그녀는 낙담하지 않았다. 훗날 중국 무술에 대한 지식을 전수해 나가기 위해 그녀는 대학 무술 교재 집필 작업에 참여했고, 자신의 평생을 중국 무술에 바쳤다.

한 문장씩 중국어로 번역하기

	제시된 한국어 문장	▶	번역한 중국어 문장
문장①	중국에는 유명한 여성 무술가가 있는데, 그녀는 중국 10대 무술 명교수 중 한 명으로 뽑혔다.	▶	中国有一位知名女武术家，她被选为中国十大武术名教授之一。
	번역 포인트 · '중국 10대 무술 명교수 중 한 명으로 뽑히다'는 被를 활용하여 被选为中国十大武术名教授之一로 번역한다. [스킬 4]		
문장②	그녀는 어릴 적부터 병약해서 가족들은 그녀가 단련을 통해 건강한 신체와 정신을 얻기를 바랐고, 그녀가 중국 무술을 배우게 했다.	▶	她从小体弱多病，家人希望她能通过锻炼获得健康的体魄，便让她去学中国武术。
	번역 포인트 · '그녀가 중국 무술을 배우게 하다'는 让을 활용하여 让她去学中国武术로 번역한다. [스킬 5]		
문장③	그녀의 무술 선생님은 현지에서 제법 유명한 무술가로 중국 무술의 각종 기법을 잘 알고 있었고, 그녀는 선생님을 따라 낮에는 학교에 다니고 밤에는 무술을 익히는 생활을 시작했다.	▶	她的武术老师是当地颇有名气的武术家，熟知中国武术的各种技法，她跟着老师开始了白天上学、晚上习武的生活。
	번역 포인트 · '잘 알다'는 清楚地知道로 그대로 직역하기보다 하나의 중국어 동사 熟知으로 번역한다. [스킬 9] · '무술을 익히다'는 练习武术로 그대로 직역하기보다 하나의 중국어 동사 习武로 번역한다. [스킬 9]		
문장④	이렇게 그녀의 중국 무술에 대한 공부는 점점 좋은 경지에 들어섰고, 비록 난이도가 높은 무술 동작이 많았지만 그녀는 시종일관 끈기 있게 배웠다.	▶	就这样，她对中国武术的学习渐入佳境，虽然有很多难度大的武术动作，但是她始终耐心学习。
	번역 포인트 · '좋은 경지에 들어서다'는 渐入佳境다. 이때 渐入佳境이 떠오르지 않으면, '수준이 높아졌다'로 의미를 풀어 水平得到了提升으로 번역할 수 있다. [스킬 8]		

문장⑤	매일매일 반복되는 훈련 아래 그녀는 중국 무술이라는 이 중국 전통 스포츠 종목에 점점 빠져들었다. ▶ **번역 포인트** · '빠져들다'가 떠오르지 않으면 '사랑하게 되다'로 쉽게 바꿔서 **爱上**으로 번역한다. [스킬7]	在日复一日的训练下，她逐渐爱上了中国武术这项中国传统体育项目。
문장⑥	중국 무술을 배우는 과정에서 그녀는 이것이 사람의 안과 밖을 고루 돌볼 수 있는 운동이며, 중국 무술은 신체 소질을 향상시킬 수 있을 뿐만 아니라 의지력도 키울 수 있다는 것을 느꼈다. ▶ **번역 포인트** · '소질을 향상시키다'는 중국어의 호응어휘 **提升素质**을 활용하여 번역한다. [스킬6]	在学习中国武术的过程中，她感受到这是一项兼顾内与外的运动，中国武术不仅能提升身体素质，还能培养意志力。
문장⑦	그녀의 무술 기법은 시간의 흐름 속에서 비약적인 발전을 이루었다. ▶ **번역 포인트** · '비약하다'는 **飞跃**이다. 이때 **飞跃**가 떠오르지 않으면, '매우 빠르다'로 의미를 풀어 **特别迅速**로 번역할 수 있다. [스킬8]	她的武术技法在时间的流逝中得到了飞跃的发展。
문장⑧	무예가 향상됨에 따라 그녀는 많은 국내외 무술대회에 참가해 수차례 우승을 차지하기도 했다. ▶ **번역 포인트** · '우승을 차지하다'는 **获得冠军**으로 그대로 직역하기보다 하나의 중국어 동사 **夺冠**으로 번역한다. [스킬9]	随着武艺的提高，她参加了很多国内外武术大会，并数次夺冠。
문장⑨	이후의 무술 생애에서 수많은 좌절을 겪었지만 그녀는 낙담하지 않았다. ▶ **번역 포인트** · 문장이 길기 때문에 '생애에서'에서 한번 끊어준다. 뒤 문장과 자연스럽게 이어지도록 뒤 문장 바로 앞에 주어 **她**(그녀)를 넣어준다. [스킬10]	在之后的武术生涯中，她遇到了数不清的挫折，但是她都没有气馁。
문장⑩	훗날 중국 무술에 대한 지식을 전수해 나가기 위해 그녀는 대학 무술 교재 집필 작업에 참여했고, 자신의 평생을 중국 무술에 바쳤다. ▶ **번역 포인트** · '지식을 전수해 나가다'는 **把**를 활용하여 **把知识传授出去**로 번역한다. [스킬3]	后来，为了把有关中国武术的知识传授出去，她参与了大学武术教材的编写工作，将自己的一生都献给了中国武术。

모범답안

中国有一位知名女武术家，她被选为中国十大武术名教授之一。她从小体弱多病，家人希望她能通过锻炼获得健康的体魄，便让她去学中国武术。她的武术老师是当地颇有名气的武术家，熟知中国武术的各种技法，她跟着老师开始了白天上学、晚上习武的生活。就这样，她对中国武术的学习渐入佳境，虽然有很多难度大的武术动作，但是她始终耐心学习。在日复一日的训练下，她逐渐爱上了中国武术这项中国传统体育项目。在学习中国武术的过程中，她感受到这是一项兼顾内与外的运动，中国武术不仅能提升身体素质，还能培养意志力。

她的武术技法在时间的流逝中得到了飞跃的发展。随着武艺的提高，她参加了很多国内外武术大会，并数次夺冠。在之后的武术生涯中，她遇到了数不清的挫折，但是她都没有气馁。后来，为了把有关中国武术的知识传授出去，她参与了大学武术教材的编写工作，将自己的一生都献给了中国武术。

어휘 **体魄** tǐpò [명] 신체와 정신 **颇** pō [부] 제법, 꽤 **技法** jìfǎ [명] 기법, 기교와 방법 **兼顾** jiāngù [동] 고루 돌보다 **素质** sùzhì [명] 소질, 자질 **意志力** yìzhìlì [명] 의지력 **飞跃** fēiyuè [동] 비약하다 **生涯** shēngyá [명] 생애 **挫折** cuòzhé [동] 좌절시키다 **气馁** qìněi [동] 낙담하다 **传授** chuánshòu [동] (학문·기예 등을 다른 사람에게) 전수하다

고득점비책 01 지식 정보 관련 자료 공략하기 p.186

모범답변 바로듣기 ▶

전략 적용

据统计，近几年来有些国家出现了出生率持续下降的趋势。国家的发展与出生率有关，如果出生率下降到一定程度，劳动人口也会随之减少，这最终会导致经济活力不足。很多人把高房价视为出生率下降的主要原因之一，因为大多数普通人即使努力工作一辈子，也很难在大城市买房。除此之外，养育子女的成本大幅上升，大量的钱被花在孩子的生活和教育上，因此人们的生育意愿逐年下降。对此，专家指出，出生率低的现象将会持续下去，按照这样的趋势，有些国家可能会面临消失的危险。

어휘 **统计** tǒngjì [동] 통계하다 **下降** xiàjiàng [동] 하락하다 **活力** huólì [명] 활력 **养育成本** yǎngyù chéngběn [명] 양육 비용 **生育意愿** shēngyù yìyuàn [명] 출산 의지 **逐年** zhúnián [부] 해마다

실전연습문제 p.189

1 백색 오염은 일회용 식기, 플라스틱 병, 비닐봉지 등 플라스틱 제품이 아무렇게나 버려져 생태 환경에 야기한 오염을 가리킨다. 한편으로, 플라스틱 제품은 원가가 낮고 무게가 가벼우며 오래 쓸 수 있다는 등의 장점이 있으며 많은 영역에서 광범위하게 사용되고 있다. 하지만 다른 한편으로, 플라스틱 제품은 환경이 심각한 위협을 받게 했다. 왜냐하면 많은 사람이 조금의 절제도 없이 플라스틱 제품을 사용하고, 게다가 플라스틱은 쉽게 썩지 않기 때문이다. 따라서 사람들은 백색 오염이 가져온 위협을 이해하고, 환경보호 의식을 높여야 한다.

한 문장씩 중국어로 통역해보기

	제시된 한국어 문장	▶	통역해본 중국어 문장
문장①	백색 오염은 일회용 식기, 플라스틱 병, 비닐봉지 등 플라스틱 제품이 아무렇게나 버려져 생태 환경에 야기한 오염을 가리킨다.	▶	白色污染是指一次性餐具、塑料瓶、塑料袋等塑料制品被随意丢弃而对生态环境造成的污染。
	통역 포인트 · '아무렇게나 버려지다'는 被를 활용하여 **被随意丢弃**로 통역한다. [스킬 4]		
문장②	한편으로, 플라스틱 제품은 원가가 낮고 무게가 가벼우며 오래 쓸 수 있다는 등의 장점이 있으며 많은 영역에서 광범위하게 사용되고 있다.	▶	一方面，塑料制品具有成本低、重量轻、耐用等优点，因此塑料制品被广泛用到许多领域中。
	통역 포인트 · 문장이 길기 때문에 '장점이 있으며'에서 한번 끊어준다. 뒤 문장과 자연스럽게 이어지도록 뒤 문장 바로 앞에 연결어 **因此**(따라서)와 주어 **塑料制品**(플라스틱 제품)을 넣어준다. [스킬 10] · '많은 영역에서 광범위하게 사용되다'는 被를 활용하여 **被广泛用到许多领域中**으로 통역한다. [스킬 4]		
문장③	하지만 다른 한편으로, 플라스틱 제품은 환경이 심각한 위협을 받게 했다.	▶	但另一方面，塑料制品使环境受到了严重的威胁，
	통역 포인트 · '환경이 심각한 위협을 받게 했다'는 使을 활용하여 **使环境受到了严重的威胁**로 통역한다. [스킬 5]		

문장④	왜냐하면 많은 사람이 조금의 절제도 없이 플라스틱 제품을 사용하고, 게다가 플라스틱은 쉽게 썩지 않기 때문이다.	▶	因为很多人毫无节制地使用塑料制品，而塑料是不容易腐烂的，
	◉ 통역 포인트 · '조금의 절제도 없다'는 毫无节制이다. 이때 毫无节制가 떠오르지 않으면, '마음대로 하다'로 의미를 풀어 随便으로 통역할 수 있다. [스킬8]		
문장⑤	따라서 사람들은 백색 오염이 가져온 위협을 이해하고, 환경보호 의식을 높여야 한다.	▶	所以人们应该了解白色污染带来的危害，并提高环保意识。
	◉ 통역 포인트 · 중국어 문장에서 술어가 되는 了解(이해하다)와 提高(높이다)의 위치에 유의하며 통역한다. [스킬1]		

모범답변

> 　　白色污染是指一次性餐具、塑料瓶、塑料袋等塑料制品被随意丢弃而对生态环境造成的污染。一方面，塑料制品具有成本低、重量轻、耐用等优点，因此塑料制品被广泛用到许多领域中。但另一方面，塑料制品使环境受到了严重的威胁，因为很多人毫无节制地使用塑料制品，而塑料是不容易腐烂的，所以人们应该了解白色污染带来的危害，并提高环保意识。

어휘　**白色污染** báisè wūrǎn 圄 백색 오염[비닐, 플라스틱 등 화학 용기가 가져온 오염]　**餐具** cānjù 圄 식기　**随意** suíyì 團 아무렇게나, 마음대로
　　　丢弃 diūqì 圄 버리다　**生态** shēngtài 圄 생태　**成本** chéngběn 圄 원가　**耐用** nàiyòng 圄 오래 쓸 수 있다　**毫无** háowú 圄 조금도 없다
　　　节制 jiézhì 圄 절제하다　**腐烂** fǔlàn 圄 썩다　**意识** yìshí 圄 의식

2　　　무선 이어폰의 출현은 사람들의 일상생활을 더 편리하게 했다. 무선 이어폰이 생기고부터 사람들은 더 이상 꼬인 이어폰 줄에 시달리지 않게 되었다. 게다가 무선 이어폰을 가볍게 터치하기만 하면 손쉽게 전화를 받거나 음악을 틀 수 있어서 차를 운전하거나 운동을 할 때 특히 편리하다. 하지만 무선 이어폰은 왼쪽과 오른쪽이 연결되어 있지 않기 때문에 사람들은 그중 한쪽을 잃어버리기 쉽다. 그 외에, 어떤 사람들은 무선 이어폰으로 다른 사람의 대화를 엿듣고 타인의 프라이버시를 침해하는데, 그래서 사람들은 무선 이어폰의 안전성 문제를 걱정하기 시작했다. 결론적으로, 무선 이어폰은 장점도 있고 단점도 있으므로, 개인의 선호에 따라서 무선 이어폰을 사용할지 말지 결정을 하면 된다.

한 문장씩 중국어로 통역해보기

	제시된 한국어 문장	▶	통역해본 중국어 문장
문장①	무선 이어폰의 출현은 사람들의 일상생활을 더 편리하게 했다.	▶	无线耳机的出现使人们的日常生活变得更加方便。
	◉ 통역 포인트 · '사람들의 일상생활을 더 편리하게 하다'는 使을 활용하여 使人们的日常生活变得更加方便으로 통역한다. [스킬5]		
문장②	무선 이어폰이 생기고부터 사람들은 더 이상 꼬인 이어폰 줄에 시달리지 않게 되었다.	▶	自从有了无线耳机，人们不再被缠绕的耳机线所困扰，
	◉ 통역 포인트 · '꼬인 이어폰 줄에 시달리게 되다'는 被를 활용하여 被缠绕的耳机线所困扰로 통역한다. [스킬4]		
문장③	게다가 무선 이어폰을 가볍게 터치하기만 하면 손쉽게 전화를 받거나 음악을 틀 수 있어서 차를 운전하거나 운동을 할 때 특히 편리하다.	▶	而且只要轻轻触碰无线耳机，就可以轻松地接听电话或播放音乐，因此无线耳机在开车或运动时显得尤其方便。
	◉ 통역 포인트 · '음악을 틀다'는 중국어의 호응어휘 播放音乐를 활용하여 통역한다. [스킬6]		

문장④	하지만 무선 이어폰은 왼쪽과 오른쪽이 연결되어 있지 않기 때문에 사람들은 그중 한쪽을 잃어버리기 쉽다. 통역 포인트 · '그중 한쪽을 잃어버리다'는 把를 활용하여 把其中一只弄丢로 통역한다. [스킬 3]	▶	但是由于无线耳机左右并不相连，人们很容易把其中一只弄丢。
문장⑤	그 외에, 어떤 사람들은 무선 이어폰으로 다른 사람의 대화를 엿듣고 타인의 프라이버시를 침해하는데, 그래서 사람들은 무선 이어폰의 안전성 문제를 걱정하기 시작했다. 통역 포인트 · '엿듣다'는 窃听이다. 이때 窃听이 떠오르지 않으면, '몰래 듣다'로 의미를 풀어 偷偷地听으로 통역할 수 있다. [스킬 8]	▶	另外，有些人会用无线耳机窃听别人的对话，侵犯他人隐私，所以人们开始担心无线耳机的安全性问题。
문장⑥	결론적으로, 무선 이어폰은 장점도 있고 단점도 있으므로, 개인의 선호에 따라서 무선 이어폰을 사용할지 말지 결정을 하면 된다. 통역 포인트 · '결정을 하다'는 做决定으로 그대로 직역하기보다 하나의 중국어 동사 决定으로 통역한다. [스킬 9]	▶	总而言之，无线耳机既有优点也有缺点，因此可根据个人的喜好决定是否使用无线耳机。

모범답변

无线耳机的出现使人们的日常生活变得更加方便。自从有了无线耳机，人们不再被缠绕的耳机线所困扰，而且只要轻轻触碰无线耳机，就可以轻松地接听电话或播放音乐，因此无线耳机在开车或运动时显得尤其方便。但是由于无线耳机左右并不相连，人们很容易把其中一只弄丢。另外，有些人会用无线耳机窃听别人的对话，侵犯他人隐私，所以人们开始担心无线耳机的安全性问题。总而言之，无线耳机既有优点也有缺点，因此可根据个人的喜好决定是否使用无线耳机。

어휘 **缠绕** chánrào [동] 꼬이다, 둘둘 감다 **困扰** kùnrǎo [동] 시달리게 하다 **触碰** chùpèng [동] 터치하다, 접촉하다 **窃听** qiètīng [동] 엿듣다 **侵犯** qīnfàn [동] 침해하다 **隐私** yǐnsī [명] 프라이버시 **总而言之** zǒng'éryánzhī [성] 결론적으로

고득점비책 02 중국 문화 관련 자료 공략하기 p.190

모범답변 바로듣기 ▶

전략 적용

长城是中国古代的军事防御设施，它的历史可以追溯到两千多年前。当时的社会非常混乱，战争频发，因此为了抵抗外来侵略，人们建起了长城。除了防御功能，长城还具有传递情报的功能。长城上设置了大量的烽火台，当敌人入侵时，主要以点火的方式让人们知道有紧急情况发生，从而传递军事情报。长城因其庞大的规模和重要的历史价值，在1987年被列为世界文化遗产。

어휘 **防御** fángyù [동] 방어하다 **追溯** zhuīsù [동] 거슬러 올라가다 **混乱** hùnluàn [형] 혼란스럽다 **抵抗** dǐkàng [동] 저항하다 **侵略** qīnlüè [동] 침략하다 **传递** chuándì [동] 전달하다 **情报** qíngbào [명] 정보 **设置** shèzhì [동] 설치하다 **烽火台** fēnghuǒtái [명] 봉화대 **庞大** pángdà [형] 방대하다

실전연습문제 p.193

1 중국은 전 세계에서 비교적 이르게 화폐를 사용한 나라 중 하나이며 화폐 사용의 역사가 길게는 오천 년에 달한다. 중국 고대 화폐는 형성과 발전 과정에서 잇따라 여러 번의 매우 중대한 변천을 겪었다. 조개껍데기는 중국 최초의 화폐였지만, 상품 거래의 발전에 따라 화폐 수요량이 점점 더 커져 조개껍데기는 사람들의 수요를 만족시킬 수 없게 되었다. 이후 천, 칼, 은 등이 모두 화폐를 주조하는 데 사용되었다. 진나라가 중국을 통일한 후, 황제는 새로운 화폐 제도를 만들고 통일된 화폐를 발행하라는 명령을 내렸다. 진나라의 화폐 제도는 다음 시대까지 계속해서 이어졌다.

	제시된 한국어 문장 ▶	통역해본 중국어 문장
문장①	중국은 전 세계에서 비교적 이르게 화폐를 사용한 나라 중 하나이며 화폐 사용의 역사가 길게는 오천 년에 달한다. 📍통역 포인트 · 문장이 길기 때문에 '나라 중 하나이며'에서 한번 끊어준다. 뒤 문장과 자연스럽게 이어지도록 뒤 문장 바로 앞에 주어 中国(중국)를 넣어준다. [스킬10]	中国是世界上较早使用货币的国家之一，中国使用货币的历史长达五千年。
문장②	중국 고대 화폐는 형성과 발전 과정에서 잇따라 여러 번의 매우 중대한 변천을 겪었다. 📍통역 포인트 · '변천을 겪다'는 经历演变이다. 이때 经历演变이 떠오르지 않으면, '변화가 생기다'로 의미를 풀어 有变化로 통역할 수 있다. [스킬8]	中国古代货币在形成和发展过程中，先后经历了多次极为重大的演变。
문장③	조개껍데기는 중국 최초의 화폐였지만, 상품 거래의 발전에 따라 화폐 수요량이 점점 더 커져 조개껍데기는 사람들의 수요를 만족시킬 수 없게 되었다. 📍통역 포인트 · '수요를 만족시키다'는 중국어의 호응어휘 满足需求를 활용하여 통역한다. [스킬6]	贝壳是中国最早的货币，然而随着商品交易的发展，货币需求量越来越大，贝壳已无法满足人们的需求。
문장④	이후 천, 칼, 은 등이 모두 화폐를 주조하는 데 사용되었다. 📍통역 포인트 · '화폐를 주조하는 데 사용되다'는 被를 활용하여 被用来铸造货币로 통역한다. [스킬4] 　이때, '주조하다'는 铸造이다. 铸造가 떠오르지 않으면, '제작하다'로 의미를 풀어 制作로 통역할 수 있다. [스킬8]	后来布、刀、银等都被用来铸造货币。
문장⑤	진나라가 중국을 통일한 후, 황제는 새로운 화폐 제도를 만들고 통일된 화폐를 발행하라는 명령을 내렸다. 📍통역 포인트 · '명령을 내리다'는 下达命令으로 그대로 직역하기보다 하나의 중국어 동사 下令으로 통역한다. [스킬9] 　이때 중국어 문장에서 술어가 되는 下令의 위치에 유의하며 통역한다. [스킬1]	秦朝统一中国后，皇帝下令制定新的货币制度并发行统一的货币。
문장⑥	진나라의 화폐 제도는 다음 시대까지 계속해서 이어졌다. 📍통역 포인트 · '~까지 이어지다'는 동작이 어느 지점에 도달함을 나타내는 결과보어 到를 활용하여 延续到로 통역한다. [스킬2]	秦朝的货币制度一直延续到了之后的朝代。

모범답변

　　中国是世界上较早使用货币的国家之一，中国使用货币的历史长达五千年。中国古代货币在形成和发展过程中，先后经历了多次极为重大的演变。贝壳是中国最早的货币，然而随着商品交易的发展，货币需求量越来越大，贝壳已无法满足人们的需求。后来布、刀、银等都被用来铸造货币。秦朝统一中国后，皇帝下令制定新的货币制度并发行统一的货币。秦朝的货币制度一直延续到了之后的朝代。

어휘　　货币 huòbì 圏화폐　演变 yǎnbiàn 圏변천하다　贝壳 bèiké 圏조개껍데기　交易 jiāoyì 圏거래하다　需求 xūqiú 圏수요　铸造 zhùzào 圏주조하다
　　皇帝 huángdì 圏황제　发行 fāxíng 圏발행하다　延续 yánxù 圏이어지다

2 　중국은 차의 본고장이며, 오래된 차 재배 역사와 차를 마시는 특별한 풍속이 있다. 차는 중국 전통문화의 중요한 구성 부분이며 아름다운 삶에 대한 사람들의 동경과 건강에 대한 추구를 나타내고 있다. 차는 사람들의 생활과 밀접하게 관련되어 있는데, 이것은 사람의 몸과 마음을 편안하게 할 수 있으며, 게다가 차를 마시는 것은 스트레스를 해소하는 데 도움이 된다. 이 외에도, 차는 면역력을 높이는 데에도 도움이 된다. 홍차를 예로 들어, 만약 농도가 5%에 이르면 감기 바이러스는 박멸될 수 있다.

한 문장씩 중국어로 통역해보기

	제시된 한국어 문장 ▶	통역해본 중국어 문장
문장①	중국은 차의 본고장이며, 오래된 차 재배 역사와 차를 마시는 특별한 풍속이 있다. 📍**통역 포인트** · '본고장'이 떠오르지 않으면 '고향'으로 쉽게 바꿔서 **故乡**으로 통역한다. [스킬7]	中国是茶叶的故乡，有着悠久的种茶历史和独特的饮茶风俗。
문장②	차는 중국 전통문화의 중요한 구성 부분이며 아름다운 삶에 대한 사람들의 동경과 건강에 대한 추구를 나타내고 있다. 📍**통역 포인트** · 문장이 길기 때문에 '중요한 구성 부분이며'에서 한번 끊어준다. 뒤 문장과 자연스럽게 이어지도록 뒤 문장 바로 앞에 주어 **茶**(차)를 넣어준다. [스킬10]	茶是中国传统文化的重要组成部分，茶体现着人们对美好生活的向往和对健康的追求。
문장③	차는 사람들의 생활과 밀접하게 관련되어 있는데, 이것은 사람의 몸과 마음을 편안하게 할 수 있으며, 게다가 차를 마시는 것은 스트레스를 해소하는 데 도움이 된다. 📍**통역 포인트** · '사람의 몸과 마음을 편안하게 하다'는 让을 활용하여 **让人的身心得到放松**으로 통역한다. [스킬5]	茶与人们的生活密切相关，它能让人的身心得到放松，而且喝茶有助于缓解压力。
문장④	이 외에도, 차는 면역력을 높이는 데에도 도움이 된다. 📍**통역 포인트** · '면역력을 높이다'는 중국어의 호응어휘 **提高免疫力**를 활용하여 통역한다. [스킬6]	除此之外，茶还有助于提高免疫力。
문장⑤	홍차를 예로 들어, 만약 농도가 5%에 이르면 감기 바이러스는 박멸될 수 있다. 📍**통역 포인트** · '감기 바이러스가 박멸되다'는 被를 활용하여 **感冒病毒被杀灭**로 통역한다. [스킬4]	以红茶为例，如果浓度达到5%，感冒病毒就能被杀灭。

모범답변

　　中国是茶叶的故乡，有着悠久的种茶历史和独特的饮茶风俗。茶是中国传统文化的重要组成部分，茶体现着人们对美好生活的向往和对健康的追求。茶与人们的生活密切相关，它能让人的身心得到放松，而且喝茶有助于缓解压力。除此之外，茶还有助于提高免疫力。以红茶为例，如果浓度达到5%，感冒病毒就能被杀灭。

어휘　　**故乡** gùxiāng 圐 고향　**向往** xiàngwǎng 圄 동경하다　**免疫力** miǎnyìlì 圐 면역력

[테스트 1]

1　식물을 심는 것을 통해 도시 환경을 개선하는 행위는 도시 녹화라고 불린다. 도시 녹화는 도시 생태계를 원래 상태로 되돌리고, 도시 주민 생활 환경을 개선하는 데 중요한 역할을 할 수 있다. 녹색 식물은 유해 가스를 흡수함으로써 공기의 질을 높일 수 있다. 이 외에 나무는 햇빛을 막을 수 있기 때문에, 무더운 여름에 사람들은 나무 아래의 그늘진 곳에서 더위를 피하고 시원한 바람을 쐴 수 있다. 녹색 식물은 스트레스를 해소하고 사람의 마음이 평온해지게 하는 효과도 있다. 따라서 사람들은 식물 보호를 도시 환경을 개선하는 중요한 일환으로 봐야 한다.

한 문장씩 중국어로 통역해보기

	제시된 한국어 문장 ▶	통역해본 중국어 문장
문장①	식물을 심는 것을 통해 도시 환경을 개선하는 행위는 도시 녹화라고 불린다. 📍통역 포인트 · '식물을 심다'는 중국어의 호응어휘 栽种植物를 활용하여 통역한다. [스킬6] · '도시 녹화라고 불리다'는 被를 활용하여 被称为城市绿化로 통역한다. [스킬4]	通过栽种植物改善城市环境的行为被称为城市绿化。
문장②	도시 녹화는 도시 생태계를 원래 상태로 되돌리고, 도시 주민 생활 환경을 개선하는 데 중요한 역할을 할 수 있다. 📍통역 포인트 · '원래 상태로 되돌리다'는 恢复成原来的状态로 그대로 직역하기보다 하나의 중국어 동사 还原으로 통역한다. [스킬9]	城市绿化能对还原城市生态系统、改善城市居民生活环境起到重要作用。
문장③	녹색 식물은 유해 가스를 흡수함으로써 공기의 질을 높일 수 있다. 📍통역 포인트 · 중국어 문장에서 술어가 되는 吸收(흡수하다)와 提高(높이다)의 위치에 유의하며 통역한다. [스킬1]	绿色植物能够吸收有害气体，从而提高空气质量。
문장④	이 외에 나무는 햇빛을 막을 수 있기 때문에, 무더운 여름에 사람들은 나무 아래의 그늘진 곳에서 더위를 피하고 시원한 바람을 쐴 수 있다. 📍통역 포인트 · '더위를 피하고 시원한 바람을 쐬다'는 避暑吹凉风으로 그대로 직역하기보다 하나의 중국어 동사 乘凉으로 통역한다. [스킬9]	此外，树木还可以遮挡阳光，因此在炎热的夏天，人们可以在树下的阴凉处乘凉。
문장⑤	녹색 식물은 스트레스를 해소하고 사람의 마음이 평온해지게 하는 효과도 있다. 📍통역 포인트 · '사람의 마음이 평온해지게 하다'는 使를 활용하여 使人内心平静으로 통역한다. [스킬5]	绿色植物还具有缓解压力、使人内心平静的效果。
문장⑥	따라서 사람들은 식물 보호를 도시 환경을 개선하는 중요한 일환으로 봐야 한다. 📍통역 포인트 · '식물 보호를 중요한 일환으로 보다'는 把를 활용하여 把保护植物当作重要一环으로 통역한다. [스킬3]	因此，人们应该把保护植物当作改善城市环境的重要一环。

通过栽种植物改善城市环境的行为被称为城市绿化。城市绿化能对还原城市生态系统、改善城市居民生活环境起到重要作用。绿色植物能够吸收有害气体，从而提高空气质量。此外，树木还可以遮挡阳光，因此在炎热的夏天，人们可以在树下的阴凉处乘凉。绿色植物还具有缓解压力、使人内心平静的效果。因此，人们应该把保护植物当作改善城市环境的重要一环。

어휘 栽种 zāizhòng 圖 심다 还原 huányuán 圖 원래 상태로 되돌리다, 복원하다 生态系统 shēngtài xìtǒng 圖 생태계 居民 jūmín 圖 주민
遮挡 zhēdǎng 圖 막다 炎热 yánrè 圖 무덥다 阴凉处 yīnliángchù 圖 그늘진 곳 乘凉 chéngliáng 圖 더위를 피하고 시원한 바람을 쐬다

2 고대에 중국의 도자기는 일찍이 널리 전파되었는데, 그것은 역사에 깊은 흔적을 남겼다. 그러나 현대에 이르러 도자기 예술은 오히려 고대와 같이 발전을 이루지 못했다. 그럼에도 불구하고 도자기 예술을 지속적으로 발전시키기 위해 몇몇 도자기 거장들은 여전히 열심히 창작 활동을 하고 있다. 그들은 도자기 예술의 전통을 계승했을 뿐만 아니라 각종 새로운 시도까지 하여 도자기 예술이 더 많은 가능성을 가지게 했다. 그들은 시대의 발걸음을 바짝 뒤따르며 전통과 현대를 완벽하게 함께 결합했고, 많은 놀라운 작품을 만들어냈다.

한 문장씩 중국어로 통역해보기

	제시된 한국어 문장 ▶	통역해본 중국어 문장
문장①	고대에 중국의 도자기는 일찍이 널리 전파되었는데, 그것은 역사에 깊은 흔적을 남겼다. 📍**통역 포인트** · '널리 전파되다'는 被를 활용하여 被广泛传播로 통역한다. [스킬4]	在古代，中国的陶瓷曾被广泛传播，它在历史上留下了很深的印记，
문장②	그러나 현대에 이르러 도자기 예술은 오히려 고대와 같이 발전을 이루지 못했다. 📍**통역 포인트** · '발전을 이루다'는 중국어의 호응어휘 得到发展을 활용하여 통역한다. [스킬6]	然而到了现代，陶瓷艺术反而没有像古代一样得到发展。
문장③	그럼에도 불구하고 도자기 예술을 지속적으로 발전시키기 위해 몇몇 도자기 거장들은 여전히 열심히 창작 활동을 하고 있다. 📍**통역 포인트** · '창작 활동을 하다'는 做创造活动으로 그대로 직역하기보다 하나의 중국어 동사 创作로 통역한다. [스킬9]	即便如此，为了持续发扬陶瓷艺术，一些陶瓷大师仍在努力创作。
문장④	그들은 도자기 예술의 전통을 계승했을 뿐만 아니라 각종 새로운 시도까지 하여 도자기 예술이 더 많은 가능성을 가지게 했다. 📍**통역 포인트** · '도자기 예술이 더 많은 가능성을 가지게 하다'는 使을 활용하여 使陶瓷艺术具有更多的可能性으로 통역한다. [스킬5]	他们不仅继承了陶瓷艺术的传统，还做了各种新的尝试，使陶瓷艺术具有更多的可能性。
문장⑤	그들은 시대의 발걸음을 바짝 뒤따르며 전통과 현대를 완벽하게 함께 결합했고, 많은 놀라운 작품을 만들어냈다. 📍**통역 포인트** · '전통과 현대를 완벽하게 함께 결합하다'는 把를 활용하여 把传统和现代完美地结合在一起로 통역한다. [스킬3] · '~을 만들어내다'는 없던 것이 새로 생겨남을 나타내는 방향보어 出를 활용하여 打造出로 통역한다. [스킬2]	他们紧跟时代的步伐，把传统和现代完美地结合在一起，打造出了许多惊人的作品。

모범답변

> 在古代，中国的陶瓷曾被广泛传播，它在历史上留下了很深的印记，然而到了现代，陶瓷艺术反而没有像古代一样得到发展。即便如此，为了持续发扬陶瓷艺术，一些陶瓷大师仍在努力创作。他们不仅继承了陶瓷艺术的传统，还做了各种新的尝试，使陶瓷艺术具有更多的可能性。他们紧跟时代的步伐，把传统和现代完美地结合在一起，打造出了许多惊人的作品。

어휘 **陶瓷** táocí[명] 도자기 **发扬** fāyáng[동] (선양하여) 발전시키다 **大师** dàshī[명] 거장, 대가 **创作** chuàngzuò[동] 창작하다 **继承** jìchéng[동] 계승하다 **紧跟** jǐngēn[동] 바짝 뒤따르다 **步伐** bùfá[명] 발걸음 **惊人** jīngrén[형] 놀랍다

[테스트 2]

1 과학 기술의 끊임없는 발전은 인류의 생활 수준이 점차 높아지게 했다. 로봇 청소기, 스마트TV 등은 몇십 년 전에는 단지 인류 상상 속의 산물에 불과했지만 오늘날에는 이미 잘 팔리는 과학 기술 제품이 되었다. 인류는 언제나 과학 기술이 가져온 편리함을 누리고 있지만, 과학 기술이 가져온 부정적인 영향도 간과할 수는 없다. 예를 들어 과학 기술의 발전에 따라 점점 더 많은 사람이 인터넷이나 전자 제품에 중독되고 있다. 이 외에도 과학 기술의 발전은 개인정보 유출이라는 사회적 문제를 야기하기도 한다. 따라서 사람들은 과학 기술의 발전을 중요한 위치에 두어야 할 뿐만 아니라 과학 기술이 가져오는 부정적인 영향에 대해서도 경계심을 가져야 한다.

한 문장씩 중국어로 통역해보기

	제시된 한국어 문장 ▶ 통역해본 중국어 문장	
문장①	과학 기술의 끊임없는 발전은 인류의 생활 수준이 점차 높아지게 했다. ▶	科学技术的不断发展，使人类的生活水平逐渐提高。
	📍통역 포인트 · '생활 수준이 높아지게 하다'는 使을 활용하여 使生活水平提高로 통역한다. [스킬 5]	
문장②	로봇 청소기, 스마트TV 등은 몇십 년 전에는 단지 인류 상상 속의 산물에 불과했지만 오늘날에는 이미 잘 팔리는 과학 기술 제품이 되었다. ▶	扫地机器人、智能电视等在几十年前还只不过是人类想象中的产物，但是如今已经成为了畅销的科技产品。
	📍통역 포인트 · '잘 팔리다'는 卖得很好로 그대로 직역하기보다 하나의 중국어 동사 畅销로 통역한다. [스킬 9]	
문장③	인류는 언제나 과학 기술이 가져온 편리함을 누리고 있지만, 과학 기술이 가져온 부정적인 영향도 간과할 수는 없다. ▶	人类每时每刻都在享受着科技带来的便利，但科技带来的负面影响也不可忽视。
	📍통역 포인트 · '간과할 수 없다'가 떠오르지 않으면 '무시할 수 없다'로 쉽게 바꿔서 不可忽视로 통역한다. [스킬 7]	
문장④	예를 들어 과학 기술의 발전에 따라 점점 더 많은 사람이 인터넷이나 전자 제품에 중독되고 있다. ▶	比如，随着科技的发展，越来越多的人沉迷于网络或电子产品。
	📍통역 포인트 · '~에 중독되다'는 대상, 목적, 원인 등을 이끄는 보어 于를 활용하여 沉迷于로 통역한다. [스킬 2] 이때 중국어 문장에서 술어가 되는 沉迷(중독되다)의 위치에 유의하며 통역한다. [스킬 1]	
문장⑤	이 외에도 과학 기술의 발전은 개인정보 유출이라는 사회적 문제를 야기하기도 한다. ▶	此外，科技的发展还会引发个人信息泄露的社会问题。
	📍통역 포인트 · '문제를 야기하다'는 중국어의 호응어휘 引发问题를 활용하여 통역한다. [스킬 6]	

문장⑥	따라서 사람들은 과학 기술의 발전을 중요한 위치에 두어야 할 뿐만 아니라 과학 기술이 가져오는 부정적인 영향에 대해서도 경계심을 가져야 한다.	▶	因此，人们不仅要把科技的发展放在重要的位置，也要警惕科技带来的负面影响。

📍 통역 포인트

- '과학 기술의 발전을 중요한 위치에 두다'는 把를 활용하여 把科技的发展放在重要的位置로 통역한다. [스킬 3]
- '경계심을 가지다'는 怀有警惕心으로 그대로 직역하기보다 하나의 중국어 동사 警惕로 통역한다. [스킬 9]

모범답변

　　科学技术的不断发展，使人类的生活水平逐渐提高。扫地机器人、智能电视等在几十年前还只不过是人类想象中的产物，但是如今已经成为了畅销的科技产品。人类每时每刻都在享受着科技带来的便利，但科技带来的负面影响也不可忽视。比如，随着科技的发展，越来越多的人沉迷于网络或电子产品。此外，科技的发展还会引发个人信息泄露的社会问题。因此，人们不仅要把科技的发展放在重要的位置，也要警惕科技带来的负面影响。

어휘　**扫地机器人** sǎodì jīqìrén 圐 로봇 청소기　**智能电视** zhìnéng diànshì 圐 스마트TV　**产物** chǎnwù 圐 산물　**畅销** chàngxiāo 圐 잘 팔리다
　　便利 biànlì 圐 편리하다　**沉迷** chénmí 圐 중독되다, 깊이 빠지다　**泄露** xièlòu 圐 유출되다, 누설하다　**警惕** jǐngtì 圐 경계심을 가지다

2　먹이를 찾는 것은 동물의 본능이고, 미식을 추구하는 것은 사람의 천성이다. 역사 자료의 기록에 따르면, 중국의 음식 문화는 하나라, 상나라, 주나라 시기에 나타났고, 명나라는 음식 문화가 절정에 다다른 시기이다. 명나라 시기에, 농업 생산 기술과 농업 경제는 큰 발전을 이루었고, 또한 일부 농산품이 중국으로 유입되면서 광범위하게 전파되었다. 이는 또한 당시의 미식 요리 기술이 일정한 수준으로 오르게 했다. 당시 사람들은 각종 외래 식자재로 다양한 요리를 만들며 기존의 요리 종류를 대단히 풍부하게 했다. 명나라의 개방적인 사회 풍조는 마침 명나라 미식 문화의 기틀을 다졌다고 할 수 있다.

한 문장씩 중국어로 통역해보기

	제시된 한국어 문장	▶	통역해본 중국어 문장
문장①	먹이를 찾는 것은 동물의 본능이고, 미식을 추구하는 것은 사람의 천성이다.	▶	觅食是动物的本能，追求美食是人类的天性。
	📍 통역 포인트		
	- '먹이를 찾다'는 寻找食物로 그대로 직역하기보다 하나의 중국어 동사 觅食로 통역한다. [스킬 9]		
문장②	역사 자료의 기록에 따르면, 중국의 음식 문화는 하나라, 상나라, 주나라 시기에 나타났고, 명나라는 음식 문화가 절정에 다다른 시기이다.	▶	据历史资料记载，中国的饮食文化出现于夏、商、周时期，而明朝是饮食文化达到高峰的时期。
	📍 통역 포인트		
	- '절정에 다다르다'는 중국어의 호응어휘 达到高峰을 활용하여 통역한다. [스킬 6]		
문장③	명나라 시기에, 농업 생산 기술과 농업 경제는 큰 발전을 이루었고, 또한 일부 농산품이 중국으로 유입되면서 광범위하게 전파되었다.	▶	在明朝时期，农业生产技术和农业经济得到了很大的发展，而且一些农产品被引入中国，得到了广泛的传播。
	📍 통역 포인트		
	- '중국으로 유입되다'는 被를 활용하여 被引入中国로 통역한다. [스킬 4]		
문장④	이는 또한 당시의 미식 요리 기술이 일정한 수준으로 오르게 했다.	▶	这也使当时的美食烹饪技术上升到了一定的高度。
	📍 통역 포인트		
	- '미식 요리 기술이 일정한 수준으로 오르게 했다'는 使을 활용하여 使美食烹饪技术上升到了一定的高度로 통역한다. [스킬 5]		

문장⑤	당시 사람들은 각종 외래 식자재로 다양한 요리를 만들며 기존의 요리 종류를 대단히 풍부하게 했다. ▶	当时人们会用各种外来食材做多样的料理，这大大丰富了原本的菜系。
	♀ 통역 포인트	
	· 문장이 길기 때문에 '다양한 요리를 만들며'에서 한번 끊어준다. 뒤 문장과 자연스럽게 이어지도록 뒤 문장 바로 앞에 주어 这(이것)를 넣어준다. [스킬10]	
문장⑥	명나라의 개방적인 사회 풍조는 마침 명나라 미식 문화의 기틀을 다졌다고 할 수 있다. ▶	可以说，明朝开放的社会风气恰好为明朝的美食文化奠定了基础。
	♀ 통역 포인트	
	· '기틀을 다지다'는 중국어의 호응어휘 奠定基础를 활용하여 통역한다. [스킬6]	

모범답변

　　觅食是动物的本能，追求美食是人类的天性。据历史资料记载，中国的饮食文化出现于夏、商、周时期，而明朝是饮食文化达到高峰的时期。在明朝时期，农业生产技术和农业经济得到了很大的发展，而且一些农产品被引入中国，得到了广泛的传播。这也使当时的美食烹饪技术上升到了一定的高度。当时人们会用各种外来食材做多样的料理，这大大丰富了原本的菜系。可以说，明朝开放的社会风气恰好为明朝的美食文化奠定了基础。

어휘　　**觅食** mìshí 圄 먹이를 찾다　**本能** běnnéng 圄 본능　**天性** tiānxìng 圄 천성　**记载** jìzǎi 圄 기록하다　**饮食** yǐnshí 圄 음식　**高峰** gāofēng 圄 절정
　　　　烹饪 pēngrèn 圄 요리하다　**风气** fēngqì 圄 풍조, 기풍　**奠定** diàndìng 圄 다지다

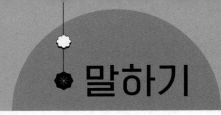

말하기

제1부분

답변이 쉬워지는 문제풀이 스텝

화면에 제시되는 자료 p.199

94. 당신의 학교는 다음 주에 심리상담사 몇 분을 모시고 '심리 여름 캠프'라고 하는 심리건강 교육 강의를 진행할 예정입니다. 학생들은 본인이 관심 있는 강의를 자유롭게 선택할 수 있습니다.

시간	장소	주제	주요 내용
월요일 (10:00-12:00)	법률대학 대강당	감정	마음속 '감정 쓰레기'를 어떻게 처리하는가
화요일 (14:00-16:00)	사회대학 세미나실	자기 개발	자기 가치를 높이는 방법
수요일 (14:00-17:00)	대강당	인간관계	흔히 볼 수 있는 인간관계 문제 및 해결 방안

1) 한 학생이 감정과 자기 개발 측면의 강의에 대해 알고 싶어 합니다. 위 표에 근거하여 그 학생에게 자세히 소개해주세요.
2) 당신은 다음 주의 어떤 강의에 가장 관심이 있나요? 왜인가요?

어휘 **开展** kāizhǎn 동 진행하다, 열리다 **自我提升** zìwǒ tíshēng 자기 개발 **途径** tújìng 명 방법

모범답변

안녕하세요, 감정과 자기 개발 측면의 강의에 대해 알고 싶어한다고 들었습니다. 제가 자세히 소개해드리겠습니다.

먼저, 월요일 오전 10시부터 12시까지 법률대학 대강당에서 감정을 주제로 하는 강의가 있는데, 심리상담사는 '마음속 '감정 쓰레기'를 어떻게 처리하는가'에 대해 이야기할 것입니다. 그다음으로, 자기 개발을 주제로 하는 강의는 화요일 오후 2시부터 4시까지 사회대학 세미나실에서 열립니다. 심리상담사는 '자기 가치를 높이는 방법'에 대해 이야기할 것입니다.

이어서 제가 가장 관심 있는 강의를 말하겠습니다. 저는 인간관계 측면의 강의에 가장 관심이 있습니다. 저는 평소에 새로운 친구를 만나는 것을 좋아하는데, 다양한 사람들을 사귈 때면 여러 가지 다른 문제에 부딪힌다는 것을 발견했습니다. 때때로 저는 인간관계를 어떻게 올바르게 처리해야 할지 잘 모르겠습니다. 수요일 오후 2시부터 5시까지 대강당에서 마침 인간관계 관련 강의가 있으며, 심리상담사가 현장에서 '흔히 볼 수 있는 인간관계 문제 및 해결 방안'에 대해 이야기할 것입니다. 저는 이 강의를 들으러 갈 예정인데, 이 강의는 저 같은 사람이 듣기에 매우 적합하다고 생각합니다. 이 강의를 통해, 저는 스스로가 인간관계에서의 심리학적 노하우를 배워서 인간관계를 더 잘 처리할 수 있길 바랍니다.

따라서 다음 주에 있을 '심리 여름 캠프'라고 하는 심리건강 교육 강의에서 제가 가장 관심 있는 것은 인간관계 측면의 강의입니다.

어휘 **途径** tújìng 명 방법 **现场** xiànchǎng 명 현장 **技巧** jìqiǎo 명 노하우, 기술

고득점비책 01 제시된 자료 활용하여 문제에 답변하기 p.200

모범답변 바로듣기 ▶

전략 적용

화면에 제시되는 자료

고쟁 시험 계획

시험 날짜	시험 등급	시험 시간
1월 8일 (토요일)	초급	9:00-10:00
	중급	10:30-11:30
	고급	15:00-17:00

시험 급수	
초급	1~4급
중급	5~7급
고급	8~10급

[주의 사항]

1. 시험은 총 세 등급으로 나뉘며, 수험생의 성적에 따라 구체적인 급수를 부여합니다.
2. 고사장에서 고쟁을 제공하므로 수험생이 직접 준비하지 않아도 됩니다.
3. 수험생은 손가락 픽을 가지고 와야 하며, 고사장에서 손가락 픽을 제공하지 않습니다.
4. 수험생은 반드시 <고쟁 시험 작품집>에서 자신의 시험 등급에 맞는 곡을 선택해야 하며, 만약 해당 작품집에 수록되지 않은 곡을 선택한다면, 시험에 참가할 수 없습니다.
5. 수험생은 3인 1조로 고사장에 들어가야 합니다. 다른 수험생이 연주할 때 조용히 자신의 순서를 기다려야 하며, 남에게 영향을 미치는 행동을 해서는 안 됩니다.

당신이 고쟁 시험 주관 기관의 직원이며, 고쟁 시험에 참가하고자 하는 학생이 있다고 가정하고, 학생에게 고쟁 시험 계획과 주의 사항을 알려주세요.

어휘   古筝 gǔzhēng 圀고쟁[중국의 전통 발현악기] 等级 děngjí 圀등급 级别 jíbié 圀급수, 순위 事项 shìxiàng 圀사항 考生 kǎoshēng 圀수험생
        给予 jǐyǔ 圀부여하다 考场 kǎochǎng 圀고사장 指甲套 zhǐjiàtào 圀손가락 픽[기타·가야금과 같은 발현악기의 줄을 퉁기는 데 사용하는 도구]
        曲目 qǔmù 圀곡 收录 shōulù 圀수록하다 演奏 yǎnzòu 圀연주하다 等候 děnghòu 圀기다리다 举动 jǔdòng 圀행동 机构 jīgòu 圀기관

모범답변

안녕하세요, 저는 고쟁 시험 주관 기관의 직원입니다. 제가 고쟁 시험 계획과 주의 사항에 대해 알려드리겠습니다.

먼저, 구체적인 내용에 대해 설명하겠습니다. 고쟁 시험의 날짜는 1월 8일 토요일입니다. 시험은 초급, 중급, 고급 총 세 등급으로 나뉩니다. 초급 시험 시간은 오전 9시부터 10시이고, 중급 시험 시간은 오전 10시 30분부터 11시 30분이며, 고급 시험 시간은 오후 3시부터 5시입니다. 이 외에, 초급은 1급부터 4급, 중급은 5급부터 7급, 고급은 8급부터 10급입니다.

그다음으로, 주의 사항에 대해 설명하겠습니다. 총 다섯 개의 주의 사항이 있습니다. 첫째, 시험은 세 등급으로 나뉘며, 수험생의 성적에 따라 구체적인 급수를 부여합니다. 둘째, 고사장에서 고쟁을 제공하므로 직접 고쟁을 가지고 고사장에 가지 않아도 됩니다. 셋째, 손가락 픽을 직접 가지고 와야 하는데, 고사장에서 손가락 픽을 제공하지 않기 때문입니다. 넷째, 반드시 <고쟁 시험 작품집>에서 자신의 시험 등급에 맞는 곡을 선택해야 하며, 만약 해당 작품집에 수록되지 않은 곡을 선택한다면, 시험에 참가할 수 없습니다. 다섯째, 시험을 칠 때 3인 1조로 고사장에 들어가야 합니다. 다른 수험생이 연주할 때 조용히 자신의 순서를 기다려야 하며, 남에게 영향을 미치는 행동을 해서는 안 됩니다.

마지막으로, 모든 일이 순조롭기를 바라며 만약 모르는 것이 있다면 저에게 다시 물어보세요.

어휘   古筝 gǔzhēng 圀고쟁[중국의 전통 발현악기] 机构 jīgòu 圀기관 事项 shìxiàng 圀사항 等级 děngjí 圀등급 考生 kǎoshēng 圀수험생
        给予 jǐyǔ 圀부여하다 级别 jíbié 圀급수, 순위 考场 kǎochǎng 圀고사장
        指甲套 zhǐjiàtào 圀손가락 픽[기타·가야금과 같은 발현악기의 줄을 퉁기는 데 사용하는 도구] 曲目 qǔmù 圀곡 收录 shōulù 圀수록하다
        演奏 yǎnzòu 圀연주하다 等候 děnghòu 圀기다리다 举动 jǔdòng 圀행동

실전연습문제 p.201

零废弃购物展

【购物展地点安排】

展区	地点	详细运营内容
食品区	西湖公园正门	购物展开展期间每天都运营
饮品区	西湖公园南门	购物展的第一、二天运营
日用品区	西湖公园东门	购物展的第三、四天运营

【注意事项】

（一）不提供塑料袋，顾客请自备购物袋，也可以在展厅内购买可重复使用的购物袋。

제로 웨이스트 박람회

[박람회 장소 안내]

박람회 구역	장소	상세 운영 내용
식품 구역	시후 공원 정문	박람회 오픈 기간에 매일 운영
음료 구역	시후 공원 남문	박람회의 첫째, 둘째 날 운영
일상용품 구역	시후 공원 동문	박람회의 셋째, 넷째 날 운영

[주의 사항]

(1) 비닐봉지를 제공하지 않으며, 고객님께서 쇼핑백을 직접 준비하시기 바랍니다. 박람회 내에서 재사용이 가능한 쇼핑백을 구매하실 수도 있습니다.

(二) 所销售的产品均为散装，请顾客自备容器。 (三) 为了防止食品被污染，不得退换已装入自带容器的食品。 (四) 各个展区都设有电子秤，顾客可以随时用电子秤确认所购买商品的重量。 (五) 购买五百元以上时，可获得纯天然肥皂一块。 如果你是这次零废弃购物展的负责人，在购物展开始的第一天，请你向顾客们介绍这次购物展的具体活动安排以及购物注意事项，并说一些希望他们积极参与的话语。	(2) 판매되는 모든 상품은 별도로 포장되어 있지 않으며, 고객님께서 용기를 직접 준비하시기 바랍니다. (3) 식품이 오염되는 것을 방지하기 위해 직접 가져온 용기에 이미 담은 식품은 환불하실 수 없습니다. (4) 각 박람회 구역에는 전자저울이 설치되어 있으며, 고객님께서는 언제든지 전자저울을 사용해 구매한 상품의 무게를 확인하실 수 있습니다. (5) 500위안 이상 구매하시면 천연 비누 한 개를 받으실 수 있습니다. 당신이 이번 제로 웨이스트 박람회의 책임자라고 가정하고, 박람회가 시작하는 첫째 날 고객들에게 이번 박람회의 구체적인 행사 안내와 쇼핑 주의 사항에 대해 소개하고, 그들이 적극적으로 참여하길 바란다는 말을 하세요.

어휘 **零废弃** líng fèiqì 제로 웨이스트[환경 보호를 위해 쓰레기 배출을 최소화하는 것] **开展** kāizhǎn [동] 오픈하다 **运营** yùnyíng [동] 운영하다
事项 shìxiàng [명] 사항 **散装** sǎnzhuāng [형] 별도로 포장되지 않은 **容器** róngqì [명] 용기 **防止** fángzhǐ [동] 방지하다 **电子秤** diànzǐchèng [명] 전자저울

구상한 답변 아웃라인

상황 언급	제로 웨이스트 박람회의 책임자로서 구체적인 내용과 주의 사항을 알려주겠음
자료 내용 언급	- 식품 구역은 시후 공원 정문에 있으며 박람회 오픈 기간에 매일 운영함 - 음료 구역은 시후 공원 남문에 있으며 박람회의 첫째, 둘째 날에 운영함 - 일상용품 구역은 시후 공원 동문에 있으며 박람회의 셋째, 넷째 날 운영함
	- 비닐봉지를 제공하지 않고, 쇼핑백 준비 필요함. 재사용 가능한 쇼핑백은 박람회에서 구매 가능함 - 포장 용기 직접 준비 해야 함 - 직접 가져온 용기에 담은 식품은 환불 불가 - 전자저울로 상품 무게 확인 가능 - 500위안 이상 구매 시 천연 비누 1개 받을 수 있음
마무리	적극적으로 참여하고 이번 기회를 통해 새로운 체험을 하길 바람

모범답변

大家好，我是这次零废弃购物展的负责人，今天是购物展开始的第一天。我来告诉大家具体内容和注意事项吧。 首先，说一下具体内容。食品区设在西湖公园正门，购物展开展期间每天都运营。饮品区设在西湖公园南门，只在购物展第一、第二天运营。日用品区设在西湖公园东门，仅在购物展第三、第四天运营。 其次，说一下注意事项。一共有五个注意事项。第一，展区内不提供塑料袋，请自备购物袋，或者在展厅内购买可重复使用的购物袋。第二，所销售的产品都是散装的，请大家自备容器。第三，为了防止食品被污染，不能退换已装入自带容器的食品。第四，各个展区都设有电子秤，可以随时用电子秤确认所购买商品的重量。第五，购买五百元以上时，可获得纯天然肥皂一块。 最后，希望大家能积极参与，并通过这次机会，获得一次崭新的体验。	안녕하세요, 저는 이번 제로 웨이스트 박람회의 책임자이며, 오늘은 박람회가 시작되는 첫째 날입니다. 제가 여러분께 구체적인 내용과 주의 사항에 대해 알려드리겠습니다. 먼저, 구체적인 내용에 대해 설명하겠습니다. 식품 구역은 시후 공원 정문에 설치되어 있으며, 박람회 오픈 기간에 매일 운영합니다. 음료 구역은 시후 공원 남문에 설치되어 있으며, 박람회의 첫째, 둘째 날에만 운영합니다. 일상용품 구역은 시후 공원 동문에 설치되어 있으며, 박람회의 셋째, 넷째 날에만 운영합니다. 그다음으로, 주의 사항에 대해 설명하겠습니다. 총 다섯 개의 주의 사항이 있습니다. 첫째, 박람회 구역 내에서 비닐봉지를 제공하지 않으므로, 쇼핑백을 직접 준비하시거나 재사용이 가능한 쇼핑백을 박람회 내에서 구매하시기 바랍니다. 둘째, 판매되는 모든 상품은 별도로 포장되어 있지 않으니, 직접 용기를 준비하시길 바랍니다. 셋째, 식품이 오염되는 것을 방지하기 위해 직접 가져온 용기에 담은 식품은 환불할 수 없습니다. 넷째, 각 박람회 구역에 전자저울이 설치되어 있으며, 언제든지 전자저울을 사용해 구매한 상품의 무게를 확인하실 수 있습니다. 다섯째, 500위안 이상 구매 시 천연 비누 1개를 받으실 수 있습니다. 마지막으로, 적극적으로 참여하고 이번 기회를 통해서 새로운 체험을 하길 바랍니다.

어휘 **零废弃** líng fèiqì 제로 웨이스트[환경 보호를 위해 쓰레기 배출을 최소화하는 것] **事项** shìxiàng [명] 사항 **开展** kāizhǎn [동] 오픈하다
运营 yùnyíng [동] 운영하다 **散装** sǎnzhuāng [형] 별도로 포장되지 않은 **容器** róngqì [명] 용기 **防止** fángzhǐ [동] 방지하다 **电子秤** diànzǐchèng [명] 전자저울
崭新 zhǎnxīn [형] 새롭다

전략 적용

화면에 제시되는 자료

7월 8일~7월 11일에 세계 엑스포센터에서 '세계 환경의 날 친환경 행사'가 개최될 예정입니다. 당신은 아파트 단지 안에서 아래의 공지를 보았습니다.

행사 이름	행사 내용	특이 사항
친환경 공예품 대회	- 폐기물 개조	① 본 행사는 무료 행사이지만 행사장에 입장할 때는 반드시 신분증을 제시해야 합니다.
친환경 사진 작품전	- 친환경 사진 작품 전시 - 친환경 사진 작품 시상식	
'쓰레기를 보물로 바꾸다' 친환경 패션쇼	- 친환경 의류 제작 방식 설명 - 고풍스러운 친환경 의류 패션쇼	② '친환경 협회' 위챗 공식 계정을 팔로우하면, 출구에서 '친환경 선물'을 하나 받을 수 있습니다.

1) 사진과 패션쇼 행사에 대해 알고 싶은 사람이 있습니다. 위 표에 근거하여 그에게 자세히 설명해주세요.
2) 당신은 어떤 행사에 가장 참여하고 싶은가요? 왜인가요?

어휘 **公告** gōnggào 圄 공지 **事项** shìxiàng 圄 사항 **工艺品** gōngyìpǐn 圄 공예품 **展示** zhǎnshì 圄 전시하다 **颁奖仪式** bānjiǎng yíshì 圄 시상식
现场 xiànchǎng 圄 현장 **关注** guānzhù 팔로우하다, 관심을 가지다 **协会** xiéhuì 圄 협회 **微信** Wēixìn 고유 위챗[중국의 대표적인 모바일 메신저]
公众号 gōngzhònghào 圄 공식 계정

모범답변

안녕하세요, 사진과 패션쇼 행사에 대해 알고 싶어한다고 들었습니다. 제가 자세히 설명해드리겠습니다.
먼저, 이 두 행사는 7월 8일부터 7월 11일까지 개최되며, 장소는 세계 엑스포센터입니다. 사진과 관련된 행사는 친환경 사진 작품전이고, 당신은 친환경 사진 작품을 감상할 수 있으며, 친환경 사진 작품들의 시상식도 볼 수 있습니다. 그다음으로, '쓰레기를 보물로 바꾸다' 친환경 패션쇼 행사는 친환경 의류 제작 방식 설명과 고풍스러운 친환경 의류 패션쇼 두 부분으로 나뉩니다. 그 외에도 이번 행사는 무료입니다. 하지만 입장할 때 당신의 신분증을 제시해야 합니다. '친환경 협회'의 위챗 공식 계정을 팔로우할 수도 있는데, 팔로우하면 출구에서 '친환경 선물'을 하나 받을 수 있습니다.
이어서 제가 가장 참여하고 싶은 행사에 대해 말하겠습니다. 저는 친환경 공예품 대회에 가장 참여하고 싶습니다. 왜냐하면 저는 항상 친환경 제품에 관심이 많으며 게다가 평소에 수공예를 하는 것도 좋아해서, 대회에서 수거한 폐기물로 특별한 수공예품을 만들고 싶기 때문입니다. 친환경 공예품 대회는 폐기물 개조 행사가 있습니다. 만약 제가 이 행사에 참여한다면 쓰레기를 줄이는 데 일정한 공헌을 할 수 있으며, 다른 사람들이 어떻게 폐기물을 활용하여 공예품을 만드는지를 볼 수 있으므로, 이는 매우 의미 있는 행사가 될 것이라 생각합니다.
따라서 이번 '세계 환경의 날 친환경 행사'에서 제가 가장 참여하고 싶은 행사는 친환경 공예품 대회입니다.

어휘 **颁奖仪式** bānjiǎng yíshì 圄 시상식 **关注** guānzhù 圄 팔로우하다, 관심을 가지다 **协会** xiéhuì 圄 협회 **微信** Wēixìn 고유 위챗[중국의 대표적인 모바일 메신저]
公众号 gōngzhònghào 圄 공식 계정 **工艺品** gōngyìpǐn 圄 공예품

실전연습문제 p.203

你在学校官网看到了青少年心理健康咨询中心的志愿者招募公告，以下是该活动的详细内容。

活动名称	青少年心理健康咨询中心志愿者招募	
招募时间	8月2日~8月3日 09:00~17:30	
招募地点	北区运动场	
各部门工作内容	组织部	1. 撰写志愿活动策划书 2. 借用活动道具 3. 协调宣传部做好前期的宣传工作 4. 制作气质类型测试、性格测试、人际关系测试等方面的测试表
	宣传部	1. 制作海报和宣传单 2. 推广并宣传咨询中心的活动 3. 记录和拍摄相关活动过程

당신은 학교 공식 홈페이지에서 청소년 심리건강 상담센터의 자원봉사자 모집 공지를 보았습니다. 아래는 활동의 상세 내용입니다.

활동 이름	청소년 심리건강 상담센터 자원봉사자 모집	
모집 시간	8월 2일~8월 3일 09:00~17:30	
모집 장소	북쪽 구역 운동장	
부서별 업무 내용	조직부	1. 자원봉사 활동 계획서 작성 2. 활동 소품 대여 3. 홍보부와 조율하여 초반 홍보 업무 진행 4. 기질 유형 테스트, 성격 테스트, 인간관계 테스트 등 분야의 테스트표 제작
	홍보부	1. 포스터와 홍보 전단지 제작 2. 상담센터의 활동 추진 및 홍보 3. 관련 행사 과정 기록 및 촬영

	行政部	1. 协调各部门成员的工作 2. 协助心理咨询人员的工作 3. 为咨询者提供引导服务

1）有同学想参加这次志愿者活动，他对组织部和行政部的工作很感兴趣，请你根据上面的表格向那位同学详细介绍一下。

2）你最想去哪个部门工作？为什么？

	행정부	1. 각 부서 구성원의 업무 조율 2. 심리상담원의 업무 보조 3. 상담자에 안내 서비스 제공

1) 한 학생이 이번 자원봉사자 활동에 참가하고 싶어 하는데, 그는 조직부와 행정부의 업무에 대해 관심 있어 합니다. 위 표에 근거하여 그 학생에게 자세히 소개해주세요.

2) 당신은 어떤 부서에 가장 가고 싶나요? 왜인가요?

어휘 **招募** zhāomù [동] 모집하다 **公告** gōnggào [명] 공지 **撰写** zhuànxiě [동] 작성하다 **策划书** cèhuàshū [명] 계획서 **协调** xiétiáo [동] 조율하다, 조화롭게 하다 **气质** qìzhì [명] 기질 **测试** cèshì [동] 테스트하다 **宣传单** xuānchuándān [명] 홍보 전단지 **拍摄** pāishè [동] 촬영하다 **行政** xíngzhèng [명] 행정 **成员** chéngyuán [명] 구성원 **协助** xiézhù [동] 보조하다, 협조하다 **引导** yǐndǎo [동] 안내하다, 이끌다

구상한 답변 아웃라인

상황 언급	조직부와 행정부의 자원봉사자 모집 활동에 대해 소개해주겠음
자료 내용 언급 + 나의 의견	- 모집 시간은 8월 2일부터 8월 3일 오전 9시부터 오후 5시 반까지이며, 장소는 북쪽 구역 운동장임 - 조직부는 자원봉사 활동 계획서 작성, 활동 소품 대여, 초반 홍보 업무 진행, 테스트표 제작을 맡음 - 행정부는 각 부서 구성원의 업무 조율, 심리상담원의 업무 보조, 상담자에 안내 서비스 제공을 맡음
	- 홍보부에 가장 가고 싶음. 홍보부의 업무 내용은 포스터와 홍보 전단지 제작, 상담센터의 활동 추진 및 홍보, 관련 행사 과정 기록 및 촬영임 - 디자인을 전공해서 나의 기술을 포스터와 홍보 전단지 제작에 활용할 수 있음. 학생회 활동도 참여하고 있어서 상담센터의 활동을 추진하고 홍보하는 것에 자신 있음
마무리	청소년 심리건강 상담센터의 자원봉사자 모집 활동에서 홍보부에 가장 가고 싶음

모범답변

你好，听说你想了解组织部和行政部的志愿者招募活动，我来给你详细介绍一下吧。

首先，这次志愿者招募活动的招募时间是8月2号到8月3号的上午九点到下午五点半，地点在北区运动场。其次，组织部和行政部的工作内容是这样的。组织部负责撰写志愿活动策划书，借用活动道具，协调宣传部做好前期的宣传工作，制作气质类型测试、性格测试、人际关系测试等方面的测试表。行政部则负责协调各部门成员工作、协助心理咨询人员的工作，以及为咨询者提供引导服务。

接下来我来说说我最想去的部门。我最想去的是宣传部。我看到宣传部的工作内容是制作海报和宣传单，推广并宣传咨询中心的活动，以及记录和拍摄相关活动过程。我在大学读的是设计类专业，所以我可以把我的技能用在制作海报和宣传单上。此外，我平时还经常参加学生会活动，所以对推广和宣传咨询中心的活动也很有信心。我觉得我的这些能力会给宣传部带来很大的帮助。

因此，在这次青少年心理健康咨询中心志愿者招募活动中，我最想去宣传部工作。

안녕하세요, 조직부와 행정부의 자원봉사자 모집 활동에 대해 알고 싶어한다고 들었습니다. 제가 자세히 소개해드리겠습니다.

먼저, 이번 자원봉사자 모집 활동의 모집 시간은 8월 2일부터 8월 3일의 오전 9시부터 오후 5시 반까지이며, 장소는 북쪽 구역 운동장입니다. 그다음으로, 조직부와 행정부의 업무 내용은 이렇습니다. 조직부는 자원봉사 활동 계획서 작성, 활동 소품 대여, 홍보부와 조율하여 초반 홍보 업무 진행, 기질 유형 테스트, 성격 테스트, 인간관계 테스트 등 분야의 테스트표 제작을 맡습니다. 행정부는 각 부서 구성원의 업무 조율, 심리상담원의 업무 보조, 그리고 상담자에게 안내 서비스 제공을 맡습니다.

이어서 제가 가장 가고 싶은 부서에 대해 말하겠습니다. 제가 가장 가고 싶은 곳은 홍보부입니다. 홍보부의 업무 내용이 포스터와 홍보 전단지 제작, 상담센터의 활동 추진 및 홍보, 그리고 관련 행사 과정 기록 및 촬영인 것을 보았습니다. 저는 대학에서 디자인을 전공했기 때문에 저의 기술을 포스터와 홍보 전단지 제작에 활용할 수 있습니다. 그 외에도, 저는 평소에 학생회 활동에도 자주 참여하고 있어서 상담센터의 활동을 추진하고 홍보하는 것에 자신 있습니다. 저의 이러한 능력이 홍보부에 큰 도움이 될 것이라고 생각합니다.

따라서 이번 청소년 심리건강 상담센터의 자원봉사자 모집 활동에서 저는 홍보부에 가장 가고 싶습니다.

어휘 **行政** xíngzhèng [명] 행정 **撰写** zhuànxiě [동] 작성하다 **策划书** cèhuàshū [명] 계획서 **协调** xiétiáo [동] 조율하다, 조화롭게 하다 **气质** qìzhì [명] 기질 **测试** cèshì [동] 테스트하다 **成员** chéngyuán [명] 구성원 **协助** xiézhù [동] 보조하다, 협조하다 **引导** yǐndǎo [동] 안내하다, 이끌다 **宣传单** xuānchuándān [명] 홍보 전단지 **拍摄** pāishè [동] 촬영하다

[테스트 1]

剪纸课安排		
授课老师	周婷	
时间	9月8日　星期四　13:00-16:00	
地点	广州会展中心	
内容	理论 (一小时)	1. 剪纸的起源和发展 2. 剪纸与其他艺术的区别 3. 剪纸的制作步骤
	实践 (两小时)	1. 选择图案，动手操作 2. 作品展示

【注意事项】

1. 报名费为50元/人，广州市民持身份证可享受七折优惠。
2. 课上将给学员提供纸、剪刀等听课所需材料。使用剪刀时，务必注意安全。
3. 上课前会给每人提供三张红纸，需要额外纸张的学员可在讲台旁自行领取。
4. 课上将提供剪纸图案，若想用其他图案制作，可自备图案。
5. 应保持教室干净整洁，课后应自觉收拾好自己身边的垃圾。

如果你是该剪纸课的负责人，有其他城市的学生询问剪纸课的相关信息，请你向这位学生介绍剪纸课的活动安排以及注意事项，并说一些鼓励学生参与活动的话语。

전지 수업 계획		
강사	저우팅	
시간	9월 8일 목요일 13:00-16:00	
장소	광저우 전시 컨벤션 센터	
내용	이론 (1시간)	1. 전지의 기원과 발전 2. 전지와 다른 예술의 차이점 3. 전지의 제작 과정
	실전 (2시간)	1. 도안 선택하고 직접 만들기 2. 작품 전시

[주의 사항]

1. 신청비는 한 사람당 50위안이며, 광저우 시민은 신분증을 지참하면 30% 할인을 받을 수 있습니다.
2. 수업에서 수강들에게 종이, 가위 등 수업을 듣는 데 필요한 재료를 제공할 것입니다. 가위를 사용할 때는 반드시 안전에 주의하세요.
3. 수업을 시작하기 전 모두에게 빨간색 종이 세 장을 제공할 것이며, 종이가 추가로 필요한 수강생은 강단 옆에서 직접 가져가면 됩니다.
4. 수업에서 전지 도안을 제공할 것이며, 만약 다른 도안으로 제작하고 싶다면 직접 도안을 준비하면 됩니다.
5. 교실을 깨끗하고 청결하게 유지해야 하며, 수업 후에는 스스로 자기 주변의 쓰레기를 잘 치워야 합니다.

당신이 이 전지 수업의 책임자이며 전지 수업과 관련된 정보를 묻는 다른 도시의 학생이 있다고 가정하고, 이 학생에게 전지 수업의 활동 계획 및 주의 사항에 대해 소개하고, 학생이 활동에 참가하길 격려하는 말을 하세요.

어휘　**剪纸** jiǎnzhǐ 몡 전지[중국의 전통 종이 공예]　**授课** shòukè 동 강의를 하다　**广州** Guǎngzhōu 고유 광저우

会展中心 huìzhǎn zhōngxīn 몡 전시 컨벤션 센터　**起源** qǐyuán 몡 기원　**图案** tú'àn 몡 도안　**动手** dòngshǒu 동 직접 ~하다, 손으로 하다

操作 cāozuò 동 작업하다　**展示** zhǎnshì 동 전시하다　**事项** shìxiàng 몡 사항　**学员** xuéyuán 몡 수강생　**务必** wùbì 閉 반드시　**额外** éwài 톙 추가적인

讲台 jiǎngtái 몡 강단　**领取** lǐngqǔ 동 가져가다, 수령하다　**整洁** zhěngjié 톙 청결하다

구상한 답변 아웃라인

상황 언급	전지 수업의 책임자로서 구체적인 내용과 주의 사항을 알려주겠음
자료 내용 언급	- 강사 이름은 저우팅이며, 전지 수업은 9월 8일 오후 1시부터 4시까지 광저우 전시 컨벤션 센터에서 진행됨 - 이론 수업에서는 전지의 기원과 발전, 다른 예술과의 차이점, 제작 과정을 공부함 - 실전 수업에서는 직접 만들고 작품 전시를 함
	- 신청비는 한 사람당 50위안 - 수업을 듣는 데 필요한 재료가 제공됨 - 모두에게 빨간색 종이 세 장이 제공됨 - 전지 도안이 제공되지만 다른 도안을 제작하고 싶다면 직접 도안 준비하면 됨 - 교실을 깨끗하고 청결하게 유지해야 함
마무리	적극적으로 참여하고 이번 기회를 통해 새로운 체험을 하길 바람

정답·해설·모범답안 | 말하기 | 해커스 HSK 7-9급 한 권으로 마스터

你好，我是剪纸课的负责人，听说你想了解有关剪纸课的信息。我来告诉你具体内容和注意事项吧。

首先，说一下具体内容。本次剪纸课由周婷老师授课，将在9月8日星期四下午一点到四点进行，地点在广州会展中心。剪纸课的内容分为理论和实践两大部分，理论课共一个小时，将学习剪纸的起源和发展、剪纸与其他艺术的区别以及剪纸的制作步骤。实践课则上两个小时，在实践课上，需要选择图案并动手操作，最后展出自己的作品。

其次，说一下注意事项。一共有五个注意事项。第一，报名费是每人50元。第二，课上将提供纸、剪刀等听课所需材料。使用剪刀时，务必注意安全。第三，上课前我们会给每个人提供三张红纸，如果需要额外纸张，可在讲台旁领取。第四，课上将提供剪纸图案，如果想用其他的图案制作，可以自备图案。第五，上课期间要保持教室干净整洁，下课后请自觉收拾好自己身边的垃圾。

最后，希望你能积极参与，并通过这次机会，获得一次崭新的体验。

안녕하세요, 저는 전지 수업의 책임자입니다. 당신이 전지 수업과 관련된 정보를 알고 싶어 한다고 들었습니다. 제가 구체적인 내용과 주의 사항에 대해 알려드리겠습니다.

먼저, 구체적인 내용에 대해 설명하겠습니다. 이번 전지 수업은 저우팅 강사님께서 수업을 하십니다. 9월 8일 목요일 오후 1시부터 4시까지 진행될 예정이며, 장소는 광저우 전시 컨벤션 센터입니다. 전지 수업의 내용은 크게 이론과 실전 두 개 부분으로 나뉩니다. 이론 수업은 총 한 시간이며, 전지의 기원과 발전, 전지와 다른 예술의 차이점 및 전지의 제작 과정에 대해 공부할 것입니다. 실전 수업은 두 시간이며, 실전 수업에서는 도안을 선택하여 직접 만들고, 마지막에는 자신의 작품을 전시할 것입니다.

그다음으로, 주의 사항에 대해 설명하겠습니다. 총 다섯 개의 주의 사항이 있습니다. 첫째, 신청비는 한 사람당 50위안입니다. 둘째, 수업에서 종이, 가위 등 수업을 듣는 데 필요한 재료를 제공할 것입니다. 가위를 사용할 때는 반드시 안전에 주의해야 합니다. 셋째, 수업 시작 전에 모두에게 빨간색 종이 세 장을 제공할 것이며, 만약 종이가 추가로 필요한 수강생은 강단 옆에서 직접 가져가면 됩니다. 넷째, 수업에서 전지 도안을 제공할 것이며, 만약 다른 도안으로 제작하고 싶다면 직접 도안을 준비하면 됩니다. 다섯째, 수업 시간에는 교실을 깨끗하고 청결하게 유지해야 하며, 수업을 마친 후에는 스스로 자기 주변의 쓰레기를 잘 치워야 합니다.

마지막으로, 적극적으로 참여하고 이번 기회를 통해서 새로운 체험을 하길 바랍니다.

어휘 **剪纸** jiǎnzhǐ [명] 전지[중국의 전통 종이 공예] **事项** shìxiàng [명] 사항 **广州** Guǎngzhōu [고유] 광저우 **会展中心** huìzhǎn zhōngxīn [명] 전시 컨벤션 센터 **起源** qǐyuán [명] 기원 **图案** tú'àn [명] 도안 **动手** dòngshǒu [동] 직접 ~하다, 손으로 하다 **操作** cāozuò [동] 작업하다 **务必** wùbì [부] 반드시 **额外** éwài [형] 추가적인 **讲台** jiǎngtái [명] 강단 **领取** lǐngqǔ [동] 가져가다, 수령하다 **整洁** zhěngjié [형] 청결하다 **崭新** zhǎnxīn [형] 새롭다

[테스트 2]

你发现学校公告栏上贴着“中国传统文化系列讲座”的日程表，上面介绍了本周将在学校举行的各类讲座。

主题	时间地点	主讲人	主要内容
象棋基础与要领	3月9日 13:30-15:30 信息楼501教室	象棋特级大师：赵冰	- 象棋的起源与发展 - 象棋的棋谱规则
太极拳实用拳法解析	3月9日 19:00-21:00 立心楼213教室	太极大师：杨正英	- 太极拳的主要特点 - 太极拳的基本原则 - 太极拳拳术介绍
京剧经典剧目鉴赏	3月10日 10:00-12:00 明德楼大讲堂	京剧代表性传承人：李世霞	- 京剧表演的特征 - 京剧经典剧目《连环套》赏析 - 京剧武生经典剧目赏析
书法知识大讲解	3月10日 13:30-15:30 宣和楼608教室	中国科学院教授：于晓阳	- 文房四宝的介绍 - 书法字体间的区别
印章的起源与发展	3月10日 19:00-21:00 致远楼113教室	清华大学教授：张卫东	- 印章的起源与发展 - 从古至今的印章样式 - 印章的鉴赏

당신은 학교 게시판 위에 '중국 전통문화 시리즈 강의'의 일정표가 붙어있는 것을 보았습니다. 위에는 이번 주에 학교에서 열릴 각종 강의를 소개하고 있습니다.

주제	시간 및 장소	진행자	주요 내용
장기의 기초와 요령	3월 9일 13:30-15:30 신시건물 501호 교실	장기 그랜드 마스터: 자오빙	- 장기의 기원과 발전 - 장기의 기보 규칙
태극권의 실용 권법 분석	3월 9일 19:00-21:00 리신건물 213호 교실	태극 대가: 양정잉	- 태극권의 주요 특징 - 태극권의 기본 원칙 - 태극권의 권법 소개
경극의 고전 작품 감상	3월 10일 10:00-12:00 밍더건물 대강당	경극의 대표 후계자: 리스샤	- 경극 공연의 특징 - 경극 고전 작품 <연환투> 감상 - 경극 무생의 고전 작품 감상
서예 지식 설명회	3월 10일 13:30-15:30 쉬안허건물 608호 교실	중국과학원 교수: 위샤오양	- 문방사우 소개 - 서예 서체 간의 차이
도장의 기원과 발전	3월 10일 19:00-21:00 즈위안건물 113호 교실	칭화대학 교수: 장웨이둥	- 도장의 기원과 발전 - 예부터 현재까지의 도장 모형 - 도장의 감상

1) 有一个外国同学想了解象棋和太极拳方面的讲座，请你根据上面的表格向那位同学详细介绍一下。 2) 你对哪场讲座最感兴趣？为什么？	1) 한 외국 학생이 장기와 태극권에 관련된 강의에 대해 알고 싶어 합니다. 위 표에 근거하여 그 학생에게 자세히 소개해주세요. 2) 당신은 어떤 강의에 가장 관심이 있나요? 왜인가요?

어휘　**公告栏** gōnggàolán 명 게시판　**系列** xìliè 명 시리즈　**象棋** xiàngqí 명 (중국) 장기　**要领** yàolǐng 명 요령　**起源** qǐyuán 명 기원
　　　棋谱 qípǔ 명 기보[장기 바둑 등을 두는 법을 기록한 책]　**拳法** quánfǎ 명 권법　**解析** jiěxī 통 분석하다　**拳术** quánshù 명 권법, 권술　**剧目** jùmù 명 작품
　　　鉴赏 jiànshǎng 통 감상하다　**传承人** chuánchéngrén 명 후계자　**连环套** Liánhuántào 고유 연환투[경극의 한 작품]　**赏析** shǎngxī 통 감상하다
　　　武生 wǔshēng 명 무생[경극에서 무예에 능한 남자 배역을 가리킴]　**书法** shūfǎ 명 서예, 서법
　　　文房四宝 wénfángsìbǎo 명 문방사우[글을 쓰거나 그림을 그릴 때 쓰는 붓, 먹, 종이, 벼루 4가지 도구를 가리킴]　**印章** yìnzhāng 명 도장

구상한 답변 아웃라인

상황 언급	장기와 태극권에 관련된 강의를 소개해주겠음
자료 내용 언급 + 나의 의견	– '장기의 기초와 요령' 강의가 있음. 3월 9일에 자오빙이 진행함. 장기의 기원, 발전, 기보 규칙에 대해 배울 수 있음 – '태극권의 실용 권법 분석' 강의가 있음. 장기 강의와 같은 날에 양정잉이 진행함. 태극권의 특징, 원칙, 권법에 대해 알 수 있음 – '경극의 고전 작품 감상' 강의에 가장 관심 있음. 예전에 경극을 본 적이 있는데 매우 흥미롭다고 생각했고, 풍부한 중국 전통문화를 포함하고 있어서 매력적이라고 생각함 – 3월 10일에 경극과 관련된 강의가 있다는 것을 봤으며, 이 강의에서 경극 공연의 특징을 배우고, 작품을 감상할 수 있음
마무리	'중국 전통문화 시리즈 강의'에서 가장 관심 있는 강의는 '경극의 고전 작품 감상'임

모범답변

你好，听说你想了解象棋和太极拳方面的讲座，我来给你详细介绍一下吧。

首先，与象棋有关的讲座有"象棋基础与要领"，这个讲座会在3月9号下午一点半到三点半在信息楼501教室举行，主讲人是象棋特级大师赵冰。你可以在讲座上了解到象棋的起源与发展以及象棋的棋谱规则。其次，与太极拳有关的讲座有"太极拳实用拳法解析"，这个讲座和象棋讲座在同一天，不过具体时间是晚上七点到九点，地点在立心楼213教室，主讲人是太极大师杨正英。这个讲座的主要内容是太极拳的主要特点、太极拳的基本原则和太极拳拳术介绍。

接下来我来说说我最感兴趣的讲座，我对"京剧经典剧目鉴赏"这个讲座最感兴趣。因为我曾经在电视上看过几次京剧表演，感觉京剧非常有趣，而且京剧中包含了深厚的中国传统文化，因此我觉得它很有魅力。我看到3月10号上午十点到十二点在明德楼大讲堂有关于京剧的讲座，主讲人是京剧代表性传承人李世霞。这个讲座的主要内容是京剧表演的特征、京剧经典剧目《连环套》赏析和京剧武生经典剧目赏析。我觉得通过这个讲座，可以了解京剧不同剧目的特点，学到更多京剧方面的专业知识。

因此，在这次"中国传统文化系列讲座"中，我最感兴趣的讲座是"京剧经典剧目鉴赏"。

안녕하세요, 장기와 태극권에 관련된 강의에 대해 알고 싶어한다고 들었습니다. 제가 자세히 소개해드리겠습니다.

먼저, 장기와 관련된 강의는 '장기의 기초와 요령'이 있습니다. 이 강의는 3월 9일 오후 1시 반부터 3시 반까지 신시건물 501호 교실에서 진행되며, 진행자는 장기 그랜드 마스터인 자오빙입니다. 당신은 강의에서 장기의 기원과 발전 그리고 장기의 기보 규칙에 대해 배울 수 있습니다. 그다음으로, 태극권과 관련된 강의는 '태극권의 실용 권법 분석'입니다. 이 강의는 장기 강의와 같은 날이지만 구체적인 시간은 저녁 7시부터 9시까지이며, 장소는 리신건물 213호입니다. 진행자는 태극 대가인 양정잉입니다. 이 강의의 주요 내용은 태극권의 주요 특징, 태극권의 기본 원칙과 태극권의 권법 소개입니다.

이어서 제가 가장 관심 있는 강의에 대해 말하겠습니다. 저는 '경극의 고전 작품 감상'이라는 이 강의에 가장 관심이 있습니다. 왜냐하면 저는 예전에 텔레비전에서 경극 공연을 몇 번 본적 있는데, 경극이 매우 흥미롭다고 생각했습니다. 게다가 경극에는 풍부한 중국 전통문화를 포함하고 있어서, 저는 경극이 아주 매력적이라고 생각합니다. 저는 3월 10일 오전 10시부터 오후 12시까지 밍더건물 대강당에서 경극과 관련된 강의가 있다는 것을 보았으며, 진행자는 경극의 대표 후계자인 리스샤입니다. 이 강의의 주요 내용은 경극 공연의 특징, 경극 고전 작품인 〈연환투〉 감상과 경극 무생의 고전 작품 감상입니다. 저는 이 강의를 통해 경극의 다양한 작품의 특징을 알 수 있으며, 경극 분야의 더 많은 전문 지식을 배울 수 있을 것이라 생각합니다.

따라서 이번 '중국 전통문화 시리즈 강의'에서 제가 가장 관심 있는 강의는 '경극의 고전 작품 감상'입니다.

어휘　**象棋** xiàngqí 명 (중국) 장기　**要领** yàolǐng 명 요령　**起源** qǐyuán 명 기원　**棋谱** qípǔ 명 기보[장기 바둑 등을 두는 법을 기록한 책]　**拳法** quánfǎ 명 권법
　　　解析 jiěxī 통 분석하다　**拳术** quánshù 명 권법, 권술　**剧目** jùmù 명 작품　**鉴赏** jiànshǎng 통 감상하다　**传承人** chuánchéngrén 명 후계자
　　　连环套 Liánhuántào 고유 연환투[경극의 한 작품]　**赏析** shǎngxī 통 감상하다　**武生** wǔshēng 명 무생[경극에서 무예에 능한 남자 배역을 가리킴]
　　　系列 xìliè 명 시리즈

제2, 3부분

답변이 쉬워지는 문제풀이 스텝

음성으로 들려주는 단문과 질문   p.207

> **95-97.**
> 소속감은 일종의 기본적인 심리적 요구이며, 개인과 소속된 집단 간의 내재적 연결을 가리킨다. 소속감은 중요한 의미가 있다. 첫째로 소속감은 일에 대한 사람의 열정을 증가시킬 수 있다. 연구에서 소속감이 부족한 사람들은 자신이 종사하는 일에 대한 열정이 부족하기 더 쉬운 것으로 드러났다. 이는 만약 업무 환경에 대한 소속감이 없으면 업무의 의미를 느끼기 어렵고, 나아갈 동력을 잃어버리기 때문이다. 둘째로 소속감은 사람의 심신 건강과 좋은 사회적 관계를 유지하는 데 도움이 된다. 개인과 소속된 집단 간의 이러한 사회적 연결은 사람이 내재적 연결을 느끼게 하므로 소속감은 우리가 긍정적인 사회적 관계를 유지할 수 있게 한다. 사람들은 이러한 내재적 연결에서 따뜻함을 얻고 도움과 사랑을 얻으며, 이로써 외로움과 적막함을 줄이고 안정감을 얻는다. 따라서 능동적으로 소속감을 키우는 것은 행복감을 높일 수 있다. 한 사람이 더 이상 혼자가 아니라 소속된 곳이 있을 때, 이러한 마음의 힘은 사람이 앞으로 나아가는 데 무한한 동력을 제공할 것이다.
>
> **97. 질문:** 당신은 소속감이 중요하다고 생각하는가? 이유를 말해보시오.

모범답변

> 저는 소속감이 중요하다고 생각합니다. 구체적인 이유는 아래와 같습니다. 소속감은 사람이 더 책임감을 갖게 할 수 있고 업무의 의미를 이해하게 합니다. 사람은 소속감이 없을 때 일에 대한 열정과 동력을 잃어버리기 쉽습니다. 반면 소속감이 있는 사람은 업무가 의미 있다고 생각하며, 업무를 할 때도 더 노력하게 되어 성취를 이룰 가능성도 더 높습니다. 이 외에, 소속감은 우리가 안정적인 사회적 관계를 유지할 수 있게 합니다. 소속감은 사람과 사람을 하나로 연결하기 때문이고, 이는 사람의 심신 건강과 좋은 사회적 관계를 유지하는 데 도움이 될 뿐만 아니라, 사람이 그 속에서 따뜻함을 얻게 할 수 있어 외롭고 적막한 느낌을 줄이고 안정감과 행복감을 얻게 합니다. 다른 관점에서 보면, 이는 사람이 좋은 사회적 관계를 더 잘 세우고 유지할 수 있게 합니다. 따라서 저는 소속감이 중요하다고 생각하며, 이러한 마음의 힘은 무한한 동력을 줄 것입니다.

어휘   음성   **归属感** guīshǔgǎn 몡 소속감   **需求** xūqiú 몡 요구   **个体** gètǐ 몡 개인   **群体** qúntǐ 몡 집단   **内在** nèizài 혱 내재적인   **社区** shèqū 몡 지역 사회
                动力 dònglì 몡 동력   **维持** wéichí 동 유지하다   **孤独** gūdú 혱 외롭다   **心灵** xīnlíng 몡 마음
         모범답변   **稳定** wěndìng 혱 안정적이다

고득점비책 01   95번~97번, 단문 활용하여 답변하기   p.208

단문/모범답변
바로듣기 ▶

전략 적용

음성으로 들려주는 단문과 질문   p.209

> 오늘날 [95]스마트홈은 이미 우리의 생활 속에 조용히 들어와 있으며, 점점 보편화되고 있다. 스마트홈 제품은 종류가 많으며, 현대인의 생활에 많은 편리함을 제공했다. 사람들은 스마트홈에 무한한 기대를 가지고 있으며, 과학 기술의 발전은 점차 가정의 스마트화를 현실로 만들었다. 스마트홈은 많은 좋은 기능을 가지고 있다. 먼저, 스마트홈은 사람이 더 쉽게 가전제품을 제어할 수 있게 한다. 스마트홈이 있으면 [96]사람들은 많은 것을 조작할 필요 없이 [96]음성 제어와 원격 제어로 가정의 스마트화를 실현할 수 있다. 사람들은 음성 제어로 가전제품을 제어할 수 있고, 밖에 외출해 있을 때도 원격 제어로 손쉽게 집 안의 전자제품을 조작할 수 있다. 그다음으로, 스마트홈은 안전도 보장할 수 있다. 이는 스마트홈에 도난 방지, 화재 방지, 가스 누출 방지 및 긴급 구조 등의 기능이 갖추어져 있기 때문이다. 집에 가스 누출 혹은 불법 침입 상황이 생기면 스마트홈의 경보기는 자동으로 울리며, 긴급 메시지를 휴대폰에 전송한다. 비록 어떤 사람은 해커가 스마트홈 시스템에 침입해 프라이버시를 훔칠 수 있다고 걱정하지만, 평소에 의식적으로 스마트홈 설비를 보호하기 위해 조치를 취한다면 해커의 악의적인 침입에 대비할 수 있다. 스마트홈의 우수한 기능은 분명 사람들의 삶에 완전히 새로운 느낌을 가져다줄 것이다.
>
> **95. 질문:** 이 단문이 주로 이야기하는 것은 무엇인가?
> **96. 질문:** 화자는 사람들이 어떤 두 가지 방식으로 가정의 스마트화를 실현할 수 있다고 생각하는가?
> **97. 질문:** 당신은 스마트홈을 널리 보급할 가치가 있다고 생각하는가? 이유를 말해보시오.

모범답변

> **95.** 이 단문이 주로 이야기하는 것은 스마트홈입니다.
> **96.** 화자는 사람들이 음성 제어와 원격 제어 이 두 가지 방식으로 가정의 스마트화를 실현할 수 있다고 생각합니다.

97. 저는 스마트홈을 널리 보급할 가치가 있다고 생각합니다. 아래는 저의 입장입니다.

스마트홈은 사람들의 생활을 더 편리하게 할 수 있습니다. 과학 기술이 발전하는 현대 사회에서 스마트홈은 점점 보편화되고 있고 스마트홈 제품도 점점 다양해지고 있으며, 스마트홈을 사용함으로써 사람들은 편리한 생활을 누릴 수 있습니다. 스마트홈이 있음으로 인해 사람들은 더 쉽게 가전제품을 제어할 수 있습니다. 예를 들어 음성 제어로 가전제품을 제어할 수 있으며, 밖에서도 원격 제어로 집 안의 전자제품을 조작할 수 있습니다. 스마트홈은 생활을 더 편리하게 한다는 것을 알 수 있습니다.

이뿐만 아니라, 스마트홈은 집안의 안전을 보장할 수도 있습니다. 오늘날 많은 스마트홈 시스템에는 도난 방지, 화재 방지 등의 기능이 있습니다. 만약 가스 누출이나 불법 침입의 상황이 발생하면 스마트홈은 자동으로 긴급 신호를 보내고, 긴급 메시지를 휴대폰에 전송할 수 있습니다.

앞서 언급한 내용을 종합했을 때, 저는 스마트홈을 널리 보급할 가치가 있다고 생각하는데, 스마트홈은 현대인의 생활을 더 편리하고 스마트하게 할 수 있기 때문입니다.

어휘 음성 **智能家居** zhìnéng jiājū 圈 스마트홈[집 안 가전제품을 인터넷에 연결해서 제어하는 기술] **便利** biànlì 圈 편리하다 **家居** jiājū 圈 가정, 홈 **操作** cāozuò 圈 조작하다 **远程** yuǎnchéng 圈 원격의 **保障** bǎozhàng 圈 보장하다 **防盗** fángdào 圈 도난을 방지하다 **煤气** méiqì 圈 (석탄) 가스 **泄漏** xièlòu 圈 누출되다 **非法** fēifǎ 圈 불법적이다 **报警** bàojǐng 圈 긴급 신호를 보내다, 경찰에 신고하다 **黑客** hēikè 圈 해커 **系统** xìtǒng 圈 시스템 **隐私** yǐnsī 圈 프라이버시 **意识** yìshí 圈 의식 **势必** shìbì 圈 분명, 반드시

모범답변 **状况** zhuàngkuàng 圈 상황

실전연습문제 p.211

95 - 97

以前，95有个部落酋长得到了一块钻石，他打算把钻石加工成项链献给国王。于是他四处寻找手艺精湛的技师，可都被拒绝了。由于那块钻石是稀世珍宝，加工过程中出现的任何失误都会损害其价值。除非不追究责任，否则没人敢冒这个险。后来，酋长找到了一位资深技师，这位技师仔细观察后冷静地说："我徒弟应该可以把它加工成你想要的样子，但我得跟他说这是一块假钻石。"酋长虽然很不乐意，但无计可施，只好答应了。随后，技师叫来了一个徒弟，在徒弟耳边交代了一番。徒弟拿起工具，没过几天就把钻石加工成了一条精美的项链。酋长疑惑地问技师："他是你最得意的弟子吗？"技师摇摇头说："我96这个徒弟跟我学手艺没多长时间。96正是因为他学艺时间不长，才会分辨不出这块钻石的真假，敲击时不会手抖，甚至动作比我还精准！"这个故事告诉我们，很多事情出错，往往是因为我们过于看重它的价值，而保持一颗平常心，反倒更容易成功。

예전에 95어떤 부족의 추장이 다이아몬드를 손에 넣게 되었고, 그는 다이아몬드를 목걸이로 가공하여 왕에게 바치려고 했다. 그래서 그는 솜씨가 뛰어난 기술자를 사방으로 찾아다녔지만 모두 거절당했다. 그 다이아몬드가 희귀한 보물이어서 가공 과정에서 발생하는 어떠한 실수라도 그것의 가치를 손상시킬 수 있었기 때문이다. 책임을 묻지 않는 것이 아니고서는 아무도 감히 이 위험을 무릅쓸 수 없었다. 이후 추장은 한 베테랑 기술자를 찾았다. 이 기술자는 유심히 살펴본 뒤, "제 제자가 이것을 당신이 원하는 모양으로 가공할 수 있을 것 같습니다. 하지만 저는 그에게 이것이 가짜 다이아몬드라고 말해야겠습니다."라고 냉정하게 말했다. 추장은 내키지 않았지만 다른 대책이 없어서 어쩔 수 없이 승낙했다. 직후 기술자는 한 제자를 불러서 제자의 귓가에 대고 설명을 해줬다. 제자는 연장을 들었고, 며칠 지나지 않아 다이아몬드를 정교하고 아름다운 목걸이로 가공했다. 추장은 기술자에게 "그가 당신이 가장 마음에 들어 하는 제자입니까?"라며 궁금하다는 듯 물었다. 기술자는 고개를 저으며 "저의 96이 제자는 저에게 기술을 배운 지 얼마 안 됐습니다. 96그가 기술을 배운 지 얼마 안 됐기 때문에 이 다이아몬드의 진위를 구분해낼 수 없었고, 두드릴 때 손이 떨리지 않았으며, 심지어 손놀림이 저보다 더 정확할 수 있었던 것입니다!"라고 말했다. 이 이야기는 우리가 많은 일에서 실수가 생기는 것은 종종 우리가 그것의 가치를 지나치게 중시하기 때문이며, 평정심을 유지하면 오히려 성공하기 더 쉽다는 것을 알려준다.

어휘 **酋长** qiúzhǎng 圈 추장 **钻石** zuànshí 圈 다이아몬드 **加工** jiāgōng 圈 가공하다 **手艺** shǒuyì 圈 솜씨 **精湛** jīngzhàn 圈 (기예가) 뛰어나다 **稀世珍宝** xīshì zhēnbǎo 희귀한 보물 **失误** shīwù 圈 실수 **追究** zhuījiū 圈 (원인·책임을) 묻다, 추궁하다 **资深** zīshēn 圈 베테랑의 **徒弟** túdì 圈 제자 **不乐意** bú lèyì 圈 내키지 않다 **交代** jiāodài 圈 설명하다 **番** fān 圈 번[시간이나 힘을 비교적 많이 소모하거나, 과정이 완결되는 행위를 셀 때 쓰임] **疑惑** yíhuò 圈 궁금하다, 의심스럽다 **分辨** fēnbiàn 圈 구분하다 **精准** jīngzhǔn 圈 정확하다 **过于** guòyú 圈 지나치게

95 问: 酋长想把钻石加工成什么献给国王？

질문: 추장은 다이아몬드를 무엇으로 가공해서 왕에게 바치려고 했는가?

모범답변

酋长想把钻石加工成项链献给国王。

추장은 다이아몬드를 목걸이로 가공해서 왕에게 바치려고 했습니다.

해설 질문이 추장은 다이아몬드를 무엇으로 가공해서 왕에게 바치려고 했는지 물었다. 음성에서 有个部落酋长得到了一块钻石, 他打算把钻石加工成项链献给国王이 언급되었으므로, 酋长想把钻石加工成项链献给国王。이라는 완전한 문장으로 답변한다.

어휘 **酋长** qiúzhǎng 圈 추장 **钻石** zuànshí 圈 다이아몬드 **加工** jiāgōng 圈 가공하다

问：徒弟为什么分辨不出那块钻石的真假？　　　　　　질문: 제자는 왜 그 다이아몬드의 진위를 구분해낼 수 없었는가?

모범답변

徒弟学艺时间不长，所以分辨不出那块钻石的真假。　　제자는 기술을 배운 지 얼마 안돼서 그 다이아몬드의 진위를 구분해 낼 수 없었습니다.

해설　질문이 제자는 왜 그 다이아몬드의 진위를 구분해낼 수 없었는지 물었다. 음성에서 这个徒弟……正是因为他学艺时间不长，才会分辨不出这 块钻石的真假가 언급되었으므로, 徒弟学艺时间不长，所以分辨不出那块钻石的真假。라는 완전한 문장으로 답변한다.

어휘　徒弟 túdì 圀 제자　分辨 fēnbiàn 園 구분하다

问：你认为保持一颗平常心重要吗？请说出你的理由。　　질문: 당신은 평정심을 유지하는 것이 중요하다고 생각하는가? 이 유를 말해보시오.

모범답변

　　我认为保持一颗平常心很重要，以下是我的观点。
　　保持平常心是一种积极的生活态度。用一颗平常心 去对待周围的人和事，就可以把问题看得更清楚。有句 俗语叫"当局者迷，旁观者清"，也就是说，当事人往 往过于看重结果，对利害得失考虑得太多，反而失去平 常心，所以容易导致不好的结果。而旁观者由于冷静、 客观，能够保持一颗平常心，因此把问题看得更清楚。 故事中的徒弟正是因为不知道那块钻石有多珍贵，保持 了一颗平常心，所以大胆地去尝试，雕刻出了一条精美 的项链。
　　总的来说，保持一颗平常心很重要。不管遇到怎 样的事情，只有保持一颗平常心，才能把问题看得更清 楚，最终走向成功。

　　저는 평정심을 유지하는 것이 중요하다고 생각합니다. 아래는 저 의 입장입니다.
　　평정심을 유지하는 것은 긍정적인 생활 태도입니다. 평정심을 가지 고 주변 사람들과 일을 대하면 문제를 더 잘 볼 수 있습니다. '당사자 는 알지 못하지만, 방관자는 명확히 안다'라는 속담이 있는데, 바꿔 말 하면 당사자는 결과를 지나치게 중시하고 이해득실을 너무 많이 고려 해 오히려 평정심을 잃게 되어 나쁜 결과를 초래하기 쉽습니다. 하지 만 방관자는 냉정하고 객관적이어서 평정심을 유지할 수 있기 때문에 문제를 더 잘 봅니다. 이야기 속 제자는 그 다이아몬드가 얼마나 귀중 한지 몰랐기 때문에 평정심을 유지했고, 그래서 과감히 시도해 정교 하고 아름다운 목걸이를 조각해냈습니다.
　　종합하자면, 평정심을 유지하는 것은 중요합니다. 어떤 일을 맞닥 뜨리더라도 평정심을 유지해야만 문제를 더 잘 볼 수 있고, 결과적으 로 성공을 향해 나아갈 수 있습니다.

어휘　当事人 dāngshìrén 圀 당사자　过于 guòyú 園 지나치게　利害得失 lìhài déshī 이해득실　徒弟 túdì 圀 제자　钻石 zuànshí 圀 다이아몬드
　　珍贵 zhēnguì 圈 귀중하다　尝试 chángshì 園 시도해보다　雕刻 diāokè 園 조각하다

고득점비책 02 **98번, 관점 표현하기**　p.212

단문/모범답변
바로듣기 ▶

전략 적용

음성으로 들려주는 단문과 질문　　　　　　　　　　　　　　　　　　　　　　　　　　　　　　　　　　　　　　　p.213

　　느슨해지지 않고 끝까지 해 나가는 것은 일종의 삶의 태도이다. 이러한 태도는 성공의 기초로, 사람들이 각종 어려움과 도전을 극복할 수 있도록 도 울 수 있다. 중국의 '교배종 벼의 아버지'인 위안룽핑은 졸업 후 산촌에 배치되어 교직을 맡게 되었고, 농업 과학 연구 관련 경험을 많이 쌓았다. 그는 식 량 부족 문제를 깨달은 후 새로운 품종의 벼를 개발하기로 결심했다. 비록 계속되는 실패를 겪었지만 그는 포기하지 않고 계속 연구에 몰두하였으며, 결 국 새로운 품종의 벼를 성공적으로 재배해냈다. 이를 통해 알 수 있듯이, 느슨해지지 않고 끝까지 해 나가는 사람은 결국 성공의 열매를 맺을 수 있다. 길 고 긴 삶의 길 위에서 사람들은 항상 순탄치 않음과 좌절을 겪는다. 같은 어려움에 직면했을 때, 어떤 사람은 끈질기게 앞으로 나아가는 것을 선택하지 만, 어떤 사람은 포기를 선택한다. 어려움 앞에서 용감하게 나아갈 수 있는 사람들은 보통 눈앞의 어려움을 의지를 다지는 기회로 여기고, 계속된 어려 움을 극복한 후 성장하게 된다. 느슨해지지 않고 끝까지 해 나가는 것은 꾸준한 노력을 의미할 뿐만 아니라, 자신이 어떤 장애물도 극복할 수 있다고 믿 는 것을 의미한다. 때로는 목표 달성이 어려워 보이기도 하지만, 느슨해지지 않고 끝까지 해 나가면 자신도 모르는 사이에 목표에 점점 가까워질 것이다.

98.　질문: 당신은 '느슨해지지 않고 끝까지 해 나가다'에 어떤 견해를 가지고 있는가? 당신의 관점을 말해보시오.

저는 '느슨해지지 않고 끝까지 해 나가다'라는 이런 삶의 태도는 우리가 배울 만한 가치가 있다고 생각합니다.

먼저, 자료에 근거하여 우리는 느슨해지지 않고 끝까지 해 나가는 것은 성공의 기초임을 알 수 있습니다. 중국의 '교배종 벼의 아버지'인 위안룽핑은 새로운 품종의 벼를 개발하는 과정에서 수많은 어려움을 겪었지만, 그는 어려움에 직면했을 때 한번도 포기하지 않았기 때문에, 마지막에는 새로운 품종의 벼를 재배해내며 성공을 거둘 수 있었습니다. 이는 느슨해지지 않고 끝까지 해 나가는 태도는 사람으로 하여금 성과를 얻게 한다는 것을 증명했습니다.

그다음으로, 이 단문은 제가 우리는 삶에서 많은 좌절을 겪지만 쉽게 포기하지 말고 용감하게 어려움을 직면하는 사람이 되어야 함을 깨닫게 해주었습니다. 많은 사람이 장애물을 만났을 때 포기를 선택하지만, 우리는 위안룽핑 선생님처럼 끝까지 자신의 선택을 고수하고 자신을 믿어야 합니다. 우리는 느슨해지지 않고 끝까지 해 나가야만 목표와 성공에 점점 가까워질 수 있습니다.

앞서 언급한 내용을 종합했을 때, 저는 우리 모두가 느슨해지지 않고 끝까지 해 나가는 것이 성공의 기초라는 이 도리를 잘 이해해야 한다고 생각합니다. 목표를 추구하는 과정에서 우리는 부단한 노력을 통해 각종 어려움과 장애물을 극복해야 하며, 이렇게 해야만 우리는 자신의 목표를 달성함과 동시에 더 훌륭한 사람이 될 수 있습니다.

어휘

음성 坚持不懈 jiānchíbúxiè 느슨해지지 않고 끝까지 해 나가다　杂交 zájiāo 교배하다　水稻 shuǐdào 벼　任教 rènjiào 교직을 맡다　意识 yìshí 깨닫다　品种 pǐnzhǒng 품종　培育 péiyù 재배하다　漫长 màncháng 길고 길다　坎坷 kǎnkě 순탄하지 않다　挫折 cuòzhé 좌절하다　坚韧不拔 jiānrènbùbá 끈질기다, 의지가 강하고 굳건하다　意志 yìzhì 의지　意味着 yìwèizhe 의미하다, 뜻하다　持之以恒 chízhīyǐhéng 꾸준히 노력하다　障碍 zhàng'ài 장애물, 방해물　不知不觉 bùzhībùjué 자신도 모르는 사이에

모범답변 坚持不懈 jiānchíbúxiè 느슨해지지 않고 끝까지 해 나가다　杂交 zájiāo 교배하다　水稻 shuǐdào 벼　培育 péiyù 재배하다　品种 pǐnzhǒng 품종　挫折 cuòzhé 좌절하다　阻碍 zǔ'ài 장애물　障碍 zhàng'ài 장애물, 방해물

실전연습문제 p.215

98

茅以升是中国近代桥梁工程的奠基人，也是开创工程教育先河的教育家。茅以升自幼在心底埋下了一颗"桥梁"的种子，立志要为国家建造新型大桥。大学期间，他勤奋学习、刻苦钻研，他整理的笔记多达两百余本，近千万字，这些笔记摞起来可超过成年男子的身高。经过锲而不舍的努力，他以优异的成绩被保送到美国某知名大学，并获得了工程博士学位。在校期间，他深入研究桥梁理论，后来，他在博士论文中提出的理论被后人称为"茅氏定律"。正所谓"一分耕耘，一分收获"，回国后他终于实现了自己儿时的理想，成为了桥梁专家。他曾主持修建了中国人自己设计并建造的第一座现代化大型桥梁——钱塘江大桥。他废寝忘食，甚至不惜冒着生命危险，解决了一个个技术难题，仅用三年时间建成了铁路、公路两用双层大桥。他一生都在学桥、造桥，还发表了200余篇与桥有关的文章，致力于中国的桥梁建筑事业，并向世人证明了"一分耕耘，一分收获"的道理。2019年9月25日，他被国务院评选为"最美奋斗者"。

마오이성은 중국 근대 교량 공학의 창시자이자 공학 교육의 시작을 연 교육가이다. 마오이성은 어려서부터 마음속에 '교량'의 씨앗을 심고 나라를 위해 새로운 형태의 대교를 건설하겠다는 포부를 가지고 있었다. 대학 시절에 그는 부지런히 공부하고 열심히 연구했는데, 그가 정리한 노트는 200여 권이 넘고 거의 1,000만 자에 달했으며, 이 노트들은 쌓으면 성인 남성의 키를 넘을 수 있었다. 꾸준히 계속 노력한 끝에 그는 우수한 성적으로 미국의 한 유명 대학에 추천 입학하여 공학 박사 학위를 받았다. 재학기간 동안 그는 교량 이론을 깊이 연구했고, 후에 그가 박사 논문에서 제시한 이론은 후세 사람들에게 '마오 씨 법칙'이라고 불리게 되었다. '노력한 만큼 성과를 거둔다'라고, 귀국 후 그는 결국 자신의 어릴 적 꿈을 이뤄 교량 전문가가 되었다. 그는 중국인이 직접 설계하고 건설한 최초의 현대식 대형 교량인 첸탕강 대교 건설을 주관했다. 그는 매우 몰두했으며, 심지어 목숨을 걸고 기술적 문제를 하나하나 해결하여 3년 만에 철도 및 도로 겸용의 2층 교량을 건설했다. 그는 한평생 교량을 배우고, 교량을 만들고, 200여 편의 교량과 관련된 글을 발표하며 중국의 교량 건설 사업에 힘써 '노력한 만큼 성과를 거둔다'의 이치를 세상에 증명했다. 2019년 9월 25일, 그는 국무원으로부터 '가장 아름다운 노력가'로 선정되었다.

어휘 桥梁 qiáoliáng 교량, 다리　奠基人 diànjīrén 창시자　先河 xiānhé 시작, 근원　种子 zhǒngzi 씨앗　立志 lìzhì 포부를 가지다　新型 xīnxíng 새로운 형태의　钻研 zuānyán 깊이 연구하다　摞 luò 쌓다　锲而不舍 qiè'érbùshě 꾸준히 계속하다　优异 yōuyì 우수하다　保送 bǎosòng 추천 입학하다　学位 xuéwèi 학위　修建 xiūjiàn 건설하다　废寝忘食 fèiqǐnwàngshí 매우 몰두하다, 먹고 자는 것을 잊다　致力 zhìlì 힘쓰다　事业 shìyè 사업　国务院 guówùyuàn 국무원[중국의 최고 행정 기관]　评选 píngxuǎn 선정하다

98 问：根据材料，请你谈谈对"一分耕耘，一分收获"的思想认识。

질문: 자료에 근거하여, '노력한 만큼 성과를 거둔다'에 대한 당신의 생각과 인식을 말해보시오.

나의 관점	一分耕耘，一分收获的道理值得学习 노력한 만큼 성과를 거둔다는 이치는 배울 만한 가치가 있음
단문 줄거리	茅以升，懂得一分耕耘，一分收获道理的人 마오이성, 노력한 만큼 성과를 거둔다는 도리를 잘 이해하고 있는 사람 [나의 관점] 立志要为国家建造大桥 나라를 위해 대교를 건설하겠다는 포부를 가짐 大学期间勤奋学习，到美国，获得博士学位 대학 시절 부지런히 공부, 미국에 가서 박사 학위를 받음 回国后成为专家，主持建造钱塘江大桥 귀국 후 전문가가 되어 첸탕강 대교 건설 주관함 解决技术难题，被评为"最美奋斗者" 기술적 문제 해결, '가장 아름다운 노력가'로 선정됨
느낀 점	要懂得一分耕耘，一分收获的道理 노력한 만큼 성과를 거둔다는 이치를 잘 이해해야 함 [나의 관점] 要丰收，得认真对待每一个环节 풍작을 거두려면 모든 부분을 성실하게 대해야 함 [나의 관점] 我们的人生也一样 우리 인생도 마찬가지임 [나의 관점]
마무리	应该懂得一分耕耘，一分收获 노력한 만큼 성과를 거둔다는 것을 잘 이해해야 함 成功是一个积累的过程，为了获得成就，应该先付出努力 성공은 축적의 과정이며, 성과를 거두기 위해서는 먼저 노력을 들여야 함

모범답변

我认为"一分耕耘，一分收获"的道理是值得我们学习的。

首先，根据材料，我们可以知道茅以升是一个懂得"一分耕耘，一分收获"这一道理的人。茅以升从小立志要为国家建造新型大桥，因此他在大学期间勤奋学习。后来他被保送到美国某知名大学，还获得了博士学位。回国后他成为了桥梁专家，主持建造了钱塘江大桥，建桥期间他冒着生命危险，解决了很多技术难题，仅用三年时间就完成了建桥任务。他为桥梁建筑事业做出了卓越的贡献，因此被评为"最美奋斗者"。

其次，这段话让我明白，我们要懂得"一分耕耘，一分收获"的道理。农民要想丰收，一定得认真、用心地对待耕田、播种、浇水等每一个环节，付出多少劳动，就能得到多少收获。我们的人生也一样，想要得到成果，就必须先付出努力，有耕耘才会有收获，有努力才会有成就。茅以升的故事告诉我们，成功一定是靠踏实的努力得来的。

综上所述，我认为我们应该懂得"一分耕耘，一分收获"的道理。成功是一个积累的过程，为了获得成就，我们应该先付出努力。

저는 '노력한 만큼 성과를 거둔다'라는 이치는 우리가 배울 만한 가치가 있다고 생각합니다.

먼저, 자료에 근거하여 우리는 마오이성이 '노력한 만큼 성과를 거둔다'라는 도리를 잘 이해하고 있는 사람임을 알 수 있습니다. 마오이성은 어렸을 때부터 나라를 위해 새로운 형태의 대교를 건설하겠다는 포부를 가지고 있었습니다. 이 때문에 그는 대학 시절 부지런히 공부했습니다. 후에 그는 미국의 한 유명 대학에 추천 입학하여 박사 학위를 받았습니다. 귀국 후 그는 교량 전문가가 되었으며, 첸탕강 대교 건설을 주관했습니다. 대교를 건설하는 동안 그는 목숨을 걸고 많은 기술적 문제를 해결하여 3년 만에 대교 건설 임무를 완수했습니다. 그는 교량 건설 사업에 눈부신 기여를 했기 때문에 '가장 아름다운 노력가'로 선정되었습니다.

그다음으로, 이 단문은 제가 '노력한 만큼 성과를 거둔다'라는 이치를 잘 이해해야 한다는 것을 깨닫게 해주었습니다. 농부가 풍작을 거두려면, 밭갈이, 파종, 물주기 등 모든 부분에 성실하고 심혈을 기울여야 하며, 노력한 만큼 수확을 얻을 수 있습니다. 우리 인생도 마찬가지로 성과를 얻고 싶다면 먼저 노력을 해야 하고, 열심히 일해야만 수확이 있으며, 노력이 있어야 성과가 있습니다. 마오이성의 이야기는 우리에게 성공은 착실한 노력으로 얻어진다는 것임을 알려줍니다.

앞서 언급한 내용을 종합했을 때, 저는 우리 모두가 '노력한 만큼 성과를 거둔다'라는 이치를 잘 이해해야 한다고 생각합니다. 성공은 축적의 과정이며, 성과를 거두기 위해서는 먼저 노력을 들여야 합니다.

어휘　立志 lìzhì 통 포부를 가지다　新型 xīnxíng 형 새로운 형태의　保送 bǎosòng 통 추천 입학하다　学位 xuéwèi 명 학위　桥梁 qiáoliáng 명 교량, 다리
　　　事业 shìyè 명 사업　卓越 zhuóyuè 형 눈부시다, 출중하다　丰收 fēngshōu 통 풍작을 거두다　播种 bōzhǒng 통 파종하다　环节 huánjié 명 부분, 일환
　　　踏实 tāshi 형 (일 처리가) 착실하다

95 - 97

很久没来厦门了，站在这里我觉得很亲切。[95]很荣幸能跟大家谈谈《朗读者》这个节目。节目成功之后，很多人总问我：你怎么会想到做这样一个节目？我会回答，因为经典的文章一直与我们同在。科技的发展改变了我们的生活，一些高科技产品大大压缩了人们阅读经典的时间，也在一定程度上改变了人们的思想。几年前[96]有专家到电视台调研时说，一定要多做脍炙人口的好节目。这句话启发了我们，我们便开始筹备《朗读者》。我们所做的就是敢于从这个喧嚣的环境回归到丰富、深刻的文字世界里。《朗读者》旨在以个人成长、情感体验、背景故事与文学经典相结合的方式，用最平实的情感读出文字背后的价值。经典文学作品对人的影响是潜移默化的，它传达着人类的憧憬和理想。我们一直希望能通过朗读经典，实现文学鼓舞人、教育人的传导作用，帮助观众在文学的熏陶中了解历史、了解社会、了解人生的意义。我非常感激每一位走进演播室、坐在我对面的朗读者，他们每朗读一篇经典作品，都会让我对这些作品有新的理解。

샤먼에 오랫동안 오지 않았었는데, 여기 서 있으니 아주 친숙한 느낌이 드네요. [95]여러분과 <낭독자>라는 이 프로그램에 대해 이야기할 수 있게 되어 매우 영광입니다. 프로그램이 성공한 후에 많은 사람이 제게 어떻게 이런 프로그램을 할 생각을 했느냐고 묻곤 했는데, 저는 고전 작품은 항상 우리와 함께하기 때문이라고 대답했습니다. 과학 기술의 발전은 우리의 삶을 변화시켰고 일부 첨단 기술 제품은 사람들이 고전을 읽는 시간을 크게 줄였는데, 사람들의 생각도 어느 정도 변화시켰습니다. 몇 년 전 [96]한 전문가가 방송국에 조사 연구를 하러 왔을 때, 사람들에게 널리 회자되는 좋은 프로그램을 많이 만들어야 한다고 말했었습니다. 이 말은 저희에게 영감을 주었고, 저희는 <낭독자>를 기획하기 시작했습니다. 저희가 한 일은 이 소란스러운 환경에서 풍부하고 깊은 글의 세계로 대담하게 돌아가는 것입니다. <낭독자>는 개인의 성장, 정서적 체험, 배경 이야기와 문학 고전을 결합하는 방식으로 가장 소박한 감정으로 글 이면의 가치를 읽어내는 것을 목표로 합니다. 고전 문학 작품이 사람에게 미치는 영향은 은연중에 감화되는 것이고, 이는 인류의 동경과 꿈을 전달하고 있습니다. 저희는 항상 고전 낭독을 통해 문학이 사람을 격려하고 사람을 교육하는 전도의 역할을 하길 바랐고, 관객이 문학의 영향 속에서 역사를 이해하고 사회를 이해하며, 삶의 의미를 이해하게 돕고자 했습니다. 저는 스튜디오에 들어와 제 맞은편에 앉아계시는 모든 낭독자분께 매우 감사합니다. 그들은 고전 작품을 읽을 때마다 제가 이 작품에 대한 새로운 이해를 할 수 있게 해주었습니다.

어휘 **荣幸** róngxìng [형] 매우 영광스럽다 **压缩** yāsuō [동] 줄이다, 축소하다 **调研** diàoyán [동] 조사 연구하다, 현장 조사하다
脍炙人口 kuàizhìrénkǒu [성] 사람들에게 널리 회자되다 **筹备** chóubèi [동] 기획하다, 준비하다 **喧嚣** xuānxiāo [형] 소란스럽다 **旨在** zhǐzài [동] ~을 목표로 하다
平实 píngshí [형] 소박하다 **潜移默化** qiányímòhuà [성] 은연중에 감화되다 **传达** chuándá [동] 전달하다 **传导** chuándǎo [동] 전도하다
憧憬 chōngjǐng [동] 동경하다 **熏陶** xūntáo [동] 영향을 끼치다 **演播室** yǎnbōshì [명] 스튜디오

95 问：说话人在开头提到了什么节目？

질문: 화자는 처음에 어떤 프로그램을 언급했는가?

모범답변

说话人在开头提到了《朗读者》这个节目。

화자는 처음에 <낭독자>라는 프로그램을 언급했습니다.

해설 질문이 화자는 처음에 어떤 프로그램을 언급했는지 물었다. 음성에서 **很荣幸能跟大家谈谈《朗读者》这个节目。**가 언급되었으므로, **说话人在开头提到了《朗读者》这个节目。**라는 완전한 문장으로 답변한다.

어휘 **开头** kāitóu [명] 처음, 시작

96 问：专家到电视台调研时，提出了什么要求？

질문: 전문가가 방송국에 조사 연구를 하러 왔을 때, 어떤 요구 사항을 제기했는가?

모범답변

专家到电视台调研时，要求多做脍炙人口的好节目。

전문가가 방송국에 조사 연구를 하러 왔을 때, 사람들에게 널리 회자되는 좋은 프로그램을 많이 만들어야 한다고 요구했습니다.

해설 질문이 전문가가 방송국에 조사 연구를 하러 왔을 때, 어떤 요구 사항을 제기했는지 물었다. 음성에서 **有专家到电视台调研时说，一定要多做脍炙人口的好节目**가 언급되었으므로, **专家到电视台调研时，要求多做脍炙人口的好节目。**라는 완전한 문장으로 답변한다.

어휘 **调研** diàoyán [동] 조사 연구하다, 현장 조사하다 **脍炙人口** kuàizhìrénkǒu [성] 사람들에게 널리 회자되다

97 问：你同意阅读经典文学对人的成长很重要这个观点吗？请谈谈你的理由。

질문: 당신은 고전 문학을 읽는 것이 사람의 성장에 중요하다는 입장에 동의하는가? 이유를 말해보시오.

모범답변

我的观点是阅读经典文学对人的成长很重要。

现代科技的发展改变了我们的生活方式，发达的科技让生活变得便利的同时，也缩短了人们阅读经典的时间。现代人习惯于使用科技产品，还缺乏经典文学的熏陶，从而渐渐会变得空虚。而经典文学作品对人的影响是潜移默化的，文学有鼓舞人、教育人的传导作用，它能帮助人从文字中了解历史、了解社会、了解人生的意义，这对人的成长起着积极的影响。阅读经典文学能让人从喧嚣的环境回归到丰富、深刻的文字世界里，这既能让人的内心得到平静，又能提高人的修养。

综上所述，我认为阅读经典文学能对人的成长发挥重要的作用，可以让人获得内心的平静和成长。

저의 입장은 고전 문학을 읽는 것이 사람의 성장에 중요하다는 것입니다.

현대 과학 기술의 발전은 우리의 생활 방식을 변화시켰고, 발달한 과학 기술은 삶을 편리하게 하는 동시에 사람들이 고전을 읽는 시간을 줄였습니다. 현대인은 과학 기술 제품을 사용하는 데 익숙하지만, 고전 문학의 영향이 부족해 점차 공허해집니다. 반면 고전 문학 작품이 사람에게 미치는 영향은 은연중에 감화되는 것입니다. 문학은 사람을 격려하고 사람을 교육하는 전도의 역할을 하며, 사람이 글에서 역사를 이해하고 사회를 이해하며, 삶의 의미를 이해하게 도울 수 있는데, 이는 사람의 성장에 긍정적인 영향을 줍니다. 고전 문학을 읽는 것은 소란스러운 환경에서 풍부하고 깊은 글의 세계로 돌아갈 수 있게 해주고, 이는 사람의 마음을 안정시킬 뿐만 아니라 사람의 교양을 향상시킬 수 있습니다.

앞서 언급한 내용을 종합했을 때, 저는 고전 문학을 읽는 것이 사람의 성장에 중요한 역할을 할 수 있으며, 사람이 마음의 안정과 성장을 얻을 수 있게 한다고 생각합니다.

어휘 **便利** biànlì [형] 편리하다 **熏陶** xūntáo [동] 영향을 끼치다 **空虚** kōngxū [형] 공허하다 **潜移默化** qiányímòhuà [성] 은연중에 감화되다 **传导** chuándǎo [동] 전도하다 **喧嚣** xuānxiāo [형] 소란스럽다 **修养** xiūyǎng [명] 교양

98

宋国有一位杰出的外交家叫苏子容，他有一次奉命出使辽国，正巧赶上冬至。宋国的历法比辽国的早一天，辽国人就问他哪一种历法才是正确的，苏子容从容地回答："每个国家的历法家计算时间时所采用的方法是不一样的，所以会有早有晚。天文历法计算上的差异会导致每个国家的计算结果不同，早一天还是晚一天都没有太大的问题。在哪个国家，就按照哪个国家的历法来算就可以了。我既然来到了辽国，就应该入乡随俗，按照辽国的历法来算。"辽国人认为他讲得很有道理，于是就以自己的历法来过冬至节。苏子容回国后将此事禀报给皇帝，皇帝认可了苏子容，并高兴地对他说："你讲得很正确！"辽国人让苏子容评价宋、辽两国历法哪个正确，这是一个十分棘手的问题。但是苏子容的回答很巧妙，他对两个国家的历法都做了肯定，他的回答既表达了对辽国的尊重，又维护了自己的国家。作为一个外交家，苏子容充分做到了入乡随俗，既维护了本国的尊严，也尊重了对方国家的习俗，增进了两国之间的感情。

송나라에는 소자용이라는 걸출한 외교가가 있었다. 그는 한번은 명을 받고 요나라에 사신으로 간 적이 있는데, 마침 동지였다. 송나라의 역법은 요나라보다 하루 빨랐는데, 요나라 사람들이 그에게 어느 나라의 역법이 정확하냐고 물었고, 소자용은 침착하게 "나라마다 역법가들이 시간을 계산할 때 사용하는 방법이 다르기 때문에 빠른 경우도 있고 느린 경우도 있습니다. 천문 역법의 계산상의 차이는 나라마다 계산 결과가 다른 것을 초래했는데, 하루 빠르냐 아니면 하루 늦냐는 큰 문제가 없습니다. 그 나라에 있으면 그 나라의 역법에 따라 계산하면 되는 것이지요. 제가 요나라에 온 이상, 그 나라에 가면 그 나라의 문화를 존중해야 하기에 요나라의 역법에 따라 계산하겠습니다."라고 대답했다. 요나라 사람들은 그가 말한 것이 일리가 있다고 생각해서, 자신들의 역법으로 동지절을 보냈다. 소자용이 귀국하여 황제에게 이 일을 보고하자 황제는 소자용을 인정했으며 그에게 "아주 잘 말했구나!"라고 기뻐하며 말했다. 요나라 사람들이 소자용에게 송나라와 요나라의 역법 중 어느 것이 정확한지를 평가하게 한 것은 매우 곤란한 질문이었다. 그러나 소자용의 대답은 기발했고 그는 두 나라의 역법을 모두 긍정했으며, 그의 대답은 요나라에 대한 존중을 나타냈을뿐만 아니라, 자국도 지켜냈다. 외교가로서 소자용은 다른 나라에 가면 그 나라의 문화를 충분히 존중했으며, 자국의 존엄성을 지키고 상대 국가의 풍습도 존중하며 두 나라 사이를 돈독해지게 했다.

어휘 **杰出** jiéchū [형] 걸출하다 **出使** chūshǐ [동] 사신으로 가다 **冬至** dōngzhì [명] 동지[밤이 가장 길고 낮이 가장 짧은 날] **历法** lìfǎ [명] 역법[천체의 움직임을 살펴 시간과 날짜를 구분하는 방법] **从容** cóngróng [형] 침착하다 **入乡随俗** rùxiāngsuísú [성] 다른 나라에 가면 그 나라의 문화를 존중해야 한다 **禀报** bǐngbào [동] (관청이나 윗사람에게) 보고하다 **皇帝** huángdì [명] 황제 **棘手** jíshǒu [형] 곤란하다 **维护** wéihù [동] 지키다 **尊严** zūnyán [명] 존엄성 **习俗** xísú [명] 풍습

98 问：根据材料，请你谈谈对“入乡随俗”的情感认识。

질문: 자료에 근거하여, '다른 나라에 가면 그 나라의 문화를 존중해야 한다'에 대한 당신의 감정과 인식을 말해보시오.

작성한 답변 아웃라인

나의 관점	**入乡随俗值得学习** 다른 나라에 가면 그 나라의 문화를 존중하는 것은 배울 만한 가치가 있음
단문 줄거리	**苏子荣，懂得入乡随俗的人** 소자용, 다른 나라에 가면 그 나라의 문화를 존중해야 함을 잘 이해하는 사람 **[나의 관점]** **出使辽国，问哪个历法正确** 요나라에 사신으로 감, 어느 역법이 정확한지 물음 **来到辽国，按照辽国历法** 요나라에 옴, 요나라 역법을 따름 **得到皇帝认可** 황제의 인정을 받음
느낀 점	**各有各的风俗习惯** 각자의 풍습이 있음 **[나의 관점]** **尊重当地习俗** 현지 풍습 존중 **[나의 관점]** **包容的心，尊重多样性** 포용하는 마음, 다양성 존중 **[나의 관점]** **陌生的地方，要入乡随俗** 낯선 곳, 다른 나라에 가면 그 나라의 문화를 존중해야 함 **[나의 관점]**
마무리	**应该懂得入乡随俗** 다른 나라에 가면 그 나라의 문화를 존중해야 하는 것을 잘 이해해야 함 **要尊重风俗习惯** 풍습을 존중해야 함

모범답변

我认为“入乡随俗”的做法是值得我们学习的。

首先，根据材料，我们可以知道苏子容是一个懂得“入乡随俗”的人。他出使辽国时，辽国人问他哪个国家的历法正确，他说每个国家都有自己的历法，在哪个国家就按照哪个国家的历法来算就可以了，既然来到了辽国，他就按照辽国的历法来过冬至节。他的回答得到了辽国人的赞赏，也得到了宋国皇帝的认可。他的故事很好地说明了“入乡随俗”的道理，这一点毫无争议。

其次，这段话让我明白，小至每一个家庭，大到每一个国家，各有各的风俗和习惯。我们到别的地区或者国家时，都应该尊重当地的习俗，适当地融入到当地风俗文化中。不要排斥自己不熟悉的风俗文化，要用一颗包容的心来尊重世界的多样性。随着生活水平的提高，人们喜欢到处旅游观光。以游客的身份去陌生的地方时，更加需要做到入乡随俗，尊重当地的风俗习惯。这样做，既是对他人的尊重，也是对自己的尊重。

综上所述，我认为我们应该懂得“入乡随俗”，去新的地方时，要尊重那里的风俗习惯。

저는 '다른 나라에 가면 그 나라의 문화를 존중해야 한다'는 방식은 우리가 배울 만한 가치가 있다고 생각합니다.

먼저, 자료에 근거하여 우리는 소자용이 '다른 나라에 가면 그 나라의 문화를 존중해야 한다'를 잘 이해하고 있는 사람임을 알 수 있습니다. 그가 요나라에 사신으로 갔을 때 요나라 사람들이 그에게 어느 나라의 역법이 정확하냐고 물었고, 그는 나라마다 각자의 역법이 있으니 그 나라에 있으면 그 나라의 역법으로 계산하면 된다고 했으며, 그가 요나라에 왔으니 요나라의 역법에 따라 동지를 보내겠다고 말했습니다. 그의 대답은 요나라 사람들의 높은 평가를 받았고, 송나라 황제의 인정도 받았습니다. 그의 이야기는 '다른 나라에 가면 그 나라의 문화를 존중해야 한다'의 이치를 아주 잘 설명했으며, 이 점은 논쟁의 여지가 없습니다.

그다음으로, 이 단문은 제가 작게는 모든 가정부터, 크게는 모든 나라까지 각자의 풍습이 있다는 것을 깨닫게 해주었습니다. 우리가 다른 지역이나 국가에 갔을 때 현지의 풍습을 존중해야 하며 현지 풍속과 문화에 적절하게 녹아들어야 합니다. 자신이 익숙한 풍속과 문화를 배척하지 말고, 포용하는 마음으로 세상의 다양성을 존중해야 합니다. 생활 수준이 향상됨에 따라 사람들은 여기저기에 가서 여행하고 관광하는 것을 좋아합니다. 관광객의 신분으로 낯선 곳에 갔을 때, 더더욱 그 나라의 문화를 존중해야 하고, 현지의 풍습을 존중해야 합니다. 이렇게 하는 것은 타인에 대한 존중일 뿐만 아니라 자신에 대한 존중이기도 합니다.

앞서 언급한 내용을 종합했을 때, 저는 우리 모두가 '다른 나라에 가면 그 나라의 문화를 존중해야 하는 것'을 잘 이해해야 하고, 새로운 곳에 가면 그곳의 풍속을 존중해야 한다고 생각합니다.

어휘 **赞赏** zànshǎng [동] 높이 평가하다 **认可** rènkě [동] 인정하다 **毫无** háowú 조금도 ~이 없다 **争议** zhēngyì [동] 논쟁하다 **排斥** páichì [동] 배척하다 **包容** bāoróng [동] 포용하다 **观光** guānguāng [동] 관광하다

✳ 실전모의고사 1회

듣기

p.223

제1부분

1 ✓ 2 ✗ 3 ✗ 4 ✓ 5 ✗ 6 ✗ 7 ✓ 8 ✗ 9 ✗ 10 ✓

제2부분

11 B 12 语言障碍 13 A 14 哲学高度 15 D 16 B 17 D 18 D 19 10元 20 A 21 B 22 C

제3부분

23 D 24 D 25 C 26 D 27 B 28 C 29 诗词书画 30 D 31 B 32 D 33 D 34 C

35 前所未有 36 B 37 A 38 B 39 攀升 40 A

독해

p.228

제1부분

41 B 42 B 43 A 44 C 45 D 46 B 47 D 48 B 49 E 50 C 51 C 52 C 53 C 54 C

55 D 56 C 57 A 58 C 59 D 60 D 61 A 62 B 63 D 64 C 65 B 66 C 67 C 68 A

제2부분

69 F 70 C 71 E 72 G 73 A

제3부분

74 是中国传统文化的精髓 75 京剧的发展阶段 76 上妆和勾脸谱的技能

77 行头包括的物品 78 二衣 79 靠旗

80 京剧融入到其他形式中 81 零污染、零排放 82 废弃矿井或深海海底

83 制作过程没有碳排放 84 随机性和间歇性问题 85 整体的发展趋向

86 光合作用 87 蓝图

쓰기

p.242

제1부분   **제2부분**

88 [모범답안] p.505   89 [모범답안] p.505

통번역

p.244

제1부분   **제2부분**

90 [모범답안] p.507   92 [모범답변] p.510

91 [모범답안] p.508   93 [모범답변] p.511

말하기

p.247

제1부분   **제2, 3부분**

94 [모범답변] p.512   95-97 [모범답변] p.513

98 [모범답변] p.514

MP3 바로듣기 ▶

1 - 5

近日，中国社会科学院财经战略研究院、中国社会科学院旅游研究中心和社科文献出版社在北京共同发布了[1]《旅游绿皮书：中国旅游发展分析与预测》。该书是中国社会科学院旅游研究中心组织编撰的第二十本旅游发展年度报告，[1]全书围绕"旅游新发展格局"这一主题，通过一篇主报告和二十余篇专题报告，[1]对中国旅游发展进行了透视和前瞻性分析。

绿皮书指出，微度假旅游正逐步成为旅游业未来重要的发展模式以及游客消费趋势。[2]微度假是指以一线、二线城市及其周边为主，车程在2-3小时，为期2-3天的一种频次较高、满足感较强的新兴旅游模式。近年来，微度假旅游逐渐成为了游客的首选旅游模式。游客对长途出游更加谨慎，不太愿意远距离出行，他们更希望能够利用周末、小长假或是其他碎片时间就近出游。各地游客类型趋于本地化，游客对市内游、省内游等短距离出游的意愿进一步加强。

郑州大学旅游管理学院金彩玉教授在接受记者采访时表示，在当前形势下，安全且可替代的旅游形式就是微度假。以休闲为目的的微度假将会成为引领旅游行业复苏的主力市场之一，[3]"短小而精"的微度假将成为人们新的生活方式。其中，"短"指的是出游距离短和全程所需时间短。由于出游距离短，人们可以利用较少的闲暇时间放松身心，也正是因为出游时间短，人们无需花费大量时间为出行做准备。[3]"小"指的是目的地游憩半径缩小。正因如此，微度假成为了"暂时放下手中事，说走就走"的出游方式。"精"则体现在度假活动的高品质上。通过微度假，游客能够在有限的时间、有限的游憩范围内，享受一站式服务。

[4]目前"80后"、"90后"是微度假主力人群，占比超过80%，越来越多的微度假游客愿意为高品质的服务与体验买单，[4]基于兴趣的深度体验、沉浸式玩法是他们对一次完美的微度假的最大期待。亲子玩乐、户外运动和娱乐休闲，都是微度假的主要驱动力，其中具有地域特色的民宿、野餐、游乐园、艺术节体验等都是年轻人微度假时的热门选择。

최근, 중국사회과학원 재경전략연구원, 중국사회과학원 관광연구센터와 사회과학 문헌출판사는 베이징에서 [1]<관광 그린 북: 중국 여행 발전 분석 및 전망>을 공동 발표했다. 이 책은 중국사회과학원 관광연구센터가 조직해 펴낸 20번째 관광 발전 연간 보고로, [1]책 전체적으로 '여행의 새로운 발전 구도'라는 주제를 중심으로 하여 주 보고 한 편과 특집 보고 20여 편을 통해 [1]중국 관광 발전에 대한 투시와 예측성 분석을 진행했다.

그린 북은 웨이두지아 여행이 점차 관광업의 미래의 중요한 발전 패턴이자 관광객들의 소비 트렌드가 되고 있다고 밝혔다. [2]웨이두지아는 1선, 2선 도시와 그 주변을 위주로, 차로 2~3시간 거리, 2~3일간의 빈도수가 비교적 많고, 만족감이 비교적 높은 신흥 여행 패턴을 가리킨다. 최근 몇 년간, 웨이두지아 여행은 점차 여행객들이 우선적으로 선택하는 여행 패턴이 됐다. 여행객들은 장거리 여행에 대해 더욱 신중해졌으며, 장거리 여행을 그다지 원하지 않는다. 그들은 주말이나 짧은 연휴 혹은 자잘한 시간을 이용해 가까운 곳으로 여행을 떠나기를 더 바란다. 지역별 관광객 유형이 현지화 쪽으로 기울어지고, 여행객들의 시(市)내 여행, 성(省)내 여행 등 단거리 여행에 대한 의사가 한층 강화됐다.

정저우 대학교 관광경영학부 진차이위 교수는 기자와의 인터뷰에서 요즘 시국에 안전하고 대체할 수 있는 여행 형태가 바로 웨이두지아라고 언급했다. 휴식을 목적으로 하는 웨이두지아는 여행 업계의 회복을 이끄는 주력 시장 중 하나가 될 것이며, [3]'짧고 작지만 훌륭한' 웨이두지아는 사람들의 새로운 생활 방식이 될 것이다. 그중, '짧다'는 것은 여행 거리가 짧고 전체 여정에 소요되는 시간이 짧은 것을 가리킨다. 여행 거리가 짧기 때문에 사람들은 비교적 적은 여가 시간을 이용해 몸과 마음을 편하게 할 수 있고, 여행 시간이 짧기 때문에, 사람들은 많은 시간을 할애해서 여행 준비를 하지 않아도 된다. [3]'작다'는 것은 목적지에서의 휴식 반경이 좁아졌다는 것을 가리킨다. 그렇기 때문에 웨이두지아는 '잠시 수중의 일을 내려놓고, 가기로 마음먹자마자 바로 가는' 여행 방식이 됐다. '훌륭하다'는 고품격 휴가 활동에서 나타난다. 웨이두지아를 통해 여행객들은 제한된 시간, 제한된 휴식 범위 내에서 원스톱 서비스를 즐길 수 있다.

[4]현재 '80년대생'과 '90년대생'은 웨이두지아의 주력군으로 전체에서 차지하는 비율이 80%를 넘는다. 점점 많은 웨이두지아 여행객들은 고품격 서비스와 체험에 돈을 지불하기를 원하며, [4]흥미에 기반한 깊이 있는 체험, 몰입형 놀이 방법은 그들의 완벽한 웨이두지아에 대한 가장 큰 기대이다. 패밀리 플레이, 아웃도어 스포츠, 레저 등이 웨이두지아의 주요 원동력이며, 그중 지역 특색이 있는 펜션, 피크닉, 놀이공원, 예술제 체험 등은 젊은이들이 웨이두지아를 즐길 때의 인기 선택지이다.

어휘   战略 zhànlüè 몡 전략   文献 wénxiàn 몡 문헌   发布 fābù 통 발표하다   编撰 biānzhuàn 통 펴내다, 편찬하다   年度 niándù 몡 연간
围绕 wéirào 통 ~를 중심으로 하다   格局 géjú 몡 구도, 짜임새   专题 zhuāntí 몡 특집, 전문적인 테마   前瞻 qiánzhān 통 예측하다
微度假 wēidùjià 웨이두지아[중국에서 유행하는 단거리 주변 여행]   模式 móshì 몡 패턴, 모델   周边 zhōubiān 몡 주변   车程 chēchéng 몡 차의 주행 거리
为期 wéiqī 통 (~을) 기한으로 하다   就近 jiùjìn 뿐 가까운 곳에   复苏 fùsū 통 회복하다   闲暇 xiánxiá 몡 여가   游憩 yóuqì 통 놀며 휴식하다
高品质 gāopǐnzhì 고품격   沉浸 chénjìn 통 몰입하다   驱动力 qūdònglì 원동력   民宿 mínsù 몡 펜션   热门 rèmén 몡 인기 있는 것

---

1   《旅游绿皮书》围绕"旅游新发展格局"这一主题，对中国旅游发展进行了透视和前瞻。（ ）

<관광 그린 북>은 '여행의 새로운 발전 구도'라는 주제를 중심으로 하여 중국 관광 발전에 대해 투시하고 예측했다. （✓）

해설   음성에서 《旅游绿皮书：中国旅游发展分析与预测》……全书围绕"旅游新发展格局"这一主题……对中国旅游发展进行了透视和前瞻性分析라고 했고, 문제에서는 <관광 그린 북>이 '여행의 새로운 발전 구도'라는 주제를 중심으로 하여 중국 관광 발전에 대해 투시하고 예측했다고 했으므로 일치로 판단한다.

어휘   围绕 wéirào 통 ~를 중심으로 하다   格局 géjú 몡 구도, 짜임새   前瞻 qiánzhān 통 예측하다

2 微度假是指车程在2-3小时，为期5-7天的一种频次较高、满足感较强的长途旅游模式。（ ）

웨이두지아는 차로 2~3시간 거리, 5~7일간의 빈도수가 비교적 많고 만족감이 비교적 높은 장거리 여행 패턴을 가리킨다. (X)

해설 음성에서 **微度假是指以一线、二线城市及其周边为主，车程在2-3小时，为期2-3天的一种频次较高、满足感较强的新兴旅游模式。**이라고 했는데, 문제에서는 웨이두지아가 차로 2~3시간 거리, 5~7일간의 장거리 여행 패턴을 가리킨다고 했으므로 불일치로 판단한다.

어휘 **微度假** wēidùjià 웨이두지아[중국에서 유행하는 단거리 주변 여행] **车程** chēchéng [명] 차의 주행 거리 **为期** wéiqī [동] (~을) 기한으로 하다 **模式** móshì [명] 패턴, 모델

3 微度假"短小而精"的特点中，"小"指的是出游距离短、出游时间少。（ ）

웨이두지아의 '짧고 작지만 훌륭하다' 라는 특징 중에서 '작다'는 여행 거리가 짧고, 여행 시간이 적은 것을 가리킨다. (X)

해설 음성에서 **"短小而精"的微度假……"小"指的是目的地游憩半径缩小。**라고 했는데, 문제에서는 웨이두지아의 '짧고 작지만 훌륭하다' 라는 특징 중에서 '작다'는 여행 거리가 짧고 여행 시간이 적은 것을 가리킨다고 했으므로 불일치로 판단한다.

어휘 **微度假** wēidùjià 웨이두지아[중국에서 유행하는 단거리 주변 여행]

4 "80后"、"90后"微度假游客所追求的是基于兴趣的深度体验和沉浸式玩法。（ ）

'80년대생'과 '90년대생' 웨이두지아 관광객이 추구하는 것은 흥미에 기반한 깊이 있는 체험과 몰입형 놀이 방법이다. (✓)

해설 음성에서 **目前"80后"、"90后"是微度假主力人群……基于兴趣的深度体验、沉浸式玩法是他们对一次完美的微度假的最大期待**라고 했고, 문제에서는 '80년대생'과 '90년대생' 웨이두지아 관광객이 추구하는 것은 흥미에 기반한 깊이 있는 체험과 몰입형 놀이 방법이라고 했으므로 일치로 판단한다.

어휘 **沉浸** chénjìn [동] 몰입하다

5 这则新闻主要介绍了微度假与"宅酒店"度假模式相结合的社会背景以及微度假的特点。（ ）

이 뉴스에서 주로 소개하는 것은 웨이두지아와 '호캉스' 휴가 패턴이 결합한 사회적 배경 및 웨이두지아의 특징이다. (X)

해설 문제에서 이 뉴스가 주로 소개하는 것은 웨이두지아와 '호캉스' 휴가 패턴이 결합한 사회적 배경 및 웨이두지아의 특징이라고 했는데, 음성에서는 **"宅酒店"度假模式**과 관련한 내용이 언급되지 않았고, 전반적으로 웨이두지아에 대해 소개하고 있으므로 불일치로 판단한다.

어휘 **宅酒店** zhái jiǔdiàn 호캉스[호텔에서 즐기는 바캉스를 가리킴]

6 - 10

北京冬奥会吉祥物"冰墩墩"成为网红，持续引爆购买热潮，甚至形成了"一墩难求"的情况。据媒体报道，6"冰墩墩"是由广州美术学院视觉艺术设计学院的曹雪带领团队设计的。2018年8月8日，北京冬奥组委向全球征集了北京冬奥会吉祥物形象，"冰墩墩"从来自全球38个国家的5816个竞选作品中脱颖而出，最终被选为北京冬奥会吉祥物。

"冰墩墩"是一只裹着冰晶外壳的大熊猫，造型充满了现代感和科技感，其外壳的创意原型是中国北方的传统美食——冰糖葫芦。其头盔的灵感源自于北京冬奥会的国家速滑馆——"冰丝带"，彩色光环的颜色则着眼于"五环"的五种颜色。7"冰墩墩"身上富有太空感的服装，代表着人类未来探索的方向，体现了追求卓越、引领时代的姿态，以及面向未来的无限可能。

"冰墩墩"这个名字也被赋予了特别的含义。"冰"象征着纯洁、坚强，是冬奥会的特点；"墩墩"寓意着敦厚、敦实、可爱，契合了熊猫的整体形象，象征着冬奥会运动员强壮有力的身体、坚韧不拔的意志和鼓舞人心的精神。曹雪教授指出，"冰墩墩"的形象之所以能如此受欢迎，主要是因为它寓意着三种"温暖"：一是8以冰糖葫芦的糖衣为原型的冰晶外壳象征着甜甜的温暖；二是彩色的冰丝带在视觉上打破了熊猫所呈现的单一黑白效果，带来了色彩上的温暖；

베이징 동계 올림픽 마스코트인 '빙둔둔'이 인플루언서로 떠오르며 구매붐을 지속적으로 일으키면서, 심지어는 '빙둔둔 하나 구하기 힘든' 상황이 됐다. 매체 보도에 따르면 6'빙둔둔'은 광저우미술대학 시각예술디자인학부의 차오쉐가 팀을 이끌어 디자인한 것이다. 2018년 8월 8일 베이징 동계 올림픽 조직 위원회는 베이징 올림픽 마스코트를 전 세계에 공모했고, '빙둔둔'이 전 세계 38개국 5,816개 경선작 중 두각을 드러내 최종적으로 베이징 올림픽 마스코트로 선정됐다.

'빙둔둔'은 얼음 껍데기를 두른 판다로, 형상은 현대적인 감각과 과학 기술적인 감각이 충만하고, 껍데기의 창의적 모티브는 중국 북방의 전통음식인 빙탕후루이다. 헬멧은 베이징 동계 올림픽의 국가 스피드 스케이팅관 '아이스 리본'에서 영감을 얻었고, 컬러 고리의 색상은 '오륜'의 다섯 가지 색에서 착안했다. 7'빙둔둔'이 입은 우주적인 느낌이 넘치는 의상은 인류가 앞으로 모색하는 방향을 의미하고, 뛰어남을 추구하며 시대를 선도하는 자세 및 미래를 향한 무한한 가능성을 나타낸다.

'빙둔둔'이라는 이름도 특별한 의미가 부여됐다. '빙'은 순결함과 강인함을 상징하며, 이는 동계 올림픽의 특징이다. '둔둔'은 돈독함, 다부짐과 사랑스러움을 의미하며 판다의 전체적인 이미지와 맞아떨어지는데, 동계 올림픽 선수들의 굳세고 힘찬 신체, 강인한 의지와 고무적인 정신을 상징하고 있다. 차오쉐 교수는 '빙둔둔'의 형상이 이렇게나 인기 있을 수 있었던 것은 주로 이것이 세 가지 '따뜻함'을 의미하고 있기 때문이라고 밝혔다. 첫째, 8빙탕후루의 설탕 껍질을 모티브로 한 얼음 껍데기는 달콤한 따뜻함을 상징한다. 둘째, 색색의 아이스

三是"冰墩墩"手掌心里的爱心寓意着和平和希望，是中国向世界传递的充满和平和希望的温暖。

与"冰墩墩"一起诞生的还有另一个吉祥物"雪容融"，"雪容融"是以灯笼为原型进行设计的。灯笼代表着收获、喜悦、温暖和光明。"雪容融"的头顶有一个如意造型，如意象征着吉祥幸福，而头上的和平鸽图案代表着和平和友谊。

⁹冬奥会吉祥物的热度持续升温，为了买到限量供应的"冰墩墩"，不少市民从清晨6点就开始在奥运官方特许商品零售店外面排队，一些海外媒体人士也毫不犹豫地加入到长队中。国际奥委会奥运会部执行主任克里斯托夫·杜比也曾表示，活泼且充满正能量的"冰墩墩"将是全世界所有孩子都想拥有的收藏品。

这些吉祥物不仅是中国文化符号和冰雪运动的完美融合，体现着奥林匹克格言中"更团结"的涵义，而且是超越国家和民族，跨越高山和重洋交流合作、分享快乐、共享盛世的载体。通过这些吉祥物，中国极力向世界传递着"一起向未来"的人类梦想。

리본은 판다가 나타내는 단일한 흑백 효과를 시각적으로 깨뜨려 색채적으로 따뜻함을 준다. 셋째, '빙둔둔' 손바닥의 하트는 평화와 희망을 의미하며, 중국이 전 세계에 전하는 평화와 희망이 충만한 따뜻함이다.

'빙둔둔'과 함께 탄생한 또 다른 마스코트로는 '쉐룽룽'이 있는데, '쉐룽룽'은 초롱을 모델로 디자인 됐다. 초롱은 수확, 기쁨, 따뜻함과 광명을 의미한다. '쉐룽룽'의 정수리에는 여의(如意) 형상이 있는데, 여의는 길함과 행복을 상징한다. 그리고 머리에 있는 평화의 비둘기 그림은 평화와 우정을 상징한다.

⁹동계 올림픽 마스코트의 열기가 지속적으로 달아오르자 한정 수량으로 공급되는 '빙둔둔'을 사기 위해 많은 사람들이 새벽 6시부터 올림픽 공식 라이선스 굿즈 매장 밖에 줄을 섰는데, 일부 해외 언론인들도 주저 없이 긴 대열에 합류했다. IOC 올림픽 수석국장인 크리스토프 두비 또한 발랄하고 긍정적인 에너지가 넘치는 '빙둔둔'은 전 세계모든 아이들이 갖고 싶어 하는 소장품이 될 것이라고 말했다.

이 마스코트들은 중국의 문화적 상징이자 동계 스포츠의 완벽한 융합이며, 올림픽 격언인 '더 단결하라'의 의미를 드러낼 뿐만 아니라, 국가와 민족을 초월하여 높은 산과 먼바다를 뛰어넘어 교류하며 협력하고, 즐거움을 함께 나누고 성세를 함께 누리는 매개체이기도 하다. 이 마스코트들을 통해 중국은 '함께 미래로'라는 인류의 꿈을 있는 힘을 다해 세계에 전하고 있다.

어휘
冬奥会 Dōng'àohuì [고유] 동계 올림픽　吉祥物 jíxiángwù [명] 마스코트　网红 wǎnghóng [명] 인플루언서, 왕홍　引爆 yǐnbào [동] 일으키다, 야기하다
热潮 rècháo [명] 붐, 열기　带领 dàilǐng [동] 이끌다　征集 zhēngjí [동] 공모하다　竞选 jìngxuǎn 경선하다　脱颖而出 tuōyǐng'érchū [동] 두각을 드러내다
裹 guǒ 두르다, 싸매다　造型 zàoxíng [명] 형상, 모습　头盔 tóukuī [명] 헬멧　灵感 línggǎn [명] 모티브, 영감　太空 tàikōng [명] 우주
探索 tànsuǒ [동] 모색하다, 찾다　卓越 zhuóyuè [형] 뛰어나다, 탁월하다　姿态 zītài [명] 자세, 자태　赋予 fùyǔ [동] 부여하다　含义 hányì [명] 의미, 내포된 뜻
纯洁 chúnjié [형] 순결하다　寓意 yùyì [동] 의미하다　敦厚 dūnhòu [형] 돈독하다, 인정이 두텁다　敦实 dūnshi [형] 다부지다, 야무지다　契合 qìhé [동] 맞아 떨어지다
坚韧不拔 jiānrènbùbá [성] (의지가) 강인하다　意志 yìzhì [명] 의지　呈现 chéngxiàn [동] 나타내다, 드러나다　传递 chuándì [동] 전달하다
诞生 dànshēng [동] 탄생하다　灯笼 dēnglong [명] 초롱　喜悦 xǐyuè [형] 기쁘다　图案 tú'àn [명] 그림, 도안　供应 gōngyìng [동] 공급하다　清晨 qīngchén [명] 새벽
官方 guānfāng [명] 공식　媒体人士 méitǐ rénshì [명] 언론인　能量 néngliàng [명] 에너지　拥有 yōngyǒu [동] 가지다　收藏 shōucáng [동] 소장하다
文化符号 wénhuà fúhào 문화적 상징　团结 tuánjié [동] 단결하다　超越 chāoyuè [동] 초월하다, 넘다　跨越 kuàyuè [동] 뛰어넘다
共享 gòngxiǎng [동] 함께 나누다　载体 zàitǐ [명] 매개체

---

6 北京冬奥会吉祥物的设计是由中央美术学院的一个团队进行的。（　）
베이징 동계 올림픽 마스코트의 디자인은 중앙미술대학의 한 팀이 진행했다. （✗）

해설　음성에서 "冰墩墩"是由广州美术学院视觉艺术设计学院的曹雪带领团队设计的라고 했는데, 문제에서는 베이징 동계 올림픽 마스코트의 디자인은 중앙미술대학의 한 팀이 진행했다고 했으므로 불일치로 판단한다.

어휘　吉祥物 jíxiángwù [명] 마스코트

---

7 "冰墩墩"富有太空感的服装体现了追求卓越、引领时代的姿态。（　）
'빙둔둔'이 입은 우주적인 느낌이 넘치는 의상은 뛰어남을 추구하며 시대를 선도하는 자세를 나타낸다. （✓）

해설　음성에서 "冰墩墩"身上富有太空感的服装，代表着人类未来探索的方向，体现了追求卓越、引领时代的姿态，以及面向未来的无限可能。이라고 했고, 문제에서는 '빙둔둔'이 입은 우주적인 느낌이 넘치는 의상은 뛰어남을 추구하며 시대를 선도하는 자세를 나타낸다고 했으므로 일치로 판단한다.

어휘　太空 tàikōng [명] 우주　卓越 zhuóyuè [형] 뛰어나다, 탁월하다　姿态 zītài [명] 자세, 자태

---

8 "冰墩墩"的冰晶外壳寓意着和平和希望，是中国向世界传递的充满和平和希望的温暖。（　）
'빙둔둔'의 얼음 껍데기는 평화와 희망을 의미하며, 중국이 전세계에 전하는 평화와 희망이 충만한 따뜻함이다. （✗）

해설　음성에서 以冰糖葫芦的糖衣为原型的冰晶外壳象征着甜甜的温暖이라고 했는데, 문제에서는 '빙둔둔'의 얼음 껍데기가 평화와 희망을 의미하며 중국이 전세계에 전하는 평화와 희망이 충만한 따뜻함이라고 했으므로 불일치로 판단한다.

어휘　外壳 wàiké [명] 껍데기　寓意 yùyì [동] 의미하다

11 - 16

女：您好，王老师，首先恭喜您荣获了这次法兰西艺术与文
学骑士勋章。我知道您之前也和法国的一些导演、编剧
合作过很多作品，其中包括2019年和大卫·莱斯高的《庞
氏骗局》，还有2020年的《雷雨》、《雷雨·后》。11与法
国的编剧和导演合作有什么不一样的感觉吗？

男：11整体来说是没有的。每一个创作者都有自己的个性，都
有和别人不一样的艺术表现形式，无论是在作品上还是
在性格上，都会有所不同。11但我们对艺术的理解在一个
维度上，我们的沟通没有任何的障碍。互相表达不同的
意见，不代表我们是不同的，对作品的价值方向的理解
上是否有差异才是最重要的。而在作品的价值方向上我
们都是一样的。

女：作为戏剧的制作人和监制，13您认为戏剧在促进中法文化
交流乃至中外文化交流的过程中，能发挥的作用大吗？

男：我觉得作用非常大。因为戏剧通过舞台上的各种手段，
呈现出动人的舞台形式，这些都是所有进入剧场的人都
能感受到的。12面对具有不同文化背景的艺术时，我们可
能会存在**语言障碍**，但是仍然能够感受到艺术的美。这
种美是通过艺术自身的"语言"表达出来的，也就是在
舞台上的展现方式。13这种方式无论是法国人还是中国
人，都能通过艺术语言建立彼此的共鸣，而这种共鸣就
是有效沟通。就如我能理解《悲惨世界》，他们也能理解
《雷雨》，因为这些作品都是经典。

女：您认为好的戏剧应该是什么样的呢？

男：我个人认为14好的戏剧作品有几个标准：首先，它14有
着哲学家也认可的**哲学高度**。但是与此同时，15这些
价值观都要通过戏剧工作者的戏剧实践，以非常浅显
的、观众能接受的表达方式表现出来，这才是好的作
品。既有价值观，又有呈现价值观的手段和能力，就
能让观众爱看。观众不爱看，光有价值观的戏剧是
不好的。观众爱看，却没有价值观的也不是好戏剧。
16戏剧必然要有两个评价标准，那就是广泛的观众接受度
和高度的精神价值。

女：您在演员的选择上有没有什么硬性标准呢？

여: 안녕하세요 왕 선생님, 먼저 이번 프랑스 예술문학 기사 훈장 수상
을 축하드립니다. 이전에도 선생님께서는 프랑스의 일부 감독, 작
가들과 많은 작품을 협업한 적이 있으시고, 그중에는 2019년 다
비드 레스코의 <폰지 사기>를 비롯해 2020년 <뇌우>, <뇌우2>
가 포함되어 있다는 것을 알고 있습니다. 11프랑스 작가, 감독들과
작업했을 때 어떤 다른 느낌이 있으셨나요?

남: 11전체적으로 말하면 없습니다. 모든 창작자는 각자의 개성이 있
고, 남들과 다른 예술 표현 스타일을 가지고 있어 작품적으로나
성격적으로나 모두 조금씩 다릅니다. 11그러나 예술에 대한 이해
는 하나의 차원에 있고, 우리의 소통에는 어떠한 장벽도 없습니
다. 서로 다른 의견을 표현하는 것이 우리가 다르다는 것을 나
타내지는 않으며, 작품의 가치 방향에 대한 이해에 차이가 있는
지가 가장 중요한 것입니다. 하지만 작품의 가치 방향에서 우리
는 모두 같습니다.

여: 연극의 제작자 겸 프로듀서로서 13연극이 중국과 프랑스의 문화
교류, 나아가 중국과 외국의 문화 교류를 촉진하는 과정에서 큰 역
할을 할 수 있다고 생각하시나요?

남: 저는 역할이 매우 크다고 생각합니다. 연극은 무대 위의 다양한 수
단을 통해 감동적인 무대 형식을 보여주는데, 이러한 것들은 극장
에 들어온 모든 사람이 느낄 수 있기 때문입니다. 12다른 문화적
배경을 가진 예술을 마주할 때, 우리는 **언어 장벽**이 존재할 수 있
지만 여전히 예술적 아름다움을 느낄 수 있습니다. 이런 아름다움
은 예술 자신의 '언어'를 통해 표현되는 것, 즉 무대 위에서의 연
출 방식입니다. 13이런 방식은 프랑스인이든 중국인이든 예술 언
어를 통해 서로 공감대를 형성할 수 있고, 이러한 공감대가 바로
효과적인 소통입니다. 제가 <레미제라블>을 이해할 수 있듯이 그
들도 <뇌우>를 이해할 수 있는데, 이 작품들은 모두 권위 있는 작
품이기 때문입니다.

여: 좋은 연극은 어떤 것이어야 한다고 생각하시나요?

남: 개인적으로 14좋은 연극은 몇 가지 기준이 있다고 생각합니다. 우
선 좋은 연극은 14철학자도 인정할 정도의 **철학적 깊이**가 있습니
다. 하지만 동시에 15이러한 가치관은 연극인들의 연극적 실천을
통해, 매우 간단명료하고 관객이 납득할 수 있는 표현 방법으로 표
현해야 하는데, 이것이 비로소 좋은 작품입니다. 가치관이 있으면
서 가치관을 드러내는 수단과 능력이 있다면 관객이 좋아하게 할
수 있습니다. 관객이 좋아하지 않고 가치관만 있는 연극은 좋지 않
습니다. 관객이 좋아하지만 가치관이 없는 연극도 좋은 연극이 아
닙니다. 16연극은 두 가지 평가 기준이 반드시 있어야 하는데, 그것
은 바로 넓은 관객 수용성과 고도의 정신적 가치입니다.

여: 당신은 배우를 선택하는 데 어떤 고정된 기준이 있나요?

男：[16]我认为科班出身的演员是能演、敢演，但能不能在他的身上发掘出更大的舞台价值是我们的标准。 女：最后，您对未来中国戏剧的发展有怎样的期待？ 男：我希望戏剧工作者能够热爱自己的工作，把自己的职业当作是一种温暖人、关怀人的途径，若按照这个方向去努力前行，中国的艺术作品和文化作品必然会成为影响世界的重要力量。	남: [16]저는 정규 교습을 받은 배우가 연기를 잘하고 대담하게 연기할 줄 안다고 생각합니다. 그러나 그에게서 더 큰 무대 가치를 발굴할 수 있는지 여부가 저희의 기준입니다. 여: 마지막으로, 앞으로의 중국 연극 발전에 어떤 기대를 하고 계시나요? 남: 저는 연극인들이 자신의 직업을 사랑하고, 자신의 직업을 사람을 따뜻하게 하고 배려하는 수단으로 여기길 바랍니다. 만약 이 방향으로 노력하여 나간다면 중국의 예술 작품과 문화 작품은 필연적으로 세계에 영향을 끼치는 중요한 힘이 될 것입니다.

어휘 **荣获** rónghuò [동] (영예롭게) 수상하다 **法兰西** Fǎlánxī [고유] 프랑스, 불란서 **骑士** qíshì [명] 기사 **勋章** xūnzhāng [명] 훈장 **编剧** biānjù [명] 작가, 극작가 **创作者** chuàngzuòzhě [명] 창작자 **维度** wéidù [명] 차원 **障碍** zhàng'ài [명] 장벽, 장애물 **监制** jiānzhì [명] 프로듀서 **乃至** nǎizhì [접] 나아가 **呈现** chéngxiàn [동] 보여주다, 드러내다 **共鸣** gòngmíng [동] 공감하다 **认可** rènkě [동] 인정하다 **浅显** qiǎnxiǎn [형] 간단명료하다 **硬性标准** yìngxìng biāozhǔn [명] 고정된 기준 **科班出身** kēbānchūshēn [성] 정규 교습을 받은 적이 있다 **发掘** fājué [동] 발굴하다 **关怀** guānhuái [동] 배려하다, 관심을 가지다 **途径** tújìng [명] 수단

11

问：男的对与法国编剧和导演合作的经历有什么感觉？	질문: 남자는 프랑스 작가 및 감독과 협업한 경험에 대해 어떤 느낌이 있었는가?
A 语言上的障碍影响了合作 **B 双方在艺术的理解上没有差异** C 双方在戏剧的分析上存在分歧 D 艺术表现形式的不同导致意见不一	A 언어의 장벽이 협업에 영향을 주었다 **B 양측이 예술에 대한 이해에 차이가 없다고 생각한다** C 양측이 연극에 대한 분석에 차이가 있다고 생각한다 D 예술 표현 방식의 다름이 의견 불일치를 초래했다

해설 음성에서 언급된 **与法国的编剧和导演合作有什么不一样的感觉吗？**와 **整体来说是没有的。……但我们对艺术的理解在一个维度上，我们的沟通没有任何的障碍。**를 듣고 선택지 B **双方在艺术的理解上没有差异**를 정답의 후보로 고른다. 질문이 남자는 프랑스 작가 및 감독과 협업한 경험에 대해 어떤 느낌이 있었는지 물었으므로 선택지 B가 정답이다.

어휘 **编剧** biānjù [명] 작가, 극작가 **障碍** zhàng'ài [명] 장벽, 장애물 **分歧** fēnqí [명] (사상·의견·기록 등의) 차이, 논란

12

面对具有不同文化背景的艺术时，我们可能会存在语言障碍，但是仍然能够感受到艺术的美。	다른 문화적 배경을 가진 예술을 마주할 때, 우리는 언어 장벽이 존재할 수 있지만 여전히 예술적 아름다움을 느낄 수 있다.

해설 음성에서 언급된 **面对具有不同文化背景的艺术时，我们可能会存在语言障碍，但是仍然能够感受到艺术的美。**를 듣고 **语言障碍**를 정답으로 작성한다.

어휘 **障碍** zhàng'ài [명] 장벽, 장애물

13

问：男的认为戏剧在中外文化交流中能起到怎样的作用？	질문: 남자는 연극이 중국과 외국의 문화 교류에서 어떤 역할을 할 수 있다고 생각하는가?
A 可以引起不同国家观众的共鸣 B 能使中国文化在外国发扬光大 C 能让外国人更加关注中国电视剧 D 可使中外文化达到互相融合的效果	**A 서로 다른 나라의 관객들의 공감을 불러일으킬 수 있다** B 중국 문화가 외국에서 더욱 발전하게 할 수 있다 C 외국인들이 중국 드라마에 더 관심을 가질 수 있게 한다 D 중국과 외국의 문화가 서로 융합하는 효과에 도달하게 할 수 있다

해설 음성에서 언급된 **您认为戏剧在促进中法文化交流乃至中外文化交流的过程中，能发挥的作用大吗？**와 **这种方式无论是法国人还是中国人，都能通过艺术语言建立彼此的共鸣**을 듣고 선택지 A **可以引起不同国家观众的共鸣**을 정답의 후보로 고른다. 질문이 남자는 연극이 중국과 외국의 문화 교류에서 어떤 역할을 할 수 있다고 생각하는지 물었으므로 선택지 A가 정답이다.

어휘 **共鸣** gòngmíng [동] 공감하다 **发扬光大** fāyángguāngdà [성] (원래보다) 더욱 발전시키다 **关注** guānzhù [동] 관심을 가지다

14

男的认为，好的戏剧作品有着哲学家也认可的哲学高度。	남자는 좋은 연극은 철학자도 인정할 정도의 철학적 깊이가 있다고 생각한다.

해설 음성에서 언급된 **好的戏剧作品……有着哲学家也认可的哲学高度**를 듣고 **哲学高度**를 정답으로 작성한다.

어휘 **哲学家** zhéxuéjiā [명] 철학자 **认可** rènkě [동] 인정하다

15 问：好的戏剧作品需要以怎样的方式来表现？

질문: 좋은 연극 작품은 어떠한 방식으로 표현해야 하는가?

A 最扣人心弦的
B 华丽且另类的
C 让人眼前一亮的
D 浅显且容易被人接受的

A 가장 심금을 울리는
B 화려하고 색다른
C 눈이 번쩍 뜨이게 하는
D 간단명료하고 쉽게 받아들여지는

해설 음성에서 언급된 **这些价值观都要通过戏剧工作者的戏剧实践，以非常浅显的、观众能接受的表达方式表现出来，这才是好的作品**을 듣고 선택지 D 浅显且容易被人接受的를 정답의 후보로 고른다. 질문이 좋은 연극 작품은 어떠한 방식으로 표현해야 하는지 물었으므로 선택지 D가 정답이다.

어휘 **扣人心弦** kòurénxīnxián[성] 심금을 울리다 **华丽** huálì[형] 화려하다 **浅显** qiǎnxiǎn[형] 간단명료하다

16 问：下列哪项不属于男的的观点？

질문: 다음 중 남자의 관점에 속하지 않는 것은?

A 科班出身的戏剧演员能演且敢演
B 观众爱看的戏剧最终都可以成为好戏剧
C 高度的精神价值是戏剧的评价标准之一
D 能否发掘更大的舞台价值是选拔演员的标准

A 정규 교습을 받은 연극 배우는 연기를 잘하고 대담하게 연기할 줄 안다
B 관객이 좋아하는 연극은 모두 최종적으로 좋은 연극이 될 수 있다
C 높은 정신적 가치는 연극의 평가 기준 중 하나이다
D 더 큰 무대 가치를 발굴할 수 있느냐는 배우 선발의 기준이다

해설 음성에서 언급된 **戏剧必然要有两个评价标准，那就是广泛的观众接受度和高度的精神价值。**과 **我认为科班出身的演员是能演、敢演，但能不能在他的身上发掘出更大的舞台价值是我们的标准。**을 듣고 선택지 A 科班出身的戏剧演员能演且敢演, C 高度的精神价值是戏剧的评价标准之一, D 能否发掘更大的舞台价值是选拔演员的标准을 정답의 후보로 고른다. 질문이 남자의 관점에 속하지 않는 것을 물었으므로 언급되지 않은 선택지 B 观众爱看的戏剧最终都可以成为好戏剧가 정답이다.

어휘 **科班出身** kēbānchūshēn[성] 정규 교습을 받은 적이 있다 **发掘** fājué[동] 발굴하다

17 - 22

女：我了解到贵司目前拥有亚洲最大的橙子种植基地，而且其中“脐橙”最为有名。我方此次慕名前来，就是为了采购一批品质优良的脐橙。您能为我们介绍一下贵司的脐橙吗？

男：好的，没问题。我们的脐橙生产基地有无台风、无冻害、无检疫性病虫害三大优势。我们生产的脐橙果皮易剥、肉质细嫩、酸甜适中。特别是我们的“[17]奉节脐橙”，自出产以来，先后获得了多个奖项，并[17]在第二届中国国际农业博览会获得了金奖，其品质受到了国内外的好评。

女：听起来很不错。我还想知道贵司的脐橙是否获得了质量认证。

男：这完全不用担心。我司生产的脐橙已经取得了进出口检验检疫局的认证，并且还获得了农业部颁发的无公害农业产品证书。我们还根据质量技术监督局制定的关于脐橙的购销等级规定，[18]将脐橙分为特级、一级、二级共三个等级，各等级的脐橙在果形、果面、果肉等方面均有不同的规定。

女：贵司提供的特级奉节脐橙很符合我们的采购要求，[19]请问报价如何？

男：[19]我方特级奉节脐橙报价是每公斤10元。

女：根据我们长期的采购价，奉节脐橙价格最高也就是每公斤7元，贵司的报价实在太高了。

여: 귀사는 현재 아시아 최대의 오렌지 재배 기지를 가지고 있으며, 그중 '네이블 오렌지'가 가장 유명한 것으로 알고 있습니다. 저희가 이번에 명성을 듣고 온 것은 바로 품질이 우수한 네이블 오렌지를 구입하기 위해서입니다. 귀사의 네이블 오렌지를 소개해 주실 수 있나요?

남: 네, 알겠습니다. 저희 네이블 오렌지 생산 기지는 태풍의 영향을 받지 않고, 냉해가 없고, 검역성 병충해가 없다는 세 가지 장점이 있습니다. 저희가 생산하는 네이블 오렌지는 껍질이 잘 벗겨지고 과육이 부드러우며 새콤달콤한 정도가 적당합니다. 특히 저희 '[17]펑제 네이블 오렌지'는 생산 이후 잇달아 여러 개의 상을 받았으며 [17]제2회 중국국제농업엑스포에서 금상을 수상했고, 품질은 국내외에서 호평을 받았습니다.

여: 훌륭하네요. 귀사의 네이블 오렌지가 품질 인증을 받았는지 궁금합니다.

남: 전혀 걱정하실 필요 없습니다. 저희가 생산한 네이블 오렌지는 이미 수출입 검사 검역국의 인증을 받았으며, 또한 농업부에서 발급하는 무공해 농업 제품 증서도 획득했습니다. 게다가 저희는 품질 기술 감독국이 제정한 네이블 오렌지의 구매 및 판매 등급 규정에 따라 [18]네이블 오렌지를 특급, 1등급, 2등급 총 3개 등급으로 구분했고, 각 등급의 네이블 오렌지는 모양, 과일 표면, 과육 등의 측면마다 모두 다른 규정이 있습니다.

여: 귀사가 제공하는 특급 펑제 네이블 오렌지는 저희의 구매 요구 사항에 매우 부합하는데, [19]제시 가격은 어떻습니까?

남: [19]저희의 특급 펑제 네이블 오렌지 가격은 킬로그램당 10위안입니다.

여: 저희의 장기적인 구매 가격에 따르면 펑제 네이블 오렌지의 가격은 최고 킬로그램당 7위안에 불과한데, 귀사의 제시 가격은 정말 너무 높습니다.

男：我们是全国最大的脐橙生产基地，销售范围覆盖了国内大部分地区，尤其是 [20]我们的奉节脐橙，品质明显高于市场上其他脐橙品种。我们一直在实行规范的商业化清洗、分选和包装处理，并严格控制施用的化肥，为的就是提高脐橙的品质。

女：我们也知道贵司脐橙品质为上等，但这个价格是真的有点高。现在正值秋冬季节，贵司的脐橙应该已经成熟了，若不快速寻找销售渠道，恐怕你们将承担更大的风险。请相信我司庞大的销售网络和成熟的营销技能一定能给予贵司帮助。

男：考虑到我们双方的需求，我方可以把价格降到每公斤9元。如果不能以此价格达成协议，那么很遗憾，协商可能无法进行下去了。

女：好吧，我方可以接受这个价格。但是 [21]为了确保降低风险，我们要求所有产品投保淡水雨淋险，且保险费用由贵司承担。

男：[21]没问题。我们会在运输货物前向保险公司办理投保手续，并且会采用小型纸箱包装，内置泡沫减震托盘。然后 [22]在运输方面，采用海上班轮运输方式，一次性到达，您意下如何？

女：[22]嗯，可以。那么我们决定购买共计3吨的脐橙，其中包括特级奉节脐橙2吨，一级奉节脐橙1吨。劳烦贵司在包装和运输货物时务必小心谨慎。

男：这您可以放心，我们公司在水果的包装运输上绝不马虎，我们会在保证质量的前提下准时为贵司发货的。

남：저희는 전국 최대의 네이블 오렌지 생산 기지로서, 판매 범위가 국내 대부분 지역을 커버하고 있으며, 특히 [20]저희 펑제 네이블 오렌지는 시중의 다른 네이블 오렌지 품종보다 품질이 월등히 높습니다. 저희는 규범에 맞는 상업화 세척, 선별 및 포장 처리를 진행하고, 사용하는 화학 비료를 엄격히 규제하고 있는데, 모두 네이블 오렌지의 품질을 높이기 위함입니다.

여：귀사의 네이블 오렌지의 품질이 상 등급이라는 것은 저희도 알고 있지만, 이 가격은 정말 비싸네요. 마침 가을 겨울이 다가오고 있고, 귀사의 네이블 오렌지가 이미 익었을 텐데, 만약 빠르게 판매 경로를 찾지 못한다면 귀사는 더 큰 리스크를 부담하게 될 수도 있습니다. 저희의 방대한 판매 네트워크와 성숙한 마케팅 스킬은 분명 귀사에 도움을 줄 수 있을 것이라 믿습니다.

남：저희 쌍방의 수요를 고려해 볼 때, 저희는 가격을 킬로그램당 9위안으로 낮출 수 있습니다. 만약 이 가격에 합의를 보지 못하면 아쉽지만 협상은 진행되기 힘들 것 같습니다.

여：좋습니다. 저희는 이 가격을 수락하겠습니다. 하지만 [21]리스크를 확실히 줄이기 위해 모든 제품을 담수손 보험에 가입하고 보험 비용은 귀사가 부담할 것을 요청합니다.

남：[21]문제없습니다. 저희는 화물을 운송하기 전에 보험 회사에 보험 가입 수속을 할 것이며, 또한 소형 종이 상자 포장에 스티로폼 충격 흡수 트레이를 내장할 것입니다. 그리고 [22]운송 방면에 있어서 해상 정기선으로 운송 방식으로 한 번에 도착하는 것은 어떻습니까?

여：[22]네, 좋습니다. 그럼 저희는 도합 3톤의 네이블 오렌지를 구매하는 것으로 결정하겠습니다. 그중 특급 펑제 네이블 오렌지는 2톤, 1등급 펑제 네이블 오렌지는 1톤이 포함됩니다. 번거로우시겠지만 화물을 포장하고 운송할 때 반드시 조심하고 신중할 것을 부탁드립니다.

남：안심하셔도 됩니다. 저희 회사는 과일 포장과 운송에 있어서 절대 소홀하지 않습니다. 저희는 품질을 보증하는 전제하에 제때 귀사로 화물을 출하할 것입니다.

어휘　拥有 yōngyǒu 圖 가지다　种植 zhòngzhí 圖 재배하다　基地 jīdì 圖 기지　脐橙 qíchéng 圖 네이블 오렌지[오렌지의 한 종류]
慕名前来 mùmíng qiánlái 명성을 듣고 오다　采购 cǎigòu 圖 구입하다, 골라 사다　品质 pǐnzhì 圖 품질　台风 táifēng 圖 태풍　检疫 jiǎnyì 圖 검역하다
剥 bō 圖 벗기다　博览会 bólǎnhuì 圖 엑스포, 박람회　认证 rènzhèng 圖 인증하다　检验 jiǎnyàn 圖 검사하다　颁发 bānfā 圖 발급하다
证书 zhèngshū 圖 증서　监督 jiāndū 圖 감독하다　等级 děngjí 圖 등급　报价 bàojià 圖 가격을 제시하다　覆盖 fùgài 圖 커버하다, 점유하다
品种 pǐnzhǒng 圖 품종　实行 shíxíng 圖 진행하다, 실행하다　规范 guīfàn 圖 규범에 맞다　包装 bāozhuāng 圖 포장하다　化肥 huàféi 圖 화학 비료
渠道 qúdào 圖 경로　庞大 pángdà 圖 방대하다　给予 jǐyǔ 圖 주다, 부여하다　需求 xūqiú 圖 수요　达成协议 dáchéng xiéyì 합의를 보다
协商 xiéshāng 圖 협상하다, 협의하다　确保 quèbǎo 圖 확실히 보장하다　投保 tóubǎo 圖 보험에 가입하다
淡水雨淋险 dànshuǐ yǔlín xiǎn 담수손 보험[염분이 섞여 있지 않은 물에 의한 손해를 보상하는 보험]　泡沫 pàomò 圖 스티로폼　托盘 tuōpán 圖 트레이
共计 gòngjì 圖 도합하다, 합계하다　务必 wùbì 圖 반드시　前提 qiántí 圖 전제

17　问：下列哪项是该公司奉节脐橙获得的荣誉？

질문：다음 중 해당 회사의 펑제 네이블 오렌지가 얻은 영예는 어느 것인가?

A 亚洲特级脐橙奖	A 아시아 특급 네이블 오렌지상
B 农业部无公害产品银奖	B 농업부 무공해 상품 은상
C 国际进出口水果质量奖	C 국제 수출입 과일 품질상
D 中国国际农业博览会金奖	**D 중국국제농업엑스포 금상**

해설　음성에서 언급된 奉节脐橙……在第二届中国国际农业博览会获得了金奖을 듣고 선택지 D 中国国际农业博览会金奖을 정답의 후보로 고른다. 질문이 해당 회사의 펑제 네이블 오렌지가 얻은 영예가 어느 것인지 물었으므로 선택지 D가 정답이다.

어휘　脐橙 qíchéng 圖 네이블 오렌지[오렌지의 한 종류]　博览会 bólǎnhuì 圖 엑스포, 박람회

18	问：关于脐橙的等级，可以知道什么？	질문: 네이블 오렌지의 등급에 관해, 알 수 있는 것은 무엇인가?
	A 共分为四个不同的等级 B 二级脐橙的价格比较高昂 C 每个等级的脐橙颜色都不一样 **D 外形是划分脐橙等级的标准之一**	A 총 4개의 등급으로 나눠진다 B 2등급 네이블 오렌지의 가격은 비교적 비싸다 C 네이블 오렌지는 등급별로 색깔이 다르다 **D 외형은 네이블 오렌지 등급을 나누는 기준 중 하나이다**

해설 음성에서 언급된 **将脐橙分为特级、一级、二级共三个等级，各等级的脐橙在果形、果面、果肉等方面均有不同的规定**을 듣고 선택지 D **外形是划分脐橙等级的标准之一**를 정답의 후보로 고른다. 질문이 네이블 오렌지의 등급에 관해 알 수 있는 것을 물었으므로 선택지 D가 정답이다.

어휘 **等级** děngjí [명] 등급 **划分** huàfēn [동] 나누다

19	问：一公斤特级奉节脐橙的最初报价是多少钱？	질문: 특급 평제 네이블 오렌지 1kg의 최초 제시 가격은 얼마였는가?
	10元	10위안

해설 음성에서 **请问报价如何？**와 **我方特级奉节脐橙报价是每公斤10元。**이라고 했고, 질문이 특급 평제 네이블 오렌지 1kg의 최초 제시 가격은 얼마였는지 물었으므로 10元을 정답으로 입력한다.

어휘 **报价** bàojià [동] 가격을 제시하다

20	问：男的如何反驳了女的给出的报价？	질문: 남자는 여자가 제시한 가격에 어떻게 반박했는가?
	A 详细介绍了该公司脐橙的品质 B 重新讲述了脐橙种植的难点所在 C 再次说明了脐橙具有的营养价值 D 讲了脐橙的栽培历史和种植技术	**A 회사의 네이블 오렌지 품질에 대해 자세히 소개했다** B 네이블 오렌지 재배의 어려움을 거듭 이야기했다 C 네이블 오렌지가 가진 영양가를 다시 설명했다 D 네이블 오렌지의 재배 역사와 재배 기술을 이야기했다

해설 음성에서 언급된 **我们的奉节脐橙，品质明显高于市场上其他脐橙品种。我们一直在实行规范的商业化清洗、分选和包装处理，并严格控制施用的化肥，为的就是提高脐橙的品质。**을 듣고 선택지 A **详细介绍了该公司脐橙的品质**을 정답의 후보로 고른다. 질문이 남자는 여자가 제시한 가격에 어떻게 반박했는지 물었으므로 선택지 A가 정답이다.

어휘 **反驳** fǎnbó [동] 반박하다 **品质** pǐnzhì [명] 품질 **种植** zhòngzhí [동] 재배하다 **栽培** zāipéi [동] 재배하다, 배양하다

21	问：对于女的提出的保险条件，男的持什么态度？	질문: 여자가 제시한 보험 조건에 대해, 남자는 어떤 태도를 보였는가?
	A 勉强妥协 **B 爽快同意** C 委婉拒绝 D 一味反驳	A 마지못해 타협한다 **B 시원하게 동의한다** C 완곡하게 거절한다 D 자꾸만 반박한다

해설 음성에서 언급된 **为了确保降低风险，我们要求所有产品投保淡水雨淋险，且保险费用由贵司承担**과 **没问题。**를 듣고 선택지 B **爽快同意**를 정답의 후보로 고른다. 질문이 여자가 제시한 보험 조건에 대해, 남자는 어떤 태도를 보였는지 물었으므로 선택지 B가 정답이다.

어휘 **勉强** miǎnqiǎng [형] 마지못하다 **妥协** tuǒxié [동] 타협하다 **爽快** shuǎngkuai [형] 시원하다, 호쾌하다 **委婉** wěiwǎn [형] 완곡하다 **一味地** yíwèi de 자꾸만, 줄곧

22	问：他们决定采用什么运输方式来运送脐橙？	질문: 그들은 어떤 운송 방식으로 네이블 오렌지를 운송하기로 결정했는가?
	A 用火车进行运输 B 用高铁进行运输 **C 用船舶进行运输** D 用航空设备进行运输	A 기차로 운송한다 B 고속 철도로 운송한다 **C 선박으로 운송한다** D 항공 설비로 운송한다

해설 음성에서 언급된 **在运输方面，采用海上班轮运输方式，一次性到达，您意下如何？**와 **嗯，可以。**를 듣고 선택지 C **用船舶进行运输**를 정답의 후보로 고른다. 질문이 그들은 어떤 운송 방식을 선택하여 네이블 오렌지를 운송하기로 결정했는지 물었으므로 선택지 C가 정답이다.

어휘 **船舶** chuánbó [명] 선박, 배

紫砂壶是中国特有的手工制造陶土工艺品，它在明朝时期就已成为喝茶品茶的佳品，是文人雅士高品位的象征。23用紫砂壶泡茶能长时间保持茶叶的色、香、味，因此明朝作家兼画家文震亨对紫砂壶作出了极高的评价："茶壶以紫砂者为上，盖既不夺香，又无熟汤气"。

27紫砂壶的制作原料为紫砂泥，紫砂泥的原产地在江苏宜兴，因此又名"宜兴紫砂壶"。说到泥之成色，"紫砂"其实只是统称，它的主要原料为红色的朱砂泥、紫泥和米黄色的团山泥，因此朱、紫、米黄三色为紫砂壶的本色。三种泥由于矿区、矿层分布的不同，朱有浓淡，紫有深浅，黄有明暗，可谓耐人寻味、妙不可言。24紫砂壶丰富的色彩与原料配比和烧制温度息息相关。在众多紫砂壶中，紫茄泥紫砂壶色泽温润细腻，为壶中极品，适合冲泡多种茶叶。

27紫砂壶的造型是判定紫砂壶收藏价值的重要标准，甚至是重中之重，因为造型能体现出艺术大师的艺术巧思。紫砂壶的造型大致有以下几种：一是自然形体，大多模拟了自然界中有寓意的事物；二是筋纹形体，主要是将蔬菜瓜果、田园云水作为造型依据。三是几何形体，分为方器和圆器。25艺术大师们把"天圆地方"的思想巧妙地运用在紫砂壶上，给人们带来了不同的审美趣味。25方器要求平正方直、棱角分明。圆器则在紫砂壶的造型中占据着绝对的主导地位，几乎所有的紫砂壶都有圆形的踪影。对圆形壶的基本要求是"圆、稳、匀、正"，甚至要达到珠圆玉润的地步。有趣的是，方与圆二者之间并没有清晰的界限，正所谓"方非一式、圆不一相"，25很多壶器将"方"与"圆"巧妙地融合在一起，刚柔并济，兼顾实用性的同时，还体现出稳重、端庄之美。

26每个艺术大师的工艺手法都有自身特殊性，透露出不可模仿的气质神韵。他们往往别出心裁，每个人对紫砂壶的嘴、把、身、钮的比例各有侧重，26从而使壶在造型风格上具有出人意料之美、千变万化之妙。

《道德经》中写道："万物之始，大道至简，衍化至繁。"这句话用在紫砂壶上极为贴切，紫砂壶是极简的，极简是对审美极致的追求，简约而优雅，形简而意不简。紫砂壶无需华丽的渲染，更不用冗杂的刻绘，它素雅而新奇，质朴而温润，显出动人神韵。

有了艺术性和实用性的结合，紫砂壶显得更加弥足珍贵，令人回味无穷。民间有句话叫"人间珠宝何足取，宜兴紫砂最要得"。作为具有收藏价值的古董，紫砂壶在拍卖市场行情看涨，正因如此，名家大师的作品往往"一壶难求"。

자사호는 중국 특유의 수작업으로 제작된 도토 공예품으로, 명나라 시기에 이미 차를 마시고 차 맛을 즐기기 위한 고급품이 되었으며, 문인과 선비의 높은 품격의 상징이었다. 23자사호로 차를 우리면 긴 시간 동안 찻잎의 색, 향, 맛을 유지할 수 있어서, 명나라의 작가 겸 화가인 문진형은 '찻주전자는 자사호가 상급이다. 향기가 날아가지 않을 뿐만 아니라, 퀴퀴한 냄새도 나지 않는다'라며 23자사호에 높은 평가를 내렸다.

27자사호의 제작 원료는 자사니이고, 자사니의 원산지가 장쑤성 이싱이어서 '이싱 자사호'라고도 한다. 흙의 색깔에 대해서 이야기해 보자면, '자사'는 사실 통칭일 뿐이고, 그것의 주요 원료는 빨간색인 주사니, 자니와 미황색인 단산니이다. 따라서 주홍색, 자주색, 미황색 세 가지 색상이 자사호의 본래 색이다. 세 가지 흙은 광구, 광층의 분포가 달라서, 주홍색은 색깔의 짙고 옅음이 있고, 자주색은 색깔의 진하고 연함이 있고, 노란색은 밝음과 어두움이 있어서, 자세히 음미할 만한 가치가 있으며 말로 표현할 수 없을 정도로 훌륭하다고 할 수 있다. 24자사호의 풍부한 색채는 원료 배합률 및 가마에 넣어 굽는 온도와 밀접한 관련이 있다. 수많은 자사호 중에서, 자가니 자사호는 색깔과 광택이 곱고 윤이 나 주전자 중 최상품이며, 여러 종류의 찻잎을 우려내기에 적합하다.

27자사호의 모양은 자사호의 소장 가치를 판단하는 중요한 기준이며, 심지어 가장 중요한데, 모양은 예술 대가의 예술적 정교한 구상을 드러낼 수 있기 때문이다. 자사호의 모양은 대체적으로 다음과 같이 몇 가지가 있다. 첫 번째는 자연적 형태인데, 대부분 자연에서 함의가 있는 사물을 모방했다. 두 번째는 가는 선 무늬가 있는 형태인데, 주로 채소와 과일, 농촌의 구름과 물을 모양의 근거로 삼았다. 세 번째는 기하학적 형태인데, 네모난 그릇과 동그란 그릇으로 나뉜다. 25예술 대가들은 '하늘은 둥글고, 땅은 모나다'의 사상을 정교하게 자사호에 응용하여 사람들에게 다양한 심미적 재미를 가져다주었다. 25네모난 그릇은 평평하고 곧으며, 모서리가 뚜렷해야 한다. 동그란 그릇은 자사호의 모양에서 절대적인 주도적 위치를 차지하고 있으며, 거의 모든 자사호는 원형의 흔적이 있다. 원형 주전자에 대한 기본적인 요구 사항은 '둥글고, 안정적이며, 고르고, 곧다'인데, 심지어는 구슬처럼 둥글고 옥처럼 매끄러운 경지까지 이르러야 한다. 재미있는 것은, 네모난 것과 둥근 것, 이 둘 사이에는 뚜렷한 경계가 없는데, 이른바 '네모나다고 해서 똑같은 형식만 있는 것이 아니고, 둥글다고 해서 한 가지 모양만 있는 것은 아니다'라고 한다. 25많은 찻주전자는 '사각형'과 '동그라미'가 정교하게 융합되어 강인함과 부드러움이 서로 보완되고, 실용성을 고려한 동시에 차분하며 단정한 아름다움을 드러내고 있다.

26각 예술 대가의 공예 기법은 나름대로 특수성을 지니고 있으며, 모방할 수 없는 기질과 기품을 드러내고 있다. 그들은 종종 독창적인데, 사람마다 자사호의 주둥이, 손잡이, 몸통, 뚜껑 손잡이가 비율에 각각 편중이 있어, 26이로 인해 찻주전자 모양과 스타일은 예상을 벗어난 아름다움과 변화무쌍함을 가지게 된다.

<도덕경>에서 "만물이 처음 시작할 때, 모든 것은 가장 단순한데, 발전하고 변화하면서 복잡해진다"라고 했다. 이 구절을 자사호에 대입하면 매우 적절하다. 자사호는 극도로 단순한데, 극도의 단순함은 심미적 극치에 대한 추구로, 심플하면서도 우아하며, 형식은 단순하나 뜻은 단순하지 않다. 자사호는 화려하게 과장할 필요가 없고, 더욱이 번잡하게 새길 필요도 없다. 자사호는 우아하고 기발하며, 소박하면서 곱고, 사람을 감동시키는 기품을 드러낸다.

예술성과 실용성의 결합으로 자사호는 더욱 귀중하게 보여지고, 깊은 여운을 남긴다. 민간에서는 "인간 세상에서 보석이 얻을 가치가 있는가, 이싱 자사호가 가장 훌륭하다"라는 말이 있다. 소장 가치가 높은 골동품으로써, 자사호는 경매 시장에서 시세가 오를 기미를 보이는데, 이름난 대가의 작품은 종종 '주전자 하나도 구하기 힘든 것'도 이 때문이다.

어휘 **紫砂壶** zǐshāhú [명] 자사호[중국 이싱(宜兴)에서 나는 찻주전자] **手工** shǒugōng [명] 수작업 **陶土** táotǔ [명] 도토[도자기 제조용 점토]
工艺品 gōngyìpǐn [명] 공예품 **佳品** jiāpǐn [명] 고급품, 드물고 진귀한 물품 **文人** wénrén [명] 문인 **雅士** yǎshì [명] 선비 **茶壶** cháhú [명] 찻주전자
可谓 kěwèi [동] ~라고 말할 수 있다 **耐人寻味** nàirénxúnwèi [성] 자세히 음미할 만한 가치가 있다
妙不可言 miàobùkěyán [성] 말로 표현할 수 없을 정도로 훌륭하다 **配比** pèibǐ [명] 배합률 **烧制** shāozhì [동] 가마에 넣어 굽다
息息相关 xīxīxiāngguān [성] 밀접한 관련이 있다 **色泽** sèzé [명] 색깔과 광택 **温润** wēnrùn [형] 곱고 윤이 나다 **细腻** xìnì [형] 곱다, 부드럽다
造型 zàoxíng [명] 모양, 형상 **收藏** shōucáng [동] 소장하다 **巧思** qiǎosī [명] 정교한 구상 **大致** dàzhì [부] 대체로 **寓意** yùyì [명] 함의 **筋纹** jīnwén [명] 가는 선 무늬
依据 yījù [동] 근거하다 **审美** shěnměi [동] 심미하다 **趣味** qùwèi [명] 재미, 흥미 **平正** píngzheng [형] 평평하다 **棱角** léngjiǎo [명] 모서리
分明 fēnmíng [형] 뚜렷하다, 분명하다 **占据** zhànjù [동] 차지하다 **主导** zhǔdǎo [명] 주도 **踪影** zōngyǐng [명] 흔적, 자취
珠圆玉润 zhūyuányùrùn [성] 구슬처럼 둥글고 옥처럼 매끄럽다 **地步** dìbù [명] (도달한) 경지, 지경
刚柔并济 gāngróubìngjì [성] 강인함과 부드러움이 적절하게 공존하다 **兼顾** jiāngù [동] 고려하다 **稳重** wěnzhòng [형] 차분하다, 점잖다
端庄 duānzhuāng [형] 단정하다 **手法** shǒufǎ [명] (예술 작품의) 기법, 수단 **透露** tòulù [동] 드러내다, 누설하다 **气质** qìzhì [명] 기질, 성격 **神韵** shényùn [명] 기품
别出心裁 biéchūxīncái [성] 독창적이다, 기발하다 **出人意料** chūrényìliào [성] 예상을 벗어나다, 뜻밖이다 **贴切** tiēqiè [형] (어휘가) 적절하다
华丽 huálì [형] 화려하다 **渲染** xuànrǎn [동] 과장하다, 부풀리다 **冗杂** rǒngzá [형] 번잡하다 **质朴** zhìpǔ [형] 소박하다 **弥足珍贵** mízúzhēnguì [성] 매우 귀중하다
回味无穷 huíwèiwúqióng [성] 깊은 여운을 남기다 **民间** mínjiān [명] 민간 **人间** rénjiān [명] 인간 세상, 인간 사회 **何足** hézú [부] ~할 가치가 있는가
古董 gǔdǒng [명] 골동품 **行情** hángqíng [명] 시세

23	
问：明朝作家兼画家文震亨为什么对紫砂壶给予了很高的评价？	질문: 명나라의 작가 겸 화가인 문진형은 왜 자사호에 높은 평가를 내렸는가?
A 紫砂壶的样式极为奇特	A 자사호는 모양이 매우 독특하다
B 紫砂壶有很高的收藏价值	B 자사호는 높은 소장 가치가 있다
C 紫砂壶是最负盛名的皇家贡品	C 자사호는 최고의 황실 진상품이다
D 紫砂壶能长时间保持茶的色香味	**D 자사호는 긴 시간 동안 차의 색, 향, 맛을 유지할 수 있다**

해설 음성에서 언급된 **用紫砂壶泡茶能长时间保持茶叶的色、香、味，因此明朝作家兼画家文震亨对紫砂壶作出了极高的评价**를 듣고 선택지 D **紫砂壶能长时间保持茶的色香味**를 정답의 후보로 고른다. 질문이 명나라의 작가 겸 화가인 문진형은 왜 자사호에 높은 평가를 내렸는지 물었으므로 선택지 D가 정답이다.

어휘 **紫砂壶** zǐshāhú [명] 자사호[중국 이싱(宜兴)에서 나는 찻주전자] **收藏** shōucáng [동] 소장하다, 수집하다 **贡品** gòngpǐn [명] 진상품

24	
问：关于紫砂壶的颜色，可以知道什么？	질문: 자사호의 색깔에 관해, 알 수 있는 것은 무엇인가?
A 米黄紫砂壶被视为次品	A 미황색 자사호는 질이 낮은 물건으로 취급된다
B 紫色为紫砂壶原本的色彩	B 자주색은 자사호 본연의 색채이다
C 颜色缺乏明显的浓淡之分	C 색깔이 짙고 옅음의 구분이 부족하다
D 与原料比例和烧制的温度息息相关	**D 원료 비율과 가마에 넣어 굽는 온도와 밀접한 관계가 있다**

해설 음성에서 언급된 **紫砂壶丰富的色彩与原料配比和烧制温度息息相关。**을 듣고 선택지 D **与原料比例和烧制的温度息息相关**을 정답의 후보로 고른다. 질문이 자사호의 색깔에 관해 알 수 있는 것을 물었으므로, 선택지 D가 정답이다.

어휘 **次品** cìpǐn [명] 질이 낮은 물건 **烧制** shāozhì [동] 가마에 넣어 굽다 **息息相关** xīxīxiāngguān [성] 밀접한 관련이 있다

25	
问：关于紫砂壶方器和圆器，下列哪项不正确？	질문: 자사호의 네모난 그릇과 동그란 그릇에 관해, 다음 중 옳지 않은 것은?
A 方器平正方直且棱角分明	A 네모난 그릇은 평평하고 곧으며 모서리가 뚜렷하다
B 呈现了"天圆地方"的思想	B '하늘은 둥글고, 땅은 모나다'의 사상을 나타냈다
C 方器造型占据着绝对的主导地位	**C 네모난 그릇 모양은 절대적인 주도적 위치를 차지하고 있다**
D 圆器中可以巧妙地融合"方"的因素	D 동그란 그릇에 정교하게 '네모난' 요소를 융합할 수 있다

해설 음성에서 언급된 **艺术大师们把"天圆地方"的思想巧妙地运用在紫砂壶上……方器要求平正方直、棱角分明。……很多壶器将"方"与"圆"巧妙地融合在一起**를 듣고 선택지 A **方器平正方直且棱角分明**, B **呈现了"天圆地方"的思想**, D **圆器中可以巧妙地融合"方"的因素**를 정답의 후보로 고른다. 질문이 자사호의 네모난 그릇과 동그란 그릇에 관해 옳지 않은 것을 물었으므로, 언급되지 않은 선택지 C **方器造型占据着绝对的主导地位**가 정답이다.

어휘 **平正** píngzheng [형] 평평하다 **棱角** léngjiǎo [명] 모서리 **分明** fēnmíng [형] 뚜렷하다, 분명하다 **呈现** chéngxiàn [동] 나타나다 **造型** zàoxíng [명] 모양, 형상
占据 zhànjù [동] 차지하다 **融合** rónghé [동] 융합하다

26	问：紫砂壶在造型风格上具有出人意料之美的原因是什么？	질문: 자사호가 모양과 스타일에서 예상을 벗어난 아름다움을 가지게 한 원인은 무엇인가?
	A 烧制紫砂壶时无需提心吊胆 B 紫砂壶精湛的技艺代代相传 C 工匠们愿意为艺术创作同舟共济 **D 艺术大师们在工艺手法上各有千秋**	A 자사호를 구울 때 조마조마할 필요가 없다 B 자사호의 정밀하고 심오한 기예가 대대로 전해 내려온다 C 공예가들은 예술 창작을 위해 힘을 합치고 싶어 한다 **D 예술 대가들은 공예 기법에 있어서 제각기 특성이나 장점을 가지고 있다**

해설 음성에서 언급된 **每个艺术大师的工艺手法都有自身特殊性，透露出不可模仿的气质神韵。……从而使壶在造型风格上具有出人意料之美、千变万化之妙**를 듣고 선택지 D **艺术大师们在工艺手法上各有千秋**를 정답의 후보로 고른다. 질문이 자사호가 모양과 스타일에서 예상을 벗어난 아름다움을 가지게 한 원인을 물었으므로 선택지 D가 정답이다.

어휘 **出人意料** chūrényìliào [성] 예상을 벗어나다, 뜻밖이다 **提心吊胆** tíxīndiàodǎn [성] 조마조마하다 **精湛** jīngzhàn [형] 정밀하고 심오하다
工匠 gōngjiàng [명] 공예가 **同舟共济** tóngzhōugòngjì [성] 어려움 속에서 힘을 합치다 **各有千秋** gèyǒuqiānqiū [성] 제각기 특성이나 장점을 가지고 있다

27	问：这段话主要谈了什么？	질문: 이 장문은 주로 무엇을 이야기하고 있는가?
	A 紫砂壶的历史故事 **B 紫砂壶的原料与造型** C 紫砂壶在国际上的地位 D 紫砂壶在日常生活中的应用	A 자사호의 역사적 이야기 **B 자사호의 원료와 모양** C 자사호의 국제적 지위 D 자사호의 일상생활에서의 활용

해설 음성에서 언급된 **紫砂壶的制作原料为紫砂泥，紫砂泥的原产地在江苏宜兴，因此又名"宜兴紫砂壶"。**와 **紫砂壶的造型是判定紫砂壶收藏价值的重要标准，甚至是重中之重，因为造型能体现出艺术大师的艺术巧思。紫砂壶的造型大致有以下几种**을 듣고 선택지 B **紫砂壶的原料与造型**을 정답의 후보로 고른다. 질문이 이 장문은 주로 무엇을 이야기하고 있는지 물었으므로 선택지 B가 정답이다.

어휘 **造型** zàoxíng [명] 모양, 형상

28 - 33

大家好，今天的《名人讲堂》为大家介绍的人物是北宋著名诗人苏轼。苏轼幼年时期接受过良好的家教，深受父母的熏陶。他二十一岁首次赴京参加了朝廷的科举考试，以一篇《刑赏忠厚之至论》获得了主考官欧阳修的赏识，并高中进士。苏轼当官没多久，因母亲去世而暂时告别了官场，后来他复职回京时，正是王安石变法时期。他认为王安石变法让许多百姓都深受疾苦，于是一直对变法采取坚决反对的态度。王安石变法是北宋时期不可轻视的一个历史事件，却成为了苏轼仕途的绊脚石。苏轼一生跌宕起伏的仕途，都与此次变法有关。[28]从政治上来看，苏轼是一个想要有所成就的官员，但是因为[28]他在某些方面过于执着，导致他很多时候的想法都存在偏见，以至于仕途不顺。他最重要的历史成就不在于政治，而在于文学。[29]苏轼是宋代文学历史上成就最高的代表，他的诗词书画加之散文，都在文坛占有一席之地，他在很多方面的成就都达到了巅峰。

在诗歌方面，苏轼清新豪健，善用夸张比喻的手法，他的诗歌独具风格。他的诗现存三千多首，内容丰富、风格多变，多以豪放派为主，有些还极具浪漫主义色彩，为宋代诗歌开创了一个新方向。其前期[30]作品的内容多指向仕宦人生，以抒发自己的政治豪情，[30]到了后期就越来越转向大自然，转向人生体悟。通过苏轼所有的诗，可以体会到诗人的笔触由少年的无端叹息，渐渐转向中年的无奈和老年的旷达。[31]从词作方面来看，苏轼与豪放派另一代表辛弃疾并称为"苏辛"，[31]他的词冲破了专写男女恋情和离愁别绪的狭窄题材，具有丰富的社会内容，开豪放派之先河，是宋代词作革新的代表。

여러분 안녕하세요, 오늘의 <명인교실>에서 여러분에게 소개할 인물은 북송의 저명한 시인 소식입니다. 소식은 유년기에 좋은 가정 교육을 받았으며, 부모의 영향을 깊이 받았습니다. 그는 스물한 살에 처음으로 상경하여 조정의 과거 시험에 응시했고, <형상충후지지론>으로 주 시험 감독관인 구양수의 높은 평가를 받아 진사에 합격했습니다. 소식이 벼슬을 한 지 얼마 되지 않아 모친이 세상을 떠나 잠시 관직에서 물러났는데, 후에 복직하고 귀경했을 때가 바로 왕안석의 변법 시기였습니다. 그는 왕안석의 변법이 많은 백성들을 심하게 고통받게 하고 있다고 생각하여 변법에 대해 줄곧 결사반대하는 태도를 취했습니다. 왕안석의 변법은 북송 시기에 무시할 수 없는 역사적 사건인데, 이는 오히려 소식의 벼슬길에 걸림돌이 되고 말았습니다. 소식의 일생 동안의 파란만장했던 벼슬길은 모두 이때의 변법과 관련이 있었습니다. [28]정치적으로 볼 때, 소식은 무언가를 성취하려는 관료였지만 [28]그는 어떤 면에서 지나치게 집착하는 면이 있다 보니 생각에 편견이 있는 경우가 많았고, 이로 인해 벼슬길이 순조롭지 않게 되었습니다. 그의 가장 중요한 역사적 성취는 정치가 아니라 문학에 있었습니다. [29]소식은 송나라 시대 문학 역사상 가장 높은 성과를 거둔 대표적인 인물로서, 그의 시사와 서화는 물론 산문까지 모두 문학계에서 한 자리씩 차지하고 있으며, 그는 여러 방면에서 모두 최고봉에 도달했습니다.

시가방면에 있어 소식은 참신하고 기백이 있으며, 과장법과 비유법에 능하여 그의 시가는 독특한 스타일을 갖추고 있습니다. 그의 시는 현재 3천여 수가 남아 있는데, 내용이 풍부하고 스타일이 다양하며, 호방파를 위주로 하고 있고 일부는 낭만주의 색채가 매우 강해 송나라 시대 시가에 새로운 방향을 열어주었습니다. 그의 초기 [30]작품 내용은 벼슬아치의 삶을 주로 가리키고 있는데, 자신의 정치적으로 호방한 감정을 토로하기 위해서입니다. [30]후기에 이르러서는 점점 자연으로, 삶의 깨달음으로 옮겨갔습니다. 소식의 모든 시를 통해, 시인의 문체가

在散文方面，苏轼的散文豪放自如，注重自然，行文如流水，且具有创新性。苏轼与欧阳修并称为"欧苏"，是"唐宋八大家"之一。苏轼的散文中有大量的自然文学内容，不仅描写山川河岳，描摹花草树木、鸟兽虫鱼，而且用具体的形象来说明道理。他的文风非常清新，没有陈腐气息和学究之味。虽然苏轼遇到过很多人事纷争和不如意的事件，但从他的作品中可以看出他将这些不顺看得轻于鸿毛。他将眼光投向了更广袤的自然，表达了他阔达的文人情怀。苏轼在艺术方面也拥有很高的天赋，书画兼得。[32]相对于苏轼的文学成就，我个人更加欣赏苏轼艺术方面的成就。[33]接下来我将讲述书法界中"宋四家"之一的苏轼在书法方面的造诣。

소년의 이유 없는 탄식에서 점점 중년의 어쩔 수 없음과 노년의 대범함으로 옮겨가는 것을 느낄 수 있습니다. [31]시사 작품 방면에서 보면, 소식은 호방파의 또 다른 대표적 인물인 신기질과 함께 '소신'이라 불렸으며, [31]그의 시는 남녀의 연애와 이별의 감정을 전문으로 하는 좁은 소재의 틀을 깼고, 풍부한 사회적 내용을 담고 있으며, 호방파의 시작을 연 송나라 시대 시사 작품 혁신의 대표적인 인물입니다.

산문 방면에서 소식의 산문은 호방하고 자유로우며, 자연을 중시하고, 문장은 흐르는 물과 같으며 게다가 창의성도 갖추고 있습니다. 소식은 구양수와 함께 '구소'라 불리며, '당송팔대가' 중의 한 명입니다. 소식의 산문에는 자연 문학 내용이 많이 담겨 있는데, 산천과 강산, 화초와 나무, 새·짐승·벌레·물고기를 묘사했을 뿐만 아니라 구체적인 형상으로 이치를 설명하고 있습니다. 그의 문풍은 매우 참신하며 진부한 느낌이나 학구적인 맛이 없습니다. 비록 소식은 많은 인간관계에서의 분쟁과 뜻하지 않은 사건들을 겪었지만, 그의 작품에서 알 수 있듯이 그는 이런 순조롭지 않은 것들을 보잘것없는 것으로 여겼습니다. 그는 더욱 광활한 자연으로 시선을 돌려 그의 광활한 문인의 정서를 표현했습니다. 소식은 예술 방면에 있어서도 천부적인 소질을 가지고 있었으며, 서예와 그림 두 가지 모두 능했습니다. [32]소식의 문학적 업적에 비해 저는 개인적으로 소식의 예술적 업적을 더 좋아합니다. [33]이어서 서예계의 '송사가' 중 하나인 소식의 서예 분야에서의 조예에 대해 말씀드리겠습니다.

어휘　苏轼 Sū Shì [고유] 소식[북송 시기의 유명한 문학가]　幼年 yòunián 명 유년　熏陶 xūntáo 동 영향을 끼치다

朝廷 cháotíng 명 조정[왕조 시대에 군주가 업무를 주관하던 곳]　科举 kējǔ 명 과거[수나라·당나라 시대부터 청나라에 이르기까지 실시한 관리 등용 시험]

考官 kǎoguān 명 시험 감독관　欧阳修 Ōuyáng Xiū [고유] 구양수[중국 북송 시대 유명한 산문가이자 사학가]　赏识 shǎngshí 동 높이 평가하다

高中 gāozhòng 과거 시험에 (좋은 성적으로) 합격하다　进士 jìnshì 명 진사[과거의 전시에서 급제한 사람]

王安石变法 Wáng Ānshí Biànfǎ 왕안석의 변법[북송의 왕안석이 추진한 일련의 개혁 법안들]　疾苦 jíkǔ 명 고통　事件 shìjiàn 명 사건　仕途 shìtú 명 벼슬길

绊脚石 bànjiǎoshí 명 걸림돌　跌宕起伏 diēdàngqǐfú 파란만장하다　过于 guòyú 부 지나치게　执着 zhízhuó 집착하다　偏见 piānjiàn 명 편견

散文 sǎnwén 명 산문　巅峰 diānfēng 명 최고봉　清新 qīngxīn 참신하다　豪健 háojiàn 형 기백이 있다　比喻 bǐyù 명 비유(법)

独具 dújù 독자적으로 갖추다　豪放派 háofàngpài 명 호방파[송사의 한 유파]　浪漫主义 làngmàn zhǔyì 낭만주의　仕宦 shìhuàn 벼슬을 하다

抒发 shūfā 토로하다　体悟 tǐwù 깨닫다　贯穿 guànchuān 명 관통하다　无端 wúduān 명 이유 없다　旷达 kuàngdá 형 대범하다

词作 cízuò 명 시사 작품[시(诗)와 사(词) 종류의 작품]　辛弃疾 Xīn Qìjí [고유] 신기질[중국 남송 시대의 저명한 시인]　狭窄 xiázhǎi 비좁다

题材 tícái 명 (문학이나 예술 작품의) 소재　先河 xiānhé 명 시작, 효시　革新 géxīn 동 혁신하다　创新性 chuàngxīnxìng 명 창의성　描摹 miáomó 동 묘사하다

陈腐 chénfǔ 낡고 진부하다　眼光 yǎnguāng 명 시선　广袤 guǎngmào 광활하다　天赋 tiānfù 명 천부적인 소질　书法 shūfǎ 명 서예

宋四家 Sòngsìjiā 송사가[송나라의 시대 서예가를 가리킴]　造诣 zàoyì 명 조예[학문, 예술 등의 분야에서 어떤 경지에 이른 정도]

28　问：苏轼在政治上的表现怎么样？　　질문: 정치적으로 소식의 활약은 어땠는가?

A 支持激进的政治改革	A 급진적인 정치 개혁을 지지했다
B 对政治成就无欲无求	B 정치적 성과에 대해 욕심이 없다
C 在某些方面比较执着	**C 어떤 방면에서 비교적 집착한다**
D 对其他政派不存有偏见	D 다른 정파에 대한 편견이 없다

해설　음성에서 언급된 从政治上来看……他在某些方面过于执着를 듣고 선택지 C 在某些方面比较执着를 정답의 후보로 고른다. 질문이 정치적으로 소식의 활약은 어땠는지 물었으므로 선택지 C가 정답이다.

어휘　苏轼 Sū Shì [고유] 소식[북송 시기의 유명한 문학가]　执着 zhízhuó 집착하다　偏见 piānjiàn 편견

29　苏轼是宋代文学历史上成就最高的代表，他的**诗词书画**加之散文，都在文坛占有一席之地。　　소식은 송나라 시대 문학 역사상 가장 높은 성과를 거둔 대표적인 인물로서, 그의 **시사와 서화**는 물론 산문까지 모두 문학계에서 한 자리씩 차지하고 있다.

해설　음성에서 언급된 苏轼是宋代文学历史上成就最高的代表, 他的诗词书画加之散文, 都在文坛占有一席之地를 듣고 诗词书画를 정답으로 작성한다.

어휘　散文 sǎnwén 명 산문

30 问：苏轼的诗歌具有什么特点？

질문: 소식의 시가는 어떠한 특징을 가지고 있는가?

A 是田园诗派的代表
B 极具现实主义色彩
C 都是以抒发郁闷情怀为主
D 后期作品主要描写大自然

A 전원시파의 대표이다
B 현실주의적인 색채를 강하게 띠고 있다
C 모두 답답하고 괴로운 감정을 토로하는 것 위주이다
D 후기 작품은 주로 대자연을 묘사했다

해설 음성에서 언급된 **作品的内容……到了后期就越来越转向大自然，转向人生体悟**을 듣고 선택지 D **后期作品主要描写大自然**을 정답의 후보로 고른다. 질문이 소식의 시가는 어떠한 특징을 가지고 있는지 물었으므로 선택지 D가 정답이다.

어휘 **现实主义** xiànshí zhǔyì [명] 현실주의 **抒发** shūfā [동] 토로하다 **郁闷** yùmèn [형] 답답하고 괴롭다

31 问：苏轼在词作方面有怎样的成就？

질문: 소식은 시사 작품 방면에 어떠한 업적이 있는가?

A 水平超越了辛弃疾
B 题材上有新的突破
C 开创了浪漫派的先河
D 首次用词表达了离愁别绪

A 수준이 신기질을 앞질렀다
B 소재에 새로운 돌파가 있다
C 낭만파의 시작을 열었다
D 처음으로 시로 이별의 감정을 표현했다

해설 음성에서 언급된 **从词作方面来看……他的词冲破了专写男女恋情和离愁别绪的狭窄题材**를 듣고 선택지 B **题材上有新的突破**를 정답의 후보로 고른다. 질문이 소식은 시사 작품 방면에 어떠한 업적이 있는지 물었으므로 선택지 B가 정답이다.

어휘 **词作** cízuò [명] 시사 작품[시(诗)와 사(词) 종류의 작품] **辛弃疾** Xīn Qìjí [고유] 신기질[중국 남송 시대의 저명한 시인]
题材 tícái [명] (문학이나 예술 작품의) 소재 **先河** xiānhé [명] 시작, 효시

32 问：根据这段话，下列哪项正确？

질문: 이 장문에 근거하여, 다음 중 옳은 것은?

A 女的不太喜欢辛弃疾
B 女的更喜欢欧阳修的诗词
C 女的认为辛弃疾比苏轼更伟大
D 女的更喜欢苏轼艺术方面的成就

A 여자는 신기질을 그다지 좋아하지 않는다
B 여자는 구양수의 시사를 더 좋아한다
C 여자는 신기질이 소식보다 더 위대하다고 생각한다
D 여자는 소식의 예술적 성취를 더 좋아한다

해설 음성에서 언급된 **相对于苏轼的文学成就，我个人更加欣赏苏轼艺术方面的成就。**를 듣고 선택지 D **女的更喜欢苏轼艺术方面的成就**를 정답의 후보로 고른다. 질문이 이 장문에 근거하여 옳은 것을 물었으므로 선택지 D가 정답이다.

어휘 **欧阳修** Ōuyáng Xiū [고유] 구양수[중국 북송 시대 유명한 산문가이자 사학가]

33 问：女的接下来要讲什么内容？

질문: 여자는 이어서 무엇을 이야기하려고 하는가?

A 苏轼感人的政治事迹
B 苏轼与好友之间的往事
C 现代人对苏轼的各种评价
D 苏轼的书法成就及书法特点

A 소식의 감동적인 정치적 업적
B 소식과 친한 친구 사이의 옛일
C 소식에 대한 현대인들의 각종 평가
D 소식의 서예 업적 및 서예 특징

해설 음성에서 언급된 **接下来我将讲述书法界中"宋四家"之一的苏轼在书法方面的造诣。**를 듣고 선택지 D **苏轼的书法成就及书法特点**을 정답의 후보로 고른다. 질문이 여자는 이어서 무엇을 이야기하려고 하는지 물었으므로, 선택지 D가 정답이다.

어휘 **事迹** shìjì [명] 업적, 행적 **往事** wǎngshì [명] 옛일 **书法** shūfǎ [명] 서예

医疗成本高、渠道少、覆盖面窄等问题困扰着大众。³⁴尤其以"效率较低的医疗体系、质量欠佳的医疗服务、看病难且贵的现状"为代表的医疗问题成为了社会关注的焦点。如何切实保障群众的健康问题,有效解决医疗资源分配不均的困境是医疗改革的重点。于是,智慧医疗闪亮登场了。北京天坛医院使用了智慧"大脑",许多患者在报到并挂号后30分钟内就成功就诊了。

如今,³⁵在5G、云计算、大数据、虚拟现实及增强现实、人工智能等³⁵新兴技术的推动下,医疗信息化进入了前所未有的阶段。大量的5G医疗场景陆续出现,数字化、网络化、智能化的医疗设施和解决方案,真真切切地来到了人们的面前。尤其是在疫情期间,各种科学技术与医疗行业深度融合,赋能医疗机构和医护人员,为战胜疫情提供了巨大的帮助。这意味着医疗信息化已然迈入4.0时代,也就是"智慧医疗"时代。

那么什么是智慧医疗?智慧医疗是最近兴起的医疗名词,主要通过打造健康档案区域医疗信息平台,利用最先进的物联网技术,实现患者与医务人员、医疗机构、医疗设备之间的互动,逐步达到信息化。

⁴⁰智慧医疗主要由三部分组成,一是智慧医院系统。³⁶智慧医院系统的远程探视和远程会诊功能,可以有效避免探访者与患者的直接接触,杜绝疾病的蔓延,把大型医院的服务直接送到患者的家门口。除此之外,智慧医院的自动报警功能可以对患者的生命体征数据进行监控,降低重症护理成本。

二是区域卫生系统。³⁷区域卫生系统不只是让手术实现"穿越空间",更重要的是打破空间限制,通过远程超声、远程诊断、远程示教等应用,实现优质资源的共享,³⁷缓解区域医疗资源紧张的难题。

三是家庭健康系统。家庭健康系统是最贴近市民的健康保障,包括针对因行动不便而无法前往医院接受治疗的患者的视讯医疗,对慢性病以及老幼患者的远程照护等。此外³⁸家庭健康系统还包括自动提示用药时间、服药禁忌、剩余药量等的智能服药系统。

³⁹高效、高质量和可负担的智慧医疗可以有效提高医疗质量,³⁹还可以有效防止医疗费用的攀升。智慧医疗除了能够大幅度地提升医疗资源的合理分配和利用之外,还能让医生、医疗研究人员、药物供应商等整个医疗生态圈的每一个群体受益。⁴⁰相信智慧医疗一定会在未来的医疗领域发挥无限的作用。

의료 비용이 비싸고, 경로가 적고, 적용 범위가 좁은 등의 문제는 대중들을 난처하게 하고 있다. ³⁴특히 '효율이 비교적 낮은 의료 시스템, 질이 좋지 않은 의료 서비스, 진료가 어렵고 비싼 현재 상황'으로 대표되는 의료 문제는 사회적으로 주목하는 쟁점이 됐다. 어떻게 대중의 건강 문제를 확실하게 보장하고, 의료 자원 분배 불균형의 어려움을 효과적으로 해결 할지는 의료 개혁의 중점이다. 이리하여, 스마트 의료가 새롭게 등장했다. 베이징 톈탄 병원에서 스마트 '브레인'을 사용했는데, 많은 환자들이 도착 및 접수 후 30분 이내에 성공적으로 진료를 받을 수 있었다.

오늘날, 5G, 클라우드 컴퓨팅, 빅 데이터, 가상 현실 및 증강 현실, 인공 지능 등 ³⁵최신 기술의 추진 아래, 의료 데이터화는 유례없는 단계에 들어섰다. 대량의 5G 의료 상황이 잇달아 나타났고, 디지털화, 네트워크화, 스마트화된 의료 시설과 해결 방안은 사람들 눈앞에 생생하게 나타났다. 특히 전염병 발생 기간에, 각종 과학 기술은 의료 업계와 깊게 융합했는데, 이는 의료 기관과 의료 종사자에게 힘을 실어줄 수 있었고, 전염병 발생 상황을 이겨내는 데에 큰 도움을 줬다. 이는 의료 데이터화가 이미 4.0 시대, 즉 '스마트 의료' 시대에 돌입했다는 것을 뜻한다.

그렇다면 스마트 의료란 무엇일까? 스마트 의료란 최근 대두된 의료 명사로, 주로 건강 기록 지역 의료 정보 플랫폼을 만들어, 가장 선진적인 사물인터넷 기술을 이용해 환자와 의료인, 의료 기관, 의료 설비 간의 상호 작용을 구현하여 단계적으로 데이터화에 도달하는 것이다.

⁴⁰스마트 의료는 주로 세 가지 부분으로 구성되어 있는데, 첫 번째는 스마트 병원 시스템이다. ³⁶스마트 병원 시스템의 원격 관찰과 원격 회진 기능은 방문자와 환자의 직접적인 접촉을 효과적으로 피할 수 있고, 질병의 확산을 근절하여, 대형 병원의 서비스를 환자의 집 앞으로 바로 전달한다. 이 외에, 스마트 병원의 자동 신고 기능은 환자의 활력 징후 데이터를 모니터링할 수 있어, 중증 케어 비용을 절감시켰다.

두 번째는 지역 보건 시스템이다. ³⁷지역 보건 시스템은 수술이 '공간 초월'을 실현할 수 있게 했을 뿐만 아니라, 더욱 중요한 것은 공간의 제한을 깨고 원격 초음파, 원격 진료, 원격 시범 교육 등의 활용을 통해 우수 자원의 공유, ³⁷지역 의료 자원 부족 난제 개선을 실현할 수 있게 했다.

세 번째는 가정 건강 시스템이다. 가정 건강 시스템은 시민에 가장 밀접해 있는 건강 보장인데, 거동이 불편해 병원에 치료하러 갈 수 없는 환자에 대한 화상 의료, 만성병 및 노인과 아동 환자에 대한 원격 케어 등을 포함한다. 이 외에도 ³⁸가정 건강 시스템은 투약 시간, 복약 금기 사항, 남은 약용량 등을 자동 알람주는 스마트 복약 시스템을 포함하고 있다.

³⁹고효율, 고품질 그리고 감당할 수 있는 스마트 의료는 의료 품질을 효과적으로 향상시킬 수 있고, ³⁹의료 비용의 상승도 효과적으로 막을 수 있다. 스마트 의료는 의료 자원의 합리적인 분배와 이용을 대폭 끌어올릴 수 있는 것 외에도, 의사, 의료 연구원, 약품 공급업자 등 전체 의료 생태권의 모든 집단이 이익을 얻게 할 수 있다. ⁴⁰스마트 의료가 미래의 의료 분야에서 반드시 무한한 효과를 발휘할 수 있을 것이라고 믿는다.

어휘　成本 chéngběn 몡비용, 원가　渠道 qúdào 몡경로　覆盖 fùgài 툉적용하다, 점유하다　体系 tǐxì 몡시스템　欠佳 qiànjiā 툉좋지 않다

現状 xiànzhuàng 몡(현재) 상황, 상태　关注 guānzhù 툉주목하다　焦点 jiāodiǎn 몡쟁점, 초점　切实 qièshí 톙확실하다　保障 bǎozhàng 툉보장하다

群众 qúnzhòng 몡대중　闪亮登场 shǎnliàngdēngchǎng 새롭게 등장하다　云计算 yúnjìsuàn 몡클라우드 컴퓨팅　大数据 dàshùjù 몡빅 데이터

虚拟现实 xūnǐ xiànshí 몡가상 현실　增强现实 zēngqiáng xiànshí 몡증강 현실　人工智能 réngōng zhìnéng 몡인공 지능

前所未有 qiánsuǒwèiyǒu 솅유례가 없다, 전에 없다　场景 chǎngjǐng 몡상황, 모습　真真切切 zhēnzhēnqièqiē 생생하게, 확실히

融合 rónghé 툉융합하다　赋能 fù néng (사람, 기관에게) 힘을 실어주다, 능력을 부여하다　机构 jīgòu 몡기관　意味着 yìwèizhe 툉뜻하다

迈入 màirù 돌입하다　4.0时代 sì diǎn líng shídài 4.0 시대[4차 산업혁명 시대를 가리킴]　健康档案 jiànkāng dàng'àn 건강 기록　区域 qūyù 지역

平台 píngtái 몡플랫폼　先进 xiānjìn 톙선진적이다　物联网 wùliánwǎng 몡사물인터넷　患者 huànzhě 몡환자　互动 hùdòng 툉상호 작용을 하다

信息化 xìnxīhuà 툉데이터화하다　远程 yuǎnchéng 몡원격의　探视 tànshì 툉관찰하다　会诊 huìzhěn 툉회진하다　探访者 tànfǎngzhě 몡방문자

杜绝 dùjué 툉근절하다　疾病 jíbìng 몡질병　蔓延 mànyán 툉확산하다, 만연하다　报警 bàojǐng 툉신고하다　生命体征 shēngmìng tǐzhēng 몡활력 징후

监控 jiānkòng [동] 모니터링하다 **穿越** chuānyuè [동] 초월하다, 넘다 **超声** chāoshēng [명] 초음파 **示教** shìjiào [동] 시범 교육을 하다
共享 gòngxiǎng [동] 공유하다 **贴近** tiējìn [동] 밀접하다, 가까이 있다 **救治** jiùzhì [동] 치료하다 **视讯** shìxùn 화상의, 비디오의 **慢性病** mànxìngbìng [명] 만성병
提示 tíshì [동] 알람해주다 **禁忌** jìnjì [명] 금기 **负担** fùdān [동] 감당하다, 부담하다 **防止** fángzhǐ [동] (나쁜 일을) 막다, 방지하다
攀升 pānshēng [동] 상승하다, 오르다 **幅度** fúdù [명] (사물의 변동) 폭 **供应商** gōngyìngshāng [명] 공급업자 **生态圈** shēngtàiquān [명] 생태권
群体 qúntǐ [명] 집단

34 问：下列哪项不是目前存在的医疗问题？
질문: 다음 중 현존하는 의료 문제가 아닌 것은?

A 看病难且费用昂贵 / A 진료가 어렵고 비용이 비싸다
B 医疗体系效率较低 / B 의료 시스템 효율이 비교적 낮다
C 医护人员资质不足 / **C 의료 종사자의 자질이 부족하다**
D 医疗服务质量欠佳 / D 의료 서비스의 질이 좋지 않다

해설 음성에서 언급된 **尤其以"效率较低的医疗体系、质量欠佳的医疗服务、看病难且贵的现状"为代表的医疗问题成为了社会关注的焦点。**을 듣고 A **看病难且费用昂贵**, B **医疗体系效率较低**, D **医疗服务质量欠佳**를 정답의 후보로 고른다. 질문이 현존하는 의료 문제가 아닌 것을 물었으므로, 언급되지 않은 선택지 C **医护人员资质不足**가 정답이다.

어휘 **昂贵** ángguì [형] 비싸다 **体系** tǐxì [명] 시스템 **资质** zīzhì [명] 자질 **欠佳** qiànjiā [형] 좋지 않다

35 在新兴技术的推动下，医疗信息化进入了<u>**前所未有**</u>的阶段。
최신 기술의 추진 아래, 의료 데이터화는 <u>**유례없는**</u> 단계에 들어섰다.

해설 음성에서 언급된 **在……新兴技术的推动下，医疗信息化进入了前所未有的阶段**을 듣고 **前所未有**를 정답으로 작성한다.

어휘 **前所未有** qiánsuǒwèiyǒu [성] 유례가 없다, 전에 없다

36 问：智慧医院系统的远程探视、远程会诊功能有什么优点？
질문: 스마트 병원 시스템의 원격 관찰, 원격 회진 기능은 어떤 좋은 점이 있는가?

A 允许家属随时探访重症患者 / A 가족이 수시로 중증 환자를 면회할 수 있게 한다
B 避免探访者和患者的直接接触 / **B 방문자와 환자의 직접적인 접촉을 피한다**
C 让患者有机会去大型医院就诊 / C 환자가 대형 병원에서 진찰받을 수 있는 기회가 있게 한다
D 拉近了患者与社工之间的距离 / D 환자와 사회복지사 간의 거리를 좁혔다

해설 음성에서 언급된 **智慧医院系统的远程探视和远程会诊功能，可以有效避免探访者与患者的直接接触**를 듣고 선택지 B **避免探访者和患者的直接接触**를 정답의 후보로 고른다. 질문이 스마트 병원 시스템의 원격 관찰, 원격 회진 기능은 어떤 좋은 점이 있는지 물었으므로 선택지 B가 정답이다.

어휘 **远程** yuǎnchéng [형] 원격의 **探视** tànshì [동] 관찰하다 **会诊** huìzhěn [동] 회진하다 **家属** jiāshǔ [명] 가족, 딸린 식구 **探访者** tànfǎngzhě [명] 방문자
社工 shègōng [명] 사회복지사

37 问：区域卫生系统可以有效缓解哪类问题？
질문: 지역 보건 시스템은 어떤 문제를 효과적으로 개선할 수 있는가?

A 区域医疗资源紧张 / **A 지역 의료 자원이 부족하다**
B 区域医疗管理混乱 / B 지역 의료 관리가 혼란스럽다
C 重症患者的护理成本高 / C 중증 환자의 케어 비용이 비싸다
D 个人健康档案被非法盗取 / D 개인 건강 기록이 불법으로 도난당한다

해설 음성에서 언급된 **区域卫生系统……缓解区域医疗资源紧张的难题**를 듣고 선택지 A **区域医疗资源紧张**을 정답의 후보로 고른다. 질문이 지역 보건 시스템은 어떤 문제를 효과적으로 개선할 수 있는지 물었으므로 선택지 A가 정답이다.

어휘 **区域** qūyù [명] 지역 **混乱** hùnluàn [형] 혼란스럽다 **成本** chéngběn [명] 비용, 원가 **健康档案** jiànkāng dàng'àn [명] 건강 기록
盗取 dàoqǔ [동] 도난하다

38	
问：通过智能服药系统，患者可以得到哪方面的自动提醒服务？	질문: 스마트 복약 시스템으로 환자는 어떤 방면의 자동 알림 서비스를 받을 수 있는가?
A 进食时间 **B 服药禁忌** C 剩余治疗期限 D 健康的睡眠习惯	A 식사 시간 **B 복약 금기 사항** C 남은 치료 기한 D 건강한 수면 습관

해설 음성에서 언급된 **家庭健康系统还包括自动提示用药时间、服药禁忌、剩余药量等的智能服药系统**을 듣고 선택지 B 服药禁忌를 정답의 후보로 고른다. 질문이 스마트 복약 시스템으로 환자는 어떤 방면의 자동 알림 서비스를 받을 수 있는지 물었으므로 선택지 B가 정답이다.

어휘 **患者** huànzhě [명] 환자 **禁忌** jìnjì [명] 금기

39	
高效、高质量和可负担的智慧医疗可以有效防止医疗费用的**攀升**。	고효율, 고품질 그리고 감당할 수 있는 스마트 의료는 의료 비용의 상승을 효과적으로 막을 수 있다.

해설 음성에서 언급된 **高效、高质量和可负担的智慧医疗……还可以有效防止医疗费用的攀升**을 듣고 **攀升**을 정답으로 작성한다.

어휘 **防止** fángzhǐ [동] (나쁜 일을) 막다, 방지하다 **攀升** pānshēng [동] 상승하다, 오르다

40	
问：这段话主要讲了什么？	질문: 이 장문은 주로 무엇을 이야기하고 있는가?
A 智慧医疗的构成和前景 B 现代医疗系统的优点与缺点 C 各个国家对智慧医疗的应用程度 D 智慧医疗不能被广泛应用的原因	**A 스마트 의료의 구성과 전망** B 현대 의료 시스템의 장단점 C 각 나라의 스마트 의료에 대한 활용 정도 D 스마트 의료가 널리 활용될 수 없는 원인

해설 음성에서 언급된 **智慧医疗主要由三部分组成**과 **相信智慧医疗一定会在未来的医疗领域发挥无限的作用。**을 듣고 선택지 A **智慧医疗的构成和前景**을 정답의 후보로 고른다. 질문이 이 장문은 주로 무엇을 이야기하고 있는지 물었으므로 선택지 A가 정답이다.

어휘 **前景** qiánjǐng [명] 전망

中国是酒文化历史非常悠久的国家，北宋的苏轼曾写过"明月几时有，把酒问青天"的名句，唐朝的李白也曾写过"金樽清酒斗十千，玉盘珍羞直万钱"的诗句。酒文化渗透于古人的生活中，与此同时也在不断发生着变化。

其实在一开始，酒并非是一种日常饮品。[41]在商周时期，饮酒这个行为被视为是政治风气不好、社会道德败坏的标志。[42]当时人们会把饮酒和道德堕落联系起来，那时候的酒一般用来做祭祀活动，[41]若在除了祭祀之外的场合饮酒，则会被世人唾骂和谴责。[42]然而随着时间的推移，饮酒逐渐变成了贵族们的一种享受，众多达官贵人在酒的"怀抱"中失去了自我判断力，甚至有君王在饮酒作乐中荒废了朝政，使国家走向了灭亡。

[43]酒会给人带来心旷神怡的感觉，许多人喝酒后会忘记烦恼，但是酒也把许多贪欲的人带向了深渊。因此各个朝代为了禁酒，制定了五花八门的政策。[44]周公看到夏朝和商朝都因酒衰亡，便认为酒是不祥之物，于是制定了中国历史上第一篇禁酒宣言——《酒诰》。在《酒诰》中，周公指出，饮酒要有度，不要酗酒，并且还强调不准群饮。《酒诰》的禁酒之教可以总结为"无彝酒，执群饮，戒缅酒"，这九字成了后世禁酒的经典语录。周公对酒的态度可以用"节制"二字来概括，他并没有完全否定酒文化，而是号召节制饮酒，这恰好也符合了当代人对饮酒的正确态度。

秦朝也实施过相关禁令。[45]秦朝的禁酒法规规定，居住在农村的平民百姓禁止销售酒类产品，酒业直接由官府管控，并且官府限制农村的百姓买酒，[45]还会对私自经营酒业的人加收十倍成本的赋税。在秦朝严格的禁酒制度下，酒商们的经营受到了重创。这些举措虽然严重加深了朝廷与酒商之间的矛盾，但是在很大程度上节约了制酒用的粮食，增加了朝廷的财政收入，为秦国后来的统一事业提供了极大的物质支持。

然而，禁酒令的政策随着时代的变迁逐渐变宽。在西汉时期，为了让民众们可以合法聚会饮酒，朝廷特地设立了"饮酒日"，在"饮酒日"，人们可以与家人或好友自由地饮酒纵歌。特别的是，"饮酒日"并不是指单独的某一天，而是指法律规定的许多节日，比如腊日、伏日、社日等，在这些重要的传统节日，朝廷允许聚众饮酒。与秦朝严格的禁令相比，[46]汉朝酒业的发展环境更加宽松，在这个时期，酿酒技术还得到了发展。

到了现代社会，为了让人们安全使用交通工具，政府对饮酒制定了更多的法律规定。[47]从古至今，各项法律和政策都是为了更好地管理国家，维持社会的平稳和谐，禁酒令也是如此。

중국은 술 문화의 역사가 매우 유구한 나라이다. 북송의 소식은 '밝은 달은 언제부터 하늘에 있었는가, 술잔을 잡고 푸른 하늘에 물어본다'라는 유명한 글귀를 썼고, 당나라의 이백도 '금 술동이의 맑은 술은 한 말에 만 냥이고, 옥쟁반의 귀한 안주는 만 전짜리이다'라는 시구를 썼다. 술 문화는 옛사람들의 삶에 스며들어 있으며, 이와 동시에 끊임없이 변화해 왔다.

사실 처음에 술은 일상적인 음료가 아니었다. [41]상나라와 주나라 시기에 음주라는 행위는 정치 풍조가 나쁘고 사회 도덕성이 부패한 징표로 여겨졌다. [42]당시 사람들은 음주를 도덕적 타락과 연결시켰는데, 그 당시에 술은 보통 제사를 지내는 데 사용했고, [41]만약 제사 이외의 상황에서 술을 마시면 사람들에게 모진 욕설과 비난을 받았다. [42]그러나 시간의 흐름에 따라 음주는 점차 귀족들의 즐거움의 대상이 되었는데, 수많은 고관과 귀인들은 술의 '품' 속에서 자기 판단력을 잃었으며, 심지어 음주가무 속에서 국정을 등한시해 나라가 멸망으로 치닫게 한 왕도 있었다.

[43]술은 사람에게 마음이 탁 트이고 기분이 유쾌한 느낌을 주어서, 많은 사람들이 술을 마시면 고민을 잊곤 했지만, 술은 많은 탐욕스러운 사람들을 나락으로 이끌기도 했다. 이 때문에 각 왕조는 술을 금지시키기 위해 여러가지 정책을 세웠다. [44]주공은 하나라와 상나라가 모두 술로 망한 것을 보고, 술을 불길한 것으로 여겨 중국 역사상 최초의 금주 선언인 <주고>를 제정했다. <주고>에서 주공은 음주는 정도가 있어야 하며 과음을 하지 말아야 한다고 지적했고, 여럿이서 술을 마시면 안 된다고 강조했다. <주고>의 금주 가르침은 '평상시에 술을 적게 마신다(无彝酒), 여럿이서 술을 마시지 않는다(执群饮), 통치자와 관리자는 음주가무에 빠지지 않는다(戒缅酒)'로 정리할 수 있는데, 이 아홉 글자는 후대에 금주와 관련된 권위 있는 어록이 됐다. 술에 대한 주공의 태도는 '절제'라는 두 글자로 요약할 수 있다. 그는 술 문화를 완전히 부정하지 않고 절주를 호소했는데, 이는 음주에 대한 그 시대 사람들의 올바른 태도와도 맞아떨어진다.

진나라에서도 관련 금지령이 시행된 적이 있다. [45]진나라의 금주 법규는 농촌에 거주하는 백성들은 주류 상품 판매가 금지되고, 주류업은 관청에서 직접 통제하며, 관청에서는 농촌의 백성들이 술을 사는 것을 제한하고, [45]불법으로 주류업을 하는 사람에게는 원가의 10배에 이르는 세금을 추가 징수한다고 규정했다. 진나라의 엄격한 금주 제도 아래, 주류 상인들의 경영은 큰 타격을 입었다. 이러한 조치는 비록 조정과 주류 상인 간의 갈등을 심화시켰지만, 술을 빚을 때 사용하는 곡물을 크게 절약하고, 조정의 재정 수입을 증가시켜, 이후 진나라의 통일 사업에 매우 큰 물적 뒷받침을 제공했다.

그러나 금주령 정책은 시대의 변천에 따라 점차 느슨해졌다. 서한 시대에는 민중들이 합법적으로 모여 술을 마실수 있도록, 조정에서 특별히 '음주의 날'을 만들었는데, '음주의 날'에 사람들은 가족이나 친구들과 자유롭게 술을 마시고 노래를 부를 수 있었다. 특이한 점은 '음주의 날'은 어떤 특정한 날을 가리키는 것이 아니라 법에서 규정한 많은 명절을 가리킨다. 예를 들어 납일, 복날, 지신제를 지내는 날 등 이런 중요한 전통 명절에 조정은 사람들이 모여 술을 마시는 것을 허용했다. 진나라의 엄격한 금지령에 비해 [46]한나라 주류업의 발전 환경은 더욱 여유로웠으며, 이 시기에 양조 기술은 더욱 발전됐다.

현대 사회에 이르러, 사람들이 안전하게 교통 수단을 이용하게 하기 위해 정부에서 음주에 대해 더 많은 법 규정을 제정했다. [47]옛날부터 지금까지 각종 법률과 정책은 모두 국가를 더욱 잘 다스려 사회의 안정과 조화를 유지하기 위한 것이며, 금주령도 마찬가지이다.

어휘 渗透 shèntòu 🅑 스며들다　风气 fēngqì 🅝 (사회 문화나 집단의) 풍조　败坏 bàihuài 🅑 부패하다　堕落 duòluò 🅑 타락하다　祭祀 jìsì 🅑 제사를 지내다

场合 chǎnghé 🅝 (어떤) 상황, 장소　唾骂 tuòmà 🅑 모질게 욕하다　谴责 qiǎnzé 🅑 비난하다, 질책하다　贵族 guìzú 🅝 귀족

达官贵人 dáguānguìrén 🅝 고관과 귀인　怀抱 huáibào 🅝 품　荒废 huāngfèi 🅑 등한시하다, 황폐시키다　灭亡 mièwáng 🅑 멸망하다

心旷神怡 xīnkuàngshényí 🅙 마음이 탁 트이고 기분이 유쾌하다　贪欲 tānyù 🅝 탐욕　深渊 shēnyuān 🅝 나락, 구렁텅이　朝代 cháodài 🅝 왕조

五花八门 wǔhuābāmén 🅙 여러가지　政策 zhèngcè 🅝 정책　酗酒 xùjiǔ 🅑 과음하다　节制 jiézhì 🅑 절제하다　号召 hàozhào 🅑 호소하다

当代 dāngdài 🅝 그 시대, 당대　实施 shíshī 🅑 시행하다　居住 jūzhù 🅑 거주하다　私自 sìzì 🅟 불법으로, 몰래　成本 chéngběn 🅝 원가, 자본금

赋税 fùshuì 🅝 각종 세금의 총칭　朝廷 cháotíng 🅝 조정[왕조 시대에 군주가 업무를 주관하던 곳]　财政 cáizhèng 🅝 재정　事业 shìyè 🅝 사업

禁酒令 jìnjiǔlìng 🅝 금주령　变迁 biànqiān 🅑 변천하다　设立 shèlì 🅑 만들다, 설립하다　腊日 làrì 🅝 납일[여러 신에게 제사를 지내는 날]　伏日 fúrì 🅝 복날

社日 shèrì 🅝 지신제를 지내는 날　酿酒 niàngjiǔ 🅑 양조하다, 술을 담그다　维持 wéichí 🅑 유지하다　和谐 héxié 🅙 조화롭다

---

41 商周时期，随意喝酒会发生什么？ | 상나라와 주나라 시기에 마음대로 술을 마시면 어떤 일이 일어나는가?

A 会违反禁酒的政策 | A 금주 정책을 위반한다

B 会被人们嫌弃和指责 | **B 사람들에게 빈축을 사고 질책을 받는다**

C 会被罚款千万两白银 | C 천만 냥의 은을 벌금으로 낸다

D 会被官府工作人员抓走 | D 관청의 사람에게 잡혀간다

해설　질문이 상나라와 주나라 시기에 마음대로 술을 마시면 어떤 일이 일어나는지 물었으므로, 질문의 핵심어구 商周时期, 随意喝酒와 관련된 내용을 지문에서 재빨리 찾는다. 두 번째 단락에서 在商周时期……若在除了祭祀之外的场合饮酒, 则会被世人唾骂和谴责라고 했으므로, 선택지 B 会被人们嫌弃和指责가 정답이다.

어휘　随意 suíyì 🅟 마음대로　政策 zhèngcè 🅝 정책　嫌弃 xiánqì 🅑 빈축을 사다, 싫어하다　指责 zhǐzé 🅑 질책하다

---

42 根据上下文，第二段空白处最适合填入的词语是： | 앞뒤 내용에 근거하여, 두 번째 단락의 빈칸에 들어갈 어휘로 가장 알맞은 것은:

A 推敲 | A 헤아리다

B 推移 | **B 흐르다**

C 推算 | C 추산하다

D 退让 | D 양보하다

해설　질문이 두 번째 단락의 빈칸에 들어갈 어휘로 가장 알맞은 것을 물었다. A는 '헤아리다', B는 '흐르다', C는 '추산하다', D는 '양보하다'라는 의미이다. 빈칸 주변이 '당시 사람들은 음주를 도덕적 타락과 연결시켰다……그러나 시간의_____에 따라 음주는 점차 귀족들의 즐거움의 대상이 됐다'라는 문맥이므로, 빈칸에는 음주를 대하는 태도의 변화가 시간의 흐름에 따라 달라졌음을 나타내는 어휘가 들어가야 한다. 따라서 선택지 B 推移가 정답이다.

어휘　推敲 tuīqiāo 🅑 헤아리다　推移 tuīyí 🅑 (시간 형세 등이) 흐르다, 변화하다

---

43 画线词语 "心旷神怡" 最可能是什么意思？ | 밑줄 친 어휘 '心旷神怡'는 무슨 의미일 가능성이 가장 큰가?

A 心情愉快且精神舒畅 | **A 기분이 즐겁고 상쾌하다**

B 抑制不住内心的欲望 | B 마음속의 욕망을 억제할 수 없다

C 心胸开阔且神态庄严 | C 마음이 넓고 표정과 태도가 엄숙하다

D 性格开朗且精神面貌佳 | D 성격이 밝고 정신적 부분이 훌륭하다

해설　밑줄 친 어휘 '心旷神怡'의 의미를 물었으므로, 心旷神怡가 밑줄로 표시된 부분을 지문에서 재빨리 찾는다. 세 번째 단락에서 酒会给人带来心旷神怡的感觉, 许多人喝酒后会忘记烦恼라고 했으므로, 문맥상 心旷神怡는 술을 마시면 고민을 잊게 해주고 기분을 즐겁고 상쾌하게 해준다는 의미임을 알 수 있다. 따라서 선택지 A 心情愉快且精神舒畅가 정답이다.

어휘　心旷神怡 xīnkuàngshényí 🅙 마음이 탁 트이고 기분이 유쾌하다　舒畅 shūchàng 🅙 상쾌하다　欲望 yùwàng 🅝 욕망

心胸开阔 xīnxiōngkāikuò 🅙 마음이 넓다　神态 shéntài 🅝 표정과 태도　庄严 zhuāngyán 🅙 엄숙하다　开朗 kāilǎng 🅙 (성격이) 밝다, 명랑하다

---

44 第三段主要谈的是什么？ | 세 번째 단락에서 주로 말하는 것은 무엇인가?

A 实施禁酒令后产生的效果 | A 금주령 시행 후 나타난 효과

B 贩卖酒类时需要遵守的规定 | B 주류 판매 시 지켜야 할 규정

C 中国古代禁酒宣言相关内容 | **C 중국 고대 금주 선언에 관한 내용**

D 酒文化对经济发展带来的好处 | D 술 문화가 경제 발전에 가져온 이익

해설　질문이 세 번째 단락의 중심 내용을 물었으므로, 세 번째 단락을 재빠르게 읽으며 중심 내용을 파악한다. 단락 초반에서 周公看到夏朝和商朝都

因酒衰亡, 便认为酒是不祥之物, 于是制定了中国历史上第一篇禁酒宣言——《酒诰》。라고 하며 주공이 중국 역사상 최초의 금주 선언을 제정한 내용을 언급하고 있다. 따라서 이를 통해 알 수 있는 선택지 C 中国古代禁酒宣言相关内容이 정답이다.

어휘　禁酒令 jìnjiǔlìng 圐 금주령　实施 shíshī 튌 시행하다　贩卖 fànmài 튌 판매하다

---

45 关于秦朝的禁酒法规, 下列哪项正确?

① 缓和了官员和百姓的关系
② 农村的百姓不能贩卖酒类产品
③ 私自卖酒的人要付更多的税金
④ 大量购买酒的人要出示有关证件

A ①②
B ①④
C ③④
D ②③

진나라의 금주 법규에 관해, 다음 중 옳은 것은?

① 관리와 백성의 관계를 완화시켰다
② 농촌의 백성들은 주류 상품을 판매할 수 없다
③ 불법으로 술을 판매하는 사람은 더 많은 세금을 내야 한다
④ 술을 대량으로 구매하는 사람은 관련 증서를 제시해야 한다

A ①②
B ①④
C ③④
D ②③

해설　질문이 진나라의 금주 법규에 관해 옳은 것을 물었으므로, 질문의 핵심어구 秦朝的禁酒法规와 관련된 내용을 지문에서 재빨리 찾는다. 네 번째 단락에서 秦朝的禁酒法规规定, 居住在农村的平民百姓禁止销售酒类产品……还会对私自经营酒业的人加收十倍成本的赋税라고 했으므로, ② 农村的百姓不能贩卖酒类产品과 ③ 私自卖酒的人要付更多的税金이 포함된 선택지 D ②③이 정답이다. 참고로, ①과 ④는 지문에서 언급되지 않았으므로 오답이다.

어휘　缓和 huǎnhé 튌 완화시키다　私自 sīzì 閉 불법으로, 몰래

---

46 酿酒技术在汉朝为什么得到了很大的提升?

A 商人们吸纳了海外的酿酒知识
B 当时的社会氛围促进了酒业的发展
C 官府出资让百姓进入酿酒行业学习
D 人们会在 "饮酒日" 与家人学习酿酒技术

양조 기술은 한나라 때 왜 크게 향상됐는가?

A 상인들이 해외의 양조 지식을 흡수해서
B 당시 사회 분위기가 주류업의 발전을 촉진해서
C 관청에서 자금을 공급하여 백성들이 양조 업계에서 공부하게 해서
D 사람들이 '음주의 날'에 가족들과 양조 기술을 배워서

해설　질문이 양조 기술은 한나라 때 왜 크게 향상됐는지 물었으므로, 질문의 핵심어구 酿酒技术, 汉朝, 提升과 관련된 내용을 지문에서 재빨리 찾는다. 다섯 번째 단락에서 汉朝酒业的发展环境更加宽松, 在这个时期, 酿酒技术还得到了发展이라고 했으므로, 선택지 B 当时的社会氛围促进了酒业的发展이 정답이다.

어휘　酿酒 niàngjiǔ 튌 양조하다, 술을 담그다　吸纳 xīnà 튌 흡수하다　氛围 fēnwéi 閐 분위기　出资 chūzī 튌 자금을 공급하다

---

47 上文主要谈的是:

A 每个朝代颁布禁酒令的根本原因
B 酒对人类生产生活带来的巨大危害
C 有关禁酒的法律法规对酒业产生的影响
D 不同时期的人对酒的看法和与酒相关的法规

위 글에서 주로 말하고 있는 것은:

A 시대마다 금주령을 공포한 근본적 원인
B 술이 인류의 생산 생활에 가져온 큰 위험
C 금주에 관련된 법률 법규가 주류업에 가져온 영향
D 각기 다른 시대 사람들의 술에 대한 견해와 술에 관련된 법률

해설　질문이 지문 전체의 중심 내용을 물었다. 지문이 시대에 따른 술에 대한 이해 및 술에 대한 정책을 차례대로 언급하고 있다. 그리고 마지막 단락에서 从古至今, 各项法律和政策都是为了更好地管理国家, 维持社会的平稳和谐, 禁酒令也是如此라고 했다. 따라서 선택지 D 不同时期的人对酒的看法和与酒相关的法规가 정답이다.

어휘　颁布 bānbù 튌 공포하다

---

48 - 54

[54]通货膨胀是经济学中常用的术语, [48]适度的通货膨胀不仅可以促进整体市场的发展, 还可以带动本国货币贬值, 并[48]刺激就业。但是急速的通货膨胀则会导致市场出现不同程度的经济危机, 严重时还会使市场经济受到严重的打击。

在经济学上, [49/54]通货膨胀通常指的是整体物价水平的持续性上升。通货膨胀最显著的特点就是老百姓平时购买的商品价格普遍上涨, 而股票、债券和其他金融资产的价格则未必上涨。

[54]인플레이션은 경제학에서 자주 쓰이는 전문 용어로, [48]적정한 인플레이션은 전체 시장의 발전을 촉진시킬 수 있을 뿐만 아니라, 자국 화폐의 평가 절하를 이끌 수 있고, [48]고용을 활성화할 수 있다. 그러나 급속한 인플레이션은 시장에 다양한 정도의 경제 위기가 발생하는 것을 초래하고, 심각할 경우 시장 경제가 큰 타격을 입게 할 수 있다.

경제학에서 [49/54]인플레이션이 일반적으로 가리키는 것은 전체 물가 수준의 지속적인 상승이다. 인플레이션의 가장 두드러진 특징은 서민들이 평소 구매하던 상품 가격이 대체로 오른다는 것이다. 반면 주식, 채권과 기타 금융 자산의 가격은 반드시 오르는 것은 아니다.

⁵⁰对一个国家来说，良性通货膨胀有利于经济的发展，因此很多国家都会**有意**维持一定程度的通货膨胀，比如采取较为宽松的货币政策，实行较低的基准利率等，这些举措都有助于刺激经济的可持续发展。⁵¹良性通货膨胀会使人们手里的金钱贬值，但是总体来说，人们也能从市场中获得更多的收益。在良性通货膨胀环境之下，国家的经济情况是相对稳定的，因此许多人可能会利用手上可支配的资金去进行对股票基金的投资。

但是，若出现恶性通货膨胀，国家经济就会出现过山车式的下滑。⁵²在发生严重的通货膨胀时，一个国家的货币可能会在一瞬间就变得"一文不值"。国家的经济运行秩序会受到巨大的影响，这时会出现大量倒闭的企业，经济也随之萎缩，国家的偿债能力也会迅速下降，严重时还会引发全球性金融危机。

引起通货膨胀的原因大体可分为直接原因和间接原因两种，直接原因在于货币供应过多。在一定的时间内，市场上的商品和劳务是相对固定的，而如果市场上货币流通过多，就需要用更多的货币来购买商品与劳务，这就导致了物价的上涨。引起通货膨胀的间接原因则分为六个方面，包括需求拉动、成本推动、结构失调、供给不足、预期不当、体制因素。总而言之，通货膨胀出现的原因并不是单一的，各种因素同时推进了价格水平的上涨，形成了混合推进的通货膨胀。

⁵³恶性通货膨胀的出现可能会对人的心理产生**难以逆料**的消极影响。面对收入的迅速萎缩，消费者信心指数会大幅下降，还会对生活质量的提高失去信心，从而产生负面心理。这种状况很容易破坏国民经济和社会的正常运转，因此政府需要保证经济运行维持在相对稳定的水平，并保持物价水平相对稳定。除此之外，政府还需要加强市场管理，创造良好的市场环境，尽可能减少通货膨胀对人们生活产生的影响。

⁵⁰한 국가에 있어서 마일드 인플레이션은 경제 발전에 도움이 된다. 이 때문에 많은 나라들은 일정한 수준의 인플레이션을 **일부러** 유지하는데, 비교적 느슨한 통화 정책을 택하고, 낮은 기준 금리를 시행하는 등이 그 예다. 이러한 조치들은 모두 경제의 지속 가능한 발전을 자극하는 데 도움이 된다. ⁵¹마일드 인플레이션은 사람들이 가지고 있는 화폐의 가치를 평가 절하하지만, 전반적으로 사람들은 시장에서 더 많은 이익을 얻을 수도 있다. 마일드 인플레이션 환경에서 국가의 경제 상황은 비교적 안정되며, 이 때문에 많은 사람들이 수중에서 굴릴 수 있는 돈을 주식 펀드에 투자하게 될 가능성이 생긴다.

그러나 악성 인플레이션이 발생하면 국가 경제는 롤러코스터식의 추락이 나타난다. ⁵²극심한 인플레이션이 발생할 경우 한 국가의 화폐는 한순간에 '휴지 조각'이 될 수 있다. 국가의 경제 운용 질서가 크게 영향을 받게 되고, 이때 도산하는 기업이 많이 생겨나고 경제도 뒤따라서 위축되며 국가 채무 상환 능력도 급속히 떨어진다. 심각할 경우 전 세계적인 금융 위기로 이어질 수 있다.

인플레이션을 일으키는 원인은 대체로 직접적인 원인과 간접적인 원인 두 가지로 나눌 수 있는데, 직접적인 원인은 화폐 공급 과잉에 있다. 일정한 기간 내 시장의 상품과 용역은 상대적으로 고정돼 있는데, 시장에 화폐가 너무 많이 유통되면 더 많은 화폐로 상품과 용역을 구매해야 하고, 이것이 물가 상승을 초래한다. 인플레이션을 일으키는 간접적인 원인은 여섯 가지로 나뉘는데, 수요 견인, 비용 인상, 구조 불균형, 공급 부족, 정확하지 않은 예측, 체제 요인을 포함한다. 결론적으로 말하자면 인플레이션이 발생하는 원인은 하나가 아니며, 여러 요인이 동시에 가격 수준의 상승을 초래하여, 복합적으로 진행되는 인플레이션을 형성한다.

⁵³악성 인플레이션의 발생은 사람들의 심리에 **예측하기 어려운** 부정적인 영향을 미칠 수 있다. 소득이 급격히 위축되면 소비자 신뢰 지수가 크게 떨어지고 삶의 질 향상에 대한 자신감도 없어져서 이에 따라 부정적인 심리가 생긴다. 이러한 상황은 국민 경제와 사회의 정상적인 운영을 파괴하기 쉬우므로, 정부는 경제 운용이 상대적으로 안정적인 수준으로 유지되게 하고 물가 수준을 안정적으로 유지되게 해야 한다. 이 외에도 정부는 시장 관리를 강화해 좋은 시장 환경을 만들어 인플레이션이 사람들의 생활에 미치는 영향을 최소화해야 한다.

어휘 通货膨胀 tōnghuòpéngzhàng 圆인플레이션 术语 shùyǔ 圆전문 용어 适度 shìdù 圆적정하다, 적절하다 货币 huòbì 圆화폐, 통화
贬值 biǎnzhí 圆평가 절하하다 就业 jiùyè 圆취직하다 危机 wēijī 圆위기 市场经济 shìchǎng jīngjì 圆시장 경제 打击 dǎjī 圆타격을 입히다
显著 xiǎnzhù 圆두드러지다 债券 zhàiquàn 圆채권 金融 jīnróng 圆금융 资产 zīchǎn 圆자산 有意 yǒuyì 圆일부러 维持 wéichí 圆유지하다
政策 zhèngcè 圆정책 实行 shíxíng 圆시행하다 基准利率 jīzhǔn lìlǜ 圆기준 금리 收益 shōuyì 圆이익, 수익 支配 zhīpèi 圆굴리다, 지배하다
基金 jījīn 圆펀드 过山车 guòshānchē 圆롤러코스터 瞬间 shùnjiān 圆순간 运行 yùnxíng 圆운용하다, 운행하다
倒闭 dǎobì 圆(상점·회사·기업 등이) 도산하다 萎缩 wěisuō 圆위축되다 大体 dàtǐ 圆대체로 间接 jiànjiē 圆간접적인
供应过多 gōngyìng guòduō 공급 과잉 劳务 láowù 圆용역, 노무[임금을 받으려고 육체적 노력을 들여서 하는 일]
需求拉动 xūqiú lādòng 圆수요 견인[인플레이션의 한 종류] 成本推动 chéngběn tuīdòng 圆비용 인상[인플레이션의 한 종류] 供给 gōngjǐ 圆공급하다
预期 yùqī 圆미리 기대하다 总而言之 zǒng'éryánzhī 圆요컨대 混合 hùnhé 圆복합하다, 혼합하다 难以逆料 nányǐnìliào 예측하기 어렵다
负面 fùmiàn 圆부정적이다

---

48 适度的通货膨胀会带来什么变化？

A 他国货币贬值
B 有效提高就业率
C 物价水平大幅下降
D 缓解家庭债务危机

적정한 인플레이션은 어떤 변화를 가져오는가？

A 타국의 화폐가 평가 절하된다
B 취업률을 효과적으로 높인다
C 물가 수준을 대폭 낮춘다
D 가정의 채무 위기를 완화시킨다

해설 질문이 적정한 인플레이션은 어떤 변화를 가져오는지 물었으므로, 질문의 핵심어구 适度的通货膨胀, 变化와 관련된 내용을 지문에서 재빨리 찾는다. 첫 번째 단락에서 适度的通货膨胀……刺激就业라고 했으므로, 선택지 B 有效提高就业率가 정답이다.

어휘 适度 shìdù 圆적정하다, 적절하다 通货膨胀 tōnghuòpéngzhàng 圆인플레이션 货币 huòbì 圆화폐 贬值 biǎnzhí 圆평가 절하하다
债务 zhàiwù 圆채무

49 根据前两段，可以知道什么？

앞의 두 단락에 근거하여, 알 수 있는 것은 무엇인가?

A 通货膨胀通常会伴随着经济危机
B 通货膨胀会使整体物价水平上升
C 急速的通货膨胀可以促进市场的发展
D 股票和基金价格的上涨是通货膨胀引起的

A 인플레이션은 일반적으로 경제 위기를 수반한다
B 인플레이션은 전체 물가 수준을 상승시킨다
C 급속한 인플레이션은 시장의 발전을 촉진시킬 수 있다
D 주식과 펀드 가격의 상승은 인플레이션으로 인해 야기된 것이다

해설 질문이 앞의 두 단락에 근거하여 알 수 있는 것을 물었다. 질문에 핵심어구가 없으므로 각 선택지의 핵심어구 **经济危机**, **整体物价水平上升**, **急速的通货膨胀**, **股票和基金价格的上涨**과 관련된 내용을 지문에서 재빨리 찾는다. 두 번째 단락에서 **通货膨胀通常指的是整体物价水平的持续性上升**이라고 했으므로, 선택지 B **通货膨胀会使整体物价水平上升**이 정답이다.

어휘 **伴随** bànsuí [동] 수반하다, 동행하다 **危机** wēijī [명] 위기 **基金** jījīn [명] 펀드

50 根据上下文，第三段空白处最适合填入的词语是：

앞뒤 내용에 근거하여, 세 번째 단락의 빈칸에 들어갈 어휘로 가장 알맞은 것은:

A 无故
B 猛然
C 有意
D 亲身

A 이유 없이
B 갑자기
C 일부러
D 몸소

해설 질문이 세 번째 단락의 빈칸에 들어갈 어휘로 가장 알맞은 것을 물었다. A는 '이유 없이', B는 '갑자기', C는 '일부러', D는 '몸소'라는 의미이다. 빈칸 주변이 '한 국가에 있어서 마일드 인플레이션은 경제 발전에 도움이 된다. 이 때문에 많은 나라들은 일정한 수준의 인플레이션을 ______ 유지하는데, 비교적 느슨한 통화 정책을 택하고, 낮은 기준 금리를 시행하는 등이 그 예다'라는 문맥이므로, 빈칸에는 많은 나라들이 적정한 인플레이션을 의식적으로 유지하고 있음을 나타내는 어휘가 들어가야 한다. 따라서 선택지 C **有意**가 정답이다.

어휘 **无故** wúgù [부] 이유 없이 **猛然** měngrán [부] 갑자기 **有意** yǒuyì [부] 일부러 **亲身** qīnshēn [부] 몸소

51 下列哪项**不属于**良性通货膨胀可能会带来的好处？

다음 중 마일드 인플레이션이 가져올 수 있는 장점에 **속하지 않는** 것은?

A 有利于人们参与投资事业
B 可以稳定国家的经济情况
C 可以使人们手中的货币升值
D 能使人们在市场经济中获得收益

A 사람들이 투자 사업에 참여하는 데 도움이 된다
B 국가의 경제 상황을 안정시킬 수 있다
C 사람들 수중의 화폐를 평가 절상시킬 수 있다
D 사람들이 시장 경제에서 수익을 얻게 할 수 있다

해설 질문이 마일드 인플레이션이 가져올 수 있는 장점에 속하지 않는 것을 물었으므로, 질문의 핵심어구 **良性通货膨胀**, **好处**와 관련된 내용을 지문에서 재빨리 찾는다. 세 번째 단락에서 **良性通货膨胀会使人们手里的金钱贬值**이라고 했으므로, 선택지 C **可以使人们手中的货币升值**이 정답이다. 참고로, 선택지 A, B, D는 지문에서 **人们也能从市场中获得更多的收益。在良性通货膨胀环境之下，国家的经济情况是相对稳定的，因此许多人可能会利用手头上可支配的资金去进行对股票基金的投资。**라고 했으므로 오답이다.

어휘 **事业** shìyè [명] 사업 **升值** shēngzhí [동] 평가 절상하다 **收益** shōuyì [명] 수익

52 一个国家如果出现恶性通货膨胀，会引发什么问题？

어떤 나라에서 악성 인플레이션이 발생한다면, 어떤 문제가 야기될 것인가?

A 出现新兴企业
B 股票投资市场过热
C 国家货币可能严重贬值
D 兑换外币的手续更加复杂

A 신흥 기업이 나타난다
B 주식 투자 시장이 과열된다
C 국가 화폐가 심각하게 평가 절하 당할 수 있다
D 외화 환전 수속이 더욱 복잡해진다

해설 질문이 어떤 나라에서 악성 인플레이션이 발생한다면, 어떤 문제가 야기될 것인지 물었으므로, 질문의 핵심어구 **恶性通货膨胀**, **问题**와 관련된 내용을 지문에서 재빨리 찾는다. 네 번째 단락에서 **在发生严重的通货膨胀时，一个国家的货币可能会在一瞬间就变得"一文不值"。**이라고 했으므로, 선택지 C **国家货币可能严重贬值**이 정답이다.

어휘 **贬值** biǎnzhí [동] 평가 절하하다

画线词语"难以逆料"在文中表示什么意思？

A 感到难为情
B 不难做出选择
C 很难事先料到
D 难以逆转局面

밑줄 친 어휘 '难以逆料'는 글에서 무슨 의미를 나타내는가？

A 난처해하다
B 선택하기 어렵지 않다
C 사전에 예측하기 어렵다
D 국면을 뒤집기가 어렵다

해설 밑줄 친 어휘 '难以逆料'의 의미를 물었으므로, 难以逆料가 밑줄로 표시된 부분을 지문에서 재빨리 찾는다. 마지막 단락에서 恶性通货膨胀的出现可能会对人的心理产生难以逆料的消极影响。이라고 했으므로, 문맥상 难以逆料는 악성 인플레이션은 사람의 심리에 예측 불가능한 부정적인 영향을 준다는 의미임을 알 수 있다. 따라서 선택지 C 很难事先料到가 정답이다.

어휘 难以逆料 nányǐnìliào 휑 예측하기 어렵다 逆转 nìzhuǎn 통 뒤집다 局面 júmiàn 몡 국면

上文最可能出自哪个刊物？

A 科幻世界
B 科学焦点
C 经济观察报
D 阳光少年报

위 글은 어떤 출판물에 나올 가능성이 가장 큰가？

A 공상 과학의 세계
B 사이언스 포커스
C 경제관찰 신문
D 어린이 신문

해설 질문이 이 글은 어떤 출판물에 나올 가능성이 가장 큰지 물었다. 첫 번째 단락에서 通货膨胀是经济学中常用的术语……通货膨胀通常指的是整体物价水平的持续性上升이라고 했고, 지문이 경제 용어인 인플레이션의 정의, 인플레이션이 국가에 끼치는 영향, 인플레이션이 일으키는 원인을 차례대로 언급하고 있다. 따라서 선택지 C 经济观察报가 정답이다.

어휘 科幻 kēhuàn 몡 공상 과학[SF] 焦点 jiāodiǎn 몡 포커스, 초점

---

55 - 61

[61]"三教合一"是指儒教、佛教、道教三个教派的融合。儒教、佛教和道教是中国传统思想文化的重要组成部分，长期以来它们之间相互斗争与融合，而融合是发展的总趋势。[55]"三教合一"是唐代之后中国思想史的整体发展趋势，但"三教合一"这一概念在明朝之前的古代文献中出现的次数甚少，到了晚明时期才得到了较为普遍的使用。对"三教合一"进行过最系统论述的是晚明民间宗教教派"三一教"的创始人林兆恩。

关于三教一致的说法最早在元代出现，虽然当时还没有"三教合一"这一术语，但是却有很多类似的叫法，比如"三教归一"、"三教一源"、"三教同源"、"三教一教"等。从"三教并立"到"三教合一"，经历了一段漫长的发展过程。

中国自古以来就是一个多民族、多宗教和多文化的国家，宗教、哲学的产生和发展具有悠远的历史。早在先秦以前，中国就已出现了以崇拜天帝、祖先为主要特征的宗法性宗教，这是儒教的前身。[56]在先秦时期，儒学则是一种以政治、伦理为主的学说，它缺乏哲学的内涵，疏于思维和论证的方法，因此在春秋战国时期的百家争鸣中没有占据主导地位。汉初统治者推崇黄老之学，在汉武帝定儒教为国教后，出现了两汉经学。经学可以说是对儒学的第一次改造。

东汉时期，张陵在四川奉老子为教主，以《道德经》为主要经典，同时吸收一些原始宗教信仰、巫术、神仙方术等创立了道教。而[57]在三国时期，大批印度和西域僧人来华从事译经、传教的工作，这为之后佛教在魏晋南北朝时期的广泛传播起到了重要的推动作用。在南北朝时期，佛教由于受到帝王的重视，经过改造后，逐渐在民间扎下根来，至隋唐达到了鼎盛时期，形成了许多具有民族特色的中国佛教宗派和学派，并传播到了邻近的国家。佛教一方面在建立民族化的宗派和理论

[61]'삼교합일'이란 유교, 불교, 도교 세 교파의 융합을 가리킨다. 유교, 불교와 도교는 중국 전통 사상 문화의 중요한 구성 부분이고, 오랫동안 서로 투쟁과 융합을 이루어 왔는데, 융합이 발전의 전반적인 추세이다. [55]'삼교합일'은 당나라 시대 이후 중국 사상사의 전반적인 발전 추세이지만, '삼교합일'이라는 개념이 명나라 이전의 고대 문헌에서 등장하는 횟수는 매우 적으며, 명나라 말기에 이르러서야 비교적 보편적으로 사용됐다. '삼교합일'에 대해 가장 체계적으로 이야기한 사람은 명나라 말기 민간 종교 교파 '삼일교'의 창시자인 임조은이다.

삼교일치와 관련된 의견은 원나라 시대에 처음 등장했다. 비록 당시에는 '삼교합일'이라는 용어가 없었지만, 유사한 명칭이 많았다. '삼교귀일', '삼교일원', '삼교동원', '삼교일교' 등이 그 예이다. '삼교병립'에서 '삼교합일'까지는 긴 발전 과정을 겪었다.

중국은 예로부터 다민족, 다종교, 다문화 국가이고, 종교, 철학의 발생과 발전에 유구한 역사를 가지고 있다. 일찍이 선진 이전부터 중국에는 천제, 조상 숭배를 주요 특징으로 하는 종법성 종교가 등장했는데, 이것이 유교의 전신이다. [56]선진 시기 유교는 정치, 윤리를 위주로 하는 학설이었고, 철학적 의미가 부족하고, 사유와 논증하는 방법에 소홀히 하여, 춘추 전국 시대의 백가쟁명에서 주도적 위치를 차지하지 못했다. 한나라 초기 통치자가 황제와 노자의 사상을 추앙했는데, 한무제가 유교를 국교로 정한 후, 양한 경학이 생겨났다. 경학은 유학에 대한 첫 번째 개조라고 할 수 있다.

동한 시기, 장릉은 쓰촨에서 노자를 교주로 받들었고, <도덕경>을 주요 경전으로 삼은 동시에 일부 원시 종교 신앙, 무술, 신선 방술 등을 흡수하여 도교를 창시했다. [57]삼국 시대에는 인도와 서역의 수많은 승려들이 중국에 와서 경전을 번역하고 선교하는 일에 종사했는데, 이는 이후 불교가 위진남북조 시기에 널리 전파되는 데 중요한 추진 작용을 했다. 남북조 시기에 불교는 제왕의 중시를 받아 개조를 거친 후, 점차 민간에 뿌리를 내려, 수나라와 당나라에 이르러 전성기에 도달했고, 많은 민족적 특색을 지닌 중국 불교 종파와 학파를 형성하여 인접한 나라에 전파됐다. 불교는 한편으로 민족화된 종파와 이론 체계를 형성할 때 대량의 유교, 도교 사상을 흡수했고, 다른 한편으로는

体系时摄取了大量的儒、道思想，另一方面又与儒、道进行了"流血斗争"，由此儒、佛、道逐渐形成了鼎足之势。

在北宋初期，朝廷对佛教采取了保护政策，普度大批僧人，重编《大藏经》。[58]南宋统治范围仅限于秦岭淮河以南地区，统治者却偏安一隅，此时佛教虽然保持了一定的繁荣，但总体却在衰落。佛教与儒、道结合，呈现出了"三教合一"的发展趋势。与此相反，道教在两宋时期进入了全盛时期，宋徽宗自称为道君皇帝，采取了一系列崇道措施。一时间道众倍增，宫观规模日益扩大。至元代，道教正式分为全真和正一两个主要派别，这些派别从自身教派的立场出发，高举"三教合一"旗帜。元代以后，佛教与道教衰落，理学勃兴。[59]理学是宋元明时期儒家思想学说的通称，是古代最为精致、最为完备的理论体系。理学吸纳了佛、道的大量哲学思想、思维形式和修持方法，使三个教派密切联系在一起，难解难分，并发展至今。

总的来说，从"三教"的视野来了解中华民族传统文化，有利于更好地总结传统思想文化，同时，[60]"合一"也是一种对不同文化开放与包容的态度。"三教合一"有助于人们了解中国传统文化的丰富性与多元性，构建多元一体的文明。然而，过分强调"合一"是否会泯灭宗教的差异性，也是今后值得关注的问题。

또 유교, 도교와 '유혈 투쟁'을 벌였다. 이로 인해 유교, 불교, 도교 세 개의 세력이 팽팽하게 맞서는 국면이 점차 이루어지게 되었다.

북송 초기, 조정에서는 불교에 대한 보호 정책을 취했고, 승려들을 대거 구제하여 <대장경>을 다시 편찬했다.[58]남송의 통치 범위는 친링 화이허 이남 지역에 한정되었는데, 통치자는 작은 영토에 안거함을 만족해했고, 이때 불교는 비록 일정한 번영을 유지했지만, 전체적으로는 쇠락하고 있었다. 불교는 유교, 도교와 결합하여 '삼교합일'의 발전 추세를 보였다. 이에 반해, 도교는 양송 시기 전성기에 접어들었고, 송휘종은 스스로를 도군 황제라 칭하며, 일련의 도교를 숭배하는 조치를 취했다. 순식간에 도교를 따르는 사람들이 배로 증가하여, 도교의 사원 규모가 날로 커졌다. 원나라 시대에 이르러, 도교는 정식으로 전진과 정일 두 개의 주요 유파로 나뉘게 되었는데, 이들 유파는 자신의 교파의 입장에서 출발하여, '삼교합일'의 깃발을 높이 들었다. 원나라 시대 이후, 불교와 도교는 쇠퇴했고, 이학이 번창했다.[59]이학은 송나라, 원나라, 명나라 시기 유학 사상 학설의 통칭이고, 고대에서 가장 정교하고, 가장 완전한 이론 체계이다. 이학은 불교, 도교의 수많은 철학 사상, 사유 방식과 수양 방법을 받아들였고, 세 가지 교파가 긴밀하게 연결되게 하여 분리되지 않고 오늘날까지 발전하게 했다.

전반적으로 말해서, '삼교'의 시야에서 중화 민족의 전통문화를 이해하면, 전통 사상 문화를 더 잘 정리하는 데 도움이 된다. 동시에[60]'합일'은 서로 다른 문화에 대한 개방과 포용하는 태도이며, '삼교합일'은 사람들이 중국 전통문화의 풍부함과 다양함을 이해하고, 다원화된 문명을 구축하는 데 도움이 된다. 그러나 지나치게 '합일'을 강조하는 것이 종교의 차이성을 사라지게 하는지는 앞으로 세심히 관심을 가져야 할 문제이기도 하다.

어휘 **斗争** dòuzhēng 통 투쟁하다 **文献** wénxiàn 명 문헌 **论述** lùnshù 통 이야기하다 **民间** mínjiān 명 민간 **宗教** zōngjiào 명 종교 **术语** shùyǔ 명 용어
　　类似 lèisì 형 유사하다 **漫长** màncháng 형 (시간·공간이) 길다 **先秦** Xiānqín 고유 선진[일반적으로 춘추 전국 시대를 가리킴] **崇拜** chóngbài 통 숭배하다
　　祖先 zǔxiān 명 조상, 선조 **宗法** zōngfǎ 명 종법[한 종파의 법규] **伦理** lúnlǐ 명 윤리 **学说** xuéshuō 명 학설 **内涵** nèihán 명 의미, 내포
　　疏于 shūyú ~에 소홀히 하다 **百家争鸣** bǎijiāzhēngmíng 명 백가쟁명[수많은 학자나 학파가 자신의 사상을 자유로이 논쟁함] **主导** zhǔdǎo 통 주도하다
　　统治 tǒngzhì 통 통치하다 **推崇** tuīchóng 통 추앙하다, 높이 평가하다 **经学** jīngxué 명 경학[유가 경전을 연구하는 학문] **改造** gǎizào 통 개조하다
　　奉 fèng 통 받들다 **原始** yuánshǐ 형 원시의, 최초의 **信仰** xìnyǎng 명 신앙 **巫术** wūshù 명 무술[무당의 술법] **神仙** shénxiān 명 신선
　　方术 fāngshù 명 방술[점성, 관상 등의 기술] **创立** chuànglì 통 창시하다, 창립하다 **僧人** sēngrén 명 승려 **扎根** zhāgēn 통 뿌리를 내리다
　　鼎盛时期 dǐngshèng shíqī 전성기 **体系** tǐxì 명 체계, 시스템 **摄取** shèqǔ 통 흡수하다 **鼎足之势** dǐngzúzhīshì 명 세 개의 세력이 팽팽히 맞서는 국면
　　朝廷 cháotíng 명 조정 **政策** zhèngcè 명 정책 **普度** pǔdù 통 널리 구제하다, 중생을 제도하다 **偏安一隅** piān'ānyìyú 작은 영토에 안거함을 만족해하다
　　衰落 shuāiluò 통 쇠락하다 **道君** dàojūn 명 도군[도교에서 지위가 가장 높은 사람] **皇帝** huángdì 명 황제 **宫观** gōngguàn 명 도교의 사원 **日益** rìyì 날로
　　旗帜 qízhì 명 깃발 **勃兴** bóxīng 통 번창하다 **精致** jīngzhì 형 정교하다 **完备** wánbèi 형 완전하다 **修持** xiūchí 통 자신을 수양하며 도를 닦다
　　包容 bāoróng 통 포용하다 **泯灭** mǐnmiè 통 사라지다 **关注** guānzhù 통 관심을 가지다

55　关于"三教合一"这一术语，下列哪项正确？

A 最初出现于唐朝时期
B 诞生于三一教主发起的宗教改革
C 元代以前在文献中出现的次数甚多
D 代表着中国思想史的整体发展趋势

'삼교합일'이라는 용어에 관해, 다음 중 옳은 것은?

A 당나라 시기에 최초로 생겼다
B 삼일교주가 일으킨 종교 개혁에서 탄생했다
C 원나라 시대 이전에 문헌에서 등장한 횟수가 매우 많다
D 중국 사상사의 전반적인 발전 흐름을 대표한다

해설　질문이 '삼교합일'이라는 용어에 관해 옳은 것을 물었다. 질문에 핵심어구가 없으므로 각 선택지의 핵심어구 唐朝时期, 三一教主发起的宗教改革, 元代以前, 中国思想史的整体发展趋势와 관련된 내용을 지문에서 재빨리 찾는다. 첫 번째 단락에서 "三教合一"是唐代之后中国思想史的整体发展趋势라고 했으므로, 선택지 D 代表着中国思想史的整体发展趋势가 정답이다. 참고로, 선택지 A는 두 번째 단락에서 关于三教一致的说法最早在元代出现이라고 했으므로 오답이다. 선택지 B는 지문에서 언급되지 않았으므로 오답이다. 선택지 C는 첫 번째 단락에서 "三教合一"这一概念在明朝之前的古代文献中出现的次数甚少，到了晚明时期才得到了较为普遍的使用이라고 했으므로 오답이다.

어휘　**术语** shùyǔ 명 용어 **诞生** dànshēng 통 탄생하다 **宗教** zōngjiào 명 종교 **文献** wénxiàn 명 문헌

根据上下文，第三段空白处最适合填入的词语是： | 앞뒤 내용에 근거하여, 세 번째 단락의 빈칸에 들어갈 어휘로 가장 알맞은 것은:

A 内幕 | A 내막
B 内耗 | B 내적 소모
C 内涵 | **C 의미**
D 内需 | D 국내시장의 수요

해설 질문이 세 번째 단락의 빈칸에 들어갈 어휘로 가장 알맞은 것을 물었다. A는 '내막', B는 '내적 소모', C는 '의미', D는 '국내시장의 수요'라는 의미이다. 빈칸 주변이 '선진 시기 유교는 정치, 윤리를 위주로 하는 학설이었고, 철학적_____가 부족하고, 사유와 논증하는 방법에 소홀히 하여, 춘추전국 시대의 백가쟁명에서 주도적 위치를 차지하지 못했다.'라는 문맥이므로, 빈칸에는 선진 시기에 유교라는 학설에서 어떠한 것이 부족한지를 나타내는 어휘가 들어가야 한다. 따라서 선택지 C 内涵이 정답이다.

어휘 内幕 nèimù 圐 내막 内耗 nèihào 圐 내적 소모 内涵 nèihán 圐 의미 内需 nèixū 圐 국내시장의 수요, 내수

佛教从引入中国到在民间扎根，下列哪些因素起到了重要作用？ | 불교가 중국에서 유입되어 민간에 뿌리를 내리기까지, 다음 중 어떤 요소가 중요한 역할을 했는가?

① 大批僧人从事译经和传教工作 | ① 수많은 승려가 경전을 번역하고 선교하는 일에 종사했다
② 受到了统治者的重视并得到了改造 | ② 통치자의 중시를 받아 개조를 했다
③ 帝王们推动了崇儒抑佛政策的落实 | ③ 제왕들이 유교를 숭배하고 불교를 억제하는 정책의 시행을 추진했다
④ 出现过不同领袖之间的排斥和激烈斗争 | ④ 서로 다른 지도자 간의 배척과 치열한 투쟁이 일어났었다

A ①② | **A ①②**
B ①④ | B ①④
C ②③ | C ②③
D ③④ | D ③④

해설 질문이 불교가 중국에서 유입되어 민간에 뿌리를 내리기까지 어떤 요소가 중요한 역할을 했는지 물었으므로, 질문의 핵심어구 佛教从引入中国到在民间扎根, 因素, 重要作用과 관련된 내용을 지문에서 재빨리 찾는다. 네 번째 단락에서 在三国时期, 大批印度和西域僧人来华从事译经、传教的工作, 这为之后佛教在魏晋南北朝时期的广泛传播起到了重要的推动作用。在南北朝时期, 佛教由于受到帝王的重视, 经过改造后, 逐渐在民间扎下根来라고 했으므로, ① 大批僧人从事译经和传教工作와 ② 受到了统治者的重视并得到了改造가 포함된 선택지 A ①②가 정답이다.

어휘 民间 mínjiān 圐 민간 扎根 zhāgēn 圐 뿌리를 내리다 僧人 sēngrén 圐 승려 落实 luòshí 圐 실시하다 政策 zhèngcè 圐 정책 排斥 páichì 圐 배척하다 斗争 dòuzhēng 圐 투쟁하다 领袖 lǐngxiù 圐 지도자

画线词语 "偏安一隅" 的 "安" 与下列哪个括号中的词语意思相近？ | 밑줄 친 어휘 '偏安一隅'의 '安'은 선택지 괄호 안 어떤 어휘와 의미가 비슷한가?

A 心神不（安） | A 마음이 (편안하지) 않다
B 转危为（安） | B 위험한 상태에서 벗어나 (안전하게) 되다
C （安）于现状 | **C 현상에 (만족하다)**
D （安）个头衔 | D 직함을 (추가하다)

해설 질문의 偏安一隅는 '작은 영토에 안거함을 만족해하다'라는 의미이며, 이 중 安은 '만족해하다'라는 의미이다. 다섯 번째 단락에서 南宋统治范围仅限于秦岭淮河以南地区, 统治者却偏安一隅라고 하며, 남송의 통치 범위는 친링 화이허 이남 지역에 한정되었는데, 통치자는 작은 영토에 안거함을 만족해한다고 언급하였으므로, 安이 '만족해하다'라는 의미로 사용됐음을 확인할 수 있다. 따라서 安이 '만족해하다'의 의미로 쓰인 선택지 C （安）于现状이 정답이다.

어휘 偏安一隅 piān'ānyìyú 圐 작은 영토에 안거함을 만족해하다 心神不安 xīnshénbù'ān 圐 마음이 편안하지 않다 转危为安 zhuǎnwēiwéi'ān 圐 위험한 상태에서 벗어나 안전하게 되다 安于现状 ānyúxiànzhuàng 圐 현상에 만족하다 头衔 tóuxián 圐 직함

关于宋元明时期的理学，可以知道： | 송나라, 원나라, 명나라 시기의 이학에 관해, 알 수 있는 것은:

A 被认为是道家学派的根基 | A 도교 학파의 근원으로 여겨졌다
B 被采纳为元代末期的官方哲学 | B 원나라 말기 공식 철학으로 받아들여졌다
C 最看重 "天人合一" 的哲学思想 | C '천인합일'의 철학 사상을 가장 중시한다
D 是宋元明时期儒家思想学说的通称 | **D 송나라, 원나라, 명나라 시기 유학 사상 학설의 통칭이다**

해설 질문이 송나라, 원나라, 명나라 시기의 이학에 관해 알 수 있는 것을 물었으므로, 질문의 핵심어구 宋元明时期的理学와 관련된 내용을 지문에서 재빨리 찾는다. 다섯 번째 단락에서 理学是宋元明时期儒家思想学说的通称이라고 했으므로, 선택지 D 是宋元明时期儒家思想学说的通称이 정답이다.

어휘 根基 gēnjī 圕 근원, 토대   采纳 cǎinà 圄 받아들이다   官方 guānfāng 圕 공식, 정부 측

60

“三教合一”中“合一”所展现的是什么？	'삼교합일'에서 '합일'은 무엇을 나타내는가?
A 无比虔诚的宗教信仰	A 가장 경건하고 정성스러운 종교 신앙
B 对自身传统文化的优越感	B 자신의 전통문화에 대한 우월감
C 宗教发展所呈现的普遍规律	C 종교 발전이 보이는 보편적인 규칙
D 对不同文化开放与包容的态度	**D 서로 다른 문화에 대한 개방과 포용하는 태도**

해설 질문이 '삼교합일'에서 '합일'은 무엇을 나타내는지 물었으므로, 질문의 핵심어구 “三教合一”中“合一”와 관련된 내용을 지문에서 재빨리 찾는다. 마지막 단락에서 “合一”也是一种对不同文化开放与包容的态度라고 했으므로, 선택지 D 对不同文化开放与包容的态度가 정답이다.

어휘 虔诚 qiánchéng 圕 경건하고 정성스럽다   信仰 xìnyǎng 圕 신앙   优越感 yōuyuègǎn 圕 우월감   呈现 chéngxiàn 圄 보이다, 나타내다   包容 bāoróng 圄 포용하다

61

最适合做上文标题的是：	위 글의 제목으로 가장 적절한 것은：
A “三教合一”的演进过程	**A '삼교합일'의 발전 과정**
B “三教合一”的古建筑群	B '삼교합일'의 옛날 건축군
C “三教合一”与“三教鼎立”的特点	C '삼교합일'과 '삼교정립'의 특징
D 周边国家如何受到“三教合一”的影响	D 주변 국가는 어떻게 '삼교합일'의 영향을 받았는가

해설 질문이 제목으로 적절한 것을 물었다. 첫 번째 단락에서 “三教合一”是指儒教、佛教、道教三个教派的融合。儒教、佛教和道教是中国传统思想文化的重要组成部分，长期以来它们之间相互斗争与融合，而融合是发展的总趋势。이라고 했고, 지문이 삼교합일의 탄생, 유교, 도교, 불교의 역사, 삼교합일의 발전 과정을 차례대로 언급하고 있다. 따라서 선택지 A “三教合一”的演进过程이 정답이다.

어휘 演进 yǎnjìn 圄 발전하다

---

62 - 68

随着技术的进步，越来越多的人希望计算机能够具备与人进行语言沟通的能力，因此语音识别这一技术也越来越受到关注。⁶²语音识别技术是让机器通过识别和理解的过程，把语音信号转换为相应的文本或命令的高新技术，也就是让机器人听懂人类的语音。

如果电脑配置有“语音识别”的程序组，⁶³那么在声音通过转换装置输入到电脑内部，并以数位方式储存后，语音辨析程序便会开始对输入的声音与事先储存好的声音样本进行对比。对比工作完成后，语音辨析程序就会给另一个程序传送一个它认为最接近的声音序号，这就可以知道之前输入到电脑里的声音是什么意思。

目前的语音识别系统以统计模式识别的基本理论为基础。⁶⁴一个完整的语音识别程序可大致分为三部分。一是语音特征提取。在这个过程中，对语音信号进行采样得到波形数据之后，提取出合适的声学特征参数，供后续声学模型使用。⁶⁴二是语音与声学模型匹配。声学模型是识别系统的底层模型，并且是语音识别系统中最关键的一部分。声学模型通常是通过加工已获取的语音特征而建立的，目的是为每个发音建立发音模板，在识别时将未知的语音特征同声学模型进行匹配与比较。三是语义理解过程，即计算机对识别结果进行语法、语义分析的过程，通过语言模型来理解语言的意义，并做出相应的反应。

기술의 발전에 따라, 컴퓨터가 사람과 언어로 소통할 수 있는 능력을 갖추기를 바라는 사람들이 점점 더 많아지고 있다. 이에 따라 음성 인식 기술도 점점 관심을 받고 있다. ⁶²음성 인식 기술은 기계가 인식하고 이해하는 과정을 통해 음성 신호를 그에 상응하는 텍스트나 명령으로 변환시키는 첨단 기술인데, 즉 로봇이 인간의 음성을 알아 듣게 하는 것이다.

만약 컴퓨터에 '음성 인식'이라는 프로그램이 장착되어 있으면, ⁶³음성이 변환 장치를 통해 컴퓨터 내부로 입력되어 디지털 방식으로 저장되고 난 후, 음성 판별 프로그램이 입력된 음성과 사전에 저장된 음성 샘플을 비교하기 시작한다. 비교 작업이 끝나면, 음성 판별 프로그램은 가장 근접하다고 생각하는 소리의 번호를 다른 프로그램에 전송하는데, 이렇게 하면 이전에 입력된 소리의 의미가 무엇인지 알 수 있다.

현재 음성 인식 시스템은 통계 패턴 인식의 기본 이론을 기초로 하고 있다. ⁶⁴하나의 완전한 음성 인식 프로그램은 대체로 세 부분으로 나눌 수 있다. 첫 번째는 음성 특징 추출이다. 이 과정에서는 음성 신호에 샘플을 추출하여 파형 데이터를 얻은 후, 적합한 음향 특징 파라미터를 추출하여 후속 음향 모델에 사용할 수 있도록 제공한다. ⁶⁴두 번째는 음성과 음향 모델의 매칭이다. 음향 모델은 인식 시스템의 기본 모델이며, 또한 음성 인식 시스템에서 가장 관건인 부분이다. 음향 모델은 일반적으로 획득한 음성 특징을 가공을 통해 형성한 것이며, 목적은 각각의 발음에 발음 템플릿을 형성하고, 인식할 때 미지의 음성 특징을 음향 모델과 매칭 및 비교하는 것이다. 세 번째는 의미 이해 과정으로, 즉 컴퓨터가 인식한 결과에 대해 문법적, 의미적 분석을 하는 과정으로, 언어 모델을 통해 말의 의미를 이해하고 그에 상응하는 반응을 한다.

语音识别是一个涉及心理学、生理学、声学、语言学、计算机科学等多个学科的交叉学科，具有较为广阔的应用场景，[65]当今信息社会的高速发展迫切需要性能优越的、能满足各种不同需求的自动语音识别技术。然而，实现这样的目标面临着诸多困难。例如不同的发音人或不同的口音会导致语音特征在参数空间的分布不同，这会影响到语音识别技术输出的准确性。[66]同一发音人心理或生理变化带来的语音变化也会让语音识别技术不能准确判断发音人的指示，从而不能做出相应的反应。另外，[66]发音人的发音方式和习惯引起的省略、连读等多变的语音现象所带来的语音输入问题，也是语音识别技术需要克服的难点。专家认为，为了降低语音识别技术的算法错误率，提供多样的高质量训练数据至关重要。

[67]在现阶段，语音识别技术已经发展成一系列产业链，上游主要为一些提供数据与云服务的企业，这些企业能提供具有海量数据处理、存储以及高性能运算能力的云计算技术。中游主要为通过语音识别技术实现商业化落地的硬件及软件供应商。下游则是人们所熟悉的一些商业化形式，例如智慧教育、车载系统等，还涉及到医疗、教育、客服、语音审核等专业领域。[68]在未来五到十年内，语音识别系统的应用将更加广泛。各种各样的应用语音识别技术的产品出现在市场上，语音识别系统也会越来越适应人的各种说话方式。语音识别技术接下来将为人们带来怎样的便利，我们拭目以待。

음성 인식은 심리학, 생리학, 음향학, 언어학, 컴퓨터 과학 등 여러 학과와 관련된 교차 학과로, 비교적 넓게 활용되고 있다. [65]오늘날 정보 사회의 고속 발전은 성능이 뛰어나고, 다양한 수요를 만족시킬 수 있는 자동 음성 인식 기술을 절실히 필요로 하고 있다. 그러나 이러한 목표를 실현하는 데에는 많은 어려움을 겪고 있다. 예를 들어 발음하는 사람이나 말투가 다르면 음성 특징이 파라미터 공간의 분포가 달라지는 것을 야기하는데, 이는 음성 인식 기술의 출력 정확성에 영향을 줄 수 있다. [66]발음하는 사람이 같더라도 심리적이나 생리적 변화가 초래하는 음성의 변화도 음성 인식 기술이 발음하는 사람의 지시를 정확하게 판단하지 못하게 해서, 상응하는 반응을 하지 못 하게 한다. 이 외에도 [66]발음하는 사람의 발음 방식과 습관으로 인한 생략, 연음 등 변덕스러운 음성 현상이 초래하는 음성 입력 문제도 음성 인식 기술이 극복해야 할 어려움이다. 전문가들은 음성 인식 기술의 계산 오류율을 낮추기 위해, 다양하고 퀄리티가 높은 훈련 데이터를 제공하는 것이 지극히 중요하다고 주장했다.

[67]현재 단계에서 음성 인식 기술은 이미 일련의 산업 사슬로 발전했다. 업스트림은 주로 데이터와 클라우드 서비스를 제공하는 기업들이다. 이러한 기업들은 방대한 양의 데이터 처리, 저장 및 고성능 연산 능력을 가진 클라우드 컴퓨팅 기술을 제공할 수 있다. 미드스트림은 주로 음성 인식 기술을 상용화해 안착시킨 하드웨어 및 소프트웨어의 공급 업체이다. 다운스트림은 사람들에게 익숙한 상업화 형식들인데, 예를 들어 스마트 교육, 차량용 시스템 등이 있고, 의료, 교육, 고객 서비스, 음성 심의 등 전문 분야에도 관련되어 있다. [68]앞으로 5년에서 10년 사이에 음성 인식 시스템의 활용은 더욱 광범위해질 것이다. 음성 인식 기술을 활용한 다양한 제품이 시장에 나오고, 음성 인식 시스템도 사람의 다양한 말하는 방식에 점점 적응할 것이다. 음성 인식 기술이 계속해서 사람들에게 어떤 편리함을 선사할지 지켜보자.

어휘 **语音识别** yǔyīn shíbié [명] 음성 인식 **关注** guānzhù [동] 관심을 가지다 **相应** xiāngyìng [동] 상응하다 **装置** zhuāngzhì [명] 장치 **数位** shùwèi [명] 디지털 **储存** chǔcún [동] 저장하다 **辨析** biànxī [동] 판별하여 분석하다 **样本** yàngběn [명] 샘플 **统计** tǒngjì [동] 통계하다 **模式** móshì [명] 패턴 **大致** dàzhì [부] 대체로 **提取** tíqǔ [동] 추출하다 **采样** cǎiyàng [동] 샘플을 추출하다 **参数** cānshù [명] 파라미터[명령어를 입력할 때 추가하거나 변경하는 수치 정보] **模型** móxíng [명] 모델 **匹配** pǐpèi [동] 매칭하다 **模板** múbǎn [명] 템플릿, 모듈 **涉及** shèjí [동] 관련되다 **交叉** jiāochā [동] 교차하다 **广阔** guǎngkuò [형] 넓다 **性能** xìngnéng [명] 성능 **优越** yōuyuè [형] 뛰어나다 **需求** xūqiú [명] 수요 **产业链** chǎnyèliàn [명] 산업 사슬 **运算** yùnsuàn [동] 연산하다 **云计算** yúnjìsuàn [명] 클라우드 컴퓨팅 **落地** luòdì [동] 안착하다, 착지하다 **硬件** yìngjiàn [명] 하드웨어 **供应** gōngyìng [동] 공급하다 **车载** chēzài [명] 차량용 **审核** shěnhé [동] 심의하다 **便利** biànlì [형] 편리하다 **拭目以待** shìmùyǐdài [성] (큰 관심으로) 지켜보다, 간절히 기대하다

62 语音识别技术的主要作用是：

A 提高计算机的算法准确率
B 把语音转化为机器能识别的数据
C 能让人识别机器发出的所有指令
D 提高人与人之间的语言沟通能力

음성 인식 기술의 주요 역할은:

A 컴퓨터의 계산 방식 정확도를 높인다
B 음성을 기계가 인식할 수 있는 데이터로 변환한다
C 기계가 보내는 모든 명령을 사람이 인식할 수 있게 한다
D 사람과 사람 사이의 언어 소통 능력을 향상시킨다

해설 질문이 음성 인식 기술의 주요 역할을 물었으므로, 질문의 핵심어구 **语音识别技术的主要作用**과 관련된 내용을 지문에서 재빨리 찾는다. 첫 번째 단락에서 **语音识别技术是让机器通过识别和理解的过程，把语音信号转换为相应的文本或命令的高新技术，也就是让机器人听懂人类的语音。**이라고 했으므로, 선택지 B **把语音转化为机器能识别的数据**가 정답이다.

어휘 **语音识别** yǔyīn shíbié [명] 음성 인식 **指令** zhǐlìng [명] 명령

63 根据上下文，第二段空白处最适合填入的词语是：

A 序幕
B 限度
C 先例
D 样本

앞뒤 내용에 근거하여, 두 번째 단락의 빈칸에 들어갈 어휘로 가장 알맞은 것은:

A 서막
B 한도
C 선례
D 샘플

해설 질문이 두 번째 단락의 빈칸에 들어갈 어휘로 가장 알맞은 것을 물었다. A는 '서막', B는 '한도', C는 '선례', D는 '샘플'이라는 의미이다. 빈칸 주변이 '음성이 변환 장치를 통해 컴퓨터 내부로 입력되어 디지털 방식으로 저장되고 난 후, 음성 판별 프로그램이 입력된 음성과 사전에 저장된 음성

_____을 비교하기 시작한다'라는 문맥이므로, 빈칸에는 입력된 음성과 사전에 저장된 어떤 음성을 비교할 수 있는지를 나타내는 어휘가 들어가야 한다. 따라서 선택지 D 样本이 정답이다.

어휘　序幕 xùmù 图 서막　限度 xiàndù 图 한도　先例 xiānlì 图 선례　样本 yàngběn 图 샘플

64　关于语音识别程序，下列哪项正确？　음성 인식 프로그램의 과정에 관해, 다음 중 옳은 것은?

A 主要分为四大部分　A 주로 네 부분으로 나뉘어진다

B 提取语音的过程耗时最长　B 음성을 추출하는 과정이 가장 오래 걸린다

C 声学模型是系统的底层模型　**C 음향 모델은 시스템의 기본 모델이다**

D 语义理解过程是最关键的一部分　D 의미 이해 과정은 가장 관건인 부분이다

해설　질문이 음성 인식 프로그램의 과정에 관해 옳은 것을 물었으므로, 질문의 핵심어구 语音识别程序와 관련된 내용을 지문에서 재빨리 찾는다. 세 번째 단락에서 一个完整的语音识别程序可大致分为三部分。……二是语音与声学模型匹配。声学模型是识别系统的底层模型이라고 했으므로, 선택지 C 声学模型是系统的底层模型이 정답이다. 참고로, 선택지 A, D는 세 번째 단락에서 一个完整的语音识别程序可大致分为三部分。과 声学模型是识别系统的底层模型，并且是语音识别系统中最关键的一部分。이라고 했으므로 오답이다. 선택지 B는 지문에서 언급되지 않았으므로 오답이다.

어휘　提取 tíqǔ 图 추출하다　模型 móxíng 图 모델

65　第四段主要谈的是什么？　네 번째 단락은 주로 무엇을 말하고 있는가?

A 语音识别技术的主要应用范畴　A 음성 인식 기술의 주요 활용 범주

B 语音识别技术在使用过程中的局限性　**B 음성 인식 기술 사용 과정 중의 한계성**

C 语音识别技术对商业经济的积极意义　C 상업 경제에 대한 음성 인식 기술의 긍정적인 의의

D 语音识别技术与其他学科的具体联系　D 음성 인식 기술과 다른 학과의 구체적인 연계

해설　질문이 네 번째 단락의 중심 내용을 물었으므로, 네 번째 단락을 재빠르게 읽으며 중심 내용을 파악한다. 단락 초반에서 当今信息社会的高速发展迫切需要性能优越的、能满足各种不同需求的自动语音识别技术。然而，实现这样的目标面临着诸多困难이라고 하며 음성 인식 기술이 극복해야 할 어려움에 대해 말하고 있다. 따라서 이를 통해 알 수 있는 선택지 B 语音识别技术在使用过程中的局限性이 정답이다.

어휘　范畴 fànchóu 图 범주

66　根据上文，发音人的哪些特征会给语音识别带来影响？　위 글에 근거하여, 발음하는 사람의 어떤 특징이 음성 인식에 영향을 줄 수 있는가?

① 发音时声调的高低　① 발음할 때 성조의 높낮이

② 使用特定国家的语言　② 특정 나라의 언어를 사용하는 것

③ 由习惯引起的各种语音现象　③ 습관으로 인해 생겨난 각종 음성 현상

④ 因心情变化而产生的语音变化　④ 기분 변화로 인해 발생한 음성 변화

A ②③　A ②③

B ①④　B ①④

C ③④　**C ③④**

D ①②　D ①②

해설　질문이 발음하는 사람의 어떤 특징이 음성 인식에 영향을 줄 수 있는지 물었으므로, 질문의 핵심어구 发音人, 特征과 관련된 내용을 지문에서 재빨리 찾는다. 네 번째 단락에서 同一发音人心理或生理变化带来的语音变化也会让语音识别技术不能准确判断发音人的指示……发音人的发音方式和习惯引起的省略、连读等多变的语音现象所带来的语音输入问题라고 했으므로, ③ 由习惯引起的各种语音现象과 ④ 因心情变化而产生的语音变化가 포함된 선택지 C ③④가 정답이다.

어휘　特定 tèdìng 图 특정한

67　下列哪项**不属于**对语音识别技术产业链的描述？　다음 중 음성 인식 기술 산업 사슬에 대한 묘사로 **속하지 않는** 것은?

A 语音识别可应用于专业领域　A 음성 인식은 전문 분야에 활용될 수 있다

B 上游的企业能提供云计算技术　B 업스트림 기업은 클라우드 컴퓨팅 기술을 제공할 수 있다

C 在未来的五到十年或将会成为现实　**C 앞으로 5년에서 10년이면 현실이 될 수도 있다**

D 软件供应商可让语音识别技术商业化　D 소프트웨어 공급자는 음성 인식 기술을 상용화할 수 있다

해설　질문이 음성 인식 기술 산업 사슬에 대한 묘사로 속하지 않는 것을 물었으므로, 질문의 핵심어구 语音识别技术产业链과 관련된 내용을 지문에

서 재빨리 찾는다. 마지막 단락에서 在现阶段，语音识别技术已经发展成一系列产业链이라고 했으므로, 지문의 내용과 일치하지 않는 선택지 C 在未来的五到十年或将会成为现实이 정답이다. 참고로, 선택지 A, B, D는 마지막 단락에서 上游……这些企业能提供……云计算技术와 中游主要为通过语音识别技术实现商业化落地的硬件及软件供应商。그리고 下游……涉及到……专业领域라고 했으므로 오답이다.

어휘 云计算 yúnjìsuàn ⑬ 클라우드 컴퓨팅

68 根据上文，作者最可能支持的观点是：

A 应用前景广阔的语音识别技术值得期待
B 语音识别技术是一个国家综合国力的象征
C 难点与问题较多的语音识别技术难以发展
D 语音识别技术在一定程度上侵犯了个人隐私

위 글에 근거하여, 저자가 지지할 관점으로 가능성이 가장 큰 것은:

A 활용 전망이 폭넓은 음성 인식 기술은 기대할 만하다
B 음성 인식 기술은 한 국가의 국가 경쟁력의 상징이다
C 어려움이 많고 문제가 많은 음성 인식 기술은 발전하기 어렵다
D 음성 인식 기술은 어느 정도 개인 프라이버시를 침범했다

해설 질문이 저자가 지지할 관점으로 가능성이 가장 큰 것을 물었다. 마지막 단락에서 在未来五到十年内，语音识别系统的应用将更加广泛。各种各样的应用语音识别技术的产品出现在市场上，语音识别系统也会越来越适应人的各种说话方式。语音识别技术接下来将为人们带来怎样的便利，我们拭目以待。라고 했으므로, 저자는 음성 인식 기술로 인해 사람들의 삶이 앞으로 얼마나 더 편리해질지 기대하고 있음을 알 수 있다. 따라서 선택지 A 应用前景广阔的语音识别技术值得期待가 정답이다.

어휘 广阔 guǎngkuò ⑬ 넓다 综合国力 zōnghé guólì 국가 경쟁력 侵犯 qīnfàn ⑬ 침범하다 隐私 yǐnsī ⑬ 프라이버시

69 - 73

[F] 散落在太平洋上的岛屿多如繁星，看起来似乎杂乱无章，但从地质构造可以清晰地看出各岛屿间是有联系的，走向连成一线，大体上以弧形延伸，有规律地分布在太平洋上。太平洋上的岛屿有一万多个，不仅分布没有规律，而且大小悬殊，形态各异。按成因分类，太平洋岛屿有大陆岛、火山岛和珊瑚岛三类，后两类又被称为海洋岛。	[F] 태평양에 흩어져 있는 섬들은 별처럼 많아 뒤죽박죽 해 보인다. 하지만 지질 구조에서 각 섬은 연결돼 있고 일직선으로 이어져 있으며, 대체로 아치형으로 뻗어 있고 규칙적으로 태평양에 분포되어 있음을 명확히 알 수 있다. 태평양의 섬은 1만여 개가 있는데, 불규칙적으로 분포되어 있을 뿐만 아니라 크기 차이가 매우 크며 형태가 다양하다. 형성 원인에 따라 분류하면 태평양의 섬들은 육도, 화산섬과 산호섬 세 종류이며 뒤의 두 종류는 해양도라고도 불린다.
[C] 在这三类岛屿中，大陆岛的地质构造与大陆是最相似的。大陆岛是延伸到海底的大陆地块露出水面而形成的岛，这些岛屿在地质时期曾是大陆的一部分，后来因地壳某一部分断裂下沉而形成海峡，脱离大陆的一部分陆地则被海水包围形成岛屿。它们的共同特点是：岛屿面积较大，地势较高，主要分布在大陆的外围。	[C] 이 세 종류의 섬에서, 육도의 지질 구조가 대륙과 가장 비슷하다. 육도는 해저까지 뻗어 있는 큰 육지가 수면 위로 드러나 형성된 섬으로, 이런 섬들은 지질 시대에 대륙의 일부였다가, 후에 지각의 일부분이 끊어지고 갈라져 가라앉으면서 해협이 형성되었고, 대륙을 벗어난 육지의 일부분은 바닷물에 둘러싸여 섬을 형성하였다. 이들의 공통점은 섬의 면적이 넓고, 지대가 높으며, 주로 대륙 외곽에 분포되어 있다는 것이다.
[E] 根据组成物质和构成成因，大陆岛可以分为基岩岛和冲积岛。大多数基岩岛原是大陆的一部分，后来因为地壳沉降或海面上升，海水淹没了低地，较高的海滨山地、丘陵露出海面，成为了岛屿，所以基岩岛在地质构造和地表形态方面与临近的陆地相似。而冲积岛则是由河流挟带的泥沙在河口逐渐堆积而成的，因此又被叫作"沙岛"。	[E] 구성 물질과 형성 원인에 따라 육도는 기암도와 충적도로 나뉜다. 대부분의 기암도는 원래 대륙의 일부였으나, 이후에 지각 침강이나 해수면 상승으로 인해 저지대가 해수에 침수되고, 높은 해안 산지, 언덕이 해수면 위로 드러나 섬이 되었기 때문에, 기암도는 지질 구조나 지표 형태 면에서 인접한 육지와 유사하다. 반면에 충적도는 하천이 운반한 흙과 모래가 하구에 쌓여 형성된 것으로, 이 때문에 '모래섬'이라고 불리기도 한다.
[G] 火山岛是由海底火山喷发物堆积而成的，这些岛屿一般面积较小，地势高峻。火山岛有的由单个火山喷发而形成，如太平洋的皮特克恩岛；有的是几个火山聚集而成的，如夏威夷岛，它由八座火山聚集而成。至今，人们还没有真正看过海底火山爆发的景象，至多只是看到海底不断冒出新的岩浆，形成新的火成岩。另外，火山岛并不只是海洋中的火山喷发才会形成，陆地火山的爆发同样可以形成火山岛。	[G] 화산섬은 해저 화산 분출물이 쌓여 만들어진 것으로, 이런 섬은 보통 면적이 작으며 지대가 높고 험준하다. 어떤 화산섬은 한 개의 화산이 폭발하여 만들어졌는데, 태평양에 있는 핏케언섬이 그 예다. 어떤 화산섬은 여러 개의 화산이 모여 만들어졌는데, 예를 들어 하와이섬은 8개의 화산이 모여 만들어졌다. 지금까지 사람들은 해저 화산이 폭발하는 광경을 아직 제대로 본 적이 없고, 기껏해야 바닷속에서 새로운 마그마가 끊임없이 솟아올라 새로운 화성암이 만들어지는 모습만 목격했을 뿐이다. 그 밖에, 화산섬은 바닷속에서의 화산 폭발로만 형성되는 것이 아니라, 육지 화산의 폭발로도 화산섬이 형성될 수 있다.

[D] 珊瑚虫的遗骸堆积在水下的高地上形成珊瑚礁，珊瑚礁露出海面便成了为珊瑚岛。密克罗尼西亚和波利尼西亚中的绝大部分岛屿都属于珊瑚岛。珊瑚岛的地势较为平坦，一般海拔为3-5米，岛上几乎都由珊瑚沙覆盖，只有西沙群岛中的石岛礁岩是凸出的，海拔高达15.9米。珊瑚岛的特点就是面积较小，一般只有几平方公里。	[D] 산호충의 사체가 수면 아래 고지에 쌓이면서 산호초가 형성되고, 산호초가 바다 위로 드러나면서 산호섬이 된다. 미크로네시아와 폴리네시아 대부분의 섬이 산호섬에 속한다. 산호섬은 지세가 비교적 평탄하며, 보통 해발 3~5m이다. 섬은 거의 산호사로 덮여 있고, 시사 군도 바위섬의 암초만이 돌출되어 있으며 해발 고도가 15.9m에 이른다. 산호섬의 특징은 바로 면적이 작다는 것인데, 보통 몇 제곱킬로미터밖에 되지 않는다.
[A] 按照形态，珊瑚岛可以分为环礁、岸礁和堡礁三个种类。环礁是海洋中呈环状分布的珊瑚礁，其宽度一般较窄。岸礁则分布在海岸或岛岸附近，呈长条形状，主要集中在南美的巴西海岸及西印度群岛，台湾岛附近的珊瑚礁也大多是岸礁。而堡礁则距岸较远，呈堤坝状，与海岸之间有潟湖分布，其中最有名的就是澳大利亚东海岸的大堡礁。	[A] 형태에 따라, 산호섬은 환초, 안초와 보초 세 종류로 나눌 수 있다. 환초는 바다에 고리 모양으로 분포하는 산호초로, 폭이 일반적으로 비교적 좁다. 안초는 해안이나 섬 부근에 분포되어 있으며 길쭉한 형태를 띠며, 남미의 브라질 해안과 서인도 제도에 집중돼 있는데, 대만섬 부근의 산호초도 대부분 안초이다. 보초는 해안에서 멀리 떨어져 있고 제방 모양을 띠며, 해안 사이에 석호가 분포되어 있는데, 그중 가장 유명한 것은 호주 동해안의 그레이트 배리어 리프이다.
[배열할 수 없는 단락] [B] 许多人不知道珊瑚虫和珊瑚的区别。珊瑚虫是属于珊瑚虫纲的一种小型生物，它们体积较小，形状也较为单一，呈圆状或树枝状。能够造珊瑚礁的珊瑚虫大约有500多种，这些造礁珊瑚虫主要生活在浅海水域。它们能在生长过程中吸收海水中的钙和二氧化碳，然后分泌出石灰石。珊瑚不同于单个的珊瑚虫，它是由许多珊瑚虫聚集在一起形成的，因此体积较大。珊瑚虽然外表看起来像植物，但实际上属于动物的范畴。	[B] 많은 사람은 산호충과 산호의 차이를 모른다. 산호충은 산호충류에 속하는 작은 생물로 그들은 크기가 비교적 작고 모양도 비교적 단일하며, 둥글거나 나뭇가지 모양을 띤다. 산호초를 조성할 수 있는 산호충은 약 500여 종이 있는데, 이런 조초산호는 주로 얕은 수역에 서식한다. 그들은 성장하는 동안 바닷물에서 칼슘과 이산화 탄소를 흡수하여 석회석을 분비할 수 있다. 산호는 단일 산호충과 달리 많은 산호충이 모여 형성되기 때문에 크기가 비교적 크다. 산호는 겉보기에는 식물처럼 보이지만 실제로는 동물의 범주에 속한다.

어휘 散落 sànluò 圖 흩어져 있다 杂乱无章 záluànwúzhāng 뒤죽박죽이다 地质 dìzhì 圖 지질 清晰 qīngxī 圖 명확하다 弧形 húxíng 圖 아치형
延伸 yánshēn 圖 뻗다, 늘이다 悬殊 xuánshū 圖 차이가 매우 크다 形态 xíngtài 圖 형태 珊瑚 shānhú 圖 산호 海峡 hǎixiá 圖 해협 脱离 tuōlí 圖 벗어나다
包围 bāowéi 圖 둘러싸다 地势 dìshì 圖 지대, 지세 成因 chéngyīn 圖 형성 원인 地壳 dìqiào 圖 지각 淹没 yānmò 圖 침수하다, 잠기다 海滨 hǎibīn 圖 해안
丘陵 qiūlíng 圖 언덕 挟带 xiédài 圖 운반하다 堆积 duījī 圖 쌓이다, 퇴적되다 高峻 gāojùn 圖 높고 험준하다 爆发 bàofā 圖 폭발하다
岩浆 yánjiāng 圖 마그마 遗骸 yíhái 圖 사체, 유해 平坦 píngtǎn 圖 평탄하다 海拔 hǎibá 圖 해발 覆盖 fùgài 圖 덮다, 점유하다 堤坝 dībà 圖 제방, 둑
潟湖 xìhú 圖 석호[사취, 사주 등이 만의 입구를 막아 바다와 분리되어 생긴 호수] 生物 shēngwù 圖 생물 体积 tǐjī 圖 크기, 부피 钙 gài 圖 칼슘
二氧化碳 èryǎnghuàtàn 圖 이산화 탄소 分泌 fēnmì 圖 분비하다 外表 wàibiǎo 圖 겉모습, 외모 范畴 fànchóu 圖 범주

해설 69. 이미 배열된 D를 제외한 나머지 단락에서 첫 순서에 들어갈 단락을 찾아서 배열한다. F에서 태평양의 岛屿(섬)의 분포 모습과 종류를 소개하는 내용이 포함되어 있으므로, F를 첫 순서로 배열한다.

70. F의 후반부에 언급된 大陆岛、火山岛和珊瑚岛三类(육도, 화산섬과 산호섬 세 종류)를 키워드로 확인해둔다. F에서 확인한 키워드와 관련 있는 这三类岛屿(이 세 종류의 섬)가 있으면서, 大陆岛의 형성 원인과 특징을 설명하는 C를 F 뒤에 배열한다.

71. E의 전반부에 언급된 大陆岛可以分为基岩岛和冲积岛(육도는 기암도와 충적도로 나뉜다)는 C에서 언급된 大陆岛에 대한 세부적인 내용이므로 E를 C 뒤에 배열한다.

72. 이미 배열된 D에서 珊瑚岛(산호섬)에 대한 내용이 언급되었고, 앞의 단락에서 大陆岛(육도)에 대한 내용이 언급되었다. F의 후반부에 大陆岛、火山岛和珊瑚岛三类(육도, 화산섬과 산호섬 세 종류)가 언급되었으므로, 火山岛(화산섬)에 대한 내용이 언급된 G를 E 뒤에 배열한다.

73. A의 전반부에서 언급된 珊瑚岛可以分为环礁、岸礁和堡礁三个种类(산호섬은 환초, 안초와 보초 세 종류로 나눌 수 있다)는 이미 배열된 D에서 언급된 珊瑚岛에 대한 세부적인 내용이므로 A를 D 뒤에 배열하여 지문을 완성한다.

[배열할 수 없는 단락]

B는 지문에서 언급된 珊瑚虫(산호충)이라는 키워드가 포함되어 있다. 그러나 지문 전체적으로 태평양에 분포된 섬을 육도, 화산섬, 산호섬 세 종류로 나누어 각각의 특징을 설명하고 있는데, B는 산호섬에 대한 내용이 아닌 산호충과 산호의 차이에 대해 언급하고 있으므로 배열할 수 없는 단락이다.

배열된 순서

F	→	C	→	E	→	G	→	D	→	A
69.		70.		71.		72.				73.

74京剧是中国流行最广，影响最大的戏曲剧种。74它被认为是中国传统文化的精髓，因此被称为"国粹"。早在2006年，京剧就被国务院批准列入了第一批国家级非物质文化遗产名录中。

75京剧的发展经历了孕育期、形成期、成熟期和鼎盛期四个阶段。1790年秋，为庆祝乾隆帝八旬寿辰，全国各地的戏班都到北京演出，而徽班就是其中极其重要的一个群体。徽班是清朝中期兴起于安徽、江苏等地的戏曲班社，因艺人多为安徽籍而得名。徽班的唱腔兼容了多种声腔，为京剧主要声腔的形成打下了基础。1840年-1860年，在徽戏、秦腔、汉调的合流，以及昆曲、京腔的发展下，京剧开始形成。在形成期，京剧曲调板式完备且丰富，并出现了第一代京剧演员，他们为丰富各个行当的声腔和表演艺术作出了独特的创新。1883年-1917年，京剧步入了成熟期。在这一时期，旦角开始崛起，并与生角呈并驾齐驱之势。1917年以后，中国涌现出了大量的优秀京剧演员，京剧进入了鼎盛期，呈现出了流派纷呈的繁盛局面。

在京剧艺术中，妆容和服饰尤其重要。要想在舞台上充分展现人物的形象，就需要在脸上绘制符合角色特点的妆容，因此76京剧演员除了需要掌握"唱、念、做、打"的基本功，还要具备上妆和勾脸谱的技能。此外，在塑造人物形象时，服饰也会起到重要的作用，京剧服饰的艺术价值往往会通过其精湛的工艺和华丽的风格表现出来，因此京剧服饰的重要性不言而喻。

77京剧服饰又称为行头，行头代表各种角色所穿戴的物品的总称，具体包括长袍、短衣、铠甲等相关物品。为了表现出不同类型的人物，京剧服饰分为大衣、二衣、三衣和云肩四大类。大衣包括富贵衣、官衣、蟒、宫装等，多用于塑造帝王、朝廷官员、少爷小姐等角色；78二衣主要用来塑造元帅、大将或武艺高强的草莽英雄，大衣与二衣的区别在于大衣多用于塑造文官，二衣多用于塑造武官；三衣所包含的物品大多为人物穿着中的靴鞋和内衣装束；而云肩则是一种衣饰，它一般围脖子一周，佩戴在人的肩上。

根据人物的不同，京剧表演中会出现不同的装束，所以很多戏迷可以做到见衣识人。79插在表演者背后的"靠旗"便是传统戏曲中武将角色的重要装束之一。79它在京剧中主要起到装饰性作用，用来象征兵将领，渲染武将的威风，显示表演者的技巧，并增加表演时的动态美。除此之外，在京剧表演中，不同角色还会佩戴不同的盔头，盔头是剧中人物所戴的各种帽子的总称，它与京剧服饰一样，在塑造人物形象时能起到重要的作用。

80京剧利用各种服饰和道具塑造了丰富的人物形象，它作为一种流传甚广的艺术形式，80融入到了许多流行歌曲、民间艺术、电影作品等其他形式中。这使不同形式的艺术作品具有更深刻的文化内涵。

74경극은 중국에서 가장 널리 유행하고 영향력이 가장 큰 희곡의 종류이다. 74이것은 중국 전통문화의 정수로 여겨지기 때문에 '국수'라고 불린다. 2006년에 경극은 이미 국무원의 승인을 받아 1차 국가무형문화유산 목록에 등재되었다.

75경극의 발전은 태동기, 형성기, 성숙기와 전성기라는 4단계를 거쳤다. 1790년 가을, 건륭제의 팔순 생신을 축하하기 위해 전국 각지의 극단은 모두 베이징에 공연하러 갔는데, 휘반은 그중에서도 매우 중요한 집단이었다. 휘반은 청나라 중기에 안후이, 장쑤 등지에서 발전하기 시작한 희곡 극단으로, 배우들이 대부분 안후이 출신이어서 붙여진 이름이다. 휘반의 노랫가락은 여러 가지 곡조를 아울러 사용하여 경극의 주요 곡조 형성을 위한 기초를 닦았다. 1840년~1860년에 휘극, 진강, 한극의 합류와 곤곡, 경강의 발전하에 경극이 형성되기 시작했다. 형성기에 경극의 곡조는 박자 형식이 완전하고 풍부했으며 1세대 경극 배우가 등장했는데, 그들은 각 배역의 곡조와 연기 예술을 풍부하게 하기 위해 독특한 혁신을 이루어냈다. 1883년~1917년에 경극은 성숙기에 들어섰다. 이 시기에 단 배역이 발전하기 시작하면서 생 배역과 어깨를 나란히 하게 됐다. 1917년 이후 중국에는 뛰어난 경극 배우들이 대거 배출되면서 경극은 전성기에 접어들었고, 여러 유파가 잇달아 나타나는 번성의 국면이 나타났다.

경극 예술에서 분장과 의상은 특히 중요하다. 무대에서 캐릭터의 이미지를 충분히 드러내려면 배역의 특징에 부합하는 분장을 얼굴에 그려야 해서 76경극 배우는 '노래, 낭독, 동작, 무술'의 기본기를 숙달하는 것 외에 분장하고 검보를 그리는 기술도 갖춰야 한다. 이 외에 캐릭터의 이미지를 묘사할 때 의상도 중요한 역할을 하는데, 경극 의상의 예술적 가치는 종종 그것의 뛰어난 공예와 화려한 스타일을 통해 나타나기 때문에 경극 의상의 중요성은 굳이 설명할 필요가 없다.

77경극 의상은 행두라고도 하는데, 행두는 배역들이 착용하는 물품의 총칭으로, 구체적으로 창파오, 짧은 옷, 갑옷 등 관련 물품을 포함한다. 다양한 캐릭터를 표현하기 위해 경극 의상은 대의, 이의, 삼의와 운견 4가지로 나뉜다. 대의는 부귀의, 관의, 망, 궁장 등을 포함하고 있고, 주로 제왕, 조정의 관리, 도련님과 아가씨 등의 배역을 묘사하는 데 쓰인다. 78이의는 주로 원수, 대장 또는 무예가 출중한 민간 영웅을 묘사하는 데 쓰이는데, 대의와 이의의 차이는 대의는 문관을 묘사할 때 많이 쓰이고, 이의는 무관을 묘사할 때 많이 쓰인다는 것이다. 삼의에 포함된 물품은 대부분 캐릭터의 복장 중 신발과 내의 차림이다. 운견은 의복의 장신구로 보통 목에 한 바퀴 둘러 사람의 어깨에 착용한다.

경극 공연에서는 캐릭터에 따라 다른 차림을 하기 때문에 많은 연극 팬은 의상을 보고 캐릭터를 알아볼 수 있다. 79연기자의 등 뒤에 꽂혀 있는 '고기'는 전통 희곡에서 무장 역할의 중요한 차림 중 하나이다. 79그것은 경극에서 주로 장식의 역할을 하는데, 병사를 통솔하는 장수를 상징하고 무장의 위엄을 과장해서 표현하며, 연기자의 기교를 나타내고 연기할 때의 동적 아름다움을 증가시킨다. 이 외에도, 경극 공연에서 역할마다 서로 다른 회두를 쓰는데, 회두란 극중 캐릭터가 쓰고 있는 각종 모자의 총칭으로, 그것은 경극 의상과 같이 캐릭터의 이미지를 묘사하는 데에 중요한 역할을 한다.

80경극은 각종 의상과 소품을 이용하여 다양한 캐릭터의 이미지를 묘사했으며, 이는 널리 전해지는 예술 형식으로서 80많은 대중가요, 민간 예술과 영화 작품 등 다른 형식에 녹아 들었다. 이것은 서로 다른 형식의 예술 작품이 더 깊은 문화적 함의를 갖추게 했다.

어휘 　戏曲 xìqǔ 圀 (곤곡·경극 등) 중국의 전통적인 희곡　精髓 jīngsuǐ 圀 정수[사물의 본질을 이루는 가장 중요하고 뛰어난 부분을 비유함]
国粹 guócuì 圀 국수[한 나라의 고유한 문화를 담고 있는 것]　国务院 guówùyuàn 圀 국무원[중국의 최고 행정 기관]　遗产 yíchǎn 圀 유산
孕育期 yùnyùqī 圀 태동기　鼎盛期 dǐngshèngqī 圀 전성기　阶段 jiēduàn 圀 단계　乾隆帝 Qiánlóngdì 고유 건륭제[청나라 시대의 황제]　八旬 bāxún 팔순
寿辰 shòuchén 圀 생신　戏班 xìbān 圀 (희곡) 극단　徽班 huībān 圀 휘반[휘극(徽剧)을 하는 극단]　班社 bān shè 극단　唱腔 chàngqiāng 圀 노랫가락
声腔 shēngqiāng 圀 곡조　板式 bǎnshì 圀 박자 형식[중국 전통극 노래 곡조의 박자 형식]　完备 wánbèi 圀 완전하다　创新 chuàngxīn 圀 혁신하다
旦角 dànjué 圀 단 배역[경극에서의 여자 배역]　生角 shēngjué 圀 생 배역[경극에서의 남자 배역]　并驾齐驱 bìngjiàqíqū 圀 어깨를 나란히 하다

涌现 yǒngxiàn 图 배출되다, 대량으로 나타나다　呈现 chéngxiàn 图 나타나다　局面 júmiàn 图 국면　展现 zhǎnxiàn 图 드러내다　绘制 huìzhì 图 그리다

脸谱 liǎnpǔ 图 검보[중국 경극에서 인물의 성격을 표현하는 분장]　塑造 sùzào 图 (인물을) 묘사하다, 형상화하다　精湛 jīngzhàn 图 (기예가) 뛰어나다

华丽 huálì 图 화려하다　不言而喻 bùyán'éryù 군이 설명할 필요가 없다, 말할 필요도 없다　行头 xíngtou 图 행두[(중국 전통극의) 무대 의상과 소품]

铠甲 kǎijiǎ 图 갑옷　云肩 yúnjiān 图 운견[어깨에 걸치는 복식의 일종]　蟒 mǎng 图 망, 망포[명나라와 청나라 시대에 대신들이 입던 예복]

朝廷 cháotíng 图 조정[왕조 시대에 군주가 업무를 주관하던 곳]　元帅 yuánshuài 图 원수, 총사령관　草莽英雄 cǎomǎngyīngxióng 图 민간 영웅, 녹림 호걸

靴鞋 xuēxié 图 신발, 신발의 총칭　装束 zhuāngshù 图 (옷)차림, 분장　靠旗 kàoqí 图 고기[경극에서 무장이 갑옷의 등에 꽂는 4개의 삼각기]

统兵 tǒngbīng 图 병사를 통솔하다　将领 jiànglǐng 图 장수, 고급 장교　渲染 xuànrǎn 图 과장해서 표현하다　威风 wēifēng 图 위엄　技巧 jìqiǎo 图 기교

动态 dòngtài 图 동적인, 동태적인　盔头 kuītou 图 회두[중국 전통극에서 배우가 머리에 쓰는 물건의 총칭]　民间 mínjiān 图 민간　内涵 nèihán 图 함의

74

京剧为什么被称为"国粹"？	경극은 왜 '국수'라고 불리는가?
是中国传统文化的精髓	중국 전통문화의 정수이다

해설　질문이 경극은 왜 '국수'라고 불리는지 물었으므로, 질문의 핵심어구 国粹와 관련된 내용을 지문에서 재빨리 찾는다. 첫 번째 단락에서 京剧……它被认为是中国传统文化的精髓，因此被称为"国粹"。라고 했으므로, 해당 부분에서 언급된 是中国传统文化的精髓를 그대로 답변으로 쓴다.

어휘　国粹 guócuì 图 국수[한 나라의 고유한 문화를 담고 있는 것]　精髓 jīngsuǐ 图 정수[사물의 본질을 이루는 가장 중요하고 뛰어난 부분을 비유함]

75

第二段主要谈的是什么？	두 번째 단락에서 주로 이야기하는 것은 무엇인가?
京剧的发展阶段	경극의 발전 단계

해설　질문이 두 번째 단락의 중심 내용을 물었으므로, 두 번째 단락을 재빠르게 읽으며 중심 내용을 파악한다. 두 번째 단락에서 京剧的发展经历了孕育期、形成期、成熟期和鼎盛期四个阶段。이라고 하며 휘반의 노랫가락이 경극의 기초가 되었고, 형성기에는 1세대 경극 배우가 등장했으며, 성숙기에는 단 배역이 발전했고, 1917년 이후 전성기에 접어들었다고 했으므로, 두 번째 단락의 중심 내용은 경극의 발전 단계임을 알 수 있다. 따라서 京剧的发展阶段을 답변으로 쓴다.

어휘　阶段 jiēduàn 图 단계

76

除了基本功外，京剧演员还要有什么技能？	기본기 이외에, 경극 배우는 또 어떤 기술을 갖춰야 하는가?
上妆和勾脸谱的技能	분장하고 검보를 그리는 기술

해설　질문이 기본기 이외에 경극 배우는 또 어떤 기술을 갖춰야 하는지 물었으므로, 질문의 핵심어구 京剧演员, 技能과 관련된 내용을 지문에서 재빨리 찾는다. 세 번째 단락에서 京剧演员除了需要掌握"唱、念、做、打"的基本功，还要具备上妆和勾脸谱的技能이라고 했으므로, 해당 부분에서 언급된 上妆和勾脸谱的技能을 그대로 답변으로 쓴다.

어휘　脸谱 liǎnpǔ 图 검보[중국 경극에서 인물의 성격을 표현하는 분장]

77

第四段画线部分主要谈了什么？	네 번째 단락의 밑줄 친 부분은 주로 무엇을 이야기하고 있는가?
行头包括的物品	행두가 포함하는 물품

해설　질문이 네 번째 단락의 밑줄 친 부분의 중심 내용을 물었으므로, 네 번째 단락의 밑줄 친 부분을 재빠르게 읽으며 중심 내용을 파악한다. 밑줄 친 부분에서 행두는 배역들이 착용하는 물품을 총칭하는 말이며 창파오, 짧은 옷, 갑옷 등의 물품을 포함한다고 했으므로, 밑줄 친 부분의 중심 내용은 행두가 포함하는 물품임을 알 수 있다. 따라서 行头包括的物品을 답변으로 쓴다.

어휘　行头 xíngtou 图 행두[(중국 전통극의) 무대 의상과 소품]

78

用于塑造武官形象的京剧服饰是哪一类？	무관의 이미지를 묘사하는 데 쓰인 경극 의상은 어떤 것인가?
二衣	이의

해설　질문이 무관의 이미지를 묘사하는 데 쓰인 경극 의상은 어떤 것인지 물었으므로, 질문의 핵심어구 塑造武官形象, 京剧服饰과 관련된 내용을 지문에서 재빨리 찾는다. 네 번째 단락에서 二衣主要用来塑造元帅、大将或武艺高强的草莽英雄，大衣与二衣的区别在于大衣多用于塑造文官，二衣多用于塑造武官이라고 했으므로, 해당 부분에서 언급된 二衣를 그대로 답변으로 쓴다.

어휘　塑造 sùzào 图 (인물을) 묘사하다, 형상화하다

79	在文中提到的京剧装束中，什么用来象征统兵将领？	지문에서 언급된 경극 차림 중, 무엇이 병사를 통솔하는 장수를 상징하는가?
	靠旗	고기

해설 질문이 지문에서 언급된 경극 차림 중, 무엇이 병사를 통솔하는 장수를 상징하는지 물었으므로, 질문의 핵심어구 **象征统兵将领**과 관련된 내용을 지문에서 재빨리 찾는다. 다섯 번째 단락에서 **插在表演者背后的"靠旗"……它在京剧中主要起到装饰性作用，用来象征统兵将领**이라고 했으므로, 해당 부분에서 언급된 **靠旗**를 그대로 답변으로 쓴다.

어휘 **统兵** tǒngbīng[동] 병사를 통솔하다 **将领** jiànglǐng[명] 장수, 고급 장교 **靠旗** kàoqí[명] 고기[경극에서 무장이 갑옷의 등에 꽂는 4개의 삼각기]

80	最后一段画线词语"这"指代什么？	마지막 단락의 밑줄 친 어휘 '이것'이 가리키는 것은 무엇인가?
	京剧融入到其他形式中	경극이 다른 형식에 녹아들다

해설 질문이 마지막 단락의 밑줄 친 어휘 '이것'이 가리키는 것은 무엇인지 물었으므로, 질문의 핵심어구 **这**와 관련된 내용을 지문에서 재빨리 찾는다. 마지막 단락에서 **京剧……融入到了许多流行歌曲、民间艺术、电影作品等其他形式中。这使不同形式的艺术作品具有更深刻的文化内涵。**이라고 했으므로, 해당 부분에서 언급된 **京剧融入到其他形式中**을 그대로 답변으로 쓴다.

어휘 **指代** zhǐdài[동] (대신) 가리키다 **融入** róngrù[동] 녹아들다

81 - 87

81液态阳光的生产过程具有零污染、零排放的特点，因此受到了业界极大的关注。与气态燃料相比，液态燃料具有便于储存和运输的特点。在全球能源危机日趋严重的背景下，人们对各种替代燃料的需求也在持续增长，于是许多科学家把研究重心从化石能源转向了以太阳能为代表的可再生能源。

针对碳排放问题，世界上有许多公认的解决办法。第一，发展光能、风能等清洁能源，以此代替污染较大的化石能源；第二，82利用碳捕获和碳封存技术，将二氧化碳封存于废弃矿井或深海海底中；第三，发展氢燃料电池，使新能源电动车逐步代替燃油汽车，从而减少汽油和柴油带来的污染。而液态阳光是一种比煤更加清洁、比电更便于传输、比气更便于储存、比油更加便宜的能源。在一定程度上来看，液态阳光是一项应该得到推广的可再生能源。

液态阳光的制作需要两个步骤。首先把太阳能、风能等83清洁能源分解成水后制作氢气，此过程完全没有碳排放，因此这种氢气也被称为"绿氢"。其次，让"绿氢"和二氧化碳相互反应，由此生成甲醇或其他燃料。通过这一系列的步骤，就可以得到液态阳光。简单来说，就是利用太阳能、风能等可再生能源，将水和二氧化碳转化为液态阳光，从而对二氧化碳加以合理运用，实现减碳目标。

84液态阳光以一种化学储能的形式，84解决了可再生能源供应的随机性和间歇性问题，因此成为了理想的储氢载体。除此之外，液态阳光技术还利用空气中的二氧化碳，将二氧化碳转化为有用的甲醇，这符合了当前节能减排的趋势。根据相关碳排放政策，企业一旦超额排放二氧化碳，就需要缴纳碳税，严重时将被禁止进行高碳排放的生产。85许多企业面临转型的压力，但节能减排已经是大势所趋。液态阳光技术在这种态势下有助于实现双碳目标，促进社会经济的发展。

81태양광 이용 액체 연료의 생산 과정은 제로 오염, 제로 배출이라는 특징이 있어 업계의 많은 주목을 받고 있다. 가스 연료에 비해 액체 연료는 저장과 운송이 편리하다는 특징을 가지고 있다. 전 세계의 에너지 위기가 날로 심각해지는 상황에서 각종 대체 연료에 대한 사람들의 수요도 계속 증가하고 있어, 많은 과학자는 연구의 중점을 화석 에너지에서 태양광 에너지로 대표되는 재생 에너지로 전향했다.

탄소 배출 문제에 대하여 세계에는 공인된 많은 해결 방법이 있다. 첫째, 빛 에너지나 풍력 에너지 등 친환경 에너지를 발전시켜 오염이 비교적 큰 화석 에너지를 이것으로 대체한다. 둘째, 82탄소 포집과 탄소 저장 기술을 이용하여 이산화 탄소를 폐탄광이나 심해 해저에 밀봉해서 보관한다. 셋째, 수소 연료 전지를 발전시켜 신에너지 전기차가 연료 내연기관차를 점차 대체하도록 함으로써 휘발유와 경유가 야기한 오염을 줄인다. 태양광 이용 액체 연료는 석탄보다 훨씬 깨끗하고, 전기보다 더 수송이 쉽고, 가스보다 더 저장하기 쉬우며, 기름보다 더 저렴한 에너지이다. 어느 정도에서 봤을 때 태양광 이용 액체 연료는 마땅히 보급되어야 할 재생 에너지이다.

태양광 이용 액체 연료 제조에는 두 가지 과정이 필요하다. 먼저 태양 에너지, 풍력 에너지 등 83친환경 에너지를 물로 분해한 후 수소 가스를 만드는데, 이 과정에서 탄소 배출이 전혀 없기 때문에 이러한 수소 가스를 '친환경 수소'라고도 부른다. 그다음으로, '친환경 수소'와 이산화 탄소가 상호 반응을 일으키게 해 메탄올이나 다른 연료를 생성한다. 이 일련의 과정을 거치면 태양광 이용 액체 연료를 얻을 수 있다. 간단히 말해서 태양 에너지, 풍력 에너지 등 재생 에너지를 이용해 물과 이산화 탄소를 태양광 이용 액체 연료로 전환함으로써 이산화 탄소를 합리적으로 운용하여 탄소 감축 목표를 달성하는 것이다.

84태양광 이용 액체 연료는 일종의 화학적인 에너지 저장 형태로, 84재생 에너지 공급의 불확실성과 간헐성 문제를 해결하여 이상적인 수소 운반체가 되었다. 이 밖에 태양광 이용 액체 연료 기술은 공기 중의 이산화 탄소를 이용해서 이산화 탄소를 유용한 메탄올로 전환시키기도 하는데, 이는 현재 에너지를 절약하고 오염 물질 배출량을 줄이는 추세에 부합한다. 관련 탄소 배출 정책에 따라 기업이 이산화 탄소를 초과 배출하면 탄소세를 납부해야 하고, 심각할 경우 이산화 탄소를 많이 배출하는 생산을 금지당하게 된다. 85많은 기업이 구조 전환의 압박에 직면해 있지만, 에너지를 절약하고 오염 물질 배출량을 줄이는 것은 이미 전체적인 발전 추세가 되었다. 태양광 이용 액체 연료 기술은 이런 상태에서 이중 탄소 목표를 실현하는 데 도움이 되고, 사회 경제의 발전을 촉진할 수 있다.

86液态阳光从本质上来说是一种人工光合成反应，这种反应相当于自然界中的光合作用，但是效率比光合作用更高。液态阳光中隐藏着一场重大的能源革命，它可以替代许多化石能源，减少碳排放，帮助人类实现可持续发展的目标。可以说，87液态阳光为国家新能源的发展绘制了一幅美好的蓝图，通过进一步的规划，液态阳光有望在未来的生产生活中得到更多的应用。

86태양광 이용 액체 연료는 본질적으로 말하자면 인공 광합성 반응이며, 이러한 반응은 자연계의 광합성과 비슷하지만 효율은 광합성보다 더 높다. 태양광 이용 액체 연료에는 중대한 에너지 혁명이 숨겨져 있는데, 그것은 많은 화석 에너지를 대체하여 탄소 배출을 줄일 수 있어 인류가 지속 가능한 발전이라는 목표를 달성할 수 있도록 도울 수 있다. 87태양광 이용 액체 연료는 국가 신에너지 발전을 위해 아름다운 청사진을 그렸다고 할 수 있으며, 87한층 더 나아간 계획을 통해 태양광 이용 액체 연료는 향후 생산 및 생활에서 더 많이 활용될 가능성이 있다.

어휘 液态阳光 yètài yángguāng 圐 태양광 이용 액체 연료 排放 páifàng 图 (폐기·폐수 등을) 배출하다 燃料 ránliào 圐 연료 便于 biànyú 图 (~하기에) 편리하다
儲存 chǔcún 图 저장하다 危机 wēijī 圐 위기 需求 xūqiú 圐 수요 重心 zhòngxīn 圐 중점 化石 huàshí 圐 화석 公认 gōngrèn 图 공인하다
清洁能源 qīngjié néngyuán 圐 친환경 에너지 捕获 bǔhuò 图 포집하다 封存 fēngcún 图 밀봉하여 보관하다 二氧化碳 èryǎnghuàtàn 圐 이산화 탄소
废弃矿井 fèiqì kuàngjǐng 圐 폐탄광 氢燃料 qīngránliào 圐 수소 연료 柴油 cháiyóu 圐 경유 分解 fēnjiě 图 분해하다 氢气 qīngqì 圐 수소 (가스)
甲醇 jiǎchún 圐 메탄올 供应 gōngyìng 图 공급하다 随机 suíjī 圐 불확실한, 무작위의 间歇 jiànxiē 圐 간헐하다 载体 zàitǐ 圐 운반체, 저장 장치
当前 dāngqián 圐 현재 政策 zhèngcè 圐 정책 缴纳 jiǎonà 图 납부하다 大势所趋 dàshìsuǒqū 圐 전체적인 발전 추세
双碳 shuāngtàn 圐 이중 탄소[중국이 2030년까지 탄소 배출 정점에 도달하고 2060년까지 탄소 중립을 실현하고자 하는 목표를 가리킴]
人工 réngōng 圐 인공의 合成 héchéng 图 합성하다 光合作用 guānghé zuòyòng 圐 광합성 革命 gémìng 图 혁명하다
蓝图 lántú 圐 청사진[미래에 대한 계획이나 구상] 有望 yǒuwàng 圐 가능성이 있다

---

81 液态阳光的生产过程有怎样的特点？ 태양광 이용 액체 연료의 생산 과정은 어떤 특징이 있는가？

零污染、零排放 제로 오염, 제로 배출

해설 질문이 태양광 이용 액체 연료의 생산 과정은 어떤 특징이 있는지 물었으므로, 질문의 핵심어구 液态阳光的生产过程과 관련된 내용을 지문에서 재빨리 찾는다. 첫 번째 단락에서 液态阳光的生产过程具有零污染、零排放的特点이라고 했으므로, 해당 부분에서 언급된 零污染、零排放을 그대로 답변으로 쓴다.

어휘 液态阳光 yètài yángguāng 圐 태양광 이용 액체 연료 排放 páifàng 图 (폐기·폐수 등을) 배출하다

---

82 人们能够利用碳捕获和碳封存技术，将二氧化碳封存在哪里？ 사람들은 탄소 포집과 탄소 저장 기술을 이용해서 이산화 탄소를 어디에 밀봉해서 보관할 수 있는가？

废弃矿井或深海海底 폐탄광이나 심해 해저

해설 질문이 사람들은 탄소 포집과 탄소 저장 기술을 이용해서 이산화 탄소를 어디에 밀봉해서 보관할 수 있는지 물었으므로, 질문의 핵심어구 利用碳捕获和碳封存技术，将二氧化碳封存과 관련된 내용을 지문에서 재빨리 찾는다. 두 번째 단락에서 利用碳捕获和碳封存技术，将二氧化碳封存于废弃矿井或深海海底中이라고 했으므로, 해당 부분에서 언급된 废弃矿井或深海海底를 그대로 답변으로 쓴다.

어휘 捕获 bǔhuò 图 포집하다 封存 fēngcún 图 밀봉하여 보관하다 二氧化碳 èryǎnghuàtàn 圐 이산화 탄소 废弃矿井 fèiqì kuàngjǐng 圐 폐탄광

---

83 把清洁能源分解后制成的氢气为什么被称为"绿氢"？ 친환경 에너지를 분해한 후 만들어낸 수소 가스는 왜 '친환경 수소'라고 불리는가？

制作过程没有碳排放 만드는 과정에서 탄소 배출이 없다

해설 질문이 친환경 에너지를 분해한 후 만들어낸 수소 가스는 왜 '친환경 수소'라고 불리는지 물었으므로, 질문의 핵심어구 清洁能源分解后制成的氢气, "绿氢"과 관련된 내용을 지문에서 재빨리 찾는다. 세 번째 단락에서 清洁能源分解成水后制作氢气, 此过程完全没有碳排放，因此这种氢气也被称为"绿氢"이라고 했으므로, 친환경 에너지를 분해한 후 만들어낸 수소 가스는 만드는 과정에서 탄소 배출이 없으므로 '친환경 수소'라고 불린다는 것을 알 수 있다. 따라서 制作过程没有碳排放을 답변으로 쓴다.

어휘 清洁能源 qīngjié néngyuán 圐 친환경 에너지 分解 fēnjiě 图 분해하다 氢气 qīngqì 圐 수소 (가스)

---

84 液态阳光解决了可再生能源供应的什么问题？ 태양광 이용 액체 연료는 재생에너지 공급의 어떤 문제를 해결했는가？

随机性和间歇性问题 무작위성과 간헐성 문제

해설 질문이 태양광 이용 액체 연료는 재생에너지 공급의 어떤 문제를 해결했는지 물었으므로, 질문의 핵심어구 液态阳光, 可再生能源供应과 관련된 내용을 지문에서 재빨리 찾는다. 네 번째 단락에서 液态阳光……解决了可再生能源供应的随机性和间歇性问题라고 했으므로, 해당 부분에서 언급된 随机性和间歇性问题를 그대로 답변으로 쓴다.

어휘 供应 gōngyìng 图 공급하다 随机 suíjī 圐 불확실한, 무작위의 间歇 jiànxiē 图 간헐하다

85 请写出第四段中画线词语“大势所趋”的含义。	네 번째 단락에서 밑줄 친 어휘 '**大势所趋**'의 뜻을 쓰세요.
整体的发展趋向	전체적인 발전 추세

해설 질문의 **大势所趋**에서 **大势**은 '전체의 정세', **趋**는 '~방향으로 발전하다'라는 의미이다. 참고로 **所**는 조사로 쓰였다. 따라서 **大势所趋**는 '전체의 정세가 어떤 방향으로 발전하다' 즉, '전체적인 발전 추세'라는 의미임을 유추할 수 있다. **大势所趋**가 포함된 문장은 '많은 기업이 구조 전환의 압박에 직면해 있지만, 에너지를 절약하고 오염 물질 배출량을 줄이는 것은 이미 전체적인 발전 추세가 되었다.'라는 자연스러운 문맥이므로, **大势所趋**는 유추해둔 '전체적인 발전 추세'라는 의미로 사용되었음을 확인할 수 있다. 따라서 **整体的发展趋向**을 답변으로 쓴다.

어휘 **大势所趋** dàshìsuǒqū [성] 전체적인 발전 추세

86 液态阳光的人工合成反应与自然界中的什么现象类似?	태양광 이용 액체 연료의 인공 합성 반응은 자연계의 어떤 현상과 비슷한가?
光合作用	광합성

해설 질문이 태양광 이용 액체 연료의 인공 합성 반응은 자연계의 어떤 현상과 비슷한지 물었으므로, 질문의 핵심어구 **液态阳光的人工合成反应, 自然界, 现象**과 관련된 내용을 지문에서 재빨리 찾는다. 마지막 단락에서 **液态阳光从本质上来说是一种人工光合成反应，这种反应相当于自然界中的光合作用**이라고 했으므로, 해당 부분에서 언급된 **光合作用**을 그대로 답변으로 쓴다.

어휘 **光合作用** guānghé zuòyòng [명] 광합성

87 根据上下文，请在最后一段空白处填上一个恰当的词语。	앞뒤 내용에 근거하여, 마지막 단락의 빈칸에 들어갈 가장 알맞은 어휘를 쓰세요.
蓝图	청사진

해설 마지막 단락의 빈칸 주변을 읽는다. 빈칸 앞뒤는 '태양광 이용 액체 연료는 국가 신에너지 발전을 위해 아름다운 ___을 그렸다……한층 더 나아간 계획을 통해 태양광 이용 액체 연료는 향후 생산 및 생활에서 더 많이 활용될 가능성이 있다'라는 문맥이므로, 빈칸에는 태양광 이용 액체 연료는 앞으로 국가 신에너지 발전을 위한 미래 계획을 그렸다는 것을 나타내는 어휘가 들어가야 한다. 따라서 **绘制**(그리다)과 의미적으로 호응하면서 문맥에도 알맞은 **蓝图**를 답변으로 쓴다.

어휘 **蓝图** lántú [명] 청사진[미래에 대한 계획이나 구상]

88

以下是有关广东A大学各专业男女比例的统计图，请对图表进行描述与分析，写一篇200字左右的文章，限定时间为15分钟。

다음은 광둥성 A대학의 학과별 남녀 비율과 관련된 그래프이다. 그래프를 묘사하고 분석하여, 200자 내외의 글을 쓰시오. 제한 시간은 15분이다.

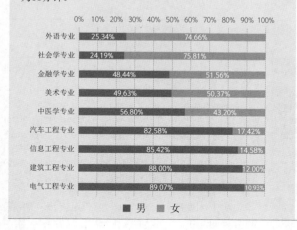

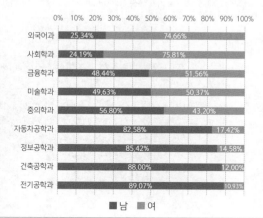

모범답안

　　从有关广东A大学各专业男女比例的统计图可知，"外语专业"和"社会学专业"的女生占比高于男生，这两个专业超过70%的学生都是女生，女生的占比大约是男生的三倍。而"汽车工程专业"、"信息工程专业"、"建筑工程专业"和"电气工程专业"的男生占比明显高于女生。在图表显示的专业中，女生占比最高的是社会学专业，为75.81%，而男生占比最高的是电气工程专业，为89.07%。此外，一些专业的男女比例较为均衡，"金融学专业"、"美术专业"和"中医学专业"的比例趋向于男女各一半。可见，该大学的外语专业和社会学专业比较受女生的欢迎，而工程类专业则比较受男生的欢迎。

　　광둥성 A대학의 학과별 남녀 비율과 관련된 그래프에서 알 수 있듯이, '외국어과'와 '사회학과'에서 여학생이 차지하는 비율은 남학생보다 높다. 이 두 학과는 70% 이상이 여학생이며, 여학생의 비율은 남학생의 약 3배이다. 반면 '자동차공학과', '정보공학과', '건축공학과'와 '전기공학과'의 남학생 비율은 여학생보다 월등히 높다. 그래프에 있는 학과 중에서 여학생 비율이 가장 높은 곳은 사회학과로 75.81%이며, 남학생 비율이 가장 높은 곳은 전기공학과로 89.07%이다. 이외에, 일부 학과의 남녀 비율은 비교적 균형을 이루고 있는데, '금융학과', '미술학과'와 '중의학과'의 비율은 남녀가 각각 절반씩에 가까웠다. 이 대학의 외국어과와 사회학과는 여학생에게 비교적 인기가 있으며, 공학류 전공은 남학생에게 비교적 인기가 있다는 것을 알 수 있다.

어휘　**金融** jīnróng 圕 금융　**均衡** jūnhéng 圕 균형을 이루다　**趋向于** qūxiàngyú ~에 가깝다, ~하는 추세이다

89

荷兰哲学家斯宾诺莎曾说过："如果你希望现在与过去不同，请研究过去"。你赞不赞同这句话？请写一篇600字左右的文章，论证你的观点。

네덜란드 철학자 스피노자는 '만약 현재가 과거와 다르기를 바란다면 과거를 연구하라'라고 했다. 당신은 이 말에 동의하는가? 600자 내외의 글을 써서 당신의 관점을 논증하시오.

작성한 답안 아웃라인

서론 동의 여부 및 주제	**不赞同** 동의하지 않음 **这句话告诉人们，对当前的状况感到不满，就应该把重心放在研究过去上** 이 말은 사람들에게 현재 상황에 불만을 느낀다면, 과거를 연구하는 데 핵심을 두어야 한다는 것을 알려줌 **人只有告别过去，才能迎接全新的自己** 사람은 과거와 이별해야만 완전히 새로운 자신을 맞이할 수 있음
본론 근거1~3	**过度地沉溺于过去，反而容易让人意志消沉** 과거에 지나치게 빠져 있으면 오히려 의지가 사그라들기 쉬움 **莎士比亚曾说过："在时间的大钟上，只有两个字：现在"** 셰익스피어는 '시간이라는 큰 시계에는 '현재'라는 단 두 글자가 있다'고 했음 **研究过去可能会带来一定的意义，但有些人沉迷于过去无法自拔，而无法活在当下** 과거를 연구하는 것은 어느 정도의 의미를 가져다줄 수 있지만, 어떤 사람들은 과거에 빠져 벗어나지 못하고 현재를 살지 못함

본론 근거 1~3	有些人认为只要了解过去就能活好当下、展望未来，但我认为历史不会简单重复 어떤 사람들은 과거를 이해하기만 하면 현재를 잘 살고 미래를 전망할 수 있다고 생각함. 그러나 나는 역사가 단순하게 되풀이되지 않는다고 생각함 一位古希腊哲学家曾说过："人不能两次踏进同一条河流" 고대 그리스의 한 철학자는 '사람은 같은 강에 두 번 발을 들여놓을 수 없다'라고 했음 过去的历史经验并不一定能适用于当今的社会 과거의 역사적 경험이 반드시 오늘날의 사회에 적용될 수 있는 것은 아님
결론 의견 및 근거 재언급	不应该沉迷于过去，而是更应该关注当下、展望未来 과거에 빠져 있을 것이 아니라 현재에 더 관심을 갖고 미래를 전망해야 함

모범답안

서론 동의 여부 및 주제	我不赞同"如果你希望现在与过去不同，请研究过去"这句话。 　　"如果你希望现在与过去不同，请研究过去"这句话告诉人们，如果对当前的状况感到不满，就应该把重心放在研究过去上，从而让自己有所改变。不过我认为，过去的经验虽然很重要，但如果想改变自己，则更应该集中于当下，还要放眼于未来。人只有告别过去，才能迎接全新的自己。	나는 '만약 현재가 과거와 다르기를 바란다면 과거를 연구하라'라는 이 말에 동의하지 않는다. 　'만약 현재가 과거와 다르기를 바란다면 과거를 연구하라'라는 이 말은 사람들에게 만약 현재 상황에 불만을 느낀다면, 과거를 연구하는 데 핵심을 두고 이를 통해 자신을 변화시켜야 한다는 것을 알려준다. 하지만 나는 과거의 경험도 비록 중요하지만 만약 자신을 변화시키고 싶다면 현재에 더 집중하고 시선을 미래에 두어야 한다고 생각한다. 사람은 과거와 이별해야만 완전히 새로운 자신을 맞이할 수 있다.
본론 근거 1~3	过度地沉溺于过去，反而容易让人意志消沉。因为过去的事情已经无法改变，我们能做的只不过是活在当下，慎重地做出当下的每一个选择，唯有这样，才能让自己往更好的方向发展。莎士比亚曾说过："在时间的大钟上，只有两个字：现在"，现在的所作所为可以弥补和完善过去的不足，还可以为未来奠定基础。如果一个人希望现在与过去不同，那么比起回顾过去的点点滴滴，计划好当下的人生更为重要。 　　从另一个角度来看，我们的明天会成为我们的"现在"，而我们的现在则会成为我们的"过去"。我们当下的所有行为都会在将来呈现出相应的结果，这些结果会影响我们的人生轨迹。研究过去可能会对我们的人生带来一定的意义，可以让我们从过去中吸取经验教训，但有些人往往沉迷于过去无法自拔，而无法活在当下，更无法看清未来。 　　有些人认为历史总是惊人地相似，历史不断重演，因为历史发展是有规律可循的，所以只要了解过去就能活好当下、展望未来。但我认为历史不会简单重复，因为时代在不断变化。一位古希腊哲学家曾说过："人不能两次踏进同一条河流"，这句话说明事物总是在变化和发展，而我们的历史也是如此。当前的时代环境已经完全不同于过去，过去的历史经验并不一定能适用于当今的社会。	과거에 지나치게 빠져 있으면 오히려 의지가 사그라들기 쉽다. 과거의 일은 이미 바꿀 수 없기 때문에, 우리가 할 수 있는 것은 단지 현재를 살고 현재의 모든 선택을 신중하게 하는 것뿐이다. 이렇게 해야만 자신을 더 나은 방향으로 발전시킬 수 있다. 셰익스피어는 '시간이라는 큰 시계에는 '현재'라는 단 두 글자가 있다'라고 했다. 지금 하는 일은 과거의 부족한 부분을 메우고 보완할 수 있으며, 미래를 위한 토대를 다질 수도 있다. 만약 현재가 과거와 다르기를 바란다면 과거의 조그마한 일들을 돌이켜보는 것보다 현재의 삶을 계획하는 것이 더 중요하다. 　다른 시각에서 보면 우리의 내일은 우리의 '현재'가 되고, 우리의 현재는 우리의 '과거'가 된다. 우리의 현재 모든 행동은 미래에 상응하는 결과를 보일 것이며, 이러한 결과는 우리의 인생 궤적에 영향을 미칠 것이다. 과거를 연구하는 것은 우리의 삶에 어느 정도의 의미를 가져다줄 수 있고 우리가 과거로부터 경험과 교훈을 얻지만, 어떤 사람들은 과거에 빠져 벗어나지 못하고 현재를 살지 못하며, 미래는 더욱이 보지 못한다. 　어떤 사람들은 역사는 놀라울 정도로 비슷하고, 역사는 끊임없이 반복되며, 역사 발전은 일정한 규칙을 따르기 때문에 과거를 이해하기만 하면 현재를 잘 살고 미래를 전망할 수 있다고 생각한다. 그러나 나는 역사가 단순하게 되풀이되지 않는다고 생각하는데, 시대는 끊임없이 변화하고 있기 때문이다. 고대 그리스의 한 철학자는 '사람은 같은 강에 두 번 발을 들여놓을 수 없다'라고 했다. 이 말은 사물은 늘 변화하고 발전하고 있으며, 우리의 역사도 이와 마찬가지라는 것을 설명한다. 현재의 시대 환경은 이미 과거와 완전히 다르고, 과거의 역사적 경험이 반드시 오늘날의 사회에 적용될 수 있는 것은 아니다.
결론 의견 및 근거 재언급	总而言之，我不赞同"如果你希望现在与过去不同，请研究过去"这句话。研究过去也许有一定的意义，但我们不应该沉迷于过去，而是更应该关注当下、展望未来。	결론적으로 말하자면, 나는 '만약 현재가 과거와 다르기를 바란다면 과거를 연구하라'라는 이 말에 동의하지 않는다. 과거를 연구하는 것은 어쩌면 어느 정도의 의미는 있겠지만, 우리는 과거에 빠져 있을 것이 아니라 현재에 더 관심을 갖고 미래를 전망해야 한다.

어휘　荷兰 Hélán [고유] 네덜란드　论证 lùnzhèng [동] 논증하다　当前 dāngqián [명] 현재　重心 zhòngxīn [명] 핵심　过度 guòdù [형] 지나치다

沉溺 chénnì [동] (좋지 못한 지경에) 빠지다　意志 yìzhì [명] 의지　消沉 xiāochén [형] 사그라들다, 풀이 죽다　慎重 shènzhòng [형] 신중하다

弥补 míbǔ [동] 메우다　奠定 diàndìng [동] 다지다　回顾 huígù [동] 돌이켜보다　呈现 chéngxiàn [동] 보이다, 드러나다　相应 xiāngyìng [동] 상응하다

自拔 zìbá [동] 벗어나다　展望 zhǎnwàng [동] 전망하다　希腊 Xīlà [고유] 그리스　关注 guānzhù [동] 관심을 가지다

통번역

모범답변 바로듣기 ▶

90 최근, 농촌이 새로운 여행지로서 각광받으면서, 농촌 생활을 체험할 수 있는 여행 프로그램도 인기를 많이 끌고 있다. 여행 업계의 새로운 트렌드를 따르기 위해, 많은 농촌 민박집도 숙박, 체험, 레저를 하나로 결합한 서비스를 자신의 특색으로 삼기 시작했다. 매일 높은 건물과 많은 사람에 둘러싸여 있는 도시 사람들에게 있어 농촌 여행은 일상생활에서 잠시 벗어나는 좋은 방법이다. 이와 동시에, 농촌 여행의 출현과 발전은 농촌 지역 경제를 활성화하는 데 큰 기여를 했고, 도시와 농촌 간의 교통을 더 편리하게 만들었다.

한 문장씩 중국어로 번역하기

	제시된 한국어 문장 ▶	번역한 중국어 문장
문장①	최근, 농촌이 새로운 여행지로서 각광받으면서, 농촌 생활을 체험할 수 있는 여행 프로그램도 인기를 많이 끌고 있다. ▶	最近，乡村作为新的旅游目的地而受到瞩目，能够体验乡村生活的旅游节目也备受欢迎。
	번역 포인트 · '각광받다'가 떠오르지 않으면 '주목을 받다'로 쉽게 바꿔서 **受到瞩目**로 번역한다. [스킬 7] · '인기를 많이 끌다'는 중국어의 호응어휘 **备受欢迎**을 활용하여 번역한다. [스킬 6]	
문장②	여행 업계의 새로운 트렌드를 따르기 위해, 많은 농촌 민박집도 숙박, 체험, 레저를 하나로 결합한 서비스를 자신의 특색으로 삼기 시작했다. ▶	为了顺应旅游业新趋势，很多乡村民宿开始把住宿、体验、休闲相结合的服务作为自己的特色。
	번역 포인트 · '트렌드를 따르다'는 중국어의 호응어휘 **顺应趋势**을 활용하여 번역한다. [스킬 6] · '서비스를 자신의 특색으로 삼다'는 **把**를 활용하여 **把服务作为自己的特色**로 번역한다. [스킬 3]	
문장③	매일 높은 건물과 많은 사람에 둘러싸여 있는 도시 사람들에게 있어 농촌 여행은 일상생활에서 잠시 벗어나는 좋은 방법이다. ▶	对每天都被高楼大厦和人群围绕的城市人来说，乡村旅游是能够暂时摆脱日常生活的好方式。
	번역 포인트 · '높은 건물과 많은 사람에 둘러싸이다'는 **被**를 활용하여 **被高楼大厦和人群围绕**로 번역한다. [스킬 4]	
문장④	이와 동시에, 농촌 여행의 출현과 발전은 농촌 지역 경제를 활성화하는 데 큰 기여를 했고, 도시와 농촌 간의 교통을 더 편리하게 만들었다. ▶	与此同时，乡村旅游的出现和发展为振兴乡村经济作出了巨大的贡献，还使城乡交通变得更加便利。
	번역 포인트 · '농촌 지역 경제를 활성화하다'는 **振兴乡村经济**이다. 이때 **振兴乡村经济**가 떠오르지 않으면 '농촌 지역 경제의 발전을 촉진하다'로 의미를 풀어 **促进乡村经济的发展**으로 번역할 수 있다. [스킬 8] · '도시와 농촌 간의 교통을 더 편리하게 만들다'는 **使**를 활용하여 **使城乡交通变得更加便利**로 번역한다. [스킬 5]	

모범답안

最近，乡村作为新的旅游目的地而受到瞩目，能够体验乡村生活的旅游节目也备受欢迎。为了顺应旅游业新趋势，很多乡村民宿开始把住宿、体验、休闲相结合的服务作为自己的特色。对每天都被高楼大厦和人群围绕的城市人来说，乡村旅游是能够暂时摆脱日常生活的好方式。与此同时，乡村旅游的出现和发展为振兴乡村经济作出了巨大的贡献，还使城乡交通变得更加便利。

어휘 **乡村** xiāngcūn [명] 농촌 **瞩目** zhǔmù [동] 각광받다, 주목하다 **顺应** shùnyìng [동] 따르다, 순응하다 **民宿** mínsù [명] 민박집
高楼大厦 gāolóudàshà [성] 높은 건물 **摆脱** bǎituō [동] 벗어나다 **振兴** zhènxīng [동] 활성화시키다, 진흥시키다 **便利** biànlì [형] 편리하다

어느 날 공자가 마차를 타고 곳곳을 돌아다니다가 어느 곳에 이르렀을 때 한 남자아이가 흙으로 둘러싸인 작은 성 안에 앉아 있는 것을 보았다. 공자는 매우 궁금해서, 그는 남자아이에게 왜 마차가 다가오는 것을 보고도 피하지 않았는지 질문을 던졌다. 남자아이는 눈을 깜박이며 예로부터 지금까지 마차가 성을 우회했지 성이 마차를 우회하는 경우는 없었으니, 공자가 자신이 쌓은 토성을 우회해야 하며 본래 공자가 지식이 해박하고 이치를 아는 사람이라고 생각했는데, 공자가 이렇게 말할 줄은 몰랐다고 말했다. 남자아이의 말은 공자를 깜짝 놀라게 했다.

체면을 차리기 위해 공자는 일련의 질문을 던져서 남자아이를 곤란하게 했지만 모두 남자아이에 의해 재치 있게 해결되었다. 공자는 남자아이가 머리 회전이 빠르고 지혜가 남보다 뛰어나 자신조차도 그를 논쟁으로 이길 수 없다고 생각하여, 길게 탄식할 수밖에 없었다. 공자는 허리를 숙이고 남자아이에게 그가 남자아이를 자신의 스승으로 삼고 싶다고 상냥하게 말했다. 훗날 공자는 다른 사람의 언행과 행동거지에는 반드시 배울 점이 있으니 다른 사람에게 묻는 것을 개의치 말라고 제자들에게 가르쳤다. 이 나이가 고작 일곱 살에 불과한 남자아이는 바로 중국 고대 10대 신동 중 한 명으로, 그의 이야기는 당시의 사회를 발칵 뒤집었다.

한 문장씩 중국어로 번역하기

	제시된 한국어 문장 ▶	번역한 중국어 문장
문장①	어느 날 공자가 마차를 타고 곳곳을 돌아다니다가 어느 곳에 이르렀을 때 한 남자아이가 흙으로 둘러싸인 작은 성 안에 앉아 있는 것을 보았다. ▶	有一天，孔子乘着一辆马车到处走动，来到一个地方时，他看见一个小男孩正坐在用土围成的一座小城里。
	📍번역 포인트 · 문장이 길기 때문에 '이르렀을 때'에서 한번 끊어준다. 뒤 문장과 자연스럽게 이어지도록 뒤 문장 바로 앞에 주어 他(그)를 넣어준다. [스킬 10]	
문장②	공자는 매우 궁금해서, 그는 남자아이에게 왜 마차가 다가오는 것을 보고도 피하지 않았는지 질문을 던졌다. ▶	孔子感到非常好奇，于是他就向小男孩提问，为什么看见马车驶过来也没躲开。
	📍번역 포인트 · '질문을 던지다'는 提出问题로 그대로 직역하기보다 하나의 중국어 동사 提问으로 번역한다. [스킬 9]	
문장③	남자아이는 눈을 깜박이며 예로부터 지금까지 마차가 성을 우회했지 성이 마차를 우회하는 경우는 없었으니, 공자가 자신이 쌓은 토성을 우회해야 하며 본래 공자가 지식이 해박하고 이치를 아는 사람이라고 생각했는데, 공자가 이렇게 말할 줄은 몰랐다고 말했다. ▶	小男孩眨了眨眼睛说，从古至今都是马车绕过城，根本就没有城躲开马车的道理，所以孔子应该绕过自己建造的土城。他本来以为孔子是知识渊博、懂道理的人，但没想到孔子会这么说。
	📍번역 포인트 · 문장이 길기 때문에 '우회해야 하며'에서 한번 끊어준다. 뒤 문장과 자연스럽게 이어지도록 뒤 문장 바로 앞에 주어 他(그)를 넣어준다. [스킬 10] · '지식이 해박하다'는 중국어의 호응어휘 知识渊博를 활용하여 번역한다. [스킬 6]	
문장④	남자아이의 말은 공자를 깜짝 놀라게 했다. ▶	小男孩的话让孔子大吃一惊。
	📍번역 포인트 · '공자를 깜짝 놀라게 하다'는 让을 활용하여 让孔子大吃一惊으로 번역한다. [스킬 5]	
문장⑤	체면을 차리기 위해 공자는 일련의 질문을 던져서 남자아이를 곤란하게 했지만 모두 남자아이에 의해 재치 있게 해결되었다. ▶	为了挽回面子，孔子提出了一连串问题来为难小男孩，但是都被小男孩巧妙地解决了。
	📍번역 포인트 · '체면을 차리다'는 중국어의 호응어휘 挽回面子를 활용하여 번역한다. [스킬 6] · '남자아이에 의해 재치 있게 해결되었다'는 被를 활용하여 被小男孩巧妙地解决了로 번역한다. [스킬 4]	

문장⑥	공자는 남자아이가 머리 회전이 빠르고 지혜가 남보다 뛰어나 자신조차도 그를 논쟁으로 이길 수 없다고 생각하여, 길게 탄식할 수밖에 없었다. ▶ 孔子觉得小男孩心思敏捷、智慧过人，连自己也辩不过他，只好长叹了一声。 **번역 포인트** · '머리 회전이 빠르다'가 떠오르지 않으면 '생각이 빠르다'로 쉽게 바꿔서 心思敏捷로 번역한다. [스킬 7] · '남보다 뛰어나다'는 比别人优秀로 그대로 직역하기보다 하나의 중국어 동사 过人으로 번역한다. [스킬 9]	
문장⑦	공자는 허리를 숙이고 남자아이에게 그가 남자아이를 자신의 스승으로 삼고 싶다고 상냥하게 말했다. ▶ 孔子弯下腰，和蔼地对小男孩说，他愿意把小男孩当作自己的师傅。 **번역 포인트** · '남자아이를 자신의 스승으로 삼다'는 把를 활용하여 把小男孩当作自己的师傅로 번역한다. [스킬 3]	
문장⑧	훗날 공자는 다른 사람의 언행과 행동거지에는 반드시 배울 점이 있으니 다른 사람에게 묻는 것을 개의치 말라고 제자들에게 가르쳤다. ▶ 后来孔子教育弟子们，别人的言行举止必定有值得学习的地方，所以不要介意问别人。 **번역 포인트** · '언행과 행동거지'는 言行举止이다. 이때 言行举止이 떠오르지 않으면, '말과 행동'으로 의미를 풀어 话和行为로 번역할 수 있다. [스킬 8] · 문장이 길기 때문에 '배울 점이 있으니'에서 한번 끊어준다. [스킬 10]	
문장⑨	이 나이가 고작 일곱 살에 불과한 남자아이는 바로 중국 고대 10대 신동 중 한 명으로, 그의 이야기는 당시의 사회를 발칵 뒤집었다. ▶ 这个年仅七岁的小男孩就是中国古代十大神童之一，他的故事震动了当时的社会。 **번역 포인트** · '발칵 뒤집다'가 떠오르지 않으면 '뒤흔들다'로 쉽게 바꿔서 震动으로 번역한다. [스킬 7]	

모범답안

有一天，孔子乘着一辆马车到处走动，来到一个地方时，他看见一个小男孩正坐在用土围成的一座小城里。孔子感到非常好奇，于是他就向小男孩提问，为什么看见马车驶过来也没躲开。小男孩眨了眨眼睛说，从古至今都是马车绕过城，根本就没有城躲开马车的道理，所以孔子应该绕过自己建造的土城。他本来以为孔子是知识渊博、懂道理的人，但没想到孔子会这么说。小男孩的话让孔子大吃一惊。

为了挽回面子，孔子提出了一连串问题来为难小男孩，但是都被小男孩巧妙地解决了。孔子觉得小男孩心思敏捷、智慧过人，连自己也辩不过他，只好长叹了一声。孔子弯下腰，和蔼地对小男孩说，他愿意把小男孩当作自己的师傅。后来孔子教育弟子们，别人的言行举止必定有值得学习的地方，所以不要介意问别人。这个年仅七岁的小男孩就是中国古代十大神童之一，他的故事震动了当时的社会。

어휘 **乘** chéng [동] (교통 수단·가축 등에) 타다 **眨** zhǎ [동] (눈을) 깜박거리다 **渊博** yuānbó [형] 해박하다 **挽回** wǎnhuí [동] 되찾다, 만회하다 **面子** miànzi [명] 체면 **为难** wéinán [동] 곤란하게 하다 **敏捷** mǐnjié [형] (생각·동작 등이) 빠르다 **和蔼** hé'ǎi [형] 상냥하다 **举止** jǔzhǐ [명] 행동거지 **介意** jièyì [동] 개의하다, 마음에 두다 **震动** zhèndòng [동] 뒤흔들다

전 세계 각지에 아름다운 명소는 너무 많아서 일일이 다 셀 수 없다. 그러나 최근 일부 명소는 관광객을 유치하기 위해 상세한 계획을 세우지 않은 상황에서 기존에 있던 자연 경관을 함부로 개조해 주변의 환경을 훼손했다. 사람들은 돈을 벌기 위해 수단과 방법을 가리지 않으면 안 되며, 자연 경관을 보호해야 한다. 만약 자연 경관을 개조할 수밖에 없는 상황을 맞닥뜨렸다면 사람들은 생태 보호를 최우선으로 해야 하는데, 이는 자연 경관을 함부로 개조하는 것이 생태계에도 영향을 주기 때문이다. 결론적으로, 생태계 보호에 기반하여 자연 경관을 개조해야만 자연 경관이 더 나은 보호를 받게 할 수 있다.

한 문장씩 중국어로 통역해보기

	제시된 한국어 문장 ▶	통역해본 중국어 문장
문장①	전 세계 각지에 아름다운 명소는 너무 많아서 일일이 다 셀 수 없다. 📍통역 포인트 · '너무 많아서 일일이 다 셀 수 없다'는 数不胜数이다. 이때 数不胜数가 떠오르지 않으면, '셀 수 없을 정도로 많다'로 의미를 풀어 多得数不清으로 통역할 수 있다. [스킬 8]	在全球各地，美丽的景点数不胜数。
문장②	그러나 최근 일부 명소는 관광객을 유치하기 위해 상세한 계획을 세우지 않은 상황에서 기존에 있던 자연 경관을 함부로 개조해 주변의 환경을 훼손했다. 📍통역 포인트 · '유치하다'가 떠오르지 않으면 '끌어들이다'로 쉽게 바꿔서 吸引으로 통역한다. [스킬 7] · 문장이 길기 때문에 '관광객을 유치하기 위해'와 '상황에서'에서 한번 끊어준다. [스킬 10] · '계획을 세우다'는 중국어의 호응어휘 树立规划를 활용하여 통역한다. [스킬 6]	然而最近部分景点为了吸引游客，在没有树立详细规划的情况下，对原有的自然景观随意进行了改造，破坏了周围的环境。
문장③	사람들은 돈을 벌기 위해 수단과 방법을 가리지 않으면 안 되며, 자연 경관을 보호해야 한다. 📍통역 포인트 · '수단과 방법을 가리지 않다'는 不择手段이다. 이때 不择手段이 떠오르지 않으면, '어떤 방법이든 다 사용하다'로 의미를 풀어 什么手段都使用으로 통역할 수 있다. [스킬 8]	人们不应该为了赚钱不择手段，而应该保护自然景观。
문장④	만약 자연 경관을 개조할 수밖에 없는 상황을 맞닥뜨렸다면 사람들은 생태 보호를 최우선으로 해야 하는데, 이는 자연 경관을 함부로 개조하는 것이 생태계에도 영향을 주기 때문이다. 📍통역 포인트 · '생태 보호를 최우선으로 하다'는 把를 활용하여 把生态保护放在第一位로 통역한다. [스킬 3] · '영향을 주다'는 给影响으로 그대로 직역하기보다 하나의 중국어 동사 影响으로 통역한다. [스킬 9]	如果遇到不得不改造自然景观的情况，人们应该把生态保护放在第一位，这是因为随意改造自然景观还会影响生态系统。
문장⑤	결론적으로, 생태계 보호에 기반하여 자연 경관을 개조해야만 자연 경관이 더 나은 보호를 받게 할 수 있다. 📍통역 포인트 · '자연 경관이 더 나은 보호를 받게 하다'는 使를 활용하여 使自然景观得到更好的保护로 통역한다. [스킬 5]	总而言之，只有在对生态系统进行保护的基础上改造自然景观，才能使自然景观得到更好的保护。

모범답변

　　在全球各地，美丽的景点数不胜数。然而最近部分景点为了吸引游客，在没有树立详细规划的情况下，对原有的自然景观随意进行了改造，破坏了周围的环境。人们不应该为了赚钱不择手段，而应该保护自然景观。如果遇到不得不改造自然景观的情况，人们应该把生态保护放在第一位，这是因为随意改造自然景观还会影响生态系统。总而言之，只有在对生态系统进行保护的基础上改造自然景观，才能使自然景观得到更好的保护。

어휘　**数不胜数** shǔbúshèngshǔ 웹 (너무 많아서) 일일이 다 셀 수 없다　**游客** yóukè 웹 관광객　**规划** guīhuà 웹 계획　**随意** suíyì 웹 함부로, 마음대로
　改造 gǎizào 동 개조하다　**不择手段** bùzéshǒuduàn 웹 수단과 방법을 가리지 않다　**生态** shēngtài 웹 생태　**总而言之** zǒng'éryánzhī 웹 결론적으로, 요컨대

93　　타이산은 중국 산둥성의 중부에 위치하고, 중국의 매우 많은 명산 중 으뜸인 산이며, '천하제일의 산'으로 불린다. 타이산은 중국의 전통 명산으로서, 깊고 두터운 역사 문화적 의미를 담고 있다. 긴 세월 속에, 무수한 시인들은 사람들이 경탄을 금치 못하게 하는 시구를 남겼다. 이 외에도, 타이산의 지질 구조는 매우 복잡해서 높은 과학 연구 가치를 지니고 있다. 타이산은 오랜 역사를 가지고 있을 뿐만 아니라, 매우 온전하게 보존되어 있기 때문에 세계문화유산에 등재됐다.

한 문장씩 중국어로 통역해보기

	제시된 한국어 문장	▶	통역해본 중국어 문장
문장①	타이산은 중국 산둥성의 중부에 위치하고, 중국의 매우 많은 명산 중 으뜸인 산이며, '천하제일의 산'으로 불린다. 📍통역 포인트 ・'으뜸이다'가 떠오르지 않으면 '1등이다'로 쉽게 바꿔서 排名第一로 통역한다. [스킬 7] ・'천하제일의 산'으로 불리다'는 被를 활용하여 被称为"天下第一山"으로 통역한다. [스킬 4]	▶	泰山位于中国山东省中部，是中国众多名山中排名第一的山，被称为"天下第一山"。
문장②	타이산은 중국의 전통 명산으로서, 깊고 두터운 역사 문화적 의미를 담고 있다. 📍통역 포인트 ・'의미를 담고 있다'는 중국어의 호응어휘 承载内涵을 활용하여 통역한다. [스킬 6]	▶	泰山作为中国的传统名山，承载了深厚的历史文化内涵。
문장③	긴 세월 속에, 무수한 시인들은 사람들이 경탄을 금치 못하게 하는 시구를 남겼다. 📍통역 포인트 ・'사람들이 경탄을 금치 못하게 하다'는 令을 활용하여 令人惊叹不已로 통역한다. [스킬 5] 　이때, '경탄을 금치 못하다'는 惊叹不已이다. 惊叹不已가 떠오르지 않으면, '감탄하다'로 의미를 풀어 赞叹으로 통역할 수 있다. [스킬 8]	▶	在漫长的岁月里，无数诗人留下了令人惊叹不已的诗句。
문장④	이 외에도, 타이산의 지질 구조는 매우 복잡해서 높은 과학 연구 가치를 지니고 있다. 📍통역 포인트 ・'지질 구조'는 중국어의 호응어휘 地质构造를 활용하여 통역한다. [스킬 6]	▶	另外，泰山的地质构造十分复杂，因此具有很高的科研价值。
문장⑤	타이산은 오랜 역사를 가지고 있을 뿐만 아니라, 매우 온전하게 보존되어 있기 때문에 세계문화유산에 등재됐다. 📍통역 포인트 ・'매우 온전하게 보존되어 있다'는 정도보어 十分完好를 활용하여 保存得十分完好로 통역한다. [스킬 2] ・'세계문화유산에 등재되다'는 被를 활용하여 被列入世界文化遗产으로 통역한다. [스킬 4]	▶	泰山不仅具有悠久的历史，而且保存得十分完好，因此被列入世界文化遗产。

모범답변

　　泰山位于中国山东省中部，是中国众多名山中排名第一的山，被称为"天下第一山"。泰山作为中国的传统名山，承载了深厚的历史文化内涵。在漫长的岁月里，无数诗人留下了令人惊叹不已的诗句。另外，泰山的地质构造十分复杂，因此具有很高的科研价值。泰山不仅具有悠久的历史，而且保存得十分完好，因此被列入世界文化遗产。

어휘　**泰山** Tàishān [고유] 타이산[중국 산둥성에 있는 산]　**承载** chéngzài [동] 담다, 무게를 견디다　**内涵** nèihán [명] 의미　**漫长** màncháng [형] (시간·공간이) 길다
　岁月 suìyuè [명] 세월　**惊叹不已** jīngtànbùyǐ [명] 경탄을 금치 못하다　**地质** dìzhì [명] 지질　**构造** gòuzào [명] 구조　**科研** kēyán [명] 과학 연구
　世界文化遗产 shìjiè wénhuà yíchǎn [명] 세계문화유산

94 医院免费体检预约表

时间	星期一	星期二	星期三	星期四	星期五
10:00 – 11:00			可预约	可预约	
11:00 – 12:00	可预约				可预约
14:00 – 15:00			可预约		可预约

【注意事项】

（一）可通过医院窗口、官方网站或电话进行预约。预约成功后若想更改时间或取消预约，可通过以上任意一种方式进行。

（二）预约时需要提供患者的姓名、性别、年龄以及症状等信息。患者可在微信小程序中随时查看预约信息。

（三）若有发烧、咳嗽等疑似传染病的症状，预约时一定要告诉医院工作人员。

（四）体检前，要求空腹八小时以上，不能进食，不能喝水。

（五）体检一周后，患者可通过微信查询体检报告。

如果你是这家医院的工作人员，你的朋友小丽想去医院做免费体检，她只有上午有空，请你告诉她医院的可预约时间以及注意事项。

병원 무료 건강 검진 예약표

시간	월요일	화요일	수요일	목요일	금요일
10:00 – 11:00			예약 가능	예약 가능	
11:00 – 12:00	예약 가능				예약 가능
14:00 – 15:00		예약 가능			예약 가능

[주의 사항]

(1) 병원 창구, 공식 홈페이지 또는 전화로 예약할 수 있습니다. 예약 완료 후 시간 변경이나 예약 취소를 원하시면, 위의 임의의 한 가지 방식으로 진행하시면 됩니다.

(2) 예약 시 환자의 이름, 성별, 나이 및 증상 등의 정보를 제공해야 합니다. 환자는 위챗 미니 프로그램에서 언제든지 예약 정보를 확인할 수 있습니다.

(3) 만일 발열, 기침 등 감염병이 의심되는 증상이 있을 경우, 예약 시 반드시 병원 직원에게 알려야 합니다.

(4) 건강 검진 전에는 8시간 이상 공복을 유지해야 하며, 음식을 먹거나 물을 마시면 안 됩니다.

(5) 건강 검진 일주일 후, 환자는 위챗을 통해서 검진 결과를 조회할 수 있습니다.

당신은 이 병원의 직원이며, 당신의 친구 샤오리가 병원에서 무료 건강 검진을 받으려고 합니다. 그녀가 오전에만 시간이 있다고 가정하고, 그녀에게 병원의 예약 가능 시간과 주의 사항을 알려주세요.

어휘 **体检** tǐjiǎn 圖 건강 검진, 신체검사　**预约** yùyuē 圖 예약하다　**事项** shìxiàng 圖 사항　**窗口** chuāngkǒu 圖 창구
官方网站 guānfāng wǎngzhàn 圖 공식 홈페이지　**更改** gēnggǎi 圖 변경하다　**任意** rènyì 圖 임의의　**患者** huànzhě 圖 환자　**症状** zhèngzhuàng 圖 증상
微信小程序 Wēixìn Xiǎochéngxù 교육 위챗 미니 프로그램[위챗 내에서 동작하는 미니 응용 프로그램]　**查看** chákàn 圖 확인하다
空腹 kōngfù 圖 공복을 유지하다, 음식을 먹지 않다

구상한 답변 아웃라인

상황 언급	병원에서 하는 무료 건강 검진의 구체적인 내용과 주의 사항을 알려주겠음
자료 내용 언급	- 월요일 11:00-12:00에 예약 가능 - 수요일 10:00-11:00에 예약 가능 - 목요일 10:00-11:00에 예약 가능 - 금요일 11:00-12:00에 예약 가능 - 병원 창구, 공식 홈페이지 또는 전화로 예약 가능, 시간 변경이나 예약 취소를 원한다면 위의 임의의 한 가지 방식으로 진행 가능 - 예약 시 이름, 성별, 나이, 증상 등을 제공해야 함, 위챗 미니 프로그램에서 예약 정보 확인 가능 - 감염병 의심 증상이 있으면 예약 시 병원 직원에게 알리기 - 건강 검진 전 8시간 이상 공복 유지 - 건강 검진 일주일 후 위챗을 통해서 검진 결과를 조회할 수 있음
마무리	모든 일이 순조롭기를 바라고 모르는 것이 있으면 물어보길 바람

你好，小丽。听说你想去医院做免费体检，但只有上午有空。我来告诉你具体内容和注意事项吧。

首先，说一下具体内容。上午可预约的时间是星期一的十一点到十二点；星期三和星期四的十点到十一点；星期五的十一点到十二点。

其次，说一下注意事项。一共有五个注意事项。一是你可以通过医院窗口、官方网站或电话进行预约。预约成功后如果你想更改或取消预约，可以通过以上任意一种方式进行。二是预约时你要提供你的姓名、性别、年龄、症状等信息，你还可以在微信小程序中随时查看你的预约信息。三是如果你有发烧、咳嗽等疑似传染病的症状，预约时一定要告诉医院工作人员。四是体检前，要求空腹八小时以上，不能进食，不能喝水。五是体检一周后，你可通过微信查询体检报告。

最后，希望你一切顺利，如果有不懂的地方，可以再问我。

안녕, 샤오리. 듣자 하니 네가 병원에서 무료 건강 검진을 받으려고 하는데 오전에만 시간이 있다고 들었어. 내가 구체적인 내용과 주의 사항에 대해 알려줄게.

먼저, 구체적인 내용에 대해 설명해줄게. 오전에 예약 가능한 시간은 월요일 11시부터 12시, 수요일과 목요일 10시부터 11시, 금요일 11시부터 12시야.

그다음으로, 주의 사항에 대해 설명해줄게. 총 다섯 개의 주의 사항이 있어. 첫째, 너는 병원 창구, 공식 홈페이지 또는 전화로 예약할 수 있어. 예약 완료 후에 만약 네가 시간 변경이나 예약 취소를 원한다면 위의 임의의 한 가지 방식으로 진행할 수 있어. 둘째, 예약 시 너의 이름, 성별, 나이, 증상 등의 정보를 제공해야 하고, 너는 위챗 미니 프로그램에서 언제든지 너의 예약 정보를 확인할 수 있어. 셋째, 만약 네가 발열, 기침 등 감염병이 의심되는 증상이 있을 경우, 예약 시 반드시 병원 직원에게 알려야 해. 넷째, 건강 검진 전 8시간 이상 공복을 유지해야 하고, 음식을 먹거나 물을 마시면 안 돼. 다섯째, 건강 검진 일주일 후, 위챗을 통해서 검진 결과를 조회할 수 있어.

마지막으로 모든 일이 순조롭기를 바라고, 만약 모르는 것이 있다면 내게 다시 물어봐.

어휘 **体检** tǐjiǎn 圐 건강 검진, 신체검사　**事项** shìxiàng 圐 사항　**预约** yùyuē 圐 예약하다　**窗口** chuāngkǒu 圐 창구
官方网站 guānfāng wǎngzhàn 圐 공식 홈페이지　**更改** gēnggǎi 圐 변경하다　**任意** rènyì 圐 임의의　**症状** zhèngzhuàng 圐 증상
微信小程序 Wēixìn Xiǎochéngxù 고유 위챗 미니 프로그램[위챗 내에서 동작하는 미니 응용 프로그램]　**查看** chákàn 圐 확인하다, 살펴보다
空腹 kōngfù 圐 공복을 유지하다, 음식을 먹지 않다

95 - 97

最近，以无人智能技术为核心的无接触经济走入了大众的视野，95无人配送便是从中衍生出的一种模式。随着网络用户的消费升级，以快递、外卖为代表的物流配送的需求剧增，无人配送的优势开始显现。96我认为无人配送的优势表现在其效率和安全性上。在效率上，无人配送不仅能有效提高物流行业的运送能力，还能降低物流企业的人力成本。无人配送车、无人分拣机器人等智能设备24小时不间断运转，这加速了包裹间的流转效率，节省了消费者的等待时间，满足了全国各地消费者与日俱增的网购物资即时供应需求。在安全性上，无人配送应用到了疫情防控工作中，其大大减少了人与人之间的直接接触，从而减少了病毒传染的可能性。无人配送车虽然不大，但却在疫情防控工作中起到了很大的作用。人们收发快递时不用担忧有被病毒感染的危险，可以安心地签收自己的快递。无人配送在日常生活中的应用充分向人们展现了它的优势，特别是在特殊时期，更能显示其意义。

최근, 무인 스마트 기술을 핵심으로 하는 언택트 경제가 대중들의 시야로 들어왔는데, 95무인 배송은 그중에서 파생된 모델이다. 인터넷 사용자들의 소비가 확대됨에 따라 택배, 배달로 대표되는 물류 배송의 수요가 급증했고, 무인 배송의 장점이 드러나기 시작했다. 96나는 무인 배송의 장점이 효율과 안전성에서 나타난다고 생각한다. 효율 측면에서 무인 배송은 물류 산업의 운송 능력을 효과적으로 향상시킬 수 있을 뿐만 아니라, 물류 기업의 인건비를 절감할 수도 있다. 무인 배송 차량, 무인 분류 로봇 등 스마트 기기는 24시간 쉬지 않고 가동될 수 있고, 이는 소포실의 유통 효율을 가속시키고 소비자의 대기 시간을 절약했으며, 전국 각지 소비자의 날로 증가하는 온라인 쇼핑 물자에 대한 즉각적인 공급 수요를 충족시켰다. 안전성 측면에서 무인 배송은 전염병 예방 작업에 활용되어 사람 간의 직접적인 접촉을 크게 줄임으로써 바이러스 감염 가능성을 줄였다. 무인 배송 차량은 비록 크지 않지만 전염병 예방 작업에 큰 역할을 했다. 사람들은 택배를 받거나 보낼 때 바이러스에 감염될 위험을 걱정할 필요가 없어졌고, 안심하고 자신의 택배를 받을 수 있었다. 일상생활에서 무인 배송의 활용은 사람들에게 장점을 충분히 보여주었고, 특히 특수한 기간 동안에는 더욱 그 의미를 드러낼 수 있었다.

어휘 **智能** zhìnéng 圐 스마트한　**无接触经济** wújiēchù jīngjì 圐 언택트 경제　**视野** shìyě 圐 시야　**无人配送** wúrén pèisòng 무인 배송　**衍生** yǎnshēng 圐 파생하다
模式 móshì 圐 모델, 패턴　**用户** yònghù 圐 사용자, 가입자　**外卖** wàimài 圐 배달하다, 포장하여 판매하다　**需求** xūqiú 圐 수요, 필요　**优势** yōushì 圐 장점
效率 xiàolǜ 圐 효율　**成本** chéngběn 圐 비용, 원가　**分拣** fēnjiǎn 圐 분류하다　**与日俱增** yǔrìjùzēng 圐 날로 증가하다　**物资** wùzī 圐 물자
供应 gōngyìng 圐 공급하다　**疫情** yìqíng 圐 전염병 발생 상황　**防控** fángkòng 圐 예방하다　**担忧** dānyōu 圐 걱정하다　**展现** zhǎnxiàn 圐 (눈앞에) 보이다

| 95 | 问：这篇文章主要提及了什么现象？ | 질문: 이 단문은 주로 어떤 현상을 언급했는가? |

모범답변

| 这篇文章主要提及了无人配送的现象。 | 이 단문은 주로 무인 배송 현상을 언급했습니다. |

해설　질문이 이 단문은 주로 어떤 현상을 언급했는지 물었다. 음성 전반적으로 无人配送에 대해 이야기하고 있으므로, 这篇文章主要提及了无人配送的现象。이라는 완전한 문장으로 답변한다.

96 问：说话人认为无人配送的优势表现在哪两方面？

질문: 화자는 무인 배송의 장점이 어떤 두 가지 부분에서 나타난다고 생각하는가?

모범답변

说话人认为无人配送的优势表现在效率和安全性上。

화자는 무인 배송의 장점이 효율과 안전성에서 나타난다고 생각합니다.

해설 질문이 화자는 무인 배송의 장점이 어떤 두 가지 부분에서 나타난다고 생각하는지 물었다. 음성에서 **我认为无人配送的优势表现在其效率和安全性上。**이 언급되었으므로, **说话人认为无人配送的优势表现在效率和安全性上。**이라는 완전한 문장으로 답변한다.

97 问：你认为应该要大力推广无人配送吗？请说出理由。

질문: 당신은 무인 배송을 널리 보급해야 한다고 생각하는가? 이유를 말해보시오.

모범답변

我认为应该要大力推广无人配送，以下是我的观点。

首先，无人配送的优势之一是可以有效提高运输效率。如今，人工配送已经不能满足消费者的需求。无人配送则不受传统物流运输路线的限制，而且无人配送的一些智能设备能不间断运转，提高物流行业的运送能力，降低物流企业的人力成本，也能缩短消费者的等待时间。

其次，无人配送的优势还体现在安全性上。无人配送能对传染病流行期间的防控工作起到积极作用。它能减少人与人之间的直接接触，从而减少感染传染病的可能性。无人配送的这些优势都能充分证明它存在的意义和价值。

总的来说，无人配送有利于社会的发展，所以我认为要大力推广无人配送。

저는 무인 배송을 널리 보급해야 한다고 생각합니다. 아래는 저의 입장입니다.

먼저, 무인 배송의 장점 중 하나는 운송 효율을 효과적으로 향상시킬 수 있다는 것입니다. 오늘날 인력으로 하는 배송은 이미 소비자의 수요를 만족시킬 수 없습니다. 무인 배송은 기존 물류 운송 노선의 제한을 받지 않고 게다가 무인 배송의 일부 스마트 기기는 쉬지 않고 가동될 수 있으며, 물류 산업의 운송 능력을 향상시키고 물류 기업의 인건비를 절감하며 소비자의 대기 시간을 줄일 수도 있습니다.

그다음으로, 무인 배송의 장점은 안정성에서도 드러납니다. 무인 배송은 전염병 유행 기간의 예방 작업에서 긍정적인 역할을 할 수 있습니다. 그것은 사람 간의 직접적인 접촉을 줄임으로써 전염병 감염의 가능성을 줄일 수 있습니다. 무인 배송의 이러한 장점은 모두 무인 배송이 존재하는 의미와 가치를 충분히 증명할 수 있습니다.

종합하자면, 무인 배송은 사회 발전에 도움이 되며, 그래서 저는 무인 배송을 널리 보급해야 한다고 생각합니다.

어휘 **人工** réngōng [형] 인력으로 하는, 사람이 하는 **需求** xūqiú [명] 수요, 필요 **智能** zhìnéng [형] 스마트한 **成本** chéngběn [명] 비용, 원가 **防控** fángkòng 예방하다 **感染** gǎnrǎn [동] 감염되다

98

苏东坡是北宋著名的文学家和书画家。他满腹经纶、才华横溢，在文学、书画等方面取得了很高的成就，但他在官场上并不得志，前后三次被贬，经历了许多大风大浪。无论身在何处，经历了怎样的挫折，他始终保持着快乐豁达的人生态度，掌握着自己命运的主动权，克服了一次又一次的困难。谚语说："不气不愁，活到白头"，在生活中，人要时常保持快乐的心态。苏东坡是真正做到"不气不愁，活到白头"的人。他尤其爱和朋友开玩笑，而面对那些陷害过自己的敌人，他也能以宽容的态度对待，不记仇，并且一笑而过，这正是他豁达的一面。他的这种性格特点在诗词中也体现得淋漓尽致。有一次，他到大相国寺拜访好友佛印和尚时写了一首诗，其中两句为"不义之财不可取，有气不生气自消"。这句诗词正表现出了他的真性情。同时，他十分热爱生活，深谙养生之道，并在美食方面有很深的造诣，比如流传至今的"东坡肉"、"东坡肘子"、"东坡羹"等都是他的杰作。他过了六十多年幽默、诙谐的人生，给后人留下了快乐豁达的印象。

소동파는 북송의 유명한 문학가이자 서화가이다. 그는 뛰어난 학식을 가졌고 재능이 넘쳐났으며, 문학, 서화 등 부분에서 높은 성취를 거두었지만 관직에서는 뜻하는 바를 이루지 못했고, 총 세 차례나 좌천되며 온갖 고생과 시련을 겪었다. 어디에 있든, 어떤 좌절을 겪든 그는 쾌활하고 활달한 인생 태도를 시종일관 유지하며 자신의 운명의 주도권을 쥐었으며, 매번 어려움을 극복했다. 속담에서 '화나 근심이 없으면 백발이 될 때까지 살 수 있다'고 했는데, 인생에서 사람은 항상 즐거운 심리 상태를 가져야 한다. 소동파는 진정으로 '화나 근심이 없으면 백발이 될 때까지 살 수 있다'를 해낸 사람이다. 그는 특히 친구들과 농담하는 것을 좋아했으며, 자신을 모함했던 적들에게도 그는 너그러운 태도로 대하고, 앙심을 품지 않고 웃어넘길 수 있었는데, 이것이 바로 그의 활달한 면모다. 그의 이런 성격적 특징은 시에서도 남김없이 드러나 있다. 한번은 그가 대상국사에 들러 절친한 친구인 불인 스님을 찾아갔을 때 시 한 편을 썼는데, 그중 두 마디는 '부정한 재물을 취해서는 안 되며, 화가 있어도 화를 내지 않으면 저절로 없어진다'였다. 이 시는 그의 진짜 성격을 드러냈다. 동시에, 그는 인생을 매우 사랑하고 양생법에 정통하며 음식 부분에서 조예가 깊었는데, 예를 들어 오늘날까지 전해지는 '동파육', '동파주자', '동파갱' 등은 모두 그의 걸작이다. 그는 60여 년 동안 재미있고 익살스러운 인생을 살아, 후세에 쾌활하고 활달한 인상을 남겼다.

98　问：根据材料，请你谈谈对"不气不愁，活到白头"的情感认识。

질문：자료에 근거하여, '화나 근심이 없으면 백발이 될 때까지 살 수 있다'에 대한 당신의 감정과 인식을 말해보시오.

작성한 답변 아웃라인

나의 관점	不气不愁，活到白头的道理值得学习 화나 근심이 없으면 백발이 될 때까지 살 수 있다는 이치는 배울 만한 가치가 있음
단문 줄거리	苏东坡，懂得不气不愁，活到白头道理的人 소동파, 화나 근심이 없으면 백발이 될 때까지 살 수 있다는 도리를 잘 이해하는 사람 [나의 관점] 有才华，但经历挫折，始终保持快乐豁达的态度，克服困难 재능이 있지만 좌절 겪음, 즐겁고 활달한 태도를 시종일관 유지, 어려움 극복 爱开玩笑，对敌人宽容 농담하기 좋아하며 적에게 너그러움 热爱生活，在美食方面有见解，东坡肉是杰作 인생을 사랑함, 음식 부분에서 견해이 있음, 동파육이 걸작 给后人留下快乐豁达的印象 후세 사람들에게 쾌활하고 활달한 인상을 남김
느낀 점	我们也要保持快乐的心态 우리도 즐거운 심리 상태를 유지해야 함 [나의 관점] 精神状态好了，身体才会好，人才会充满活力 정신 상태가 좋아져야 몸이 건강해지고 활력이 넘칠 수 있음 [나의 관점] 生气和忧虑没有好处，伤身体 화를 내고 걱정하는 것은 득이 되지 않고 건강을 해침 [나의 관점] 为了健康长寿，应该克制坏情绪 건강하게 오래 살기 위해서 나쁜 기분을 억제해야 함 [나의 관점]
마무리	应该懂得不气不愁，活到白头 화나 근심이 없으면 백발이 될 때까지 살 수 있다는 것을 잘 이해해야 함 应该调整好自己的心态 자신의 심리 상태를 잘 조절해야 함

모범답변

　　我认为"不气不愁，活到白头"的道理是值得我们学习的。

　　首先，根据材料，我们可以知道苏东坡是一个懂得"不气不愁，活到白头"这一道理的人。苏东坡虽然很有才华，但他经历了许多挫折。即使这样，他始终保持着快乐豁达的态度，克服了一次次困难。就像谚语"不气不愁，活到白头"所说的那样，他在生活中保持了快乐的心态。他爱和朋友开玩笑，对敌人也宽容。他十分热爱生活，很了解养生之道，在美食方面也很有见解，"东坡肉"就是他的杰作。正因如此，他给后人留下了快乐豁达的印象。

　　其次，这段话让我明白，我们也要像苏东坡一样，在生活中保持快乐的心态。只有精神状态好了，身体才会好，人才会充满活力。生活中有很多让我们烦恼的事，有时我们可能控制不住情绪，动不动就乱生气，或者过于忧虑。但是生气和忧虑没有好处，反而伤身体。"不气不愁，活到白头"这句话很有道理，为了健康长寿，我们应该克制坏情绪，保持快乐的心态。

　　综上所述，我认为我们应该懂得"不气不愁，活到白头"的道理。为了身体健康，我们应该在生活中尽量调整好自己的心态。

저는 '화나 근심이 없으면 백발이 될 때까지 살 수 있다'라는 이치는 우리가 배울 만한 가치가 있다고 생각합니다.

먼저, 자료에 근거하여 우리는 소동파가 '화나 근심이 없으면 백발이 될 때까지 살 수 있다'라는 이치를 잘 이해하고 있는 사람임을 알 수 있습니다. 소동파는 매우 재능이 있었지만 많은 좌절을 겪었습니다. 비록 이렇다고 하더라도 그는 즐겁고 활달한 태도를 시종일관 유지하며 매번 위기를 극복했습니다. '화나 근심이 없으면 백발이 될 때까지 살 수 있다'라는 속담에서 얘기한 것처럼 그는 인생에서 즐거운 심리 상태를 유지했습니다. 그는 친구와 농담하는 것을 좋아했으며, 적에게도 매우 너그러웠습니다. 그는 인생을 매우 사랑하고, 양생법을 잘 알고 음식 부분에서도 식견이 있는데, '동파육'이 바로 그의 걸작입니다. 이로 인해, 그는 후세 사람들에게 쾌활하고 활달한 인상을 남겼습니다.

그다음으로, 이 단문은 제가 우리도 소동파처럼 인생에서 즐거운 심리 상태를 유지해야 한다는 것을 깨닫게 해주었습니다. 정신 상태가 좋아져야 몸이 건강해지고 활력이 넘칠 수 있습니다. 인생에서 우리를 짜증나게 하는 일들이 많아 우리는 때로는 감정을 제어하지 못하고 걸핏하면 화를 내거나 지나치게 걱정하기도 합니다. 그러나 화를 내고 걱정하는 것은 득이 되지 않고 오히려 건강을 해칩니다. '화나 근심이 없으면 백발이 될 때까지 살 수 있다'라는 말은 일리가 있는데, 건강하게 오래 살기 위해서 우리는 나쁜 감정을 억제하고, 즐거운 심리 상태를 유지해야 합니다.

앞서 언급한 내용을 종합했을 때, 저는 우리 모두가 '화나 근심이 없으면 백발이 될 때까지 살 수 있다'라는 이치를 잘 이해해야 한다고 생각합니다. 몸의 건강을 위해 우리는 인생에서 가급적 자신의 심리 상태를 잘 조절해야 합니다.

듣기 p.253

제1부분

1 ✓ **2** ✕ **3** ✓ **4** ✓ **5** ✕ **6** ✓ **7** ✕ **8** ✓ **9** ✕ **10** ✓

제2부분

11 B **12** B **13** C **14** D **15** 精英 **16** C **17** C **18** A **19** B **20** C **21** 4.8折 **22** D

제3부분

23 B **24** A **25** D **26** C **27** D **28** D **29** D **30** 遵循生态规律 **31** B **32** C **33** C **34** C **35** C

36 实质 **37** C **38** B **39** 感觉器官及科学仪器 **40** B

독해 p.258

제1부분

41 D **42** C **43** A **44** C **45** B **46** D **47** C **48** C **49** A **50** C **51** B **52** C **53** A **54** C

55 C **56** B **57** B **58** C **59** D **60** D **61** A **62** C **63** C **64** B **65** B **66** D **67** C **68** A

제2부분

69 C **70** B **71** E **72** D **73** G

제3부분

74 符合现代文明的运动   **75** 为了生存   **76** 到适当的程度就停止

77 在比赛中获胜的次数   **78** 参赛者的资格要求   **79** 挥舞着双臂，跳着舞蹈

80 裁判   **81** 工作、吃饭、睡觉、盥洗等   **82** 稳定性更强

83 制动离轨段   **84** 返回舱调整角度的原因   **85** 防热层开始燃烧

86 与地面失去联系   **87** 着陆段的过程

쓰기 p.272

제1부분
88 [모범답안] p.551

제2부분
89 [모범답안] p.551

통번역 p.274

제1부분
90 [모범답안] p.553
91 [모범답안] p.554

제2부분
92 [모범답변] p.556
93 [모범답변] p.557

말하기 p.277

제1부분
94 [모범답변] p.559

제2, 3부분
95-97 [모범답변] p.560
98 [모범답변] p.562

1 - 5

在世界卫生组织近日更新的官方诊断手册中，"职业倦怠"被纳入了《疾病和有关健康问题的国际统计分类》。¹职业倦怠是由长期的工作压力导致的，这种现象有三方面的表现，一是因能量消耗而产生疲惫感，¹二是心理上对工作保持距离或对自己的工作感到愤怒，三是工作效率下降。

²职业倦怠现象逐渐普遍化，这事关我们现实社会中的每一个人。从公司高层管理人员到新入职的员工，都有可能经历职业倦怠。职业倦怠还有可能影响人们的精神状态。据香港理工大学的一项分析可知，中国医生的职业倦怠已成为普遍现象，超过六成的医生经历着职业倦怠。研究发现，每周工作时间超过50小时、在综合医院工作、年龄在30～40岁的医生职业倦怠较严重。有职业倦怠的医生更容易焦虑，工作满意度也会下降，医疗差错风险高，他们更容易离职。

那么职业倦怠到底缘何而起？首先是高期望与低现实之间的落差感。在现实中，人们的工作内容被重复性劳动所充斥，与最初的梦想差距太大，导致人们在工作中难以获得成就感，直至开始质疑自己的职业选择。其次是缺乏对工作的掌控感。掌控感是一种认为能通过行为改变现实处境的感觉，其反面则为无助感。³当人在工作上遇到种种问题，又无法得心应手时，会渐渐地疲于应付，产生无助感，对工作保持热情更是无从谈起。最后，工作压力无处释放。工作压力就像健身时用的杠铃，适量的压力可以使人鼓足斗志、挑战自我，但过量的压力不仅会影响工作效率，还容易导致情绪波动。面对堆积如山的业务，若缺乏合适的排解压力的渠道，重压之下的无力感便会成为催生职业倦怠的诱因之一。

⁴应该如何化解职业倦怠？专家提出了三种解决方法。第一，从工作中寻找自己的价值和兴奋点，能有效缓解理想与现实的落差，提升职业幸福感。第二，⁴即便工作再繁忙，也要丰富专业知识，提升职业技能，从而更好地处理复杂的工作任务，迎接源源不断的全新挑战，提升掌控感。对无法掌控的事情，则要学会放手，以抵御压力的侵扰。第三，试着和有类似问题的人一起探讨如何克服困难，也可以多和乐观的人交往，改善心情，减少压力，创造充满活力、积极向上的生活，以健康的心态和身体面对工作。

세계보건기구(WHO)가 최근 업데이트한 공식 진단 매뉴얼에서 '번아웃 증후군'이 <질병 및 건강 관련 문제의 국제 통계 분류>에 포함됐다. ¹번아웃 증후군은 장기간의 업무 스트레스로 인해 초래된 것으로, 이러한 현상은 세 가지 방면에서의 증상이 있다. 첫 번째는 에너지 소모로 인해 생기는 피로감이고, ¹두 번째는 심리적으로 일과 거리를 유지하거나 자신의 일에 분노를 느끼는 것이고, 세 번째는 업무 효율이 떨어지는 것이다.

²번아웃 증후군은 점차 보편화되고 있으며, 이는 현실 사회의 모든 사람들과 관계가 있다. 회사 고위 관리직부터 신입 사원까지 모두 번아웃 증후군을 겪을 수 있다. 번아웃 증후군은 사람들의 정신 상태에도 영향을 줄 수 있다. 홍콩이공대학의 분석에 따르면, 중국 의사의 번아웃 증후군은 이미 보편적인 현상이 되었고, 60%가 넘는 의사가 번아웃 증후군을 겪고 있다는 것을 알 수 있다. 연구에서 매주 업무 시간이 50시간을 초과하고, 종합 병원에서 근무하는 30~40세 의사들은 번아웃 증후군이 비교적 심하다는 것이 밝혀졌다. 번아웃 증후군을 겪는 의사는 더 쉽게 초조해지고, 업무 만족도도 떨어지며, 의료 과실 위험이 커서 더욱 쉽게 그만둔다.

그렇다면 번아웃 증후군은 도대체 왜 생기는 것일까? 우선 높은 기대와 낮은 현실 사이의 괴리감 때문이다. 현실에서 사람들의 업무 내용은 반복적인 노동으로 가득 채워져 있고, 처음의 꿈과는 차이가 크게 나서 업무에서 성취감을 얻기 어렵게 되며, 자신의 직업 선택에 의문을 제기하는 데 이른다. 그다음은 일에 대한 통제감이 부족하기 때문이다. 통제감은 행동을 통해 현실의 처지를 바꿀 수 있다고 생각하는 느낌이고, 그 반대되는 것은 무력감이다. ³사람이 업무 중에 여러 문제를 맞닥뜨리고 마음먹은 대로 되지 않을 때, 점점 대응하기 피곤해지면서 무력감이 생기는데, 업무에 열정을 유지하는 것은 더 말할 거리도 없다. 마지막은 업무 스트레스를 풀 곳이 없기 때문이다. 업무 스트레스란 헬스를 할 때 쓰는 바벨과도 같은데, 적당한 스트레스는 투지를 불태우게 하고 한계를 뛰어넘을 수 있게 하지만, 지나친 스트레스는 업무 효율에 지장을 줄 뿐만 아니라, 감정이 쉽게 동요되게 한다. 산처럼 쌓인 업무에 직면했을 때, 만약 마땅한 스트레스 해소 방법이 부족하다면 중압감에 따른 무력감이 번아웃 증후군을 부추기는 원인 중 하나가 된다.

⁴번아웃 증후군을 어떻게 해소해야 할까? 전문가는 세 가지 해결 방법을 제시한다. 첫째, 일에서 자신의 가치와 관심사를 찾으면, 이상과 현실의 괴리감을 효과적으로 완화시킬 수 있고 직업의 행복감을 높일 수 있다. 둘째, ⁴설령 일이 아무리 바쁘더라도 전문 지식을 풍부하게 해야 하고, 직무 능력을 향상시켜야 하며, 이를 통해 복잡한 업무를 더욱 잘 처리하고, 끊임없이 계속되는 새로운 도전을 맞이하여 통제감을 높이는 것이다. 통제할 수 없는 일에 대해서는 내버려두는 법을 배워서 스트레스의 침범을 막아야 한다. 셋째, 비슷한 문제를 가진 사람들과 함께 어떻게 어려움을 극복해야 할지 탐구해 보거나, 긍정적으로 살아가는 사람을 많이 사귀어서, 마음 상태를 개선하고 스트레스를 줄이며, 활기가 가득하고 긍정적인 삶을 만들어서 건강한 심리 상태와 신체로 업무에 임하는 것이다.

어휘 **世界卫生组织** Shìjiè Wèishēng Zǔzhī 고유 세계보건기구[WHO] **更新** gēngxīn 통 업데이트하다, 갱신하다 **官方** guānfāng 명 공식
职业倦怠 zhíyè juàndài 번아웃 증후군 **纳入** nàrù 동 포함시키다 **疾病** jíbìng 명 질병 **统计** tǒngjì 동 통계하다 **能量** néngliàng 명 에너지
消耗 xiāohào 동 소모하다 **疲惫** píbèi 형 피로하다 **愤怒** fènnù 동 분노하다 **事关** shìguān ~에 관계되다 **焦虑** jiāolǜ 동 초조하다, 마음을 졸이다
差错 chācuò 명 과실, 착오 **缘何** yuánhé 왜, 무슨 까닭으로 **期望** qīwàng 동 기대하다 **落差** luòchā 명 괴리감, 격차 **充斥** chōngchì 동 가득 채우다
直至 zhízhì ~에 이르다 **质疑** zhìyí 동 의문을 제기하다 **掌控** zhǎngkòng 동 통제하다, 장악하다 **处境** chǔjìng 명 (처해 있는) 처지
得心应手 déxīnyìngshǒu 성 마음먹은 대로 되다 **释放** shìfàng 동 풀다, 방출하다 **杠铃** gànglíng 명 바벨 **鼓足斗志** gǔzú dòuzhì 투지를 불태우다

실전모의고사 2회 해커스 HSK 7-9급 한 권으로 마스터 [정답·해설·모범답안]

波动 bōdòng 園 동요하다　堆积 duījī 園 (사물이) 쌓이다　排解 páijiě 園 해소하다　渠道 qúdào 園 방법　催生 cuīshēng 園 부추기다, 촉진시키다
诱因 yòuyīn 園 원인, 유인　化解 huàjiě 園 해소하다, 없애다　兴奋点 xīngfèndiǎn 園 관심사　即便 jíbiàn 園 설령 ~하더라도
繁忙 fánmáng 園 (일이 많아서) 바쁘다　职业技能 zhíyè jìnéng 園 직무 능력　源源不断 yuányuánbúduàn 끊임없이 계속되다　抵御 dǐyù 園 막다
侵扰 qīnrǎo 園 침범하다　类似 lèisì 園 비슷하다, 유사하다　探讨 tàntǎo 園 탐구하다　活力 huólì 園 활기, 생기　心态 xīntài 園 심리 상태

1　职业倦怠的表现之一是心理上对工作保持距离或对自己的工作感到愤怒。( )

번아웃 증후군의 증상 중 하나는 심리적으로 일과 거리를 유지하거나 자신의 일에 분노를 느끼는 것이다. (✓)

해설　음성에서 职业倦怠是由长期的工作压力导致的, 这种现象有三方面的表现……二是心理上对工作保持距离或对自己的工作感到愤怒라고 했고, 문제에서는 번아웃 증후군의 증상 중 하나가 심리적으로 일과 거리를 유지하거나 자신의 일에 분노를 느끼는 것이라고 했으므로 일치로 판단한다.

어휘　职业倦怠 zhíyè juàndài 번아웃 증후군　愤怒 fènnù 園 분노하다

2　职业倦怠作为一种职业病, 普遍出现在能力出众的企业员工身上, 在新入职的员工身上则较少出现。( )

번아웃 증후군은 일종의 직업병으로, 보편적으로 능력이 출중한 회사원에게 나타나며, 신입 사원에게는 비교적 적게 나타난다. (✗)

해설　음성에서 职业倦怠现象逐渐普遍化, 这事关我们现实社会中的每一个人。从公司高层管理人员到新入职的员工, 都有可能经历职业倦怠。라고 했는데, 문제에서는 번아웃 증후군은 보편적으로 능력이 출중한 회사원에게 나타나며, 신입 사원에게는 비교적 적게 나타난다고 했으므로 불일치로 판단한다.

어휘　出众 chūzhòng 園 출중하다

3　当人在工作上不能得心应手时, 会产生无助感, 更无法对工作保持热情。( )

사람이 업무 중에 마음먹은 대로 되지 않을 때 무력감이 생기고, 업무에 열정을 유지하는 것은 더욱 불가능하다. (✓)

해설　음성에서 当人在工作上遇到种种问题, 又无法得心应手时, 会渐渐地疲于应付, 产生无助感, 对工作保持热情更是无从谈起。라고 했고, 문제에서는 사람이 업무 중에 마음먹은 대로 되지 않을 때 무력감이 생기고, 업무에 열정을 유지하는 것은 더욱 불가능하다고 했으므로 일치로 판단한다.

어휘　得心应手 déxīnyìngshǒu 園 마음먹은 대로 되다

4　要想化解职业倦怠, 应丰富知识, 提升职业技能, 从而迎接源源不断的挑战, 提升掌控感。( )

번아웃 증후군을 해소하고 싶다면, 지식을 풍부하게 하여 직무 능력을 향상시켜서 끊임없이 계속되는 도전을 맞이하고 통제감을 높여야 한다. (✓)

해설　음성에서 应该如何化解职业倦怠?……即便工作再繁忙, 也要丰富专业知识, 提升职业技能, 从而更好地处理复杂的工作任务, 迎接源源不断的全新挑战, 提升掌控感이라고 했고, 문제에서는 번아웃 증후군을 해소하고 싶다면, 지식을 풍부하게 하여 직무 능력을 향상시켜서 끊임없이 계속되는 도전을 맞이하고 통제감을 높여야 한다고 했으므로 일치로 판단한다.

어휘　化解 huàjiě 園 해소하다, 없애다　职业技能 zhíyè jìnéng 園 직무 능력　源源不断 yuányuánbúduàn 끊임없이 계속되다
掌控 zhǎngkòng 園 통제하다, 장악하다

5　这则新闻旨在告诉人们职业倦怠现象将使整个社会变得动荡不安。( )

이 뉴스는 사람들에게 번아웃 증후군이 사회 전체를 불안정하게 만들 수 있다는 것을 알려주는 것을 목적으로 한다. (✗)

해설　문제에서 이 뉴스는 사람들에게 번아웃 증후군이 사회 전체를 불안정하게 만들 수 있다는 것을 알려주는 것을 목적으로 한다고 했는데, 음성에서는 职业倦怠现象将使整个社会变得动荡不安과 관련한 내용이 언급되지 않았고, 전반적으로 번아웃 증후군의 특징 및 발생 원인과 해소 방법에 대해 이야기하고 있으므로 불일치로 판단한다.

어휘　动荡不安 dòngdàngbù'ān 園 불안정하다

---

6 - 10

近日, 有关部门就 "打通内外贸, 构建双循环" 举行了发布会。海关总署副署长王令浚表示: "[6]中国加快建设开放型经济新体制, 外贸发展取得了历史性成就。从海关统计的结果来看, [6]该成就突出表现在两个方面: 数量的扩大和质量的提升。"

최근 관련 부서에서는 '중국 내외 무역을 연결하여 쌍순환을 구축한다'에 대한 발표회를 개최했다. 관세청 부청장 왕링쥔은 "[6]중국은 개방형 신 경제 체제 건설에 박차를 가했고, 대외 무역 발전에서 역사적인 성과를 거두었다. 세관 통계 결과로 보면 [6]이 성과는 양적 확대와 질적 향상 두 방면에서 두드러지게 나타난다."고 밝혔다.

从量上说，[7]近十年来，中国货物贸易进出口量连创新高。国际市场份额在十年间提升了将近3个百分点，中国全球货物贸易强国的地位更加稳固。从2017年到现在，货物贸易规模的不断扩大，充分体现了中国不仅是“世界工厂”，也是“世界市场”，在向全球市场提供物美价廉、琳琅满目的商品的同时，也为各国提供了更广阔的发展机遇。

从质上看，对外贸易高质量发展的持续推进，让外贸经营主体更有活力。十年来，中国外贸的“朋友圈”不断扩大，与“一带一路”沿线国家的贸易持续深化畅通，中国内区域布局更加优化，中西部地区的进出口占比由十年前的11.1%提升到17.7%。这都是不断优化进出口商品结构，不断激发外贸发展新动力的结果。这些年对外贸易的高质量发展是“中国制造”向“中国创造”转型升级的生动写照，中国外贸具有更强的国际竞争力，在经济引擎中发挥了更大的作用，为长期发展打好了基础。

十年来，为了保持世界货物贸易强国的地位，[8]中国海关围绕国家经济社会发展大局，不断强化监管优化服务，促进外贸高质量发展。一是[8]持续优化口岸营商环境，减少进出口环节的监管证件，压缩整体通关时间，谨记每分每秒都与企业的经济效益挂钩。二是大力支持对外开放平台建设。积极开展自贸试验区海关监管制度创新，坚持“管得住，放得开”原则，促使综合保税区、自由贸易试验区、海南自由贸易港的进出口贸易量得到提升。三是积极促进外贸新业态有序发展，[9]“网购保税进口”、“跨境电商出口海外仓”等监管模式，满足了跨境电商企业的发展要求，使“买全球”与“卖全球”成为现实。四是全面深化海关国际合作，与多个国家和地区的海关建立起友好合作关系，深度参与世界贸易组织、世界海关组织有关规则的制定，以及对区域全面经济伙伴关系协定等自贸协定的磋商，积极参与全球海关协同治理，为中国外贸营造良好的外部环境。

양적으로 보면, [7]최근 10년간 중국의 화물 무역 수출입량은 연이어 신기록을 경신했다. 국제 시장 점유율은 10년 사이 거의 3% 가까이 상승했으며 중국 글로벌 화물 무역 강국의 입지는 더욱 공고해졌다. 2017년부터 현재까지, 화물 무역 규모의 끊임없는 확대는 중국이 '세계의 공장'일 뿐만 아니라 '세계의 시장'이기도 함을 충분히 보여주었으며, 전 세계 시장에 값싸고 질 좋은 갖가지 훌륭한 상품을 공급하는 동시에 각국에 더 넓은 성장 기회를 제공했다.

질적으로 보면, 대외 무역의 질 높은 발전이 지속해서 추진되어 대외 무역 경영 주체들이 더욱 활기를 띠게 했다. 10년 동안 중국 대외 무역의 '커뮤니티'는 끊임없이 확대되었고, '일대일로' 선상에 있는 관련 국가와의 교역이 지속해서 깊어지고 원활해졌다. 중국 내 지역의 상태는 더욱 최적화되어 중서부 지역의 수출입 비중이 10년 전의 11.1%에서 17.7%로 증가했다. 이는 수출입 상품 구조를 끊임없이 최적화하고, 대외 무역 발전의 새로운 동력을 끊임없이 불러일으킨 결과다. 최근 몇 년 동안 대외 무역의 질 높은 발전은 '중국 제조'가 '중국 창조'로 변모하고 업그레이드된 것을 생생히 보여주는 것이며, 중국의 대외 무역은 더욱 강한 국제 경쟁력을 가지고 있으며 경제 엔진에서 더욱 큰 역할을 했고, 장기적 발전으로 가는 기초를 다졌다.

10년 간, 세계 화물 무역 강국의 지위를 유지하기 위해 [8]중국 세관은 국가 경제 사회 발전 정세를 중심으로, 관리 감독 최적화 서비스를 끊임없이 강화하고 대외 무역의 질 높은 발전을 촉진했다. 첫 번째로 [8]항구 영업 활동의 환경을 지속적으로 최적화했다. 수출입 단계에서 관리 감독 증명서를 줄여 전체 통관 시간을 단축하고, 매분 매초가 기업의 경제적 효과 및 이익과 관계가 있다는 것을 명심했다. 두 번째로 대외 개방 플랫폼 구축을 강력히 지원했다. 자유 무역 시범 구역의 세관 감독 제도 혁신을 적극적으로 전개했고, '통제 가능하며, 개방할 수 있다'의 원칙을 고수하며 종합 보세 구역, 자유 무역 시범 구역, 하이난 자유 무역 항구의 수출입 무역량을 향상시켰다. 세 번째로 대외 무역의 새로운 업무 경영 방식이 질서정연하게 발전하는 것을 적극적으로 촉진했다. [9]'온라인 구매 보세 수입', '크로스보더 전자상거래 해외 물류창고' 등의 관리 감독 형식이 크로스보더 전자상거래 기업의 발전 요구를 충족시켰고, '글로벌 구매'와 '글로벌 판매'를 현실화했다. 네 번째로 세관 국제 협력을 전면적으로 강화시켰다. 여러 국가 및 지역의 세관과 우호 협력 관계를 구축했고, 세계무역기구(WTO), 세계관세기구(WCO)의 관련 규칙 제정과 역내 포괄적 경제동반자 협정(RCEP)과 같은 자유 무역 협정(FTA) 협상에 깊이 참여하여 전 세계 세관 협치에 적극적으로 참여했고, 중국 대외 무역에 좋은 외부 환경을 조성했다.

어휘 **打通** dǎtōng [동] 연결하다, 통하게 하다 **外贸** wàimào [명] 대외 무역[**对外贸易**의 준말] **构建** gòujiàn [동] 구축하다
双循环 shuāng xúnhuán [명] 쌍순환[국내대순환을 기반으로 국내(내수)와 국제(수출)가 상호 촉진하는 발전 구도] **发布会** fābùhuì [명] 발표회
海关总署 hǎiguān zǒngshǔ [명] 관세청 **统计** tǒngjì [동] 통계하다 **份额** fèn'é [명] 점유율 **将近** jiāngjìn [부] 거의 ~에 가깝다 **稳固** wěngù [동] 공고하다, 견고하다
物美价廉 wùměijiàlián [성] 상품의 질이 좋고 값도 저렴하다 **琳琅满目** línlángmǎnmù [성] 갖가지 훌륭한 물건이 매우 많다 **广阔** guǎngkuò [형] 넓다
机遇 jīyù [명] (좋은) 기회 **活力** huólì [명] 활기 **朋友圈** péngyouquān [명] 커뮤니티, 친구 무리 **一带一路** yídàiyílù [명] 일대일로 **畅通** chàngtōng [형] 원활하다
区域 qūyù [명] 지역 **布局** bùjú [명] 상태, 구도 **优化** yōuhuà [동] 최적화하다 **激发** jīfā [동] 불러일으키다 **动力** dònglì [명] 동력 **升级** shēngjí [동] 업그레이드하다
写照 xiězhào [동] 보여주다, 묘사하다 **引擎** yǐnqíng [명] 엔진 **口岸** kǒu'àn [명] 항구 **环节** huánjié [명] 단계, 부분 **压缩** yāsuō [동] 단축하다, 줄이다
通关 tōngguān [동] 통관하다 **效益** xiàoyì [명] 효과와 이익 **平台** píngtái [명] 플랫폼 **开展** kāizhǎn [동] 전개하다 **创新** chuàngxīn [동] 혁신하다
保税区 bǎoshuìqū [명] 보세 구역[해관의 감독과 관리를 받는 물건 보관 구역] **业态** yètài [명] 업무 경영 방식
跨境电商 kuàjìng diànshāng [명] 크로스보더 전자상거래 **模式** móshì [명] 형식, 모델 **磋商** cuōshāng [동] 협상하다 **协同治理** xiétóng zhìlǐ 협치

6 中国外贸发展取得的历史性成就，主要体现在数量的扩大和质量的提升。（ ）

중국의 대외 무역 발전이 거둔 역사적인 성과는 주로 양적 확대와 질적 향상에서 나타난다. (✓)

해설 음성에서 **中国加快建设开放型经济新体制，外贸发展取得了历史性成就。……该成就突出表现在两个方面：数量的扩大和质量的提升**이라고 했고, 문제에서는 중국의 대외 무역 발전이 거둔 역사적인 성과는 주로 양적 확대와 질적 향상에서 나타났다고 했으므로 일치로 판단한다.

어휘 **外贸** wàimào [명] 대외 무역[**对外贸易**의 준말]

7

近十年来，中国货物贸易进出口的国际市场份额居高，并保持不变。（　）

최근 10년간 중국 화물 무역 수출입의 국제 시장 점유율은 높았으며 변화없이 그대로 유지되었다. （✗）

해설　음성에서 近十年来, 中国货物贸易进出口量连创新高。国际市场份额在十年间提升了将近3个百分点이라고 했는데, 문제에서는 최근 10년간 중국 화물 무역 수출입의 국제 시장 점유율이 높았으며 변화없이 그대로 유지되었다고 했으므로 불일치로 판단한다.

어휘　份额 fèn'é 圏 점유율

8

中国海关持续优化了口岸营商环境，减少了进出口环节监管证件，压缩了整体通关时间。（　）

중국 세관은 항구 영업 활동의 환경을 지속적으로 최적화했고, 수출입 단계의 관리 감독 증명서를 줄여 전체 통관 시간을 단축했다. （✓）

해설　음성에서 中国海关……持续优化口岸营商环境, 减少进出口环节的监管证件, 压缩整体通关时间이라고 했고, 문제에서는 중국 세관은 항구 영업 활동의 환경을 지속적으로 최적화했고, 수출입 단계의 관리 감독 증명서를 줄여 전체 통관 시간을 단축했다고 했으므로 일치로 판단한다.

어휘　优化 yōuhuà 圏 최적화하다　口岸 kǒu'àn 圏 항구　环节 huánjié 圏 단계, 부분　压缩 yāsuō 圏 단축하다, 줄이다　通关 tōngguān 圏 통관하다

9

“网购保税进口”、“跨境电商出口海外仓”等监管模式，不符合跨境电商企业的发展要求。（　）

'온라인 구매 보세 수입', '크로스보더 전자상거래의 해외 물류창고' 등의 관리 감독 형식은 크로스보더 전자상거래 기업의 발전 요구에 부합하지 않는다. （✗）

해설　음성에서 “网购保税进口”、“跨境电商出口海外仓”等监管模式, 满足了跨境电商企业的发展要求라고 했는데, 문제에서는 '온라인 구매 보세 수입', '크로스보더 전자상거래의 해외 물류창고' 등의 관리 감독 형식은 크로스보더 전자상거래 기업의 발전 요구에 부합하지 않는다고 했으므로 불일치로 판단한다.

어휘　保税 bǎoshuì 圏 보세　跨境电商 kuàjìng diànshāng 圏 크로스보더 전자상거래　模式 móshì 圏 형식, 모델

10

这则新闻主要谈的是中国外贸发展的显著成就和海关实施的各种措施。（　）

이 뉴스에서 주로 이야기하는 것은 중국 대외 무역 발전의 두드러진 성과와 세관이 실시한 각종 조치이다. （✓）

해설　음성 전반적으로 중국 대외 무역의 성과와 중국 세관이 화물 무역 강국의 지위를 유지하기 위해 실시한 각종 조치에 대해 설명하고 있다. 문제에서는 이 뉴스에서 주로 이야기하는 것이 중국 대외 무역 발전의 두드러진 성과와 세관이 실시한 각종 조치라고 했으므로 일치로 판단한다.

어휘　外贸 wàimào 圏 대외 무역[对外贸易의 준말]　显著 xiǎnzhù 圏 두드러지다　实施 shíshī 圏 실시하다

11 - 16

男：¹¹我方的观点是"不想当将军的士兵不是好士兵"，这句话的本意不是希望每个士兵都坐上将军的宝座，而是希望他们做有远大理想的人。那么我们为什么要有远大的理想？首先，远大理想是我们战胜一切苦难的勇气和动力，是引领我们走出漫漫长夜的精神灯塔。我们都知道理想对一个人很重要，只要有远大的理想，就会产生前进的动力和方向，这对实现自身价值有着不可替代的作用。

女：毋庸置疑，人是需要有理想和目标的，而且要志存高远，所以想当将军的士兵也许是好士兵。但我方认为，不能说不想当将军的士兵就不是好士兵，因为¹²不是每个士兵都适合当将军。让青蛙练习飞翔，让螃蟹学走正步，让蜗牛拉马车，这些行为恐怕除了摧残本性之外毫无益处，显然是不切实际的。在自己永远都做不到的事情上耗费时间，只会让我们一辈子在后悔中度过。因此我方观点是"不想当将军的士兵未必是坏士兵"。

남：¹¹저희 측 관점은 '장군이 되고 싶지 않은 병사는 좋은 병사가 아니다'입니다. 이 말의 본래 뜻은 모든 병사가 장군의 자리에 앉기를 바란다는 것이 아니라, 그들이 원대한 꿈을 가진 사람이 되기를 바란다는 것입니다. 그렇다면 우리는 왜 원대한 꿈을 가져야 할까요? 우선, 원대한 꿈은 우리가 모든 고난을 이겨낼 수 있는 용기와 원동력이고, 우리가 긴긴 암흑 같은 나날에서 벗어날 수 있도록 인도해 주는 정신적 등대입니다. 우리는 모두 사람에게 있어서 꿈이 중요하다는 것을 잘 알고 있습니다. 원대한 꿈만 있다면, 앞으로 나아갈 수 있는 원동력과 방향이 생기고, 이것은 자신의 가치를 실현하는 데 있어 대체 불가능한 역할을 합니다.

여：사람은 꿈과 목표가 있어야 하고, 원대한 꿈을 가져야 한다는 것은 두말할 나위가 없습니다. 따라서 장군이 되고 싶은 병사는 좋은 병사일 것입니다. 하지만 저희 측은 장군이 되고 싶지 않은 병사가 좋은 병사가 아니라고 말할 수는 없다고 생각합니다. 왜냐하면 ¹²모든 병사가 장군이 되기에 적합한 것은 아니기 때문입니다. 개구리에게 나는 연습을 하게 하고, 게에게 바른 걸음을 걷는 연습을 하게 하고, 달팽이에게 마차를 끌게 하는 이런 행위들은 본성에 심각한 피해를 줄 뿐만 아니라 조금도 도움이 되지 않고, 명백히 현실과 맞지 않습니다. 자신이 영원히 할 수 없는 일에 시간을 들이는 것은 우리를 평생 후회 속에서 살게 할 뿐입니다. 따라서 저희 측 관점은 '장군이 되고 싶지 않은 병사가 반드시 나쁜 병사는 아니다'라는 것입니다.

男：一个士兵连自己职业的最高位阶都不去向往和追求，只是随遇而安、昏庸度日，那么士兵的价值体现在哪儿呢？再说，[13]士兵如果怀有上进心，并由此在军队中产生良性竞争的话，会推动整个军队的发展。士兵如果不想当将军，是一种不求上进的表现。

女：军队里毕竟只能有一个将军，人人都去当将军的话，谁当士兵呢？[14]将军指挥有方，士兵服从调动，这样的军队才能打胜仗。如果士兵不安于做士兵，都想当将军的话，结果可想而知。[14]每个人均有自己的位置，而位置没有贵贱之分，充分认知自己位置的重要性，脚踏实地干好本职工作的士兵也是值得被认可的。

男：我将进一步阐述和总结我方观点。从个人发展的角度上看，不管从事何种职业，都要有自己的理想和追求，都应该不断实现自我、超越自我。士兵如果缺乏"想当将军"的勇气和自信，又怎能成为好士兵呢？"想不想当将军"是态度问题，人的进步和发展都必须要有理想和目标。所以我方认为，"不想当将军的士兵不是好士兵"。

女：不想当将军的士兵就没有目标、没有明确的发展方向吗？不想当将军就碌碌无为吗？他们就没有勇气和毅力吗？一个士兵即使只想做士兵，但如果愿意报效祖国、守卫边疆，就是个好士兵，这是因为他的目标伟大而明确，他面临的考验和挑战无比艰巨，他有着无与伦比的勇气和毅力。[15]我们的社会群体并不都是由精英组成的，大多数人都是普通人，而这些人正是社会的基石。因此我方认为"不想当将军的士兵未必是坏士兵"，[16]如果能把本职工作做好，再默默无闻的士兵也能做出成绩、实现自身价值。

남: 병사가 자신의 직업의 최고 위치도 열망하지 않고 추구하지 않고, 현실에 만족하며 아둔하게 나날을 보낸다면, 병사의 가치는 어디에서 드러난다고 할 수 있을까요? 더구나 [13]만약 병사들이 성취욕이 있고 이를 통해 군대에서 선의의 경쟁을 한다면 군 전체의 발전을 이끌 수 있을 것입니다. 병사가 장군이 되고 싶지 않은 것은 향상을 추구하지 않는 태도입니다.

여: 군대에는 어쨌든 한 명의 장군밖에 있을 수 없는데, 누구나 다 장군이 되려 한다면, 누가 병사를 할까요? [14]장군은 요령 있게 지휘하고, 병사는 동원에 복종하는 이러한 군대가 비로소 전쟁에서 승리할 수 있습니다. 만약 병사가 병사에 만족하지 않고 모두 장군이 되고 싶어 한다면 결과는 뻔합니다. [14]모든 사람은 다 자신의 위치가 있고, 그 위치는 귀천이 없습니다. 자기 위치의 중요성을 충분히 인식하고, 본연의 업무를 착실히 수행하는 병사도 인정받을 가치가 있습니다.

남: 저는 저희 측의 관점을 심도 있게 논술하고 총정리하겠습니다. 개인의 발전 관점에서 보면, 어떤 직업에 종사하든 자신의 꿈과 추구하는 바를 가지고 있어야 하고, 끊임없이 자아를 실현하고 자기 자신을 뛰어넘어야 합니다. 병사가 만약 '장군이 되고 싶은' 용기와 자신감이 부족하다면, 어떻게 좋은 병사가 될 수 있을까요? '장군이 되고 싶은가, 되고 싶지 않은가'는 태도의 문제이고, 사람의 진보와 발전에는 꿈과 목표가 있어야 합니다. 그래서 저희 측은 '장군이 되고 싶지 않은 병사는 좋은 병사가 아니다'라고 생각합니다.

여: 장군이 되고 싶지 않은 병사는 목표도 없고, 명확한 발전 방향도 없는 것일까요? 장군이 되고 싶지 않으면 무능하고 아무것도 해놓은 것이 없는 것일까요? 그들은 용기와 끈기가 없는 것일까요? 병사가 병사로만 있고 싶더라도, 조국을 위해 힘을 쏟고, 국경 지대를 지키려 한다면 그것도 좋은 병사입니다. 그의 목표는 위대하고 명확하며, 그가 마주한 시련과 도전은 비할 바가 없이 험난하고, 그는 독보적인 용기와 끈기를 가지고 있기 때문입니다. [15]우리 사회 집단은 모두 **엘리트**로 구성된 것이 아닙니다. 대부분 사람은 보통 사람이며, 이러한 사람들이야말로 사회의 초석입니다. 따라서 저희 측은 '장군이 되고 싶지 않은 병사가 반드시 나쁜 병사는 아니다'라고 생각하고, [16]본연의 임무에 충실하다면, 이름이 세상에 알려지지 않은 병사도 성과를 내고 자신의 가치를 실현할 수 있다고 생각합니다.

어휘　将军 jiāngjūn 圆 장군　动力 dònglì 圆 원동력　漫长 màncháng 圆 (시간·공간이) 길다　毋庸置疑 wúyōngzhìyí 두말할 나위가 없다, 의심할 필요가 없다
志存高远 zhìcúngāoyuǎn 圆 원대한 꿈을 가지다　飞翔 fēixiáng 圆 날다, 비상하다　正步 zhèngbù 圆 바른 걸음　摧残 cuīcán 圆 심각한 피해를 주다
毫无 háowú 조금도 ~이 없다　耗费 hàofèi 圆 들이다, 낭비하다　向往 xiàngwǎng 圆 열망하다　随遇而安 suíyù'ér'ān 圆 현실에 만족하다
昏庸 hūnyōng 圆 아둔하다　上进心 shàngjìnxīn 圆 성취욕　军队 jūnduì 圆 군대　有方 yǒufāng 圆 요령이 있다　服从 fúcóng 圆 복종하다
调动 diàodòng 圆 동원하다　打胜仗 dǎ shèngzhàng (전쟁에서) 승리하다　贵贱 guìjiàn 圆 귀천　脚踏实地 jiǎotàshídì 圆 착실하다
阐述 chǎnshù 圆 논술하다　超越 chāoyuè 圆 뛰어넘다　碌碌无为 lùlùwúwéi 圆 무능하고 아무것도 해놓은 것이 없다　毅力 yìlì 圆 끈기
报效 bàoxiào 圆 힘을 쏟다　祖国 zǔguó 圆 조국　守卫 shǒuwèi 圆 지키다, 방어하다　边疆 biānjiāng 圆 국경 지대, 변경　考验 kǎoyàn 圆 시련을 주다
无比 wúbǐ 圆 더 비할 바가 없다, 아주 뛰어나다　无与伦比 wúyǔlúnbǐ 圆 독보적이다, 비교가 안 되다　精英 jīngyīng 圆 엘리트, 뛰어난 사람
默默无闻 mòmòwúwén 圆 이름이 세상에 알려지지 않다, 무명이다

11	问：下列哪项属于男的的观点？	질문: 다음 중 남자의 관점에 속하는 것은?
	A 将军能引领士兵摆脱苦难	A 장군은 병사를 이끌고 어려움에서 벗어날 수 있다
	B 每个士兵都要有远大的理想	**B 모든 병사는 원대한 꿈을 가지고 있어야 한다**
	C 士兵最后都应该坐上将军的宝座	C 병사는 마지막에 모두 장군의 자리에 앉아야 한다
	D 成为将军就能实现价值观的转变	D 장군이 되면 가치관의 변화를 실현할 수 있다

해설　음성에서 언급된 我方的观点은 "不想当将军的士兵不是好士兵", 这句话的本意不是希望每个士兵都坐上将军的宝座, 而是希望他们做有远大理想的人。을 듣고 선택지 B 每个士兵都要有远大的理想을 정답의 후보로 고른다. 질문이 남자의 관점에 속하는 것을 물었으므로 선택지 B가 정답이다.

어휘　将军 jiāngjūn 圆 장군　摆脱 bǎituō 圆 벗어나다

12 问：女的用什么来反驳男的的观点？	질문: 여자는 무엇으로 남자의 관점을 반박했는가?
A 引用著名哲学家的名言明确强调自己的观点 **B 用动物举例说明不是每一个士兵都能当将军** C 用历史故事证明不想当将军的士兵是好士兵 D 用自己的大学经历说明男的的观点不切实际	A 유명한 철학자의 명언으로 자신의 관점을 명확하게 강조한다 **B 동물을 예로 들며 모든 병사가 장군이 될 수 없음을 설명한다** C 역사 이야기로 장군이 되고 싶지 않은 병사는 좋은 병사가 아니라는 것을 증명한다 D 자신의 대학 경험으로 남자의 관점은 현실적이지 않다고 설명한다

해설 음성에서 언급된 **不是每个士兵都适合当将军。让青蛙练习飞翔，让螃蟹学走正步，让蜗牛拉马车，这些行为恐怕除了摧残本性之外毫无益处，显然是不切实际的**를 듣고 선택지 B **用动物举例说明不是每一个士兵都能当将军**을 정답의 후보로 고른다. 질문이 여자는 무엇으로 남자의 관점을 반박했는지 물었으므로 선택지 B가 정답이다.

어휘 **反驳** fǎnbó [동] 반박하다 **不切实际** búqièshíjì [성] 현실적이지 않다

13 问：男的认为，士兵有上进心对军队有什么好处？	질문: 남자는 병사가 성취욕이 있으면 군대에 어떤 좋은 점이 있다고 생각하는가?
A 可以杜绝不正当竞争的出现 B 有利于军队司令做出英明的决策 **C 由此产生的良性竞争能促进军队的发展** D 使军队里的每个成员获得升职加薪的机会	A 불공정한 경쟁의 발생을 근절할 수 있다 B 군대 사령관이 현명한 결정을 하는 데 도움이 된다 **C 이로 인해 생겨난 선의의 경쟁은 군대의 발전을 촉진할 수 있다** D 군대 안의 모든 구성원이 진급과 임금 인상의 기회를 얻을 수 있게 한다

해설 음성에서 언급된 **士兵如果怀有上进心，并由此在军队中产生良性竞争的话，会推动整个军队的发展**을 듣고 선택지 C **由此产生的良性竞争能促进军队的发展**을 정답의 후보로 고른다. 질문이 남자는 병사가 성취욕이 있으면 군대에 어떤 좋은 점이 있다고 생각하는지 물었으므로 선택지 C가 정답이다.

어휘 **上进心** shàngjìnxīn [명] 성취욕 **军队** jūnduì [명] 군대 **杜绝** dùjué [동] 근절하다 **正当** zhèngdàng [형] 정당하다 **司令** sīlìng [명] 사령관

14 问：下列哪项不是女的的观点？	질문: 다음 중 여자의 관점이 아닌 것은?
A 士兵应该服从上级的调动 B 每个人都有属于自己的位置 C 人所处的位置没有贵贱之分 **D 守株待兔的人不会被社会认同**	A 병사는 상급자의 동원에 복종해야 한다 B 모든 사람은 자신의 위치가 있다 C 사람이 있는 위치는 귀천이 없다 **D 노력하지 않고 요행만을 바라는 사람은 사회로부터 인정을 받지 못한다**

해설 음성에서 언급된 **将军指挥有方，士兵服从调动，这样的军队才能打胜仗。……每个人均有自己的位置，而位置没有贵贱之分**을 듣고 선택지 A **士兵应该服从上级的调动**, B **每个人都有属于自己的位置**, C **人所处的位置没有贵贱之分**을 정답의 후보로 고른다. 질문이 여자의 관점이 아닌 것을 물었으므로 언급되지 않은 선택지 D **守株待兔的人不会被社会认同**이 정답이다.

어휘 **服从** fúcóng [동] 복종하다 **调动** diàodòng [동] 동원하다 **贵贱** guìjiàn [명] 귀천 **守株待兔** shǒuzhūdàitù [성] 노력하지 않고 요행만을 바라다

15 女的认为，我们的社会群体并不都是由<u>精英</u>组成的。	여자는 우리 사회 집단이 모두 <u>엘리트</u>로 구성된 것이 아니라고 생각한다.

해설 음성에서 언급된 **我们的社会群体并不都是由精英组成的**를 듣고 **精英**을 정답으로 작성한다.

어휘 **精英** jīngyīng [명] 엘리트, 뛰어난 사람

16 问：女的认为默默无闻的士兵怎样才能实现自身价值？	질문: 여자는 이름이 세상에 알려지지 않은 병사는 어떻게 해야 자신의 가치를 실현할 수 있다고 생각하는가?
A 不争强好胜 B 愿意与时俱进 **C 做好自己担任的工作** D 开辟实现梦想的新道路	A 항상 남을 이기려고 하지 않는다 B 시대와 더불어 발전하려고 한다 **C 자신이 맡은 임무를 잘 완수한다** D 꿈을 실현하는 새로운 길을 개척한다

해설 음성에서 언급된 **如果能把本职工作做好，再默默无闻的士兵也能做出成绩、实现自身价值**을 듣고 선택지 C **做好自己担任的工作**를 정답의 후보로 고른다. 질문이 여자는 이름이 세상에 알려지지 않은 병사는 어떻게 해야 자신의 가치를 실현할 수 있다고 생각하는지 물었으므로 선택지 C가 정답이다.

17 - 22

男：	上周贵公司给的产品方案我们已经初步看过，我们认为这个方案非常好，尤其对细节相当满意。
女：	感谢您对我们公司的认可。那么这次我们就对产品的价格、质量、运输和支付问题做一下商定吧。
男：	好的。[17]我们公司目前已确定在重庆开发一个总投资达50亿元人民币的生态社区，总建筑面积将达到45万平方米。[17]首期开发的450套公寓式住宅在明年上半年开盘，而整个项目将在三年内全部建成。我们公司预计先订购各类实木地板250万平方米，希望贵公司能以合理的价格给我们提供优质的实木地板。
女：	相信陈总已经对我们公司有了一定的了解，我们无论在产品质量上还是在售后服务上都得到了社会各界的广泛认可。我们的实木地板以天然木材为原料，始终保持自然本色，不会产生污染，不易吸尘，是名副其实的绿色建材产品，而且实木地板有天然木纹和质感，自然舒适，给人温暖的感觉，也容易与各类家具搭配。
男：	我们这次项目规模之大是前所未有的，所以对细节的要求会非常严格。我们想进一步了解一下产品质量，目前消费者对贵公司的产品评价如何？
女：	我先给您看看我们在网上做的客户满意度调查结果，总体来说，[18]我们的地板在客户中有相当好的口碑，相信我公司完全有能力满足贵公司的质量要求。但是这样一来，在验货上肯定是要花费一定的人力物力的，我们希望贵公司在交货期限上可以放宽一点时间，不知陈总意下如何？
男：	这没问题，到时我们可以再协商一下交货期限。听说贵公司考虑的运输方式是单线运输，采用集装箱水运，航线是南京到重庆。这方面我们绝对相信贵公司会做出最优的选择，但是如果[19]在运输途中因遇到雨水而造成地板色差、胀缩变形等问题，我们希望由贵公司来负责。也就是说，在无自然灾害的前提下，我们希望实木地板到达目的地时是完好无损的。
女：	[19]这是当然的。我们绝对有责任在运输过程中保证实木地板的质量。贵公司也知道，实木地板的维修与保养是一个很严格的问题，所以在[20]安装后一年内出现色差、变形等质量问题时，我们会接受无条件退换货，不过之后若需要维修或保养，我们会收取相应的费用。
男：	这个我们可以接受。那么我们讨论一下价格问题吧，贵公司报价如何？
女：	这是我们的第一次合作，也期待还会有下一次的合作，所以[21]我们给予的最大让利是各类实木地板4.8折，其中番龙眼地板是每平方米300元，柞木地板是每平方米240元。

남： 지난주 귀사에서 전달해주신 상품 방안을 대략 보았는데, 저희는 이 방안이 매우 좋다고 생각합니다. 특히 세부 사항에 대해 상당히 만족합니다.

여： 저희 회사를 좋게 봐주셔서 감사드립니다. 그럼, 이번에는 제품의 가격, 품질, 운송과 지급 문제에 대해 의논해 봅시다.

남： 좋습니다. [17]저희 회사는 현재 충칭에서 총투자액이 50억 위안에 달하는 생태 공동체를 개발하기로 확정했는데, 총 건축 면적은 45만 제곱미터에 달할 것입니다. [17]1차로 개발되는 아파트 450채는 내년 상반기에 분양을 시작하고, 전체 프로젝트는 3년 안에 모두 완공될 것입니다. 저희 회사는 먼저 각종 원목 마루 250만 제곱미터를 주문할 것으로 예상하고 있는데, 귀사에서 저희에게 합리적인 가격으로 양질의 원목 마루를 제공해주시길 바랍니다.

여： 천 사장님은 이미 저희 회사에 대해 어느 정도 알고 계실 거라 믿습니다. 저희는 제품의 품질에서든 애프터서비스에서든 사회 각계의 폭넓은 인정을 받았습니다. 저희의 원목 마루는 천연 목재를 원료로 하여 자연 본연의 색을 항상 유지하며 오염이 발생하지 않고 먼지를 잘 빨아들이지 않는 명실상부한 친환경 건축 재료입니다. 또한 원목 마루는 자연스러운 나뭇결과 질감이 있어 자연스럽고 편안하며 따뜻한 느낌을 주고 다양한 가구와도 쉽게 조합됩니다.

남： 이번 프로젝트는 지금까지 없었던 큰 규모라서, 디테일에 대한 요구 사항이 매우 엄격합니다. 저희는 제품의 품질을 좀 더 알고 싶은데, 현재 소비자들은 귀사의 제품에 대해 어떻게 평가하나요?

여： 먼저 저희 홈페이지에서 실시된 고객 만족도 조사를 보여 드리겠습니다. 전체적으로 말하면, [18]저희 마루는 고객들 사이에서 상당히 좋은 평판을 얻고 있고, 저희 회사가 귀사의 품질 요구를 충분히 만족시킬 능력이 있다고 믿습니다. 그러나 이렇게 되면, 검품에서 분명 어느 정도 인력과 물자를 들여야 할 것입니다. 저희는 귀사가 납품 기한에서 시간을 좀 늦출 수 있기를 바랍니다. 천 사장님의 생각은 어떠십니까?

남： 문제없습니다. 그때가 돼서 납품 기한을 다시 협의할 수 있겠습니다. 귀사가 생각하신 운송 방식은 단선 운송으로, 컨테이너 해운을 채택하고 있으며, 항로는 난징에서 충칭이라고 들었습니다. 이 방면에서 저희는 귀사가 가장 좋은 선택을 할 것이라고 절대적으로 믿습니다. 그러나 만약 [19]운송 도중에 비를 만나 마루의 색 차이, 팽창 및 수축 변형 등의 문제가 생긴다면 귀사에서 책임지기를 바랍니다. 다시 말하면 자연재해가 없다는 전제하에 원목 마루가 목적지에 도착했을 때 완전하고 손상이 없기를 바랍니다.

여： [19]물론입니다. 운송 과정에서 원목 마루의 품질을 보증할 책임은 전적으로 저희에게 있습니다. 귀사도 알다시피, 원목 마루의 유지 보수는 매우 엄격한 문제이기 때문에 [20]설치 후 1년 이내에 색 차이, 변형 등의 품질 문제가 있으면 저희는 무조건 교환을 받아들이지만, 이후 유지 보수가 필요하게 되면 그에 상응하는 비용을 받을 것입니다.

남： 이것은 저희가 받아들일 수 있습니다. 그럼, 가격 문제를 의논해봅시다. 귀사의 제시 가격은 어떻습니까?

여： 이것은 저희의 첫 협력이기도 하고, 다음 협력이 있을 것으로 기대됩니다. 그래서 [21]저희가 드리는 가장 큰 양보는 각종 원목 마루의 52% 할인입니다. 그중 포메티아 핀나타 마루는 제곱미터당 300위안, 참나무 마루는 제곱미터당 240위안입니다.

男：如果这次的合作成功，我们接下来的二期项目也会与贵公司合作，也会为贵公司介绍一些潜在客户。所以我们希望的价格是各类实木地板4.4折，其中番龙眼地板每平方米275元，柞木地板每平方米220元。

女：²²陈总，虽然您提出的这个价格是我们公司有史以来的最低价，但我们愿意和贵公司合作。我相信贵公司使用我们的产品后，会对我们更加有信心。我们的法律顾问这就去准备合同，稍后将安排签字仪式。

남：만약 이번 협력이 성공한다면, 저희의 다음 2차 프로젝트도 귀사와 협력할 것이며, 귀사를 위해 잠재 고객을 소개할 것입니다. 그래서 저희가 희망하는 가격은 각종 원목 마루의 56% 할인입니다. 그중 포메티아 핀타타 마루는 제곱미터당 275위안, 참나무 마루는 제곱미터당 220위안입니다.

여：²²천 사장님, 비록 제시하신 이 가격은 저희 회사 역사상 가장 낮은 가격이지만, 저희는 귀사와 협력하기를 원합니다. 저는 귀사가 저희 제품을 사용한 후에 저희에게 더욱 믿음을 가질 것이라고 믿습니다. 저희 법률 고문이 곧 계약을 준비하러 갈 것이며, 조금 후에 조인식을 가지겠습니다.

어휘　初步 chūbù 圐 대략적인, 시작 단계의　认可 rènkě 圐 긍정하다, 인정하다　运输 yùnshū 圐 운송하다　生态 shēngtài 圐 생태　社区 shèqū 圐 공동체, 지역 사회
　　　公寓式住宅 gōngyùshì zhùzhái 圐 아파트　开盘 kāipán 圐 분양을 시작하다　预计 yùjì 圐 예상하다　实木地板 shímù dìbǎn 圐 원목 마루
　　　名副其实 míngfùqíshí 圐 명실상부하다　搭配 dāpèi 圐 조합하다, 배합하다　前所未有 qiánsuǒwèiyǒu 圐 지금까지 없었던, 역사상 유례가 없다
　　　客户 kèhù 圐 고객, 바이어　口碑 kǒubēi 圐 평판, 입소문　期限 qīxiàn 圐 기한　协商 xiéshāng 圐 협의하다　集装箱 jízhuāngxiāng 圐 컨테이너
　　　前提 qiántí 圐 전제　保养 bǎoyǎng 圐 보수하다, 보양하다　相应 xiāngyìng 圐 상응하다　报价 bàojià 圐 가격을 제시하다　给予 jǐyǔ 圐 주다, 부여하다
　　　番龙眼 fānlóngyǎn 圐 포메티아 핀타타[원목 종류 중 하나]　柞木 zuòmù 圐 참나무　顾问 gùwèn 圐 고문
　　　签字仪式 qiānzì yíshì 圐 조인식[공문서에 대표자가 서명·날인하는 의식]

17　问：关于男的的公司将要推进的项目，下列哪项不正确？

А 整个项目为期三年
B 在重庆开发一个生态社区
C 首期开发的公寓在下半年开盘
D 总投资额将达到50亿元人民币

질문：남자의 회사에서 진행할 프로젝트에 대해, 다음 중 옳지 않은 것은?

A 전체 프로젝트는 3년 기한이다
B 충칭에서 생태 공동체를 개발한다
C 1차로 개발되는 아파트는 내년 하반기에 분양을 시작한다
D 총투자액이 50억 위안에 달할 것이다

해설　음성에서 언급된 我们公司目前已确定在重庆开发一个总投资达50亿元人民币的生态社区……首期开发的450套公寓式住宅在明年上半年开盘，而整个项目将在三年内全部建成。을 듣고 선택지 A 整个项目为期三年, B 在重庆开发一个生态社区, D 总投资额将达到50亿元人民币를 정답의 후보로 고른다. 질문이 남자의 회사에서 진행할 프로젝트에 대해 옳지 않은 것을 물었으므로 언급되지 않은 선택지 C 首期开发的公寓在下半年开盘이 정답이다.

어휘　为期 wéiqī 圐 ~을 기한으로 하다　生态 shēngtài 圐 생태　社区 shèqū 圐 공동체, 지역 사회　开盘 kāipán 圐 분양을 시작하다

18　问：女的为什么有信心满足男的的质量要求？

A 产品享有非常好的口碑
B 企业已发展为建材行业领头羊
C 产品已荣获了年度最受欢迎建材奖
D 产品已通过了国际质量管理体系认证

질문：여자는 왜 남자의 품질 요구 사항을 만족시킬 자신이 있는가?

A 상품이 좋은 평판을 얻고 있다
B 기업이 이미 건축 재료 업계의 리더로 발전했다
C 상품이 이미 연간 최고 인기 건축 재료 상을 받았다
D 상품이 이미 국제 품질 관리 체계 인증을 통과했다

해설　음성에서 언급된 我们的地板在客户中有相当好的口碑，相信我公司完全有能力满足贵公司的质量要求를 듣고 선택지 A 产品享有非常好的口碑를 정답의 후보로 고른다. 질문이 여자는 왜 남자의 품질 요구 사항을 만족시킬 자신이 있는지 물었으므로 선택지 A가 정답이다.

어휘　口碑 kǒubēi 圐 평판, 입소문　领头羊 lǐngtóuyáng 圐 리더, 지도자

19　问：关于产品的运输，可以知道什么？

A 运输产品时在南京港停留两天
B 运输途中出现的质量问题由女方承担
C 运输方式采用铁路和海运双重运输方式
D 遇到自然灾害时运输费用由双方共同承担

질문：상품의 운송에 관해, 알 수 있는 것은 무엇인가?

A 상품 운송 시 난징항에서 이틀 머무른다
B 운송 도중 생기는 품질 문제는 여자 측에서 부담한다
C 운송 방식은 철로와 해운 이중 운송 방식을 채택한다
D 자연재해를 만났을 때 운송 비용은 쌍방이 공통으로 부담한다

해설　음성에서 언급된 在运输途中因遇到雨水而造成地板色差、胀缩变形等问题，我们希望由贵公司来负责와 这是当然的。를 듣고 선택지 B 运输途中出现的质量问题由女方承担을 정답의 후보로 고른다. 질문이 상품의 운송에 관해 알 수 있는 것을 물었으므로 선택지 B가 정답이다.

어휘　运输 yùnshū 圐 운송하다

20　问：女的对实木地板的维修保养提出了怎样的条件？　질문：여자는 원목 마루의 유지 보수에 대해 어떤 조건을 제시했는가?

A 只对部分产品进行维修保养	A 일부 상품에만 유지 보수를 진행한다
B 每月最多只提供一次上门保养服务	B 매달 최대 1번의 방문 유지 보수를 제공한다
C 安装一年后维修保养时收取相应的费用	**C 설치 1년 후 유지 보수 시 상응하는 비용을 받는다**
D 在接到维修通知后24小时内到达现场处理	D 유지 보수 통지를 받고 24시간 내 현장에 도착해서 처리한다

해설 음성에서 언급된 安装后一年内出现色差、变形等质量问题时，我们会接受无条件退换货，不过之后若需要维修或保养，我们会收取相应的费用을 듣고 선택지 C 安装一年后维修保养时收取相应的费用을 정답의 후보로 고른다. 질문이 여자는 원목 마루의 유지 보수에 대해 어떤 조건을 제시했는지 물었으므로 선택지 C가 정답이다.

어휘 **实木地板** shímù dìbǎn 圆 원목 마루　**保养** bǎoyǎng 圆 보수하다, 보양하다　**相应** xiāngyìng 圆 상응하다

---

21 问：女的报价时，在原有价格的基础上打了多少折？　질문: 여자가 가격을 제시할 때, 원래 가격에 기반하여 몇 퍼센트를 할인했는가?

4.8折　52%

해설 음성에서 我们给予的最大让利是各类实木地板4.8折라고 했고, 질문이 여자가 가격을 제시할 때 원래 가격에 기반하여 몇 퍼센트를 할인했는지 물었으므로 4.8折를 정답으로 입력한다.

어휘 **报价** bàojià 圆 가격을 제시하다

---

22 问：女的对男的提出的价格持怎样的态度？　질문: 여자는 남자가 제시한 가격에 대해 어떤 태도를 보였는가?

A 犹豫不决	A 망설이며 결단을 내리지 못하다
B 勃然大怒	B 벌컥 성을 내다
C 爱理不理	C 아랑곳하지 않다
D 欣然接纳	**D 흔쾌히 받아들이다**

해설 음성에서 언급된 陈总，虽然您提出的这个价格是我们公司有史以来的最低价，但我们愿意和贵公司合作。를 듣고 선택지 D 欣然接纳을 정답의 후보로 고른다. 질문이 여자는 남자가 제시한 가격에 대해 어떤 태도를 보였는지 물었으므로 선택지 D가 정답이다.

어휘 **犹豫不决** yóuyùbùjué 圆 망설이며 결단을 내리지 못하다　**勃然大怒** bórándànù 벌컥 성을 내다
爱理不理 àilǐbùlǐ 圆 아랑곳하지 않다, 본체만체하다　**欣然** xīnrán 圆 흔쾌히　**接纳** jiēnà 圆 받아들이다

---

23 - 27

今天我想和大家一起聊聊罗贯中。²³罗贯中是元末明初著名的小说家、戏曲家。²³他的号为"湖海散人"，这个称号寄寓了他漫游江湖、浪迹天涯的意愿。他7岁就开始在私塾学四书五经。在他14岁时，母亲病故，于是他辍学跟随父亲去苏州、杭州一带做丝绸生意，然而他对生意丝毫不感兴趣。在父亲的同意下，他拜著名学者赵宝丰为师。

灭宋之战的创伤被平息后，社会经济、文化重心由北方转移到了南方。南宋的故都杭州不仅成为了人口密集、商业发达的繁华城市，也成为了戏剧艺术发展的中心，不少北方的知识分子和才人书会都先后搬迁到了杭州一带。罗贯中也受到了当时社会潮流的影响，这为他后来成为小说家兼杂剧作家奠定了一定基础。

明朝建立后，因一些客观原因，罗贯中不得不放弃步入官场的机会，从此发愤著书。他具有多方面的才能，曾写过杂剧，但他在小说方面取得的成就最为突出。²⁴他的力作《三国志通俗演义》对后世文学创作影响深远，与我们所熟知的《西游记》、《水浒传》、《红楼梦》并称为中国古典四大名著。²⁴他的其他作品还有小说《隋唐两朝志传》、《残唐五代史演义传》、《三遂平妖传》以及杂剧《宋太祖龙虎风云会》等，除此之外，他还参与了《水浒传》的创作和编纂工作。

오늘 저는 여러분과 함께 나관중에 대해 이야기해보고자 합니다. ²³나관중은 원나라 말기 명나라 초기의 유명한 소설가이자 희곡가입니다. ²³그의 호는 '호해산인'인데, 이 칭호는 그가 세상 각지를 떠돌아다니며, 천하를 유람하고 싶다는 바람을 담고 있습니다. 그는 7살 때 서당에서 사서오경을 배우기 시작했습니다. 그가 14세 때 어머니가 병으로 세상을 떠나자, 그는 학업을 그만두고 아버지를 따라 쑤저우, 항저우 일대에서 비단 장사를 했지만, 그는 장사에 전혀 관심이 없었습니다. 아버지의 허락을 받아 그는 저명한 학자인 조보풍을 스승으로 모셨습니다.

송나라를 멸망시킨 전쟁의 상처가 아문 후 사회 경제, 문화의 중심이 북방에서 남방으로 옮겨졌습니다. 남송의 옛 수도인 항저우는 인구가 밀집해 있고, 상업이 발달하고 번화한 도시가 됐을 뿐만 아니라 연극 예술 발전의 중심지가 됐으며, 많은 북방의 지식인과 재인서회가 항저우 일대에 연이어 옮겨왔습니다. 나관중 또한 당시 사회 흐름의 영향을 받았는데, 이는 훗날 그가 소설가 겸 잡극 작가가 될 수 있는 기초를 다졌습니다.

명나라가 건국되자 여러 객관적인 원인으로 인해 나관중은 어쩔 수 없이 관직 진출 기회를 포기해야 했고, 이때부터 분발하여 책을 썼습니다. 그는 다방면의 재능이 있었고, 잡극을 썼지만, 그는 소설 방면에서 거둔 성과가 가장 두드러집니다. ²⁴그의 역작인 <삼국지통속연의>는 후대 문학 창작에 깊은 영향을 주었고, 우리가 익히 아는 <서유기>, <수호전>, <홍루몽>과 더불어 중국 고전 4대 명작으로 꼽힙니다. ²⁴그의 다른 작품으로는 소설 <수당양조지전>, <잔당오대사연의전>, <삼수평요전> 그리고 잡극 <송태조용호풍운회> 등이 있으며, 그 밖에도 그는 <수호전>의 창작과 편찬 작업에도 참여했습니다.

在他的创作中，《三国志通俗演义》是中国文学史上第一部章回小说，是历史演义小说的开山之作，也是第一部文人长篇小说。[25]《三国志通俗演义》继承了传统史学的实录精神，[25]"七实三虚"可以说是该小说取材的基本原则。小说中虽有不少虚构成分，但大的历史事件皆取之于史册，主要人物的性格特点和经历也基本符合史实。面对复杂的史料和民间故事，罗贯中以史实为依据，剔除了民间文化中过于荒诞、鄙俗的成分，以及不符合人物性格的情节，用矛盾冲突来推动了故事情节的发展，并塑造了光芒四射的人物形象。

罗贯中被称为中国章回小说的鼻祖，[26]他的小说在结构方面分章叙事，每章故事相对独立，但故事之间又前后勾连，且他对目录的编写也很讲究。[27]他的章回小说在艺术表现方面较为成熟，其文学特点主要表现在几个方面：一是成书过程从集体编著过渡到个人独创；二是小说的语言从半文半白，演变为口语化；三是[27]情节结构从线性的流动到网状的交叉。这些特点都足以说明罗贯中的章回小说为明代中后期的白话短篇小说的发展奠定了坚实的基础。

그의 창작 중 <삼국지통속연의>는 중국 문학 역사상 최초의 장회 소설로, 역사 연의 소설의 첫 작품이자 최초의 문인 장편 소설이기도 합니다. [25]<삼국지통속연의>는 전통 사학의 실록 정신을 계승했고, [25]'칠실삼허(역사적 비율이 70%, 소설적 허구가 30%)'는 이 소설이 소재를 얻는 기본 원칙이라고 말할 수 있습니다. 소설에서 비록 꾸며낸 부분이 적지 않지만, 큰 역사적 사건은 모두 역사서에서 가져온 것이며, 주요 인물의 성격 특징과 경험도 기본적으로 역사적 사실에 부합합니다. 복잡한 사료와 민간 이야기에 당면하여 나관중은 역사적 사실에 근거해 민간 문화의 지나치게 터무니없고 비속한 요소와 인물의 성격에 맞지 않는 줄거리를 빼고, 갈등으로 이야기를 발전시키며 빛나는 캐릭터를 묘사해냈습니다.

나관중은 중국 장회 소설의 시조로 불렸는데, [26]그의 소설은 구조적으로 장을 나누어 서술하고, 장마다 이야기가 상대적으로 독립적이지만 이야기 사이는 앞뒤가 연관되어 있고, 목차 작성에 대해서도 중요하게 여겼습니다. [27]그의 장회 소설은 예술 표현 측면에서 비교적 성숙하며, 그 문학적 특징은 주로 몇 가지 부분에서 나타납니다. 첫 번째는 책을 만드는 과정이 단체로 저술하는 것에서 개인이 독창적으로 진행하게 된 것입니다. 두 번째는 소설의 언어가 반 문어체, 반 백화문에서 구어체화 됐다는 것입니다. 세 번째는 [27]이야기 구조가 선형적인 흐름에서 그물 형태로 교차하는 것입니다. 이러한 특징들은 나관중의 장회 소설이 명나라 중·후반기의 백화 단편 소설의 발전을 위한 견고한 토대를 마련했음을 설명해주기에 충분합니다.

어휘　**罗贯中** Luó Guànzhōng[고유] 나관중[원나라 말, 명나라 초의 유명한 소설가 겸 잡극 작가]　**戏曲** xìqǔ[명] (곤곡·경극 등) 중국의 전통적인 희곡
称号 chēnghào[명] (주로 영광스런) 칭호　**私塾** sīshú[명] 서당, 글방　**辍学** chuòxué[동] (중도에) 학업을 그만두다　**跟随** gēnsuí[동] 따라가다
转移 zhuǎnyí[동] 옮기다　**繁华** fánhuá[형] (도시·거리가) 번화하다
才人书会 cái rén shūhuì 재인서회[송나라 및 원나라의 재능 있는 사람들이 조직한 단체로, 연극·소설 등을 집필하는 활동을 했다.]
潮流 cháoliú[명] (사회적) 흐름　**杂剧** zájù[명] 잡극[중국 전통극의 일종]　**奠定** diàndìng[동] 다지다　**发愤** fāfèn[동] 분발하다　**著书** zhùshū[동] 책을 쓰다
创作 chuàngzuò[동] (문예 작품을) 창작하다　**力作** lìzuò[명] 역작　**编纂** biānzuǎn[동] 편찬하다
章回小说 zhānghuí xiǎoshuō[명] 장회 소설[여러 회로 나누어 이야기를 서술한 소설]　**继承** jìchéng[동] 계승하다　**虚构** xūgòu[동] 꾸며내다, 날조하다
事件 shìjiàn[명] 사건　**皆** jiē[부] 모두, 전부　**民间** mínjiān[명] 민간　**依据** yījù[명] 근거　**剔除** tīchú[동] 빼다, 제거하다　**过于** guòyú[부] 지나치게
荒诞 huāngdàn[형] 터무니없다　**鄙俗** bǐsú[형] 비속하다　**情节** qíngjié[명] 줄거리, 이야기　**塑造** sùzào[동] (문자로) 인물을 묘사하다
光芒四射 guāngmáng sìshè 빛나다, 빛이 사방으로 발산하다　**鼻祖** bízǔ[명] 시조　**勾连** gōulián[동] 연관되다, 관련되다　**编著** biānzhù[동] 저술하다
过渡 guòdù[동] (한 단계에서 다른 단계로) 넘어가다, 과도하다　**演变** yǎnbiàn[동] 변화하다　**交叉** jiāochā[동] 교차하다　**足以** zúyǐ ~하기에 충분하다
坚实 jiānshí[형] 견고하다

23　问：通过罗贯中的号，可以知道什么？　　　　질문: 나관중의 호를 통해, 알 수 있는 것은 무엇인가?

A 他想传承南方的戏剧艺术　　　　A 그는 남방의 희극 예술을 전승하고 싶어 한다
B 他渴望到处流浪走遍天下　　　　**B 그는 곳곳을 떠돌며 천하를 두루 다니기를 갈망한다**
C 他与师傅赵宝丰感情颇深　　　　C 그는 스승인 조보풍과 감정이 꽤 깊다
D 他希望与富家子弟交流切磋　　　　D 그는 부잣집 자제들과 교류하며 토론하고 연구하기를 바란다

해설　음성에서 언급된 罗贯中……他的号为"湖海散人"，这个称号寄寓了他漫游江湖、浪迹天涯的意愿。을 듣고 선택지 B 他渴望到处流浪走遍天下를 정답의 후보로 고른다. 질문이 나관중의 호를 통해 알 수 있는 것을 물었으므로 선택지 B가 정답이다.

어휘　**罗贯中** Luó Guànzhōng[고유] 나관중[원나라 말, 명나라 초의 유명한 소설가 겸 잡극 작가]　**传承** chuánchéng[동] 전승하다　**渴望** kěwàng[동] 갈망하다
流浪 liúlàng[동] 떠돌다, 유랑하다　**切磋** qiēcuō[동] 서로 토론하고 연구하다

24　问：下列哪项不是罗贯中参与创作的作品？　　질문: 다음 중 나관중이 창작에 참여한 작품이 아닌 것은 무엇인가?

A 《红楼梦》　　　　**A <홍루몽>**
B 《水浒传》　　　　B <수호전>
C 《隋唐两朝志传》　　　　C <수당양조지전>
D 《宋太祖龙虎风云会》　　　　D <송태조용호풍운회>

해설　음성에서 언급된 他的力作《三国志通俗演义》对后世文学创作影响深远……他的其他作品还有小说《隋唐两朝志传》、《残唐五代史演义传》、《三遂平妖传》以及杂剧《宋太祖龙虎风云会》等，除此之外，他还参与了《水浒传》的创作和编纂工作。를 듣고 선택지 B《水浒传》，C《隋唐

两朝志传》，D《宋太祖龙虎风云会》를 정답의 후보로 고른다. 질문이 나관중이 창작에 참여한 작품이 아닌 것을 물었으므로, 언급되지 않은 선택지 A《红楼梦》이 정답이다.

어휘   参与 cānyù 图 참여하다, 개입하다

---

25 问：《三国志通俗演义》"七实三虚" 的取材基本原则指的是什么？

质문: <삼국지통속연의>의 '칠실삼허'의 소재를 얻는 기본 원칙은 무엇을 가리키는가?

A 大胆去掉所有空洞而虚幻的故事情节
B 用喜剧式的艺术虚构创造生动的细节
C 抵制文学创作中的历史虚无主义倾向
D 大的历史事件和主要人物的特点基本属实

A 요지가 없거나 허황된 모든 줄거리를 과감히 뺀다
B 희극적인 예술적 허구로 생생한 디테일을 창조한다
C 문학 창작의 역사적 허무주의 경향을 배척한다
D 큰 역사적 사건과 주요 인물 특징은 기본적으로 사실이다

해설   음성에서 언급된 《三国志通俗演义》……七实三虚可以说是该小说取材的基本原则。小说中虽有不少虚构成分，但大的历史事件皆取之于史册，主要人物的性格特点和经历也基本符合史实。을 듣고 선택지 D 大的历史事件和主要人物的特点基本属实을 정답 후보로 고른다. 질문이 <삼국지통속연의>의 '칠실삼허'의 소재를 얻는 기본 원칙은 무엇을 가리키는지 물었으므로 선택지 D가 정답이다.

어휘   大胆 dàdǎn 图 과감하다   空洞 kōngdòng 图 (말이나 문장에) 요지가 없다   虚幻 xūhuàn 图 허황한   情节 qíngjié 图 줄거리, 이야기
       虚构 xūgòu 图 허구   虚无主义 xūwú zhǔyì 허무주의   事件 shìjiàn 图 사건

---

26 问：罗贯中的章回小说具有怎样的结构特点？

질문: 나관중의 장회 소설은 어떤 구조적인 특징을 가지고 있는가?

A 分段叙事
B 讲究文章篇幅
C 故事前后衔接
D 段落结构颇为灵活

A 단락을 나누어 서술한다
B 글의 분량을 중시한다
C 이야기의 앞뒤가 이어진다
D 단락의 구조가 꽤 유연하다

해설   음성에서 언급된 他的小说在结构方面分章叙事，每章故事相对独立，但故事之间又前后勾连을 듣고 선택지 C 故事前后衔接를 정답의 후보로 고른다. 질문이 나관중의 장회 소설은 어떤 구조적인 특징을 가지고 있는지 물었으므로 선택지 C가 정답이다.

어휘   章回小说 zhānghuí xiǎoshuō 图 장회 소설[여러 회로 나누어 이야기를 서술한 소설]   篇幅 piānfú 图 분량   衔接 xiánjiē 图 이어지다, 연결되다
       段落 duànluò 图 단락, 구분   颇为 pōwéi 图 꽤, 제법

---

27 问：罗贯中的章回小说在艺术表现方面有什么特点？

질문: 나관중의 장회 소설은 예술 표현 방면에 어떤 특징이 있는가?

A 提倡文人们集体撰写作品集
B 只着重塑造非凡的英雄人物
C 通篇语言深奥且充满浪漫色彩
D 情节从线性的流动变得错综复杂

A 문인들이 단체로 작품집을 집필할 것을 제창한다
B 단지 비범한 영웅 인물을 형상화하는 데 치중할 뿐이다
C 전편의 언어가 심오하고 낭만적 색채가 충만하다
D 줄거리는 선형적인 흐름에서 복잡하게 뒤섞였다

해설   음성에서 언급된 他的章回小说在艺术表现方面较为成熟……情节结构从线性的流动到网状的交叉를 듣고 선택지 D 情节从线性的流动变得错综复杂를 정답의 후보로 고른다. 질문이 나관중의 장회 소설은 예술 표현 방면에 어떤 특징이 있는지 물었으므로 선택지 D가 정답이다.

어휘   撰写 zhuànxiě 图 집필하다, (글을) 쓰다   着重 zhuózhòng 图 치중하다   塑造 sùzào 图 (문자로) 인물을 묘사하다   通篇 tōngpiān 图 전문, 전편
       深奥 shēn'ào 图 심오하다   情节 qíngjié 图 줄거리, 이야기   错综复杂 cuòzōngfùzá 图 복잡하게 뒤섞이다

---

28 - 33

²⁸循环经济也叫资源循环型经济，²⁸它是以资源的高效利用和循环利用为核心，以减量化、再利用、资源化为原则，以低消耗、低排放、高效率为基本特征，符合可持续发展理念的经济发展模式。

为了缓解经济增长与资源环境的矛盾，不少国家已开始探索循环经济发展模式。例如，德国在1972年就制定了强调废弃物排放后的末端处理的《废弃物处理法》，随后又建立了双轨制回收系统，提高了包装材料的回收率，将人对废弃物的思想观念从"怎样处理废弃物"转变为"怎样避免废弃物的产生"。²⁹中国在20世纪90年代便引入了关于循环经济的思想，此后不断深入了对循环经济理论的研究和实践。最近，国家发展改革委还印发了《十四五循环经济发展规划》。

²⁸순환경제는 자원순환형 경제라고도 불리는데, ²⁸그것은 자원의 고효율적인 이용과 순환 이용을 핵심으로 감량화, 재활용, 자원화를 원칙으로 하여 저소비, 저배출, 고효율을 기본 특징으로 하는 지속 가능한 발전 이념에 부합하는 경제 발전 모델이다.

경제 성장과 자원 환경의 갈등을 완화하기 위해, 많은 나라에서 순환경제 발전 모델을 모색하기 시작했다. 예를 들면, 독일은 1972년 폐기물 배출 후의 최종 처리 단계를 강조하는 <폐기물 처리법>을 제정했고, 그다음에 투 트랙 재활용 시스템을 구축해 포장 재료의 회수율을 높이고 폐기물에 대한 사람들의 생각을 '폐기물을 어떻게 처리할 것인가'에서 '어떻게 폐기물이 나오는 것을 피할 것인가'로 바꿨다. ²⁹중국은 1990년대부터 순환경제에 관한 사상을 도입했고, 이후 순환경제 이론에 관한 연구와 실천을 지속적으로 심화했다. 최근 국가발전개혁위원회도 <14차 5개년 순환경제 발전 계획>을 발행했다.

循环经济一头连着资源、一头连着环境。循环经济优化和提升了价值链，为提振工业经济、创造就业机会等提供了新路径。[30]作为一种新的经济发展方式，循环经济与传统经济最大的区别在于遵循生态规律，将经济活动由原来的"资源—产品—废弃物"的单向性流程转变为"资源—产品—废弃物—再生资源"的闭环循环流程。通过重构经济系统，将循环经济与生态系统物质及能量的循环利用过程相融合，在节约资源的同时保护环境，实现经济效益及生态效益的共赢。

[31]循环经济虽然被认为是一种新的经济增长方式，但并非是目前经济发展的主流。广大企业之所以缺乏开展循环经济的动力，是因为不能获取更高的经济利益，或者说获利极少甚至亏损，"循环"但并不"经济"。对企业来说，造成这种局面有许多外部客观因素，比如发展循环经济更多的是强调生态效益和社会效益，而这一模式会在短期内削弱企业的盈利能力。[32]除了客观因素之外，也有企业自身主观因素，企业未树立与循环经济相适应的成本管理理念，未构建与循环经济相适应的成本管理模式，导致成本控制不力、成本过高，这些因素都不容忽视。这就要求我们重新审视循环经济下企业面临的内外部环境因素的变化，重新思考成本管理和实务问题。

对中国而言，发展循环经济是推动绿色增长、实现双碳目标的重要路径，因此必须加快探索符合国情、能解决多重矛盾的中国特色循环经济发展之路。一方面，要完善以减碳为导向的循环经济制度，加强关键技术创新和市场化应用，培育和壮大相关产业；另一方面，[33]要加强国际交流，将循环经济纳入共建绿色"一带一路"的框架，积极开展双边、多边合作，提升中国循环经济发展水平和国际影响力。

순환경제는 한쪽으로는 자원이, 한쪽으로는 환경이 연결되어 있다. 순환경제는 가치사슬을 최적화하고 업그레이드시켜 산업 경제 촉진, 일자리 창출 등에 새로운 길을 열어주었다. [30]새로운 경제 발전 방식의 하나로서 기존경제와 가장 큰 순환경제의 차이점은 **생태 법칙에 따라** 경제 활동을 기존의 '자원-제품-폐기물'의 한 방향 프로세스에서 '자원-제품-폐기물-재생 자원'의 폐쇄 순환 프로세스로 전환했다는 것이다. 경제 시스템을 재구축함으로써 순환경제와 생태계의 물질 및 에너지의 순환 이용 프로세스를 융합하여 자원을 절약하는 동시에 환경을 보호하고, 경제적 효익과 생태적 효익을 함께 얻을 수 있다.

[31]순환경제는 새로운 경제 성장 방식으로 알려졌지만, 결코 현재 경제 발전의 주류는 아니다. 많은 기업이 순환경제를 확대할 원동력이 부족한 것은 더 높은 경제적 이익을 얻지 못하거나, 아니면 아주 적은 이익을 얻거나 심지어 적자가 나서 '순환'은 되도 '경제적'이지 않기 때문이다. 기업 입장에서 이러한 국면이 초래된 것에는 많은 외부적·객관적인 요인이 있는데, 순환경제를 발전시키는 것은 생태적 효익과 사회적 효익이 더 많이 강조된다는 점이 그 예다. 그러나 이 모델은 단기간에 기업의 이윤 창출 능력을 약화시킬 수 있다. [32]객관적인 요인 외에도 기업 자체의 주관적인 요인도 있다. 기업이 순환경제에 상응하는 원가 관리 이념을 수립하지 않았고, 순환경제에 적합한 원가 관리 모델을 수립하지 않아서 원가 통제가 부실하고 원가가 지나치게 높아지는 것을 야기했는데, 이런 요인들도 모두 무시할 수 없다. 이는 우리가 순환경제 속에서 기업이 직면한 내부적·외부적 환경 요인의 변화를 되돌아보고, 원가 관리와 실무적인 문제를 다시 한번 고민해 볼 필요가 있게 한다.

중국에 있어 순환경제를 발전시키는 것은 녹색 성장을 촉진하고 이중 탄소 목표를 달성하는 중요한 길인 만큼 국정에 부합하고 다양한 갈등을 해결할 수 있는 중국 특색의 순환경제를 모색하는 데 박차를 가해야 한다. 한편으로는 탄소 감소를 유도하는 순환경제 제도의 기초를 완벽하게 하고, 핵심 기술 혁신과 시장화 응용을 강화하여, 관련 산업을 육성하고 성장시켜야 한다. 다른 한편으로는 [33]국제 교류를 강화하고, 순환경제를 녹색 '일대일로' 공동 건설의 틀에 포함하여, 적극적으로 양자, 다자간 협력을 전개하여 중국의 순환경제 발전 수준과 국제적 영향력을 높여야 한다.

어휘 | **循环经济** xúnhuán jīngjì 순환경제　**消耗** xiāohào 소비하다　**排放** páifàng (폐기·폐수 등을) 배출하다　**模式** móshì 모델, (표준) 양식
探索 tànsuǒ 모색하다　**废弃物** fèiqìwù 폐기물　**末端** mòduān 최종 단계, 말단　**回收** huíshōu 회수하다　**包装** bāozhuāng 포장하다
此后 cǐhòu 이후　**规划** guīhuà 계획　**优化** yōuhuà 최적화하다　**价值链** jiàzhíliàn 가치사슬[기업 활동에서 부가가치가 생성되는 과정을 나타냄]
遵循 zūnxún 따르다　**流程** liúchéng 프로세스　**生态系统** shēngtài xìtǒng 생태계　**能量** néngliàng 에너지　**效益** xiàoyì 효익[효과와 이익]
共赢 gòngyíng 모두가 이익을 얻다　**并非** bìngfēi 결코 ~이 아니다　**主流** zhǔliú 주류, 주된 추세　**开展** kāizhǎn 확대하다, 전개하다
动力 dònglì 원동력　**亏损** kuīsǔn 적자가 나다　**局面** júmiàn 국면　**削弱** xuēruò 약화시키다　**盈利** yínglì 이윤을 창출하다　**树立** shùlì 수립하다
成本 chéngběn 원가, 자본금　**双碳** shuāngtàn 이중 탄소[2030년에는 탄소 피크를 찍고, 2060년에는 탄소 중립을 달성한다는 의미]　**路径** lùjìng 길
导向 dǎoxiàng 유도하다　**创新** chuàngxīn 혁신하다　**培育** péiyù 육성하다, 기르다　**产业** chǎnyè 산업　**框架** kuàngjià 틀, 프레임(frame)

28　问：关于循环经济的定义，下列哪项不正确？ | 질문: 순환경제의 정의에 관해, 다음 중 옳지 않은 것은?

A 以资源的高效利用和循环利用为核心 | A 자원의 고효율적인 이용과 순환 이용을 핵심으로 한다
B 是符合可持续发展理念的经济发展模式 | B 지속 가능한 발전 이념에 부합하는 경제 발전 모델이다
C 以低消耗、低排放和高效率为基本特征 | C 저소비, 저배출 및 고효율을 기본 특징으로 한다
D 运用机械论的思想来指导人类的经济活动 | **D 기계론적 사상을 활용하여 인류의 경제 활동을 이끈다**

해설 | 음성에서 언급된 循环经济……它是以资源的高效利用和循环利用为核心，以减量化、再利用、资源化为原则，以低消耗、低排放、高效率为基本特征，符合可持续发展理念的经济发展模式를 듣고 선택지 A 以资源的高效利用和循环利用为核心，B 是符合可持续发展理念的经济发展模式，C 以低消耗、低排放和高效率为基本特征를 정답의 후보로 고른다. 질문이 순환경제의 정의에 관해 옳지 않은 것을 물었으므로, 언급되지 않은 선택지 D 运用机械论的思想来指导人类的经济活动이 정답이다.

어휘 | **循环经济** xúnhuán jīngjì 순환경제　**定义** dìngyì 정의　**模式** móshì 모델　**消耗** xiāohào 소비하다　**排放** páifàng (폐기·폐수 등을) 배출하다
机械 jīxiè 기계

问： 在探索循环经济发展模式的过程中，中国做了怎样的努力？

질문： 순환경제 발전 모델을 모색하는 과정에서 중국은 어떤 노력을 했는가？

A 建立了双轨制回收系统
B 提高了包装材料的回收率
C 制定了废弃物排放后的末端处理法
D 发布了《十四五循环经济发展规划》

A 투 트랙 재활용 시스템을 구축했다
B 포장 재료의 회수율을 높였다
C 폐기물 배출 후 최종 처리 단계에 관한 법을 제정했다
D <14차 5개년 순환경제 발전 계획>을 발표했다

해설 음성에서 언급된 中国在20世纪90年代便引入了关于循环经济的思想, 此后不断深入对循环经济理论的研究和实践。最近, 国家发展改革委还印发了《十四五循环经济发展规划》。를 듣고 선택지 D 发布了《十四五循环经济发展规划》를 정답의 후보로 고른다. 질문이 순환경제 발전 모델을 모색하는 과정에서 중국이 어떤 노력을 했는지 물었으므로 선택지 D가 정답이다.

어휘 探索 tànsuǒ 图 모색하다　回收 huíshōu 图 회수하다　包装 bāozhuāng 图 포장　废弃物 fèiqìwù 图 폐기물　末端 mòduān 图 최종 단계, 말단　发布 fābù 图 발표하다　规划 guīhuà 图 계획

---

30 作为一种新的经济发展方式，循环经济与传统经济最大的区别是**遵循生态规律**。

새로운 경제 발전 방식의 하나로서 기존경제와 가장 큰 순환경제의 차이점은 **생태 법칙을 따른다**는 것이다.

해설 음성에서 언급된 作为一种新的经济发展方式,循环经济与传统经济最大的区别在于遵循生态规律를 듣고 遵循生态规律를 정답으로 작성한다.

어휘 遵循 zūnxún 图 따르다

31

问： 循环经济为什么尚未成为目前经济发展的主流？

질문： 순환경제는 왜 아직 현재 경제 발전의 주류가 되지 않았는가？

A 经济活动不能向生态化转换
B 企业不能获取更高的经济利益
C 企业有意不配合政府的宏观政策
D 市民的思想意识跟不上时代的步伐

A 경제 활동은 생태화로 전환할 수 없다
B 기업이 더 높은 경제적 이익을 얻지 못한다
C 기업이 일부러 정부의 거시 정책에 협조하지 않는다
D 시민 의식이 시대의 흐름을 따라가지 못한다

해설 음성에서 언급된 循环经济虽然被认为是一种新的经济增长方式,但并非是目前经济发展的主流。广大企业之所以缺乏开展循环经济的动力,是因为不能获取更高的经济利益,或者说获利极少甚至亏损을 듣고 선택지 B 企业不能获取更高的经济利益를 정답의 후보로 고른다. 질문이 순환경제는 왜 아직 현재 경제 발전의 주류가 되지 않았는지 물었으므로 선택지 B가 정답이다.

어휘 尚未 shàngwèi 아직 ~하지 않다　主流 zhǔliú 图 주류, 주된 추세　生态 shēngtài 图 생태　宏观 hóngguān 图 거시적인　政策 zhèngcè 图 정책　意识 yìshí 图 의식　步伐 bùfá 图 흐름, 발걸음

32

问： 阻碍循环经济发展的企业自身主观因素是什么？

질문： 순환경제의 발전을 가로막는 기업 자체의 주관적인 요인은 무엇인가？

A 企业没有给自身发展提供新路径
B 企业无条件采纳生态发展新模式
C 企业没有树立相应的成本管理理念
D 企业面临着机遇与挑战并存的大环境

A 기업은 스스로의 발전에 새로운 길을 제공하지 않았다
B 기업은 생태 발전의 새로운 모델을 무조건 채택한다
C 기업은 상응하는 원가 관리 이념을 수립하지 않았다
D 기업은 기회와 도전이 함께 존재하는 총체적 환경에 직면해 있다

해설 음성에서 언급된 除了客观因素之外,也有企业自身主观因素,企业未树立与循环经济相适应的成本管理理念,未构建与循环经济相适应的成本管理模式,导致成本控制不力、成本过高를 듣고 선택지 C 企业没有树立相应的成本管理理念를 정답의 후보로 고른다. 질문이 순환경제의 발전을 가로막는 기업 자체의 주관적인 요인을 물었으므로 선택지 C가 정답이다.

어휘 阻碍 zǔài 图 가로막다, 지장을 주다　采纳 cǎinà 图 채택하다　树立 shùlì 图 수립하다　相应 xiāngyìng 图 상응하다　成本 chéngběn 图 원가, 자본금　机遇 jīyù 图 (좋은) 기회

33

问： 根据这段话，中国应采取怎样的发展策略？

질문： 이 장문에 근거하여, 중국은 어떤 발전 전략을 취해야 하는가？

A 力求建立全球气候治理体系
B 主要围绕农业领域进行生产改革
C 通过多方面合作共建绿色"一带一路"
D 巩固中国在循环经济领域中的国际领先地位

A 전 세계 기후 통치 체계를 세우는 데 힘쓴다
B 주로 농업 분야를 중심으로 생산 개혁을 진행한다
C 다방면의 협력을 통해 녹색 '일대일로'를 함께 조성한다
D 중국의 순환경제 분야에서의 국제 선도적 위치를 공고히 한다

해설　음성에서 언급된 **要加强国际交流，将循环经济纳入共建绿色"一带一路"的框架，积极开展双边、多边合作，提升中国循环经济发展水平和国际影响力**를 듣고 선택지 C **通过多方面合作共建绿色"一带一路"**를 정답의 후보로 고른다. 질문이 장문에 근거하여, 중국은 어떤 발전 전략을 취해야 하는지 물었으므로 선택지 C가 정답이다.

어휘　**策略** cèlüè 圐 전략　**力求** lìqiú 圐 힘쓰다　**治理** zhìlǐ 圐 통치하다, 다스리다　**体系** tǐxì 圐 체계, 시스템　**巩固** gǒnggù 圐 공고히 하다
　　　领先 lǐngxiān 圐 선두에 서다

34 - 40

³⁴古希腊时期的自然哲学家被认为是西方最早的哲学家，他们的观点有别于迷信的原因在于，这些哲学家以理性辅佐证据的方式归纳出了自然界的道理。苏格拉底、柏拉图与亚里士多德被称为"希腊三贤"，他们界定了哲学的讨论范畴，提出了有关形而上学、知识论与伦理学的问题。一些哲学家认为，现在的哲学理论依旧只是在为他们三人做注脚而已，关于哲学的讨论仍离不开他们所提出的问题。换言之，数千年来我们也许依旧在试着回答他们所提出的问题，这也意味着我们将依然为这些问题，或者从这些问题中所延伸出的更多问题而感到困惑。

³⁵古希腊诞生之后，人们创造了一个词来表达哲学，那就是"爱智慧"。造这个词是为了表达一种新型的，不同于以前文化特质的研究方式。著名哲学家柏拉图认为只有神才有智慧，人没有智慧，但是人向往神，并且人爱神所拥有的智慧。³⁶"爱智慧"的**实质**是社会意识的具体存在和表现形式，它是通过追求世界的本原、本质、共性来确立哲学世界观和方法论的社会科学。³⁷追求世界的本原和本质是哲学的根本问题，也是哲学的基本问题和最高问题。

通过之前的讲座我们可以知道，哲学的基本问题主要包括两方面内容。一是意识和物质何者为本原的问题。围绕这个问题，出现了唯心主义和唯物主义两个阵营。凡是认为意识是第一的，物质是第二的，即认为意识先于物质，³⁸物质依赖意识而存在，物质是意识的产物的哲学派别属于唯心主义；凡是认为物质是第一的，意识是第二的，即认为物质先于意识，意识是物质的产物的哲学派别属于唯物主义。二是思维和存在的统一性问题。对此，大多数哲学家都作出了肯定的回答。对这方面的问题，哲学上出现了"可知论"和"不可知论"两个基本观点。³⁹"可知论"主张世界是可以被认知的，认为人可以凭借**感觉器官及科学仪器**完全认知世界，而至今还有部分尚未被认知只是因为技术不发达罢了，持该观点的人多为唯物论者。与此相反，"不可知论"则主张世界是不能被完全认知的，持该观点者多为唯心主义者，他们认为对于世界的某些层面，人类是永远无法知道其真相的。

无论是唯心主义派还是唯物主义派，"可知论"还是"不可知论"，都可以看出人们为解决哲学的基本问题不断地作出了假想并提出了观点。⁴⁰在历史上有一些著名哲学家的思想一直影响至今，譬如法国哲学家笛卡尔的哲学主张给现代一些哲学家提供了理论依据。

³⁴고대 그리스 시대의 자연 철학자는 서양 최초의 철학자로 여겨지는데, 그들의 관점이 미신과 구별되는 이유는, 이 철학자들은 이성이 증거를 보조하는 방식으로 자연계의 이치를 귀납했기 때문입니다. 소크라테스, 플라톤과 아리스토텔레스는 '그리스 3대 현인'으로 불리는데, 그들은 철학의 토론 범주를 정의했고, 형이상학, 지식론과 윤리학에 관련된 문제를 제기했습니다. 일부 철학자는 지금의 철학 이론은 여전히 그들 3명에게 주석을 다는 것일 뿐이며, 철학에 대한 논의는 아직도 그들이 제기한 질문에서 자유로울 수 없다고 주장합니다. 다시 말해, 수천 년 동안 우리는 어쩌면 여전히 그들이 제기한 질문에 답하려고 하고 있으며, 이는 우리가 여전히 이러한 질문 혹은 이러한 질문에서 파생된 더 많은 질문으로 인해 곤혹스럽다는 것을 의미합니다.

³⁵고대 그리스가 탄생한 뒤, 사람들은 철학을 뜻하는 단어 하나를 만들었는데, 그것은 '지혜를 사랑하다'입니다. 이 단어를 만든 것은 이전의 문화적 특질과는 다른 유형의 새로운 연구 방식을 나타내기 위함이었습니다. 유명한 철학자 플라톤은 신만이 지혜를 가지고 있고, 사람은 지혜가 없지만 사람은 신을 동경하며, 게다가 사람은 신이 가진 지혜를 사랑한다고 주장했습니다. ³⁶'지혜를 사랑하다'의 **본질**은 사회 의식의 구체적 존재와 표현 형식이며, 이것은 세상의 본원, 본질, 공통성을 추구함으로써 철학 세계관과 방법론을 확립하는 사회 과학입니다. ³⁷세계의 본원과 본질을 추구하는 것은 철학의 근본 문제이며, 철학의 기본 문제이자 최고 문제이기도 합니다.

이전 강연을 통해 우리는 철학의 기본 문제는 주로 두 가지 내용을 포함한다는 것을 알 수 있습니다. 첫 번째는 의식과 물질 중 무엇이 본원인가 하는 문제입니다. 이 문제를 중심으로 유심주의와 유물주의라는 두 가지 진영이 나타났습니다. 무릇 의식이 먼저고, 물질은 그다음이라 주장하는, 즉 의식이 물질보다 앞서고, ³⁸물질은 의식에 의존하여 존재하며 물질이 의식의 산물이라고 주장하는 철학 파벌은 유심주의에 속합니다. 무릇 물질이 먼저고, 의식은 그다음이라고 주장하는, 즉 물질이 의식보다 먼저이고 의식이 물질의 산물이라고 주장하는 철학 파벌은 유물주의에 속합니다. 두 번째는 사유와 존재의 통일성 문제입니다. 이에 대해 대다수 철학자는 긍정적인 답을 내놓았습니다. 이 방면의 질문에 대해, 철학적으로는 '가지론'과 '불가지론'이라는 두 가지 기본 관점이 나타났습니다. ³⁹'가지론'은 세상은 인식될 수 있다고 주장하며, 인간은 **감각 기관과 과학 기기**를 통해 세상을 완전히 인식할 수 있다고 주장하고, 아직 일부 부분이 인식되지 못한 것은 단지 기술이 발달하지 않았기 때문이라고 주장하는데, 이 관점을 지지하는 사람은 유물론자가 많습니다. 이와 반대로, '불가지론'은 세상은 완전히 인식될 수 없다고 주장하는데, 이 관점을 지지하는 사람은 대부분 유심론자이고, 그들은 세상의 어떤 측면에 대해서도 인류가 그 진상을 영원히 알 수 없다고 믿습니다.

유심주의파든 유물주의파든, '가지론'이든 '불가지론'이든 사람들이 철학의 기본 문제를 해결하기 위해 끊임없이 상상하고 관점을 제기했음을 알 수 있습니다. ⁴⁰역사적으로 유명한 몇몇 철학자들의 사상은 오늘날까지 영향을 미치고 있는데, 예를 들자면 프랑스 철학자 데카르트의 철학 주장은 현대 철학자들에게 이론적 근거를 제공했습니다.

어휘　**希腊** Xīlà 교圐 그리스　**迷信** míxìn 圐 미신을 믿다　**辅佐** fǔzuǒ 圐 보좌하다　**界定** jièdìng 圐 정의하다　**范畴** fànchóu 圐 범위, 유형
　　　形而上学 xíng'érshàngxué 圐 형이상학　**依旧** yījiù 圐 여전히　**注脚** zhùjiǎo 圐 주석　**而已** éryǐ 圐 다만 ~뿐이다, 뜻하다　**意味着** yìwèizhe 圐 의미하다, 뜻하다
　　　诞生 dànshēng 圐 탄생하다　**向往** xiàngwǎng 圐 동경하다　**实质** shízhì 圐 본질, 실질　**意识** yìshí 圐 의식　**本原** běnyuán 圐 본원[모든 사물의 최초의 근원]
　　　确立 quèlì 圐 확립하다　**主义** zhǔyì 圐 주의　**阵营** zhènyíng 圐 진영　**凡是** fánshì 圐 무릇, 대체로　**依赖** yīlài 圐 의존하다　**产物** chǎnwù 圐 산물, 결과
　　　派别 pàibié 圐 (학술·종교·정당 등의) 파별　**思维** sīwéi 圐 사유[생각하고 궁리함]　**器官** qìguān 圐 (생물체의) 기관　**科学仪器** kēxué yíqì 圐 과학 기기

尚未 shàngwèi 아직 ~하지 않다　**罢了** bàle 国 단지 ~일 따름이다　**真相** zhēnxiàng 圏 진상, 실상　**假想** jiǎxiǎng 圏 상상하다　**譬如** pìrú 圏 예를 들다
依据 yījù 圏 근거

34　问：古希腊哲学家们的思想为什么有别于迷信？

A 迷信在当时已不被人们所推崇
B 他们的思想比迷信思想出现得更早
C 他们以理性辅助证据的方式归纳道理
D 他们的思想对社会制度的建设具有现实意义

질문: 고대 그리스 철학자들의 사상은 왜 미신과 구별됐는가?

A 미신은 당시 사람들에게 이미 추앙받지 못했다
B 그들의 사상은 미신 사상보다 더 일찍 나타났다
C 그들은 이성이 증거를 보조하는 방식으로 이치를 귀납한다
D 그들의 사상은 사회 제도 건설에 현실적인 의미가 있다

해설　음성에서 언급된 古希腊时期的自然哲学家被认为是西方最早的哲学家, 他们的观点有别于迷信的原因在于, 这些哲学家以理性辅佐证据的方式归纳出了自然界的道理。를 듣고 선택지 C 他们以理性辅助证据的方式归纳道理를 정답의 후보로 고른다. 질문이 고대 그리스 철학자들의 사상은 왜 미신과 구별됐는지 물었으므로 선택지 C가 정답이다.

어휘　**希腊** Xīlà 고유 그리스　**迷信** míxìn 圏 미신을 믿다　**推崇** tuīchóng 圏 추앙하다　**辅助** fǔzhù 圏 보조하다

35　问：人们创造"爱智慧"这个词的原因是什么？

A 为了解决最基本的哲学问题
B 为了履行当时领导者的命令
C 为了表达一种新颖的研究方式
D 为了克服西方哲学的根本缺陷

질문: 사람들이 '지혜를 사랑하다'라는 단어를 만들어낸 원인은 무엇인가?

A 가장 기본적인 철학적 문제를 해결하기 위해
B 당시 지도자의 명령을 이행하기 위해
C 새로운 연구 방식을 나타내기 위해
D 서양 철학의 근본적인 결점을 극복하기 위해

해설　음성에서 언급된 古希腊诞生之后, 人们创造了一个词来表达哲学, 那就是"爱智慧"。造这个词是为了表达一种新型的, 不同于以前文化特质的研究方式。을 듣고 선택지 C 为了表达一种新颖的研究方式를 정답의 후보로 고른다. 질문이 사람들이 '지혜를 사랑하다'라는 단어를 만들어낸 원인이 무엇인지 물었으므로 선택지 C가 정답이다.

어휘　**履行** lǚxíng 圏 이행하다　**新颖** xīnyǐng 圏 새롭다, 참신하다　**缺陷** quēxiàn 圏 결점, 결함

36　"爱智慧"的**实质**是社会意识的具体存在和表现形式。

'지혜를 사랑하다'의 **본질**은 사회의식의 구체적 존재와 표현 형식이다.

해설　음성에서 언급된 "爱智慧"的实质是社会意识的具体存在和表现形式을 듣고 实质을 정답으로 작성한다.

어휘　**实质** shízhì 圏 본질, 실질　**意识** yìshí 圏 의식

37　问：哲学的最高问题是什么？

A 研究世界的创始者
B 分析人类的生存目标
C 追求世界的本原和本质
D 寻找人与神沟通的纽带

질문: 철학의 최고 문제는 무엇인가?

A 세계의 창시자를 연구한다
B 인류의 생존 목표를 분석한다
C 세계의 본원과 본질을 추구한다
D 사람과 신이 소통하는 연결 고리를 찾는다

해설　음성에서 언급된 追求世界的本原和本质是哲学的根本问题, 也是哲学的基本问题和最高问题。를 듣고 선택지 C 追求世界的本原和本质을 정답의 후보로 고른다. 질문이 철학의 최고 문제는 무엇인지 물었으므로 선택지 C가 정답이다.

어휘　**创始者** chuàngshǐzhě 圏 창시자　**生存** shēngcún 圏 생존하다　**纽带** niǔdài 圏 연결 고리, 징검다리

38　问：下列哪项属于唯心主义的主张？

A 意识是物质的产物
B 物质依赖意识而存在
C 世界的统一性在于物质性
D 人们需要依靠科学技术生存

질문: 다음 중 유심주의의 주장에 속하는 것은?

A 의식은 물질의 산물이다
B 물질은 의식에 의존하여 존재한다
C 세계의 통일성은 물질성에 있다
D 사람들은 과학 기술에 의지하여 생존해야 한다

해설　음성에서 언급된 物质依赖意识而存在, 物质是意识的产物的哲学派别属于唯心主义를 듣고 선택지 B 物质依赖意识而存在를 정답의 후보로 고른다. 질문이 유심주의의 주장에 속하는 것을 물었으므로 선택지 B가 정답이다.

어휘　**主义** zhǔyì 圏 주의　**意识** yìshí 圏 의식　**产物** chǎnwù 圏 산물, 결과　**依赖** yīlài 圏 의존하다　**依靠** yīkào 圏 의지하다　**生存** shēngcún 圏 생존하다

39 "可知论"认为人可以凭借**感觉器官及科学仪器**完全认知世界。

'가지론'은 인간은 **감각 기관과 과학 기기**를 통해 세상을 완전히 인식할 수 있다고 주장한다.

해설 음성에서 언급된 "可知论"主张世界是可以被认知的,认为人可以凭借感觉器官及科学仪器完全认知世界를 듣고 感觉器官及科学仪器를 정답으로 작성한다.

어휘 **器官** qìguān 圖 (생물체의) 기관 **科学仪器** kēxué yíqì 圖 과학 기기

---

40 问:接下来可能会谈什么内容?

질문: 이어서 어떤 내용이 언급될 가능성이 큰가?

A 介绍哲学问题的解决方法

B 阐述著名哲学家笛卡尔的观点

C 展示哲学两大派别的思想差异

D 分析哲学观点中最受争议的案例

A 철학적 문제의 해결 방법을 소개한다

B 유명한 철학자 데카르트의 관점을 상세히 논술한다

C 철학 양대 파벌의 사상적 차이를 드러낸다

D 철학적 관점에서 가장 논란이 많은 사안을 분석한다

해설 음성에서 언급된 在历史上有一些著名哲学家的思想一直影响至今,譬如法国哲学家笛卡尔的哲学主张给现代一些哲学家提供了理论依据。를 듣고 선택지 B 阐述著名哲学家笛卡尔的观点을 정답의 후보로 고른다. 질문이 이어서 어떤 내용이 언급될 가능성이 큰지 물었으므로 선택지 B가 정답이다.

어휘 **阐述** chǎnshù 圖 상세히 논술하다 **展示** zhǎnshì 圖 드러내다 **派别** pàibié 圖 (학술·종교·정당 등의) 파벌 **受争议** shòu zhēngyì 논란이 있다
案例 ànlì 圖 사안, 사례

41 - 47

我们常说，家长是孩子的第一任老师，⁴¹家长的言传身教是对孩子最好的教育。家长所做的事、所说的话，都会被孩子看在眼里，因此孩子童年时期的个性和品德很容易受到家长的直接影响。

为了发扬中华民族重视家庭教育的优良传统，并增进家庭与社会的幸福和谐，⁴⁷全国人民代表大会在会议上通过了《中华人民共和国家庭教育促进法》，这引发了全社会和家长的普遍关注。

《中华人民共和国家庭教育促进法》中明确表示，⁴²家庭教育是指家长或其他监护人为促进未成年人全面健康成长，而对其实施的道德品质、身体素质、文化修养、生活技能和行为习惯等方面的培育和引导。这是中国首次就家庭教育制定法规，该项法规的出台意味着家庭教育已经由传统的"家事"上升为"国事"。

⁴⁷《中华人民共和国家庭教育促进法》从多个方面关注未成年人的身心发展和教育，力求对未成年人进行正确的指引，使其在父母或其他监护人的培养下健康成长。⁴³在心理方面，监护人要教育未成年人树立正确的成才观和劳动观，引导未成年人培养丰富的兴趣爱好，⁴³并增强他们的科学探索精神和创新意识。最重要的是，监护人要时刻关注未成年人的心理健康，教导其珍惜自己和他人的生命。在身体方面，监护人要保证未成年人的身体健康状况，引导其养成良好的生活习惯和行为习惯，让他们在饮食上摄入充分的营养，在此基础上，还要鼓励他们积极锻炼身体，并保证充足的睡眠。

除了家庭对未成年人心理和身体方面的指引之外，家校社协同育人机制也很重要。⁴⁴居民委员会可以依托城乡社区公共服务设施，设立相关家庭教育指导服务站，配合家庭教育指导机构，对居民宣传家庭教育知识，并为未成年人的监护人提供相关指导意见。学校则要将家庭教育指导服务纳入工作计划中，对教师们进行有关培训。

⁴⁷总体来看，《中华人民共和国家庭教育促进法》的立法意图是为了促进家庭教育，并对孩子监护人进行"指引"和"赋能"。其中，"指引"是指通过法律让父母知道如何做一名合格的家长，引导家长用科学的方法和理念教育孩子；"赋能"则是指当家长在教育上遇到问题时，可向公共服务机构获取相应的帮助，在学习中提升教育能力。

家长的正确引导是孩子走向成功的基础，⁴⁵家长只有树立正确的教育观念，才能使孩子<u>全方位</u>地发展。⁴⁶家长在引导孩子成长的过程中，不要只看着一个方向而行动，⁴⁶最好"<u>眼观四路，耳听八方</u>"，也就是说，家长要注重孩子各方面的发展。

우리는 흔히 부모가 아이의 첫 번째 스승이며, ⁴¹부모의 말과 행동으로 모범을 보이는 것이 아이에게 가장 좋은 교육이라고 한다. 부모가 하는 것, 하는 말은 아이들의 눈에 새겨지기 때문에 아이의 어린 시절 개성과 품성은 부모의 직접적인 영향을 받기 쉽다.

중화 민족의 가정 교육을 중시하는 우수한 전통을 드높이고 가정과 사회의 행복과 화합을 증진시키기 위해, ⁴⁷전국인민대표대회 회의에서 <중화인민공화국 가정 교육 촉진법>을 통과시켜 사회 전반과 학부모들의 폭넓은 관심을 불러일으켰다.

<중화인민공화국 가정 교육 촉진법>에서 ⁴²가정 교육은 부모나 다른 보호자가 미성년자의 전면적인 건강한 성장을 촉진하기 위해 실시하는 도덕 품성, 신체 조건, 문화 교양, 생활 기능 및 행위 습관 등을 기르고 지도하는 것을 가리킨다고 명시되어 있다. 이것은 중국에서 처음으로 가정 교육에 대해 제정한 법규로, 해당 법률의 정식 공포는 가정 교육이 이미 전통적인 '가정의 일'에서 '나랏일'로 격상되었음을 의미한다.

⁴⁷<중화인민공화국 가정 교육 촉진법>은 다방면으로 미성년자의 심신 발달과 교육에 대해 주목하고, 미성년자에게 올바른 지도를 진행하도록 힘써 미성년자가 부모나 다른 보호자의 양육 아래 건강하게 성장할 수 있도록 한다. ⁴³심리적인 측면에서 보호자는 미성년자에게 올바른 인재관과 노동 관념을 세우도록 교육하고, 그들이 풍부한 취미 생활을 갖추도록 지도하고 ⁴³그들의 과학적 탐구 정신과 창의성을 강화해야 한다. 가장 중요한 것은, 보호자는 미성년자의 정신 건강에 항상 관심을 가지고 자신과 타인의 생명을 소중히 여기도록 가르쳐야 한다. 신체적인 측면에서 보호자는 미성년자의 건강 상태를 책임져야 하고, 좋은 생활 습관과 행동 습관을 기르도록 지도하며, 그들이 식생활에서 충분한 영양을 섭취할 수 있도록 하고, 이것을 기반으로 그들이 적극적으로 운동하도록 격려하고 충분한 수면이 보장되도록 해야 한다.

가정에서의 미성년자에 대한 심리적, 신체적인 지도 이외에, 집과 학교와 사회가 협력하여 인재를 양성하는 시스템도 중요하다. ⁴⁴주민위원회는 도시와 농촌 지역 사회 공공 서비스 시설에 의탁하여 관련 가정 교육 지도소를 설립하고, 가정 교육 지도 기관에 협조하여 주민에게 가정 교육 지식을 홍보하고 미성년자의 보호자를 위해 관련 지도 의견을 제공할 수 있다. 학교는 가정 교육 지도 서비스를 업무 계획에 포함시켜 교사들에게 관련 교육을 실시해야 한다.

⁴⁷전반적으로 보면 <중화인민공화국 가정 교육 촉진법>의 입법 의도는 가정 교육을 촉진하고 자녀의 보호자에 대한 '지도'와 '능력 부여'를 하는 것이다. 그중, '지도'란 법률을 통해 어떻게 하면 기준에 부합하는 부모가 될 수 있는지 알려주고, 부모가 과학적인 방법과 이념으로 아이를 교육할 수 있도록 지도하는 것이고, '능력 부여'란 부모가 교육에서 문제에 봉착했을 때 공공 서비스 기관으로부터 상응하는 도움을 받아, 배움에서 교육 능력을 높일 수 있도록 하는 것이다.

부모의 올바른 지도는 아이가 성공으로 나아가는 기초이고, ⁴⁵부모가 올바른 교육 관념을 세워야만 아이가 <u>다각도</u>로 발전하게 할 수 있다. ⁴⁶부모는 아이의 성장을 이끄는 과정에서 한쪽 방향만 보고 행동하지 말고, ⁴⁶'<u>주변 상황을 세심하게 관찰하는 것</u>'이 가장 좋은데, 이는 바로 부모가 아이의 각 방면의 발전을 중시해야 한다는 것이다.

어휘 言传身教 yánchuánshēnjiào 圄 말과 행동으로 모범을 보이다 品德 pǐndé 圄 성품 发扬 fāyáng 圄 드높이다 和谐 héxié 圄 화합하다, 조화롭다
监护人 jiānhùrén 圄 보호자 实施 shíshī 圄 실시하다 品质 pǐnzhì 圄 품성, 인품 身体素质 shēntǐ sùzhì 圄 신체 조건 修养 xiūyǎng 圄 교양, 수양
培育 péiyù 圄 기르다, 양성하다 引导 yǐndǎo 圄 지도하다 出台 chūtái 圄 정식으로 공포하다 意味着 yìwèizhe 圄 의미하다 力求 lìqiú 圄 힘쓰다
树立 shùlì 圄 세우다, 수립하다 成才观 chéngcáiguān 圄 인재관[인재를 판단하는 기준이나 관념] 探索 tànsuǒ 圄 탐구하다
创新意识 chuàngxīn yìshí 圄 창의성 摄入 shèrù 圄 섭취하다 充足 chōngzú 圄 충분하다 机制 jīzhì 圄 시스템, 체제

居民 jūmín 圈 주민 委员会 wěiyuánhuì 圈 위원회 依托 yītuō 圈 의탁하다 社区 shèqū 圈 지역 사회, (아파트 등의) 단지 设立 shèlì 圈 설립하다

机构 jīgòu 圈 기관, 기구 纳入 nàrù 圈 포함하다, 집어넣다 意图 yìtú 圈 의도 相应 xiāngyìng 圈 상응하다 全方位 quánfāngwèi 圈 다각도

眼观四路, 耳听八方 yǎnguānsìlù, ěrtīngbāfāng 주변 상황을 세심하게 관찰하다, 눈으로 사방을 살피고 귀로는 팔방을 두루 듣는다

---

41 根据上文, 对孩子来说什么是最好的教育方式? ｜ 위 글에 근거하여, 아이에게 있어서 무엇이 가장 좋은 교육 방식인가?

A 依托城乡服务站的教育培训 ｜ A 도시와 농촌 서비스 시설에 의탁한 교육 훈련
B 定期去科学馆进行探索和研究 ｜ B 정기적으로 과학관에 가서 탐구와 연구를 하는 것
C 去国外参加多种多样的研修课程 ｜ C 해외에 가서 다양한 연수 과정에 참가하는 것
D 家长在日常生活中的言语和行为 ｜ **D 부모의 일생생활에서의 말과 행동**

해설 질문이 위 글에 근거하여 아이에게 있어서 무엇이 가장 좋은 교육 방식인지 물었으므로, 질문의 핵심어구 最好的教育方式과 관련된 내용을 지문에서 재빨리 찾는다. 첫 번째 단락에서 家长的言传身教是对孩子最好的教育라고 했으므로, 선택지 D 家长在日常生活中的言语和行为가 정답이다.

어휘 依托 yītuō 圈 의탁하다 定期 dìngqī 圈 정기적인 探索 tànsuǒ 圈 탐구하다, 탐색하다

---

42 根据第三段, 可以知道什么? ｜ 세 번째 단락에 근거하여, 알 수 있는 것은 무엇인가?

A 家庭教育被认为是学校教育的延伸 ｜ A 가정 교육은 학교 교육의 연장으로 알려져 있다
B 家长要关注孩子与他人沟通时的态度 ｜ B 부모는 아이가 다른 사람과 교류할 때의 태도에 관심을 가져야 한다
C 家庭教育能促进未成年人多方面的成长 ｜ **C 가정 교육은 미성년자의 다방면의 성장을 촉진할 수 있다**
D 出台的相关教育法规可以使家庭更加和谐 ｜ D 정식 공포된 관련 교육 법률은 가정을 더욱 화목하게 할 수 있다

해설 질문이 세 번째 단락에 근거하여 알 수 있는 것을 물었다. 질문에 핵심어구가 없으므로, 각 선택지의 핵심어구 学校教育的延伸, 与他人沟通时의 태도, 多方面的成长, 出台的相关教育法规와 관련된 내용을 지문에서 재빨리 찾는다. 세 번째 단락에서 家庭教育是指家长或其他监护人为促进未成年人全面健康成长, 而对其实施的道德品质、身体素质、文化修养、生活技能和行为习惯等方面的培育和引导라고 했으므로, 선택지 C 家庭教育能促进未成年人多方面的成长이 정답이다.

어휘 延伸 yánshēn 圈 연장하다, 뻗어 나가다 关注 guānzhù 圈 관심을 가지다, 주목하다 出台 chūtái 圈 정식으로 공포하다
和谐 héxié 圈 화목하다, 조화롭다

---

43 在心理方面, 监护人具体要怎么做? ｜ 심리적인 측면에서, 보호자는 구체적으로 어떻게 해야 하는가?

A 增强未成年人的探索意识 ｜ **A 미성년자의 탐구 의식을 강화시킨다**
B 鼓励未成年人积极锻炼身体 ｜ B 미성년자가 적극적으로 운동하도록 격려한다
C 给未成年人更多放松身心的时间 ｜ C 미성년자에게 더 많은 휴식 시간을 준다
D 指导未成年人养成良好的生活习惯 ｜ D 미성년자가 좋은 생활 습관을 기르도록 지도한다

해설 질문이 심리적인 측면에서 보호자는 구체적으로 어떻게 해야 하는지 물었으므로, 질문의 핵심어구 在心理方面, 监护人과 관련된 내용을 지문에서 재빨리 찾는다. 네 번째 단락에서 在心理方面, 监护人要…… 并增强他们的科学探索精神和创新意识이라고 했으므로, 선택지 A 增强未成年人的探索意识이 정답이다.

어휘 监护人 jiānhùrén 圈 보호자 探索 tànsuǒ 圈 탐구하다

---

44 根据上文, 社区设立的家庭教育指导服务站有什么作用? ｜ 위 글에 근거하여, 지역 사회에서 설립한 가정 교육 지도소는 어떤 역할을 하는가?

A 可为社区进行一定的宣传 ｜ A 지역 사회를 위해 일정한 홍보를 진행할 수 있다
B 能提高未成年人的自律意识 ｜ B 미성년자의 자율성을 높일 수 있다
C 能为人们普及家庭教育相关知识 ｜ **C 사람들에게 가정 교육 관련 지식을 보급할 수 있다**
D 可以为社区居民定时开展教育讲座 ｜ D 지역 사회 주민들에게 정기적으로 교육 강의를 열어줄 수 있다

해설 질문이 위 글에 근거하여 지역 사회에서 설립한 가정 교육 지도소는 어떤 역할을 하는지 물었으므로, 질문의 핵심어구 社区设立的家庭教育指导服务站과 관련된 내용을 지문에서 재빨리 찾는다. 다섯 번째 단락에서 居民委员会可以依托城乡社区公共服务设施, 设立相关家庭教育指导服务站, 配合家庭教育指导机构, 对居民宣传家庭教育知识이라고 했으므로, 선택지 C 能为人们普及家庭教育相关知识이 정답이다.

어휘 社区 shèqū 圈 지역 사회, (아파트 등의) 단지 设立 shèlì 圈 설립하다 普及 pǔjí 圈 보급하다

---

45 根据上下文，最后一段空白处最适合填入的词语是：

A 未知数
B 全方位
C 下意识
D 一把手

앞뒤 내용에 근거하여, 마지막 단락의 빈칸에 들어갈 어휘로 가장 알맞은 것은:

A 미지수
B 다각도
C 잠재의식
D 수준급인 사람

해설 질문이 마지막 단락의 빈칸에 들어갈 어휘로 가장 알맞은 것을 물었다. 선택지 A는 '미지수', B는 '다각도', C는 '잠재의식', D는 '수준급인 사람'이라는 의미이다. 빈칸 주변이 '부모가 올바른 교육 관념을 세워야만 아이가 ______ 로 발전하게 할 수 있다'라는 문맥이고, 지문 전반적으로 미성년자의 심리적, 신체적 등 전반적인 교육에 대해 설명하고 있으므로, 빈칸에는 아이가 다방면으로 발전할 수 있다는 의미를 나타내는 어휘가 들어가야 한다. 따라서 선택지 B 全方位가 정답이다.

어휘 **未知数** wèizhīshù [명] 미지수 **全方位** quánfāngwèi [명] 다각도 **下意识** xiàyìshí [명] 잠재의식 **一把手** yìbǎshǒu [명] 수준급인 사람, 베테랑

46 画线句子"眼观四路，耳听八方"在文中最可能是什么意思？

A 要重视孩子的兴趣爱好
B 要留意孩子性格上的变化
C 要听取其他家长的教育经验
D 要从多方面关注孩子的发展

밑줄 친 문장 '**眼观四路，耳听八方**'은 지문에서 무슨 의미일 가능성이 가장 큰가?

A 아이의 취미를 중시해야 한다
B 아이의 성격 변화에 주의해야 한다
C 다른 부모의 교육 경험에 귀를 기울여야 한다
D 다방면으로 아이의 발전에 관심을 가져야 한다

해설 밑줄 친 문장 '眼观四路，耳听八方'의 의미를 물었으므로, 眼观四路，耳听八方이 밑줄로 표시된 부분을 지문에서 재빨리 찾는다. 마지막 단락에서 家长在引导孩子成长的过程中…… 最好"眼观四路，耳听八方"，也就是说，家长要注重孩子各方面的发展이라고 했으므로, 문맥상 眼观四路，耳听八方은 부모가 아이의 성장을 이끌 때 여러 방면에서 관심을 기울여야 한다는 의미임을 알 수 있다. 따라서 선택지 D 要从多方面关注孩子的发展이 정답이다.

어휘 **眼观四路，耳听八方** yǎnguānsìlù, ěrtīngbāfāng 주변 상황을 세심하게 관찰하다, 눈으로 사방을 살피고 귀로는 팔방을 두루 듣는다
关注 guānzhù [동] 관심을 가지다

47 上文主要谈了哪两方面内容？

① 家庭教育相关法规的修改意见
② 家庭教育相关法规的具体内容
③ 家庭教育相关法规的颁布和立法意图
④ 家庭教育相关法规给教育机构带来的影响

A ①②
B ①④
C ②③
D ③④

위 글은 주로 어떤 두 분야에 대한 내용을 말하고 있는가?

① 가정 교육 관련 법규의 개정 의견
② 가정 교육 관련 법규의 구체적인 내용
③ 가정 교육 관련 법규의 공포와 입법 의도
④ 가정 교육 관련 법규가 교육 기관에 가져온 영향

A ①②
B ①④
C ②③
D ③④

해설 질문이 지문 전체의 중심 내용을 물었다. 두 번째 단락에서 全国人民代表大会在会议上通过了《中华人民共和国家庭教育促进法》라며 가정 교육 관련 법규가 공포되었다는 내용을 언급했고, 네 번째 단락에서 《中华人民共和国家庭教育促进法》从多个方面关注未成年人的身心发展和教育라며 심리적인 측면과 신체적인 측면에서 주목한 내용을 상세하게 언급했다. 그리고 여섯 번째 단락에서 总体来看，《中华人民共和国家庭教育促进法》的立法意图是이라며 입법 의도를 언급했다. 따라서 ② 家庭教育相关法规的具体内容과 ③ 家庭教育相关法规的颁布和立法意图가 포함된 선택지 C ②③이 정답이다.

어휘 **颁布** bānbù [동] 공포하다 **意图** yìtú [명] 의도 **机构** jīgòu [명] 기관, 기구

48 - 54

据统计，中国的Z世代人群已高达2.64亿人，Z世代如今逐渐开始进入职场，他们是伴随着互联网和手机成长的一代人，表现出了追求个人价值、自由和独立的特点。[48]随着Z世代慢慢成为职场的"主力军"，他们对工作的态度以及对职场规则的重构，给整个社会的就业环境带来了一股新的风气。

통계에 따르면, 중국의 Z세대는 2억 6,400만 명에 달하는데, Z세대는 현재 점차 직장에 진출하고 있으며 이들은 인터넷 및 모바일과 함께 성장한 세대로서 개인의 가치와 자유 및 독립을 추구하는 특징을 보인다. [48]Z세대가 서서히 직장의 '주력군'으로 떠오름에 따라, 이들의 업무 태도 및 직장 규칙에 대한 재구성은 사회 전반의 취업 환경에 새로운 풍조를 불러일으키고 있다.

根据某咨询公司的最新调查数据，91%的年轻求职者会在投递简历之前主动调查公司的背景和负面新闻，[49]并有90%的受访者表示，企业的口碑会成为他们入职时考虑的条件中不可或缺的重要因素。调查还发现，许多Z世代的人会利用自己掌握的互联网知识，通过多个平台事先了解雇主，这打破了企业单方面挑选人才的传统，对企业的整体情况提出了更高的要求。

在求职过程中，企业对应聘者的背景调查是一个常见的环节，这个环节主要是用人单位通过相关专业人员，对应聘者的背景资料进行真实性核查。但是如今[50]部分Z世代在求职过程中反而会对企业进行反向背调，可以说这也成为了一种新的求职趋势。[50]除了直接对HR提问之外，有的人还会利用各种招聘网站和社会媒体查询企业的相关信息。更有甚者，会通过查找企业相关新闻或了解投资人背景，深度挖掘企业的信息。

[51]面对Z世代的反向背调，部分企业严防死守，禁止员工发布有关企业的个人评论，由此避免不利于企业的信息出现。然而，这并无法从根源上解决问题。[51]对于企业而言，最重要的不是消除不利信息，而是应该思考自身该如何持续发展，用企业本身的文化和氛围吸引Z世代的求职者。在求职者深挖各类负面信息时，企业应该意识到自身问题，或针对不足之处进行改进，或着重宣传自身优势。

以前大多数求职者关注的是薪资、晋升路径以及涨薪模式等，而Z世代则加大了对企业文化和领导风格的关注。他们更加注重自己的个人价值是否能得到肯定，以及自己是否会被视为一个独立的个体。[52]Z世代的这些想法弱化了大企业自带的光环，也给一些企业文化和氛围良好的创业企业带来了机会。

在调查数据中还显示，60%的Z世代受访者认为，[53]企业如果有不同于其他企业的特别的福利待遇，并了解社会热点，就能使求职者对企业有更好的评价。可见，企业若想获得Z世代人才，就要追踪热点新闻，了解当前人才的需求和社会流行趋势，[53]在求职者开始调查企业之前，就先让对方看到企业的"闪光点"。

当然，并不是所有的Z世代都追求同样的价值观念，他们当中有更关注企业氛围和人际关系的人，也有更关注薪资待遇和未来发展的人。[54]每一类人都有与自己相匹配的企业，对企业和求职者来说，这个过程是双向的选择。

한 컨설팅 회사의 최신 조사 데이터에 따르면 젊은 구직자의 91%가 이력서를 내기 전에 자발적으로 회사의 배경과 부정적인 뉴스를 먼저 조사했고, [49]응답자의 90%가 기업의 평판은 그들이 입사 시 고려하는 조건 중 조금도 부족해서는 안 되는 중요한 요소라고 답했다. 조사에서는 많은 Z세대가 자신이 가진 인터넷 지식을 활용해 여러 플랫폼을 통해 고용주를 미리 조사한다고도 나타났는데, 이는 기업의 일방적인 인재 스카우트 전통을 깨고 기업의 전반적인 상황에 대해 더욱 높은 요구 사항을 제시한 것이다.

구직 과정에서 기업의 지원자에 대한 배경 조사는 일반적으로 흔히 볼 수 있는 단계인데, 이 단계는 주로 채용 기업이 관련 전문 인력을 통해 지원자의 배경 자료에 대한 팩트 체크를 진행하는 것이다. 하지만 최근 [50]일부 Z세대가 구직 과정에서 오히려 기업에 대해 역으로 배경 조사를 진행하고 있어, 이도 마찬가지로 새로운 구직 트렌드로 떠오르고 있다고 할 수 있다. [50]HR에 직접 질문하는 것 외에도 각종 채용 사이트와 소셜 미디어를 이용해 기업의 관련 정보를 찾는 이들도 있다. 심지어 기업 관련 뉴스를 찾거나 투자자의 배경을 알아내는 것을 통해 기업의 정보를 심층적으로 캐내는 사람도 있다.

[51]Z세대의 역방향 배경 조사에 일부 기업은 엄격히 방어하고 있는데, 직원이 기업에 대한 개인 코멘트를 올리는 것을 금지해 기업에 불리한 정보가 나오는 것을 피하고 있다. 그러나 이는 근본적으로 문제를 해결할 수 없다. [51]기업에게 있어 가장 중요한 것은 불리한 정보를 없애는 것이 아닌 기업 자체가 어떻게 지속 가능한 발전을 할 수 있는지 고민하고, 기업 자체의 문화와 분위기로 Z세대 구직자들을 사로잡는 것이다. 구직자들이 각종 부정적인 정보를 깊게 파헤칠 때 기업은 자신의 문제점을 깨닫거나, 부족한 점을 보완하거나 혹은 자신의 강점을 알리는 데 주력해야 한다.

예전에 대부분의 구직자들이 관심을 보였던 것은 임금, 승진 경로와 임금 인상 패턴 등이었다면, Z세대는 기업 문화와 리더십 스타일에 대한 관심이 커졌다. 이들은 자신의 개인적 가치를 인정받을 수 있는지, 그리고 스스로가 독립된 개체로 인식될지를 더욱 중시한다. [52]Z세대의 이런 견해는 대기업의 후광을 약화시켰고, 기업 문화와 분위기가 좋은 일부 스타트업에게도 기회를 가져왔다.

조사 데이터에서는 Z세대 응답자의 60%가 [53]만약 기업이 다른 기업과는 다른 특별한 복지가 있고 사회 이슈에 대해 잘 알고 있다면, 구직자는 기업에게 더 좋은 평가를 내릴 것으로 나타났다. 이처럼 기업이 만약 Z세대 인재를 구하고 싶다면 핫이슈를 쫓아 현재 인재의 수요와 사회 유행 추세를 파악하고, [53]구직자들이 기업 조사에 나서기 전에 상대방에게 기업의 '빛나는 면'을 보여줘야 함을 알 수 있다.

물론 모든 Z세대가 똑같은 가치관을 추구하는 것은 아니다. 그들 중 기업 분위기와 인간관계를 중시하는 사람도 있고, 급여 처우와 미래 발전에 관심이 많은 사람도 있다. [54]사람마다 자신과 매치되는 기업이 있으며, 기업과 구직자에게 있어 이 과정은 쌍방향의 선택이다.

어휘　　**统计** tǒngjì 圖통계하다　**Z世代** Z shìdài 圆Z세대[1990년대 중반에서 2000년대 초반에 태어난 세대를 일컫는 말]　**伴随** bànsuí 圖함께하다
重构 chóng gòu 재구성, 재건　**就业** jiùyè 圖취업하다　**风气** fēngqì 圖(사회 문화나 집단의) 풍조, 기풍　**咨询公司** zīxún gōngsī 圖컨설팅 회사
口碑 kǒubēi 평판, 입소문　**不可或缺** bùkěhuòquē 조금도 부족해서는 안 된다, 빠놓을 수 없다　**平台** píngtái 圖플랫폼　**雇主** gùzhǔ 圖고용주
挑选 tiāoxuǎn 圖스카우트하다　**环节** huánjié 圖단계, 일환　**背调** bèidiào 圖배경 조사　**更有甚者** gèng yǒu shèn zhě 심지어 더 심한 것이 있다
挖掘 wājué 圖캐내다, 발굴하다　**严防死守** yánfáng sǐshǒu 엄격히 방어하다　**发布** fābù 圖올리다, 발표하다　**评论** pínglùn 圖코멘트, 평론
根源 gēnyuán 圖근본　**本身** běnshēn 圖자체, 자신　**氛围** fēnwéi 圖분위기　**意识** yìshí 圖깨닫다　**着重** zhuózhòng 圖주력하다　**晋升** jìnshēng 圖승진하다
模式 móshì 圖패턴, 모델　**注重** zhùzhòng 圖중시하다　**个体** gètǐ 圖개체　**光环** guānghuán 圖후광　**创业企业** chuàngyè qǐyè 圖스타트업
福利待遇 fúlì dàiyù 圖복지　**需求** xūqiú 圖수요　**当前** dāngqián 圖현재, 지금　**匹配** pǐpèi 圖매치하다, 맞추다

---

48 根据上下文，第一段空白处最适合填入的词语是：

A 功效

B 贺电

앞뒤 내용에 근거하여, 첫 번째 단락의 빈칸에 들어갈 어휘로 가장 알맞은 것은:

A 효능

B 축전

C 风气 D 归宿	C 풍조 D 귀착점

해설 질문이 첫 번째 단락의 빈칸에 들어갈 어휘로 가장 알맞은 것을 물었다. 선택지 A는 '효능', B는 '축전', C는 '풍조', D는 '귀착점'이라는 의미이다. 빈칸 주변이 'Z세대가 서서히 직장의 '주력군'으로 떠오름에 따라, 이들의 업무 태도 및 직장 규칙에 대한 재구성은 사회 전반의 취업 환경에 새로운 ______를 불러일으키고 있다.'라는 문맥이므로, 빈칸에는 기존 취업 환경과는 다른 새로운 분위기가 떠오르고 있다는 것을 나타내는 어휘가 들어가야 한다. 따라서 선택지 C 风气가 정답이다.

어휘 **功效** gōngxiào [명] 효능, 효과 **贺电** hèdiàn [명] 축전 **风气** fēngqì [명] (사회 문화나 집단의) 풍조, 기풍 **归宿** guīsù [명] 귀착점, 귀결

49	
画线词语"不可或缺"的"或"与下列哪个括号中的词语意思相近?	밑줄 친 어휘 '不可或缺'의 '或'는 선택지 괄호 안 어떤 어휘와 의미가 비슷한가?
A (稍)逊一筹 B 转(瞬)即逝 C (屈)指可数 D 无足(轻)重	**A (조금) 부족하다** B 눈 (깜짝할) 사이에 사라지다 C 손가락을 (꼽아) 헤아릴 수 있다 D 있어도 무거워지지 않고 없어도 (가벼워지지) 않는다

해설 질문의 不可或缺는 '조금도 부족해서는 안 된다'라는 의미이며, 이 중 或는 '조금, 약간'이라는 의미이다. 두 번째 단락에서 **并有90%的受访者表示，企业的口碑会成为他们入职时考虑的条件中不可或缺的重要因素**라고 하며 구직자에게 있어 기업 평판은 조금도 부족해서도 안 되는 요소라고 언급하였으므로, 或는 '조금'이라는 의미로 사용됐음을 확인할 수 있다. 따라서 '조금'의 의미를 가진 '稍'가 포함된 선택지 A (稍)逊一筹가 정답이다.

어휘 **不可或缺** bùkěhuòquē [성] 조금도 부족해서는 안 된다, 빼놓을 수 없다 **稍逊一筹** shāoxùnyìchóu [성] 조금 부족하다
转瞬即逝 zhuǎnshùnjíshì [성] 눈 깜짝할 사이에 사라지다 **屈指可数** qūzhǐkěshǔ [성] 손가락을 꼽아 헤아릴 수 있다
无足轻重 wúzúqīngzhòng [성] 있어도 무거워지지 않고 없어도 가벼워지지 않는다, 있어도 그만 없어도 그만이다

50	
下列哪项**不属于**如今求职者的反向背调方式?	다음 중 구직자의 역방향 배경 조사 방식에 **속하지 않는** 것은?
A 查看企业相关新闻报道 B 去应聘网站查找有关信息 **C 调查在职员工的个人信息** D 向企业人事部职员咨询问题	A 기업 관련 뉴스 보도를 본다 B 채용 사이트에서 관련 정보를 찾아본다 **C 재직자의 개인 정보를 조사한다** D 기업 인사팀에 문의한다

해설 질문이 구직자의 역방향 배경 조사 방식에 속하지 않는 것을 물었으므로, 질문의 핵심어구 **求职者的反向背调方式**과 관련된 내용을 지문에서 재빨리 찾는다. 세 번째 단락에서 **部分Z世代在求职过程中反而会对企业进行反向背调……除了直接对HR提问之外，有的人还会利用各种招聘网站和社会媒体查询企业的相关信息。更有甚者，会通过查找企业相关新闻或了解投资人背景，深度挖掘企业的信息。**라고 했으므로, 언급되지 않은 선택지 C 调查在职员工的个人信息가 정답이다.

어휘 **背调** bèidiào [명] 배경 조사

51	
企业应如何面对求职者的反向背调?	기업은 구직자의 역방향 배경 조사에 어떻게 대응해야 하는가?
A 控制舆论的发展方向 **B 多多注重自身的发展** C 加强对应聘人员的背调 D 禁止员工发布企业相关信息	A 여론의 발전 방향을 제어한다 **B 스스로의 발전을 중시한다** C 지원자에 대한 배경 조사를 강화한다 D 직원이 기업과 관련된 정보를 올리는 것을 금지한다

해설 질문이 기업은 구직자의 역방향 배경 조사에 어떻게 대응해야 하는지 물었으므로, 질문의 핵심어구 **面对求职者的反向背调**와 관련된 내용을 지문에서 재빨리 찾는다. 네 번째 단락에서 **面对Z世代的反向背调……对于企业而言，最重要的不是消除不利信息，而是应该思考自身该如何持续发展**이라고 했으므로, 선택지 B 多多注重自身的发展이 정답이다.

어휘 **舆论** yúlùn [명] 여론 **发布** fābù [동] 올리다, 발표하다

52	
Z世代对当今社会带来的影响是:	Z세대가 현재 사회에 가져온 영향은:
A 激发了当代人的创业热情 B 使部分企业放宽了应聘条件 **C 给创业企业的发展创造了机会** D 为年轻人争取了更多的就业岗位	A 현대인들의 창업 열정을 불러일으켰다 B 일부 기업의 채용 조건을 완화시켰다 **C 스타트업의 발전에 기회를 만들었다** D 청년들을 위해 더 많은 일자리를 쟁취했다

해설　질문이 Z세대가 현재 사회에 가져온 영향을 물었으므로, 질문의 핵심어구 Z世代, 对当今社会带来的影响과 관련된 내용을 지문에서 재빨리 찾는다. 다섯 번째 단락에서 Z世代的这些想法弱化了大企业自带的光环, 也给一些企业文化和氛围良好的创业企业带来了机会。라고 했으므로, 선택지 C 给创业企业的发展创造了机会가 정답이다.

어휘　Z世代 Z shìdài 圃 Z세대[1990년대 중반에서 2000년대 초반에 태어난 세대를 일컫는 말]　激发 jīfā 圄 불러일으키다　创业 chuàngyè 圄 창업하다
　　　创业企业 chuàngyè qǐyè 圃 스타트업

53　根据上下文，画线词语"闪光点"指的是什么？　　앞뒤 내용에 근거하여, 밑줄 친 어휘 '闪光点'이 가리키는 것은 무엇인가？

A　企业的优势　　　　　　　　　　　　　　　　　A　기업의 강점
B　企业的文化氛围　　　　　　　　　　　　　　　B　기업의 문화적 분위기
C　企业的负面信息　　　　　　　　　　　　　　　C　기업의 부정적 정보
D　企业的分级管理制度　　　　　　　　　　　　　D　기업의 등급별 관리 제도

해설　밑줄 친 어휘 '闪光点'이 가리키는 것을 물었으므로, 闪光点이 밑줄로 표시된 부분을 지문에서 재빨리 찾는다. 여섯 번째 단락에서 企业如果有不同于其他企业的特别的福利待遇，并了解社会热点，就能使求职者对企业有更好的评价……在求职者开始调查企业之前，先让对方看到企业的"闪光点"이라고 했으므로, 문맥상 闪光点은 한 기업이 선보일 수 있는 자신만의 장점을 의미함을 알 수 있다. 따라서 선택지 A 企业的优势가 정답이다.

어휘　氛围 fēnwéi 圄 분위기　负面 fùmiàn 圄 부정적인 면

54　根据上文，作者最可能支持的观点是？　　위 글에 근거하여, 저자가 지지할 관점으로 가능성이 가장 큰 것은？

A　企业应该重视对员工的人文关怀　　　　　　　　A　기업은 직원에 대한 인간적 배려를 중시해야 한다
B　要建立符合Z世代性格特点的企业　　　　　　　B　Z세대의 성격 특징에 부합하는 기업을 세워야 한다
C　求职是企业和个人互相匹配的过程　　　　　　　C　구직은 기업과 개인이 서로 매치되는 과정이다
D　企业应在发展过程中注入大量新鲜血液　　　　　D　기업은 발전 과정에서 젊은 피를 많이 수혈해야 한다

해설　질문이 저자가 지지할 관점으로 가능성이 가장 큰 것을 물었다. 마지막 단락에서 每一类人都有与自己相匹配的企业，对企业和求职者来说，这个过程是双向的选择。라고 했으므로, 저자는 구직과 채용은 기업이나 개인이 한쪽에 맞추기보다는 서로 선택하고 매치되는 것이라고 생각하고 있음을 알 수 있다. 따라서 선택지 C 求职是企业和个人互相匹配的过程이 정답이다.

어휘　关怀 guānhuái 圄 배려하다　匹配 pǐpèi 圄 매치하다, 맞추다

---

55 – 61

[61]喀斯特地貌是具有溶蚀力的水对可溶性岩石起到溶蚀、冲蚀、潜蚀作用，以及坍陷等机械侵蚀作用所形成的地表和地下形态的总称。喀斯特地貌又被称为岩溶地貌，为中国五大造型地貌之一。

中国是世界上对喀斯特地貌记述和研究最早的国家，早在2000多年前，《山海经》中就已提到了溶洞、伏流、石山等景象；宋代沈括的《梦溪笔谈》、范成大的《桂海虞衡志》和周去非的《岭外代答》则对岩溶现象有较多记载；明代的王守仁和宋应星也曾对石灰岩岩溶地貌做过较为确切的描述，特别是宋应星，他在《天工开物》中对岩溶及石灰华的再沉积机理做过开创性的研究和记述。明代地理学家、旅行家徐霞客把对喀斯特地貌的研究成果详细记述在他的地理名著[55]《徐霞客游记》中。他探查过的洞穴有270多个，且都有对方向、高度、宽度和深度的具体记载。他[55]对喀斯特地貌的类型、分布、地区间的差异、成因做了详细的考察和记述。

[56]喀斯特地貌的形成是石灰岩地区地下水长期溶蚀的结果。石灰岩的主要成分是碳酸钙，在有水和二氧化碳的条件下产生化学反应并生成碳酸氢钙，碳酸氢钙可溶于水，于是石灰岩空隙逐步形成并扩大。而水的溶蚀能力来源于二氧化碳与水结合形成的碳酸，碳酸分解出氢离子和碳酸根离子，氢离子与碳酸钙产生化学反应，从而使碳酸钙溶解。

[61]카르스트 지형은 용식력을 가진 물이 가용성 암석에 용식, 침식, 지하 침식 작용 및 함몰 등의 기계적 침식 작용을 하여 형성된 지표와 지하 형태의 총칭이다. 카르스트 지형은 용식 지형이라고도 불리는데, 중국의 5대 조형 지형 중 하나이기도 하다.

중국은 세계에서 카르스트 지형에 대한 기록과 연구가 가장 빨랐던 나라로, 이미 2,000여 년 전 <산해경>에 종유동, 복류, 석산 등 현상이 언급됐고, 송나라 시대 심괄의 <몽계필담>, 범성대의 <계해우형지>, 주거비의 <영외대답>에도 카르스트 현상에 대한 기록이 비교적 많이 있다. 명나라 시대의 왕수인과 송응성도 석회암 카르스트 지형에 대해 비교적 정확하게 묘사했으며 특히 송응성은 <천공개물>에서 카르스트 및 석회화의 재퇴적 메커니즘을 획기적으로 연구하고 기술했다. 명나라 시대의 지리학자이자 여행가였던 서하객은 카르스트 지형에 대한 연구 성과를 그의 지리 명작인 [55]<서하객유기>에 상세히 기술했다. 그가 탐사한 동굴은 270여 개이며 방향과 높이, 폭과 깊이에 대한 구체적인 기록이 남아 있다. 그는 [55]카르스트 지형의 유형, 분포, 지역 간의 차이, 형성 원인에 대해 자세히 고찰하고 기술했다.

[56]카르스트 지형의 형성은 석회암 지역의 지하수가 장기간 용식한 결과이다. 석회암의 주성분은 탄산 칼슘으로, 물과 이산화 탄소가 있는 상태에서 화학 반응이 일어나 탄산수소 칼슘이 생성되는데, 탄산수소 칼슘은 물에 녹기 때문에 석회암에 구멍이 형성되며 점차 커진다. 물의 용식 능력은 이산화 탄소가 물과 결합해 만들어지는 탄산에서 비롯된다. 탄산은 수소 이온과 탄산염 이온으로 분해되는데, 수소 이온이 탄산 칼슘과 화학 반응을 일으켜 탄산 칼슘을 용해하는 것이다.

57喀斯特地貌可划分为许多不同的类型。按出露条件分为裸露型喀斯特、覆盖型喀斯特、埋藏型喀斯特；57按气候带分为热带喀斯特、亚热带喀斯特、温带喀斯特、寒带喀斯特；按岩性分为石灰岩喀斯特、白云岩喀斯特、石膏喀斯特。57此外还有按海拔高度、发育程度、水文特征、形成时期57等来划分的方式。

中国喀斯特地貌分布之广泛，类型之多，为世界所罕见，该地貌类型主要集中在广西、云南、贵州等省。58中国南方喀斯特拥有最显著的喀斯特地貌类型，58是世界上最壮观的热带至亚热带喀斯特地貌样本之一。中国南方喀斯特一期由云南石林喀斯特、贵州荔波喀斯特、重庆武隆喀斯特组成，于2007年被评选为世界自然遗产，并入选《世界遗产名录》。随后包括桂林喀斯特等在内的中国南方喀斯特二期也被成功列入《世界遗产名录》。59中国的喀斯特地貌所形成的千姿百态的景观和洞穴奇景，给人以直观的、形象化的艺术感受，被认为是重要的旅游资源，比如，桂林山水、云南石林、四川九寨沟、贵州黄果树、济南趵突泉、59河北拒马河等景区都是举世闻名的游览胜地。

喀斯特地貌的研究在工农业生产上具有重要意义。喀斯特地区有许多不利于工农业发展的因素需要克服，但也有大量有利于生产的因素可以开发利用。60喀斯特地区的地表异常缺水，对农业生产影响很大，但蕴藏着丰富的地下水，因此合理开发利用喀斯特泉，对工农业的发展十分重要。然而喀斯特地区的地下洞穴对坝体、交通线和厂矿建筑构成不稳定的因素，因此持续研究和探测地下洞穴的分布，并及时采取相应措施是喀斯特地区建设成功的关键。

57카르스트 지형은 많은 유형으로 나눌 수 있다. 노출 상태별로는 노출 카르스트, 피복 카르스트, 지하 카르스트로 나뉘고, 57기후대별로는 열대 카르스트, 아열대 카르스트, 온대 카르스트, 한대 카르스트로 나뉜다. 암석의 성질별로는 석회암 카르스트, 백운암 카르스트, 석고 카르스트로 나뉜다. 57그 밖에 해발 고도, 발달 정도, 수문의 특징, 형성 시기 57등에 따라 구분하는 방법도 있다.

중국의 카르스트 지형은 광범위하게 분포되어 있고 종류가 많지만 세계에서 보기 드문데, 이 지형은 주로 광시, 윈난, 구이저우 등 성에 집중돼 있다. 58중국 남방 카르스트는 가장 뚜렷한 카르스트 지형을 가지고 있으며, 58세계에서 가장 장관인 열대~아열대 카르스트 지형의 표본 중 하나이다. 중국 남방 카르스트 1기는 윈난 스린 카르스트, 구이저우 리보 카르스트, 충칭 우룽 카르스트로 구성돼 있으며, 2007년 세계 자연 유산으로 선정돼 <세계 문화유산>에 등재됐다. 뒤이어 구이린 카르스트 등이 포함된 중국 남방 카르스트 2기도 <세계 문화유산>에 성공적으로 등재됐다. 59중국의 카르스트 지형이 빚어낸 온갖 자태의 경관과 동굴의 진풍경은 사람들에게 직관적이고 생동감 있는 예술적 체험을 선사하며 중요한 관광 자원으로 꼽힌다. 예를 들어, 구이린 산수, 윈난 스린, 쓰촨 주자이거우, 구이저우 황궈수, 지난 바오투취안, 59허베이 쥐마허 등 관광 지구는 모두 세계적으로 유명한 관광 명소이다.

카르스트 지형의 연구는 농공업 생산에서 중요한 의미를 갖는다. 카르스트 지역은 공업과 농업 발전에 불리한 많은 요소를 극복해야 하지만, 개발하여 이용할 수 있는 생산에 유리한 요소도 많다. 60카르스트 지역의 지표면은 비정상적으로 물이 부족해 농업 생산에 큰 영향을 미치지만, 풍부한 지하수가 매장돼 있어 카르스트 용천을 합리적으로 개발해 이용하는 것은 공업과 농업 발전에 매우 중요하다. 그러나 카르스트 지역의 지하 동굴은 댐, 교통로와 공장 및 광산 건축물에 불안정한 요소로 작용하고 있기 때문에, 지하 동굴의 분포를 지속적으로 연구하고 탐지해 제때에 상응하는 조치를 취하는 것이 카르스트 지역 건설 성공의 관건이다.

어휘 喀斯特地貌 kāsītè dìmào 몡카르스트 지형[암석으로 구성된 대지가 용식 작용 등에 의해 만들어진 지형]

溶蚀 róngshí 통식되다[물이나 지하수가 암석을 용해하여 침식하는 현상] 岩石 yánshí 몡암석 冲蚀 chōngshí (흐르는 물에) 침식되다

潜蚀 qiánshí 지하 침식 坍陷 tānxiàn 통함몰하다 机械 jīxiè 몡기계적이다 侵蚀 qīnshí 통침식하다 形态 xíngtài 몡형태

岩溶地貌 yánróng dìmào 몡용식 지형(=카르스트 지형) 造型 zàoxíng 몡조형, 형상 溶洞 róngdòng 몡종유동 伏流 fúliú 몡복류, 지하수

记载 jìzǎi 통기록하다 确切 quèqiè 쉥정확하다 描述 miáoshù 통묘사하다 石灰华 shíhuīhuá 몡석회화[탄산 칼슘의 침전물] 洞穴 dòngxué 몡동굴

考察 kǎochá 통고찰하다 碳酸钙 tànsuāngài 몡탄산 칼슘 二氧化碳 èryǎnghuàtàn 몡이산화 탄소 空洞 kōngdòng 몡구멍

来源 láiyuán 통비롯하다, 유래하다 分解 fēnjiě 통분해하다 离子 lízǐ 몡이온 溶解 róngjiě 통용해하다 划分 huàfēn 통나누다

覆盖 fùgài 통피복하다, 덮다 石膏 shígāo 몡석고 海拔 hǎibá 몡해발 发育 fāyù 통발달하다 水文 shuǐwén 몡수문[물의 각종 변화와 운동 현상]

罕见 hǎnjiàn 형보기 드물다 拥有 yōngyǒu 통가지다 显著 xiǎnzhù 형뚜렷하다 壮观 zhuàngguān 형장관이다 样本 yàngběn 몡표본

评选 píngxuǎn 통선정하다 千姿百态 qiānzībǎitài 온갖 자태, 자태가 각양각색이다 举世闻名 jǔshìwénmíng 세계적으로 유명하다

异常 yìcháng 형비정상적이다 蕴藏 yùncáng 통매장되다 泉 quán 몡용천, 샘 坝体 bàtǐ 몡댐 探测 tàncè 통탐지하다

---

55 关于中国古籍对喀斯特地形的记载，下列哪项正确？

A 《天工开物》中记述了溶洞、石山等现象

B 《岭外代答》中说明了喀斯特地貌的形成原理

C 《徐霞客游记》中记载了喀斯特地貌地区间的差异

D 《山海经》中确切记述了岩溶及石灰华的再沉积机理

중국 고서의 카르스트 지형에 대한 기록에 관해, 다음 중 옳은 것은?

A <천공개물>에서 종유동, 석산 등 현상을 기술했다

B <영외대답>에서 카르스트 지형의 형성 원리를 설명했다

C <서하객유기>에서 카르스트 지형의 지역 간의 차이를 기록했다

D <산해경>에서 카르스트와 석회화의 재퇴적 메커니즘을 정확하게 기술했다

해설 질문이 중국 고서의 카르스트 지형에 대한 기록에 관해 옳은 것을 물었으므로, 질문의 핵심어구 中国古籍对喀斯特地形的记载와 관련된 내용을 지문에서 재빨리 찾는다. 두 번째 단락에서《徐霞客游记》……对喀斯特地貌的类型、分布、地区间的差异、成因做了详细的考察和记述라고 했으므로, 선택지 C《徐霞客游记》中记载了喀斯特地貌地区间的差异가 정답이다. 참고로, 선택지 A, B, D는 두 번째 단락에서《山海经》中就已提到了溶洞、伏流、石山等景观……周去非的《岭外代答》则对岩溶现象有较多记载……《天工开物》中对岩溶及石灰华的再沉积机理做过开创性的研究和记述라고 했으므로 오답이다.

어휘 喀斯特地貌 kāsītè dìmào 몡카르스트 지형[암석으로 구성된 대지가 용식 작용 등에 의해 만들어진 지형] 溶洞 róngdòng 몡종유동

记载 jìzǎi 통기록하다 岩溶 yánróng 몡카르스트 (지형) 石灰华 shíhuīhuá 몡석회화[탄산 칼슘의 침전물]

56 喀斯特地貌形成的原因是：

A 碳酸钙长时间被风力所侵蚀
B 石灰岩地区地下水长期溶蚀
C 碳酸根离子与碳酸钙产生化学反应
D 水与二氧化碳结合产生大量碳酸氢钙

카르스트 지형이 형성된 원인은：

A 탄산 칼슘이 오랜 시간 풍력에 의해 침식되서
B 석회암 지역의 지하수에 장기간 용식되서
C 탄산염 이온이 탄산 칼슘과 화학적 반응을 일으켜서
D 물이 이산화 탄소와 결합하여 대량의 탄산수소 칼슘을 생산해서

해설 질문이 카르스트 지형이 형성된 원인을 물었으므로, 질문의 핵심어구 喀斯特地貌形成的原因과 관련된 내용을 지문에서 재빨리 찾는다. 세 번째 단락에서 喀斯特地貌의 형성은 石灰岩地区地下水长期溶蚀의 결과라고 했으므로, 선택지 B 石灰岩地区地下水长期溶蚀이 정답이다.

어휘 碳酸钙 tànsuāngài 圐 탄산 칼슘 侵蚀 qīnshí 圐 침식하다 溶蚀 róngshí 圐 용식되다[물이나 지하수가 암석을 용해하여 침식하는 현상]
离子 lízǐ 圐 이온 二氧化碳 èryǎnghuàtàn 圐 이산화 탄소

---

57 第四段中**没有**提到喀斯特地貌的哪种分类方法？

A 气候带
B 岩石硬度
C 出露条件
D 海拔高度

네 번째 단락에서 카르스트 지형의 분류 방법으로 언급되지 **않은** 것은？

A 기후대
B 암석의 경도
C 노출 상태
D 해발 고도

해설 질문이 네 번째 단락에서 카르스트 지형의 분류 방법으로 언급되지 않은 것을 물었으므로, 질문의 핵심어구 喀斯特地貌的分类方法와 관련된 내용을 지문에서 재빨리 찾는다. 네 번째 단락에서 喀斯特地貌可划分为许多不同的类型。按出露条件分为……按气候带分为……此外还有按海拔高度……等来划分的方式라고 했으므로, 언급되지 않은 선택지 B 岩石硬度가 정답이다.

어휘 硬度 yìngdù 圐 경도 海拔 hǎibá 圐 해발

---

58 关于中国南方喀斯特地貌，可以知道什么？

A 整齐有序地分布在东南沿海地区
B 地貌的区域性和差异性特征不够明显
C 是世界上最壮观的喀斯特地貌样本之一
D 被列入《世界遗产名录》的过程较为曲折

중국 남방 카르스트 지형에 관해, 알 수 있는 것은 무엇인가？

A 가지런하고 질서 있게 동남 연해 지역에 분포돼 있다
B 지형의 구역성과 차이성 특징이 명확하지 않다
C 세계에서 가장 장관인 카르스트 지형의 표본 중 하나이다
D <세계 자연 유산>으로 등재되는 과정이 비교적 복잡했다

해설 질문이 중국 남방 카르스트 지형에 관해 알 수 있는 것을 물었으므로, 질문의 핵심어구 中国南方喀斯特地貌와 관련된 내용을 지문에서 재빨리 찾는다. 다섯 번째 단락에서 中国南方喀斯特……是世界上最壮观的热带至亚热带喀斯特地貌样本之一라고 했으므로, 선택지 C 是世界上最壮观的喀斯特地貌样本之一가 정답이다.

어휘 沿海 yánhǎi 圐 연해, 바닷가 근처 지방 壮观 zhuàngguān 圐 장관이다 样本 yàngběn 圐 표본 曲折 qūzhé 圐 복잡하다, 곡절이 많다

---

59 跟第五段画线词语"**举世闻名**"意思相反的一项是：

A 鼎鼎大名
B 索然无味
C 置之不理
D 鲜为人知

다섯 번째 단락의 밑줄 친 어휘 '**举世闻名**'의 의미와 반대되는 것은：

A 명성이 자자하다
B 단조롭고 무미건조하다
C 내버려 두고 상관하지 않다
D 사람들에게 잘 알려지지 않다

해설 밑줄 친 어휘 '举世闻名'의 의미와 반대되는 것을 물었으므로, 举世闻名이 밑줄로 표시된 부분을 지문에서 재빨리 찾는다. 다섯 번째 단락에서 中国的喀斯特地貌所形成的千姿百态的景观和洞穴奇景，给人以直观的、形象化的艺术感受，被认为是重要的旅游资源……河北拒马河等景区都是举世闻名的游览胜地라고 했으므로, 문맥상 举世闻名은 카르스트 지형인 중국의 여러 관광 지구들이 모두 세계적으로 유명한 곳이라는 의미임을 알 수 있다. 따라서 '세계적으로 유명하다'의 의미와 반대되는 선택지 D 鲜为人知이 정답이다.

어휘 举世闻名 jǔshìwénmíng 圐 세계적으로 유명하다 鼎鼎大名 dǐngdǐngdàmíng 圐 명성이 자자하다 索然无味 suǒránwúwèi 圐 단조롭고 무미건조하다
置之不理 zhìzhībùlǐ 圐 내버려 두고 상관하지 않다 鲜为人知 xiǎnwéirénzhī 圐 사람들에게 잘 알려지지 않다

---

60 根据上下文，最后一段空白处最适合填入的词语是：

A 收藏
B 珍藏
C 躲藏
D 蕴藏

앞뒤 내용에 근거하여, 마지막 단락의 빈칸에 들어갈 어휘로 가장 알맞은 것은：

A 소장하다
B 소중히 간직하다
C 숨다
D 매장되다

해설 질문이 마지막 단락의 빈칸에 들어갈 어휘로 가장 알맞은 것을 물었다. A는 '소장하다', B는 '소중히 간직하다', C는 '숨다', D는 '매장되다'라는 의미이다. 빈칸 주변이 '카르스트 지역의 지표면은 비정상적으로 물이 부족해 농업 생산에 큰 영향을 미치지만, 풍부한 지하수가 ______ 있다'라는 문맥이므로, 빈칸에는 카르스트 지역에 지하수라는 자원이 풍부하게 있음을 나타내는 어휘가 들어가야 한다. 따라서 선택지 D **蕴藏**이 정답이다.

어휘 **收藏** shōucáng [동] 소장하다, 수집하다 **珍藏** zhēncáng [동] 소중히 간직하다 **蕴藏** yùncáng [동] 매장되다

61

上文主要谈了什么？

A 中国喀斯特地貌的概况
B 中国境内多种地形之间的对比
C 不同的气候所形成的不同地貌
D 喀斯特地貌对古代经济产生的作用

위 글은 주로 무엇을 말하고 있는가?

A 중국 카르스트 지형의 개황
B 중국 국경 내 다양한 지형 간의 비교
C 다양한 기후가 만들어낸 다양한 지형
D 카르스트 지형이 고대 경제에 미친 영향

해설 질문이 지문 전체의 중심 내용을 물었다. 첫 번째 단락에서 **喀斯特地貌是具有溶蚀力的水对可溶性岩石起到溶蚀、冲蚀、潜蚀作用，以及坍陷等机械侵蚀作用所形成的地表和地下形态的总称。**이라고 했고, 지문이 카르스트 지형에 대한 중국 고대 문헌의 기록, 카르스트 지형의 형성 원리와 유형, 중국 카르스트 지형의 특징을 차례대로 언급하고 있다. 따라서 선택지 A **中国喀斯特地貌的概况**이 정답이다.

어휘 **喀斯特地貌** kāsītè dìmào [명] 카르스트 지형[암석으로 구성된 대지가 용식 작용 등에 의해 만들어진 지형] **概况** gàikuàng [명] 개황[대강의 상황]

62 - 68

如今，汽车的电动化成为了行业共识，动力电池作为电动汽车的核心部件，其技术的发展一直是人们关注的焦点。然而[62]电池成本高、续航里程短，是众多消费者在选购电动汽车时的顾虑，也是阻碍电动汽车进一步发展的主要因素。[63]成本更低、续航更持久、更安全、能量密度更高，这些都是电动汽车行业对电池提出的重要需求，也是研究人员**孜孜不倦**追求的方向。

目前电动汽车普遍使用的是锂离子电池，虽然近年来锂离子电池的性能不断提升，但与满足消费者需求仍存在一定距离。科学界认为锂离子电池的发展已经达到极限，而固态电池是下一代动力电池的发展方向之一。

固态电池是一种使用固体电极和固体电解质的电池。固态锂电池技术将锂、钠制成的玻璃化合物作为传导物质，它能取代以往锂离子电池的电解液，大大提升锂电池的能量密度。

[65]传统的锂离子电池又被科学家们称为"摇椅式电池"，"摇椅"的两端为电池的正负两极，中间为液态电解质，而锂离子就像优秀的运动员，在正负两极之间来回"奔跑"。[65]在锂离子从正极到负极再到正极运动的过程中，电池的充放电过程便完成了。[64/65]固态电池也与之相同，只不过电解质为固态，其密度以及结构可以让更多带电离子传导更大的电流，[64]**进而**提升电池容量。不仅如此，由于没有电解液，固态电池的封存变得更加容易，在汽车等大型设备上使用时，也不需要额外增加冷却管、电子控件等零件。

[68]与传统锂离子电池相比，固态电池具有多种优势。第一，能量密度高。[66]使用固体电解质后，锂离子电池的适用材料体系也会发生改变，其中最核心的一点就是不必使用嵌锂的石墨负极，而是直接使用金属锂来做负极，这可以明显减轻负极材料的用量，使得整个电池的能量密度明显提高。第二，体积小。传统锂离子电池需要使用隔膜和电解液，它们加起来占据了电池近40%的体积和25%的质量。而如果使用固体电解质，正负极之间的距离可以缩短到十微米，电池的厚度也能随之大大减少，固态电池也将趋于小型化、薄膜化。第三，韧性更好。固态电池变得轻薄后，韧性也会明显提高，即使经受几百到几千次的弯曲，其性能也基本不会下降。

현재 자동차의 전동화는 업계 컨센서스가 되었으며, 동력 배터리는 전기 자동차의 핵심 부품으로서 이것의 기술 발전은 줄곧 사람들이 관심을 가지는 이슈이다. 그러나 [62]배터리 비용이 비싸고 주행 거리가 짧은 것은 많은 소비자들이 전기 자동차를 선택하고 구매할 때 우려하는 부분이며, 전기 자동차의 발전을 방해하는 주요 요인이기도 하다. [63]비용이 더 저렴하고, 더 오래 항속하고, 더 안전하며, 에너지 밀도가 더 높은 것은 전기 자동차 업계에서 배터리에 대해 제기하는 중요한 요소이며, 연구원들이 **열심히** 추구하는 방향이기도 하다.

현재 전기 자동차에 보편적으로 사용되고 있는 것은 리튬 이온 배터리인데, 비록 최근 몇 년간 리튬 이온 배터리의 성능이 끊임없이 향상되고 있지만, 소비자의 수요를 만족시키는 것과는 여전히 어느 정도 거리가 있다. 과학계에서는 리튬 이온 배터리의 발전이 이미 한계에 이르렀으며, 전고체 배터리가 차세대 동력 배터리의 발전 방향 중 하나라고 보고 있다.

전고체 배터리는 고체 전극과 고체 전해질을 사용하는 배터리이다. 전고체 리튬 배터리 기술은 리튬, 나트륨으로 만든 유리 화합물을 전도 물질로 하여 기존 리튬 이온 배터리의 전해액을 대체할 수 있어, 리튬 배터리의 에너지 밀도를 크게 높일 수 있다.

[65]기존 리튬 이온 배터리는 과학자들에게 '흔들의자식 배터리'라고 불리기도 한다. '흔들의자'의 양끝은 배터리의 플러스 마이너스 양극이며 가운데는 액체 전해질인데, 리튬 이온은 마치 훌륭한 운동선수처럼 양극 사이를 오가며 '달린다'. [65]리튬 이온이 플러스극에서 마이너스극으로 갔다가 다시 플러스극으로 이동하는 과정에서 배터리의 충전과 방전 과정이 완성된다. [64/65]전고체 배터리도 이와 마찬가지지만 전해질이 고체이고, 이것의 밀도와 구조는 더 많은 전하를 띤 이온이 더 많은 전류를 흐르게 할 수 있으며, [64]**더 나아가** 배터리 용량을 높일 수 있다. 게다가 전해액이 없기 때문에 전고체 배터리의 저장이 더욱 쉬워졌고, 자동차 등 대형 장비에서 사용할 때 냉각관, 전자 제어 장치 등의 부품을 추가로 설치할 필요가 없다.

[68]기존 리튬 이온 배터리에 비해 전고체 배터리는 여러 가지 장점을 가지고 있다. 첫째, 에너지 밀도가 높다. [66]고체 전해질을 사용하면 리튬 이온 배터리의 적용 재료 체계도 바뀌는데, 그중 가장 핵심적인 점은 리튬을 삽입한 흑연 마이너스극을 사용할 필요 없이 금속 리튬을 그대로 마이너스극으로 사용한다는 것이다. 이는 마이너스극 재료의 용량을 현저하게 감소시킬 수 있어 전체 배터리의 에너지 밀도를 현저히 향상시킨다. 둘째, 부피가 작다. 기존 리튬 이온 배터리는 분리막과 전해액을 사용해야 하는데, 이들을 모두 합치면 배터리 부피의 40%와 질량의 25% 가까이를 차지한다. 반면 고체 전해질을 사용하면 플러스극과 마이너스극 사이의 거리를 10마이크로미터로 줄일 수 있어

第四，更安全。[67]传统锂离子电池在大电流下工作时可能会出现短路，甚至在高温下易发生燃烧，而固态电池则能解决这些问题，因而更加安全。

尽管固态电池仍面临诸多技术壁垒，但按照现在的发展趋势来看，未来的电池将朝着更高比能量进发，固态电池的迭代升级有望让更强大的电池走向现实。

배터리 두께도 크게 줄일 수 있고, 전고체 배터리도 소형화, 박막화될 것이다. 셋째, 인성이 더 좋다. 전고체 배터리는 얇고 가벼워지면 인성도 눈에 띄게 좋아져 수백수천 번을 구부려도 성능이 거의 떨어지지 않는다. 넷째, 더욱 안전하다. [67]기존 리튬 이온 배터리는 대전류에서 작동할 때 합선이 생길 수 있으며 심지어 고온에서 연소되기 쉬운데 전고체 배터리는 이러한 문제를 해결할 수 있기 때문에 더욱 안전하다.

비록 전고체 배터리는 여전히 수많은 기술 장벽에 직면해 있지만, 현재 발전 추세로 볼 때 미래의 배터리는 더 높은 에너지 밀도로 나아갈 것이며, 전고체 배터리의 거듭된 업그레이드는 더욱 강력한 배터리를 현실로 가져올 것으로 기대된다.

어휘 **共识** gòngshí 圓 컨센서스[어떤 집단을 구성하는 사람들 간의 일치된 의견] **动力** dònglì 圓 동력 **关注** guānzhù 圓 관심을 가지다 **焦点** jiāodiǎn 圓 이슈, 초점
成本 chéngběn 圓 비용, 원가 **续航里程** xùháng lǐchéng 圓 주행 거리 **顾虑** gùlǜ 圓 우려, 염려 **阻碍** zǔ'ài 圓 방해하다
续航 xùháng 圓 항속하다, 계속 주행하다 **持久** chíjiǔ 圓 오래 유지되다 **能量** néngliàng 圓 에너지 **密度** mìdù 圓 밀도 **需求** xūqiú 圓 요소, 수요
孜孜不倦 zīzībújuàn 圓 (피곤한 줄 모르고) 열심히 하다, 부지런히 노력하다 **锂** lǐ 圓 리튬 **离子** lízǐ 圓 이온 **性能** xìngnéng 圓 성능 **极限** jíxiàn 圓 한계
固态电池 gùtài diànchí 圓 전고체 배터리[전해질이 액체가 아닌 고체 상태인 배터리] **固体** gùtǐ 圓 고체 **电解质** diànjiězhì 圓 전해질 **钠** nà 圓 나트륨
取代 qǔdài 圓 대체하다 **以往** yǐwǎng 圓 기존, 과거 **摇椅** yáoyǐ 圓 흔들의자 **端** duān 圓 (한쪽의) 끝 **正负** zhèngfù 圓 플러스 마이너스, 양전자와 음전자
奔跑 bēnpǎo 圓 (빨리) 달리다 **进而** jìn'ér 圓 더 나아가 **额外** éwài 圓 추가의 **冷却** lěngquè 圓 냉각하다 **体系** tǐxì 圓 체계, 시스템
嵌 qiàn 圓 삽입하다, 끼워 넣다 **石墨** shímò 圓 흑연 **体积** tǐjī 圓 부피 **隔膜** gémó 圓 분리막 **占据** zhànjù 圓 차지하다
微米 wēimǐ 圓 마이크로미터[100만분의 1미터] **薄膜** bómó 圓 박막, 얇은 막 **韧性** rènxìng 圓 인성[재료의 질긴 정도] **轻薄** qīngbáo 얇고 가볍다
短路 duǎnlù 圓 합선되다, 단락하다 **诸多** zhūduō 圓 수많은 **壁垒** bìlěi 圓 장벽 **迭代** diédài 圓 거듭하다, 반복하다

---

62 很多消费者为什么在购买电动汽车时会犹豫？ 많은 소비자들은 왜 전기 자동차를 구입할 때 망설이는가？

A 购买渠道单一 A 구매 루트가 단일해서
B 电池种类繁多 B 배터리 종류가 많아서
C 电池的续航里程短 **C 배터리의 주행 거리가 짧아서**
D 电池技术未得到国际认证 D 배터리 기술이 국제 인증을 받지 못해서

해설 질문이 많은 소비자들은 왜 전기 자동차를 구입할 때 망설이는지 물었으므로, 질문의 핵심어구 消费者, 在购买电动汽车时会犹豫와 관련된 내용을 지문에서 재빨리 찾는다. 첫 번째 단락에서 电池成本高、续航里程短, 是众多消费者在选购电动汽车时的顾虑라고 했으므로, 선택지 C 电池的续航里程短이 정답이다.

어휘 **渠道** qúdào 圓 루트, 경로 **续航里程** xùháng lǐchéng 圓 주행 거리

---

63 画线词语"孜孜不倦"在文中表示什么意思？ 밑줄 친 어휘 '孜孜不倦'은 글에서 무슨 의미를 나타내는가？

A 事业蓬勃发展 A 사업이 왕성히 발전한다
B 想方设法解决难题 B 갖은 방법을 다해 난제를 해결한다
C 勤勤恳恳不知疲倦 **C 부지런하고 성실하며 지칠 줄 모른다**
D 内心焦急得无法安睡 D 마음이 초조해서 편히 잘 수 없다

해설 밑줄 친 어휘 '孜孜不倦'의 의미를 물었으므로, 孜孜不倦이 밑줄로 표시된 부분을 지문에서 재빨리 찾는다. 첫 번째 단락에서 成本更低、续航更持久、更安全、能量密度更高, 这些都是电动汽车行业对电池提出的重要需求, 也是研究人员孜孜不倦追求的方向。이라고 했으므로, 문맥상 孜孜不倦은 연구원들이 전기 자동차 배터리를 개선하기 위해 꾸준히 노력한다는 의미임을 알 수 있다. 따라서 선택지 C 勤勤恳恳不知疲倦이 정답이다.

어휘 **孜孜不倦** zīzībújuàn 圓 (피곤한 줄 모르고) 열심히 하다 **蓬勃** péngbó 圓 왕성하다 **想方设法** xiǎngfāngshèfǎ 圓 갖은 방법을 다하다
勤恳 qínkěn 圓 부지런하고 성실하다 **疲倦** píjuàn 圓 지치다 **焦急** jiāojí 圓 초조하다

---

64 根据上下文，第四段空白处最适合填入的词语是： 앞뒤 내용에 근거하여, 네 번째 단락의 빈칸에 들어갈 어휘로 가장 알맞은 것은：

A 即便 A 설사 ~하더라도
B 进而 **B 더 나아가**
C 假使 C 만약
D 虽说 D 비록 ~하지만

해설　질문이 네 번째 단락의 빈칸에 들어갈 어휘로 가장 알맞은 것을 물었다. A는 '설사 ~하더라도', B는 '더 나아가', C는 '만약', D는 '비록 ~하지만'이라는 의미이다. 빈칸 주변이 '전고체 배터리도 이와 마찬가지만 전해질이 고체이고, 이것의 밀도와 구조는 더 많은 전하를 띤 이온이 더 많은 전류를 흐르게 할 수 있으며, ＿＿＿＿ 배터리 용량을 높일 수 있다.'라는 문맥이므로, 빈칸에는 전고체 배터리의 밀도와 구조는 더 많은 전류를 흐르게 하는 것에 머무르지 않고 더 나아가 배터리 용량을 높일 수 있음을 나타내는 어휘가 들어가야 한다. 따라서 선택지 B 进而이 정답이다.

어휘　**即便** jíbiàn 웹 설사 ~하더라도　**进而** jìn'ér 웹 더 나아가　**假使** jiǎshǐ 웹 만약　**虽说** suīshuō 웹 비록 ~하지만

65　第四段主要讲的是什么内容?　　　　　　　네 번째 단락에서 주로 말하는 것은 무슨 내용인가?

A 固态电池的应用前景　　　　　　　　　　　A 전고체 배터리의 활용 전망
B 两种电池的工作原理　　　　　　　　　　**B 두 가지 배터리의 작동 원리**
C 锂离子电池的定价基准　　　　　　　　　　C 리튬 이온 배터리의 가격을 정하는 기준
D 锂离子电池所引发的争议　　　　　　　　　D 리튬 이온 배터리가 야기한 논쟁

해설　질문이 네 번째 단락의 중심 내용을 물었으므로, 네 번째 단락을 재빠르게 읽으며 중심 내용을 파악한다. 단락 중반과 후반에서 传统的锂离子电池……在锂离子从正极到负极再到正极运动的过程中,电池的充放电过程便完成了。固态电池也与之相同,只不过电解质为固态,其密度以及结构可以让更多带电离子传导更大的电流라고 하며 리튬 이온 배터리와 전고체 배터리의 구체적인 작동 원리를 언급하고 있다. 따라서 이를 통해 알 수 있는 선택지 B 两种电池的工作原理가 정답이다.

어휘　**固态电池** gùtài diànchí 웹 전고체 배터리[전해질이 액체가 아닌 고체 상태인 배터리]　**前景** qiánjǐng 웹 전망　**原理** yuánlǐ 웹 원리
争议 zhēngyì 웹 논쟁하다

66　下列哪项**不是**固态电池的优点?　　　　　　다음 중 전고체 배터리의 장점이 **아닌** 것은?

A 可直接使用金属锂做负极　　　　　　　　　A 금속 리튬을 그대로 마이너스극으로 사용할 수 있다
B 正负极间的距离可以缩短　　　　　　　　　B 플러스극과 마이너스극 사이의 거리를 줄일 수 있다
C 经历多次弯曲性能也不会下降　　　　　　　C 여러 번 구부려도 성능이 떨어지지 않는다
D 锂离子电池适用材料体系不易改变　　　　**D 리튬 이온 배터리의 적용 재료 체계는 쉽게 바뀌지 않는다**

해설　질문이 전고체 배터리의 장점이 아닌 것을 물었으므로, 질문의 핵심어구 固态电池的优点과 관련된 내용을 지문에서 재빨리 찾는다. 다섯 번째 단락에서 使用固体电解质后,锂离子电池的适用材料体系也会发生改变이라고 했으므로, 지문의 내용과 일치하지 않는 선택지 D 锂离子电池适用材料体系不易改变이 정답이다. 참고로, 선택지 A, B, C는 다섯 번째 단락에서 与传统锂离子电池相比,固态电池具有多种优势。……直接使用金属锂来做负极……正负极之间的距离可以缩短到十微米……即使经受几百到几千次的弯曲,其性能也基本不会下降이라고 했으므로 오답이다.

어휘　**锂** lǐ 웹 리튬　**正负** zhèngfù 웹 플러스 마이너스, 양전자와 음전자　**性能** xìngnéng 웹 성능　**体系** tǐxì 웹 체계, 시스템

67　为了保障安全性,固态电池解决了哪两个问题?　안전성을 보장하기 위해, 전고체 배터리는 어떤 두 가지 문제를 해결했는가?

① 在高电压下工作时寿命缩短的问题　　　　　① 고전압에서 작동 시 수명이 줄어드는 문제
② 在高温下工作时容易发生燃烧的问题　　　　② 고온에서 작동 시 쉽게 연소되는 문제
③ 在大电流下工作时可能会出现的短路问题　　③ 대전류에서 작동할 때 발생할 수 있는 합선 문제
④ 在充电时间过长时离子无法移动到正极的问题　④ 충전 시간이 너무 길어질 때 이온이 플러스극으로 이동할 수 없는 문제

A ①④　　　　　　　　　　　　　　　　　　A ①④
B ①③　　　　　　　　　　　　　　　　　　B ①③
C ②③　　　　　　　　　　　　　　　　　　C ②③
D ②④　　　　　　　　　　　　　　　　　　D ②④

해설　질문이 안전성을 보장하기 위해 전고체 배터리는 어떤 두 가지 문제를 해결했는지 물었으므로, 질문의 핵심어구 保障安全性, 固态电池, 解决问题와 관련된 내용을 지문에서 재빨리 찾는다. 다섯 번째 단락에서 传统锂离子电池在大电流下工作时可能会出现短路,甚至在高温下易发生燃烧,而固态电池则解决这些问题,因而更加安全。이라고 했으므로, ② 在高温下工作时容易发生燃烧的问题와 ③ 在大电流下工作时可能会出现的短路问题가 포함된 선택지 C ②③이 정답이다.

어휘　**离子** lízǐ 웹 이온　**短路** duǎnlù 웹 합선되다, 단락하다

上文主要谈的是:

A 固态电池的具体优势
B 电池行业面临的危机
C 汽车电动化的重要性
D 固态电池在电动车中的应用

위 글에서 주로 말하는 것은:

A 전고체 배터리의 구체적인 장점
B 배터리 업계가 직면한 위기
C 자동차 전동화의 중요성
D 전고체 배터리의 전기 자동차에서의 활용

해설　질문이 지문 전체의 중심 내용을 물었다. 지문이 전고체 배터리의 특징, 전고체 배터리의 작동 원리를 언급했고, 다섯 번째 단락에서 **与传统锂离子电池相比, 固态电池具有多种优势.**라고 하며 전고체 배터리의 장점을 상세하게 설명했다. 따라서 선택지 A**固态电池的具体优势**가 정답이다.

어휘　**固态电池** gùtài diànchí 〔몡〕전고체 배터리[전해질이 액체가 아닌 고체 상태인 배터리]

69 - 73

[C]　动物界中长寿的动物有很多，比如弓头鲸、大蜥蜴以及我们熟悉的陆龟，它们的平均寿命长达几百年。南极洲海绵更是神奇，它们中寿命最长的个体甚至可以存活1550年。

[C]　동물계에는 장수하는 동물이 많다. 북극고래, 투아타라 그리고 우리에게 친숙한 육지 거북이가 그 예고, 이들의 평균 수명은 수백 년이나 된다. 남극 지방의 해면은 더욱 신비롭고 기이한데, 그것 중 수명이 가장 긴 개체는 심지어 1550년까지 살 수 있다.

[H]　但长寿并不代表永生，根据目前的科学研究成果，自然界唯一被称为"长生不死的生物"的，只有一种小小的水母。这种小型水母直径只有4-5毫米，通体透明。它的整体形状如同灯塔，因此得名"灯塔水母"。

[H]　하지만 장수는 영생을 의미하지는 않는다. 현재의 과학 연구 성과에 따르면, 자연계에서 유일하게 '장생불사의 생물'로 불렸던 것은 작은 해파리밖에 없다. 이 작은 해파리의 지름은 4~5mm에 불과하고, 온몸이 투명하다. 이것의 전체적인 모양은 마치 등대 같아서 '등대해파리(작은보호탑해파리)'라는 이름이 붙여졌다.

[B]　灯塔水母是肉食性生物，以浮游生物、小的甲壳类、多毛类甚至小的鱼类为食。灯塔水母主要分布在加勒比地区的海域中，但因为远洋船舶会排放压舱水，这使它们逐渐散布至其他临近海域，并扩散到西班牙、意大利和日本的近海，甚至出现在大西洋的另一侧。它是一种有毒的生物，若被混在虾酱中被人误食的话，会引起食物中毒。

[B]　작은보호탑해파리는 육식성 생물로, 플랑크톤, 작은 갑각류, 다모류 심지어 작은 물고기까지도 먹이로 한다. 작은보호탑해파리는 주로 카리브해 지역의 해역에 분포하고 있지만, 원양 선박이 배출한 선박 평형수로 인해 점차 인근 해역으로 퍼졌고, 스페인, 이탈리아 및 일본 근해까지 확산되었으며 심지어 대서양의 반대편에서 나타나기도 했다. 작은보호탑해파리는 독성이 있는 생물로, 새우젓에 섞여 들어가 사람이 잘못 먹게 되면 식중독에 걸릴 수 있다.

[A]　在上个世纪，有科学家研究发现，灯塔水母具有特殊的繁殖方式，这导致它的生命周期与众不同。一般来说，水母正常的生命周期从受精卵开始，渐渐长成体表长满纤毛的模样，如同毛茸茸的幼虫，人们称之为"浮浪幼体"；随后幼体会蜕变成水螅型；水螅型进化成水母型后，便会产生卵子和精子，最后走向死亡。换言之，水母繁殖的完成便象征着生命走向尽头。

[A]　지난 세기, 한 과학자가 연구에서 작은보호탑해파리는 특수한 번식 방식이 있어서, 이것이 그들의 생애 주기가 남다르게 만든다는 것을 발견했다. 일반적으로 해파리의 정상적인 생애 주기는 수정란에서 시작해서 점차 몸의 표면에 섬모가 가득한 모양으로 자라 털이 많은 유충과도 같은데, 사람들은 이를 '플라눌라 유생'이라고 부른다. 이후 유생은 폴립 형태로 변화하고, 폴립 형태가 해파리 형태로 진화하고 나면 난자와 정자가 생기고, 마지막으로는 죽음에 이르게 된다. 다시 말해, 해파리의 번식이 완료되는 것은 생명이 끝을 향해 나아간다는 것을 상징한다.

[E]　然而，灯塔水母在生命周期中能够"返老还童"。也就是说，灯塔水母不会像其他的水母一样死亡，它会在最后的死亡阶段重新回到水螅型，亦即是幼年期，在水螅型阶段进行无性繁殖。这就好比一只青蛙重新变成了蝌蚪，再由蝌蚪变成青蛙。人们将灯塔水母跳过死亡的这一过程叫作"细胞转分化"，在这个过程中，细胞从一个类型转变为另一个类型。这种转变通常会在器官再生的情况下出现，这个过程不会有次数限制，灯塔水母可以通过反复的"细胞转分化"来获得无限的寿命。

[E]　그러나 작은보호탑해파리는 생애 주기 동안 '젊음을 되찾을' 수 있다. 즉 작은보호탑해파리는 다른 해파리처럼 죽지 않고 마지막 죽음의 단계에서 다시 폴립 형태로, 즉 유년기로 돌아가 폴립 단계에서 무성번식을 한다. 이것은 마치 개구리가 다시 올챙이가 되었다가, 올챙이에서 다시 개구리가 되는 것과 같다. 사람들은 작은보호탑해파리가 죽음을 건너뛰는 이 과정을 '세포 전환 분화'라고 하는데, 이 과정에서 세포는 한 유형에서 다른 유형으로 바뀐다. 이런 변화는 보통 신체 장기가 재생되는 상황에서 나타나는데, 이 과정은 횟수의 제한이 없고 작은보호탑해파리는 반복된 '세포 전환 분화'로 무한한 수명을 얻을 수 있다.

[D]　虽然灯塔水母被誉为海洋中的"永生之花"，但有些科学家对"灯塔水母可以长生不死"这一观点持怀疑态度。其原因在于，灯塔水母的"返老还童"有一定的条件限制，这个现象常常是它们遭受饥饿、物理性损伤或其他突发危机的时候才会发生。而灯塔水母的这种转化，其实是无脊椎动物中无性世代和有性世代交替出现的现象，这并不是灯塔水母的"独门绝技"。

[D]　비록 작은보호탑해파리는 바닷속의 '영생의 꽃'으로 불리지만, 일부 과학자들은 '작은보호탑해파리가 장생불사할 수 있는 것'이라는 관점에 회의적인 태도를 취하고 있다. 그 이유는, 작은보호탑해파리의 '젊음을 되찾'는 것에는 일정한 조건의 제한이 있는데, 이 현상은 종종 그것들이 배고픔이나 물리적 손상 또는 기타 돌발적인 위기를 만날 때에야 발생한다. 작은보호탑해파리의 이러한 전환은 사실 무척추동물의 무성세대와 유성세대가 번갈아 나타나는 현상으로, 이는 작은보호탑해파리만의 '독보적인 솜씨'가 아니다.

[G] 即使科学家对灯塔水母的"长生不死"进行了一定程度的否定，但是不管灯塔水母是否能够不经历死亡，它都是自然界中颇为神奇的存在。这使人不得不惊叹大自然惊人的力量，它能让一些简单的原核细胞形成各种各样的生物，而生物间环环相扣，并顺应着环境变化让自己不断繁衍生息，这吸引着人们通过探索其中的奥秘来揭开它们神秘的面纱。

[G] 설령 과학자들이 작은보호탑해파리의 '장생불사'에 대해 어느 정도 부정을 했지만, 작은보호탑해파리가 죽음을 경험하지 않을 수 있는지와 관계없이, 그것은 자연계에서 상당히 신비로운 존재이다. 이는 대자연의 놀라운 힘에 경탄하지 않을 수 없게 했고, 그것은 몇몇 간단한 원핵 세포가 여러 가지 생물을 형성하게 할 수 있는데, 생물 간의 긴밀한 연결과 환경 변화에 순응하며 자신을 끊임없이 번식하게 하는 것은 사람들이 그 속의 비밀을 탐구함으로써 그들의 신비로운 베일을 벗기도록 매료시킨다.

[배열할 수 없는 단락]
[F] 灯塔水母红色的消化系统引起了很多科学家的关注。灯塔水母可以咽下比它大的猎物，这归功于强大的消化系统。猎物一旦被它吞下去，它的胃就会分泌出大量的蛋白酶，同时还会加速蠕动。灯塔水母吸收营养的过程也十分特别，消化系统将食物消化之后，它的细胞会吞噬细小的食物颗粒，食物颗粒在细胞之中形成食物泡，经过一系列的反应，营养物质就能够被运到全身。

[F] 작은보호탑해파리의 붉은 소화 기관은 많은 과학자의 관심을 끌었다. 작은보호탑해파리가 자신보다 큰 먹이를 삼킬 수 있는 것은 강력한 소화 기관 덕분이다. 먹이가 삼켜지면 그것의 위에서 다량의 프로테아제가 분비되고 동시에 연동 운동이 가속화된다. 작은보호탑해파리가 영양을 흡수하는 과정도 매우 특별한데, 소화 기관이 음식을 소화한 후 작은보호탑해파리의 세포는 미세한 음식 입자를 삼키고, 음식 입자는 세포에서 식포를 형성하며, 일련의 반응을 거쳐 영양소는 전신으로 운반될 수 있다.

어휘 长寿 chángshòu 圆 장수하다 弓头鲸 gōngtóujīng 圆 북극고래 大蜥蜴 dàxīyì 圆 투아타라[큰도마뱀] 海绵 hǎimián 圆 해면
神奇 shénqí 圆 신비롭고 기이하다 个体 gètǐ 圆 개체 生物 shēngwù 圆 생물 水母 shuǐmǔ 圆 해파리 直径 zhíjìng 圆 지름 毫米 háomǐ 圆 밀리미터(mm)
通体 tōngtǐ 圆 온몸 灯塔 dēngtǎ 圆 등대 浮游生物 fúyóushēngwù 圆 플랑크톤 海域 hǎiyù 圆 해역 船舶 chuánbó 圆 선박
排放 páifàng 圆 (폐기·폐수 등을) 배출하다 压舱水 yācāngshuǐ 圆 선박평형수[선박의 균형을 유지하기 위해 선박 내부에 저장하는 바닷물]
散布 sànbù 圆 퍼지다, 흩어지다 扩散 kuòsàn 圆 확산하다 虾酱 xiājiàng 圆 새우젓 繁殖 fánzhí 圆 번식하다 周期 zhōuqī 圆 주기
受精卵 shòujīngluǎn 圆 수정란 体表 tǐbiǎo 圆 몸의 표면 纤毛 xiānmáo 圆 섬모, 솜털 模样 múyàng 圆 모양
浮浪幼体 fúlàng yòutǐ 圆 플라눌라 유생[해면동물의 유생] 蜕变 tuìbiàn 圆 변화하다, 탈바꿈하다
水螅型 shuǐxīxíng 폴립 형태[자포동물의 생활사의 한 시기에 나타나는 체형] 进化 jìnhuà 圆 진화하다 返老还童 fǎnlǎohuántóng 圆 젊음을 되찾다
细胞 xìbāo 圆 세포 器官 qìguān 圆 신체 장기 遭受 zāoshòu 圆 (불행 또는 손해를) 만나다 突发 tūfā 圆 돌발하다, 갑자기 발생하다 危机 wēijī 圆 위기
颇 pō 圆 상당히 惊叹 jīngtàn 圆 경탄하다 原核细胞 yuánhé xìbāo 圆 원핵 세포 环环相扣 huánhuánxiāngkòu 圆 긴밀하게 연결되어 있다
探索 tànsuǒ 圆 탐구하다 咽 yàn 圆 삼키다 分泌 fēnmì 圆 분비하다 蛋白酶 dànbáiméi 圆 프로테아제, 단백질 분해 효소 蠕动 rúdòng 圆 연동 운동을 하다
吞噬 tūnshì 圆 (통째로) 삼키다 颗粒 kēlì 圆 입자 食物泡 shíwùpào 圆 식포[원생동물의 세포질 속에 있는 세포 기관]

해설 69. 이미 배열된 A, H를 제외한 나머지 단락에서 첫 순서에 들어갈 단락을 찾아서 배열한다. C에서 동물계의 여러 장수 동물을 소개하는 내용이 포함되어 있으므로, C를 첫 순서에 배열한다.

70. 이미 배열된 H의 후반부에 언급된 灯塔水母(작은보호탑해파리)를 키워드로 확인해둔다. H에서 확인한 키워드 灯塔水母가 동일하게 있으면서 그것의 먹이, 생활 분포와 특징을 구체적으로 설명하는 내용인 B를 H 뒤에 배열한다.

71. 이미 배열된 A의 전반부에 언급된 生命周期(생애 주기)를 키워드로 확인해둔다. A에서 확인한 키워드 生命周期가 동일하게 있으면서 작은보호탑해파리의 생애 주기를 구체적으로 설명하는 내용인 E를 A 뒤에 배열한다.

72. E의 후반부에서 灯塔水母可以通过反复的"细胞转分化"来获得无限的寿命(작은보호탑해파리는 반복된 '세포 전환 분화'로 무한한 수명을 얻을 수 있다)이라고 했다. 따라서 虽然灯塔水母被誉为海洋中的"永生之花"(비록 작은보호탑해파리는 바닷속의 '영생의 꽃'으로 불리지만)라고 하며 일부 과학자들이 작은보호탑해파리가 무한한 수명을 얻을 수 있다는 관점에 회의적인 태도를 취했다는 내용인 D를 E 뒤에 배열한다.

73. D에서 일부 과학자들이 작은보호탑해파리가 무한한 수명을 얻을 수 있다는 관점에 회의적인 태도를 취했다는 내용을 언급했다. 따라서 即使科学家对灯塔水母的"长生不死"进行了一定程度的否定(설령 과학자들이 작은보호탑해파리의 '장생불사'에 대해 어느 정도 부정을 했지만)이라고 하며 작은보호탑해파리가 여전히 신비로운 존재라는 점에 대해 설명하는 내용인 G를 D 뒤에 배열하여 지문을 완성한다.

[배열할 수 없는 단락]
F는 지문의 주제인 작은보호탑해파리와 관련이 있다. 그러나 지문 전체적으로 작은보호탑해파리의 특징과 특수한 번식 방식에 대해 설명하고 있는데, F는 작은보호탑해파리의 소화 기관과 소화 과정을 언급하며 지문 흐름과 다른 내용을 이야기하고 있으므로 배열할 수 없는 단락이다.

배열된 순서

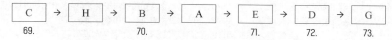

C	→	H	→	B	→	A	→	E	→	D	→	G
69.				70.				71.		72.		73.

搏克是蒙古族传统的体育娱乐活动之一，是历史悠久的蒙古式摔跤运动。搏克作为蒙古族三大运动之首，在蒙古语中具有结实、团结、持久的含义。⁷⁴搏克不断与时俱进，如今已成为符合现代文明的运动。在2006年，搏克被列入第一批国家级非物质文化遗产名录。

搏克已有近两千年的历史，它在西汉初期开始盛行，在元代得到广泛传播，至清代达到空前发展。搏克的发展过程大致可分为"最野蛮—野蛮—文明—现代文明"四个阶段。⁷⁵在最野蛮阶段，为了生存，人们在与野兽和敌人的搏斗中发展出了搏克，当时这种运动以"生死"为取胜标准；在野蛮阶段和文明阶段，搏克开始用于政治、军事、经济和文化娱乐，胜负标准从"生死"逐步演变为"双肩着地"和"躯干着地"；到了现代文明阶段，随着人类社会的进步，搏克的胜负标准又发生了质变，⁷⁶膝盖以上任何部位着地即为负，胜方应该**适可而止**，不可以对对方二次用力。

按照比赛要求，摔跤手要穿传统的蒙古族摔跤服，也就是上身穿着牛皮或帆布制成的紧身短袖背心，蒙古族亲切地称它为"召德格"。短袖背心上钉满铜质或银质的大号图钉，后背中间写有"吉祥"之类的字样。腰上系着用红、黄、蓝三色绸子做成的围裙。下身穿肥大的白色摔跤裤，外面再套一条绣着动物或花卉图案的套裤，这样不仅在出汗时不沾衣服，而且还可以防止意外事故的发生。此外，⁷⁷摔跤手还会脚蹬蒙古靴，并⁷⁷在脖子上挂着五色绸条做成的"章嘎"，"章嘎"标志着摔跤手在比赛中获胜的次数，次数越多，彩条也就越多。

⁷⁸搏克是一项具有大众性的体育运动，其大众性主要体现在参赛者的资格要求上。比赛不分年龄、地位、民族、地域和运动经历，只要名额未满，就可以参加。在规则面前人人平等，就算是恰巧路过的外乡人想参加比赛，也绝对不会被冷落或拒绝。

搏克的比赛形式非常庄重。根据报名情况，参加比赛的摔跤手一般少则几十人，多则可达一千人。在所有的对抗性运动项目中，如此壮观的场面屈指可数。⁷⁹比赛在悠扬激昂的赞歌声中开始，摔跤手们挥舞着壮实的双臂，跳着模仿狮子、鹿、鹰等姿态的舞蹈入场，给人留下威武彪悍的印象。比赛场地无特殊要求，只要有平坦的草地或土质地面即可进行比赛。

按照蒙古族的传统习俗，⁸⁰赛前要推选一位德高望重的长者当**裁判**，由他来负责维持赛场秩序，执行比赛规则，并对比赛结果作出判决。长者发令后，参赛双方先握手致敬，随后便开始交锋。比赛规则简单明了，不限时间，也不分摔跤手的体重，一跤分胜负。在比赛中不得抱腿，不得做出危险动作。搏克要求摔跤手协调腰部和腿部的动作，在对抗中充分展示自己的力量和技巧。

搏克运动具有强烈的对抗性和竞争性，它是蒙古族勇敢和力量的象征，也是人们智慧的结晶。搏克涵盖着蒙古族政治、经济、文化、军事、哲学思想的方方面面。现代的搏克运动不仅保留着人人平等、重在参与的思想，也体现了人们团结友爱、拼搏进取的精神。这些正是草原文化的核心内涵，这种内涵始终贯穿着搏克的整个发展过程。

버흐는 몽골족의 전통적인 스포츠 오락 활동 중 하나로, 역사가 오래된 몽골식 씨름이다. 버흐는 몽골족 3대 운동 중 으뜸으로, 몽골어로 건장함, 단결, 그리고 오래 지속됨이라는 뜻을 가지고 있다. ⁷⁴버흐는 시대와 더불어 끊임없이 발전하여 오늘날 현대 문명에 맞는 스포츠가 되었다. 2006년에 버흐는 1차 국가무형문화재에 등재되었다.

버흐는 이미 2000년에 가까운 역사를 가지고 있으며, 서한 초기부터 성행하기 시작하여 원나라 시대에 널리 전파됐고, 청나라 시대에 이르러 전에 없던 발전을 이루었다. 버흐의 발전 과정은 크게 '가장 야만적—야만적—문명적—현대문명적' 이 네 가지 단계로 나눌 수 있다. ⁷⁵가장 야만적 단계에서 인류는 생존을 위해 짐승 및 적과의 싸움에서 버흐를 발전시켰다. 당시 이 운동은 '생사'를 승리의 기준으로 삼았다. 야만적 단계와 문명적 단계에서 버흐는 정치, 군사, 경제 및 문화 오락에 사용되기 시작했으며, 승부 기준은 '생사'에서 점차 '양쪽 어깨가 땅에 닿는 것' 그리고 '몸통이 땅에 닿는 것'으로 변화했다. 현대문명적 단계가 되어서는 인류 사회의 발전에 따라 버흐의 승부 기준에도 질적 변화가 생겼는데, ⁷⁶무릎 위쪽의 어떠한 부위라도 땅에 닿으면 지게 되고, 승자는 **적당한 정도에 이르면 멈추**어야 하고, 상대방에게 힘을 더 쓰면 안 된다.

시합 조건에 따라 씨름 선수들은 전통적인 몽골족 씨름 복장인 소가죽이나 범포로 만든 타이트한 조끼를 입어야 하는데, 몽골족은 이것을 '죠덕'이라고 친근하게 부른다. 조끼에는 동이나 은으로 만들어진 커다란 압정이 가득 박혀 있고, 등판 중간에는 '길상(吉祥)'과 같은 글자가 새겨져 있다. 허리에는 빨간색, 노란색, 파란색 세 가지 색상의 견직물로 만든 앞치마를 두른다. 하의는 커다란 흰색 씨름 바지를 입고, 밖에는 동물이나 화초 무늬가 수놓아진 덧바지를 입는다. 이렇게 하면 땀이 날 때 옷이 젖지 않을뿐더러 예상치 못한 사고가 발생하는 것을 막을 수 있다. 이 밖에도, ⁷⁷씨름 선수는 몽골 장화를 신고, ⁷⁷목에 오색 견직물로 만든 '장까'를 두르고 있다. '장까'는 씨름 선수가 시합에서 승리한 횟수를 나타내는데, 횟수가 많을수록 색깔 띠도 많아진다.

⁷⁸버흐는 대중성이 있는 체육 운동이고, 그 대중성은 주로 참가자의 자격 요건에서 드러난다. 시합에서 나이, 지위, 민족, 지역과 운동 경력을 구분하지 않고, 인원수만 다 차지 않으면 참가할 수 있다. 규칙 앞에서 모든 사람은 평등하며, 때마침 지나가던 타지 사람이 시합에 나가려고 해도 절대 소외되거나 거절하지 않는다.

버흐의 시합 방식은 매우 위엄이 있다. 신청 상황에 따라 시합에 참가하는 씨름 선수는 일반적으로 적으면 몇십 명, 많으면 천 명에 이른다. 모든 대항 종목에서 이토록 웅장한 장면은 손꼽을 정도다. ⁷⁹시합은 높낮이가 조화로우면서 격앙된 찬양가 속에서 시작되고, 씨름 선수들은 튼튼한 양팔을 흔들며, 사자, 사슴, 매 등을 흉내 내는 자태의 춤을 추면서 입장해 위풍당당하고 용맹스러운 인상을 준다. 시합 장소는 특별한 조건이 없으며, 평평한 잔디밭이나 흙으로 된 바닥만 있으면 시합을 진행할 수 있다.

몽골족의 전통 풍습에 따라, ⁸⁰시합 전에 덕망이 높은 연장자를 뽑아 **심판**을 보게 하는데, 그는 경기장의 질서를 유지시키고, 시합 규칙을 집행하며 시합 결과에 판정을 내리는 것을 책임진다. 연장자가 구령을 내린 후, 시합에 참가하는 양측은 먼저 악수를 하며 경의를 표한 후 대결을 시작한다. 시합 규칙은 간단명료하다. 시간을 제한하지 않고, 씨름 선수의 몸무게도 구분하지 않는다. 한 번 넘어지는 것으로 승패가 갈린다. 시합 중에는 다리를 껴안거나 위험한 동작을 해서는 안 된다. 버흐는 씨름 선수가 허리와 다리의 움직임을 조율하여 맞대결에서 자신의 힘과 기교를 충분히 보여주는 것을 요한다.

버흐는 강렬한 대항성과 경쟁성을 지니고 있다. 그것은 몽골족의 용감함과 힘의 상징이자 사람들의 지혜의 결정체이다. 버흐는 몽골족의 정치, 경제, 문화, 군사, 철학 사상의 모든 측면을 포함하고 있다. 현대의 버흐 운동은 만인이 평등하고, 참여를 중시하는 사상을 유지하고 있을 뿐만 아니라, 사람들이 단결하고 우애로우며 전력을 다해 분투하고 진취하는 정신을 드러낸다. 이러한 것이 바로 초원 문화의 핵심 내용이며, 이러한 내용은 줄곧 버흐의 전체 발전 과정을 관통하고 있다.

어휘 | 搏克 bókè圐 버흐[몽골족 전통 씨름]　蒙古族 Měnggǔzú[고유] 몽골족　团结 tuánjié圐 단결하다　持久 chíjiǔ圐 오래 지속되다　含义 hányì圐 뜻, 함의
与时俱进 yǔshíjùjìn 시대와 더불어 발전하다　非物质文化遗产 fēiwùzhì wénhuà yíchǎn圐 무형문화재　盛行 shèngxíng圐 성행하다, 널리 유행하다
空前 kōngqián圐 전에 없던　野蛮 yěmán圐 야만스럽다, 미개하다　生存 shēngcún圐 생존하다　搏斗 bódòu圐 (맨손·칼·몽둥이 등을 들고) 싸우다
胜负 shèngfù圐 승부, 승패　演变 yǎnbiàn圐 (시간이 비교적 오래 걸려) 변화하다, 변천하다　躯干 qūgàn圐 몸통　膝盖 xīgài圐 무릎
适可而止 shìkě'érzhǐ圐 적당한 선에서 멈추다　帆布 fānbù圐 범포[옷 등을 만드는 데 쓰이는 굵고 두꺼운 천]　铜 tóng圐 동, 구리　图钉 túdīng圐 압정
吉祥 jíxiáng圐 길하다, 상서롭다　绸子 chóuzi圐 견직물　绣 xiù圐 수놓다　花卉 huāhuì圐 화초, 화훼　图案 tú'àn圐 무늬, 도안
套裤 tàokù圐 덧바지[바지 위에 입는 바짓가랑이만 있는 바지]　防止 fángzhǐ圐 막다　事故 shìgù圐 사고　靴 xuē圐 장화　名额 míng'é圐 인원수, 정원
恰巧 qiàqiǎo圐 때마침, 공교롭게도　冷落 lěngluò圐 소외시키다　庄重 zhuāngzhòng圐 (언행이) 위엄이 있다　对抗 duìkàng圐 대항하다, 맞서다
壮观 zhuàngguān圐 (경관이) 웅장하다　场面 chǎngmiàn圐 장면　屈指可数 qūzhǐkěshǔ圐 손꼽을 정도이다　激昂 jī'áng圐 (감정·어조 등이) 격앙되다
臂 bì圐 팔　鹰 yīng圐 매　姿态 zītài圐 자태　舞蹈 wǔdǎo圐 춤추다　威武 wēiwǔ圐 위풍당당하다　彪悍 biāohàn圐 용맹스럽다
平坦 píngtǎn圐 (도로·지대 등이) 평평하다　土质 tǔzhì圐 흙으로 된, 토질　习俗 xísú圐 풍습　德高望重 dégāowàngzhòng圐 덕망이 높다
裁判 cáipàn圐 심판　维持 wéichí圐 유지하다　执行 zhíxíng圐 집행하다　判决 pànjué圐 판정하다, 판결하다　发令 fālìng圐 구령을 내리다
交锋 jiāofēng圐 대결하다　协调 xiétiáo圐 조율하다, 조화롭게 하다　展示 zhǎnshì圐 보여주다　技巧 jìqiǎo圐 기교, 기예　结晶 jiéjīng圐 결정체
涵盖 hángài圐 포함하다　一贯 yíguàn圐 한결같다　团结 tuánjié圐 단결하다　友爱 yǒu'ài圐 우애롭다　拼搏 pīnbó圐 전력을 다해 분투하다
进取 jìnqǔ圐 진취하다　内涵 nèihán圐 내용, 의미　贯穿 guànchuān圐 관통하다

74	如今搏克已发展成为什么？	오늘날 버흐는 무엇으로 발전되었는가?
	符合现代文明的运动	현대 문명에 부합하는 운동

해설　질문이 오늘날 버흐는 무엇으로 발전되었는지 물었으므로, 질문의 핵심어구 搏克已发展成为와 관련된 내용을 지문에서 재빨리 찾는다. 첫 번째 단락에서 搏克不断与时俱进，如今已成为符合现代文明的运动。이라고 했으므로, 해당 부분에서 언급된 符合现代文明的运动을 그대로 답변으로 쓴다.

어휘　搏克 bókè圐 버흐[몽골족 전통 씨름]

75	在最野蛮阶段，人们为什么在与野兽和敌人的搏斗中发展出了搏克？	가장 야만적 단계에서 인류는 왜 짐승 및 적과의 싸움에서 버흐를 발전시켰는가?
	为了生存	생존을 위해서

해설　질문이 가장 야만적 단계에서 인류는 왜 짐승 및 적과의 싸움에서 버흐를 발전시켰는지 물었으므로, 질문의 핵심어구 最野蛮阶段，与野兽和敌人的搏斗中发展出了搏克와 관련된 내용을 지문에서 재빨리 찾는다. 두 번째 단락에서 在最野蛮阶段，为了生存，人们在与野兽和敌人的搏斗中发展出了搏克라고 했으므로, 해당 부분에서 언급된 为了生存을 그대로 답변으로 쓴다.

어휘　野蛮 yěmán圐 야만스럽다　搏斗 bódòu圐 (맨손·칼·몽둥이 등을 들고) 싸우다

76	第二段中，画线词语"适可而止"的意思是什么？	두 번째 단락에서 밑줄 친 어휘 '适可而止'의 의미는 무엇인가?
	到适当的程度就停止	적당한 정도에 이르면 멈추다

해설　질문의 适可는 '적당한 정도에 이르다', 止은 '멈추다'라는 의미이다. 而은 연결어로 사용되었다. 따라서 适可而止은 '적당한 정도에 이르면 멈추다'라는 의미임을 유추할 수 있다. 适可而止이 포함된 문장은 '무릎 위쪽의 어떠한 부위라도 땅에 닿으면 지게 되고, 승자는 적당한 정도에 이르면 멈추어야 상대방에게 힘을 더 쓰면 안 된다'라는 자연스러운 문맥이므로, 适可而止은 유추해둔 '적당한 정도에 이르면 멈추다'는 의미로 사용되었음을 확인할 수 있다. 따라서 到适当的程度就停止을 답변으로 쓴다.

어휘　适可而止 shìkě'érzhǐ圐 적당한 정도에 이르면 멈추다

77	摔跤手脖子上挂着的"章嘎"标志着什么？	씨름 선수 목에 걸린 '장까'는 무엇을 나타내는가?
	在比赛中获胜的次数	시합에서 승리한 횟수

해설　질문이 씨름 선수 목에 걸린 '장까'는 무엇을 나타내는지 물었으므로, 질문의 핵심어구 摔跤手脖子上挂着的"章嘎"와 관련된 내용을 지문에서 재빨리 찾는다. 세 번째 단락에서 摔跤手……在脖子上挂着五色绸条做成的"章嘎"，"章嘎"标志着摔跤手在比赛中获胜的次数라고 했으므로, 해당 부분에서 언급된 在比赛中获胜的次数를 그대로 답변으로 쓴다.

어휘　摔跤 shuāijiāo圐 씨름

81 - 87

　　载人飞船完成预定任务后，载有航天员的返回舱就要返回地球，这个过程看起来很简单，但是要经过重重考验，也需要很高的科技水平来支撑。

　　载人飞船一般可分为推进舱、轨道舱和返回舱三部分。推进舱又叫仪器舱，通常安装推进系统、电源等设备，并为航天员提供氧气和水。推进舱的两侧还装有面积达20多平方米的形状像翅膀的主太阳能电池帆翼。[81]轨道舱是航天员的主要活动区域，它集工作、吃饭、睡觉、盥洗等诸多功能于一体，除了升空和返回时要进入返回舱以外，其他时间航天员都在轨道舱里。返回舱是航天员的"驾驶室"，是航天员往返太空时乘坐的舱段，为密闭空间，前端有舱门。返回舱返回地球时会在重力的作用下进入大气层，气流会使高速飞行的返回舱难以保持固定的姿态，因此[82]必须把返回舱做成不倒翁的形状，底大头小，这样稳定性更强。

　　载人飞船的返航需要这三个部分精准地配合才能完成，整个返回过程需要经过制动离轨、自由下降、再入大气层和着陆四个阶段。

　　[83]在制动离轨段，飞船会通过调姿、制动、减速，从原飞行轨道进入返回轨道。返回前，飞船首先要调整姿态，在水平方向逆时针转动90°，[83]将轨道舱在前、返回舱居中、推进舱在后的状态调整为横向飞行状态，这是飞船的第一次调姿。[83]紧接着，轨道舱与返回舱会进行分离，轨道舱留在太空轨道继续飞行。此后，飞船会进行第二次调姿，脱离原飞行轨道进入返回轨道。

　　유인 우주선이 예정된 임무를 마치면 우주 비행사를 태운 귀환선이 지구로 귀환하는데, 이 과정은 간단해 보이지만 갖가지 시련을 거쳐야 하며, 높은 과학 기술 수준이 뒷받침되어야 한다.

　　유인 우주선은 일반적으로 추진선, 궤도선과 귀환선 세 부분으로 나뉜다. 추진선은 기계선이라고도 하는데, 일반적으로 추진 시스템, 전원 등 설비가 설치되어 있고 우주 비행사에게 산소와 물을 공급한다. 추진선의 양옆에는 면적이 약 20제곱미터에 달하는 날개 모양과 같은 태양 전지판 날개가 달려 있다. [81]궤도선은 우주 비행사의 주요 활동 구역으로, 작업, 식사, 수면, 세면 등 많은 기능이 있으며, 우주로 날아오르거나 귀환할 때 귀환선에 들어가야 하는 경우를 제외하고, 나머지 시간에 우주 비행사는 모두 궤도선에 머무른다. 귀환선은 우주 비행사의 '조종실'인데, 우주 비행사가 우주를 오갈 때 탑승하는 캡슐로, 밀폐된 공간이며 앞부분에는 문이 있다. 귀환선이 지구로 귀환할 때 중력 작용으로 대기권으로 진입하는데, 기류는 고속으로 비행하는 귀환선이 고정된 자세를 유지하기 어렵게 한다. 이 때문에 [82]반드시 귀환선을 바닥이 크고 머리가 작은 오뚝이 모양으로 만들어야 하며, 이렇게 해야 안정성이 더 강해진다.

　　유인 우주선의 귀항은 이 세 부분이 정확하게 보조를 맞추어야 완성될 수 있으며, 전체 귀환 과정은 제동 및 궤도 수정, 자유 낙하, 대기권 재진입, 착륙의 4단계를 거쳐야 한다.

　　[83]제동 및 궤도 수정 단계에서 우주선은 자세 조정, 제동, 감속을 통해 원래 비행 궤도에서 귀환 궤도에 진입한다. 귀환 전 우주선은 먼저 자세를 조정해야 한다. 수평 방향에서 반시계 방향으로 90도 회전하고 [83]궤도선이 앞에, 귀환선이 가운데에, 추진선이 뒤에 오는 상태에서 가로 방향 비행 상태로 조정하는데, 이것이 우주선의 첫 번째 자세 조정이다. [83]이어서 궤도선과 귀환선이 분리되고 궤도선은 우주 궤도에 남아 비행을 계속한다. 이후 우주선은 두 번째 자세 조정을 진행하며 원래 비행 궤도를 벗어나 귀환 궤도에 진입한다.

在飞船离开原运行轨道进入大气层之前，空气阻力很小，飞船主要在地球引力的作用下呈自由飞行状态，因此，这个阶段称为自由下降段。在这个阶段，[84]推进舱会与返回舱分离，返回舱则会重新调整进入大气层的角度，这是一项极其重要的工作，如果角度太小，飞船将从大气层边缘擦过而不能返回；如果角度太大，飞船返回速度过快，就会像流星一样在大气层中被烧毁。

从返回舱进入稠密大气层到其回收着陆系统开始工作的飞行阶段被称为再入段。飞船返回的时候，从离轨时的真空环境再次进入大气层，大气层随着高度的降低，空气密度越来越大，返回舱进入稠密的大气层后，产生大量热量，[85]返回舱表面和底部的防热层开始燃烧，这能保护返回舱的安全。[86]下降到一定高度后，返回舱被等离子体包围，与地面失去联系，这个区域就是著名的"黑障区"。在这个阶段中，返回舱要不断适应瞬间改变的环境，因此，再入段是返回过程中环境最为恶劣的阶段。

[87]返回舱下降到一定的高度时，降落伞就会被打开，从打开降落伞到着陆这个过程称为着陆段。在距离地面10千米左右高度，返回舱的回收着陆系统开始工作，先后拉出引导伞、减速伞和主伞，使返回舱的速度缓缓下降，在距地面1米左右时，系统启动反推发动机，使返回舱安全着陆。

返回舱着陆一段时间后，宇航员在工作人员的帮助下出舱，这个时候返航才能被认为是大功告成。

우주선이 원래 운행 궤도를 벗어나 대기권에 진입하기 전에는 공기 저항이 매우 적으며, 우주선은 주로 지구 인력 작용하에 자유 비행 상태가 되기 때문에 이 단계를 자유 낙하 단계라고 한다. 이 단계에서 [84]추진선은 귀환선과 분리되고, 귀환선은 대기권으로 진입하는 각도를 다시 조정하는데, 이는 매우 중요한 작업이다. 만약 각도가 너무 작다면, 우주선은 대기권 인근을 스치고 귀환하지 못하게 되며, 만약 각도가 너무 크면 우주선의 귀환 속도가 너무 빨라 마치 유성처럼 대기권에서 타버린다.

귀환선이 조밀한 대기권에 진입하는 것부터 회수 및 착륙 시스템이 작동하기 시작할 때까지의 비행 단계는 재진입 단계라고 불린다. 우주선이 귀환할 때 궤도 수정 때의 진공 환경에서 대기권으로 재진입하게 되는데, 대기권은 고도가 낮아짐에 따라 공기 밀도가 점점 커지고, 귀환선은 조밀한 대기권으로 진입한 뒤 대량의 열이 발생해 [85]귀환선 표면과 바닥의 열차폐가 연소하기 시작하는데, 이것은 귀환선의 안전을 보호할 수 있다. [86]일정 고도까지 하강한 후 귀환선은 플라스마에 둘러싸여 지상과 연락이 끊기는데, 이 지역이 유명한 '블랙아웃 구간'이다. 이 단계에서 귀환선은 순간적으로 변화하는 환경에 끊임없이 적응해야 하기 때문에 재진입 단계는 귀환 과정에서 가장 환경이 열악한 단계이다.

[87]귀환선이 일정 고도까지 하강하면 낙하산이 펼쳐지는데, 낙하산을 펴고 착륙하기까지의 과정을 착륙 단계라고 한다. 지상 10km 안팎의 고도에서 귀환선의 회수 및 착륙 시스템이 작동해 보조 낙하산, 제동 낙하산, 주 낙하산을 차례로 꺼내며 귀환선의 속도를 서서히 떨어뜨리고, 지상 1m 안팎에서 시스템은 역추진 엔진을 가동해 귀환선을 안전하게 착륙시킨다.

귀환선이 착륙하고 일정 시간이 지나면 우주 비행사는 관계자의 도움을 받아 귀환선 밖으로 나오게 되는데, 이때 비로소 귀항이라는 큰 임무가 완료되었다고 할 수 있다.

어휘　载人飞船 zàirén fēichuán 圓 유인 우주선　航天员 hángtiānyuán 圓 우주 비행사　返回舱 fǎnhuícāng 圓 귀환선[유인 우주선의 구성 요소 중 하나]
考验 kǎoyàn 圓 시련을 주다, 검증하다　支撑 zhīchēng 圓 뒷받침하다　推进舱 tuījìncāng 圓 추진선[유인 우주선의 구성 요소 중 하나]
轨道舱 guǐdàocāng 圓 궤도선[유인 우주선의 구성 요소 중 하나]　电源 diànyuán 圓 전원　氧气 yǎngqì 圓 산소　翼 yì 圓 날개　区域 qūyù 圓 구역
盥洗 guànxǐ 圓 세면하다　太空 tàikōng 圓 우주, 높고 드넓은 하늘　姿态 zītài 圓 자세　不倒翁 bùdǎowēng 圓 오뚝이　精准 jīngzhǔn 圓 정확하다
制动 zhìdòng 圓 제동하다, 역추진하다　着陆 zhuólù 圓 착륙하다　逆时针 nìshízhēn 圓 반시계 방향의　横 héng 圓 가로의　此后 cǐhòu 圓 이후
脱离 tuōlí 圓 벗어나다　运行 yùnxíng 圓 운행하다　阻力 zǔlì 圓 저항　边缘 biānyuán 圓 인근, 가장자리　烧毁 shāohuǐ 圓 불타 없어지다
稠密 chóumì 圓 조밀하다　回收 huíshōu 圓 회수하다　密度 mìdù 圓 밀도　防热层 fángrècéng 圓 열차폐[열로부터 부품을 보호하기 위한 장치]
等离子体 děnglízǐtǐ 圓 플라스마[초고온에서 음전하를 가진 전자와 양전하를 띤 이온으로 분리된 기체 상태]　瞬间 shùnjiān 圓 순간
引导伞 yǐndǎosǎn 圓 보조 낙하산　减速伞 jiǎnsùsǎn 圓 제동 낙하산　启动 qǐdòng 圓 (기계를) 가동하다　反推 fǎn tuī 역추진하다　发动机 fādòngjī 圓 엔진
宇航员 yǔhángyuán 圓 우주 비행사　大功告成 dàgōnggàochéng 圓 큰 임무가 완료되었다고 알리다

81　航天员在轨道舱可以进行哪些活动？　｜　우주 비행사는 궤도선에서 어떤 활동들을 할 수 있는가？

工作、吃饭、睡觉、盥洗等　｜　작업, 식사, 수면, 세면 등

해설　질문이 우주 비행사는 궤도선에서 어떤 활동들을 할 수 있는지 물었으므로, 질문의 핵심어구 航天员, 轨道舱, 활동과 관련된 내용을 지문에서 재빨리 찾는다. 두 번째 단락에서 轨道舱是航天员的主要活动区域，它集工作、吃饭、睡觉、盥洗等诸多功能于一体라고 했으므로, 해당 부분에서 언급된 工作、吃饭、睡觉、盥洗等을 그대로 답변으로 쓴다.

어휘　航天员 hángtiānyuán 圓 우주 비행사　盥洗 guànxǐ 圓 세면하다

82　把返回舱做成不倒翁的形状有什么好处？　｜　귀환선을 오뚝이 모양으로 만들면 어떤 장점이 있는가？

稳定性更强　｜　안정성이 더 강해진다

해설　질문이 귀환선을 오뚝이 모양으로 만들면 어떤 장점이 있는지 물었으므로, 질문의 핵심어구 不倒翁과 관련된 내용을 지문에서 재빨리 찾는다. 두 번째 단락에서 必须把返回舱做成不倒翁的形状，底大头小，这样稳定性更强이라고 했으므로, 해당 부분에서 언급된 稳定性更强을 그대로 답변으로 쓴다.

어휘　返回舱 fǎnhuícāng 圓 귀환선[유인 우주선의 구성 요소 중 하나]　不倒翁 bùdǎowēng 圓 오뚝이

83	轨道舱与返回舱在什么阶段进行分离？	궤도선과 귀환선은 어떤 단계에서 분리되는가?
	制动离轨段	제동 및 궤도 수정 단계

해설 질문이 궤도선과 귀환선은 어떤 단계에서 분리되는지 물었으므로, 질문의 핵심어구 **轨道舱与返回舱**, 分离와 관련된 내용을 지문에서 재빨리 찾는다. 네 번째 단락에서 在制动离轨段……将轨道舱在前、返回舱居中、推进舱在后的状态……紧接着, 轨道舱与返回舱会进行分离라고 했으므로, 해당 부분에서 언급된 **制动离轨段**을 그대로 답변으로 쓴다.

어휘 **轨道舱** guǐdàocāng⟦명⟧궤도선[유인 우주선의 구성 요소 중 하나] **制动** zhìdòng⟦동⟧제동하다, 역추진하다

84	第五段画线部分主要是为了说明什么？	다섯 번째 단락의 밑줄 친 부분은 주로 무엇을 설명하기 위함인가?
	返回舱调整角度的原因	귀환선이 각도를 수정하는 이유

해설 질문이 다섯 번째 단락의 밑줄 친 부분의 중심 내용을 물었으므로, 다섯 번째 단락의 밑줄 친 부분을 재빠르게 읽으며 중심 내용을 파악한다. 밑줄 친 부분에서 추진선과 귀환선이 분리되면 귀환선이 대기권 진입 각도를 조정하는 작업이 매우 중요하며 각도가 너무 작거나 크면 발생할 수 있는 문제에 대해 언급하고 있으므로, 밑줄 친 부분의 중심 내용은 귀환선이 각도를 수정하는 이유임을 알 수 있다. 따라서 **返回舱调整角度的原因**을 답변으로 쓴다.

어휘 **返回舱** fǎnhuícāng⟦명⟧귀환선[유인 우주선의 구성 요소 중 하나]

85	第六段画线词语 "这" 指代什么？	여섯 번째 단락의 밑줄 친 어휘 '이것'이 가리키는 것은 무엇인가?
	防热层开始燃烧	열차폐가 연소하기 시작한다

해설 질문이 여섯 번째 단락의 밑줄 친 어휘 '이것'이 가리키는 것은 무엇인지 물었으므로, 질문의 핵심어구 这와 관련된 내용을 지문에서 재빨리 찾는다. 여섯 번째 단락에서 返回舱表面和底部的防热层开始燃烧, 这能保护返回舱的安全이라고 했으므로, 해당 부분에서 언급된 **防热层开始燃烧**를 그대로 답변으로 쓴다.

어휘 **防热层** fángrècéng⟦명⟧열차폐[열로부터 부품을 보호하기 위한 장치]

86	在 "黑障区", 被等离子体包围的返回舱会怎么样？	'블랙아웃 구간'에서 플라스마에 둘러싸인 귀환선은 어떻게 되는가?
	与地面失去联系	지상과 연락이 끊긴다

해설 질문이 '블랙아웃 구간'에서 플라스마에 둘러싸인 귀환선은 어떻게 되는지 물었으므로, 질문의 핵심어구 黑障区, 等离子体와 관련된 내용을 지문에서 재빨리 찾는다. 여섯 번째 단락에서 下降到一定高度后, 返回舱被等离子体包围, 与地面失去联系, 这个区域就是著名的"黑障区"。라고 했으므로, 해당 부분에서 언급된 **与地面失去联系**를 그대로 답변으로 쓴다.

어휘 **等离子体** děnglízǐtǐ⟦명⟧플라스마[초고온에서 음전하를 가진 전자와 양전하를 띤 이온으로 분리된 기체 상태] **包围** bāowéi⟦동⟧둘러싸다

87	第七段主要谈的是什么？	일곱 번째 단락에서 주로 이야기하는 것은 무엇인가?
	着陆段的过程	착륙 단계의 과정

해설 질문이 일곱 번째 단락의 중심 내용을 물었으므로, 일곱 번째 단락을 재빠르게 읽으며 중심 내용을 파악한다. 일곱 번째 단락에서 **返回舱下降到一定的高度时, 降落伞就会被打开, 从打开降落伞到着陆这个过程称为着陆段。**이라고 하며 귀환선의 회수 및 착륙 시스템이 작동해 낙하산을 꺼내고 역추진 엔진을 가동해 귀환선을 안전하게 착륙시킨다고 했으므로, 일곱 번째 단락의 중심 내용은 착륙 단계의 과정임을 알 수 있다. 따라서 **着陆段的过程**을 답변으로 쓴다.

어휘 **着陆** zhuólù⟦동⟧착륙하다

88

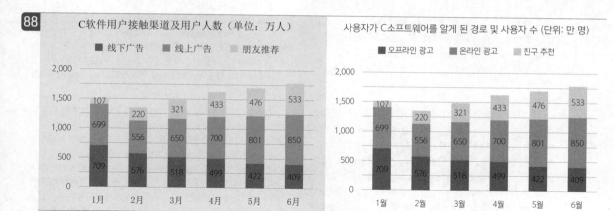

C软件用户接触渠道及用户人数（单位：万人）

■ 线下广告　■ 线上广告　■ 朋友推荐

	1月	2月	3月	4月	5月	6月
朋友推荐	107	220	321	433	476	533
线上广告	699	556	650	700	801	850
线下广告	709	576	518	499	422	409

사용자가 C소프트웨어를 알게 된 경로 및 사용자 수 (단위: 만 명)

■ 오프라인 광고　■ 온라인 광고　■ 친구 추천

	1월	2월	3월	4월	5월	6월
친구 추천	107	220	321	433	476	533
온라인 광고	699	556	650	700	801	850
오프라인 광고	709	576	518	499	422	409

모범답안

　　从"C软件用户接触渠道及用户人数"的调查结果可知，C软件1月到2月用户数下降，而2月到6月用户数呈上升的趋势。具体来看，在1月，通过"朋友推荐"接触到C软件的用户相对较少，为107万人，通过"线上广告"和"线下广告"接触到C软件的用户较多，分别为699万人和709万人。从2月开始，通过"朋友推荐"接触到C软件的用户开始增多，在6月达到了最高值。与此同时，通过"线上广告"接触到C软件的用户从3月开始增多，而通过"线下广告"接触到C软件的用户则逐渐减少。可见，C软件的用户接触渠道一开始集中于线上和线下广告，但随着时间的推移，C软件通过用户的口碑得到了很好的宣传。

　　'사용자가 C소프트웨어를 알게 된 경로 및 사용자 수'의 조사 결과에서 알 수 있듯이, C소프트웨어는 1월부터 2월까지 사용자 수가 감소한 반면, 2월부터 6월까지는 사용자 수가 증가세를 보인다. 구체적으로 보면, 1월에 '친구 추천'으로 C소프트웨어를 알게 된 사용자는 107만 명으로 상대적으로 적었고, '온라인 광고'와 '오프라인 광고'를 통해 C소프트웨어를 알게 된 사용자는 각각 699만 명과 709만 명으로 비교적 많았다. 2월부터는 '친구 추천'을 통해 C소프트웨어를 알게 된 사용자가 늘기 시작해 6월에 최고치를 기록했다. 이와 함께 '온라인 광고'를 통해 C소프트웨어를 알게 된 사용자는 3월부터 늘어난 반면, '오프라인 광고'를 통해 C소프트웨어를 알게 된 사용자는 점차 줄고 있다. 사용자가 C소프트웨어를 알게 된 경로는 처음에는 온오프라인 광고에 집중되어 있었지만, 시간이 지남에 따라 C소프트웨어는 사용자들의 입소문을 타서 좋은 홍보 효과가 났음을 알 수 있다.

어휘　用户 yònghù 圆 사용자　渠道 qúdào 圆 경로　口碑 kǒubēi 圆 입소문, 입에 오르내리는 평가

89

"三人行，必有我师焉"出自《论语》，意思是"在一起行走的三个人当中，必定有可以做我老师的"，指要虚心向别人学习。你赞不赞同"三人行，必有我师焉"？请写一篇600字左右的文章，论证你的观点。

'세 사람이 같이 길을 가면 반드시 나의 스승이 있다'는 <논어>에 나온 말로, '함께 걷는 세 사람 중 반드시 나의 스승이 될 수 있는 사람이 있다'라는 뜻이며, 남에게 겸허히 배워야 한다는 것을 가리킨다. 당신은 '세 사람이 같이 길을 가면 반드시 나의 스승이 있다'라는 말에 동의하는가? 600자 내외의 글을 써서 당신의 관점을 논증하시오.

작성한 답안 아웃라인

서론 동의 여부 및 주제	赞同 동의함 别人的言行举止必定有值得我学习的地方 다른 사람의 말과 행동에는 반드시 내가 배울 만한 부분이 있음
본론 근거 1~2	我和我朋友们的例子 나와 내 친구들의 예시 可以学习各自的优点，然后弥补自己的不足，让自己更加进步 각자의 강점을 배우고 자신의 부족함을 보완하면서 자신을 더 발전시킬 수 있음 中国某位名人曾说过："人人皆可为师" 중국의 한 유명인은 '모든 사람은 스승이 될 수 있다'라고 했음 只要虚心求教，到处都有可以学习的对象 겸허히 배우고자 하면, 어디서든 배울 수 있는 대상이 있음
결론 의견 및 근거 재언급	保持一种谦虚好学的态度，就可以学到很多东西 겸손하고 배우는 것을 즐기는 태도를 유지하면 많은 것을 배울 수 있음

서론 동의 여부 및 주제

我赞同"三人行，必有我师焉"这句话。

나는 '세 사람이 같이 길을 가면 반드시 나의 스승이 있다'라는 말에 동의한다.

"三人行，必有我师焉"这句话一直被人们视为名言警句。这句家喻户晓的名言的意思是三个人同行，其中必定有人可以成为值得我学习的老师。也就是说，别人的言行举止必定有值得我学习的地方。人要谦虚好学，多看到别人的长处，学习别人的优点。

'세 사람이 같이 길을 가면 반드시 나의 스승이 있다'라는 이 말은 줄곧 사람들에게 격언으로 여겨져 왔다. 누구나 다 아는 이 명언의 의미는 세 사람이 동행하면, 그중 반드시 내가 배울 만한 스승이 될 수 있는 사람이 있다는 것이다. 다시 말해, 다른 사람의 말과 행동에는 반드시 내가 배울 만한 부분이 있다. 사람은 겸손하고 배우는 것을 즐겨야 하고, 다른 사람의 장점을 많이 보고, 다른 사람의 우수한 점을 배워야 한다.

본론 근거 1~2

以我和我的朋友们为例，我有两个从小认识的好朋友小文和小宇，我们三人无话不谈。小文热爱运动，他的篮球技术十分高超，每次我们一起打篮球，他都能大获全胜。他敏捷的动作、惊人的速度、精准的投篮，都使我们惊叹不已。我认为他的篮球技术非常值得我学习。而小宇是一个性格开朗，十分乐观的人，每当我们有不愉快的事情时，他总会鼓励我们，帮我们解决烦恼。小宇乐观的心态也十分值得我学习。在我们三人中，我最擅长做计划，所以我们一起旅游时，往往是我来制定好旅游行程，他们总说要学习我这种善于规划的优点。我们三个人，各自有各自的优点，每一个人的身上都有可贵的闪光点。我们可以学习各自的优点，然后弥补自己的不足，让自己更加进步。其实在日常生活中，我们会接触到很多的人，这些人都会有值得借鉴的长处，只要我们仔细观察身边的人，会发现每个人都可以成为我们的老师。

나와 내 친구들을 예로 들면, 나는 어릴 때부터 알고 지낸 두 명의 친한 친구 샤오원과 샤오위가 있는데, 우리 셋은 하지 않는 이야기가 없다. 샤오원은 운동을 좋아하는데, 그의 농구 기술은 매우 출중하여, 매번 우리가 함께 농구할 때마다 그는 큰 승리를 거둔다. 그의 날렵한 움직임, 놀라운 스피드, 정확한 슛은 우리가 감탄을 금치 못하게 한다. 나는 그의 농구 기술이 아주 배울 만하다고 생각한다. 한편 샤오위는 성격이 밝고 매우 낙관적인 사람이라서 우리가 즐겁지 않은 일이 있을 때마다 그는 항상 우리를 격려해주고, 우리가 고민을 해결하도록 도와준다. 샤오위의 낙관적인 마음가짐도 매우 배울 만하다. 우리 셋 중에 나는 계획을 짜는 것에 가장 뛰어나서, 우리가 함께 여행을 할 때면 종종 내가 여행 일정을 짜고 그들은 항상 나의 이런 계획을 잘 짜는 장점을 배워야겠다고 한다. 우리 셋은 각자의 장점이 있고, 모두에게는 뛰어난 장점이 있다. 우리는 각자의 장점을 배우고 자신의 부족함을 보완하면서 자신을 더 발전시킬 수 있다. 사실 일상생활에서 우리는 많은 사람을 접하게 되는데 이 사람들은 모두 본보기로 삼을 만한 장점이 있고, 우리가 주변의 사람들을 자세히 관찰하기만 하면 누구나 우리의 스승이 될 수 있다는 것을 발견할 것이다.

中国某位名人曾说过："人人皆可为师"，就是说无论什么人，都可以成为我们的老师。每个人都有优点和缺点，我们应当不断学习别人的长处。只要有随时发现别人优点的心态，虚心求教，到处都有可以学习的对象。不一定只有专业人士才能成为老师，其实人人都可为师。

중국의 한 유명인은 '모든 사람은 스승이 될 수 있다'라고 했다. 즉 어떤 사람이든지 우리의 스승이 될 수 있다는 것이다. 모든 사람은 장점과 단점이 있으며, 우리는 끊임없이 다른 사람의 장점을 배워야 한다. 언제나 다른 사람의 장점을 발견하는 태도를 가지고 겸허히 배우고자 하면, 어디서든 배울 수 있는 대상이 있다. 반드시 전문가만이 스승이 될 수 있는 것이 아니라, 사실 모두가 스승이 될 수 있다.

결론 의견 및 근거 재언급

总而言之，我赞同"三人行，必有我师焉"这句话。只要时刻谨记孔子这句话，在与别人交流的过程中，保持一种谦虚好学的态度，就可以学到很多东西，因为别人的智慧可能会启发我们，可以让我们学到别人的优点。

결론적으로 말하자면, 나는 '세 사람이 같이 길을 가면 반드시 나의 스승이 있다'라는 말에 동의한다. 항상 공자의 이 말을 명심하고 다른 사람들과 교류하는 과정에서 겸손하고 배우는 것을 즐기는 태도를 유지하면 많은 것을 배울 수 있다. 왜냐하면 다른 사람의 지혜는 우리에게 깨달음을 줄 수 있고, 우리가 다른 사람의 장점을 배우게 할 수 있기 때문이다.

어휘 **论证** lùnzhèng [동] 논증하다 **名言警句** míngyán jǐngjù [명] (명언과) 격언 **家喻户晓** jiāyùhùxiǎo [성] 누구나 다 알다 **举止** jǔzhǐ [명] 행동
高超 gāochāo [형] 출중하다 **敏捷** mǐnjié [형] 날렵하다 **精准** jīngzhǔn [형] 정확하다 **惊叹不已** jīngtànbùyǐ [성] 감탄을 금치 못하다
开朗 kāilǎng [형] (성격이) 밝다 **心态** xīntài [명] 마음가짐 **擅长** shàncháng [동] (어떤 방면에) 뛰어나다 **规划** guīhuà [동] 계획하다
可贵 kěguì [형] 뛰어나다, 훌륭하다 **闪光点** shǎnguāngdiǎn [명] 장점, 우수한 점 **弥补** míbǔ [동] 보완하다 **借鉴** jièjiàn [동] 본보기로 삼다 **皆** jiē [부] 모두
专业人士 zhuānyè rénshì [명] 전문가 **谨记** jǐnjì 명심하다

90

중국 전지는 가위로 종이에 무늬를 잘라내 생활에 색채를 더하거나 다른 민속 활동과 조화를 이루는 데 쓰이는 민간 예술이다. 전지 예술은 현재까지 이미 1000여 년의 역사가 있는데, 남북조 시대에 중국 최초의 전지 작품이 등장했으며 당시의 전지는 반복해서 접는 처리 방식을 사용했다. 오늘날 전지는 누구나 다 아는 전통문화 예술이 되었으며, 다양한 민속 행사에서 중요한 위치를 차지하고 있다. 춘절을 보낼 때 사람들은 전지를 창문이나 벽에 붙여 새해에 대한 기대를 나타낸다.

한 문장씩 중국어로 번역하기

	제시된 한국어 문장 ▶	번역한 중국어 문장
문장①	중국 전지는 가위로 종이에 무늬를 잘라내 생활에 색채를 더하거나 다른 민속 활동과 조화를 이루는 데 쓰이는 민간 예술이다. 📍 번역 포인트 · '잘라내다'는 없었던 것을 만들어냄을 나타내는 방향보어 出를 활용하여 剪出로 번역한다. [스킬 2]	中国剪纸是一种用剪刀在纸上剪出花纹，用于给生活增添色彩或配合其他民俗活动的民间艺术。
문장②	전지 예술은 현재까지 이미 1000여 년의 역사가 있는데, 남북조 시대에 중국 최초의 전지 작품이 등장했으며 당시의 전지는 반복해서 접는 처리 방식을 사용했다. 📍 번역 포인트 · 중국어 문장에서 술어가 되는 出现(등장하다)의 위치에 유의하며 번역한다. [스킬 1] 이때, '등장하다'는 없던 것이 출현함을 나타내는 出现으로 번역해야 하고, 인물이 무대에 등장하거나 상품이 출시됨을 나타내는 登场으로 번역하지 않도록 유의한다. · '방식을 사용하다'는 중국어의 호응어휘 采用方式을 활용하여 번역한다. [스킬 6]	剪纸艺术至今已有一千多年历史，南北朝时期出现了中国最早的剪纸作品，当时的剪纸采用了重复折叠的处理方式。
문장③	오늘날 전지는 누구나 다 아는 전통문화 예술이 되었으며, 다양한 민속 행사에서 중요한 위치를 차지하고 있다. 📍 번역 포인트 · '누구나 다 알다'는 家喻户晓이다. 이때 家喻户晓가 떠오르지 않으면, '모든 사람들이 다 알다'로 의미를 풀어 人人都知道로 번역할 수 있다. [스킬 9] · '위치를 차지하다'는 중국어의 호응어휘 占有位置을 활용하여 번역한다. [스킬 6]	如今，剪纸成为了一种家喻户晓的传统文化艺术，在各种民俗活动中占有重要的位置。
문장④	춘절을 보낼 때 사람들은 전지를 창문이나 벽에 붙여 새해에 대한 기대를 나타낸다. 📍 번역 포인트 · '전지를 창문이나 벽에 붙이다'는 把를 활용하여 把剪纸贴在窗户或者墙上으로 번역한다. [스킬 3] · 문장이 길기 때문에 '전지를 창문이나 벽에 붙여'에서 한번 끊어준다. [스킬 10]	过春节时，人们会把剪纸贴在窗户或者墙上，来表达对新年的期望。

모범답안

> 中国剪纸是一种用剪刀在纸上剪出花纹，用于给生活增添色彩或配合其他民俗活动的民间艺术。剪纸艺术至今已有一千多年历史，南北朝时期出现了中国最早的剪纸作品，当时的剪纸采用了重复折叠的处理方式。如今，剪纸成为了一种家喻户晓的传统文化艺术，在各种民俗活动中占有重要的位置。过春节时，人们会把剪纸贴在窗户或者墙上，来表达对新年的期望。

어휘　**剪纸** jiǎnzhǐ 圏 전지[종이를 오려 여러 가지 모양을 만드는 종이 공예]　**增添** zēngtiān 图 더하다　**民间** mínjiān 圈 민간　**折叠** zhédié 图 접다
家喻户晓 jiāyùhùxiǎo 졩 누구나 다 알다, 집집마다 다 알다　**期望** qīwàng 图 기대하다

어떤 한 마을이 외진 산간 지대에 자리 잡고 있었는데, 그곳은 삼림이 뒤덮고 있는 면적이 크고, 풍경이 매우 아름다우며, 현지의 마을 사람들은 오랜 기간 평온한 생활을 했다. 그러나 몇 년 전 어느 건조한 가을에 마을의 뒷산에서 심각한 화재 사고가 발생했다. 마을 사람들이 신고한 후, 삼림 소방대원은 곧바로 서둘러 달려왔고, 그들은 몇 시간을 분투하고 나서야 산불을 완전히 진압했다. 그 화재 사고는 비록 인명 피해를 초래하지는 않았지만, 그곳의 자연환경이 큰 피해를 입게 했다. 삼림의 식물은 큰불에 모조리 타버렸고, 야생동식물은 이로 인해 삶의 터전을 잃었으며, 이렇게 뒷산은 버려진 땅으로 변했다. 설상가상인 것은, 마을 사람들이 심은 과일나무도 큰 영향을 받아서, 그들은 어쩔 수 없이 심각한 경제적 손실을 부담했다.

마을 사람들은 삼림이 예전의 모습을 회복하게 하기 위해서 나무를 심어 숲을 조성하는 활동을 여러 차례 개최했다. 그들은 나무가 드문 뒷산에 많은 묘목을 심었고, 과수원에 새로 씨를 뿌렸다. 많은 해가 지나가고, 마을 사람들이 심은 나무는 점점 더 무성하게 자라나 뒷산의 환경도 큰 변화가 생겨, 많은 야생동물이 다시 뒷산으로 돌아왔고 그 마을은 이전보다 더 생기 있어졌다.

한 문장씩 중국어로 번역하기

	제시된 한국어 문장 ▶	번역한 중국어 문장
문장①	어떤 한 마을이 외진 산간 지대에 자리 잡고 있었는데, 그곳은 삼림이 뒤덮고 있는 면적이 크고, 풍경이 매우 아름다우며, 현지의 마을 사람들은 오랜 기간 평온한 생활을 했다. 📍 번역 포인트 · '자리 잡고 있다'가 떠오르지 않으면 '위치하다'로 쉽게 바꿔서 位于로 번역한다. [스킬 7]	有个村庄位于偏僻的山区，那里森林覆盖面积大、风景十分优美，当地的村民们常年过着宁静的生活。
문장②	그러나 몇 년 전 어느 건조한 가을에 마을의 뒷산에서 심각한 화재 사고가 발생했다. 📍 번역 포인트 · 중국어 문장에서 술어가 되는 发生(발생하다)의 위치에 유의하며 번역한다. [스킬 1]	然而，在多年前某个干燥的秋天，村子的后山发生了一起严重的火灾事故。
문장③	마을 사람들이 신고한 후, 삼림 소방대원은 곧바로 서둘러 달려왔고, 그들은 몇 시간을 분투하고 나서야 산불을 완전히 진압했다. 📍 번역 포인트 · '서둘러 달려왔다'는 어떤 대상을 향해 다가옴을 나타내는 방향보어 过来를 활용하여 赶了过来로 번역한다. [스킬 2] · '산불을 완전히 진압하다'는 把를 활용하여 把山火彻底扑灭로 번역한다. [스킬 3]	村民们报警后，森林消防员立即赶了过来，他们奋战了数小时才把山火彻底扑灭。
문장④	그 화재 사고는 비록 인명 피해를 초래하지는 않았지만, 그곳의 자연환경이 큰 피해를 입게 했다. 📍 번역 포인트 · '인명 피해'는 중국어의 호응어휘 人员伤亡을 활용하여 번역한다. [스킬 6] · '그곳의 자연환경이 큰 피해를 입게 했다'는 使을 활용하여 使那里的自然环境受到了巨大的破坏로 번역한다. [스킬 5]	那次火灾事故虽然没有造成人员伤亡，但是使那里的自然环境受到了巨大的破坏。
문장⑤	삼림의 식물은 큰불에 모조리 타버렸고, 야생동식물은 이로 인해 삶의 터전을 잃었으며, 이렇게 뒷산은 버려진 땅으로 변했다. 📍 번역 포인트 · '큰불에 모조리 타버리다'는 被를 활용하여 被大火烧得一干二净으로 번역한다. [스킬 4] · '삶의 터전'이 떠오르지 않으면 '생존의 공간'으로 쉽게 바꿔서 生存的空间으로 번역한다. [스킬 7]	森林里的植物被大火烧得一干二净，野生动植物因此失去了生存的空间，就这样，后山变成了一块废弃的土地。

문장⑥	설상가상인 것은, 마을 사람들이 심은 과일나무도 큰 영향을 받아서, 그들은 어쩔 수 없이 심각한 경제적 손실을 부담했다. ▶ 雪上加霜的是，村民们种植的果树也受到了极大的影响，他们不得不承担严重的经济损失。 **번역 포인트** · '설상가상'은 **雪上加霜**이다. 이때 **雪上加霜**이 떠오르지 않으면, '더욱 심각하다'로 의미를 풀어 **更加严重**으로 번역할 수 있다. [스킬 8] · '손실을 부담하다'는 중국어의 호응어휘 **承担损失**을 활용하여 번역한다. [스킬 6]
문장⑦	마을 사람들은 삼림이 예전의 모습을 회복하게 하기 위해서 나무를 심어 숲을 조성하는 활동을 여러 차례 개최했다. ▶ 村民们为了让森林恢复成昔日的面貌，组织了多次植树造林活动。 **번역 포인트** · '삼림이 예전의 모습을 회복하게 하다'는 **让**을 활용하여 **让森林恢复成昔日的面貌**로 번역한다. [스킬 5]
문장⑧	그들은 나무가 드문 뒷산에 많은 묘목을 심었고, 과수원에 새로 씨를 뿌렸다. ▶ 他们在树木稀少的后山种植了许多树苗，还在果园重新播种。 **번역 포인트** · '씨를 뿌리다'는 **撒下种子**로 그대로 직역하기보다 하나의 중국어 동사 **播种**으로 번역한다. [스킬 9]
문장⑨	많은 해가 지나가고, 마을 사람들이 심은 나무는 점점 더 무성하게 자라나 뒷산의 환경도 큰 변화가 생겨, 많은 야생동물이 다시 뒷산으로 돌아왔고 그 마을은 이전보다 더 생기 있어졌다. ▶ 许多年过去了，村民们种植的树木生长得越来越茂盛，后山的环境也得到了很大的改变，许多野生动物再次回到后山，那个村庄变得比以前更有生机了。 **번역 포인트** · '점점 더 무성하게 자라다'는 정도보어 **越来越茂盛**을 활용하여 **生长得越来越茂盛**으로 번역한다. [스킬 2] · 문장이 길기 때문에 '점점 더 무성하게 자라나', '뒷산으로 돌아왔고'에서 한번 끊어준다. [스킬 10]

모범답안

有个村庄位于偏僻的山区，那里森林覆盖面积大、风景十分优美，当地的村民们常年过着宁静的生活。然而，在多年前某个干燥的秋天，村子的后山发生了一起严重的火灾事故。村民们报警后，森林消防员立即赶了过来，他们奋战了数小时才把山火彻底扑灭。那次火灾事故虽然没有造成人员伤亡，但是使那里的自然环境受到了巨大的破坏。森林里的植物被大火烧得一干二净，野生动植物因此失去了生存的空间，就这样，后山变成了一块废弃的土地。雪上加霜的是，村民们种植的果树也受到了极大的影响，他们不得不承担严重的经济损失。

村民们为了让森林恢复成昔日的面貌，组织了多次植树造林活动。他们在树木稀少的后山种植了许多树苗，还在果园重新播种。许多年过去了，村民们种植的树木生长得越来越茂盛，后山的环境也得到了很大的改变，许多野生动物再次回到后山，那个村庄变得比以前更有生机了。

어휘 **村庄** cūnzhuāng [명] 마을, 시골 **偏僻** piānpì [형] 외지다 **覆盖** fùgài [동] 뒤덮다 **宁静** níngjìng [형] 평온하다 **起** qǐ [양] [사건, 일을 세는 데 쓰는 단위] **事故** shìgù [명] 사고 **报警** bàojǐng [동] (경찰·119 등에) 신고하다 **消防员** xiāofángyuán [명] 소방대원 **奋战** fènzhàn [동] 분투하다 **扑灭** pūmiè [동] (화재를) 진압하다 **人员伤亡** rényuán shāngwáng 인명 피해 **生存** shēngcún [동] 생존하다 **废弃** fèiqì [동] 버리다 **雪上加霜** xuěshàngjiāshuāng [성] 설상가상, 엎친 데 덮친 격이다 **种植** zhòngzhí [동] 심다 **昔日** xīrì [명] 예전 **面貌** miànmào [명] 모습, 면모 **果园** guǒyuán [명] 과수원 **播种** bōzhǒng [동] 씨를 뿌리다, 파종하다 **茂盛** màoshèng [형] (식물이) 무성하다 **生机** shēngjī [명] 생기

92 올해 여름 연이은 고온 날씨는 중국의 많은 지역이 영향을 받게 했기 때문에, 일부 지역에서 인공 강우를 실시했다. 인공 강우는 인위적인 방식을 통해 비를 내리게 하는 방법인데, 이 방법은 강수량을 늘리는 데 사용될 수 있어서 농지의 가뭄을 완화하고, 저수지의 물 공급 능력을 강화할 수 있다. 현재 중국의 인공 강우 기술은 이미 비교적 높은 수준에 도달했다. 최근, 중국의 과학 연구원은 인공 강우와 관련이 있는 과학 연구 프로젝트의 초대에 응해 참가했다. 연구 작업에서 과학 연구원은 인공 강우 기술의 발전 문제를 상세하게 탐구했고, 이는 지속 가능한 발전의 촉진에 새로운 기회를 가져다주었다.

한 문장씩 중국어로 통역해보기

	제시된 한국어 문장 ▶ 통역해본 중국어 문장
문장①	올해 여름 연이은 고온 날씨는 중국의 많은 지역이 영향을 받게 했기 때문에, 일부 지역에서 인공 강우를 실시했다. ▶ 今年夏天连续的高温天气使中国很多地区受到了影响，因此有些地方实施了人工降雨。 통역 포인트 · '중국의 많은 지역이 영향을 받게 했다'는 使을 활용하여 **使中国很多地区受到了影响**으로 통역한다. [스킬 4]
문장②	인공 강우는 인위적인 방식을 통해 비를 내리게 하는 방법인데, 이 방법은 강수량을 늘리는 데 사용될 수 있어서 농지의 가뭄을 완화하고, 저수지의 물 공급 능력을 강화할 수 있다. ▶ 人工降雨是通过人为的方式形成降雨的方法，这种方法可以被用来增加降水量，从而缓解农田的干旱，增强水库的供水能力。 통역 포인트 · '강수량을 늘리는 데 사용되다'는 被를 활용하여 **被用来增加降水量**으로 통역한다. [스킬 4] · 문장이 길기 때문에 '사용될 수 있어서'에서 한번 끊어준다. 뒤 문장과 자연스럽게 이어지도록 뒤 문장 바로 앞에 연결어 **从而**(따라서)을 넣어준다. [스킬 10]
문장③	현재 중국의 인공 강우 기술은 이미 비교적 높은 수준에 도달했다. ▶ 目前中国的人工降雨技术已达到了较高的水平。 통역 포인트 · 중국어 문장에서 술어가 되는 **达到**(~에 도달하다)의 위치에 유의하며 통역한다. [스킬 1]
문장④	최근, 중국의 과학 연구원은 인공 강우와 관련이 있는 과학 연구 프로젝트의 초대에 응해 참가했다. ▶ 近日，中国的科研人员应邀参加了与人工降雨有关的科研项目。 통역 포인트 · '초대에 응하다'는 **接受邀请**으로 그대로 직역하기보다 하나의 중국어 동사 **应邀**로 통역한다. [스킬 9]
문장⑤	연구 작업에서 과학 연구원은 인공 강우 기술의 발전 문제를 상세하게 탐구했고, 이는 지속 가능한 발전의 촉진에 새로운 기회를 가져다주었다. ▶ 在研究工作中，科研人员详细探讨了人工降雨技术的发展问题，这为促进可持续发展带来了新的契机。 통역 포인트 · '문제를 탐구하다'는 중국어의 호응어휘 **探讨问题**를 활용하여 통역한다. [스킬 6]

모범답변

今年夏天连续的高温天气使中国很多地区受到了影响，因此有些地方实施了人工降雨。人工降雨是通过人为的方式形成降雨的方法，这种方法可以被用来增加降水量，从而缓解农田的干旱，增强水库的供水能力。目前中国的人工降雨技术已达到了较高的水平。近日，中国的科研人员应邀参加了与人工降雨有关的科研项目。在研究工作中，科研人员详细探讨了人工降雨技术的发展问题，这为促进可持续发展带来了新的契机。

어휘 **实施** shíshī [동] 실시하다 **人工降雨** réngōng jiàngyǔ [명] 인공 강우 **人为** rénwéi [형] 인위적인 **降水量** jiàngshuǐliàng [명] 강수량 **干旱** gānhàn [형] 가물다, 메마르다 **增强** zēngqiáng [동] 강화하다 **水库** shuǐkù [명] 저수지, 댐 **供水** gōngshuǐ [동] 물을 공급하다 **应邀** yìngyāo [동] 초대에 응하다 **科研人员** kēyán rényuán [명] 과학 연구원 **探讨** tàntǎo [동] 탐구하다 **契机** qìjī [명] 기회, 계기

중국 고대 문인들이 반드시 익혀야 할 예술에는 네 종류가 있었는데, 옛사람들은 이것들을 개인의 문화적 소양을 드러내는 수단으로 삼았다. 첫 번째는 중국 전통 음악을 대표하는 고금으로, 중국 옛사람들은 고금의 소리를 좋아했으며, 이는 고금이 고대에서 좋은 발전을 이루게 했다. 두 번째는 바둑으로 일종의 전통적인 전략형 게임이며, 그것은 중화 문화의 풍부한 의미를 내포하고 있다. 세 번째는 서예로, 서예는 문자를 미적 감각이 풍부한 예술 작품으로 바꿀 수 있고, 그것은 한자 특유의 전통 예술이다. 마지막은 회화로 특히 중국화를 가리키며, 옛사람들은 자연과 사회에 대한 인식을 그림에 표현하기를 좋아했기 때문에 중국화의 표현 형식과 내용에서 당시 사람의 감정을 알 수 있었다. 고대 문인들이 사랑한 이 네 종류의 예술은 고대에 '문인사예'라고 불렸다.

한 문장씩 중국어로 통역해보기

	제시된 한국어 문장 ▶	통역해본 중국어 문장
문장①	중국 고대 문인들이 반드시 익혀야 할 예술에는 네 종류가 있었는데, 옛사람들은 이것들을 개인의 문화적 소양을 드러내는 수단으로 삼았다.	中国古代文人必须掌握的艺术有四种，古人把它们当作展现个人文化素养的一种途径。
	⊙ 통역 포인트 · '이것들을 개인의 문화적 소양을 드러내는 수단으로 삼다'는 把를 활용하여 把它们当作展现个人文化素养的一种途径으로 통역한다. [스킬 3]	
문장②	첫 번째는 중국 전통 음악을 대표하는 고금으로, 중국 옛사람들은 고금의 소리를 좋아했으며, 이는 고금이 고대에서 좋은 발전을 이루게 했다.	第一种是代表中国传统音乐的古琴，中国古人喜欢古琴的声音，这使古琴在古代得到了很好的发展。
	⊙ 통역 포인트 · '고금이 고대에서 좋은 발전을 이루게 했다'는 使을 활용하여 使古琴在古代得到了很好的发展으로 통역한다. [스킬 5]	
문장③	두 번째는 바둑으로 일종의 전통적인 전략형 게임이며, 그것은 중화 문화의 풍부한 의미를 내포하고 있다.	第二种是围棋，这是一项传统的策略型游戏，它蕴含着中华文化的丰富内涵。
	⊙ 통역 포인트 · 문장이 길기 때문에 '바둑으로'에서 한번 끊어준다. 뒤 문장과 자연스럽게 이어지도록 뒤 문장 바로 앞에 주어 这(이것)를 넣어준다. [스킬 10]	
문장④	세 번째는 서예로, 서예는 문자를 미적 감각이 풍부한 예술 작품으로 바꿀 수 있고, 그것은 한자 특유의 전통 예술이다.	第三是书法，书法能将文字转变成富有美感的艺术作品，它是汉字特有的一种传统艺术。
	⊙ 통역 포인트 · '~로 바꾸다'는 동작의 결과가 다른 것으로 변환됨을 나타내는 결과보어 成을 활용하여 转变成으로 통역한다. [스킬 2]	
문장⑤	마지막은 회화로 특히 중국화를 가리키며, 옛사람들은 자연과 사회에 대한 인식을 그림에 표현하기를 좋아했기 때문에 중국화의 표현 형식과 내용에서 당시 사람의 감정을 알 수 있었다.	最后是绘画，特别是指中国画，古人爱把对自然以及社会的认识表现在画上，因此从中国画的表现形式和内容中可以知道当时人的情感。
	⊙ 통역 포인트 · '자연과 사회에 대한 인식을 그림에 표현하다'는 把를 활용하여 把对自然以及社会的认识表现在画上으로 통역한다. [스킬 3]	
문장⑥	고대 문인들이 사랑한 이 네 종류의 예술은 고대에 '문인사예'라고 불렸다.	古代文人所爱的这四种艺术在古代被称为"文人四艺"。
	⊙ 통역 포인트 · "'문인사예'라고 불리다"는 被를 활용하여 被称为"文人四艺"로 통역한다. [스킬 4]	

　　中国古代文人必须掌握的艺术有四种，古人把它们当作展现个人文化素养的一种途径。第一种是代表中国传统音乐的古琴，中国古人喜欢古琴的声音，这使古琴在古代得到了很好的发展。第二种是围棋，这是一项传统的策略型游戏，它蕴含着中华文化的丰富内涵。第三是书法，书法能将文字转变成富有美感的艺术作品，它是汉字特有的一种传统艺术。最后是绘画，特别是指中国画，古人爱把对自然以及社会的认识表现在画上，因此从中国画的表现形式和内容中可以知道当时人的情感。古代文人所爱的这四种艺术在古代被称为"文人四艺"。

어휘　展现 zhǎnxiàn 圈 드러내다　素养 sùyǎng 圈 소양　途径 tújìng 圈 수단　古琴 gǔqín 圈 고금　围棋 wéiqí 圈 바둑　策略型 cèlüèxíng 전략형
　　蕴含 yùnhán 圈 내포하다　内涵 nèihán 圈 의미　书法 shūfǎ 圈 서예
　　文人四艺 wénrén sìyì 圈 문인사예[고대 문인들이 배워야 했던 고금, 바둑, 서예, 회화 네 가지의 문예 활동을 가리킴]

94

你在国家博物馆官网上得知，下个月国家博物馆将举办一系列专题展览。

展览名称	展览时间	展览地点	展览信息
新疆文物精品展	3月8日-9月7日	北19展厅	- 展示新疆各地区出土的精美文物，包括陶器、纺织品、木器、佛像等
中国古代饮食文化展	3月11日-12月2日	北11展厅	- 详细介绍食材、器具、烹饪技法、古代餐桌礼仪等 - 全面展现中国古代饮食文化的历史变迁
古罗马文明展	3月26日-7月10日	北3、北4展厅	- 展示来自意大利的503件珍贵文物 - 系统介绍意大利半岛实现政治和文化统一的历史进程
中国古代玉器展	3月28日-12月30日	北1展厅	- 阐释中国古代玉文化的发展脉络 - 完美展现玉器制作的工艺流程 - 全方位挖掘古代玉器中所蕴含的精神文化内涵

1）你的同事想去参观中国古代玉器和新疆文物有关的展览，请你根据上面的表格向那位同事详细介绍一下。
2）你对哪个专题展览最感兴趣？为什么？

당신은 국립박물관의 공식 홈페이지에서 다음달 국립박물관에 특별전시가 개최될 예정임을 알게 되었습니다.

전시 제목	전시 시간	전시 장소	전시 정보
신장 문물 전시	3월 8일~9월 7일	북쪽 구역 19번 전시장	- 토기, 직물, 목기, 불상 등을 포함한 신장의 각 지역에서 출토된 정교하고 아름다운 문물을 전시합니다.
중국 고대 음식 문화 전시	3월 11일~12월 2일	북쪽 구역 11번 전시장	- 식재료, 도구, 조리 기법, 고대의 식탁 예절 등을 자세히 소개합니다. - 중국 고대 음식 문화의 역사적 변천을 전면적으로 펼쳐 보입니다.
고대 로마 문명 전시	3월 26일~7월 10일	북쪽 구역 3, 4번 전시장	- 이탈리아에서 온 503점의 진귀한 유물을 전시합니다. - 이탈리아반도가 정치와 문화를 통일한 역사적 과정을 체계적으로 소개합니다.
중국 고대 옥기 전시	3월 28일~12월 30일	북쪽 구역 1번 전시장	- 중국 고대 옥 문화의 발전 맥락을 상세히 설명합니다. - 옥기 제작 공정을 완벽하게 펼쳐 보입니다. - 고대 옥기에 내포된 정신 문화적인 함의를 다각도에서 탐색합니다.

1) 당신의 동료가 중국 고대 옥기와 신장 문물에 관련된 전시에 가고 싶어 합니다. 위 표에 근거하여 그 동료에게 자세히 소개해주세요.
2) 당신은 어떤 특별 전시에 가장 관심이 있나요? 왜인가요?

어휘　**专题** zhuāntí 圆 특별한 테마　**新疆** Xīnjiāng 고유 신장[신장 위구르 자치구]　**文物** wénwù 圆 문물　**展示** zhǎnshì 圆 전시하다　**纺织品** fǎngzhīpǐn 圆 직물
　　饮食 yǐnshí 圆 음식　**烹饪** pēngrèn 圆 조리하다　**技法** jìfǎ 圆 기법　**礼仪** lǐyí 圆 예절　**展现** zhǎnxiàn 圆 펼쳐 보이다　**变迁** biànqiān 圆 변천하다
　　珍贵 zhēnguì 圆 진귀하다　**玉器** yùqì 圆 옥기　**阐释** chǎnshì 圆 상세히 설명하다　**脉络** màiluò 圆 맥락　**流程** liúchéng 圆 공정
　　全方位 quánfāngwèi 圆 다각도　**挖掘** wājué 圆 탐색하다, 발굴하다　**蕴含** yùnhán 圆 내포하다　**内涵** nèihán 圆 함의

구상한 답변 아웃라인

상황 언급	국립박물관에서 개최되는 중국 고대 옥기 전시와 신장 문물 전시에 대해 소개해주겠음
자료 내용 언급 + 나의 의견	- 중국 고대 옥기 전시는 3월 28일부터 12월 30일까지임. 중국 고대 옥 문화의 발전 맥락, 옥기 제작 공정, 고대 옥기에 내포된 정신문화적인 함의에 대해 알 수 있음 - 신장 문물 전시는 3월 8일부터 9월 7일까지임. 신장의 각 지역에서 출토된 정교하고 아름다운 문물이 전시됨 - 고대 로마 문명 전시에 가장 관심 있음. 평소에 세계 역사를 연구하는 것을 좋아함. 특히 고대 로마 시대의 역사를 좋아해서 책과 영상을 많이 봄 - 3월 26일부터 7월 10일까지 고대 로마 문명 전시가 있음. 이탈리아에서 온 진귀한 유물이 전시되고, 이탈리아 반도가 정치와 문화를 통일한 역사적 과정을 소개함. 유물을 직접 보고 그 시대의 역사에 대해 더 많이 알고 싶음
마무리	국립박물관 특별 전시에서 가장 관심 있는 것은 고대 로마 문명 전시임

你好，我来给你详细介绍一下国家博物馆将举办的中国古代玉器展和新疆文物精品展。

首先，中国古代玉器展从3月28日到12月30日在北1展厅展出，展览将阐释中国古代玉文化的发展脉络，完美展现玉器制作的工艺流程，并全方位挖掘古代玉器中所蕴含的精神文化内涵。其次，新疆文物精品展从3月8日到9月7日在北19展厅展出，将展示新疆各地区出土的精美文物，包括陶器、纺织品、木器、佛像等。

接下来我来说说我最感兴趣的专题展览。我对古罗马文明展最感兴趣。我平时就喜欢研究世界历史，尤其喜欢古罗马时期的历史，所以看了很多这方面的书籍和视频。3月26日到7月10日，国家博物馆刚好有古罗马文明展，是在北3、北4展厅，主要展示来自意大利的503件珍贵文物，展览还会系统介绍意大利半岛实现政治和文化统一的历史进程。通过这次展览，我希望能亲眼看到古罗马时期的文物，了解更多那个时期的历史。虽然我平时很忙，但我一定会抽出时间去参观的。

所以，在国家博物馆举办的一系列专题展览中，我最感兴趣的是古罗马文明展。

안녕하세요, 제가 국립박물관에서 개최되는 중국 고대 옥기 전시와 신장 문물 전시에 대해 자세히 소개해드리겠습니다.

먼저, 중국 고대 옥기 전시는 3월 28일부터 12월 30일까지 북쪽구역 1번 전시장에서 전시되며, 전시에서는 중국 고대 옥 문화의 발전 맥락을 상세히 설명하고, 옥기 제작 공정을 완벽하게 펼쳐 보일 것이며, 게다가 고대 옥기에 내포된 정신문화적인 함의를 다각도에서 탐색할 예정입니다. 그다음으로, 신장 문물 전시는 3월 8일부터 9월 7일까지 북쪽 구역 19번 전시장에서 전시되며, 토기, 직물, 목기, 불상 등을 포함한 신장의 각 지역에서 출토된 정교하고 아름다운 문물을 전시할 예정입니다.

이어서 제가 가장 관심 있는 특별 전시에 대해 말하겠습니다. 저는 고대 로마 문명 전시에 가장 관심이 있습니다. 저는 평소에 세계 역사를 연구하는 것을 좋아하는데, 특히 고대 로마 시대의 역사를 좋아해서 이 방면의 책과 영상을 많이 봤습니다. 3월 26일부터 7월 10일까지 국립박물관에 마침 고대 로마 문명 전시가 있으며, 북쪽 구역 3, 4번 전시장에서 합니다. 주로 이탈리아에서 온 503점의 진귀한 유물을 전시하며, 전시에서는 이탈리아반도가 정치와 문화를 통일한 역사적 과정을 체계적으로 소개하기도 합니다. 이번 전시를 통해, 저는 고대 로마 시대의 유물을 직접 보고 그 시대의 역사에 대해 더 많이 알고 싶습니다. 비록 저는 평소에 바쁘지만 그래도 꼭 시간을 내서 관람할 것입니다.

따라서 국립박물관에서 개최하는 특별 전시에서 제가 가장 관심 있는 것은 고대 로마 문명 전시입니다.

어휘 **玉器** yùqì⦿ 옥기　**新疆** Xīnjiāng⦿ 신장[신장 위구르 자치구]　**文物** wénwù⦿ 문물　**阐释** chǎnshì⦿ 상세히 설명하다　**脉络** màiluò⦿ 맥락
展现 zhǎnxiàn⦿ 펼쳐 보이다　**流程** liúchéng⦿ 공정　**全方位** quánfāngwèi⦿ 다각도　**挖掘** wājué⦿ 탐색하다, 발굴하다　**蕴含** yùnhán⦿ 내포하다
内涵 nèihán⦿ 함의　**展示** zhǎnshì⦿ 전시하다　**纺织品** fǎngzhīpǐn⦿ 직물　**专题** zhuāntí⦿ 특별한 테마　**书籍** shūjí⦿ 책　**视频** shìpín⦿ 영상
珍贵 zhēnguì⦿ 진귀하다

95 - 97

[95]碳标签是对产品碳足迹的评价与标识，通过碳标签，可以对产品的物料使用、生产制造、运输、废气处理等全过程产生的碳排放进行量化评价，并以标识的形式对外公开碳排放量信息。对于企业而言，碳标签能系统地呈现出产品的碳排放量，有助于制定有针对性的减排举措，而且在绿色低碳消费逐渐成为主流的当下，它可以帮助企业提升产品和品牌的绿色竞争力。通过碳标签，企业还可以掌握自身生产过程中的碳排放量。对于消费者而言，碳标签无疑是一个重要的信息载体，[96]通过了解产品的碳信息，消费者可以增强可持续发展意识，消费者只有增强可持续发展意识，才能做出明智、绿色的消费选择。环境的保护需要企业和消费者的共同努力，消费者对低碳产品的需求倾向能够引导企业注重绿色生产，由此形成减排的良性循环。随着减少碳排放的目标的提出以及碳标签在各行各业的持续推进，关于碳标签的讨论越来越热烈，碳标签的应用也将日益广泛和深入。

[95]탄소 라벨링은 제품의 탄소 발자국에 대한 평가와 표기를 가리키며, 탄소 라벨링을 통해 제품의 재료 사용, 생산 제조, 운송, 폐기 가스 처리 등 전 과정에서 발생한 탄소 배출에 대해 정량적 평가를 진행하고, 표기의 형식으로 외부에 탄소 배출량 정보를 공개할 수 있다. 기업에게 있어 탄소 라벨링은 제품의 탄소 배출량을 체계적으로 나타낼 수 있어 목표성을 가진 배출 감소 조치를 세우는 데 도움이 되며, 게다가 친환경적인 저탄소 소비가 점차 주요 추세가 되는 현재에 기업이 제품과 브랜드의 친환경적 경쟁력을 향상시키는 데도 도움을 줄 수 있다. 탄소 라벨링을 통해 기업은 자체 생산 과정에서의 탄소 배출량을 파악할 수도 있다. 소비자에 있어 탄소 라벨링은 의심할 여지없이 하나의 중요한 정보 매체로, [96]제품의 탄소 정보를 이해하는 것을 통해 소비자는 지속 가능한 발전에 대한 의식을 강화할 수 있으며, 소비자가 지속 가능한 발전에 대한 의식을 강화해야만 현명하고 친환경적인 소비 선택을 할 수 있다. 환경의 보호는 기업과 소비자의 공동의 노력이 필요하며, 저탄소 제품에 대한 소비자의 수요 경향은 기업이 친환경적인 생산을 중시하도록 이끌고, 이를 통해 오염 물질 배출 감소의 선순환을 형성할 수 있다. 탄소 배출량 감소라는 목표가 제기되고 탄소 라벨링이 다양한 산업에서 지속적으로 추진됨에 따라 탄소 라벨링에 대한 토론은 점점 뜨거워지고 있고, 탄소 라벨링의 활용도 나날이 광범위해지고 심화될 것이다.

어휘 **碳标签** tànbiāoqiān⦿ 탄소 라벨링[제품의 생산·유통·소비 등 전 과정에서 발생하는 이산화 탄소 배출량을 제품 겉면에 표시하는 제도]
碳足迹 tànzújì⦿ 탄소 발자국[개인이나 단체가 직·간접적으로 발생시킨 이산화 탄소의 총량]　**物料** wùliào⦿ 재료　**排放** páifàng⦿ 배출하다
量化 liànghuà⦿ 정량화하다　**呈现** chéngxiàn⦿ 나타내다　**主流** zhǔliú⦿ 주요 추세　**载体** zàitǐ⦿ 매체　**意识** yìshí⦿ 의식　**明智** míngzhì⦿ 현명하다
需求 xūqiú⦿ 수요　**倾向** qīngxiàng⦿ 경향　**引导** yǐndǎo⦿ 이끌다　**注重** zhùzhòng⦿ 주의를 기울이다　**良性循环** liángxìng xúnhuán 선순환
日益 rìyì⦿ 나날이

95 问：这篇文章主要提及了关于什么的内容？　　질문: 이 단문은 주로 무엇에 관한 내용을 언급했는가?

모범답변

这篇文章主要提及了关于碳标签的内容。　　이 단문은 주로 탄소 라벨링에 관한 내용을 언급했습니다.

해설　질문이 이 단문은 주로 무엇에 관한 내용을 언급했는지 물었다. 음성 전반적으로 碳标签에 대해 이야기하고 있으므로, **这篇文章主要提及了关于碳标签的内容。**이라는 완전한 문장으로 답변한다.

어휘　**碳标签** tànbiāoqiān 圐탄소 라벨링[제품의 생산·유통·소비 등 전 과정에서 발생하는 이산화 탄소 배출량을 제품 겉면에 표시하는 제도]

96 问：通过了解产品的碳信息，消费者可以增强什么意识？　　질문: 제품의 탄소 정보를 이해하는 것을 통해 소비자는 어떤 의식을 강화할 수 있는가?

모범답변

通过了解产品的碳信息，消费者可以增强可持续发展意识。　　제품의 탄소 정보를 이해하는 것을 통해 소비자는 지속 가능한 발전에 대한 의식을 강화할 수 있습니다.

해설　질문이 제품의 탄소 정보를 이해하는 것을 통해 소비자는 어떤 의식을 강화할 수 있는지 물었다. 음성에서 **通过了解产品的碳信息，消费者可以增强可持续发展意识**이 언급되었으므로, **通过了解产品的碳信息，消费者可以增强可持续发展意识。**이라는 완전한 문장으로 답변한다.

어휘　**意识** yìshí 圐의식

97 问：你认为碳标签制度重要吗？请说出理由。　　질문: 당신은 탄소 라벨링 제도가 중요하다고 생각하는가? 이유를 말해보시오.

모범답변

　　我认为碳标签制度很重要，具体原因如下。
　　碳标签显示的是产品的碳排放量，碳标签制度有助于企业掌握生产产品时的碳排放量，从而制定有针对性的举措。例如，如果碳标签上显示的碳排放量比较高，企业可以重新调整生产过程，达到减少碳排放、节能减排的目的。
　　除此之外，环保需要消费者的积极参与，而碳标签制度有助于提高消费者的环保意识。通过了解产品的碳信息，消费者可以增强可持续发展意识，进行绿色消费。换句话说，在选择商品时，消费者会有意识地购买碳排放量低的产品，这有利于环保。
　　总的来说，碳标签制度很重要，它会让人们更关注绿色生产和生活。

　　저는 탄소 라벨링 제도가 중요하다고 생각합니다. 구체적인 이유는 아래와 같습니다.
　　탄소 라벨링이 표시하는 것은 제품의 탄소 배출량인데, 탄소 라벨링 제도는 기업이 제품을 생산할 때의 탄소 배출량을 파악하여 목표성을 가진 조치를 세우는 데 도움이 됩니다. 예를 들어, 만약 탄소 라벨링에 표시된 탄소 배출량이 비교적 높다면 기업은 생산 과정을 재조정하여 탄소 배출 감소, 에너지 절약과 오염 물질 배출 감소의 목적을 달성할 수 있습니다.
　　이 밖에, 환경 보호는 소비자의 적극적인 참여가 필요한데, 탄소 라벨링 제도는 소비자의 환경 보호 의식을 높이는 데 도움이 됩니다. 제품의 탄소 정보를 이해함으로써 소비자는 지속 가능한 발전에 대한 의식을 강화하여 친환경적인 소비를 할 수 있습니다. 바꿔 말해 상품을 선택할 때 소비자는 의식적으로 탄소 배출량이 낮은 제품을 구매할 것이며, 이는 환경 보호에 도움이 됩니다.
　　종합하자면, 탄소 라벨링 제도는 중요하며, 그것은 사람들이 친환경 생산과 생활에 더 관심을 가지게 할 것입니다.

어휘　**排放** páifàng 圐배출하다　**关注** guānzhù 圐관심을 가지다

中国古代著名哲学家庄子提出了"天人合一"的思想，这一思想是古人对人与自然的关系的深刻认识，强调把人与自然视为一体，不与自然对立，尊重自然规律和保护环境。在古代，人们已经采取了很多措施来保护环境。春秋战国时期，鲁国一位名叫里革的大臣曾阻止国君在夏天鱼类繁殖时期捕鱼，里革对国君的规劝里蕴含着对生态环境的保护意识。同时期的齐国提出了"四禁"的环保制度，根据四个不同的季节，规定了相应的禁止行为。在现代，"天人合一"的思想依然在发挥着它的价值和作用，对可持续发展有着重大意义。它要求人们在社会发展过程中，要选择符合生态环境规律和自然本性的生产方式与生活方式。如今，人们也依然传承着"天人合一"的思想，大力推进绿色发展，积极开展城市绿化工程，并顺应自然规律，致力于建造生态城市，以改善城市环境，保护生态系统。

중국 고대의 유명한 철학자 장자는 '천인합일'이라는 사상을 주장했다. 이 사상은 사람과 자연의 관계에 대한 옛사람들의 깊은 인식이며, 사람과 자연을 하나로 보고 자연과 대립하지 않으며, 자연의 법칙을 존중하고 환경을 보호하는 것을 강조했다. 고대에 사람들은 이미 많은 조치를 취해 환경을 보호하고 있었다. 춘추전국시대에 노나라에 이혁이라고 하는 대신은 한때 국왕이 여름에 어류가 번식할 때 물고기 잡는 것을 저지했는데, 국왕에 대한 이혁의 설득에는 생태환경에 대한 보호 의식이 포함되어 있었다. 같은 시기의 제나라는 '사금'이라는 환경 보호 제도를 제시했으며, 네 개의 서로 다른 계절에 근거하여 상응하는 금지 행위를 규정했다. 현대에 '천인합일'이라는 사상은 여전히 그 가치와 역할을 발휘하고 있으며, 지속 가능한 발전에 중요한 의미가 있다. 이는 사람들에게 사회 발전 과정에서 생태 환경 법칙과 자연 본성에 부합하는 생산 방식과 생활 방식을 선택해야 함을 요한다. 오늘날 사람들은 여전히 '천인합일'의 사상을 계승하여 친환경 발전을 강력하게 추진하고 도시녹화 사업을 적극적으로 전개하며, 자연의 법칙에 순응하고, 생태 도시를 만드는 것에 힘써서 도시 환경을 개선하고 생태계를 보호하고 있다.

어휘　**庄子** Zhuāngzǐ [고유] 장자[중국 춘추전국시대의 사상가]　**天人合一** tiānrénhéyī [고유] 천인합일[하늘과 사람은 하나임을 가리키는 유교적 개념]
对立 duìlì [동] 대립하다　**鲁国** Lǔguó [고유] 노나라[중국 역사상의 한 국가]　**大臣** dàchén [명] 대신　**繁殖** fánzhí [동] 번식하다　**规劝** guīquàn [동] 설득하다, 충고하다
蕴含 yùnhán [동] 포함하다　**生态** shēngtài [명] 생태　**意识** yìshí [명] 의식　**齐国** Qíguó [고유] 제나라[중국 역사상의 한 국가]　**相应** xiāngyìng [동] 상응하다
传承 chuánchéng [동] (전수하고) 계승하다　**开展** kāizhǎn [동] 전개되다　**致力** zhìlì [동] 힘쓰다

| 98 | 问：你对中国人所持的"天人合一"的思想有什么看法，请谈谈你的观点。 | 질문: 당신은 중국인이 가진 '천인합일'이라는 사상에 어떤 견해를 가지고 있는가? 당신의 관점을 말해보시오. |

작성한 답변 아웃라인

나의 관점	**天人合一的思想值得学习** 천인합일이라는 사상은 배울 만한 가치가 있음
단문 줄거리	**天人合一，庄子提出** 천인합일, 장자가 주장함 **人类与自然视为一个整体，不是对立的关系** 사람과 자연을 하나로 봄, 대립하는 관계가 아님 **反映对生态平衡和可持续发展的认识** 생태 균형과 지속 가능한 발전에 대한 인식을 반영함 **鲁国不允许捕鱼，齐国提出环保制度** 노나라는 물고기 잡는 것을 금지함, 제나라는 환경 보호 제도를 제시함 **表现出对环境的保护意识** 환경에 대한 보호 의식을 보여줌
느낀 점	**遵循天人合一的原则，值得学习** 천인합일이라는 원칙을 따름, 배울 가치가 있음 [나의 관점] **应该顺应自然，保护环境** 자연에 순응하고 환경을 보호해야 함 **社会的发展带来环境问题** 사회의 발전은 환경 문제를 가져옴 [나의 관점] **需要遵循天人合一，避免过度开发** 천인합일을 따라야 함, 과도한 개발을 피함 [나의 관점]
마무리	**应该懂得天人合一** 천인합일을 잘 이해해야 함 **保护大自然，使环境不受到破坏** 자연을 보호함, 환경이 훼손 받지 않도록 함

모범답변

我认为"天人合一"的思想是值得我们学习的。
首先，根据材料，我们可以知道"天人合一"是中国古代哲学家庄子提出的一种思想，它强调人与自然的融合，要将人类与自然视为一个整体，而不是对立的关系。"天人合一"的思想反映了古人对生态平衡和可持续发展的认识，具有深刻的现实意义。在古代，鲁国不允许夏天捕鱼，齐国还提出了环保制度，这些都表现出了古人对环境的保护意识。在现代，"天人合一"的思想仍然对实现可持续发展具有积极的作用。

저는 '천인합일'이라는 사상은 우리가 배울 만한 가치가 있다고 생각합니다.
먼저, 자료에 근거하여 우리는 '천인합일'은 중국 고대 철학자인 장자가 주장한 사상이라는 것을 알 수 있습니다. 이는 사람과 자연이 융화되어야 함을 강조하며, 사람과 자연은 대립하는 관계가 아닌 하나로 보았습니다. '천인합일'이라는 사상은 생태 균형과 지속 가능한 발전에 대한 옛사람들의 인식을 반영하였으며, 깊은 현실적 의미가 있습니다. 고대에 노나라는 여름에 물고기 잡는 것을 금지하였고 제나라는 환경 보호 제도를 제시하기도 했는데, 이러한 것들은 모두 환경에 대한 옛사람들의 보호 의식을 보여줍니다. 현대에 '천인합일'이라는 사상은 지속 가능한 발전을 실현하는 데 긍정적인 역할을 합니다.

其次，这段话让我明白，古人对自然环境的保护遵循"天人合一"的原则，这十分值得我们学习。"天人合一"的思想表达了人们对生态平衡和自然规律的尊重，强调了人类应该顺应自然、保护环境。现代社会的发展和科技的进步带来了一系列环境问题，因此更需要人们遵循"天人合一"的思想，推进绿色发展，避免过度开发或破坏生态环境。

综上所述，我认为我们应该懂得"天人合一"的思想。只有好好保护大自然，并遵循大自然的规律，才能使我们生存的环境不受到严重的破坏。

그다음으로, 이 단문은 제가 옛사람들이 자연환경 보호에 있어 '천인합일'이라는 원칙을 따르며, 이는 우리가 배울 만한 가치가 있음을 깨닫게 해주었습니다. '천인합일'이라는 사상은 생태 균형과 자연의 법칙에 대한 사람들의 존중을 나타냈으며, 사람들은 자연에 순응하고 환경을 보호해야 함을 강조합니다. 현대 사회의 발전과 과학 기술의 발전은 일련의 환경 문제를 가져왔기 때문에 사람들은 더욱이 '천인합일'이라는 사상을 따르고 친환경 발전을 추진하며, 과도한 개발이나 생태 환경을 파괴하는 것을 피해야 합니다.

앞서 언급한 내용을 종합했을 때, 저는 우리 모두가 '천인합일'이라는 사상을 잘 이해해야 한다고 생각합니다. 자연을 잘 보호하고 자연의 법칙을 따라야만, 우리가 살고 있는 환경이 심각한 훼손을 받지 않도록 할 수 있습니다.

어휘 **天人合一** tiānrénhéyī 영 천인합일[하늘과 사람은 하나임을 가리키는 유교적 개념] **庄子** Zhuāngzǐ 고유 장자[중국 춘추 전국 시대의 사상가]
对立 duìlì 통 대립하다 **生态** shēngtài 명 생태 **鲁国** Lǔguó 고유 노나라[중국 역사상의 한 국가] **齐国** Qíguó 고유 제나라[중국 역사상의 한 국가]
意识 yìshí 명 의식 **遵循** zūnxún 통 따르다 **一系列** yíxìliè 명 일련의 **过度** guòdù 형 과도하다 **生存** shēngcún 통 살다, 생존하다

✳ 실전모의고사 3회

1 - 5

人们探索世界的脚步从未停止，对语言翻译软件的需求也在日益增长。目前全球语言翻译软件市场的销售额达到了130亿美元，预计将在2028年达到228亿美元。[1]如今的人工智能翻译是否会取代人工翻译，成为了翻译界热议的话题。

其实[2]早在1954年，就已经出现了类似于翻译软件的产物，只不过当时的机器仅能实现简单的单词翻译功能，且无法根据语境精准地翻译，因此时常出现"驴唇不对马嘴"的语句，让人无法理解其表达的意义。

随着第三次工业革命的到来，互联网行业的发展日新月异，网络上出现了一个又一个翻译软件，[3]许多翻译软件不仅能快速翻译出人们输入的语言，还能精准地识别语音，实现类似"同声传译"的功能。人工智能时代的机器翻译也从最初生硬的直译，转化为更加灵活的翻译形式，与过去的翻译技术相比，文章质量得到了跨越式的提升。

然而即便如此，机器翻译不一定能准确地翻译出语言背后的信息，因为语言中还包含了人的情感要素。此外，有些语言没有丰富的语言数据信息库，例如一些方言或者非洲的沃洛夫语、卢干达语等小语种，这类语言被称为低资源语言。由于语言数据信息库里的低资源语言数据相对较少，因此机器翻译有时无法准确地处理低资源语言。

[4]大部分翻译软件确实可以翻译出80%~90%的内容，可是在此基础上一般都需要人工润色，只有这样才能保证翻译内容的质量，得出准确的翻译结果。好的翻译不单单是解释出原文的每一个单词，还应该将文章整体逻辑理顺，使之清晰明了了。

机器不像人类一样具备严密的思考过程，因此当它们翻译的时候，会有很多直译的情况出现，所以人工智能翻译取代人工翻译并不是一朝一夕就能够实现的，这需要更多科学技术的投入，以及海量数据资料的支撑。

세계를 탐험하는 사람들의 발걸음은 여태껏 멈춘 적이 없어서, 언어 번역 앱에 대한 수요도 나날이 증가하고 있다. 현재 전 세계 언어 번역 앱 시장의 매출액은 130억 달러에 이르렀고, 2028년에는 228억 달러에 이를 것으로 예상된다. [1]오늘날의 인공지능 번역이 사람이 하는 번역을 대체할지는 번역계의 화두가 되었다.

사실 [2]1954년에 번역 앱과 비슷한 제품이 이미 출현했는데, 다만 당시의 기계는 간단한 단어 번역 기능만 구현했을 뿐, 문맥에 근거하여 정확하게 번역하지는 못했다. 그래서 '앞뒤가 맞지 않는' 표현이 자주 등장했고, 사람들은 이것이 나타내는 의미를 이해할 수 없었다.

제3차 산업혁명이 도래함에 따라, 인터넷 업계의 발전이 매우 빨라졌다. 인터넷에서는 번역 앱이 하나 둘 생겨났고, [3]수많은 번역 앱은 사람들이 입력한 언어를 빠르게 번역할 수 있을 뿐만 아니라, 음성을 정확하게 인식하여 '동시통역'과 같은 기능도 구현했다. 인공지능 시대의 기계 번역 또한 가장 초기의 딱딱한 직역에서 더욱 유연한 번역 형식으로 바뀌었으며, 과거의 번역 기술에 비해 문장 퀄리티가 월등히 향상되었다.

그러나 이렇다 하더라도 기계 번역이 언어 이면에 담긴 정보를 반드시 정확하게 번역할 수 있는 것은 아닌데, 언어에는 인간의 감정적인 요소도 담겨 있기 때문이다. 이 외에도, 어떤 언어는 풍부한 언어 데이터 베이스가 없다. 몇몇 방언이나 아프리카의 월로프어, 루간다어와 같은 소수 언어들이 그 예인데, 이 언어들은 저자원 언어라고 불린다. 언어 데이터베이스에는 저자원 언어 데이터가 상대적으로 적기 때문에, 기계 번역은 때때로 저자원 언어를 정확하게 번역할 수 없다.

[4]대부분의 번역 앱은 80~90%의 내용을 번역할 수 있지만, 일반적으로는 이것을 기반으로 사람이 다듬어야 한다. 이렇게 해야만 번역한 내용의 퀄리티를 보장할 수 있고, 정확한 번역 결과를 도출할 수 있다. 좋은 번역은 비단 원문의 모든 단어 하나하나를 해석해 내는 것뿐만 아니라 글 전체를 논리 정연하게 하여, 분명하고 명료하게 해야 한다.

기계는 인간처럼 치밀한 사고 과정을 갖추지 못한다. 이 때문에 기계가 번역할 때 직역을 하는 상황이 많이 생기는데, 따라서 인공지능 번역이 사람 번역을 대체하는 것은 결코 하루아침에 이루어지는 것이 아니다. 이는 더 많은 과학 기술의 투입과 방대한 데이터 자료의 뒷받침이 필요하다.

어휘 探索 tànsuǒ 圈 탐험하다 　需求 xūqiú 圀 수요 　日益 rìyì 圀 나날이 　销售额 xiāoshòu'é 圀 매출액 　预计 yùjì 圀 예상하다
人工智能 réngōng zhìnéng 인공지능 　取代 qǔdài 圈 대체하다 　类似 lèisì 圈 비슷하다 　产物 chǎnwù 圀 제품, 결과물 　精准 jīngzhǔn 圀 정확하다
语境 yǔjìng 圀 문맥 　时常 shícháng 圀 자주 　驴唇不对马嘴 lǘ chún bú duì mǎ zuǐ 앞뒤가 맞지 않다, 동문서답하다 　革命 gémìng 圀 혁명하다
日新月异 rìxīnyuèyì 圀 (변화와 발전이) 매우 빠르다 　识别 shíbié 圈 인식하다 　同声传译 tóngshēng chuányì 동시통역하다 　要素 yàosù 圀 요소
语言数据信息库 yǔyán shùjù xìnxīkù 언어 데이터베이스 　方言 fāngyán 圀 방언 　小语种 xiǎoyǔzhǒng 소수언어, 국제 통용어가 아닌 언어
润色 rùnsè 圈 다듬다 　清晰 qīngxī 圀 분명하다 　严密 yánmì 圀 치밀하다 　一朝一夕 yìzhāoyìxī 圀 하루아침, 매우 짧은 시간 　支撑 zhīchēng 圈 받치다

---

1 随着翻译需求的日益增长，人工智能翻译预计会在2028年完全取代人工翻译。（　）

번역 수요가 나날이 증가하면서, 인공지능 번역은 2028년에 사람이 하는 번역을 완전히 대체할 것으로 예상된다. （ X ）

해설　음성에서 如今的人工智能翻译是否会取代人工翻译，成为了翻译界热议的话题。라고 했는데, 문제에서는 인공지능 번역이 2028년에 사람이 하는 번역을 완전히 대체할 것으로 예상된다고 했으므로 불일치로 판단한다.

어휘　需求 xūqiú 圀 수요 　日益 rìyì 圀 나날이 　人工智能 réngōng zhìnéng 인공지능 　预计 yùjì 圀 예상하다 　取代 qǔdài 圈 대체하다

---

2 最初的翻译机器能够翻译出单词，但是很难根据语境翻译。（　）

최초의 번역기는 단어를 번역할 수 있었지만 문맥에 근거하여 번역하기는 어려웠다. （ ✓ ）

3　如今的许多翻译软件携带了语音翻译功能, 能精准地识别语音。（　）

오늘날 수많은 번역 앱은 음성 번역 기능을 탑재하여 음성을 정확하게 인식할 수 있다. （✔）

해설　음성에서 许多翻译软件不仅能快速翻译出人们输入的语言, 还能精准地识别语音, 实现类似"同声传译"的功能이라고 했고, 문제에서는 오늘날 수많은 번역 앱은 음성 번역 기능을 탑재하여 음성을 정확하게 인식할 수 있다고 했으므로 일치로 판단한다.

어휘　携带 xiédài 圏 탑재하다, 지니다　精准 jīngzhǔn 圏 정확하다　识别 shíbié 圏 인식하다

4　如果想要获得高质量的翻译内容, 就需要人为的润色, 并理顺文章的逻辑。（　）

퀄리티 높은 번역 내용을 얻으려면, 사람이 다듬어 글을 논리 정연하게 해야 한다. （✔）

해설　음성에서 大部分翻译软件确实可以翻译出80%~90%的内容, 可是在此基础上一般都需要人工润色, 只有这样才能保证翻译内容的质量, 得出准确的翻译结果。好的翻译不单单是解释出原文的每一个单词, 还应该将文章整体逻辑理顺이라고 했고, 문제에서는 퀄리티 높은 번역 내용을 얻으려면 사람이 다듬어 글을 논리 정연하게 해야 한다고 했으므로 일치로 판단한다.

어휘　人为 rénwéi 圏 사람이 하다　润色 rùnsè 圏 다듬다

5　这则新闻主要谈了人工智能翻译软件市场的竞争状况。（　）

이 뉴스에서 주로 이야기하는 것은 인공지능 번역 앱 시장의 경쟁 상황이다. （✗）

해설　문제에서 이 뉴스가 주로 이야기하는 것은 인공지능 번역 앱 시장의 경쟁 상황이라고 했는데, 음성에서는 人工智能翻译软件市场的竞争状况과 관련한 내용이 언급되지 않았고, 전반적으로 기계 번역의 역사와 발전 방향 등에 대해 소개하고 있으므로 불일치로 판단한다.

어휘　人工智能 réngōng zhìnéng 인공지능

---

6 - 10

近年来, 虚拟人产业迎来了爆发式的成长。借助多个电视平台, 虚拟人元素融入到各类演唱会现场, 为观众们带来了别样的视觉感受。[6]据数据调查显示, 现在虚拟人市场的规模已超2000亿元, 预计将在2030年达到2700亿元。

事实上, 虚拟人这个概念早在20世纪90年代就已经出现了, 具有代表性的虚拟人也已在娱乐领域大放异彩。随着科技的日益发展, 互联网正在逐渐脱离平面, 进入三维的立体空间中, 这意味着需要用更多的交互方式带给用户更加真实的网络体验。一位项目总负责人表示, [7]虚拟人是未来新的数字世界中必不可少的组成元素, [7]其诞生的根源是人的需求, 因此随着人们的个性化需求不断增大, 虚拟人的职业、功能等各方面将进一步细分, [7]变得更加多元化。

虚拟人从功能和价值上大致可以分为三类; [8]第一类是传媒类, 其中包括当下爆火的虚拟明星、偶像、网红和主播; 第二类是专业服务价值类, 例如虚拟专家、医生、员工、教师等; 第三类是生活陪伴类, 如虚拟宠物、家人等。

传媒类虚拟人内含巨大的商业潜力, 其核心在于虚拟人背后蕴藏的市场价值和衍生能力。[8]这类虚拟人还可以被叫作娱乐虚拟人, 用户需要的就是这种虚拟人传达出的视觉效果和带来的娱乐内容。[9]如今制作虚拟偶像时, 使用了动态捕捉、实时渲染、人脸识别和人物建模等多重技术, 展现出了虚拟人更加鲜明的 "人格魅力"。而专业服务价值类虚拟人和生活陪伴类虚拟人通常被叫作功能性虚拟人, 这类虚拟人在金融和医疗领域都能得到应用, 因此在制作时更侧重于其实用性。

최근, 가상 인간 산업은 폭발적인 성장을 맞이했다. 여러 방송 플랫폼에 힘입어 가상 인간 요소는 다양한 콘서트 현장에 녹아들어, 관중에게 색다른 시각적 느낌을 선사했다. [6]데이터 조사에 따르면 현재 가상 인간 시장 규모는 이미 2000억 위안을 넘어섰으며 2030년에는 2700억 위안에 이를 것으로 예상된다고 밝혀졌다.

사실 가상 인간이란 개념은 1990년대에 이미 생겨났고, 대표적인 가상 인간은 엔터테인먼트 분야에서 빛을 발했다. 과학 기술이 나날이 발전함에 따라 인터넷은 점점 평면을 벗어나 3D 입체 공간으로 들어서고 있으며, 이는 더 많은 상호 작용 방식으로 사용자에게 보다 사실적인 네트워크 경험을 선사해야 함을 의미한다. 한 프로젝트 총책임자는 [7]가상 인간이 미래의 새로운 디지털 세상에서 필수적인 구성 요소이며 [7]그 탄생의 뿌리는 인간의 수요이기 때문에 개성화된 수요가 끊임없이 커지면서 가상 인간의 직업, 기능 등 여러 방면이 더욱 세분화되고 [7]더욱 다양해질 것이라고 말했다.

가상 인간은 기능과 가치 부분에서 크게 세 가지로 나눌 수 있다. [8]첫 번째는 대중 매체 유형인데, 이 중 현재 인기몰이 중인 가상 스타, 아이돌, 왕훙, BJ가 [8]포함된다. 두 번째는 전문 서비스 가치 유형인데, 가상 전문가, 의사, 직원, 교사 등이 그 예다. 세 번째는 생활 동반자 유형인데, 가상 반려동물, 가족 등이 그 예다.

대중 매체 유형 가상 인간은 거대한 비즈니스 잠재력을 내포하고 있으며, 그 핵심은 가상 인간 뒤에 잠재되어 있는 시장 가치와 파생 능력에 있다. [8]이런 유형의 가상 인간은 엔터테이너 가상 인간이라고 불리기도 하는데, 사용자들이 필요로 하는 것은 바로 이런 가상 인간들이 전달하는 시각적 효과와 오락적 콘텐츠이다. [9]오늘날 가상 아이돌을 제작할 때는 모션 캡처, 실시간 렌더링, 안면 인식, 캐릭터 모델링 등 여러 기술을 사용하여 가상 인간의 더욱 뚜렷한 '인격 매력'을 선보였다. 반면 전문 서비스 가치 유형 가상 인간과 생활 동반자 유형 가상 인간은 흔히 기능적 가상 인간이라고 불리는데, 이런 가상 인간은

无论是哪种类型的虚拟人，归根结底都是为了满足人的需求，这种需求可能是娱乐需求，也可能是沟通需求。因此未来的虚拟人产业将会随着人们的需求而不断发展。

금융과 의료 분야에서 모두 활용될 수 있기 때문에 제작 시 실용성에 더 무게를 두고 있다.
　어떤 유형의 가상 인간이든지 간에, 결국은 모두 사람의 수요를 만족시키기 위한 것이다. 이러한 수요는 오락에 대한 수요일 수도 있고, 소통에 대한 수요일 수도 있다. 따라서 미래의 가상 인간 산업은 여전히 사람들의 수요에 따라 끊임없이 발전할 것이다.

어휘
虚拟人 xūnǐrén 圖 가상 인간　**产业** chǎnyè 圖 산업　**爆发** bàofā 圖 폭발하다　**借助** jièzhù 圖 힘을 빌리다, 도움을 받다　**平台** píngtái 圖 플랫폼
元素 yuánsù 圖 요소　**融入** róngrù 녹아들다　**现场** xiànchǎng 圖 현장　**别样** biéyàng 圖 색다르다　**预计** yùjì 圖 예상하다
大放异彩 dàfàngyìcǎi 圖 빛을 발하다　**日益** rìyì 圖 나날이　**脱离** tuōlí 圖 벗어나다　**平面** píngmiàn 圖 평면　**三维** sānwéi 圖 3D　**立体** lìtǐ 圖 입체의
意味着 yìwèizhe 圖 의미하다　**交互** jiāohù 圖 상호 작용하다　**用户** yònghù 圖 사용자　**诞生** dànshēng 圖 탄생하다　**根源** gēnyuán 圖 뿌리
需求 xūqiú 圖 수요　**个性化** gèxìnghuà 개성화하다　**多元化** duōyuánhuà 圖 다양한, 다원화된　**大致** dàzhì 圖 크게, 대체로　**传媒** chuánméi 圖 대중 매체
偶像 ǒuxiàng 圖 아이돌　**网红** wǎnghóng 圖 왕홍, 인플루언서　**主播** zhǔbō 圖 (인터넷 방송) BJ, 크리에이터　**潜力** qiánlì 圖 잠재력
蕴藏 yùncáng 圖 잠재하다, 묻히다　**衍生** yǎnshēng 圖 파생하다　**传达** chuándá 圖 전달하다
动态捕捉 dòngtài bǔzhuō 모션 캡처[센서로 움직임 정보를 인식해 재현하는 기술]　**渲染** xuànrǎn 렌더링[2차원 화상을 3차원 화상으로 만드는 과정]
识别 shíbié 圖 인식하다　**展现** zhǎnxiàn 圖 선보이다　**鲜明** xiānmíng 圖 뚜렷하다　**人格** réngé 圖 인격　**金融** jīnróng 圖 금융　**侧重** cèzhòng 圖 무게를 두다
归根结底 guīgēnjiédǐ 圖 결국　**依旧** yījiù 圖 여전히

---

6 相关调查显示，虚拟人市场规模预计将在2030年达到2000亿元。（　）

관련 조사에서 가상 인간 시장 규모는 2030년에 2000억 위안에 이를 것으로 예상된다고 나타났다. (✗)

해설　음성에서 据数据调查显示，现在虚拟人市场的规模已超2000亿元，预计将在2030年达到2700亿元。이라고 했는데, 문제에서는 관련 조사에서 가상 인간 시장 규모는 2030년에 2000억 위안에 이를 것으로 예상된다고 나타났다고 했으므로 불일치로 판단한다.

어휘　**虚拟人** xūnǐrén 圖 가상 인간　**预计** yùjì 圖 예상하다

---

7 虚拟人的出现源于人的个性化需求，随着人们需求的增大，虚拟人将变得更加多元化。（　）

가상 인간의 출현은 사람의 개성화된 수요에서 비롯됐으며, 사람들의 수요가 커지면서 가상 인간도 더욱 다양해질 것이다. (✓)

해설　음성에서 虚拟人……其诞生的根源是人的需求，因此随着人们的个性化需求不断增大……变得更加多元化라고 했고, 문제에서는 가상 인간의 출현이 사람의 개성화된 수요에서 비롯됐으며 사람들의 수요가 커지면서 가상 인간도 더욱 다양해질 것이라고 했으므로 일치로 판단한다.

어휘　**个性化** gèxìnghuà 개성화하다　**需求** xūqiú 圖 수요　**多元化** duōyuánhuà 圖 다양한, 다원화된

---

8 虚拟明星属于功能性虚拟人，因此在制作该类虚拟人时更侧重于其实用性。（　）

가상 스타는 기능적 가상 인간에 속하기 때문에 해당 유형의 가상 인간을 제작할 때 실용성에 더 무게를 뒀다. (✗)

해설　음성에서 第一类是传媒类，其中包括当下爆火的虚拟明星……这类虚拟人还可以被叫作娱乐虚拟人이라고 했는데, 문제에서는 가상 스타가 기능적 가상 인간에 속하기 때문에 해당 유형의 가상 인간을 제작할 때 실용성에 더 무게를 뒀다고 했으므로 불일치로 판단한다.

어휘　**侧重** cèzhòng 圖 무게를 두다

---

9 实时渲染和人物建模技术是制作虚拟偶像时会使用到的技术。（　）

실시간 렌더링과 캐릭터 모델링 기술은 가상 아이돌을 만들 때 사용되는 기술이다. (✓)

해설　음성에서 如今制作虚拟偶像时，使用了动态捕捉、实时渲染、人脸识别和人物建模等多重技术라고 했고, 문제에서는 실시간 렌더링과 캐릭터 모델링 기술은 가상 아이돌을 만들 때 사용되는 기술이라고 했으므로 일치로 판단한다.

어휘　**渲染** xuànrǎn 렌더링[2차원 화상을 3차원 화상으로 만드는 과정]　**偶像** ǒuxiàng 圖 아이돌

---

10 这则新闻主要谈的是虚拟人行业未来可能会面临的困境，以及如何解决可能会出现的问题。（　）

이 뉴스에서 주로 이야기하는 것은 가상 인간 업계가 앞으로 마주할 곤경 및 나타날 수 있는 문제를 어떻게 해결할지이다. (✗)

해설　문제에서 이 뉴스에서 주로 이야기하는 것은 가상 인간 업계가 앞으로 마주할 곤경 및 나타날 수 있는 문제를 어떻게 해결할지라고 했는데, 음성에서는 虚拟人行业未来可能会面临的困境과 관련한 내용이 언급되지 않았고, 전반적으로 가상 인간 업계의 규모, 가상 인간의 종류, 가상 인간의 전망에 대해 이야기하고 있으므로 불일치로 판단한다.

어휘　**困境** kùnjìng 圖 곤경, 난관

11 - 16

女：最近重离子治疗作为一种新型的放疗技术，为癌症患者带来了治疗的希望。吴教授，首先请您谈谈重离子是什么呢？

男：重离子实际上指的是元素周期表中2号元素以后的元素做成的带电粒子，所以重离子是一个大概念。现在世界上应用于临床的重离子主要就是碳离子，而碳离子是一个具体概念，指的是6号元素碳为具体离子的重离子。现在人们所说的重离子就是碳离子。

女：大家都很关注重离子治疗，请您为我们介绍一下这个重离子治疗系统的本领到底有多强。

男：那么先从最基本的层面谈起，我们知道治疗癌症的三大手段就是手术、化学治疗和放射治疗，现在讲的[11]重离子治疗系统，事实上就是放射治疗中非常高端精密的一个“武器”。[12]它的第一个优势就是精度高。碳离子束进入身体后不会马上大量释放能量，只有当它停下来时才会释放其大部分能量，形成一个尖锐的能量峰——布拉格峰。因此可以通过调节碳离子的剂量和射程，使碳离子精确地落在肿瘤处，从而[12]将肿瘤细胞精准杀死，这有利于保护正常组织和关键器官。它的第二个优势就是治疗周期短。碳离子的相对生物学效应是普通放射治疗中使用的光子射线的3倍，因此，碳离子束对肿瘤细胞的杀伤力更大，患者的治疗次数可相应减少，从而缩短治疗周期。此外，[13]相比传统的癌症治疗方法，重离子治疗的**副作用**是相对较少的。

女：据我所知，[14]在进行重离子放射治疗时，需要医学物理师，医学物理师的主要工作是什么呢？

男：[14]医学物理师的职务在医院里算是很特别的。放射肿瘤医师对癌症病人进行诊断后，与医学物理师共同制定放射治疗方案，然后由医学物理师实施具体治疗方案。因为辐射具有看不到，摸不着的特性，所以需要医学物理师来处理射线剂量的问题。简单来讲，医学物理师有点像医院里面的药剂师。

女：您是如何看待医学物理师的职责的？

男：医学物理学是一门应用物理学，它以物理学的理论知识为基础，把物理学的理论知识及方法、技术应用于临床医学和医学研究中，它的服务对象是病人。[15]医学物理师同医师一样，负有**治病救人**的责任。医学物理师虽然没有处方权，但他们实施治疗计划，因此责任更重大。

女：看来医学物理师在放射治疗中是不可或缺的存在，他们发挥着非常重要的作用，那么培养一个符合现代医院需求的医学物理师，需要怎样做呢？

男：医学物理学是一门新型边缘学科，需要大学开设医学物理学专业，讲授医学物理学的各门课程，还需要一些大型综合医院的专门医师讲授临床应用的课程，并且指导学生在医院实习时如何使用高端医疗器械。因此[16]大学需要与有设备基础的医院合作培养医学物理学学士、硕士、博士，只有这样才能输出真正符合现代医院需求的人才。

여: 최근 중입자 치료는 일종의 새로운 방사선 치료 기술로서 암 환자에게 치료의 희망을 가져다주었습니다. 오 교수님, 먼저 중입자가 무엇인지부터 말씀해주세요.

남: 중입자란 사실상 원소 주기율표에서 2번 원소 이후의 원소로 만들어진 하전 입자를 가리키는데, 따라서 중입자는 하나의 큰 개념입니다. 현재 세계에서 임상에 응용되고 있는 중입자는 주로 탄소 이온인데, 탄소 이온은 구체적인 개념이며, 6번 원소인 탄소를 특정 입자로 한 중입자를 가리킵니다. 현재 사람들이 말하는 중입자는 바로 탄소 이온입니다.

여: 모두들 중입자 치료에 매우 관심이 있는데, 저희에게 이 중입자 치료 시스템의 능력이 도대체 얼마나 강한지 소개해주세요.

남: 그렇다면 먼저 가장 기본적인 측면부터 말씀드리겠습니다. 우리는 암을 치료하는 세 가지 주요 방법이 수술, 화학 치료와 방사선 치료라는 것을 알고 있습니다. 지금 이야기하는 [11]중입자 치료 시스템이란 사실상 방사선 치료에서 굉장히 고수준이며 정밀한 하나의 '무기'입니다. [12]그것의 첫 번째 장점은 바로 정확도가 높다는 것입니다. 탄소 이온 빔은 몸에 들어온 후 바로 에너지를 대량으로 방출하지 않고, 그것이 멈췄을 때만 대부분의 에너지를 방출해 날카로운 에너지 피크인 브래그 피크를 형성합니다. 따라서 탄소 이온의 사용량과 사거리를 조절하여 탄소 이온이 종양에 정확히 떨어지게 함으로써 [12]종양 세포를 정확하게 죽일 수 있으며, 이는 정상적인 조직과 중요한 기관을 보호하는 데 도움이 됩니다. 그것의 두 번째 장점은 치료 주기가 짧다는 것입니다. 탄소 이온의 상대적 생물학적 효과는 일반 방사선 치료에 사용되는 광자 방사선의 3배에 달하기 때문에 탄소 이온 빔은 종양 세포에 대한 살상력이 더 커서, 환자의 치료 횟수를 상응하게 줄여 치료 주기를 단축할 수 있습니다. 이 외에, [13]기존 암 치료법에 비해 중입자 치료의 **부작용**은 상대적으로 적습니다.

여: 제가 알기로는 [14]중입자 방사선 치료를 할 때 의학물리사가 필요한데, 의학물리사의 주요 업무는 무엇인가요?

남: [14]의학물리사의 직무는 병원에서 특별하다고 할 수 있습니다. 방사선 종양 의사는 암 환자를 진단한 후 의학물리사와 공동으로 방사선 치료 방안을 세우고, 의학물리사가 구체적인 치료 방안을 실시합니다. 방사선은 보이지 않고 만질 수 없다는 특성을 갖고 있기 때문에 의학물리사가 방사선량 문제를 해결해야 합니다. 쉽게 말해 의학물리사는 병원 안의 약사와 비슷합니다.

여: 교수님께서는 의학물리사라는 직책에 대해 어떻게 생각하십니까?

남: 의학 물리학은 일종의 응용 물리학으로, 물리학 이론과 지식을 바탕으로 물리학의 이론 지식 및 방법, 기술을 임상 의학과 의학 연구에 활용하는 것으로, 서비스 대상은 환자입니다. [15]의학물리사는 의사와 마찬가지로 **병을 치료해 사람을 구할** 의무가 있습니다. 의학물리사는 비록 처방권은 없지만, 그들은 치료 계획을 실시하므로 책임이 더 중대합니다.

여: 보아하니 의학물리사는 방사선 치료에서 없어서는 안 될 존재이며, 그들은 중요한 역할을 하고 있네요. 그렇다면 현대 병원 수요에 부합하는 의학물리사를 양성하려면 어떻게 해야 하나요?

남: 의학물리학은 새로운 연계 전공이며, 대학에서 의학물리학 전공을 개설해 의학물리학의 각 과목을 강의하고, 일부 대형 종합 병원의 전문의가 임상 응용 과목을 강의하며, 병원 실습 시 어떻게 첨단 의료기기를 사용하는지 지도해야 합니다. 따라서 [16]대학은 설비 인프라가 있는 병원과 협력해 의학물리학 학사, 석사, 박사를 양성해야만 현대 병원의 수요에 부합하는 인재를 배출할 수 있습니다.

어휘 **重离子** zhònglízǐ [명] 중입자[비교적 질량이 큰 소립자] **新型** xīnxíng [명] 새로운, 신형의 **放疗** fàngliáo [명] 방사선 치료 요법 **癌症** áizhèng [명] 암 **患者** huànzhě [명] 환자 **元素周期表** yuánsù zhōuqībiǎo [명] 원소 주기율표 **带电粒子** dàidiàn lìzǐ [명] 하전 입자[전하를 띠고 있는 입자]

临床 línchuáng 圈 임상하다　**关注** guānzhù 圈 관심을 가지다　**放射** fàngshè 圈 방사하다　**高端** gāoduān 圈 고수준의, 첨단의　**精密** jīngmì 圈 정밀하다
武器 wǔqì 圈 무기　**离子束** lízǐshù 圈 이온 빔　**释放** shìfàng 圈 방출하다　**能量** néngliàng 圈 에너지　**调节** tiáojié 圈 조절하다　**射程** shèchéng 圈 사거리
精确 jīngquè 圈 정확하다　**肿瘤** zhǒngliú 圈 종양　**细胞** xìbāo 圈 세포　**精准** jīngzhǔn 圈 정확하다, 틀림없다　**器官** qìguān 圈 (생물체의) 기관
生物 shēngwù 圈 생물(학)　**相应** xiāngyìng 圈 상응하다　**副作用** fùzuòyòng 圈 부작용　**职务** zhíwù 圈 직무　**实施** shíshī 圈 실시하다　**辐射** fúshè 圈 방사하다
看待 kàndài 圈 ~라고 생각하다, 대하다　**职责** zhízé 圈 직책[직무와 책임]　**治病救人** zhìbìngjiùrén 圈 병을 치료해 사람을 구하다
不可或缺 bùkěhuòquē 圈 없어서는 안 되다　**需求** xūqiú 圈 수요　**边缘学科** biānyuán xuékē 연계 전공　**讲授** jiǎngshòu 圈 강의하다
器械 qìxiè 圈 기기, 기계

11　问：重离子治疗属于癌症的哪种治疗方法？　　　　질문: 중입자 치료는 암의 어떤 치료 방법에 속하는가?

　　A 手术　　　　　　　　　　　　　　　　　　　A 수술
　　B 放射治疗　　　　　　　　　　　　　　　　**B 방사선 치료**
　　C 化学治疗　　　　　　　　　　　　　　　　　C 화학 치료
　　D 药物治疗　　　　　　　　　　　　　　　　　D 약물 치료

해설　음성에서 언급된 重离子治疗系统,事实上就是放射治疗中非常高端精密的一个"武器"를 듣고 선택지 B 放射治疗를 정답의 후보로 고른다.
　　　질문이 중입자 치료는 암의 어떤 치료 방법에 속하는지 물었으므로 선택지 B가 정답이다.

어휘　**重离子** zhònglízǐ 圈 중입자[비교적 질량이 큰 소립자]　**癌症** áizhèng 圈 암　**放射** fàngshè 圈 방사하다

12　问：重离子治疗精度高表现在什么方面？　　　　질문: 중입자 치료의 정확도가 높은 것은 어떤 방면에서 드러나는가?

　　A 碳离子能精准杀死肿瘤细胞　　　　　　　　**A 탄소 이온은 종양 세포를 정확하게 죽일 수 있다**
　　B 能释放比普通放疗更多的能量　　　　　　　　B 일반적인 방사선 치료보다 더 많은 에너지를 방출할 수 있다
　　C 治疗周期比传统治疗方法更短　　　　　　　　C 치료 주기가 기존 방사선 치료보다 짧다
　　D 碳离子可准确预测癌细胞的数量　　　　　　　D 탄소 이온은 암세포의 수량을 정확하게 예측할 수 있다

해설　음성에서 언급된 它的第一个优势就是精度高。……将肿瘤细胞精准杀死를 듣고 선택지 A 碳离子能精准杀死肿瘤细胞를 정답의 후보로 고른
　　　다. 질문이 중입자 치료의 정확도가 높은 것은 어떤 방면에서 드러나는지 물었으므로 선택지 A가 정답이다.

어휘　**精准** jīngzhǔn 圈 정확하다　**肿瘤** zhǒngliú 圈 종양　**细胞** xìbāo 圈 세포　**放疗** fàngliáo 圈 방사선 치료 요법　**周期** zhōuqī 圈 주기

13　相比传统的癌症治疗方法，重离子治疗的**副作用**是相对　　기존 암 치료법에 비해 중입자 치료의 **부작용**은 상대적으로 적다.
　　较少的。

해설　음성에서 언급된 相比传统的癌症治疗方法,重离子治疗的副作用是相对较少的를 듣고 副作用을 정답으로 작성한다.

어휘　**副作用** fùzuòyòng 圈 부작용

14　问：下面是重离子放射治疗的主要流程，请在空白处填　　질문: 다음은 중입자 방사선 치료의 주요 과정이다. 빈칸에 알맞은 내
　　　　上恰当的内容。　　　　　　　　　　　　　　　용을 작성하세요.

放射肿瘤医师进行诊断	→	与医学物理师共同制定放射治疗方案	→	医学物理师**实施具体治疗方案**

방사선 종양 의사가 진단한다	→	의학물리사와 공동으로 방사선 치료 방안을 세운다	→	의학물리사가 **구체적인 치료 방안을 실시한다**

해설　음성에서 언급된 在进行重离子放射治疗时과 医学物理师的职务在医院里算是很特别的。放射肿瘤医师对癌症病人进行诊断后，与医学物
　　　理师共同制定放射治疗方案，然后由医学物理师实施具体治疗方案。을 듣고 实施具体治疗方案을 정답으로 작성한다.

어휘　**流程** liúchéng 圈 과정　**恰当** qiàdàng 圈 알맞다　**实施** shíshī 圈 실시하다

15　医学物理师同医师一样，负有**治病救人**的责任。　　　의학물리사는 의사와 마찬가지로 **병을 치료해 사람을 구할** 의무가
　　　　　　　　　　　　　　　　　　　　　　　　　있다.

해설　음성에서 언급된 医学物理师同医师一样,负有治病救人的责任。을 듣고 治病救人을 작성한다.

어휘　**治病救人** zhìbìngjiùrén 圈 병을 치료해 사람을 구하다

问: 要想培养符合现代医院需求的医学物理师，男的认为应该怎样做？	질문: 현대 병원 수요에 부합하는 의학물리사를 양성하려면 남자는 어떻게 해야 한다고 생각하는가?
A 逐步提高医科学生毕业的门槛 B 国家应该派遣医科学生到国外进修 C 大型综合医院要引进外国的先进设备 **D 大学应与大型综合医院积极合作培养人才**	A 의과생의 졸업 문턱을 점차 높인다 B 나라에서 의과생을 해외로 연수하도록 파견해야 한다 C 대형 종합 병원은 외국의 선진 설비를 들여와야 한다 **D 대학은 대형 종합 병원과 적극적으로 협력하여 인재를 양성해야 한다**

해설　음성에서 언급된 大学需要与有设备基础的医院合作培养医学物理学学士、硕士、博士，只有这样才能输出真正符合现代医院需求的人才를 듣고 선택지 D 大学应与大型综合医院积极合作培养人才를 정답의 후보로 고른다. 질문이 현대 병원 수요에 부합하는 의학물리사를 양성하려면 남자는 어떻게 해야 한다고 생각하는지 물었으므로 선택지 D가 정답이다.

어휘　门槛 ménkǎn 圐 문턱　派遣 pàiqiǎn 圐 파견하다　先进 xiānjìn 圀 선진적이다

17 - 22

女: 我方的观点是新闻道德比新闻价值更重要。新闻是一种广泛的传播工具，[17]在报道新闻时，一定要对新闻的目的和作用进行道德上的关注和约束，以免传播的新闻产生负面影响。新闻道德是使新闻具有价值的前提，是维护新闻秩序的基础。因此任何新闻都应该在保持新闻道德的基础上进行报道。

男: 正如对方辩友所说，新闻是一种广泛的传播工具，这说明[18]新闻所传播的信息具有极大的价值，对社会具有强大的影响力。在此前提下，[18]传播有价值的新闻才是新闻工作者应该做的事情。新闻价值的大小从根本上决定了新闻传播的范围、引起的反响和内容的深度，所以[18]一则具有新闻价值的新闻能够传达更深的内容，推动新闻行业的不断发展。

女: 从新闻工作者的角度来看，新闻道德所产生的影响远比新闻价值大。在当今社会，类似"有偿新闻"等缺乏新闻道德的信息充斥其中，这种现象已经严重破坏了新闻工作者的社会形象。简单来说，新闻道德可以直接影响记者对新闻价值的正确判断，[19]没有新闻道德的记者，写出的文章很难具备新闻真正的价值。

男: 新闻的价值在于新闻反映的真实度、对大众的吸引力以及对社会的影响力。大众看新闻就是想从中获取想要的东西，也就是新闻价值。[20]越是有价值的新闻越能引起人们的共鸣，也更能发挥新闻传播事实信息的基本功能。举个例子，在发生大地震后，记者需要对事件进行取材和报道，如果每一个记者都因个人道德而上前线去救人，那么就没有人能给我们报道地震的最新情况和信息。在大地震后，要了解大量的新闻情报，才能更准确更迅速地拯救伤员，若没有记者们的及时报道，受灾者的信息很难得到有效传播。

女: 毫无疑问，新闻的传播的确依靠新闻工作者，正因为如此，新闻工作者的道德感决定新闻的道德，并影响新闻的价值乃至社会的价值取向。新闻工作者只有在坚守新闻道德的前提下，才能保证新闻的质量和价值。[21]美国报业巨头约瑟夫·普利策曾经说过，"一则新闻的良知和灵魂在于它的道德感、它的诚实、它的博爱、它对公共福利事业的投入，以及它服务于社会的热忱。"因此从长远的眼光来看，新闻道德更加重要。

여: 저희 쪽 관점은 보도 윤리가 보도 가치보다 더 중요하다는 것입니다. 뉴스는 하나의 폭넓은 전파 도구로서, [17]뉴스를 보도할 때는 반드시 뉴스의 목적과 영향에 대해 윤리적으로 주의과 통제를 가하여 전파된 뉴스가 부정적인 영향을 끼치지 않도록 해야 합니다. 보도 윤리는 뉴스를 가치 있게 만드는 전제 조건이며, 뉴스 질서를 지키는 토대입니다. 따라서 모든 뉴스는 보도 윤리를 지키는 토대에서 보도되어야 합니다.

남: 상대편 토론자의 말씀과 같이 뉴스는 폭넓은 전파 도구이며, 이는 [18]뉴스가 전파하는 정보가 엄청난 가치가 있으며, 사회에 강한 영향력이 있다는 것을 나타냅니다. 이 전제 아래 [18]가치 있는 뉴스를 전파하는 것이야말로 언론인이 해야 할 일입니다. 보도 가치가 크고 작음은 근본적으로 뉴스 전파의 범위, 불러일으키는 반응과 내용의 깊이를 결정하므로, [18]보도 가치가 있는 뉴스는 더 깊은 내용을 전달하여 언론 업계의 끊임없는 발전을 촉진할 수 있습니다.

여: 언론인의 시각에서 봤을 때 보도 윤리가 끼치는 영향은 보도 가치보다 훨씬 큽니다. 현재 사회에서 '대가성 기사'와 같은 보도 윤리가 부족한 정보가 넘쳐나는데, 이런 현상은 이미 언론인의 사회적 이미지를 크게 훼손시켰습니다. 간단하게 말해 보도 윤리는 보도 가치에 대한 기자의 올바른 판단에 직접적인 영향을 미치며, [19]보도 윤리가 없는 기자가 쓴 글은 뉴스의 진정한 가치를 지니기 어렵습니다.

남: 뉴스의 가치는 뉴스가 반영하는 진실성, 대중적 매력, 그리고 사회적 영향력에 있습니다. 대중이 뉴스를 보는 것은 뉴스에서 원하는 것, 즉 뉴스의 가치를 얻기 위해서입니다. [20]가치 있는 뉴스일수록 사람들의 공감을 불러일으킬 수 있고, 뉴스의 사실적인 정보를 전파하는 기본 역할도 더욱 발휘할 수 있습니다. 예를 들어 대지진이 발생한 후, 기자는 사건에 대해 취재와 보도를 해야 합니다. 만약 모든 기자가 개인의 도덕성 때문에 전선에 나가 사람을 구하러 간다면, 우리에게 지진에 대한 최신 상황과 정보를 알려줄 사람은 아무도 없을 것입니다. 대지진 이후 많은 뉴스 정보를 알아야 더욱 정확하고 신속하게 부상자를 구조할 수 있는데, 만약 기자들의 신속한 보도가 없었다면 재해를 입은 사람들의 정보는 제대로 전파되지 못했을 것입니다.

여: 뉴스의 전파가 언론인에 의존하는 것은 틀림없습니다. 바로 그렇기 때문에 언론인의 도덕심이 보도의 윤리를 결정하고, 뉴스의 가치, 더 나아가 사회의 가치 지향에도 영향을 미칩니다. 언론인은 보도 윤리를 고수한다는 전제하에서만 뉴스의 질과 가치를 보장할 수 있습니다. [21]미국 신문업계의 거물인 조지프 퓰리처는 "뉴스의 윤리와 영혼은 그것의 도덕심, 정직, 박애, 공공복지사업에 대한 그것의 헌신 및 사회에 봉사하는 열정에 있다"고 말한 바 있습니다. 따라서 장기적인 관점으로 봤을 때 보도 윤리가 더 중요합니다.

男：在任何新闻事件面前，新闻工作者是一个事件的报道者，而不是一个参与者。²²只有对事件进行冷静的观察，才能**客观地阐述事实**。就如《饥饿的苏丹》的摄影师，他拍摄了苏丹一位瘦骨嶙峋的女童即将被秃鹫捕食的照片，很多人批判他违背道德的行为，但正是这张照片引起了人们激烈的反响，使更多人关注到了苏丹的饥荒和战乱，从而为非洲提供了援助。其带来的新闻价值是无可非议的，并且该新闻的价值使社会道德得到了进一步的提升。因此我方认为新闻价值更重要。

남: 모든 뉴스 사건 앞에서 언론인은 사건의 보도자이지 참여자가 아닙니다. ²²사건을 냉철하게 관찰해야 객관적으로 사실을 논술할 수 있습니다. <수단의 굶주린 소녀>의 사진작가와 같이, 그는 수단의 뼈만 남아 앙상한 여자아이가 곧 대머리 독수리에게 잡아먹힐 것 같은 사진을 찍어 많은 사람들이 그의 윤리를 위반한 행위를 비판했지만, 바로 이 사진이 사람들의 거센 반향을 불러일으켜 더 많은 사람들이 수단의 기근과 전란에 관심을 갖고 아프리카를 돕게 했습니다. 이것이 가져온 보도 가치는 비난할 데가 없으며, 이 뉴스의 가치는 사회 윤리를 한층 더 끌어올렸습니다. 따라서 저희 측은 보도 가치가 더 중요하다고 생각합니다.

어휘 **约束** yuēshù 图 통제하다, 구속하다 **以免** yǐmiǎn 쩹 ~하지 않도록 **前提** qiántí 圆 전제 조건 **维护** wéihù 图 지키다 **反响** fǎnxiǎng 圆 반응, 반향
传达 chuándá 图 전달하다 **有偿** yǒucháng 圆 대가가 있는 **充斥** chōngchì 图 넘쳐나다, 가득 차다 **共鸣** gòngmíng 图 공감하다
取材 qǔcái 图 취재하다, 소재를 구하다 **情报** qíngbào 圆 (주로 기밀성을 띤) 정보 **拯救** zhěngjiù 图 구조하다 **毫无疑问** háowúyíwèn 圆 틀림없다
依靠 yīkào 图 의존하다 **乃至** nǎizhì 쩹 더 나아가 **价值取向** jiàzhí qǔxiàng 가치 지향[어떤 가치에 뜻이 쏠려 향하는 일] **良知** liángzhī 圆 윤리, 양심
灵魂 línghún 圆 영혼 **福利** fúlì 圆 복지 **热忱** rèchén 圆 열정 **眼光** yǎnguāng 圆 관점, 안목 **事件** shìjiàn 圆 사건 **阐述** chǎnshù 图 논술하다
饥饿的苏丹 jī'è de Sūdān 수단의 굶주린 소녀[직역: 배고픈 수단, 1993년 퓰리처상을 수상한 사진] **拍摄** pāishè 图 찍다, 촬영하다
瘦骨嶙峋 shòugǔlínxún 圆 뼈만 남아 앙상하다 **即将** jíjiāng 囝 곧, 머지않아 **秃鹫** tūjiù 圆 대머리 독수리 **捕食** bǔshí 图 (동물이 먹이를) 잡아먹다
批判 pīpàn 图 비판하다 **违背** wéibèi 图 위반하다 **饥荒** jīhuang 圆 기근 **无可非议** wúkěfēiyì 圆 비난할 데가 없다

---

17 问：女的认为，报道新闻时要注意什么？ 　　질문: 여자는 뉴스를 보도할 때 무엇에 주의해야 한다고 생각하는가?

A 调查新闻真伪　　　　　　　　　　　　　　A 뉴스의 진위를 조사한다
B 关注新闻的价值和意义　　　　　　　　　　B 뉴스의 가치와 의미에 주의한다
C 避免新闻产生负面影响　　　　　　　　　**C 뉴스가 부정적인 영향을 끼치는 것을 피한다**
D 将新闻效果放在首要位置　　　　　　　　　D 뉴스의 효과를 가장 중요한 위치에 둔다

해설 음성에서 언급된 在报道新闻时, 一定要对新闻的目的和作用进行道德上的关注和约束, 以免传播的新闻产生负面影响을 듣고 선택지 C 避免新闻产生负面影响을 정답의 후보로 고른다. 질문이 여자는 뉴스를 보도할 때 무엇에 주의해야 한다고 생각하는지 물었으므로 선택지 C가 정답이다.

어휘 **真伪** zhēnwěi 圆 진위, 진짜와 가짜 **首要** shǒuyào 圆 가장 중요하다

---

18 问：下列哪项不是男的的观点？ 　　질문: 다음 중 남자의 관점이 아닌 것은?

A 新闻对社会有很强的影响力　　　　　　　　A 뉴스는 사회에 큰 영향력이 있다
B 新闻价值可以影响新闻道德　　　　　　　**B 보도 가치는 보도 윤리에 영향을 끼칠 수 있다**
C 新闻记者应该传播有意义的新闻　　　　　　C 뉴스 기자는 의미 있는 뉴스를 전파해야 한다
D 有价值的新闻能传达出深刻的内容　　　　　D 가치 있는 뉴스는 깊이 있는 내용을 전달할 수 있다

해설 음성에서 언급된 新闻所传播的信息具有极大的价值, 对社会具有强大的影响力⋯⋯传播有价值的新闻才是新闻工作者应该做的事情⋯⋯一则具有新闻价值的新闻能够传达更深的内容을 듣고 선택지 A 新闻对社会有很强的影响力, C 新闻记者应该传播有意义的新闻, D 有价值的新闻能传达出深刻的内容을 정답의 후보로 고른다. 질문이 남자의 관점이 아닌 것을 물었으므로 언급되지 않은 선택지 B 新闻价值可以影响新闻道德가 정답이다.

어휘 **传达** chuándá 图 전달하다

---

19 问：下列哪项可以支持女的的观点？ 　　질문: 다음 중 여자의 관점을 지지할 수 있는 것은?

A 新闻的价值取向主要由政府决定　　　　　　A 뉴스의 가치 지향은 주로 정부가 결정한다
B 新闻报道要关注群体的利益问题　　　　　　B 뉴스 보도는 단체의 이익 문제를 중시해야 한다
C 虚假新闻是影响新闻道德的主要因素　　　　C 가짜 뉴스는 보도 윤리에 영향을 끼치는 주요 요소이다
D 有新闻道德的记者写出的新闻更有价值　　**D 보도 윤리가 있는 기자가 쓴 뉴스가 더 가치 있다**

해설 음성에서 언급된 没有新闻道德的记者, 写出的文章很难具备新闻真正的价值을 듣고 선택지 D 有新闻道德的记者写出的新闻更有价值을 정답의 후보로 고른다. 질문이 여자의 관점을 지지할 수 있는 것을 물었으므로 선택지 D가 정답이다.

어휘 **价值取向** jiàzhí qǔxiàng 가치 지향[어떤 가치에 뜻이 쏠려 향하는 일] **关注** guānzhù 图 중시하다 **虚假** xūjiǎ 圆 가짜의, 거짓의

20 问：男的认为，有价值的新闻有什么好处？ | 질문: 남자는 가치 있는 뉴스가 어떤 장점이 있다고 생각하는가?

A 可以打击虚假新闻 | A 가짜 뉴스에 타격을 줄 수 있다
B 能够激发人们的共鸣 | **B 사람들의 공감을 불러일으킬 수 있다**
C 能给新闻社带来巨大收益 | C 신문사에 막대한 수익을 가져다줄 수 있다
D 可以加强新闻媒体的监督力度 | D 뉴스 매체의 감독 역량을 강화할 수 있다

해설 음성에서 언급된 越是有价值的新闻越能引起人们的共鸣을 듣고 선택지 B 能够激发人们的共鸣을 정답의 후보로 고른다. 질문이 남자는 가치 있는 뉴스가 어떤 장점이 있다고 생각하는지 물었으므로, 선택지 B가 정답이다.

어휘 打击 dǎjī 图 타격을 주다 激发 jīfā 图 (감정을) 불러일으키다 共鸣 gòngmíng 图 공감하다 收益 shōuyì 图 수익, 이득 监督 jiāndū 图 감독하다

21 问：女的用什么来反驳男的的观点？ | 질문: 여자는 무엇으로 남자의 관점을 반박했는가?

A 以大地震为例证明新闻道德在现实中的作用 | A 대지진을 예로 들어 보도 윤리의 현실에서의 역할을 증명한다
B 引用著名历史事件批判新闻报道的价值导向 | B 유명한 역사 사건을 인용하여 뉴스 보도의 가치 지향을 비판한다
C 用知名人士说过的话来强调新闻道德的重要性 | **C 유명 인사가 했던 말로 보도 윤리의 중요성을 강조한다**
D 将法律法规作为证据说明新闻道德与群体的关联性 | D 법률과 법규를 증거로 보도 윤리와 공동체의 관련성을 설명한다

해설 음성에서 언급된 美国报业巨头约瑟夫•普利策曾经说过, "一则新闻的良知和灵魂在于它的道德感、它的诚实、它的博爱、它对公共福利事业的投入, 以及它服务于社会的热忱。" 因此从长远的眼光来看, 新闻道德更加重要。를 듣고 선택지 C 用知名人士说过的话来强调新闻道德的重要性을 정답의 후보로 고른다. 질문이 여자는 무엇으로 남자의 관점을 반박했는지 물었으므로, 선택지 C가 정답이다.

어휘 反驳 fǎnbó 图 반박하다 引用 yǐnyòng 图 인용하다 事件 shìjiàn 图 사건 批判 pīpàn 图 비판하다, 지적하다 导向 dǎoxiàng 图 지향, 동향 人士 rénshì 图 인사

22 男的认为, 只有对事件进行冷静的观察, 才能**客观地阐述事实**。 | 남자는 사건을 냉철하게 관찰해야 <u>객관적으로 사실을 논술할</u> 수 있다고 생각한다.

해설 음성에서 언급된 只有对事件进行冷静的观察, 才能客观地阐述事实。을 듣고 客观地阐述事实을 정답으로 작성한다.

어휘 事件 shìjiàn 图 사건 阐述 chǎnshù 图 논술하다

23 - 27

我们都知道，教育很重要，作为一名教育者，我也深有体会。教育是一种培养人的社会活动，它是传承社会文化、传递生产经验和社会生活经验的基本途径。广义上的教育是指能够增进人的知识技能，发展人的智力与体力，影响人的思想观念的教育。

教育一词始见于《孟子·尽心上》，孟子曾说，君子有三大快乐，其中"得到天下优秀的人才，并进行教育"是第三大快乐。后来东汉经学家、文字学家许慎[23]在《说文解字》中对"教育"做了较为详细的解释，其中"教"是指教育者做示范，学习者模仿，这具有灌输的含义，而"育"是指培养后代，从而让他们做善事。

随着社会的不断发展，教育上升到了一个新的高度。教育是一个国家繁荣昌盛必不可少的条件，教育质量的好坏，直接影响国家未来的发展。不仅如此，加强各个时期和各个方面的教育对一个人未来的发展也至关重要。其中，幼儿时期的教育对人的一生产生十分重要的影响，因此幼儿教育成为了很多教育学家和社会学家的研究对象。[24]英国教育家洛克在他的教育学著作《教育漫话》中，对儿童的体育、德育和智育这三大教育[24]提出了很多具体的意见，他还提出了"白板说"，这一学说给幼儿教育的普及提供了坚实的理论基础。而德国著名教育家福禄培尔也在《人的教育》一书中指出，幼儿时期是人的一生中最重要的时期，在此阶段，孩子们开始将内心的想法表露出来，因此这个阶段非常适合教育孩子。

우리 모두는 교육이 중요하다는 것을 알고 있습니다. 한 명의 교육자로서, 저도 많이 느낍니다. 교육은 사람을 양성하는 사회 활동으로, 이는 사회 문화를 계승하고 생산 경험과 사회 생활 경험을 전달하는 기본 수단입니다. 넓은 의미에서 교육이란 사람의 지적 기능을 증진시키고, 지능과 체력을 발전시키며, 사상 관념에 영향을 미치는 교육을 말합니다.

교육이라는 말은 <맹자·진심상>에서 처음 찾아볼 수 있는데, 맹자는 군자에게는 3가지 즐거움이 있으며, 그중 '천하의 우수한 인재를 얻어 교육하는 것'이 세 번째 즐거움이라고 말했습니다. 후에 동한의 경학자이자 문자학자인 허신은 [23]<설문해자>에서 '교육'에 대해 비교적 상세하게 해석했는데, 그중 '교(教)'란 교육자가 시범을 보이고 학습자가 모방하는 것이며, 이는 주입의 함의가 있고, '육(育)'이란 후대를 길러 그들이 좋은 일을 많이 하게 하는 것이라고 했습니다.

사회가 끊임없이 발전함에 따라, 교육은 새로운 위치로 올라왔습니다. 교육은 한 나라의 번창에 필수적인 조건이며, 교육의 질의 좋고 나쁨은 국가의 미래 발전에 직접적인 영향을 미칩니다. 뿐만 아니라, 각 시기와 각 방면의 교육을 강화하는 것은 한 사람의 미래 발전에 매우 중요합니다. 그중, 유아기의 교육은 한 사람의 일생에 매우 중요한 영향을 미치는데, 따라서 유아 교육은 많은 교육학자와 사회학자의 연구 대상이 됐습니다. [24]영국의 교육가 로크는 그의 저서 <교육에 관한 성찰>에서 아동의 체육 교육, 도덕 교육과 지적 교육 이 3대 교육에 대해 [24]많은 구체적인 의견을 제기했습니다. 그는 '백지설'도 제기했는데, 이 학설은 유아 교육의 보급에 견고한 이론적 근거를 제공했습니다. 독일의 저명한 교육가 프뢰벨도 <인간의 교육>이라는 책에서 유아기가 사람의 일생에서 가장 중요한 시기이며, 이 단계에서 아이는

²⁴美国教育家杜威也在自己的著作中指出了幼儿教育的重要性，他认为应对幼儿采取"诱导"的教育方式，激发他们的创造性，培养他们的动手能力和思维能力。

教育可分为学校教育、家庭教育和社会教育，其中家庭教育长期以来备受教育学家和社会学家的关注。很多专家认为，在这三种教育中，对孩子的成长影响最大的是家庭教育。家庭是孩子启蒙的第一站，而父母是孩子的第一任老师。对孩子来说，家庭的重要性不仅体现在"现在"，还关系到"将来"。²⁵父母的言传身教对孩子起到耳濡目染的熏陶作用，这种潜移默化的影响是家庭教育的基本方式，它比学校教育和社会教育更强烈、更深刻。鲁迅曾说过，孩子的教育首先要从家庭开始，作为最早的教育者，父母有养育孩子的责任，更有教育孩子的责任。

学校教育的重要性也是毋庸置疑的。人具有社会性，要想生存下去，就必须与外界接触，学习如何与他人交往，而学校可以在各方面给予孩子必要的教育与引导。²⁶可见，学校教育能够使孩子更好地发现自己的长处和短处。

²⁷社会教育是家庭教育和学校教育的重要补充，良好的社会教育有利于对孩子进行思想品德教育，同时²⁷有利于孩子增长知识、发展能力、丰富精神生活。通过社会教育，孩子们能够开阔眼界和心胸，真实地感受到生命的深度和广度，并最终成为一个独立的个体。

내면의 생각을 드러내기 시작하므로 이 단계는 자녀 교육에 매우 적합하다고 주장했습니다. ²⁴미국의 교육가 듀이 역시 자신의 저서에서 유아기 교육의 중요성을 제기했는데, 그는 유아를 상대로 '유도'하는 교육 방식을 선택해 창의성을 불러일으키고 그들의 실천 능력과 사고력을 길러야 한다고 주장했습니다.

교육은 학교 교육, 가정 교육과 사회 교육으로 나눌 수 있는데, 그중 가정 교육은 오랫동안 교육학자와 사회학자의 관심을 받았습니다. 많은 전문가들은 이 3가지 교육 중, 아이의 성장에 가장 큰 영향을 미치는 것은 가정 교육이라고 주장합니다. 가정은 아이가 기초 지식을 얻게 하는 첫 번째 정거장이며, 부모는 아이의 첫 번째 스승입니다. 아이에게 있어 가정의 중요성은 '현재'뿐 아니라 '미래'와도 관계됩니다. ²⁵부모의 말과 행동은 아이들에게 자주 접해서 익숙해지게 하는 영향을 미치는데, 이러한 무의식적인 감화의 영향은 가정 교육의 기본적인 방식으로, 이는 학교 교육과 사회 교육보다 훨씬 강렬하고 깊습니다. 루쉰은 아이의 교육이 가정에서부터 시작해야 하고, 최초의 교육자로서 부모는 아이를 양육할 책임이 있고 더욱이 아이를 교육할 책임이 있다고 말했습니다.

학교 교육의 중요성도 의심할 여지가 없습니다. 사람은 사회성을 가지고 있고, 살아남기 위해서는 외부와 접촉해야 하며, 어떻게 다른 사람과 교제하는지 배워야 합니다. 그리고 학교는 각 방면에서 아이들에게 필요한 교육과 지도를 할 수 있습니다. ²⁶학교 교육은 아이들이 자신의 장점과 단점을 더 잘 발견하게 할 수 있다는 것을 알 수 있습니다.

²⁷사회 교육은 가정 교육과 학교 교육의 중요한 보완 요소입니다. 좋은 사회 교육은 아이에 대한 도덕 교육에 도움이 되며, 동시에 ²⁷아이의 지식을 늘리고, 능력을 발전시키며, 정신생활을 풍요롭게 하는 데 도움이 됩니다. 사회 교육을 통해 아이들은 시야와 마음을 넓히고 생명의 깊이와 넓이를 진정으로 느끼며 마침내 독립적인 사람이 됩니다.

어휘 传承 chuánchéng 图 계승하다   传递 chuándì 图 전달하다   途径 tújìng 图 수단, 경로   智力 zhìlì 图 지능   君子 jūnzǐ 图 군자, 학식과 덕망이 높은 사람
示范 shìfàn 图 시범하다   灌输 guànshū 图 (지식 등을) 주입하다   含义 hányì 图 함의   后代 hòudài 图 후대, 자손
繁荣昌盛 fánróngchāngshèng 图 (국가가) 번창하다   著作 zhùzuò 图 저서   学说 xuéshuō 图 학설   普及 pǔjí 图 보급되다   坚实 jiānshí 图 견고하다
激发 jīfā 图 (감정을) 불러일으키다   思维 sīwéi 图 사고, 사유   关注 guānzhù 图 관심을 가지다   启蒙 qǐméng 图 기초 지식을 얻게 하다, 계몽하다
言传身教 yánchuánshēnjiào 图 말과 행동으로 가르치다, 말과 행동으로 모범을 보이다   耳濡目染 ěrmùrǎn 图 자주 접해서 익숙해지다
熏陶 xūntáo 图 영향을 미치다, 감화시키다   潜移默化 qiányímòhuà 图 무의식 중에 감화되다   毋庸置疑 wúyōngzhìyí 图 의심할 여지가 없다
生存 shēngcún 图 살다, 생존하다   外界 wàijiè 图 외부   引导 yǐndǎo 图 지도하다, 인도하다   思想品德 sīxiǎng pǐndé 图 도덕 교육   开阔 kāikuò 图 넓히다
眼界 yǎnjiè 图 시야, 안목   心胸 xīnxiōng 图 마음, 가슴

---

23 问：根据《说文解字》，"教育"中的"教"指的是什么？ | 질문: <설문해자>에 근거하여, '교육'에서 '교'가 가리키는 것은 무엇인가?

A 让后代做更多善事 | A 후대가 좋은 일을 더 많이 하게 한다
B 教育具有一定的强制性 | B 교육은 어느 정도 강제성을 띤다
C 老师做示范后学生来效仿 | **C 선생님이 시범을 보인 후 학생이 모방한다**
D 按人的性格采用不同的教育方式 | D 사람의 성격에 따라 서로 다른 교육 방식을 채택한다

해설 음성에서 언급된 在《说文解字》中对"教育"做了较为详细的解释，其中"教"是指教育者做示范，学习者模仿를 듣고 선택지 C 老师做示范后学生来效仿을 정답의 후보로 고른다. 질문이 <설문해자>에 근거하여, '교육'에서 '교'가 가리키는 것을 물었으므로 선택지 C가 정답이다.

어휘 后代 hòudài 图 후대, 자손   强制 qiángzhì 图 강제하다   示范 shìfàn 图 시범하다   效仿 xiàofǎng 图 모방하다, 흉내내다

---

24 问：男的用什么方法来讲述了幼儿教育的重要性？ | 질문: 남자는 어떤 방법으로 유아 교육의 중요성을 서술했는가？

A 引用一些教育家的观点 | **A 몇몇 교육가의 관점을 인용한다**
B 列举国外一些实际案例 | B 해외의 몇몇 실제 사례를 든다
C 使用语感强烈的排比法 | C 어감이 강렬한 대구법을 사용한다
D 提出自己独特的教育理念 | D 자신의 독특한 교육 이념을 제기한다

해설 음성에서 언급된 **英国教育家洛克在他的教育学著作《教育漫话》中…… 提出了很多具体的意见，他还提出了"白板说"，这一学说给幼儿教育的普及提供了坚实的理论基础。而德国著名教育家福禄培尔也在《人的教育》一书中指出，幼儿时期是人的一生中最重要的时期……美国教育家杜威也在自己的著作中指出了幼儿教育的重要性**을 듣고 선택지 A **引用一些教育家的观点**을 정답의 후보로 고른다. 질문이 남자는 어떤 방법으로 유아 교육의 중요성을 서술했는지 물었으므로 선택지 A가 정답이다.

어휘 **引用** yǐnyòng[동] 인용하다 **列举** lièjǔ[동] 들다, 열거하다 **排比法** páibǐfǎ[명] 대구법[구조가 비슷하고 연관성 있는 의미의 어구를 연결하는 수사 방법]

25 问：家庭教育的基本方式是什么？	질문: 가정 교육의 기본 방식은 무엇인가?
A 父母常对孩子说激励的话	A 부모가 아이에게 격려의 말을 자주 한다
B 父母把优良传统传给孩子	B 부모가 우수한 전통을 아이에게 물려준다
C 父母在他人面前极力称赞孩子	C 부모가 다른 사람 앞에서 아이를 매우 칭찬한다
D 父母带给孩子潜移默化的影响	**D 부모가 아이에게 무의식 중에 감화되는 영향을 미친다**

해설 음성에서 언급된 **父母的言传身教对孩子起到耳濡目染的熏陶作用，这种潜移默化的影响是家庭教育的基本方式**을 듣고 선택지 D **父母带给孩子潜移默化的影响**을 정답의 후보로 고른다. 질문이 가정 교육의 기본 방식을 물었으므로 선택지 D가 정답이다.

어휘 **激励** jīlì[동] 격려하다 **潜移默化** qiányímòhuà[성] 무의식 중에 감화되다

26 问：根据这段话，下列哪项正确？	질문: 이 장문에 근거하여, 다음 중 옳은 것은?
A 应该把社会教育放在第一位	A 사회 교육을 최우선으로 해야 한다
B 青少年时期是学习知识的关键时期	B 청소년기는 지식을 학습하는 결정적인 시기이다
C 学校教育有利于让孩子更好地了解自己	**C 학교 교육은 아이가 자신을 더 잘 이해할 수 있게 하는 데 도움이 된다**
D 家庭教育的根本在于让孩子实现自我价值	D 가정 교육의 근본은 아이가 자아 가치를 실현하게 하는 데 있다

해설 음성에서 언급된 **可见，学校教育能够使孩子更好地发现自己的长处和短处。**를 듣고 선택지 C **学校教育有利于让孩子更好地了解自己**를 정답의 후보로 고른다. 질문이 장문에 근거하여 옳은 것을 물었으므로 선택지 C가 정답이다.

어휘 **自我价值** zìwǒ jiàzhí[명] 자아 가치

27 问：关于社会教育，可以知道什么？	질문: 사회 교육에 관해, 알 수 있는 것은 무엇인가?
A 对孩子产生根深蒂固的影响	A 아이에게 뿌리 깊은 영향을 미친다
B 有利于丰富孩子们的精神世界	**B 아이들의 정신세계를 풍부하게 하는 데 도움이 된다**
C 引起了许多不合理的教育现象	C 많은 불합리한 교육 현상을 야기했다
D 是实施家庭教育和学校教育的前提	D 가정 교육과 학교 교육을 실시하는 전제 조건이다

해설 음성에서 언급된 **社会教育……有利于孩子增长知识、发展能力、丰富精神生活**를 듣고 선택지 B **有利于丰富孩子们的精神世界**를 정답의 후보로 고른다. 질문이 사회 교육에 관해 알 수 있는 것을 물었으므로 선택지 B가 정답이다.

어휘 **根深蒂固** gēnshēndìgù[성] 뿌리가 깊다 **实施** shíshī[동] 실시하다 **前提** qiántí[명] 전제 조건

28 - 33

中国古代科学技术中最令人瞩目的莫过于"四大发明"，也就是造纸术、指南针、火药和印刷术。尽管中国古代的众多成就都以"四大""五大"来命名，但[33]"四大发明"这一说法最初却来源于英国的汉学家李约瑟，后来"四大发明"这个名字逐渐得到了世人的认可。[28]中国古代的"四大发明"为人类文明进步做出了巨大贡献，是祖先留下的辉煌足迹。

而在现代，"一带一路"沿线二十个国家的青年评选出了中国的"新四大发明"，它们是高铁、移动支付、共享单车和网购。虽然"新四大发明"的发源地并非在中国，但是中国对其的推广和运用，可谓达到了顶峰。

중국 고대 과학 기술 중 4대 발명, 즉 제지술, 나침반, 화약과 인쇄술보다 더 주목받는 것은 없다. 비록 중국 고대의 수많은 업적이 '4대', '5대'로 명명됐지만, [33]'4대 발명'이라는 표현은 영국의 중국학 학자 니덤에서 처음 유래한 것으로, 후에 '4대 발명'이라는 명칭은 점차 세상 사람들에게 인정받았다. [28]중국 고대의 '4대 발명'은 인류 문명의 진보에 크게 기여했는데, 이는 조상이 남긴 **찬란한 발자취**이다.

현대에서는 '일대일로' 인근 지역의 20개국의 청년들이 중국의 '신 4대 발명'을 선정했는데, 이는 고속철도, 모바일 결제, 공유 자전거, 온라인 쇼핑이다. 비록 '신 4대 발명'의 발원지는 중국이 아니지만 중국에서 이를 보급하고 활용하는 데 있어 절정에 달했다고 할 수 있다.

高铁位居中国"新四大发明"之首，它极大地缩短了人们的出行时间，改变了人们的生活。在2008年，中国就已经正式开通了第一条时速高达350千米的京津城际高铁，自此进入了高铁时代。十几年间，[29]中国已成为世界高速铁路系统技术最全、运营里程最长、运行速度最快、在建规模最大[29]的国家，中国高铁取得的众多成就让其他国家认可了中国在铁路制造方面的实力。

移动支付方便了支付手段，以前用手机和钱包支付的方式，已经逐渐被手机支付所取代。扫码支付作为移动支付的一种形式，已得到广泛普及。截至2019年，中国的扫码支付率已经达到了86%，成为了全球扫码支付率最高的国家。而且[30]移动支付方式也在一直进化，指纹支付、声波支付、刷脸支付等丰富的电子支付手段使生活更加便捷。其中，支付宝作为最常用的移动支付手段之一，已登陆了国外许多地区，这使在国外的消费者也可以体验到便捷的支付方式。

共享单车是共享经济领域中的代表，它改变了人们的出行方式，这种出行方式能够引导人们绿色出行。在附近没有公交车站或者打不到车的情况下，可以通过扫码使用共享单车。[31]由共享单车开启的共享经济later后来逐渐衍生出了更多的产品，如共享充电宝、共享雨伞、共享篮球等，这些新颖的"共享经济"也相继出现在人们的视野中。

网络购物文化，则已经渗透到了每个人的生活中。中国的网络购物文化，是淘宝、京东等网络购物平台出现后才开始逐渐扩大和发展的。[32]网络购物兴起了许多电商平台和物流公司，这些公司和中国的消费者群体共同组成了庞大的网络购物生态网，改变了人们长久以来的消费购物模式。近年来，中国人的网购规模迅猛发展。网络购物不仅为国家的经济发展做出了贡献，而且推动了相关产业的发展。

高铁重塑了距离和空间的格局；移动支付改变了传统的支付方式；共享经济渗透到了各个行业；网络购物改变了传统的商业模式。古代的"四大发明"推动了世界的进步，用科技展示了中国的魅力。而现如今的"新四大发明"则将生活方式基于现实，憧憬于未来，进一步扩展了人类发展的边界。

고속철도가 중국의 '신 4대 발명' 1위를 차지했는데, 이는 사람들의 이동 시간을 크게 단축시키고 사람들의 생활을 변화시켰다. 2008년, 중국은 이미 최초로 시속 350km에 달하는 베이징-톈진 도시간 고속철을 정식으로 개통해 이로부터 고속철 시대에 진입했다. 10여 년 사이에 [29]중국은 이미 세계에서 고속철도 시스템 기술이 가장 완전하고, 운행 거리가 가장 길며, 운행 속도가 가장 빠르고, 건설 규모가 가장 큰 [29]나라가 됐으며, 중국 고속철도가 거둔 많은 업적은 다른 국가들로 하여금 중국의 철도 제조 분야에서의 실력을 인정하게 했다.

모바일 결제는 결제 수단을 편리하게 했고, 이전에 휴대폰과 지갑으로 결제하는 방식은 점차 휴대폰 결제로 대체됐다. QR코드 스캔 결제는 모바일 결제의 한 종류로, 이미 널리 보급됐다. 2019년까지 중국의 QR코드 스캔 결제율은 이미 86%에 달해 세계에서 QR코드 스캔 결제율이 가장 높은 국가가 됐다. 또한 [30]모바일 결제 방식도 계속 진화하고 있는데, 지문 결제, 음파 결제, 안면 인식 결제 등 다양한 전자 결제 수단이 생활을 더욱 편리하게 하고 있다. 그중, 알리페이는 가장 자주 사용되는 모바일 결제 수단 중 하나로서, 해외 여러 지역에 출시돼 해외에 있는 소비자들도 편리한 결제 방식을 경험할 수 있도록 했다.

공유 자전거는 공유 경제 영역의 대표인데, 사람들의 이동 방식을 바꿨다. 이런 이동 방식은 사람들에게 친환경 이동을 하도록 권장할 수 있다. 근처에 버스 정류장이 없거나 택시를 잡지 못하는 상황에서 QR코드를 스캔하여 공유 자전거를 사용할 수 있다. [31]공유 자전거가 연 공유 경제는 후에 점차 다양한 상품이 파생됐는데, 공유 보조 배터리, 공유 우산, 공유 농구공 등이 그 예이며, 이런 참신한 '공유 경제'도 잇달아 사람들의 눈에 띄기 시작했다.

온라인 쇼핑 문화는 모든 사람의 생활 속에 이미 스며들었다. 중국의 온라인 쇼핑 문화는 타오바오, 징둥 등 온라인 쇼핑 플랫폼이 생겨나면서 점차 확대되고 발전했다. [32]온라인 쇼핑은 수많은 전자 상거래 플랫폼과 물류 회사를 발전시켰고, 이 회사들은 중국 소비자층과 함께 거대한 온라인 쇼핑 생태계를 조성하여 사람들의 오랜 소비 및 쇼핑 패턴을 바꿔 놓았다. 최근 중국인들의 온라인 쇼핑 규모는 빠르게 성장하고 있다. 온라인 쇼핑은 국가의 경제 발전에 기여했을 뿐만 아니라 관련 산업 발전을 촉진하기도 했다.

고속철도는 거리와 공간의 틀을 재정립했고, 모바일 결제는 전통적인 결제 방식을 바꿔 놓았으며, 공유 경제는 다양한 업계에 스며들었고, 온라인 쇼핑은 전통적인 비즈니스 패턴을 바꿔 놓았다. 고대의 '4대 발명'은 세계의 발전을 촉진했고, 과학 기술로 중국의 매력을 드러냈다. 그리고 오늘날의 '신 4대 발명'은 삶의 방식을 현실에 바탕을 두고 미래를 꿈꾸며 인류 발전의 경계를 한층 더 넓혔다.

어휘 瞩目 zhǔmù 圄 주목하다, 눈여겨보다　莫过于 mòguòyú ~보다 더한 것은 없다　指南针 zhǐnánzhēn 圀 나침반　火药 huǒyào 圀 화약
命名 mìngmíng 圄 명명하다　来源 láiyuán 圄 유래하다　认可 rènkě 圄 인정하다　祖先 zǔxiān 圀 조상, 선조　辉煌 huīhuáng 圀 찬란하다, 눈부시다
足迹 zújì 圀 발자취　评选 píngxuǎn 圄 선정하다, 심사하여 뽑다　共享单车 gòngxiǎng dānchē 공유 자전거　运行 yùnxíng 圄 운행하다　实力 shílì 圀 실력, 힘
取代 qǔdài 圄 대체하다　截至 jiézhì 圄 ~까지이다　进化 jìnhuà 圄 진화하다　识别 shíbié 圄 인식하다　便捷 biànjié 圀 편리하다
支付宝 Zhīfùbǎo 고유 알리페이[중국의 모바일 결제 앱]　登陆 dēnglù 圄 출시되다, 상륙하다　共享经济 gòngxiǎng jīngjì 공유 경제
倡导 chàngdǎo 圄 권장하다, 선도하다　充电宝 chōngdiànbǎo 圀 보조배터리　新颖 xīnyǐng 圀 참신하다　渗透 shèntòu 圄 스며들다　平台 píngtái 圀 플랫폼
电商 diànshāng 圀 전자 상거래(电子商务)의 줄임말　庞大 pángdà 圀 거대하다, 방대하다　生态 shēngtài 圀 생태　模式 móshì 圀 패턴, 모델
产业 chǎnyè 圀 산업　格局 géjú 圀 틀, 구도　展示 zhǎnshì 圄 드러내다　憧憬 chōngjǐng 圄 꿈꾸다, 동경하다　边界 biānjiè 圀 경계, 국경

28 中国古代的"四大发明"为人类文明进步做出了巨大贡献，是祖先留下的**辉煌足迹**。

중국 고대의 '4대 발명'은 인류 문명의 진보에 크게 기여했는데, 이는 조상이 남긴 **찬란한 발자취**이다.

해설 음성에서 언급된 中国古代的"四大发明"为人类文明进步做出了巨大贡献，是祖先留下的辉煌足迹。를 듣고 辉煌足迹를 정답으로 작성한다.

어휘 祖先 zǔxiān 圀 조상, 선조　辉煌 huīhuáng 圀 찬란하다, 눈부시다　足迹 zújì 圀 발자취

29 问：中国的高速铁路取得了什么成就？ | 질문: 중국의 고속철도는 어떤 성과를 거두었는가?

A 拥有的系统技术最全	**A 가장 완전한 시스템 기술을 갖고 있다**
B 高铁内部网速是全球第一	B 고속철도 내 인터넷 속도가 세계 1등이다
C 覆盖了全国所有省市和地区	C 전국의 모든 성(省)과 시(市) 및 지역을 커버했다
D 能够二十四小时不间断运行	D 24시간 동안 중단 없이 운행할 수 있다

해설 음성에서 언급된 中国已成为世界高速铁路系统技术最全……的国家를 듣고 선택지 A 拥有的系统技术最全을 정답의 후보로 고른다. 질문이 중국의 고속 철도는 어떤 성과를 거두었는지 물었으므로 선택지 A가 정답이다.

어휘 **拥有** yōngyǒu 圄 가지다, 소유하다　**覆盖** fùgài 圄 커버하다, 점유하다　**间断** jiànduàn 圄 중단되다　**运行** yùnxíng 圄 운행하다

---

30 问：下列哪项不属于移动支付方式？ | 질문: 다음 중 모바일 결제 방식에 속하지 않는 것은?

A 指纹支付	A 지문 결제
B 刷脸支付	B 안면 인식 결제
C 掌纹支付	**C 손금 결제**
D 声波支付	D 음파 결제

해설 음성에서 언급된 移动支付方式也在一直进化, 指纹支付、声波支付、刷脸支付를 듣고 선택지 A 指纹支付, B 刷脸支付, D 声波支付를 정답의 후보로 고른다. 질문이 모바일 결제 방식에 속하지 않는 것을 물었으므로, 언급되지 않은 선택지 C 掌纹支付가 정답이다.

어휘 **掌纹** zhǎngwén 圄 손금

---

31 问：关于共享单车，可以知道什么？ | 질문: 공유 자전거에 관해, 알 수 있는 것은 무엇인가?

A 需骑行者自行为其充电	A 타는 사람이 스스로 충전해야 한다
B 拥有较为复杂的操作系统	B 비교적 복잡한 조작 시스템을 가지고 있다
C 衍生出了多样的共享经济	**C 다양한 공유 경제를 파생했다**
D 位于"新四大发明"之首	D '신 4대 발명' 중 1등이다

해설 음성에서 언급된 由共享单车开启的共享经济到后来逐渐衍生出了更多的产品, 如共享充电宝、共享雨伞、共享篮球等, 这些新颖的"共享经济"也相继出现在人们的视野中。을 듣고 선택지 C 衍生出了多样的共享经济를 정답의 후보로 고른다. 질문이 공유 자전거에 관해 알 수 있는 것을 물었으므로 선택지 C가 정답이다.

어휘 **共享单车** gòngxiǎng dānchē 공유 자전거　**操作** cāozuò 圄 조작하다　**衍生** yǎnshēng 圄 파생하다　**共享经济** gòngxiǎng jīngjì 공유 경제

---

32 问：网络购物的诞生带来了什么影响？ | 질문: 온라인 쇼핑의 탄생은 어떤 영향을 가져왔는가?

A 改变了人与人之间的交流方式	A 사람과 사람 간의 교류 방식을 바꿨다
B 消除了私有制经济产生的壁垒	B 사유 경제로 인해 생긴 장벽을 없앴다
C 激发了消费者购买奢侈品的欲望	C 소비자의 사치품 구매 욕구를 불러일으켰다
D 推动了许多电商平台的出现和发展	**D 수많은 전자 상거래 플랫폼의 출현과 발전을 촉진했다**

해설 음성에서 언급된 网络购物兴起了许多电商平台和物流公司를 듣고 선택지 D 推动了许多电商平台的出现和发展을 정답의 후보로 고른다. 질문이 온라인 쇼핑의 탄생은 어떤 영향을 가져왔는지 물었으므로 선택지 D가 정답이다.

어휘 **诞生** dànshēng 圄 탄생하다　**消除** xiāochú 圄 없애다　**壁垒** bìlěi 圄 장벽　**激发** jīfā 圄 불러일으키다　**奢侈品** shēchǐpǐn 圄 사치품　**欲望** yùwàng 圄 욕구, 욕망　**电商** diànshāng 圄 전자 상거래(电子商务)의 줄임말　**平台** píngtái 圄 플랫폼

---

33 问：关于"四大发明"，可以知道什么？ | 질문: '4대 발명'에 관해, 알 수 있는 것은 무엇인가?

A 在民国时期有所发展	A 민국 시대에 어느 정도 발전했다
B 改变了古代的商业模式	B 고대의 상업 패턴을 바꿨다
C 其中包括制造陶瓷的技术	C 도자기 제작 기술이 포함되어 있다
D 该说法源自英国的某位学者	**D 이 말은 영국의 한 학자로부터 유래했다**

해설 음성에서 언급된 "四大发明"这一说法最初却来源于英国的汉学家李约瑟를 듣고 선택지 D 该说法源自英国的某位学者를 정답의 후보로 고른다. 질문이 '4대 별명'에 관해 알 수 있는 것을 물었으므로 선택지 D가 정답이다.

어휘 **模式** móshì 圄 패턴, 모델　**陶瓷** táocí 圄 도자기

前不久，音乐剧《我，堂吉诃德》中文版在北京二七剧场谢幕，我有幸去剧场观看了这部经典作品。这部已被引入中国多年的经典音乐剧，曾在世界各地的舞台上被30多种语言诠释，目前该剧的中文版累计演出已达到350多场，深受中国观众的喜爱。

34《我，堂吉诃德》是一部在百老汇常演不衰的经典音乐剧，被认为是最具生命力的音乐剧作品之一。该剧取材于西班牙文豪塞万提斯的不朽名作《堂吉诃德》，采用戏中戏的结构，巧妙地将堂吉诃德家喻户晓的冒险故事与作家塞万提斯的经历和思想相结合。35它能够在中国舞台上获得成功，得益于优秀的本土化改编。近年来，越来越多像《我，堂吉诃德》这样的中文音乐剧涌现出来，经过优秀的本土化改编，为世界经典注入中国韵味。

36受制于文化背景和国情的不同，对世界经典进行本土化改编的难度并不小。创作背景、作品的文化基因、抽象的艺术表述，这些因素都有可能会使观众产生接受障碍。因此进行本土化改编时最重要的一点是，要在不失经典本意的情况下，让国内观众对戏剧作品心领神会。著名舞台剧制作人汪鹏飞曾坦言，从制作人的角度来说，他比较在乎的是参与制作的剧有没有意义，是否能够引发观众的共鸣。

在题材的选择上，中国的创作者开始追寻作品中更能反映出世界优秀文化与中国文化共通的部分。37西方和东方的审美虽然有差异，但也有共性，如何把其中的共性提炼出来，是一个艺术判断力的问题，而这37来源于对观众的认知、对时代的呼应，以及对时代文化的深刻领悟。

除了题材要让观众能够接受以外，在制作层面上同样需要进行本土化创作和改编，充分考虑表达、观赏、语言等，以克服音乐剧"水土不服"的问题。38对《我，堂吉诃德》进行本土化改编的人是程何，她是目前中国唯一的一位职业音乐剧译配家。她在挖掘经典作品内核的基础上，38充分考虑了汉语和英语的语音规律，从而改编出了脍炙人口的中文剧本。

39世界经典之所以能走近中国观众，正是因为作品通过音乐剧表达了人性价值，让每一个进入剧情的观众都能产生共鸣。本土化改编不仅需要让舞台和观众建立联系，还要从故事走入生活，照见当下，给观众留出思考的空间。

音乐剧为文化交流铺就了一条坚实且缤纷的道路。40中国的音乐剧创作需要立足中国观众，同时也要汲取世界经典的精华。期待在不久的将来，中国音乐剧能够不断"出海"，助力中国文化走向世界，以音乐剧的形式向世界讲述中国故事。

얼마 전 뮤지컬 <맨 오브 라만차> 중국어판이 베이징 얼치극장에서 막을 내렸는데, 저는 운이 좋게도 극장에 가서 이 고전 작품을 관람했습니다. 중국에 들어온 지 여러 해가 된 이 고전 뮤지컬은 세계 각지의 무대에서 30여 개의 언어로 해석되었으며, 현재 중국어판 누적 공연이 350여 회에 달할 정도로 중국 관객들의 사랑을 깊이 받고 있습니다.

34<맨 오브 라만차>는 브로드웨이에서 자주 공연되는 고전 뮤지컬로, 가장 생명력 있는 뮤지컬 작품 중 하나로 꼽습니다. 이 뮤지컬은 스페인의 문호 세르반테스의 불후의 명작 <돈키호테>를 소재로 했으며, 극중극의 구성을 취하여 모두가 아는 돈키호테의 모험담과 작가 세르반테스의 경험 및 사상을 절묘하게 결합했습니다. 35이것이 중국 무대에서 성공할 수 있었던 것은 뛰어난 현지화 각색 덕분입니다. 최근 들어 점점 더 많은 <맨 오브 라만차>와 같은 중국어 뮤지컬이 쏟아져 나오고 있으며, 우수한 현지화 각색을 거쳐 세계 고전에 중국적 정취를 불어넣고 있습니다.

36문화적 배경과 나라의 정서가 다른 것에 제약을 받기 때문에 세계 고전의 현지화 각색의 어려움은 결코 적지 않습니다. 창작 배경, 작품의 문화적 유전자, 추상적인 예술적 표현과 같은 요소들은 관객에게 수용 장벽을 생기게 할 수 있습니다. 따라서 현지화 각색을 할 때 가장 중요한 점은 고전 본연의 의미를 잃지 않으면서 국내 관객이 극 작품을 마음 깊이 이해하게 해야 한다는 것입니다. 유명한 무대극 제작자인 왕펑페이는 제작자의 입장에서 말하자면 그는 제작에 참여한 극이 의미가 있는지, 관객의 공감을 불러일으킬 수 있을지에 비교적 신경을 썼다고 솔직하게 밝혔습니다.

소재의 선택에서 중국 창작자들은 작품에서 세계의 우수한 문화와 중국 문화의 공통점을 더 잘 반영할 수 있는 부분을 찾기 시작했습니다. 37서양과 동양의 심미관에는 비록 차이가 있지만 공통점도 있는데, 어떻게 그 공통점을 추출하느냐는 예술적 판단력의 문제입니다. 그리고 이것은 37관객에 대한 인식, 시대에 대한 호응 및 시대 문화에 대한 깊은 깨달음에서 비롯됩니다.

소재를 관객이 납득할 수 있게 만드는 것 외에, 제작적인 측면에서도 마찬가지로 현지화 창작과 각색을 하고, 표현, 관람, 언어 등을 충분히 고려해 뮤지컬의 '현지 기후와 풍토에 맞지 않는' 문제를 극복해야 합니다. 38<맨 오브 라만차>를 현지화 각색한 사람은 청허인데, 그녀는 현재 중국의 유일한 전문 뮤지컬 번역가입니다. 그녀는 고전 작품의 핵심을 파고들면서 38중국어와 영어의 음성 법칙을 충분히 고려해 사람들에게 널리 회자되는 중국어 극본을 각색해냈습니다.

39세계 고전이 중국 관객에게 다가갈 수 있었던 것은, 작품이 뮤지컬을 통해 인성 가치를 표현했고, 극의 줄거리에 몰입한 모든 관객이 공감할 수 있게 했기 때문입니다. 현지화 각색은 무대와 관객을 연결시켜야 할 뿐만 아니라 이야기에서 생활 속으로 들어가 현재를 조명해 관객이 생각할 수 있는 공간을 남겨야 합니다.

뮤지컬은 문화 교류에 튼튼하고 찬란한 길을 깔아줬습니다. 40중국의 뮤지컬 창작은 중국 관객에 입각해 세계 고전의 정수를 흡수해야 합니다. 머지않은 미래에 중국 뮤지컬이 끊임없이 '해외로 나가' 중국 문화의 세계화를 돕고, 뮤지컬의 형식으로 중국의 이야기를 세계에 들려줄 수 있기를 기대합니다.

어휘 我，堂吉诃德 Wǒ, Tángjíhēdé [고유] 맨 오브 라만차[직역: 나, 돈키호테] 谢幕 xièmù 동 막을 내리다, 커튼콜에 답례하다 诠释 quánshì 동 해석하다
百老汇 Bǎilǎohuì [고유] 브로드웨이 不朽 bùxiǔ 형 불후하다 家喻户晓 jiāyùhùxiǎo 정 모든 사람이 다 안다 改编 gǎibiān 동 각색하다
涌现 yǒngxiàn 동 쏟아져 나오다, 한꺼번에 나타나다 韵味 yùnwèi 명 정취, 우아한 맛 国情 guóqíng 명 나라의 정서, 국정 创作 chuàngzuò 동 창작하다
基因 jīyīn 명 유전자 障碍 zhàng'ài 명 장벽, 장애 心领神会 xīnlǐngshénhuì 정 마음 깊이 이해하다 坦言 tǎnyán 동 솔직하게 말하다
共鸣 gòngmíng 동 공감하다 题材 tícái 명 (예술 작품의) 소재 审美 shěnměi 동 심미하다, 아름다움을 감상하다 提炼 tíliàn 동 추출하다
来源 láiyuán 동 비롯하다, 유래하다 领悟 lǐngwù 동 깨닫다 观赏 guānshǎng 동 관람하다, 구경하다
译配家 yìpèijiā 명 번역가[노래의 가사를 뜻뿐만이 아닌 음악에도 맞게 번역하는 직업] 挖掘 wājué 동 파고들다
脍炙人口 kuàizhìrénkǒu 정 사람들에 의해 널리 회자되다 剧本 jùběn 명 극본 人性 rénxìng 명 인성 铺就 pūjiù (길을) 깔다 坚实 jiānshí 형 튼튼하다
缤纷 bīnfēn 형 찬란하다 立足 lìzú 동 입각하다 汲取 jíqǔ 동 흡수하다 精华 jīnghuá 명 정수

34

问：关于音乐剧《我，堂吉诃德》，下列哪项正确？

A 被认为是中国音乐剧的典型代表
B 经典版首次在北京二七剧场上演
C 是最具生命力的音乐剧作品之一
D 目前全球累计演出不超过350场

질문: 뮤지컬 <맨 오브 라만차>에 관해, 다음 중 옳은 것은?

A 중국 뮤지컬의 전형적인 대표로 여겨진다
B 오리지널 버전이 처음으로 베이징 얼치극장에서 상연됐다
C 가장 생명력을 가진 뮤지컬 작품 중 하나이다
D 현재 전 세계 누적 상연 횟수가 350회를 넘지 않는다

해설 　음성에서 언급된 《我, 堂吉诃德》是一部在百老汇常演不衰的经典音乐剧，被认为是最具生命力的音乐剧作品之一。를 듣고 선택지 C 是最具生命力的音乐剧作品之一를 정답의 후보로 고른다. 질문이 뮤지컬 <맨 오브 라만차>에 관해 옳은 것을 물었으므로, 선택지 C가 정답이다.

어휘 　我, 堂吉诃德 Wǒ, Tángjíhēdé [고유] 맨 오브 라만차[직역: 나, 돈키호테] 典型 diǎnxíng [명] 전형적인 累计 lěijì [명] 누적하다

35

问：男的认为《我，堂吉诃德》在中国舞台上获得成功
与什么有关？

A 鼓舞人心的音乐
B 演员出色的演技
C 作品较高的知名度
D 优秀的本土化改编

질문: 남자는 <맨 오브 라만차>가 중국 무대에서 성공을 거둔 것은
무엇과 관련이 있다고 생각하는가?

A 격려하고 용기를 북돋는 음악
B 배우의 훌륭한 연기
C 작품의 비교적 높은 인지도
D 훌륭한 현지화 각색

해설 　음성에서 언급된 它能够在中国舞台上获得成功，得益于优秀的本土化改编。을 듣고 선택지 D 优秀的本土化改编을 정답의 후보로 고른다. 질문이 남자는 <맨 오브 라만차>가 중국 무대에서 성공을 거둔 것은 무엇과 관련이 있다고 생각하는지 물었으므로, 선택지 D가 정답이다.

어휘 　鼓舞人心 gǔwǔrénxīn [명] 격려하고 용기를 북돋다 改编 gǎibiān [동] 각색하다

36

问：由于文化背景和国情不同，观众面对世界经典时可
能会出现什么情况？

A 出现接受障碍
B 认知能力变得低下
C 对外语的热情高涨
D 认为外国文学神圣无比

질문: 문화적 배경과 나라의 정서가 다름으로 인해, 관객들이 세계 고
전을 마주했을 때 어떤 상황이 발생할 수 있는가?

A 수용 장벽이 나타날 수 있다
B 인지 능력이 저하된다
C 외국어에 대한 학습 열정이 고조된다
D 외국 문학이 더할 나위 없이 신성하다고 생각한다

해설 　음성에서 언급된 受制于文化背景和国情的不同，对世界经典进行本土化改编的难度并不小。创作背景、作品的文化基因、抽象的艺术表述，这些因素都有可能会使观众产生接受障碍。를 듣고 선택지 A 出现接受障碍를 정답의 후보로 고른다. 질문이 문화적 배경과 나라의 정서가 다름으로 인해 관객들이 세계 고전을 마주했을 때 어떤 상황이 발생할 수 있는지 물었으므로, 선택지 A가 정답이다.

어휘 　国情 guóqíng [명] 나라의 정서, 국정 障碍 zhàng'ài [명] 장벽, 장애 高涨 gāozhǎng [동] 고조되다 神圣 shénshèng [형] 신성하다
无比 wúbǐ [형] 더할 나위 없이 뛰어나다, 더 비할 바가 없다

37

东西方审美的共性来源于对观众的认知、对时代的呼
应，以及对时代文化的**深刻领悟**。

동서양 심미관의 공통점은 관객의 인식, 시대에 대한 호응 및 시대 문
화에 대한 깊은 **깨달음**에서 비롯된다.

해설 　음성에서 언급된 西方和东方的审美虽然有差异，但也有共性……来源于对观众的认知、对时代的呼应，以及对时代文化的深刻领悟를 듣고 深刻领悟를 정답으로 작성한다.

어휘 　审美 shěnměi [동] 심미하다, 아름다움을 감상하다 来源 láiyuán [동] 비롯하다, 유래하다 领悟 lǐngwù [동] 깨닫다

38

问：《我，堂吉诃德》的译配家程何如何给观众呈现了
脍炙人口的中文剧本？

A 把整个剧本细分为七个章节
B 删除了一些不符合时代特征的内容
C 充分考虑了汉英两种语言的语音规律
D 在故事中注入了鲜明的中国文化元素

질문: <맨 오브 라만차>의 번역가 청허는 어떻게 사람들에게 널리 회
자되는 중국어 극본을 구현했는가?

A 전체 극본을 7장으로 세분화했다
B 시대적 특징에 부합하지 않는 일부 내용을 삭제했다
C 중국어와 영어 두 가지 언어의 음성 법칙을 충분히 고려했다
D 이야기에 뚜렷한 중국 문화 요소를 주입했다

해설 　음성에서 언급된 对《我, 堂吉诃德》进行本土化改编的人是程何……充分考虑了汉语和英语的语音规律，从而改编出了脍炙人口的中文剧本를 듣고 선택지 C 充分考虑了汉英两种语言的语音规律를 정답의 후보로 고른다. 질문이 <맨 오브 라만차>의 번역가 청허는 어떻게 사람들에게 널리 회자되는 중국어 극본을 구현했는지 물었으므로, 선택지 C가 정답이다.

어휘 　译配家 yìpèijiā [명] 번역가[노래의 가사를 뜻뿐만이 아닌 음악에도 맞게 번역하는 사람] 呈现 chéngxiàn [동] 구현하다
脍炙人口 kuàizhìrénkǒu [명] 사람들에 의해 널리 회자되다 剧本 jùběn [명] 극본 鲜明 xiānmíng [형] 뚜렷하다 元素 yuánsù [명] 요소

39

世界经典之所以能走近中国观众，正是因为作品通过音乐剧表达了人性价值，让每一个进入剧情的观众都能**产生共鸣**。

세계 고전이 중국 관객에게 다가갈 수 있었던 것은, 작품이 뮤지컬을 통해 인성 가치를 표현했고, 극의 줄거리에 몰입한 모든 관객이 **공감**할 수 있게 했기 때문이다.

해설　음성에서 언급된 世界经典之所以能走近中国观众，正是因为作品通过音乐剧表达了人性价值，让每一个进入剧情的观众都能产生共鸣。을 듣고 产生共鸣을 정답으로 작성한다.

어휘　人性 rénxìng 圆 인성　共鸣 gòngmíng 图 공감하다

40

问：要如何发展中国的音乐剧创作？

A 应该引进更多出众的译配人才
B 应该创作立足中国观众的作品
C 应该挑战西方文学体系的权威
D 应该挖掘更多的传统文化价值

질문: 중국의 뮤지컬 창작을 어떻게 발전시켜야 하는가?

A 출중한 번역 인재를 더 많이 영입해야 한다
B 중국 관객에 입각한 작품을 창작해야 한다
C 서양 문학 체계의 권위에 도전해야 한다
D 더 많은 전통문화 가치를 발굴해야 한다

해설　음성에서 언급된 中国的音乐剧创作需要立足中国观众，同时也要汲取世界经典的精华。를 듣고 선택지 B 应该创作立足中国观众的作品을 정답의 후보로 고른다. 질문이 중국의 뮤지컬 창작을 어떻게 발전시켜야 하는지 물었으므로, 선택지 B가 정답이다.

어휘　体系 tǐxì 圆 체계　权威 quánwēi 圆 권위　创作 chuàngzuò 图 창작하다　立足 lìzú 图 입각하다　挖掘 wājué 图 발굴하다

现代天文学观测结果表明，可观测的宇宙直径约为930亿光年。天文学家们在这个范围里已经发现了数千亿个星系，人类所处的银河系只是其中很普通的"一员"。[41]很多人以为在浩瀚的宇宙中一定挤满了繁多星系，**实则不然**，宇宙中还存在着星系分布非常稀疏的区域，天文学家们将这类宇宙空间称为"空洞"。

最典型的宇宙空洞之一——[42/43]波江座宇宙空洞直径达10亿光年，平均密度只有星系平均密度的4%。[42]在这个空洞中几乎没有恒星、行星、星云及星际气体，也几乎没有神秘的不可见的暗物质。天文学家们对这种"空洞无物"的现象感到很惊奇。明尼苏达大学天文学教授鲁德尼科和他的同事在《天体物理学杂志》上撰文说，他们是在研究美国国家射电天文台和威尔金森微波各向异性探测器的观测数据时，在猎户星座西南方向的波江座中发现这个"巨洞"的。[43]这个空洞的所在区域与众不同，因为其宇宙微波背景辐射温度比宇宙的其他区域都略微低一些，因而该空洞也被称为"冷区"。天文学家们认为这个"冷区"就像是被人取走东西后剩下的空洞。

[44]那么，宇宙中为什么会出现空洞？中国科学院国家天文台的研究员给出了一种解释。在天文学里，空洞指的是丝状结构之间的空间，空洞中几乎不存在星系。如果用一个鲜活的比喻来说明，宇宙就像一个三维立体的"渔网"，"网线"密集的地方就形成一个结点，结点处的密度高于其他区域，因此结点处的物质就会多一些，那里就是各种恒星、星云等星系诞生的地点，而"网线"交织稀疏处就出现了空洞。

[45]有些天文学家猜测，或许空洞曾经也是星系密集区域，但是在空洞的中心有一个巨大的黑洞，周围的天体物质都被这个黑洞吸引并吞噬，[46]在经历**爆炸**或者未知的天体活动后，一切物质都消失不见了。但是这个理论无法解释为什么这个区域内几乎不存在暗物质。

[45]也有一些天文学家认为，这些巨大的空洞可能是平行宇宙存在的第一个证据，正是因为存在平行宇宙，所以宇宙微波背景辐射图像显示了空洞的辐射异常。

[47]宇宙空洞究竟是什么？天文学家们目前无法得到确切的答案。毕竟空洞距离人类太遥远，人类还没有能力派出探测器前往这个区域进行探测。正如天文学家们所猜测的那样，或许空洞是平行宇宙存在的证据，或许空洞的发现只是因为宇宙的大小超越人类的想象，人类对宇宙物质的分布估测得还不够准确。[47]不可否认的是，空洞的存在给宇宙蒙上了更加神秘的面纱。

현대 천문학 관측 결과, 관측할 수 있는 우주의 지름은 약 930억 광년으로 나타났다. 천문학자들은 이 범위 내에서 이미 수천억 개의 은하를 발견했으며, 인류가 있는 은하계는 단지 그중의 평범한 '일원'일 뿐이다. [41]많은 사람들이 드넓은 우주에는 분명 수많은 은하가 가득할 것이라고 생각하지만, **실제로는 그렇지 않다**. 우주에는 은하의 분포가 아주 드문 지역이 있는데, 천문학자들은 이런 우주 공간을 '보이드'라고 부른다.

가장 대표적인 우주 보이드 중 하나인 [42/43]에리다누스자리 우주 보이드의 지름은 10억 광년에 달하고, 평균 밀도는 은하의 평균 밀도의 4%에 불과하다. [42]이 보이드에는 항성, 행성, 성운 및 성간 가스가 거의 없고, 신비롭고 보이지 않는 암흑 물질도 거의 없다. 천문학자들은 이런 '텅 비어 있고 아무것도 없는' 현상을 신기하게 여겼다. 미네소타 대학교 천문학 교수인 루드닉과 그의 동료는 <천체물리학저널>에 기고한 글에서, 이들은 미국 국립 전파천문대(NRAO)와 윌킨슨 마이크로파 비등방성 탐색기의 관측 데이터를 연구할 때 오리온자리 남서쪽 방향의 에리다누스자리에서 이 '슈퍼 보이드'를 발견했다고 했다. [43]이 보이드가 위치한 지역은 남다른데, 이곳의 우주 마이크로파 배경 복사 온도가 우주의 다른 지역보다 살짝 낮기 때문에, 이 보이드는 '냉점'이라고도 불린다. 천문학자들은 이 '냉점'이 마치 누군가에게 물건을 빼앗기고 남은 텅 빈 공간과 같다고 생각했다.

[44]그렇다면 우주에는 왜 보이드가 생기는 것일까? 중국과학원 국가천문대(NAOC)의 연구원은 한 가지 설명을 내놓았다. 천문학에서 보이드는 가늘고 긴 구조 사이의 공간을 가리키는데, 보이드에는 은하가 거의 존재하지 않는다. 생동감 있는 비유로 설명하자면, 우주는 3차원의 입체적인 '그물'과 같은데, '그물의 실'이 밀집된 곳에 교차점이 형성되고, 교차점 부분의 밀도가 다른 지역보다 높기 때문에, 교차점 부분의 물질이 조금 더 많다. 그곳이 바로 각종 항성, 성운 등 은하가 탄생하는 곳이며, '그물의 실'이 드문드문 교차된 곳에 보이드가 생겨난 것이다.

[45]일부 천문학자들은 아마도 보이드는 한때 은하가 밀집한 지역이었을 수 있지만 보이드의 중심에 거대한 블랙홀이 있었고, 주위의 천체 물질들이 모두 이 블랙홀에 빨려 들어가 삼켜져서, [46]어떤 폭발이나 미지의 천체 활동을 겪은 후 모든 물질이 사라졌다고 추측하고 있다. 그러나 이 이론으로는 왜 이 지역에 암흑 물질이 거의 존재하지 않는지를 설명할 수 없다.

[45]또 일부 천문학자들은 이 거대한 보이드가 평행 우주 존재의 첫 번째 증거일 수 있으며, 평행 우주가 존재하기 때문에 우주 마이크로파 배경 복사 지도에서 보이드의 복사 이상 현상이 드러난 것으로 보고 있다.

[47]우주 보이드란 대체 무엇인가? 천문학자들은 현재로선 확실한 답을 얻지 못하고 있다. 어쨌든 보이드는 인류로부터 아득히 멀리 떨어져 있어 인류는 아직 탐사선을 보내 이 지역에 가서 탐사할 능력이 없다. 천문학자들이 추측한 것처럼 보이드가 평행 우주 존재의 증거인 것일지도 모르고, 보이드를 발견한 것은 단지 우주의 크기가 인간의 상상을 초월해서 인류가 우주 물질의 분포에 대해 아직 정확하게 추측하지 못하고 있기 때문일지도 모른다. [47]부인할 수 없는 점은 보이드의 존재가 우주에 더욱 신비로운 베일을 씌웠다는 점이다.

어휘 **天文学** tiānwénxué 몡천문학 **观测** guāncè 图관측하다 **宇宙** yǔzhòu 몡우주 **直径** zhíjìng 몡지름 **星系** xīngxì 몡은하 **银河系** yínhéxì 몡은하계 **浩瀚** hàohàn 톙드넓다, 광대하다 **实则不然** shí zé bùrán 실제로는 그렇지 않다 **区域** qūyù 몡지역, 구역 **空洞** kōngdòng 몡보이드[은하가 거의 존재하지 않는 것으로 보이는 거대한 빈 공간] **典型** diǎnxíng 톙대표적인 **波江座** Bōjiāngzuò 고유에리다누스자리 **密度** mìdù 몡밀도 **恒星** héngxīng 몡항성 **行星** xíngxīng 몡행성 **星云** xīngyún 몡성운 **星际气体** xīngjì qìtǐ 몡성간 가스

暗物质 ànwùzhì 명 암흑 물질[우주에 존재하는 빛을 내지 않는 물질] 惊奇 jīngqí 형 신기하다 撰文 zhuànwén 기고하다, 글을 쓰다

猎户星座 lièhù xīngzuò 명 오리온자리 比喻 bǐyù 비유하다 三维 sānwéi 명 3차원, 3D 立体 lìtǐ 명 입체의 结点 jiédiǎn 명 교차점

诞生 dànshēng 통 탄생하다 交织 jiāozhī 통 교차하다 密集 mìjí 형 밀집하다 黑洞 hēidòng 명 블랙홀 吞噬 tūnshì 명 삼키다 爆炸 bàozhà 통 폭발하다

平行 píngxíng 명 평행인 异常 yìcháng 형 이상하다, 심상치 않다 确切 quèqiè 형 확실하다 遥远 yáoyuǎn 형 (시간이나 거리가) 아득히 멀다

超越 chāoyuè 통 초월하다 估测 gūcè 통 추측하다 蒙 méng 통 씌우다, 덮다 面纱 miànshā 명 베일

41

画线词语 "实则不然" 的意思是什么?

A 名副其实
B 实话实说
C 核实的结果不可靠
D 其实不是这么一回事

밑줄 친 어휘 '实则不然'의 의미는 무엇인가?

A 명실상부하다
B 사실대로 말하다
C 확인한 결과가 믿음직스럽지 못하다
D 사실은 그런 것이 아니다

해설 밑줄 친 어휘 '实则不然'의 의미를 물었으므로, 实则不然이 밑줄로 표시된 부분을 지문에서 재빨리 찾는다. 첫 번째 단락에서 很多人以为在浩瀚的宇宙中一定挤满了繁多星系, 实则不然, 宇宙中还存在着星系分布非常稀疏的区域라고 했으므로, 문맥상 实则不然은 사람들의 생각처럼 우주에 수많은 은하가 가득한 것은 아니라는 의미임을 알 수 있다. 따라서 선택지 D 其实不是这么一回事가 정답이다.

어휘 实则不然 shí zé bùrán 실제로는 그렇지 않다 名副其实 míngfùqíshí 명실상부하다 实话实说 shíhuàshíshuō 사실대로 말하다
核实 héshí 사실인지 확인하다

42

下列哪项**不是**波江座宇宙空洞的特点?

A 平均密度非常小
B 直径达10亿光年
C 不存在任何恒星
D 几乎没有暗物质

다음 중 에리다누스자리 우주 보이드의 특징이 **아닌** 것은?

A 평균 밀도가 매우 작다
B 지름이 10억 광년에 달한다
C 어떤 항성도 존재하지 않는다
D 암흑 물질이 거의 없다

해설 질문이 에리다누스자리 우주 보이드의 특징이 아닌 것을 물었으므로, 질문의 핵심어구 波江座宇宙空洞的特点과 관련된 내용을 지문에서 재빨리 찾는다. 두 번째 단락에서 波江座宇宙空洞……在这个空洞中几乎没有恒星、行星、星云及星际气体라고 했으므로, 선택지 C 不存在任何恒星이 정답이다. 참고로, 선택지 A, B, D는 두 번째 단락에서 波江座宇宙空洞直径达10亿光年, 平均密度只有星系平均密度的4%……也几乎没有神秘的不可见的暗物质이라고 했으므로 오답이다.

어휘 波江座 Bōjiāngzuò 고유 에리다누스자리 宇宙 yǔzhòu 명 우주 空洞 kōngdòng 명 보이드[은하가 존재하지 않는 것으로 보이는 거대한 빈 공간]
密度 mìdù 명 밀도 直径 zhíjìng 명 지름 恒星 héngxīng 명 항성 暗物质 ànwùzhì 명 암흑 물질[우주에 존재하는 빛을 내지 않는 물질]

43

波江座宇宙空洞为什么又被称为 "冷区"?

A 引力波辐射变弱时周围温度下降
B 宇宙微波背景辐射温度相对低一些
C 超高频辐射遮挡了来自太阳的辐射
D 其降温原理类似于冰箱的制冷系统

에리다누스자리 우주 보이드는 왜 '냉점'이라고도 불리는가?

A 중력파 복사가 약해질 때 주변 온도가 낮아져서
B 우주 마이크로파 배경 복사 온도가 상대적으로 낮아서
C 초고주파 복사가 태양으로부터 온 복사를 막아서
D 냉각 원리가 냉장고의 냉동 시스템과 유사해서

해설 질문이 에리다누스자리 우주 보이드는 왜 '냉점'이라고도 불리는지 물었으므로, 질문의 핵심어구 波江座宇宙空洞, 冷区와 관련된 내용을 지문에서 재빨리 찾는다. 두 번째 단락에서 波江座宇宙空洞……这个空洞的所在区域与众不同, 因为其宇宙微波背景辐射温度比宇宙的其他区域都要微低一些, 因而该空洞也被称为"冷区"。라고 했으므로, 선택지 B 宇宙微波背景辐射温度相对低一些가 정답이다.

어휘 辐射 fúshè 통 복사하다, 방사하다 遮挡 zhēdǎng 통 막다 原理 yuánlǐ 명 원리 类似 lèisì 형 유사하다

44

第三段主要谈的是什么?

A 空洞与黑洞之间存在的差异
B 空洞中几乎不存在星系的原因
C 中国的研究员对空洞作出的解释
D 划分宇宙 "冷区" 与其它区域的依据

세 번째 단락에서 주로 말하고 있는 것은 무엇인가?

A 보이드와 블랙홀 사이에 존재하는 차이점
B 보이드에 은하계가 거의 존재하지 않는 원인
C 중국 연구원이 보이드에 대해 내놓은 해석
D 우주 '냉점'과 다른 지역을 나누는 근거

해설 질문이 세 번째 단락의 중심 내용을 물었으므로, 세 번째 단락을 재빠르게 읽으며 중심 내용을 파악한다. 단락 초반에서 那么, 宇宙中为什么会出现空洞?中国科学院国家天文台的研究员给出了一种解释。이라고 하며 중국의 연구원이 보이드가 생기는 이유에 대해 내놓은 해석을 언급하고 있다. 따라서 이를 통해 알 수 있는 선택지 C 中国的研究员对空洞作出的解释가 정답이다.

어휘 黑洞 hēidòng 명 블랙홀 星系 xīngxì 명 은하 划分 huàfēn 통 구분하다, 나누다 区域 qūyù 명 지역, 구역 依据 yījù 명 근거

45 下列哪项属于天文学家们对宇宙空洞的猜测?

① 空洞曾经是一个星系密集的区域
② 黑洞的形成与空洞的存在息息相关
③ 空洞可以被看作是渔网网线的结点处
④ 空洞可能是平行宇宙存在的第一个证据

A ②③
B ①③
C ②④
D ①④

다음 중 천문학자들의 우주 보이드에 대한 추측에 속하는 것은?

① 보이드는 한때 은하가 밀집한 지역이었다
② 블랙홀의 형성과 보이드의 존재는 밀접하게 관련이 있다
③ 보이드는 그물의 실의 교차점으로 볼 수 있다
④ 보이드는 평행 우주 존재의 첫 번째 증거일 수도 있다

A ②③
B ①③
C ②④
D ①④

해설 질문이 천문학자들의 우주 보이드에 대한 추측에 속하는 것을 물었으므로, 질문의 핵심어구 **天文学家们对宇宙空洞的猜测**와 관련된 내용을 지문에서 재빨리 찾는다. 네 번째 단락에서 **有些天文学家猜测, 或许空洞曾经也是星系密集区域**라고 했고, 다섯 번째 단락에서 **也有一些天文学家认为, 这些巨大的空洞可能是平行宇宙存在的第一个证据**라고 했으므로, ① **空洞曾经是一个星系密集的区域**와 ④ **空洞可能是平行宇宙存在的第一个证据**가 포함된 선택지 D ①④가 정답이다. 참고로, ②와 ③은 지문에서 언급되지 않았으므로 오답이다.

어휘 **平行** píngxíng [형] 평행인

46 根据上下文，第四段空白处最适合填入的词语是：

A 爆满
B 鄙视
C 爆炸
D 飙升

앞뒤 내용에 근거하여, 네 번째 단락의 빈칸에 들어갈 어휘로 가장 알맞은 것은:

A 꽉 차다
B 경멸하다
C 폭발하다
D 급증하다

해설 질문이 네 번째 단락의 빈칸에 들어갈 어휘로 가장 알맞은 것을 물었다. A는 '꽉 차다', B는 '경멸하다', C는 '폭발하다', D는 '급증하다'라는 의미이다. 빈칸 주변이 '어떤 ______이나 미지의 천체 활동을 겪은 후 모든 물질이 사라졌다'라는 문맥이므로, 빈칸에는 물질이 사라진 것의 원인을 나타내는 어휘가 들어가야 한다. 따라서 선택지 C **爆炸**가 정답이다.

어휘 **爆满** bàomǎn [동] 꽉 차다 **鄙视** bǐshì [동] 경멸하다 **爆炸** bàozhà [동] 폭발하다 **飙升** biāoshēng [동] 급증하다

47 根据上文，作者最可能支持下列哪个观点？

A 空洞的发现源于人类无限的想象力
B 空洞形成的确切原因有待进一步研究
C 人类有望在短期内用探测器探测空洞
D 当前的平行宇宙理论完全可以站得住脚

위 글에 근거하여, 저자는 다음 중 어떤 관점을 지지할 가능성이 가장 큰가?

A 보이드의 발견은 인류의 무한한 상상력에서 비롯됐다
B 보이드 형성의 정확한 원인은 좀 더 연구해야 한다
C 인류는 단기간 내에 탐사기로 보이드를 탐사할 가능성이 있다
D 현재의 평행 우주 이론은 확실히 성립된다

해설 질문이 저자가 지지할 관점으로 가능성이 가장 큰 것을 물었다. 마지막 단락에서 **宇宙空洞究竟是什么？天文学家们目前无法得到确切的答案。**과 **不可否认的是，空洞的存在给宇宙蒙上了更加神秘的面纱。**라고 했으므로, 저자는 보이드가 아직까지 미지의 영역이므로 추가적인 연구를 진행해야 한다고 생각하고 있음을 알 수 있다. 따라서 선택지 B **空洞形成的确切原因有待进一步研究**가 정답이다.

어휘 **站得住脚** zhàn de zhù jiǎo (이유 등이) 성립되다, 타당하다 **探测** tàncè [동] 탐사하다 **确切** quèqiè [형] 정확하다

48 - 54

[54]《易经·系辞》有云，"一阴一阳之谓道"，"道"是指道理、规律，意思就是阴和阳组成了世间万物的发展规律。[48]阴阳的最初涵义是很简单的，表示阳光的向背，向日为阳，背日为阴，后来引申为气候的寒暖，方位的上下、左右和内外，运动状态的躁动和宁静等。[49]中国古代哲学家们体会到自然界中的一切现象都存在着正反两方面，于是就用阴阳这个概念来解释自然界两种对立的、相互消长的物质势力，并[49]认为阴阳的对立和消长是事物本身所固有的。后来，阴阳成为了中国古代哲学的一对范畴，形成了阴阳学说。

[54]<역경·계사>에서 '하나의 음과 하나의 양을 도라고 한다'라고 했는데, '도'는 도리, 법칙을 가리키고, 음과 양이 세상 만물의 발전 법칙을 형성한다는 뜻이다. [48]음양의 최초의 함의는 간단했는데, 햇빛을 마주하는 것과 등지는 것을 가리켰으며, 태양을 마주하면 양이고, 태양을 등지면 음이었다. 이후에는 기후의 춥고 더움, 방향과 위치의 위아래, 좌우, 안과 밖, 운동 상태의 움직임과 고요함으로 뜻이 확대됐다. [49]중국 고대 철학자들은 자연계의 모든 현상에 정과 반의 양면이 존재한다는 것을 깨닫고 음양이라는 개념으로 자연계의 대립하고, 상호 소장하는 두 가지의 물질적 세력을 설명했고, [49]음양의 대립과 소장은 사물 자체가 본래부터 가지고 있는 것으로 간주했다. 이후 음양은 중국 고대 철학의 범주가 되었고, 음양 학설이 형성됐다.

[50]根据阴阳学说，世界是物质性的整体，自然界的任何事物都包含相互对立的阴阳两个方面，而对立的双方又是相互统一的。[50]阴阳的对立统一运动，是自然界一切事物发生、发展、变化及消亡的根本原因。正如《黄帝内经》所说，"阴阳者，天地之道也，万物之纲纪，变化之父母，生杀之本始"。阴阳的对立统一运动推动着世间万物的发展，换言之，世界本身就是阴阳对立统一运动的结果。

中国古代哲学家把阴阳关系概括成对立制约、互根作用、消长平衡和相互转化这四种关系。阴阳的对立制约主要表现在两者之间的相互制约、相互斗争上。[51]阴阳相互制约和相互斗争的结果是两者的统一，即达到了动态平衡，如果这种平衡遭受破坏，就会出现问题。

阳依存于阴，阴依存于阳。[52]阴阳对立而存在，任何一方都不能脱离对方而单独存在，这就是阴阳的互根作用。阴阳的互根作用既是事物发展变化的条件，又是阴阳相互转化的内在根据。

[52]阴阳之间的相互制约和互根互用，并不是永远处于静止状态的，而是始终在不断变化，即所谓的"消长平衡"。阴阳就在这种运动变化中生生不息，而阴阳的消长现象可以看成是事物发展变化中量变的过程。

阴阳对立的双方在一定条件下会向其相反的方向转化，这种相互转化是一种质变的过程。表示量变的阴阳消长和表示质变的阴阳转化是与事物发展变化全过程密不可分的两个阶段，消长是转化的前提，而转化则是消长的最终结果。

阴和阳的这四种关系也被中国古代医学家们运用到了临床中，他们认为人的机体内阴阳失衡是引起疾病的原因，因此[53]人体内阴阳再次恢复平衡才能使身体平复如旧。在古代医学体系中，阴阳学说影响了人们对人体生命的认识，并被有机地融入了中医学理论之中，成为了中医学理论体系的一个重要组成部分。此外，阴阳学说也是贯穿于整个中医学理论体系的指导思想和重要的方法论。

[50]음양 학설에 의하면, 세상은 물질적인 것들의 집합체이고, 자연계의 모든 사물은 서로 대립하는 음양이라는 두 가지 측면을 포함하고 있는데, 대립하는 양자는 서로 통일되기도 한다. [50]음양의 대립 및 통일 운동은 자연계의 모든 사물이 발생, 발전, 변화 및 소멸하는 근본적인 원인이다. <황제내경>에서 '음양은 천지의 도이고, 만물의 기강이며, 변화의 기원이고, 성장과 소멸의 근본과 시작이다'라고 언급한 내용과 같다. 음양의 대립 및 통일 운동은 세상 만물의 발전을 추진하는데, 바꿔 말해 세상 자체가 바로 음양의 대립 및 통일 운동의 결과물이라 할 수 있다.

중국 고대 철학자는 음양의 관계를 대립과 제약, 호근 작용, 소장 평형, 상호 전화라는 네 가지 관계로 요약했다. 음양의 대립과 제약은 양자 사이의 상호 제약, 상호 투쟁에서 주로 나타난다. [51]음양의 상호 제약과 상호 투쟁의 결과는 양자의 통일, 즉 동태적인 균형을 이루게 된 것인데, 만약 이런 균형이 손상을 입으면, 문제가 발생하게 된다.

양은 음에, 음은 양에 의존한다. [52]음양은 서로 대립하여 존재하며, 어느 한쪽도 상대방을 벗어나서 단독으로 존재할 수 없는데, 이것이 바로 음양의 호근 작용이다. 음양의 호근 작용은 사물이 발전하고 변화하는 것의 조건이자, 음양의 상호 전화의 내재적인 근거이기도 하다.

[52]음양 사이의 상호 제약과 호근 작용은 영원히 정지된 상태에서 머무는 것이 아니라 항상 끊임없이 변화하고 있는데, 즉 소위 말하는 '소장 평형'이다. 음양은 바로 이런 운동 변화 속에서 끊임없이 성장하고 번성한다. 음양의 소장 현상은 사물이 발전하고 변화하는 가운데 양적 변화가 일어나는 과정이라고 볼 수 있다.

음양 대립하는 양자는 일정한 조건하에 반대 방향으로 전화한다. 이러한 상호 전화는 일종의 질적 변화 과정이다. 양적 변화를 나타내는 음양 소장과 질적 변화를 나타내는 음양의 전화는 사물이 발전하고 변화하는 전 과정과 뗄 수 없는 두 가지 단계로, 소장은 전화의 전제이고, 전화는 소장의 최종 결과이다.

음과 양의 이 네 가지 관계는 중국 고대 의학자들에 의해 임상에도 응용됐다. 그들은 사람의 신체에서 음양의 불균형은 질병을 일으키는 원인이라고 생각했기 때문에 [53]인체에서 음양이 다시 균형을 회복해야 몸이 예전과 같이 돌아온다고 생각했다. 고대 의학 체계에서 음양 학설은 인체 생명에 대한 사람들의 인식에 영향을 끼쳤고, 중국 의학 이론에 유기적으로 융합되어 중국 의학 이론 체계에서 중요한 구성 부분이 되었다. 이 밖에 음양 학설은 전체 중국 의학 이론 체계를 관통하는 지도 사상과 중요한 방법론이기도 하다.

어휘　**易经** Yìjīng [고] 역경[유교 경전 중 하나]　**引申** yǐnshēn [동] 뜻이 확대되다, 새로운 뜻이 파생되다　**方位** fāngwèi [명] 방향과 위치
　宁静 níngjìng [형] 고요하다　**对立** duìlì [동] 대립하다　**消长** xiāozhǎng 소장[한쪽이 성하면 한쪽은 약해짐]　**势力** shìlì [명] 세력　**本身** běnshēn [명] 그 자체
　固有 gùyǒu [형] 본래부터 가지고 있는, 고유의　**范畴** fànchóu [명] 범주[가장 보편적인 최고의 유개념을 가리키는 철학 용어]　**学说** xuéshuō [명] 학설
　消亡 xiāowáng [동] 소멸하다　**黄帝内经** Huángdì nèijīng [고유] 황제내경[중국 고대 의서]　**纲纪** gāngjì [명] 기강, 질서[사회의 질서와 국가의 법기]
　制约 zhìyuē [동] 제약하다　**互根** hùgēn 호근[음양이 서로 의존하고 있음을 가리킴]　**转化** zhuǎnhuà [동] 전화하다, 변화하다　**斗争** dòuzhēng [동] 투쟁하다
　动态 dòngtài [명] 동태적인　**遭受** zāoshòu [동] (불행한 일이나 손해를) 입다　**脱离** tuōlí [동] 벗어나다　**内在** nèizài [형] 내재적인　**静止** jìngzhǐ [동] 정지하다
　生生不息 shēngshēngbùxī [성] 끊임없이 성장하고 번성하다　**前提** qiántí [명] 전제　**临床** línchuáng [명] 임상하다　**疾病** jíbìng [명] 질병
　平复如旧 píngfùrújiù [성] (병이 나아서) 예전과 같이 돌아오다　**体系** tǐxì [명] 체계, 시스템　**贯穿** guànchuān [동] 관통하다

48　阴阳最初的涵义是什么？　　　음양의 최초의 함의는 무엇인가？

　A 太极的两端　　　　　　　　　A 태극의 양끝
　B 方位的上下　　　　　　　　　B 방향과 위치의 위아래
　C 气候的寒热　　　　　　　　　C 기후의 춥고 더움
　D 阳光的向背　　　　　　　　**D 햇빛을 마주하는 것과 등지는 것**

해설　질문이 음양의 최초의 함의를 물었으므로, 질문의 핵심어구 阴阳最初的涵义와 관련된 내용을 지문에서 재빨리 찾는다. 첫 번째 단락에서 阴阳的最初涵义是很简单的, 表示阳光的向背, 向日为阳, 背日为阴이라고 했으므로, 선택지 D 阳光的向背가 정답이다.

어휘　**太极** tàijí [명] 태극　**端** duān [명] (사물의) 끝　**方位** fāngwèi [명] 방향과 위치

49 下列哪项属于古代哲学家对阴阳的对立和消长的认识？ 다음 중 고대 철학자의 음양의 대립과 소장에 대한 인식에 속하는 것은？

A 两者中只有一方才能存在	A 둘 중 어느 한쪽만이 존재할 수 있다
B 两者是事物本身所固有的	**B 둘은 사물 자체가 본래부터 가지고 있는 것이다**
C 阴阳的对立是消长的前提	C 음양의 대립은 소장의 전제이다
D 两者之间有着先后顺序之分	D 둘 사이에는 선후 순서의 구분이 있다

해설 질문이 고대 철학자의 음양의 대립과 소장에 대한 인식에 속하는 것을 물었으므로, 질문의 핵심어구 古代哲学家对阴阳的对立和消长的认识과 관련된 내용을 지문에서 재빨리 찾는다. 첫 번째 단락에서 中国古代哲学家们……认为阴阳的对立和消长是事物本身所固有的라고 했으므로, 선택지 B 两者是事物本身所固有的가 정답이다. 참고로, 선택지 A는 네 번째 단락에서 阴阳对立而存在,任何一方都不能脱离对方而单独存在라고 했으므로 오답이다. C, D는 지문에서 언급되지 않았으므로 오답이다.

어휘 **对立** duìlì 图 대립하다   **消长** xiāozhǎng 소장[한쪽이 성하면 한쪽은 약해짐]   **固有** gùyǒu 图 본래부터 가지고 있는, 고유의   **前提** qiántí 图 전제

---

50 根据阴阳学说，自然界一切事物发展的根本原因是： 음양 학설에 의하여, 자연계의 모든 사물이 발전하는 근본적인 원인은：

A 人们的主观臆想	A 사람들의 주관적인 상상
B 阴阳的对立统一运动	**B 음양의 대립 및 통일 운동**
C 事物内部的矛盾和弊端	C 사물 내부의 모순과 폐단
D 宇宙中未知的物质势力	D 우주 속 미지의 물질의 세력

해설 질문이 음양 학설에 의하여 자연계의 모든 사물이 발전하는 근본적인 원인을 물었으므로, 질문의 핵심어구 阴阳学说, 自然界一切事物发展的根本原因과 관련된 내용을 지문에서 재빨리 찾는다. 두 번째 단락에서 根据阴阳学说……阴阳的对立统一运动,是自然界一切事物发生、发展、变化及消亡的根本原因。이라고 했으므로, 선택지 B 阴阳的对立统一运动이 정답이다.

어휘 **学说** xuéshuō 图 학설   **臆想** yìxiǎng 图 주관적으로 상상하다   **对立** duìlì 图 대립하다   **弊端** bìduān 图 폐단, 폐해   **宇宙** yǔzhòu 图 우주   **势力** shìlì 图 세력

---

51 根据上下文，第三段空白处最适合填的词语是： 앞뒤 내용에 근거하여, 세 번째 단락의 빈칸에 들어갈 어휘로 가장 알맞은 것은：

A 遭罪	A 벌을 받다
B 糟蹋	B 망치다
C 遭殃	C 재앙을 만나다
D 遭受	**D 입다**

해설 질문이 세 번째 단락의 빈칸에 들어갈 어휘로 가장 알맞은 것을 물었다. A는 '벌을 받다', B는 '망치다', C는 '재앙을 만나다', D는 '입다'라는 의미이다. 빈칸 주변이 '음양의 상호 제약과 상호 투쟁의 결과는 양자의 통일, 즉 동태적인 균형을 이루게 된 것인데, 만약 이런 균형이 손상을 _____, 문제가 발생하게 된다.'라는 문맥이므로, 빈칸에는 음양의 동태적인 균형이 손상을 당함을 나타내는 어휘가 들어가야 한다. 따라서 선택지 D 遭受가 정답이다.

어휘 **遭罪** zāozuì 图 벌을 받다   **糟蹋** zāotà 图 망치다   **遭殃** zāoyāng 图 재앙을 만나다   **遭受** zāoshòu 图 (불행한 일이나 손해를) 입다

---

52 如何看待阴阳之间的关系？ 음양 간의 관계를 어떻게 보아야 하는가？

① 阴阳不能独立存在	① 음양은 독자적으로 존재할 수 없다
② 阴阳之间不存在制约	② 음양 사이에는 제약이 없다
③ 阴阳可无条件地进行相互转化	③ 음양은 무조건적으로 서로 전화할 수 있다
④ 阴阳处在永无静止的消长变化中	④ 음양은 영원히 정지하지 않는 소장 변화에 처해 있다

A ①③	A ①③
B ②③	B ②③
C ①④	**C ①④**
D ②④	D ②④

해설 질문이 음양 간의 관계를 어떻게 보아야 하는지 물었으므로, 질문의 핵심어구 阴阳之间的关系와 관련된 내용을 지문에서 재빨리 찾는다. 네 번째 단락에서 阴阳对立而存在,任何一方都不能脱离对方而单独存在라고 했고, 다섯 번째 단락에서 阴阳之间的相互制约和互根互用,并不是永远处于静止状态的,而是始终在不断变化라고 했으므로, ① 阴阳不能独立存在와 ④ 阴阳处在永无静止的消长变化中이 포함된 선택지 C ①④가 정답이다.

어휘 **看待** kàndài 图 ~에 대하여 보다   **制约** zhìyuē 图 제약하다   **转化** zhuǎnhuà 图 전화하다, 변화하다   **静止** jìngzhǐ 图 정지하다

53	画线词语"平复如旧"中的"复"与下列哪个括号中的词语意思相近？	밑줄 친 어휘 '平复如旧'의 '复'는 선택지 괄호 안 어떤 어휘와 의미가 비슷한가?

A （素）不相识

B 返老（还）童

C 络绎不（绝）

D 夜以（继）日

A （평소에） 모르는 사이다

B 노인에서 소년으로 （돌아오다）

C 왕래가 （끊이지） 않다

D 낮과 밤이 따로 없이 （계속하다）

해설 질문의 平复如旧는 '예전과 같이 돌아오다'라는 의미이며, 이 중 复는 '돌아오다, 돌아가다'라는 의미이다. 마지막 단락에서 人体内阴阳再次恢复平衡才能使身体平复如旧라고 하며, 인체에서 음양이 다시 균형을 회복해야 몸이 예전과 같이 돌아온다고 언급하였으므로, 复는 '돌아오다'라는 의미로 사용됐음을 확인할 수 있다. 따라서 '돌아오다'의 의미를 가진 '还'이 포함된 선택지 B 返老（还）童이 정답이다.

어휘 平复如旧 píngfùrújiù 圈（병이 나아서）예전과 같이 돌아오다 素不相识 sùbùxiāngshí 圈평소에 모르는 사이다
返老还童 fǎnlǎohuántóng 圈노인에서 소년으로 돌아오다, 다시 젊어지다 络绎不绝 luòyìbùjué 圈왕래가 끊이지 않다
夜以继日 yèyǐjìrì 圈낮과 밤이 따로 없이 계속하다

54	上文主要谈的是：	위 글에서 주로 말하는 것은：

A 古代哲学家对阴阳学说的不同理解

B 阴阳学说的本质以及阴阳之间的关系

C 活用阴阳学说解决哲学问题的各种案例

D 中医学运用阴阳学说进行治疗的具体方法

A 고대 철학자의 음양 학설에 대한 서로 다른 이해

B 음양 학설의 본질 및 음양 간의 관계

C 음양 학설을 활용해 철학 문제를 해결한 다양한 사례

D 중국 의학에서 음양 학설을 응용하여 치료하는 구체적인 방법

해설 질문이 지문 전체의 중심 내용을 물었다. 첫 번째 단락에서《易经·系辞》有云，"一阴一阳之谓道"，"道"是指道理、规律，意思就是阴和阳组成了世间万物的发展规律。라고 했고, 지문이 음양 학설의 구체적인 내용, 음양의 관계, 중국 의학에서의 음양의 활용을 차례대로 언급하고 있다. 따라서 B 阴阳学说的本质以及阴阳之间的关系가 정답이다.

어휘 学说 xuéshuō 圈학설 案例 ànlì 圈사례

55 - 61

传统婚姻礼仪是中国民俗礼仪中最隆重的礼仪之一。周代是礼仪的集大成时代，彼时逐渐形成了一套完整的婚姻礼仪。

[55]《仪礼》上清晰明了地指出："昏有六礼，纳采、问名、纳吉、纳征、请期、亲迎。""六礼"即六个礼法，是指由求婚至完婚的整个婚礼流程。在漫长的历史发展中，六礼逐渐成为了汉族传统婚姻礼仪。

纳采为六礼之首，即男方家请媒人去女方家提亲，女方家答应议婚后，男方家备礼前去求婚的环节。[56]纳采时男方家一般以雁作为礼物送给女方家。当时用雁作为礼物是有一定依据的。[56]雁是一种候鸟，秋去春来，从不失信，因此送雁表示男方将会遵守迎娶女方的承诺。雁反映了人们永不离异、白头偕老的美好愿望。

如果女方家收下了男方家的礼物，就表示同意这门婚事，于是就要实施第二步程序——问名。[57]问名就是请媒人交换男女双方的姓名和生日，[57]也就是互相通报"生辰八字"。"八字"通常被写在一张红纸上，字数一般为偶数，如果是奇数，就增减一个无关紧要的字凑成偶数。男方家先将"八字"写好后贴在左边，把右边留给女方家，以示礼让；女方家接到"八字"后要回信，将男方的"八字"移向右边，把女方的贴在左边，表示尊重男方。

전통 혼인 의례는 중국 민속 의례에서 가장 성대한 의례 중 하나이다. 주나라 시대는 의례가 집대성된 시대였는데, 이때 점차 완전한 혼인 의례가 형성되었다.

[55]<의례>에서 '결혼에는 육례가 있는데, 납채, 문명, 납길, 납징, 청기, 친영이다.'라고 명시하고 있다. '육례'란 여섯 가지 예법이며, 청혼에서 혼례가 끝나기까지의 전체 혼례 과정을 가리킨다. 오랜 역사의 발전 속에서, 육례는 점차 한족의 전통 혼인 의례로 자리 잡았다.

납채는 육례에서 첫 번째로, 남자 집에서 중매인을 여자 집으로 보내 혼담을 꺼내도록 하고, 여자 집에서 혼담에 응한 후, 남자 집에서 예물을 준비해서 청혼하는 절차이다. [56]납채할 때 남자 집은 일반적으로 기러기를 여자 집에 선물로 보낸다. 당시 기러기를 선물하는 데는 나름의 근거가 있었다. [56]기러기는 철새로, 가을에 떠나 봄에 돌아오는데, 이를 한 번도 어기지 않아서 기러기를 선물하는 것은 남자가 여자를 아내로 맞이하겠다는 약속을 지키는 것을 나타낸다. 기러기는 영원히 이별하지 않고 백년해로하고 싶은 아름다운 염원을 반영한 것이다.

만약 여자 집에서 남자 집의 선물을 받았다면, 그 결혼에 동의한다는 뜻이므로 두 번째 절차인 문명을 실행한다. [57]문명은 중매인을 통해 남자와 여자 양측의 이름과 생일을 교환하는 것으로, [57]바꿔 말하면 서로 '사주팔자'를 주고받는 것이다. '팔자'는 보통 붉은 종이에 쓰는데, 글자 수는 일반적으로 짝수이지만, 만약에 홀수라면 중요하지 않은 글자를 채우거나 줄여서 짝수로 만든다. 남자 집에서 먼저 '팔자'를 써서 왼쪽에 붙이고, 오른쪽을 여자 집에게 남겨서 예를 표한다. 여자 집은 '팔자'를 받으면 답장을 써야 하는데, 남자의 '팔자'를 오른쪽으로 옮기고 여자의 팔자를 왼쪽에 붙여 남자를 존중한다는 의미를 나타낸다.

纳吉是第三步程序，它有纳取吉利之意。问名之后，双方通过各种各样的方式考察缔结婚姻的可能性，有的人到庙里求签，有的人会去占卜。这种行为叫"合婚"，也被称为"批八字"。双方的婚事定下来以后，就不能随意反悔了。

纳吉结束后，男方家就会向女方家送彩礼，这一程序是[58]纳征，只有此项仪式完成后男方才能娶女方。这是进入婚姻阶段的重要标志，[58]当男方家去女方家送彩礼时，必须选择偶数的吉日，由媒人和男方的父母、亲戚携带着礼物去相亲。古时的纳征相当于如今的"送聘礼"。

[59]请期则指的是男方家选择结婚的良辰吉日，由媒人向女方家征求意见，相当于现在的"下日子"。民间一般会选用双月双日，蕴含着"好事成双"的含义。女方家对办喜事的日子表示同意后，双方便开始准备婚礼。

婚礼的最后一道程序是亲迎，也就是迎娶新娘。到成婚的当天，新郎就会亲自到女方家迎接新娘。亲迎是六礼中最隆重的仪式，为确保万无一失，[60]这一天有很多不被允许的事，比如迎亲队伍返回男方家时不走迎亲时走过的路，被称为"不走回头路"，寄托了新人们对婚姻不后悔的决心；还有迎亲队伍若恰好遇到送殡队伍，不能掉头就走，因为棺材与"观财"同音，所以迎亲队伍会大喊"遇见财宝"，以取吉祥平安之意。

这些婚礼习俗无不体现着中国人对婚姻的重视。随着时代的变化，婚礼习俗也在不断变化，六礼虽然繁琐，但还是有部分礼仪一直流传到了现代。[61]这些传统婚礼习俗是中国文化的瑰宝，每一项礼仪中都渗透着中国人的哲学思想。

납길은 세 번째 절차로, 길함을 받는다는 의미가 있다. 문명 후, 양측은 다양한 방식으로 혼인을 맺을 가능성에 대해 고찰한다. 어떤 사람은 절에 가서 제비를 뽑아 길흉을 점치고, 어떤 사람은 점집을 가기도 한다. 이런 행위를 '궁합 보기'라고 하며, '사주 보기'라고도 불린다. 양측의 혼사가 결정된 후에는 마음대로 무를 수 없다.

납길이 끝나면 남자 집에서 여자 집으로 예물을 보내는데, 이 절차는 [58]납징으로, 이 의식이 끝나야 남자가 여자를 아내로 맞이할 수 있다. 이것은 혼인 단계에 들어서는 중요한 징표인데, [58]남자 집에서 여자 집에 예물을 보내러 갈 때는 반드시 짝수 길일을 택해 중매인과 남자의 부모, 친척이 예물을 들고 만나러 가야 한다. 옛날의 납징은 지금의 '예물을 주는 것'에 해당한다.

[59]청기는 남자 집에서 결혼하는 길일을 선택해서 중매인이 여자 집에 의견을 구하는 것을 가리키며 현재의 '날짜 정하기'에 해당한다. 민간에서는 보통 짝수 달 짝숫날을 택하는데, '좋은 일이 쌍쌍이 된다'는 의미를 내포하고 있다. 여자 집에서 결혼 날짜에 동의를 표하면 양측은 결혼 준비에 들어간다.

혼례의 마지막 절차는 친영, 즉 신부를 맞는 것이다. 결혼 당일, 신랑은 직접 여자 집에 가서 신부를 맞이한다. 친영은 육례 중 가장 성대한 의식으로, 조금의 실수도 없게 하기 위해 [60]이 날은 허락되지 않는 일들이 많다. 예를 들면 신부를 맞이하는 행렬이 신랑 집으로 돌아갈 때는 신부를 맞이할 때 왔던 길로 다시 가지 않는데, '온 길을 되돌아 가지 않는다'라고 하며, 신랑과 신부가 결혼을 후회하지 않겠다는 각오를 담고 있다. 그리고 만약 신부를 맞이하는 행렬이 운구 행렬을 만났다면 방향을 돌려서는 안 되는데, 관(棺材)이 '재물을 보다(观财)'와 발음이 같아서 신부를 맞이하는 행렬은 큰 소리로 '보물을 만났다'를 외쳐 길함과 평안함을 얻으려 한다.

이러한 혼례 풍습은 모두 중국인들이 혼인을 중시하고 있음을 나타내고 있다. 시대의 변화에 따라 혼례 풍습도 끊임없이 달라지고 있다. 육례는 비록 번거롭지만 일부 의례는 현대까지 전해졌다. [61]이런 전통 혼례 풍습은 중국 문화의 진귀한 보물로, 의례마다 중국인들의 철학 사상이 스며들어 있다.

어휘 礼仪 lǐyí [명] 의례, 예의 隆重 lóngzhòng [형] 성대하다 集大成 jí dàchéng 집대성하다[여러 장점을 융합해 완전한 정도에 도달함] 彼时 bǐ shí 이때, 그 당시 纳采 nàcǎi 납채[신랑 집에서 신부 집에 혼인을 구하는 것을 가리킴] 问名 wènmíng 문명[신부의 이름, 생년월일 등을 물어보는 절차임] 纳吉 nàjí 납길[좋은 날을 택일하여 신부 집에 알리는 일을 가리킴] 纳征 nàzhēng 납징[신부 측에 예물을 전달하는 것을 가리킴] 请期 qǐngqī 청기[신랑 측에서 결혼 날짜를 정해서 신부 측에 혼인 날짜를 알리고 허락 받는 일을 가리킴] 亲迎 qīnyíng 친영[신랑이 신부 집에 가서 신부를 맞이하여 혼례를 거행하는 일을 가리킴] 流程 liúchéng [명] 과정, 공정 依据 yījù [명] 근거 承诺 chéngnuò [동] 약속하다 实施 shíshī [동] 실행하다 生辰八字 shēngchén bāzì 사주팔자 考察 kǎochá [동] 고찰하다, 정밀히 살피다 缔结 dìjié [동] 맺다, 체결하다 求签 qiúqiān [동] 제비를 뽑아 길흉을 점치다 随意 suíyì [부] 마음대로 彩礼 cǎilǐ [명] 예물 相亲 xiāngqīn [동] 혼담이 오갈 때 부모가 찾아가서 신랑감이나 신부감을 직접 만나보는 것을 나타냄 良辰 liángchén [명] 길일, 좋은 날 民间 mínjiān [명] 민간 蕴含 yùnhán [동] 내포하다 新郎 xīnláng [명] 신랑 新娘 xīnniáng [명] 신부 仪式 yíshì [명] 의식 确保 quèbǎo [동] 확실히 보장하다 万无一失 wànwúyìshī [성] 조금의 실수도 없다 迎亲 yíngqīn [동] 신부를 맞이하다 队伍 duìwu [명] 행렬 送殡 sòngbìn [동] (발인해서 장지로) 운구하다 棺材 guāncai [명] 관 吉祥 jíxiáng [형] 길하다, 운수가 좋다 习俗 xísú [명] 풍습 繁琐 fánsuǒ [형] 번거롭다 瑰宝 guībǎo [명] 진귀한 보물 渗透 shèntòu [동] 스며들다

---

55 根据第二段，可以知道：

A 现代婚礼仪式多而繁琐
B 少数民族的婚礼习俗各不相同
C 《礼记》展示了宫廷的婚礼习俗
D 《仪礼》对婚礼中的"六礼"做了明确的记载

두 번째 단락에 근거하여, 알 수 있는 것은：

A 현대 결혼식은 의식이 많고 번거롭다
B 소수 민족의 결혼 풍습은 서로 다르다
C 〈예기〉에서 궁중의 혼례 풍습을 나타냈다
D 〈의례〉에서 혼례의 '육례'에 대해 명확한 기록을 했다

해설 질문이 두 번째 단락에 근거하여 알 수 있는 것을 물었다. 질문에 핵심어구가 없으므로 각 선택지의 핵심어구 现代婚礼, 少数民族的婚礼习俗, 《礼记》, 《仪礼》와 관련된 내용을 지문에서 재빨리 찾는다. 두 번째 단락에서 《仪礼》上清晰明了地指出："昏有六礼, 纳采、问名、纳吉、纳征、请期、亲迎。"이라고 했으므로, 선택지 D《仪礼》对婚礼中的"六礼"做了明确的记载가 정답이다.

어휘 仪式 yíshì [명] 의식 繁琐 fánsuǒ [형] 번거롭다 习俗 xísú [명] 풍습 礼记 Lǐjì [고유] 예기[중국 고대 유가의 경전] 展示 zhǎnshì [동] 나타내다, 보여주다 记载 jìzǎi [동] 기록하다

56 纳采时，男方家为什么以雁作为礼物送给女方家？

A 雁有着耀眼的姿态
B 雁比其它候鸟更常见
C 雁是信守承诺的动物
D 雁在古代寓意着富贵

납채할 때, 남자 집에서는 왜 기러기를 여자 집에게 선물로 주는가?

A 기러기가 눈부신 자태를 가지고 있어서
B 기러기가 다른 철새보다 더 흔히 볼 수 있어서
C 기러기가 약속을 지키는 동물이어서
D 기러기가 고대에는 부귀함을 의미해서

해설 질문이 납채할 때 남자 집에서는 왜 기러기를 여자 집에게 선물로 주는지 물었으므로, 질문의 핵심어구 纳采, 雁과 관련된 내용을 지문에서 재빨리 찾는다. 세 번째 단락에서 纳采时男方家一般以雁作为礼物送给女方家。……雁是一种候鸟，秋去春来，从不失信，因此送雁表示男方将会遵守迎娶女方的承诺。라고 했으므로, 선택지 C 雁是信守承诺的动物이 정답이다.

어휘 纳采 nàcǎi 납채[신랑 집에서 신부 집에 혼인을 구하는 것을 가리킴]　耀眼 yàoyǎn 圖 눈부시다　承诺 chéngnuò 圖 약속하다　伴侣 bànlǚ 圖 배우자

---

57 问名时互相通报的"八字"有什么特点？

A 字数通常为偶数
B 上面只能留有生日
C 需写在一张白纸上
D 回信时男方的贴在左边

문명할 때 서로 주고받는 '팔자'에는 어떤 특징이 있는가?

A 글자 수는 보통 짝수이다
B 위에는 생일만 쓸 수 있다
C 백지 한 장에 써야 한다
D 답장할 때 남자 쪽의 것을 왼쪽에 붙인다

해설 질문이 문명할 때 서로 주고받는 '팔자'에는 어떤 특징이 있는지 물었으므로, 질문의 핵심어구 问名, 互相通报的"八字"와 관련된 내용을 지문에서 재빨리 찾는다. 네 번째 단락에서 问名……也就是互相通报"生辰八字"。"八字"通常被写在一张红纸上，字数一般为偶数라고 했으므로, 선택지 A 字数通常为偶数가 정답이다.

어휘 问名 wènmíng 문명[신부의 이름, 생년월일 등을 물어보는 절차를 가리킴]

---

58 关于"六礼"，下列哪项**不正确**？

A 最隆重的仪式是亲迎
B 纳征时必须选择奇数的吉日
C 有些礼仪仍然能在现代婚礼中找到
D 纳吉是双方考察结婚可能性的礼节

'육례'에 관해, 다음 중 옳지 않은 것은?

A 가장 성대한 의식은 친영이다
B 납징할 때 반드시 홀수 길일을 선택해야 한다
C 어떤 의례는 현대 혼례에서 여전히 찾아볼 수 있다
D '납길'은 양측이 결혼 가능성을 고찰하는 의례이다

해설 질문이 '육례'에 관해 옳지 않은 것을 물었다. 질문에 핵심어구가 없으므로 각 선택지의 핵심어구 亲迎, 纳征, 现代婚礼, 纳吉와 관련된 내용을 지문에서 재빨리 찾는다. 여섯 번째 단락에서 纳征……当男方家去女方家送彩礼时，必须选择偶数的吉日이라고 했으므로, 지문의 내용과 일치하지 않는 선택지 B 纳征时必须选择奇数的吉日이 정답이다. 참고로, 선택지 A는 여덟 번째 단락에서 亲迎是六礼中最隆重的仪式이라고 했으므로 오답이다. C는 마지막 단락에서 六礼虽然繁琐，但还是有部分礼仪一直流传到了现代라고 했으므로 오답이다. D는 다섯 번째 단락에서 纳吉……双方通过各种各样的方式考察缔结婚姻的可能性이라고 했으므로 오답이다.

어휘 亲迎 qīnyíng 친영[신랑이 신부집에 가서 신부를 맞이하여 혼례를 거행하는 일을 가리킴]
纳征 nàzhēng 납징[신부 측에 예물을 전달하는 것을 가리킴]　纳吉 nàjí 납길[좋은 날을 택일하여 신부 집에 알리는 일을 가리킴]
考察 kǎochá 圖 고찰하다, 정밀히 살피다　礼节 lǐjié 圖 의례, 예절

---

59 根据上下文，第七段空白处最适合填入的词语是：

A 蕴含
B 预告
C 会意
D 留意

앞뒤 내용에 근거하여, 일곱 번째 단락의 빈칸에 들어갈 어휘로 가장 알맞은 것은:

A 내포하다
B 예고하다
C 깨닫다
D 주의하다

해설 질문이 일곱 번째 단락의 빈칸에 들어갈 어휘로 가장 알맞은 것을 물었다. A는 '내포하다', B는 '예고하다', C는 '깨닫다', D는 '주의하다'라는 의미이다. 빈칸 주변이 '청기는 남자 집에서 결혼하는 길일을 선택해서 중매인이 여자 집에 의견을 구하는 것을 가리키며 현재의 '날짜 정하기'에 해당한다. 민간에서는 보통 짝수 달 짝수 날을 택하는데, '좋은 일이 쌍쌍이 된다'는 의미를 ＿＿＿＿ 있다.'라는 문맥이므로, 빈칸에는 짝수 달 짝수 날을 택하는 것이 '좋은 일이 쌍쌍이 된다'를 의미한다는 것을 나타내는 어휘가 들어가야 한다. 따라서 선택지 A 蕴含이 정답이다.

어휘 蕴含 yùnhán 圖 내포하다　预告 yùgào 圖 예고하다　会意 huìyì 圖 깨닫다, 의미를 알다　留意 liúyì 圖 주의하다, 눈여겨보다

62 - 68

机械自动化在人类历史上早已出现。例如《墨子》一书中记录了鲁班制作了能够借助风力飞翔的"木鸟"；而 [62]诸葛亮则在三国时期发明了便捷的运粮工具——"木牛流马"，这种工具使用起来较为轻松，人们不需要用很大的力气就能操纵它。"木鸟"和"木牛流马"的设计都具有典型的机械自动化特征，但是现代意义上的机械自动化技术则出现在西方工业革命时期，在那以后，机械自动化技术得到了极大的发展，很多行业都离不开此技术。

[63]机械自动化是自动化技术的一个分支，[68]自动化指的是机器或装置在无人干预的情况下按照预定的程序指令进行操作或控制的过程，而机械自动化正是机器或装置通过机械方式来实现自动化控制的过程。因此[63]该技术被大范围运用于工业生产中，大幅提高了生产效率和生产质量。

在传统的工业生产过程中，很多生产工具都是由大型器械和多个工人操作的，工人的操作过程可能会存在安全隐患，因此使用智能型机械来进行自动化的生产，可以保证工人的人身安全。[64]机械自动化技术能够通过计算机等大型辅助设备的计算，模拟出工作环境，从而得出最优化的流程方案，这让工业生产流程变得更加简便化和人性化。

[68]机械自动化技术作为工业发展的前沿技术，涵盖了多门学科的知识，这些知识可以活用于柔性自动化、智能化、集成化、虚拟化等生产方向。其中，柔性自动化指的是机械技术与电子技术相结合的方式，[65]这种方式适用于市场需求多变的领域，可以用于生产小批量的物件，满足日新月异的市场需求，跟上产品更新换代的步伐。柔性自动化生产技术是目前中国应用最多的机械自动化生产技术。智能化的机械自动化技术则被广泛运用于科学研究和民生经济上，这种技术将感知能力与学习能力融合于机械自动化的操控上，让机械生

기계 자동화는 인류의 역사에서 일찍이 나타났다. 예를 들어 <묵자>에는 노반이 바람의 힘을 빌려 날 수 있는 '나무 새'를 만들었다고 기록되어 있다. [62]제갈량은 삼국 시대에 편리한 곡식 운반 수단인 '목우유마'를 발명했는데, 이러한 도구는 사용하기에 비교적 수월했고, 사람들이 큰 힘을 쓰지 않고도 조작할 수 있었다. '나무 새'와 '목우유마'의 설계들은 모두 전형적인 기계 자동화의 특징을 가지고 있었다. 그러나 현대적 의미의 기계 자동화 기술은 서구 산업 혁명 시기에 출현했는데, 그 이후 기계 자동화 기술은 매우 큰 발전을 이루었으며 많은 업종에서 이 기술을 빼놓을 수 없게 되었다.

[63]기계 자동화는 자동화 기술의 한 분야로, [68]자동화란 기계나 장치가 사람이 개입하지 않는 상황에서 미리 정해진 프로그램의 명령에 따라 조작하거나 제어하는 과정을 가리키며, 기계 자동화는 바로 기계나 장치가 기계적인 방식으로 자동화 제어를 수행하는 과정이다. 이 때문에 [63]이 기술은 산업 생산에 광범위하게 사용돼 생산 효율과 생산 품질을 대폭 향상시켰다.

전통적인 산업 생산 과정에서는 많은 생산 도구들이 대형 기계와 여러 명의 노동자에 의해 조작됐는데, 노동자의 조작 과정에서 안전상의 위험이 있을 수 있으므로, 지능형 기계를 사용하여 자동화 생산을 하면 노동자의 안전을 보장할 수 있다. [64]기계 자동화 기술은 컴퓨터 등 대형 보조 설비의 계산을 통해 작업 환경을 시뮬레이션하여 최적화된 프로세스 방안을 도출할 수 있다. 이는 산업 생산의 프로세스를 더욱 간편하게 하고, 인간 중심적이게 한다.

[68]기계 자동화 기술은 산업 발전의 첨단 기술로서 여러 학과의 지식을 포괄하고 있으며, 이러한 지식은 플렉시블 오토메이션, 스마트화, 집적화, 가상화 등의 생산 방향에 활용할 수 있다. 그중 플렉시블 오토메이션이란 기계 기술과 전자 기술을 결합한 방식을 가리키며, [65]이러한 방식은 시장 수요가 다변화되는 분야에 적합하고 소량 생산하는 품목에 활용될 수 있어 날날이 새로워지는 시장의 수요를 충족시키고, 제품의 세대교체의 발걸음을 따라갈 수 있다. 플렉시블 오토메이션 생산 기술은 현재 중국에서 가장 많이 활용되는 기계 자동화 생산

产过程更加智能化。该技术主要应用于家电、智能手机等物品的制造中。机械自动化的集成化则主要表现在机械设备的系统上。集成化生产技术可以让人在一台设备上完成大部分生产流程的操控，提高生产效率。[66]虚拟化生产技术则主要在虚拟空间内进行加工和空间模拟，从而给产品的生产和设计带来帮助。虚拟化可能会成为未来机械自动化技术的主要发展方向。

与此同时，在发展自动化技术的过程中，除了尖端的机械生产科技外，[67]还可以发展一些投资少、见效快、应用场景广的技术，并把这些技术投入到小微企业的发展和生产中，这也能带动国家多个产业的蓬勃发展。随着自动化技术的不断延伸，大数据的收集和流通变得更加快捷和方便，未来的机械制造产业也会随之向着更加多元化和智能化的方向前进。机械自动化技术是未来机械制造业的重要发展方向，人类对机械自动化的不断探索和创新，会对未来的工业发展带来更多新的方向。

기술이다. 스마트화된 기계 자동화 기술은 과학 연구와 민생 경제에 널리 활용되고 있으며, 이러한 기술은 지각 능력과 학습 능력을 기계 자동화 조작에 융합해 기계 생산 과정을 더 스마트화한다. 이 기술은 주로 가전과 스마트폰 등의 물품을 제조하는데 활용된다. 기계 자동화의 집적화는 주로 기계 설비 시스템에서 나타난다. 집적화된 생산 기술은 사람이 한 대의 설비에서 대부분의 생산 공정을 조작할 수 있게 하여 생산 효율을 높일 수 있다. [66]가상화 생산 기술은 주로 가상 공간에서 가공 및 공간 시뮬레이션을 해서 제품 생산과 설계를 돕는다. 가상화는 미래 기계 자동화 기술의 주요 발전 방향이 될 수 있다.

이와 동시에 자동화 기술을 발전시키는 과정에서 첨단 기계 생산 과학 기술 이외에도 [67]투자가 적고, 효과가 빨리 나타나고, 응용 분야가 넓은 기술을 발전시킬 수 있으며, 이러한 기술을 소규모 기업의 발전과 생산에 투입하면 이 또한 국가의 여러 산업의 왕성한 발전을 이끌 수도 있다. 자동화 기술이 끊임없이 확대됨에 따라, 빅 데이터의 수집과 유통이 더 빨라지고 편리해졌으며, 미래의 기계 제조 산업도 이에 따라 더욱 다양화되고 스마트되는 방향으로 나아가게 될 것이다. 기계 자동화 기술은 미래 기계 제조업의 중요한 발전 방향이며, 기계 자동화에 대한 인류의 끊임없는 탐구와 혁신은 미래의 산업 발전에 더욱 많은 새로운 방향을 가져다줄 것이다.

어휘 | 机械 jīxiè 몡 기계　自动化 zìdònghuà 통 자동화하다　借助 jièzhù 통 ~의 힘을 빌리다　飞翔 fēixiáng 통 날다　便捷 biànjié 휑 편리하다
木牛流马 mùniúliúmǎ 목우유마[삼국 시대 때 제갈량이 만들었다는 목제의 운수용 수레]　典型 diǎnxíng 휑 전형적인　革命 gémìng 통 혁명하다
装置 zhuāngzhì 몡 장치　干预 gānyù 통 개입하다　指令 zhǐlìng 몡 명령　操作 cāozuò 통 처리하다, 조작하다　器械 qìxiè 몡 기계
隐患 yǐnhuàn 몡 (잠재해 있는) 위험　智能 zhìnéng 휑 지능화된, 스마트한　辅助 fǔzhù 통 보조하다　优化 yōuhuà 통 최적화하다　流程 liúchéng 몡 프로세스
人性化 rénxìnghuà 휑 인간 중심으로 하다　日新月异 rìxīnyuèyì 날날이 새로워지다　需求 xūqiú 몡 수요　步伐 bùfá 몡 발걸음　加工 jiāgōng 통 가공하다
空间模拟 kōngjiān mónǐ 공간 시뮬레이션　尖端 jiānduān 휑 첨단의　见效 jiànxiào 통 효과가 나타나다　场景 chǎngjǐng 몡 분야, 장면　产业 chǎnyè 몡 산업
蓬勃 péngbó 휑 (기운이나 세력이) 왕성하다　延伸 yánshēn 통 확대되다　大数据 dàshùjù 몡 빅 데이터　流通 liútōng 통 유통하다　探索 tànsuǒ 통 탐구하다
创新 chuàngxīn 통 혁신하다

---

62 | 根据上下文，第一段空白处最适合填入的词语是：

앞뒤 내용에 근거하여, 첫 번째 단락의 빈칸에 들어갈 어휘로 가장 알맞은 것은:

A 茂密
B 洪亮
C 沉稳
D 便捷

A 울창하다
B 우렁차다
C 신중하다
D 편리하다

해설 | 질문이 첫 번째 단락의 빈칸에 들어갈 어휘로 가장 알맞은 것을 물었다. A는 '울창하다', B는 '우렁차다', C는 '신중하다', D는 '편리하다'라는 의미이다. 빈칸 주변이 '제갈량은 삼국 시대에 _____ 곡식 운반 수단인 '목우유마'를 발명했는데, 이러한 도구는 사용하기에 비교적 수월했고, 사람들이 큰 힘을 쓰지 않고도 조작할 수 있었다.'는 문맥이므로, 빈칸에는 목우유마는 큰 힘을 들이지 않고 쓸 수 있는 도구임을 나타내는 어휘가 들어가야 한다. 따라서 선택지 D 便捷가 정답이다.

어휘 | 茂密 màomì 휑 울창하다　洪亮 hóngliàng 휑 우렁차다　沉稳 chénwěn 휑 신중하다　便捷 biànjié 휑 편리하다

---

63 | 根据前两段，可以知道什么？

앞의 두 단락에 근거하여, 알 수 있는 것은 무엇인가?

A 机械自动化主要运用于工业生产
B 鲁班设计了古代运输粮食的工具
C 机械自动化属于最前沿的工业技术
D 自动化是工人利用机器制作产品的方式

A 기계 자동화는 주로 산업 생산에 사용된다
B 루반은 고대에 곡식을 운반하는 도구를 설계했다
C 기계 자동화는 최첨단 산업 기술에 속한다
D 자동화는 노동자가 기계를 이용하여 상품을 제작하는 방식이다

해설 | 질문이 앞의 두 단락에 근거하여 알 수 있는 것을 물었다. 질문에 핵심어구가 없으므로 각 선택지의 핵심어구 运用于工业生产, 古代运输粮食的工具, 最前沿的工业技术, 工人利用机器制作产品과 관련된 내용을 지문에서 재빨리 찾는다. 두 번째 단락에서 机械自动化……该技术被大范围运用于工业生产中이라고 했으므로, 선택지 A 机械自动化主要运用于工业生产이 정답이다.

어휘 | 机械 jīxiè 몡 기계　自动化 zìdònghuà 통 자동화하다

64 机械自动化技术有什么优点？

기계 자동화 기술에는 어떤 장점이 있는가?

A 可以刺激企业间的竞争	A 기업 간의 경쟁을 자극할 수 있다
B 可以优化工业生产流程	**B 산업 생산 프로세스를 최적화할 수 있다**
C 可以提高员工的创新能力	C 노동자의 창의력을 향상시킬 수 있다
D 可以使企业自主研发高科技产品	D 기업이 첨단 기술 제품을 독자적으로 연구 개발하게 할 수 있다

해설 질문이 기계 자동화 기술에는 어떤 장점이 있는지 물었으므로, 질문의 핵심어구 **机械自动化技术**, **优点**과 관련된 내용을 지문에서 재빨리 찾는다. 세 번째 단락에서 **机械自动化技术能够通过计算机等大型辅助设备的计算，模拟出工作环境，从而得出最优化的流程方案**이라고 했으므로, 선택지 B **可以优化工业生产流程**이 정답이다.

어휘 **创新能力** chuàngxīn nénglì [명] 창의력 **优化** yōuhuà [동] 최적화하다 **流程** liúchéng [명] 프로세스 **自主** zìzhǔ [동] 독자적이다

65 画线词语"日新月异"的意思是什么？

밑줄 친 어휘 '**日新月异**'의 의미는 무엇인가?

A 日子越来越滋润	A 삶이 갈수록 윤택해진다
B 不断发展和变化	**B 끊임없이 발전하고 변화한다**
C 难以预测今后的趋势	C 앞으로의 추세를 예측하기 어렵다
D 新的和旧的堆积在一起	D 새것과 낡은 것이 같이 쌓여 있다

해설 밑줄 친 어휘 '**日新月异**'의 의미를 물었으므로, **日新月异**가 밑줄로 표시된 부분을 지문에서 재빨리 찾는다. 네 번째 단락에서 **这种方式适用于市场需求多变的领域，可以用于生产小批量的物件，满足日新月异的市场需求，跟上产品更新换代的步伐**라고 했으므로, 문맥상 **日新月异**는 시장의 수요가 끊임없이 변화한다는 의미임을 알 수 있다. 따라서 선택지 B **不断发展和变化**가 정답이다.

어휘 **日新月异** rìxīnyuèyì [성] 나날이 새로워지다 **滋润** zīrùn [동] 윤택하다 **堆积** duījī [동] 쌓다

66 根据第四段，下列哪项**不正确**？

네 번째 단락에 근거하여, 다음 중 **옳지 않은** 것은?

A 集成化主要表现在机械设备的系统上	A 집적화는 주로 기계 설비 시스템에서 나타난다
B 机械自动化技术包含了许多学科的内容	B 기계 자동화 기술은 많은 학과의 내용을 포함하고 있다
C 机械自动化的智能化一般用于空间模拟中	**C 기계 자동화의 스마트화는 일반적으로 공간 시뮬레이션에 사용된다**
D 虚拟化是未来机械自动化技术的发展方向	D 가상화는 미래 기계 자동화 기술의 발전 방향이다

해설 질문이 네 번째 단락에 근거하여 옳지 않은 것을 물었다. 질문에 핵심어구가 없으므로 각 선택지의 핵심어구 **集成化**, **许多学科的内容**, **智能化**, **虚拟化**와 관련된 내용을 지문에서 재빨리 찾는다. 네 번째 단락에서 **虚拟化生产技术则主要在虚拟空间内进行加工和空间模拟**라고 했으므로, 지문의 내용과 일치하지 않는 선택지 C **机械自动化的智能化一般用于空间模拟中**이 정답이다. 선택지 A, B, D는 각각 네 번째 단락에서 **机械自动化技术作为工业发展的前沿技术，涵盖了多门学科的知识**과 **机械自动化的集成化则主要表现在机械设备的系统上。**그리고 **虚拟化可能会成为未来机械自动化技术的主要发展方向。**이라고 했으므로 오답이다.

어휘 **空间模拟** kōngjiān mónǐ 공간 시뮬레이션

67 若想带动国家多个产业的发展，需要怎么做？

국가의 여러 산업의 발전을 이끌려면 어떻게 해야 하는가?

A 将自动化技术延伸到更加高端的产业	A 자동화 기술을 더욱 첨단화된 산업으로 확장한다
B 收集更多有关自动化产业发展的报告	B 자동화 산업 발전에 관한 더 많은 보고서를 수집한다
C 把自动化技术应用在民生经济的发展上	C 자동화 기술을 민생 경제의 발전에 활용한다
D 将投资少见效快的技术投入到小微企业中	**D 투자가 적고 효과가 빨리 나타나는 기술을 소규모 기업에 투입한다**

해설 질문이 국가의 여러 산업의 발전을 이끌려면 어떻게 해야 하는지 물었으므로, 질문의 핵심어구 **带动国家多个产业的发展**과 관련된 내용을 지문에서 재빨리 찾는다. 마지막 단락에서 **还可以发展一些投资少、见效快、应用场景广的技术，并把这些技术投入到小微企业的发展和生产中，这也能带动国家多个产业的蓬勃发展**이라고 했으므로, 선택지 D **将投资少见效快的技术投入到小微企业中**이 정답이다.

어휘 **产业** chǎnyè [명] 산업 **延伸** yánshēn [동] 확장하다 **见效** jiànxiào [동] 효과가 나타나다

68 上文主要谈了哪两方面内容？

위 글은 주로 어떤 두 분야의 내용을 말하고 있는가?

① 机械自动化技术的应用	① 기계 자동화 기술의 활용
② 机械自动化专业的就业方向	② 기계 자동화 전공의 취업 방향
③ 机械自动化和该技术的定义	③ 기계 자동화와 해당 기술의 정의
④ 机械自动化技术的国际地位	④ 기계 자동화 기술의 국제적 지위

A ①②
B ①③
C ②④
D ③④

해설 질문이 지문 전체의 중심 내용을 물었다. 두 번째 단락에서 自动化指的是机器或装置在无人干预的情况下按照预定的程序指令进行操作或控制的过程，而机械自动化正是机器或装置通过机械方式来实现自动化控制的过程이라고 하며 기계 자동화의 정의를 언급했고, 네 번째 단락에서 机械自动化技术作为工业发展的前沿技术，涵盖了多门学科的知识，这些知识可以活用于柔性自动化、智能化、集成化、虚拟化等生产方向。이라고 하며 기계 자동화의 활용 방향을 언급했다. 따라서 ① 机械自动化技术的应用과 ③ 机械自动化和该技术的定义가 포함된 선택지 B ①③이 정답이다.

어휘 就业 jiùyè 图 취업하다　定义 dìngyì 圆 정의

69 - 73

[C] 汉字是世界上最古老的文字之一，它是经过长期演变逐渐形成的，蕴含着古人的智慧。汉字的演变过程大体分为七个阶段，在不同的历史时期所形成的字体有着各自鲜明的艺术特征，这七个阶段的不同字体被统称为"汉字七体"。汉字在形体上逐渐由图形转变为笔画；在造字原则上从表形、表意转变到形声，整体上符合文字由繁到简，由不规范到规范的发展规律。

[C] 한자는 세계에서 가장 오래된 문자 중 하나로, 이는 오랫동안 변천을 거쳐 서서히 형성된 것이며 옛사람들의 지혜가 담겨 있다. 한자의 변천 과정은 크게 7단계로 나뉘는데, 서로 다른 역사적 시기에 형성된 글자체는 각기 뚜렷한 예술적 특징을 가지고 있으며, 이 7단계의 서로 다른 글자체는 '한자의 7가지 서체'라고 통칭한다. 한자는 형태로 봤을 때 도형에서 필획으로 점차 변화했고, 글자를 만드는 원칙상에서 봤을 때 상형, 표의에서 형성으로 변화했으며, 전체적으로 복잡함에서 간단함으로, 규범적이지 않은 것에서 규범적인 것으로 이어지는 문자 발전 법칙에 부합한다.

[G] 汉字的起源有据可查，约在公元前14世纪就已经出现了初步的定型文字，即甲骨文。甲骨文是镌刻在龟甲和兽骨上的文字，它既是象形文字又是表音文字。甲骨文的出土地点曾是商朝后期的都城，都城后来成了废墟，被后人称为"殷墟"，因此甲骨文也被称为"殷墟文字"。研究发现甲骨文的单字数量已逾四千字。

[G] 한자의 기원은 그 근거를 조사할 수 있는데, 약 기원전 14세기에 이미 초기 단계의 정형 문자, 즉 갑골문이 나타났다. 갑골문은 거북이 껍데기나 동물 뼈에 새겨진 글자로, 이는 상형 문자이자 표음 문자이기도 하다. 갑골문이 출토된 곳은 한때 상나라 후기의 도성이었다. 도성은 훗날 폐허가 되어 후손들에게 '은허'로 불렸으며, 이 때문에 갑골문은 '은허 문자'라고도 불렸다. 연구에서는 갑골문의 글자 수량이 4,000자가 넘는 것으로 밝혀졌다.

[D] 金文是商朝、西周、东周时期铸刻在青铜器上的铭文，由于流传下来的文字多见于钟鼎之上，因此又称钟鼎文。据著名古文字学家容庚的《金文编》记载，金文的字数共计3722个，其中可以识别的字有2420个。金文线条粗而宽，点画圆润。它与甲骨文属于同一系统的文字，但比甲骨文更规范，结构更整齐。

[D] 금문은 상나라, 서주, 동주 시기 청동기에 새겨진 명문으로, 전해져 내려온 문자는 종정 위에서 자주 찾아볼 수 있어서 종정문이라고도 불린다. 저명한 고문자학자 용경의 <금문편> 기록에 따르면, 금문의 글자수는 총 3,722개로, 그중 식별할 수 있는 글자는 2,420개이다. 금문은 선이 굵고 넓으며, 점획이 매끄럽다. 이것은 갑골문과 같은 계열의 문자이지만, 갑골문보다 더 규범적이고 구조가 더 가지런하다.

[A] 到了西周后期，汉字演变为大篆。大篆有两个特点：一是线条化，早期粗细不匀的线条变得均匀柔和、简练生动；二是规范化，字形结构更为整齐，逐渐摆脱了图画的原形，奠定了方块字的基础。后来秦朝丞相李斯将大篆去繁就简，发明了小篆。如今书法界把大篆和小篆合称为篆书。小篆完全脱离了图画文字，成为了整齐和谐且美观大方的方块字。然而它也存在自身的根本性缺点，那就是书写起来很不方便。

[A] 서주 후기에 이르러 한자는 대전으로 변천되었다. 대전은 두 가지 특징이 있다. 첫째는 선형화로, 초기 굵기가 고르지 않은 선이 균일하고 부드러우며 군더더기가 없고 생동감 있게 변했다. 둘째는 규범화로, 글자 모양의 구조가 더욱 가지런하여 점차 그림의 원형을 벗어나 한자의 기초를 다졌다. 이후 진나라 승상인 이사가 대전의 번잡함을 없애고 간소화하여 소전을 발명했다. 오늘날 서예계에서는 대전과 소전을 합해서 전서라고 부른다. 소전은 그림 문자에서 완전히 벗어나 가지런하고 조화로우며 아름답고 우아한 한자가 되었다. 그러나 소전 역시 본질적인 단점이 존재하는데, 그것은 바로 쓰기에 불편하다는 것이다.

[F] 几乎在同一时期出现了形体向左右两边撑开的隶书。隶书是一种庄重的字体，字形多呈宽扁形态，横画长而竖画短。很多学者认为隶书是由篆书发展而来的。至汉朝，隶书发展到了成熟阶段，汉字的易读性和书写汉字的速度都有了极大的提高。

[F] 거의 동일한 시기에 형체가 양쪽으로 뻗은 예서가 등장했다. 예서는 위엄이 있는 글자체로, 글자 모양은 넓고 납작한 형태가 많으며, 가로획은 길고 세로획은 짧다. 많은 학자는 예서가 전서로부터 발전된 것이라고 주장한다. 한나라 때에 이르러, 예서는 성숙한 단계로 발전되었고, 한자의 읽기 쉬운 정도와 한자의 쓰기 속도 모두 크게 향상되었다.

[H] 之后汉字又演变为结构简省、笔画连绵的草书。初期的草书打破了隶书的方整性和严谨性，字体看起来十分潇洒。此后，揉合隶书和草书的特点而自成一体的楷书在唐朝开始盛行。	[H] 이후 한자는 다시 구조가 단순하고 획이 이어지는 초서로 변천되었다. 초기의 초서는 예서의 반듯함과 가지런함과 엄격함을 깨뜨렸고, 글자체가 매우 소탈하다. 이후 예서와 초서의 특징을 혼합한 독자적인 풍격을 이룬 해서가 당나라에서 성행하기 시작했다.
[E] 现代通用的汉字手写正体字就是由楷书演变而来的。楷书在沿用汉朝隶书规矩的同时，进一步追求形体美，且结构上更趋严整。古人在楷书的基础上发展出了行书，行书书写起来较为流畅，字体介于楷书和草书之间。行书分为行楷和行草两种，字体比较端正平稳，近于楷书的称行楷；字体比较放纵流动，近于草书的称行草。	[E] 현대에 통용되는 정식 한자 필기체가 바로 해서에서 변천해 온 것이다. 해서는 한나라 예서의 규칙을 계속해서 사용하는 동시에 형체적인 아름다움을 더욱 추구하였으며, 구조적으로 더욱 반듯함을 추구했다. 옛 사람들은 해서에 기반하여 행서를 개발해냈는데, 행서는 비교적 막힘없이 쓸 수 있으며, 글자체가 해서와 초서 사이에 있다. 행서는 행해와 행초 두 가지로 나뉘는데, 글자체가 비교적 단정하고 차분하며 해서에 가까운 것을 행해라고 하고, 글자체가 비교적 자유분방하고 흐르는 듯하며 초서에 가까운 것을 행초라고 한다.
[배열할 수 없는 단락] [B] 到了宋朝，随着文化的兴盛和印刷术的发展，雕版印刷被广泛使用，汉字得到了进一步的完善和发展，因此出现了一种醒目易读的新型书体——宋体印刷体，后世又称之为宋体。宋体横细竖粗、结体端庄、疏密适当、字迹清晰。读者即使长时间阅读宋体，也不容易疲劳，所以书籍报刊的正文一般都用宋体刊印。	[B] 송나라에 이르러서는 문화의 번영과 인쇄술의 발달에 따라 조판 인쇄가 널리 사용되었고, 한자는 한층 더 보완되고 발전하게 되었다. 이 때문에 눈에 잘 띄고 읽기도 쉬운 송체 인쇄체라는 새로운 서체가 생겨났는데, 후대에 송체라고도 불리게 되었다. 송체는 가로가 가늘고 세로가 굵으며, 결체가 단정하고 밀도가 적당하며 글씨가 선명하다. 독자들은 송체를 오래 읽어도 쉽게 피로해지지 않기 때문에 서적과 간행물의 본문은 보통 송체로 인쇄한다.

어휘 演变 yǎnbiàn 등 변천하다, 변화하다 鲜明 xiānmíng 등 뚜렷하다 规范 guīfàn 등 규범적인 起源 qǐyuán 등 기원 甲骨文 jiǎgǔwén 등 갑골문
镌刻 juānkè 등 새기다 废墟 fèixū 등 폐허 殷墟 yīnxū 은허[은나라 도읍의 유적] 金文 jīnwén 등 금문[동기에 새긴 글자] 铸刻 zhù kè (문자를) 새기다
铭文 míngwén 등 명문[청동기에 새긴 글자] 钟鼎 zhōngdǐng 등 종정[연주용 솥과 요리용 솥] 点画 diǎnhuà 등 (한자의) 점획
大篆 dàzhuàn 등 대전[한자의 글자체 중 하나] 柔和 róuhé 등 부드럽다 简练 jiǎnliàn 등 군더더기가 없다 摆脱 bǎituō 등 벗어나다 奠定 diàndìng 등 다지다
方块字 fāngkuàizì 등 한자[네모난 글자라는 의미로, 한자의 또 다른 이름을 나타냄] 丞相 chéngxiàng 등 승상 [옛 중국의 벼슬]
小篆 xiǎozhuàn 등 소전[대전(大篆)을 간략하게 변형하여 만든 서체] 书法 shūfǎ 등 서예 脱离 tuōlí 등 벗어나다 和谐 héxié 등 조화롭다
美观 měiguān 등 (형식·구성 등이) 아름답다, 보기 좋다 隶书 lìshū 등 예서[한자의 글자체 중 하나] 庄重 zhuāngzhòng 등 위엄이 있다 扁 biǎn 등 납작하다
形态 xíngtài 등 형태 横 héng 등 가로의 竖 shù 등 세로의 连绵 liánmián 등 이어지다 草书 cǎoshū 등 초서[한자의 글자체 중 하나]
方整 fāngzhěng 등 반듯하고 가지런하다 严谨 yánjǐn 등 엄격하다 潇洒 xiāosǎ 등 소탈하다 此后 cǐhòu 이후 揉合 róuhé 등 혼합하다
自成一体 zì chéng yìtǐ 독자적인 풍격을 이루다 楷书 kǎishū 등 해서[한자의 글자체 중 하나] 盛行 shèngxíng 등 성행하다 通用 tōngyòng 등 통용되다
行书 xíngshū 등 행서[한자의 글자체 중 하나] 流畅 liúchàng 등 막힘이 없다, 유창하다 放纵 fàngzòng 등 자유분방하다 兴盛 xīngshèng 등 번영하다
雕版印刷 diāobǎn yìnshuā 조판 인쇄 醒目 xǐngmù 등 (글·그림 등이) 눈에 띄다 新型 xīnxíng 등 새로운, 신형의 宋体 sòngtǐ 등 송체[한자의 글자체 중 하나]
清晰 qīngxī 등 선명하다, 뚜렷하다 书籍 shūjí 등 서적, 책 报刊 bàokān 등 간행물

해설 69. 이미 배열된 G, H를 제외한 나머지 단락에서 첫 순서에 들어갈 단락을 찾아서 배열한다. C에 汉字的演变过程(한자의 변천 과정)의 전반적인 흐름을 소개하는 내용이 포함되어 있으므로, C를 첫 순서로 배열한다.

70. 이미 배열된 G의 전반부에 언급된 甲骨文(갑골문)을 키워드로 확인해둔다. G에서 확인한 키워드 甲骨文이 동일하게 있으면서 它与甲骨文属于同一系统的文字，但比甲骨文更规范，结构更整齐.(이것(금문)은 갑골문과 같은 계열의 문자이지만, 갑골문보다 더 규범적이고 구조가 더 가지런하다.)라고 하며 갑골문 다음에 나타난 한자 서체인 금문에 대한 내용이 언급된 D를 G 뒤에 배열한다.

71-72. A에서 大篆(대전)과 小篆(소전)을 차례대로 언급하면서 如今书法界把大篆和小篆合称为篆书.(오늘날 서예계에서는 대전과 소전을 합해서 전서라고 부른다.)라고 했다. F에서 很多学者认为隶书是由篆书发展而来的.(많은 학자는 예서가 전서로부터 발전된 것이라고 주장한다.)라고 했으므로, 문맥의 흐름상 篆书가 무엇인지 설명하는 단락이 앞에 와야 한다. 따라서 A를 D 뒤에 배열하고, F를 A 뒤에 배열한다.

73. 이미 배열된 H의 후반에서 언급된 楷书(해서)를 키워드로 확인해둔다. H에서 확인한 키워드 楷书가 동일하게 있으면서, 해서의 특징 및 해서 이후로 변천된 한자에 대한 설명이 언급된 E를 H 뒤에 배열하여 지문을 완성한다.

[배열할 수 없는 단락]
B는 지문의 주제인 한자의 서체와 관련이 있다. 그러나 지문 전체적으로 갑골문, 금문과 같이 무언가에 새기는 글자나 전서, 예서, 초서, 해서, 행서와 같이 손으로 쓰는 필기체에 대해 설명하고 있는데, B는 송체라는 인쇄체에 대해 언급하며 지문 흐름과 다른 내용을 이야기하고 있으므로 배열할 수 없는 단락이다.

배열된 순서

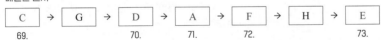

C →	G →	D →	A →	F →	H →	E
69.	70.	71.	72.		73.	

中国地域广袤、江河纵横、湖泊众多，为了使交通更加便利，人们建造了各种类型的桥梁。⁷⁴在古代，中国桥梁数量居世界之首，因此自古就有"**桥的国度**"之称。桥梁与人们的日常生活密不可分，因而出现了很多与桥有关的成语、俗语和歇后语，如"过河拆桥"、"船到桥头自然直"、"独木桥相遇——进退两难"等。

桥容易受地理气候、文化习俗以及社会生产力发展水平的影响，地域之间存在较大的差异，桥在不同地区形成了相对独立的特色和风格。⁷⁵中原地区地势较为平坦，河流较少，人们运输物资多依赖于骡马大车或手推车，因此⁷⁵修建的桥多为宽阔平坦且雄伟的石拱桥和石梁桥，以便于船只从桥下通过；西北地区山高水激、谷深崖陡，难以砌筑桥墩，所以多采用藤条、圆木等山区材料，建造绳索吊桥；岭南地区盛产坚硬的花岗岩，当地人多修建花岗岩桥；而云南少数民族地区盛产竹材，因而别具一格的竹桥随处可见。

在中国传统文化中，桥本身就是实用性与艺术性的融合体。⁷⁶古桥的艺术性主要表现在两方面，即造型风格和装饰工艺。造型风格主要体现在曲线、韵味和气势上，如江南水乡的一些小梁细桥，使人联想到"小桥流水人家"的诗情画意。装饰工艺则主要体现在雕刻工艺上，很多古桥上的雕刻工艺精细，且往往与神话传说有密切的联系，如治水的蛟龙、降伏水怪的神兽等。丰富多样的装饰工艺形成了中国桥梁艺术的独特风格。

中国有很多著名的古桥，五亭桥便是其中之一，它是中国十大名桥，也被认为是"中国最美的桥"。五亭桥位于扬州瘦西湖，建于1757年乾隆皇帝第二次南巡期间，距今已有260多年的历史。⁷⁷五亭桥又名莲花桥，因相聚的五亭形似一朵并蒂盛开的莲花而得名。桥含五亭，一亭居中，四翼各设一亭，亭与亭之间以回廊相连。⁷⁸中间亭子的屋顶名为重檐攒尖顶，四角上翘，亭内刻有精美图案，并悬挂着风铃。桥基由十二块大青石砌成，形成厚重有力的"工"字型，⁷⁹桥身有大小不一的十五个桥孔，各个桥孔彼此相连。五亭桥上的五个亭子突出了江南之秀，而厚重的桥基和桥身体现了北方之雄。⁸⁰五亭桥把南秀北雄巧妙地结合在一起，折射出了扬州的地域文化特征——南北兼容。中国著名桥梁专家茅以升曾评价说："中国最古老的桥是赵州桥，最壮美的桥是卢沟桥，而最秀美、最富艺术代表性的桥是五亭桥。"五亭桥被很多桥梁专家誉为中国亭桥结合的典范。

중국은 땅덩어리가 넓고 강이 이리저리 얽혀 있으며 호수가 많아 교통을 더욱 편리하게 하기 위해 사람들은 다양한 유형의 다리를 건설했다. ⁷⁴고대에서 중국의 다리 수량이 세계 1위였기 때문에, 예로부터 '**다리의 나라**'로 불렸다. 다리는 사람들의 일상생활과 뗄 수 없는 관계이기 때문에 '강을 건너고 나서 다리를 부수다', '배는 다리에 닿으면 자연스럽게 돌려진다', '외나무다리에서 만나다-진퇴양난' 등과 같은 다리와 관련된 고사성어, 속담, 헐후어가 많이 생겨났다.

다리는 지리와 기후, 문화 풍습 및 사회 생산력의 발전 수준에 영향을 받기 쉽고, 지역마다 큰 차이가 있으며 다리는 지역마다 상대적으로 독립적인 특색과 스타일을 형성했다. ⁷⁵중원지역은 지형이 비교적 평탄하고 하천이 적어 사람들은 물자 수송을 가축이 끄는 수레나 손수레에 의존했기 때문에 ⁷⁵건설된 다리가 넓고 평탄하며 웅장한 아치형 돌다리나 돌로 된 형교가 많아 배가 다리 밑으로 쉽게 통과할 수 있다. 서북 지역은 산이 높고 물살이 세며, 골짜기가 깊고 절벽이 가팔라 교각을 쌓기 어렵기 때문에 등나무 줄기, 통나무 등의 산간 재료를 많이 사용하여 구름다리를 건설했다. 링난 지역은 단단한 화강암이 많이 나 현지인들은 화강암교를 많이 건설했고, 윈난 소수민족 지역은 대나무 재료가 많이 나 독특한 풍격을 지닌 대나무 다리를 곳곳에서 볼 수 있다.

중국 전통문화에서 다리는 그 자체로 실용성과 예술성의 융합체이다. ⁷⁶옛 다리의 예술성은 주로 조형 양식과 장식 공예의 ⁷⁶두 가지 측면에서 드러난다. 조형 양식은 주로 곡선, 운치 및 기세에서 드러나는데, 예를 들어 강남수향의 작고 좁은 다리는 사람들로 하여금 '작은 다리와 흐르는 강물과 사람이 사는 집'의 아름다움을 연상하게 한다. 장식 공예는 주로 조각 기술에서 드러나는데, 많은 옛 다리에 있는 조각은 기술이 정교하고 흔히 물을 다스리는 교룡, 물에 사는 괴물을 굴복시키는 신수 등과 같이 신화 전설과 밀접한 관련이 있다. 풍부하고 다양한 장식 공예는 중국 다리 예술의 독특한 스타일을 형성했다.

중국에는 유명한 옛 다리가 많은데, 오정교는 그중 하나로 중국의 10대 명교이자 '중국에서 가장 아름다운 다리'로 꼽힌다. 오정교는 양저우 수서호에 있으며, 1757년 건륭황제의 제2차 남방 순찰 기간 중에 세워졌고 지금으로부터 260여 년의 역사가 있다. ⁷⁷오정교는 연화교라고도 불리는데, 모여 있는 다섯 개의 정자가 마치 한 꼭지에 활짝 피어 있는 연꽃을 닮았다 하여 붙여진 이름이다. 다리에는 다섯 개의 정자가 있는데, 한 정자는 중앙에 있고 네 측에 각각 한 정자씩 세워져 있으며, 정자와 정자 사이는 회랑으로 연결되어 있다. ⁷⁸중간에 있는 정자의 지붕 이름은 겹처마 찬첨정으로, 네 귀퉁이가 치켜 올라가고 정자 안에 정교하고 아름다운 문양이 새겨져 있으며 풍령이 매달려 있다. 교각은 12개의 큰 청석을 쌓아 만들어졌으며 무겁고 강력한 '공(工)'자 모양을 형성하고, ⁷⁹다리 본체에는 크기가 다른 15개의 다리 굴이 있으며 각 다리 굴은 서로 연결되어 있다. 오정교의 다섯 정자는 강남의 수려함을 돋보이게 했고, 무거운 교각과 다리 본체는 북방의 웅장함을 드러냈다. ⁸⁰오정교는 남쪽의 수려함과 북쪽의 웅장함을 절묘하게 결합해 양저우의 지역 문화적 특징인 남과 북을 동시에 받아들임을 표현했다. 중국의 유명한 다리 전문가인 마오이성은 "중국에서 가장 오래된 다리는 조주교이고, 가장 웅장하고 아름다운 다리는 노구교이며, 가장 아름답고 예술적 대표성이 풍부한 다리는 오정교이다."라고 평한 바 있다. 오정교는 많은 다리 전문가들에 의해 중국의 정자와 다리 결합의 모범으로 칭송받고 있다.

어휘　**广袤** guǎngmào 휑넓다, 광활하다　**纵横** zònghéng 휑이리저리 얽혀 있다　**湖泊** húpō 휑호수　**便利** biànlì 휑편리하게 하다　**桥梁** qiáoliáng 휑다리, 교량
歇后语 xiēhòuyǔ 휑헐후어[중국 숙어의 일종]　**习俗** xísú 휑풍습　**地势** dìshì 휑지형, 지세　**平坦** píngtǎn 휑평탄하다　**物资** wùzī 휑물자
依赖 yīlài 휑의존하다　**骡马** luómǎ 휑(말·나귀 등) 대형 가축　**修建** xiūjiàn 휑건설하다　**雄伟** xióngwěi 휑웅장하다　**拱桥** gǒngqiáo 휑아치형 다리
梁桥 liángqiáo 휑형교[다리의 일종]　**便于** biànyú 휑~하기에) 편리하다　**谷深崖陡** gǔ shēn yá dǒu 골짜기가 깊고 절벽이 가파르다
砌筑 qìzhù 휑(돌로) 쌓다　**桥墩** qiáodūn 휑교각[다리의 하부 구조를 이루는 부분]　**藤条** téngtiáo 휑등나무 줄기　**绳索吊桥** shéngsuǒ diàoqiáo 휑구름다리
盛产 shèngchǎn 휑많이 나다, 많이 생산하다　**坚硬** jiānyìng 휑단단하다　**别具一格** biéjùyìgé 휑독특한 풍격을 지니다　**本身** běnshēn 휑그 자체
造型 zàoxíng 휑조형, 형상　**韵味** yùnwèi 휑운치, 정취　**气势** qìshì 휑기세, 형세　**联想** liánxiǎng 휑연상하다　**诗情画意** shīqínghuàyì 휑아름다운 자연 경치

雕刻 diāokè 圖 조각하다　　皇帝 huángdì 圖 황제　　南巡 nánxún 圖 남방을 순찰하다　　并蒂 bìngdì 圖 (꽃이) 한 꼭지에 달리다　　盛开 shèngkāi 圖 활짝 피다
翼 yì 圖 측, 편, 날개　　回廊 huíláng 圖 회랑　　重檐 chóngyán 圖 겹처마 지붕　　攒尖顶 zǎnjiāndǐng 圖 찬첨정[지붕 양식의 일종]　　翘 qiào 圖 치켜들다
图案 tú'àn 圖 문양, 도안　　悬挂 xuánguà 圖 매달다　　风铃 fēnglíng 圖 풍령[처마 끝에 다는 작은 종]　　桥基 qiáojī 圖 교각[다리를 받치는 기둥]
青石 qīngshí 圖 청석[돌의 종류]　　桥孔 qiáokǒng 圖 다리 굴　　亭子 tíngzi 圖 정자　　折射 zhéshè 圖 (사물의 특징을) 표현하다　　典范 diǎnfàn 圖 모범

---

74 | 画线部分 "桥的国度" 说明了古代中国桥梁怎么样？ | 밑줄 친 부분 '다리의 나라'는 고대 중국의 다리가 어떠하다고 설명하는가?

数量居世界之首 | 수량이 세계 1위이다

해설　질문이 밑줄 친 부분 '다리의 나라'는 고대 중국의 다리가 어떠하다고 설명하는지 물었으므로, 질문의 핵심어구 桥的国度, 古代中国桥梁과 관련된 내용을 지문에서 재빨리 찾는다. 첫 번째 단락에서 在古代, 中国桥梁数量居世界之首, 因此自古就有 "桥的国度" 之称。이라고 했으므로, 해당 부분에서 언급된 数量居世界之首를 그대로 답변으로 쓴다.

어휘　桥梁 qiáoliáng 圖 다리, 교량

---

75 | 中原地区的石拱桥和石梁桥具有怎样的特点？ | 중원지역의 아치형 돌다리와 돌로 된 형교는 어떤 특징이 있는가?

宽阔平坦且雄伟 | 넓고 평탄하며 웅장하다

해설　질문이 중원지역의 아치형 돌다리와 돌로 된 형교는 어떤 특징이 있는지 물었으므로, 질문의 핵심어구 中原地区的石拱桥和石梁桥와 관련된 내용을 지문에서 재빨리 찾는다. 두 번째 단락에서 中原地区……修建的桥多为宽阔平坦且雄伟的石拱桥和石梁桥라고 했으므로, 해당 부분에서 언급된 宽阔平坦且雄伟를 그대로 답변으로 쓴다.

어휘　拱桥 gǒngqiáo 圖 아치형 다리　梁桥 liángqiáo 圖 형교[다리의 일종]　平坦 píngtǎn 圖 평탄하다　雄伟 xióngwěi 圖 웅장하다

---

76 | 第三段主要介绍了什么？ | 세 번째 단락에서 주로 소개하는 것은 무엇인가?

古桥的艺术性 | 옛 다리의 예술성

해설　질문이 세 번째 단락의 중심 내용을 물었으므로, 세 번째 단락을 재빠르게 읽으며 중심 내용을 파악한다. 세 번째 단락에서 古桥的艺术性主要表现在两方面이라고 하며 옛 다리의 예술성을 조형 양식과 장식 공예의 방면에서 언급하고 있으므로, 세 번째 단락의 중심 내용은 옛 다리의 예술성임을 알 수 있다. 따라서 古桥的艺术性을 답변으로 쓴다.

어휘　艺术性 yìshùxìng 圖 예술성

---

77 | 第四段画线部分主要谈了什么？ | 네 번째 단락의 밑줄 친 부분에서 주로 무엇을 이야기했는가?

莲花桥名字的由来 | 연화교라는 이름의 유래

해설　질문이 네 번째 단락의 밑줄 친 부분의 중심 내용을 물었으므로, 네 번째 단락의 밑줄 친 부분을 재빠르게 읽으며 중심 내용을 파악한다. 밑줄 친 부분에서 오정교가 활짝 피어 있는 연꽃을 닮아서 연화교라고도 불린다고 했으므로, 밑줄 친 부분의 중심 내용은 연화교라는 이름의 유래임을 알 수 있다. 따라서 莲花桥名字的由来를 답변으로 쓴다.

어휘　由来 yóulái 圖 유래

---

78 | 图中A屋顶的名称是什么？ | 그림 속 A 지붕의 명칭은 무엇인가?

重檐攒尖顶 | 겹처마 찬첨정

해설　질문이 그림 속 A의 명칭을 물었으므로, 지문을 읽으며 A가 가리키는 부분을 찾는다. 네 번째 단락에서 中间亭子的屋顶名为重檐攒尖顶이라고 했으므로, 그림 속 A가 가리키고 있는 부분의 명칭은 重檐攒尖顶임을 알 수 있다. 따라서 重檐攒尖顶을 답변으로 쓴다.

어휘　重檐 chóngyán 圖 겹처마 지붕　攒尖顶 zǎnjiāndǐng 圖 찬첨정[지붕 양식의 일종]

图中B在五亭桥中共有几个？	그림 속 B는 오정교에 몇 개가 있는가？

B

十五个	15개

해설　질문이 그림 속 B는 오정교에 몇 개가 있는지 물었으므로, 지문을 읽으며 B가 가리키는 부분을 찾는다. 네 번째 단락에서 桥身有大小不一的十五个桥孔이라고 했으므로, 그림 속 B가 가리키는 다리 굴은 오정교에 15개가 있음을 알 수 있다. 따라서 十五个를 그대로 답변으로 쓴다.

어휘　桥 qiáo 圖 다리, 교량

五亭桥折射出了当地哪种地域文化特征？	오정교는 현지의 어떤 지역 문화적 특징을 표현했는가？

南北兼容	남과 북을 동시에 받아들임

해설　질문이 오정교는 현지의 어떤 지역 문화적 특징을 표현했는지 물었으므로, 질문의 핵심어구 折射出, 地域文化特征과 관련된 내용을 지문에서 재빨리 찾는다. 네 번째 단락에서 五亭桥把南秀北雄巧妙地结合在一起, 折射出了扬州的地域文化特征——南北兼容。이라고 했으므로, 해당 부분에서 언급된 南北兼容을 그대로 답변으로 쓴다.

어휘　折射 zhéshè 圖 (사물의 특징을) 표현하다

---

[81]细胞主要由三种物质组成：DNA、RNA和蛋白质。DNA和RNA记录了人类的遗传信息，而[81]蛋白质是生命活动的主要承担者，没有蛋白质就没有生命。[82]每个蛋白质中的氨基酸链扭曲、折叠、缠绕成复杂的三维结构，而不是简单的二维结构，因此"看清"蛋白质结构对理解其功能至关重要。但想要破解蛋白质结构，通常需要花很长时间，有时候甚至难以完成。

在解析蛋白质结构的几十年历史中，生物学家们曾经用X射线晶体学、核磁共振波谱学和冷冻电镜技术解析了很多蛋白质结构，并以此更好地推进了疾病机理、药物研发等工作，然而[83]这些手段劳心劳力又费钱费时。截至目前，约有10万个蛋白质结构已得到了解析，但这在数十亿计的蛋白质结构中只占了很小的一部分。

为了解决预测蛋白质结构难这一问题，从2014年起，计算生物学家们开始用深度学习来预测蛋白质结构。深度学习是机器学习的一种，而机器学习是实现人工智能的必经之路。[84]深度学习其实是以模拟大脑神经元的工作方式来进行预测的，其好处在于不需要告诉计算机怎么一步步去做，而只需要给计算机输入和输出。只要给计算机输入氨基酸序列，[85]就可以让计算机自主学习预测蛋白质结构的方法。与其他方法相比，[85]这一方法的优势在于可以大幅提高蛋白质结构预测的精确度。

[86]由人工智能驱动的结构生物学领域的爆炸性进展，为人类探秘生命提供了一个前所未有的视角。人工智能的出现不仅可以预测那些无法得到实验样品的蛋白质结构，还使很多无力承担结构解析的实验室也能参与到相关研究中来。

[81]세포는 주로 DNA, RNA와 단백질이라는 세 가지 물질로 구성된다. DNA와 RNA는 인간의 유전 정보를 담고 있고, [81]단백질은 생명 활동의 주요 책임자이며 단백질이 없으면 생명도 없다. [82]모든 단백질 속의 아미노산 사슬은 복잡한 3차원 구조로 꼬이고 접히고 얽혀 있으며, 간단한 2차원 구조가 아니기 때문에 단백질 구조를 '제대로 보는 것'은 그것의 기능을 이해하는 데 매우 중요하다. 그러나 단백질 구조를 파헤치려면 보통 오랜 시간을 들여야 하며, 때로는 심지어 끝내기도 어렵다.

단백질 구조를 분석한 수십 년의 역사 속에서 생물학자들은 이미 엑스레이 결정학, 핵자기공명 분광학과 냉동 전자 현미경 기술로 많은 단백질 구조를 분석했으며 이를 통해 질병 메커니즘, 약물 연구 개발 등 업무를 한층 더 추진했지만, [83]이런 수단은 마음이 쓰이고 힘이 들며 돈과 시간도 든다. 현재까지 약 10만 개의 단백질 구조가 이미 분석됐지만, 이는 수십억 개의 단백질 구조 중에서 작은 일부를 차지하는 것에 불과하다.

단백질 구조의 예측이 어렵다는 이 문제를 해결하기 위해 2014년부터 계산생물학자들은 딥러닝으로 단백질 구조를 예측하기 시작했다. 딥러닝은 머신러닝의 일종으로 머신러닝은 인공지능을 구현하기 위해 반드시 거쳐야 하는 길이다. [84]딥러닝은 사실 대뇌 뉴런의 작동 방식을 모방하여 예측하는 것인데, 그것의 장점은 컴퓨터가 일일이 어떻게 해야 하는지 알려줄 필요 없이 컴퓨터에 입력과 출력만 하면 된다는 것이다. 컴퓨터에 아미노산 서열을 입력하기만 하면, [85]컴퓨터가 스스로 단백질 구조를 예측하는 방법을 학습하게 할 수 있다. 다른 방법과 비교했을 때, [85]이 방법의 강점은 단백질 구조 예측의 정확도를 크게 향상시킬 수 있다는 것이다.

[86]인공지능으로 구동되는 구조생물학 분야의 폭발적인 발전으로 인간의 생명 비밀 탐사에 전례 없는 관점을 제공했다. 인공지능의 출현은 실험 샘플을 얻을 수 없는 단백질 구조를 예측할 수 있을 뿐만 아니라, 구조 분석을 감당할 능력이 없는 많은 실험실도 관련 연구에 참여할 수 있게 했다.

近日，[87]一个研究小组宣布，他们已经开发了新的平台，并用新开发的人工智能预测出了35万种蛋白质结构，包括人类基因组所表达的约2万种蛋白质和其他生物学研究中的20种常用模式生物的蛋白质。这是用传统实验方法解析的蛋白质结构数量的两倍之多。除此之外，该研究小组还表示，[87]他们会将预测结果免费向公众开放，这将是科学界的一笔宝贵财富。 人工智能预测蛋白质结构成为举世公认的年度科技亮点，该技术被《科学》杂志评为“十大科学突破之首”，且被《麻省理工科技评论》评为“十大突破性技术”。不可否认，人工智能预测蛋白质结构将永久改变生物学和医学的进程。	최근 [87]한 연구진은 그들이 이미 새로운 플랫폼을 개발했으며 새로 개발한 인공지능으로 35만 종의 단백질 구조를 예측해낼 수 있다고 밝혔는데, 인간 게놈이 나타내는 약 2만 종의 단백질과 다른 생물학 연구에서 흔히 쓰이는 모델 생물 20종의 단백질을 포함한다. 이는 기존 실험 방법으로 분석한 단백질 구조 수의 두 배가 넘는 양이다. 이 외에도 해당 연구진은 [87]그들이 예측한 결과를 무료로 대중들에게 공개할 것이고, 이것은 과학계의 귀중한 자산이 될 것이라고도 말했다. 인공지능이 단백질 구조를 예측하는 것은 세계적으로 인정받는 올해의 가장 주목받는 과학 기술이 되었는데, 해당 기술은 <사이언스지>로부터 '10대 과학 혁신 중 1위'로 평가되었으며 <MIT 테크놀로지 리뷰>로부터 '10대 혁신 기술'로 선정되었다. 부정할 수 없는 것은, 인공지능이 단백질 구조를 예측한다는 것이 생물학과 의학의 발전 과정을 영원히 바꿀 것이라는 점이다.

어휘 **细胞** xìbāo [명] 세포 **蛋白质** dànbáizhì [명] 단백질 **遗传** yíchuán [동] 유전하다 **氨基酸** ānjīsuān [명] 아미노산 **扭曲** niǔqū [동] 꼬다, 비틀다
折叠 zhédié [동] 접다 **缠绕** chánrào [동] 얽히다, 둘둘 감다 **三维** sānwéi [명] 3차원, 3D **二维** èrwéi [명] 2차원, 2D **破解** pòjiě [동] 파헤치다 **解析** jiěxī [동] 분석하다
生物学 shēngwùxué [명] 생물학 **晶体学** jīngtǐxué [명] 결정학[결정(**结晶**)의 구조와 성질을 연구하는 학문]
核磁共振波谱学 hécí gòngzhèn bōpǔ xué [명] 핵자기공명 분광학[원자핵 주위의 자기장을 관찰하는 분광법] **冷冻** lěngdòng [동] 냉동하다
电镜 diànjìng [명] 전자 현미경 **疾病** jíbìng [명] 질병 **机理** jīlǐ [명] 메커니즘 **劳心劳力** láoxīnláolì [성] 마음을 쓰고 힘을 들이다 **截至** jiézhì [동] ~까지 이르다
预测 yùcè [동] 예측하다 **计算生物学** jìsuàn shēngwùxué [명] 계산생물학[주로 컴퓨터로 생물학 문제를 해결하는 생물학의 한 분야]
深度学习 shēndù xuéxí [명] 딥러닝 **机器学习** jīqì xuéxí [명] 머신러닝 **人工智能** réngōng zhìnéng [명] 인공지능, AI **神经元** shénjīngyuán [명] 뉴런
序列 xùliè [명] 서열 **自主** zìzhǔ [동] 스스로 하다 **精确度** jīngquèdù [명] 정확도 **驱动** qūdòng [동] 구동하다, 촉진하다 **爆炸** bàozhà [동] 폭발하다
进展 jìnzhǎn [동] 발전하다, 진전하다 **探秘** tànmì [동] 비밀을 탐사하다 **前所未有** qiánsuǒwèiyǒu [성] 전례가 없다, 전대미문의 **视角** shìjiǎo [명] 관점, 시각
样品 yàngpǐn [명] 샘플 **平台** píngtái [명] 플랫폼 **基因组** jīyīnzǔ [명] 게놈[한 염색체 속에 들어 있는 모든 유전 정보]
模式生物 móshì shēngwù [명] 모델 생물[특정한 생물학적 현상을 이해하기 위하여 연구에 사용하는 생물] **财富** cáifù [명] 자산, 재산
举世公认 jǔshì gōngrèn 세계적으로 인정받다 **年度** niándù [명] 올해, (해당) 연도 **亮点** liàngdiǎn [명] 가장 주목받는 것
麻省理工科技评论 Máshěng Lǐgōng Kējì Pínglùn [고유] MIT 테크놀로지 리뷰[미국 MIT에서 발행하는 과학 기술 분석 잡지] **永久** yǒngjiǔ [명] 영원히

81		
	在细胞的组成物质中，蛋白质被认为是什么？	세포의 구성 물질 중에서, 단백질은 무엇으로 여겨지는가?
	生命活动的主要承担者	생명 활동의 주요 책임자

해설 질문이 세포의 구성 물질 중에서, 단백질은 무엇으로 여겨지는지 물었으므로, 질문의 핵심어구 **在细胞的组成物质中，蛋白质**과 관련된 내용을 지문에서 재빨리 찾는다. 첫 번째 단락에서 **细胞主要由三种物质组成：DNA、RNA和蛋白质。……蛋白质是生命活动的主要承担者，没有蛋白质就没有生命**이라고 했으므로, 해당 부분에서 언급된 **生命活动的主要承担者**를 그대로 답변으로 쓴다.

어휘 **细胞** xìbāo [명] 세포 **蛋白质** dànbáizhì [명] 단백질

82		
	根据上下文，请在第一段的空白处填上一个恰当的词语。	앞뒤 내용에 근거하여, 첫 번째 단락의 빈칸에 들어갈 가장 알맞은 어휘를 쓰세요.
	三维	3차원

해설 첫 번째 단락의 빈칸 주변을 읽는다. 빈칸 앞뒤는 '모든 단백질 속의 아미노산 사슬은 복잡한 ______ 구조로 꼬이고 접히고 얽혀 있으며, 간단한 2차원 구조가 아니다'라는 문맥이므로, 빈칸에는 2차원 구조보다 복잡한 구조임을 나타내는 어휘가 들어가야 한다. 따라서 **三维**를 답변으로 쓴다.

어휘 **三维** sānwéi [명] 3차원, 3D

83		
	第二段中，画线词语“劳心劳力”的意思是什么？	두 번째 단락에서, 밑줄 친 어휘 '**劳心劳力**'의 의미는 무엇인가?
	费心思和费力气	마음을 쓰고 힘을 들이다

해설 질문의 **劳心劳力**에서 **劳**는 '힘을 들이다', **心**은 '마음', **力**는 '힘'이라는 의미이므로, **劳心劳力**는 '마음을 쓰고 힘을 들이다'라는 의미임을 유추할 수 있다. **劳心劳力**가 포함된 문장은 '이런 수단은 마음이 쓰이고 힘이 들며 돈과 시간도 든다. 현재까지 약 10만 개의 단백질 구조가 이미 분석됐지만, 이는 수십억 개의 단백질 구조 중에서 작은 일부를 차지하는 것에 불과하다'라는 자연스러운 문맥이므로, **劳心劳力**는 유추해둔 '마음을 쓰고 힘을 들이다'라는 의미로 사용되었음을 확인할 수 있다. 따라서 **费心思和费力气**를 답변으로 쓴다.

어휘 **劳心劳力** láoxīnláolì [성] 마음을 쓰고 힘을 들이다

84	深度学习是通过模拟什么来进行预测的?	딥러닝은 무엇을 모방하는 것으로 예측을 하는가?
	大脑神经元的工作方式	대뇌 뉴런의 작동 방식

해설 질문이 딥러닝은 무엇을 모방하는 것으로 예측을 하는지 물었으므로, 질문의 핵심어구 **深度学习, 模拟, 进行预测**와 관련된 내용을 지문에서 재빨리 찾는다. 세 번째 단락에서 **深度学习其实是以模拟大脑神经元的工作方式来进行预测的**라고 했으므로, 해당 부분에서 언급된 **大脑神经元的工作方式**을 그대로 답변으로 쓴다.

어휘 **深度学习** shēndù xuéxí [명] 딥러닝 **预测** yùcè [동] 예측하다 **神经元** shénjīngyuán [명] 뉴런

85	让计算机自主学习预测蛋白质结构这一方法的优势体现在哪儿?	컴퓨터가 스스로 단백질 구조를 예측하는 이 방법의 강점은 어디에서 나타나는가?
	可以大幅提高精确度	정확도를 크게 향상시킬 수 있다

해설 질문이 컴퓨터가 스스로 단백질 구조를 예측하는 이 방법의 강점은 어디에서 나타나는지 물었으므로, 질문의 핵심어구 **计算机自主学习预测蛋白质结构这一方法的优势**과 관련된 내용을 지문에서 재빨리 찾는다. 세 번째 단락에서 **就可以让计算机自主学习预测蛋白质结构的方法……这一方法的优势在于可以大幅提高蛋白质结构预测的精确度**라고 했으므로, 컴퓨터가 스스로 단백질 구조를 예측하는 방법은 단백질 구조 예측의 정확도를 크게 향상시킬 수 있다는 것을 알 수 있다. 따라서 **可以大幅提高精确度**를 답변으로 쓴다.

어휘 **自主** zìzhǔ [동] 스스로 하다 **精确度** jīngquèdù [명] 정확도

86	结构生物学领域的爆炸性进展为人类探秘生命提供了什么?	구조생물학 분야의 폭발적인 발전은 인류의 생명 비밀 탐사에 무엇을 제공했는가?
	一个前所未有的视角	전례 없는 관점

해설 질문이 구조생물학 분야의 폭발적인 발전은 인류의 생명 비밀 탐사에 무엇을 제공했는지 물었으므로, 질문의 핵심어구 **结构生物学领域的爆炸性进展**과 관련된 내용을 지문에서 재빨리 찾는다. 네 번째 단락에서 **由人工智能驱动的结构生物学领域的爆炸性进展，为人类探秘生命提供了一个前所未有的视角。**라고 했으므로, 해당 부분에서 언급된 **一个前所未有的视角**를 그대로 답변으로 쓴다.

어휘 **爆炸** bàozhà [동] 폭발하다 **进展** jìnzhǎn [동] 발전하다, 진전하다 **探秘** tànmì [동] 비밀을 탐사하다 **前所未有** qiánsuǒwèiyǒu [성] 전례가 없다, 전대미문의 **视角** shìjiǎo [명] 관점, 시각

87	用人工智能预测出35万种蛋白质结构的研究小组表示，他们将如何处理预测结果?	인공지능으로 35만 종의 단백질 구조를 예측한 연구팀은 예측 결과를 어떻게 처리할 것이라고 했는가?
	免费向公众开放	무료로 대중들에게 공개한다

해설 질문이 인공지능으로 35만 종의 단백질 구조를 예측한 연구팀은 예측 결과를 어떻게 처리할 것이라고 했는지 물었으므로, 질문의 핵심어구 **用人工智能预测出35万种蛋白质结构的研究小组, 处理预测结果**와 관련된 내용을 지문에서 재빨리 찾는다. 다섯 번째 단락에서 **一个研究小组宣布，他们已经开发了新的平台，并用新开发的人工智能预测出了35万种蛋白质结构……他们会将预测结果免费向公众开放**이라고 했으므로, 해당 부분에서 언급된 **免费向公众开放**을 그대로 답변으로 쓴다.

어휘 **人工智能** réngōng zhìnéng [명] 인공지능, AI

정답·해설·모범답안 실전모의고사 3회 해커스 HSK 7-9급 한 권으로 마스터

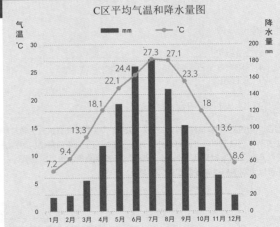

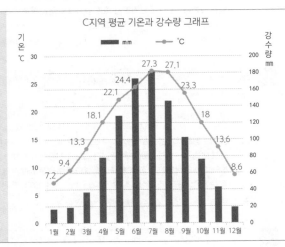

모범답안

从 "C区平均气温和降水量图" 可知, C区的平均气温和降水量之间呈现出了相同的走势。从数值上看, 一月份平均气温和降水量达到最低值, 平均气温为7.2摄氏度, 降水量则低于20毫米。到了七月份, 平均气温和降水量达到最高值, 平均气温为27.3摄氏度, 降水量在180毫米以上。可以看出一月份到七月份的平均气温和降水量呈上升趋势, 而从八月份到十二月份, 平均气温和降水量呈下降趋势。值得注意的是, 七月份和八月份的平均气温都在27摄氏度左右, 但是这两个月的降水量差异较大。总的来说, 当C区平均气温上升时, 降水量也会随之增加, 平均气温下降时, 降水量也会随之减少。

'C지역 평균 기온과 강수량 그래프'에서 알 수 있듯이 C지역의 평균 기온과 강수량 사이에는 동일한 추세가 나타나고 있다. 수치상으로 보면, 1월 평균 기온과 강수량이 최저치에 달해 평균 기온은 7.2℃, 강수량은 20mm를 밑돌았다. 7월에는 평균 기온과 강수량이 최고치에 달하는데, 평균 기온은 27.3℃, 강수량은 180mm 이상이다. 1월부터 7월까지의 평균 기온과 강수량은 상승세를 보인다는 것을 알 수 있다. 반면 8월부터 12월까지는 평균 기온과 강수량이 감소하는 경향을 보인다. 주목할 만한 것은 7월과 8월의 평균 기온은 모두 27℃ 안팎이지만 이 두 달 사이의 강수량 차이는 비교적 크다는 것이다. 종합하자면, C지역의 평균 기온이 상승하면 이에 따라 강수량도 증가하고, 평균 기온이 하강하면 이에 따라 강수량도 감소한다는 것을 알 수 있다.

어휘 **呈现** chéngxiàn 圖 나타나다, 드러나다 **摄氏度** shèshìdù 圖 섭씨온도(℃) **毫米** háomǐ 圖 밀리미터(mm)

---

89 爱默生曾说过: "自信是成功的第一秘诀"。请写一篇600字左右的文章, 谈谈你对自信的认识并论证你的观点。

에머슨은 '자신감은 성공의 첫 번째 비결이다'라고 했다. 600자 내외의 글을 써서 자신감에 대한 당신의 인식을 논하고, 당신의 관점을 논증하시오.

작성한 답안 아웃라인

서론 주제	自信是一种对自己力量的确信 자신감은 자신의 역량에 대한 확신임
본론 의견 및 근거 1~2, 실천 방법	**自信能够使人鼓足勇气, 充满力量** 자신감은 사람들로 하여금 용기를 북돋우고 힘이 가득하게 만들 수 있음 **自信的人能看到自己的优点** 자신감이 있는 사람은 자신의 우수한 점을 볼 수 있음 **能意识到自己的不足, 谨慎地行动, 获得更大的自信心** 자신의 부족한 점을 깨달을 수 있고 신중하게 행동할 수 있으며, 더 큰 자신감을 얻을 수 있음 **海伦·凯勒的例子** 헬렌 켈러의 예시 **自信是一种动力, 对一个人的成功起着重要的作用** 자신감은 원동력이며, 한 사람의 성공에 중요한 역할을 함 **为自己鼓掌, 欣赏自己** 자신을 위해 박수 치기, 자신을 높게 평가하기 **跟自己说 "我能行"** 자신에게 '나는 할 수 있다'라고 말하기
결론 의견 및 근거 재언급	**自信非常重要** 자신감은 매우 중요함 **想要成为一个自信的人, 就要鼓励自己, 并且时刻相信自己是可以的** 자신감 있는 사람이 되려면 스스로를 격려하고 항상 자신은 할 수 있다고 믿어야 함

서론
주제

自信是一种对自己力量的确信，意思是自己相信自己，它是人们充分评估自己力量的一种心理体验，是相信自己有能力做成一件事的心态，是一个人获得成功的重要因素。

자신감은 자신의 역량에 대한 확신으로, 자신이 스스로를 믿는다는 뜻이다. 이는 사람들이 자신의 역량을 충분히 평가하는 일종의 심리적 경험이자, 자신이 한 가지 일을 해낼 수 있다고 믿는 마음가짐이며, 한 사람이 성공을 얻는 중요한 요소이다.

본론
의견 및 근거 1~2, 실천 방법

自信作为一种积极的心理暗示，能够使人鼓足勇气，充满力量。自信的人，一方面能看到自己的优点和长处，意识到自己潜在的能量，从而对未来充满信心，对人生充满勇气，不惧怕任何困难和障碍。另一方面，他能充分意识到自己的不足与缺点，从而小心谨慎地行动，因此总能顺利地完成任务，并由此获得更大的自信心。古今中外，许多成功人士之所以能做成大事，都跟自信分不开。

자신감은 일종의 긍정적인 심리 암시로서, 사람들로 하여금 용기를 북돋우고 힘이 가득하게 할 수 있다. 자신감 있는 사람은 한편으로 자신의 우수한 점과 장점을 볼 수 있고 자신의 잠재된 에너지를 깨달음으로써, 미래에 대한 자신감이 가득하고 인생에 대한 용기가 가득하며, 어떤 어려움과 장애물도 두려워하지 않는다. 다른 한편으로 그는 자신의 부족한 점과 단점을 충분히 깨달음으로써 조심하고 신중히 행동하며, 이 때문에 늘 순조롭게 임무를 완수하고 이로 인해 더 큰 자신감을 얻을 수 있다. 동서고금을 막론하고, 많은 성공한 사람이 큰일을 해낸 것은 모두 자신감과 떼어놓을 수 없다.

举个例子，美国著名学者海伦·凯勒小时候因为疾病失去了听觉和视觉，尽管如此，她在启蒙老师的指导下学会了各种技能。她热爱生活，并且对自己充满了自信，相信自己可以克服困难，最后她考上了梦寐以求的大学。她的事迹得到了世人的赞扬。海伦·凯勒一直肯定自己，凭借着对自己的信心，在挑战面前毫不畏缩，坚信自己一定可以战胜困难，所以她最后成功地实现了自己的梦想。可见，自信是一种动力，对一个人的成功起着极其重要的作用。

예를 들자면, 미국의 저명한 학자인 헬렌 켈러는 어린 시절 질병으로 인해 청각과 시각을 잃었지만, 그런데도 그녀는 선생님의 지도하에 여러 가지 능력을 배웠다. 그녀는 삶을 사랑했고 스스로에 대한 자신감이 넘쳤고 자신이 어려움을 극복할 수 있다고 믿었으며, 마침내 그녀는 간절히 바라던 대학에 합격했다. 그녀의 업적은 세상 사람들의 칭송을 받았다. 헬렌 켈러는 줄곧 자신을 긍정했고, 자신에 대한 믿음으로 도전 앞에서 전혀 주눅 들지 않으며, 자신이 반드시 어려움을 이겨낼 수 있을 것이라 굳게 믿었다. 그래서 그녀는 마침내 성공적으로 자신의 꿈을 실현했다. 자신감은 원동력이며, 한 사람의 성공에 아주 중요한 역할을 한다는 것을 알 수 있다.

很多事实表明，自信能够帮助人走向成功。有些人认为，自信是一种天生的气质，但其实不然，自信并非是天生的，它是在个人生活、实践中逐渐形成和发展的。若要成为一个有自信的人，则要学会为自己鼓掌，欣赏自己，跟自己说"我能行"。俗话说得好，"天生我材必有用"，每个人的身上都有属于自己的特长，并且有战胜困难和实现梦想的力量。因此我们要多发掘自己的优点，不断鼓励自己，给自己增加信心，即使遇到了困难，也要鼓起勇气，自信地继续前进。

자신감은 사람이 성공을 향해 나아갈 수 있게 돕는다는 것을 많은 사실이 보여준다. 어떤 사람들은 자신감이 타고난 기질이라고 생각하는데, 사실은 그렇지 않다. 자신감은 타고난 것이 아니며, 이는 개인의 생활, 실천을 하면서 점차 형성되고 발전되는 것이다. 만일 자신감 있는 사람이 되고자 한다면 자신을 위해 박수를 치고, 자신을 높게 평가하고, 자신에게 '나는 할 수 있다'라고 말하는 것을 할 수 있어야 한다. 속담에서 말하길, '하늘이 나를 세상에 태어나게 한 것은 반드시 쓸모가 있기 때문이다'라고 한다. 모든 사람은 자신만의 특기가 있으며, 어려움을 이겨내고 꿈을 실현할 역량이 있다. 따라서 우리는 자신의 장점을 많이 발굴하고 끊임없이 자신을 격려하면서 스스로에게 믿음을 줘야 하며, 비록 어려움을 맞닥뜨린다고 하더라도 용기를 내서 자신감 있게 계속 나아가야 한다.

결론
의견 및 근거 재언급

综上所述，我认为自信对一个人来说非常重要，它能让人克服困难，是帮助人走向成功的重要因素。想要成为一个自信的人，就要鼓励自己，并且时刻相信自己是可以的。

앞서 언급한 내용을 종합했을 때, 자신감은 사람에게 있어 매우 중요하고, 그것은 어려움을 극복하게 하며, 사람이 성공을 향해 나아갈 수 있게 돕는 중요한 요소라고 생각한다. 자신감 있는 사람이 되려면 스스로를 격려하고 항상 자신은 할 수 있다고 믿어야 한다.

어휘 爱默生 Àimòshēng[고유] 에머슨[미국의 작가이자 사상가] **秘诀** mìjué[명] 비결 **论证** lùnzhèng[동] 논증하다 **确信** quèxìn[동] 확신하다 **评估** pínggū[동] 평가하다 **心态** xīntài[명] 마음가짐 **暗示** ànshì[동] 암시하다 **意识** yìshí[동] 깨닫다 **能量** néngliàng[명] 에너지 **障碍** zhàng'ài[명] 장애물 **人士** rénshì[명] 사람, 인사 **海伦·凯勒** Hǎilún·Kǎilè[고유] 헬렌 켈러[미국의 작가이자 교육자] **疾病** jíbìng[명] 질병 **听觉** tīngjué[명] 청각 **视觉** shìjué[명] 시각 **启蒙老师** qǐméng lǎoshī[명] (자신에게 처음으로 큰 영향을 미치는) 선생님 **梦寐以求** mèngmèiyǐqiú[성] 간절히 바라다 **事迹** shìjì[명] 업적 **赞扬** zànyáng[동] 칭송하다, 찬양하다 **畏缩** wèisuō[동] 주눅들다, 위축되다 **动力** dònglì[명] 원동력 **天生** tiānshēng[형] 타고난 **气质** qìzhì[명] 기질 **俗话** súhuà[명] 속담 **特长** tècháng[명] 특기 **发掘** fājué[동] 발굴하다

90　사회의 발전에 따라, 소비자는 더 빠르고 더 편리한 배달 서비스를 점점 추구하게 되었고, 이는 주로 음식 문화에서 드러난다. 현재 배달 서비스는 각종 영역으로 확장되었고, 일상용품을 배달하는 서비스로 발전되었다. 식재료든 생활필수품이든, 인터넷으로 상품을 선택해 구매하기만 하면 빠르게 소비자의 수중으로 배달된다. 이전에 사람들은 인터넷에서 물건을 산 후 일반적으로 몇 날 며칠을 기다려야 했지만 지금 상황은 예전과 판이하다. 사람들은 지정한 시간에 상품을 받을 수 있게 되었고, 배달원의 실시간 위치를 빠르게 확인할 수도 있다.

한 문장씩 중국어로 번역하기

	제시된 한국어 문장 ▶	번역한 중국어 문장
문장①	사회의 발전에 따라, 소비자는 더 빠르고 더 편리한 배달 서비스를 점점 추구하게 되었고, 이는 주로 음식 문화에서 드러난다. ▶	随着社会的发展，消费者越来越追求更快捷、更便利的配送服务，这主要体现在外卖文化中。
	◉ 번역 포인트 · 중국어 문장에서 술어가 되는 追求(추구하다)의 위치에 유의하며 번역한다. [스킬1]	
문장②	현재 배달 서비스는 각종 영역으로 확장되었고, 일상용품을 배달하는 서비스로 발전되었다. ▶	如今配送服务已扩展到各种领域，并发展为一种日常用品配送服务。
	◉ 번역 포인트 · '~으로 확장되다'는 동작이 어느 지점에 도달함을 나타내는 결과보어 到를 활용하여 扩展到로 번역한다. [스킬2] · '~로 발전되다'는 동작이 변화됨을 나타내는 결과보어 为를 활용하여 发展为로 번역한다. [스킬2]	
문장③	식재료든 생활필수품이든, 인터넷으로 상품을 선택해 구매하기만 하면 빠르게 소비자의 수중으로 배달된다. ▶	无论是食材还是生活用品，只要在网上选购商品，这些东西很快就会被送到消费者手上。
	◉ 번역 포인트 · 문장이 길기 때문에 '구매하기만 하면'에서 한번 끊어준다. 뒤 문장과 자연스럽게 이어지도록 뒤 문장 바로 앞에 주어 这些东西(이 상품들)를 넣어준다. [스킬10] · '소비자의 수중으로 배달되다'는 被를 활용하여 被送到消费者手上으로 번역한다. [스킬4]	
문장④	이전에 사람들은 인터넷에서 물건을 산 후 일반적으로 몇 날 며칠을 기다려야 했지만 지금 상황은 예전과 판이하다. ▶	在这之前，人们网购后通常需要等好几天，但是现在的情况却截然不同。
	◉ 번역 포인트 · '인터넷에서 물건을 사다'는 在网络上购买东西로 그대로 직역하기보다 하나의 중국어 동사 网购로 번역한다. [스킬9] · '판이하다'는 截然不同이다. 이때 截然不同이 떠오르지 않으면 '완전히 다르다'로 의미를 풀어 完全不同으로 번역할 수 있다. [스킬8]	
문장⑤	사람들은 지정한 시간에 상품을 받을 수 있게 되었고, 배달원의 실시간 위치를 빠르게 확인할 수도 있다. ▶	人们可以在指定的时间收到商品，还可以随时确认送货员的实时位置。
	◉ 번역 포인트 · '실시간 위치'는 중국어의 호응어휘 实时位置을 활용하여 번역한다. [스킬6]	

随着社会的发展，消费者越来越追求更快捷、更便利的配送服务，这主要体现在外卖文化中。如今配送服务已扩展到各种领域，并发展为一种日常用品配送服务。无论是食材还是生活用品，只要在网上选购商品，这些东西很快就会被送到消费者手上。在这之前，人们网购后通常需要等好几天，但是现在的情况却截然不同。人们可以在指定的时间收到商品，还可以随时确认送货员的实时位置。

어휘 **快捷** kuàijié⊗ 빠르다 **便利** biànlì⊗ 편리하다 **配送** pèisòng⊗ 배달하다 **饮食** yǐnshí⊗ 음식 **扩展** kuòzhǎn⊗ 확장하다
截然不同 jiéránbùtóng⊗ 판이하다, 완전히 다르다 **指定** zhǐdìng⊗ (사전에 시간·장소 등을) 지정하다 **实时位置** shíshí wèizhì 실시간 위치

91
  중국 자수는 중국의 오래된 민간 전통 수공예로 옛사람들의 지혜를 응집한 것이다. 중국 자수는 역사가 유구하며, 수천 년 전부터 사람들은 바늘과 실을 사용하여 디자인된 각종 도안을 방직물에 수놓았다. 중국 자수가 구체적으로 언제 기원했는지는 아직 많은 논쟁과 이견이 있지만, 부정할 수 없는 것은 그것이 오랜 역사에서 큰 발전을 이루었다는 점이다. 정교하고 아름답게 제작된 자수 제품은 수많은 가정에 들어왔을 뿐만 아니라 고대 중국에서 대외로 수출되는 주요 상품이 되었다. 자수는 가장 동양적인 특색을 갖춘 예술 중 하나로 여겨졌기 때문에 자수 제품은 특히 유럽 상류층에게 인기가 있었다.

  오늘날 상품 경제의 발전에 따라 자수는 현대 생산 방식의 타격을 받았고, 많은 전통 기술이 소멸 위기에 놓여 있으며 일부는 심지어 이미 민간에서 사라졌다. 조사에서 자수 업종에 종사하는 젊은이가 적어도 너무 적어, 이는 자수 기술의 전승과 발전이 인재 부족 문제에 직면하게 한 것으로 나타났다. 이에 대해 관련 부서는 민간 자수 예술의 보호와 전승을 강화하는 동시에 다양한 방법으로 민간 자수 산업에 경제적 원조를 해야 한다. 이 외에 자수 종사자는 전통 자수와 현대적 요소를 하나로 융합하여 젊은 사람들이 자수라는 이 예술에 관심이 생기게 할 수 있다.

한 문장씩 중국어로 번역하기

	제시된 한국어 문장 ▶	번역한 중국어 문장
문장①	중국 자수는 중국의 오래된 민간 전통 수공예로 옛사람들의 지혜를 응집한 것이다. ♀ 번역 포인트 · 문장이 길기 때문에 '수공예'에서 한번 끊어준다. 뒤 문장과 자연스럽게 이어지도록 뒤 문장 바로 앞에 주어 它(이것)를 넣어준다. [스킬10] · '응집하다'가 떠오르지 않으면 '모으다'로 쉽게 바꿔서 聚集로 번역한다. [스킬7]	中国刺绣是中国古老的民间传统手工艺，它聚集了古人的智慧。
문장②	중국 자수는 역사가 유구하며, 수천 년 전부터 사람들은 바늘과 실을 사용하여 디자인된 각종 도안을 방직물에 수놓았다. ♀ 번역 포인트 · '도안을 방직물에 수놓다'는 把를 활용하여 把图案绣在纺织品上으로 번역한다. [스킬3]	中国刺绣历史悠久，早在数千年前，人们就用针和线，把设计好的各种图案绣在纺织品上。
문장③	중국 자수가 구체적으로 언제 기원했는지는 아직 많은 논쟁과 이견이 있지만, 부정할 수 없는 것은 그것이 오랜 역사에서 큰 발전을 이루었다는 점이다. ♀ 번역 포인트 · '~에 기원하다'는 시간, 장소, 대상, 목적 등을 이끄는 보어 于를 활용하여 起源于로 번역한다. [스킬2]	中国刺绣具体起源于何时，尚有许多争议与分歧，然而不可否认的是，它在漫长的历史中得到了很大的发展。
문장④	정교하고 아름답게 제작된 자수 제품은 수많은 가정에 들어왔을 뿐만 아니라 고대 중국에서 대외로 수출되는 주요 상품이 되었다. ♀ 번역 포인트 · '정교하고 아름답게 제작되다'는 중국어의 호응어휘 做工精美를 활용하여 번역한다. [스킬6]	做工精美的刺绣制品不仅走进了千家万户，而且成为了古代中国对外输出的主要商品。

문장⑤	자수는 가장 동양적인 특색을 갖춘 예술 중 하나로 여겨졌기 때문에 자수 제품은 특히 유럽 상류층에게 인기가 있었다. ▶ 刺绣被认为是最具东方特色的艺术之一，因此刺绣制品尤其受到欧洲上流社会的欢迎。 **번역 포인트** · '가장 동양적인 특색을 갖춘 예술 중 하나로 여겨지다'는 被를 활용하여 **被认为是最具东方特色的艺术之一**로 번역한다. [스킬4]	
문장⑥	오늘날 상품 경제의 발전에 따라 자수는 현대 생산 방식의 타격을 받았고, 많은 전통 기술이 소멸 위기에 놓여 있으며 일부는 심지어 이미 민간에서 사라졌다. ▶ 如今随着商品经济的发展，刺绣受到了现代生产方式的冲击，很多传统技艺濒临消亡，有些甚至已流失于民间。 **번역 포인트** · '소멸 위기에 놓이다'는 중국어의 호응어휘 **濒临消亡**을 활용하여 번역한다. [스킬6] · '~에서 사라지다'는 시간, 장소, 대상, 목적 등을 이끄는 보어 于를 활용하여 **流失于**로 번역한다. [스킬2]	
문장⑦	조사에서 자수 업종에 종사하는 젊은이가 적어도 너무 적어, 이는 자수 기술의 전승과 발전이 인재 부족 문제에 직면하게 한 것으로 나타났다. ▶ 调查表明，从事刺绣工作的年轻人少之又少，这使刺绣技艺的传承和发展面临人才短缺的问题。 **번역 포인트** · '자수 기술의 전승과 발전이 인재 부족 문제에 직면하게 하다'는 使을 활용하여 **使刺绣技艺的传承和发展面临人才短缺的问题**로 번역한다. [스킬5]	
문장⑧	이에 대해 관련 부서는 민간 자수 예술의 보호와 전승을 강화하는 동시에 다양한 방법으로 민간 자수 산업에 경제적 원조를 해야 한다. ▶ 对此，有关部门在加强对民间刺绣艺术的保护与传承的同时，还应该以各种方式资助民间刺绣产业。 **번역 포인트** · '경제적 원조를 하다'는 **在经济上给予帮助**로 그대로 직역하기보다 하나의 중국어 동사 **资助**로 번역한다. [스킬9]	
문장⑨	이 외에 자수 종사자는 전통 자수와 현대적 요소를 하나로 융합하여 젊은 사람들이 자수라는 이 예술에 관심이 생기게 할 수 있다. ▶ 此外，刺绣工作者可以把传统刺绣和现代元素融合为一体，让年轻人对刺绣这门艺术产生兴趣。 **번역 포인트** · '전통 자수와 현대적 요소를 하나로 융합하다'는 把를 활용하여 **把传统刺绣和现代元素融合为一体**로 번역한다. [스킬3] · '젊은 사람들이 자수라는 이 예술에 관심이 생기게 하다'는 让을 활용하여 **让年轻人对刺绣这门艺术产生兴趣**로 번역한다. [스킬5]	

모범답안

中国刺绣是中国古老的民间传统手工艺，它聚集了古人的智慧。中国刺绣历史悠久，早在数千年前，人们就用针和线，把设计好的各种图案绣在纺织品上。中国刺绣具体起源于何时，尚有许多争议与分歧，然而不可否认的是，它在漫长的历史中得到了很大的发展。做工精美的刺绣制品不仅走进了千家万户，而且成为了古代中国对外输出的主要商品。刺绣被认为是最具东方特色的艺术之一，因此刺绣制品尤其受到欧洲上流社会的欢迎。

如今随着商品经济的发展，刺绣受到了现代生产方式的冲击，很多传统技艺濒临消亡，有些甚至已流失于民间。调查表明，从事刺绣工作的年轻人少之又少，这使刺绣技艺的传承和发展面临人才短缺的问题。对此，有关部门在加强对民间刺绣艺术的保护与传承的同时，还应该以各种方式资助民间刺绣产业。此外，刺绣工作者可以把传统刺绣和现代元素融合为一体，让年轻人对刺绣这门艺术产生兴趣。

어휘 **刺绣** cìxiù [명] 자수 [동] 자수를 놓다 **民间** mínjiān [명] 민간 **图案** tú'àn [명] 도안 **纺织品** fǎngzhīpǐn [명] 방직물 **起源** qǐyuán [동] 기원하다
争议 zhēngyì [동] 논쟁하다 **分歧** fēnqí [명] (사상·의견·기록 등의) 이견 **漫长** màncháng [형] 오래다, 길다 **冲击** chōngjī [동] 타격을 입다
濒临 bīnlín [동] ~한 지경에 이르다, 임박하다 **消亡** xiāowáng [동] 소멸하다, 쇠퇴하여 멸망하다 **流失** liúshī [동] 사라지다
传承 chuánchéng [동] 전승하다, 전수하고 계승하다 **资助** zīzhù [동] 경제적 원조를 하다 **产业** chǎnyè [명] 산업 **元素** yuánsù [명] 요소

얼마 전, 뉴스에서 한 요식업 체인점이 경영에서 여러 식품 안전 문제가 있다는 것을 보도하여 대중의 광범위한 관심을 불러일으켰다. 이 사건에 대해 관련 부서는 즉시 입건하여 처리했으며, 문제의 근원을 찾아냈다. 유사한 문제가 여러 차례 발생해서, 해당 식당은 법에 의거하여 처벌을 받았다. 식품 안전과 소비자의 건강은 밀접한 관계가 있고, 식당의 자체 브랜드 이미지에도 영향을 줄 수 있기 때문에 식당은 식품 안전을 최우선으로 여기고, 경영 관리에서 나타나는 안전 허점을 철저히 막아야 한다.

한 문장씩 중국어로 통역해보기

	제시된 한국어 문장	▶	통역해본 중국어 문장
문장①	얼마 전, 뉴스에서 한 요식업 체인점이 경영에서 여러 식품 안전 문제가 있다는 것을 보도하여 대중의 광범위한 관심을 불러일으켰다.	▶	前不久，一则新闻报道了某餐饮连锁店在经营中存在的多种食品安全问题，这引起了大众的广泛关注。

◉ 통역 포인트

· 문장이 길기 때문에 '보도하여'에서 한번 끊어준다. 뒤 문장과 자연스럽게 이어지도록 뒤 문장 바로 앞에 주어 这(이것)를 넣어준다. [스킬10]
· '관심을 불러일으키다'는 중국어의 호응어휘 引起关注를 활용하여 통역한다. [스킬6]

문장②	이 사건에 대해 관련 부서는 즉시 입건하여 처리했으며, 문제의 근원을 찾아냈다.	▶	对于这一事件，相关部门及时立案查处，找到了问题的根源。

◉ 통역 포인트

· '입건하여 처리하다'는 立案查处다. 이때 立案查处가 떠오르지 않으면, '조사를 했다'로 의미를 풀어 做了调查로 통역할 수 있다. [스킬8]

문장③	유사한 문제가 여러 차례 발생해서, 해당 식당은 법에 의거하여 처벌을 받았다.	▶	由于类似的问题屡次发生，该餐厅依法受到了处罚。

◉ 통역 포인트

· '처벌을 받다'는 중국어의 호응어휘 受到处罚를 활용하여 통역한다. [스킬6]

문장④	식품 안전과 소비자의 건강은 밀접한 관계가 있고, 식당의 자체 브랜드 이미지에도 영향을 줄 수 있기 때문에 식당은 식품 안전을 최우선으로 여기고, 경영 관리에서 나타나는 안전 허점을 철저히 막아야 한다.	▶	食品安全与消费者的健康息息相关，也会影响餐厅的自身品牌形象，因此餐厅应该把食品安全放在第一位，杜绝经营管理中出现的安全漏洞。

◉ 통역 포인트

· '식품 안전을 최우선으로 여기다'는 把를 활용하여 把食品安全放在第一位로 통역한다. [스킬3]
· '철저히 막다'는 彻底防止로 그대로 직역하기보다 하나의 중국어 동사 杜绝로 통역한다. [스킬9]

모범답변

前不久，一则新闻报道了某餐饮连锁店在经营中存在的多种食品安全问题，这引起了大众的广泛关注。对于这一事件，相关部门及时立案查处，找到了问题的根源。由于类似的问题屡次发生，该餐厅依法受到了处罚。食品安全与消费者的健康息息相关，也会影响餐厅的自身品牌形象，因此餐厅应该把食品安全放在第一位，杜绝经营管理中出现的安全漏洞。

어휘　连锁店 liánsuǒdiàn 圄 체인점　关注 guānzhù 圄 관심을 가지다　事件 shìjiàn 圄 사건　立案查处 lì'àn cháchǔ 입건하여 처리하다　根源 gēnyuán 圄 근원
　　　类似 lèisì 圄 유사하다　屡次 lǚcì 图 여러 차례　依法 yīfǎ 图 법에 의거하여　处罚 chǔfá 圄 처벌하다　息息相关 xīxīxiāngguān 圄 밀접한 관계가 있다
　　　品牌 pǐnpái 圄 브랜드　杜绝 dùjué 圄 (철저히) 막다, 근절하다　漏洞 lòudòng 圄 허점, 구멍

중국의 천 년이 넘는 역사 속에서 술 문화는 생활 속의 각 영역에 스며들었다. 시가의 창작에서부터 음식의 조리까지, 술은 중국인의 생활 속에서 중요한 위치를 차지한다. 술을 빚는 기술을 계승하기 위해서, 중국은 술을 빚는 전통 기술을 무형문화재 명단에 등재했다. 무형문화재는 사람들에게 중국 전통문화의 중요한 구성 부분이라고 여겨지며, 그것은 중국의 역사와 민족 정신을 기록했다. 그리고 술을 빚는 기술은 하나의 전통 기술로서, 중국의 역사, 문화, 풍습 등 여러 방면의 내용을 집중적으로 드러낼 수 있기 때문에 더 많은 보호와 계승이 필요하다.

한 문장씩 중국어로 통역해보기

	제시된 한국어 문장 ▶	통역해본 중국어 문장
문장①	중국의 천 년이 넘는 역사 속에서 술 문화는 생활 속의 각 영역에 스며들었다.	在中国上千年的历史中，酒文化渗透到了生活中的各个领域。
	⚲ 통역 포인트 · '~에 스며들다'는 동작이 어느 지점에 도달함을 나타내는 결과보어 **到**를 활용하여 **渗透到**로 통역한다. [스킬2]	
문장②	시가의 창작에서부터 음식의 조리까지, 술은 중국인의 생활 속에서 중요한 위치를 차지한다.	从诗歌的创作到饮食的烹饪，酒在中国人的生活中占据了重要的地位。
	⚲ 통역 포인트 · '위치를 차지하다'는 중국어의 호응어휘 **占据地位**를 활용하여 통역한다. [스킬6]	
문장③	술을 빚는 기술을 계승하기 위해서, 중국은 술을 빚는 전통 기술을 무형문화재 명단에 등재했다.	为了传承酿酒技艺，中国把传统酿酒技艺列入了非物质文化遗产名录。
	⚲ 통역 포인트 · '술을 빚다'는 **酿酒**이다. 이때 **酿酒**가 떠오르지 않으면, '술을 제조하다'로 의미를 풀어 **制造酒**로 통역할 수 있다. [스킬8] · '술을 빚는 전통 기술을 무형문화재 명단에 등재했다'는 **把**를 활용하여 **把传统酿酒技艺列入了非物质文化遗产名录**로 통역한다. [스킬3]	
문장④	무형문화재는 사람들에게 중국 전통문화의 중요한 구성 부분이라고 여겨지며, 그것은 중국의 역사와 민족 정신을 기록했다.	非物质文化遗产被人们视为中国传统文化的重要组成部分，它记录了中国的历史和民族精神。
	⚲ 통역 포인트 · '사람들에게 중요한 구성 부분이라고 여겨지다'는 **被**를 활용하여 **被人们视为重要组成部分**으로 통역한다. [스킬4]	
문장⑤	그리고 술을 빚는 기술은 하나의 전통 기술로서, 중국의 역사, 문화, 풍습 등 여러 방면의 내용을 집중적으로 드러낼 수 있기 때문에 더 많은 보호와 계승이 필요하다.	而酿酒技艺作为一项传统技艺，可以集中表现出中国的历史、文化、习俗等多方面的内容，因此需要得到更多的保护和传承。
	⚲ 통역 포인트 · '드러내다'는 상황이나 현상 등이 드러남을 나타내는 방향보어 **出**을 활용하여 **表现出**로 통역한다. [스킬2] · 문장이 길기 때문에 '드러낼 수 있기 때문에'에서 한번 끊어준다. [스킬10]	

모범답변

　　在中国上千年的历史中，酒文化渗透到了生活中的各个领域。从诗歌的创作到饮食的烹饪，酒在中国人的生活中占据了重要的地位。为了传承酿酒技艺，中国把传统酿酒技艺列入了非物质文化遗产名录。非物质文化遗产被人们视为中国传统文化的重要组成部分，它记录了中国的历史和民族精神。而酿酒技艺作为一项传统技艺，可以集中表现出中国的历史、文化、习俗等多方面的内容，因此需要得到更多的保护和传承。

어휘　**酒** jiǔ 圐술　**渗透** shèntòu 圐스며들다　**诗歌** shīgē 圐시가　**创作** chuàngzuò 圐창작하다　**饮食** yǐnshí 圐음식　**烹饪** pēngrèn 圐조리하다, 요리하다
占据 zhànjù 圐차지하다　**传承** chuánchéng 圐계승하다　**酿酒** niàngjiǔ 圐술을 빚다　**技艺** jìyì 圐기술, 기예
非物质文化遗产名录 fēiwùzhì wénhuà yíchǎn mínglù 圐무형문화재 명단　**习俗** xísú 圐풍습

94

深圳能源研究所夏令营活动安排

活动日期	活动地点	活动内容
6月5日	研究所会议室	1) 学员报到、学员分组 2) 开营仪式 3) 参观实验室
6月6日	研究所资料室	1) 听前沿领域学术报告 2) 与组员讨论课题 3) 与导师座谈交流
6月7日	锂电池制造基地	1) 深入了解锂电池自动化生产过程 2) 听行业技术专家的讲座
6月8日	深圳市内及郊区	1) 体验深圳人文风貌
6月9日	研究所会议室	1) 闭营仪式 2) 优秀组员评选

【注意事项】

一、免费提供伙食和住宿，可报销不超过300元的单程路费（需提供纸质车票）。

二、学员应遵守夏令营的安排，按时参加每一项活动。

三、学员必须遵守研究所的有关制度和夏令营的要求。

四、夏令营主办方将统一为学员购买人身意外伤害保险。

五、被评为夏令营优秀组员的学员将获得深圳能源研究所的实习机会。

【补充说明】

一、夏令营结束后，可向研究所办公室申请夏令营学员结业证明书。

二、因个人情况不能参与活动时，需在开营前告知办公室工作人员。

如果你是本次夏令营的负责人，请你向学生们介绍夏令营的活动安排以及注意事项，并说一些鼓励的话。

선전 에너지 연구소 여름캠프 활동 계획

활동 날짜	활동 장소	활동 내용
6월 5일	연구소 회의실	1) 수강생 참석 확인, 수강생 조 나누기 2) 캠프 개막식 3) 실험실 참관
6월 6일	연구소 자료실	1) 첨단 분야 학술 발표 듣기 2) 조원과 프로젝트 토론 3) 지도 교사와 좌담 및 교류
6월 7일	리튬 배터리 제조 기지	1) 리튬 배터리 자동화 생산 과정 심층적으로 이해 2) 업계 기술 전문가의 강좌 듣기
6월 8일	선전시 내 및 교외	1) 선전의 문화와 경치 체험
6월 9일	연구소 회의실	1) 캠프 폐막식 2) 우수 조원 선정

[주의 사항]

1. 식사와 숙박은 무료로 제공되며, 300위안을 초과하지 않는 편도 여비를 청구할 수 있습니다(종이 승차권을 제출해야 합니다).

2. 수강생은 여름캠프의 계획에 따라야 하며, 시간에 맞춰 모든 활동에 참여해야 합니다.

3. 수강생은 반드시 연구소의 관련 제도와 여름캠프의 요구 사항을 준수해야 합니다.

4. 여름캠프 주최측은 수강생에게 개인상해보험을 일괄적으로 가입해줄 것입니다.

5. 여름캠프 우수 조원으로 선정된 수강생은 선전 에너지 연구소의 인턴십 기회를 얻을 것입니다.

[보충 설명]

1. 여름캠프가 종료된 후, 연구소 사무실에 여름캠프 수강생 수료 증명서를 신청할 수 있습니다.

2. 개인 사정으로 인해 활동에 참여할 수 없는 경우, 캠프 개막 전에 사무실 직원에게 알려주셔야 합니다.

당신이 이번 여름캠프의 책임자라고 가정하고, 수강생들에게 여름캠프의 활동 계획 및 주의사항을 소개하고, 격려하는 말을 하세요.

어휘 **开营仪式** kāi yíng yíshì 캠프 개막식　**前沿领域** qiányán lǐngyù 첨단 분야　**课题** kètí 图 프로젝트　**导师** dǎoshī 图 지도 교사
座谈 zuòtán 图 좌담하다[형식에 구애받지 않고 자유롭게 논의함]　**锂电池** lǐdiànchí 리튬 배터리　**基地** jīdì 图 기지
人文风貌 rénwén fēngmào 문화와 경치　**闭营仪式** bì yíng yíshì 캠프 폐막식　**事项** shìxiàng 图 사항　**伙食** huǒshí 图 식사　**报销** bàoxiāo 图 청구하다

정답·해설 모범답안 실전모의고사 3회 해커스 HSK 7-9급 한 권으로 마스터

상황 언급	선전 에너지 연구소 여름캠프 활동의 책임자로서 구체적인 내용과 주의 사항을 알려주겠음
자료 내용 언급	- 6월 5일, 연구소 회의실에서 수강생 참석 확인, 조 나누기와 캠프 개막식 및 실험실 참관 예정
	- 6월 6일, 연구소 자료실에서 첨단 분야 학술 발표 듣고, 조원과 프로젝트 토론, 지도 교사와 좌담 및 교류 예정
	- 6월 7일, 리튬 배터리 제조 기지에서 리튬 배터리 자동화 생산 과정 이해, 업계 기술 전문가의 강좌 들을 예정
	- 6월 8일, 선전시 내 및 교외에서 선전의 문화와 경치 체험 예정
	- 6월 9일, 연구소 회의실에서 캠프 폐막식, 우수 조원 선정 예정
	- 식사 및 숙박 무료 제공. 300위안을 초과하지 않는 편도 여비 청구 가능, 종이 승차권 제출해야 함
	- 여름캠프에 있는 동안 여름캠프의 계획에 따라야 하고, 시간에 맞춰 활동 참여해야 함
	- 연구소의 관련 제도 및 여름캠프 요구 사항을 준수해야 함
	- 주최측에서 수강생에게 개인상해보험 가입해줄 예정
	- 우수 조원으로 선정된 수강생은 선전 에너지 연구소의 인턴십 기회를 얻게 됨
	- 여름캠프 종료 후 연구소 사무실에 여름캠프 수강생 수료 증명서 신청 가능
	- 개인 사정으로 인해 활동 참여할 수 없는 경우 캠프 개막 전 사무실 직원에게 알려야 함
마무리	적극적으로 참여하기를 바라고 모르는 것이 있으면 물어보길 바람

모범답변

你们好，我是本次深圳能源研究所夏令营活动的负责人。我来告诉你们活动安排和注意事项吧。

首先，说一下活动安排。深圳能源研究所将举行为期5天的夏令营活动。6月5日学员要去研究所会议室报到、分组，随后将参加开营仪式，并参观实验室。6月6日将在研究所资料室听前沿领域学术报告。听完报告后，将在同一地点与组员讨论课题，还有机会与导师座谈交流。6月7日将前往锂电池制造基地，深入了解锂电池自动化生产过程，并听行业技术专家的讲座。6月8日将到深圳市内以及郊区体验深圳的人文风貌，6月9日将在研究所会议室参加闭营仪式和优秀组员评选活动。

其次，说一下注意事项。第一，我们将给学员免费提供伙食和住宿，并能报销不超过300元的单程路费，报销时需提供纸质车票。第二，学员在夏令营期间要遵守夏令营的安排，按时参加每一项活动。第三，学员必须遵守研究所的有关制度和夏令营的要求。第四，夏令营主办方将统一为学员购买人身意外伤害保险。第五，被评为夏令营优秀组员的学员将获得研究所的实习机会。另外，我再补充两点。一是夏令营结束后，可以向研究所办公室申请夏令营学员结业证书；二是因个人情况不能参与活动时，需要在开营前告知办公室工作人员。

最后，希望大家积极参与，如果有不懂的地方，可以再问我。

안녕하세요, 저는 이번 선전 에너지 연구소 여름캠프 활동의 책임자입니다. 제가 활동 계획과 주의 사항에 대해 알려드리겠습니다.

먼저, 활동 계획에 대해 설명하겠습니다. 선전 에너지 연구소는 5일 동안 여름캠프 활동을 실시할 예정입니다. 6월 5일에는 연구소 회의실에서 수강생 참석 확인을 해야 하고, 조를 나눠야 합니다. 이어서 캠프 개막식에 참석하고, 실험실을 참관할 것입니다. 6월 6일에는 연구소 자료실에서 첨단 분야 학술 발표를 들을 예정입니다. 발표를 다 들은 후, 동일한 장소에서 조원과 프로젝트에 대해 토론할 것이며, 지도 교사와 좌담하고 교류하는 기회도 있습니다. 6월 7일에는 리튬 배터리 제조 기지에 가서 리튬 배터리 자동화 생산 과정을 심층적으로 이해하고, 업계 기술 전문가의 강좌를 들을 것입니다. 6월 8일에는 선전시 내 및 교외에 가서 선전의 문화와 경치를 체험할 것이고, 6월 9일에는 연구소 회의실에서 캠프 폐막식과 우수 조원 선정 활동에 참석할 것입니다.

그다음으로, 주의 사항에 대해 설명하겠습니다. 첫째, 저희는 수강생에게 식사와 숙박을 무료로 제공할 것이며, 300위안을 초과하지 않는 편도 여비는 청구해줄 수 있습니다. 청구할 때는 종이 승차권을 제공해야 합니다. 둘째, 수강생은 여름캠프에 있는 동안 여름캠프의 계획에 따라야 하며, 시간에 맞춰 모든 활동에 참여해야 합니다. 셋째, 수강생은 반드시 연구소의 관련 제도와 여름캠프의 요구 사항을 준수해야 합니다. 넷째, 여름캠프 주최측은 수강생에게 개인상해보험을 일괄적으로 가입해줄 것입니다. 다섯째, 여름캠프 우수 조원으로 선정된 수강생은 선전 에너지 연구소의 인턴십 기회를 얻을 것입니다. 그 밖에 두 가지 내용만 더 보충하겠습니다. 첫째, 여름캠프가 종료된 후 연구소 사무실에 여름캠프 수강생 수료 증명서를 신청할 수 있습니다. 둘째, 개인 사정으로 인해 활동 참여할 수 없는 경우, 캠프 개막 전에 사무실 직원에게 알려주셔야 합니다.

마지막으로, 모두가 적극적으로 참여하기를 바라고, 만약 모르는 것이 있다면 저에게 다시 물어보세요.

어휘

事项 shìxiàng 倒 사항 **为期** wéiqī 倒 ~동안 하다, ~을 기한으로 하다 **开营仪式** kāi yíng yíshì 캠프 개막식 **前沿领域** qiányán lǐngyù 첨단 분야
课题 kètí 倒 프로젝트 **导师** dǎoshī 倒 지도 교사 **座谈** zuòtán 倒 좌담하다[형식에 구애받지 않고 자유롭게 논의함] **锂电池** lǐdiànchí 리튬 배터리
基地 jīdì 倒 기지 **人文风貌** rénwén fēngmào 문화와 경치 **闭营仪式** bì yíng yíshì 캠프 폐막식 **伙食** huǒshí 倒 식사 **报销** bàoxiāo 倒 청구하다

在过去一年间，我们公司的产品收获了广大网友和消费者的认可和支持，95公司还收到了各行各业专业人士的建议，这对我们来说都是极其宝贵的。这一年我们在品牌战略、产品研发、终端形象上都进行了升级。除此之外，我们始终坚持以用户为中心的经营理念，因为我们坚信，以用户为中心是企业持续发展的关键。作为一个成立了二十余年的国产运动品牌，我们深知96用户的喜爱是确保一个品牌始终保持生命力的重要因素，想要持续发展，就要满足消费者的需求。在这种经营理念下，我们与用户保持着高频率沟通，在品牌、服务、产品等各个方面都以用户体验为先。这使得用户更加信任我们的产品，并积极参与我们组织的活动，贡献出自己的才智。前不久，我们在网友们的鼎力支持下成立了"青年共创计划"，让才华横溢的青年们参与到我们的活动中，为我们的产品注入更多新颖的创意。与此同时，我们还将用户的创意与地域文化结合在一起，呈现出了将文化、科技、设计、视觉等融于一体的产品形象。

지난 1년 동안 우리 회사의 제품은 많은 네티즌과 소비자의 인정과 지지를 얻었으며 95회사는 각종 업계 전문가들의 제안을 받기도 했는데, 이는 우리에게 매우 귀중한 것입니다. 올해 우리는 브랜드 전략, 제품 연구 개발, 스토어 아이덴티티를 모두 업그레이드했습니다. 이 밖에도 우리는 소비자 중심의 경영 철학을 줄곧 고수했는데, 우리는 소비자 중심이야말로 기업이 지속적으로 발전하는 것의 핵심이라고 굳게 믿기 때문입니다. 설립된 지 20년이 넘은 국산 스포츠 브랜드로서, 96소비자의 사랑이야말로 한 브랜드가 줄곧 생명력을 유지하게 하는 중요한 요소이며, 지속적으로 발전하고 싶다면 소비자의 수요를 충족시켜야 한다는 것을 우리는 잘 알고 있습니다. 이러한 경영 철학 아래 우리는 소비자와 소통을 자주 하는 것을 유지하고 있고, 브랜드, 서비스, 제품 등 다양한 부분에서 소비자 경험을 우선으로 하고 있습니다. 이는 소비자가 우리 제품을 더욱 신뢰하게 했고, 우리가 개최한 활동에 적극적으로 참여하게 하여 자신의 재능을 기여하게 했습니다. 얼마 전 우리는 네티즌들의 전폭적인 지지 아래 '청년 공동 창작 프로젝트'를 설립했는데, 재능이 넘치는 청년들이 우리 활동에 참여하게 하여 우리 제품에 더 많은 참신한 아이디어를 불어넣게 했습니다. 이와 동시에 우리는 소비자의 창의성과 지역 문화를 한데 결합하여 문화, 과학 기술, 디자인, 시각 등을 하나로 아우르는 제품 이미지를 드러냈습니다.

어휘　**网友** wǎngyǒu 圆 네티즌　**认可** rènkě 圆 인정하다　**专业人士** zhuānyè rénshì 圆 전문가　**战略** zhànlüè 圆 전략
终端形象 zhōngduān xíngxiàng 스토어 아이덴티티[기업의 매장 이미지 통일화]　**用户** yònghù 圆 소비자, 사용자　**理念** lǐniàn 圆 철학, 이념
确保 quèbǎo 圆 (확실히) 유지하다, 보장하다　**需求** xūqiú 圆 수요　**高频率** gāopínlǜ 자주, 빈도가 높다　**鼎力** dǐnglì 圆 전폭적으로
才华横溢 cáihuáhéngyì 圆 재능이 넘쳐나다　**新颖** xīnyǐng 圆 참신하다　**呈现** chéngxiàn 圆 드러나다　**融于一体** róng yú yìtǐ 하나로 아우르다

95　问：说话人的公司收到了哪些人的建议？　질문：화자의 회사는 어떤 사람들의 제안을 받았는가？

모범답변

说话人的公司收到了各行各业专业人士的建议。　화자의 회사는 각종 업계의 전문가들의 제안을 받았습니다.

해설　질문이 화자의 회사는 어떤 사람들의 제안을 받았는지 물었다. 음성에서 公司还收到了各行各业专业人士的建议가 언급되었으므로, 说话人的公司收到了各行各业专业人士的建议。라는 완전한 문장으로 답변한다.

어휘　**专业人士** zhuānyè rénshì 圆 전문가

96　问：一个品牌能够始终保持生命力的重要因素是什么？　질문：한 브랜드가 줄곧 생명력을 유지할 수 있는 중요한 요소는 무엇인가？

모범답변

一个品牌能够始终保持生命力的重要因素是用户的喜爱。　한 브랜드가 줄곧 생명력을 유지할 수 있는 중요한 요소는 소비자의 사랑입니다.

해설　질문이 한 브랜드가 줄곧 생명력을 유지할 수 있는 중요한 요소는 무엇인지 물었다. 음성에서 用户的喜爱是确保一个品牌始终保持生命力的重要因素가 언급되었으므로, 一个品牌能够始终保持生命力的重要因素是用户的喜爱。라는 완전한 문장으로 답변한다.

어휘　**用户** yònghù 圆 소비자

97 问：你认为企业应该坚持以用户为中心的经营理念吗？请说出你的理由。

질문: 당신은 기업이 소비자 중심의 경영 철학을 고수해야 한다고 생각하는가? 이유를 말해보시오.

모범답변

我认为企业应该坚持以用户为中心的经营理念，具体原因如下。

首先，以用户为中心是企业持续发展的关键。一个企业的发展离不开用户的支持，如果不了解用户的需求，不以用户为中心，那么企业的产品可能就不会受到喜爱。用户的喜爱可以说是企业保持生命力的重要因素之一，因此企业的长期发展离不开用户的支持。

其次，坚持以用户为中心这个经营理念，可以使用户更加信任企业的产品。当一个企业在品牌、服务、产品等各个方面都以用户体验为先时，用户会对企业产生关注，并购买他们的产品，企业也会因此更加繁荣。

综上所述，我认为企业应该坚持以用户为中心的经营理念，只有这样，企业才能长久且健康地发展下去。

저는 기업이 소비자 중심의 경영 철학을 고수해야 한다고 생각합니다. 구체적인 이유는 아래와 같습니다.

우선, 소비자 중심은 기업이 지속적으로 발전하는 것의 핵심입니다. 한 기업의 발전은 소비자의 지지와 떼려야 뗄 수 없으며, 만약 소비자의 수요를 알지 못하고 소비자를 중심으로 하지 않으면 기업의 제품은 사랑받지 못할 수 있습니다. 소비자의 사랑은 기업이 생명력을 유지하게 하는 중요한 요소 중 하나라고 할 수 있기 때문에 기업의 장기적인 발전은 소비자의 지지와 떼려야 뗄 수 없습니다.

그다음으로, 소비자 중심의 경영 철학을 고수하면 소비자가 기업의 제품을 더 신뢰하게 할 수 있습니다. 한 기업이 브랜드, 서비스, 제품 등 다양한 부분에서 소비자 경험을 우선으로 할 때 소비자는 기업에 관심이 생길 것이고, 그들의 제품을 구매하여 기업도 이로 인해 더욱 번창할 것입니다.

앞서 언급한 내용을 종합했을 때, 저는 기업이 소비자 중심의 경영 철학을 고수해야 하며, 이렇게 해야만 기업이 오랫동안 그리고 건강하게 발전해 나갈 수 있다고 생각합니다.

어휘 **用户** yònghù [명] 소비자, 사용자 **理念** lǐniàn [명] 철학, 이념 **需求** xūqiú [명] 수요 **关注** guānzhù [동] 관심을 가지다

98

“家有一老，如有一宝”这个道理在很久以前就被人们所知晓。从前，荆州地区有个小国，由于位于山区，土地贫瘠，这个国家很难养活日益增加的人口，于是国君决定举国搬迁。为了节省粮食，国君决定不带走六十岁以上的老人，任其自生自灭。朝廷里有个小臣叫孝智，他实在不忍心抛弃从小相依为命的老父亲，于是冒着被杀头的危险，把父亲藏在竹篓里，一路同行。路上遇到阴雨天，国君派人取火种，但没人能做到。轮到孝智时，他按照父亲告诉他的办法，成功地取到了火种。不久后，队伍进入戈壁荒漠，成千上万的人马干渴难耐，国君又派孝智去寻水。孝智想不出好法子，只好请教父亲。最后孝智顺利挖到了泉水，拯救了所有人马。孝智接连立了两个大功，而且别人办不到的事他都能妥善处理，这让国君感到很好奇。在国君的再三追问下，孝智只得说出实情。国君懊悔地说：“‘家有一老，如有一宝’，看来老年人当中也有经验丰富的人，我真不该抛弃他们啊！”随后，国君封孝智的父亲为丞相，并将尊老敬老定为国法。从此以后，这个国家日渐强盛了起来。

'집안에 노인이 있으면 보물이 있는 것과 같다'라는 이치는 오래전부터 사람들에게 알려져 왔다. 옛날 징저우 지역에 작은 나라가 있었는데, 산간 지역에 위치하고 땅이 척박했기 때문에 이 나라는 나날이 늘어나는 인구를 먹여 살리기 어려워 국왕은 나라를 이전하기로 결정했다. 식량을 절약하기 위해 국왕은 60세 이상의 노인을 데려가지 않고 그들을 그대로 내버려두기로 결정했다. 조정에는 효지라는 신하가 있었는데 그는 어려서부터 서로 굳게 의지하며 살아간 나이 든 아버지를 차마 버릴 수가 없었다. 그리하여 사형당할 위험을 무릅쓰고 아버지를 대바구니에 숨긴 채 동행했다. 가는 도중에 흐리고 비가 오는 날을 만나 국왕은 사람을 보내 불씨를 지피라고 했으나 아무도 해내지 못했다. 효지의 차례가 되자 그는 아버지께서 그에게 알려주신 방법에 따라 성공적으로 불씨를 지펴냈다. 얼마 지나지 않아, 행렬은 황량한 사막에 들어섰고 수많은 사람들과 말은 갈증을 견디기 힘들어하였고 국왕은 다시 효지를 보내 물을 찾도록 했다. 효지는 좋은 방법을 떠올리지 못해 아버지께 가르침을 청할 수밖에 없었다. 결국 효지는 순조롭게 샘물을 파냈고, 모든 사람과 말을 살렸다. 효지는 연달아 두 개의 큰 공을 세웠고 게다가 남들이 해내지 못한 일도 모두 잘 처리하여, 이는 국왕을 궁금하게 했다. 국왕의 거듭된 추궁 끝에 효지는 진실을 말할 수밖에 없었다. 국왕은 "'집안에 노인이 있으면 보물이 있는 것이구나.' 보아하니 노인 중에는 경험이 풍부한 사람도 있으니, 나는 정말이지 그들을 버려서는 안 됐었구나!"라고 뉘우치며 말했다. 이어서 국왕은 효지의 아버지를 승상으로 봉하고, 노인을 존중하고 공경하는 것을 국법으로 삼았다. 이때부터 이 나라는 나날이 강성해졌다.

어휘 **知晓** zhīxiǎo [동] 알다 **贫瘠** pínjí [형] 척박하다 **日益** rìyì [부] 나날이 **举国** jǔguó [명] 온 나라, 전국 **搬迁** bānqiān [동] 이전하다
自生自灭 zìshēngzìmiè [성] 그대로 내버려두다 **小臣** xiǎochén [명] 신하 **抛弃** pāoqì [동] 버리다 **相依为命** xiāngyīwéimìng [성] 서로 굳게 의지하며 살아가다
竹篓 zhúlǒu [명] 대바구니[대로 엮어 만든 바구니] **火种** huǒzhǒng [명] 불씨 **队伍** duìwu [명] 행렬 **戈壁荒漠** gēbì huāngmò 황량한 사막
请教 qǐngjiào [동] 가르침을 청하다 **拯救** zhěngjiù [동] 살리다 **接连** jiēlián [부] 연달아 **妥善** tuǒshàn [형] 잘하다, 적절하다 **懊悔** àohuǐ [동] 뉘우치다
丞相 chéngxiàng [명] 승상 **强盛** qiángshèng [형] 강성하다

问：根据材料，请你谈谈对"家有一老，如有一宝"的情感认识。	질문: 자료에 근거하여, '집안에 노인이 있으면 보물이 있는 것과 같다'에 대한 당신의 감정과 인식을 말해보시오.

작성한 답변 아웃라인

나의 관점	家有一老，如有一宝值得学习 집안에 노인이 있으면 보물이 있는 것과 같다는 것은 배울 만한 배울 가치가 있음
단문 줄거리	孝智，懂得家有一老，如有一宝的人 효지, 집안에 노인이 있으면 보물이 있는 것과 같음을 잘 이해하는 사람 **[나의 관점]** 举国搬迁，节省粮食，没带走六十岁以上老人 나라 이전, 식량 절약을 위해 60세 이상 노인을 데려가지 않음 孝智，把父亲藏起来 효지, 아버지를 숨김 孝智立了功 효지가 공을 세움 老人经验丰富，不该抛弃，国家越来越强盛 노인은 경험이 풍부함, 버리면 안 됨, 국가가 점점 강성해짐
느낀 점	家庭和谐，关键在于家人如何对待长辈 가정의 화목, 관건은 가족이 어떻게 웃어른을 대하는지에 있음 **[나의 관점]** 老人经验丰富 노인은 경험이 풍부함 应该孝敬老人，尊重长辈 노인을 공경하고 웃어른을 존중해야 함 **[나의 관점]**
마무리	应该懂得家有一老，如有一宝 집안에 노인이 있으면 보물이 있는 것과 같음을 잘 이해해야 함 要尊重和孝敬老人 노인을 존중하고 공경해야 함

모범답변

我认为"家有一老，如有一宝"的道理是值得我们学习的。

首先，根据材料，我们可以知道孝智是一个懂得"家有一老，如有一宝"这一道理的人。很久以前，有个国君决定举国搬迁，为了节省粮食，他没有带走六十岁以上的老人。孝智不忍心丢下父亲，于是把父亲藏了起来。他在路上遇到了很多事，但因为有父亲的帮助，所以立了两次大功。国君知道真相后明白了"家有一老，如有一宝"的道理，老人是经验丰富的人，不该抛弃他们。之后国君把尊老敬老写进了法律，国家也变得越来越强盛了。

其次，这段话让我明白了"家有一老，如有一宝"的道理。一个家庭是否和谐美满，关键在于这家人如何对待长辈。俗语说"家有一老，如有一宝"，也就是说家里有老人，就像拥有一件宝贝，所以不应该把老人当成负担。这是因为很多老人人生经验丰富，而年轻人虽然学到的知识多，但遇到实际问题时，还是需要老人的建议。因此，我们应该孝敬老人、尊重长辈。

综上所述，我认为我们应该懂得"家有一老，如有一宝"的道理，不应该把老人当作负担，而是要尊重和孝敬老人。

저는 '집안에 노인이 있으면 보물이 있는 것과 같다'라는 이치는 우리가 배울 만한 가치가 있다고 생각합니다.

먼저, 자료에 근거하여 우리는 효지가 '집안에 노인이 있으면 보물이 있는 것과 같다'라는 이치를 잘 이해하고 있는 사람임을 알 수 있습니다. 오래전, 한 국왕이 나라를 이전하기로 결정했는데, 식량을 절약하기 위해 60세 이상의 노인을 데려가지 않았습니다. 효지는 아버지를 차마 버릴 수 없어 아버지를 숨겼습니다. 그는 길에서 많은 일을 맞닥뜨렸지만 아버지의 도움이 있었기에 두 번의 큰 공을 세웠습니다. 국왕은 사실을 알게 된 후 '집안에 노인이 있으면 보물이 있는 것과 같다'라는 이치와 노인은 경험이 풍부한 사람이니 그들을 버려서는 안 된다는 것을 깨닫게 되었습니다. 이후 국왕은 노인을 존중하고 공경하라는 것을 법률에 넣었고, 국가도 점점 강성해졌습니다.

그다음으로, 이 단문은 제가 '집안에 노인이 있으면 보물이 있는 것과 같다'라는 이치를 깨닫게 해주었습니다. 한 가정이 화목하고 행복한지의 관건은 이 가족들이 어떻게 웃어른을 대하는지에 있습니다. 속담에 '집안에 노인이 있으면 보물이 있는 것과 같다'라는 말은 즉 집안에 노인이 있으면 보물을 가지고 있는 것과 같기 때문에 노인을 부담으로 여겨서는 안 된다는 말입니다. 이는 많은 노인들이 인생 경험이 풍부하며, 젊은이들은 비록 배운 지식이 많을지라도 실질적인 문제에 맞닥뜨리면 여전히 노인의 조언이 필요하기 때문입니다. 따라서 우리는 노인을 섬기고 공경하며, 웃어른을 존중해야 합니다.

앞서 언급한 내용을 종합했을 때, 저는 우리 모두가 '집안에 노인이 있으면 보물이 있는 것과 같다'라는 이치를 잘 이해해야 하며, 노인을 부담으로 여기지 않고, 노인을 존중하고 공경해야 한다고 생각합니다.

어휘 **举国** jǔguó 圏 온 나라, 전국 **搬迁** bānqiān 圄 이전하다 **真相** zhēnxiàng 圏 사실 **抛弃** pāoqì 圄 버리다 **强盛** qiángshèng 圏 강성하다
和谐 héxié 圏 화목하다 **美满** měimǎn 圏 행복하다 **拥有** yōngyǒu 圄 가지다 **负担** fùdān 圏 부담 **孝敬** xiàojìng 圏 공경하다

MEMO

해커스 중국어 HSK7-9급 한 권으로 마스터

초판 2쇄 발행 2024년 10월 7일
초판 1쇄 발행 2024년 1월 16일

지은이	해커스 HSK연구소
펴낸곳	㈜해커스
펴낸이	해커스 출판팀

주소	서울특별시 서초구 강남대로61길 23 ㈜해커스
고객센터	02-537-5000
교재 관련 문의	publishing@hackers.com
	해커스중국어 사이트(china.Hackers.com) 교재 Q&A 게시판
동영상강의	china.Hackers.com

ISBN	979-11-379-1361-5 (13720)
Serial Number	01-02-01

중국어인강 1위
해커스중국어 china.Hackers.com

해커스 중국어

- 어려운 중국어 듣기를 완전 정복할 수 있는 **다양한 버전의 교재 MP3**
- 통역/말하기에 자신감이 생기는 **무료 통역/말하기 모범답변 쉐도잉 연습 프로그램**
- 해커스중국어 스타강사의 **중국어 인강**(교재 내 할인쿠폰 수록)

[중국어인강 1위] 주간동아 선정 2019 한국 브랜드 만족지수 교육(중국어인강) 부문 1위

중국어도 역시 1위 해커스중국어
약 900여 개의 체계적인 무료 학습자료

분야 / 레벨	공통	회화	HSK	HSKK/TSC

레벨	공통	회화	HSK	HSKK/TSC
공통	철저한 성적분석 **무료 레벨테스트** 	빠르게 궁금증 해결 **1:1 학습 케어** 	HSK 전 급수 **프리미엄 모의고사** 	TSC 급수별 **발음 완성 트레이너**
초급	초보자가 꼭 알아야 할 **초보 중국어 단어** 	기초 무료 강의 제공 **초보 중국어 회화** 	HSK 4급 쓰기+어휘 완벽 대비 **쓰기 핵심 문장 연습** 	TSC 급수별 **만능 표현** **& 필수 암기 학습자료**
중급	매일 들어보는 **사자성어 & 한자상식** 	입이 트이는 자동발사 **중국어 팟캐스트** 	기본에서 실전까지 마무리 **HSK 무료 강의** 	HSKK/TSC 실전 정복! **고사장 소음 버전 MP3**
고급	실생활 고급 중국어 완성! **중국어 무료 강의** 	상황별 다양한 표현 학습 **여행/비즈니스 중국어** 	HSK 고득점을 위한 **무료 쉐도잉 프로그램** 	고급 레벨을 위한 **TSC 무료 학습자료**

[중국어인강 1위] 주간동아 선정 2019 한국 브랜드 만족지수 교육(중국어인강) 부문 1위
[900개] 해커스중국어 사이트 제공 총 무료 콘텐츠 수(~2021.02.19)

중국어 인강 **1위 해커스중국어**   **china.Hackers.com** ▾   검색

무료 학습자료
확인하기 ▶

해커스 중국어

HSK 7-9급
한 권으로 마스터

HSK 7-9급

고득점 대비 어휘·표현집

핵심 어휘 · 사자성어 · 신조어/전문용어 · 필수 한-중 표현

해커스

HSK 7-9급에 도움이 되는 핵심 어휘를 경제, 법·정치, 시사·국제문제 등 주제별로 암기하세요.

✸ 경제

☑ 잘 외워지지 않는 표현은 박스에 체크하며 복습하세요.

001 ☐	市场经济	shìchǎng jīngjì	명 시장 경제
002 ☐	适销	shìxiāo	통 잘 팔리다, 시장(소비자)의 수요에 맞다
003 ☐	货物	huòwù	명 상품
004 ☐	订购	dìnggòu	통 (물건을) 주문하다
005 ☐	销路	xiāolù	명 (상품의) 판로
006 ☐	交货	jiāohuò	통 납품하다
007 ☐	签署合同	qiānshǔ hétong	계약을 체결하다
008 ☐	供应	gōngyìng	통 공급하다
009 ☐	供应链	gōngyìngliàn	명 공급 사슬
010 ☐	供需	gōngxū	명 공급과 수요
011 ☐	产业链	chǎnyèliàn	명 산업 사슬
012 ☐	工商	gōngshāng	명 상공업
013 ☐	业态	yètài	명 업종, 경영 형태
014 ☐	歇业	xiēyè	통 휴업하다
015 ☐	达成协议	dáchéng xiéyì	합의를 보다
016 ☐	切合	qièhé	통 적합하다
017 ☐	契合	qìhé	통 맞아 떨어지다, 부합하다
018 ☐	跨国公司	kuàguó gōngsī	명 다국적 기업
019 ☐	份额	fèn'é	명 점유율
020 ☐	利率	lìlǜ	명 이율
021 ☐	限度	xiàndù	명 한도
022 ☐	销售额	xiāoshòu'é	명 매출액
023 ☐	附加值	fùjiāzhí	명 부가 가치
024 ☐	出资	chūzī	통 출자하다, 자금을 공급하다
025 ☐	增值	zēngzhí	통 가치가 증가하다
026 ☐	攀升	pānshēng	통 상승하다, 오르다
027 ☐	勃兴	bóxīng	통 번창하다
028 ☐	飙升	biāoshēng	통 급증하다
029 ☐	升值	shēngzhí	통 평가 절상하다
030 ☐	贬值	biǎnzhí	통 평가 절하하다

031 ☐	下降	xiàjiàng	통 하락하다
032 ☐	不畅	bú chàng	원활하지 않다
033 ☐	衰落	shuāiluò	통 쇠락하다
034 ☐	萎缩	wěisuō	통 위축되다
035 ☐	足额	zú'é	명 규정된 금액
036 ☐	欠缴	qiànjiǎo	통 체납하다
037 ☐	滞纳金	zhìnàjīn	명 체납금
038 ☐	债务	zhàiwù	명 채무
039 ☐	减免	jiǎnmiǎn	통 감면하다
040 ☐	融资	róngzī	통 융자하다
041 ☐	小贩	xiǎofàn	명 노점상, 행상인
042 ☐	人工成本	réngōng chéngběn	명 인건비
043 ☐	促销活动	cùxiāo huódòng	명 판촉 행사
044 ☐	运营	yùnyíng	통 운영하다
045 ☐	零售	língshòu	통 소매하다, 낱개로 팔다
046 ☐	连锁店	liánsuǒdiàn	명 체인점
047 ☐	品牌	pǐnpái	명 브랜드
048 ☐	终端形象	zhōngduān xíngxiàng	스토어 아이덴티티[기업의 매장 이미지 통일화]
049 ☐	中间商	zhōngjiānshāng	명 중개인
050 ☐	雇主	gùzhǔ	명 고용주
051 ☐	雇工	gùgōng	명 고용인
052 ☐	行情	hángqíng	명 시세
053 ☐	逆料	nìliào	통 예측하다
054 ☐	零部件	língbùjiàn	명 부품
055 ☐	组装	zǔzhuāng	통 조립하다
056 ☐	共享经济	gòngxiǎng jīngjì	공유 경제
057 ☐	绿色产品	lǜsè chǎnpǐn	명 친환경 제품
058 ☐	应对方法	yìngduì fāngfǎ	대응 방법
059 ☐	指数生长	zhǐshù shēngzhǎng	급속도 성장, 기하급수적 성장
060 ☐	无接触经济	wújiēchù jīngjì	명 언택트 경제

✳ 법·정치

☑ 잘 외워지지 않는 표현은 박스에 체크하며 복습하세요.

061 ☐	法官	fǎguān	명	법관
062 ☐	法庭	fǎtíng	명	법정
063 ☐	委员会	wěiyuánhuì	명	위원회
064 ☐	书记官长	shūjiguānzhǎng	명	사무처장
065 ☐	出台	chūtái	동	나오다, 내놓다
066 ☐	优先权	yōuxiānquán	명	우선권
067 ☐	法律约束力	fǎlǜ yuēshùlì	명	법적 효력
068 ☐	行使	xíngshǐ	동	행사하다
069 ☐	发起	fāqǐ	동	발의하다, 제창하다
070 ☐	缔结	dìjié	동	체결하다
071 ☐	编写	biānxiě	동	작성하다
072 ☐	裁决	cáijué	동	판결하다
073 ☐	裁决书	cáijuéshū	명	판결문
074 ☐	责令	zéling	동	명령하다
075 ☐	查处	cháchǔ	동	조사하여 처리하다
076 ☐	不告不理	bú gào bù lǐ		불고불리[청구한 사실에 대해서만 심리 및 판결할 수 있다는 원칙]
077 ☐	启动	qǐdòng	동	(법령·계획 등을) 실시하다
078 ☐	决议	juéyì	명	결의
079 ☐	协作	xiézuò	동	협력하다
080 ☐	切实可行	qièshí kěxíng		실행 가능하다
081 ☐	利害得失	lìhài déshī		이해득실
082 ☐	续会	xùhuì	명	속개 회의
083 ☐	处罚	chǔfá	동	처벌하다
084 ☐	遭罪	zāozuì	동	벌을 받다
085 ☐	举措	jǔcuò	명	조치
086 ☐	条例	tiáolì	명	조례
087 ☐	协定	xiédìng	명	협정
088 ☐	共识	gòngshí	명	합의, 공통의 인식
089 ☐	受理	shòulǐ	동	맡다, 취급하다
090 ☐	掌管	zhǎngguǎn	동	맡아서 관리하다

091 ☐	效力	xiàolì	몡 효력
092 ☐	签订	qiāndìng	동 체결하다
093 ☐	完善	wánshàn	동 보완하다
094 ☐	分拣	fēnjiǎn	동 분류하다
095 ☐	座谈	zuòtán	동 좌담하다[형식에 구애받지 않고 자유롭게 논의함]
096 ☐	协同治理	xiétóng zhìlǐ	협치
097 ☐	辅佐	fǔzuǒ	동 보조하다
098 ☐	担当	dāndāng	동 맡다
099 ☐	职责	zhízé	몡 역할
100 ☐	审核	shěnhé	동 심의하다
101 ☐	掌控	zhǎngkòng	동 통제하다, 장악하다
102 ☐	立案查处	lì'àn cháchǔ	입건하여 처리하다
103 ☐	宣告	xuāngào	동 선언하다
104 ☐	协调	xiétiáo	동 조율하다
105 ☐	常设	chángshè	동 상설하다
106 ☐	秉公	bǐnggōng	뷔 공평하게
107 ☐	职权	zhíquán	몡 직권
108 ☐	候选人	hòuxuǎnrén	몡 후보자
109 ☐	监护人	jiānhùrén	몡 보호자
110 ☐	海关总署	hǎiguān zǒngshǔ	몡 관세청
111 ☐	外贸	wàimào	몡 대외 무역[对外贸易의 준말]
112 ☐	打通	dǎtōng	동 연결하다, 통하게 하다
113 ☐	放行	fàngxíng	동 통행을 허가하다
114 ☐	核实	héshí	동 사실인지 확인하다
115 ☐	纲纪	gāngjì	몡 기강, 질서[사회의 질서와 국가의 법기]
116 ☐	依法	yīfǎ	뷔 법에 의거하여
117 ☐	宗法	zōngfǎ	몡 종법[한 종파의 법규]
118 ☐	禁区	jìnqū	몡 성역, 금지 구역
119 ☐	一带一路	yí dài yí lù	몡 일대일로[중국 주도의 신(新) 실크로드 전략]
120 ☐	冗杂	rǒngzá	혱 번잡하다

✳ 시사·국제문제

☑ 잘 외워지지 않는 표현은 박스에 체크하며 복습하세요.

121 ☐	老龄化	lǎolínghuà	고령화
122 ☐	养老金	yǎnglǎojīn	몡 연금
123 ☐	扶持	fúchí	동 지원하다
124 ☐	得益于	déyì yú	~에 힘입어
125 ☐	空巢老人	kōngcháo lǎorén	독거노인, 빈 둥지 노인
126 ☐	生育意愿	shēngyù yìyuàn	몡 출산 의지
127 ☐	血缘	xuèyuán	몡 혈연
128 ☐	乡村	xiāngcūn	몡 시골, 농촌
129 ☐	礼仪	lǐyí	몡 예절
130 ☐	孝敬	xiàojìng	동 공경하다
131 ☐	减缓	jiǎnhuǎn	동 둔화하다
132 ☐	敦厚	dūnhòu	혱 돈독하다, 인정이 두텁다
133 ☐	捐赠	juānzèng	동 기증하다
134 ☐	捐献	juānxiàn	동 기부하다
135 ☐	募捐	mùjuān	동 모금하다
136 ☐	社工	shègōng	몡 사회복지사
137 ☐	社会效益	shèhuì xiàoyì	몡 사회적 편익
138 ☐	投保	tóubǎo	동 보험에 가입하다
139 ☐	微信公众号	wēixìn gōngzhònghào	몡 위챗 공식 계정
140 ☐	网友	wǎngyǒu	몡 네티즌
141 ☐	大众	dàzhòng	몡 대중
142 ☐	青睐	qīnglài	동 인기를 누리다
143 ☐	震动	zhèndòng	동 뒤흔들다
144 ☐	分享	fēnxiǎng	동 공유하다
145 ☐	沉迷	chénmí	동 중독되다, 깊이 빠지다
146 ☐	良性循环	liángxìng xúnhuán	선순환
147 ☐	系统	xìtǒng	몡 시스템
148 ☐	机制	jīzhì	몡 메커니즘
149 ☐	共赢	gòngyíng	동 모두가 이익을 얻다
150 ☐	纽带	niǔdài	몡 유대, 연결 고리

151	☐	兴奋点	xīngfèndiǎn	몡 관심사
152	☐	热点	rèdiǎn	몡 핫이슈, 사람들의 주목을 끄는 문제
153	☐	热搜	rèsōu	인기 검색어
154	☐	交互	jiāohù	동 상호 작용하다
155	☐	瞩目	zhǔmù	동 주목하다, 눈여겨보다
156	☐	美誉度	měiyùdù	몡 호감도
157	☐	社交圈子	shèjiāo quānzi	몡 커뮤니티
158	☐	社交网络	shèjiāo wǎngluò	몡 사회 연결망, 소셜 네트워크
159	☐	归属感	guīshǔgǎn	몡 소속감
160	☐	交情	jiāoqing	몡 친분
161	☐	亲近	qīnjìn	혱 가깝다
162	☐	人脉	rénmài	몡 인맥
163	☐	互动	hùdòng	동 서로 영향을 주다, 상호 작용하다
164	☐	结缘	jiéyuán	동 인연을 맺다
165	☐	相融	xiāng róng	조화를 이루다
166	☐	交谈	jiāotán	동 커뮤니케이션하다
167	☐	匹配	pǐpèi	동 매칭하다
168	☐	接轨	jiēguǐ	동 연계하다
169	☐	匮乏	kuìfá	혱 부족하다
170	☐	氛围	fēnwéi	몡 분위기
171	☐	频频	pínpín	부 빈번히
172	☐	多元	duōyuán	혱 다양한
173	☐	多元文化	duōyuán wénhuà	몡 다문화
174	☐	融入	róngrù	동 유입되다
175	☐	负面	fùmiàn	혱 부정적이다
176	☐	构建	gòujiàn	동 구축하다
177	☐	勾连	gōulián	동 관련되다
178	☐	重构	chóng gòu	재구성, 재건
179	☐	口碑	kǒubēi	몡 입소문
180	☐	顺应	shùnyìng	동 따르다, 순응하다

181 ☐	预告	yùgào	통 예고하다
182 ☐	疫情	yìqíng	명 전염병 발생 상황
183 ☐	饥荒	jīhuang	명 기근
184 ☐	群体恐慌现象	qúntǐ kǒnghuāng xiànxiàng	명 집단 공황 현상
185 ☐	状况	zhuàngkuàng	명 상황
186 ☐	恶性循环	èxìng xúnhuán	악순환
187 ☐	防控	fángkòng	예방하다, 예방하고 제어하다
188 ☐	资本主义	zīběn zhǔyì	명 자본주의
189 ☐	战略制高点	zhànlüè zhìgāodiǎn	명 전략적 요충지
190 ☐	迈入	màirù	돌입하다
191 ☐	充斥	chōngchì	통 가득 채우다
192 ☐	就业岗位	jiùyè gǎngwèi	명 일자리
193 ☐	旺季	wàngjì	명 성수기
194 ☐	签字仪式	qiānzì yíshì	명 조인식
195 ☐	东道国	dōngdàoguó	명 당사국, 주최국
196 ☐	综合国力	zōnghé guólì	국가 경쟁력
197 ☐	贺电	hèdiàn	명 축전
198 ☐	国情	guóqíng	명 나라의 정서, 국정
199 ☐	拱手	gǒngshǒu	통 두 손을 맞잡고 인사하다
200 ☐	叙谈	xùtán	통 이야기를 나누다
201 ☐	会议主席	huìyì zhǔxí	명 의장
202 ☐	事关	shìguān	통 ~에 관계되다
203 ☐	契机	qìjī	명 계기
204 ☐	历年	lìnián	명 역대
205 ☐	勋章	xūnzhāng	명 훈장
206 ☐	光环	guānghuán	명 후광
207 ☐	消防员	xiāofángyuán	명 소방대원
208 ☐	奋战	fènzhàn	통 분투하다
209 ☐	扑灭	pūmiè	통 (화재를) 진압하다
210 ☐	表象	biǎoxiàng	명 상징

211	☐	稀缺	xīquē	형 희소하다
212	☐	境遇	jìngyù	명 형편
213	☐	口才	kǒucái	명 입담
214	☐	盗取	dàoqǔ	동 도난하다, 절취하다
215	☐	遗弃	yíqì	동 버리다
216	☐	度量衡	dùliànghéng	명 도량형[길이, 무게, 부피 등의 단위를 재는 법]
217	☐	支付宝	Zhīfùbǎo	고유 알리페이[중국의 모바일 결제 앱]
218	☐	奢侈品	shēchǐpǐn	명 사치품
219	☐	禁忌	jìnjì	명 금기
220	☐	滞后	zhìhòu	동 정체하다
221	☐	战场	zhànchǎng	명 전장
222	☐	前沿	qiányán	명 최전방
223	☐	疏散	shūsàn	동 대피하다, 흩어놓다
224	☐	波动	bōdòng	동 동요하다
225	☐	航空器	hángkōngqì	명 항공기
226	☐	军用	jūnyòng	명 군용
227	☐	民用	mínyòng	명 민간용
228	☐	引爆	yǐnbào	동 일으키다, 야기하다
229	☐	作战	zuòzhàn	동 작전하다, 전투하다
230	☐	打胜仗	dǎ shèngzhàng	(전쟁에서) 승리하다
231	☐	严防死守	yánfáng sǐshǒu	엄격히 방어하다
232	☐	报效	bàoxiào	동 힘을 쏟다
233	☐	守卫	shǒuwèi	동 지키다, 방어하다
234	☐	阵营	zhènyíng	명 진영
235	☐	冲击波	chōngjībō	명 충격파
236	☐	救援	jiùyuán	동 구조하다
237	☐	拯救	zhěngjiù	동 구조하다
238	☐	民众	mínzhòng	명 민중
239	☐	退役	tuìyì	동 퇴역하다, 은퇴하다
240	☐	防范	fángfàn	동 대비하다

✹ 역사

☑ 잘 외워지지 않는 표현은 박스에 체크하며 복습하세요.

241	☐	印记	yìnjì	몡 흔적
242	☐	载入史册	zǎirù shǐcè	역사에 기록되다
243	☐	强盛	qiángshèng	톙 (국가 등의 세력이) 강성하다
244	☐	顶峰	dǐngfēng	몡 정점
245	☐	盛世	shèngshì	몡 태평 성세
246	☐	兴起	xīngqǐ	통 흥성하다
247	☐	朝廷	cháotíng	몡 조정
248	☐	重农抑商	zhòng nóng yì shāng	농업을 중시하고 상업을 억제하다
249	☐	宫廷	gōngtíng	몡 궁정, 궁궐
250	☐	官阶	guānjiē	몡 관원의 등급
251	☐	小臣	xiǎochén	몡 신하
252	☐	君臣	jūnchén	몡 군신[임금과 신하]
253	☐	出使	chūshǐ	통 사신으로 가다
254	☐	禀报	bǐngbào	통 (관청이나 윗사람에게) 보고하다
255	☐	幼年	yòunián	몡 유년
256	☐	私塾	sīshú	몡 서당, 글방
257	☐	科举	kējǔ	몡 과거[수나라·당나라 시대부터 청나라에 이르기까지 실시한 관리 등용 시험]
258	☐	进士	jìnshì	몡 진사[과거의 전시에서 급제한 사람]
259	☐	仕途	shìtú	몡 벼슬길
260	☐	仕宦	shìhuàn	통 벼슬을 하다
261	☐	骑士	qíshì	몡 기사
262	☐	文人	wénrén	몡 문인
263	☐	雅士	yǎshì	몡 선비
264	☐	招贤	zhāoxián	통 인재를 초빙하다
265	☐	创举	chuàngjǔ	몡 업적, 최초의 시도
266	☐	军功	jūngōng	몡 군공[전쟁 등에서 세운 공로]
267	☐	家园	jiāyuán	몡 삶의 터전
268	☐	虔诚	qiánchéng	톙 경건하고 정성스럽다
269	☐	统治权	tǒngzhìquán	몡 통치권
270	☐	支配权	zhīpèiquán	몡 지배권

271 ☐	肃穆	sùmù	혱 정숙하다, 엄숙하고 경건하다
272 ☐	先河	xiānhé	몡 시작, 효시
273 ☐	先例	xiānlì	몡 선례
274 ☐	鼻祖	bízǔ	몡 시조
275 ☐	始祖	shǐzǔ	몡 시조
276 ☐	后人	hòurén	몡 후대
277 ☐	奠基人	diànjīrén	몡 창시자
278 ☐	起源于	qǐyuán yú	~에 생겨나다
279 ☐	追溯	zhuīsù	동 거슬러 올라가다
280 ☐	鼎盛时期	dǐngshèng shíqī	전성기
281 ☐	高峰期	gāofēngqī	몡 피크, 절정
282 ☐	繁衍生息	fányǎn shēngxī	번성하다
283 ☐	兴盛	xīngshèng	혱 번영하다
284 ☐	正值	zhèng zhí	(마침) ~한 시기이다
285 ☐	举国	jǔguó	몡 온 나라, 전국
286 ☐	经纶	jīnglún	몡 경륜[나라를 다스리는 책략]
287 ☐	自成一体	zì chéng yìtǐ	독자적인 풍격을 이루다
288 ☐	搬迁	bānqiān	동 이전하다
289 ☐	移居	yíjū	동 이주하다
290 ☐	石器时代	Shíqì shídài	고유 석기시대
291 ☐	神农	Shénnóng	고유 신농[중국 고대 전설 속에 나오는 인물]
292 ☐	夏商时期	Xià Shāng shíqī	고유 하나라와 상나라 시기
293 ☐	赵武灵王	Zhào Wǔlíngwáng	고유 조무령왕[중국 전국시대 조나라의 왕]
294 ☐	秦孝公	Qín Xiàogōng	고유 진효공[중국 전국시대 진나라의 제25대 군주]
295 ☐	诸侯国	zhūhóuguó	몡 제후국
296 ☐	汉武帝	Hànwǔdì	고유 한무제[중국 한나라 7대 황제]
297 ☐	周瑜	Zhōu Yú	고유 주유[중국 삼국시대 오나라의 걸출한 군사가]
298 ☐	齐国	Qíguó	고유 제나라[중국 역사상의 한 국가]
299 ☐	鲁国	Lǔguó	고유 노나라[중국 역사상의 한 국가]
300 ☐	宋四家	Sòngsìjiā	송사가[송나라의 사대 서예가를 가리킴]

301	☐	苏东坡	Sū Dōngpō	고유 소동파, 소식
302	☐	辛弃疾	Xīn Qìjí	고유 신기질[중국 남송 시대의 저명한 시인]
303	☐	欧阳修	Ōuyáng Xiū	고유 구양수[중국 북송 시대 유명한 산문가이자 사학가]
304	☐	晚清	wǎn Qīng	청나라 말기
305	☐	宝藏	bǎozàng	명 보물
306	☐	瑰宝	guībǎo	명 진귀한 보물
307	☐	稀世珍宝	xīshìzhēnbǎo	명 보기 드문 보물
308	☐	遗物	yíwù	명 유물
309	☐	遗迹	yíjì	명 흔적, 유적
310	☐	遗址	yízhǐ	명 유적
311	☐	贡品	gòngpǐn	명 진상품
312	☐	馆藏	guǎncáng	명 수장품
313	☐	发掘	fājué	동 발굴하다
314	☐	流失	liúshī	동 유실하다
315	☐	真伪	zhēnwěi	명 진위
316	☐	妙用	miàoyòng	명 쓰임새, 기묘한 효능
317	☐	不朽	bùxiǔ	형 불후하다
318	☐	韵味	yùnwèi	명 정취, 우아한 맛
319	☐	升华	shēnghuá	동 승화하다
320	☐	足迹	zújì	명 발자취
321	☐	残体	cántǐ	명 잔해
322	☐	踪影	zōngyǐng	명 흔적, 자취
323	☐	广袤	guǎngmào	형 광활하다
324	☐	墓葬	mùzàng	명 고분
325	☐	推断	tuīduàn	동 추정하다
326	☐	占卜	zhānbǔ	동 점치다
327	☐	器皿	qìmǐn	명 그릇, 식기
328	☐	契刻	qìkè	동 새기다
329	☐	镌刻	juānkè	동 새기다
330	☐	方整	fāngzhěng	형 반듯하고 가지런하다

331 ☐	沿袭	yánxí	통 답습하다
332 ☐	漆器	qīqì	명 칠기
333 ☐	簪子	zānzi	명 비녀
334 ☐	纹饰	wénshì	명 무늬
335 ☐	光泽	guāngzé	명 광택
336 ☐	印章	yìnzhāng	명 도장
337 ☐	长袍	chángpáo	명 장포[중국 남자들이 입었던 전통 의복]
338 ☐	御寒	yùhán	통 추위를 막다
339 ☐	遮盖	zhēgài	통 가리다
340 ☐	缝制	féngzhì	통 (옷 등을) 만들다
341 ☐	豪放派	háofàngpài	명 호방파[송사의 한 유파]
342 ☐	编撰	biānzhuàn	통 펴내다, 편찬하다
343 ☐	编著	biānzhù	통 저술하다
344 ☐	白话文	báihuàwén	명 백화문[구어체 문장]
345 ☐	衰败	shuāibài	통 쇠퇴하다
346 ☐	侵略性	qīnlüèxìng	침략성
347 ☐	抗争	kàngzhēng	통 맞서다, 항쟁하다
348 ☐	侵扰	qīnrǎo	통 침범하다
349 ☐	抵御	dǐyù	통 막다
350 ☐	强硬	qiángyìng	형 강경하다
351 ☐	贪欲	tānyù	명 탐욕
352 ☐	深渊	shēnyuān	명 나락, 구렁텅이
353 ☐	陈腐	chénfǔ	형 낡고 진부하다
354 ☐	失传	shīchuán	통 사라지다, 전해 내려오지 않다
355 ☐	消亡	xiāowáng	통 사라지다, 없어지다
356 ☐	灭绝	mièjué	통 멸종하다
357 ☐	泯灭	mǐnmiè	통 (인상·형체 등이) 사라지다
358 ☐	遗骸	yíhái	명 사체, 유해
359 ☐	禁酒令	jìnjiǔlìng	명 금주령
360 ☐	绊脚石	bànjiǎoshí	명 걸림돌

✹ 과학·의학

☑ 잘 외워지지 않는 표현은 박스에 체크하며 복습하세요.

361	☐	科普	kēpǔ	몡 과학 보급[科学普及의 줄임말]
362	☐	科研人员	kēyán rényuán	몡 과학 연구원
363	☐	专业人士	zhuānyè rénshì	몡 전문가
364	☐	提升	tíshēng	동 끌어올리다
365	☐	渊博	yuānbó	형 해박하다
366	☐	留意	liúyì	동 주의하다, 눈여겨보다
367	☐	投身	tóushēn	동 헌신하다
368	☐	热忱	rèchén	몡 열정
369	☐	探视	tànshì	동 관찰하다
370	☐	沉浸	chénjìn	동 몰입하다
371	☐	切磋	qiēcuō	동 서로 토론하고 연구하다
372	☐	界定	jièdìng	동 정의하다
373	☐	上进心	shàngjìnxīn	몡 성취욕
374	☐	毅力	yìlì	몡 끈기
375	☐	发愤	fāfèn	동 분발하다
376	☐	勘测	kāncè	동 탐지하다, 측량 조사하다
377	☐	设定	shèdìng	동 설정하다
378	☐	测试	cèshì	동 테스트하다
379	☐	拟	nǐ	동 (초안을) 작성하다
380	☐	会意	huìyì	동 깨닫다, 의미를 알다
381	☐	反响	fǎnxiǎng	몡 반응, 반향
382	☐	困境	kùnjìng	몡 곤경, 난관
383	☐	受争议	shòu zhēngyì	논란이 있다
384	☐	差错	chācuò	몡 과실, 착오
385	☐	工程	gōngchéng	몡 프로젝트
386	☐	进程	jìnchéng	몡 진행 과정
387	☐	算法	suànfǎ	몡 알고리즘
388	☐	搭建	dājiàn	동 세우다
389	☐	驱动	qūdòng	동 구동하다
390	☐	海量	hǎiliàng	몡 아주 많은 수량

391	☐	精细	jīngxì	형 정밀하다
392	☐	均衡	jūnhéng	형 균형이 잡히다
393	☐	前瞻	qiánzhān	동 예측하다
394	☐	概率	gàilǜ	명 확률
395	☐	泛指	fànzhǐ	동 일반적으로 ~을 가리키다
396	☐	围绕	wéirào	동 ~을 중심으로 하다
397	☐	告终	gàozhōng	동 끝나다
398	☐	间断	jiànduàn	동 중단되다
399	☐	过渡期	guòdùqī	명 과도기
400	☐	局限性	júxiànxìng	명 한계성
401	☐	优越性	yōuyuèxìng	명 장점, 우월성
402	☐	典范	diǎnfàn	명 모범
403	☐	板块	bǎnkuài	명 분야
404	☐	起点	qǐdiǎn	명 시작점
405	☐	事例	shìlì	명 사례
406	☐	捷径	jiéjìng	명 지름길
407	☐	征集	zhēngjí	동 공모하다
408	☐	驱动力	qūdònglì	원동력
409	☐	头衔	tóuxián	명 직함
410	☐	相媲美	xiāng pìměi	~와 견줄 만하다
411	☐	堪比	kān bǐ	~와 비교할 만하다
412	☐	取代	qǔdài	동 대체하다
413	☐	迭代	diédài	동 거듭하다, 반복하다
414	☐	改制	gǎizhì	동 수정하다, 개조하다
415	☐	壁垒	bìlěi	명 장벽
416	☐	全新	quán xīn	완전히 새롭다
417	☐	突破性	tūpòxìng	획기적
418	☐	优势	yōushì	명 장점
419	☐	效率	xiàolǜ	명 효율
420	☐	深谙	shēn'ān	동 정통하다, 훤히 꿰뚫다

421 ☐	自动化	zìdònghuà	통 자동화하다
422 ☐	演化	yǎnhuà	통 진화하다, 변천하다
423 ☐	催生	cuīshēng	통 부추기다, 촉진시키다
424 ☐	采样	cǎiyàng	통 샘플을 추출하다
425 ☐	辨析	biànxī	통 판별하여 분석하다
426 ☐	累计	lěijì	통 누계하다
427 ☐	诱因	yòuyīn	명 원인, 유인
428 ☐	产物	chǎnwù	명 산물, 결과
429 ☐	高端	gāoduān	형 고급의, 첨단의
430 ☐	便捷	biànjié	형 편리하다
431 ☐	轻薄	qīng báo	얇고 가볍다
432 ☐	改造	gǎizào	통 개조하다
433 ☐	航天器	hángtiānqì	명 우주선
434 ☐	引力	yǐnlì	명 인력, 만유인력
435 ☐	动力学	dònglìxué	명 동역학[물체의 운동과 힘의 관계를 다루는 학문]
436 ☐	对接	duìjiē	통 도킹하다
437 ☐	几何	jǐhé	명 기하학
438 ☐	测绘	cèhuì	통 측량하여 제도하다
439 ☐	操控	cāokòng	통 조종하다
440 ☐	膨胀	péngzhàng	통 팽창하다
441 ☐	燃料	ránliào	명 연료
442 ☐	混凝土	hùnníngtǔ	명 콘크리트
443 ☐	发动机	fādòngjī	명 엔진
444 ☐	头盔	tóukuī	명 헬멧
445 ☐	增强	zēngqiáng	통 강화하다
446 ☐	浩瀚	hàohàn	형 드넓다, 광대하다
447 ☐	观测	guāncè	통 관측하다
448 ☐	装置	zhuāngzhì	명 장치
449 ☐	数位	shùwèi	명 디지털
450 ☐	信息化	xìnxīhuà	통 데이터화하다

451	☐	维度	wéidù	몡 차원
452	☐	硬性标准	yìngxìng biāozhǔn	몡 고정된 기준
453	☐	死角	sǐjiǎo	몡 사각지대
454	☐	注脚	zhùjiǎo	몡 주석
455	☐	高铁	gāotiě	몡 고속철도
456	☐	人工降雨	réngōng jiàngyǔ	몡 인공 강우
457	☐	语音识别	yǔyīn shíbié	몡 음성 인식
458	☐	锂电池	lǐdiànchí	리튬 배터리
459	☐	扫描	sǎomiáo	통 스캔하다
460	☐	触碰	chùpèng	통 터치하다, 접촉하다
461	☐	微米	wēimǐ	양 마이크로미터[100만분의 1미터]
462	☐	方程式	fāngchéngshì	몡 방정식
463	☐	讲授	jiǎngshòu	통 강의하다
464	☐	任教	rènjiào	통 교직을 맡다
465	☐	灌输	guànshū	통 (지식 등을) 주입하다
466	☐	氢	qīng	몡 수소
467	☐	氮气	dànqì	몡 질소
468	☐	钠	nà	몡 나트륨
469	☐	锂	lǐ	몡 리튬
470	☐	碳酸钙	tànsuāngài	몡 탄산 칼슘
471	☐	石灰华	shíhuīhuá	몡 석회화[탄산 칼슘의 침전물]
472	☐	石膏	shígāo	몡 석고
473	☐	离子	lízǐ	몡 이온
474	☐	电解质	diànjiězhì	몡 전해질
475	☐	沸点	fèidiǎn	몡 끓는점
476	☐	浮力	fúlì	몡 부력
477	☐	溶剂	róngjì	몡 용매
478	☐	毒性	dúxìng	몡 독성
479	☐	固态	gùtài	몡 고체
480	☐	气泡	qìpào	몡 기포

481 ☐	导电性	dǎodiànxìng	몡 전도성
482 ☐	导热性	dǎorèxìng	몡 열전도성
483 ☐	过滤器	guòlǜqì	몡 필터, 여과기
484 ☐	植入	zhírù	통 삽입하다
485 ☐	窒息	zhìxī	통 질식하다
486 ☐	超声波	chāoshēngbō	몡 초음파
487 ☐	抑制	yìzhì	통 억제하다
488 ☐	领取	lǐngqǔ	통 가져가다, 수령하다
489 ☐	核聚变	héjùbiàn	몡 핵융합
490 ☐	聚合物	jùhéwù	몡 화합물
491 ☐	恒温	héngwēn	몡 일정한 온도
492 ☐	杂质	zázhì	몡 불순물
493 ☐	直观	zhíguān	톙 직관적이다
494 ☐	末端	mòduān	몡 최종 단계, 말단
495 ☐	历程	lìchéng	몡 과정
496 ☐	漏洞	lòudòng	몡 허점, 구멍
497 ☐	棘手	jíshǒu	톙 (처리하기가) 까다롭다
498 ☐	侧重	cèzhòng	통 무게를 두다
499 ☐	收集	shōují	통 수집하다
500 ☐	虚拟	xūnǐ	톙 가짜의, 가상의
501 ☐	解剖学	jiěpōuxué	몡 해부학
502 ☐	临床医学	línchuáng yīxué	몡 임상 의학
503 ☐	医籍	yījí	몡 의학 서적
504 ☐	治疗	zhìliáo	통 치료하다
505 ☐	治愈	zhìyù	통 치유하다
506 ☐	操刀	cāodāo	통 집도하다
507 ☐	症状	zhèngzhuàng	몡 증상
508 ☐	衰竭	shuāijié	통 쇠약해지다
509 ☐	救治	jiùzhì	통 응급 처치하다
510 ☐	损伤	sǔnshāng	통 손상되다

511 ☐	绝症	juézhèng	몡 불치병
512 ☐	慢性病	mànxìngbìng	몡 만성병
513 ☐	康复	kāngfù	동 재활하다
514 ☐	摄入	shèrù	섭취하다
515 ☐	吸纳	xīnà	동 흡수하다
516 ☐	管用	guǎnyòng	형 효과적이다
517 ☐	见效	jiànxiào	동 효과가 나타나다
518 ☐	动弹	dòngtan	동 움직이다
519 ☐	肢体	zhītǐ	몡 사지
520 ☐	假肢	jiǎzhī	몡 의수, 의족
521 ☐	穿戴	chuāndài	동 착용하다
522 ☐	身体素质	shēntǐ sùzhì	몡 신체 조건
523 ☐	大脑皮层	dànǎo pícéng	몡 대뇌 피질
524 ☐	脊髓	jǐsuǐ	몡 척수
525 ☐	血管	xuèguǎn	몡 혈관
526 ☐	黏膜	niánmó	몡 점막
527 ☐	心率	xīnlǜ	몡 심박수
528 ☐	触觉	chùjué	몡 촉각
529 ☐	烫伤	tàngshāng	동 화상을 입다
530 ☐	灼伤	zhuóshāng	동 화상을 입다
531 ☐	本草	běncǎo	몡 약재, 본초
532 ☐	提取	tíqǔ	동 추출하다
533 ☐	便秘	biànmì	몡 변비
534 ☐	疟疾	nüèji	몡 말라리아
535 ☐	原虫	yuánchóng	몡 병원충
536 ☐	子宫颈癌	zǐgōngjǐng'ái	몡 자궁경부암
537 ☐	细胞	xìbāo	몡 세포
538 ☐	移植	yízhí	동 이식하다
539 ☐	倍增	bèizēng	동 배로 증식하다
540 ☐	副作用	fùzuòyòng	몡 부작용

✹ 자연·환경

☑ 잘 외워지지 않는 표현은 박스에 체크하며 복습하세요.

541	☐	生态系统	shēngtài xìtǒng	명 생태계
542	☐	食物链	shíwùliàn	명 먹이 사슬
543	☐	物种	wùzhǒng	명 생물종
544	☐	育种	yùzhǒng	동 품종을 개량하다
545	☐	全球变暖	quánqiúbiànnuǎn	명 지구온난화
546	☐	湿地	shīdì	명 습지
547	☐	维护	wéihù	동 지키다
548	☐	地形	dìxíng	명 지형
549	☐	山坡	shānpō	명 산비탈
550	☐	淤泥	yūní	명 진흙
551	☐	沙砾	shālì	명 모래와 자갈
552	☐	夯土	hāngtǔ	명 단단히 다진 땅
553	☐	矿藏	kuàngcáng	명 지하자원
554	☐	地壳	dìqiào	명 지각
555	☐	岩浆	yánjiāng	명 마그마
556	☐	扎根	zhāgēn	동 뿌리를 내리다
557	☐	柞木	zuòmù	명 참나무
558	☐	松梅竹	sōngméizhú	명 소나무·매화나무·대나무
559	☐	枯枝	kūzhī	명 마른 나뭇가지
560	☐	茂密	màomì	형 울창하다
561	☐	高峻	gāojùn	형 높고 험준하다
562	☐	贫瘠	pínjí	형 척박하다
563	☐	戈壁荒漠	gēbì huāngmò	황량한 사막
564	☐	绽放	zhànfàng	동 (꽃이) 피어나다
565	☐	栽种	zāizhòng	동 심다
566	☐	坝体	bàtǐ	명 댐
567	☐	水库	shuǐkù	명 저수지, 댐
568	☐	泉	quán	명 용천, 샘
569	☐	洞穴	dòngxué	명 동굴
570	☐	溶洞	róngdòng	명 종유동[지하수가 석회암 지대를 녹여 생긴 동굴]

571	☐	风化作用	fēnghuà zuòyòng	명 풍화 작용
572	☐	花岗岩	huāgāngyán	명 화강암
573	☐	裂缝	lièfèng	동 금이 가다
574	☐	坍陷	tānxiàn	동 함몰하다
575	☐	侵蚀	qīnshí	동 침식하다
576	☐	成因	chéngyīn	명 형성 원인
577	☐	路径	lùjìng	명 길
578	☐	阴凉处	yīnliángchù	명 그늘진 곳
579	☐	供水	gōngshuǐ	동 물을 공급하다
580	☐	降水量	jiàngshuǐliàng	명 강수량
581	☐	纬度	wěidù	명 위도
582	☐	挟带	xiédài	동 운반하다
583	☐	稻草	dàocǎo	명 볏짚
584	☐	疏松	shūsōng	형 느슨하다, 푸석푸석하다
585	☐	灌木	guànmù	명 관목
586	☐	下垂	xiàchuí	동 아래로 기울어지다, 아래로 처지다
587	☐	局部气候	júbù qìhòu	명 국지적 기후
588	☐	烟雾	yānwù	명 연기와 안개
589	☐	清明	qīngmíng	형 청명하다
590	☐	适度	shìdù	형 적정하다, 적절하다
591	☐	熔化	rónghuà	동 녹아내리다, 용화하다
592	☐	石墨	shímò	명 흑연
593	☐	金刚石	jīngāngshí	명 금강석, 다이아몬드
594	☐	蓝宝石	lánbǎoshí	명 사파이어
595	☐	光芒四射	guāngmáng sìshè	성 빛나다, 빛이 사방으로 발산하다
596	☐	硬度	yìngdù	명 경도[물질의 단단하고 무른 정도]
597	☐	硬物	yìngwù	명 단단한 물체
598	☐	晶体	jīngtǐ	명 결정(체)
599	☐	哺乳动物	bǔrǔ dòngwù	명 포유동물
600	☐	乳汁	rǔzhī	명 젖

601	☐	哺育	bǔyù	동 키우다
602	☐	栖息	qīxī	동 서식하다
603	☐	捕捞	bǔlāo	동 포획하다
604	☐	捕食	bǔshí	동 (동물이 먹이를) 잡아먹다
605	☐	繁衍	fányǎn	동 번식하다
606	☐	幼崽	yòuzǎi	명 새끼
607	☐	乘凉	chéngliáng	동 더위를 피하고 시원한 바람을 쐬다
608	☐	觅食	mìshí	동 먹이를 찾다
609	☐	雄性	xióngxìng	명 수컷
610	☐	鹿茸	lùróng	명 녹용
611	☐	蚊	wén	명 모기
612	☐	秃鹫	tūjiù	명 대머리 독수리
613	☐	宁静	níngjìng	형 고요하다
614	☐	蓬勃	péngbó	형 왕성하다
615	☐	滋养	zīyǎng	명 양분
616	☐	纤毛	xiānmáo	명 섬모, 솜털
617	☐	驯化	xùnhuà	동 길들이다
618	☐	探险	tànxiǎn	동 탐험하다
619	☐	微尘	wēichén	명 미세먼지
620	☐	沙尘暴	shāchénbào	명 모래바람
621	☐	颗粒	kēlì	명 입자, 알갱이
622	☐	荒废	huāngfèi	동 황폐시키다, 등한시하다
623	☐	微塑料	wēisùliào	명 미세 플라스틱
624	☐	碎片	suìpiàn	명 조각
625	☐	微生物	wēishēngwù	명 미생물, 세균
626	☐	种群数量	zhǒngqún shùliàng	명 개체 수
627	☐	增殖	zēngzhí	동 증식하다
628	☐	迅猛	xùnměng	형 급격하다
629	☐	散落	sànluò	동 흩어져 있다
630	☐	赤潮	chìcháo	명 적조

631 ☐	红潮	hóngcháo	몡 적조
632 ☐	海峡	hǎixiá	몡 해협
633 ☐	海域	hǎiyù	몡 해역
634 ☐	波纹	bōwén	몡 물결
635 ☐	激起	jīqi	(물결이) 일다
636 ☐	涟漪	liányī	몡 잔물결
637 ☐	滩涂	tāntú	몡 갯벌
638 ☐	退潮	tuìcháo	통 썰물이 되다
639 ☐	涨潮	zhǎngcháo	통 밀물이 밀려오다
640 ☐	蚝贝	háobèi	몡 굴조개
641 ☐	外壳	wàiké	몡 껍데기
642 ☐	珊瑚	shānhú	몡 산호
643 ☐	海绵	hǎimián	몡 해면
644 ☐	水母	shuǐmǔ	몡 해파리
645 ☐	游荡	yóudàng	통 (이리저리) 떠다니다
646 ☐	浮游生物	fúyóu shēngwù	몡 플랑크톤
647 ☐	藻类	zǎolèi	몡 해조류
648 ☐	原生动物	yuánshēng dòngwù	몡 원생 동물
649 ☐	通体	tōngtǐ	몡 온몸
650 ☐	灯塔	dēngtǎ	몡 등대
651 ☐	受精卵	shòujīngluǎn	몡 수정란
652 ☐	体表	tǐbiǎo	몡 몸의 표면
653 ☐	蜕变	tuìbiàn	통 변화하다, 탈바꿈하다
654 ☐	融于一体	róng yú yìtǐ	하나로 아우르다
655 ☐	俘获	fúhuò	통 사로잡다, 포획하다
656 ☐	进入视线	jìnrù shìxiàn	눈에 들어오다
657 ☐	诡异	guǐyì	혱 기이하다
658 ☐	群体	qúntǐ	몡 무리
659 ☐	栖息地	qīxīdì	몡 서식지
660 ☐	枯竭	kūjié	통 고갈되다

✹ 문화·예술·철학

☑ 잘 외워지지 않는 표현은 박스에 체크하며 복습하세요.

661 ☐	文艺界	wényìjiè	명	예술계
662 ☐	创演	chuàngyǎn		창작하고 연출하다
663 ☐	接纳	jiēnà	동	받아들이다
664 ☐	传承	chuánchéng	동	전승하다
665 ☐	精品	jīngpǐn	명	우수한 작품
666 ☐	鉴赏	jiànshǎng	동	감상하다
667 ☐	观赏	guānshǎng	동	관람하다, 구경하다
668 ☐	载体	zàitǐ	명	매개체
669 ☐	眼界	yǎnjiè	명	식견, 안목
670 ☐	亮相	liàngxiàng	동	선보이다
671 ☐	序幕	xùmù	명	서막
672 ☐	亮点	liàngdiǎn	명	포인트
673 ☐	场景	chǎngjǐng	명	(연극·영화·드라마의) 장면
674 ☐	收录	shōulù	동	수록하다
675 ☐	了结	liǎojié	동	결말이 나다
676 ☐	技法	jìfǎ	명	기법, 기교와 방법
677 ☐	扩展	kuòzhǎn	동	확장하다
678 ☐	聘请	pìnqǐng	동	초빙하다
679 ☐	编剧	biānjù	명	작가, 극작가
680 ☐	创作者	chuàngzuòzhě	명	창작자
681 ☐	监制	jiānzhì	명	프로듀서
682 ☐	节目组	jiémùzǔ	명	제작진
683 ☐	大师	dàshī	명	거장, 대가
684 ☐	匠人	jiàngrén	명	장인
685 ☐	工匠	gōngjiàng	명	공예가
686 ☐	达芬奇	Dá Fēnqí	고유	레오나르도 다빈치
687 ☐	绘画	huìhuà	동 그림을 그리다 명	회화
688 ☐	巧思	qiǎosī	명	정교한 구상
689 ☐	神韵	shényùn	명	기품
690 ☐	色泽	sèzé	명	색깔과 광택

691	☐	温润	wēnrùn	형 곱고 윤이 나다
692	☐	细腻	xìnì	형 곱다, 부드럽다
693	☐	技艺	jìyì	명 기술, 기예
694	☐	年画	niánhuà	명 연화[춘절에 실내에 붙이는 그림]
695	☐	书画	shūhuà	명 서화[서예와 그림]
696	☐	动漫	dòngmàn	명 애니메이션
697	☐	剧种	jùzhǒng	명 중국 전통극의 종류
698	☐	剧目	jùmù	명 극, 공연물, 레퍼토리
699	☐	戏曲	xìqǔ	명 (곤곡·경극 등을 포함한 중국의 전통적인) 희곡
700	☐	大戏	dàxì	명 가극[줄거리가 복잡하고 배역이 많은 희곡]
701	☐	杂剧	zájù	명 잡극[중국 전통극의 일종]
702	☐	汉化	hànhuà	동 중국 문화에 동화되다
703	☐	曲调	qǔdiào	명 곡조
704	☐	欢快	huānkuài	형 경쾌하다
705	☐	古筝	gǔzhēng	명 고쟁[중국의 전통 발현악기]
706	☐	古琴	gǔqín	명 고금
707	☐	曲目	qǔmù	명 곡
708	☐	嗓音	sǎngyīn	명 목소리
709	☐	围棋	wéiqí	명 바둑
710	☐	诗歌	shīgē	명 시가
711	☐	交响乐	jiāoxiǎngyuè	명 교향악
712	☐	荣获	rónghuò	동 영예를 누리다
713	☐	赏识	shǎngshí	동 높이 평가하다
714	☐	推崇	tuīchóng	동 추앙하다, 높이 평가하다
715	☐	赞赏	zànshǎng	동 찬탄하다, 칭찬하다
716	☐	显赫	xiǎnhè	형 빛나다, 찬란하다
717	☐	缤纷	bīnfēn	형 찬란하다
718	☐	磅礴	pángbó	형 충만하다, 드높다
719	☐	豪健	háo jiàn	기백이 있다
720	☐	严谨	yánjǐn	형 치밀하다, 엄격하다

721 □	精湛	jīngzhàn	톙 정밀하고 심오하다
722 □	别样	biéyàng	톙 색다르다
723 □	诙谐	huīxié	톙 익살스럽다, 재미있다
724 □	慕名	mùmíng	동 명성을 흠모하다
725 □	余韵	yúyùn	명 여운
726 □	跨越	kuàyuè	동 뛰어넘다
727 □	共享	gòngxiǎng	동 함께 나누다
728 □	滑腻	huánì	톙 매끄럽다
729 □	委婉	wěiwǎn	톙 완곡하다
730 □	笼统	lǒngtǒng	톙 포괄적이다, 두루뭉술하다
731 □	荒诞	huāngdàn	톙 터무니없다
732 □	鄙俗	bǐsú	톙 비속하다
733 □	闪亮登场	shǎnliàngdēngchǎng	성 새롭게 등장하다
734 □	真真切切	zhēnzhēnqièqiē	톙 생생하게, 확실히
735 □	与生俱来	yǔshēngjùlái	성 타고나다
736 □	起伏跌宕	qǐfú diēdàng	기복이 심하다
737 □	誉满中外	yùmǎn zhōngwài	중국과 외국에서 명성이 자자하다
738 □	造诣	zàoyì	명 조예[학문·예술 등의 분야에서 어떤 경지에 이른 정도]
739 □	报刊	bàokān	명 간행물
740 □	语境	yǔjìng	명 문맥
741 □	评选	píngxuǎn	동 선정하다
742 □	篇幅	piānfú	명 분량
743 □	醒目	xǐngmù	동 (글·그림 등이) 눈에 띄다
744 □	抒发	shūfā	동 토로하다
745 □	体悟	tǐwù	동 깨닫다
746 □	贯穿	guànchuān	동 관통하다
747 □	描摹	miáomó	동 묘사하다
748 □	写照	xiězhào	동 보여주다, 묘사하다
749 □	虚构	xūgòu	동 꾸며내다, 날조하다
750 □	剔除	tīchú	동 빼다, 제거하다

751 ☐	润色	rùnsè	동 다듬다
752 ☐	改编	gǎibiān	동 각색하다
753 ☐	取材	qǔcái	동 취재하다, 소재를 구하다
754 ☐	衍生	yǎnshēng	동 파생하다
755 ☐	简练	jiǎnliàn	형 군더더기가 없다
756 ☐	放纵	fàngzòng	동 자유분방하다
757 ☐	面纱	miànshā	명 베일
758 ☐	哲学家	zhéxuéjiā	명 철학자
759 ☐	理念	lǐniàn	명 철학, 이념
760 ☐	伦理	lúnlǐ	명 윤리
761 ☐	良知	liángzhī	명 윤리, 양심
762 ☐	浪漫主义	làngmàn zhǔyì	명 낭만주의
763 ☐	现实主义	xiànshí zhǔyì	명 현실주의
764 ☐	虚无主义	xūwú zhǔyì	명 허무주의
765 ☐	天人合一	tiānrénhéyī	명 천인합일[하늘과 사람은 하나임을 가리키는 유교적 개념]
766 ☐	易经	Yìjīng	명 역경[유교 경전 중 하나]
767 ☐	成才观	chéngcáiguān	명 인재관[인재를 판단하는 기준이나 관념]
768 ☐	自我价值	zìwǒ jiàzhí	명 자아 가치
769 ☐	思想品德	sīxiǎng pǐndé	명 도덕 교육
770 ☐	思想意识	sīxiǎng yìshí	명 이데올로기[개인이나 사회 집단의 사상, 행동 따위를 이끄는 관념이나 신념의 체계]
771 ☐	太极	tàijí	명 태극
772 ☐	体魄	tǐpò	명 신체와 정신
773 ☐	天性	tiānxìng	명 천성
774 ☐	根基	gēnjī	명 근원, 토대
775 ☐	优越感	yōuyuègǎn	명 우월감
776 ☐	精粹	jīngcuì	명 정수
777 ☐	寓意	yùyì	명 의미
778 ☐	蕴含	yùnhán	동 내포하다, 담고 있다
779 ☐	传导	chuándǎo	동 전도하다
780 ☐	转化	zhuǎnhuà	동 전화하다, 변화하다

☀ 기타

☑ 잘 외워지지 않는 표현은 박스에 체크하며 복습하세요.

781	☐	衣着服饰	yīzhuó fúshì	몡 옷차림
782	☐	服饰	fúshì	몡 복식, 의복과 장신구
783	☐	佩戴	pèidài	통 착용하다
784	☐	面料	miànliào	몡 옷감
785	☐	靴子	xuēzi	몡 장화
786	☐	游憩	yóuqì	통 놀며 휴식하다
787	☐	闲暇	xiánxiá	몡 여가
788	☐	质朴	zhìpǔ	혱 소박하다
789	☐	村庄	cūnzhuāng	몡 마을, 시골
790	☐	果园	guǒyuán	몡 과수원
791	☐	美食	měishí	몡 먹거리, 맛있는 음식
792	☐	菜肴	càiyáo	몡 요리
793	☐	店铺	diànpù	몡 가게, 점포
794	☐	配送	pèisòng	통 배달하다
795	☐	外卖	wàimài	통 배달하다, 포장하여 판매하다
796	☐	食材	shícái	몡 식재료
797	☐	调味品	tiáowèipǐn	몡 조미료
798	☐	调制	tiáozhì	통 (혼합하여) 만들다
799	☐	富含	fùhán	통 풍부하게 들어 있다
800	☐	开胃	kāiwèi	통 식욕을 증진시키다
801	☐	空腹	kōngfù	통 공복을 유지하다, 음식을 먹지 않다
802	☐	咽	yàn	통 삼키다
803	☐	梅子	méizi	몡 매실
804	☐	冰糖葫芦	bīngtánghúlu	몡 빙탕후루[과일을 꼬챙이에 꽂아 설탕물이나 엿을 발라 굳힌 것]
805	☐	蜜饯	mìjiàn	몡 정과[꿀이나 설탕물에 조려 만든 음식]
806	☐	果糖	guǒtáng	몡 과당
807	☐	麦芽糖	màiyátáng	몡 맥아당
808	☐	辣椒素	làjiāosù	몡 캡사이신
809	☐	胡椒	hújiāo	몡 후추
810	☐	虾酱	xiājiàng	몡 새우젓

811 ☐	寡淡	guǎdàn	형 담백하다
812 ☐	腥膻	xīngshān	명 비리고 누린 냄새
813 ☐	酿酒	niàngjiǔ	동 술을 담그다
814 ☐	粮食作物	liángshi zuòwù	명 곡류 작물
815 ☐	水稻	shuǐdào	명 벼
816 ☐	封存	fēngcún	동 밀봉하여 보관하다
817 ☐	餐具	cānjù	명 식기
818 ☐	茶壶	cháhú	명 찻주전자
819 ☐	紫砂壶	zǐshāhú	명 자사호[중국 이싱(宜兴)에서 나는 찻주전자]
820 ☐	篮子	lánzi	명 바구니
821 ☐	化妆品	huàzhuāngpǐn	명 화장품
822 ☐	效仿	xiàofǎng	동 모방하다, 흉내내다
823 ☐	同声传译	tóngshēng chuányì	동시통역하다
824 ☐	笔画	bǐhuà	명 필획
825 ☐	撇捺	piěnà	명 왼 삐침과 오른 삐침[한자의 필획을 가리킴]
826 ☐	点画	diǎnhuà	명 (한자의) 점획
827 ☐	铸刻	zhù kè	(문자를) 새기다
828 ☐	引申	yǐnshēn	동 뜻이 확대되다, 새로운 뜻이 파생되다
829 ☐	贴切	tiēqiè	형 (어휘가) 적절하다
830 ☐	流畅	liúchàng	형 막힘이 없다, 유창하다
831 ☐	谚语	yànyǔ	명 속담
832 ☐	术语	shùyǔ	명 전문 용어
833 ☐	小语种	xiǎoyǔzhǒng	소수언어[국제 통용어가 아닌 언어]
834 ☐	唾骂	tuòmà	동 모질게 욕하다
835 ☐	不在乎	bú zàihu	신경 쓰지 않다, 개의치 않다
836 ☐	不乐意	bú lèyì	내키지 않다
837 ☐	实话实说	shíhuàshíshuō	성 사실대로 말하다
838 ☐	岂不是	qǐbúshì	(어찌) ~이 아니겠는가?
839 ☐	尚未	shàngwèi	아직 ~하지 않다
840 ☐	更有甚者	gèng yǒu shèn zhě	심지어 더 심한 것이 있다

841	☐	方可	fāng kě	비로소 ~할 수 있다
842	☐	可谓	kěwèi	통 ~라고 말할 수 있다
843	☐	一味地	yíwèi de	자꾸만, 무턱대고
844	☐	站得住脚	zhàn de zhù jiǎo	(이유 등이) 성립되다, 타당하다
845	☐	乃至	nǎizhì	접 나아가
846	☐	缘何	yuánhé	부 왜, 무슨 까닭으로
847	☐	有意	yǒuyì	부 일부러
848	☐	无故	wúgù	부 이유 없이
849	☐	猛然	měngrán	부 갑자기
850	☐	颇为	pōwéi	부 꽤, 제법
851	☐	相继	xiāngjì	부 계속해서, 연이어
852	☐	自行	zìxíng	부 자체적으로
853	☐	鼎力	dǐnglì	부 전폭적인, 힘껏
854	☐	何苦	hékǔ	부 무엇 때문에
855	☐	何足	hézú	부 ~할 가치가 있는가
856	☐	诸如	zhūrú	접 이를테면, 예컨대
857	☐	亦即	yì jí	즉, 곧
858	☐	生涯	shēngyá	명 인생, 생애
859	☐	凡事	fánshì	명 어떤 일이든, 모든 일
860	☐	实名	shímíng	명 실명
861	☐	毕生	bìshēng	명 일생
862	☐	怀抱	huáibào	명 품
863	☐	主家	zhǔjiā	명 주인, 소유주
864	☐	神童	shéntóng	명 신동
865	☐	举止	jǔzhǐ	명 행동
866	☐	昏庸	hūnyōng	형 아둔하다
867	☐	修炼	xiūliàn	통 수련하다
868	☐	诚意	chéngyì	명 성의, 진심
869	☐	性情	xìngqíng	명 성격, 성질
870	☐	心胸	xīnxiōng	명 마음, 포부

871	☐	梦境	mèngjìng	몡 꿈속 세계
872	☐	意愿	yìyuàn	몡 소망, 바람
873	☐	噩梦	èmèng	몡 악몽
874	☐	虚幻	xūhuàn	혱 허황한
875	☐	幽灵	yōulíng	몡 유령
876	☐	点滴	diǎndī	몡 사소한 것
877	☐	归宿	guīsù	몡 귀착점, 귀결
878	☐	掌纹	zhǎngwén	몡 손금
879	☐	起	qǐ	혱 [사건, 일을 세는 데 쓰는 단위]
880	☐	搁浅	gēqiǎn	둉 좌초하다
881	☐	脱困	tuō kùn	곤경에서 벗어나다
882	☐	饱受	bǎoshòu	둉 (고통 등에) 시달리다
883	☐	构造	gòuzào	몡 구조
884	☐	承载	chéngzài	둉 담다, 무게를 견디다
885	☐	素养	sùyǎng	몡 소양
886	☐	体检	tǐjiǎn	몡 건강 검진, 신체검사
887	☐	口罩	kǒuzhào	몡 마스크
888	☐	殆尽	dàijìn	둉 (곧) 끝나다, 거의 다하다
889	☐	施工	shīgōng	둉 공사하다, 시공하다
890	☐	铺就	pū jiù	(길을) 깔다
891	☐	摩擦力	mócāli	몡 마찰력
892	☐	静音	jìngyīn	몡 무음
893	☐	顶端	dǐngduān	몡 꼭대기, 정상
894	☐	表盘	biǎopán	몡 (시계 등의) 문자판
895	☐	酷似	kùsì	둉 매우 비슷하다
896	☐	相符	xiāngfú	둉 서로 부합되다
897	☐	正规	zhèngguī	혱 정규의
898	☐	分流	fēnliú	둉 (인원·차량 등을) 분산하다
899	☐	优厚	yōuhòu	혱 (대우나 물질적 조건이) 후하다
900	☐	彼时	bǐ shí	이때, 그 당시

QUIZ

■ 각 어휘에 맞는 의미를 찾아 연결하세요.

01 社工 ·   · ⓐ 꽤, 제법

02 移居 ·   · ⓑ 이주하다

03 抑制 ·   · ⓒ 충만하다, 드높다

04 磅礴 ·   · ⓓ 사회복지사

05 颇为 ·   · ⓔ 억제하다

06 飙升 ·   · ⓐ 묘사하다

07 口碑 ·   · ⓑ 내포하다, 담고 있다

08 描摹 ·   · ⓒ 고갈되다

09 蕴含 ·   · ⓓ 입소문

10 枯竭 ·   · ⓔ 급증하다

11 遗址 ·   · ⓐ 위축되다

12 高端 ·   · ⓑ 익살스럽다, 재미있다

13 萎缩 ·   · ⓒ 유적

14 诙谐 ·   · ⓓ (법령·계획 등을) 실시하다

15 启动 ·   · ⓔ 고급의, 첨단의

16 抗争 ·   · ⓐ 이식하다

17 失传 ·   · ⓑ 맞서다, 항쟁하다

18 减免 ·   · ⓒ 리튬 배터리

19 移植 ·   · ⓓ 사라지다, 전해 내려오지 않다

20 锂电池 ·   · ⓔ 감면하다

정답	01 ⓓ	02 ⓑ	03 ⓔ	04 ⓒ	05 ⓐ	06 ⓔ	07 ⓓ	08 ⓐ	09 ⓑ	10 ⓒ
	11 ⓒ	12 ⓔ	13 ⓐ	14 ⓑ	15 ⓓ	16 ⓑ	17 ⓓ	18 ⓔ	19 ⓐ	20 ⓒ

21 直观 ·	· ⓐ 일으키다, 야기하다		31 顶峰 ·	· ⓐ 법에 의거하여
22 菜肴 ·	· ⓑ 의수, 의족		32 防控 ·	· ⓑ 예방하다
23 引爆 ·	· ⓒ 요리		33 依法 ·	· ⓒ 체결하다
24 栖息地 ·	· ⓓ 직관적이다		34 取材 ·	· ⓓ 정점
25 假肢 ·	· ⓔ 서식지		35 签定 ·	· ⓔ 취재하다, 소재를 구하다
26 膨胀 ·	· ⓐ 결의		36 构建 ·	· ⓐ 판별하여 분석하다
27 算法 ·	· ⓑ 팽창하다		37 辨析 ·	· ⓑ 가짜의, 가상의
28 决议 ·	· ⓒ 시조		38 虚拟 ·	· ⓒ 구축하다
29 机制 ·	· ⓓ 알고리즘		39 救治 ·	· ⓓ 의학 서적
30 鼻祖 ·	· ⓔ 메커니즘		40 医籍 ·	· ⓔ 응급 처치하다

핵심 어휘

해커스 **HSK 7-9급** 한 권으로 마스터

정답	21 ⓓ	22 ⓒ	23 ⓐ	24 ⓔ	25 ⓑ	26 ⓑ	27 ⓓ	28 ⓐ	29 ⓔ	30 ⓒ
	31 ⓓ	32 ⓑ	33 ⓐ	34 ⓔ	35 ⓒ	36 ⓒ	37 ⓐ	38 ⓑ	39 ⓔ	40 ⓓ

독해 제3부분과 말하기 제3부분에 특히 도움이 되는 사자성어를 예문을 통해 암기하세요.

✷ 숫자 포함

☑ 잘 외워지지 않는 표현은 박스에 체크하며 복습하세요.

☐ **百花齐放**
001 bǎihuāqífàng

백화제방[갖가지 예술·학문이 번영함을 나타냄]

在春秋战国时期，服饰文化出现了百花齐放的局面。
춘추 전국 시대에는 복식 문화가 백화제방하는 국면이 나타났다.

☐ **百家争鸣**
002 bǎijiāzhēngmíng

백가쟁명[수많은 학자나 학파가 자신들의 사상을 자유로이 논쟁함]

在先秦时期，儒学在百家争鸣中没有占据主导地位。
선진 시기에 유교는 백가쟁명에서 주도적 위치를 차지하지 못했다.

☐ **富甲一方**
003 fùjiǎyìfāng

일대에서 가장 부유하다

春秋战国时期的齐国，就是靠海盐成为了富甲一方的强国。
춘추 전국 시대의 제나라는 해염 덕분에 일대에서 가장 부유한 강국이 되었다.

☐ **各有千秋**
004 gèyǒuqiānqiū

제각기 특성이나 장점을 가지고 있다

每个艺术大师的工艺手法都各有千秋，他们的作品有不可模仿的气质和神韵。
각 예술 대가의 공예 기법은 제각기 특성이나 장점을 가지고 있으며, 그들의 작품에는 모방할 수 없는 기질과 기품이 있다.

☐ **光芒四射**
005 guāngmángsìshè

빛나다, 빛이 사방으로 발산하다

面对复杂的史料和民间故事，罗贯中以史实为依据，塑造了光芒四射的人物形象。
복잡한 사료와 민간 이야기에 당면하여, 나관중은 역사적 사실에 근거해 빛나는 캐릭터를 묘사해냈다.

☐ **进退两难**
006 jìntuìliǎngnán

진퇴양난

小麦价格持续下跌，粮商粮农也陷入了进退两难的境地。
밀 가격이 계속해서 하락하자, 곡물 상인과 농민도 진퇴양난의 처지에 빠졌다.

☐ **鹏程万里**
007 péngchéngwànlǐ

전도유망하다

高新技术产业在如今已成为一个鹏程万里的产业。
첨단 기술 산업은 오늘날 이미 전도유망한 산업이 되었다.

☐ **偏安一隅**
008 piān'ānyìyú

작은 영토에 안거함을 만족해하다

南宋的统治范围仅限于秦岭淮河以南地区，统治者却偏安一隅。
남송의 통치 범위는 친링 화이허 이남 지역에 한정되었는데, 통치자는 작은 영토에 안거함을 만족해했다.

☐ **七上八下**
009 qīshàngbāxià

가슴이 두근두근하다, 초조하다

我虽然做了充分的准备，但站在那么多人面前，心里还是七上八下的。
나는 비록 충분한 준비를 했지만, 이렇게 많은 사람들 앞에 서 있으니, 여전히 가슴이 두근두근한다.

☐ **千丝万缕**
010 qiānsīwànlǚ

매우 복잡하게 얽혀 있다

梦与人的现实世界和思想意识有着千丝万缕的联系。
꿈은 사람의 현실 세계 및 이데올로기와 매우 복잡하게 얽혀 있는 관계이다.

□ 千姿百态
011 qiānzībǎitài

온갖 자태, 자태가 각양각색이다

喀斯特地貌所形成的千姿百态的景观和洞穴奇景，给人以直观的艺术感受。

카르스트 지형이 빚어낸 온갖 자태의 경관과 동굴의 진풍경은 사람들에게 직관적인 예술적 체험을 선사한다.

□ 入木三分
012 rùmùsānfēn

견해나 분석이 날카롭다, 관찰력이 예리하다

这篇文章文字简洁精妙，人物形象更是刻画得入木三分。

이 글은 글이 간결하고 정교하며, 캐릭터의 이미지는 더욱 날카롭게 묘사되어 있다.

□ 稍逊一筹
013 shāoxùnyìchóu

조금 부족하다

这类小说在语言文字的描写上确实稍逊一筹，但在情节的描写上特别引人入胜。

이런 종류의 소설은 확실히 언어와 문자의 묘사에서 조금 부족하지만, 줄거리 묘사에서 특히 사람을 매료시킨다.

□ 昙花一现
014 tánhuāyíxiàn

잠깐 나타났다가 바로 사라져 버리다

每届残奥会的比赛项目几乎都有变化，有些仅仅是昙花一现，有些则经久不衰。

패럴림픽 경기 종목은 거의 매회마다 변화가 있는데, 어떤 것은 잠깐 나타났다가 바로 사라져 버렸고, 어떤 것은 오랫동안 성행하여 오늘날까지 남아 있다.

□ 万事俱备,
□ 只欠东风
015 wànshìjùbèi, zhǐqiàndōngfēng

모든 것이 다 준비되었으나 중요한 것 하나가 모자라다

现在的情况是"万事俱备，只欠东风"，他们只能耐心等待时机的到来了。

현재 상황은 '모든 것이 다 준비되었으나 중요한 것 하나가 모자라'며, 그들은 인내심 있게 때가 오기를 기다릴 수밖에 없다.

□ 万无一失
016 wànwúyìshī

조금의 실수도 없다

亲迎是六礼中最隆重的仪式，为确保万无一失，这一天有很多不被允许的事。

친영은 육례 중 가장 성대한 의식으로, 조금의 실수도 없게 하기 위해 이 날은 허락되지 않는 일들이 많다.

□ 五花八门
017 wǔhuābāmén

여러가지

为了禁酒，各个朝代制定了五花八门的政策。

금주를 위해 각 왕조는 여러가지 정책을 세웠다.

□ 五湖四海
018 wǔhúsìhǎi

세계 각지, 전국 각지, 방방곡곡

多样的视频平台划分出了不同的用户群体，这使来自五湖四海的人聚集在了一起。

다양한 비디오 플랫폼은 다양한 사용자 그룹을 구분했으며, 이는 세계 각지에서 온 사람들을 하나로 모이게 했다.

□ 一视同仁
019 yíshìtóngrén

누구나 차별 없이 대하다

老子强调道法自然和无为而治，他对圣人和百姓一视同仁。

노자는 도법자연과 무위이치를 강조했으며, 그는 성인과 백성을 차별 없이 대했다.

□ 一朝一夕
020 yìzhāoyìxī

하루아침, 매우 짧은 시간

人工智能翻译取代人工翻译并不是一朝一夕就能够实现的。

인공지능 번역이 사람 번역을 대체하는 것은 결코 하루아침에 이루어지는 것이 아니다.

✹ 不/无 포함

☑ 잘 외워지지 않는 표현은 박스에 체크하며 복습하세요.

□ **爱理不理**
021 àilǐbùlǐ

본체만체하다, 아랑곳하지 않다

对他人亲切的问候爱理不理的人，多半缺乏对他人的尊重。

타인의 친절한 인사를 본체만체하는 사람은 대부분 타인에 대한 존중이 부족하다.

□ **变幻无常**
022 biànhuànwúcháng

변화무쌍하다

整个部队通过有机配合，组成了一个可分可合、变幻无常、威力无比的军阵。

전체 부대가 유기적인 배열로 분리와 합침이 가능하고, 변화무쌍하며, 위력이 아주 뛰어난 대형 군진을 구성했다.

□ **不约而同**
023 bùyuē'értóng

약속이나 한 듯이 행동이나 의견이 서로 일치하다

瞬间，许多人的眼光都不约而同地集中到了他的身上。

순간, 많은 사람의 시선이 약속이나 한 듯 그에게 쏠렸다.

□ **不知不觉**
024 bùzhībùjué

자신도 모르게

婴儿喜欢啃咬塑料玩具和奶瓶，这会使他们不知不觉摄入大量的微塑料。

아기는 플라스틱 장난감과 젖병을 물어뜯는 것을 좋아하는데, 이는 그들이 자신도 모르게 많은 양의 미세 플라스틱을 섭취하게 한다.

□ **层出不穷**
025 céngchūbùqióng

끊임없이 나타나다

网民原创的作品层出不穷，一些专业团队为品牌量身打造的微电影也流行起来。

누리꾼의 창작물은 끊임없이 나오고 있으며, 일부 전문팀이 브랜드를 위해 맞춤 제작한 마이크로 무비도 성행하기 시작했다.

□ **功不可没**
026 gōngbùkěmò

큰 공을 세우다

中国饮食文化从寡淡走向丰富，俘获了众多人的心，这其中调味品功不可没。

중국 음식 문화는 담백함에서 풍부함으로 나아갔고, 수많은 사람들의 마음을 사로잡았는데, 여기에는 조미료가 큰 공을 세웠다.

□ **裹足不前**
027 guǒzúbùqián

앞으로 나아가지 않고 멈추어 서다

没有理论做基础，实践就将"裹足不前，寸步难行"。

이론의 기초가 없다면, 실천은 '앞으로 나아가지 않고 멈추어 서고, 한 걸음도 옮길 수 없게' 될 것이다.

□ **怀才不遇**
028 huáicáibúyù

재능이 있으면서도 펼 기회를 만나지 못하다

历史上有许多怀才不遇的人，他们最终没有走向成功。

역사적으로 재능이 있으면서도 펼 기회를 만나지 못한 사람이 많았는데, 그들은 결국 성공을 향해 나아가지 못했다.

□ **回味无穷**
029 huíwèiwúqióng

깊은 여운을 남기다

这首诗语言优美、风格清新、构思精妙，读后令人回味无穷。

이 시는 언어가 아름답고 문체가 참신하며, 구상이 정교하여 읽고 나면 깊은 여운을 남긴다.

□ **坚韧不拔**
030 jiānrènbùbá

(의지가) 강인하다

"冰墩墩"象征着冬奥会运动员强壮有力的身体和坚韧不拔的意志。

'빙둔둔'은 동계 올림픽 선수들의 군세고 힘찬 신체와 강인한 의지를 상징하고 있다.

□ **迥然不同**
031 jiǒngránbùtóng

현저하게 다르다

根据明清时期的文献记载，仫佬族有自己的语言，但仫佬语与汉语迥然不同。

명나라와 청나라 시대의 문헌 기록에 따르면 무라오족은 자신들만의 언어가 있지만, 무라오어는 한어와 현저하게 다르다.

□ **绝无仅有**
032 juéwújǐnyǒu

극히 드물다

中国有871种野生本土植物，其中有42%在全世界是绝无仅有的。

중국에는 871종의 야생 토종 식물이 있으며, 이 중 42%는 전 세계적으로 극히 드물다.

□ **来之不易**
033 láizhībúyì

힘들게 얻다, 손에 넣기 쉽지 않다

众多人表示，在社会上立足后，会越来越懂得珍惜来之不易的工作机会。

많은 사람은 사회에 발붙인 후에는 힘들게 얻은 일자리를 더욱더 소중히 여길 줄 알게 될 것이라고 밝혔다.

□ **乐此不疲**
034 lècǐbùpí

어떤 일을 즐겨 피곤함을 느끼지 않다

也许生活就是这样，越是有难度的事情，我们做起来越是乐此不疲。

어쩌면 삶이란 이런 것이다. 어려운 일일수록 우리는 더욱 피곤한 줄도 모르고 즐겁게 한다.

□ **碌碌无为**
035 lùlùwúwéi

무능하고 아무것도 해놓은 것이 없다

人的一生要多做有意义的事，只有这样，在年老时才不会因碌碌无为而懊恼。

사람은 일생 동안 의미 있는 일을 많이 해야 한다. 이렇게 해야만 늙었을 때 무능하고 아무것도 해놓은 것이 없어 괴로워하지 않게 된다.

□ **络绎不绝**
036 luòyìbùjué

발길이 끊이지 않다, 왕래가 끊이지 않다

故宫博物院的精美收藏数不胜数，前来观赏文物的人络绎不绝。

고궁 박물관의 아름다운 소장품은 셀 수 없이 많아, 문화재를 보러 오는 사람들의 발길이 끊이지 않는다.

□ **默默无闻**
037 mòmòwúwén

이름이 세상에 알려지지 않다, 무명이다

如果能把本职工作做好，再默默无闻的人也能做出成绩，实现自身价值。

본연의 임무에 충실하다면, 아무리 이름이 세상에 알려지지 않은 사람이라도 성과를 내고 자신의 가치를 실현할 수 있다.

□ **目不暇接**
038 mùbùxiájiē

(너무 많아서) 미처 다 볼 수 없다

园林中的许多奇花异草，让人目不暇接，犹如走进了花的海洋。

정원의 많은 진기한 꽃과 풀은 미처 다 볼 수가 없는데, 마치 꽃의 바다로 들어가는 것 같다.

□ **平平无奇**
039 píngpíngwúqí

특이함이 없이 평범하다

最近出现了许多创意家居用品，外表看似平平无奇，却有奇特的功能。

최근 많은 창의적인 가정용품들이 등장했는데, 겉보기에는 평범해 보이지만 특이한 기능이 있다.

□ **生生不息**
040 shēngshēngbùxī

끊임없이 성장하고 번성하다

在漫长的历史长河中，无论兴衰成败，历史文化的根脉将始终生生不息。

긴 역사 속에서 흥망성쇠를 막론하고, 역사 문화의 근원은 항상 끊임없이 성장하고 번성할 것이다.

□ **势不可挡** 041 shìbùkědǎng	**세찬 기세를 막아 낼 수 없다** 人工智能的发展势不可挡，企业一旦抓住机会，便能创造大量价值。 인공지능 발전의 세찬 기세는 막을 수 없으며, 기업은 한번 기회를 잡으면 많은 가치를 창출할 수 있다.
□ **数不胜数** 042 shǔbúshèngshǔ	**(너무 많아서) 일일이 다 셀 수 없다** 世界各地的风景名胜区数不胜数，每到旅游旺季，许多人会苦恼去哪里放松心情。 세계 각지의 명승지는 셀 수 없이 많아, 관광 성수기가 되면 많은 사람이 어디로 가서 기분 전환을 할지 고민한다.
□ **素不相识** 043 sùbùxiāngshí	**평소에 모르는 사이다** 该理论中提到，两个素不相识的人，通过6个中间人，就能取得联系。 이 이론에서는 서로 모르는 사이의 두 사람이 6명의 중간 사람을 통하면 연결될 수 있다고 언급했다.
□ **无坚不摧** 044 wújiānbùcuī	**어떠한 것도 다 이겨낼 수 있다** 在困难面前，我们更要全力以赴，以无坚不摧的精神战胜困难。 어려움 앞에서 우리는 더욱 전력을 다하여, 어떠한 것도 다 이겨낼 수 있다는 정신으로 어려움을 이겨내야 한다.
□ **无人不晓** 045 wúrénbùxiǎo	**모르는 사람이 없다** 杭州西湖可以说是无人不晓的著名风景名胜区。 항저우 시후는 모르는 사람이 없는 유명한 명승지라고 할 수 있다.
□ **无微不至** 046 wúwēibúzhì	**세심하게 보살피다, 세세한 데까지 신경을 쓰다** 很多孩子受到了父母无微不至的呵护，但并不是所有人都那么幸运。 많은 아이가 부모의 세심한 보살핌을 받고 있지만, 모든 아이가 그렇게 운이 좋은 것은 아니다.
□ **无与伦比** 047 wúyǔlúnbǐ	**독보적이다, 비교가 안 되다** 有的人面临的考验和挑战无比艰巨，这需要无与伦比的勇气和毅力。 어떤 사람이 마주한 시련과 도전은 비할 바가 없이 험난하여, 이는 독보적인 용기와 끈기를 필요로 한다.
□ **无足轻重** 048 wúzúqīngzhòng	**보잘것없다, 있어도 그만 없어도 그만이다** 很多看似无足轻重的小事，有时候却是压垮人的最后一根稻草。 보잘것없어 보이는 많은 사소한 일들이 때로는 사람을 쓰러트리는 마지막 볏짚 한 가닥이기도 하다.
□ **瑕不掩瑜** 049 xiábùyǎnyú	**결점이 장점을 가릴 수 없다** 第一次汉字改革虽有不足之处，但瑕不掩瑜，百姓的识字率因此快速上升。 제1차 한자 개혁은 비록 부족한 점도 있지만, 결점이 장점을 가릴 수 없었는데, 백성들의 식자율이 이로 인해 빠르게 올랐다.
□ **鸦雀无声** 050 yāquèwúshēng	**쥐 죽은 듯 조용하다** 夜幕降临后，原本人来人往的市场也冷清了下来，街上一片寂静，鸦雀无声。 어둠이 깔리자, 원래 사람들이 오가던 시장도 썰렁해졌고 거리는 조용하고 쥐 죽은 듯 조용해졌다.

✹ 환경/동식물

☑ 잘 외워지지 않는 표현은 박스에 체크하며 복습하세요.

☐ **层峦叠翠**
051 céngluándiécuì

산봉우리가 많고 험준하다

延庆赛区核心区位于小海坨山南麓，那里层峦叠翠、地形复杂。

옌칭 지구의 핵심 구역은 샤오하이퉈산의 남쪽 기슭에 위치해 있는데, 그곳은 산봉우리가 많고 험준하며 지형이 복잡하다.

☐ **乘虚而入**
052 chéngxū'érrù

빈틈을 타고 들어오다

微塑料是造成污染的主要载体，因此我们要从小事做起，避免微塑料"乘虚而入"。

미세 플라스틱은 오염을 일으키는 주요 매개체이므로, 우리는 작은 일부터 시작하여 미세 플라스틱이 '빈틈을 타고 들어오는 것'을 피해야 한다.

☐ **风和日丽**
053 fēnghérìlì

날씨가 화창하다

风和日丽时，性情活泼的白海豚通常在水面上嬉戏。

날씨가 화창할 때 활달한 성격의 흰돌고래는 보통 수면 위에서 논다.

☐ **晶莹剔透**
054 jīngyíngtītòu

반짝이고 투명하다

在炼炉般的环境中，平平无奇的六边形石墨晶体逐渐转变为晶莹剔透的天然金刚石。

용광로와 같은 환경에서, 특이함이 없이 평범한 육각형 흑연 결정체가 점차 반짝이고 투명한 천연 금강석으로 변화하고 있다.

☐ **举世闻名**
055 jǔshìwénmíng

세계적으로 유명하다

桂林山水、云南石林、四川九寨沟、济南趵突泉等景区都是举世闻名的游览胜地。

구이린 산수, 윈난 스린, 쓰촨 주자이거우, 지난 바오투취안 등 관광 지구는 모두 세계적으로 유명한 관광 명소이다.

☐ **刻不容缓**
056 kèbùrónghuǎn

잠시도 지체할 수 없다

专家们指出，解决因人类活动导致的环境和气候问题刻不容缓。

전문가들은 인류의 활동으로 인해 야기된 환경과 기후 문제는 잠시도 지체할 수 없다고 지적했다.

☐ **齐心协力**
057 qíxīnxiélì

(한마음 한뜻으로) 힘을 합치다

挪威气候与环境部部长呼吁所有国家齐心协力，积极应对全球环境和气候问题。

노르웨이 기후 및 환경부 부장은 모든 나라가 힘을 합쳐, 적극적으로 전 세계 환경과 기후 문제에 대응하자고 호소했다.

☐ **望而生畏**
058 wàng'érshēngwèi

보기만 해도 두려움이 생기다

胡蜂分布在世界各地，它是一种让人望而生畏的有毒蜂类。

말벌은 전 세계에 분포해 있으며, 말벌은 보기만 해도 두려움이 생기게 하는 독이 있는 벌이다.

☐ **危在旦夕**
059 wēizàidànxī

매우 위급하다

若不及时采取救援措施，在滩涂搁浅的白海豚将危在旦夕。

만약 제때 구조 조치를 취하지 않으면, 갯벌에 좌초된 흰돌고래는 매우 위급할 수 있다.

☐ **与生俱来**
060 yǔshēngjùlái

타고나다

氮气气泡像藻类与生俱来的"救生圈"，藻类靠气泡的浮力，轻松地漂浮在水面上。

질소 기포는 해조류의 타고난 '구명 튜브'와 같아, 해조류는 기포들의 부력에 의해 쉽게 물 위에 뜰 수 있다.

✳ 상반/연속

☑ 잘 외워지지 않는 표현은 박스에 체크하며 복습하세요.

☐ **大醇小疵**
061 dàchúnxiǎocī

약간의 결점은 있으나 그럭저럭 괜찮다

这个剧本虽然在艺术情节上有一些不足之处，但也不过是大醇小疵。

이 대본은 비록 예술적인 줄거리에서 몇 가지 단점이 있지만, 그럭저럭 괜찮다.

☐ **点头之交**
062 diǎntóuzhījiāo

인사나 하는 사이

虽然他认识很多人，但其中大部分只不过是点头之交。

그는 많은 사람을 알고 있지만, 그중 대부분은 인사나 하는 사이에 불과하다.

☐ **返老还童**
063 fǎnlǎohuántóng

노인에서 소년으로 되돌아가다, 다시 젊어지다, 회춘하다

父母年纪大了，行事作风越来越像小孩，颇有"返老还童"的感觉。

부모는 나이가 들수록 행동 스타일이 점점 더 어린아이 같아지고, '노인에서 소년으로 되돌아가는' 느낌이 많이 든다.

☐ **刚柔并济**
064 gāngróubìngjì

강인함과 부드러움이 적절하게 공존하다

紫砂壶中的很多壶器将"方"与"圆"巧妙地融合在一起，刚柔并济。

자사호의 많은 찻주전자는 '사각형'과 '동그라미'가 정교하게 융합되어, 강인함과 부드러움이 적절하게 공존한다.

☐ **精益求精**
065 jīngyìqiújīng

(현재도 훌륭하지만) 더욱더 완벽을 추구하다

该产品从设计到制作始终保持高水准，做工上更是精益求精。

이 제품은 디자인부터 제작까지 항상 높은 퀄리티를 유지하고 있고, 제작 기술에서는 더욱더 완벽을 추구한다.

☐ **尽心尽力**
066 jìnxīnjìnlì

(온갖) 정성을 다하다

老师觉得他的数学解题方法十分独特，便尽心尽力地培养了他。

선생님은 그의 수학 문제 풀이 방법이 매우 독특하다고 생각하여 정성을 다해 그를 교육했다.

☐ **铺天盖地**
067 pūtiāngàidì

하늘을 뒤덮다, 천지를 뒤덮다

那棵松树的枝干铺天盖地向四面伸过去，像一把大伞一样。

그 소나무의 줄기는 하늘을 뒤덮고 사방으로 뻗어 마치 큰 우산처럼 보인다.

☐ **前赴后继**
068 qiánfùhòujì

(희생을 무릅쓰고) 용감히 앞으로 나아가다, 앞사람이 나아가고 뒷사람이 쫓아가다

这些科学家们前赴后继地推动着科学的发展。

이 과학자들은 용감히 앞으로 나아가며 과학의 발전을 추진하고 있다.

☐ **求仁得仁**
069 qiúréndérén

원하던 것을 얻다, 소원대로 되다

所谓幸福，就是求仁得仁，只要你获得的是你想要的，那生活就是幸福的。

행복이란 원하던 것을 얻는 것이다. 당신이 얻은 것이 당신이 원하던 것이라면, 삶은 행복한 것이다.

☐ **日新月异**
070 rìxīnyuèyì

나날이 새로워지다

这种方式适用于不同的领域，满足日新月异的市场需求。

이러한 방식은 다양한 분야에 적합하며, 나날이 새로워지는 시장 수요를 충족시킨다.

☐ **天南海北** 071 tiānnánhǎibě	이런저런 이야기를 나누다	
	到了约定时间，宾客们从四面八方到来，开始天南海北地叙谈。	
	약속 시간이 되면, 손님들은 사방팔방에서 찾아와서 이런저런 이야기를 나누기 시작한다.	

☐ 天南海北
071 tiānnánhǎibě

이런저런 이야기를 나누다

到了约定时间，宾客们从四面八方到来，开始天南海北地叙谈。
약속 시간이 되면, 손님들은 사방팔방에서 찾아와서 이런저런 이야기를 나누기 시작한다.

☐ 文武兼备
072 wénwǔjiānbèi

문무를 겸비하다

绍剧以豪放洒脱的表演和文武兼备的特点形成了自己独特的艺术风格。
소극은 호방하고 대범한 연출과 문무를 겸비한 특징으로 소극만의 독특한 예술 스타일을 형성했다.

☐ 物美价廉
073 wùměijiàlián

상품의 질이 좋고 값도 저렴하다

购物时消费者要认清特价陷阱，这样才能买到真正物美价廉的商品。
쇼핑을 할 때 소비자는 특가의 함정을 똑똑히 알아야 한다. 이렇게 해야만 진정한 질도 좋고 값도 저렴한 제품을 구입할 수 있다.

☐ 息息相关
074 xīxīxiāngguān

밀접한 관련이 있다

紫砂壶丰富的色彩与原料配比、烧制温度息息相关。
자사호의 풍부한 색채는 원료 배합률 및 가마에 넣어 굽는 온도와 밀접한 관련이 있다.

☐ 雪上加霜
075 xuěshàng jiāshuāng

설상가상, 엎친 데 덮친 격이다

那场火灾毁灭了大部分的森林，雪上加霜的是，村民们的果树也受到了影响。
그 화재로 대부분의 숲이 파괴되었고, 설상가상인 것은 마을 사람들의 과일 나무까지 영향을 받았다는 것이다.

☐ 言传身教
076 yánchuánshēnjiào

말과 행동으로 가르치다, 말과 행동으로 모범을 보이다

老师的言传身教会对学生们产生潜移默化的影响。
선생님의 말과 행동은 학생들에게 은연중에 감화되는 영향을 미친다.

☐ 夜以继日
077 yèyǐjìrì

밤낮없이, 낮과 밤이 따로 없이 계속하다

民警们夜以继日地奋战在第一线，为稳定社会治安做出了重要的贡献。
경찰은 밤낮없이 최전선에서 싸워, 사회 치안 안정에 중요한 공헌을 했다.

☐ 芸芸众生
078 yúnyún zhòngshēng

수많은 보통의 사람

若一个人的人生中始终没有机遇，那么他就容易被埋没于芸芸众生之中。
한 사람의 인생에 계속 기회가 없다면 그는 수많은 보통의 사람들 사이에 묻히기 쉽다.

☐ 转危为安
079 zhuǎnwēiwéi'ān

위기를 넘기다, 위험한 상태에서 벗어나 안전하게 되다

危机最考验一个人的心态，只有保持冷静的头脑，方可转危为安。
위기는 사람의 마음가짐을 가장 잘 시험할 수 있는데, 냉철한 두뇌를 유지해야만 위기를 넘길 수 있다.

☐ 自给自足
080 zìjǐzìzú

자급자족하다

自耕农经济是一种自给自足的自然经济，它生产规模较小。
자작농 경제는 자급자족하는 자연 경제로, 이는 생산 규모가 비교적 작다.

✹ 재능/노력

☑ 잘 외워지지 않는 표현은 박스에 체크하며 복습하세요.

□ **白手起家**
081 báishǒuqǐjiā

자수성가

这位知名企业家白手起家，多年来在商界披荆斩棘，终于获得了如今的成就。

이 유명한 기업가는 자수성가하여, 수년 동안 비즈니스계에서 온갖 어려움을 극복하고 마침내 오늘날의 성과를 얻었다.

□ **博古通今**
082 bógǔtōngjīn

박학다식하다

那位老先生博古通今，因此他写的文章水平很高。

그 노인은 박학다식하여, 그가 쓴 글의 수준은 매우 높다.

□ **才华横溢**
083 cáihuáhéngyì

재능이 넘쳐나다

苏东坡才华横溢，在文学、书画等方面取得了很高的成就。

소동파는 재능이 넘쳐났으며, 문학, 서예 등 부분에서 높은 성취를 거두었다.

□ **称心如意**
084 chènxīnrúyì

마음에 꼭 들다, 생각대로 되다

要想找到称心如意的工作，大学毕业前就要先做好职业生涯规划。

마음에 꼭 드는 직업을 가지려면 대학을 졸업하기 전에 먼저 진로 계획을 잘 세워야 한다.

□ **寸步难行**
085 cùnbùnánxíng

한 걸음도 뗄 수 없다, 역경에 처해 꼼짝도 못하다

无论他再怎么努力，严峻的现实始终让他感到寸步难行。

그가 아무리 노력해도 가혹한 현실은 그를 한걸음도 뗄 수 없게 만든다.

□ **得心应手**
086 déxīnyingshǒu

마음먹은 대로 되다

当人在工作上遇到种种问题，又无法得心应手时，会渐渐疲于应付，产生无助感。

사람이 업무 중에 여러 문제를 맞닥뜨리고 마음먹은 대로 되지 않을 때, 점점 대응하기 피곤해지면서 무력감이 생긴다.

□ **鼎力相助**
087 dǐnglìxiāngzhù

큰 힘으로 도움을 주다

我们当时得到了北大医院成人外科和内科医师们的鼎力相助。

우리는 당시에 베이징대학교 병원 성인 외과와 내과 의사 선생님들의 큰 도움을 받았다.

□ **发扬光大**
088 fāyángguāngdà

(원래보다) 더욱 발전시키다

总统在致辞中指出，应自觉肩负起维护世界和平的重任，把两国友谊发扬光大。

대통령은 연설에서 세계 평화를 수호하는 중책을 자발적으로 짊어지고 양국의 우정을 발전시켜야 한다고 밝혔다.

□ **废寝忘食**
089 fèiqǐnwàngshí

매우 몰두하다, 먹고 자는 것을 잊다

茅以升废寝忘食，甚至不惜冒着生命危险，解决了一个个技术难题。

마오이성은 매우 몰두했으며, 심지어 목숨을 걸고 기술적 문제를 하나하나 해결했다.

□ **丰功伟绩**
090 fēnggōngwěijì

위대한 공로와 성과

他发明创造了很多设备，在人类历史上建立了永不磨灭的丰功伟绩。

그는 많은 장비를 발명하고 창조했으며, 인류 역사에서 영원히 지워지지 않는 위대한 공로와 성과를 세웠다.

□ **各如其意** 091 gèrúqíyì	모든 사람이 자신의 소망을 이루다 经过多次谈判，双方终于成功地达成了协议，各如其意。 여러 차례의 협상 끝에 양측은 마침내 성공적으로 합의에 도달했으며, 각자의 소망을 이루었다.
□ **各司其职** 092 gèsīqízhí	각자 맡은 바 임무를 다하다 该公司有独到的管理理念，每个员工都各司其职，充分发挥自己的主观能动性。 이 회사는 독특한 경영 철학을 가지고 있는데, 모든 직원은 각자 맡은 바 임무를 다하고 자신의 주체적 능동성을 충분히 발휘한다.
□ **慧眼识珠** 093 huìyǎnshízhū	진주를 식별할 수 있는 혜안을 지니다, 인재나 물건을 식별할 수 있는 안광을 지니다 如果一个人能遇上慧眼识珠的伯乐，那他的人生可能会发生很大的改变。 만약 한 사람이 진주를 식별할 수 있는 혜안을 지닌 백락을 만날 수 있다면, 그의 인생은 크게 달라질 것이다.
□ **锦上添花** 094 jǐnshàngtiānhuā	금상첨화, 좋은 일에 또 좋은 일을 더하다 机遇不是成功的关键，只是一个锦上添花的要素。 기회는 성공의 핵심이 아니라, 단지 금상첨화인 요소일 뿐이다.
□ **勤能补拙** 095 qínnéngbǔzhuō	부지런함이 부족함을 메울 수 있다 勤能补拙是古人留下来的良训，说的是勤奋努力可以弥补天资的不足。 근능보졸(勤能补拙)은 옛사람들이 남긴 좋은 교훈인데, 부지런한 노력이 타고난 부족함을 보완할 수 있다는 것을 나타낸다.
□ **如愿以偿** 096 rúyuànyǐcháng	마음속으로 바라던 바를 이루다 上届奥运会后他就一心想破纪录，这回终于如愿以偿了。 지난 올림픽 이후 그는 오로지 기록 달성에만 전념했는데, 이번에 마침내 마음속으로 바라던 바를 이루었다.
□ **守株待兔** 097 shǒuzhūdàitù	노력하지 않고 요행만을 바라다 要想做出一番事业，与其守株待兔，不如主动出击，脚踏实地地去干。 사업을 하려면 노력하지 않고 요행만을 바라기보다, 자발적으로 나서고 착실하게 일을 해야 한다.
□ **为人师表** 098 wéirénshībiǎo	타인의 모범이 되다 在教育孩子们的过程中，我感受到了为人师表的快乐。 아이들을 교육하는 과정에서 나는 타인의 모범이 되는 즐거움을 느꼈다.
□ **想方设法** 099 xiǎngfāngshèfǎ	갖은 방법을 다하다 政府想方设法解决了地方学校师资不足、教师待遇不高、师生比例失调的问题。 정부는 갖은 방법을 다해 지방 학교의 교사 부족, 낮은 교사 대우, 교사와 학생의 비율 불균형 문제를 해결했다.
□ **志存高远** 100 zhìcúngāoyuǎn	원대한 꿈을 가지다 毋庸置疑，人是需要有理想和目标的，而且要志存高远。 사람은 꿈과 목표가 있어야 하고 원대한 꿈을 가져야 한다는 것은 두말할 나위가 없다.

✸ 감정/성격

☑ 잘 외워지지 않는 표현은 박스에 체크하며 복습하세요.

□ **安于现状**
101 ānyúxiànzhuàng

현실에 안주하다, 현상에 만족하다

长期以来，村民们安于现状的心态束缚了他们脱贫的脚步。

오랫동안, 마을 사람들의 현실에 안주하는 마음은 그들의 빈곤 탈출의 발목을 잡았다.

□ **勃然大怒**
102 bórándànù

벌컥 성을 내다

他发现信封里装着一沓贿赂他的钱，便勃然大怒。

그는 봉투 안에 그에게 뇌물로 줄 돈다발이 들어 있는 것을 발견하고, 벌컥 성을 냈다.

□ **大智若愚**
103 dàzhìruòyú

지혜로운 사람은 겉으로 어리석어 보인다, 어리석어 보이지만 매우 똑똑하다

大智若愚是一种深藏不露的大智慧，拥有这种智慧的人不会刻意炫耀自己的才华。

지혜로운 사람은 겉으로 어리석어 보인다는 것은 숨겨진 큰 지혜로, 이런 지혜를 가진 사람은 자신의 재능을 일부러 과시하지 않는다.

□ **扼腕叹息**
104 èwàntànxī

크게 탄식하다

荧屏上为数不多的读书节目已消失殆尽，着实令人扼腕叹息。

텔레비전에서 몇 안 되는 독서 프로그램이 다 사라져, 참으로 탄식을 자아낸다.

□ **泛泛之交**
105 fànfànzhījiāo

깊지 못한 관계

他们二人过去并没有多少来往，充其量也只是泛泛之交。

그 두 사람은 과거에 왕래가 많지 않았고 기껏해야 깊지 못한 관계일 뿐이다.

□ **肝胆相照**
106 gāndǎn
xiāngzhào

진심으로 서로를 대하다

他们师生之间真诚互助、肝胆相照，给后人留下了一段动人佳话。

그들 사제 간은 진실되며 서로 돕고, 진심으로 서로를 대해, 후세 사람들에게 감동적인 이야기를 남겼다.

□ **刚正不阿**
107 gāngzhèngbù'ē

강직하고 아첨하지 않다

包拯是一个刚正不阿的清官，所以老百姓都非常敬重他。

포증은 강직하고 아첨하지 않는 관리이기 때문에 백성들은 그를 매우 존경한다.

□ **光明磊落**
108 guāngmínglěiluò

정정당당하다, 공명정대하다

他大公无私的精神和光明磊落的态度是值得我们敬佩的。

그의 공평무사한 정신과 정정당당한 태도는 우리가 존경할 만하다.

□ **骄奢淫逸**
109 jiāoshēyínyì

교만하고 사치스럽고 방탕 무도하다

一夜之间暴富起来的老李开始过起了骄奢淫逸的生活。

하루아침에 벼락부자가 된 라오리는 교만하고 사치스럽고 방탕 무도한 생활을 보내기 시작했다.

□ **杞人忧天**
110 qǐrényōutiān

기우, 쓸데없는 걱정

科学家们的担心并非杞人忧天，严酷的事实表明，地球的生态环境正日益恶化。

과학자들의 걱정은 결코 기우가 아니며, 냉혹한 사실은 지구의 생태 환경이 갈수록 악화되고 있음을 나타낸다.

□ 111	实话实说 shíhuàshíshuō	사실대로 말하다, 진실을 말하다

他不知该如何解释，踌躇了一下，决定实话实说。

그는 어떻게 설명해야 할지 몰라 망설이다가 사실대로 말하기로 결정했다.

□ 112	随遇而安 suíyù'ér'ān	현실에 만족하다, 어떤 환경에서든지 잘 적응하고 만족하다

这个城市的人温良敦厚、不急不慢，他们喜欢过随遇而安的生活。

이 도시의 사람들은 따뜻하고 돈독하며, 서두르지 않지만 느리지도 않은데, 그들은 현실에 만족하는 삶을 사는 것을 좋아한다.

□ 113	提心吊胆 tíxīndiàodǎn	조마조마하다, 마음을 졸이다

那栋教学楼墙壁已有裂缝，并且地基下陷，使得全校师生整日提心吊胆。

그 강의동은 이미 벽에 금이 가고 지반이 함몰되어, 전교의 선생님과 학생들을 온종일 조마조마하게 만들었다.

□ 114	相见恨晚 xiāngjiànhènwǎn	진작 만나지 못한 것을 아쉬워하다

有些注定要相遇的人，见到彼此后就会觉得相见恨晚。

만나야 할 운명인 어떤 사람들은 서로를 만난 후 진작 만나지 못해 아쉽다고 느낀다.

□ 115	兴高采烈 xìnggāocǎiliè	신나다, 흥겹다

当登上万里长城时，老人们兴高采烈、兴奋不已。

만리장성에 올랐을 때 노인들은 신이 나고 흥분을 주체할 수 없었다.

□ 116	心旷神怡 xīnkuàngshényí	마음이 탁 트이고 기분이 유쾌하다

酒会给人带来心旷神怡的感觉，许多人喝酒后会忘记烦恼。

술은 사람에게 마음이 탁 트이고 기분이 유쾌한 느낌을 주어서, 많은 사람이 술을 마시면 고민을 잊곤 한다.

□ 117	心平气和 xīnpíngqìhé	차분하다, 마음이 평온하고 태도가 온화하다

只要双方坐到一起推心置腹、心平气和地交换意见，就没有解决不了的问题。

양측이 함께 앉아 마음을 추스르고 차분하게 의견을 교환하면 해결되지 않는 문제는 없다.

□ 118	喜上眉梢 xǐshàngméishāo	기쁜 마음이 표정에서 드러나다

每逢中秋，人们都喜上眉梢，会备上月饼和丰盛的饭菜赏月，还会点起灯笼。

중추절이 되면 사람들은 기쁜 마음이 표정에서 드러나고, 월병과 푸짐한 요리를 차려 놓고 달을 감상하며, 등불을 켜기도 한다.

□ 119	争强好胜 zhēngqiáng hàoshèng	승부욕이 매우 강하다, 항상 남을 이기려고 하다

他是个争强好胜的人，凡事不让人，从来都不吃亏。

그는 승부욕이 매우 강한 사람인데, 매사에 남에게 양보하지 않고 여태껏 손해를 본 적이 없다.

□ 120	志同道合 zhìtóngdàohé	뜻이 맞다, 서로 의기가 투합하다

最近，人们会选择与志同道合的朋友去体验剧本杀。

최근, 사람들은 뜻이 맞는 친구와 스크립트킬을 체험하러 가곤 한다.

✳ 삶

☑ 잘 외워지지 않는 표현은 박스에 체크하며 복습하세요.

☐ **沧海一粟** 121 cānghǎiyísù	큰 바닷속의 좁쌀 한 알, 광대한 것 속에 극히 작은 것
	知识就像无边的海洋，我们所学到的不过是沧海一粟。
	지식은 끝없는 바다와 같으며, 우리가 배운 것은 큰 바닷속의 좁쌀 한 알에 불과하다.

☐ **长途跋涉** 122 chángtúbáshè	고생하며 먼 길을 가다
	人生是一场长途跋涉的旅程，为了到达成功的彼岸，我们要努力前行。
	인생은 고생하며 먼 길을 가는 여정이다. 성공의 경지에 도달하기 위해 우리는 열심히 나아가야 한다.

☐ **当务之急** 123 dāngwùzhījí	급선무, 당장 급히 처리해야 하는 일
	为了解决老年人的养老问题，制定完整的养老保障体系是当务之急。
	노년층의 양로 문제를 해결하기 위해서는 완전한 양로 보장 시스템을 제정하는 것이 급선무이다.

☐ **耳濡目染** 124 ěrrúmùrǎn	자주 접해서 익숙해지다
	父母的言传身教能对孩子起到耳濡目染的熏陶作用。
	부모의 말과 행동은 아이들에게 자주 접해서 익숙해지게 하는 영향을 미칠 수 있다.

☐ **根深蒂固** 125 gēnshēndìgù	뿌리박혀 있다, 뿌리가 깊다
	一些根深蒂固的观念是很难在短期内改变的。
	일부 뿌리박힌 관념은 단기간에 바꾸기 어렵다.

☐ **戛然而止** 126 jiárán'érzhǐ	갑자기 멈추다, 뚝 그치다
	生命是人生最宝贵的财富，然而灾难却让一个个鲜活的生命戛然而止。
	생명은 인생에서 가장 소중한 자산이지만, 재난은 모든 살아있는 생명을 갑자기 멈추게 한다.

☐ **美其名曰** 127 měiqímíngyuē	그럴듯한 명분하에 미화하다
	家长给孩子报名无数的补习班，美其名曰对孩子好，实则给孩子过大的压力。
	부모는 아이에게 수많은 학원을 등록시켜 주는데, 아이에게 좋다는 명분으로 실제로는 아이에게 과도한 스트레스를 준다.

☐ **莫名其妙** 128 mòmíngqímiào	영문을 알 수 없다, 아무도 그 오묘함을 설명할 수 없다
	有时，彷徨和失落的情绪会莫名其妙找上门来，这很正常。
	때로는 방황과 상실감이 영문을 모르게 찾아오는데, 이는 정상이다.

☐ **平复如旧** 129 píngfùrújiù	(병이 나아서) 예전과 같이 돌아오다
	人的机体阴阳失衡是引起疾病的原因，体内阴阳恢复平衡才能使身体平复如旧。
	사람의 신체에서 음양의 불균형은 질병을 일으키는 원인인데, 인체에서 음양이 균형을 회복해야 몸이 예전과 같이 돌아온다.

☐ **萍水相逢** 130 píngshuǐ xiāngféng	우연히 만나다
	本是萍水相逢的两个人，却因意气相投，相处到了如今。
	본래 우연히 만나게 된 두 사람은 서로 마음이 잘 맞아 지금까지 친하게 지내고 있다.

□ **潜移默化** 131 qiányímòhuà	**은연중에 감화되다** 阅读书籍能使人的修养和素质在潜移默化中得到提升。 <small>책을 읽는 것은 사람의 교양과 자질이 은연중에 감화되며 향상될 수 있게 한다.</small>
□ **如花似锦** 132 rúhuāsìjǐn	**마치 꽃과 비단 같다, 풍경이 매우 화려하다** 心中的杂念少，才能装载更多的美好，人生也才能如花似锦。 <small>마음에 잡념이 적어야 더 많은 아름다움을 담을 수 있고, 인생도 마치 꽃과 비단 같을 수 있다.</small>
□ **唾手可得** 133 tuòshǒukědé	**쉽게 손에 넣을 수 있다** 虽然盐的原料唾手可得，但盐并不是万能调料，遇到腥膻之物就无法发挥作用。 <small>비록 소금의 원료는 쉽게 손에 넣을 수 있지만 소금은 만능 조미료가 아닌데, 비리고 누린 냄새가 나는 것에는 효과를 발휘할 수 없다.</small>
□ **未雨绸缪** 134 wèiyǔchóumóu	**사전에 미리 준비하다** 面对生活，我们应未雨绸缪，只有这样，才能在遇到困难时得心应手。 <small>삶에 직면하여, 우리는 반드시 사전에 미리 준비해야 하며, 이렇게 해야만 어려움을 만났을 때 비로소 자신이 마음먹은 대로 할 수 있다.</small>
□ **毋庸置疑** 135 wúyōngzhìyí	**두말할 나위가 없다, 의심할 필요가 없다** 不付出辛勤的汗水便无法得到满满的收获，这是毋庸置疑的。 <small>부지런히 땀을 흘리지 않고서 많은 성과를 손에 넣을 수 없다는 것은 두말할 나위가 없는 것이다.</small>
□ **相濡以沫** 136 xiāngrúyǐmò	**서로 돕고 의지하다** 他们既是相濡以沫的夫妻，也是志同道合的朋友。 <small>그들은 서로 돕고 의지하는 부부이자, 뜻이 맞는 친구이기도 하다.</small>
□ **饮水思源** 137 yǐnshuǐsīyuán	**사람이 행복할 때 그 행복의 근본을 잊지 않다, 물을 마실 때 물이 어디서 왔는지를 생각하다** 我们应该懂得饮水思源，当获得成功的时候，别忘记那些教导和帮助过我们的人。 <small>우리는 '사람이 행복할 때 그 행복의 근본을 잊지 않는다'를 알아야 하며, 성공했을 때 우리를 가르치고 도와준 사람들을 잊지 말아야 한다.</small>
□ **以身作则** 138 yǐshēnzuòzé	**솔선수범하다** 作为教师，一定要热爱教学，还要以身作则，教导学生要有高的人品。 <small>스승으로서, 반드시 가르치는 것을 좋아해야 하고, 솔선수범해야 하며, 학생들에게 인품이 뛰어나야 한다고 가르쳐야 한다.</small>
□ **治病救人** 139 zhìbìngjiùrén	**병을 치료해 사람을 구하다** 医学物理师负有治病救人的责任，他们虽然没有处方权，但实施治疗计划。 <small>의학물리사는 병을 치료해 사람을 구할 의무가 있으며, 그들은 비록 처방권은 없지만, 치료 계획을 실시한다.</small>
□ **纸上谈兵** 140 zhǐshàngtánbīng	**탁상공론, 현실성이 없는 공허한 이론** 缺乏实践的学习犹如纸上谈兵，因此必须要把实践和学习结合起来。 <small>실천이 부족한 배움은 탁상공론과 같으므로, 반드시 실천과 배움을 결합해야 한다.</small>

해커스 HSK 7-9급 한 권으로 마스터

☀ 시사

☑ 잘 외워지지 않는 표현은 박스에 체크하며 복습하세요.

☐ **长此以往** 141 chángcǐyǐwǎng	이대로 (나쁜 방향으로) 나아가다	

最近很多年轻人喜欢熬夜，长此以往，他们的身体会受到不同程度的损害。

요즘 많은 젊은이가 밤샘을 즐기는데, 이대로 가다가는 그들의 몸은 각기 다른 정도의 손상을 입을 수 있다.

☐ **大显身手**
142 dàxiǎnshēnshǒu

기량을 충분히 발휘하다

这种材料将在光伏发电领域"大显身手"，提高太阳能转化为电能的效率。

이러한 소재는 태양광 발전 분야에서 '기량을 충분히 발휘해' 태양 에너지를 전기 에너지로 전환하는 효율을 높일 것이다.

☐ **繁荣昌盛**
143 fánróng
chāngshèng

(국가가) 번창하다

教育是一个国家繁荣昌盛必不可少的前提条件。

교육은 한 나라의 번창에 필수적인 전제 조건이다.

☐ **风生水起**
144 fēngshēngshuǐqǐ

붐을 일으키다, 발전이 빠르다

近几年来保健品行业风生水起，人们对保健品的关注度也越来越高。

최근 몇 년 동안 건강식품 업계가 붐을 일으키면서 건강식품에 대한 사람들의 관심도 점점 높아지고 있다.

☐ **改天换地**
145 gǎitiānhuàndì

(원래의 모습을) 완전히 새롭게 바꾸다

这项政策给农村居民的生活带来了改天换地的变化。

이 정책은 농촌 주민들의 생활에 완전히 새로운 변화를 가져다주었다.

☐ **脚踏实地**
146 jiǎotàshídì

착실하다

一个好的产品一定要有高质量，只有质量过硬才能脚踏实地地发展下去。

좋은 제품은 반드시 높은 품질이 있어야 하고, 품질이 탄탄해야 비로소 착실하게 발전할 수 있다.

☐ **截然不同**
147 jiéránbùtóng

판이하다, 완전히 다르다

以前人们网购后通常需要等好几天，但是现在的情况却截然不同。

이전에 사람들은 인터넷에서 물건을 산 후 일반적으로 몇 날 며칠을 기다려야 했지만 지금 상황은 예전과 판이하다.

☐ **举世瞩目**
148 jǔshìzhǔmù

전 세계가 주목하다

近半个世纪以来，关于马王堆汉墓的研究成果举世瞩目。

근 반 세기 동안 마왕퇴한묘에 관한 연구 성과를 전 세계가 주목했다.

☐ **励精图治**
149 lìjīngtúzhì

나라를 잘 다스리기 위해 온 힘을 다해 노력하다

经过几十年的励精图治，国家的综合国力得到了极大的提升。

나라를 잘 다스리기 위한 수십 년의 노력 끝에 국가 경쟁력이 크게 향상되었다.

☐ **历久弥新**
150 lìjiǔmíxīn

오랜 시간이 경과하고 더 새로워지다

民间文学艺术在全球化的浪潮中历久弥新，其文化价值日益凸显。

민간 문학 예술은 세계화의 물결 속에서 오랜 시간이 경과하고 더 새로워지고 있으며, 그 문화적 가치는 점점 더 두드러지고 있다.

琳琅满目 151 línlángmǎnmù	**갖가지 훌륭한 물건이 매우 많다** 中国向全球市场提供琳琅满目的商品的同时，也为各国提供广阔的发展机遇。 중국은 전 세계 시장에 갖가지 훌륭한 상품을 공급하는 동시에 각국에 더 넓은 성장 기회를 제공했다.
名副其实 152 míngfùqíshí	**명실상부하다** 在该科学论坛上可以了解各领域的科学成果，这是一场名副其实的科学盛宴。 이 과학 포럼에서는 다양한 분야의 과학적 성과를 알 수 있는데, 이는 명실상부한 과학의 향연이다.
慕名而来 153 mùmíng'érlái	**명성을 듣고 오다** 很多企业此次慕名而来，就是为了采购一批品质优良的脐橙。 많은 기업이 고품질의 네이블 오렌지를 구입하기 위해 명성을 듣고 왔다.
前所未有 154 qiánsuǒwèiyǒu	**유례가 없다, 전에 없다** 如今在各种新兴技术的推动下，医疗信息化进入了前所未有的阶段。 오늘날 다양한 최신 기술의 추진 아래, 의료 데이터화는 유례없는 단계에 들어섰다.
人心不古 155 rénxīnbùgǔ	**인심이 각박하다** 很多人都觉得他们生活在世风日下、人心不古的时代。 많은 사람은 그들이 사회 기풍이 나날이 나빠지고, 인심이 각박한 시대에 살고 있다고 생각한다.
锐意进取 156 ruìyìjìnqǔ	**꿋꿋하게 나아가다, 단호하게 밀고 나가다** 董事长将带领全体员工锐意进取、改革创新，不断提高产品质量。 회장은 모든 직원을 이끌고 꿋꿋하게 나아가 개혁하며 혁신하고, 제품 품질을 지속적으로 향상시킬 것이다.
瘦骨嶙峋 157 shòugǔlínxún	**뼈만 남아 앙상하다** 那个摄影师拍摄了苏丹一个瘦骨嶙峋的女童即将被秃鹫捕食的照片。 그 사진작가는 수단의 뼈만 남아 앙상한 여자아이가 곧 대머리 독수리에게 잡아먹힐 것 같은 사진을 찍었다.
有目共睹 158 yǒumùgòngdǔ	**누구나 다 알고 있다** 该公司产品的国际知名度和品牌影响力是有目共睹的。 이 회사 제품의 국제적 인지도와 브랜드 영향력은 누구나 다 알고 있다.
与日俱增 159 yǔrìjùzēng	**날로 증가하다** 随着健康意识的提高，市民对健身的需求与日俱增。 건강에 대한 의식이 향상됨에 따라, 건강에 대한 시민들의 요구가 날로 증가하고 있다.
转瞬即逝 160 zhuǎnshùnjíshì	**눈 깜짝할 사이에 사라지다** 那颗彗星只在地平线上"稍一露面"，便转瞬即逝了。 그 혜성은 지평선에서 '잠시 얼굴을 내밀더니' 눈 깜짝할 사이에 사라졌다.

시치성어

해커스 HSK 7-9급 한 권으로 마스터

✸ 중국 문화/예술

☑ 잘 외워지지 않는 표현은 박스에 체크하며 복습하세요.

□ **别出心裁**
161 biéchūxīncái

기발한 생각을 내다, 독창적인 구상을 생각해내다

艺术大师们往往别出心裁，使青花瓷在造型风格上具有千变万化之妙。

예술 거장들은 종종 기발한 생각을 내는데, 청화 자기를 스타일 면에서 변화무쌍한 묘미를 갖게 한다.

□ **博大精深**
162 bódàjīngshēn

(사상·학식 등이) 다양하고 심오하다, 넓고 심오하다

数千年来，博大精深的中国饮食文化从寡淡走向丰富，已俘获了众多人的心。

수천 년 동안 다양하고 심오한 중국 음식 문화는 담백함에서 풍부함으로 나아갔고, 이미 수많은 사람의 마음을 사로잡았다.

□ **出人意料**
163 chūrényìliào

예상을 벗어나다, 뜻밖이다

每位大师对紫砂壶的比例各有侧重，因此紫砂壶在风格上有出人意料之美。

모든 대가는 자사호의 비율에 각각 편중이 있어, 이로 인해 자사호는 스타일에서 예상을 벗어난 아름다움을 가지고 있다.

□ **此起彼伏**
164 cǐqǐbǐfú

(사물·상황이) 꼬리에 꼬리를 물고 터져 나오다

音乐会现场气氛十分热烈，观众的掌声此起彼伏。

음악회의 현장 분위기는 매우 뜨거웠고, 관객의 박수 소리가 꼬리에 꼬리를 물고 터져 나왔다.

□ **大相径庭**
165 dàxiāngjìngtíng

차이가 매우 크다

在汉字中，很多同音异义词虽然发音一样，词义却大相径庭。

한자에서 많은 동음이의어는 비록 발음은 같지만, 의미 차이는 매우 크다.

□ **德高望重**
166 dégāo
wàngzhòng

덕망이 높다

按照蒙古族的传统习俗，要推选一位德高望重的长者当搏克比赛的裁判。

몽골족의 전통 풍습에 따라, 덕망이 높은 연장자를 뽑아 버흐 경기의 심판을 보게 해야 한다.

□ **干净利落**
167 gānjìnglìluo

깔끔하다

要想制作出优秀的微电影，剧本和叙事方式要干净利落，台词也要简洁明了。

훌륭한 마이크로 무비를 만들어 내려면, 대본과 서술 방식이 깔끔해야 하고 대사도 간결하고 명료해야 한다.

□ **画龙点睛**
168 huàlóngdiǎnjīng

화룡점정

在一部微电影中，好的细节可以起到画龙点睛的作用，给观众留下更深刻的印象。

한 마이크로 무비에서 좋은 디테일은 화룡점정 역할을 하여 관객들에게 더욱 깊은 인상을 줄 수 있다.

□ **虎背熊腰**
169 hǔbèixióngyāo

장대한 기골

目前已经出土的兵马俑神态各异，他们或虎背熊腰，或浓眉大眼，或面含微笑。

현재 이미 출토된 병마용은 각각 표정이 다른데, 그들은 장대한 기골을 가지고 있거나 짙은 눈썹과 큼지막한 눈을 가지고 있기도 하고, 얼굴에 미소를 짓고 있기도 하다.

□ **兼容并包**
170 jiānróngbìngbāo

각 방면의 것을 모두 받아들이다

为期五天的大会在兼容并包的氛围中落下了帷幕。

5일 동안 하는 대회는 각 방면의 것을 모두 받아들이는 분위기 속에서 막을 내렸다.

	모두가 다 안다
□ **家喻户晓** 171 jiāyùhùxiǎo	该音乐剧将主人公家喻户晓的冒险故事与作家的经历巧妙地结合了起来。 이 뮤지컬은 모두가 다 아는 주인공의 모험담과 작가의 경험을 절묘하게 결합했다.

	가지런하고 질서가 있다, 질서 정연하다
□ **井然有序** 172 jǐngrányǒuxù	天一阁内书籍排列得井然有序，其中不少书籍已成为海内孤本。 천일각 내의 책들은 가지런하고 질서 있게 배치되어 있는데, 그중 세계 유일본이 된 서적들도 적지 않다.

	정규 교습을 받은 적이 있다
□ **科班出身** 173 kēbānchūshēn	我希望从科班出身的演员身上发掘出更大的舞台价值。 나는 정규 교습을 받은 배우에게서 더 큰 무대 가치를 발굴하고 싶다.

	사람들에 의해 널리 회자되다
□ **脍炙人口** 174 kuàizhìrénkǒu	她充分考虑了汉语和英语的语音规律，改编出了脍炙人口的中文剧本。 그녀는 중국어와 영어의 음성 법칙을 충분히 고려해 사람들에게 널리 회자되는 중국어 극본을 각색해냈다.

	매우 귀중하다
□ **弥足珍贵** 175 mízúzhēnguì	有了艺术性和实用性的结合，紫砂壶显得更加弥足珍贵，令人回味无穷。 예술성과 실용성의 결합으로 자사호는 더욱 귀중하게 보이고, 깊은 여운을 남긴다.

	(일이 눈앞에 닥쳐) 매우 시급하다
□ **迫在眉睫** 176 pòzàiméijié	传唱千年的仫佬族民歌正面临着消亡的危险，保护和传承仫佬族民歌迫在眉睫。 천년 동안 불러온 무라오족의 민요는 현재 사라질 위기에 처했으며, 무라오족의 민요를 보호하고 전승하는 것이 매우 시급하다.

	딱 알맞다, 딱 알맞은 부분에 이르다
□ **恰到好处** 177 qiàdàohǎochù	微电影形式简单，视频播放时间也恰到好处，这正好契合了人们即时消费的诉求。 마이크로 무비는 형식이 간단하고, 영상 재생 시간도 딱 알맞다. 이는 사람들의 즉각적인 소비 욕구에 꼭 들어맞는다.

	손가락을 꼽아 헤아릴 수 있다
□ **屈指可数** 178 qūzhǐkěshǔ	在所有的对抗性运动项目中，像搏克这样场面壮观的项目屈指可数。 모든 대항 종목에서, 버흐처럼 이토록 웅장한 종목은 손꼽을 정도이다.

	인재와 문물이 한데 모이다
□ **人文荟萃** 179 rénwénhuìcuì	宁波历史悠久，人文荟萃，素有"书藏古今，港通天下"之称。 닝보는 역사가 유구하며 인재와 문물이 한데 모여 있는데, 예로부터 '서장고금, 항통천하'라는 칭호를 가지고 있다.

	점진적으로 발전시키다
□ **循序渐进** 180 xúnxùjiànjìn	浙江绍剧团计划循序渐进、扎扎实实地实施绍剧保护与发展工程。 저장성 소극 극단은 점진적이고 착실하게 소극 보호 및 발전 프로젝트를 시행할 계획이다.

QUIZ

■ 각 사자성어에 맞는 의미를 찾아 연결하세요.

01 胆肝相照 •　　　　　　　　　• ⓐ 누구나 다 알고 있다

02 五湖四海 •　　　　　　　　　• ⓑ 진심으로 서로를 대하다

03 精益求精 •　　　　　　　　　• ⓒ 세계 각지, 전국 각지, 방방곡곡

04 志存高远 •　　　　　　　　　• ⓓ 원대한 꿈을 가지다

05 有目共睹 •　　　　　　　　　• ⓔ (현재도 훌륭하지만) 더욱더 완벽을 추구하다

06 脍炙人口 •　　　　　　　　　• ⓐ 벌컥 성을 내다

07 琳琅满目 •　　　　　　　　　• ⓑ 갖가지 훌륭한 물건이 매우 많다

08 勃然大怒 •　　　　　　　　　• ⓒ 금상첨화, 좋은 일에 또 좋은 일을 더하다

09 天南海北 •　　　　　　　　　• ⓓ 사람들에 의해 널리 회자되다

10 锦上添花 •　　　　　　　　　• ⓔ 이런저런 이야기를 나누다

11 刻不容缓 •　　　　　　　　　• ⓐ (너무 많아서) 미처 다 볼 수 없다

12 目不暇接 •　　　　　　　　　• ⓑ 온갖 자태, 자태가 각양각색이다

13 萍水相逢 •　　　　　　　　　• ⓒ 우연히 만나다

14 千姿百态 •　　　　　　　　　• ⓓ 잠시도 지체할 수 없다

15 守株待兔 •　　　　　　　　　• ⓔ 노력하지 않고 요행만을 바라다

16 井然有序 •　　　　　　　　　• ⓐ 가지런하고 질서가 있다, 질서 정연하다

17 鸦雀无声 •　　　　　　　　　• ⓑ 산봉우리가 많고 험준하다

18 一视同仁 •　　　　　　　　　• ⓒ 쥐 죽은 듯 조용하다

19 层峦叠翠 •　　　　　　　　　• ⓓ 기쁜 마음이 표정에서 드러나다

20 喜上眉梢 •　　　　　　　　　• ⓔ 누구나 차별 없이 대하다

정답	01 ⓑ	02 ⓒ	03 ⓔ	04 ⓓ	05 ⓐ	06 ⓓ	07 ⓑ	08 ⓐ	09 ⓔ	10 ⓒ
	11 ⓓ	12 ⓐ	13 ⓒ	14 ⓑ	15 ⓔ	16 ⓐ	17 ⓒ	18 ⓔ	19 ⓑ	20 ⓓ

21 各有千秋 •		• ⓐ 전 세계가 주목하다
22 爱理不理 •		• ⓑ 매우 귀중하다
23 安于现状 •		• ⓒ 현실에 안주하다, 현상에 만족하다
24 举世瞩目 •		• ⓓ 본체만체하다, 아랑곳하지 않다
25 弥足珍贵 •		• ⓔ 제각기 특성이나 장점을 가지고 있다

26 杞人忧天 •		• ⓐ 마음에 꼭 들다, 생각대로 되다
27 励精图治 •		• ⓑ 나라를 잘 다스리기 위해 온 힘을 다해 노력하다
28 无足轻重 •		• ⓒ 영문을 알 수 없다, 아무도 그 오묘함을 설명할 수 없다
29 称心如意 •		• ⓓ 기우, 쓸데없는 걱정
30 莫名其妙 •		• ⓔ 보잘것없다, 있어도 그만 없어도 그만이다

31 回味无穷 •		• ⓐ 각 방면의 것을 모두 받아들이다
32 层出不穷 •		• ⓑ 끊임없이 나타나다
33 芸芸众生 •		• ⓒ 깊은 여운을 남기다
34 沧海一粟 •		• ⓓ 큰 바닷속의 좁쌀 한 알, 광대한 것 속에 극히 작은 것
35 兼容并包 •		• ⓔ 수많은 보통의 사람

36 求仁得仁 •		• ⓐ 갖은 방법을 다하다
37 来之不易 •		• ⓑ 큰 공을 세우다
38 想方设法 •		• ⓒ 원하던 것을 얻다, 소원대로 되다
39 功不可没 •		• ⓓ 힘들게 얻다, 손에 넣기 쉽지 않다
40 以身作则 •		• ⓔ 솔선수범하다

| 정답 | 21 ⓔ | 22 ⓓ | 23 ⓒ | 24 ⓐ | 25 ⓑ | 26 ⓓ | 27 ⓑ | 28 ⓔ | 29 ⓐ | 30 ⓒ |
| | 31 ⓒ | 32 ⓑ | 33 ⓔ | 34 ⓓ | 35 ⓐ | 36 ⓒ | 37 ⓓ | 38 ⓐ | 39 ⓑ | 40 ⓔ |

HSK 7-9급에 도움이 되는 신조어 및 전문용어를 경제, 사회, 문화 등 주제별로 암기하세요.

✹ 경제

☑ 잘 외워지지 않는 표현은 박스에 체크하며 복습하세요.

001	☐	个体工商户	gètǐ gōngshānghù	몡 자영업자, 개인 사업자
002	☐	灵活就业人员	línghuó jiùyè rényuán	몡 비정규직[프리랜서, 계약직 등]
003	☐	业态	yètài	몡 업종, 경영 형태
004	☐	小微企业	xiǎowēi qǐyè	몡 영세 기업
005	☐	创业企业	chuàngyè qǐyè	몡 스타트업
006	☐	咨询公司	zīxún gōngsī	몡 컨설팅 회사
007	☐	助企纾困	zhùqǐshūkùn	기업 구제
008	☐	营业执照	yíngyè zhízhào	몡 사업자 등록증
009	☐	转业	zhuǎnyè	통 업종을 전환하다
010	☐	背调	bèidiào	몡 배경 조사
011	☐	资助	zīzhù	통 경제적 원조를 하다
012	☐	按时按质	ànshí ànzhì	정해진 기한 내 규정된 품질에 따라
013	☐	指向性	zhǐxiàngxing	몡 방향성, 지향성
014	☐	原装	yuánzhuāng	휑 원산지 완제품의, 오리지널 포장의
015	☐	劳务	láowù	몡 용역, 노무[임금을 받으려고 육체적 노력을 들여서 하는 일]
016	☐	投保	tóubǎo	통 보험에 가입하다
017	☐	工伤保险	gōngshāng bǎoxiǎn	몡 산재 보험
018	☐	自由贸易区	zìyóumàoyìqū	몡 자유무역지역
019	☐	签署	qiānshǔ	통 체결하다, 서명하다
020	☐	审批	shěnpī	통 심사하여 허가하다
021	☐	内需	nèixū	몡 국내시장의 수요, 내수
022	☐	外贸	wàimào	몡 대외 무역[对外贸易의 준말]
023	☐	签字仪式	qiānzì yíshì	몡 조인식[공문서에 대표자가 서명·날인하는 의식]
024	☐	磋商	cuōshāng	통 협상하다
025	☐	协同治理	xiétóng zhìlǐ	협치
026	☐	集装箱	jízhuāngxiāng	몡 컨테이너
027	☐	流程	liúchéng	몡 프로세스
028	☐	策划书	cèhuàshū	몡 계획서
029	☐	通货膨胀	tōnghuòpéngzhàng	몡 인플레이션
030	☐	贬值	biǎnzhí	통 평가 절하하다

031 ☐	升值	shēngzhí	동 평가 절상하다
032 ☐	供应过多	gōngyìng guòduō	공급 과잉
033 ☐	需求拉动	xūqiú lādòng	명 수요 견인[인플레이션의 한 종류]
034 ☐	成本推动	chéngběn tuīdòng	명 비용 인상[인플레이션의 한 종류]
035 ☐	电商	diànshāng	명 전자 상거래[电子商务의 줄임말]
036 ☐	跨境电商	kuàjìng diànshāng	명 크로스보더 전자상거래[국경을 넘나들며 진행하는 전자상거래]
037 ☐	供应商	gōngyìngshāng	명 공급업자
038 ☐	供应链	gōngyìngliàn	명 공급 사슬
039 ☐	减税降费	jiǎnshuìjiàngfèi	세금 감면과 행정 비용 인하
040 ☐	缓缴	huǎn jiǎo	납부를 유예하다
041 ☐	代扣代缴	dài kòu dài jiǎo	원천 징수
042 ☐	滞纳金	zhìnàjīn	명 체납금
043 ☐	减免	jiǎnmiǎn	동 감면하다
044 ☐	海关总署	hǎiguān zǒngshǔ	명 관세청
045 ☐	私自	sīzì	부 불법으로, 몰래
046 ☐	无接触经济	wújiēchù jīngjì	명 언택트 경제
047 ☐	循环经济	xúnhuán jīngjì	순환경제
048 ☐	双循环	shuāng xúnhuán	명 쌍순환[국내대순환을 기반으로 국내(내수)와 국제(수출)가 상호 촉진하는 발전 구도]
049 ☐	产业链	chǎnyèliàn	명 산업 사슬
050 ☐	价值链	jiàzhíliàn	명 가치사슬[기업 활동에서 부가가치가 생성되는 과정을 나타냄]
051 ☐	附加值	fùjiāzhí	명 부가 가치
052 ☐	基准利率	jīzhǔn lìlǜ	명 기준 금리
053 ☐	债券	zhàiquàn	명 채권
054 ☐	基金	jījīn	명 펀드
055 ☐	支配	zhīpèi	동 굴리다, 지배하다
056 ☐	亏损	kuīsǔn	동 적자가 나다
057 ☐	盈利	yínglì	동 이윤을 창출하다
058 ☐	理财	lǐcái	동 재테크하다
059 ☐	透支	tòuzhī	동 과도하게 지출하다
060 ☐	开户	kāihù	동 계좌를 개설하다

✳ 사회

☑ 잘 외워지지 않는 표현은 박스에 체크하며 복습하세요.

061	☐	社会效益	shèhuì xiàoyì	몡 사회적 편익
062	☐	恶性循环	èxìng xúnhuán	악순환
063	☐	良性循环	liángxìng xúnhuán	선순환
064	☐	社交网络	shèjiāo wǎngluò	몡 사회 연결망, 소셜 네트워크
065	☐	社交圈子	shèjiāo quānzi	몡 커뮤니티
066	☐	温饱问题	wēnbǎo wèntí	몡 먹고 사는 문제
067	☐	老龄化	lǎolínghuà	고령화
068	☐	人口普查	rénkǒu pǔchá	인구 조사
069	☐	空巢老人	kōngcháo lǎorén	독거노인, 빈 둥지 노인
070	☐	人员伤亡	rényuán shāngwáng	인명 피해
071	☐	弊端	bìduān	몡 폐단
072	☐	质疑	zhìyí	동 의문을 제기하다
073	☐	纠纷	jiūfēn	몡 분쟁
074	☐	布局	bùjú	몡 상태, 구도
075	☐	垄断	lǒngduàn	동 독점하다
076	☐	双刃剑	shuāngrènjiàn	몡 양날의 검
077	☐	社交焦虑	shèjiāo jiāolǜ	몡 사회적 불안
078	☐	双碳	shuāngtàn	몡 이중 탄소[2030년에는 탄소 피크를 찍고, 2060년에는 탄소 중립을 달성한다는 의미]
079	☐	碳标签	tànbiāoqiān	몡 탄소 라벨링[제품의 생산·유통·소비 등 전 과정에서 발생하는 이산화 탄소 배출량을 제품 겉면에 표시하는 제도]
080	☐	碳足迹	tànzújì	몡 탄소 발자국[개인이나 단체가 직·간접적으로 발생시킨 이산화 탄소의 총량]
081	☐	微塑料	wēisùliào	몡 미세 플라스틱
082	☐	杜绝	dùjué	동 근절하다
083	☐	沙尘暴	shāchénbào	몡 모래바람
084	☐	微尘	wēichén	몡 미세먼지
085	☐	生态系统退化	shēngtài xìtǒng tuìhuà	생태계 교란
086	☐	裁决书	cáijuéshū	몡 판결문
087	☐	刑事	xíngshì	형 형사의
088	☐	生效	shēngxiào	동 발효되다, 효력이 발생하다
089	☐	法律约束力	fǎlǜ yuēshùlì	몡 법적 효력
090	☐	立案查处	lì'àn cháchǔ	입건하여 처리하다

091 ☐	约束力	yuēshùlì	명 구속력
092 ☐	出台	chūtái	통 정식으로 공포하다
093 ☐	联合国	Liánhéguó	고유 유엔(UN), 국제 연합
094 ☐	世界卫生组织	Shìjiè Wèishēng Zǔzhī	고유 세계보건기구(WHO)
095 ☐	世贸组织	Shìmào Zǔzhī	고유 세계무역기구(WTO)
096 ☐	联合国安理会	Liánhéguó Ānlǐhuì	고유 유엔 안보리
097 ☐	联合国大会	Liánhéguó Dàhuì	고유 유엔 총회
098 ☐	自由贸易协定	zìyóu màoyì xiédìng	명 자유무역협정(FTA)
099 ☐	发展中国家	fāzhǎnzhōng guójiā	명 개발 도상국
100 ☐	国务院	guówùyuàn	명 국무원[중국의 최고 행정 기관]
101 ☐	官方	guānfāng	명 공식, 정부 측
102 ☐	领袖	lǐngxiù	명 지도자
103 ☐	综合国力	zōnghé guólì	국가 경쟁력
104 ☐	国情	guóqíng	명 나라의 정서, 국정
105 ☐	焦点	jiāodiǎn	명 이슈, (문제나 관심사의) 초점
106 ☐	纽带	niǔdài	명 유대, 연결 고리
107 ☐	里程碑	lǐchéngbēi	명 이정표, 기념비적 사건
108 ☐	共赢	gòngyíng	통 모두가 이익을 얻다
109 ☐	上下级制度	shàngxiàjí zhìdù	명 직급 체계
110 ☐	福利待遇	fúlì dàiyù	복지
111 ☐	舆论	yúlùn	명 여론
112 ☐	打口号	dǎ kǒuhào	슬로건을 내걸다
113 ☐	导向	dǎoxiàng	명 지향, 동향
114 ☐	启蒙	qǐméng	통 기초 지식을 얻게 하다, 계몽하다
115 ☐	思想品德	sīxiǎng pǐndé	명 도덕 교육
116 ☐	集大成	jí dàchéng	집대성하다[여러 장점을 융합해 완전한 정도에 도달함]
117 ☐	赋能	fù néng	(사람·기관에게) 힘을 실어주다, 능력을 부여하다
118 ☐	边界	biānjiè	명 (지역 간의) 국경선
119 ☐	载体	zàitǐ	명 매개체
120 ☐	流量	liúliàng	명 유동량

신조어·전문용어

해커스 HSK 7-9급 한 권으로 마스터

✻ 문화

☑ 잘 외워지지 않는 표현은 박스에 체크하며 복습하세요.

121	☐	传媒	chuánméi	명 대중 매체
122	☐	热潮	rècháo	명 붐, 열기
123	☐	覆盖面积	fùgài miànjī	보급되어 있는 정도, 커버리지
124	☐	偶像	ǒuxiàng	명 아이돌
125	☐	主播	zhǔbō	명 (인터넷 방송) BJ, 크리에이터
126	☐	网红	wǎnghóng	명 인플루언서, 왕훙
127	☐	刷上	shuāshang	(인터넷에) 오르다
128	☐	热搜	rèsōu	인기 검색어
129	☐	Z世代	Z shìdài	명 Z세대[1990년대 중반에서 2000년대 초반에 태어난 세대를 일컫는 말]
130	☐	短视频	duǎn shìpín	명 쇼트클립[1분 이내의 짧은 동영상 콘텐츠]
131	☐	综艺节目	zōngyì jiémù	명 예능 프로그램
132	☐	剧本杀	jùběnshā	명 스크립트킬[대본에 따라 역할을 맡아 추리를 하며 범인을 찾아내는 게임]
133	☐	闪亮登场	shǎnliàngdēngchǎng	성 새롭게 등장하다
134	☐	风气	fēngqì	명 (사회 문화나 집단의) 풍조
135	☐	热门	rèmén	명 인기 있는 것
136	☐	文创	wénchuàng	문화 콘텐츠
137	☐	大IP	dà IP	명 잠재력 있고 기대 가치가 큰 콘텐츠를 가리킴
138	☐	文化符号	wénhuà fúhào	문화적 상징
139	☐	媒体人士	méitǐ rénshì	명 언론인
140	☐	新闻中心	xīnwén zhōngxīn	프레스 센터[취재나 보도를 위해 마련된 기자 전용 건물 또는 방]
141	☐	分歧	fēnqí	명 (사상·의견·기록 등의) 차이, 논란
142	☐	荣获	rónghuò	통 영예를 누리다
143	☐	勋章	xūnzhāng	명 훈장
144	☐	伦理	lúnlǐ	명 윤리
145	☐	取材	qǔcái	통 취재하다, 소재를 구하다
146	☐	情报	qíngbào	명 (주로 기밀성을 띤) 정보
147	☐	价值取向	jiàzhí qǔxiàng	가치 지향[어떤 가치에 뜻이 쏠려 향하는 일]
148	☐	版权	bǎnquán	명 저작권
149	☐	专利	zhuānlì	명 특허
150	☐	文献	wénxiàn	명 문헌[역사적 가치나 참고할 가치가 있는 도서 자료]

151 ☐	甲骨文	jiǎgǔwén	몡 갑골문
152 ☐	编撰	biānzhuàn	용 펴내다, 편찬하다
153 ☐	力作	lìzuò	몡 역작
154 ☐	情节	qíngjié	몡 줄거리, 스토리
155 ☐	塑造	sùzào	용 (문자로) 인물을 묘사하다
156 ☐	灵感	línggǎn	몡 모티브, 영감
157 ☐	迷信	míxìn	용 미신을 믿다
158 ☐	创始者	chuàngshǐzhě	몡 창시자
159 ☐	生辰八字	shēngchénbāzì	몡 사주팔자
160 ☐	多元文化	duōyuán wénhuà	몡 다문화
161 ☐	智力劳动	zhìlì láodòng	몡 지적 노동
162 ☐	配套服务	pèitào fúwù	몡 부대 서비스
163 ☐	民宿	mínsù	몡 펜션
164 ☐	职业倦怠	zhíyè juàndài	번아웃 증후군
165 ☐	零废弃	líng fèiqì	제로 웨이스트[환경 보호를 위해 쓰레기 배출을 최소화하는 것]
166 ☐	非物质文化遗产	fēiwùzhì wénhuà yíchǎn	몡 무형문화재
167 ☐	稀世珍宝	xīshì zhēnbǎo	몡 보기 드문 보물
168 ☐	精髓	jīngsuǐ	몡 정수[사물의 본질을 이루는 가장 중요하고 뛰어난 부분을 비유함]
169 ☐	巅峰	diānfēng	몡 최고봉
170 ☐	工艺品	gōngyìpǐn	몡 공예품
171 ☐	丝织品	sīzhīpǐn	몡 견직물
172 ☐	剪纸	jiǎnzhǐ	몡 전지[중국의 전통 종이 공예]
173 ☐	刺绣	cìxiù	용 자수를 놓다
174 ☐	博览会	bólǎnhuì	몡 엑스포, 박람회
175 ☐	会展中心	huìzhǎn zhōngxīn	몡 전시 컨벤션 센터
176 ☐	文人四艺	wénrén sìyì	몡 문인사예[고대 문인들이 배워야 했던 고금, 바둑, 서예, 회화 네 가지의 문예 활동을 가리킴]
177 ☐	佳品	jiāpǐn	몡 고급품, 드물고 진귀한 물품
178 ☐	吉祥物	jíxiángwù	몡 마스코트
179 ☐	报价	bàojià	용 가격을 제시하다
180 ☐	全方位	quánfāngwèi	몡 다각도

✳ 과학 기술

☑ 잘 외워지지 않는 표현은 박스에 체크하며 복습하세요.

181	☐	算法	suànfǎ	몡 알고리즘
182	☐	大数据	dàshùjù	몡 빅 데이터
183	☐	云计算	yúnjìsuàn	몡 클라우드 컴퓨팅
184	☐	机制	jīzhì	몡 메커니즘
185	☐	实时	shíshí	뷔 실시간으로
186	☐	监测	jiāncè	동 모니터링하다
187	☐	优化	yōuhuà	동 최적화하다
188	☐	更新迭代	gēngxīn diédài	업데이트하고 교체하다
189	☐	遥控	yáokòng	동 원격 조종하다
190	☐	二维码	èrwéimǎ	QR코드
191	☐	增强现实	zēngqiáng xiànshí	몡 증강 현실
192	☐	虚拟现实	xūnǐ xiànshí	몡 가상 현실
193	☐	车联网	chēliánwǎng	몡 차량인터넷
194	☐	物联网	wùliánwǎng	몡 사물인터넷
195	☐	远程操控	yuǎnchéng cāokòng	원격제어
196	☐	智能家居	zhìnéng jiājū	몡 스마트홈[집 안 가전제품을 인터넷에 연결해서 제어하는 기술]
197	☐	智能农场	zhìnéng nóngchǎng	몡 스마트팜
198	☐	人工降雨	réngōng jiàngyǔ	몡 인공 강우
199	☐	动态捕捉	dòngtài bǔzhuō	모션 캡쳐[센서로 움직임 정보를 인식해 재현하는 기술]
200	☐	渲染	xuànrǎn	렌더링[2차원 화상을 3차원 화상으로 만드는 과정]
201	☐	三维	sānwéi	몡 3D
202	☐	立体	lìtǐ	혱 입체의
203	☐	模拟	mónǐ	동 시뮬레이션하다
204	☐	采样	cǎiyàng	동 샘플을 추출하다
205	☐	研制	yánzhì	동 연구 제작하다
206	☐	深耕	shēn gēng	깊이 연구하다, (논밭을) 깊이 갈다
207	☐	统计	tǒngjì	동 통계하다
208	☐	模板	múbǎn	몡 템플릿, 모듈
209	☐	硬件	yìngjiàn	몡 하드웨어
210	☐	隐私	yǐnsī	몡 프라이버시

211	☐	平台	píngtái	몡 플랫폼
212	☐	无人机	wúrénjī	몡 드론
213	☐	视讯	shìxùn	화상의, 비디오의
214	☐	语音识别	yǔyīn shíbié	몡 음성 인식
215	☐	密度	mìdù	몡 밀도
216	☐	固态电池	gùtài diànchí	몡 전고체 배터리[전해질이 액체가 아닌 고체 상태인 배터리]
217	☐	电解质	diànjiězhì	몡 전해질
218	☐	光伏发电	guāngfú fādiàn	태양광 발전
219	☐	导电性	dǎodiànxìng	몡 전도성
220	☐	超声波	chāoshēngbō	몡 초음파
221	☐	卫星	wèixīng	몡 위성
222	☐	黑洞	hēidòng	몡 블랙홀
223	☐	离子	lízǐ	몡 이온
224	☐	溶解	róngjiě	통 용해하다
225	☐	银河系	yínhéxì	몡 은하계
226	☐	引擎	yǐnqíng	몡 엔진
227	☐	发动机	fādòngjī	몡 엔진
228	☐	导弹	dǎodàn	몡 미사일
229	☐	放疗	fàngliáo	몡 방사선 치료
230	☐	临床	línchuáng	통 임상하다
231	☐	器官	qìguān	몡 (생물체의) 기관
232	☐	代谢	dàixiè	몡 (신진)대사
233	☐	炎症	yánzhèng	몡 염증
234	☐	肿瘤	zhǒngliú	몡 종양
235	☐	副作用	fùzuòyòng	몡 부작용
236	☐	基因	jīyīn	몡 유전자
237	☐	碳元素	tàn yuánsù	몡 탄소
238	☐	元素周期表	yuánsù zhōuqībiǎo	몡 원소 주기율표
239	☐	蛋白质	dànbáizhì	몡 단백질
240	☐	受试者	shòushìzhě	몡 피험자[시험이나 실험에서 대상이 되는 사람]

QUIZ

■ 각 어휘에 맞는 의미를 찾아 연결하세요.

01 吉祥物 • • ⓐ 클라우드 컴퓨팅

02 杜绝 • • ⓑ 기준 금리

03 开户 • • ⓒ 계좌를 개설하다

04 基准利率 • • ⓓ 마스코트

05 云计算 • • ⓔ 근절하다

06 弊端 • • ⓐ 분쟁

07 亏损 • • ⓑ 블랙홀

08 黑洞 • • ⓒ 폐단

09 纠纷 • • ⓓ 적자가 나다

10 舆论 • • ⓔ 여론

11 供应链 • • ⓐ 공급 사슬

12 纽带 • • ⓑ 줄거리, 스토리

13 透支 • • ⓒ 펴내다, 편찬하다

14 情节 • • ⓓ 유대, 연결 고리

15 编撰 • • ⓔ 과도하게 지출하다

16 博览会 • • ⓐ 엑스포, 박람회

17 分歧 • • ⓑ (사상·의견·기록 등의) 차이, 논란

18 监测 • • ⓒ 사업자 등록증

19 贬值 • • ⓓ 모니터링하다

20 营业执照 • • ⓔ 평가 절하하다

정답	01 ⓓ	02 ⓔ	03 ⓒ	04 ⓑ	05 ⓐ	06 ⓒ	07 ⓓ	08 ⓑ	09 ⓐ	10 ⓔ
	11 ⓐ	12 ⓓ	13 ⓔ	14 ⓑ	15 ⓒ	16 ⓐ	17 ⓑ	18 ⓓ	19 ⓔ	20 ⓒ

21 私自 •	• ⓐ 초음파	31 放疗 •	• ⓐ 의문을 제기하다
22 热搜 •	• ⓑ 인기 검색어	32 器官 •	• ⓑ 붐, 열기
23 双刃剑 •	• ⓒ 매개체	33 热潮 •	• ⓒ (생물체의) 기관
24 超声波 •	• ⓓ 불법으로, 몰래	34 质疑 •	• ⓓ 업종, 경영 형태
25 载体 •	• ⓔ 양날의 검	35 业态 •	• ⓔ 방사선 치료
26 专利 •	• ⓐ (주로 기밀성을 띤) 정보	36 伦理 •	• ⓐ 플랫폼
27 引擎 •	• ⓑ 엔진	37 平台 •	• ⓑ 유전자
28 情报 •	• ⓒ 재테크하다	38 出台 •	• ⓒ 윤리
29 理财 •	• ⓓ 하드웨어	39 基因 •	• ⓓ 원격제어
30 硬件 •	• ⓔ 특허	40 远程操控 •	• ⓔ 정식으로 공포하다

| 정답 | 21 ⓓ | 22 ⓑ | 23 ⓔ | 24 ⓐ | 25 ⓒ | 26 ⓔ | 27 ⓑ | 28 ⓐ | 29 ⓒ | 30 ⓓ |
| | 31 ⓔ | 32 ⓒ | 33 ⓑ | 34 ⓐ | 35 ⓓ | 36 ⓒ | 37 ⓐ | 38 ⓔ | 39 ⓑ | 40 ⓓ |

한국어를 중국어로 자연스럽게 통번역할 수 있도록 호응 어휘와 관용 표현을 암기하세요.

✳ 호응어휘

☑ 잘 외워지지 않는 표현은 박스에 체크하며 복습하세요.

☐ 001 　인기를 얻다　 → 　受到青睐 shòudào qīnglài

민국 시기에는 빙탕후루를 전문으로 판매하는 가게가 사람들의 인기를 얻었다.
→ 民国时期，专门卖冰糖葫芦的店铺受到了人们的青睐。

☐ 002 　인기를 많이 끌다　 → 　备受欢迎 bèishòu huānyíng

최근, 농촌 생활을 체험할 수 있는 여행 프로그램이 인기를 많이 끌고 있다.
→ 最近，能够体验乡村生活的旅游节目备受欢迎。

☐ 003 　주목을 끌다　 → 　引起关注 yǐnqǐ guānzhù

이 보도가 발표된 직후, 바로 사람들의 보편적인 주목을 끌었다.
→ 这一报道发布之后，立即引起了人们的普遍关注。

☐ 004 　추세가 나타나다　 → 　出现趋势 chūxiàn qūshì

통계에 따르면, 최근 몇 년 동안 일부 국가의 출산율은 지속적으로 하락하는 추세가 나타났다.
→ 据统计，近几年来有些国家出现了出生率持续下降的趋势。

☐ 005 　절정에 다다르다　 → 　达到高峰 dádào gāofēng

중국의 음식 문화는 하나라, 상나라, 주나라 시기에 나타났고, 명나라 시기에 절정에 다다랐다.
→ 中国的饮食文化出现于夏、商、周时期，并在明朝时期达到高峰。

☐ 006 　트렌드에 따르다　 → 　顺应趋势 shùnyìng qūshì

여행 업계의 새로운 트렌드를 따르기 위해, 많은 농촌 민박집이 민박의 시설과 서비스를 지속적으로 개선하고 있다.
→ 为了顺应旅游业新趋势，很多乡村民宿不断改善民宿的设施和服务。

☐ 007 　실시간으로 점검하다　 → 　实时检测 shíshí jiǎncè

스마트팜 시스템은 사물인터넷 장비를 통해 농업 생산 환경을 실시간으로 점검할 수 있다.
→ 智能农场系统可以通过物联网设备实时检测农业生产环境。

☐ 008 　위치를 차지하다　 → 　占有位置 zhànyǒu wèizhì

전지와 같은 이러한 전통문화 예술은 다양한 민속 행사에서 중요한 위치를 차지하고 있다.
→ 剪纸这种传统文化艺术，在各种民俗活动中占有重要的位置。

009 정보를 전달하다 → **传递情报** chuándì qíngbào

방어 기능 이외에, 만리장성은 정보를 전달하는 기능도 가지고 있다.
→ 除了防御功能，长城还具有传递情报的功能。

010 지식이 해박하다 → **知识渊博** zhīshi yuānbó

공자는 지식이 해박하고 학생의 눈높이에 맞춰 가르치는 교육자이다.
→ 孔子是一位知识渊博、因材施教的教育者。

011 기틀을 다지다 → **奠定基础** diàndìng jīchǔ

명나라의 개방적인 사회 풍조는 명나라 미식 문화의 기틀을 다졌다.
→ 明朝开放的社会风气为明朝的美食文化奠定了基础。

012 면역력을 높이다 → **提高免疫力** tígāo miǎnyìlì

차는 사람의 몸과 마음을 편안하게 할 수 있으며 면역력을 높이는 데 도움이 된다.
→ 茶能让人的身心得到放松，并有助于提高免疫力。

013 소질을 향상시키다 → **提升素质** tíshēng sùzhì

중국 무술은 신체 소질을 향상시킬 수 있을 뿐만 아니라 의지력도 키울 수 있다.
→ 中国武术不仅能提升身体素质，还能培养意志力。

014 환경을 조성하다 → **营造环境** yíngzào huánjìng

그 도서관은 학생들에게 좋은 학습 환경을 조성했다.
→ 那家图书馆给学生们营造了很好的学习环境。

015 식물을 심다 → **栽种植物** zāizhòng zhíwù

식물을 심는 것을 통해 도시 환경을 개선하는 행위는 도시 녹화라고 불린다.
→ 通过栽种植物改善城市环境的行为被称为城市绿化。

016 문제를 탐구하다 → **探讨问题** tàntǎo wèntí

연구 작업에서 과학 연구원은 인공 강우 기술의 발전 문제를 상세하게 탐구했다.
→ 在研究工作中，科研人员详细探讨了人工降雨技术的发展问题。

017 방식을 사용하다 → 采用方式 cǎiyòng fāngshì

남북조 시대의 전지는 반복해서 접는 처리 방식을 사용했다.
→ 南北朝时期的剪纸采用了重复折叠的处理方式。

018 의미를 가지다 → 承载内涵 chéngzài nèihán

맥주 축제는 도시 문화의 의미를 갖는 동시에, 사람과 사람의 감정을 연결시켰다.
→ 啤酒节承载城市文化内涵的同时，也连接了人与人之间的感情。

019 이동 경로 → 出行路线 chūxíng lùxiàn

전문가들은 사람들이 춘절 이동 기간에 사전에 이동 경로를 계획하여, 이동 혼잡 시간을 피할 것을 권장한다.
→ 专家建议人们在春运期间提前规划出行路线，避开出行高峰。

020 정교하고 아름답게 제작되다 → 做工精美 zuògōng jīngměi

정교하고 아름답게 제작된 자수 제품은 고대 중국에서 대외로 수출되는 주요 상품이 되었다.
→ 做工精美的刺绣制品成为了古代中国对外输出的主要商品。

021 체면을 차리다 → 挽回面子 wǎnhuí miànzi

체면을 차리기 위해, 그는 일련의 질문을 던져서 남자아이를 곤란하게 했다.
→ 为了挽回面子，他提出了一连串问题来为难小男孩。

022 지질 구조 → 地质构造 dìzhì gòuzào

타이산의 지질 구조는 매우 복잡해서 높은 과학 연구 가치를 지니고 있다.
→ 泰山的地质构造十分复杂，因此具有很高的科研价值。

023 기밀을 누설하다 → 泄露机密 xièlòu jīmì

만약 회사의 상업 기밀을 누설한다면, 법률적인 처벌을 받을 것이다.
→ 如果泄露公司的商业机密，将会受到法律上的惩罚。

024 처벌을 받다 → 受到处罚 shòudào chǔfá

여러 식품 안전 문제로 인해, 해당 식당은 법에 의거하여 처벌을 받았다.
→ 由于存在多种食品安全问题，该餐厅依法受到了处罚。

025 돌이킬 수 없는 손실 → 不可挽回的损失 bù kě wǎnhuí de sǔnshī

우리는 안전 대비 의식을 높여야 하고, 잠깐의 소홀함으로 인해 초래되는 돌이킬 수 없는 손실을 피해야 한다.
→ 我们要提高安全防范意识，避免因一时疏忽而造成不可挽回的损失。

026 손실을 부담하다 → 承担损失 chéngdān sǔnshī

마을 사람들이 심은 과일나무는 큰 영향을 받았는데, 이는 그들이 심각한 경제적 손실을 부담하게 했다.
→ 村民们种植的果树受到了极大的影响，这使他们承担了严重的经济损失。

027 공급이 원활하지 않다 → 供应不畅 gōngyìng búchàng

정부는 식량의 생산량이 줄어들고 식량 공급이 원활하지 않은 거대한 어려움에 직면했다.
→ 政府面临着粮食生产量下降、粮食供应不畅的巨大困难。

028 부담을 가중시키다 → 加重负担 jiāzhòng fùdān

물가의 지속적인 인상과 이율의 끊임없는 상승은 소비자의 경제적 부담을 가중시켰다.
→ 物价的持续上涨和利率的不断上升加重了消费者的经济负担。

029 인명 피해 → 人员伤亡 rényuán shāngwáng

다행인 것은, 어젯밤에 일어난 교통사고가 인명 피해를 초래하지는 않았다는 것이다.
→ 庆幸的是，昨天晚上发生的交通事故没有造成人员伤亡。

030 문제를 야기하다 → 引发问题 yǐnfā wèntí

과학 기술의 발전은 개인정보 유출이라는 사회적 문제를 야기하기도 한다.
→ 科技的发展还会引发个人信息泄露的社会问题。

031 보안 위험 → 安全隐患 ānquán yǐnhuàn

밖에 외출 시 휴대전화를 통해 집 안 구석구석을 둘러보며 보안 위험을 점검할 수 있다.
→ 出门在外时，可以通过手机查看家里的各个角落，检测安全隐患。

032 타격을 받다 → 遭受打击 zāoshòu dǎjī

기후 변화로 인해, 세계 식량의 운송 및 보급은 큰 타격을 받았다.
→ 由于气候变化，世界粮食的运输和供应遭受了严重的打击。

✹ 관용표현

☑ 잘 외워지지 않는 표현은 박스에 체크하며 복습하세요.

☐
033 | 자리잡고 있다 | → | 位于 wèiyú

어떤 한 마을이 외진 산간 지대에 자리 잡고 있었는데, 현지의 마을 사람들은 오랜 기간 평온한 생활을 했다.
→ 有个村庄位于偏僻的山区，当地的村民们常年过着宁静的生活。

☐
034 | 삶의 터전 | → | 生存的空间 shēngcún de kōngjiān

삼림의 식물은 큰불에 모조리 타버렸고, 이는 야생동물이 삶의 터전을 잃게 했다.
→ 森林里的植物被大火烧得一干二净，这使野生动物失去了生存的空间。

☐
035 | 본고장 | → | 故乡 gùxiāng

중국은 차의 본고장이며, 오래된 차 재배 역사와 차를 마시는 특별한 풍속이 있다.
→ 中国是茶叶的故乡，有着悠久的种茶历史和独特的饮茶风俗。

☐
036 | 변천을 겪다 | → | 经历演变 jīnglì yǎnbiàn

중국 고대 화폐는 형성과 발전 과정에서 여러 번의 매우 중대한 변천을 겪었다.
→ 中国古代货币在形成和发展过程中，经历了多次极为重大的演变。

☐
037 | 응집하다 | → | 聚集 jùjí

중국 자수는 중국의 오래된 민간 전통 수공예로 옛 사람들의 지혜를 응집한 것이다.
→ 中国刺绣是中国古老的民间传统手工艺，它聚集了古人的大智慧。

☐
038 | 으뜸이다 | → | 排名第一 páimíng dìyī

타이산은 중국의 매우 많은 명산 중 으뜸인 산이다.
→ 泰山是中国众多名山中排名第一的山。

☐
039 | 차세대 | → | 新一代 xīn yídài

사물인터넷은 차세대 정보 기술의 중요한 구성 부분이다.
→ 物联网是新一代信息技术的重要组成部分。

☐
040 | 각광을 받다 | → | 受到瞩目 shòudào zhǔmù

시후는 고대 문인들이 창작한 시구로 인해 각광을 받았다.
→ 西湖因古代文人们创作的诗句而受到了瞩目。

☐
041 빠져들다 → 爱上 àishang

매일매일 반복되는 훈련 아래 그녀는 중국 무술에 점점 빠져들었다.
→ 在日复一日的训练下，她逐渐爱上了中国武术。

☐
042 떠오르다 → 成为 chéngwéi

빙탕후루는 점차 민간으로 퍼져나갔고, 많은 사람이 즐길 수 있는 먹거리로 떠올랐다.
→ 冰糖葫芦逐渐传到了民间，成为了许多人都能享受的美食。

☐
043 오랜 가뭄 → 长期干旱 chángqī gānhàn

이러한 오랜 가뭄의 추세는 약 20년 전에 시작되어 현재 계속해서 심해지고 있다.
→ 这种长期干旱的趋势在大约20年前就开始了，如今正在不断加剧。

☐
044 먹을거리가 넘쳐나다 → 食物丰富 shíwù fēngfù

현대 사회에 아무리 먹을거리가 넘쳐난다고 하더라도 식량 문제는 여전히 전 지구의 큰 난제이다.
→ 在现代社会，即使食物再丰富，粮食问题仍然是全球的一大难题。

☐
045 유치하다 → 吸引 xīyǐn

더 많은 관광객을 유치하기 위해, 각 지역의 주요 관광 명소는 특색 있는 관광 상품을 잇달아 출시했다.
→ 各地主要景区纷纷推出了特色旅游产品，以吸引更多游客。

☐
046 딜레마에 빠지다 → 难以做出选择 nányǐ zuòchu xuǎnzé

그 가게의 다양한 상품은 사람들이 딜레마에 빠지게 한다.
→ 那家商店多种多样的商品让人难以做出选择。

☐
047 경제가 불경기이다 → 经济不景气 jīngjì bù jǐngqì

세계 경제 불경기의 영향을 받아, 많은 산업의 발전이 정체 단계에 처해 있다.
→ 受世界经济不景气的影响，许多行业发展处于停滞阶段。

☐
048 농촌 지역 경제를 활성화하다 → 振兴乡村经济 zhènxīng xiāngcūn jīngjì

농촌 여행의 출현과 발전은 농촌 지역 경제를 활성화하는 데 큰 기여를 했다.
→ 乡村旅游的出现和发展为振兴乡村经济作出了巨大的贡献。

☐ 049 획기적인 기술 → **突破性技术** tūpòxìng jìshù

사물인터넷은 획기적인 기술로 우리의 일상생활에 큰 영향을 미칠 것이다.
→ 物联网作为一种突破性技术，将对我们的日常生活产生巨大影响。

☐ 050 봉착하다 → **面临** miànlín

물가의 끝없는 상승은 많은 국가가 경제 위기와 식량 위기에 함께 봉착하게 했다.
→ 物价的不断上涨使许多国家同时面临着经济危机和粮食危机。

☐ 051 스며들다 → **渗透** shèntòu

중국의 천 년이 넘는 역사 속에서 술 문화는 생활 속의 각 영역에 스며들었다.
→ 在中国上千年的历史中，酒文化渗透到了生活中的各个领域。

☐ 052 언행과 행동거지 → **言行举止** yánxíng jǔzhǐ

다른 사람의 언행과 행동거지에는 반드시 배울 점이 있으니 다른 사람에게 묻는 것을 개의치 말아라.
→ 别人的言行举止必定有值得学习的地方，所以不要介意问别人。

☐ 053 머리 회전이 빠르다 → **心思敏捷** xīnsī mǐnjié

공자는 이 남자아이가 머리 회전이 빠르고 지혜가 남보다 뛰어나다고 생각했다.
→ 孔子觉得这个小男孩心思敏捷、智慧过人。

☐ 054 발칵 뒤집다 → **震动** zhèndòng

이 나이가 고작 일곱 살에 불과한 남자아이의 이야기는 당시 사회를 발칵 뒤집었다.
→ 这个年仅七岁的小男孩的故事震动了当时的社会。

☐ 055 엿듣다 → **窃听** qiètīng

어떤 사람들은 무선 이어폰으로 다른 사람의 대화를 엿듣고 타인의 프라이버시를 침해한다.
→ 有些人会用无线耳机窃听别人的对话，侵犯他人隐私。

☐ 056 조금의 절제도 없다 → **毫无节制** háowú jiézhì

오늘날 많은 사람이 조금의 절제도 없이 플라스틱 제품을 사용하고 있으며, 이는 환경에 큰 영향을 미쳤다.
→ 现在有很多人毫无节制地使用塑料制品，这对环境造成了很大影响。

057 비약하다 → 飞跃 fēiyuè

그녀의 무술 기법은 시간의 흐름 속에서 **비약적인** 발전을 이루었다.
→ 她的武术技法在时间的流逝中得到了飞跃的发展。

058 간과할 수 없다 → 不可忽视 bù kě hūshì

사람의 천부적인 재능은 매우 중요하지만, 후천적인 양성도 **간과할 수 없다**.
→ 人的天赋很重要，后天的培养也不可忽视。

059 베일을 벗다 → 出现在大众面前 chūxiànzài dàzhòng miànqián

오랫동안 공개되지 않았던 로봇이 드디어 **베일을 벗었다**.
→ 长期未被公开的机器人终于出现在大众面前了。

060 입건하여 처리하다 → 立案查处 lì'àn cháchǔ

이 사건에 대해 관련 부서는 즉시 **입건하여 처리했**으며, 문제의 근원을 찾아냈다.
→ 对于这一事件，相关部门及时立案查处，找到了问题的根源。

061 머리를 싸매다 → 绞尽脑汁 jiǎojìnnǎozhī

어떤 지역에서는 식량 부족 문제를 어떻게 해결할지에 대해 **머리를 싸매며** 고민을 하고 있다.
→ 在某些地区，人们在绞尽脑汁地思考如何解决粮食不足的问题。

062 발상을 전환하다 → 转换思路 zhuǎnhuàn sīlù

최근에는 많은 사람이 **발상을 전환하여** 빙탕후루의 새로운 제작 방법을 많이 발명해냈다.
→ 最近许多人转换思路，发明出了冰糖葫芦的很多新做法。

063 걸쳐 있다 → 涉及 shèjí

사물인터넷의 활용은 사람들의 삶의 여러 방면에 **걸쳐 있다**.
→ 物联网的应用涉及到人们生活的方方面面。

064 둔화되다 → 速度变慢 sùdù biàn màn

인터넷 속도가 갑자기 **둔화되는** 것은 컴퓨터가 바이러스에 감염되어 초래된 것일 수 있다.
→ 上网速度突然变慢，可能是电脑中毒所导致的。

"放飞梦想，超越自我。"

꿈을 펼치고, 자신을 뛰어넘어라.